San Tiago Dantas

A RAZÃO VENCIDA

PEDRO DUTRA

San Tiago Dantas
A RAZÃO VENCIDA

– O HOMEM DE ESTADO –
1946 – 1964

V. 2

EDITORA●SINGULAR

São Paulo
2023

Dados Internacionais de Catalogação na Publicação (CIP)
(Câmara Brasileira do Livro, SP, Brasil)

23-153041 Dutra, Pedro
San Tiago Dantas: a razão vencida: 1946-1964: o homem de estado: volume 2 / Pedro Dutra. -- São Paulo, SP: Editora Singular, 2023.

ISBN 978-65-86352-79-5

1. Dantas, San Tiago, 1911-1964 2. Política - Brasil - História 3. Políticos - Biografia I. Título.

CDD-923.281

Índices para catálogo sistemático:
1. Brasil: Políticos: Biografia 923.281
Tábata Alves da Silva - Bibliotecária - CRB-8/9253

Coordenação editorial: José Carlos Busto
Revisão: Rita Maria Fernandes de Morais
Diagramação: Dorival Lopes Junior
Capa: José Barki
Fotos: Arquivo família San Tiago Dantas Quental
Arquivo pessoal do Embaixador Rubens Ricupero

Editora Singular
Tel: (11) 3862-1242
www.editorasingular.com.br
singular@editorasingular.com.br

À memória de Ana Maria
Moscovitch

A Cristina, Beatriz, Cecília, Ricardo e
Fernando, dedico este livro

Aquele que a nenhuma causa pode fazer o dom de si mesmo está condenado à aforia, isto é, à solidão eterna.[1]

O que marca o estadista é a plena aceitação do risco da inconsequência temporária, pela tranquila certeza sobre o sentido final de sua ação. O risco reside em que a obra pode ficar interrompida antes de estar unificada e esclarecida.[2]

ÍNDICE

APRESENTAÇÃO

Este segundo volume de *A Razão Vencida* compreende o período de 1946 a 1964, em que vigorou a Constituição votada naquele ano e correram os últimos anos de vida de San Tiago Dantas.

O propósito deste volume é o mesmo do anterior: descrever a trajetória de San Tiago Dantas nesse período, um dos mais acidentados da história política do Brasil, dando voz ao biografado. Além dos textos que deixou - ensaios, discursos, conferências, pareceres, cartas, aulas, entrevistas - foram coletadas e consultadas cerca de treze mil notícias publicadas nos principais jornais da época, cuja reportagem minuciosamente descrevia o processo político e nele registrava a singular atuação de San Tiago.

Voltando à vida partidária vinte anos depois de extinta a Ação Integralista Brasileira, San Tiago surpreende a todos ao filiar-se ao Partido Trabalhista Brasileiro em 1958, defendendo a renovação do trabalhismo com a promoção de reformas sociais executadas nos termos do regime democrático vigente.

Ministro das Relações Exteriores em 1961, San Tiago traz à cena política os temas então distantes de sua pasta, debatendo-os no Congresso, na Academia e, para espanto de muitos, nos sindicatos de trabalhadores, expondo a relação existente entre política externa e política interna.

A mesma conduta tem o candidato à chefia do segundo gabinete parlamentar em junho de 1962, procurando apoio não apenas das cúpulas dos partidos, mas de suas bases, para a elas, e ao público pelo rádio e televisão, expor um programa de governo, abrindo ao debate amplo a escolha de um primeiro-ministro pela Câmara dos Deputados, no regime parlamentarista então em curso.

Antes ou depois, nenhum ministro da Fazenda, pasta que San Tiago ocupa por menos de seis meses no início de 1963, expõe com tamanha clareza e propriedade uma efetiva política de combate à inflação, cujo descontrole ele advertia comprometer a ordem política do país.

Nos últimos meses da República de 1946, San Tiago busca isolar a *esquerda negativa* e conciliar as forças de centro e da *esquerda positiva*, para frear o radicalismo de ambos os extremos ideológicos, que pregavam abertamente o golpe contra o regime constitucional.

Sobrevindo o regime militar de abril de 1964, que previra e temera, San Tiago é um dos primeiros a publicamente reclamar o retorno à legalidade democrática.

***

A controvérsia sempre o seguiu. Integrante precoce e brilhante da elite dirigente, foi o seu mais cáustico crítico; acadêmico e jurisconsulto reconhecido, disse estar a Universidade à retaguarda do processo social brasileiro e ser a cultura jurídica a mais séria ameaça ao prestígio do Direito. Da ala radical de seu partido, que San Tiago crismou de *esquerda negativa*, recebeu a mais dura oposição, a qual jamais deixou sem resposta pública, especialmente aos sucessivos ataques de Leonel Brizola que abertamente defendia a promoção das reformas de estrutura à margem do Congresso Nacional. E João Goulart, a quem San Tiago sempre assistiu e procurou defender, indicando o seu nome à Câmara Federal para o cargo de primeiro-ministro, negou-lhe o apoio necessário à sua aprovação, assim como, nomeando San Tiago ministro da Fazenda, negou-lhe o apoio à execução de um plano de contenção da inflação.

***

Sóbrio e elegante, no Executivo, no Congresso, nos tribunais, na Academia, nos sindicatos, nos salões da elite, San Tiago jamais faltou ao diálogo, ao qual não deixava comunicar a aspereza dos debates e das críticas veementes.

Nos três últimos anos de vida, suportou, sem desfalecimentos, a cruel liquidação de suas forças físicas por uma doença irrefragável que jamais reconheceu sofrer. Ao contrário, ao sabê-la fatal, arrostou desafios políticos e imprimiu à sua ação uma intensidade surpreendente, a desafiar um desfecho insuperável e próximo, acreditando que, sobre os desenganos de sua trajetória, ela poderia mais tarde frutificar pelo exemplo.

Morto San Tiago aos cinquenta e três anos incompletos, em setembro de 1964, Tancredo Neves ao homenagear o amigo registrou a sua presença nos tormentosos anos iniciais daquela década: "A sua liderança foi a da inteligência. Antes de tudo e acima de tudo foi o homem da compreensão". E, de "todos os de nossa geração, foi o mais afirmativo e, por isso mesmo, o mais discutido, controvertido e polemizado".[3]

Contudo, o San Tiago de seus amigos fiéis, o filho amoroso e o tio que amava os sobrinhos como os filhos que não pôde ter, era um homem sereno e generoso, que jamais falava de si, de seus êxitos, de seus insucessos, e muito menos de seus padecimentos.

***

Renova o Autor os seus agradecimentos aos sobrinhos de San Tiago que, uma vez mais, abriram os seus arquivos, inclusive fotográfico, e atenderam aos sucessivos pedidos de informações e esclarecimentos formulados pelo Autor, sem questionarem o seu trabalho, ao qual generosamente contribuíram.

Igualmente, renova o Autor os seus agradecimentos àqueles que prestaram, por uma forma ou outra, a sua colaboração à redação do primeiro volume, colaboração que se faz presente também neste último volume. E aos colegas de almoço de quinta-feira, pela sua reiterada e amigável cobrança pela conclusão deste livro, um valioso estímulo ao Autor.

Antônio Paim e Alberto Venâncio Filho, mestre da crítica construtiva, leram e corrigiram trechos do manuscrito, ao qual Nelson Eizirik e Julia de Abreu fizeram sugestões literárias. E José Mário Pereira abriu a sua biblioteca e hemeroteca à consulta do Autor.

Nestor Goulart Reis e José Barki foram guias seguros em temas urbanísticos e de arquitetura, assim como Arthur Barrionuevo, Mário Mesquita e Eduardo Augusto Guimarães esclareceram questões econômicas, e Ricardo Coelho Salles dirimiu dúvidas de linguagem. E Mário Magalhães disponibilizou ao Autor seu imenso arquivo sobre política norte-americana.

Elio Gaspari pacientemente respondeu a sucessivas consultas, permitindo ao Autor evitar imprecisões e equívocos.

***

Astolpho Dutra, Neusa Mesquita, Paulo Mercadante, Ana Elisa Mercadante, Patrícia de Campos Dutra, Maria Cristina Dutra, Beatriz Helena Dutra, Paulo Mattos, Celso Lafer, Pedro Malan, Maria Lúcia Cintra, Adriana Tavares, João Guilherme Sauer, Gabriel Nogueira Dias, Teresa Otoni, Tom Camargo, Sérgio Wechsler, Eduardo Augusto Muylaert, Júlio Wiziack, Eduardo Quental, Ana Vitória Lemann, Inês Quental Ferreira, Laura Diniz, Ianny Novis, Tereza Machado, Luiz Rodrigues Wambier, Antonio Sérgio Pitombo, Jean Paul Veiga Rocha, José Casado, Thiago Reis, Marcus Senna,

Rui Coutinho, Celso Campilongo, Silvana Silva, Ilda Tomé, Marília Barbosa, Fabiana Ferreira, Jean Alencar em momentos e por formas diversas contribuíram com o Autor em seu trabalho.

Sheila Soares Silva, com dedicação e eficiência, e com a colaboração de Wilson Basílio, preparou os originais deste livro. Francis Assis, uma vez mais, sempre atenta e gentil, atendeu a incontáveis demandas surgidas ao longo de seus trabalhos.

***

Textos não publicados de autoria de San Tiago e de terceiros consultados e citados neste volume - recolhidos de arquivos públicos e pessoais pelo Autor - foram, todos eles, copiados e reunidos em um único arquivo, referido pelo nome do biografado - ASTD. Em caso de dúvida sobre fatos e opiniões narrados em depoimentos pessoais ou registrados em texto, somente aqueles corroborados por fonte documental autônoma foram considerados pelo Autor.

Juízos e conjecturas formulados pelo Autor nesta biografia são de sua exclusiva responsabilidade, assim como eventuais erros e omissões nela verificados.

Agradeço ao editor, José Carlos Busto, o desassombro em seguir aventurando-se na edição desta biografia, e a sua dedicação aos trabalhos de sua publicação.

***

CAPÍTULO 1

A DEMOCRACIA MEDIDA

O que salta à vista é a influência, sobre nós, do surto fascista europeu (...). Percebem-se, depois, as componentes nacionais, e entre elas avulta o fracasso do sistema constitucional brasileiro, (...) o divórcio entre o regime político e as nossas realidades sociais.[4]

• O suave trânsito: todos são democratas

O ano de 1945 findou como um amplo divisor – a guerra terminara em maio na Europa, em agosto no Pacífico; depois de exercê-lo por quinze anos discricionariamente, Getúlio Vargas fora deposto do poder em final de novembro; uma carreira de ideólogo de direita fora superada; outra, absolutamente vitoriosa, de acadêmico, fora afirmada, e ainda outra, de jurisconsulto, seguia em firme ascensão. O mundo mudara, o Brasil mudara, San Tiago mudara.

O ideólogo de direita forjado no pátio da escola, encantado pelo fascismo italiano e a seguir desiludido com o integralismo nativo, dera lugar ao defensor de uma renovada ordem democrática, cujo núcleo social deveria ser o trabalho e não mais o capital; o "catedrático menino" aos vinte e cinco anos, aos trinta conquistara outros três títulos universitários, firmara-se como o maior e mais jovem mestre de sua geração e dirigira a Faculdade de Filosofia; e o seu saber jurídico era uma das vertentes de uma inteligência notável e reconhecida.

Da defesa de uma direita radical de aberta inspiração fascista, ao início da revolução de 1930, à defesa incisiva de uma democracia a ser renovada pela experiência traumática da Segunda Guerra, o trânsito ideológico de San Tiago se completara ainda vigente o Estado Novo – e publicamente.

Ilustres integrantes da direita nativa que, como a esquerda, buscara inspiração em fontes estrangeiras, agônica a ditadura Vargas, ou instalado o regime democrático da Carta de 1946, reviam as suas posições. Um dos primeiros foi o jurista Pontes de Miranda, que defendera o governo de uma elite cientificamente habilitada em lugar da "ditadura do número", que, segundo ele, mostrava a falácia do voto livre, convicção expressa em duas de suas obras publicadas na década anterior e que haviam exercido forte influência sobre San Tiago. Em um livro lançado em 1945, Pontes, serenamente, redefiniu a sua posição política, agora de claro apoio ao regime democrático.[5]

Alceu Amoroso Lima iniciara percurso análogo, mas com maior clareza e a ser afirmado uma vez findo o conflito. Alceu leu então a obra de um dos principais reformadores do pensamento social católico, Jacques Maritain, e foi por ela decisivamente influenciado. Ex-integrante da *L'Action Française*, Maritain havia mostrado que a conciliação da doutrina social da Igreja Católica com o regime democrático iria renová-la e não desfigurá-la como temiam os conservadores. Em sua nova posição ideológica, que seria afirmada de então por diante, Alceu exibiria a mesma coerência e energia intelectual antes demonstradas, e que pelas cinco décadas seguintes fariam da sua voz inquebrantável uma poderosa arma de defesa dos valores democráticos na sociedade brasileira.[6]

Impenitentes, Plínio Salgado, o criador da *Ação Integralista Brasileira*, e Francisco Campos, o jurista do Estado Novo, aferravam-se às suas posições ideológicas. O primeiro, retornando ao Brasil, em setembro de 1946 de seu consentido (e remunerado) exílio português, aportou na capital federal dizendo que só o espírito cristão, a conduzir a política nacional, seria capaz de salvar o país, tal como ele via ocorrer no reacionário regime ditatorial português de Antônio Salazar. Já Francisco Campos, episodicamente, sustentaria não ter tido a Carta de 1937, por ele redigida, inspiração fascista. Um desmentido canhestro, que a leitura da sua obra contradiz e o tempo descartou. Segundo Campos, a democracia seguiria sendo o anátema de um regime político moderno, pois, afirmava, na era das massas, o seu controle era indispensável e esse só poderia ser feito por um governo forte.

O mesmo processo verificou-se com alguns professores de Direito que haviam colaborado diretamente para a estruturação do regime ditatorial vencido; alguns deles, inclusive, publicariam mais tarde obras celebrando as virtudes da democracia e da sua ordem jurídica. Professor da Faculdade de Direito de São Paulo, Vicente Rao, autor da primeira lei de Segurança Nacional e que, à frente do Ministério da Justiça, deu pretexto formal para ordenar a prisão de vários colegas seus, mais tarde publicaria um livro sob o título *Direito e a vida dos Direitos*, igualmente silente de sua experiência política.[7]

No plano político, a adesão ao novo regime por parte dos próceres da ditadura do Estado Novo realizou-se com maior serenidade ainda. Os titulares dos cargos mais altos no Estado Novo agora formavam nas fileiras do Partido Social Democrático – PSD, criado por iniciativa de Getúlio para abrigá-los, e que fez, nas eleições legislativas realizadas em dezembro de 1945, a maioria do Congresso. Ao início da legislatura, na nova legenda, entre outros destacados servidores do antigo regime, figuravam o general Góes Monteiro, o astuto chefe do Estado Maior do Exército, ao lado do general Dutra, o sustentáculo castrense do antigo ditador, Filinto Müller, o sinistro chefe da Polícia de Getúlio, e Agamenon Magalhães, o vivaz interventor da Paraíba e último ministro da Justiça de Getúlio, agora presidente da Comissão de Constituição e Justiça, a mais importante da Câmara dos Deputados. E uma coorte de ex-interventores, ministros de Estado e secretários de governos estaduais, ocupantes de outros postos de nível superior na máquina do governo extinto, achavam-se todos serenamente reunidos, uma vez mais, no comando do país, agora sob o signo de uma democracia constitucional.

Já a vasta clientela trabalhista feita por Getúlio dependente da máquina estatal e por ele nutrida e cultivada, migrara para o Partido Trabalhista Brasileiro – PTB, que acolheu a liderança de Getúlio, ratificada espetacularmente nas urnas a 2 de dezembro de 1945, apenas trinta e três dias depois de o ditador ter sido deposto pelos militares da Presidência da República, que exercera por quinze anos. Eleito senador pela legenda petebista do Rio Grande do Sul, Getúlio capitaneou uma grande votação e, com as sobras de votos carreados à legenda de seu partido, acresceu-lhe a bancada parlamentar. Essa soma de votos não arrefeceu, todavia, o seu desprezo pelo regime democrático: o ex-ditador não participou dos trabalhos de redação da nova Constituição – e foi o único parlamentar a não assiná-la.[8]

Sem sobressaltos, a elite política dominante na ditadura do Estado Novo tomou a frente do novo regime. Empossado na Presidência da República em janeiro de 1946, o marechal Dutra, ex-ministro da Guerra do Estado Novo, iniciou a nova legislatura Federal a 1º. de fevereiro; o Senado e a Câmara reuniram-se em Assembleia Constituinte, e esta iniciou os seus trabalhos de redação de uma nova Carta.

A maioria da população brasileira, porém, não havia votado nas eleições presidenciais de dezembro de 1945, e ficaria assim à margem da discussão das mudanças institucionais verificadas no processo de redemocratização em curso no início daquele ano de 1946.[9]

• Herança autoritária

No Congresso, eleito a 2 de dezembro de 1945 e instalado no início do ano seguinte, o Partido Social Democrático - PSD, ao qual o presidente da República era filiado, detinha a maior bancada; e a União Democrática Nacional - UDN, a segunda força eleitoral, formava na oposição ao governo, nutrida de um liberalismo conservador e dominada pelo irreprimível formalismo jurídico de seus muitos bacharéis, não tardaria a transformar a combatividade verbal de seus quadros em uma pregação golpista à porta dos quartéis. E os trabalhadores, cuja estrutura sindical seguia vinculada ao governo federal, achavam-se atrelados ao Partido Trabalhista Brasileiro - PTB, a terceira força no Congresso, que, aliado ao PSD, prestava apoio ao governo do marechal Dutra. E a voz radical da reduzida, mas ativa bancada comunista seria logo silenciada.

Esse contexto político, pouco favorável a transformações substanciais, dominou os trabalhos da Constituinte. Os congressistas tomaram por base o texto da Carta de 1934, e o modificaram. As normas autoritárias que marcaram a Carta de 1937 foram suprimidas, sendo assegurada a independência formal dos três poderes; garantida a autonomia política dos Estados e municípios; estipuladas eleições diretas para presidente, governadores, prefeitos, senadores, deputados e vereadores, bem como previstas garantias à liberdade individual e de expressão, consignando à nova Constituição a fórmula de que todo o poder emana do povo e em seu nome seria exercido.

Essas regras democráticas ganhariam vida limitadamente. O Executivo seguiria concentrando maior poder em relação ao Legislativo e ao Judiciário, sobretudo em relação à vida econômica do país, e muitas das regras constitucionais então fixadas dependiam da edição, que tardaria e na maioria das vezes não ocorreria, de leis que as especializassem, tornando possível a sua aplicação efetiva e ampla.

Assombrando a nova ordem que se queria democrática, a regra do artigo 177, da Constituição, admitia o princípio da intervenção militar na vida pública nacional ao dizer que "destinam-se as Forças Armadas a defender a Pátria e a garantir os poderes constitucionais, a lei e a ordem". Não apenas a defesa da integridade física do território nacional ante a uma ameaça externa, ou ante a um conflito fraticida: a garantia das instituições políticas do país, votada pelos constituintes, era por eles deferida à consideração discricionária do poder militar, cabendo aos seus titulares decidir o seu emprego, como de resto o vinham fazendo desde o golpe com que implantaram a República.

A Constituição de 1946 extremou o dispositivo da primeira Carta republicana, ao incorporar ao estatuto político-jurídico do novo regime a regra a vestir de legalidade a ação política dos corpos militares, sedimentando o severo paradoxo, em um regime democrático, de cometer o destino de suas instituições políticas às Forças Armadas. O "partido continuamente de armas na mão", qualificação que o jovem San Tiago dera ao Exército, seguiria presente na cena nacional e dali a dezoito anos uma vez mais interviria na ordem política do país, arguindo os militares agirem em cumprimento à Constituição.

Outros dois vícios institucionais eram mantidos na nova Carta e iriam perdurar: o irrealismo eleitoral e a preservação da estrutura corporativa da disciplina do trabalho, de clara inspiração fascista, articulada por Getúlio Vargas no Estado Novo.

O regime eleitoral então estruturado, e sob o qual San Tiago concorreria a um mandato legislativo em 1958, não traduzia a realidade demográfica do país, pois conferia aos estados do norte e do nordeste, de menores contingentes populacionais, representação proporcionalmente maior do que a dos estados do sul, mais populosos, criando um desequilíbrio a beneficiar as oligarquias locais naquelas unidades da federação, a elas dando um peso descabido na vida política do país.[10] Igualmente, o regime trabalhista implantado na ditadura do Estado Novo era bem visto pelo novo governo e pela sua base de apoio no Congresso, pois permitia ao Executivo intervir no movimento sindical, e assim conter a expressão política autônoma dos trabalhadores.

Ao contrário de Getúlio, capaz de negociar com todas as forças políticas nos termos em que o momento lhe indicasse necessário, Dutra estava preso às suas limitações pessoais no trato político; embora já havendo deixado o serviço militar ativo, fizera questão de ser empossado na Presidência da República trajando a farda de marechal do Exército (posto ao qual fora promovido ao passar para a reserva) em uma clara demonstração de que via na corporação militar, e não em seus eleitores, a força que o levara ao poder e à qual ele consignava primeiramente a sua lealdade.

Com esse espírito, o presidente da República enfrentou e repeliu as justas reivindicações dos trabalhadores pela correção dos seus salários corroídos pela inflação, que, medida pelo custo de vida, chegara a cerca de 120% desde o início da guerra em 1939.[11] A resposta do novo governo seguiu o padrão do Estado Novo, cuja Constituição ainda vigia e autorizava o presidente da República a legislar por meio de decreto-lei. Assim, em março de 1946, enquanto a Assembleia Constituinte deliberava, Dutra editou o Decreto-Lei nº 9070, que regulamentou o direito de greve. O conceito extremamente amplo nele fixado de atividades nas quais a greve não seria permitida – e cuja lista poderia ser acrescida mediante simples portaria do ministro do trabalho –, facultava ao governo reprimir praticamente qualquer movimento reivindicatório dos trabalhadores.[12] E Dutra não iria se limitar a reprimir os trabalhadores, como mostraria a seguir, empenhando-se, pessoalmente, em uma nova causa.

A aliança firmada em meados de 1945 entre Getúlio Vargas e Luís Carlos Prestes, chefe do clandestino Partido Comunista Brasileiro, havia alinhado os comunistas ao ditador e dado alento ao movimento então articulado – o *queremismo* – em defesa da sua permanência no poder. Mesmo sem ter tido êxito em seu propósito continuísta, essa aliança desagradou aos militares. E, dois dias depois da queda de Getúlio, a 31 de outubro, dirigentes comunistas foram presos, e Luís Carlos Prestes chegou a se asilar temporariamente na Embaixada do México.[13]

Eleito, Dutra cuidou de eliminar qualquer possibilidade de que o apoio antes prestado pelos comunistas ao ditador viesse renovar a convergência deles com o PTB, agora liderado por Getúlio. Além disso, mesmo havendo os partidos, entre eles o PTB, silenciado sobre a preservação da disciplina do trabalho herdada do Estado Novo, a Dutra não interessava reforçar o prestígio de Getúlio ancorado nos trabalhadores, e, muito menos, permitir, junto a esses, a ação dos comunistas.

Boa parte da oficialidade das Forças Armadas, Dutra especialmente, ressentia-se do líder comunista, oficial do Exército que havia se rebelado contra a sua própria corporação. Em meados da década de 1920, as forças da Coluna Prestes haviam desafiado as tropas do Exército, que jamais as alcançaram, e, em 1935, Prestes havia comandado a Revolta Comunista; e o assalto pelas tropas governistas ao quartel da praia Vermelha, cuja sublevação deflagrou o movimento comunista na capital federal, fora comandado pelo próprio Dutra, que fez prisioneiros todos os rebelados.

Reafirmada a disciplina autoritária do trabalho, a polícia reprimiu as reivindicações dos trabalhadores com renovado rigor; o presidente da República demitiu funcionários públicos vistos como comunistas, e a ação, por ele patrocinada, para excluir o Partido Comunista da vida parlamentar nacional teve início.

Nesse contexto hostil, em março daquele ano de 1946, Luís Carlos Prestes nutriu a oposição contra ele articulada, ao declarar à *Tribuna Popular*, o jornal do seu partido, que, na hipótese de um conflito entre o Brasil e a União Soviética, os comunistas brasileiros combateriam o governo brasileiro se a guerra por este declarada à União Soviética fosse vista por eles como uma guerra imperialista.[14] Embora evidente nessa declaração o despreparo político de Prestes, ela, por si, não provia fundamento jurídico à proscrição do Partido Comunista Brasileiro, mas deu substância à pressão política em curso nesse sentido, que logo ganhou o Senado. Nele, representando o Distrito Federal, Prestes se viu alvo de provocações as quais não soube contornar e que fixaram na opinião pública a impressão de que o líder comunista, na hipótese improvável de um conflito armado entre o Brasil e a União Soviética, formaria ao lado desta, contra o seu país. O debate parlamentar que se seguiu teve ampla repercussão na imprensa, animando as forças anticomunistas e atraindo conservadores que até então admitiam o convívio parlamentar com os comunistas. Em paralelo, foram propostas ações perante o Tribunal Superior Eleitoral questionando a legalidade do partido, acusando-o, em face das declarações de Prestes, de ser uma "organização internacional a serviço de Moscou".[15]

Alheio à militância política, San Tiago não se envolveu publicamente na discussão desses temas; porém, um de seus clientes, o príncipe dom Pedro Henrique de Orleans e Bragança, por causa da repercussão das declarações de Prestes à *Tribuna Popular*, em carta indagou a San Tiago sobre o risco à sociedade brasileira que os comunistas representariam. Em resposta, em final de março, San Tiago refere a "já conhecida inabilidade" de Prestes e a sua declaração "um tanto imprópria", observando, contudo, que o seu "endereço era internacional" e nela não "havia novidade nenhuma", pois era sabido de todos que "os comunistas são, por doutrina, internacionalistas". Assim, a declaração de Prestes, e "o que ela representa para o Brasil (...) como perigo e como novidade, é quase zero"; e, acrescenta, "as palavras de Prestes não são, no caso, uma senha para os trabalhadores, nem granjearam mesmo a simpatia destes". Mas, adverte, que "o chefe comunista, com sua imprudência, deu à reação o pretexto que nos últimos tempos lhes faltava", cevando uma campanha "que visa sobretudo exasperar os militares (...) e não visa outra coisa senão perseguir o Partido Comunista". Concluindo, San Tiago não vê na ação em curso fundamento jurídico à proscrição do Partido Comunista: o "seu cerceamento legal [é] incompatível com a democracia, como penso que o seu funcionamento tem a influência do comunismo menor, e põe os seus líderes em plena luz, o que não lhes tem sido nem será favorável".[16]

Antes mesmo de a Constituinte concluir os seus trabalhos, Dutra cumpria o seu propósito de, já ao início de seu mandato, manter sob o controle do governo os trabalhadores e alijar o Partido Comunista da cena política nacional.[17] O arremate dessas ações, claramente ilegais, não encontrou resistência do Judiciário e do Legislativo – antes, foram executadas com a colaboração da maioria de seus integrantes. O Judiciário julgou procedentes as descabidas acusações ao Partido Comunista, decidindo pela sua ilegalidade e a consequente cassação de seu registro. E no início de 1948, os parlamentares comunistas seriam cassados pelo voto de seus pares.[18]

O juízo de San Tiago sobre Dutra, que completava o primeiro ano de seu mandato no início daquele ano de 1947, traduzia o seu estado de espírito sobre a nova ordem política; em carta a Rosita Moreira, casada com o seu amigo Thiers, San Tiago observa que, "cada personalidade é um mundo, e quando esse mundo se organiza e se contempla, tal como o desígnio da Providência o concebeu, já não há fracasso que o atinja. Uma costureira deita-se na pequena cama de um sobrado no Estácio, e fecha os olhos para dormir; sua vida pode, naquele instante, ser glória. A do general Dutra, porém, é fracasso irremediável".[19]

A disciplina arbitrária do trabalho e a perseguição aos comunistas, maliciosamente transformados em ameaças à paz social do país, eram traços sobrevivos da orientação fascista que dominara o Estado Novo, ao qual Dutra servira devotadamente, e eram então admitidos à nova ordem jurídica inaugurada com a promulgação da Constituição a 18 de setembro de 1946.

• Uma decisão adiada

Em seu discurso de paraninfo de sua primeira turma de bacharéis de Direito, em dezembro de 1945, poucos dias depois das eleições presidencial e parlamentares, San Tiago apontou a incapacidade de a cultura jurídica brasileira manter um diálogo com a realidade social do país que lhe houvesse habilitado oferecer à classe política um projeto moderno de Constituição e que a houvesse desafiado afirmá-lo.

Editada a nova Constituição, evidenciava-se a inépcia do Direito brasileiro para oferecer uma proposta institucional à demanda por uma democracia revigorada pela valorização do trabalho, pelo pluralismo ideológico e por um humanismo abrangente, valores que, segundo San Tiago, emergiam do conflito mundial renovados e inspiravam uma nova ordem política a ser construída. Em seu lugar, nascia uma Carta afrontada pela ação arbitrária do Executivo, deflagrada por seu titular, com ela conivente o Congresso e complacente o Judiciário, perpetuando pontos de um ideário vencido: os trabalhadores mantidos à força na periferia do jogo democrático seguiam sendo massa de manobra do governo; e a proscrição dos comunistas maculava o pluralismo ideológico próprio do jogo democrático.

Esse cenário não terá animado San Tiago à ação política, filiando-se a um dos partidos para disputar uma cadeira na Câmara dos Deputados. Inscrito no PSD, Gustavo Capanema, antigo ministro da Educação, era um dos caciques do partido, e esses não rejeitariam a filiação a San Tiago em razão da sua posição crítica ao final do Estado Novo. Afinal, San Tiago fora, naquele governo, diretor da Faculdade de Filosofia e nesse posto um competente colaborador do ministro Capanema. Ainda a contrabalançar a nova posição ideológica de San Tiago manifestada em 1942, de crítica às ditaduras, contava a objetividade política dos líderes do partido, que, ante (improváveis) ressentimentos ideológicos e o talento reconhecido de um novo colaborador com a capacidade de San Tiago, não hesitariam, naquele momento, ao contrário do que ocorreria mais tarde, em tê-lo ao seu lado.

Outra seria a reação da UDN à eventual filiação de San Tiago. A sua crítica dura à incapacidade de o Direito brasileiro oferecer uma proposta institucional moderna à sociedade brasileira àquela altura, quando uma nova Constituição era redigida no Parlamento, certamente teria eriçado suscetibilidades entre os muitos bacharéis do partido, ciosos de seu saber antes ornamental do que objetivo. Essa possibilidade, mesmo não sendo absoluta, poderá ter sido percebida por San Tiago mesmo tendo na UDN vários amigos, alguns de seu tempo de mocidade em Belo Horizonte, e de outros mineiros os quais, afastados da política pela ditadura do Estado Novo, haviam se transferido para o Rio de Janeiro e agora nela reingressavam.[20]

O caso do PTB era diverso. A defesa expressa feita por San Tiago, em 1942, de o trabalho dever ser o centro de uma ampla reforma social não combinava com a linha de domínio de Getúlio sobre o partido que criara, ou seja, a organização do trabalho mantida sob comando do governo, tal o próprio Getúlio a impusera no Estado Novo e ora reafirmada por Dutra. Esse regime era o inverso da renovação da política trabalhista que San Tiago, mirando o trabalhismo inglês, propunha fosse aqui adotado; ainda em 1943, San Tiago sugerira fosse convidado a vir ao Brasil Lord Beveridge para aqui se apresentar e discutir o seu Plano (Beveridge), com que lançou as bases do *Estado de Bem-Estar*, implantado na Inglaterra pelo governo trabalhista a partir do final da guerra.[21]

A firme decisão de San Tiago de não reingressar na ação política não se deveu apenas ao rumo da vida partidária, que não o animava. Uma fonte interna, cuja origem remontava à sua primeira mocidade, a tanto terá contribuído decisivamente: o cumprimento da proposição avançada por Maurice Barrès e com a qual cedo ele se identificara, de dever o homem buscar realizar o tríduo existencial sintetizado pelo escritor francês - saber, ter e poder.[22]

A formulação elegante de Barrès apresentara-se naturalmente a San Tiago: ele sempre foi e seguiu sendo um estudante excepcionalmente aplicado, e o saber que ele constantemente acumulava de diferentes nutrizes casava-se à busca do poder político, cuja atração ele sentira ainda universitário. O ter - a soma de meios materiais, que libertava definitivamente das agruras cotidianas da sobrevivência e alargava as possibilidades existenciais -, exigia método e dedicação à lida profissional diária, e o cultivo das relações pessoais, cujo círculo San Tiago não cessava de ampliar. Sobre o seu engenho intelectual, San Tiago iria dedicar-se intensamente à advocacia pelos próximos dez anos, somando os meios materiais habilitadores a uma vida política desembaraçada de compromissos a ela marginais.[23] O poder político, a etapa final nesse processo ambicioso, era uma perspectiva fixada por San Tiago, porém ainda distante.

No início de 1947, a vida à frente de San Tiago não lhe sugeria um desafio político como lhe ocorrera aos dezessete anos ao pisar no pátio da Faculdade de Direito no Rio de Janeiro. A volta à ação política iria aguardar o final da década seguinte.

CAPÍTULO 2

A NOVA ORDEM MUNDIAL, A VELHA ORDEM NACIONAL

Não deixarei filhos que se lembrem dos meus gestos, e que tenham e levem pelos tempos, certeza e memória da minha inteligência. [24]

• As afeições definitivas

Por essa altura, uma significativa alteração na vida pessoal de San Tiago, que não conhecia maior vibração íntima, já havia ocorrido. Em meados de 1944, sua irmã Dulce, o marido João Quental e os filhos deixaram o sobrado que dividiam com o casal San Tiago e Edméa em Ipanema.

Um médico especialmente trabalhador, João Barbosa Quental viera do Recife para o Rio de Janeiro, onde conheceu Dulce, a única irmã de San Tiago, com quem se casou em 1933, a poucos dias do casamento de San Tiago com Edméa. San Tiago e João eram amigos, e os dois casais decidiram dividir o sobrado nº 42, da Rua Barão de Jaguaripe. Uma entrada independente, por uma escada que abria do pequeno jardim fronteiro do sobrado, dividia os seus dois andares, cada qual com uma boa sala e três quartos. O casal sem filhos ocupou o andar de cima, Dulce e João o térreo. Onze anos depois, a família San Tiago Dantas Quental crescendo, o andar térreo do sobrado ficou pequeno. Em 1934 nascera o primogênito Raul, como o avô, um ano e meio depois Felippe, tal o bisavô; Lúcia, a primeira menina, nascera em 1939 e, com um intervalo de pouco mais de dois anos, nascera Inês.

Então fora concluída a construção de uma casa maior que João fizera erguer em um dos muitos terrenos disponíveis no Jardim Botânico, um bairro residencial situado entre a Gávea e o Humaitá, do lado oposto àquele da Lagoa Rodrigo de Freitas que bordeja Ipanema, e a família Quental para lá se mudou.[25]

Sem a presença dos sobrinhos, o silêncio dominou o sobrado do casal sem filhos. Uma reforma interna adaptou o prédio à nova realidade: um dos quartos do andar térreo foi articulado à sala de visitas, ampliando-a, e uma escada interna comunicou os dois planos. A rotina do professor seguia a mesma; aula pela manhã cedo, ao menos três vezes à semana, e, se não havia visita a fazer ou a receber ao fim do dia, hábito corrente em uma cidade pacata e segura, San Tiago trabalhava em seu escritório depois do jantar, noite adentro. O advogado, e mais tarde o político, seria sempre um trabalhador noturno, varando madrugadas, como fora o universitário.

Os sobrinhos não deixaram, contudo, de correr à casa do tio nos fins de semana para com ele tomar café da manhã, e o tio de aos domingos ir encontrá-los ao almoço na casa de Raul e Violeta, pais de San Tiago e Dulce, que habitavam um sobrado quase em frente ao do filho, do outro lado da mesma Rua Barão de Jaguaripe, nº 47. O interesse do tio pela vida dos sobrinhos era e seria sempre absoluto: estudos, passeios, saúde, tudo interessava ao *Papio* – como estes o chamavam – que procurava assisti-los e estar na sua companhia sempre que possível.

O convívio familiar era agradável a San Tiago, e a liderança enérgica de sua mãe não o incomodava; ela mais se fazia sentir junto à filha; Violeta visitava Dulce todos os dias, sempre pronta a auxiliá-la e a dar-lhe sugestões. Violeta e Raul seguiam, orgulhosos, a trajetória do filho, especialmente "a mãezinha adorada", que não continha a admiração por *Francisquinho*. A inteligência precoce, o sucesso no magistério e na advocacia, àquela altura publicamente reconhecidos, e a gravidade que a muitos o fazia distante, não haviam alterado o *Francisquinho* de seus pais, o *Papio* dos sobrinhos e o *Dr. Francisco* de suas empregadas domésticas, que trabalhariam longos anos em sua casa, e mais de meio século depois da sua morte recordariam carinhosamente o patrão, gentil e generoso.[26] Desde menino em seus passeios pegado à mão de *Dindinha*, a sua avó adorada, pela então deserta praia de Copacabana e em casa sendo com a irmã Dulce o centro de atenção de seus pais, San Tiago sentia uma genuína afeição familiar, que, adulto, cultivaria sobretudo em relação aos sobrinhos.

Estes compensavam os filhos que San Tiago não pôde ter, e amarguravam, sem remédio, sua esposa, Edméa. Embora advertida antes do casamento por d. Violeta de que o filho já adulto tivera caxumba e por isso não poderia gerar filhos, Edméa padecia de um tenaz ressentimento, avivado pela alegre e numerosa prole de Dulce e João – seriam nove entre 1934 e

1951 –, que a idade abrandaria, mas, só morto San Tiago, lhe foi possível se aproximar um pouco mais dos sobrinhos do marido.[27]

Aos amigos da faculdade de Direito, de seu *Grupo*, San Tiago estendia uma inabalável amizade, continuamente renovada no convívio intenso, jamais interrompido, e prolongado nas cartas trocadas quando algum deles viajava, e sobretudo pelo próprio San Tiago, um correspondente copioso e sôfrego por notícias dos ausentes[28]. Por toda a vida, San Tiago escreveria aos amigos, e deles cobraria notícias. Àquela altura, todos já haviam definido seus rumos profissionais: Hélio Vianna e Thiers Martins Moreira eram professores, de História do Brasil e de Literatura Portuguesa, na Faculdade Nacional de Filosofia, enquanto Américo Lacombe, entre aulas de História no ensino privado, assumira a direção da Casa Rui Barbosa. Plínio Doyle bracejava no foro, e San Tiago confiava-lhe procuração para alguns de seus negócios particulares, como faria de então por diante até o fim de seus dias. E Antônio Gallotti já alcançara posição de destaque no departamento jurídico da poderosa *Light*, empresa canadense e a maior concessionária de serviços públicos no país.

Os amigos se reuniam com frequência, e mesmo com os menos assíduos, como Gilson Amado, já embrenhado na burocracia federal e casado com a inteligente educadora Henriette Amado, Vicente Chermont de Miranda, aplicado advogado no foro do Rio de Janeiro, e Octávio de Faria, sempre solitário e acumulando romances na sua *Tragédia Burguesa*, San Tiago não perdia contato. Aos amigos do *Grupo* somava-se, entre outros, o poeta Augusto Frederico Schmidt, que, aliando negócios à literatura, já conquistara os principais círculos sociais do país, especialmente os mais próximos do poder político, e mais tarde, nos anos 1960, seria um crítico, amargo e severo, da ação política de San Tiago.

A rotina profissional de San Tiago naquele ano de 1946 somava o magistério à advocacia. Pela manhã, aulas a ministrar na Faculdade Nacional de Direito, na Faculdade de Direito Católica e na Faculdade de Economia, a primeira exigindo-lhe uma rotina mais rígida, com maior número de aulas e de provas a corrigir. Na Faculdade Nacional de Direito, San Tiago iniciava o seu segundo curso de Direito Civil, acompanhando a turma do segundo ao quinto ano. Era, então, o mestre mais reverenciado pelos alunos da Nacional, como era conhecida essa escola, e as suas aulas seguiam atraindo estudantes de outras séries, lotando a sala e enciumando professores. Na Faculdade de Direito Católica, ainda localizada na rua São Clemente, no prédio do Colégio Santo Inácio, as aulas de Direito Romano tinham frequência menor e San Tiago dava-lhes uma perspectiva mais ampla, situando a matéria na história da época. Como recordaria um de seus alunos, na verdade o professor ensinava História da Cultura Romana, da qual o Direito Romano parecia ser um capítulo. Já na Faculdade de Economia, o seu tema era naturalmente restrito a uma noção de Direito, em seus elementos básicos. Ainda assim, um de seus estudantes diria mais tarde haver sido San Tiago o mais brilhante professor que tivera naquela escola.[29]

• Paris

Ainda professor de Legislação e Economia Política da Escola de Belas Artes, San Tiago inscrevera-se para ministrar um curso de Direito na Faculdade de Paris em 1939, em uma iniciativa do Instituto Franco-Brasileiro de Alta Cultura que, mantido pelo governo francês, promovia o intercâmbio entre escolas da América Latina. Porém, o embaixador do Brasil na França à época, Souza Dantas, o advertiu desistir da viagem em razão da tensão política na Europa no primeiro semestre daquele ano, cujo desfecho foi a deflagração da Segunda Guerra, em setembro seguinte.[30] Sete anos depois, em abril de 1946, o presidente do Instituto, em carta ao reitor da Universidade do Brasil, renovou o convite. O reitor Ignácio Azevedo Amaral respondeu afirmativamente, e os trâmites burocráticos começaram a ser vencidos para a realização da viagem. Em carta, aceitando o convite, San Tiago comprometeu-se a fazer três conferências sobre "a evolução e as tendências atuais do Direito Civil Brasileiro", na Faculdade de Direito de Paris.[31]

Em sentido inverso, em junho, San Tiago escreve ao secretário do Instituto Cultural Ítalo-Brasileiro, acusando o recebimento de sua carta na qual ele informava a vinda ao Brasil do professor Guido Di Ruggiero; San Tiago esclarece que seu amigo, o professor de Direito Tullio Ascarelli, já o informara da possível visita do colega italiano, e sugere ao diretor da Faculdade de Filosofia convidar Di Ruggiero para fazer palestras sobre o tema da sua obra principal, *História da Filosofia*, da qual já publicara oito volumes e no Brasil tivera uma versão abreviada traduzida para o português.[32] Não se tem o desfecho da sugestão de San Tiago, mas esse episódio registra a sua amizade com Tullio Ascarelli, um dos mais brilhantes juristas italianos àquela altura.

Nascido em 1903, Ascarelli fora forçado a deixar a cátedra na Faculdade de Bolonha em 1938, em razão das leis raciais editadas por Mussolini seguindo o exemplo da Alemanha nazista, e, em 1940, refugiou-se em São Paulo, onde passou a lecionar na Faculdade de Direito. Além do magistério, Ascarelli celebrizou-se como parecerista e escreveu parte de sua obra no Brasil, mas em março daquele ano de 1946 havia retornado à Itália e reassumido a sua cadeira na Faculdade de Bolonha. Dessa época deve datar o convite feito por Ascarelli a San Tiago para se transferir para o magistério europeu. O convite não foi aceito, porém mostra a alta conta em que Ascarelli tinha San Tiago, não só pela sua cultura jurídica, mas pela revisão de sua posição ideológica reafirmada publicamente, cujo trânsito, para a defesa de renovados valores democráticos, esse exilado do fascismo italiano bem poderia avaliar.[33]

San Tiago ia à Europa pela primeira vez, e o seu destino era Paris, ainda o centro cultural da elite brasileira, na qual ele precocemente ingressara. Os preparativos da viagem foram cumpridos e a 14 de outubro de 1946, uma segunda-feira, San Tiago e Edméa subiram a bordo do vapor – como eram comumente chamados os navios transatlânticos – rumo a Marselha. Lançado ao mar em 1929, o *Campana* era um bom navio; com cento e quarenta e três metros de comprimento, cruzava a vinte e nove quilômetros por hora e transportava duzentos e setenta e nove passageiros em suas três classes, ao longo da linha Marselha, Rio de Janeiro, Santos, Montevidéu, Buenos Aires e Marselha.[34]

Com San Tiago, viajava o cientista Carlos Chagas Filho, casado com Anah Mello Franco, irmã de Afonso Arinos, seu amigo e então deputado por Minas Gerais pela legenda da UDN, mas a amizade dos professores era herdada: Violeta, mãe de San Tiago, era amiga da esposa de Carlos Chagas, o descobridor da vacina contra a doença que tomou seu nome e cujo filho seguia seus passos profissionais.[35] A viagem tinha os vagares da travessia do Atlântico feita por mar, então obrigatória aos brasileiros que iam à Europa. Carlos recordaria San Tiago vencendo boa parte do percurso absorvido nas leituras de mapas e livros sobre Paris e no preparo das conferências. Em Dakar, capital do Senegal, na costa ocidental da África, o *Campana* aportou por um dia, para reabastecimento; os viajantes passearam pela cidade, e San Tiago registrou em carta a beleza das africanas e o encontro com uma "África que não concebemos bem: a de negros livres".[36]

Ao chegarem ao destino, a primeira providência dos viajantes foi tomar uma *bouillabesse*, uma sopa de frutos do mar, prato típico da culinária francesa especialmente apreciado nos meses do outono e inverno nas cidades costeiras, das quais Marselha, banhada pelo Mediterrâneo, é a maior na França.[37] A 31 de outubro, uma quinta-feira, os viajantes partiram de Marselha em direção a Paris em um automóvel cedido por um cliente de San Tiago, sem limitação de consumo de gasolina – uma oportunidade raríssima em um país onde os principais bens de consumo eram ainda racionados.[38] O trajeto foi feito pela Provença, passando por Arles, Nîmes e Avignon, em seguida cruzando Lyon, com um pernoite em Chârleons Sur

Saône, a meio caminho de Paris.[39] Quarenta e cinco anos depois, Carlos Chagas recordaria a chegada à capital francesa, em um sábado, 2 de novembro de 1946: o amigo sentado ao lado do motorista ia descrevendo os principais pontos do percurso até o hotel, como se já tivesse visitado Paris, e não ele, Carlos, que, estudante, ali residira.

Dois anos depois da liberação da ocupação nazista, as marcas da guerra seguiam vivas na capital francesa. Ao contrário de tantas outras cidades europeias, Paris fora majoritariamente poupada da destruição pelas bombas nazistas e aliadas; mas não os franceses da dor, da ruína de vidas e esperanças, antes mesmo de as feridas da Primeira Guerra estarem cicatrizadas. Por toda a parte, em maior ou menor grau, os sinais da presença do invasor repontavam na memória dos parisienses e à vista dos visitantes. San Tiago isso pôde sentir ao chegar ao Hotel *Lutetia*, um belo e amplo prédio construído em estilo *art déco* em 1910, situado na esquina do *Boulevard Raspail* com a *rue de Sèvres*, à margem esquerda do Rio Sena. Um dos melhores hotéis da cidade e então um dos poucos a dispor de calefação em um ano em que o frio alcançou graus negativos inéditos, o *Lutetia* abrigara até dois anos e meio antes a sede do *Abwehr*, a seção de contraespionagem do Exército alemão. E com o fim da guerra, na Europa, em maio de 1945, havia sediado um centro de repatriação de judeus, trabalhadores e prisioneiros políticos sobreviventes dos campos de concentração e dos trabalhos forçados nas fábricas alemãs.[40]

As dificuldades da vida diária eram inúmeras a afligir os parisienses; as lojas estavam vazias, "não há leite, em mercado algum; muito pouco açúcar, pouco pão e carne", e "os sapatos ressoam nas calçadas, com suas solas de pau (solas de couro, um par por ano)", noticia em carta San Tiago. Contudo, um mercado negro ativo e disseminado abastecia os restaurantes de luxo, onde duas pessoas comiam "maravilhosamente, com vinhos excelentes, por mil a dois mil francos", enquanto um almoço frugal custava cinquenta francos, com o qual se contentavam os professores da Universidade de Paris, cujo salário orçava dezoito mil francos.[41]

Ainda assim, a vida intelectual da cidade retomava o seu ritmo, a qual os visitantes estrangeiros da América do Norte e do Sul, cujas economias haviam se beneficiado com o conflito acumulando reservas em moeda forte ante o franco francês, podiam desfrutar a preços extremamente favoráveis. San Tiago logo estabeleceu uma intensa programação. Depois do almoço, cumpria um roteiro detalhado de visita às livrarias; três semanas depois de sua chegada informava a Américo Lacombe que, em companhia de Augusto Frederico Schmidt, que se reunira ao amigo em Paris, "devastavam" livrarias, e já havia comprado "uns quinhentos livros, e na Itália e Inglaterra farei outro tanto".[42]

Livros e outros bens que a crueza da guerra havia tornado supérfluos abarrotavam os sebos e antiquários, cujas principais lojas ficavam à margem esquerda do Sena, não muito distantes do hotel *Lutetia*. Bibliotecas inteiras, com obras raras e recentes, eram vendidas a preços baixíssimos, e o leitor San Tiago, agora afortunado advogado, não mais sentia a angústia de dez anos passados, quando em São Paulo visitou a Livraria Francesa e não pôde comprar todas as obras que desejava. Os jantares em diferentes restaurantes seguiam-se a idas quase diárias ao teatro, "algo de vertiginoso o que há em Paris"; já "fomos [Edméa e San Tiago] várias vezes à *Comédie Française*", a principal companhia teatral francesa, que a cada dia apresentava uma peça diferente. No Teatro *Athené*, "vimos *a Folle de Chaillot*, última peça do Giraudoux", mas a peça que mais impressionou San Tiago foi o Hamlet, "na maravilhosa tradução de Gide".[43]

A 22 de novembro, San Tiago e Schmidt foram visitar a famosa Catedral de Chartres, próxima a Paris. San Tiago convidou o professor Elie Lambert, titular de História da Arte da Sorbonne e "daí resultou uma soberba visita, em que tudo ficou visto e sabido". Depois de um almoço em um albergue local, "com um vinho branco da Alsácia e tinto da Borgonha", retornaram a Paris, San Tiago já pensando quando poderia voltar a Chartres, então habilitado para melhor explorar os detalhes artísticos da belíssima catedral.[44]

A opressão que ao chegar a Paris San Tiago sentira e descrevera em carta a Lacombe – "a humilhação de entrar na [igreja] *Saint Germain-des-Prés* e não saber, de fato, [o que] significa, ter de se contentar com ridículas reações de gosto, do mais desinteressante subjetivismo" – ia sendo afinal dissipada.[45]

À parte a vida cultural, San Tiago acompanhava a cena política e encontrava intelectuais franceses. À queda do governo de Pétain, em março de 1944, não se seguiu um novo governo eleito. O general De Gaulle, o libertador de Paris aclamado nas ruas pelo povo em setembro daquele ano, formou um governo provisório com as forças que haviam se unido para clandestinamente resistir ao ocupante nazista. A tarefa inicial desse governo, que sob a chefia do conservador De Gaulle reunia correntes ideológicas distintas, entre elas os comunistas, além de prosseguir com a campanha militar, era institucionalizar a vida política do país, recuperar a economia e lidar com o processo de "depuração", a punição dos franceses colaboradores com o ocupante nazista entre 1940 e 1944.[46] Liberada Paris, antes de finda a guerra, a *dépuration* tivera início em meio a execuções sumárias de colaboradores, sendo levadas a julgamento as principais autoridades do governo de Vichy, inclusive o seu chefe, o marechal Pétain, que em 1940 firmara o armistício com a Alemanha.

Em meio a esse processo, cujos desdobramentos agitariam a sociedade francesa por muitos anos, foi eleita uma Assembleia Constituinte. De Gaulle defendeu que fosse fixada na nova Carta a preeminência do Poder Executivo sobre o Legislativo, proposta que desagradou às demais forças políticas, que reivindicavam maior participação no governo do país. Descontente com os rumos da Constituinte, em janeiro de 1946, De Gaulle renunciou à chefia do governo, enquanto o embate na Assembleia se dava na definição dos poderes do parlamento, que, na visão dos comunistas, deveria eleger o presidente da República, enquanto para os republicanos, no centro do espectro político, deveria haver prerrogativas maiores ao Executivo, assim como a criação do Senado. Submetido a referendo popular em maio de 1946, a proposta constitucional defendida pelos comunistas foi rejeitada pela maioria absoluta da população. A eleição da segunda Constituinte, verificada a 2 de junho, não deu aos comunistas e aos socialistas a maioria, alçando o Movimento Popular Republicano à primeira força política do país.

Em outubro de 1946, um mês depois da edição da Constituição brasileira e no mês em que San Tiago havia chegado a Paris, os franceses aprovaram em referendo projeto de Constituição que restabeleceu o Senado e estipulou uma considerável preeminência do Poder Executivo sobre o Legislativo, em comparação a outras democracias parlamentares europeias.[47]

O saldo desse jogo político foi desfavorável aos comunistas, que haviam emergido da resistência ao ocupante nazista com inusitado prestígio, mas, ao apoiarem o primeiro projeto de Constituição posto à consulta popular, viram o eleitorado decidir entre votar a favor ou contra o Partido Comunista francês, superada a oposição entre comunistas e fascistas vigente durante o conflito. Esse quadro San Tiago descreveu em carta a Rosita, esposa de Thiers, com quem mantinha uma viva correspondência, acrescentando que, naquele momento, não havia mais a possibilidade de a esquerda, comunistas e socialistas, se unir como havia feito na década anterior, quando a Frente Popular subiu ao poder e governou a França entre 1936 e 1937. Contudo, ao contrário do verificado no Brasil, o partido comunista francês seguiria participando ativamente da vida política e cultural do país.

Pouco depois, em dezembro de 1946, San Tiago, em companhia de Augusto Frederico Schmidt, prosseguindo seu roteiro cultural, almoçou com os escritores Paul Claudel e François Mauriac, em seguida à visita à novelista Collete, "talvez ferida de morte" em seu leito.[48] Não há outro registro desses encontros, assim como das conversas de San Tiago com Paul Reynaud, político conservador que assumira a chefia do governo francês em março de 1940, e com o historiador André Siegfried. Certamente intermediados pela Embaixada brasileira em Paris, San Tiago cumpria nesses encontros uma agenda variada: conhecer alguns escritores católicos que lera na década anterior e conversar com um político conservador, mas que se recusara a colaborar com o invasor nazista, e ter a visão de um historiador sobre os rumos da Europa no pós-guerra.

O essencial da obra literária do católico Paul Claudel, àquela altura com setenta e oito anos de idade, já fora escrito e ele nos últimos anos vinha se ocupando em publicar comentários bíblicos. Católico também, François Mauriac era dezessete anos mais moço do que Claudel e seus livros, lidos avidamente pelo jovem San Tiago, eram dominados pela contradição entre os sentidos e o pecado, a presença e a ausência de Deus.[49] Invadida a França pelos alemães, ambos os escritores reagiram ao colaboracionismo de alguns de seus colegas com o ocupante nazista, mas se insurgiram também contra os excessos que viram no processo de "depuração"; ao lado de outros intelectuais, em vão pediram a De Gaulle a comutação da sentença de morte imposta ao escritor e decidido colaborador do ocupante nazista, Robert Basillach.[50] Entre os condenados à morte, por manter "inteligência com o inimigo", mas sem ninguém a lhe defender o perdão, figurava Charles Maurras, o líder da *L'Action Française*, que havia saudado a presidência do marechal Pétain como uma dádiva divina ao povo francês; sentenciado à morte em janeiro de 1945, o septuagenário Maurras teve a pena comutada em prisão.[51]

Ao lado de alguma literatura, a "depuração" e as condenações que vinham de ser impostas aos principais chefes nazistas pelo Tribunal de Nuremberg, devem ter sido referidas por San Tiago nos almoços com os escritores franceses.[52] Já a política, em especial a renúncia de De Gaulle ao poder e o apoio popular a um regime parlamentar com fortes traços de presidencialismo, certamente foi o tema do encontro de San Tiago com o primeiro-ministro Reynaud, que em 1940 tentara resistir, com o apoio de Churchill, ao invasor alemão.

Substituído pelo marechal Pétain, que assinou o armistício com os nazistas, formando o governo colaboracionista de Vichy, Reynaud foi mantido preso por toda a duração da guerra; quando San Tiago o visitou, no outono de 1946, Reynaud voltara à Câmara dos Deputados, que redigia a nova Constituição francesa.[53] A conversa entre o experiente político conservador e próximo a De Gaulle – àquela altura com setenta e quatro anos, quarenta a mais do que San Tiago – terá sido especialmente interessante ao ex-radical que renunciara ao fascismo e já se identificava com a centro-esquerda. Já o encontro com André Siegfried terá dado a San Tiago uma perspectiva diversa da Europa. Professor de geografia no *Collège de France*, uma das mais reputadas escolas francesas, Siegfried escrevera uma vasta obra sobre as Américas, inclusive uma série de artigos sobre o Brasil, publicada em 1937. A San Tiago, Siegfried terá exposto sua visão sobre o novo cenário geopolítico mundial, notadamente a relação entre a América do Norte e a Europa, cujo mapa fora redesenhado pelo poderio militar da União Soviética.

• O conferencista na Sorbonne: desigualdade social

San Tiago partira inquieto do Brasil, pois ao embarcar não tinha conferências a fazer, não havia "encontrado as conferências"; sentia a necessidade de arrematar os textos das conferências com a "porcentagem de atualidade que toda aula deve ter, e que, em Paris, tem de ser a atualidade de Paris, e não a do Brasil".[54] E assim fez; desprezou o rascunho de bordo e escreveu a conferência diretamente em francês e ao chegar a Paris a leu a um escritor nativo, que fez apenas "meia dúzia de emendas".[55]

A 3 de dezembro, uma terça-feira úmida e sob o frio de seis graus, mas com uma sensação térmica de zero grau, em uma ampla sala sem calefação da Faculdade de Direito de Paris, San Tiago, trajando um pesado sobretudo, expôs a sua visão do Direito brasileiro e do Direito contemporâneo, quase sem fixar os olhos no texto, que praticamente dizia por memória em um francês sem falhas gramaticais e com boa pronúncia.[56]

San Tiago desdobra em duas partes o seu tema; na primeira, de ordem geral, trata dos efeitos da guerra sobre o Direito, e na segunda, específica, analisa o Direito brasileiro.[57] Retomando o núcleo da sua oração de paraninfo da turma de Direito da Faculdade Nacional de 1945, reclama a renovação do Direito à vista da realidade ditada pelo fim do conflito mundial, que evidenciara a "certeza de que as formas sociais sob as quais o mundo havia até então vivido tornaram-se incapazes de resolver os problemas do presente".

A seu ver, era possível, por exemplo, operar-se a eliminação "rápida e radical" da miséria, essa "praga do capitalismo", adotando-se novas formas jurídicas, capazes de reordenar a distribuição da riqueza, pois as formas existentes não alcançaram disciplinar "a progressão ilimitada da desigualdade social". Nesse sentido, era necessário identificar a tendência manifesta na legislação que se ia afirmando no trato dos fatos recentes do cotidiano, e a mais expressiva dessas era, sem dúvida, o deslocamento do centro de imputação de valores, da propriedade para o trabalho, como San Tiago já afirmara.

Referindo-se ao Direito Civil, matéria que lecionava, San Tiago mostra que este fora estruturado em torno da propriedade, e por essa razão as normas que o disciplinavam convertiam-se no centro de equilíbrio de todo o sistema jurídico. Esta era a "lógica do Direito Civil", e, em consequência, "do ponto de vista econômico, o homem não encontrava o seu equilíbrio social senão no momento em que se tornava proprietário", e aqueles que "dependiam, para sua subsistência, da contribuição ininterrupta de seu trabalho" careciam da segurança que só a propriedade, cercada de suas normas jurídicas protetivas, assegurava. Ou seja, a plenitude da vida social estava reservada ao proprietário e vedada ao trabalhador. Não era, todavia, aceitável, afirma San Tiago, que o trabalho não participasse desse processo, na escala devida, no momento em que se considerava a empresa moderna como principal geradora de riqueza.

As medidas tomadas nos diferentes sistemas jurídicos para corrigir essa desigualdade mostravam-se insuficientes. No Brasil, por exemplo, aponta San Tiago, era clara a desigualdade entre as regras de seguridade social, que privilegiavam os servidores públicos, civis e militares, em relação àquelas destinadas ao trabalhador privado. Nesse quadro, o "grande risco" a assombrar o trabalhador privado, era a cessação da sua vida laboral, e esse risco não poderia ser eliminado sem reformas estruturais na ordem econômica, capazes de responder a esse desafio. E, caso essas reformas não forem efetuadas, "a sociedade não poderá suportar a carga financeira da seguridade social".

Mas as mudanças necessárias não seriam realizáveis se o estudo do Direito não fosse reorientado para entender o fato econômico, tal como os antigos juristas haviam feito ao dirigir a sua reflexão à observação desembaraçada da sociedade e dos homens, propondo soluções equilibradas aos legisladores. Esse estudo era o desafio do Direito Comparado, capaz de cotejar os sistemas jurídicos, americano e europeu, e assim propor soluções hábeis.

A seguir, San Tiago contextualiza o Direito brasileiro no quadro geral do Direito europeu. Ao longo do século XIX, diz, o Brasil remanescera atado às normas medievais portuguesas e fora incapaz de editar um código civil, enquanto os juristas franceses haviam afirmado o seu Direito com os comentários ao seu código civil editado ao início daquele século, ao mesmo tempo em que os seus colegas alemães reinterpretavam o Direito romano, cuja influência era sensível no universo jurídico. Enquanto o Brasil buscara em vão encontrar o seu sistema de normas civis contemporâneas, o Direito europeu afirmara no início do século XIX as bases de uma ordem jurídica que só a Segunda Guerra, mais de um século depois, viera abalar.[58]

Já editados o Código Civil brasileiro em 1917 e o de Processo Civil em 1939, o Brasil, em meados do século XX, ainda buscava afirmar o seu Direito. San Tiago critica a multiplicação de recursos e de incidentes previstos no novo código de processo que contribuíam para a demora da decisão final do feito. E registra a tendência dos juízes à prolixidade das longas sentenças, amparadas em copiosas citações, e aponta o estilo incontido dos advogados, citando aí a influência, mal recebida, de Rui Barbosa; os advogados brasileiros, embora aguerridos, inclinam-se à verbosidade, perdida a "simplicidade severa" que o Direito recomenda.

A percepção direta da realidade tal qual ela se apresentava era o desafio posto à reflexão do verdadeiro jurista, e não a "dóceis malabaristas, repetidores de fórmulas [jurídicas] vencidas".[59]

A impressão da plateia de professores sobre a primeira conferência de San Tiago foi extraordinária, surpreendendo-o e aliviando-lhe da angústia que o tomara dias antes, "um dos transes mais arriscados e imprudentes da minha vida, em que não consigo ainda falar sem certo tremor".[60] À exceção de um dos professores que havia dito poder assistir apenas à primeira das conferências, todos os demais contrariaram as negativas antecipadas e foram assistir ao jovem professor brasileiro falar pela segunda vez. Os principais professores de Direito Civil da França, e outros, belgas e suíços e provavelmente o seu amigo Tullio Ascarelli, autores de obras muito lidas, no Brasil inclusive, estiveram presentes à segunda conferência de seu colega brasileiro, realizada a 10 de dezembro.[61]

Seguiu-se à segunda conferência, escreve San Tiago a Antônio Gallotti, "um despencar de convites, duas e até três recepções por dia, às vezes nas extremidades opostas de Paris".[62] San Tiago registra o contraste entre a vida científica no Brasil, "onde sempre se faz algo que nos deixa bem com os outros, e quase bem com nós mesmos", e em "Paris, [onde] vai-se às escolas, entra-se na Faculdade de Direito, [e] há vinte mil estudantes vindos de todo o mundo, e fica-se humilhado por não se ter nada essencial a dizer". Esta cena, tão diversa da experiência universitária brasileira, era desconcertante ao professor que então já contava com mais de dez anos de magistério e nele somava quatro cátedras; "sente-se que a atenção que nos vai ser dada é no fundo cortesia. Pela primeira vez a nossa cabeça roda com a necessidade de ser homem de estudos".[63]

Pouco depois de encerradas as conferências em Paris, San Tiago aceitou a oferta que foi lhe feita de adquirir a biblioteca do jurista italiano Giuseppe Messina, falecido havia dois meses, e arrematou os seis mil livros e três mil opúsculos que a compunham. Mas logo um problema imediato, e que bem dizia do ambiente cultural que o esperava de volta ao Brasil, se interpôs: ao cruzar as fronteiras nacionais, a biblioteca seria taxada pelas autoridades alfandegárias nativas. A solução foi pedir ao amigo Thiers Martins Moreira providenciar a legalização do Instituto de Direito Comparado do Rio de Janeiro que San Tiago já vinha considerando formar, e em nome do Instituto despachar os livros, e assim salvá-los da estúpida voracidade fiscal.[64]

• Angústia

Feitas as conferências e cumprida a intensa programação que a elas se seguiu, a estadia em Paris, "nesta cidade, onde a existência ganha um novo sentido", chegava ao fim. O destino seguinte era a Itália, mas San Tiago decidiu ir a Saint Moritz, nos Alpes suíços. O propósito era descansar sob o frio seco de vinte graus negativos das montanhas geladas. O *Survetta Hotel*, erguido pouco antes da Primeira Guerra e situado a dois quilômetros de Saint Moritz, uma das mais sofisticadas estações de inverno suíças, era refinadíssimo. San Tiago em carta descreve detalhadamente o seu ambiente silencioso, os hóspedes trajados a rigor para o jantar, e servidos por empregados impecavelmente fardados, lamentando apenas o seu preço não permitir uma estada mais longa, embora, observa, "menos [caro] do que o Quitandinha, [luxuoso hotel-cassino, localizado na cidade de Petrópolis, próximo ao Rio de Janeiro]".[65]

Naquela época do ano, nos Alpes suíços "a paisagem é uma só coberta de neve, de onde emergem os pinheiros, como milhares de árvores de natal", e, em um domingo de sol, San Tiago e Edméa, em companhia de Schmidt que, com a sua esposa, Yeda, a eles haviam se reunido vindos de Paris, foram à missa em um vilarejo próximo. Em uma "igreja deliciosamente alemã", San Tiago surpreendeu seus companheiros de viagem ao comentar o sermão feito em alemão e a se dirigir aos habitantes locais falando um alemão fluente.[66]

A paz das montanhas geladas, no entanto, não acalmou a inquietação sentida em Paris, e que San Tiago extravasa em carta ao amigo Antônio

Gallotti. Apesar do sucesso das conferências, sentia-se tomado de um ceticismo absoluto. Essa sensação era fruto de uma dúvida obsedante: onde encontrar a motivação a animar a sua inteligência?

As conferências de Paris, tinha certeza de as ter escrito "sem interesse e sem convicção", como antes fora capaz de "inventar" que se interessava pelo Direito de Vizinhança e, acreditando nessa fabulação, tivera uma "grande satisfação em escrever e defender a sua tese" sobre essa matéria; porém, agora, "quando inventei a formação do direito brasileiro, compreendi a mediocridade dessa fabricação". A sua inteligência, diz, não era um instrumento "para vencer um problema, mas inventar problemas e improvisar curiosidades", essa "a verdadeira pequenez" da sua vida intelectual e, por isso, "sei que não sou um grande homem embora tenha uma inteligência de grande homem". San Tiago acreditava que a sua inteligência carecia da legitimidade de uma motivação maior, que condicionasse e sancionasse a sua ação. Faltaria grandeza à sua inteligência, pois esta, diz, "só é grande se recebe da sua vocação, da sua experiência ou do seu amor, ou de qualquer outra origem, um legado, para cultivar"; e concluía, dramaticamente: "o que podemos fazer de grande é o que está em nosso legado, fora daí tudo é inteligência alugada, é advocacia".[67]

Qual seria o legado recebido por sua inteligência que o projetaria além da advocacia, além da "inteligência alugada"? A Política, mas esta demoraria a se materializar.

• Itália

A angústia de San Tiago não subsistiria por muito tempo. Ele cuidou de absorvê-la pela forma habitual: muita leitura e vontade de conhecer e sintetizar o que via interessante à sua frente. Livros e a Itália, que o esperavam, eram a jornada ideal, capaz de lhe retemperar o ânimo.

Além de livros de arte que ia comprando, o grande sucesso literário do momento era o romance *Escuridão ao meio dia*, título da versão em inglês, – *Do Zero e o infinito*, na francesa e na brasileira, bem mais tarde publicada. O tema eram os expurgos de membros históricos do partido comunista soviético e de opositores do regime, ou assim apontados pela polícia política de Stálin na década anterior, e o autor, Arthur Koestler, húngaro e ex-militante do partido comunista, era um jornalista e publicista em língua alemã já conhecido em toda a Europa. San Tiago lia também a história do rei Davi, escrita pelo inglês Duff Cooper, autor de uma biografia de Talleyrand, padre e diplomata francês no final do século dezoito, cuja astúcia política serviu a Napoleão. Cooper fora um fiel correligionário de Churchill quando o líder inglês no início de 1939, isolado por seus pares, denunciara o risco de a política externa de Hitler levar à Europa à guerra; liberada a França em 1944, Cooper foi nomeado por Churchill embaixador em Paris, e nesse posto foi uma das figuras mais influentes nas complexas relações diplomáticas europeias que então se rearticulavam.

Os expurgos ordenados por Stálin figuram no seco romance de Koestler, eviscerando a realidade política da União Soviética e acendendo uma viva polêmica entre defensores e opositores do regime no estrangeiro. Os próprios comunistas europeus viram-se surpreendidos pelo realismo da obra, e o paralelo entre o regime stalinista e a repressão nazista mostrou-se inevitável.[68] San Tiago viu em comum entre a biografia de Davi e *O zero e o infinito* o fato de as duas obras tratarem de política; em Davi havia "a constante do grande líder" e no livro de Koestler estava a chave para entender "o desenlace irresistível de um sistema de ideias" cujos criadores foram afinal as principais vítimas.

A leitura seguinte concentrou-se nos livros de arte e nos guias das cidades italianas, Milão a primeira delas. Sob um frio de vinte graus negativos, que "diminuiu a intensidade panorâmica do Lago de Como", a 18 de dezembro San Tiago e Edméa deixaram cedo St. Moritz, em um ônibus que chegou à noite à capital da Lombardia.[69] Depois do jantar, San Tiago encontrou-se com o professor Enrico Tullio Liebman, que havia lecionado na Faculdade de Direito de São Paulo ao lado de Tullio Ascarelli, ambos banidos pelas leis raciais do fascismo italiano.[70] Na manhã seguinte, San Tiago lançou-se à visitação de monumentos e museus. O primeiro destino foi o *Duomo*, a catedral no centro de Milão, a poucos metros da *Piazza de San Sepulcro*, onde, havia vinte e quatro anos, Benito Mussolini fundara o *fasci di combattimento*, que encantara o jovem San Tiago.

O mural da Santa Ceia, pintado por Leonardo da Vinci no convento de *Santa Maria delle Grazie*, não escapou às suas considerações: "a deterioração da *Ceia* não diminui a força sugestiva de uma primeira visita, (...) o poder de totalizar, e sobretudo a ambição de totalizar, essencial a Leonardo da Vinci, dão às suas obras esse caráter de perfeição extrema".[71] San Tiago registrava em Da Vinci o que buscava em si próprio; ver a cena ampla e dela extrair uma síntese. "De muitos, um", seria o *ex-libris* de sua biblioteca.[72] Esse o desafio que pusera à sua inteligência e achava-se refletido em sua permanente preocupação em descrever e analisar o que via, expressa nas longas e sucessivas cartas enviadas aos amigos.

Três dias depois, San Tiago e Edméa seguiram para Florença, onde permaneceram dois dias. A visita aos principais monumentos e museus perturbou San Tiago "pelo excesso, sempre imprevisível, da cidade e da sua atmosfera genial que preside a todas as coisas". Ao final da manhã do dia 24 de dezembro, o casal seguiu em direção a Roma, e, já sob um "belíssimo sol e um céu magnífico", cruzaram a Toscana passando por Siena, "de um encanto irresistível, [da] família de Ouro Preto", e a chegada a Roma foi "brusca, passamos o Tibre pela ponte Mussolini", [hoje ponte Flamínia], o acesso rodoviário aberto ao norte da cidade.[73]

Não se tem carta de San Tiago descrevendo a sua estadia em Roma, mas ela certamente trouxe à sua memória o jovem ideólogo do início dos anos 1930.[74] As marcas do regime de Mussolini eram ainda visíveis e, muitas delas, jamais despareceriam inteiramente. Embora inúmeros fascistas houvessem perdido seus cargos, e alguns integrantes da República de Saló houvessem sido fuzilados ainda antes do final da guerra pelos *partigianni*, a começar pelo próprio Mussolini, o processo de depuração na Itália não teve a intensidade nem a severidade da *dépuration* francesa. Depois de vinte e um anos de existência, e no norte do país vinte e três, o regime fascista alcançara e absorvera em seu processo ditatorial os italianos, o que impedia a imputação de colaboração com o regime em índice análogo ao que ocorrera na França em relação ao invasor alemão.

Formado o novo governo italiano, o ministro da Justiça, o comunista Togliatti, concedeu anistia a todos autores de crimes políticos cometidos no regime anterior. E em meados do ano seguinte, pouco mais da metade dos italianos, e pela primeira vez somando o voto feminino, decidiu em plebiscito banir a monarquia, e o novo parlamento, no qual os democratas cristãos alcançaram a maioria das cadeiras, seguidos dos socialistas e dos comunistas, começou a redigir uma carta republicana.

Ao San Tiago chegar à Itália, as discussões prosseguiam, e só ao final daquele ano de 1947 seria o novo texto constitucional aprovado. As forças de esquerda nele inscreveriam os direitos sociais - o direito ao trabalho, a um salário mínimo, à educação, à saúde e também o direito de os trabalhadores participarem dos lucros das empresas. A sua vez, os democratas cristãos conseguiram renovar, em certa medida, a concordata com a igreja católica firmada com Mussolini em 1929, assegurando ser o catolicismo a religião oficial do estado italiano, e manter a proibição ao divórcio.

Na vida diária, a herança do regime fascista era mais sensível no custo brutal do conflito; em 1947, os preços haviam superado mais de cinquenta vezes os índices do período imediatamente anterior à guerra, e três milhões de italianos achavam-se desempregados.[75]

Não se tem as cartas de San Tiago datadas de Roma, exceto uma enviada a Plínio Doyle, cujo teor são as suas finanças; nela San Tiago instrui seu amigo e procurador sobre o recebimento de seus vencimentos na Universidade, o pagamento de empréstimo e a tomada de novos dos bancos, e sobre as remessas a serem feitas em seu nome, para fazer face as despesas de viagem, que se acumulavam: "quanto aos US$ 2.225,00 [que devo, escreve San Tiago] [a]o Schmidt, indicarei por telegrama a praça para onde devem ser transferidos. Quanto aos meus US$ 2.725,00, pode você providenciar para que sejam transferidos a Londres, indicando como meu endereço a *Brazilian Embassy*", pois este seria o próximo destino de San Tiago. Em resposta, o diligente Plínio informava haver remetido os dólares pedidos – "equivalente a £ 676 libras [esterlinas], que em nossa moeda com as despesas de remessa e telegrama, atingiram a Cr$ 51.161,00" –, para a Embaixada do Brasil em Londres, "onde espero que v. receba o dinheiro", e informava sobre os vencimentos de empréstimos que havia liquidado, um deles tomado juntamente com Antônio Gallotti, e outro ao banco Moreira Salles; este, Plínio informa que iria liquidar também, mas falaria antes com o "Walther Salles, que é seu amigo".[76]

A 30 de dezembro, Edméa retornou ao Rio de Janeiro, de avião, pela rota inaugurada no ano anterior e operada pela Panair do Brasil. Com o seu retorno, San Tiago achava-se "terrivelmente só e sem esperança de receber notícias [dos amigos] antes de meu retorno a Paris".[77] De Roma, San Tiago foi a Nápoles e a 8 de janeiro, em carta ao amigo Hélio Vianna, queixa-se de raramente poder dispor "de uma hora completa para escrever" aos amigos, aos quais pedia que não fizessem dele "um enxadrista célebre que joga dez partidas simultâneas". Na verdade, San Tiago precisava estar em contato permanente com os seus amigos; sentia necessidade de registrar o que via, porque a eles escrever era "a maneira de fazer mentalmente esta viagem na companhia de vocês, e, portanto, de lutar contra o que ela realmente tem de mau", a solidão que sentia.[78]

O céu azul que encontrara na Toscana fora substituído por uma "neve inteiramente excepcional" que o acompanhara até quase a entrada de Nápoles. Contudo, a viagem mostrava-se tão essencial quanto a ida a Florença, pois Nápoles era "a beleza em seu apogeu" da Costa Mediterrânea. E San Tiago descreve o que via em quatro páginas cheias pela sua letra clara e lançada. Comenta a sua ida a Pompeia, cujo alto grau de coletivização a que chegaram os romanos o surpreendeu, e acha espaço para dizer que estava "honrando como posso a cozinha napolitana"; "entre os restaurantes clássicos de Nápoles, os mais interessantes são o *Zi Tereza* e o *Bersaglieri*, no porto, junto ao mar, com orquestrinhas impossíveis de barulho, e cançonetas napolitanas. Lembrei-me dos nossos almoços de outrora, comendo *mozzarella in carozza*. Outros pratos: *zuppa di pesce, fritura de triglia e calamari*, pizza (*con o senza alici*). Vinho: capri".[79]

• A experiência inglesa

San Tiago deixou Roma com destino a Paris, onde ficou por alguns dias; pelo final do mês de janeiro de 1947, de trem, seguiu para Londres, via Bruxelas[80]. A cidade que encontrou tinha ainda abertas as feridas da guerra em muitos de seus pontos, ao contrário de Paris. A Grã-Bretanha lutara desde o primeiro dia do conflito, em setembro de 1939, até o seu desfecho na Europa, em maio de 1945. Seus soldados combateram na Europa, na África e na Ásia, e a sua população, especialmente nas maiores cidades, sofreu pesados bombardeios aéreos alemães, e, finda a guerra, seguia sofrendo as provações de uma economia exausta pelo conflito. Londres fora bombardeada no segundo semestre de 1940, no início do ano seguinte e outra vez ao final de 1944 e começo de 1945, então pelas bombas voadoras, os foguetes alemães teleguiados, V-1 e V-2.[81]

Mas a vitalidade da política inglesa era notável. O novo governo trabalhista já estava no poder havia mais de um ano, e muitas das reformas do *Plano Beveridge*, do qual surgiria o *Estado de Bem-Estar* inglês, seguiram sendo implantadas, assim como já surtiam efeito as medidas previstas no plano de reconstrução urbana de Londres, também elaborado em 1943.[82] A intervenção do Estado na economia cresceu com a estatização das minas de carvão, ferrovias, empresas fornecedoras de energia elétrica e de gás, tendência verificada também na França e reafirmada na Itália. San Tiago podia ver, diretamente, nessas medidas – a intervenção estatal, e não do governo, como se dava no Brasil, cumprida nos termos das leis votadas pelo Parlamento – a afirmação do novo trabalhismo inglês, cuja defesa ele já fizera ao propor o debate do *Plano Beveridge* quando de seu lançamento em 1942, e cuja afirmação entre nós ele procuraria defender ao retornar à ação política na década seguinte.

Valendo-se dos contatos que havia feito à frente da Faculdade de Filosofia, San Tiago visitou o Departamento Latino-Americano do *British Council* e propôs um estágio na Inglaterra de um historiador brasileiro para "estudo de pontos de contato dos dois países e para a formação metodológica do próprio historiador". Para tanto, indicou o seu amigo Hélio Vianna, a quem informa que "o estágio foi aceito dentro das seguintes condições: moço, professor de ensino superior, saber inglês, pesquisador comprovado", e acrescenta, ironicamente, que o amigo cabe no terceiro requisito, preenche mal o primeiro, mas "é obvio que responde ao conjunto, tanto que a história em questão é a do Brasil". Na mesma carta, San Tiago adverte Hélio para desde já cuidar dos trâmites burocráticos no Brasil, que não seriam pequenos.[83]

De Londres, San Tiago foi a Oxford; embora breve, a visita à universidade inglesa o impressionou vivamente: uma cidade "aparelhada para tudo que a inteligência possa exigir", mesmo estando o país emergindo de uma guerra devastadora, onde faltavam os gêneros essenciais à população, inclusive carvão para aquecer o inverno mais frio do século.[84]

• O mundo árabe

De Londres San Tiago seguiu em direção a Paris, e daí a Lisboa, a 25 de fevereiro de 1947. Em um Dakota - um bimotor DC-3, de fabricação norte-americana, assim renomeado pelos ingleses - "voando sobre a Espanha, subitamente, a terra acabou, e o mar se apresentou na linha alongada da costa portuguesa", anota sua chegada a Portugal.[85] San Tiago hospedou-se no Hotel *Aviz*, no qual pagava cerca de CR$ 95,00 cruzeiros, e o seu vizinho de quarto era o rei Umberto II, deposto do trono da Itália pelo plebiscito que no ano anterior havia banido a monarquia.[86] Mas, por uma noite apenas, pois, como informa a Américo Lacombe, iria, no dia seguinte, "fazer uma viagem ao Marrocos, muito importante para mim. Aliás, tenho estudado o mundo árabe a sério", diz, e a 26 de fevereiro iniciou o seu périplo africano, com destino a Tanger, a primeira escala de um roteiro que incluía Rabat, Casablanca, Agadir, Marrakech, Fez e Tampur, lamentando, contudo, "não poder ver o centro de ramificação histórica em atividade, que não é o Magreb mas a Arábia de Ibn Saud".[87]

San Tiago percebeu um dos efeitos mais significativos da guerra, porém não tão visível àquela altura: a reconfiguração geopolítica que teve por centro a maior província de energia fóssil do planeta. Apoiado pelos britânicos, Ibn Saud desde o início da Primeira Guerra combatia os inimigos da sua família, e em 1932 fora proclamado rei da Arábia Saudita; os seus domínios se estendiam do Iêmen, a oeste, ao Golfo Persa e ao Kuwait, a leste, o que lhe permitiu assegurar o acesso dos peregrinos aos sítios sagrados muçulmanos de Medina e Meca e o controle das maiores bacias petrolíferas do mundo. A exploração dessas imensas reservas de petróleo se fez inicialmente com o apoio das companhias inglesas, mas em 1946 foi fundada a *Arabian American Oil Company* (Aramco), tendo início a produção de petróleo em larga escala.[88]

Ao afirmar que a ramificação histórica do mundo árabe centrava-se nos domínios da Arábia de Ibn Saud, San Tiago, que dali a pouco participaria da direção de uma refinaria privada de petróleo no Brasil, estava em dia com a geopolítica mundial, cujos parâmetros se iam definindo com crescente complexidade, e não só em relação à Europa. Se nesse continente o centro do poder militar se deslocara para Moscou e logo achou o contraponto no poderio norte-americano, o centro da produção de petróleo, a matéria-prima da qual o mundo dependia e seguiria dependendo fortemente, a começar pelas forças militares, estava fincado na Arábia de Ibn Saud, e já entrelaçado aos interesses dos Estados Unidos.

O Marrocos que San Tiago encontrou achava-se ainda sob controle francês, que no começo do século lhe havia sido cedido pelos ingleses. Nas duas décadas seguintes, o país sofrera uma grande transformação devido às obras realizadas pelos franceses, que construíram portos, abriram estradas e implantaram uma ferrovia ligando os principais pontos do território, o que não impediu a fermentação de um ativo nacionalismo local. A derrota diante dos alemães em 1940 havia comprometido definitivamente o prestígio da França, e em 1943, em seguida ao desembarque norte-americano no norte de África em novembro anterior, Roosevelt prometeu independência ao país; dali por diante, os nacionalistas desafiariam abertamente a presença francesa.[89] Quando San Tiago lá chegou, os choques eram constantes, e certamente lhe interessou verificar pessoalmente, em uma das colônias africanas, como a transição desse estado de dependência iria se dar; uma questão acesa, e cujos desdobramentos mostravam-se irreprimíveis em outras colônias europeias, e, no caso de Portugal, ainda o alcançariam à frente do Ministério das Relações Exteriores quinze anos depois.

- **Portugal**

De volta a Portugal, San Tiago cumpriu uma agenda intensa de visitas e encontros. Além de reuniões com juristas portugueses, beneficiou-se, nos contatos que fez com os seus colegas advogados lusitanos, da forte ligação entre os governos brasileiro e português. Lisboa era então um dos mais importantes postos da diplomacia brasileira no exterior, e ao final do Estado Novo, João Neves da Fontoura, que por um breve período fora sócio de Augusto Frederico Schmidt – quando San Tiago dele se aproximou – lá fora embaixador; e, àquela altura, ao início do governo Dutra, João Neves da Fontoura era o ministro do Exterior.

Sempre acompanhado de funcionários do governo, inclusive do Serviço de Informação e Imprensa, onipresente na vida portuguesa, fato que deu a San Tiago a exata noção do rigor autoritário da ditadura salazarista, ele percorreu as principais cidades do país. Foi ao Porto e a Coimbra, onde foi recebido pelo diretor e professores da célebre Faculdade de Direito e visitou a sua famosa biblioteca. Na capital seus colegas lisboetas ofereceram-lhe um jantar no Círculo Eça de Queiroz, então um dos centros da vida cultural do país.[90]

Nas cidades portuguesas, San Tiago via "um misto de cidades brasileiras" de que estava "muito precisado" depois de vários meses ausentes do Brasil. Em Lisboa visitou os bairros lisboetas "que temos na cabeça", e nela recordou o porto de Santos, onde, dezesseis anos antes, desembarcara rumo a São Paulo para iniciar sua vida política, então fortemente identificada ideologicamente com o regime de Salazar, que atravessou incólume a guerra e a derrocada do regime fascista italiano, tão caro ao ditador português.

No bairro Alto de Lisboa, San Tiago fez no restaurante *Machado* um jantar absolutamente português, "com caldo verde, atum cozido e vinho verde, ouvindo fados castiços". E presenciou uma "cena bem portuguesa, a prestigiosa chegada ao restaurante, pelas 11h00, do toureiro João Núncio, com capa ribatejana de gola de peles, o ar de superioridade mais engraçado possível (porém simpático), e um pequeno séquito honradíssimo da companhia".[91]

A luminosidade de Lisboa contrastava o escuro de Paris, "ao quase negro de Bruxelas, ao marrom avermelhado de Londres"; e as casas portuguesas, muito claras, resplendiam à luz de um sol franco e constante. Era, diz San Tiago, o prazer de "sentir a escala brasileira de novo". A 20 de março de 1947, uma quinta-feira, San Tiago encerrou a sua longa estadia europeia. Às 5h da tarde, no Aeroporto da Portela, em Lisboa, embarcou no *Constellation*, da Panair do Brasil, com destino ao Rio de Janeiro.[92]

Naquela mesma manhã, registrou em entrevista à imprensa lisboeta o "difícil momento de transição" vivido pelos países europeus e em certa medida pelos americanos, pois alguns desses países aspiravam preservar um sistema social que existia antes da guerra, mas por ela destruído na sua razão de ser, enquanto outros países "compreendem que a sobrevivência e a expansão das nacionalidades dependem de uma clara distinção entre as normas da vida tornadas obsoletas pela mudança dos tempos, e os grandes valores permanentes que temos de compreender e defender".

San Tiago afirmava a sua tese exposta nas conferências de Paris, porém esta, ao defender a reforma social que incorporasse a dolorosa experiência da guerra na rejeição às ditaduras, não seria bem recebida pelo regime de Salazar, o que explica a referência, introduzida por San Tiago em sua fala, à defesa dos "grandes valores" a serem "compreendidos e defendidos", mote sempre caro à reação conservadora de direita. Por essa linha, San Tiago arremata a entrevista, com uma frase retórica e vazia, porém ao gosto da dura censura à imprensa, então vigente: Portugal era "um daqueles países que se mostraram aptos a compreender e guardar a sua posição histórica, e a fazer da sua cultura uma força viva modeladora de instituições e produtora de acontecimentos". A defesa dos valores caros a Salazar seguiria imobilizando econômica e socialmente Portugal pelos anos vindouros; a sua posição histórica não modelaria instituições e tampouco produziria acontecimentos; e a ditadura salazarista sobreviveria a San Tiago, vencida dez anos depois de sua morte em 1964.[93]

• Novas Fronteiras

O desejo de San Tiago de viver intensamente a cultura europeia, que antes seguira por suas leituras, fora realizado, e ele sentia, plenamente, o valor dessa experiência. "Estou, escreve à amiga Rosita Moreira, alegre, feliz, confiante, certo de que a imensa força vital que guardo no meu peito não precisa de nenhum golpe lotérico para fecundar a minha vida. Não fiz livro nenhum, não tomei governo nenhum, mas ainda ontem, no avião, lembrei-me do pensamento que tive em outras viagens de que, se morresse, teria fracassado. Isso não me ocorre mais".[94]

Ao longo de cinco meses, entre outubro de 1946 e março de 1947, ele esteve por mais de cinquenta dias em Paris, conheceu o Mediterrâneo em Marselha, por onde chegou à Europa, e o viu outra vez, na costa napolitana. Passou o Natal e o Ano Novo em Roma vindo da Suíça cruzando o norte da Itália, e subiu do sul da França até a capital. E foi a Londres e a Oxford, no caminho conhecendo Bruxelas, e em retorno ao Brasil deixou a Europa por Lisboa, como seus antepassados haviam feito três séculos antes. Viajou ao norte da África, viu o agonizante colonialismo europeu e sentiu o Oriente ainda largamente misterioso, onde se localiza a mais cobiçada fonte energética do planeta, e cujo domínio iria inquietar aquela região pelo restante do século XX e até os dias de hoje.

Na França, San Tiago encontrou a vida acadêmica que imaginara possível, no convívio breve, porém intenso, que manteve com seus colegas de ofício, e conheceu professores e autores, entre eles romancistas que lia desde a mocidade. Mas, sobretudo, viveu a cultura europeia que renascia em liberdade, exibindo uma forte demanda reprimida que os seus atores se esforçavam por atender com redobrada energia. Viu a Europa destruída pelo fascismo e pelo nazismo iniciar a sua reconstrução, desfeita, todavia, mal a paz fora proclamada, a aliança que unira em combate a União Soviética aos seus aliados.

Na Inglaterra, o conservador Winston Churchill fora derrotado nas eleições parlamentares realizadas dois meses depois do fim do conflito, e deixara o governo em mãos dos trabalhistas, situação análoga experimentada por Charles De Gaulle, o herói da resistência e da liberação francesa, que também deixou o poder depois de liderar e não conseguir manter um governo de coalizão em seguida à expulsão do ocupante nazista. Na Itália, a República fora instituída por um plebiscito, o rei exilado e uma nova Constituição fora votada, enquanto a Alemanha, derrotada, destruída e dividida entre as quatro maiores forças vitoriosas, cuidava de se reerguer e afastar a herança nazista.

Outra era a realidade dos países da Europa Central e dos Países do mar Báltico. Neles a ocupação nazista fora substituída pela ocupação soviética, no curso da contraofensiva do Exército vermelho às forças alemãs. Em março de 1946, na Universidade de Fulton, no estado norte-americano do Missouri, na presença do presidente Harry Truman, Churchill, em mais um de seus célebres discursos e agora não mais à frente do governo inglês, denunciou a política expansionista soviética: uma "cortina de ferro" descia sobre os países da Europa subjugados pelo Exército soviético. E, treze meses depois de a guerra haver terminado no Pacífico, em setembro de 1947, Churchill, na Universidade de Zurique, pregou a união dos países europeus ocidentais, nesse propósito insinuando uma articulação econômica e militar sem a qual a seu ver não seria possível conter a projeção da União Soviética na Europa.[95] Churchill estava ciente do fato incontestável de que a vitória sobre o nazismo não teria sido possível sem a decisiva participação dos soviéticos no conflito – a um custo de cerca de vinte e sete milhões de vítimas – e mais, de que o triunfo significara a derrota do regime de Hitler, e não do regime totalitário liderado por Stálin. Assim, aos olhos do líder inglês, o enfrentamento entre as democracias ocidentais, notadamente a maior delas, e o comunismo soviético afigurava-se inevitável, e Churchill o antecipava, buscando aliados para esse novo confronto cujo delineamento ainda não se tinha preciso, mas já se sabia em curso.[96]

Stálin reagiu prontamente à denúncia de Churchill, afirmando que os países fronteiros à União Soviética, ocupados por suas tropas, constituíam a faixa territorial de segurança do Estado soviético e este, por essa razão, outorgava-se o direito de assim se resguardar. E, no plano interno, desde o fim da guerra, Stálin vinha aferrando, uma vez mais, o controle absoluto da vida dos soviéticos; novas prisões, expurgos, e integrantes da direção do Partido Comunista foram silenciados, todos submetidos ao comando singular e indisputado do líder soviético. A seguir, em 1947, Hungria, Romênia e Polônia foram inteiramente submetidas ao controle político e militar de Moscou, a Tchecoslováquia vindo a ter o mesmo destino no ano seguinte; em todos esses satélites soviéticos, como ficariam esses países conhecidos no léxico da Guerra Fria, os novos governos locais seriam obedientes à linha de Moscou.[97]

Em extremos que se iam configurando em contornos nítidos, situavam-se as duas potências militares que emergiram do conflito, a União Soviética e os Estados Unidos. Mas, ainda assim, ambas haviam se unido a cerca de quarenta outros países e constituído, em abril de 1945, a Organização das Nações Unidas, com a esperança de esse novo organismo ter a voz que faltou à sua antecessora, a Liga das Nações.

Esse novo quadro de forças e tensões políticas desenhara-se à frente de San Tiago em 1946, em sua viagem pela Europa. No centro dos acontecimentos mundiais, San Tiago vira ocorrer transformações significativas cujos desdobramentos prosseguiam: o abalo, cujo desfecho seria inexorável, do colonialismo na África e na Ásia, a expansão do comunismo soviético pela Europa Central, o nascimento do comunismo chinês, a consolidação da nova matriz energética mundial no Oriente Médio e a afirmação do poderio econômico dos Estados Unidos e do poderio militar da União Soviética.

• Guerra Fria

A guerra do Pacífico, finda com a rendição do Japão em agosto de 1945, três meses depois do término do conflito na Europa, fora sempre distante da sociedade brasileira, geográfica e culturalmente. Porém, o seu epílogo transformou a natureza da confrontação bélica. A detonação de duas bombas atômicas nos céus de Hiroshima e Nagasaki, que demandou o voo de apenas dois aviões bombardeiros norte-americanos, dizimou em segundos as duas cidades, matando cerca de cento e cinquenta mil pessoas, e impôs uma realidade ainda mais aterrorizante do que aquela vivida nos combates até então travados. Contudo, a superioridade bélica norte-americana assim alcançada, e a contrabalançar o poderio militar terrestre soviético, trazia em si um paradoxo: ela se verificava pelo emprego de uma arma singular cujo efeito era único – a devastação completa do território inimigo; essa possibilidade trouxe imediata inquietação à Europa. A nova arma, porém, como logo ficou claro, era de utilização extrema, ao contrário do poderoso Exército soviético que servia diretamente ao jugo político, como mostrava a ocupação territorial pelas suas tropas dos países da Europa Central. Não por outra razão as armas atômicas, que a União Soviética logo desenvolveria também, jamais viriam a ser usadas; brandidas como ameaça letal, restariam retidas em seus respectivos arsenais, como Stálin previu ao afirmar serem elas assustadoras apenas a quem tivesse "nervos frágeis", visão que o levou a adotar uma política externa de absoluta intransigência na discussão de seus temas mais significativos, a começar pela unificação da Alemanha.[98]

Desenhava-se uma geopolítica ditada pelo medo de uma mútua e ampla dilaceração. E um dos primeiros movimentos nesse contexto verificou-se ainda durante a visita de San Tiago aos países árabes do norte da África.

A 12 de março de 1947, – oito dias antes do retorno de San Tiago ao Brasil – o presidente norte-americano Harry Truman, à vista da declaração da Grã-Bretanha de que não mais dispunha de meios econômicos e militares para garantir a segurança da Grécia e da Turquia diante de um possível domínio dos comunistas locais aliados a Moscou, estes já em luta aberta, anunciou ao Congresso a sua disposição de prover meios àqueles países para enfrentarem as forças de esquerda. Temiam os Estados Unidos e a Grã-Bretanha, unidos por uma estreita aliança política, o domínio do Mediterrâneo pela União Soviética; com o eventual apoio da Turquia e da Grécia, a sua frota naval posicionada no Mar Negro chegaria facilmente ao Mediterrâneo cruzando o Estreito de Bósforo, podendo então controlar o acesso ao petróleo da Arábia Saudita, cuja exploração começava a ser feita pelos norte-americanos, sucedendo aos ingleses.

Três meses depois, em junho, o sóbrio e competente general George Marshall, o ex-chefe do Estado Maior das forças aliadas na guerra e agora secretário de estado norte-americano, deixou Moscou depois de uma frustrada tentativa de acordo com Stálin sobre a sorte dos países europeus envolvidos na guerra.[99] A intransigência do líder soviético ancorava-se em uma crença e em um dado da realidade: respectivamente, o regime capitalista não tardaria a enfrentar uma nova e grave crise econômica, como ditava a profissão de fé leninista; e o prestígio político alcançado pela União Soviética devido à sua atuação na guerra ao nazismo e refletido nos inéditos índices de aceitação dos partidos comunistas nos países democráticos europeus, sobretudo na França e na Itália.[100] A situação econômica e social nos países diretamente afetados pelo conflito era crítica, e, na Alemanha, devastadora. O racionamento de víveres, milhões de famílias desabrigadas, mutilados, órfãos e refugiados formavam um quadro dramático, jamais conhecido em tal escala. E nesse contexto macabro, os comunistas encontravam um terreno político fértil para sua propaganda igualitária.[101]

Ao retornar aos Estados Unidos, Marshall pediu ao chefe de sua assessoria, George Kennan, que coordenasse um Plano de Recuperação Econômica para a Europa. Kennan, que viria a ser o diplomata mais influente no pós-guerra, era a pessoa indicada. Servira por um longo período na Europa depois da Primeira Guerra, na Alemanha e, sobretudo, na Rússia, e conhecia-lhe a fundo a cultura e a política dominadas por Stálin. No ano anterior, em fevereiro de 1946, redigira um telegrama, como eram chamados os memorandos diplomáticos, analisando os rumos políticos da União Soviética finda a guerra. Nele, avaliando o regime de Stálin à luz da história russa, Kennan afirmou que a União Soviética, embora não desejasse promover um novo conflito, mantinha o seu propósito expansionista, executando-o em meio às omissões e hesitações norte-americanas na Europa, como já fizera em relação aos seus países vizinhos. A ação soviética, acrescentava Kennan, não excluía a violência, porém esta seria antes de natureza policial do que abertamente militar; em qualquer hipótese, a União Soviética de Stálin só seria contida se a ela fosse oposta a certeza de uma reação, imediata e avassaladora, dos Estados Unidos diante de novos movimentos expansionistas soviéticos. O "longo telegrama" – assim ficaria conhecido o memorando de Kennan – foi entendido equivocadamente, segundo diria seu autor mais tarde, como um chamado a uma frenética corrida armamentista, a seguir desfechada entre os Estados Unidos e a União Soviética.[102] A primeira reação dos norte-americanos à situação europeia e à percebida ameaça soviética veio com a edição do Plano de Recuperação Econômica – Plano Marshall, como ficou conhecido.

A revitalização da economia europeia era um ato humanitário, mas atendia objetivamente aos interesses políticos norte-americanos então nitidamente configurados: barrar o crescimento dos partidos comunistas europeus, desestimular aspirações expansionistas soviéticas e abrir um amplo mercado aos produtos e serviços norte-americanos, cuja economia, beneficiando-se das obras de infraestrutura realizadas durante a longa recessão iniciada em 1929 e do esforço de guerra a partir de 1940, seguia crescendo aceleradamente.[103]

Falando na Universidade de Harvard em junho de 1947 – como Churchill no ano anterior discursara na Universidade de Missouri denunciando a "cortina de ferro" descendo sobre a Europa Central e depois falaria na Universidade de Zurique conclamando uma união da Europa ante a União Soviética – Marshall expôs os termos do Plano de "Recuperação Econômica da Europa". Formalmente, o Plano destinava-se a todos os países afetados pela guerra. A sua discussão na Europa teve início imediatamente, primeiro em Londres e depois em Paris, então reunindo outros países, e o Plano foi por aceito por dezoito países europeus.

Stálin, porém, que durante o conflito admitira a ajuda norte-americana, percebeu o alcance do Plano e, receoso de ver o seu poder ameaçado pela superioridade econômica norte-americana, proibiu a participação dos países sob seu controle. A estes Stálin já estendera a estatização dos meios de produção e o planejamento econômico forçado, vigentes havia muito na União Soviética, e assim se ia extremando a diferença entre o regime econômico totalitário imposto no bloco sob controle soviético e o regime de livre iniciativa e de livre comércio adotado pelos Estados Unidos, que o iam propagando, valendo-se de seus imensos recursos materiais. Em setembro de 1947, cerrando ainda mais as fileiras em torno de seu regime, Stálin criou o Cominform – Conselho Internacional Comunista – uma espécie de substituto da Internacional Comunista, cuja função seria coordenar as atividades, sob estrito comando de Moscou, dos partidos e militantes comunistas fora da União Soviética.[104]

O Plano Marshall, nos três anos e meio seguintes, destinaria cerca de US$ 13 bilhões – equivalente a pelo menos US$ 200 bilhões cerca de meio século depois – à aquisição, por parte dos países que a ele aderiram, de gêneros alimentícios, matérias-primas e equipamentos de origem norte-americana, revigorando o comércio internacional e as economias locais.[105] Mas, além de seus objetivos imediatos, o Plano Marshall projetaria no cenário global os termos da democracia norte-americana, em direta oposição às democracias populares, assim nomeados por Stálin os regimes sob o seu aberto domínio.

O Plano seria um divisor, distinguindo, em todos os seus aspectos, as duas potências que se defrontariam de então por diante. De um lado a democracia norte-americana, com o governo periodicamente eleito pelo povo, assegurada a liberdade de expressão e a autonomia do Poder Judiciário, do Legislativo e do Executivo. Nesse regime, a intervenção do Estado na ordem econômica se dava na forma da Lei, isto é, nos limites desta que era, necessariamente, votada pelo Congresso, e não editada diretamente pelo presidente da República, e interpretada, quando o seu sentido se via disputado, por um Poder Judiciário independente. Essa ordem política, na qual os Três Poderes articulavam-se como em nenhuma outra, mesmo entre as democracias europeias, nutriu os norte-americanos de uma noção de paz identificada à livre iniciativa e ao livre comércio, expressando a flexibilidade social do país e o pragmatismo de seu povo, que estendia, em boa medida, a liberdade política à ordem econômica.

Esses princípios eram internamente observados nos Estados Unidos – com a ressalva odiosa da segregação racial, que a partir de então começaria a ser contestada, um processo lento, mas inexorável.[106] A política externa norte-americana era ajustada, sempre, à medida necessária à defesa e à consecução de seus interesses políticos e comerciais imediatos, muitas vezes, porém, tolerando e mesmo estimulando em outros países a negação daqueles princípios liberais.

De outro lado, o regime soviético em tudo diferia do norte-americano. A propalada democracia popular reduzira-se à ação intransigente dos chefes do Partido Comunista, os quais obedeciam ao comando férreo e centralizado de Stálin, no poder desde 1922. No plano econômico, o Estado soviético era o titular de todos os meios de produção de bens e de serviços, e controlava toda a atividade social sob uma repressão policial sem precedentes no mundo moderno; imposto por Stálin esse regime aos países por ele ocupados na Europa Central ao fim da guerra e a seguir à Alemanha Oriental, formou-se o bloco soviético, que dominou política e territorialmente a maior parte do continente.

Na Ásia, as transformações maiores foram logo sentidas pela Grã-Bretanha; em agosto de 1947, ela se vira obrigada a conceder independência à Índia, que colonizara em 1858, fracionando o seu território, de maioria hindu, para a criação do Paquistão, aonde acorreu a população de tradição muçulmana, então vivendo na antiga colônia britânica. Os conflitos entre a Índia e o Paquistão logo tiveram início, e essa instabilidade prosseguiria até os dias de hoje.

Com o fim da guerra em 1945, cessou o domínio do Japão sobre a Coreia, e em 1948 foram criados dois estados antagônicos: ao sul, a República da Coreia, sob influência direta dos Estados Unidos; ao norte, a República Democrática Popular da Coreia, controlada pelos comunistas alinhados à União Soviética. O desfecho dessa situação extrema dar-se-ia dois anos depois, com o envolvimento direto dos Estados Unidos e da China.

À sua vez, o Japão renunciou formalmente a ter uma força militar, recebendo a seguir significativos recursos do governo dos Estados Unidos, que determinou a nova estrutura institucional do país, alterando fundamentalmente a ordem econômica antes vigente. Na China, naquele ano de 1947 alastraram-se os combates entre as forças comunistas lideradas pelo revolucionário Mao Tsé-Tung.

Nesse mesmo ano, a situação no Oriente Médio, que San Tiago quisera conhecer, tomou uma forma própria. Em novembro, a Organização das Nações Unidas, analisando uma proposta da Grã-Bretanha, aprovou, pelo voto favorável de trinta e três nações, entre elas a União Soviética e os Estados Unidos, e treze contra, entre elas os Estados Árabes, dez outras nações se abstendo, a divisão da Palestina em um Estado judeu e outro árabe. A criação do Estado de Israel foi prontamente repudiada pelos países árabes. No ano seguinte, em maio de 1948, proclamada a independência de Israel, os conflitos entre árabes e judeus imediatamente se seguiram, sem que a criação do Estado da Palestina, então prevista, fosse até hoje realizada.[107]

Afirmava-se a *Guerra Fria*, o estranhamento sem confronto bélico direto entre os Estados Unidos e a União Soviética, mas cujo espectro opressivo recobriria de então por diante a cena mundial, pondo-a sob permanente tensão.

No período em que San Tiago chefiou o Ministério das Relações Exteriores no curto governo parlamentarista liderado por Tancredo Neves em sequência à renúncia de Jânio Quadros em agosto de 1961, a Guerra Fria subsistia em seus elementos essenciais; ela só iria encerrar-se pela última década do século XX, com o esfacelamento da União Soviética, vinte e cinco anos depois da morte de San Tiago.

• O ditador impenitente

A edição da nova Constituição, em setembro de 1946, e a realização das eleições em janeiro do ano seguinte, que exigiu a desincompatibilização dos candidatos, muito deles ministros do governo, deu a Dutra a oportunidade de ampliar a sua base parlamentar, atraindo o único partido de oposição ao seu governo, a UDN. Vencendo uma ala contrária, os caciques do partido aceitaram a proposta aliciante do presidente para ter alguns de seus representantes formando no ministério. Assim, em dezembro, Raul Fernandes e Clemente Mariani assumiram, respectivamente, os Ministérios das Relações Exteriores e da Educação e Saúde, estes ainda reunidos em uma única pasta. As eleições que se seguiram, em janeiro de 1947, foram disputadas já sob essa nova configuração política, um acordo urdido em conciliábulos, repetindo-se, no regime democrático da nova Constituição, a concentração nas mãos do presidente da República de uma soma extraordinária de poder político, administrativo e econômico, o qual nenhum deles deixaria, pelos anos seguintes, de usar abertamente para atrair ou neutralizar adversários e correligionários recalcitrantes.

Getúlio, naturalmente, reagiu a essa manobra que a um só tempo dava grande margem parlamentar ao governo e isolava o PTB – e a ele, seu líder, buscando arrefecer-lhe as pretensões políticas, ainda não definidas, mas sem dúvida por ele já consideradas. Pelo final daquele ano de 1946, editada a Constituição, Getúlio declarou que, "escolhido pelo povo, não me considero sujeito à disciplina de nenhum partido".[108] Pouco depois, em início de janeiro de 1947, mirando as eleições para os governos estaduais que iriam se realizar naquele mês, renovou publicamente o seu desprezo pela democracia parlamentar, classificando-a de "velha democracia liberal e capitalista fundada na desigualdade", e à qual, ao seu ver, pertenciam "vários partidos com o rótulo diferente e a mesma substância", enquanto ele se filiava à "democracia socialista, à democracia dos trabalhadores", que o seu Partido Trabalhista Brasileiro representaria, e a qual iria defender "em benefício da coletividade".[109]

O socialismo proclamado por Getúlio era a "democracia dos trabalhadores", e esta o regime de trabalho imposto por ele na ditadura do Estado Novo, de aberta inspiração fascista e cuja estrutura o marechal Dutra vinha de manter intacta em seu governo. A "democracia dos trabalhadores" alardeada por Getúlio não era um novo trabalhismo, democrático, a inspirar uma ordem social reelaborada para os novos tempos, que San Tiago defendia e vira, admirado, ser afirmado na Inglaterra.

Realizadas as eleições estaduais de 1947, em março Getúlio discursou dessa vez na convenção do PTB; o ex-ditador, apesar de exaltar, formalmente, a democracia parlamentar, uma vez mais a criticou ao afirmar que o PTB era "o partido dos trabalhadores e não dos políticos", devendo ser "franqueadas todas as portas e seus postos de comando ocupados pelos verdadeiros líderes das classes [trabalhadoras]". Ou seja, segundo Getúlio, o PTB deveria ser comandado por líderes capazes de mobilizar as massas à praça pública, pois esse era o melhor meio de reivindicar os interesses dos trabalhadores, e não a sua defesa feita pela representação parlamentar.

O processo propalado por Getúlio articulava-se pela identificação maniqueísta de seus adversários e pela defesa do "planejamento social e econômico" da sociedade brasileira; "o que existe", dizia, "por parte de alguns homens em nosso país, arvorados em líderes da economia nacional, é apenas um acentuado complexo contra o trabalhador brasileiro. Não me preocupam interesses e lucros industriais. (...) a indústria tem, nesta Casa, [no Congresso] seus representantes, e eles que a defendam, caso precise de defesa".[110] Mas, cauteloso, não afrontava diretamente os conservadores, e, apesar de formar publicamente, em campanha, ao lado do Partido Comunista, acrescentava: o PTB era o "elemento de equilíbrio entre o comunismo, organização gregária destituída de idealismo construtor e os outros partidos que, por injustificadas prevenções personalistas, deixam penetrar em suas muralhas o 'Cavalo de Tróia' do credo vermelho".[111]

Getúlio retemperava os argumentos por ele empregados na ditadura do Estado Novo: só um governo que comandasse a classe trabalhadora, vinculando-a ao aparato estatal, seria capaz de deter a ameaça comunista; e só por meio de um planejamento estatal, comandado pelo chefe do governo, seria possível promover o desenvolvimento do país, impedindo inclusive fossem as suas riquezas drenadas aos bolsos ávidos dos capitalistas, especialmente os estrangeiros, sempre à espreita, prontos a predá-las e a corromperem a soberania nacional. Nesse esquema, que ele sabia primário, mas que lhe servia, politicamente, Getúlio fixava a defesa da classe trabalhadora, que tutelava, e aliciava uma parcela expressiva de uma classe média sobressaltada por uma economia instável, que o associava a um efetivo controle de preços.

• O ventre trabalhista: João Goulart e Leonel Brizola

O discurso de Getúlio atrairia novos quadros ao PTB, e dois iriam nele se distinguir; um estancieiro rico e endividado (com bancos públicos), simpático e afável, filho de uma família amiga e amigo de um dos filhos do ex-ditador; e o enérgico e carismático filho de uma viúva pobre, que pagara seus estudos trabalhando desde a adolescência. Ambos foram eleitos deputados estaduais naquele ano de 1947, pelo Rio Grande do Sul. João Goulart, Jango como já era e seria sempre conhecido, e Leonel Brizola estavam unidos sob o comando de Getúlio, e mais ligados ficariam três anos depois ao casar-se Brizola com a irmã de Jango, tendo o ex-ditador por padrinho.[112]

Esses dois políticos, de uma mesma origem partidária e ligados por um contraparentesco mais tarde incômodo a ambos, eram divididos por temperamentos opostos. Quinze anos depois, o país viveria os reflexos dessa relação tormentosa. E San Tiago teria em Brizola, seu companheiro no PTB, um de seus mais ferozes adversários.

Sem o discernimento e a maleabilidade política de Getúlio, Brizola iria, com crescente sectarismo, executar a proposição de seu mentor, de aliciar o apoio popular como arma política de ação direta, acionada sobre a representação parlamentar. As reformas seriam aprovadas pelo Congresso, como reclamaria San Tiago, ou impostas à força, como ameaçaria Brizola, acreditando este capaz de a esse fim arregimentar e trazer o povo às ruas para pressionar o Congresso. Como o país dramaticamente constataria, o povo não viria às ruas, as reformas de base não seriam executadas e a República de 1946 pereceria indefesa em abril de 1964, exilando-se Jango e Brizola no Uruguai.

- **Economia: intervenção, inflação, ajuda econômica**

Em maio daquele ano de 1947, oito meses depois de haver sido promulgada a Constituição Federal pelo Congresso, o Superior Tribunal Eleitoral declarou ilegal o Partido Comunista Brasileiro, arrematando as ações deflagradas pelo presidente Dutra ao início do seu governo. Outro propósito autoritário, porém menos evidente e apoiado por boa parte do empresariado nativo, ia sendo cumprido.

O Estado Novo legara uma economia arbitrariamente regulada pelo Executivo por meio de decretos-leis editados singularmente pelo presidente da República. Conivente com essa situação anômala, o novo Congresso não votava, como seria de se esperar em um regime democrático, normas complementares às regras gerais fixadas na Constituição que definissem e circunscrevessem a intervenção do Executivo na vida econômica do país aos limites da lei. Essa situação, em que o Congresso, simultaneamente, deixava ao Executivo a ordenação e o comando da economia e abdicava de fiscalizar-lhe a ação, foi exposta com clareza e precisão por San Tiago em um parecer jurídico que lhe foi solicitado. Analisando uma das normas extravagantes expedidas pelo titular do Executivo, advertiu não ser legítimo ao presidente da República tomar para si "as insígnias do legislador", pois, "seja qual for a técnica constitucional de divisão e distribuição de poderes por órgãos distintos e independentes entre si, é sempre característico do que chamamos Estado de Direito que a atividade administrativa seja distinta da legislativa, e a ela logicamente posterior".[113]

Uma ordem democrática, na qual a ação do Executivo fosse definida e limitada na forma da lei, não seria plenamente alcançada naquele regime constitucional que se iniciava - e nem nos seguintes, restando esse vinco autoritário distinguindo negativamente a economia do país, cuja fragilidade então era evidente.

A guerra deflagrara o processo inflacionário que entre 1939 e 1945 alcançara 121% e, no ano de 1946, 21,8%, penalizando sobretudo as massas urbanas, cujo número crescia e, em sua maior parte, tinha no salário mínimo a sua principal fonte de renda, cujo valor remanescia sem atualização desde a sua instituição em 1940.[114] Simultaneamente, as reservas do Tesouro Nacional acumuladas em dólar norte-americano, a única moeda então conversível, ao contrário das moedas europeias severamente depreciadas pela guerra, esgotavam-se; valorizado e escasso, o dólar movimentava o comércio internacional, inclusive as importações brasileiras. O governo reagiu, fixando restrições cambiais, e pelo final daquele ano de 1947 a inflação cairia para cerca de 5%, e a economia seguiu crescendo.[115]

Outras questões essenciais, contudo, agravavam-se. Os serviços públicos, em sua maioria concedidos a empresas estrangeiras, muitas das quais os haviam implantado no começo do século, deterioravam-se rapidamente, e a sua oferta não atendia ao crescente adensamento urbano, sobretudo no Rio de Janeiro e em São Paulo. Ao início do Estado Novo, a proposta de se submeterem as concessões desses serviços a um regime de regulação técnica e independente do governo fora uma vez mais formulada e uma vez mais rejeitada pelo Executivo. Uma década depois, a oferta escassa e a má qualidade dos serviços evidenciavam os efeitos daquela recusa; tarifas não corrigidas tinham seu valor corroído pela inflação desestimulando investimentos indispensáveis à expansão da oferta, e a inexistência de uma fiscalização técnica independente do governo deixava os serviços degradarem-se, com grande ônus aos usuários.[116]

Subsistiam institutos e práticas intervencionistas do Executivo na economia do país, afirmados na ditadura do Estado Novo. A titularidade privada das empresas era preservada, mas elas conviviam com empresas estatais que iam sendo criadas sucessivamente, todas sujeitas à ação arbitrária do Executivo atuando majoritariamente à margem da fiscalização do Congresso. Nesse contexto, a estatização da prestação de serviços públicos, então largamente deficitária, afigurava-se, uma vez mais, inevitável e assim a sua defesa crescia, associada à defesa de um planejamento econômico igualmente comandado pelo Executivo.

Em suas primeiras formulações, na ditadura do Estado Novo, o planejamento econômico já se achava vinculado à força militar, que partilhava, com expressiva parcela da elite empresarial nativa, a noção de que as riquezas naturais do país constituíam o patrimônio redentor de nosso subdesenvolvimento crônico e a sua preservação era, portanto, indispensável à defesa da soberania do país; assim, a exploração dessas riquezas não poderia ser deixada à irrefreável cobiça do capital privado estrangeiro, que iria delas se beneficiar abusivamente, desprezando os superiores interesses nacionais.[117] Mesmo o capital privado nacional, caso fosse bastante e admitido à exploração dessas riquezas, – e fosse do seu interesse econômico explorá-las, o que não parecia ser o caso – não afastaria a solução estatal, então largamente apoiada.

A crítica à posição dominante, embora contundente e articulada, foi vencida; formulada, sobretudo, por Eugênio Gudin, colega de magistério de San Tiago na Faculdade de Economia, apontava os riscos de uma política tolerante com a inflação, a corroer os frutos do crescimento econômico, e de uma estatização que afastava o ingresso de capitais estrangeiros, necessários às grandes e indispensáveis obras de infraestrutura.[118]

À frente do Ministério da Fazenda quinze anos depois, San Tiago enfrentaria essas mesmas questões e esses mesmos pontos de vista, irresolvidas aquelas, arraigados estes – e todos agudamente extremados.

Ao contrário dos países europeus, cujos territórios haviam sido devastados pelos combates, a guerra, que poupara o seu território, transformara os Estados Unidos. Ainda durante o conflito, o mercado interno expandira-se, o produto interno bruto crescera 112% em seis anos, a renda per capita subira consideravelmente e um largo programa de auxílio à educação universitária foi aberto aos militares que retornavam à casa, criando as condições objetivas à sequência desse processo de desenvolvimento.[119]

Ao fim da guerra o governo do marechal Dutra tinha em alta conta a sua relação com os Estados Unidos: o Brasil havia cedido bases territoriais à aviação norte-americana em Natal e enviara uma força terrestre especialmente criada para combater os nazistas na Itália, colocando-a sob o comando do Exército norte-americano. Nesse quadro, a retribuição do governo de Washington à participação do Brasil na guerra era tida pelo governo brasileiro como uma dívida inegável cujo pagamento seria inquestionável, e deveria ser cumprido sob a forma de ajuda financeira em termos especialmente favoráveis.[120]

Dois meses depois do anúncio do Plano Marshall, em agosto de 1947, no Hotel Quitandinha, na cidade serrana de Petrópolis, a poucos quilômetros do Rio de Janeiro e que San Tiago em carta observara ser mais caro do que os melhores hotéis da Suíça, realizou-se a Conferência Interamericana de Manutenção da Paz e Segurança.[121] O presidente norte-americano Harry Truman e o próprio general Marshall compareceram ao encerramento da conferência; Dutra reclamou a Truman ajuda dos Estados Unidos sob a forma de empréstimos para enfrentar a situação financeira do país e o governo poder investir em serviços essenciais. Truman negou o pedido, secundando a orientação de sua assessoria, cujos integrantes deixaram claro aos seus colegas brasileiros a posição do governo norte-americano: deveria o Brasil buscar crédito com os bancos internacionais de desenvolvimento, e criar condições internas propícias, sobretudo pelo combate à inflação, à atração de investimentos privados internos e externos.[122]

Àquela altura, o interesse geopolítico dos Estados Unidos já se fixara na Europa. Aos norte-americanos, ao contrário do que supunha o governo Dutra, o alinhamento do Brasil à política externa norte-americana não importava em apoio financeiro, sobretudo quando o governo brasileiro, mesmo havendo tomado algumas medidas conjunturais liberalizantes, além de combater a inflação sem alcançar resultados efetivos, exibia um perfil intervencionista autoritário na economia, distante dos regimes democráticos maduros e daqueles que se iam afirmando na Europa Ocidental, com o decidido apoio dos Estados Unidos. Por outras palavras, na visão do governo americano, o governo brasileiro deveria criar condições capazes de atrair e fixar capital privado, sobretudo estrangeiro, indispensável à execução das obras de infraestrutura de que o país necessitava com urgência.

Outra era a abordagem do governo norte-americano, contudo, em relação à cooperação militar entre os dois países. O Brasil havia cedido seu território para nele o governo norte-americano instalar uma base aérea, e também os oficiais do Exército brasileiro na Itália durante o termo final da guerra quando foram comandados por seus colegas de farda norte-americanos, um relacionamento que perdurou findo o conflito e era preservado, objetivamente, por ambos os lados. Ao contrário das relações econômicas, que se pautavam por uma ordem de interesses mais complexos, a cooperação militar entre os dois países considerava um dado objetivo: sendo o Brasil o maior país da América do Sul, em extensão territorial e em população, os seus movimentos naturalmente afetavam a equação de forças da região, especialmente a posição da Argentina, que disputava com o Brasil a liderança da política externa do hemisfério Sul. Desde o fim da guerra, os Estados Unidos haviam destinado ao Brasil cerca de 70% de toda ajuda em equipamentos militares do total enviado à América Latina, o que fez o potencial bélico das Forças Armadas brasileiras suplantarem as argentinas. Além disso, os Estados Unidos realizaram manobras militares conjuntas, reunindo suas forças navais e aéreas e as brasileiras, assim como foi ampliada a participação de oficiais brasileiros em cursos e em "missões de boa vontade" com os centros de ensino militar norte-americanos. Essa aproximação entre as duas Forças Armadas era facilitada pela índole conservadora da expressiva maioria dos militares brasileiros e, mesmo a sua ala nacionalista mais extremada, não se identificava com a crítica da esquerda nativa ao alinhamento da política externa brasileira à dos Estados Unidos.[123]

CAPÍTULO 3

O HOMEM DE SEU TEMPO

À medida que os sistemas positivos se libertam da tara de diferenciações legislativas oriundas do critério da nacionalidade, da raça, da classe ou da religião, neles cresce o teor humanístico, e por eles se alcança um nível mais alto de integração dos homens num plano de vida social comum.[124]

• O dom de si mesmo

San Tiago acompanhava os acontecimentos políticos, deles, porém, mantendo estrita "reserva", como registrara em suas notas de viagem, e advogava em seu escritório para saldar suas contas então acumuladas durante a sua longa estadia na Europa.

Pelo final do ano de 1946, ainda na Europa, ele já avaliara a sua experiência europeia: "tudo tem representado para mim um enriquecimento contínuo, e na verdade vejo esta viagem, apesar de rápida, como um arremate, talvez um pouco tardio, mas fundamental, dos meus anos de formação".[125] De fato, San Tiago somara à sua formação acadêmica, já invulgar, a experiência de uma rara ilustração cultural que pouquíssimos companheiros de sua geração exibiriam, e, entre juristas contemporâneos seus, ele seria talvez o único a experimentar. Porém, a viagem fizera mais: dera a San Tiago a ideia de uma serenidade de espírito que ele ainda não alcançara no Brasil, a começar por afastar (embora temporariamente) as "enxaquecas e crises de fígado, condicionadas a qualquer bebida mais abundante, ou mesmo a nada", e abrira-lhe outra perspectiva sobre o seu futuro, oposta àquela sombria, que, em carta escrita das montanhas geladas da Suíça, informara ao seu amigo Antônio Gallotti.[126]

Nesse renovado estado de espírito, San Tiago especula sobre a sua atuação futura, registrando, no breve diário que manteve no começo de 1947 ainda em viagem, "notas para uma reflexão sobre o emprego da atividade intelectual". Havia cinco anos, escreveu, tomara "a atitude inalterável de desinteresse político", concentrando a sua energia na vida profissional, buscando, porém, um plano harmônico em que "se satisfaçam e reciprocamente contribuam todos os aspectos do meu ser". E conclui, "de modo que devo meditar sobre a unificação desses três planos: A vida política. A vida intelectual. A vida profissional".[127]

O Direito era "um exercício não essencial", embora pudesse dele colher alguns "frutos tardios" no âmbito teórico, o mais significativo deles superar o dogmatismo aferrado às normas jurídicas e interpretá-las no contexto das grandes transformações em curso, pois só assim o Direito poderia contribuir para a renovação da sociedade, como reclamara em sua palestra na Sorbonne.

Já a vida política, àquela altura San Tiago a via dele exigindo dois requisitos, "a valorização da personalidade e a reserva nas atitudes". Aperfeiçoar os atributos intelectuais hábeis a serem futuramente projetados na ação pública, que a distinguisse de seu plano ordinário, atenderia ao primeiro requisito, ao qual San Tiago já vinha se empenhando, embora o resultado concreto dessa valorização da personalidade ao fim da sua curta trajetória política restaria controvertida a muitos de seus amigos e admiradores. A reserva nas atitudes ele também já a vinha guardando, ao se negar participar da vida partidária que se abrira no Brasil.

A preocupação central de San Tiago era o desafio, permanente, que sentia posto a si próprio, pela sua inteligência: se, por um lado, ela lhe dava os meios a enfrentar diferentes temas com facilidade e refinamento superiores à grande maioria de seus pares, por outro lado, ela o fazia sentir-se incapaz de a ela dar um norte, um comando que a direcionasse firmemente a uma tarefa determinada. Essa tarefa não lhe surgia clara, e ele vinha sofrendo "a angústia de não receber de dentro o sinal de uma tarefa decisiva".[128]

Divisar uma tarefa que catalisasse a sua atividade intelectual era o repto que San Tiago sentia, e convertia-se na ironia de um destino intelectual especialmente generoso. Daí a sua atração pelo Fausto, de Goethe, que expõe o dilema fatal, e o risco de ser devorado por ele, do homem que subjuga a sua alma à satisfação do interesse material imediato.[129] Se o Fausto era a advertência ao compromisso intelectual fácil, D. Quixote, de Cervantes, era o exemplo redentor: só o dom de si mesmo salva o homem da mediocridade e da venalidade existencial; dar-se à tarefa superiormente determinada, despojado de favores e sem aspirar recompensas materiais, é arrojar-se ao destino, cumprir a tarefa sem esperar o crédito imediato senão o crédito futuro, a frutificar dessa semeadura, eis a lição definitiva do Quixote.

San Tiago terá vislumbrado no caminho do Quixote a sua estrada existencial, e daí a meses iria mostrá-la em uma conferência sobre a obra de Miguel de Cervantes. Não por acaso, registra em suas notas, estar nas letras a essência da sua vida intelectual, pois elas o "reconduziam ao seu interesse central: a transformação do homem no tempo". Mas qual seria o seu tempo? Àquela altura, não o tempo da política partidária, cuja decisão, "inalterável", de dela se afastar, ele mantinha; tampouco o tempo do Direito, cujos frutos acadêmicos já haviam sido por ele colhidos no magistério nativo e seguia colhendo-os, sempre com crescente êxito, no exercício profissional, e era o instrumento que lhe provia os meios materiais a forrar as suas preocupações cotidianas. O homem de seu tempo seria a nova busca de San Tiago.[130] Essa busca iria refletir-se em três ensaios, distintos no tema e na forma, mas unidos pela mesma busca de seu autor.

• Humanismo e Direito

A guerra tudo transformara, e a Igreja Católica no Brasil não foi uma exceção a esse processo. Os dias de apoio determinado e irrestrito ao pensamento conservador de direita, à Ação Integralista de Plínio Salgado – e de San Tiago – e ao regime fascista na Itália, então visto como o vigoroso baluarte contra a difusão do comunismo na Europa, haviam passado.

Entre os católicos no Brasil, a sua maior expressão laica, Alceu Amoroso Lima, ia afirmando uma posição renovada, conciliando-a aos valores democráticos revigorados na Europa Ocidental. Mas, no interior da Igreja, seguia ativo o oficial da reação, o padre Leonel Franca, que na década de 1930 tivera uma participação decisiva na arregimentação das forças conservadoras em torno da Igreja. A Revolução Francesa fora determinada pela Reforma Protestante, e dera causa à Revolução Russa, escrevera Franca, um enérgico combatente das ideias inspiradoras dessa sucessão de golpes, que assim ele via e descrevia, contra a Igreja.

Agora à frente da Universidade Católica, Franca cuidava de enfrentar os problemas atuais. Estava em voga o existencialismo vindo da França, movimento liderado por Jean Paul Sartre e que, aos olhos da Igreja, tinha um caráter dissipador dos valores cristãos. Para resistir à sua influência crescente entre os alunos, Franca organizou na Faculdade Católica de Direito, no Rio de Janeiro, de 18 a 23 de agosto daquele ano de 1947, a *Semana de Estudos Humanistas*, "a fim de estudar a formação humanista do homem moderno".[131]

San Tiago, professor de Direito Romano na Faculdade Católica de Direito, foi convidado a falar sobre *Humanismo e Direito*. Sem dúvida um tema árido, ainda assim San Tiago enfrenta com muita clareza e uma energia crítica raramente vista em textos jurídicos.[132]

Em seu discurso de paraninfo de seus alunos da turma de 1945, na Faculdade Nacional de Direito, San Tiago já delineara o humanismo jurídico, "a doutrina da unidade e da universalidade do homem, contraposta a todos os particularismos. O homem é uno; o homem de hoje e o homem de ontem formam um *continuum*, através do qual se transmite o esforço milenar por um nível mais alto de poder e de perfeição. O homem é uno, as raças, as regiões, as etnias, as línguas são divisões efêmeras que não vencem a sua substancial identidade. Eis porque todo *nacionalismo jurídico* é uma negação da própria cultura jurídica, a qual tende, por natureza, ao humano e ao universal".[133]

Em sua conferência San Tiago desdobra a sua formulação de dois anos antes, começando por observar que, em sentido amplo, o humanismo jurídico seria a adaptação do Direito ao homem, advertindo, contudo, da existência de "ideologias ou sistemas que consideram o homem enquanto membro de certa comunidade e visam adaptar esse homem às normas e princípios de comportamento jurídicos particulares". De outro lado, há sistemas os quais, ignorando "as diferenciações grupais ou regionais em que o homem se particulariza, tendem a adequar os preceitos ao homem, universalmente considerado, partindo – naturalmente – da tese de sua igualdade humana".

Do contraste dessas duas orientações, define-se o humanismo jurídico na primeira afirmação, enquanto da segunda infere-se o anti-humanismo: "não há quem não perceba o cunho anti-humanista das leis nacionais-socialistas sobre o casamento, da declaração de direito contida na Constituição soviética, ou [ao contrário] o caráter humanista dos princípios da *Common Law* [o sistema jurídico anglo-saxão]". O humanismo jurídico vê o homem uno e o cerca de normas jurídicas protetoras, já o anti-humanismo vê o homem como "nacional de certo estado, membro de certa classe, filho de certa raça e adepto de tal religião".

A unidade do homem, como tal, é o cerne do humanismo, e ela se afirma "no tempo e no espaço", revelando-se como um *continuum*, e assim se põe diante do Direito moderno.

Já o "Direito, para o positivismo [jurídico], independe de seu conteúdo ideológico ou finalista, e se define pelos seus elementos formais, que torna o preceito obrigatório para seus destinatários, independentemente da adesão de consciência que lhe deem", diz San Tiago. Por outras palavras, o Direito é visto como uma técnica normativa, isenta dos valores afirmados na sociedade a qual pretende regular.[134]

Essa abordagem do Direito, ao desprezar a análise valorativa dos seus institutos jurídicos em favor da análise apenas formal da validade da articulação normativa deles, repele a sua perspectiva humanista: "nada melhor que o positivismo jurídico exprime o anti-humanismo", considera San Tiago. Embora, ressalva, o positivismo tenha sido elaborado por juristas "representativos da concepção democrática do Estado, como Kelsen", – o maior nome dessa escola – coube ao positivismo jurídico "colocar as premissas técnico jurídicas do Estado autoritário, e fornecer a fórmula de que se prevaleceram os governos ditatoriais"; e arremata: "a legalidade do próprio estado social nacionalista surgia como um 'direito possível'", pois, segundo o positivismo jurídico, não cabe à ciência do Direito investigar senão os elementos formais pelos quais todo direito se identifica e se legitima.[135]

Segundo San Tiago, era preciso submeter o positivismo jurídico a uma crítica rigorosa, pois à sua sombra podia-se deduzir um "número indefinido de sistemas jurídicos possíveis, o que importava, ao menos teoricamente, conceber a integral substituição de um sistema jurídico por um sistema novo, que melhor corresponder às necessidades dos problemas adaptativos da vida social". Por outras palavras, um sistema jurídico poderia ser, como foram o nazista, o fascista e o Estado Novo, de Getúlio Vargas, especialmente engendrado para atender ao regime político dominante de um dado período histórico e assim, abruptamente, substituir o sistema jurídico então vigente.

Tal possibilidade, observa San Tiago, está em conflito radical com a concepção humanística do Direito, que se denomina uma "criação ininterrupta, que se transforma com a sociedade e com o próprio homem, participando das aquisições que o enriquece, mas guardando continuidade perfeita com suas formas anteriores". Ou seja, a "universalidade do humanismo jurídico não significava invariabilidade". Ao desprezar a experiência subjacente à elaboração normativa, o positivismo desprezava o substrato sociocultural, os valores nesse processo afirmados, que deveria imantar as normas legais.

O novo jurista, inebriado pelo positivismo, surgia como um técnico frio cujo propósito era articular um sistema fechado de normas que contivesse apenas a experiência humana de seu momento presente; a experiência humana universal, o *continuum* do homem, acumulado e sedimentado através dos tempos, era ignorado, não sendo o homem considerado como centro de imputação de valores, não apenas de sua época, mas dos valores projetados no tempo, que vinham consolidando a experiência humana – em *continuum*.

San Tiago ataca o positivismo jurídico, que ganhara largo reconhecimento a partir do início do século na Europa, sobretudo na Áustria e na Alemanha, sem, todavia, postular uma ordem jurídica estática ou retrógrada. Ao contrário, ele a quer renovada, valendo-se da experiência e de seus valores assim formados, e por essa razão se recusa a separar o Direito da história. A experiência jurídica não poderia, como fazia o positivismo, ignorar o processo histórico na elaboração das leis. Por outras palavras, a edição de normas a enformar e a disciplinar a vida social é um processo que se desdobra no tempo, colhendo e incorporando diferentes experiências sociais e econômicas, sem a "avulsão de certos valores", ou por meio da "eclosão revolucionária".[136] Em síntese, "o que o historiador observa e anota, o jurista quer", conclui San Tiago.[137]

• A lição do Quixote

A perspectiva humanista não se confinava ao Direito, e a San Tiago abriu-se, pouco depois, a oportunidade de a expor, analisando uma de suas máximas expressões literárias. As comemorações do IV Centenário de nascimento de Miguel de Cervantes foram promovidas pela Embaixada da Espanha e incluíram uma série de conferências; San Tiago foi um dos convidados a falar sobre a maior obra do autor espanhol.[138] A 24 de outubro daquele ano de 1947, às 06h00 da tarde, no auditório do moderno prédio do Ministério da Educação havia pouco erguido na Esplanada do Castelo, no Rio de Janeiro, San Tiago leu o "Apólogo da Alma Ocidental", como ele qualificou a trajetória novelesca do Quixote.

O estudo, que a seguir publicou, é breve e não pertence, esclarece o Autor, ao gênero literário, filológico ou histórico: o seu propósito é mostrar o Quixote como símbolo, o "sentido que adquiriu na consciência ocidental", em que se converteu em "uma fábula construtiva (...) a cuja luz julgamos muitas de nossas próprias experiências, e de que tomamos modelo para muitas de nossas aspirações".[139]

Fixado o seu tema ao leitor, San Tiago analisa a aventura do fidalgo manchego e de seu fiel escudeiro Sancho Pança, narrada por Cervantes: ela serve à "compreensão que o homem moderno tem de si e à motivação da sua conduta", ao renovar a "formulação do heroísmo" que irradia da existência absolutamente peculiar do Quixote, e, por essa razão, "é imprescindível" que compreendamos "porque é cômico esse santo, porque é louco esse virtuoso", em seu extraordinário delírio de cavaleiro andante, de herói figurado de romances antigos de cavalaria.[140]

A insânia suavemente revelada do Quixote, indaga afirmando San Tiago, não será ela "uma custódia para o amor e a virtude?" Essa insânia, essa entrega delirante a tarefas irrealizáveis, é o "dom de si mesmo", diz San Tiago; é o domínio integral sobre a própria existência, subtraindo o cavaleiro ao destino o seu comando, – que distingue o Quixote em sua caminhada, e San Tiago vê como a chave para entender o vigor e a permanência da "fábula" cervantina.

O fidalgo, convertido por força da sua imaginação em cavaleiro andante, saiu da sua aldeia da Mancha, encravada no centro da Espanha, para dar cumprimento à sua tarefa, como o próprio Quixote diz, "e assim vou pôr essas solidões e descampados em busca de aventuras, com ânimo deliberado de oferecer meu braço e minha pessoa à mais perigosa que a sorte me depare, na defesa dos fracos e desvalidos".[141] Esse propósito, que no mundo antigo caberia aos mártires executar, no mundo moderno, como mostra o Quixote, teria cabido a um herói cuja pureza moral estivesse afiançada pela loucura, "incompatível com toda simulação consciente, com qualquer parcela de mistificação voluntária", e altivamente ditada pelo amor do Quixote por sua inalcançável Dulcinéia, segundo San Tiago.[142]

Contudo, o heroísmo do Quixote é particular, e ele é, inapelavelmente, frustro, e o leitor só o compreenderá se o vir reversamente, isto é, não pelo seu "resultado imediato alcançado, mas pela repercussão do exemplo". Esse exemplo, diz San Tiago, é o heroísmo qualificado, paradoxalmente, pelo aparente fracasso da trajetória do Quixote: os seus atos malogrados, descritos ao longo da novela, são recebidos "a crédito, para compensação das injustiças e agravos que ele não soube ver, nem reparar".[143]

Em suas "saídas", partia o Quixote para o impossível, mas dessas derrotas prefiguradas não lhe vinha o martírio; ao contrário, elas consagravam-lhe o heroísmo, a recobrir feitos que vingariam as derrotas e cujo exemplo frutificaria sucessivamente. San Tiago vê, nesse crédito a termo, "a ideia evangélica da semente que morre, e se transforma em árvore, e ainda produz muitos frutos", e que a seu ver é uma das chaves da universalidade do Quixote.[144]

O heroísmo irresistível do Quixote condensa três atributos: o "dom de si mesmo; a fé; a pureza", tomados do perfil cavalheiresco com o qual o herói cervantino se identificou absolutamente.[145] O Quixote desaparece em sua obra, consome-se nela e "enterra-se nela como a semente no solo, eis o que o Quixote nos ensina, do primeiro ao último dos seus instantes".[146] A sua entrega à obra, incondicionada e total, é o cerne do dom de si mesmo, e é "assegurada por um penhor, um compromisso, humano nos seus fins", que ele encontrou no amor.[147] Esse amor é uma entrega espiritual à sua dama, mas não é "uma vassalagem espiritual" e sim um "poder de recuperação consubstancial a todo ato de renúncia, uma completa libertação, inclusive, dos problemas e sofrimentos do amor".[148]

O dom de si mesmo restitui ao homem a sua liberdade suprema, que só a pureza da ação que não busca crédito pode dar, e, por isso, é capaz de frutificar exemplos transcendentes; o "dom de si mesmo", conclui San Tiago, "resolve o problema do destino, vence as hesitações que o temor do erro tanto nos infunde, e, fazendo-nos olhar para fora de nós, permite que, um dia, nos reencontremos".[149]

O "Apólogo da Alma Ocidental" libertou o ensaísta, até então preso aos artigos de jornal, aos relatórios burocráticos do professor e aos estudos e pareceres jurídicos. Como em um dos seus primeiros trabalhos universitários, San Tiago apõe chaves à margem do texto, que divide em capítulos e tópicos, e o estilo serve à estrutura perfeitamente: não há um adjetivo em excesso, um tópico desdobrado além do necessário à compreensão das suas formulações precisas. Mas o autor não convida ou permite ao leitor seguir-lhe os passos na análise que faz do Quixote, senão dela receber, perfeitamente formuladas, as sínteses todas alinhadas no texto. A sensação de alijamento do leitor, uma quase opressão a surgir de um texto tão preciso, a nada deixar à sua reflexão senão render-se à sedução dos argumentos exatos, sugere a identificação cerrada, de San Tiago ao Quixote - como o tempo, tragicamente, mostraria de fato haver.

O significado da lição do Quixote se fez logo sentir no espírito de San Tiago, como está em um de seus textos, datado de dezembro daquele mesmo ano de 1947, pouco depois de sua conferência no Ministério da Educação. Nesse texto, San Tiago esboça "o diagnóstico da crise que sofre o nosso tempo" - mais uma etapa do processo de análise e formulação de um pensamento político renovado, iniciado no começo da década de 1940.

• A crise do nosso tempo: nostalgia, cinismo, sacrifício

Em vinte e sete páginas datilografadas, divididas em tópicos identificados, San Tiago discorre sobre o "Tema do nosso tempo".[150]

Seus contemporâneos, diz, não mais encontravam no passado referências a orientá-los, tampouco na literatura existente, "de autoanálise, rica de diagnósticos [e] paupérrima de remédios": o espírito moderno, "revolve suas aporias" [opiniões conflitantes], perdido em "sistemas aproximativos e fórmulas provisórias, em que ele próprio não confia". Essa crise seria sentida nos "diferentes campos da existência e da cultura".

A crise, desdobrada em seu plano político, não recebia soluções dos legisladores do pós-guerra, apenas a reafirmação de princípios democráticos idealizados, repetindo-se o fracasso da reconstrução constitucional seguinte ao término da Primeira Guerra, em 1918; o Direito Público até "engendrou diplomas constitucionais, (...) obras de valor científico, [mas] não de real eficácia histórica", pois a todas essas obras faltou "a base existencial, o acontecimento que nela se exprime, e se transforma em rumo a seguir".

Extrair "dos conhecimentos contemporâneos não um simples diagnóstico dos seus próprios males, mas uma nova síntese, de onde irradie uma nova disciplina do homem": esse o desafio posto à inteligência de seu tempo que ia se configurando aos olhos de um San Tiago emerso, ele próprio, da experiência do nacionalismo de direita, que, em seu extremo, havia levado à guerra e à tragédia que esta legara, arrematada pelas bombas atômicas lançadas sobre o Japão.

A síntese superadora do impasse exposto por San Tiago deveria enfrentar três "atitudes espirituais" do homem de seu tempo – nostalgia, cinismo e sacrifício.

A nostalgia aflorava na atração sentida pelo período histórico precedente, a animar um "novo espírito da retrospecção", que fazia reemergir uma ordem de valores vencidos, de difícil ou impossível aplicação, e então se convertia em uma "fonte de conflitos íntimos".

Paralelamente, havia se formado uma espécie de "estética da vida prática", em que "o dogma da eficiência assume o papel de eixo da consciência moral". Mas a eficiência, não sendo "autolimitada", levava primeiro ao cinismo e depois à ineficiência, isto porque a "ética da eficiência está sujeita a uma dialética inexorável": ela acha o seu "desfecho necessário no aforismo de que o fim justifica os meios, porém os meios contêm seus fins próprios", que nem sempre são desejados por quem deles se vale. Assim, o cinismo moderno, que "desdenha as limitações éticas, está condenado ao colapso da eficiência", pois os fins que justificariam todos os meios acabam frustrados "pela total progressão desses meios [até estes] alcançarem os seus próprios fins", diversos daqueles visados.

A última das "atitudes do espírito", identificada por San Tiago, o sacrifício, seria, porém, um sinal, positivo, de vitalidade moral, ao exprimir "a capacidade de o homem moderno ressurgir, no seio de uma nova ordem, o seu pendor vital para enquadrar a natureza humana em alguma coisa cujos fins ultrapassam o indivíduo, e que a consciência da nossa época não conseguiu formular".

Nas "atitudes do espírito" surge clara a configuração de um passado recente e das soluções de superação que San Tiago então buscava para situar-se em seu tempo. O pensamento retrospectivo – a nostalgia –, refere o pensamento conservador, que só tinha olhos para o passado na (vã) tentativa de valer-se de exemplos, que supunha permanentes, para a solução de questões contemporâneas. No dogma da eficiência, que leva ao cinismo e à justificativa do emprego de todos os meios à consecução de um fim determinado, repontava o exemplo da direita radical, que primeiro encantara San Tiago e cujos atos, justificados por seus promotores em nome de um fim absoluto, haviam sido tragicamente desmentidos, como a guerra mostrara.

Já no sacrifício, a última das três "atitudes espirituais" por ele referidas, San Tiago via os sinais de uma "vitalidade moral do homem moderno", expressa na capacidade de o homem se "integrar numa tarefa que ultrapassa o seu interesse e o seu destino".

Nesse ponto, a lição do Quixote insinua-se nítida ao San Tiago sentenciar que "aquele, que a nenhuma causa pode fazer o dom de si mesmo, está condenado à aforia, isto é, a solidão eterna". É interessante notar o sentido que San Tiago dá ao substantivo aforia; literalmente, aquele que nada carrega, nada traz – estéril, definem-no os lexicógrafos. San Tiago estende-o, e o refere àquele que não se entrega a uma tarefa eleita, não ultrapassa o limite do próprio interesse, despido de vitalidade humana; ou seja, aquele que nada produz – nada traz consigo, de transcendente – e revela uma esterilidade existencial absoluta, a frustração de um destino, o vaticínio de uma solidão sem remédio.

A sombra do Quixote, do seu humanismo acendrado, iria projetar-se sobre a trajetória política de San Tiago, e a esta iria coerir com a noção de sacrifício pessoal. Este fidalgo da inteligência, que prefiguraria a síntese do homem moderno com uma lucidez cortante, ao fim da sua breve trajetória sugeriria a muitos haver despendido o seu curto tempo perseguindo moinhos de vento com suas formulações precisas, mas endereçadas a uma audiência surda. San Tiago, porém, no "recesso de sua consciência individual", teria vislumbrado, como o Quixote em sua caminhada, a superação de uma aforia, que lhe havia assombrado o destino desde cedo e se fizera aguda na metade daquela década de 1940, e ora ele dela se via liberto para enfrentar a crise de seu tempo.[151]

CAPÍTULO 4

O JURISCONSULTO

Um real conhecimento do direito positivo; uma argumentação concisa, livre da prolixidade acadêmica; uma intuição do caso ainda não falseada pelo gosto das teorias; e uma robusta visão do Direito como arte, prevalecendo sobre a do Direito como ciência.[152]

• Escritório de advocacia

Desde que deixara a direção de Faculdade de Filosofia em 1945, San Tiago, à parte as aulas, dedicava-se inteiramente ao seu escritório de advocacia, localizado na Rua da Quitanda, nº 185, 4º andar. A proximidade com a Sepa, a empresa de negócios sob o comando de seu amigo Augusto Frederico Schmidt, que afinal encontrara a sua vocação profissional, de reunir capitais privados e simultaneamente transitar desembaraçadamente pelos gabinetes oficiais e informais do poder político, vinha trazendo a San Tiago referências de boas causas.

A participação na Comissão de Planejamento Econômico em 1945 a ele abrira mais um círculo de relações na elite empresarial do país, além do círculo jurídico em que já era reputado por seus pares, que o consultavam e lhe ofereciam parceria em causas complexas.[153]

Por essa altura, a marca a distinguir a advocacia de San Tiago já estava nela impressa: ele busca dominar o fato da causa, discernindo seus elementos centrais que metodicamente alinha; fixado o fato da causa, identifica a questão jurídica a ser enfrentada, cogita do seu remédio e, por fim, define a estratégia a seguir em sua defesa. E essa é exposta sinteticamente e com uma refinada simplicidade, que, sem comprometimento do rigor jurídico, é possível ser compreendida por um leitor leigo. Os termos de uma escrita escorreita são empregados em seu exato sentido técnico, isenta do jargão jurídico, sempre de mau gosto literário, que, resistente, impregna boa parte da literatura jurídica nativa.

Esse método, que San Tiago chamaria de saturação, mostra o seu domínio do contexto em que a questão posta se achava inscrita, girasse ela em torno de direito individual, tratado, por exemplo, em um exímio parecer em que são analisados os aspectos jurídicos de laudos psiquiátricos, ou derivasse a questão de um complexo contrato imobiliário, permeado por questões incidentais.[154]

Sobre um invulgar refinamento intelectual e uma exata percepção das questões políticas a afetar o Direito brasileiro, San Tiago versa uma linguagem moderna, embora rigorosa em sua "severa simplicidade", ao contrário do dominante estilo frondoso mal copiado de Rui Barbosa, cujo talento ele tanto admirava e a quem dedicaria, dali a pouco, dois notáveis ensaios.

E, assim, o traço nítido do perfil intelectual de San Tiago frisava a sua advocacia em meio a de seus colegas, titulares dos maiores escritórios da época, entre esses, o de Levi Carneiro, e a banca de José Nabuco, filho de Joaquim Nabuco, que fora o primeiro embaixador do Brasil nos Estados Unidos, o que abriu ao escritório uma larga clientela de empresas norte-americanas, ampliada consideravelmente pouco depois, em 1949, quando Maurício, irmão de José, foi designado servir em Washington, tal como servira seu pai.[155]

A internacionalização da economia crescia continuamente e exigia análises e formulações jurídicas específicas; entre essas, o tratamento a ser dado aos efeitos da desvalorização da moeda nos contratos, a contratação de financiamentos externos por empresas nacionais a bancos estrangeiros instalados no país, e a elaboração de contratos de importação a estes vinculados.

A proibição aos bancos alemães e italianos de atuarem no Brasil a partir da declaração de guerra àqueles países em 1942 permitiu aos bancos brasileiros criar e expandir carteiras próprias destinadas a esse segmento. Findo o conflito, e afirmada a hegemonia dos Estados Unidos no mercado financeiro internacional, as atenções voltaram-se ao dólar, capaz de financiar iniciativas locais. San Tiago estava preparado, e, em pouco tempo, seria o grande advogado de bancos e das maiores empresas nacionais e estrangeiras no Brasil, fato mais tarde invocado, em termos duros, por seus adversários políticos à esquerda.

Novas causas a ele confiadas ampliavam sua área de atuação enquanto somava êxitos em outras. Uma dessas foi o desfecho de uma das questões relacionadas ao espólio do empresário Henrique Lage, que rendeu vultosos honorários ao escritório e permitiu a sua transferência para um novo endereço. Por essa altura, San Tiago convidou o mineiro Carlos Medeiros - seu contemporâneo da Faculdade de Direito onde se formou em 1929, três anos antes de San Tiago - para juntar-se a ele e ao gaúcho Jayme Bastian Pinto, cuja família era amiga de Oswaldo Aranha; aceito o convite, o nome dos três advogados, o de San Tiago encimando os outros dois, passou a figurar no elegante papel timbrado da nova sociedade de advogados, instalada na Avenida Erasmo Braga, esquina com a Avenida Antônio Carlos, a poucos metros do foro da capital federal.[156]

Carlos Medeiros trabalhara no gabinete de Francisco Campos quando este foi secretário de Educação da Prefeitura do Distrito Federal, entre 1936 e 1937, cargo que Campos deixou para assumir o Ministério da Justiça com o golpe do Estado Novo em novembro daquele ano, ao ser imposta ao país a Constituição por ele redigida e cujo original teria sido datilografado por Carlos Medeiros.[157] Este, ao se associar ao escritório de San Tiago já somava uma larga experiência na área do Direito Público; desde 1935 era redator-chefe da *Revista Forense*, então a publicação jurídica mais importante do país, e em 1944 havia fundado e dirigia a *Revista de Direito Administrativo*.[158] A sua chegada ao Escritório expandiu a sua área de atuação; estudioso e reservado, sem inclinação para atender clientes, Carlos Medeiros incumbiu-se da redação de peças judiciais e de respostas a consultas, e por seu amplo conhecimento de Direito Administrativo, seria ouvido frequentemente pelo Governo. San Tiago cumpria com extrema facilidade as duas funções; à sua reconhecida advocacia somava-se a sua habilidade em lidar com clientes.

Uma gravidade natural fazia-o reservado no contato pessoal, sem, contudo, nele ser distante, nem o afastar do convívio social e do exercício da política da profissão. Um rápido domínio dos fatos a ele expostos, mesmo em uma primeira assentada, e o diagnóstico certeiro e objetivo, servido por uma impressionante cultura jurídica, não sem razão habilitavam-no a cobrar elevados honorários, cujo contrato ele redigia com singular elegância e propriedade: "A Companhia custeará todas as despesas judiciais e extrajudiciais ocasionadas pelo processo, fazendo nas mãos do advogado as provisões que se tornarem necessárias, e recebendo deste a devida comprovação de sua aplicação. Correm por conta do advogado as porcentagens ou honorários que ele pagar a outros advogados de seu escritório, nos quais venha a substabelecer procuração".[159]

Pouco depois, San Tiago convidaria Plínio Doyle, que já era seu procurador em questões pessoais, para integrar o escritório. Plínio cuidaria de acompanhar, no foro, as principais demandas a cargo do escritório.

A advocacia de San Tiago expandia-se das causas complexas de Direito Civil àquelas não menos intrincadas de Direito Financeiro e de Direito Público, estas em grande parte nascidas do relacionamento das empresas com o Poder Executivo, no largo império que esse estendera sobre a ordem econômica do país. Aos trinta e cinco anos, o notável professor era também um dos maiores advogados brasileiros.

• Novos banqueiros

Dois anos decorridos do fim do Estado Novo, em 1945, o círculo do poder político não mostrava grandes defecções; ao suave trânsito de dedicados servidores da ditadura para os postos superiores no regime democrático que se ia implantando, somavam-se os políticos, antigos e novos, antes marginalizados por Getúlio Vargas e agora abrigados na legenda da União Democrática Nacional - UDN, de onde vibravam críticas ao governo, com maior ou menor vigor. Vários udenistas eram próximos a San Tiago, uns eram seus conhecidos do tempo de ginásio em Belo Horizonte, outros ele viera encontrar no Rio de Janeiro. Entre estes, figurava o mais moço dos signatários do *Manifesto dos Mineiros*. Aluísio Salles fora criado na capital federal, e, ao contrário de seus pares, não tinha ambição política, senão um inato talento social que soube converter em intermediação de negócios e causas, aproximando os interessados no momento preciso. Seu pai, Joaquim, deputado federal por Minas Gerais na última metade da República Velha, ligou-se aos parlamentares mais expressivos daquela época, entre esses Gilberto Amado e Francisco Campos. Com a Revolução de 1930 e o fechamento do Congresso, Joaquim retornou ao jornalismo, escrevendo no *Jornal do Commercio* e no *Diário Carioca*. Aluísio herdou as amizades políticas do pai e, dizendo-se ser "um homem de ação e não de trabalho", àquelas amizades acrescentou novas que conquistou no meio social carioca com extraordinária facilidade, ao lado de sua belíssima esposa, a norte-americana Peggy Salles.[160]

Próximo aos jovens alunos e colaboradores de Francisco Campos, Aloysio terá conhecido San Tiago no começo da década de 1930. E, quando seu primo, Walther Moreira Salles, transferiu-se para o Rio de Janeiro, em 1941, para abrir a filial da Casa Bancária fundada por seu pai em 1924, em

Poços de Caldas, no sul de Minas Gerais, Aloysio o apresentou à elite da capital federal e ao seu amigo San Tiago.[161]

Nascido em Poços de Caldas em 1912, um ano depois de San Tiago, Walther formou-se em Direito em São Paulo, em 1936. Cedo começou a trabalhar com o pai, e a sua sociabilidade, de um trato agradável e refinado, ampliaria rapidamente o seu círculo de relações, alcançando inclusive os hóspedes da famosa Estação de Águas. E entre estes, especialmente a filha dileta do presidente da República, Alzira Vargas. Alegre e inteligente, Alzira aí conheceu Walther, nascendo entre ambos uma forte e duradoura amizade.[162]

À frente da agência da Casa Bancária Moreira Salles, incorporada sob essa razão social em 1940, foi instalada na capital federal, em abril do ano seguinte, a primeira agência fora do sul de Minas, onde João Moreira Salles iniciara a sua já bem-sucedida carreira de negócios, localizada na Rua da Alfândega nº 19, próxima à Igreja da Candelária, no centro financeiro do Rio e onde se achavam estabelecidos os atacadistas de café. Walther faria uma carreira vertiginosa no meio financeiro nacional. Em 1948, aos trinta e seis anos, foi nomeado, pelo presidente da República, diretor da Carteira de Crédito Geral, do Banco do Brasil, então presidido por Guilherme da Silveira, rico e influente industrial de tecidos na capital do país. O maior do país, o Banco do Brasil cumulava à função de Banco Comercial a de Banco Central - exercida por sua Superintendência de Moeda e Crédito, Sumoc - e de órgão regulador dos demais bancos, numa assimilação de atribuições sem dúvida conflitantes, sendo todas elas submetidas ao interesse partidário do governo federal, que comandava o banco direta e abertamente.

O acesso aos números e às informações sigilosas, próprios à execução das funções do Banco do Brasil e recolhidos no curso de sua dominante presença na economia brasileira, financiando empresas e pessoas físicas, regendo o câmbio, regulando a moeda e fixando a taxa de juros, deu a Walther um conhecimento privilegiado do mercado bancário nacional, conhecimento que ele trouxe consigo ao retornar à direção do Banco Moreira Salles.

Um outro signatário do *Manifesto dos Mineiros* havia pouco iniciara a sua carreia de banqueiro. Pressionado pelo governo de Getúlio, Clemente de Faria, o fundador do Banco da Lavoura em Belo Horizonte, em 1943 demitira da sua diretoria José de Magalhães Pinto, quando da publicação do manifesto, que este firmara. Magalhães Pinto fora um dos responsáveis pela expansão do banco e então dirigia a sua filial no Rio de Janeiro, por ele instalada em 1938. Com a ajuda de amigos, não demorou a fundar o Banco

Nacional de Minas Gerais em 1944, e logo se valeu dos serviços profissionais de San Tiago, que conhecera no início da década, no Rio de Janeiro. Em 1947, Magalhães Pinto elegera-se deputado federal pela UDN, mas durante seu mandato preferiu servir como Secretário de Finanças de Minas Gerais, então governado por seu colega de partido, Milton Campos.

Magalhães Pinto, assim como Walther Moreira Salles, conjugaria à sua qualidade de banqueiro privado o exercício de cargos de direção na área das finanças públicas. Além de diretor do Banco do Brasil, Walther seria por duas vezes embaixador nos Estados Unidos e ministro da Fazenda, e Magalhães, parlamentar, secretário de estado de Finanças e mais tarde governador de Minas Gerais.[163] Ambos, mas especialmente Walther, recorriam ao conhecimento jurídico de San Tiago.

• Negócios internacionais

Em fevereiro de 1948, Jayme Bastian Pinto, em carta dirigida ao seu sócio, "Dr. San Tiago", de Nova York dava notícia do seu encontro com Adolph Berle Jr., ex-embaixador americano no Brasil entre 1945 e 1946, e então de volta à Universidade de Columbia, em Nova York.[164] O ex-embaixador era coautor de uma das mais importantes obras de Direito Comercial moderno e consultor de grandes associações e empresas nos Estados Unidos. Berle já conhecera San Tiago de sua estadia no Brasil, devido ao fato de Jayme ter como cliente Wolf Klabin, o maior produtor de papel do Brasil e amigo de Berle.[165] O propósito de San Tiago era ampliar, naquele país, a captação de clientes para seu escritório. Nesse sentido, Jayme cumpria uma agenda específica, e, além do encontro com Berle, relata a San Tiago a sua visita à *Hayden, Stone & Cia*, um *financial bank*, o que correspondia, mais ou menos, diz Jayme, a um *banque d'affaires*, ou seja, firmas que faziam "corretagem de títulos e financiamento a compradores de títulos e, principalmente, subscrevem, para venda posterior ao público, os aumentos de capital e o lançamento de ações e de debêntures não tomados preferencialmente pelos acionistas"; e quase todas essas operações, observa Jayme, eram realizadas por intermédio de tais firmas, das quais o "padrão e modelo" era o *J. P. Morgan*.

Jayme passou a frequentar regularmente a *Hayden, Stone & Cia*, para conhecer-lhe a operação; Walther Moreira Salles tinha negócios com esse banco, e então buscava intermediar um empréstimo para o estado de São Paulo. Conhecendo essa operação, Jayme expôs ao diretor de negócios internacionais do banco uma operação análoga, um empréstimo ao estado de

Minas Gerais, este intermediado por Magalhães Pinto, que permitiria ao estado adquirir material agrícola, ferroviário etc.[166] O banqueiro americano estaria informado inclusive, diz Jayme a San Tiago, de que nas transações envolvendo órgãos públicos alguns políticos brasileiros recebiam, ordinariamente, uma comissão sobre o valor do negócio a ser por eles aprovado por força de sua função; nesses casos, explicou o banqueiro americano a Jayme, poderiam adotar uma prática corrente em seu país: pagar uma comissão de até 40% a um banco local que intermediasse o empréstimo, sendo indiferente a quem fosse ao final destinados esses recursos, os quais todavia não seriam mencionados em correspondência do banco norte-americano e em seus livros não seria registrado o nome de qualquer político. Além dessa comissão, cabia ao banco intermediador, ou ao escritório de advocacia brasileiro, receber honorários percentuais sobre a operação, e Jayme citava o acordo com o Banco Moreira Salles, que havia estipulado receber uma comissão de 10% em qualquer transação com o Brasil.

Em relação à operação do estado de Minas, Jayme lembrava a San Tiago que Magalhães Pinto – titular do Banco Nacional e secretário das finanças do Estado – não era favorável ao financiamento externo, devido ao risco de alteração na taxa de câmbio. Mas não havia possibilidade de o estado de Minas adquirir os bens que desejava sem haver recursos externos, e estes, observa Jayme, não poderiam ser obtidos senão por intermediação de um banco de investimento nos Estados Unidos.

Mais tarde, no início da década de 1950, San Tiago iria dar forma e criar os mecanismos jurídicos próprios para contratar financiamentos externos adaptando-lhes os termos ao Direito brasileiro, e colaboraria com José Luís Bulhões Pedreira, então à frente do departamento jurídico do Banco Nacional de Desenvolvimento Econômico, que seria criado em 1952, e a seguir titular de um dos mais solicitados escritórios de advocacia empresarial do país.[167]

CAPÍTULO 5

EUROPA, GUERRA FRIA, RIO DE JANEIRO

Os Estados Unidos sentiram, com nitidez, que não seria possível salvar a vida econômica da Europa Ocidental sem que uma ação corajosa de auxílio fosse por eles executada, à custa dos seus próprios recursos econômicos.[168]

• Portugal, Espanha e França

Apesar de muitos de seus clientes terem negócios nos Estados Unidos, em final de março de 1948, San Tiago voltou à Europa, um ano depois de havê-la deixado pela primeira vez, agora convidado a participar das *Jornadas de Direito Franco-Americanas*, a realizar-se na terceira semana de abril, cujo tema central seria a difusão do Direito Comparado.[169]

San Tiago viajou a convite de René David, já uma autoridade na matéria. O professor francês ficara vivamente impressionado com o seu jovem colega brasileiro em sua visita à Sorbonne no outono de 1946, partilhando a opinião firmada entre os professores da faculdade francesa, que em carta o seu diretor registrou.[170]

Desta vez, San Tiago e Edméa seguiram de avião, partindo do Rio de Janeiro em um *Constellation* da Panair do Brasil, inicialmente em direção a Lisboa, mas com destino final em Paris, onde teria lugar o Congresso, na semana de 12 de maio. Com San Tiago e Edméa seguiram Carlos Flexa Ribeiro e sua esposa, Maria Helena. Herdeiro do Colégio Andrews, no Rio de Janeiro, Flexa Ribeiro conhecera San Tiago em 1942, em Poços de Caldas, em Minas Gerais. Em 1956, San Tiago ergueria sua bela residência na Rua Dona Mariana, em Botafogo, vizinha à de Flexa Ribeiro, já seu adversário político, militando na UDN, mas um amigo constante.[171]

A estadia de uma semana em Portugal foi movimentada. San Tiago já estabelecera laços profissionais com seus colegas lusitanos e atendia no Brasil empresários portugueses que aqui tinham negócios. Um deles colocou à sua disposição e de Edméa um *Cadillac*, "um carrão de sete lugares ultramoderno e com um chofer que sabia tudo e era o melhor cicerone", e com ele o casal circulou, ao longo de cinco dias, pelo norte de Portugal, que San Tiago ainda não conhecia.[172]

Uma das localidades visitadas nesse passeio foi San Tiago das Antas, o vilarejo de onde, pela afinidade de nomes, supunha San Tiago ter sido o ponto de partida de seus antepassados para o novo mundo no século XVIII. Recebido pelas autoridades locais, San Tiago deliciou-se com essa possibilidade histórica, que, todavia, não teria fundamento preciso; mas àquela altura ele nela acreditava e assim os seus anfitriões portugueses, aludindo Edméa "a uma futura viagem em projeto para virmos receber o título de cidadão de San Tiago das Antas".[173]

Em carta ao amigo Thiers Martins Moreira, San Tiago diz estar gostando ainda mais de Portugal do que gostara na primeira visita, porque pôde retificar impressões e ter uma ideia conjunta da arte do país, que "não se completa sem o conhecimento do Convento de Cristo, de algumas velhas igrejas românicas (entre elas a de San Tiago das Antas) e do excelente exemplar de pequeno castelo que é Guimarães". Já em relação ao país, acrescenta, "exige duas coisas de primeira importância, que me faltavam, o Porto e o Minho". E segue fazendo uma minuciosa descrição de suas impressões, registrando e qualificando tudo que via – "a pequena Versalhes que é o Palácio de Queluz, (...) os campos e as aldeias do Minho, em torno de Vila Nova de Famalicão", "os campos sem par em que começa o Além Tejo diante de Santarém". E não falta o relato de uma memorável "comezaina": "bacalhau de todos os modos, lampreadas com molho pardo, caldeiradas de enguia, amêijoas no alho, vinhos verdes do Minho, maduros do Dão, vinhos do Porto de 1860 e 1865, e todos os doces regionais, entre os quais julgo fazer justiça destacando os cócos do Porto e as trouxas de Caldas da Rainha", entremeados com as noites de fado, na "taverna da Lucília", onde ouviram, ele e Edméa, "desde a aposentada Dina Tereza até o rei do fado castiço, Alfredo Marceneiro".[174]

Depois de uma semana em Portugal, San Tiago e Edméa seguiram para Madri, que San Tiago não conhecera em sua viagem inaugural à Europa dois anos antes. A capital espanhola se preparava para os festejos oficiais, em 1º de abril, de mais um aniversário do fim da guerra civil que em 1936 levara o general Franco ao poder; San Tiago e Edméa veriam, como esta registra, o "grande desfile [de] aniversário da vitória da revolução, (...) e o

Caudilho", que, tal o seu colega ditador português, Oliveira Salazar, resistia tiranicamente à redemocratização em curso na Alemanha Ocidental e na Itália.[175]

San Tiago descreve os cantos ouvidos nos restaurantes madrilenos, que, "à boa moda espanhola, começam por volta das duas e acabam às cinco ou seis da manhã, hábito que os levava ao almoço por volta das quatro horas da tarde"; e registra a seguir a ida a uma tourada – "interessante, mas bárbara", segundo Edméa – e a visita aos museus Escorial e do Prado, que lhe pareceu insuperável como Museu de Pinturas.[176]

A 3 de abril daquele ano de 1948, um sábado, San Tiago e Edméa saltaram do trem em Paris vindos de Madri, depois de uma viagem de vinte e seis horas; ao contrário de dois anos antes, quando lá chegaram no outono, já muito frio e prenunciando um dos invernos mais rigorosos da sua história, agora Paris esplendia em plena primavera, e a sua vida cultural, cosmopolita e rica, era mais exuberante ainda, passados três anos do final da guerra, com a economia do país em firme recuperação. E a rotina ávida de teatros todas as noites, em meio à estação, quando eram lançados os novos espetáculos e encenações, foi retomada pelo casal como haviam feito dois anos antes, seguida de jantares, em "*bistreau* tipicamente francês", e de idas à "*boite* elegante", para dançarem.[177]

• Direito Comparado

Na semana seguinte, a 16 de abril, a rotina de San Tiago foi interrompida com o início das *Jornadas de Direito* Franco-Latino-Americano. As significativas transformações políticas determinadas pelo desfecho da guerra – o colapso dos regimes nazista e fascista, a afirmação do regime soviético, a projeção das ideias socialistas na Europa e a pujança econômica norte-americana – suscitaram o debate entre os estudiosos sobre a reforma dos ordenamentos jurídicos de países na Europa Ocidental e na América Latina. Em uma das suas palestras realizadas em Paris no outono de 1946, San Tiago havia mencionado ser o estudo do Direito Comparado o instrumento próprio a fecundar esse debate. O cotejo das diferentes experiências normativas, consultando realidades econômicas e sociais diversas, afirmou, seria capaz de renovar a produção legislativa na Europa e nas Américas, especialmente.

Dois anos antes, seu talentoso amigo Tullio Ascarelli escrevera um substancial texto a respeito;[178] e entre os professores franceses que haviam assistido à palestra de San Tiago na Faculdade de Direito de Paris, em novembro de 1946, estava René David.[179] Nascido em 1906, cinco anos antes de San Tiago, até o início da guerra, em 1939, René David havia ensinado na Universidade Grenoble. Com o fim do conflito, transferiu-se para Universidade de Paris onde iniciou uma longa carreira de pesquisador e autor de Direito Comparado, a partir do estudo de Direito Civil; em abril de 1948, quando San Tiago o reencontra, David lançava a sua primeira obra de Direito Comparado.[180]

Professor de Direito Romano e de Direito Civil, a visão de San Tiago sobre Direito Comparado, e a sua função na formação de advogado, era próxima a de seus colegas europeus: "vejo diante de nós assim marcados os rumos da educação jurídica humanística: pelo estudo do Direito Romano e da História do Direito moderno, preservado o sentido da continuidade do Direito no tempo; pelo estudo do Direito Comparado (...)".[181]

David foi o principal organizador das *Jornadas de Direito Franco--Latino-Americanas*, presidida por Leon Julliot de La Morandière, deão da Faculdade de Direito de Paris. *As Jornadas* reuniram professores da França, da Polonia, do Irã, do México, do Equador e do Brasil, San Tiago. Na qualidade de diretor do Instituto de Direito Comparado da Universidade de Paris, La Morandière abriu os trabalhos, e David leu um minucioso relatório sobre o desenvolvimento do estudo do Direito Comparado.[182]

Ao se manifestar, San Tiago, referindo o pronunciamento de David, observa que o Direito Comparado "pela sua natureza metodológica é uma disciplina que deve ser, sempre, desenvolvida sobre o plano da cooperação intelectual entre as nações, entre os institutos [de Direito Comparado] dos diferentes países", e as *Jornadas*, afirma, eram o local adequado para se proclamar, de uma maneira formal, essa vocação natural do Direito Comparado.[183] Os Institutos, prossegue, deveriam estabelecer uma ligação federativa entre eles para tornar possível e ágil o compartilhamento dos resultados alcançados, mas, sobretudo, os trabalhos deveriam seguir padrões, a serem estabelecidos, de uniformização de citações e referências a textos legais, decisões de tribunais e fontes bibliográficas. Só assim seria possível tornar efetiva a indispensável cooperação internacional entre os comparatistas de diferentes países. San Tiago observa que a sua proposição era uma questão preliminar e, a seu aviso, o Congresso deveria sobre ela se manifestar.

E assim foi feito. E a pedido de La Morandière, sobre a mesa da sessão, San Tiago redige a minuta de resolução para dar corpo à sua proposição, enquanto seus colegas debatiam. Posta em votação, novas questões de forma foram levantadas, para afinal a proposta e a resolução redigidas por San Tiago serem aprovadas.[184]

Como mostra a transcrição dos trabalhos, San Tiago foi, a figura dominante na sessão das *Jornadas*. A sua proposição, apresentada liminarmente, foi longamente discutida pelos demais professores, ainda que sem a objetividade de seu formulador, e, a pedido do presidente da conferência, foi objeto de uma resolução redigida por San Tiago e sancionada unanimemente pelos presentes, na mesma sessão.

• Um jurisconsulto francês no Rio de Janeiro

Ainda em Paris, San Tiago convidou René David a ir ao Rio de Janeiro. O professor francês, aproveitando as férias de verão no hemisfério norte, aqui chegou a 14 de julho de 1948, e se surpreendeu com o inverno carioca – "fazia um calor tórrido", recordaria em suas memórias.[185] David hospedou-se no Hotel Central, localizado na praia do Flamengo, com vista para a baía de Guanabara, há muito desativado. Mas San Tiago ofereceu a seu colega o escritório de sua casa para que ele lá pudesse trabalhar no ensaio que começou a escrever sobre o Direito brasileiro. No sobrado da Rua Barão de Jaguaripe, David pôde valer-se da "excelente biblioteca de livros [de direito] portugueses e brasileiros" de seu anfitrião, e era servido, a "instantes regulares", de "cafezinhos", contando ainda com um divã na biblioteca onde podia descansar.[186]

David falou no plenário da Câmara Federal e a seguir foi recebido em Belo Horizonte pelo governador de Minas Gerais, Milton Campos, também da UDN, em uma cerimônia provinciana, descrita por David com espontâneo acento irônico: o salão com cadeiras de veludo, o pódio elevado, as senhoras em trajes de gala, e as hiperbólicas citações insertas na saudação dirigida ao convidado.[187] Mas a estadia foi proveitosa; David escreveu um substancial ensaio sobre o Direito brasileiro, seus principais institutos, acrescido de uma primorosa síntese da história do país.[188]

A participação de San Tiago nas *Jornadas* e o seu reconhecimento entre os grandes comparatistas de seu tempo, a começar pelo próprio René David, davam ao jovem professor brasileiro uma rara projeção internacional. Naquele ano de 1948, em junho, coubera a San Tiago saudar o grande jurista italiano Francesco Carnelutti, em visita ao Brasil. Ao lado de seu outro conterrâneo, Giuseppe Chiovenda, Carnelutti havia escrito uma reconhecida obra de Direito Processual Civil que teve longo curso no Brasil, e era correntemente citado por advogados. O memorialista Antônio Carlos Villaça, então estudante de Direito da Faculdade Católica, recordaria

San Tiago, professor daquela escola, falar, "com altura, altitude, muito senhor de si, magistral".[189]

E, de fato, aos trinta e cinco anos, o saber jurídico de San Tiago era absolutamente reconhecido. Servido pelo comando dos idiomas dominantes na Europa Ocidental, o latim inclusive, especialmente necessário a uma maior inteligência do Direito, pouco depois de deixar a faculdade, San Tiago estudou Direito Penal, ao exercer a promotoria no Distrito Federal, e debateu com os maiores advogados criminalistas de sua época; a seguir, firmou, como consultor do Conselho de Engenharia e Arquitetura, seus conhecimentos de Direito real, em uma época de ativo crescimento imobiliário urbano, ao lado de uma advocacia que desde cedo somou trabalhos forenses à consultoria sobre questões jurídicas complexas. No foro distinguiu-se rapidamente, e, com o fim da guerra, passou a dominar as intrincadas questões de Direito Comercial e Financeiro, que começavam a ser decisivamente influenciados pela avassaladora experiência norte-americana. E ao magistério de Direito Civil, somava San Tiago o magistério de noções de Direito na Faculdade de Economia, onde se tornou um atilado precursor do Direito Econômico alinhando esses dois tópicos com rara maestria, e, na Faculdade Católica de Direito, firmara-se como um extraordinário professor de Direito Romano.

Essas qualidades impressionaram vivamente René David, que, ao lado de Tullio Ascarelli, viu em seu colega brasileiro "um dos homens mais notáveis que conhecera", e eram versadas, como mostrou a conferência, em Paris, com uma serena, quase fria, objetividade.[190]

• Regresso ao Rio

Encerrados os seus trabalhos na *Jornada*, a 16 de abril, uma sexta-feira, San Tiago e Edméa, acompanhados do casal Flexa Ribeiro, seguiram para Barbizon, um vilarejo distante cinquenta quilômetros a sudeste de Paris, no departamento de Seine-et-Marne, à beira da Floresta de Fontainebleau, famosa por haver inspirado vários pintores impressionistas.[191] Hospedados em um pequeno hotel, *Le Bas Bréau*, San Tiago, em companhia de Edméa, e contrariando seus hábitos sedentários, aventurou-se ir de bicicleta visitar o Castelo Fontainebleau, residência de caça da realeza a partir do século XVII, entre eles Luís XIV, o Rei Sol, distante cerca de dez quilômetros de seu hotel.[192] Uma semana depois, a 25 de abril, o casal retornou ao Brasil, de avião.

Três anos depois de finda a guerra, não apenas os seus horrores humanos e materiais ainda estavam presentes; a violência estatal dos regimes totalitários que a ela sobreviviam e as ideias a justificá-los eram um desafio à construção de uma ordem jurídica renovada. Nesse processo, o Direito Comparado era um instrumento indispensável, acreditava San Tiago. Como já havia afirmado ao tratar no ano anterior do *Humanismo e Direito*, a experiência jurídica era um contínuo e não uma técnica formal, desvencilhada do processo histórico, o que tornava o cotejo dos diferentes regimes jurídicos enriquecedor, especialmente por considerar diversas realidades sociais e econômicas. E estas ganhavam contornos cada vez mais nítidos.

• A nova ordem capitalista

Ainda durante a guerra, em 1942, os Estados Unidos e a Inglaterra haviam iniciado entendimentos para reunir diversos países a fim de discutir a reestruturação da ordem econômica mundial a emergir do conflito. Dois anos depois dessas tratativas iniciais, em julho de 1944, teve lugar a conferência de Bretton Woods, no estado norte-americano de New Hampshire, na qual, perante representantes de quarenta e cinco países, do Brasil inclusive, foi aprovada a criação de dois organismos supranacionais, o Fundo Monetário Internacional, com o objetivo de assegurar a estabilidade financeira internacional, e o Banco Mundial, com o propósito de financiar países em desenvolvimento, constituídos em dezembro de 1945.[193] E naquele ano, de 1948, foi firmado o Acordo Geral de Tarifas, visando a redução de tarifas de importação para ampliar o comércio internacional.

As exigências materiais trazidas pela guerra conseguiram o que o programa econômico intervencionista de Roosevelt, o *New Deal*, por si não conseguira: recuperar e ampliar a capacidade produtiva da economia norte-americana e eliminar o desemprego, decorrente da crise de 1929. Os números desse período são impressionantes. Entre 1940 e 1945, a produção de aço aumentou cerca de 20%, a de óleos combustíveis, 40%, a de trigo 27% e mais de três mil e duzentas locomotivas foram produzidas em 1945, contra menos de seiscentas nos cinco anos anteriores. Os preços subiram nesse período 28%, porém o salário real avançou cerca de 40%. Apesar do expressivo crescimento do déficit público – as despesas subiram de US$ 9 bilhões para US$ 95 bilhões em 1945, o dobro do gasto público verificado nos cento e cinquenta anos precedentes – ao longo da guerra, o PIB cresceu de US$ 100 bilhões, a preços correntes de 1939, para US$ 212 bilhões em 1945.[194]

Ao fim do conflito, os Estados Unidos respondiam pela metade de bens e serviços produzidos e prestados em todo o mundo, e assim eram diretamente interessados na estabilidade financeira dos mercados e na instituição de um regime de livre comércio, que viam como consectário natural do regime democrático vigente em seu país. Os principais mecanismos de uma nova ordem econômica capitalista, liderada inquestionavelmente pelos Estados Unidos, já estavam implantados e gerando os seus efeitos iniciais quando San Tiago viajou à Europa pela segunda vez. E já avançavam os entendimentos para a formação de uma União Europeia, cuja semente fora lançada por Churchill em discurso na Universidade de Zurique em setembro de 1946, e cujo pacto entre a Bélgica, Holanda e Luxemburgo, "três países críticos entre a Alemanha e a França", fora firmado em janeiro de 1948, uma semana antes de San Tiago deixar a Europa.[195] Nas Américas, a liderança dos Estados Unidos era, ainda, mais expressiva. Em maio de 1948, foi criada a Organização dos Estados Americanos, sucedendo ao Tratado Interamericano de Assistência Recíproca, cujos países signatários haviam se reunido em agosto do ano anterior no Rio de Janeiro.[196]

• O primeiro enfrentamento

A 2 de maio de 1945, Berlim havia se rendido às tropas soviéticas, que, doze dias antes e sem considerar as perdas possíveis, haviam avançado sobre a capital alemã cumprindo o desígnio de Stálin de conquistá-la à frente das tropas norte-americanas. Mas o destino da Alemanha vencida já estava sendo traçado antes de o conflito terminar. Em outubro de 1943, em Moscou, tiveram lugar as primeiras conversações entre soviéticos, britânicos e norte-americanos nesse sentido, continuadas na conferência de Ialta, na Crimeia, na primeira semana de fevereiro de 1945, quando os chefes de governo desses três aliados incluíram a França entre os futuros ocupantes da Alemanha, atribuindo-lhe uma área territorial deduzida daquela que caberia à Grã-Bretanha e aos Estados Unidos. Com a capitulação da Alemanha, a 8 de maio, nove dias depois do suicídio de Hitler em 30 de abril de 1945 em seu *bunker* enterrado na *Vosstrasse*, no centro de Berlim, a poucos metros do portão de Brandemburgo, consolidou-se a sua ocupação física pelas quatro maiores forças militares que haviam se aliado para combatê-la e derrotá-la.

Devastada e dividida, a Alemanha viu-se governada por um Conselho Aliado, formado pelos chefes militares das quatro zonas territoriais em que o país e a capital Berlim foram repartidos. A oeste ficava a zona sob o comando britânico, francês e norte-americano; a leste, a zona soviética, onde estavam situados Berlim e seus três milhões e meio de habitantes, distante 176 quilômetros da fronteira ocidental interna. Uma rodovia e uma ferrovia correndo pelo território sob controle soviético comunicavam as duas zonas e por elas era transportada boa parte dos suprimentos a suster os habitantes do lado ocidental da capital, que, em razão de sua posição geográfica, convertera-se em um posto avançado dos aliados ocidentais encravado em território sob domínio soviético.

As principais forças políticas alemãs anteriores ao estado nazista ressurgiram: na zona ocidental, a democracia cristã – CDU – e a social democracia – SPD, que, na eleição de outubro de 1946 realizada em Berlim, derrotariam os comunistas, evidenciando a dissidência ideológica entre as duas frações geográficas do país, que distinguia o regime democrático, próprio aos ocupantes ocidentais, e o regime totalitário, característico dos soviéticos.[197] De então por diante, essa dissidência iria se desdobrar objetivamente, distanciando, irreprimivelmente, a projetada unificação da Alemanha.

A União Soviética foi a primeira potência ocupante a organizar politicamente a sua zona, favorecendo o Partido Comunista, cujo líder alemão havia retornado ao seu país, junto com o Exército Vermelho. Nos meses seguintes ao final da guerra, começaram a ser executadas as reformas radicais: a nacionalização dos bancos; a expropriação dos monopólios industriais; uma vasta reforma agrária, que fracionou a grande propriedade; o expurgo na administração pública, nas escolas e nas empresas, dos elementos nazistas; e a adoção de uma nova estrutura administrativa, cuja direção foi confiada aos comunistas alemães.[198]

Em abril, uma tentativa de entendimento realizada em Moscou entre os países ocupantes sobre o futuro unificado da Alemanha fracassou, acentuando as orientações ideológicas a opor as zonas ocidental e oriental. Um ano depois, em fevereiro de 1948, o Conselho Econômico reunindo as zonas norte-americana e britânica viu reforçada a sua influência política, e no mês seguinte o economista Ludwig Erhard foi indicado seu diretor. A proposta econômica formulada pelo Partido Social Democrata – SPD –, fortemente influenciada pelo ideário socialista não soviético, de defesa da estatização de empresas consideradas essenciais à reconstrução das economias europeias ocidentais, bem como uma acentuada intervenção nos mercados, começou a ser rediscutida, sob o comando do líder da União Democrata-Cristã, UDC, Konrad Adenauer, que um ano depois seria indicado chanceler da Alemanha Ocidental. O modelo econômico marcadamente intervencionista adotado pela Grã-Bretanha, França e Itália, com pequenas variações entre si, foi revisto pelos democratas-cristão sob a influência da experiência liberal norte-americana, que o Plano Marshall refletia e promovia. Nesse contexto, teve início a formulação de uma política econômica do novo Estado alemão ocidental, cuja criação, debatida em tratativas sigilosas pelos aliados ocidentais, uma vez descoberta pelos soviéticos, determinou o rompimento e o abandono destes do Conselho Aliado, formado ao fim da guerra pelas quatro maiores forças militares vitoriosas.

- **Guerrilha monetária e o bloqueio de Berlim**

A medida seguinte dos ocupantes ocidentais, que teve em Erhard um dos seus principais formuladores, foi desfechada a 18 de junho de 1948: o lançamento de uma nova moeda, o *Deustche Mark*, posta imediatamente em circulação pelos aliados ocidentais, em substituição ao *Reich Mark*. Dois dias depois, um domingo, a antiga moeda deixou de circular, e cada cidadão alemão foi autorizado a converter, ao par, quarenta *Reich Mark* por outros tantos *Deutsche Mark*, e a seguir, em uma demonstração de força da nova moeda, sustida pelo dólar americano, a taxa de câmbio, livre, elevou-se à razão de dez para um, em favor da nova divisa. A medida foi inicialmente criticada pela população, que viu as suas pequenas economias serem dizimadas e os preços subirem consideravelmente. Porém, a força estabilizadora da nova moeda logo se fez sentir na maior oferta de bens em razão do golpe fatal infligido ao ativo e disseminado mercado negro, cujos operadores viram a moeda antiga, que acumulavam, se dissipar subitamente.

Mas o *Deutsche Mark* golpeou, sobretudo, os soviéticos, que nele sentiram o poder econômico de seu maior aliado durante o conflito e o mais vigoroso adversário na nova ordem geopolítica que se ia configurando.

Os soviéticos reagiram, emitindo um novo marco, o *Oest Mark*, o marco oriental, que não ganhou curso no lado ocidental, e no setor oriental foi incapaz de frear a atração exercida pelo *Deutsche Mark*. Acreditando dobrar seus adversários, os soviéticos extremaram a sua reação: a 24 de junho de 1948, no mesmo dia em que a França publicamente se integrava à zona norte-americana e britânica, unificando administrativa e politicamente toda a fração ocidental da Alemanha, os soldados soviéticos impuseram o controle de tráfego a todas as vias terrestres e fluviais de acesso ao leste alemão. E dois dias depois, bloquearam inteiramente as vias que demandavam Berlim, cerrando por completo o tráfego entre a zona ocidental e a zona oriental da capital alemã; seus dois milhões de habitantes viram-se sitiados economicamente.[199]

A Grã-Bretanha e os Estados Unidos imediatamente articularam uma ponte aérea, em dimensões jamais vistas – mesmo durante a guerra – que poria no ar mais de duzentos e setenta mil voos, com cerca de mil e quatrocentos pousos diários ininterruptos de aviões de carga, por vezes a intervalos de oitenta segundos, nos três aeroportos de Berlim Ocidental. Cerca de 2,3 milhões de toneladas de toda sorte de gêneros indispensáveis à sobrevivência dos berlinenses ocidentais, inclusive cinco mil toneladas diárias de carvão, foram transportadas pelo ar ao longo dos onze meses de duração do bloqueio, que se estendeu até 12 de maio de 1949.[200]

A vulnerabilidade dos aliados ocidentais ante uma Berlim sitiada economicamente, efeito do bloqueio esperado por Stálin, não ocorreu; ao contrário, a ponte área foi um incontestável sucesso de logística militar e de opinião pública. A ação dos soviéticos foi vista como prova cabal da impossibilidade de uma convivência harmônica entre os dois regimes políticos, o soviético e o norte-americano. Essa divergência sem dúvida era absoluta. Se a Europa Ocidental, com o decidido apoio dos Estados Unidos, cuidava da sua reconstrução, especialmente a Alemanha, o caso da União Soviética era ainda mais grave: ela fora devastada pela ocupação nazista, e, recusando-se a participar do Plano Marshall, como lhe ditava a sua linha ideológica, em 1948, Stálin lançou um programa de industrialização compulsória, como fizera na década de 1930 na Rússia, e o impôs aos países fronteiriços – Polônia, Tchecoslováquia, Romênia, Hungria, Bulgária – os quais submetiam politicamente. Sob a ordem de Moscou, um grande esforço de industrialização, por meio de um planejamento econômico rígido teve lugar. Simultaneamente, Stálin promoveu mais um expurgo de seus adversários, ou daqueles assim arbitrariamente identificados, mandando-os assassinar e prender.[201]

O primeiro grande confronto da Guerra Fria teve início dois meses depois de San Tiago haver regressado da Europa pela segunda vez. E os seus desdobramentos acentuaram a divisão política não apenas da Alemanha; a sequência de iniciativas deflagradas por ambas as partes iria demarcar os dois hemisférios políticos, liderados pelos Estados Unidos e pela União Soviética. Delineou-se um novo quadro geopolítico, cujo desfecho San Tiago não veria, mas cujos efeitos então já alcançavam o Brasil, sendo o mais presente a dominante influência dos Estados Unidos na América Latina. Em consequência, os brasileiros começavam a se dirigir ao eixo Washington-Nova York, o novo centro político e financeiro mundial. Não seria, porém, San Tiago o primeiro entre os amigos do *Grupo* a viajar aos Estados Unidos, mas Antônio Gallotti.

• O florentino tropical

Ao sair da faculdade em 1931, um ano à frente de San Tiago, formando-se na turma de Américo Lacombe, Plínio Doyle, Chermont de Miranda, os amigos seus – e de San Tiago – da vida toda, aos quais se somavam Thiers Martins Moreira, Hélio Vianna e Gilson Amado – o *Grupo* – , estes últimos colegas de turma de San Tiago, Antônio Gallotti abrira seu escritório de advocacia, e sem abandoná-lo tornou-se advogado da *Light*, empresa de capital canadense, que controlava as maiores concessionárias de serviços públicos do país, no eixo Rio-São Paulo.[202]

Ao início da década de 1930, a direção da *Light*, de sua sede em Toronto, dera início à "nacionalização" de seus quadros técnicos, para tornar mais ágil e eficaz o relacionamento de suas concessionárias com as autoridades públicas brasileiras e para protegê-la das correntes nacionalistas, em expansão. No departamento jurídico, onde logo se destacou, Gallotti seria o exemplo mais significativo dessa diretriz empresarial, ao associar à sua inegável capacidade profissional ao exercício de influência política que a empresa era capaz de arregimentar e ele, como poucos, manejar.[203]

Em 1947, Gallotti apresentou ao presidente da *Brazilian Tractor*, empresa do grupo canadense controlador da *Light*, um projeto para reunir, sob o controle de uma única empresa, as dezoito concessionárias de serviços públicos no Brasil, entre elas a *Light*. Dotado de uma excepcional capacidade de trabalho, uma argúcia rara e uma enorme ambição, e socialmente assistido por sua esposa, a cativante Arminda, Gallotti passou a ser visto como o advogado capaz de resolver as questões complexas do grupo canadense junto às autoridades brasileiras. Vinda do Paraguai, e já conhecida na sociedade carioca pela sua radiante beleza e uma ativa presença, Arminda Zuñiga havia se casado com Gallotti em 1943. Elegante e vivaz, em muito acresceu em experiência pessoal e social ao advogado de trinta e cinco anos; e, integrando-se à roda dos amigos do marido, não tardou a fazer da residência do casal um dos mais disputados salões da cidade.[204]

Naquele ano de 1948, Antônio Gallotti viajou na mesma altura em que San Tiago, porém não à Europa e sim a Nova York e a Toronto, a serviço da *Light*. Chamado pelo presidente da empresa a participar das negociações que se mostravam difíceis com o Banco Mundial, do qual a empresa canadense buscava e afinal obteve um vultoso empréstimo, Gallotti observou que não falava inglês fluente e assim não poderia ajudar; porém seu chefe respondeu que lá nos Estados Unidos já havia muitos advogados que falavam inglês, e que ele viajasse imediatamente. Do *Waldorf Astoria Hotel*, em uma longa carta, Gallotti descreveu as reuniões com executivos da empresa canadense analisando propostas de investimentos da empresa no Brasil, e os almoços com executivos de "grandes casas de Wall Street". Gallotti lançou-se ao trabalho com grande energia, "ora em Washington ora em Nova York. Lá, o banco. Aqui, a firma que tratará da emissão dos debêntures", escreveu ao amigo Thiers Martins Moreira, dizendo que lia bem inglês e falava com muitos erros, mas com absoluto desembaraço, participando das negociações com os bancos de "investimento privado" e com os escritórios de advocacia, revendo "grandes documentos", cada um deles com mais de cem páginas impressas.[205] A estrita atenção às normas legais, aos regulamentos do Banco Mundial, à prescrição das cláusulas dos contratos comerciais, em suas múltiplas especificações, delineava um contexto jurídico inteiramente diverso do que se tinha no meio empresarial brasileiro, no qual sobressaíam órgãos e empresas controlados pelo governo, como Gallotti registra: "o banco tem sido duro: advogados exigentes, diretores pouco maleáveis. Querem garantias que quase atingem a alma da gente".[206]

Não apenas os negócios o impressionavam. Gallotti se mostrava assustado com as limitações econômicas do Brasil. A seu ver, o país precisaria produzir "muito e sempre mais" para atender à procura que o Plano Marshall, já em curso na Europa, determinava, e explorar petróleo o quanto antes; sem essas duas condições atendidas "não sei o que será do nosso desenvolvimento econômico". Os títulos brasileiros da dívida pública sofriam quedas constantes em razão do elevado endividamento do Brasil, dizia Gallotti, e o crédito nos era escasso, as exportações todas feitas "sob a exigência de cartas de crédito sacramentadas". Já o porte da economia norte-americana, refletido em Nova York, e os efeitos da Guerra Fria impressionavam Gallotti: "cidade monstruosa, que tem por orçamento 20.000.000 de contos! Mais que o Brasil, vê? Também o [orçamento] dos Estados Unidos é de 800 milhões de contos!". E acrescenta Gallotti, "para nós, do lado de cá do cinturão vermelho, a paz existe, mas é a paz do dólar (...) essa é a realidade. Stálin e o dólar, eis os dois valores supremos desse mundo", e conclui, sentencioso: "a luta entre o Kremlin e Wall Street terá de dar-se um dia, lá e cá, dir-se-ia, há valores dignos de defesa por detrás das fachadas, ambas odientas".

O contraste entre a situação do Brasil e dos países desenvolvidos é registrada por Gallotti ao narrar a sua ida a uma feira de comércio que então se realizava em Toronto, na qual "o Brasil fazia uma completa e brilhantíssima despropaganda. Fiquei envergonhado com a pobreza dos produtos expostos e o mau gosto que a tudo presidiu". "A granel", observava, "sacos de café, caixas de mate e amostras de amendoim, e bandeiras, cerca de oito ou dez bandeiras nossas (...) Não vi em qualquer outro estande, nem no de Portugal, bandeira de países. Temos mais o que mostrar (...)"[207]

- **O desejo dos amigos**

Pouco depois, escrevendo de Toronto, Gallotti dizia ser um absurdo San Tiago não estar no governo, e conclama os amigos a "adotar essa causa": trabalhar para San Tiago participar do próximo governo, pois, "depois de 1951, talvez fique muito tarde".[208] Essa era também a opinião de outro amigo, Thiers Martins Moreira, que a propósito indagava a Gallotti: "você acredita que façamos um ministro, que possamos ter o San Tiago indicando caminhos?".[209]

No ano seguinte, Augusto Frederico Schmidt, em um artigo publicado em janeiro de 1949, depois da publicação do ensaio de San Tiago sobre Dom Quixote, a pretexto de comentá-lo, faz uma análise da posição pessoal de seu amigo. Fala de seu imenso talento, da sua precoce busca por maturidade intelectual, afinal alcançada, mas aponta a sua recusa em utilizar o seu talento – da forma que ele Schmidt via a mais adequada. Não sem ironia, Schmidt insinua que San Tiago deveria seguir o exemplo do Quixote, para alcançar vitórias maiores; e acrescenta, "muito terá feito já o sr. San Tiago Dantas pelo Brasil se outra disposição o possuísse", pois em "ninguém" via "melhores dons para o que tanto necessitamos, uma ação de esclarecimento público de envergadura". San Tiago seria este ator, e portanto não era "mais possível ficar-se à margem (...) defendendo tão só os seus pequenos domínios".[210] Pouco depois, Gilberto Amado, agora diplomata brasileiro servindo na ONU, sempre vaidoso, dizia "o que as circunstâncias me impediam de ser, desejo com força que você seja!", imaginando San Tiago "ministro das Relações Exteriores ou de qualquer outra grande pasta, em condições de orientar a vida do país".[211]

Schmidt e Gilberto Amado viam-se como donos de ideias e indicadores de caminhos de salvação cultural e política do país – e, embora respeitassem a inteligência do amigo, supunham ser sagazes diretores da sua trajetória política. Schmidt jactava-se de ter sido o primeiro a proclamar em San Tiago a habilitação indispensável para executar suas diretrizes salvacionistas; nesse papel que atribuiu a si, Schmidt colocava-se publicamente como tutor do homem providencial, que, a seu ver, San Tiago poderia ser.

A posição de Schmidt traía uma ingenuidade quase infantil, que mais tarde evoluiria em aberta crítica, eivada de um insopitável despeito da atuação política de San Tiago, sobretudo em relação ao Ministério das Relações Exteriores, pasta que ele sempre almejara e veria San Tiago ocupar. Mesmo reconhecendo a maturidade e a independência intelectual de seu amigo, Schmidt cegava ao fato de que este não se deixava conduzir neste nem em outros planos da vida, como já dera reiterados exemplos. Mas, sobretudo, não via, ou pretendia não ver, a nítida distância ideológica, já existente àquela altura, a separá-lo de San Tiago.

Schmidt remanescera um ardoroso conservador, resistindo às transformações históricas à sua frente; registrando em suas memórias sua visita à França naquele ano de 1948, dizia lamentar "que a França de hoje não tenha encontrado uma voz com a força, a ressonância e a eloquência da voz de [Maurice] Barrès. (...) Barrès soube celebrar a nobreza, o sacrifício, o heroísmo de um povo hoje irreconhecível (...)".[212] Barrès submergira na cena literária francesa ao início da década de 1920, com o surgimento do vasto painel com o qual Marcel Proust atestou o passamento da sociedade celebrada por Barrès. O seu nacionalismo reacionário e excludente, que encantara a direita radical, o jovem San Tiago inclusive, era para este último uma experiência traumática a não ser repetida cujos efeitos deveriam ser designadamente superados na nova ordem democrática e cujo exemplo europeu nesse sentido San Tiago defendia em seus escritos. A distância ideológica entre ele e Schmidt, já claramente demarcada, só iria, de então por diante, acentuar-se.

San Tiago não ouviria o apelo desses amigos. O seu plano estava traçado. Era indispensável ter a "projeção social" que a seu ver àquela altura só o seu escritório de advocacia poderia lhe dar antes de reingressar na política partidária, e, por essa razão, se dedicava à advocacia, como dali a pouco explicaria a Gallotti, em circunstância especialmente difícil.

• Visita ao Uruguai

Seis meses depois de ter regressado ao Brasil, San Tiago aceitou o convite do governo brasileiro para integrar uma missão cultural ao Uruguai, que chegou a 11 de outubro de 1948 a Montevidéu, onde estivera havia dez anos. A imprensa local noticiou em detalhe a programação da missão, que incluía visitas, almoços e palestras, entremeadas de largas folgas.[213] No dia da chegada, um único compromisso, a visita ao embaixador do Brasil no Uruguai, José Macedo Soares, que, pouco antes, comunicara a concessão a San Tiago do grau de irmandade do Outeiro da Glória.[214]

Dois dias depois, San Tiago fez a sua primeira conferência sobre *Conflito de vizinhança e sua composição*, tema de sua tese com a qual conquistara, havia oito anos, a cátedra de Direito Civil na Faculdade Nacional do Direito no Rio de Janeiro.[215] Eduardo Couture, àquela altura um dos poucos juristas latino-americanos de expressão internacional, saudou o palestrante. Aos trinta e oito anos, em 1942, Couture já publicara a sua principal obra, *Fundamentos do Processo Civil*, quatro anos depois traduzida para o português e largamente citada nos tribunais brasileiros. Com a deflagração da guerra na Europa em 1939, Couture abrigara, na Faculdade de Direito de Montevidéu, James Goldschmit, mestre de Direito Processual na Universidade de Berlim, que, expulso de sua cátedra e de seu país pelos nazistas, se refugiara na Inglaterra, de onde viera para o Uruguai, assim como recebera Enrico Liebman, antes de este vir ao Brasil, onde chegara Tullio Ascarelli, outro grande professor italiano exilado também pela fúria antissemita fascista, ambos amigos de Couture e de San Tiago.[216]

A amizade com esses dois juristas italianos que ensinaram na Faculdade de Direito da Universidade de São Paulo era mais um ponto de contato entre San Tiago e o reconhecido autor uruguaio, que o recebeu uma vez mais na mesma faculdade.[217] O tema da segunda palestra de San Tiago versou sobre os direitos protestativos, menos árido do que o primeiro, porém igualmente técnico.[218] Mas San Tiago o expandiu, nele incluindo a crítica à interpretação das normas a partir de dogmas rígidos, uma forma de hermenêutica que ele via superada. San Tiago ecoava, nesse passo, a sua crítica recente à aridez do positivismo jurídico que só tinha olhos para os aspectos formais, e, portanto, frios, em sua lógica particular de interpretação da norma jurídica. Esta, segundo defendia, deveria, ao contrário, ser interpretada tendo-se em conta o contexto social da qual emanava e a qual pretendia disciplinar. O logicismo, a extremação – do raciocínio lógico na interpretação da norma jurídica – desatendia aquele propósito. Igualmente está a interpretação descritiva, acrescenta San Tiago, ao apenas enunciar os aspectos externos da norma jurídica, uma característica redutora ainda hoje majoritária na doutrina jurídica nativa.

San Tiago já defendera, em sua crítica ao positivismo jurídico, ser o Direito um processo histórico, a exigir de seu intérprete a capacidade de se situar nesse contexto para buscar entender os seus vetores principais e, por essa ótica, informado da realidade social circunstante, interpretar a norma jurídica.[219] A partir dessa perspectiva ampliada, San Tiago tratou do tema de sua primeira palestra, *Conflito de vizinhança e sua composição*, projetando-o na realidade brasileira daquele momento. E esta provia, àquela altura, um exemplo extraordinário de transformação urbana, que, se não aumentou os conflitos de vizinhança estudados por San Tiago – então situados majoritariamente no campo –, transformou o perfil da propriedade urbana no Brasil e assim o perfil de suas maiores cidades, em especial de sua cidade natal.

• Uma cidade transformada

O Rio de Janeiro, era, escrevera San Tiago, a "cidade do rabo de arraia, do cabo eleitoral [do bairro] da Saúde, e dos ademanes protocolares, dos discursos acadêmicos e das recepções elegantes. Centro da burocracia, onde funciona o governo, desde a Colônia, a sua pequena burguesia é constituída por um exército de funcionários públicos dos ministérios com suas inúmeras repartições e o professorado de suas escolas superiores, a onda de literatos e jornalistas dos seus numerosíssimos jornais, o comércio médio de uma infinidade de varejistas, e a avalanche de políticos de todos os Estados, que ali gravitam em torno do Poder Federal".[220]

Em 1942, o governo Getúlio Vargas, em mais uma medida de caráter populista, visando acalmar grandes extratos da classe média urbana, congelou o valor de todos os aluguéis residenciais às cifras cobradas até ao final do ano anterior, pelo prazo de dois anos.[221]

O congelamento dos aluguéis atendia à inquietação aguda da classe média urbana, que, em meio a um crescente processo inflacionário, se via acossada pelo amplo poder discricionário do locador. Livremente convencionado entre as partes o valor do aluguel e o seu reajuste, era permitido ao proprietário despejar do imóvel o seu locatário caso este não pudesse pagar o valor pedido pelo locador. A renda dos aluguéis fora um investimento seguro, mas não bastava para fomentar uma política habitacional de largo alcance, capaz de atender à demanda crescente por moradia nos grandes centros, especialmente dos trabalhadores de baixa renda, muitos deles vivendo em cortiços em São Paulo, e um número cada vez maior em favelas no Rio de Janeiro.

Nesse contexto, o efeito imediato do decreto, ao congelar o valor dos aluguéis, foi cessar o investimento em construção de moradias destinadas à locação, sobretudo as moradias individuais, até então uma das formas mais usadas de inversão de capitais acumulados por pessoas físicas, e estimular a venda dos terrenos onde haviam sido erguidos os imóveis locados, o único meio de os proprietários reaverem os capitais investidos que o valor do aluguel, congelado e corroído pela inflação, não mais remunerava. Esse movimento, inexorável, determinou a imediata elevação do preço dos terrenos localizados nos principais bairros das capitais, aqueles melhor urbanizados, e, no caso do Rio de Janeiro, localizados à beira-mar, na estreita faixa edificável existente entre a orla marítima e os morros na zonal sul da cidade, na qual era possível construir múltiplas unidades, em regime de condomínio, destinadas não precipuamente à locação, mas à venda. Floresceu, em consequência, uma ativa indústria da construção civil, deflagrando no Rio de Janeiro um célere e incontido processo de verticalização de moradias residenciais em suas áreas mais valorizadas, que, em diferentes ritmo e consequências, estendeu-se aos maiores centros urbanos do país.[222]

Além da afluência constante, de mão de obra não especializada vinda sobretudo da região nordeste do país, a construção civil atraiu os recursos arrecadados pelos Institutos de Pensão e Aposentadoria de funcionários de diferentes categorias profissionais, que vinham sendo criados desde a década de 1920 e que a partir da ditadura do Governo Provisório instituída em 1930, com Getúlio à frente, foram incorporados ao novo Ministério do Trabalho. Os institutos passaram a ser dinâmicos agentes de crédito imobiliário, voltados à classe média e média alta, financiando a construção nas áreas urbanas nobres de prédios de apartamentos.[223] Na capital federal, estes foram sendo erguidos, rentes à beira-mar, partindo da Glória em direção à zona sul, seguindo pelo Flamengo, Botafogo e Copacabana.

Em 1948, a cidade natal de San Tiago estava já bem distante daquela que ele encontrara vinte anos antes, quando, vindo de Belo Horizonte, ingressara na Faculdade de Direito. As reformas do prefeito Pereira Passos empreendidas na primeira década do século deram à capital federal, notadamente à zona sul e ao centro, um ar de metrópole europeia. Mas, de então por diante a cidade sofreria um crescimento incessante e não ordenado, desprezados sistematicamente os planos urbanísticos encomendados pelos próprios governos.[224] Porém, as principais referências fixadas pelo jovem San Tiago subsistiam no centro da cidade.

A Avenida Rio Branco, aberta em 1904 e dividida em duas pistas por um elegante canteiro central, redefinira o eixo central da cidade; e alguns dos principais prédios nela construídos, seguindo o estilo eclético da época, ainda resistiam aos novos empreendimentos, que iam surgindo. A Cinelândia, onde, no Edifício Glória, San Tiago e seus colegas estudantes de Direito em 1930 haviam aberto um escritório para acompanhar processos no foro, era o ponto de maior atração da cidade; com a redemocratização do país em 1946, não apenas os frequentadores de seus cinemas e funcionários públicos, mas agora políticos também, fervilhavam ao longo do dia pela praça, onde ao seu redor reunia as sedes da cultura nacional e da política do país.

O Teatro Municipal tinha à sua direita a Câmara dos Vereadores da cidade, a *Gaiola de Ouro*, assim batizada pelo povo à vista dos exorbitantes custos de sua construção, em 1923. Agora dominada pelos comunistas, na ditadura Vargas, fechadas as casas parlamentares, o prédio abrigara o Ministério da Justiça, onde San Tiago, em 1933, logo ao deixar a faculdade, fora chamado a assessorar o seu titular, o brilhante e autoritário Francisco Campos, que na nova ordem democrática vivia o seu ocaso político. Defrontando o teatro, estava o Monroe, o Senado Federal, erguido em 1906 e setenta anos depois demolido; suas amplas janelas laterais abriam-se para a linha d'água dali não muito distante, visível o obelisco que frisa o término da Avenida Rio Branco, onde é ela cortada pela Avenida Beira-Mar, então margeando a orla da baía de Guanabara.

Não tão imponente quanto os demais prédios públicos, a poucos metros do Monroe, na mesma Avenida Rio Branco, porém do lado oposto, erguia-se o Supremo Federal – onde havia vinte e cinco anos não mais ecoava a eloquência contundente de Rui Barbosa. Mas San Tiago já o frequentava em defesa de causas sob seu patrocínio, e alguns de seus pareceres jurídicos já constavam dos autos de processos ali decididos.[225] Vizinha ao Supremo, ergue-se a Biblioteca Nacional, e, logo depois, cruzada a Rua Araújo Porto Alegre, estava a Escola de Belas Artes, instalada no prédio do museu, onde San Tiago ocupara o seu primeiro posto de professor de Direito e conquistara a primeira de suas quatro cátedras, três das quais ainda exercia, em uma carreira acadêmica iniciada havia quinze anos. Um pouco adiante, seguindo-se pelo mesmo passeio, na esquina da Avenida Almirante Barroso, San Tiago entraria na sede social do Jockey Clube – construída em mesmo estilo do prédio do Clube Naval, este ainda hoje preservado, na esquina oposta –, que no final da década de 1950 pretenderia presidir e cujo restaurante frequentava desde que se formara, agora sendo reconhecido pela elite econômica e política do país como um dos seus grandes advogados. Na mesma prumada da Avenida Rio Branco, o Hotel Palace ladeava a outra margem da esquina da Avenida Almirante Barroso; seu restaurante, um dos mais movimentados da cidade, era um outro local de almoço de San Tiago. Um pouco adiante, em diagonal ao Palace, vizinho ao Liceu de Artes e Ofícios, ficava o Hotel Avenida, onde políticos e empresários de outros estados se hospedavam quando vinham à capital federal batalhar na administração superior do país o desfecho, sempre demorado, de seus pleitos.[226]

Se, para San Tiago, esse trecho da cidade ainda guardava as suas principais referências de vinte anos passados, mesmo já desaparecido o ritmo sereno do final da década de 1920, de poucos automóveis e do transporte coletivo ainda razoavelmente atendido pelos bondes que cortavam a cidade, o mesmo não acontecia com os bairros litorâneos da zona sul, mais próximos ao centro da cidade.

O casario português erguido no começo do século XIX à margem da baía de Guanabara, cujas águas então alcançavam o Passeio Público e a Rua da Glória, ia desaparecendo. Naquele ano de 1948, ao longo da praia do Flamengo contavam-se ainda algumas casas térreas e sobrados daquele período, mas o seu perfil original já estava praticamente murado de edifícios de apartamentos. Estes, em um estilo mais moderno, seguiam-se aos erguidos nas primeiras décadas do século na praia estreita do Russel, em estilo *art déco*, alguns deles até hoje preservados.

A ocupação da orla da enseada de Botafogo, contígua à praia do Flamengo, dera-se em medida diversa; àquela altura uma foto tirada do alto da enseada, enquadrando-a em perspectiva, revelava apenas uns poucos prédios erguidos em meio a casas, algumas delas datando do Império. Os novos prédios de apartamentos surgiam em sua maioria ao fim da Avenida Oswaldo Cruz, que liga a praia do Flamengo à praia de Botafogo, e, espetados na Avenida Rui Barbosa, já circundavam e escondiam o Morro da Viúva, que, em curva beirando a baía, toca as duas extremidades da Avenida Oswaldo Cruz. Mas o Botafogo onde nascera San Tiago, e no qual ele voltaria a residir em meados da década seguinte, era um bairro bem diverso; o tráfego motorizado crescia em suas estreitas vias internas, e o transporte coletivo, agora majoritariamente feito por ônibus, todo ele movia-se pela superfície, enquanto cidades no exterior, do porte da capital do país, contavam havia muito com transporte metroviário.

Ao contrário de Botafogo, que ainda exibia algumas casas de largos terrenos desmembrados de antigas chácaras do Império, a Copacabana da infância de San Tiago, de seus passeios pela praia levado pela mão da *Dindinha*, a sua adorada avó, praticamente desaparecera. A praia ampla, estendida por uma curva generosa, o mar aberto franjando a vida diária de uma cidade batida pelo sol forte por mais da metade do ano, era especialmente acolhedora – e única. No final da década de 1920, começaram a ser erguidos prédios de apartamentos, em estilo *art déco*, ao longo das ruas que demandam a Praça do Lido. Na década seguinte, surgiram os primeiros *skyscrapers*, arranha-céus, como a imprensa da época os chamavam, construídos rentes à praia.

O balneário de pitangueiras e ar fresco anunciado para atrair moradores no começo do século passado e os bangalôs que nele foram construídos nas três primeiras décadas já haviam desaparecido em sua quase totalidade; assim como as restrições de horário ao banho de mar, havia muito liberado a qualquer tempo, que era frequentado com trajes que iam gradativamente se reduzindo. Em 1948, umas poucas casas resistiam na Avenida Atlântica, e mesmo o símbolo aristocrático do bairro, o Copacabana Palace Hotel, dali a pouco seria ampliado com a construção de um prédio anexo ao corpo principal do hotel.

San Tiago seguia frequentando o restaurante do hotel, *O Bife de Ouro*, o mais refinado da cidade, com um grande movimento noturno, cuja preferência era indisputável junto à elite dirigente do país. Esta se ampliara depois da guerra, e abrigava um crescente corpo diplomático que respondia à intensificação do comércio internacional, amplamente dominado pelos norte-americanos. Copacabana traduzia e concentrava o cosmopolitismo renovado da capital federal. A liberdade física que a sua praia ampla e aberta proporcionava aos seus banhistas, o horizonte largo descortinado aos pedestres, aos moradores de outras regiões da cidade e de outros estados que ali ocorriam, tudo dava a Copacabana um caráter singular e especialmente atraente.

Outra era a realidade da sua vizinha Ipanema, onde San Tiago morava havia mais de vinte anos. Em 1845, o francês Charles Leblon adquiriu a Fazenda Copacabana, que compreendia a praia homônima e a de Ipanema, a ela contígua. Leblon montou um negócio de caça às baleias para extração de óleo, mas o emprego desse combustível na iluminação pública logo cederia lugar ao gás, e, em 1857, Francisco José Fialho adquiriu uma fração da antiga fazenda, que originalmente estendia-se da atual Rua Barão de Ipanema, em Copacabana, até o Pico Dois Irmãos. Em 1878, a fazenda havia sido fracionada; o menor lote, a atual praia do Leblon, limitava-se à borda do canal que divide em duas a orla que se estende da Pedra do Arpoador ao Pico Dois Irmãos. Fialho vendeu o maior dos dois lotes, e o seu novo proprietário, José Antônio Moreira Filho, o Barão de Ipanema, idealizou a implantação de um novo bairro, que batizou de Vila Ipanema.[227]

As restingas de Ipanema e do Leblon eram então desertas; não havia água potável naquela área, assolada por frequentes enchentes causadas pelas chuvas acumuladas na bacia da Lagoa Rodrigo de Freitas, cujas águas extravasam pelo canal, o único vazadouro para o oceano, alagando em seu curso as terras adjacentes. O novo bairro teve o seu projeto urbanístico assinado pelo engenheiro da prefeitura, Vieira Souto, que mais tarde daria nome à Avenida Meridional, traçada à beira-mar, quando esta foi duplicada em 1916, ganhando um canteiro central arborizado, como era então padrão das avenidas mais importantes da cidade. Em 1894, haviam sido implantadas as linhas de bonde em Copacabana, uma delas correndo desde a atual Praça Serzedelo Correia até a Rua Francisco Otaviano, então a via de ligação entre aquele bairro e a Vila Ipanema. O trajeto de bondes era feito por carros puxados a burro, assentados sobre trilhos de madeira. Mais tarde seriam substituídos por outros mais modernos, elétricos, e no novo bairro inicialmente corriam pela avenida litorânea.

Em 1916, o *Country Club* foi fundado por empregados ingleses da *Light* e, dois anos depois, começou a construção da Igreja Nossa Senhora da Paz e da primeira ponte sobre o canal, ligando as Avenidas Viera Souto à Delfim Moreira, alternativa indispensável à urbanização do Leblon; até então, a ligação entre os dois bairros se dava pela orla marítima, por um exíguo trecho do areal que unia as duas praias. Em 1920, começaram os trabalhos de saneamento e urbanização da Lagoa Rodrigo de Freitas; correndo por sua borda e margeando a face oposta à praia de Ipanema, foi aberta a Avenida Epitácio Pessoa, medindo trinta metros de largura, dividida em duas pistas de sete metros, separadas por um canteiro central. Pela mesma altura, foi aberto o canal, disciplinando o vazadouro das águas da Lagoa para o oceano e dividindo Ipanema e Leblon, e o canal da Rua Visconde Albuquerque, ao final do Leblon. Ipanema melhor integrou-se aos bairros vizinhos; a Rua Visconde de Pirajá foi estendida, e a ponte sobre o canal a ligou à Avenida Ataulfo de Paiva no Leblon, pondo fim à circulação de bondes pela Avenida Vieira Souto, a única ligação corrente entre os dois bairros, ao mesmo tempo em que era assentado o Jardim de Alá, margeando o canal fluindo entre as duas praias.

As primeiras, e modestas, edificações do bairro foram erguidas próximas ao Arpoador, e, ao começo do século XX, não mais do que cinquenta casas haviam sido construídas naquele trecho; pouco depois, em 1906, o bairro já contava com cerca de um milhar de moradores ocupando mais de cento e vinte residências. As dezenoves ruas e as duas praças projetadas foram implantadas no quadrilátero formado pela Rua Henrique Dumont, próxima ao canal do Jardim de Alá, e pela sua oposta, Rua Teixeira de Melo, na divisa com Copacabana, e pelas laterais, e paralelas, uma margeando o mar, a outra franjando a Lagoa, as Avenidas Vieira Souto e Epitácio Pessoa. As vias formavam um traçado xadrez nos limites desse quadrilátero; as ruas mediam dezoito metros de largura, e a rua Visconde de Pirajá, cortando o bairro longitudinalmente, vinte metros; as quadras retangulares, em média, tinham cem por duzentos metros na faixa entre a Avenida Vieira Souto e a Rua Barão da Torre, e as quadras, na faixa entre a Rua Barão da Torre e Avenida Epitácio Pessoa, quarenta e um por duzentos metros.[228]

Em 1920, o recenseamento geral realizado pelo governo Epitácio Pessoa mostrava o crescimento de Ipanema. A Avenida Vieira Souto contava com quarenta e cinco edificações, boa parte delas sobrados, todos residenciais, à exceção do *Country Club* e do Colégio São Paulo. A Rua Prudente de Morais orçava pelo mesmo número de residências, sendo a Rua Visconde de Pirajá o grande eixo do bairro, e nela já se contavam cerca de cem edificações, entre casas térreas e sobrados, reunindo um maior número de estabelecimentos comerciais, padarias, bares e uma agência dos correios. As ruas iam sendo ocupadas e tendo seus nomes trocados; poucos anos depois, Raul contratou um financiamento com o Banco Lar Brasileiro, comprou um sobrado, no número 287, da Rua Barão de Jaguaripe, e para lá transferiu a família San Tiago Dantas, sua esposa, Violeta, e os filhos, Francisco e Dulce.[229]

A Ipanema do estudante de Direito estava bastante alterada, mas em 1948 ainda guardava a atmosfera residencial, de muitas casas e poucos prédios de apartamentos, sem o frêmito da sua vizinha Copacabana; e a sua verticalização, que já transfigurara a Copacabana, só se daria mais tarde. San Tiago residiria em Ipanema por quase trinta anos, até retornar ao bairro onde nasceu, transferindo-se para a bela residência que ergueria na Rua Dona Mariana, em Botafogo, em meados da década de 1950.

San Tiago ainda achava os traços que identificavam a sua cidade natal à sua juventude. Definitiva, irremediável, seria a transformação a ocorrer ao início da década seguinte: a criação do estado da Guanabara, em que se transformou a cidade do Rio de Janeiro em razão da transferência da capital federal para Brasília, cuja lei o deputado San Tiago Dantas redigiria e seria aprovada pelo Congresso em 1960.

CAPÍTULO 6

VISÃO E REALIDADE

A ideia dos planos fez fortuna em todos os países, infiltrou-se naqueles que repeliam o socialismo e o próprio autoritarismo econômico, e hoje parece mais uma conquista universal da técnica de intervenção do Estado, do que um consectário de um sistema econômico qualquer.[230]

- **A cena nacional**

O novo cenário geopolítico mundial em seus traços principais já se achava reconfigurado em 1948. Criada a Organização dos Estados Americanos – OEA, o continente alinhara-se aos Estados Unidos, e o Brasil sentia a influência direta dessa nova ordem. A presença norte-americana era sensível na vida diária nacional, e os produtos importados e os já fabricados localmente traduziam um novo padrão de consumo; a Coca-Cola, havia pouco lançada no Brasil, era o mais notável símbolo dessa mudança de hábito. A cultura era também afetada por essa nova realidade, que o cinema, a música popular e, em certa medida, a literatura, refletiam. Contudo, no plano político-administrativo do país outra era a realidade: a classe dirigente não mirava o exemplo das democracias europeias emersas das ditaduras de direita, notadamente a Alemanha e a Itália, que haviam renovado significativamente as suas ordens constitucionais; ao contrário, a classe dirigente brasileira recalcitrava ante uma realidade social e econômica em acelerada transformação entre nós, como claramente se via na vida cotidiana dos grandes centros urbanos, que não cessavam de crescer.

Em final de 1947, a UDN, fixada na oposição a Getúlio Vargas, havia se aproximado do PSD, partido do presidente Dutra, e do Partido Republicano, do ex-presidente Arthur Bernardes, por intermédio do governador de Minas Gerais, Milton Campos. E, em janeiro de 1948, fora firmado um acordo interpartidário, na presença do presidente da República; o acordo deu ao governo uma larga maioria na Câmara Federal – compreendia 235 dos 285 deputados federais. A sua justificativa era exposta publicamente, em termos eloquentes: "a consolidação do regime pelo estrito cumprimento da Constituição"; a "elaboração e cumprimento de um plano econômico-financeiro (...)"; "zelar pelo equilíbrio [fiscal] e editar uma legislação econômica (...)". A atenção e os esforços do governo e do Congresso, porém, não seriam, como já se percebia, voltados ao cumprimento desses enfáticos propósitos. Sob as frases formais estava a verdadeira finalidade do acordo: demarcar os termos da sucessão presidencial, cujo desfecho seria a eleição a realizar-se a 3 de outubro de 1950. E o desígnio do acordo evidenciava-se também: isolar politicamente Getúlio Vargas e o PTB. Essa, todavia, não seria uma tarefa simples, pois o ex-ditador era incontestavelmente o maior líder político do país. Além disso, o acordo marginalizava o governador paulista Adhemar de Barros, à frente do maior estado da Federação, aproximando-o de Getúlio.

A manobra da situação traduzia o receio do passado recente e valia-se de meios antigos: acordos partidários que atenuassem o contraditório parlamentar, assegurassem uma disputa não conflituosa da Presidência e aviassem uma suave partilha de cargos no Poder Executivo, uma vez empossado o novo titular. Mas, se Dutra se beneficiava de imediato de uma maior tranquilidade partidária para governar, ela não o estimulou, nem à sua base majoritária no Congresso, a promover as reformas e as medidas que aperfeiçoariam as instituições político-econômicas do país, como fora anunciado na proposta de acordo interpartidário. Essa omissão ficou evidente aos observadores mais atentos. Na verdade, o acordo desatou a campanha presidencial, e esta dominaria de então por diante a cena política. E nela o ex-ditador – o *Coringa*, como o jovem articulista San Tiago o chamara – sabia mover-se como nenhum outro político de seu tempo, embora já se vissem os primeiros sinais de que a leitura feita por Getúlio da sociedade brasileira não percebia a sua recente e acelerada evolução.

Esse descompasso entre a visão dos políticos brasileiros e a realidade do país seria claramente percebido, no plano econômico, por uma iniciativa da qual San Tiago participaria efetivamente.

• Ensaios de economia planejada

A reconstrução da Europa Ocidental levou em conta, desde o seu início, evitar a repetição do quadro de depressão econômica e desemprego, cujo custo social era visto como uma das causas da radicalização, à esquerda e à direita, que havia determinado o conflito. O planejamento econômico liderado pelo Estado, e aplicado em grande escala pioneiramente na Rússia antes da Segunda Guerra, ganhara defensores nas democracias e agora era visto como uma das ferramentas à disposição da classe política e teria a sua aplicação disseminada.

A 7 de setembro de 1948, desembarcaram no Rio de Janeiro os integrantes norte-americanos da Comissão Técnica Brasileiro-Americana, chefiados pelo engenheiro e empresário John Abbink, que, a seguir se reuniram aos técnicos brasileiros, estes sob a direção de Octávio Gouvêa de Bulhões, então graduado funcionário do Ministério da Fazenda.[231] O objetivo da *Missão Abbink*, como viria a ser conhecida, era analisar as questões relativas ao desenvolvimento do país e os recursos internos disponíveis para a solução delas, sem se envolver em projetos específicos ou na obtenção de créditos. Em ofício firmado por Bulhões, San Tiago foi convidado a integrar a Missão, cabendo-lhe a relatoria da importante Comissão de Comércio e Estudos Gerais, e participar da Subcomissão de Investimentos.[232]

San Tiago provavelmente conhecia Bulhões, seu contemporâneo na Faculdade de Direito - formou-se dois anos antes de San Tiago, e era funcionário do Ministério da Fazenda desde 1926, aos vinte anos. Bulhões jamais advogaria, preferindo estudar por sua conta Economia; ao ser nomeado para dirigir os trabalhos da equipe brasileira da *Missão Abbink*, já era um reputado economista: havia, inclusive, integrado a missão brasileira à conferência de Breton Woods, realizada nos Estados Unidos em 1944 e, com a reforma da Faculdade de Ciências Econômicas no ano seguinte, nela passou a ensinar e aí terá se aproximado de San Tiago, também professor nessa escola.[233]

A *Missão Abbink* não era a primeira missão estrangeira a vir ao Brasil estudar questões econômicas e financeiras. Em 1930, no ano seguinte ao craque de 1929, fora acertada a vinda de uma missão chefiada por *sir* Otto Niemeyer que aqui chegou em meados de 1931. Economista experiente, funcionário do Banco Central da Inglaterra e membro da Comissão de Finanças da Liga das Nações, em seu relatório, apresentado em julho daquele ano, recomendou *sir* Niemeyer às autoridades econômicas brasileiras manter um estrito equilíbrio orçamentário e a estabilidade cambial como pressupostos à reconstrução econômica do país; e, objetivamente, sugeriu deixasse o Banco do Brasil de exercer as funções de banco central, sendo elas atribuídas a uma instituição a ser criada especialmente a esse fim. As sugestões de *sir* Niemeyer não diferiam daquelas feitas em missões análogas que cumpriu na Austrália, Nova Zelândia e Índia; mas os seus desdobramentos no Brasil foram praticamente nulos, em boa parte por causa da cultura política local, oposta à independência técnica, em relação ao governo, de órgãos da administração pública de intervenção na ordem econômica, fato que tornava difícil, senão impossível, a aceitação das recomendações sugeridas.[234]

Em 1942, aportou no Rio de Janeiro a *Missão Cooke*, trazendo uma centena de técnicos, os quais se associaram a colegas locais, buscando, pela primeira vez, fazer um diagnóstico global da economia brasileira. O relatório da Missão só seria divulgado no final de 1948, mas algumas de suas sugestões foram antes incorporadas pelo empresário Roberto Simonsen no âmbito do Conselho de Nacional de Política Industrial e Comercial, que dirigiu e do qual San Tiago fizera parte em 1944.

Em 1947, o governo Dutra lançou o Plano Salte - saúde (s), alimentação (al), transporte (t), e energia (e), quatro grandes problemas do país, que o Plano procurava enfrentar. Coordenado pelo Departamento de Administração Pública do governo federal, os estudos estenderam-se por todo o ano, e em maio de 1948 foram suas conclusões enviadas ao Congresso; depois de dois anos de tramitação, o Plano seria aprovado, mas jamais seria aplicado.[235]

As propostas da *Missão Cooke* não foram também aproveitadas pelo governo, mas o modelo de comissões mistas, reunindo técnicos norte-americanos e brasileiros para planejar o desenvolvimento econômico do país, foi seguido na constituição da *Missão Abbink*. O resultado da *Missão Abbink*, porém, não teria destino diverso do resultado da *Missão Cooke*: o seu relatório foi apresentado em fevereiro de 1949, e suas conclusões e proposições não tiveram, igualmente, desdobramentos objetivos. Desta feita, contudo, San Tiago teve maior participação, especialmente na Comissão de Comércio e Estudos Gerais, cujo relatório elaborou.[236]

• Investimentos estrangeiros

A 12 de janeiro de 1949, San Tiago apresentou, no âmbito da Comissão de Estudos Gerais da *Missão Abbink*, uma "Memória sobre investimentos estrangeiros no Brasil (princípios gerais)".[237]

A Memória sintetiza as conclusões da Comissão sobre a política de investimentos cuja implantação é sugerida. San Tiago, como sempre, divide a matéria em vários tópicos, que desdobra com clareza e concisão. Naquele momento, escreve, o Brasil "se apresenta como um país subcapitalizado, cujo desenvolvimento depende de investimentos em serviços públicos", observando que programa de desenvolvimento intensivo, "a remediar essa situação, tem que se repartir entre iniciativa privada e a iniciativa do Estado", exigindo a contribuição de capitais consideráveis, "formados no próprio país ou vindos do estrangeiro". Era necessário, como primeiro objetivo prático, "criar condições favoráveis à formação e aplicação produtiva de capitais domésticos, e à entrada de capitais estrangeiros por iniciativa privada ou governamental".

A seguir, refere "medidas de ordem geral, de cuja adoção depende mais diretamente qualquer política de investimentos"; seriam essas "o combate à inflação, o saneamento no mercado de títulos e a melhor orientação governamental no aplicar as chamadas economias coletivas".

A partir desse ponto são tratadas questões incidentes. As leis trabalhistas, cujo "excesso de garantias e proteções ao trabalhador não é um índice de progresso social como se tem apregoado". Ao tratar do imposto de renda, defende que suas alíquotas sejam reduzidas "com duplo objetivo de estimular a reinversão e atrair os capitais estrangeiros, que fogem à tributação confiscatória dos países supercapitalizados". A essa proposta devia seguir-se uma política de estabilidade cambial e de "intervenção do Estado na produção e no comércio segundo normas tanto quanto possível lógicas, isto é, inteligíveis, estáveis e gerais".

A seguir, são enumeradas medidas específicas, tais como a circulação de capitais e os critérios de investimentos, e San Tiago faz uma (otimista) observação sobre "o declínio do nacionalismo". Observa que este havia inspirado a Constituição autoritária de 1937, mas "está, entre nós, ao menos no plano Legislativo, ultrapassado". Em outra intervenção conceitual, ao tratar do que denomina "sistema de liberdade ponderada", adverte do risco de uma "política de desenvolvimento intensivo" ter o propósito de "influenciar, tanto quanto possível, um encaminhamento [do investimento estrangeiro] para as aplicações de repercussão mais intensa na economia geral".

Esse propósito de influir, mostra San Tiago, "conduz sempre a uma perigosa opção entre o dirigismo econômico e a economia de mercado". E abandonada esta última, ante o dirigismo estatal, "além dos múltiplos inconvenientes conhecidos, de ordem geral, oferece o de afugentar o capital estrangeiro das inversões diretas".[238]

Dois meses depois, em abril de 1949, San Tiago está em um cenário inteiramente diverso.

• Interlúdio rural

San Tiago sempre referia aos amigos o seu gosto, em meio ao seu impressionante ritmo de trabalho, pelas "saídas", do Quixote, às partidas intrépidas do cavaleiro manchego. As de San Tiago incluíam, além das suas cada vez mais frequentes viagens internacionais, idas ao campo ou a fazendas em cidades do interior. A "uma légua e meia" de Augusto de Lima, um "povoado do sertão, não propriamente pobre, mas rudimentar", não muito distante da cidade de Curvelo, localizada no centro geográfico de Minas Gerais, San Tiago está em uma fazenda, onde chegou debaixo de uma "chuva miúda, que engrossou, até ensopar as capas e os cavalos". No percurso venceu um "tabuleiro em linha reta", mas o "grande acontecimento" foi a travessia de um afluente do Rio das Velhas, em que os animais passaram a nado, e os cavaleiros valeram-se de uma canoa "que a corrente [fez] descer uns duzentos metros", pois, "pelas muitas chuvas deste ano, não [dava] val".

Em quatro páginas de notas, "começadas no avião para Belo Horizonte", San Tiago alinha curtas descrições da topografia, da gente daquele sertão profundo, registra a viagem no pequeno trem, cuja atmosfera lhe "restitui[u] as viagens antigas a Pirapora", onde seus pais e irmã residiram, enquanto ele, em Belo Horizonte, cursava o ginásio nos já distantes, anos de 1926 e 1927.

O passeio a cavalo esperou "o sol dissip[ar] a cerração baixa às sete horas, mas como no interior tudo é lentíssimo, não foi possível sair antes das oito e meia"; e, à volta, o almoço: "feijão, angu, carne de porco, arroz, doce de leite". E anota: vencidas "as primeiras trinta páginas do relatório da Comissão, onde espero encontrar dados para artigo sobre a reforma da Lei das Sociedades Anônimas"; San Tiago refere-se provavelmente ao relatório geral da Comissão da *Missão Abbink*, do qual redigira a "Memória sobre investimentos estrangeiros no Brasil", como visto.[239]

Lê também *A Casa do Descalço*, no "Deuteronômio, capítulo do Levirato", da Bíblia.[240] Esses dois temas, aparentemente discrepantes, referem-se, todavia, a dois trabalhos jurídicos de San Tiago; um parecer sobre "perda do usufruto legal pelo novo casamento, sem partilha dos bens do cônjuge falecido, e distinção entre comunhão voluntária e sociedade", e outro, sobre "aumento de capital de sociedade anônima. Direito de preferência. Anulação de substituição ou reparação de perdas e danos".[241] Aquele, datado do ano anterior, 1948, remete à Lei do Levirato, citada por San Tiago, que dispunha sobre a preservação dos bens do falecido no âmbito da família do morto, pelo casamento da viúva com o seu cunhado. O segundo parecer, datado daquele ano de 1949, era uma das questões que se iam tornando frequentes com a expansão da economia, e a cogitação de uma reforma da Lei das Sociedades Anônimas era um dos temas que certamente atraíam o seu interesse.

De Guido Di Ruggiero, professor e autor italiano de filosofia, cuja visita ao Brasil sugerira ao diretor da Faculdade de Filosofia, San Tiago lê a *Filosofia do Cristianismo*, e registra as "principais ideias a reter" e faz apontamentos sobre a origem do judaísmo e do cristianismo.[242] Ele, que teria sempre uma "fé bruxuleante" e buscaria em vão robustecê-la, naquele momento teria objetivos mais concretos. O primeiro, entender as implicações geopolíticas da criação do Estado de Israel e a não criação do Estado Palestino, apesar de prevista pela ONU, e o conflito entre judeus e palestinos que logo se seguiu. O segundo, ter elementos para melhor aproveitar a viagem ao Oriente Médio, que começava a planejar, para dali a três meses.

- **Viagem ao Oriente**

Quatro anos depois de finda a guerra, o fascínio exótico do Oriente Médio dera lugar ao seu significado geopolítico, e essa era a razão do interesse de San Tiago em conhecê-lo, já manifestado em sua primeira viagem à Europa, em 1946, quando não pôde ir além do Marrocos.

Mas San Tiago não queria ir só e foi buscar companheiros de viagem. Carlos Flexa Ribeiro, com quem San Tiago estivera na Europa no ano anterior, aceitou prontamente o convite. Dono do Colégio Andrews, onde boa parte dos filhos da elite carioca estudava, não lhe faltavam os recursos necessários, e o motivo, apontado por San Tiago, mostrou-se irrecusável: preparando sua tese de doutorado sobre Velázquez, a ser defendida na Escola de Belas Artes, era indispensável que Flexa conhecesse diretamente a arte da Itália e da Grécia. Já Hélio Vianna, professor de História do Brasil na Faculdade de Filosofia, colega de faculdade de San Tiago e um de seus amigos do *Grupo*, não dispunha de meios para a viagem internacional que San Tiago planejava e Hélio sem dúvida gostaria de fazer.

Muito caros, os bilhetes aéreos e as despesas de estadia eram inalcançáveis ao orçamento da classe média, mas San Tiago contornou esse problema; ciente de que Hélio havia constituído uma pequena firma para empreender um negócio do qual desistira, San Tiago fez-lhe uma oferta de compra das quotas da firma pelo preço capaz de atender às despesas da viagem. Hélio percebeu a generosidade do amigo, que, todavia, fez firme e irredutível a oferta, e assim os três amigos partiram.[243]

Ao contrário das viagens anteriores, dessa não ficou guardada a correspondência, sempre intensa e elaborada, de San Tiago com seus amigos. Uma única carta, endereçada a um de seus correspondentes mais assíduos, Américo Lacombe, foi preservada, mas o papel bíblia em que foi escrita não permite hoje a sua leitura, senão da última página; e uma referência indireta em carta de Lacombe a Antônio Gallotti indica o roteiro – Itália, Grécia, Líbano, Egito – e os dois meses de duração da viagem.[244] De Roma, onde acreditava que San Tiago e seus companheiros de viagem estariam, Gallotti escreve a San Tiago uma carta endereçada ao imponente e elegante Hotel Excelsior, situado na Via Venetto, no centro social da cidade. Não foi possível a Gallotti encontrá-los, mas este comenta, entusiasmado, a programação deles; se não ficou o registro da viagem, como San Tiago habitualmente fazia, dela, contudo, ficou uma palestra.

Convidado pelo Rotary Club do Rio de Janeiro a ir à sua sede no Automóvel Clube do Brasil, na Rua do Passeio – onde João Goulart falaria em março de 1964 a uma reunião de sargentos do Exército, precipitando a sua queda da Presidência –, San Tiago oferece a seus ouvintes "uma impressão sintética da viagem, que recentemente fiz ao Oriente Próximo, aos países do Levante". Se o sentido das viagens muda sempre, era certo que uma geração não viajava pelos mesmos motivos porque a outra viajou, observa o Palestrante, e se a "geração passada conheceu, entre nós, a viagem de recreio, ou aos centros cultos para alargar as ideias e a formação do espírito", a geração dele, San Tiago, não procuraria naquela região o que é "diferente", e sim o que é "semelhante".

O desejo de San Tiago fora verificar se o mundo, naquele momento, poderia ser um "mundo só", e se as barreiras que separam os povos, "as instituições que ainda o dividem, estão vivendo provavelmente o seu último século de existência". A seu ver, seria razoável supor em curso um processo de "integração dos povos, numa comunidade maior", preservados os respectivos elementos culturais e suas peculiaridades, ao mesmo tempo em que se buscavam "as bases de um governo comum e de uma solução que, dia a dia, mais se iguala e se aproxima".

O Oriente Próximo seria o exemplo e a ilustração "desse pensamento", cuja formação seria possível entrever àquela altura. Os países que haviam transformado aquela região, antes da Primeira Guerra um "deserto, a terra desgastada (...) e apenas uma estreita faixa de fertilidade" capaz de sustentar somente "magras populações", surgiram finda a Segunda Guerra. E agora aquela era uma das regiões-chaves na economia mundial, pois lá estavam cerca de 40% das reservas petrolíferas do mundo, e a sua exploração se dava em índices vertiginosos; "estamos assistindo, diz San Tiago, à criação de uma das áreas decisivas da economia mundial".

Essa situação, em rápida transformação, era acompanhada de um "surto nacionalista, característico dos povos árabes de hoje". Mas esse nacionalismo encontrou um novo estímulo, observa San Tiago, com a criação do Estado Judeu, na Palestina. Ele, que defendera a criação do Estado de Israel, arremata, contudo: "do que pude ver, (...) não pude trazer qualquer impressão positiva com que se superará o conflito fundamental, em que ainda se acham empenhados árabes e judeus", embora acreditasse haver "alguns sinais [que] nos fazem crer que, por um caminho ou por outro, árabes e judeus encontrarão uma maneira de resolver o seu grande conflito e que o progresso do Oriente Médio, como região-chave do mundo de hoje, não se deterá".[245]

San Tiago diz que a proposta de entendimentos entre os povos, sobre as suas características próprias inalienáveis, poderia ser alcançada, e a ONU, havia pouco criada, seria um agente decisivo nesse processo. Contudo, enfrentar as posições extremadas, as polarizações que se iam formando, exigia um conhecimento direto e aplicado dos problemas locais mais agudos, para entender a sua significação no quadro geopolítico mundial.

A essa altura, San Tiago recebe e aceita um convite para falar sobre Rui Barbosa, no seu centenário de nascimento. O convite não poderia ser mais oportuno à reflexão política de San Tiago.

CAPÍTULO 7

O ESTADISTA DO PROGRESSO

Que outro homem estaria predestinado, senão esse, para unir a sua figura à da classe média e do povo, cujo advento social ele profetizou?[246]

• O político desafiador

A iniciativa terá sido de Américo Lacombe, um dos amigos do *Grupo*. Lacombe dirigia a Casa Rui Barbosa, instituída pelo governo federal para divulgar a obra do grande político e advogado brasileiro.[247] E a escolha não poderia ser mais acertada para compor a celebração do centenário de nascimento de Rui naquele ano de 1949, como mostrariam os dois ensaios escritos por San Tiago. Em *Rui Barbosa e o Código Civil*, o exímio professor de Direito analisa a crítica feita por Rui ao projeto daquele Código remetido ao Congresso por Campos Salles, e, em outro ensaio, mais ambicioso e complexo, *Rui Barbosa e a Renovação da Sociedade*, analisa um momento da trajetória política de Rui, nele identificando o reformista social, que denominou o *Estadista do Progresso*.[248]

Rui morrera em 1923, e por cinquenta e cinco anos – dois a mais do que o tempo de vida assinado a San Tiago –, desde a Faculdade de Direito em São Paulo em 1868, avassalara, com a sua energia intelectual e engenho verbal, o meio político brasileiro. A sua trajetória acha em suas palavras e estilo a sua melhor síntese: "estremeci a pátria, vivi no trabalho e não perdi o ideal".[249]

Sem dúvida, estremeceu a pátria; fez dela o maior dos objetos de sua apaixonada pregação e, com esta, abalou a modorra política do país, defendendo ardorosamente as causas mais importantes de seu tempo, preso ao seu ideal de liberdade, que só entendia pelo enfrentamento permanente ao exercício arbitrário do poder estatal pesando sobre os indivíduos e viciando, pela corrupção da ordem jurídica, as instituições políticas nacionais. Abolição; reforma eleitoral, com eleição direta; reforma do ensino em seus três níveis; a federação articulada sobre o equilíbrio dos Três Poderes na forma da lei; a primeira Constituição da República, inspirada no moderno Direito público norte-americano; o Estado laico, não mais vinculado à Igreja Católica, como fora no Império; a cláusula do devido processo legal; o civilismo, reagindo à crescente interferência militar na vida pública; a advocacia aguerrida, com a qual inscreveu o *habeas corpus* na defesa dos direitos individuais, opondo-a à violência do governo e desafiando um Supremo Tribunal Federal arreceado do Poder Executivo; a crítica ao princípio da graduação da soberania nacional baseada no poderio militar, postulada pelas grandes potências; a inscrição em programa de governo de uma ampla pauta de direitos sociais, alinhada à defesa dos direitos políticos - todos esses temas compuseram a agenda de Rui ao longo das seis décadas de sua vida pública.[250]

Nenhum outro homem público brasileiro despendeu tamanha energia e igual arrebatamento em defesa de seus projetos, como atestam os cento e trinta e sete volumes de sua obra, cuja edição, cem anos depois de sua morte, o órgão federal, especialmente a esse fim criado, não se mostrou capaz de concluir.

"Tudo é atividade, ou indolência; tudo vai do trabalhar, ou não trabalhar"; o trabalho, dizia Rui, era a forma mais verdadeira de patriotismo, e, ao lado da oração, "o recurso mais poderoso na criação moral do homem".[251] De fato, foi um trabalhador excepcional, e viveu da palavra; orador irreprimível, escritor caudaloso, tudo nele resultava impresso, em jornais, em opúsculos, em livros: artigos, pareceres jurídicos e parlamentares, trabalhos forenses, discursos, cartas, memoriais. E sabia se documentar; nenhuma afirmação mais incisiva seguia desassistida de amparo doutrinário, de precedentes, históricos, políticos ou jurídicos, servido o autor por uma memória extraordinária, nutrida em uma biblioteca, a mais rica de seu tempo, que o jovem San Tiago frequentou assiduamente.[252]

O ideal, do qual Rui jamais desprenderia a sua trajetória política, "não se define, enxerga-se por clareiras que dão para o infinito", afirmava, e ele o via sob a forma da liberdade, que desde cedo lhe guiara.[253] Da defesa da liberdade política Rui foi o infatigável militante; nenhum agravo lhe escapava ao verbo arrasador, à sua oratória cerrada, opressiva, à sua fúria verbal entre nós jamais igualada, buscando por vezes a liquidação moral de seu adversário.[254] Com ela fustigou certas figuras, os "antropoides solenes da macacalhada política", e os donos do poder, que formavam um "governo de mandões, de chefes de partidos, governo absoluto, sem responsabilidade, arbitrário, em toda a extensão dessa palavra, negação completa de todas as ideias que pregamos (...)".[255]

Alvejou a classe dirigente reacionária, representante da atrasada oligarquia rural, que fugia à disputa pelo voto, substituindo-a pelo conciliábulo dos homens que repartiam o poder. Dessa política conventicular, Rui teve dura experiência: a disputa pela Presidência da República em 1910, cuja campanha pioneiramente levou às ruas, lhe foi subtraída pela aberta fraude perpetrada nas seções eleitorais no dia da votação, sobretudo na capital federal.[256]

Rui, que à força da sua tenacidade e talento inscrevera-se na elite política do país, nela representou a nascente classe média urbana, que se ia formando ainda sem maior consciência social, mas já sentindo a sua marginalização e o cerceamento de sua ascensão por uma classe dirigente voltada majoritariamente aos interesses rurais. Ministro da Fazenda do primeiro governo republicano que ajudara a constituir substituindo a monarquia e cuja Constituição redigira, buscou dinamizar a economia modernizando-lhe a estrutura produtiva para livrar o país da dependência da monocultura cafeeira, e fazê-lo progredir econômica e socialmente. Mas a suas iniciativas inovadoras à frente do Ministério foram interrompidas e, já ele fora do cargo, deturpadas, seguindo-se o delírio inflacionário do Encilhamento, cuja responsabilidade seus muitos adversários solertemente a ele imputaram e a qual ele contestou, como sempre, vigorosamente, copiosamente.[257]

Em 1919, em sua última campanha presidencial, já septuagenário e objeto de um culto popular verdadeiro, o seu nome batizando vias e praças em cidades por todo país, e na capital federal um séquito espontâneo formado por populares lhe secundavam os passos pela Avenida Rio Branco ao ele deixar o seu escritório de advocacia, apenas dois estados, Rio de Janeiro e Pará, o apoiaram.[258] Desenganado da vitória, Rui desafiou a cúpula política do país, uma vez mais, falando ao povo na Bahia, em Minas e na capital federal. Pela primeira vez na história política do país, um candidato à Presidência da República apresentou uma pauta explícita de direitos sociais: a limitação das horas de trabalho; a restrição do trabalho infantil; a igualdade dos sexos no trabalho; o seguro de operários; habitação operária e a regulamentação dos armazéns patronais, que espoliavam os trabalhadores rurais, figuravam em sua inédita proposta de governo.[259]

A presença fulgurante de Rui Barbosa na cena política nacional mostra a sua inabalável defesa da ordem jurídica democrática, voltada à ampliação da participação popular, mas a sua trajetória esteve sempre envolta em contradições. A sua intransigência no curso de sua ação política, fosse no Parlamento, fosse no Executivo, era frisada por uma exacerbada noção de seu próprio valor intelectual que nele aferrava a certeza da validade de suas ideias e proposições, alimentada pela dificuldade intelectual de seus oponentes em vencê-las pelo debate franco. Desse plano, Rui desafiava seus adversários e mesmo seus aliados. Aqueles, habilmente, aprenderam a contornar tais desafios, opondo a Rui a malícia das manobras urdidas nos recessos do Parlamento e nos domínios discretos do Poder Executivo. Os mais hábeis, como o influente senador Pinheiro Machado, reconheciam nele todos os méritos intelectuais, mas minavam-lhe o caminho político.[260] E Rui, apesar de eventualmente se esforçar por estabelecer alianças, a essas não conseguia emprestar o mesmo ânimo que o mobilizava em suas investidas solitárias.[261] O escritor, com seu verbo singularíssimo, não era menos controvertido.

Desmesurado, incontido, escrevia e falava caudalosamente; em seu estilo a sinonímia irrefreável exige dicionários, a inventiva muitas vezes cede lugar ao floreio gramatical, e só em obras antigas se pode abonar algumas de suas construções. Nenhum outro orador parlamentar falou por tão longos períodos, nenhum outro jurisconsulto casou a lógica à eloquência compondo um estilo forense único. Em um meio cultural pobre, em um país no qual apenas uma fração mínima da população era capaz de compreender o seu discurso, ele era, contudo, admiradíssimo; a classe média letrada apreciava-lhe o estilo, a fortuna vocabular, o engenho mental que dele fazia fluir incessantemente um discurso sempre vibrante, sempre apaixonado; e o povo, mesmo sem compreender-lhe integralmente o texto, sentia-o de uma inteligência superior – e, sobretudo, via em Rui, impresso em sua eloquência, um destemor veraz, único na política nativa.[262]

A Rui certamente não escapou a crítica procedente de muitos dos seus contemporâneos ao seu estilo, e a dificuldade com que que era entendido. Ele, porém, jamais buscou conciliar o seu discurso ao ouvido de suas plateias, e falou a todos em seu mesmo tom, e não apenas a uma reduzidíssima elite intelectual que seria capaz de seguir o seu verbo denso. Nesse sentido, Rui também seria inovador. Terá sido o primeiro político de expressão a ter buscado, diretamente, a audiência popular, sem reservas.

Em um país em que havia pouco a escravidão fora abolida e no qual os melhores postos da administração pública – e de pouco empenho laboral – eram ocupados pelos apaniguados dos donos do poder, a maioria deles ainda formada naquele regime servil, Rui pôs o trabalho no mesmo nível da oração, e o via como o meio mais eficaz na formação moral do homem. Essa celebração do esforço pessoal, em lugar da espera por uma graça sobrenatural misericordiosa, ou da salvação por um padrinho político, era estranha senão ofensiva à cultura dominante, de favores e resignações, que estendia por todo o país um regime de dependência social dos mais humildes, cultivado pelos homens públicos para os transformar em uma vasta clientela, maleável aos interesses partidários.

No entanto, sobre as suas contradições, o amor do povo por Rui era verdadeiro e aflorou plenamente em seu enterro. Vindo o seu esquife de Petrópolis, onde faleceu, em março de 1923, ao chegar ao Cais *Pharoux*, no centro do Rio de Janeiro, trazido pela barca que o recebera ao pé da Raiz da Serra – o caminho que então ligava as duas cidades –, um praça do Exército, um marinheiro e um civil, todos modestamente trajados, o arrebataram, pondo-o nos ombros; a cena, em sua espontânea sinceridade, desmascarou a solenidade cínica do cortejo fúnebre, que a Presidência da República determinara seguisse o ritual reservado aos chefes de estado, posto que a oligarquia dominante por duas vezes lhe negou, contrariando a vontade popular.[263]

• A crítica ao Código Civil

A forte e duradoura impressão que a trajetória intelectual e política de Rui causou a San Tiago mostrar-se-ia clara em vários pontos e episódios de sua vida pública. Dois "momentos" dessa figura singular, uma das mais complexas da história política do Brasil, sem dúvida a máxima da advocacia nacional, foram objeto da análise de San Tiago naquele ano de 1949.

Entrou o Brasil no século XX sem um Código Civil, cuja edição já fora prescrita na primeira Constituição brasileira, imposta por Pedro I, em 1824. As tentativas feitas ao longo do Império frustraram-se todas elas, e essa situação Campos Salles, empossado presidente em 1898, procurou remediar encomendando no ano seguinte, a um professor da Escola de Direito do Recife, Clóvis Bevilácqua, um novo projeto, determinado a aprová-lo antes do término do seu mandato.

San Tiago inicia *Rui Barbosa e o Código Civil*, delineando o contexto histórico daquele momento, "um clima de germinação de ideias e desastre econômico, de frustração administrativa e de temor da bancarrota", apontando a contradição que via existir entre as dificuldades econômicas e a vida intelectual do país, esta alcançando "um nível até então não atingido". O gênio de Machado de Assis, observa, afirmava-se com seus últimos romances, e Euclides da Cunha, com *Os Sertões*, publicado em 1902, "marcaria um dos eixos permanentes de nossa cultura".[264] Essa efusão literária encontrava paralelo em uma geração de jurisconsultos, "dotada de excepcionais qualidades", as quais San Tiago enumera, traçando-lhes o perfil: "um real conhecimento do direito positivo; uma argumentação concisa, livre da prolixidade acadêmica; uma intuição do caso ainda não falseada pelo gosto das teorias; e uma robusta visão do direito como arte, prevalecendo sobre a do direito como ciência".[265]

Nesse contexto, encomendasse Campos Salles a redação de um projeto a um jurisconsulto célebre, reabriria fatalmente discussões acadêmicas, – repetindo o ocorrido com projeto anterior, de Coelho Rodrigues, no século vencido – e essas se estenderiam inexoravelmente, frustrando o propósito do presidente de editar o Código no curso de seu mandato, conclui San Tiago. Com "o mesmo realismo, às vezes estreito, com que fortificou o poder público e organizou o governo da oligarquia partidária", Campos Salles em um "compasso acelerado das realizações governamentais", buscou, em janeiro de 1899, um "talento provinciano" para ser o autor do futuro Código Civil.[266] A essa escolha reagiu imediatamente Rui Barbosa; não negou qualidades intelectuais e cultura jurídica ao pernambucano Clóvis Bevilácqua, mas apontou-lhe a falta de amadurecimento, que só a experiência, indispensável ao preparo de uma obra daquela magnitude, poderia dar. E nesse ponto, obliquamente, Rui alvejava o presidente da República, com quem terçara argumentos no Ministério do primeiro governo da República, Campos Salles à frente da Pasta da Justiça, Rui, à da Fazenda.

A crítica de Rui ao projeto, ao ver de San Tiago, fundava-se na "nova mentalidade", a distinguir os advogados daquele tempo, estimulada pelo próprio Rui; já se havia plasmado, diz San Tiago, uma "forma mentis" que "irmana a lógica à eloquência, [que] substitui o jargão pesado do foro pelo fraseado elegante do escritor, [e] (...) aspira, cada vez mais, à inteligibilidade e à racionalidade das soluções (...) [,] a fonte literária ombreando com a fonte positiva, o valor novo que adquirem os recursos verbais do advogado".[267] Nesse contexto, o projeto do Código, para o seu crítico, não poderia ser uma obra que parecesse "tosca e desajeitada diante do acabamento da sua forma, e do rigor irresistível que ele emprestava ao raciocínio".

Mas o projeto do Código Civil, já acrescida a versão inicial no âmbito da Câmara dos Deputados, naquele momento, "fruía de um renome geral", e o propósito de Rui era "alarmar a opinião, despertá-la para o risco que a codificação corria, concebida com celeridade". Ele percebeu que a crítica ao mérito do Projeto teria alcance limitado, pois "a matéria jurídica, observa San Tiago, é de acesso difícil a quem não possua a chave gramatical, ou é de tal maneira opinativa, que uma opinião vale a outra, aos olhos de quem não tenha, sobre o ponto em exame, uma experiência pessoal".

Outro, portanto, seria o ângulo por onde Rui poderia opor a sua crítica e com ela alarmar a opinião pública, e ele o divisou com nitidez: lavrar um parecer jurídico àquela altura seria "o mesmo que lavrar um voto vencido"; porém, redigir um parecer literário seria "de molde aniquilar todo esforço aprobatório" que o governo "comunicara à máquina parlamentar". E assim fez Rui. Ao redigir seu parecer literário sobre o Projeto vindo da Câmara, ele tinha plena consciência da sua capacidade crítica, "a massa de corrigendas", que seria capaz de reunir, e a "autoridade do corretor", que inegavelmente ostentava. O parecer de Rui, e depois a resposta – *A Réplica*, como ficaria conhecida – ao seu antigo mestre de português e revisor do Projeto, o também baiano Carneiro Ribeiro, acenderam uma inédita polêmica filológica, que empolgou o país letrado.

Remanesceria irresolvida, porém, a questão deixada por Rui que, à edição de seu parecer, logo surgiu: por que o maior dos advogados brasileiros, que com seu engenho e coragem dera uma nova forma mental à advocacia no país, não dirigiu a sua crítica ao conteúdo jurídico do Projeto, limitando a sua crítica à sua forma literária?

A San Tiago, a decifração desse enigma resolve-se ao se atentar à aguda percepção de Rui de que só a sua crítica literária ao Projeto seria capaz de irradiar à sociedade "essa indefinida sensação de indecência que se desprende da evidenciação dos erros de linguagem, [e que ela] pudera o que a opinião política não poderia: derrotar o governo na última trincheira que teria de atravessar o Código Civil". E assim ocorreu; o efeito crítico do parecer, uma vez irradiado, fez o Projeto ir para o "estaleiro parlamentar, onde, com as delongas requeridas pela magnitude da empresa, poderia ter início o trabalho de aprimoramento da codificação".[268]

Além de decifrar o enigma do parecer literário, San Tiago acresce ao seu ensaio uma revelação: a tanto não se limitou o trabalho de Rui, pois ele chegou a iniciar uma crítica de fundo, isto é, ao cerne jurídico do Projeto, não para rebatê-lo, mas para aperfeiçoá-lo. Em uma pesquisa inédita, San Tiago mostra os manuscritos de Rui, desse trabalho inacabado, e os comenta, anexando-os ao texto do ensaio.[269]

Rui Barbosa e o Código Civil é um exemplar trabalho acadêmico, superior aos moldes de seu tempo, e mesmo à boa parte dos atuais: sobre uma pesquisa refinada e reveladora, em forma precisa e sintética traz a fina reflexão do autor sobre o seu tema, sem excesso de qualquer natureza. San Tiago não apenas revela fatos até então desconhecidos, mas da sua análise lúcida e equilibrada surge um traço pouco visto pelos comentadores da obra de Rui: a noção, ao seu autor, nítida, de que a sua ação política, tão combatida pela elite do país, contava, todavia, com apoio popular. Mesmo em sua forma rebuscada de falar e de escrever, mesmo tratando de temas complexos, como é, inegavelmente, uma análise filológica de um código de normas civis, Rui percebeu a repercussão positiva que o seu comentário ao Projeto teria – e teve – na (nascente) opinião pública.

Já o outro "momento" de Rui Barbosa não teria igual repercussão pública, porém foi mais ambicioso. Sem o afinco formal do primeiro ensaio de San Tiago, o segundo, *Rui Barbosa e a Renovação da Sociedade*, mostra um corte analítico muito mais amplo.

• O reformador social

San Tiago segue o caminho oposto da maioria dos estudos ruianos; a sua admiração pela obra e, em muitos pontos, a identificação intelectual com a pessoa do personagem não lhe obliteram o juízo crítico, e só ao final do texto de *Rui Barbosa e a Renovação da Sociedade* surge a nota sobre a pessoa de Rui, cuja vida foi "um produto do seu trabalho e do seu merecimento", indagando San Tiago "que outro homem estaria predestinado, senão esse, para unir a sua figura à da classe e do povo, cujo advento social ele profetizou?"[270] Pois é esse advento e o seu protagonista, no breve recorte de sua ação à frente do Ministério das Finanças, entre 15 de novembro de 1889 e 21 de janeiro de 1891, que é o eixo da análise de San Tiago.

San Tiago divide o seu texto em capítulos encimados por um subtítulo, e inicia seu ensaio sobre "a circunstância" a envolver e a determinar a trajetória de Rui. Ao descrevê-la, San Tiago faz um perfil do homem público – do homem público dotado dos meios intelectuais e morais indispensáveis para propor e liderar significativas reformas sociais: "como todo verdadeiro grande homem, Rui Barbosa foi um ideólogo: seus pensamentos, sua vida pública, vestiram certos imperativos da existência brasileira, deram forma e teoria a impulsos vitais, que se formavam na sociedade de seu tempo".[271] Diz San Tiago, contudo, o ideólogo deve estar advertido de que cabe à "inteligência política dar a certos interesses e impulsos vitais a fórmula universal, que os exprima e que os faça prevalecer". Rui, sem dúvida, fora esse homem, e é pelo exame de sua "inteligência política" que podem ser devidamente configuradas e compreendidas as "realidades profundas a que serviu e de que suas ideias, e mais tarde a sua legenda, foram instrumentos de defesa e de realização".[272]

O "ideólogo de uma reforma da sociedade", Rui a articulou e a defendeu à frente do Ministério das Finanças do governo Deodoro, (1889-

1891), a única vez em sua longa trajetória pública em que ocupou posto no Executivo.

Ao chegar ao Ministério, Rui já dera mostras de seu "espírito reformador", observa San Tiago. No Império, fora dele a redação da Lei Saraiva que renovou o processo eleitoral então vigente, reduzindo "o predomínio dos chefes locais e dos fazendeiros, em favor de um pronunciamento popular". E, ainda no Império, Rui formulou, dessa vez sem êxito, um projeto de reforma do ensino, ressaltando o significado da formação de quadros técnicos, nessas ações já "apontando o seu espírito reformador". [273]

Mas a tarefa imediata a que se lançou o primeiro-ministro da Fazenda republicano foi a reforma monetária, e San Tiago, secundando a ação de Rui, cita um longo trecho em defesa de sua política, acrescentando haver Rui concebido "uma expansão do meio circulante como recurso de financiamento à produção, especialmente às iniciativas industriais novas, ou surtas nos anos anteriores". San Tiago a seguir analisa outros desafios com os quais se defrontou Rui: a inflação monetária, o protecionismo, e o estímulo à criação de um segundo produto de exportação (além do café), inclusive pela renegociação de linhas comerciais com os Estados Unidos. No ímpeto reformista de Rui, San Tiago vê "com perfeita clareza o sentido social do seu programa, libertar as forças novas que já pulsavam no seio da sociedade", e essas seriam capazes de substituir "a estrutura feudal do Império por uma estrutura de maior diversificação econômica, em que se distribuísse e estabilizasse a incipiente classe média".

A liberação dessas "forças novas" importaria na "ascensão da classe média", cujos "sinais de mudança" San Tiago discerne nos últimos decênios do Império, "terminado o desastre financeiro da Guerra do Paraguai, em meio à sociedade agrária escravocrata que se desorganiza". Porém, "esse rudimento de burguesia" não seria capaz de alterar a estrutura da sociedade.

A seguir, abruptamente, San Tiago impacta em seu texto uma observação que ganharia longo curso: "a classe média nascente, a que se incorporam empregados e funcionários, vai buscar toda a sua composição numa nova força: o Exército nacional".[274] Nessa identificação, San Tiago vê uma classe média que "não surge com a estruturação econômica robusta, que lhe daria tanta influência no destino de outras sociedades, [mas] essa deficiência surge compensada pela concentração de força política, proporcionada pelo surgimento de um verdadeiro poder novo: o militar"; e é nessa classe média que "o Exército vai escolher seus oficiais, alguns vindos de soldados, outros preparados nesse centro de estudo da classe média, que seria, em contraste com as faculdades jurídicas da aristocracia agrária, desde 1874, a Escola Militar".[275]

A identificação entre a classe média e o Exército não era, porém, absoluta: "a classe militar tenderia ao nacionalismo, ao liberalismo mitigado e à confiança preponderante de iniciativa do Estado"; já a "classe média civil cultivaria mais o espírito de iniciativa privada, desenvolveria o sentimento de antagonismo entre os direitos do indivíduo e do poder, e permaneceria liberal em política e em economia, malgrado a herança mercantilista, que a cada passo conduz seus homens representativos à solicitação de proteção e intervenção do Estado".

San Tiago sugere haver Rui tido a nítida percepção de sua identificação pessoal com a classe média urbana em formação, e a sua proposta reformista a ela voltar-se, para promover a substituição, no comando político nacional, da reacionária oligarquia rural, e assim criar condições estruturais ao desenvolvimento econômico e social do país.

Rui, sem dúvida, sentia-se a tanto habilitado, mas, tendo a exata noção de que, no Brasil, o poder se exerce a partir do poder – "o poder é o poder", disse outro grande orador parlamentar, seu contemporâneo, o gaúcho Silveira Martins – e que, portanto, a sua conquista pela regra democrática da disputa eleitoral lisa, sem fraude, era uma luta a ser travada sempre, sem a qual não seria possível levar à Presidência da República um político realmente capaz de promover as reformas essenciais.[276] Esse objetivo não foi alcançado, como a sua campanha presidencial de 1910 – vencida pelo marechal Hermes da Fonseca – mostrou.

O amadurecimento político do país só seria possível, como Rui percebeu, se o Exército não mais se sentisse livre para intervir na vida nacional como vinha ocorrendo; ou seja, se o Exército, esse "partido de armas na mão", como escreveu o jovem San Tiago na década anterior, passasse a respeitar os limites legais em que eram definidas as suas atribuições. O combate ao militarismo, promovido com incrível energia por Rui, tinha esse propósito, e a sua pregação cívica visava implantar uma democracia ampla, que outorgasse à soberania popular o comando político do país. O projeto reformista de Rui completava-se no seu apostolado político – que ele viu como de educação cívica do povo – tal ele, sem a modéstia cínica da classe política, identificou a sua ação.[277]

Era claro o propósito de Rui, diz San Tiago, de libertar a classe média civil, para que ela, no bojo de seu projeto reformista, viesse substituir a "antiga mentalidade agrária, estática e mercantilista". O programa de Rui, porém, não pôde ser inteiramente cumprido; o seu "espírito progressista" chocou-se frontalmente com a classe agrária dominante e empedernida na defesa de seus privilégios, em "um país que vivia à margem de suas possibilidades naturais". Talvez o projeto de Rui fosse "um pouco ingênuo (...) dirão outros: era cedo", observa San Tiago; mas "o certo é que a República voltou, pouco depois, a ser governada pela classe agrária que lhe impôs os seus homens representativos, como Campos Salles, Rodrigues Alves, Afonso Pena".[278]

San Tiago mapeia a linha ideológica de Rui expressa em formulações objetivas, a articularem a reforma buscada e a conduta pessoal, enérgica, do reformador. Acentua a identificação de Rui com a classe média, descreve a ascensão dela, a atração social que esta exercia sobre as camadas populares, com as quais limitava, e denuncia a barreira oposta a esse processo pela reação conservadora que se seguiu. E aponta a identidade que vê existir entre o Exército e a classe média, esta achando naquele uma contraparte de suas aspirações, e aquele nesta buscando muitos de seus quadros.[279]

Contrariando seu estilo, San Tiago não aprofunda essa relação entre a classe média e o Exército que ele vê tão clara; apenas contrapõe a significativa distinção entre a visão da classe média e a do Exército sobre a sociedade brasileira, silenciando sobre o claro vinco autoritário a dominar o pensamento militar: este, embora se insurgisse contra a classe política dominante, com ela comungava as restrições a uma democracia verdadeiramente participativa. Igualmente, o propósito não refere San Tiago a firme oposição de Rui ao militarismo, como este identificou a ação política do Exército, sempre perturbadora da afirmação de uma ordem jurídica democrática que possibilitasse a ascensão da classe média. Essa identidade entre a classe média e o Exército seria percebida, com maior ou menor ênfase, em alguns momentos da vida nacional; San Tiago poderá ter notado o sentido desse seu registro quinze anos depois, no golpe de abril de 1964.

A leitura de San Tiago não se deteve na forma exuberante de Rui e buscou entender a sua ação política. San Tiago reteve o propósito último de Rui, de ser um reformador social firme na defesa de suas formulações precisas, nas quais acreditou capazes de operar transformações efetivas na sociedade brasileira. Amadurecido pela frustração da defesa juvenil de uma "eclosão revolucionária", sem a veemência e a intransigência de Rui, porém com análoga certeza, San Tiago, ao voltar à vida política, acreditaria ser o parlamento, devidamente acionado, o agente habilitado a promover, por meio da edição de normas reformadoras, o desenvolvimento econômico e social do país.

Essa crença superior na possibilidade de transformação social no âmbito e com instrumentos do regime democrático soou à época de Rui, e ainda ao tempo de San Tiago soaria a muitos espíritos, como um devaneio bacharelesco liberal ignorante da realidade política do país e de seu povo, adversa aquela ao regime democrático, inepto este em suas escolhas eleitorais.[280]

O intervalo entre a ação política de Rui, especialmente as suas campanhas presidenciais de 1910 e de 1919, distava menos de duas gerações da ação política do San Tiago maduro, a iniciar-se ao final da década de 1950 nos quadros do Partido Trabalhista Brasileiro. Então, um expressivo número dos políticos atuantes na cena nacional havia se formado sob o verbo vivo e incandescente de Rui Barbosa, que, tal a sua intensidade, alcançou a geração de San Tiago. Mas o legado liberal de Rui submergiu com ele, convertido no anátema da esquerda e da direita, no processo de radicalização deflagrado a partir do final da Primeira Guerra. O ressurgimento de Rui por ocasião do seu centenário, em 1949, foi efêmero, e a Constituição de 1946, então implantada, não exibia a amplitude democrática que Rui defendera.

Rui e a Renovação não é um ensaio tão bem estruturado e fluente como *Rui e o Código Civil*, e, em certa medida, destoa da forma dos demais ensaios de San Tiago, notadamente o *Quixote*. Porém, *Rui e a Renovação* é um instantâneo da ação política de Rui, e assinala um momento definitivo no receituário ideológico e na composição da figura de um político que San Tiago buscava, para si próprio, definir. De seu texto salta, precisamente recortado, a figura do homem de Estado, do reformador social, do lutador incansável e desassombrado, arrostando duras contradições. E San Tiago nele vê também o sinal do Quixote, que ele já identificara: o dom de si mesmo, que faz o lutador avançar determinadamente, sem esperar o crédito imediato de sua ação, mas nela vendo o exemplo a frutificar.

O propósito último de Rui moldaria a reflexão política de San Tiago, de então por diante: no regime democrático, só um homem de Estado seria capaz de formular e liderar as reformas essenciais ao desenvolvimento político e social do país.

Mas o reverso do exemplo de Rui é sombrio e duro: ele não alcançou o poder que buscou decididamente e acreditava lhe permitiria promover as reformas que formulou com rara ousadia. O talento e a coragem pessoal com os quais Rui desafiou e assombrou a classe política, a ela não lhe franqueou o ingresso pleno; antes o negou: ele atuaria, sempre, à margem do núcleo político que comandava o país efetivamente, não lhe bastando o respeito popular que conquistou.[281]

E diria ao fim da vida, amargo: à política "não devo senão desilusões, contrariedades e perseguições repetidas", embora dela saísse "acompanhado pela estima dos meus concidadãos".[282]

Pelos nove anos seguintes, San Tiago iria manter-se afastado da lida partidária; porém, ao nela ingressar, iria defrontar-se com o exemplo integral de Rui. Se não lhe faltava talento para a exemplo do ilustre baiano formular amplos projetos reformistas e os expor com notável clareza, a sua ação política não exibiria os traços desafiadores que distinguiram a de Rui. Mas, como Rui, San Tiago não alcançaria o poder, que buscaria designadamente.

CAPÍTULO 8

ADVOCACIA, ACADEMIA E O *PARTIDO DE ARMAS NA MÃO*

No plano político, as classes militares se preocupam quando os partidos não encontram com presteza as soluções adequadas. O papel delas tem sido potencial na vida política brasileira. E assim sendo é na conduta dos partidos que sempre temos de ir procurar as causas da conduta dos militares.[283]

• A sociedade inalcançada

Mesmo crescentes as suas tarefas na *Light*, Antônio Gallotti não deixava seu escritório particular de advocacia, e encaminhava causas ao escritório de San Tiago. A 1º de junho de 1948, de Toronto, sede da controladora da *Light*, Gallotti em carta dava a San Tiago notícia de um potencial cliente, Henryk Spitzman Jordan, que já vinha usando seus serviços profissionais, "como amigo", hipótese que ele, Gallotti, não mais permitiria. E, por essa razão, havia indicado à esposa de Jordan, Josephina, então uma das mulheres mais elegantes e ativas da sociedade carioca, que seu marido procurasse o professor San Tiago em seu escritório – e este deveria "fixar preto no branco" os honorários a cobrar.[284] A sua vez, San Tiago dá nota a Gallotti do andamento de alguns desses casos, inclusive de um deles, alcançando então grande repercussão.[285]

Depois de explodida e removida a última rocha que dividia a praia do Vigia do Leme da praia de Copacabana – à altura da Rua Fernando Mendes – onde San Tiago, levado pela mão de *Dindinha*, sua avó adorada, cruzava em seus passeios matinais no início da década de 1920, Spitzman Jordan no terreno vago projetou erguer um grande e compacto bloco de apartamentos, com doze andares, que seria um dos mais luxuosos da Avenida Atlântica.[286]

Octávio Guinle, proprietário do Copacabana Palace, opôs-se, alegando que a construção em terreno vizinho iria ensombrecer a piscina do Hotel, devassar o seu prédio principal, e, ainda, barrar a larga perspectiva do "Anexo", erguido no ano anterior; o prédio de onze andares e amplos apartamentos para hóspedes, e que abrigava furtivos encontros galantes vespertinos de casais discretos, tem uma de suas prumadas fronteira à Avenida Nossa Senhora de Copacabana, e a outra, interna, mira a piscina e os apartamentos da lateral do prédio principal do Hotel. Apesar do recuo do Anexo em relação à linha da Avenida Atlântica, seus apartamentos descortinavam o oceano em um ângulo aberto, que o prédio a ser construído por Spitzman Jordan reduziria consideravelmente.

Não há outro registro além dessa referência epistolar, mas é possível que Spitzman Jordan tenha contado com a assistência de San Tiago e Gallotti na defesa de sua causa, negociando com Octávio Guinle o acordo afinal alcançado, como San Tiago dá nota em sua carta.[287] O prédio, cuja construção seria iniciada em 1951, ficaria conhecido como Edifício Chopin, e seria concluído em 1956, e assegurada aos proprietários de seus apartamentos uma servidão de passagem pela pérgula, que margeia a piscina do Hotel. João Goulart, já vice-presidente da República, lá tinha um apartamento, onde San Tiago iria inúmeras vezes encontrá-lo no início dos anos 1960.

A advocacia de Gallotti, no entanto, não se somaria à de San Tiago. Em outubro de 1949, o amigo escreveu a San Tiago, que também estava no Rio de Janeiro, você "compreenderá porque a nossa última conversa me leva a escrever esta carta".[288] Em início de 1948, San Tiago o teria convidado a associar-se ao seu escritório de advocacia, mas o assunto não tivera sequência. Contudo, seis dias antes de a carta ser enviada por Gallotti, a 10 de outubro de 1949, os dois afinal conversaram na casa de Gallotti. Três razões teriam justificado o convite antes feito por San Tiago: a contribuição pessoal, como advogado, de Gallotti ao escritório; a concorrência existente entre os dois advogados, "dado que nossas relações se desenvolviam no mesmo plano e setores"; e as conexões de Gallotti "com o mundo político e o governo". Àquela altura, diz Gallotti, as razões dois e três não mais persistiam na medida anterior: a projeção do escritório de San Tiago tornava-o infenso à concorrência que o escritório de Gallotti fosse capaz de lhe opor; e as relações e o prestígio de San Tiago haviam se ampliado consideravelmente, o que reduzia o significado dos contatos de Gallotti nos corredores do poder político para o escritório de San Tiago.

Gallotti reconhecia que San Tiago lhe advertira que o assunto poderia ser "reconversado", mas sentia, naquele momento, "surgir a raiz do arrependimento" no convite feito. E refere a observação de San Tiago que, até 1948, o escritório – "à exceção do caso Lage – tivera um crescimento lento, mas do fim de 1948 para cá (...) o escritório subira de cota", com os novos contratos de partido firmados, o que traria um excelente "resultado este ano".

Na conversa, San Tiago teria pedido ao amigo "um grande esforço para responder pela afirmativa", e aceitar o convite; mas Gallotti observou que teria de fazer, "sim, um grande esforço para responder pela negativa". Depois de "muitas noites de meditação", Gallotti concluiu que não "tinha resposta a dar: não me foi feita uma pergunta. Foi apenas esclarecida uma situação. Revelado um caminho. Indicada uma solução. Aceito-a como aceitei o convite". E arremata: "há situações que nem um talento como o seu, meu caro San Tiago, consegue disfarçar. Há palavras que tem luz acessível até aos cegos". E se despede com um "cordial abraço" ao amigo, antes lembrando-o de que a amizade entre eles era "bastante forte e alta para permitir a liberdade de uma conversa como a daquela noite, e de uma carta como esta".

A cortante objetividade de Gallotti penetrou, como ele desejava, a couraça racional de San Tiago, e de início o desarmou. Era evidente o talento de Gallotti em extrair dos acontecimentos, tão bem e fielmente descritos, a sua essência real, objetiva – e essa revelava o recuo de San Tiago do convite por ele feito, impondo ao amigo a sensação de uma recusa, fria, desconcertante.

Em sua resposta escrita oito dias depois, San Tiago, reconhecendo o talento expositivo de Gallotti ao descrever a situação – e advertido de como ele, San Tiago, dela surgia – cuidou de não a discutir no plano da crua objetividade em que Gallotti a colocara. Já à primeira frase, San Tiago define o seu campo – a sua consciência, abalada pela carta: "sabe você o que é alguém perder a confiança em si mesmo? Perdê-la em relação a outra pessoa?" A seguir, San Tiago exalta a amizade com Gallotti, e diz que a eventual reunião de ambos teria sido um "desses momentos de confiança no destino". Essa amizade era inclusive "poetizada pela constante presença de um longo passado", e a ela "veio confluir a presença de Arminda", esposa de Gallotti, "com a amizade veemente que nos liga, diz San Tiago, a mim e a ela, e esse gracioso enxerto do novo no antigo pareceu-me predestinado".

Mas, subitamente recomposto, San Tiago impõe o "segundo termo do problema, aquele ao que me parece, em que menos nos entendemos: o que significa para mim a união através do escritório". E afirma o seu ponto, breve, preciso: Gallotti veria no escritório "algo que diz respeito apenas à carreira", enquanto ele, San Tiago, nele via "algo que diz respeito à vida". E acrescenta: o escritório era para ele um "centro de elaboração da própria personalidade, um campo de ação moral, de projeção social (...), de reforma da mentalidade". San Tiago volta à chave pessoal, acrescentando: "o que muitos encontram na vida pública, na vocação artística, no casamento, na educação dos filhos (...), tenho eu encontrado, vivido e desenvolvido nessa aventura quotidiana que é para nós a profissão".

San Tiago, a seguir, infiltra-se no campo de Gallotti, e aí desfere o seu arremate: "a sua carta tem (...) uma técnica, que me deixa de braços caídos diante de você: é um relatório minucioso da nossa conversa para fazer sobressair um segundo sentido, que eu não teria ousado expor, mas que era o convite ao distrato". Fixando o seu ponto decisivo, com a frieza do duro contraste que faz entre a discrepância invencível das visões sobre o escritório na vida de cada um deles, San Tiago impõe a Gallotti o ônus do desfecho que ele, San Tiago, tornou inevitável. E envolve Gallotti na névoa de sua subjetividade ricamente descrita, e acaba por entredizer ao amigo não o querer como sócio – que, sim, recuara de seu convite não pelas razões alegadas, e insinua outra razão, mais significativa, na visão de San Tiago.

Sem dúvida o escritório "subira de cota" naquele ano de 1949, mas nem por isso era modesto; o seu crescimento era contínuo, capitaneado por San Tiago, e ele tinha em seus pareceres uma fonte expressiva e exclusiva de renda adicional, como mostrava o seu sofisticado padrão de vida; e o prestígio profissional de San Tiago no meio empresarial não cessava de crescer, trazendo-lhe um número de causas expressivas.

Saber, ter e poder, o mote que tomara por meta do escritor francês Maurice Barrès, importava em San Tiago haver os meios materiais que o habilitassem a uma carreira política independente de recursos de terceiros, e de possíveis reparos à sua conduta pessoal. Gallotti era então um destacado e já influente advogado da maior concessionária de serviços públicos do Brasil, e o realismo e a objetividade desembaraçados com que enfrentava as tratativas diárias dos interesses de seu empregador nos corredores do poder político e administrativo eram reconhecidos na proporção com que obstáculos burocráticos eram por ele removidos. O propósito profissional de Gallotti, ainda que este mantivesse seu escritório particular, era cumprido no âmbito da *Light* e com ela se identificava publicamente. Gallotti viria a dirigir a *Light*, por muitos anos, depois da morte de San Tiago inclusive.

A mudança de posição de San Tiago em relação à participação de Gallotti em seu escritório, em razão de ele ver no escritório o motor de sua "projeção social", era uma expressão astuciosa a recobrir o seu propósito último: o retorno à política partidária.

A rusga não afetou a amizade que os ligava fortemente, como Gallotti antecipou em sua carta. Dela não ficou notícia, e San Tiago seria consultado pelo seu amigo em grandes questões jurídicas envolvendo a *Light*.

Uma outra associação não seria alcançada, mas, como esta entre esses dois grandes amigos, veria preservada também a admiração mútua que as partes envolvidas nutriam entre si.

• Professores e alunos

Estudante, San Tiago ia de sua casa à Faculdade de Direito, à margem do Campo de Santana, de ônibus, e também se valia dos bondes que faziam a ligação do bairro com o centro da cidade. Vinte anos depois, o professor e jurisconsulto, trajando quase sempre roupas escuras e portando um chapéu a lhe recobrir uma calvície precoce, titular de um reputado escritório, trafegava em seu imponente Buick, modelo 1947, conduzido por seu motorista particular, que o abrigava em uma das garagens próximas a sua residência.[289]

O modelo 1947 era um sedã, de quatro portas, com cinco metros de comprimento e quase dois de largura, pesando cerca de duas toneladas, tracionado por um motor de duzentos e quarenta e oito cavalos de força, servido por uma caixa de marchas de três velocidades. O imponente gradil dentado do radiador alcançava as bordas dos faróis dispostos em um plano imediatamente superior, e, engastadas no para-choque, duas hastes verticais e paralelas emolduravam a placa do veículo. O sedã transportava seis passageiros, cuja entrada se dava por quatro pesadas portas, e duas "saias" desciam sobre os pneus traseiros, ornados por uma faixa branca em suas faces externas, recobrindo-os parcialmente e prolongando visualmente a extensão do automóvel. O sucesso profissional de San Tiago era visível também no sobrado da Rua Barão de Jaguaripe, nº 42; continuamente ganhava livros novos, móveis finos e objetos de arte, comprados a bons preços nas viagens ao exterior, que iam se tornando frequentes.[290]

Próximo à conclusão daquele ano letivo de 1949, San Tiago se viu às voltas com duas questões, uma envolvendo alunos, outra, burocrática. Ao início de setembro, os alunos do quinto e último ano da turma de 1949, da Faculdade Nacional de Direito, escolheram Rui Barbosa seu patrono, mas a turma se dividiu entre três candidatos propostos pelos alunos a paraninfo: San Tiago, Leônidas de Rezende e Demóstenes Madureira de Pinho. Os ânimos se acirraram, e os partidários de Leônidas de Rezende e San Tiago tornaram públicas as razões de suas preferências.

A seus partidários, San Tiago seria "o melhor professor", "a quem mais devemos a nossa formação jurídica"; este, diziam, é o critério de seleção a ser seguido, e não "ajustar interesses ideológicos à escolha". Três dias depois, a 18 de setembro, pelo mesmo jornal carioca *Diário de Notícias*, os defensores da candidatura de Leônidas de Rezende diziam-no "o professor que melhor encarna o pensamento, as ideias de moralidade e independência por que sempre se bateram os bacharelandos de 1949"; e, ainda, o professor, "no Conselho Departamental, lutou em todas as ocasiões, no sentido de que fossem atendidas as justas reivindicações dos estudantes".[291] Apurados os votos, o outro professor, Madureira de Pinho, dividindo a polarização entre San Tiago e Leônidas, coube a vitória, por um voto, a este último.[292]

Uma semana depois, no *Diário de Notícias*, o jornalista R. Magalhães Júnior publicou um artigo, "O paraninfo Leônidas de Rezende", dando notícia de uma "batalha travada" entre os formandos daquele ano, na Faculdade Nacional de Direito. O centro da disputa fora a eleição do paraninfo dessa turma, dividida entre aquele professor e San Tiago. Segundo o articulista, San Tiago seria um "moço de talento", "que fazia parte da elite intelectual integralista e que emprestou o seu entusiasmo, a sua vibração e a sua palavra" ao movimento chefiado por Plínio Salgado. O outro candidato era um velho professor que sempre fora um adversário intransigente do credo verde, "um homem confessadamente de esquerda, a quem nunca faltou a coragem de proclamar as suas ideias", e que por isso fora "humilhado e atirado em uma prisão durante os dias negros da ditadura" do Estado Novo. Leônidas de Rezende jamais viera "a público dizer que havia repudiado as ideias de sua mocidade ou de sua idade madura. Quem fez isso foi o seu adversário, o talentoso sr. San Tiago Dantas", "deitando entrevista (...) e dizendo que passara a execrar o integralismo". Nem o talento reconhecido de San Tiago justificaria, diz o articulista, o "oportunismo, esperteza, instinto de sobrevivência", exibido por San Tiago, que "continuaria a ser professor de totalitarismo, segundo [o articulista] fora informado por alguns de seus alunos que lhe abominam as ideias".[293]

Magalhães Júnior saudou a vitória de Leônidas de Rezende sobre San Tiago, "um prêmio à coerência". O ataque de Magalhães Júnior a San Tiago era, porém, equivocado e injusto, e não seria o primeiro de muitos por essa linha.

San Tiago havia muito expusera as razões de sua rejeição à doutrina integralista, e jamais defendeu em suas aulas regimes autoritários. Ao contrário, em discurso no cinquentenário na Faculdade em 1940, em entrevista em 1942 ao mesmo *Diário de Notícias*, e em seu discurso de paraninfo da turma de 1945 daquela escola, defendeu a renovação dos regimes constitucionais em face da experiência traumática da Segunda Guerra, provocada pelos regimes de direita, reclamando que no centro dessa renovação política estivessem as garantias ao trabalho e não mais os privilégios outorgados à propriedade privada.

San Tiago não reagiu à crítica que lhe foi lançada. Mas, dois dias depois, a 27 de setembro, os alunos defensores de sua candidatura, em carta ao *Diário de Notícias*, repeliram a imputação de "reacionário e integralista" feita por Magalhães Júnior. E afirmaram não ser verdadeira a acusação por ele feita a San Tiago: "talvez o aluno informante do jornalista considere totalitarismo o professor exigir nos exames e ser rigoroso, mas justo nas notas". E acrescentaram que as aulas de San Tiago vinham sendo taquigrafadas desde 1941 e distribuídos os textos a todos alunos, "inclusive ao prestimoso informante do sr. R. Magalhães Júnior", que assim poderia verificar se era San Tiago um "professor de totalitarismo".[294]

O assunto rumoroso encerrou-se a 29 de setembro com uma nota pessoal. Em nome dos alunos que "sufragam o nome de Leônidas de Rezende", João Dantas Britto Lima pediu "licença à cátedra e a um dos mestres mais brilhantes do magistério superior do país", e um de seus "mais brilhantes tribunos", para repudiar "integralmente as inverídicas afirmações dadas ao articulista". E pedia, "atente bem o mestre à unanimidade do repúdio à informação veiculada" concluindo, "pelos anos em fora, o professor San Tiago Dantas terá em cada aluno seu, um seu constante discípulo, um seu sincero admirador".[295]

Aos trinta e nove anos, somando mais de quinze como professor universitário, San Tiago não se manifestou publicamente sobre o incidente, embora seguisse atento à sensibilidade acadêmica, tão eriçada no meio universitário brasileiro, tão pobre de obras de ciência jurídica. Logo a seguir, se viu novamente envolvido em um incidente, que mobilizou sua atenção e cuidado.

Um dia depois de finda a questão do paraninfado, a 30 de setembro, um ato burocrático firmado pelo reitor Pedro Calmon feriu a vaidade de um seu colega de cátedra, e obrigou San Tiago a intervir prontamente. O ato do reitor nomeava San Tiago chefe do Departamento de Direito Civil da Faculdade, um cargo sem maior expressão, ou liderança: os professores da cadeira gozavam de ampla e absoluta autonomia no exercício de sua disciplina, sempre em nome da liberdade acadêmica e da estabilidade funcional, que os tornava indemissíveis e incontroláveis em suas ações (e inações) acadêmicas. Ainda assim, a chefia dos departamentos das matérias do curso era vivamente cobiçada, não pelo parco acréscimo aos magros vencimentos pagos, muito inferiores à renda de seus escritórios particulares de advocacia, mas por somar títulos professorais, sempre ventilados entre os clientes por seus titulares.[296]

Dias depois de sua nomeação, San Tiago escreve ao reitor, dizendo que fora informado pelo diretor da escola da sua investidura na chefia do departamento, que ocupara interinamente durante licença de seu titular, Arnoldo Medeiros da Fonseca. E, naquela data, 7 de novembro, prossegue San Tiago, recebera de seu eminente colega (Arnoldo) cópia da carta por ele dirigida ao reitor, e, por ela, diz San Tiago ao reitor, "vejo que a sua substituição o magoou, principalmente por ter sido feita sem seu integral conhecimento".

Afirmando que "ninguém melhor do que o professor Arnoldo poderá chefiar o departamento", San Tiago conclui ao reitor: "venho (...) agradecer a V. Mfcia. [Magnificência] a honrosa designação com que me distinguiu, e repor em suas mãos o mandato", que lhe fora outorgado para chefiar o departamento.[297]

A vocação de San Tiago para o magistério remanesceria intacta; ele seria, sempre, professor. Essa qualidade cedo compusera naturalmente com o seu temperamento, moldara a sua inteligência e moldaria em boa parte, ou, melhor, a ela iria coerir, à sua ação política – San Tiago exsudaria, sempre, uma grave, mas serena autoridade magisterial.

Contudo, a vida acadêmica, as suas limitações toleradas, quando não estimuladas pelos seus responsáveis, e as suas pequenas vaidades ardentemente cultivadas, o iam dela afastando irremissivelmente. E o aproximando da política, que ele acompanhava detidamente.

• Os militares e Getúlio: a aliança desfeita

À sua maneira, "o pai dos pobres" – Getúlio – havia operado a conciliação do povo com o governo, como então identificaria um dos generais daquela época.[298] Essa imagem, porém, fora vincada por um traço que agora, no novo contexto político e social, mostrava-se mais inquietante às Forças Armadas.

A estrutura do Exército – a mais expressiva entre as Forças – havia sido reformada durante o Estado Novo por iniciativa de seu chefe de Estado Maior, o arguto general Góes Monteiro, com o apoio do diligente ministro da Guerra, general Dutra. As suas principais normas básicas haviam sido reformuladas, muitos dos seus corpos haviam sido redefinidos, seu equipamento bélico fora razoavelmente renovado, escolas e quartéis foram construídos e o seu efetivo crescera consideravelmente, alcançando cerca de cinquenta mil homens. O orçamento do Exército, que em 1930 representara 19,6% do gasto federal, em 1942 chegara a 36,5%. E, contando com material cedido pelos norte-americanos, as Forças Armadas tiveram com a FEB na Itália uma experiência bélica efetiva, a primeira de maior envergadura desde a Guerra do Paraguai, em 1864.[299]

Contudo, a maior profissionalização do Exército não importou na superação da sua cultura intervencionista na vida política do país, que dominava boa parte de seu oficialato. Na verdade, a fórmula do general Góes Monteiro subsistia intacta: "era preciso acabar com a política no Exército para se poder fazer a política do Exército". E intermitentemente, ao longo de toda a República, esse "partido de armas na mão" impunha a sua política à ordem republicana, implantada, aliás, por um golpe militar, havia pouco mais de meio século.[300]

A política ganhava, contudo, maior complexidade no cenário da Guerra Fria – a política do país e a política do Exército.

Ao Dutra assumir o governo no início de 1946, as manobras de Getúlio ao fim do Estado Novo para permanecer à sua frente ainda ecoavam junto a seus colegas de farda. Elas afetaram o equilíbrio entre o Exército e o ditador, mantido ao longo dos quinze anos de seu governo. Nos estertores do Estado Novo, Getúlio negociara a soltura imediata do líder comunista Luís Carlos Prestes, à sua ordem preso desde 1935; em contrapartida, obteve o apoio público do Partido Comunista Brasileiro e de seu chefe para tentar manter-se no poder.

Prestes, o brilhante oficial do Exército que, em 1924, liderou a Coluna que tomou o seu nome e serpenteou pelo Brasil sem ser detida pelas forças regulares do Exército, fora o líder da revolta comunista de 1935, e da prisão chefiara o Partido Comunista Brasileiro, firmemente atrelado ao comando de Moscou.[301] Ainda que temporária, a associação de Getúlio, inconteste líder dos trabalhadores urbanos brasileiros, ao líder comunista, um particular desafeto do Exército brasileiro e cujo partido tinha no operariado a sua ativa militância, indispôs os militares, até então aliados a Getúlio. Na visão deles, a manobra de Getúlio, ao final de 1945, poderia trazer à causa socialista um inesperado estímulo.

Essas e outras manobras do ditador ao longo daquele ano, para permanecer no poder, comprometeram o apoio que ele recebera das Forças Armadas. Contudo, um fato objetivo foi decisivo para determinar o afastamento do ditador: a definição das candidaturas militares de Dutra e do brigadeiro Eduardo Gomes à Presidência da República. Os militares com Dutra chegaram ao poder pelo voto; seriam necessários cinco anos para que Getúlio, pelo voto, a ele retornasse, em 1950.

• Militares brasileiros e norte-americanos

A maior aproximação entre o Exército brasileiro e os militares norte-americanos começara três anos antes do final da guerra, a partir de 7 de dezembro de 1942, quando os Estados Unidos viram atacada pelos japoneses a sua base naval em Pearl Harbour, e entraram na guerra. No ano anterior, os militares norte-americanos haviam incorporado à zona geográfica de defesa de seus planos estratégicos o nordeste do Brasil, em uma faixa que se estendia de Belém ao Recife, passando por Natal. Esse ponto extremo do território brasileiro, projetado no Atlântico Sul, converteu-se em uma escala obrigatória para o reabastecimento das aeronaves norte-americanas em sua rota para o norte da África e dali para o Mediterrâneo. As conversações com os militares brasileiros tiveram início visando autorização para implantar uma base aérea norte-americana no saliente de Natal. Os principais chefes militares à época, Góes e Dutra, germanófilos que viam no então crescente domínio alemão nos conflitos na Europa uma indicação da vitória nazista, a princípio opuseram-se.[302] A questão, todavia, não estava aberta, pelos norte-americanos, à discussão: instalar uma base em Natal era um imperativo inegociável à defesa dos Estados Unidos.[303]

A intransigência não se desdobrou em confronto; e o fornecimento de material bélico que os Estados Unidos ofereciam em contrapartida não poderia ser recusado por uma força desaparelhada como era o Exército brasileiro, cuja participação na frente europeia era então crescentemente cogitada. Góes cedeu e, juntamente com o brigadeiro Eduardo Gomes, chefe da recém-criada Força Aérea Brasileira, em janeiro de 1941, aceitaram a inclusão do Brasil no programa *Lend-Lease*, do governo norte-americano, por meio da qual eram fornecidos suprimentos e material bélico aos aliados que lutavam contra as forças nazistas.[304]

A resistência de Dutra e de outros militares foi vencida e anunciada a declaração de rompimento das relações diplomáticas entre Brasil e Alemanha na III Conferência de Ministros do Exterior, realizada no Rio de Janeiro, em janeiro de 1942. O acordo militar entre os Estados Unidos e o Brasil foi firmado dois meses depois, assegurando o envio de material bélico e criadas duas comissões conjuntas, uma sediada em Washington e a outra no Rio de Janeiro, formalizando a aliança militar entre os dois países.[305] Em novembro seguinte, já tendo o Brasil declarado guerra aos países do Eixo em 31 de agosto, foram acertados os termos para a defesa do Nordeste, em cuja costa haviam sido afundados navios mercantes de bandeira brasileira. A defesa marítima passou à coordenação da Marinha norte-americana, e o Comando de Transporte Aéreo norte-americano foi sediado em Natal, e o seu aeroporto, que seria um dos mais movimentados do mundo, foi construído pelo governo dos Estados Unidos e operado por suas forças militares.

As ações militares norte-americanas em território brasileiro e o envio de uma força expedicionária à Itália motivaram um intenso programa de treinamento de oficiais brasileiros nos centros de ensino e adestramento nos Estados Unidos. A maioria expressiva dos oficiais do Exército brasileiro, que ganhariam projeção na vida política nacional, integrou esse programa; entre eles, Henrique Lott, Golbery do Couto e Silva, e dois futuros presidentes, Castello Branco e Ernesto Geisel. À exceção deste último, muitos deles haviam participado da FEB, onde estreitaram contato com oficiais norte-americanos, que então os comandavam. Além do treinamento, era exposta aos oficiais brasileiros – e a seus colegas latino-americanos – a linha geopolítica norte-americana.[306]

Internamente, Dutra já havia se antecipado às rusgas ameaçadoras da Guerra Fria, e logo ao assumir o governo, em 1946, deflagrou, como visto, o processo de proscrição dos comunistas da vida do país. Em outubro de 1948, pretextando um incidente no bar do Hotel Nacional em Moscou, provocado por um diplomata brasileiro embriagado, exacerbando o melindre das Forças Armadas em razão de um artigo havia pouco publicado na imprensa soviética responsabilizando-as pelo banimento do Partido Comunista Brasileiro, Dutra determinou o rompimento das relações diplomáticas com a União Soviética, estabelecidas três anos antes e restabelecidas somente em 1961, pelo então chanceler San Tiago Dantas.[307] A obsessão anticomunista de Dutra discrepou da política externa dos Estados Unidos, que mantinham desde 1933 – e seguiriam mantendo – relações diplomáticas com a União Soviética. E, internamente, reforçou a doutrina de repressão às ideias comunistas no país, especialmente nas Forças Armadas.

• Escola Superior de Guerra

A experiência militar norte-americana diferia essencialmente da brasileira. Suas forças militares eram e são essencialmente obedientes ao poder político civil, simbolizado na pessoa do presidente da República, o seu comandante em chefe, e ao poder fiscalizador do Congresso. A sua ação tem lugar exclusivamente fora do território nacional, afastada a hipótese inversa: as Forças Armadas norte-americanas não podem intervir, e não intervêm, na vida política do país. Outra também a formação dos quadros castrenses; eles já contavam com um sofisticado modelo educacional de nível universitário, além das escolas militares, que havia pouco fora reformulado, no qual se destacava o *National War College*, criado em 1946, destinado ao "estudo da grande estratégia e dos recursos nacionais voltado a sua aplicação". Esse modelo atraiu a atenção de militares brasileiros, interessados no aperfeiçoamento da formação de seu oficialato.

Os primeiros contatos haviam sido feitos ao final de 1946 entre o chefe do Estado Maior do Exército, general Salvador Cesar Obino, e o general Eisenhower, que ocupava o mesmo cargo no Exército de seu país, visando à criação da Escola Superior de Guerra. Três anos depois, em agosto de 1949, vencidas questões burocráticas e de custeio relativas ao assessoramento a ser prestado pelos militares norte-americanos a seus colegas brasileiros, chegou-se a um entendimento e a Escola Superior de Guerra – ESG, como seria conhecida – foi criada por decreto, e instalada no aprazível bairro carioca da Urca, no sopé do Pão de Açúcar.[308]

O general de divisão, Cordeiro de Farias, foi escolhido o primeiro comandante da Escola. Expedicionário enviado à Itália, em 1944, onde comandou a artilharia divisionária brasileira, manteve estreito contato com seus colegas norte-americanos. Cordeiro teria uma das mais rápidas carreiras no Exército, e já na reserva participaria do golpe de 1964; em suas memórias destacou, não sem certo orgulho, (impensável em um militar norte-americano) entre as suas atividades ao longo da carreira militar, a de ativo conspirador contra governos estabelecidos.[309]

Cordeiro e o tenente-coronel Idálio Sardenberg, que o assistira nos trabalhos de implantação da Escola, expuseram "as razões que levaram ao governo pensar na criação da Escola Superior de Guerra".[310]

Objetivo e claro, o tenente-coronel sintetizou os "princípios fundamentais" que serviriam de alicerce à Escola, isto é, "conclusões que são aceitas como verdade". O primeiro desses princípios dizia que "a segurança nacional é uma função mais do potencial geral da nação do que seu potencial militar". Ou seja, todas as forças da nação deveriam estar comprometidas com a sua segurança, e não apenas as suas Forças Armadas. Essa seria a lição a tirar-se da experiência da última guerra, e em um momento em que se vivia "uma guerra revolucionária" e se avizinhava de uma "hecatombe", nas palavras de Cordeiro. Nesse contexto, a mobilização geral do país era uma "função do governo"; mas o destino do Brasil não estava ameaçado, pois possuía "os requisitos básicos indispensáveis para se tornar uma grande potência". A esse fim era preciso atentar-se ao fato de que "o desenvolvimento do Brasil tem sido retardado (...) por óbices", cujo aspecto mais importante e mais difícil a equacionar era "o intelectual ou de direção", pois exigia uma "elite, capaz de assumir os encargos da direção da administração do esforço nacional de construção". Essa elite deveria ser formada com as "personalidades de relevo nos meios civis e militares", e dotada "de um conhecimento geral da vida e não [de um] preparo simplesmente livresco".

Não bastava, todavia, arregimentar essa elite, prossegue Sardenberg: ela deveria valer-se de um "novo método (...) a alavanca destinada a remover os óbices e a possibilitar a aceleração do ritmo de desenvolvimento" do país. A "análise e interpretação dos fatores políticos, econômicos, diplomáticos e militares, que condiciona o conceito estratégico" dar-se-ia sob "o conceito amplo e objetivo de segurança nacional que sirva de base à coordenação de todos os órgãos, civis e militares, responsáveis pelo desenvolvimento do potencial e pela segurança do país".

Sob o espectro da Guerra Fria, vista pelos militares brasileiros como uma guerra revolucionária, à beira de uma hecatombe nuclear, o propósito da ESG, de buscar uma ampla coordenação das forças sociais, era especialmente ambicioso e subordinado a um conceito amplo de segurança nacional; esse conceito refletia, em boa medida, a visão que os militares já tinham do país, sobretudo a desconfiança em relação aos civis, cuja elite, socialmente melhor situada do que a militar, seria, contudo, despreparada e não cuidava em proteger da cobiça privada, nacional e estrangeira, as riquezas naturais do país. Deveriam essas riquezas, segundo o pensamento militar, ter seu emprego ditado exclusivamente pelo interesse público cifrado também aos parâmetros da segurança nacional, pois assim possibilitaria o desenvolvimento econômico e a realização de um destino manifesto de grandeza do país.[311]

Nesse contexto, entendiam os militares não poderem ficar alheios às questões por eles identificadas como óbices ao desenvolvimento do país, e do seu debate deveriam participar diretamente. Essa posição já fora incorporada à "política do Exército" e havia sido imposta a Getúlio antes mesmo do Estado Novo. Aos diferentes órgãos de intervenção do governo na vida econômica do país, – conselhos, comissões etc. – foram sucessivamente nomeados militares, que mais tarde ocupariam também postos de direção nas principais empresas estatais que iriam sendo criadas.[312] A segurança nacional, como seus doutrinadores observavam, precisava mobilizar as "forças morais, econômicas, diplomáticas e militares", tarefa que deveria caber ao governo, sendo certo que a Constituição outorgava ao presidente da República a direção política da guerra, assim como aos militares competia zelar pela segurança interna do país.[313]

A ESG seria um ponto de encontro e de debate entre elementos da cúpula militar e de civis, somando estudos e palestras. Acolheu, em seus quadros e em seus programas de conferências, diversos representantes da elite civil, à exceção de militantes de esquerda. A figura mais expressiva de seus quadros regulares seria o coronel Golbery do Couto e Silva, autor na década de 1950 de diversos textos sobre planejamento estratégico, vazados em um estilo arrevesado e confuso, e que teria importante participação no regime militar.[314] Entre os mais assíduos palestrantes da ESG estaria San Tiago.

Entre a criação da Escola e a imposição do regime militar, em abril de 1964, quinze anos depois, os traços caracterizadores da política do Exército vieram sendo reforçados. Entre esses, a defesa de um amplo planejamento estatal, voltado à defesa dos superiores interesses nacionais, posição que evoluiria para a criação de empresas monopólicas e oligopólicas controladas pelo Estado e livremente dirigidas pelo Executivo, nos setores de infraestrutura do país, e que, no regime implantado em abril de 1964, abrigariam em seus quadros inúmeros militares. Mas a ESG jamais alcançou elaborar uma consistente "doutrina da segurança nacional", vista como indispensável ao país por seus fundadores.[315]

CAPÍTULO 9

A VOLTA DO *CORINGA*[316]

> *O papel da iniciativa brasileira, tanto estatal como privada, é o de operar a transformação do nosso país, de simples mercado consumidor de refinados em área de refinação, e um dia, de produção de petróleo.*[317]

- **A era do jato**

Em seu primeiro número de 1950, a revista *Digesto Econômico* publicou a "Memória de Investimentos Estrangeiros no Brasil", redigida por San Tiago no âmbito da *Missão Abbink*. A publicação estendia ao público fora do círculo do governo um dos temas centrais da economia nacional: investimento, sobretudo no setor de infraestrutura.[318] Nele San Tiago mostra a necessidade de o Brasil abrir-se ao capital privado estrangeiro, e preparar-se para obter financiamento de organismos internacionais. Era, nesse processo, preciso entender (e reconhecer) o novo cenário geopolítico mundial, ditado pelo final da guerra, e as suas implicações que haviam redefinido o conceito de nacionalismo.

Contudo, o antagonismo entre "nacionalistas" – que rejeitavam o capital estrangeiro – e "entreguistas" – que o admitiam – ia se entranhando no debate político e econômico, e este iria tornar-se mais vivo naquele ano eleitoral que se iniciava. Essa polarização confrontava a experiência profissional de San Tiago. No plano jurídico, que necessariamente atendia à realidade dos negócios, a interpenetração de institutos e regras de diferentes sistemas jurídicos exigia do Direito Comparado um esforço de conciliação e adaptação significativos, do qual San Tiago participava, como visto, em um dos prolongamentos da sua vida acadêmica. E em sua advocacia essa realidade era ainda mais viva. E é a sua advocacia que o leva a participar de uma aventura única, em fevereiro daquele ano de 1950.

O convite teria sido feito pela indústria aeronáutica britânica *De Havilland* a Paulo Sampaio, então presidente da Panair, a única companhia aérea brasileira a voar do Brasil à Europa.

Desde 1927, o Sindicato Condor – mais tarde Varig – sob controle alemão, operava no Brasil voos comerciais em hidroaviões.[319] Dois anos depois, a NYRBA (Nova York, Rio de Janeiro, Buenos Aires), subsidiária da empresa homônima estabelecida em Nova York, começou a operar a rota indicada em suas iniciais; três anos depois, suas operações foram autorizadas em todo o território nacional, ligando Fortaleza à capital federal, com escalas em várias outras capitais.

Em 1930, a NYRBA foi vendida à Pan Am e tomou o nome de Panair. Sete anos depois, ergueu sua sede própria no Aeroporto Santos Dumont (até o ano anterior conhecido como Aeroporto do Calabouço), compreendendo um terminal de passageiros de seus hidroaviões, hangar e escritório. Em 1965, durante o regime militar, quando a Panair foi arbitrariamente liquidada com a decidida participação do brigadeiro Eduardo Gomes, em suas dependências foi instalado o III Comando Aéreo Regional da Força Aérea Brasileira.[320]

A Panair expandiu suas rotas, e, passando a operar aeronaves de pouso em terra, estabeleceu uma das mais extensas redes domésticas do mundo.[321] Com aberto estímulo de Getúlio Vargas, empresários brasileiros adquiriram participação acionária da companhia, e em 1946, já com a denominação de Panair do Brasil, detinham 52% de seu capital. Ostentando as listas verdes estendidas longitudinalmente sobre o fundo branco da fuselagem, que identificariam as aeronaves da Panair, o seu primeiro *Constellation* decolou a 27 de abril de 1946 do Rio de Janeiro com destino a Londres, com escalas em Recife, Dakar, Lisboa e Paris.

A *De Havilland* tinha interesse em exibir o seu novo avião a Paulo Sampaio, um potencial cliente até então atendido pela concorrente norte-americana *Lockheed*, fabricante dos *Constellation*.

Ainda durante a guerra, sob as ordens de Churchill, foi formado um grupo de trabalho – *Brabazon Commettee* – para estimar e planejar o atendimento à demanda da aviação civil findo o conflito. O industrial Geoffrey de Havilland propôs construir um avião comercial a jato; apesar do ceticismo oficial, a BOAC – Companhia Britânica de Aviação – encomendou dez aeronaves.

O *DH 106 Comet* decolou pela primeira vez em julho de 1949 da pista de testes da *De Havilland*, em Hartfield, no condado de Hertfordshire, a trinta milhas a noroeste de Londres. Sob o registro V-ALVG, o *Comet* foi apresentado ao público na feira aeronáutica de *Farborough* no outono seguinte, antes do início de uma série de testes de voo. A propulsão a jato levava o *Comet* a uma altitude de mais de dez mil metros e a uma velocidade de mais de novecentos quilômetros por hora, e era provida por quatro turbinas embutidas nas asas, fixadas rentes ao corpo central da fuselagem; a velocidade e porte, a ausência de hélices, as turbinas pouco realçadas, as janelas quadradas e largas davam à nova aeronave um aspecto único e traduziam o ineditismo do *Comet*. A imprensa britânica, com justificado alarde, estampou a notícia: o "jato britânico" ia e retornava à África em seis horas e meia; a Roma em duas horas e ao Cairo em cinco.

Na manhã gelada de 28 de janeiro de 1950, o grave professor e jurisconsulto embarcou no *Comet*. Anos antes, San Tiago dera um parecer à Pan Am, o que poderia tê-lo aproximado de Paulo Sampaio, e este a ele feito o convite para conhecer o *Comet*.[322] Outro convidado, Jorge Pacheco Chaves, era filho de um rico cafeicultor paulista e irmão do famoso ás da aviação brasileira, Edu Chaves, o que explicaria a sua presença no voo. Porém, o passageiro mais conhecido era Assis Chateaubriand, dono dos *Diários Associados*.

Professor de Direito e advogado, ao final daquela década Chateaubriand era proprietário de *O Jornal*, no Rio de Janeiro, onde em 1929 San Tiago publicou seu primeiro artigo na imprensa; e, entre outros títulos, do *Estado de Minas*, em Belo Horizonte, da revista *O Cruzeiro*, que, à altura do voo do *Comet*, era a maior revista do país, com uma tiragem nacional jamais igualada em termos relativos à população brasileira. E, no início daquele ano de 1950, Chateaubriand aprestava a inauguração das primeiras emissoras de televisão no Brasil, em São Paulo e no Rio de Janeiro.

Uma foto estampada em *O Jornal* mostra San Tiago à esquerda de John Cunninghan, o piloto de teste no aeroporto de Hartfield: "momentos antes da decolagem (...) O professor San Tiago Dantas e José Pacheco Chaves davam os últimos retoques no legítimo gibão de couro sertanejo, que os brasileiros [na verdade Chateaubriand] ofereceram [ao piloto]". Sob o título de "Sururu no céu", datada de 28 de janeiro, "a bordo do *Comet*, sobre a Inglaterra, Holanda, Bélgica e França", *O Jornal* publicou uma entusiástica crônica de Chateaubriand que descrevia o voo do novo avião.[323] Com evidente exagero, registrava o roteiro e exaltava os feitos da aeronave: "Saímos em vinte segundos, comendo apenas 700m de pista. O segredo do *Comet* reside no seu motor, que é de uma simplicidade adorável. Fui há pouco a cabine dos pilotos, e verifiquei o velocímetro: dava 550 milhas (...). Em 37 minutos uma massa de 51t se ergueu a uma altitude de 13.000m". Sob o comando do ás de guerra, John Cunninghan, célebre em combates aéreos noturnos, assistido por um copiloto, um engenheiro de bordo e um operador de rádio, a decolagem se fez "com três (dos quatro) motores (...) e a primeira aterrisagem se fará com quatro motores; porém, a segunda vai ser com três [motores]". Os passageiros viram o avião "estolar", "a queda, com o corte de motores" a 18 mil pés (5.600 metros) de altura, de cerca de seiscentos metros", prossegue o entusiasmado cronista; mas, "com que facilidade logo recuperou a altitude o *Comet*", cujo motor, "com o equivalente a vinte e cinco mil cavalos, ganha-se uma carga paga colossal [e o] público irá ter com ele um vasto benefício de uma respeitável diminuição de tarifas".[324]

O *Comet* começou a operar comercialmente em 1952; mas, dois anos depois, devido a acidentes fatais, sua operação seria suspensa. Quando voltou a voar, reformulado o projeto, logo enfrentaria o concorrente norte-americano, o Boeing 707, mais seguro e maior, que entraria em operação em 1958.[325]

- **Europa e Rio de Janeiro**

San Tiago não retornou imediatamente ao Brasil em seguida à sua extraordinária experiência aérea. Em 21 de março de 1950, escreve de Genebra a Américo Lacombe "antes de partir de novo para minhas viagens à indústria"; e acrescenta: "do ponto de vista comercial, minha viagem vai muito bem", mas "tive uma pequena gripe pulmonar, que me prendeu dez dias no hotel, e por causa dela não saio de noite". San Tiago quer saber se a sua volta, que deveria ocorrer "no fim da semana santa", ainda encontraria o amigo no Rio de Janeiro. Lacombe planejava ir à Europa pela primeira vez, e San Tiago o estimulava a viajar ainda no primeiro semestre daquele ano. Em Paris, diz ao amigo, as "grandes peças (...) já estão saindo de cartaz. Já acabou a melhor de Gabriel Marcel, já acabou a de Camus (...)".[326] Seis dias depois, de Roma, hospedado no luxuoso Hotel *Excelsior*, na Via Veneto, San Tiago escreve a outro amigo do *Grupo*, Thiers Martins Moreira. Thiers estivera em Paris com a esposa Rosita, onde encontrara Lacombe e a esposa, Gilda, que haviam chegado à capital parisiense. San Tiago pede a Thiers que dirija a sua resposta ao Hotel *Plaza Athénée*, onde se hospedava na capital francesa, e para onde seguiria ao deixar a capital italiana.

A 17 de abril San Tiago está a bordo do *Constellation* da Panair, de volta ao Rio de Janeiro e escreve novamente a Thiers. Lamenta não ter podido encontrar o amigo e Rosita, mas a eles transmite a indicação que obtivera, "que talvez seja o que você quer: Hotel *du Louvre* (...) fica na Praça do

Theatre Français (...) perto de um bom bistrô quotidiano: *Caveau Monpensier*. Preço para uma pessoa: 1.500,00 francos por dia".[327]

Do Rio de Janeiro, San Tiago escreve a Lacombe, que já estava em Paris. E diz que, se fosse possível, partiria em julho para a Itália passando por Paris para encontrá-lo. No entanto, obrigações urgentes o retinham no escritório: além do "caso Bayer", a Refinaria de Manguinhos, da qual San Tiago aceitara o convite para ser vice-presidente, em 1949, iria ter "nos próximos meses uma fase de intensas deliberações";[328] e duas outras causas o ocupavam também: em nome do empresário Peixoto de Castro, concessionário da Loteria Federal e um dos acionistas da refinaria, San Tiago ajuizara uma ação para que fosse realizada nova concorrência para a concessão que o empresário uma vez mais disputava; e a defesa do Consórcio Franki, vencedor da concorrência promovida pela prefeitura do Distrito Federal para desmonte do Morro de Santo Antônio, que daria lugar à atual Avenida Chile no centro do Rio de Janeiro e cujos rejeitos serviriam à implantação do Aterro do Flamengo. Nessa causa, que iria levar San Tiago às páginas dos jornais, eram seus contendores Dario de Almeida Magalhães e Adauto Lúcio Cardoso, dois conhecidos advogados, e, acrescenta San Tiago, o jornal *Tribuna da Imprensa*, do jornalista Carlos Lacerda, colega de partido, a UDN, dos dois advogados – que no ano seguinte iria ser o grande crítico de San Tiago.

Sem poder encontrar os viajantes Lacombe e Thiers, San Tiago segue os amigos em cartas. A Lacombe, recomenda visitar os bistrôs que os diplomatas "Roberto Assunção e Carlos Alfredo (Lolô) Bernardes, conheciam tão bem". No entanto, Lacombe, professor, viajava com os recursos limitados de uma bolsa do governo francês e umas poucas economias que a viagem, cujo roteiro ia sendo ampliado, drenava implacavelmente. "Já estou vendo o fundo da gaveta", escreve Lacombe ao amigo; San Tiago o socorre imediatamente, como dá nota Lacombe: "Acabo de receber o seu telegrama e a carta dirigida a seu banqueiro. Não é preciso dizer quanto isto representa para mim. Até agora não me parece provável ter de recorrer a ele, mas antes de partir lá irei a fim de obter crédito eventual em Roma e Lisboa (ou Madri), por simples precaução".[329] A sua vez, San Tiago pede a Lacombe que renovasse a assinatura de uma revista de Direito Civil, na "Livraria Sirey, na Rue Soufflot", e que mandasse cobrar a fatura "ao livreiro Bannier, Av. de L'Opera, 9, com quem tenho conta corrente".[330] Lacombe recebeu convite do Conselho Britânico para ir a Londres, mas este se mostrou menos generoso do que imaginara, o que o obrigou a arcar com despesas inesperadas; ao chegar a Lisboa, a etapa seguinte da viagem, se vê, novamente, em apuros financeiros, e recorre a San Tiago uma vez mais; San Tiago aciona um de seus amigos portugueses, e os recursos chegam prontamente a Lacombe, que diz ao amigo: "nós daremos um balanço em nossas contas no Rio e faremos um plano de amortização. Está bem?"[331]

San Tiago dá notícia a Lacombe sobre o concurso para titular de Direito Constitucional, que Afonso Arinos, seu amigo, prestava, e a quem San Tiago ajudara a se preparar para as provas; conhecedor da vida acadêmica de seus país, San Tiago escreve: "a comissão (examinadora do concurso) está de uma independência rara, não se sabe as notas, não se tem uma visão do desfecho, embora desde sábado (ele, Arinos) esteja, no juízo geral, à frente do trem de carreira".[332] De Paris, Lacombe detecta os movimentos de San Tiago, feitos sempre com discrição. Escrevendo do Hotel Bedford, na *Rue de L'arcade*, 17, *Madeleine* – um dos preferidos pelos viajantes brasileiros de classe média –, onde estava hospedado, Lacombe diz que soube pelo diplomata Lolô Bernardes "que [você] já aderiu ao Getúlio, via João Neves. Que há?"

Lacombe escrevia a 1º de julho de 1950, ao início da campanha presidencial; João Neves, um dos responsáveis pela articulação da candidatura do ex-ditador e seu ativo colaborador, já estaria então escalado para chefiar o Itamaraty, posto que veio a ocupar. A indagação de Lacombe continha outra, não expressa, mas sem dúvida percebida por San Tiago. Amigo de João Neves, San Tiago poderia ser convidado para desempenhar alguma missão ou ocupar algum cargo no ministério.[333]

Ainda assim, a indagação de Lacombe sobre a "adesão" à candidatura de Getúlio procederia, ao menos em parte: San Tiago redigira o parecer, firmado por seus colegas catedráticos da Faculdade de Direito do Rio de Janeiro, em que negava fundamento às manobras jurídicas que o ditador promovera para manter-se, em 1945, na Presidência, e este fato poderia ter malquistado o professor junto ao ditador. A análise da situação presente feita por João Neves, e sobretudo pelo próprio Getúlio, porém, era fria, absolutamente política. A eventual colaboração de San Tiago não seria recusada. Getúlio já o conhecia, pois o nomeara, em 1941, diretor da Faculdade de Filosofia.

San Tiago era muito próximo ao Itamaraty, como era chamado o Ministério das Relações Exteriores.[334] Tão logo tiveram lugar os concursos públicos para os quadros do ministério, um dos primeiros órgãos públicos a adotar esse procedimento em substituição às indicações discricionárias do presidente da República, San Tiago foi um dos primeiros examinadores convidados. Em suas viagens à Europa, visitava as Embaixadas brasileiras, conhecendo seus quadros. E, no Rio de Janeiro, capital do país, o corpo diplomático, nacional e estrangeiro, compunha a elite dirigente do país, e seus principais integrantes conviviam em solenidades e jantares, muitos deles em salões privados, frequentados por San Tiago. Em carta a San Tiago, Thiers diz, "ontem na casa do [Roberto] Assumpção, o Guimarães Rosa, o [Lolô] Bernardes e eu falamos muito a seu respeito", todos diplomatas servindo em Paris, naquela altura.[335] E San Tiago escreve a Thiers, "invejo o seu privilégio de possuir Paris com Gilberto Amado, e ao mesmo tempo com Américo, Gilda Lacombe, Carlos Alfredo [Bernardes], Roberto [Assunção] e Guimarães Rosa".[336]

A colaboração de San Tiago ao governo de Getúlio, no âmbito do Itamaraty, iria materializar-se pouco depois de o novo presidente tomar posse, em janeiro seguinte.

• O caminho de volta

Embora eleito senador com uma expressiva votação nas eleições que se seguiram à sua derrubada do poder pelos militares em novembro de 1945, o ex-ditador manteve-se recolhido à sua fazenda de gado, em Itu, no oeste do Rio Grande Sul, próximo à fronteira com a Argentina, mas seguia atento aos movimentos políticos. Hábil articulador, João Neves da Fontoura, um de seus colaboradores mais próximos, se movimentava com um propósito específico: a volta de Getúlio à Presidência da República, dessa vez disputando eleições livres e diretas. Em janeiro de 1949, João Neves escreveu a Getúlio dizendo-lhe que, fosse ele eleito, tomaria posse; ou seja, as Forças Armadas, que o haviam apeado do poder em outubro de 1945, não vetariam a sua candidatura.[337]

O *Coringa*, como San Tiago chamara Getúlio, ainda em 1938, assim advertido, agiu; em fevereiro de 1949, surpreendeu a cena política ao afirmar: "sim, eu voltarei, não como líder político, mas como líder de massas". A declaração, que ganhou enorme publicidade em todo o país, foi feita em entrevista ao repórter Samuel Wainer de *O Jornal*, que, uma vez Getúlio no poder, à sombra deste arrecadaria fundos (públicos) suficientes para lançar o diário *Última Hora*, de servil apoio ao seu governo.[338]

Getúlio fazia uma distinção que lhe era útil; ao afirmar ser um líder de massas, e não apenas um líder político, ele se sentia autorizado a manobrar aquelas, como sempre fizera, para opô-las à resistência que a classe política – que agora ele não poderia silenciar – fosse capaz de lhe fazer. Porém, Getúlio, traindo o friso arbitrário de sua personalidade, cegava ao fato de que no regime democrático o Poder Executivo, para cumprir sua função, governar, deve necessariamente articular-se com o Congresso em busca de apoio, e que as massas não eram mais suscetíveis de manipulação partidária comandada pelo governo.

Os traços autoritários nítidos na formulação de Getúlio não preocupavam, contudo, a população, cujo coeficiente eleitoral era baixíssimo àquela altura: em sua maioria vivendo em áreas rurais e carentes dos principais serviços básicos, a metade da população adulta não votaria nas eleições presidenciais de 3 de outubro de 1950, por não atender à exigência legal de ser alfabetizada. A posição de Getúlio não preocupava também os demais partidos, os maiores, PSD e UDN, voltados ao fortalecimento de suas bases locais. Na verdade, os próceres desses partidos anteviam, corretamente, estarem na eleição geral do ano seguinte diante do único líder político, cuja projeção alcançava todo território brasileiro. Nesse contexto, os partidos majoritários voltavam-se à busca de vitórias estaduais e municipais - sobretudo o PSD, o maior deles - cientes de que não derrotariam um candidato à Presidência da República investido de um forte apelo popular.[339]

De então por diante as manobras de Getúlio, como de hábito jamais retilíneas e sempre operadas com rara oportunidade, iriam perseguir designadamente o seu objetivo de voltar ao poder. A 1º de maio de 1949, Dia do Trabalho, em mensagem aos trabalhadores declarou que, embora as leis sociais não houvessem sido revogadas, era certo não estarem elas "sendo rigorosamente aplicadas"; e acrescentava, prenunciando o lançamento de sua candidatura: "É preciso apenas viver para poder esperar. Venho, trabalhadores, trazer-vos, com a minha voz, a presença do ausente, porque sentis em vossos corações a ausência dos presentes".[340]

No final daquele ano, o governador de São Paulo, Adhemar de Barros, foi ao encontro de Getúlio, no Rio Grande do Sul; dessa aproximação resultaria o acordo que firmariam em maio seguinte. Um pouco antes, em abril de 1950, na fazenda de Jango, seu futuro herdeiro político, Getúlio sinalizou a sua candidatura: "levai-me convosco", declarou aos correligionários. E em junho seguinte, na nota com que Getúlio e Adhemar selaram o acordo para as eleições presidenciais, sobressaía, nítida, a linha de ação de Getúlio; era enunciada, pela primeira vez em âmbito nacional, a expressão que ganharia largo curso: "só os profissionais da política ignoram que uma nova concepção de governo não pode ser levada a efeito sem uma *reforma de base*".[341]

Sem uma formulação clara que lhe desse consistência, em torno da expressão *reformas de base* e das múltiplas versões de seu objeto e das formas de seu possível encaminhamento político, seria travado um intenso debate. Quando San Tiago procurou articular uma pauta de reformas estruturais (como preferiu identificá-las) a uma proposta a ser submetida à aprovação do Congresso, a partir de 1959, seria duramente atacado por Leonel Brizola, sob o silêncio compassivo de Jango, ambos líderes de seu partido, o PTB.[342]

A classe política não representaria o trabalhador; este, que Getúlio dizia sentir a sua ausência, só seria representado por ele. E só ele, um "líder de massas" e não um "profissional da política", teria o discernimento de uma "nova concepção de governo", e esta exigia as *reformas de base* – que Getúlio propalava, mas ocultava de seus eleitores o fato de essas reformas serem apenas uma vazia bandeira eleitoral.

A 12 de maio de 1950, a UDN indicou à disputa, uma vez mais, o brigadeiro Eduardo Gomes. E a 17 de maio, o PSD, o partido majoritário no Congresso, lançou a candidatura de Cristiano Machado. Visitando todos os estados do País e mais de meia centena de cidades, Getúlio proclamou a defesa dos interesses nacionais, fustigou a iniciativa privada, defendeu a intervenção coativa do governo na economia, pregou a harmonia entre capital e trabalho sob a tutela do governo federal, prometeu a ampliação das leis trabalhistas, enfatizando, sempre, estar atendendo à vontade popular, "principalmente dos humildes, dos pobres e dos desempregados". E prometeu, se eleito, "no ato da posse, o povo subirá comigo as escadas do [Palácio] do Catete. E comigo ficará no governo".[343]

• Clube militar

Em meio à campanha presidencial, tomou corpo a disputa pela presidência do Clube Militar. Fundado ainda no Império, em 1877 na capital federal, o clube reúne, como seus sócios, oficiais da ativa e da reserva de todas as forças, e tem o propósito de "estreitar os laços de união e solidariedade entre os oficiais das Forças Armadas", "incentivar as manifestações cívicas e patrióticas e interessar-se pelas questões que firam ou possam ferir a honra nacional e militar". A primeira mobilização política do Clube se deu em torno da defesa da abolição da escravidão, e a seguir em apoio à Proclamação da República. Com o fim do Estado Novo, a exploração do petróleo no Brasil, um tema especialmente caro aos militares, pois o deslocamento das três forças dependia diretamente da disponibilidade de combustível, então importado em sua totalidade, mobilizou o Clube.

Já haviam os militares chamado a si, na ditadura do Estado Novo, conduzir a discussão sobre a exploração de petróleo. Esse privilégio foi inscrito na norma que instituiu o Conselho Nacional do Petróleo, por ato de Getúlio em 1938.[344] Em 1947, um dos tenentes de 1922 e de largo prestígio no Exército, Juarez Távora, havia defendido publicamente a participação do capital estrangeiro na exploração de petróleo no Brasil, atraindo apoio de parte da imprensa e do empresariado. Essa posição logo foi contestada pelo presidente do Clube, general Salvador César Obino e pelo primeiro presidente do Conselho Nacional de Petróleo, general Horta Barbosa; este argumentava não poder o Brasil ficar exposto aos interesses de empresas internacionais, necessariamente contrários ao interesse nacional, nem a produção de petróleo no Brasil deveria visar o lucro, fosse ele privado ou havido por empresa sob controle estatal.[345]

Em 16 de maio, quatro dias depois do lançamento do candidato da UDN à Presidência da República e na véspera do lançamento do candidato do PSD, realizaram-se as eleições para a direção do Clube Militar. Enfrentaram-se opositores e defensores da participação de capitais estrangeiros na exploração de petróleo, crismados respectivamente de nacionalistas e entreguistas; a chapa nacionalista formada pelos generais Estillac Leal e Horta Barbosa derrotou os entreguistas, liderados pelo general Cordeiro de Farias, o primeiro presidente da ESG.[346]

• Argumentos sibilinos

Em meio ao debate travado no Clube Militar, San Tiago redige um texto sobre a "Industrialização do Petróleo no País".[347] Não se sabe o destino desse texto, mas ele o mostra envolvido no tema; no ano anterior, 1949, a convite dos empresários Drault Ernanny e Antônio Peixoto de Castro, San Tiago aceitara ser vice-presidente da Refinaria de Petróleo de Manguinhos, a ser instalada no Rio de Janeiro.

Publicada em 30 de outubro de 1945, um mês antes da queda de Getúlio, uma resolução do Conselho Nacional de Petróleo autorizou empresa privada de capital nacional participar da indústria de refino de petróleo no país. As empresas interessadas deveriam atender às exigências fixadas pelo Conselho, entre elas a garantia de fornecimento de óleo bruto a ser refinado no Brasil, e de equipamentos para montagem da refinaria, a serem importados dos Estados Unidos, a única fonte deles disponível. Dois grupos empresariais apresentaram-se; um, capitaneado por Soares Sampaio, no qual figurava o cliente e amigo de San Tiago, Walther Moreira Salles; outro grupo liderado pelo também banqueiro Drault Ernanny, acionista do Banco do Distrito Federal, e por Peixoto de Castro, igualmente clientes de

San Tiago. O grupo de Soares Sampaio conseguiu garantir a importação de óleo e dos equipamentos para instalação da Refinaria União, que seria localizada em Capuava, próxima à cidade de São Paulo. Por sua vez, Drault não alcançava, em suas negociações com bancos e empresas norte-americanas, garantir recursos e o fornecimento de óleo em tão curto período, além de o Banco do Brasil haver negado crédito ao empreendimento.[348]

As refinarias só viriam a operar em 1954 depois da criação da Petrobras, embora legalmente limitado o seu volume de produção, que iria ser gradativamente superado pela participação da Petrobras.

Em seu texto, "A Industrialização do Petróleo no País", San Tiago trata de um tema que a todos "excede em importância, grava a economia do país e repercute nos interesses da defesa nacional". O Brasil despendia com "produtos refinados uma cifra que equivale a mais de uma quinta parte de nossas disponibilidades criadas pelo café", o eterno gerador de divisas para o Tesouro Nacional. Em abril daquele ano de 1950, as reservas de gasolina, óleo diesel e óleo caldeira, se interrompidas as importações, seriam consumidas em 60, 55 e 33 dias, respectivamente, registra San Tiago.

Desde o início do debate, a questão tomou forte acento militar, cujo núcleo era a defesa da soberania do país; e a preservação desta logo se viu associada ao controle direto do Estado sobre a exploração do petróleo em território nacional. Essa posição, identificada a um nacionalismo militante, reversamente maculou os defensores da participação do capital privado aos olhos da opinião pública, associando-os ao capital estrangeiro, contra o qual, historicamente, levantavam-se invencíveis reservas.[349] A posição de San Tiago buscava conciliar os extremos sob o argumento racional da necessidade de recursos, crédito, tecnologia e equipamentos indispensáveis serem providos pelo capital privado, em sua maioria estrangeiro.

A corrente nacionalista somava o interesse direto no controle do petróleo a uma irreal noção de atividade econômica, rejeitava o capital privado estrangeiro e, por extensão, não confiava também no capital privado nacional; este, mesmo se viesse a ser arregimentado, como ocorria em torno das refinarias privadas em construção, não seria capaz de atender aos investimentos necessários, inclusive em face de limitações a ele já impostas pelo governo, por meio do Conselho Nacional do Petróleo.[350] A sua vez, o capital estrangeiro não se interessava em participar do refino no Brasil; ele buscava antes, observa San Tiago, amortizar seus investimentos feitos em suas refinarias implantadas em outros países. Contudo, "não devemos, realmente, temer o capital estrangeiro, e até devemos abrir confiantemente as nossas portas ao auxílio técnico e financeiro, sem o qual nenhum país pode atingir a etapa de seu pleno desenvolvimento", diz San Tiago. Era o Brasil "inexplicavelmente o único país" que não havia operado a "transformação (...) de simples mercado consumidor de refinados em área de refinação"; cabia "à iniciativa brasileira, tanto estatal como privada alcançar esse objetivo".[351]

San Tiago defendia o cumprimento do programa industrial "que recebemos do atual governo fechando os olhos e os ouvidos aos debates sibilinos sobre a melhor orientação legislativa ou política", e advertia sobre os riscos de um "nacionalismo estreito" impedir-nos de "acolher a cooperação dos que quiserem auxiliar".[352]

Os argumentos de San Tiago, embora defendessem os projetos das duas refinarias em construção, em uma das quais era vice-presidente, a tanto não se limitava. Se era verdade que o capital privado nacional não reuniria os recursos necessários para chamar a si a industrialização do petróleo no Brasil em índices expressivos, não era menos exato que o Estado brasileiro não dispunha dos recursos necessários, e os recursos estrangeiros não seriam captados sem a superação de dificuldades e preconceitos de parte a parte. A San Tiago, a soma dos capitais, privados, nacionais e estrangeiros, e estatal era o único caminho capaz de trazer resultados rápidos, reclamados por todas as correntes.

No ano seguinte, 1951, San Tiago terá participação decisiva na estruturação da Petrobras, no âmbito do projeto elaborado pela assessoria econômica do presidente da República, que seria enviado então ao Congresso Nacional tendo como ponto maior a criação da Petrobras, e lá, surpreendentemente, alterado.

O debate em torno da industrialização do petróleo iria prosseguir, extremando as posições. Mas, naquele momento, meados de 1950, a defesa de uma posição nacionalista radical, que não era inicialmente a de Getúlio nessa matéria, alinhava-se, todavia, à sua candidatura, oficialmente lançada a 9 de agosto.

• Desafios e nervos

Se a eleição do Clube Militar, vencida pelos nacionalistas, foi vista como apoio à candidatura de Getúlio, a este crescia a oposição pelo verbo incontido e brilhante de Carlos Lacerda. Filho de Maurício Lacerda, um dos maiores oradores do termo final da República Velha e a quem San Tiago assistira discursar nas escadarias do Teatro Municipal antes da Revolução de 1930, Lacerda, como seria conhecido, trocou o curso de Direito, no qual ingressara em 1932 aos dezenove anos, pelo jornalismo, no qual ao talento de orador somou o de ágil e incisivo articulista. Filiado ao Partido Comunista, em 5 de julho de 1935, nas comemorações das Revoltas de 1922 e 1924, Lacerda leu o manifesto redigido por Luís Carlos Prestes, conclamando o povo a revoltar-se e tomar o poder; esse episódio deu a Getúlio pretexto para dissolver a Aliança Liberal, e preparar o terreno para o golpe do Estado Novo por ele desfechado dois anos depois.[353]

Pouco antes do fim do Estado Novo, em um controvertido episódio, Lacerda foi expulso do Partido Comunista; converteu-se ao catolicismo e, com a redemocratização de 1946, foi o candidato mais votado à Câmara dos Vereadores do Distrito Federal, pela legenda da UDN, tornando-se um de seus quadros mais ativos. E, sem dúvida, o mais implacável adversário de Getúlio.

A oratória de Lacerda não seria capaz de barrar a vitória eleitoral do ex-ditador; porém, quatro anos mais tarde, seria um dos fatores decisivos para sua queda. Em seu jornal, *Tribuna da Imprensa*, que havia pouco fundara, Lacerda sintetizou a tese que a UDN defendeu nas eleições de 1950: "O sr. Getúlio Vargas, senador, não deve ser candidato à Presidência. Candidato, não deve ser eleito. Eleito, não deve tomar posse. Empossado, devemos recorrer à revolução para impedi-lo de governar".[354]

O desprezo de Getúlio pelo regime democrático e pela classe política era sem dúvida acentuado pela oposição, pública, que o ex-ditador pela primeira vez conhecia sem lhe ser possível reagir pela força. Tal como já fizera nos dias incertos da Revolução de 1930 temendo o fracasso do movimento, Getúlio uma vez mais duvidava de sua força psíquica para resistir a uma eventual derrota; e aludia a um desfecho violento de sua vida, inclusive por sua própria iniciativa. Pouco antes do início de sua campanha à Presidência, declarara publicamente: "conheço meu povo e tenho confiança nele. Tenho plena certeza de que serei eleito, mas sei também que pela segunda vez não chegarei ao fim do meu governo. Terei de lutar. Até onde resistirei? Se não me matarem, até que ponto meus nervos poderão aguentar? Uma coisa lhes digo: não poderei tolerar humilhações".[355]

Àquela altura, porém, ciente de seu imenso prestígio pessoal, a prognosticar o êxito de sua campanha à Presidência, o que entenderia o antigo ditador por humilhações em um regime parlamentar – no qual era livre e franco o debate na arena política – então vigente no país?

O PTB identificava-se, inteiramente, com Getúlio; a recíproca não era, todavia, verdadeira. Ele se via, e assim os seus eleitores o viam, como um líder de massas, que a estas falava sempre diretamente sobre o partido. Não por outra razão, Getúlio repeliu a tentativa de um dos melhores quadros do PTB, o gaúcho Alberto Pasqualini, de elaborar um programa de governo a ser defendido pelo partido. Candidato pelo PTB, Pasqualini fora derrotado por uma coligação partidária nas eleições para o governo do Rio Grande do Sul em 1946. Dois anos depois, pregava que "o trabalhismo não deve ser apenas um rótulo", e acrescentava que a "nossa tarefa deverá ser agora prosseguir no estudo de nossos problemas sociais e econômicos, procurando soluções à luz de uma 'doutrina trabalhista'". Essa doutrina seria, nas palavras de Pasqualini, "também a tese do sr. Getúlio Vargas e quem afirmar o contrário está em completo desacordo com o seu pensamento, reiteradamente manifestado".[356] Enganava-se Pasqualini, ou não admitia publicamente a verdade já sabida. Em plena campanha, Getúlio, designadamente, desautorizou Pasqualini em fazer referência a programa partidário; por intermédio de sua filha, Alzira Vargas, enviou um áspero recado ao seu colega de partido: "Dize ao Maneco [irmão de Alzira] que, ao passar em Porto Alegre, dê ao Pasqualini a seguinte resposta: eu não vou fazer campanha doutrinária no trabalhismo, e sim (...) campanha para vencer, com aliados que não são do partido e com o povo em geral".[357]

As eleições tiveram lugar a 3 de outubro, aniversário da deflagração da Revolução de 1930; as urnas confirmaram largamente o favoritismo de Getúlio: somadas ao seu prestígio pessoal as alianças feitas pelo PTB em vários estados, o ex-ditador recebeu cerca de 3.849.040 votos, 48,7% dos votos válidos computados.[358]

A 18 de janeiro, o Tribunal Superior Eleitoral declarou Getúlio Vargas e seu vice, Café Filho, eleitos. A tese lançada por Lacerda e ardentemente defendida pela UDN não prosperou, e o golpe por ela preconizado para impedir a posse de Getúlio não foi desfechado. Getúlio venceu em dezoito dos (então) vinte e quatro estados da federação, triunfando inclusive em São Paulo, a pátria da Revolução Constitucionalista de 1932, o maior colégio eleitoral e a maior força econômica do país, ali obtendo dois terços da votação, quase um quarto da votação nacional; bateu a UDN e duramente o PSD na capital federal, sendo por este derrotado apenas em Minas Gerais, o segundo maior colégio eleitoral. Getúlio exibiu o imenso apoio popular recebido em todos os estados econômica e politicamente expressivos, e não apenas recebido nos estados menos favorecidos.

• A realidade desconhecida

As urnas não haviam apenas eleito Getúlio; mostraram, também, o vigoroso crescimento de seu partido, PTB, à custa do majoritário PSD; este decresceu de 52,8% para 36,8% das cadeiras da Câmara dos Deputados, enquanto o PTB conquistou 16,7% delas, sobre 7,6% no pleito anterior, e a UDN praticamente não viu alterada a sua representação. Essa tendência iria acentuar-se, crescendo o partido de Getúlio a sua representação no Congresso progressivamente, até o golpe de abril de 1964, quando muitos de seus parlamentares teriam seus mandatos cassados.

O ditador voltou ao poder pelo voto, conquistado pelo seu carisma, que soube tão bem construir no longo período em que ocupou a Presidência, cumprida majoritariamente com poderes ditatoriais plenamente exercidos, desprezando (e banindo) o parlamento, os partidos, os direitos individuais, a federação, a liberdade sindical e a imprensa livre, contando com a chancela das forças militares e com o apoio do poder econômico mais expressivo.

A sua habilidade no trato pessoal à frente do governo fora exercida em um terreno aplainado pela repressão policial e administrativa implacável voltada aos seus adversários. A sua personalidade fria e arbitrária viu-se transfigurada pela eficiente propaganda oficial em uma paternal e benigna imagem maciçamente divulgada em uma época em que o rádio, o único veículo popular de comunicação, era inteiramente controlado pela rigorosa e ativa censura oficial, e a maior emissora – a *Rádio Nacional* – alcançava todo o território nacional e operava sob controle estatal.

Porém, o mundo e o Brasil haviam se transformado radicalmente naqueles últimos cinco anos, entre o fim da Segunda Guerra e a eleição de Getúlio.

No plano geopolítico, a Guerra Fria vinha de escalar para um novo estágio; as escaramuças e as ações militares sem confronto direto entre a União Soviética e os Estados Unidos graduaram-se dramaticamente com a deflagração da guerra da Coreia, em junho de 1950, três meses antes da eleição no Brasil.

No plano interno, a política era agora exercida valendo-se seus atores de novos meios, proibidos pelo antigo ditador, em seu longo governo monocrático. Um Congresso vivo, cuja tribuna era franqueada a oradores eloquentes, que disparavam críticas duras e acusações diretas aos mandatários e ao presidente da República, inclusive. E uma imprensa livre, que fazia a crônica da atividade parlamentar diariamente, ventilava os mais diversos fatos e opiniões, e submetia a um estrito escrutínio as ações mais significativas do governo; além dos jornais e do rádio, surgia um novo e poderoso meio de comunicação: a televisão, inaugurada naquele ano de 1950. Então acessível apenas à classe alta, a sua penetração social não cessaria de crescer, e a sua influência não demoraria a ser sentida. Embora a oratória da tribuna parlamentar e dos comícios em praça pública, à época um dos meios diretos de comunicação popular mais frequente e eficaz – e habitualmente usado por Getúlio – não fossem facilmente transferíveis à diminuta tela de televisão, que punha a imagem do orador no recesso das casas dos telespectadores – um termo logo cunhado –, o maior tribuno surgido com a redemocratização, e o mais garrido opositor de Getúlio, Carlos Lacerda, logo dominou esse novo meio também, com um tom crítico jamais igualado, em forma e intensidade, na oratória de oposição.

Assis Chateaubriand, dono dos *Diários Associados*, inaugurou a televisão em setembro de 1950 em São Paulo e em janeiro seguinte no Rio de Janeiro; e franqueou a Lacerda o seu uso, que já tinha à sua disposição o microfone da *Rádio Globo*, de Roberto Marinho, também na capital federal. A essas mídias, somavam-se os jornais *Tribuna da Imprensa*, do próprio Lacerda, *O Globo*, o *Correio da Manhã* e o *Diário de Notícias*, influentes sobre a elite política do país, na oposição a Getúlio.[359]

A sua vez, as forças econômicas reagiam a uma nova realidade; o país, em busca de crédito, precisava abrir-se a investimentos estrangeiros que suprissem a parca poupança nacional; esses créditos, porém, não se mostrariam tão acessíveis como primeiro supuseram as autoridades governamentais. O crédito externo, privado ou concedido por organismos internacionais, viu-se condicionado aos interesses geopolíticos norte-americanos e à exigência, feita por aqueles organismos, de o governo brasileiro executar uma política de combate à inflação e de controle fiscal. E os investidores estrangeiros privados condicionavam seus aportes em projetos no Brasil a uma menor intervenção arbitrária do governo nos mercados de bens e serviços, proposta que afrontava a cultura política nativa.

Entre os problemas a afligir a economia nacional, a inflação monetária (assim denominada à época) não era um argumento maliciosamente ventilado por financistas estrangeiros, mas uma dura realidade sentida por todos os assalariados, que o governo Dutra não vencera; e os seus perversos efeitos recaíram em especial sobre os trabalhadores menos habilitados: o salário mínimo, fixado em dezembro de 1943 em Cr$ 380,00, não foi reajustado ao longo de todo o governo Dutra, impedindo que os frutos do vigoroso crescimento da economia naquele período fossem melhor distribuídos.[360]

Essa agenda, interna e externa, a confrontar o novo presidente, que completara sessenta e sete anos de idade, não iria dele exigir apenas vigor físico, mas, especialmente, uma capacidade política renovada por uma detida análise das transformações ditadas pela redemocratização do país – análise que ele não se dispusera a fazer em seu retiro na Fazenda dos Santos Reis, onde, como ele próprio declarou, preferira à leitura a resolução de palavras cruzadas entremeada de conversas com os peões da fazenda, longe dos debates e negociações no Senado Federal, que ele não quis frequentar.[361]

A nova realidade do país desafiava o ânimo e a capacidade de Getúlio de transformar-se para enfrentá-la. A trajetória do presidente eleito teve o seu início a 31 de janeiro de 1951, e três anos e sete meses depois teria o desfecho trágico por ele prenunciado: morto, por sua própria mão, em agosto de 1954.

• O novo governo

Em meados de novembro, pouco mais de um mês depois das eleições, San Tiago, em carta a um de seus clientes, Paulo Bittencourt, dono do influente jornal *Correio da Manhã*, fundado por seu pai, em 1901 na capital federal, comenta a tentativa da UDN em impedir a posse de Getúlio: "Dois ou três jornais, um grupo de homens de negócios fortemente comprometido no financiamento da candidatura Cristiano Machado, [candidato do PSD], e os parlamentares não reeleitos (que sobem, segundo dizem, a mais de duzentos) animam a empresa golpista, para a qual procuram uma base jurídica e uma base militar".[362]

San Tiago credita a instabilidade política do país à sua elite, "culturalmente inferior à elite mexicana, indiana, argentina ou sul-africana. Digo culturalmente no mais amplo sentido da palavra".[363] Já "o povo, enquanto massa, está no Brasil em plena ascensão econômica, ascensão cultural e, como consequência, ascensão política (enquanto a classe dirigente está em plena decadência também econômica e cultural)"; esse movimento social trazia, prossegue San Tiago, consequências paradoxais, porém explicáveis: "bem sei que as escolhas populares podem ser consideradas péssimas, em seu conjunto. É natural, já que as elites perderam a direção do povo e que este, não tendo elaborado ainda uma elite própria, cede ao seu pendor de procurar protetores".[364]

A elite política do país era formada por grupos que se identificavam por interesses não significativamente distintos entre si. Era uma elite distante de ideias que dessem substância à ação política e administrativa de seus membros, e assim não tinha por objetivo central a institucionalização do país, que afirmasse um regime democrático capaz de absorver e resistir às tentativas de ruptura da ordem constitucional, como temia San Tiago.

O novo governante era conhecido da elite e a conhecia bem. Esse fato, contudo, não significaria estabilidade política, como logo seria constatado.

A 31 de janeiro de 1951, Getúlio tomou posse no cargo de presidente da República. Senhor de sua imensa popularidade, chegou ao Palácio do Catete e foi recebido à porta por Dutra; o novo chefe de governo avançou sorridente em direção à escada que se abre da entrada principal do prédio levando ao andar de despachos, e o (ainda) presidente, fardado, como em sua posse quatro anos antes, abriu passagem ao novo e desembaraçado titular.

O partido do presidente, o PTB, não contava com maioria no Congresso, o que o tornava pensionista do majoritário PSD. E por essa medida Getúlio formou seu ministério, e, nesse contexto, buscaria exercer a sua fria mediação das forças partidárias, que, além da titularidade dos ministérios, em seus postos burocráticos infiltravam representantes seus, para a defesa de seus interesses.

A propalada habilidade pessoal do antigo ditador não surtiria, agora, o efeito uniforme e amplo verificado em sua presidência anterior. A disputa, que logo travariam os paulistas Horácio Lafer, rico empresário filiado ao PSD, e Ricardo Jaffet, o maior contribuinte financeiro à campanha presidencial de Getúlio, seria o exemplo vivo da contradição instalada no cerne do novo governo: aquele, à frente do Ministério da Fazenda buscaria conter a expansão monetária e assim a inflação; este, à frente do Banco do Brasil, em sentido contrário, manejando largamente recursos públicos, expandiria a oferta de crédito e, portanto, de moeda, estimulando a inflação.[365] A designação do general Estillac Leal para a Pasta do Exército revelava a difícil acomodação de interesses no meio militar também. Controvertida a sua liderança pessoal em meio ao oficialato superior da força, a sua posição nacionalista extremada contrariava a própria posição de Getúlio, que admitia a participação privada na exploração do petróleo.

Composto o ministério, duas semanas depois de sua posse o governo promoveu uma celebração popular de seu chefe, repetindo o modelo do Estado Novo. A única alteração significativa da festividade cuidadosamente orquestrada era o local: não mais o estádio de futebol do Vasco da Gama, em São Januário, mas o gigantesco Estádio do Maracanã, em cujo gramado, sete meses antes, o Brasil fora derrotado pelo Uruguai, na decisão da Copa do Mundo de futebol de 1950.

O discurso de Getúlio, ouvido pelos trabalhadores arregimentados pelos sindicatos controlados pelo PTB, ao qual coube a pasta do Trabalho, tinha a mesma linguagem anterior, sobre o mesmo tema: celebração da legislação trabalhista editada no Estado Novo pelo mesmo Getúlio, que, sem apontar os meios, prometeu "frear o alto custo de vida, estabelecendo um justo preço para os gêneros de primeira necessidade". Não era ele, acrescentava, "mais do que o porta-voz dos nossos trabalhadores", e os conclamava: "uni-vos todos nos vossos sindicatos como forças livres e organizadas", pois "o sindicato é a nossa arma de luta, a nossa fortaleza defensiva, o vosso instrumento de ação política".[366]

Getúlio não apenas se apegava à sua fórmula de comunicação social e ao tratamento distante da segunda pessoa do plural; ele deliberadamente repelira a proposta feita no âmbito do PTB gaúcho, por seu conterrâneo, Alberto Pasqualini, de debater temas de uma renovada agenda trabalhista. O senador do PTB chamava a atenção para o fato de, mantida a linha partidária vigente imposta por Getúlio, restaria ao governo "apenas criar e distribuir cargos, favores e compensações à clientela política, eleitoral e doméstica".[367]

Nem as propostas de Pasqualini, e muito menos as formuladas por San Tiago mais tarde, seriam afirmadas no PTB, tampouco quando o partido veio a ser dominado pela liderança conflituosa de Jango e de Leonel Brizola.

O estilo político de Getúlio estava aferrado ao personagem, inalcançado pelas transformações verificadas no imediato pós-guerra. O presidente procuraria reagir aos fatos políticos que se iam impondo, substituindo seus colaboradores; dois anos depois, reformaria seu ministério, e o novo seria tragado, juntamente com o seu chefe, pelos fatos políticos desfechados avassaladoramente, que ele não seria capaz de dominar.

• A elite burocrática

Ao tomar posse, Getúlio criou à margem de seu gabinete, uma assessoria econômica que elaborou os principais projetos legislativos de seu governo. Rômulo de Almeida, um advogado baiano que havia trabalhado no escritório de San Tiago por um curto período e com ele participado da *Missão Abbink*, dedicando-se a seguir aos estudos econômicos e tendo se filiado ao PTB, foi designado para chefiar a Assessoria. Esta reuniu um quadro de competentes e probos funcionários públicos que, entre outras tarefas, elaborariam o projeto de lei de criação da Petrobras e da Eletrobras.[368]

Em seus diferentes níveis e cores partidárias no governo, formavam amigos de San Tiago. Entre os ministros, o do Exterior, o gaúcho João Neves da

Fontoura, embaixador em Portugal entre 1943 e 1945, e em 1946, já no governo Dutra, ocupou o Ministério das Relações Exteriores. San Tiago com ele convivera antes de sua nomeação para a Embaixada em Lisboa, quando João Neves se associou, por um breve período, a Augusto Frederico Schmidt e a Luís Aranha, irmão de Oswaldo, em uma firma de promoção de negócios (Sepa), que então criaram e cuja sede achava-se no mesmo prédio onde San Tiago tivera seu escritório de advocacia, na Rua da Quitanda, no centro do Rio de Janeiro.

O ministro da Justiça, o mineiro Negrão de Lima, era correspondente de San Tiago desde o início da década de 1940 quando este fora nomeado diretor da Faculdade de Filosofia por Getúlio, atendendo à indicação de Gustavo Capanema, agora líder do governo no Congresso e então ministro da Educação, com quem San Tiago, ginasiano na década de 1920, teria cruzado em Belo Horizonte, assim como o líder oposicionista, Afonso Arinos, que conhecia San Tiago desde o início da década de 1930.

Horácio Lafer era parente e sócio dos Klabin, que dominavam a indústria de papel no Brasil, e eram atendidos em muitos de seus negócios pelo advogado Jayme Bastian Pinto, sócio de San Tiago em seu escritório de advocacia. Lourival Fontes, o chefe da Casa Civil, fora o editor da revista *Hierachia* lançada em 1931, da qual San Tiago foi um dos colaboradores. Sá Freire Alvim, o subchefe do Gabinete Civil, era primo distante de San Tiago, mas de convívio próximo. Em fevereiro, outro amigo e cliente de San Tiago, o banqueiro Walther Moreira Salles, que tinha negócios com o ministro da Fazenda, Horácio Lafer, foi por este nomeado superintendente de Moeda e Crédito, do Banco do Brasil, órgão que exercia as funções de um Banco Central, cuja criação, proposta em 1930, só seria cumprida em 1965.[369]

Dali a pouco, a colaboração de San Tiago com o novo governo, já iniciada, seria formalizada; e prontamente saudada pelo dinâmico governador de Minas Gerais, Juscelino Kubitschek.[370]

CAPÍTULO 10

DIPLOMATA INFORMAL

Nosso objetivo comum é a defesa da concepção democrática da vida (...) da qual pende o fortalecimento da economia dos países subdesenvolvidos, não somente no interesse próprio, mas igualmente, para assegurar a contínua prosperidade e o pleno emprego.[371]

• O chanceler e seu diplomata

A escolha de João Neves da Fontoura para integrar o Ministério das Relações Exteriores teria sido feita por Getúlio ao início da campanha presidencial.

Dezenove dias antes da posse de Getúlio e de seu ministério, a 12 de janeiro, San Tiago envia a João Neves, "a título confidencial, algumas observações que me parecem corresponder ao seu pensamento" sobre política externa. Entre essas observações, San Tiago destaca uma "condição estrita", que a seu ver determinaria "qualquer boa vontade norte-americana para conosco": "suprir[mos] a deficiência técnica constatada na formulação de nossos pedidos de auxílio econômico, da qual resultara o fracasso de várias iniciativas comerciais brasileiras nesse sentido". San Tiago cita a sua experiência como relator da Comissão de Comércio e Estudos Gerais, na *Missão Abbink*, quando pôde "verificar o conflito de mentalidades, que está na base de muitas dificuldades da cooperação brasileiro-americana". Os brasileiros, prossegue, "tendem aos programas gerais, às fórmulas indiscriminadas, e os americanos não concederão créditos, nem prioridades de fornecimento, senão a projetos que se apresentem estudados com o máximo rigor, como foram o de Volta Redonda, o da Hidroelétrica do S. Francisco e o da ampliação da *Brazilian Traction*, para citar os exemplos principais".[372]

Nem o Ministério da Fazenda nem o das Relações Exteriores estavam capacitados para elaborar uma proposta de auxílio econômico, de realização concreta, diz San Tiago; e sugere fosse ouvida a Fundação Getúlio Vargas que "possui um Núcleo de Economia, que é o melhor centro de estudos teóricos do país, com largo cabedal de observações e experiência". Mas a utilização desses "recursos intelectuais, criados pela iniciativa privada", implicaria "o Itamaraty reagir de um modo particularmente grave a qualquer tentativa de isolamento dos seus próprios quadros técnicos em relação às atividades governamentais", e o mesmo sucederia no Ministério da Fazenda. E, "para complicar as coisas, ainda há o Conselho de Economia, em que se misturam alguns dos homens mais autorizados e dos menos autorizados para tratar da economia brasileira, reivindicando provavelmente uma competência funcional, que não pode ser esquecida com facilidade".[373]

Para San Tiago, a superação de tais limitações e desse conflito burocrático seria possível com uma "primeira e indispensável medida", que se soma à "condição" referida: a criação do cargo de subsecretário das Relações Exteriores, a exemplo do Departamento de Estado, o Ministério das Relações Exteriores norte-americano. O titular desse cargo "não deve sair do corpo diplomático e consular. Deve ser um homem que ligue o Itamaraty aos setores da administração e da vida econômica brasileira, diretamente influenciado pela situação internacional e interessado nos seus reflexos favoráveis ou desfavoráveis". Essa subsecretaria seria, inclusive, "o filtro dos projetos e programas, para os quais será pedida colaboração norte-americana".

A proposta de San Tiago para aperfeiçoar a qualidade técnica dos projetos apresentados ao governo norte-americano em busca de financiamento era amparada na realidade, e, como se mostraria, inclusive por sua iniciativa direta, exequível, cercada da cautela burocrática devida. Por sua vez, a proposta de criação do cargo de subsecretário era mais complexa; tal inovação administrativa, que inscrevia um personagem estranho a seus quadros, subvertendo a ordem hierárquica vigente no Itamaraty, seria tratada no ano seguinte por um grupo de trabalho, do qual San Tiago faria parte – e, sob cerrada oposição dos integrantes da carreira diplomática, jamais seria adotada.

As sugestões de San Tiago a João Neves eram fruto do seu acompanhamento permanente da geopolítica global e da sua experiência profissional à frente de seu escritório de advocacia, cuja atuação já compreendia os círculos financeiros nacional e internacionais, estes, sobretudo norte-americanos, nos quais assessorava empresas brasileiras.

• Diplomacia, juta e um jantar

A 9 de março daquele ano de 1951, o ministro das Relações Exteriores reuniu no Itamaraty um grande grupo – civis, militares, congressistas, professores, diplomatas, funcionários públicos: vinte e oito, além do ministro e professores do Instituto Rio Branco, para discutir a criação de um Curso de Altos Estudos naquele Instituto, para melhor qualificar os chefes de missões diplomáticas. O Instituto, encarregado da seleção para carreira, já havia conseguido resultados positivos com a reforma que acabava de ser introduzida, elevando os exames vestibulares ao nível universitário e adaptando melhor os programas e métodos de ensino.[374]

San Tiago, um dos presentes à reunião, expõe o seu ponto de vista sobre a estruturação do curso de altos estudos. Em primeiro lugar, devia se estabelecer o "objetivo do curso, as disciplinas do seu currículo, depois o regime didático". A seguir, examinar o "regime escolar no qual se fundem dois aspectos: formação do corpo discente e do professorado, determinando-se se este será composto por titulares ou por notabilidades nacionais e estrangeiras contratadas especialmente". E sugere "organizar uma comissão para estabelecer o plano orgânico da futura escola, cujo trabalho seria depois repartido por subcomissões para considerar as tarefas particulares". A sua proposta foi aprovada pelo ministro, e uma comissão, sob a presidência do reitor da Universidade do Brasil, Pedro Calmon, presente à reunião, deveria ser organizada.[375]

Não se tem o desdobramento das sugestões de San Tiago. Mas no mesmo dia em que era noticiado e em boa parte transcrito o debate sobre a criação do Curso de Aperfeiçoamento no Itamaraty em sua edição de 9 de março de 1951, o jornal *A Manhã* noticiava com destaque a reunião havida com o ministro da Agricultura e os integrantes da Comissão Nacional de Juta e Fibra Similares, convocada para tratar da fixação do preço dessas fibras amazônicas.

Certamente, o preço da juta não entrava nas cogitações da diplomacia brasileira, nem seria um dos temas versados pelos oitenta convivas de Antônio Gallotti e sua esposa, a cativante Arminda, no jantar que ofereceram sábado, 17 de março de 1951, oito dias depois da reunião no Ministério da Agricultura, em seu novo apartamento, na Avenida Rui Barbosa. A avenida, que em curva circunda o Morro da Viúva, já abrigava belos e amplos prédios de apartamentos, (que barravam inteiramente a visão da rocha) para onde se mudara boa parte da elite da capital federal, dividindo a sua preferência entre a orla da baía de Guanabara e a Avenida Atlântica. Das janelas do apartamento do anfitrião, no quinto andar do número 350, descortinava-se, em ângulo aberto, a baía de Guanabara. Gallotti entretinha com o mesmo talento e desembaraço com que se movia em outros ambientes, públicos inclusive, os seus convidados de diferentes origens e posições sociais.

Alguns dos amigos fiéis do *Grupo* lá estavam: San Tiago, Thiers Martins Moreira, Américo Lacombe e Gilson Amado; e outros amigos próximos também: Augusto Frederico Schmidt, Carlos Flexa Ribeiro e Almir de Castro. Com leve ironia, o colunista social Jacinto de Thormes registrou o jantar dos Gallotti em sua muito lida coluna social publicada no *Diário de Notícias*; a "banca dos professores", em clara referência aos amigos de Gallotti que exerciam só o magistério, – todos menos Gilson – era "mais dura de roer", sugerindo que eles não seriam – à exceção de San Tiago, já conhecido como grande advogado – membros ordinários da elite que frequentavam os sofisticados salões cariocas, o que seria exato, salvo a exceção dos salões de Gallotti, que dos amigos do *Grupo* jamais se afastaria ou os discriminaria.

Edmundo Luz Pinto, ex-deputado e um dos maiores conversadores daquele tempo, amigo e conterrâneo dos Gallotti e amigo inseparável de Almir de Castro e de Pedro Gallotti, irmão do anfitrião, era um convidado certo. Presentes também "os senhores Walther Moreira Salles e Roberto Marinho, que falaram de assuntos perfeitamente não políticos", segundo o colunista.

As mulheres, todas muito elegantes, entre essas destacando-se a jovem senhora Álvaro Catão, Lourdes, e presentes "Sophie e Bethina, duas modelos, que desfilavam criações do costureiro francês Jacques Faith, [que] conheceram todo mundo e dançaram muito". Esta última, belíssima ruiva nascida na Bretanha, seria a mulher mais fotografada na França nos anos seguintes. No jantar, diz o colunista, "comeu-se admiravelmente e bebeu-se champanhota em boa forma". E no final da noite, os presentes "compreenderam, mais uma vez, o que todo mundo sabe. O sr. e sra. Gallotti recebem incansavelmente bem. E com que simpatia".[376] Gallotti, àquela altura, já era um dos empresários mais influentes do país. A energia que o distinguia era única, em todos diferentes, porém conexos, planos pelos quais repartia a sua permanente atividade.[377] San Tiago, já um dos expoentes dessa elite brasileira, dali a pouco seria um dos seus mais duros críticos.

- **Emergência e desenvolvimento**

Já nos primeiros dias de 1951, Getúlio teria ouvido San Tiago sobre nomeações em seu novo governo, e a ele cometeria, sucessivamente, diversas tarefas que o talentoso e versátil advogado cumpriria sem ocupar nenhum posto fixo na administração pública. O primeiro, e mais significativo deles, logo teve início no quente final de verão carioca e prolongou-se na fria primavera na capital norte-americana.

As sugestões de San Tiago a João Neves não se limitaram às feitas na carta a ele enviada em janeiro, nem à sua participação na comissão de reforma do Itamaraty. O ministro a seguir nomeou-o seu assessor econômico, integrando-o à delegação brasileira que iria à IV Reunião de Consulta dos Chanceleres Americanos.[378]

San Tiago começou a trabalhar imediatamente em uma sugestão de posição brasileira a ser levada a Washington. E, antes de embarcar, publica na *Revista dos Arquivos do Ministério da Justiça* um texto denso, de 30 páginas, *Emergência e Desenvolvimento*, no qual analisa, sob o ponto de vista econômico e jurídico, a política externa dos Estados Unidos no continente americano, e historia os preparativos – inclusive a sua decisiva participação neles – do governo brasileiro à IV Reunião de Consulta dos Chanceleres Americanos.[379]

A pauta da Reunião era composta por três itens: a "cooperação política militar para defesa da América para prevenir repelir agressão" – referia-se à agressão pela Coreia do Norte à sua vizinha do Sul, com apoio dos comunistas soviéticos e chineses; o "fortalecimento da segurança interna das repúblicas americanas", referia-se ao combate à propagação do ideário comunista na América Latina; e o terceiro, a "cooperação econômica de emergência" – tratava das relações comerciais que, em face da guerra da Coreia, poderiam ser renovadas em termos especiais entre os Estados Unidos e os demais países americanos.[380]

Tão logo diplomado na Presidência, Getúlio recebeu do governo norte-americano uma carta com a posição de seu país, a ser defendida na IV Reunião. O presidente determinou ao ministro João Neves preparar a sua resposta, e ela foi elaborada em menos de uma semana por uma "comissão *ad hoc*", (comissão *a esse fim* criada), formada por San Tiago, Valentim Bouças, empresário amigo de Getúlio e representante de empresas norte-americanas no Brasil, Luiz Dodsworth Martins, economista, a estes reunindo-se a seguir, Octávio Gouvêa de Bulhões, colega de San Tiago na Faculdade de Economia e funcionário do Ministério da Fazenda, e Roberto de Oliveira Campos, ambos com formação econômica, o último diplomata de carreira, que então conheceu pessoalmente San Tiago.[381]

A resposta do presidente do Brasil - que seria conhecida como *memorando do presidente eleito* - foi entregue ao embaixador norte-americano no Brasil, e nele foi fixada a "orientação da política exterior brasileira, em face da nova situação de emergência mundial". A redação final do *memorando do presidente* é, sem dúvida, de San Tiago, como se pode constatar na leitura de seus dez itens e catorze projetos os quais iria o Brasil pleitear, nas negociações bilaterais a serem conduzidos no âmbito da Reunião, que tratavam do "fornecimento (de produtos exportados para o Brasil) com prioridade, e [de] financiamentos (a projetos a serem executados no Brasil) a longo e médio prazo".[382]

A "cooperação econômica de emergência", inscrita como terceiro item da agenda da Reunião por iniciativa dos Estados Unidos, era, como registrou San Tiago, "por [sua] finalidade, uma situação transitória", enquanto a Comissão Mista Brasil-Estados Unidos - constituída no ano anterior, e que começaria a operar em julho daquele ano de 1951 - era o "órgão de aplicação ao Brasil da política de desenvolvimento internacional afirmada em lei e em atos do governo dos Estados Unidos". Entendia, portanto, o governo brasileiro estar a cooperação econômica de emergência vinculada ao apoio já declarado pelo governo norte-americano aos projetos de desenvolvimento a serem elaborados no âmbito da Comissão Mista, afirmando o memorando do presidente essa posição.

• A comissão preparatória

A comissão que elaborou o *memorando do presidente* no início de março transformou-se no núcleo da Comissão Preparatória dos Trabalhos da IV Reunião. A ela coube estabelecer, a partir daquele documento, a "orientação da delegação brasileira em relação ao item três da agenda da Reunião".[383]

A Comissão Preparatória se dividiu em cinco grupos de trabalho, sob a responsabilidade de um coordenador, analisando questões distintas: café; investimentos básicos (sob a coordenação de San Tiago); importações essenciais; produtos essenciais exportados; e combustíveis, participando San Tiago também desse último grupo de trabalho. Até a nomeação e a partida da delegação brasileira à Reunião, foram realizadas sucessivas reuniões, inúmeras audiências e consultados funcionários, técnicos, industriais, comerciantes, sobre as questões econômicas relevantes a comporem a pauta da delegação.

A partir de 1949, os contratos entre autoridades brasileiras e suas contrapartes norte-americanas passaram a ser feitos por intermédio de Charles E. Miller, subsecretário de Estado, que servira no Brasil com o embaixador Jefferson Caffery, em 1941. Fluente em português, Miller era amigo pessoal de Nelson Rockefeller. Neto do magnata do petróleo e grande banqueiro em Nova York, Rockefeller conhecia bem o Brasil e aqui tinha negócios em parceria com Walther Moreira Salles.[384] Uma expectativa positiva sobre as relações comerciais entre os dois países foi criada, estimulada pela vinda do banqueiro norte-americano, representando o governo de seu país, à posse de Getúlio, com quem se reuniu.

Miller aqui chegou logo depois de Rockefeller, em fevereiro de 1951, antes da IV Reunião; encontrou-se com o presidente da República e assistiu a três demoradas reuniões da Comissão Preparatória. San Tiago foi um dos expositores sobre a situação do petróleo em nosso país; Roberto Campos discorreu sobre suprimentos e o engenheiro Lucas Lopes sobre energia elétrica. Antes de retornar ao seu país, o subsecretário de Estado norte-americano acenou com a possibilidade de o Banco Internacional, sediado em Washington, (como então era referido o Banco Mundial) conceder uma linha de crédito de US$ 250 milhões ao Brasil, a metade do valor pretendido pelo governo brasileiro.[385]

O relatório da Comissão Preparatória, distribuído à delegação brasileira, serviu de base à instrução geral sobre o item três da agenda - cooperação econômica de emergência, de cuja redação San Tiago participou diretamente. A demanda norte-americana em relação ao Brasil desdobrava-se em duas: condições favoráveis à importação de minérios raros, empregados pela indústria bélica norte-americana, e o envio de tropas brasileiras para combater na Coreia.

A 10 de março de 1951, o *Diário de Notícias* trouxe a relação dos integrantes, designados pelo presidente da República, da delegação do Brasil à IV Reunião, a realizar-se em duas semanas. Nada menos de cinquenta e três integrantes a compunham, chefiada pelo ministro do Exterior. Um delegado suplente, quatro deputados à guisa de conselheiros políticos; três conselheiros militares, um de cada força; onze conselheiros econômicos, entre eles San Tiago, os empresários Augusto Frederico Schmidt - sócio da empresa Orquima, exploradora de minerais raros –, Raymundo Castro Maya - industrial e fundador do Museu de Arte Moderna, no Rio de Janeiro - e Walther Moreira Salles - banqueiro e diretor da Sumoc, do Banco do Brasil. Assessores militares eram seis, um deles o coronel Humberto Castello Branco; um assessor político, sete assessores econômicos, um dos quais designado secretário, Roberto Campos, Glycon de Paiva e Rômulo de Almeida, estes já integrantes da Comissão Mista Brasil-Estados Unidos. Foram ainda indicados dois secretários técnicos, e o secretariado da Comissão, formado por oito diplomatas, primeiros e segundos secretários; e, por fim, dez auxiliares, entre eles Sylvia Póvoas, mais tarde secretária de San Tiago em seu escritório.[386]

- **O improviso**

Na sede da União Pan-americana – sucedida pela Organização dos Estados Americanos – uma bela construção do início do século XX, situada na Rua 17, entre a Rua C e a Avenida da Constituição, no centro da capital norte-americana, a 26 de março, o presidente, Harry Truman, fez o discurso de abertura dos trabalhos da Reunião, presididos pelo secretário de Estado, Dean Acheson. Reclamou a mobilização da América Latina em defesa da democracia, que, em relação ao Brasil, traduzia-se no envio de tropas para combater as forças norte-coreanas e na formalização de um acordo de importação de minerais raros, principalmente manganês e areias monazíticas, utilizados na produção de armamentos, cuja demanda, no mercado norte-americano, devido ao conflito na Ásia, aumentara.

A 5 de abril, em seguida ao discurso do subsecretário de Estado Charles Wilson, em que foi detalhada ao plenário da Reunião a posição dos Estados Unidos, San Tiago pede a palavra e, em um longo improviso em inglês, expõe com clareza a posição do governo brasileiro em relação à "economia de emergência" reclamada pelos Estados Unidos e inscrita na agenda da Reunião.[387]

Falando em nome do Brasil, mas incorporando ao seu discurso as demais "nações latino-americanas", diz que essas não pleiteavam "programas completos de desenvolvimento (...) ou privilégio especial dos Estados Unidos"; procuravam "medidas de defesa das respectivas estruturas econômicas internas" para enfrentar a "emergência que nos poderá abalar e mesmo causar um colapso no momento em que a nossa cooperação para a defesa for mais necessária". E, acrescenta, a economia norte-americana era "plenamente desenvolvida", enquanto as economias latino-americanas apresentavam "fraqueza e falta de integração", o que exigia medidas especiais e emergenciais. Apesar disso, não havia dúvida de que as "nações deste hemisfério estão solidariamente unidas no propósito de repelir a agressão soviética em qualquer ponto e em qualquer momento em que ela levante a cabeça sangrenta". A essa afirmação peremptória San Tiago aduz que a "primeira e mais importante tarefa" era a "defesa da concepção democrática de vida", a qual "pede o fortalecimento da economia dos países subdesenvolvidos"; portanto, a posição (e a ação) anticomunista dos países subdesenvolvidos vinculava-se ao fortalecimento de suas economias. Segundo San Tiago, essa relação já teria sido percebida pelos Estados Unidos e fundamentava a "essência da doutrina [de ajuda externa] do Ponto IV", fixada em lei votada pelo Congresso norte-americano.[388]

Era preciso, então, que "os Estados Unidos, com sua capacidade de focalizar os problemas mundiais sob o ponto de vista realmente universal, formulassem o conceito de uma ordem econômica equilibrada em que repousa a sobrevivência do mundo democrático".

Em sua intervenção, San Tiago deu à posição brasileira, que ajudara a formular, uma versão refinada, mantida, todavia, a sua essência: a adesão à proposta norte-americana – a "emergência econômica" estava condicionada à obtenção de créditos com os bancos de fomentos internacionais – o Banco Mundial e o Eximbank – para financiar projetos indispensáveis ao desenvolvimento do Brasil, a serem elaborados no âmbito da Comissão Mista Brasil-Estados Unidos.[389] Nesse contexto, o repto elegante lançado por San Tiago: os Estados Unidos aspiravam ser o líder do mundo democrático; a eles, portanto, caberia a tarefa de ajudar a capacitar as economias subdesenvolvidas da América Latina para participar, ainda que indiretamente, de um eventual confronto com a União Soviética, líder do mundo não democrático. As nações subdesenvolvidas, com "um baixo nível de vida e a agitação social [eram] em tempo de paz os elos fracos da cadeia democrática"; e, em tempo de guerra, esses problemas eram "mais intensamente sentidos".

O governo do Brasil e a opinião pública acompanhavam com "viva solidariedade e emoção os intensos esforços dispensados pelos Estados Unidos", sobretudo nos "campos de batalha em que vidas estão se perdendo", e San Tiago conclui: com a "mesma atitude firme [com que] enfrentamos a batalha que se trava em defesa da democracia", confiava que os Estados Unidos e seus aliados, em face dos "objetivos visados por todos nós", fossem capazes de, por "um esforço de mútua cooperação", "encontrar (...) as condições mais favoráveis para uma defesa comum e eficaz".

João Neves proclamou o êxito do Brasil na Reunião alcançado pela atuação da delegação brasileira e cumprimentou San Tiago. E a manifestação de improviso de San Tiago foi noticiada em vários jornais, entusiasmando os seus amigos.[390]

• Nova York

A 5 de abril, San Tiago deixa Washington e segue para Nova York onde se hospeda no Hotel Ambassador (já demolido), situado na esquina da Quinta Avenida com a Rua 51, e de lá envia ao seu amigo Lacombe o texto de seu improviso feito na Reunião em resposta a Charles Wilson: "Infelizmente, só a versão inglesa foi taquigrafada. Não tenho paciência para traduzi-la, dê uma cópia ao Gontijo, [editor] do *Digesto Econômico*". Uma semana depois, em resposta, Lacombe informa que já estava traduzindo o discurso de San Tiago; e diz, "aqui vivemos [os amigos do *Grupo* e outros] acompanhando os seus passos aí": "a sua ascensão é o grande tema" e "a sua nomeação para subsecretaria [está] na boca de todo mundo".[391] Em sua casa, prossegue Lacombe, em uma reunião no começo daquele mês, presentes Gilberto Amado, seu irmão Gilson, Edmundo Luz Pinto e Antônio Gallotti, comentaram "se seria ou não vantajoso à política [pessoal de San Tiago] afastar-se do Brasil no momento em que parece crucial para as decisões", referindo-se à possível indicação de San Tiago para o cargo (de subsecretário) no Itamaraty. San Tiago teria, próximo a João Neves, uma melhor avaliação da situação, diz Lacombe, e conclui: "aqui estamos como claque e torcedores firmes". Almoçando na Escola Superior de Guerra, diz Hélio Vianna a San Tiago ter ouvido opiniões favoráveis à atuação do amigo. E registrava a "possível reação do Butantã da Rua Larga", referindo-se à reação dos diplomatas à eventual indicação de San Tiago ao cargo de subsecretário.[392]

Mas foi Gallotti quem melhor detalhou a San Tiago, com a sua precisa objetividade, o resultado da Reunião percebido no Brasil: "está sendo considerado aqui excelente. Assim é, pelo menos, nas rodas entendidas. A colocação do binômio emergência-desenvolvimento econômico foi uma ideia felicíssima e que me parece integrada no sistema de cooperação continental. Quantos sabem que tudo isso se deve a V.? E nem ao menos se deve ou pode fazer tal revelação".

Gallotti referia-se à reação, senão negativa, contrafeita, da cúpula do Itamaraty, que deveria ser esperada ao ver a preeminência do assessor, estranho à corporação, em formular e expor, com inegável brilho, a linha diplomática do Brasil, em um dos foros mais importantes da política externa das Américas. E sempre realista e objetivo, Gallotti diz que "não seria fácil tocar para frente, com segurança, a ideia da subsecretaria". A objeção eventual à nomeação de San Tiago para o cargo não seria do presidente da República nem do ministro, diz Gallotti, mas sim da "casa" [do Itamaraty]; "isso obrigaria o ministro serrar de cima, com atitudes rígidas". E, diz Gallotti, não se poderia prever uma atitude como essa por parte do ministro.[393]

Um resumo do discurso de San Tiago foi publicado a 15 de abril no *Jornal do Commercio*, enquanto ele retomava a sua agenda ordinária. No dia seguinte, San Tiago, na qualidade de vice-presidente da Refinaria de Petróleo de Manguinhos, recebe uma carta de um representante da *Standard Oil Company* convidando-o a visitar uma refinaria de petróleo em *Bay Way*, a uma hora de distância de Nova York.[394] Quatro dias depois, ao seu apartamento, número 1719, do Hotel Ambassador, escreve-lhe Alexander Malitsky, chefe do departamento de Belas Artes da *Livraria Brentanos, booksellers to the World*, sofisticada livraria nova-iorquina, já desaparecida, localizada na Quinta Avenida, em uma bela loja em estilo *art déco*.[395] O sr. Malitsky informa a San Tiago que "abrira-se uma excelente oportunidade para adquirir a *Historia dell' Arte Italiana*", de Adolfo Ventura; os 24 volumes, ricamente encadernados, achavam-se em excelentes condições, a um preço de US$400, incluindo os "sete primeiros volumes, muito raros, vendidos atualmente a 100, US$150 cada um". O livreiro indaga ainda se San Tiago havia recebido sua carta dando notícia da disponibilidade da obra de Van Marle sobre o desenvolvimento das escolas italianas de pintura, cujo exemplar ainda se achava disponível.[396]

Adolf Berle Jr., ex-embaixador norte-americano no Brasil e presidente do Comitê de Direito Internacional da Ordem dos Advogados de Nova York, com quem San Tiago mantinha contato profissional, convidava o *distinguish fellow-lawyer from Brazil* para jantar em homenagem a João Neves, em 25 de abril, às 19h15.[397]

Ainda de Nova York, depois das negociações que se seguiram à Reunião, San Tiago resume em carta ao ministro João Neves as suas gestões relativas à concessão de bolsas para treinamento intensivo de técnicos e economistas brasileiros, tendo em vista os projetos de desenvolvimento econômico a serem elaborados no âmbito da Comissão Mista Brasil-Estados Unidos. Em visita à Divisão de Assistência das Nações Unidas em Nova York, acompanhado do secretário do Itamaraty, Roberto Campos, San Tiago negocia um programa de treinamento intensivo para técnicos do governo brasileiro sobre os seguintes pontos: "análise de mercados, balança de pagamentos, orçamento, política fiscal e monetária e renda nacional". As Nações Unidas, naquele ano de 1951, dispunham de apenas cinco bolsas destinadas ao Brasil. Contudo, informa San Tiago, havia a possibilidade de se obterem vinte bolsas suplementares, com duração de um ano, "com despesas de viagem, instrução e manutenção", desde que "possamos apresentar a relação dos candidatos até o último dia do mês de junho".[398]

San Tiago adverte que, embora valioso o auxílio, "este importava em alguns perigos": a possibilidade de "não ser o Brasil capaz de apresentar candidatos em número suficiente para as vintes vagas", o que resultaria numa restrição futura de oferta de bolsas; o segundo perigo "estaria na seleção inadequada de candidatos". Se os economistas, diz San Tiago, "por nós apresentados não revelarem capacidade para esse tipo de treinamento, sofreremos uma classificação desfavorável, quanto ao tipo de assistência que nos deve ser oferecido". O critério utilizado pelo governo brasileiro para seleção de candidatos às bolsas de estudo até então utilizado era inadequado, afirma San Tiago. A seu ver, seria conveniente que "o ministério se entendesse com o grupo de economia política da Fundação Getúlio Vargas, que poderia fazer, em pouco tempo, uma escolha rigorosa, baseada na avaliação do mérito". Seria também interessante o governo brasileiro reforçar, em alguns casos, as bolsas oferecidas, para facilitar a vinda [aos Estados Unidos] de "candidatos da melhor categoria, cuja subsistência não seria atendida com simples recursos das bolsas".

Por aquela altura, San Tiago escreve a seu primo, Sá Freire Alvim, subchefe de Gabinete Civil e pessoa da máxima confiança do presidente da República, e relata o sucesso da missão brasileira.[399] "Fez-se diplomacia, em grande estilo", e João Neves conseguiu um "sucesso líquido nas negociações para o financiamento dos projetos de desenvolvimento econômico, a cargo da Comissão Mista Brasil-Estados Unidos". Pela primeira vez, o Banco Internacional [Mundial] havia concordado em fixar uma previsão global para empréstimos, "que nos poderá conceder nos próximos 18 meses, e aceitou a base [para empréstimos] de 300 milhões". San Tiago rebate as afirmações feitas no Brasil de que poderia o ministro ter alcançado um valor maior. Dois motivos mostrariam o equívoco dessa afirmação: "o banco não poderia conceder empréstimos superiores à nossa capacidade de pagar, e esta é rigorosamente calculada pelos técnicos que conhecem a conjuntura econômica brasileira, talvez melhor do que nós". E porque o país tomador, no caso o Brasil, deveria financiar uma parte dos projetos em moeda nacional. Essas considerações o levavam, inclusive, a acreditar que a cifra global de US$ 300 milhões estivesse talvez "acima da capacidade de absorção do Brasil". Por outras palavras, esse seria o limite máximo "de nossa capacidade de pagar".

A seguir, San Tiago faz considerações sobre a Guerra da Coreia, que àquela altura, repelida a grande ofensiva das tropas chinesas e retomada pelas forças norte-americanas, Seul, a capital da Coreia do Sul, iria caminhar para o impasse que a trégua alcançada dois anos depois paralisaria, mas não encerraria o estado de beligerância. Os Estados Unidos já haviam perdido em combate mais de "10.000 vidas na Coreia", e, diz San Tiago, o "plano de mobilização econômica [para a guerra] de três anos montava a cerca de 3 bilhões de contos, [3 trilhões de cruzeiros, na moeda então circulante], equivalente a 150 bilhões de dólares". Por um lado, seria difícil o Brasil ficar à margem do esforço empreendido pelos Estados Unidos; por outro lado, prossegue, deveria manobrar "com a maior cautela, tendo em vista não fazer qualquer sacrifício desnecessário ou antecipado, garantir compensações adequadas, e não ferir a opinião pública de nosso país". Nesse sentido, diz, "o Itamaraty deveria melhor conhecer a realidade sobre a luta contra o comunismo". Seria importante o Brasil "não permanecer alheio às negociações locais, sendo nós informados apenas pelos Estados Unidos". Jornais brasileiros que lia faziam referências ao envio de tropas brasileiras à Coreia; mas por que não falava o governo brasileiro "primeiro em diplomatas para Coreia? Ante a solicitação de envio de tropas brasileiras a algum lugar, deveríamos começar por mandar observadores a esse lugar", porque "assim se inicia a saturação da opinião pública, em relação a um problema, que ela hoje considera mais remoto do que é". Pouco depois, em julho de 1951, os Estados Unidos formalizaram o pedido ao Brasil de envio de tropas para combater na Coreia. O general Góes Monteiro foi enviado aos Estados Unidos e de lá retornou três meses depois sem uma definição. O Brasil não enviaria tropas à Coreia, mas firmaria, em março de 1952, um novo acordo militar com os Estados Unidos.

Conclui San Tiago, solicitando a Sá Freire Alvim que informasse o presidente, e lhe pedisse autorização para escrever a ele diretamente, como lhe sugerira o ministro João Neves.[400] Pouco depois, San Tiago escreve ao presidente, a 27 de abril, ainda de Nova York. Transmite a Getúlio a sua avaliação, já feita, dos trabalhos da delegação brasileira à IV Reunião, e aponta a nova postura do Brasil então afirmada.[401]

San Tiago viu concluída a sua expressiva participação nessa missão diplomática. Não foi mais um assessor econômico, e sim, ao lado do ministro, o principal formulador e expositor da posição brasileira levada à IV Reunião. E embora não viesse a ser nomeado subsecretário do Itamaraty – posto que jamais seria criado –, nem embaixador, como seria cogitado no ano seguinte, dez anos depois, em 1961, voltaria ao Itamaraty, dessa vez para chefiá-lo, em uma das gestões mais marcantes da história da pasta.

Mas nem todas as ações de San Tiago tinham igual recepção. O feroz adversário de Getúlio voltava a sua verve, brilhante e desabrida, ao advogado.

- **Resposta a Carlos Lacerda**

Carlos Lacerda começou a escrever no jornal *Correio da Manhã* no início de 1945, assinando uma coluna intitulada *Tribuna da Imprensa*, uma alusão à bancada onde se acomodavam os jornalistas que cobriam a atividade das diversas casas legislativas, especialmente a federal, na capital do país. Um dos primeiros alvos do jornalista em sua coluna era o general Mendes de Moraes, nomeado prefeito do Distrito Federal pelo marechal Dutra, a quem Lacerda dizia responsável por uma administração corrupta, alcunhando-o de "Mussolini de Moraes".[402]

Quatro anos depois, Lacerda investiu contra a outorga a grupos privados – Soares Sampaio e Drault Ernanny – de licença para montarem refinarias de petróleo em São Paulo e no Rio de Janeiro. Defendia fossem as refinarias implantadas sob o regime de monopólio estatal, e anuladas as concessões outorgadas, verdadeiros "favores de um episódio que mostra como este governo está inçado de influências e de traficantes" [de influência política];[403] o Grupo Soares Sampaio era "o grupo matriz, o grupo principal da roda de empresários de negócios que ocupou o governo Dutra e o compromete e o envolve, e o aconselha e denigre".[404]

Soares Sampaio era amigo pessoal de Paulo Bittencourt, dono do jornal, e este ordenou que os próximos artigos de Lacerda não fossem publicados. Lacerda pediu demissão do *Correio da Manhã*, mas obteve de Paulo Bittencourt licença para reter o título da sua coluna. A sua agressividade, porém, o afastou de outros jornais. Com apoio do advogado Dario de Almeida Magalhães, um dos redatores do *Manifesto dos Mineiros* e fundador da UDN, de oposição cerrada a Getúlio, do líder católico Alceu Amoroso Lima, entusiasmado com a conversão ao catolicismo do polêmico jornalista, de Gustavo Corção e Sobral Pinto, ambos extremados conservadores e católicos militantes, foi formado um conselho para captar recursos, com os quais Lacerda lançou, em dezembro de 1949, o jornal *Tribuna da Imprensa*.

Com uma invulgar capacidade de gerar e nutrir ódios políticos indeclináveis, expressos, porém, em artigos excepcionalmente bem escritos, Lacerda tornou a *Tribuna* um dos mais ativos e contundentes núcleos de oposição ao prefeito do Rio de Janeiro e ao segundo governo de Getúlio.

A concorrência, promovida pela prefeitura do Distrito Federal – cujo titular era o marechal Mendes de Moraes – para a realização das obras de desmanche do Morro de Santo Antônio, vencida pelo Consórcio Franki no ano anterior e defendido por San Tiago na questão judicial que se seguiu, abriu a Lacerda mais uma oportunidade para atacar a administração do prefeito carioca.

Naquele mês de abril de 1951, Lacerda publicou uma série de reportagens tendo por objeto, em suas palavras, uma "obra útil e necessária – em torno da qual se organizou um grupo, visando assaltar a prefeitura [do Distrito Federal]". Esse grupo, prossegue, "arregimenta em torno dele jornais, advogados administrativos e outros". Lacerda diz ser San Tiago um advogado "ostensivo" do caso, insinuando que a sua atuação teria lugar ao lado de "advogados administrativos", não fosse ele um desses advogados; isto é, advogado que traficasse influência no âmbito do poder público, em benefício de sua causa.[405]

De Nova York, San Tiago responde a Lacerda em um texto curto e contundente. Antes de denunciar o jornalista pelo manejo solerte dos qualificativos que emprega, San Tiago afirma que Lacerda vem se "entregando cada dia com maior incontinência" a uma modalidade de jornalismo que vinha lhe "obliterando o julgamento a ponto de transformar em motivo de denúncia pública o que constitui o simples desempenho do dever profissional, e que honra, em vez de envergonhar, o acusado". Em sua advocacia, diz San Tiago, não poderiam ser vistos traços de advocacia administrativa, pois a ele faltavam todos os meios a esse exercício, "e se eu os tivesse, sabem os que me conhecem, que jamais os aplicaria, sob a aparência de imparcialidade, no patrocínio de interesses particulares". A minha "modesta, mas honrada carreira de advogado e de professor, fora até aqui poupada na campanha de indistinta demolição de reputações, como a que o senhor cada dia presta maiores desserviços ao nosso país". Prossegue San Tiago, dizendo que os seus contendores, "dois dos mais dignos advogados de nosso foro, os doutores Dario de Almeida Magalhães e Adauto Lúcio Cardoso, (ambos udenistas, como Lacerda), todos colaboravam e atuavam dentro dos limites da ética no interesse da causa comum". E conclui, repelindo a "sua leviana e maliciosa assertiva [de Lacerda], certo de que ela não foi inspirada por erro involuntário, mas pela obsessão de uma infeliz atitude, em que se vai consumindo, para o desgosto de muitos, a sua outrora viva e brilhante personalidade".

Lacerda reproduziu em seu jornal o inteiro teor da carta de San Tiago, transcrevendo-a da seção "a pedidos", no *Jornal do Commercio*, em que fora publicada a 26 de abril. A 30 de abril seguinte, na *Tribuna da Imprensa*,

Lacerda publica sua "Resposta a um advogado suspicaz", que começa por seu autor afirmar não haver nomeado os advogados administrativos atuantes no caso, aos quais se referiu em sua denúncia, "por falta de provas, mas eles são de conhecimento de todos"; e caberia a San Tiago dirigir-se ao público explicando o que seja "advogados administrativos". "A sua carreira não é modesta, nem o senhor é modesto", acrescentando que San Tiago fora poupado "inclusive quanto às suas ideias políticas, em homenagem ao seu talento e a esperança, ainda não confirmada, mas que sempre tive, de que algum dia o senhor se convenceria de que o fascismo não é a solução para os problemas da sociedade e do homem".[406]

Lacerda nega a afirmação de San Tiago de que defenderia "uma boa causa", e diz que a causa "era má", e San Tiago sabia disso, porque havia promovido um acordo com a parte contrária para que a causa não prosseguisse, evitando a continuação do pleito, que de outra forma não poderia ganhar. Por fim, Lacerda defende-se da crítica direta que San Tiago a ele faz, referindo a sua "outrora brilhante personalidade"; afirma não haver mudado, e não iria transformar-se no jornalista que San Tiago gostaria que ele fosse. E golpeava de volta: era visível que San Tiago sentia-se atraído para a vida pública, esta, uma ambição legítima e compreensível, mas, "ao mesmo tempo, o senhor não resistiu ao desejo de fazer fortuna", e o "serviço ao país e o amor a causa pública nem sempre podem estar acompanhadas desse desejo de estar bem na vida". E indaga a San Tiago, que "começaria uma carreira na diplomacia", se pretenderia "manter aberto seu escritório e continuar a ser o advogado de empresas estrangeiras e nacionais que têm interesses que afetam o Itamaraty?".

O artigo de Lacerda é especialmente bem escrito e articulado. Revela o polemista em que se converteu o brilhante orador desde os bancos da faculdade de Direito. Curiosamente, porém, no embate desses dois mestres da palavra oral e escrita verificou-se uma inversão: o texto do advogado é curto, econômico em adjetivos, e a sua contundência está na crítica à transformação da personalidade do oponente. Ao contrário, o texto do jornalista bem mais longo e articulado a partir do texto de San Tiago, sugere não ser o de um jornalista habituado a polêmicas, mas de um advogado brigador, que se vale de uma retórica pontilhada de recursos extremos.

Lacerda insinua que San Tiago estaria ciente e tomaria por verazes e precisas todas as afirmações que ele, Lacerda, faz em seu artigo; e, portanto, caberia a San Tiago tentar explicá-las, se isso lhe fosse possível, uma vez que San Tiago "não tinha razão", ao passo que as afirmações de Lacerda seriam de domínio público, e a posição que ele adotava, seria, assim, incontestável.

Sobre esse argumento retórico frágil, a insinuação de Lacerda de que San Tiago não havia superado o fascismo era vencida, como sabido.

Lacerda, no entanto, feriu San Tiago em um ponto que seria, de então por diante, para sempre explorado por seus adversários, em especial aqueles à esquerda, ao contrário de Lacerda, direitista convertido e convicto: o sucesso em um cargo público, que então podia se antever para San Tiago, e o seu "desejo de fortuna", advogando para grandes clientes nacionais e estrangeiros, sugerindo situações que poderiam caracterizar um conflito entre interesses, público e privado.

O brilhante e grave jurisconsulto e professor foi fustigado em cena aberta pelo maior polemista político de sua geração, ao mesmo tempo em que eram, publicamente, reconhecidos os méritos de San Tiago como a maior expressão individual da delegação diplomática brasileira em Washington.

Os amigos de San Tiago viram na polêmica uma incontestável vitória sua, mas San Tiago, habilmente, não deu curso ao debate, que não poderia vencer, e nem esse era o seu objetivo; e Lacerda não era o adversário a ser batido, mas a ser fixado, pelo desassombro de um contendor à sua altura.[407] Hospedado no luxuoso *Gritti Palace Hotel*, em Veneza, San Tiago escreve aos amigos Thiers e Rosita: "Não pretendi esmagar o Carlos, nem podia ter a ingenuidade de supor que ele, atacado por mim, iria se curvar". Prossegue: "Agredi para que, primeiro, se definisse, em lugar da meia cordialidade, uma atmosfera de antagonismo, e, segundo, para que ele tivesse uma oportunidade de desvelar as acusações. Concretizadas estas, eu replicaria com a segurança de quem conhece a excelência de sua posição, mas a verdade é que ele não aceitou o repto e não concretizou uma só acusação. Resolvi não treplicar, esperar que ele faça novas acusações veladas. E, se isso acontecer, voltarei a campo, dizendo que ele, cobrado por mim, nada pode concretizar".[408]

Lacerda não mais o atacou nem San Tiago voltou a campo. Na década seguinte, um projeto de lei de reforma do ensino uniria na Câmara os dois adversários, em um entendimento convergente e produtivo, em benefício do interesse público. E, quando necessitou de um advogado em uma questão, mesmo simples, San Tiago outorgou procuração a Dario de Almeida Magalhães – seu adversário na disputa judicial que trouxe Lacerda à cena.

CAPÍTULO 11

ITÁLIA, DIREITO, ECONOMIA E POLÍTICA

As transformações na economia brasileira no sentido de uma diversificação cada vez maior de atividades e de uma ampliação de escala dos empreendimentos conduzem o sistema legal a deficiências insanáveis, que se tornam embaraços à evolução.[409]

- **Descanso**

"Estou cansadíssimo, terei de retomar o escritório com muita intensidade, e assim vou tirar férias verdadeiras em um lugar em que os fatos mais recentes tenham pelo menos 400 anos: Parma, Verona, Veneza, o Lago Maior", escreve San Tiago, antes de deixar Nova York e seguir para a Europa.[410] À Itália terá chegado por Milão, onde visita a *Brera,* bairro milanês, no qual se concentravam os artistas contemporâneos e está situada a magnífica pinacoteca, que San Tiago descreve a Carlos Flexa Ribeiro. E certamente visita a exposição aberta no *Palazzo Reale* da obra *Caravaggio* (século XVI e XVII) e de pintores por ele influenciados, que daria início a uma reavaliação da sua obra, à qual San Tiago opõe um reparo, e é contestado por Carlos, professor de história da arte.[411] A seguir, San Tiago visita *Rimini*, na Costa Adriática, e provavelmente as cidades de Parma e Verona, além de Veneza de onde deve ter seguido para *Laggo Maggiore*, onde se instala no luxuoso *Grand Hotel des Iles Borromees*, às suas margens.[412]

A 5 de maio, San Tiago recebe carta de seu sócio, Jayme Bastian Pinto, dando notícia do escritório ao *Professor*; em meio a casos e personagens, prosseguiam os entendimentos, diz o diligente Jayme, com o eminente jurista italiano Tullio Ascarelli, que fora durante a guerra professor na Faculdade de Direito de São Paulo e ficara amigo de San Tiago, para formarem uma sociedade entre ambos em um escritório. Ascarelli, diz Jayme, está "aberto a qualquer fórmula, sem saber qual é a preferível", para dar corpo à colaboração dos dois advogados. Jayme sugere a abertura de um escritório em São Paulo "por simples razões demográficas, pois a população de São Paulo deve ultrapassar em breve a do Rio". A sociedade não seria formada, mas ambos seguiriam próximos à medida que a distância geográfica entre eles permitia. Na mesma carta, Jayme diz que haviam assinado a petição de desquite amigável do dono do jornal *Correio da Manhã*, Paulo Bittencourt, tendo sido acordada a partilha de bens do ex-casal.[413]

• Evolução e estagnação

Em um domingo, 10 de junho de 1951, o *Correio da Manhã* trouxe o anúncio do lançamento de um novo jornal, no dia 12, terça-feira próxima. Financiado com recursos públicos do Banco do Brasil (assim como quase toda a imprensa) e idealizado e editado por Samuel Wainer, a *Última Hora* iria inovar consideravelmente o jornalismo nativo. Diretamente voltada para venda em banca e à conquista do leitor, trazia um quadro composto por experientes jornalistas e escritores.[414] A *Tribuna da Imprensa*, de Lacerda, logo teve nesse jornal, dotado de mais recursos e melhor estruturado, o seu maior concorrente; na verdade, o seu grande contendor, defensor aberto e vigilante do presidente da República, de todos o maior alvo de Lacerda. A *Última Hora* teria uma presença significativa na vida política brasileira até 1964.

Naquela mesma data, o *Correio da Manhã* noticiava o retorno do professor Fernando Paulino à sua clínica médica no Rio de Janeiro, de uma viagem aos Estados Unidos – exatos dez anos depois, o conhecido cirurgião iria operar San Tiago para remover-lhe um tumor maligno, cuja metástase o vitimaria – e registrava o jornal a criação da Seção Brasileira para Unificação do Direito Privado, do qual San Tiago faria parte. Esta seria mais uma das funções especializadas e paralelas ao magistério que executaria. Cinco dias depois, San Tiago publica, para marcar o cinquentenário de fundação do *Correio*, sob o título "O Direito Privado Brasileiro", um ensaio sobre "os aspectos gerais de sua evolução nos últimos cinquenta anos".[415] A mesma clareza e ordenação lógica de seus outros trabalhos, assim como perfis precisos de alguns autores – os mais significativos – compõem o texto.

San Tiago situa nas quatro primeiras décadas da República, que findam com a depressão econômica de 1929 e politicamente com a Revolução de 1930, os dois principais marcos legislativos do período: a Constituição Republicana de 1891, em boa parte redigida por Rui Barbosa, e o Código

Civil, redigido por Clóvis Bevilácqua, cujo texto foi revisto por Rui e editado em 1916.

Nesse período, observa San Tiago, a "política dos governadores vem a ser, por algum tempo, [o] mecanismo destinado à aglutinação das clientelas, que lhe permite formar – dos distritos [então pequenos povoados do interior] à Presidência da República – o edifício piramidal do prestígio e da autoridade". Chocam-se contra esse regime os constitucionalistas daquele tempo, observa San Tiago, e a luta de Rui Barbosa na tribuna parlamentar e nos tribunais "traduz o conflito inevitável entre a instituição republicana, tal como se depreendia da Constituição de 1891, e o mecanismo das forças reais, construído pela oligarquia para dominá-la". No âmbito do Direito Civil, a tradição do Direito privado do Império, "formada por contribuições do Direito canônico e do Direito filipino", confrontava a nova mentalidade liberal, "formada pelo estudo das grandes leis civis europeias, a cuja sombra florescera o capitalismo".[416]

As duas décadas seguintes, entre 1930 e aquela data, 1951, contrastavam radicalmente com o período anterior. Situando, sempre, o Direito no contexto histórico, San Tiago identifica os dois eventos dramáticos que marcaram esse período: os devastadores efeitos da depressão econômica de 1929, irradiados globalmente, e a Segunda Guerra, deflagrada em 1939. A conjunção desses dois fatores, separados por uma década de invulgar efervescência política tanto na Europa quanto nas Américas, fomentou "em toda parte, o intervencionismo econômico e o nacionalismo político". O primeiro "lançou raízes profundas, conduzindo à reforma em breve período de nossas principais leis, e ampliando na vida econômica a esfera do direito administrativo, em detrimento do privado". Já o nacionalismo, "corrompeu o sentido liberal de nossa legislação", mas, diz San Tiago, "as suas raízes foram menos profundas, dando-lhe um caráter de uma tendência episódica, de que, a partir da Constituição de 1946, o país começou a se desembaraçar".

Nas três primeiras décadas do século XX, San Tiago registra uma "quadra de esplendor dos estudos jurídicos, especialmente nos dois países de que recebemos mais forte contribuição intelectual: a França e a Itália". No Brasil, a literatura jurídica não apresentava "uma força doutrinária" equivalente ao exemplo europeu, mas é Rui Barbosa "o grande mediador dessa transformação", que não dizia respeito apenas à forma verbal, mas alcançava "a própria estrutura do raciocínio e o método de exposição". Rui foi não apenas o intérprete da Constituição, mas o seu "oráculo", e a ele se deve a "*forma mentis* do advogado brasileiro". É o grande autor da "redação jurídica em estilo oratório, que dá a qualquer texto jurídico a aparência de haver sido escrito para leitura em voz alta, e assim logra efeitos convincentes de grau superior. A tudo isso nele [Rui] se juntava o que nem sempre existe nos seus imitadores: conhecimento soberano da língua e o mais prodigioso dom de argumentar".

Mas na década seguinte ao desaparecimento de Rui, imposta a ditadura do Estado Novo em 1937, San Tiago registra a "individualidade de Francisco Campos", a quem se deve "a coordenação do mais impressionante movimento de reforma legislativa já empreendido no país", com a edição dos Códigos Penal, de Processo Civil e de Processo Penal e da Lei de Sociedades Anônimas. San Tiago não deixa de apontar a identidade entre Francisco Campos – o jurista do Estado Novo – com o grande jurista do fascismo italiano, Alfredo Rocco, na tendência que os marcou, de "confiar a solução dos problemas e a operação das atividades sociais à ação reguladora do Estado". E contrasta Campos com Rui, observando que, se Campos não tem "em Rui um ascendente intelectual, dele herdou muitas qualidades verbais e o estilo de raciocinar e argumentar".[417]

San Tiago faz um balanço da situação do Direito brasileiro em um momento crucial: àquela altura não estavam mais presentes os talentosos formuladores reformistas da primeira metade do século XX – um liberal, outro autoritário. San Tiago entrediz o seu ceticismo sobre a capacidade de a doutrina jurídica brasileira àquela altura elaborar e propor regras que renovassem as instituições políticas do país, conciliando a ampliação dos direitos sociais e o estímulo ao desenvolvimento econômico, e contendo, nesse processo, a ação estatal nos limites da lei, ou seja, no âmbito e nos termos do regime democrático.

O prognóstico de San Tiago era severo – e acurado. Os grandes doutrinadores ativos na primeira metade do século XX, os mais longevos entre eles avançariam pelas duas décadas da segunda metade do século. Porém, a renovação da doutrina jurídica informada pela consulta e pela precisa apropriação da realidade social e econômica, por obra de legistas que a traduzissem em bem elaboradas normas reformadoras e disciplinadoras de um novo tempo, não seria alcançada de então por diante, restando comprometido o desenvolvimento equilibrado do país.

San Tiago, superiormente habilitado a ser o legista à altura desse desafio, cedo descartou esse papel. Sobre o desencanto com a estreiteza da vida acadêmica, que tornava implausível a renovação da literatura jurídica, dominava-o a atração permanente pela política partidária. O desfecho dessa corte sutil não seria imediato, porém irresistível dali a alguns anos.

San Tiago voltaria à análise da realidade jurídica no país, desta vez em uma elocução breve, mas incisiva.

- **Magistratura**

Pouco antes de viajar a Washington onde participou da IV Reunião de Chanceleres, foi San Tiago escolhido pelo Instituto dos Advogados do Brasil para, em nome de seus colegas, saudar a elevação ao Tribunal de Justiça do Distrito Federal do juiz de Direito Narcélio de Queiroz.

San Tiago encontrou Narcélio de Queiroz ainda no primeiro ano do seu curso de Direito, em 1928. Narcélio colou grau no ano seguinte, mas uma mútua admiração intelectual logo se formou, e o tempo afirmaria uma sólida amizade entre o cearense culto, leitor de Montaigne, e o acadêmico precoce, que se estendeu aos amigos do *Grupo* de San Tiago. Narcélio tornou-se cedo juiz, e em 1936 publicou sua tese, que lhe daria projeção doutrinária, em que analisava "a embriaguez e a responsabilidade penal", doença, aliás, que marcaria tragicamente o seu autor.[418]

A "equação entre o cargo, entre a personalidade individual e a função pública, dá à solenidade como a de hoje um sentido sempre novo", abre San Tiago sua fala, e a seguir analisa o papel da conduta pessoal do juiz no exercício de sua função, fonte da mais "preciosa das reputações, que pode ornar uma carreira de magistrado: a reputação de uma excepcional integridade". A integridade do juiz não está apenas no repúdio à "forma grosseira de improbidade, rara nos tribunais", porém na sua forma mais perniciosa e sutil, a desonestidade intelectual, que, "em vez de ser o repugnante conluio do juiz com um dos litigantes, é uma secreta benevolência consigo mesmo"; esta "divide a justiça, o que é o mesmo que dividir a injustiça ao fazer partilhas arbitrárias nos litígios, a introduzir nas sentenças o espírito de transação, característico dos acordos, e a tomar de empréstimo a Salomão, como critério de julgamento, aquilo que ele se servira como meio de suscitar a manifestação da verdade".

Mas não só a integridade compõe o perfil do juiz, prossegue; em sua formação jurídica devem entrar, em "doses proporcionadas o amor ao direito e o da equidade, o conhecimento das normas e o senso da espécie". Esses "dois espíritos", contudo, se apresentavam ordinariamente "dosados em proporções diferentes". Neste último, "fala mais alto o sentimento do caso, as particularidades de ordem moral ou social, sob cuja influência se vai processar, no espírito [do juiz], a interpretação do direito. Naquele, pelo contrário, a lei é o objeto supremo do julgamento, e através dela que se alcança a compreensão dos casos particulares".

San Tiago via em Narcélio a sensibilidade a "tudo que é humano, o sentido da equidade, a intuição do caso". Mas via nele sobressair no exercício de sua função uma preponderância do senso legal, moldado pelo Direito Penal, sobre os outros atributos de que se compõe o senso jurídico.

Narcélio não pôde cumprir a promessa que cedo seus colegas e professores o viram capaz, de renovar o estudo do Direito Penal. A doença, que lhe turbou a vida social e profissional, não afastou San Tiago do amigo de mocidade. Até a sua morte, em 1961, um ano antes de San Tiago reunir em livro a saudação que dedicou ao amigo, ele e os companheiros do *Grupo* seguiriam próximos a Narcélio.

• Um professor na Escola Superior de Guerra

A 23 de julho de 1951, o *Diário de Notícias* informa que San Tiago fará uma palestra no Liceu Literário Português sobre "preliminares à integração do mundo português. Entrada franca", da qual não ficou registro. A seguir, ele dirige-se a outra plateia, inteiramente diversa: fala aos estagiários e integrantes do corpo permanente da Escola Superior de Guerra.

San Tiago descreve a situação econômica e política dos principais países da região, enfatizando a situação da China, assinalando que não se podia considerar o seu novo governo como um simples "títere da União Soviética", embora fosse evidente naquele momento a cooperação entre os dois países, uma vez "demolido o governo nacionalista de Chiang, pela corrupção e pela derrota militar". Analisa a presença da União Soviética e a situação da Mongólia e da Manchúria no xadrez político da região, acrescentando a indicação de se aprofundar o estudo da situação do Japão, cujas possibilidades de "recuperação econômica são excepcionais, uma vez que se trata não de um país subdesenvolvido a se desenvolver, mas um país parcialmente destruído a se reconstruir".

O Brasil inscrevia-se na área de influência geopolítica dos Estados Unidos, e nesse contexto, como o próprio San Tiago vinha defendendo, deveria ser afirmada não uma "linha de transferência ilimitada" por parte do governo brasileiro, mas de proposições realistas e articuladas. Porém, essa posição do Brasil não deveria toldar a sua atenção aos outros cenários do quadro geopolítico mundial. No Oriente Médio situavam-se as maiores províncias petrolíferas do planeta, e era a Ásia que agora atraía a atenção do conferencista; assistia-se ao vertiginoso crescimento japonês, estimulado pelo conflito na Coreia, e a China de Mao Tsé-Tung fazia fronteira com a União Soviética, somando os dois países mais de meio bilhão de habitantes sob o regime comunista, uma ordem não democrática, que deveria ser estudada, conclui San Tiago.

Uma palestra breve, que carece de um melhor arremate, mas o domínio de San Tiago do léxico das relações internacionais e a sua atualização mostram o seu interesse pelo tema, como foi visto havia pouco em sua atuação na IV Reunião. Pelos próximos dez anos, até 1962, San Tiago será um palestrante regular da Escola.

- **Comissão Mista Brasil-Estados Unidos**

Retribuindo a visita de Truman ao Brasil dois anos antes, Dutra fora a Washington, em maio de 1949, e a comitiva brasileira, como ocorrera quando da visita do presidente norte-americano ao Brasil, seguira nutrindo uma larga expectativa de apoio financeiro. Esta não se realizou; os Estados Unidos reiteraram então sua posição de que o governo brasileiro deveria empenhar-se por criar um ambiente receptivo aos capitais estrangeiros privados, que esses em contrapartida financiariam projetos de interesse comum.[419]

Tais projetos já tinham sido mapeados pela *Missão Abbink*, em 1948, mas as suas fontes de financiamento não haviam sido definidas. Havia, porém, entre os funcionários do Departamento de Estado norte-americano, o propósito de se atender às pretensões brasileiras, tendo em conta a posição do Brasil no contexto geopolítico sul-americano; essa posição venceu o relativo desinteresse da cúpula do governo norte-americano sobre o Brasil como parceiro comercial, e trouxe uma consequência significativa na vida econômica do país: a criação, em 1950, da *Comissão Mista Brasil-Estados Unidos para o Desenvolvimento Econômico* reunindo técnicos norte-americanos e brasileiros, instalada no prédio do Ministério da Fazenda em julho daquele ano de 1951, em seguida à IV Reunião de Consulta dos Chanceleres Americanos. O propósito da Comissão Mista era elaborar projetos que permitissem postular financiamento externo para serviços de infraestrutura, setor de interesse comum tanto à agricultura quanto à indústria.

Os resultados alcançados pela Comissão – elaboração de projetos que fossem financiados pelo Eximbank e pelo Banco Internacional Mundial – foram expressivos, ainda que aquém da expectativa, sempre infladas, do governo brasileiro.[420] Além dos empréstimos, trouxe a Comissão um significativo refinamento técnico à cultura empresarial brasileira, tanto pública quanto privada.

A partir dos trabalhos da Comissão, e, no mesmo período, do empenho de San Tiago em habilitar economistas e técnicos, afirmou-se, no âmbito do governo brasileiro, o fato de que investimentos feitos com recursos públicos ou privados só seriam concedidos por entidades internacionais de fomento a projetos elaborados e analisados por critérios técnicos, exclusivamente. A formulação e a análise técnica independente de projetos não era, todavia, bastante; era indispensável que se tivesse exposta, também por critérios técnicos, exclusivamente, a situação econômica e financeira do país tomador dos créditos solicitados.

Mostrou ainda a Comissão ser indispensável ao país em busca de financiamento com bancos internacionais dispor de um banco local que provesse os recursos em moeda nacional que complementassem aqueles estrangeiros.[421]

• BNDE

A sugestão da Comissão Mista Brasil-Estados Unidos seria seguida no ano seguinte; a 13 de fevereiro de 1952, Getúlio enviou ao Congresso o projeto de lei criando o Banco Nacional de Desenvolvimento Econômico - BNDE. O objetivo inicial do banco era prover empréstimos em cruzeiros [moeda nacional à época], em contrapartida necessária aos financiamentos em dólar, para realização dos projetos aprovados pela Comissão Mista Brasil-Estados Unidos.

O avanço considerável de contar o país com um banco de fomento capitalizado e com um quadro técnico capaz viu-se logo sitiado pela prática política nativa. Seis dias depois de Getúlio haver sancionado a lei que criava o banco, a 26 de junho, em editorial, *O Globo* advertia do risco de nomeações para direção do novo banco serem feitas "para resolver situações partidárias, para recompor ou aproveitar pessoas, em função de critérios políticos" e não técnicos; nesse caso, concluía o editorial, "seria melhor que a União pensionasse tais pessoas, sem exigir delas qualquer trabalho, do que expor o serviço público à ineficiência e aos prejuízos, para aproveitá-los".[422] A advertência seria parcialmente atendida, ao início; Getúlio nomeou o titular da seção brasileira da Comissão Mista Brasil-Estados Unidos, o experiente engenheiro Ary Torres, para presidente do banco, e o diplomata e economista Roberto Campos para uma de suas diretorias. Mas nomeou diretor-superintendente um jornalista sempre a seu serviço, José Maciel Filho.

Um ano depois a presidência do banco seria ocupada pelo cunhado de Getúlio, irmão de sua esposa, dona Darcy.[423]

San Tiago iria ser um ativo colaborador informal do banco em seus primeiros anos de existência, redigindo modelos de contratos, e neles traduzindo devidamente a experiência estrangeira, a europeia e a crescente norte-americana, na redação de cláusulas que atendessem à nova realidade no Direito brasileiro, no qual o banco era um agente inovador.[424]

- **Controle de empresas estatais**

A formação de técnicos habilitados para elaborar projetos destinados a setores de infraestrutura respondia às demandas então presentes. Contudo, as empresas estatais, autarquias e sociedades de economia mista, que intervinham diretamente na ordem econômica prestando serviços públicos, haviam incorporado vícios de uma administração pública ineficiente e se viam subordinadas aos interesses partidários da cúpula do governo, qualquer que fosse ele.[425]

A 21 de setembro de 1951, em um "trabalho elaborado a pedido do Presidente Vargas", como anotou à mão em cópia de seu articulado e sintético texto, San Tiago analisa uma proposta de reorganização das empresas estatais e autarquias industriais prestadoras de serviços públicos.[426]

Essas apresentavam resultados "técnicos e financeiros insatisfatórios", quando não se achavam insolventes, embora delas dependesse, como registra preliminarmente o autor, a "articulação da economia brasileira", pois os serviços por elas prestados afetavam os seus mais importantes setores: navegação marítima, siderurgia, ferrovia e "dentre em pouco o refino de petróleo", setores os quais a "iniciativa pública teve de suprir, entre nós, a iniciativa privada, observa San Tiago.[427]

Os principais problemas a afligir os empreendimentos de iniciativa pública eram a seu ver a "dificuldade de sistematizar e coordenar as atividades" das empresas estatais; a interferência partidária na gestão das empresas, as quais, não "visando a um fim lucrativo, e desobrigadas de cumprir programas definidos concretamente", eram levadas a "consentir em práticas antieconômicas", sobretudo "a sobrecarga de pessoal"; a inadequação do capital ao giro econômico das empresas; e a "onipotência da alta administração [das] empresas estatais, [que] estão sob a chefia personalíssima de um diretor, que acaba por se subordinar diretamente ao Presidente da República".

Em relação à proposta submetida à sua análise, San Tiago discorda das hipóteses ali aventadas: a conversão imediata das empresas então existentes em sociedades anônimas; a criação de um banco de investimento em serviços públicos; a subvenção permanente às futuras sociedades de economia mista; e o estabelecimento de adicional de 10%, no imposto de renda, para aquele fim.[428]

San Tiago apresenta um substitutivo ao projeto. Nele propõe a criação de um "organismo central", que reorganizaria as empresas estatais e, se o caso, as converteria em sociedades de economia mista; e as empresas estatais, de economia mista ou não, cumpririam um plano específico, voltado à coordenação da "iniciativa pública". Junto ao "organismo central" seria criado um "Fundo Nacional de Administração de Financiamentos", uma "grande companhia mista", "dividido o seu capital em ações da União e de particulares". O Fundo representaria uma importante "concentração de forças da iniciativa pública, para implantação de novos empreendimentos reclamados pelo desenvolvimento geral do país". E para dissipar o risco de excesso de poder, o Fundo deveria ser organizado sob o regime de administração colegial, e seria a sua autoridade repartida por um conselho de governadores, a maioria indicada pelo governo, os demais oriundos da iniciativa privada.[429] O Fundo "será um meio idôneo de associar o capital privado às iniciativas públicas, restando assegurado ao governo o controle administrativo do Fundo".

A criação desse organismo central, segundo San Tiago, visava introduzir o princípio do planejamento na iniciativa pública. O plano é, nesse contexto, "a norma que o administrador não pode infringir, sem incorrer em sanções penais e disciplinares", e cita o exemplo do planejamento existente dos países socialistas, de coordenação das empresas sob controle estatal.[430]

A proposta alternativa de San Tiago buscava apresentar medidas que, sem contrariar especialmente o pensamento intervencionista então dominante, procurava a ele associar regras de controle e de planejamento.

A noção de planejamento, a qual San Tiago vinha defendendo desde o final da década de 1930, casava-se à defesa da intervenção do Estado na economia ser promovida, exclusivamente, na forma da lei; não podia o Estado agir – despender recursos públicos – sem planejar a sua aplicação, como, em suas palavras, não podia o Poder Executivo agir livremente, criando suas próprias regras, para tanto arbitrariamente "vestindo as insígnias do legislador".[431]

A visão de San Tiago era informada por diversas fontes, mas moldada por termos consagrados da democracia parlamentar: um rígido planejamento de governo que ordenasse e dirigisse os dispêndios de recursos públicos e impusesse a disciplina equilibrada entre empresas estatais e privadas, deixando estas últimas atender aos mercados econômicos mais dinâmicos nos quais a livre iniciativa sem dúvida era capaz de ampliar e inovar a oferta; e, ao mesmo tempo, habilitar a iniciativa pública para atender à sua demanda expressiva e cativa por serviços públicos, em um ambiente disciplinado pela lei, votada no Parlamento, a exemplo do que havia nos países desenvolvidos na Europa Ocidental.

A seguir, San Tiago é chamado a colaborar na equação de um dos maiores problemas criados pelo desgoverno da administração pública.

Os principais serviços públicos – hoje denominados de infraestrutura –, embora ausente a sua efetiva regulação técnica independente, foram sendo concedidos à iniciativa privada pelo poder público, desde meados do século XIX, e assim foi sendo implantada a infraestrutura desses serviços nos principais centros urbanos do país.

Em 20 de dezembro de 1951, foi criada pelo Poder Executivo uma comissão para examinar a situação financeira das "autarquias industriais", entre elas a Estrada de Ferro Central do Brasil, o Loyde Brasileiro, a Estrada de Ferro Nova Oeste do Brasil, a Rede Viação Paraná-Santa Catarina, o Serviço de Navegação da Amazônia, a Administração do Porto do Pará e os Serviços de Navegação da Bacia do Prata. A Central do Brasil sucedia às concessionárias privadas; estas, corroído o valor de suas tarifas pela inflação, se viram sem capacidade financeira de prosseguir a prestação de serviços, e foram encampadas pela União.

Além do ministro da Fazenda, Horácio Lafer, do ministro de Viação e Obras Públicas, três outros técnicos formavam ao lado de San Tiago na comissão. A esta foi cometida a realização de estudos para a reorganização da estrutura ferroviária da União e para a criação da Rede Ferroviária Federal; o projeto foi enviado ao Congresso, em abril de 1952, mas só seria transformado em lei em 1957.[432] Meio século depois, em 2007, a Rede Ferroviária Federal foi oficialmente extinta, tendo início a sua liquidação oito anos antes. Ao contrário dessa empresa, outra seria criada por proposta do Executivo mais celeremente – e seguiria existindo. Novamente, San Tiago foi chamado a colaborar com a redação de seu projeto, desta vez a criação da Petrobras.

Ao início do segundo governo Vargas, o tema somava sucessivas controvérsias, cada vez mais extremadas. A corrente nacionalista, defensora do monopólio estatal, foi nutrida pela soma de forças naturalmente opostas, situadas à esquerda e à direita, encantoando os defensores da participação da iniciativa privada, na exploração do petróleo no país. Getúlio, fiel ao seu estilo, procurava equilibrar as correntes, às quais não mais podia impor a sua vontade, e assim orientou os técnicos da assessoria econômica.[433]

A 5 de dezembro de 1951, o presidente da República enviou ao Congresso projeto de lei de criação da Petróleo Brasileiro S.A. (Petrobras), uma empresa de economia mista, sob controle majoritário da União, com 1/10 das ações abertas ao capital estrangeiro. Seu objetivo era "a pesquisa, a lavra, a refinação, o comércio e o transporte do petróleo e seus derivados". San Tiago foi consultado sobre o projeto e teve uma participação ativa na sua elaboração, tendo oferecido "sugestões muito precisas de emendas referentes à alienação de ações", da nova empresa.[434]

• O pêndulo populista

A economia seguiria crescendo no novo ano de 1952, assim como os problemas irresolvidos. O conflito na condução da política econômica prosseguia. O ministro da Fazenda, Horácio Lafer, adotava medidas monetárias para conter a inflação, enquanto o diretor do Banco do Brasil, Ricardo Jaffet, industrial têxtil de São Paulo e financiador da campanha eleitoral de Getúlio, expandia o crédito do banco, beneficiando sobretudo o empresariado de seu estado. Desde que Getúlio assumira a Presidência, em janeiro do ano anterior, a variação anual dos preços ao consumidor no Rio de Janeiro, em 1951, fora de 10% e nesse ano de 1952 dobraria, alcançando 20,8%. E, a agravar esse quadro, o preço do dólar seguia artificialmente congelado entre Cr$ 18,00 e Cr$ 19,00, desde 1942.[435]

À margem dessa disputa, mas atingidos por seus efeitos negativos sobre a renda de seus afiliados, 2.104 sindicatos nos país, organizados nos termos da legislação editada por Getúlio no Estado Novo, vinham pressionando o governo por melhores salários. Depois de noventa e sete meses sem alteração (de dezembro de 1943 a janeiro de 1952), Getúlio, na véspera do Natal, assinou o decreto reajustando o valor do salário mínimo, para vigorar a partir de 1º de janeiro seguinte, de Cr$ 380,00 para Cr$ 1.200,00, um aumento de 216%, sobre uma taxa de inflação de 200%.[436]

Ao mesmo tempo, Getúlio acusava as empresas estrangeiras sediadas no país de fraudarem o volume das remessas de seus lucros ao exterior. Também por meio de um decreto, a 3 de janeiro, alterou a base de cálculo das remessas, reduzindo-lhes o volume consideravelmente, abrindo um contencioso com os Estados Unidos, que pronta e duramente reagiram. Os empréstimos do Banco Mundial ao Brasil foram acentuadamente reduzidos já a partir do ano seguinte, e, à exceção de um único empréstimo realizado em 1958, entre 1955 e 1964 nenhum outro seria feito ao Brasil pelo Banco Mundial.[437] A retórica pendular do presidente não transformava a realidade, nem ele poderia manipulá-la.

- **Crise militar**

Os debates públicos em torno do projeto de lei de criação da Petrobras, em curso no Congresso, repercutiam fortemente no Exército, dividido sobre a participação do capital privado, nacional e estrangeiro, na exploração e refino do óleo cru no país, cuja importação drenava as divisas arrecadadas pelo café, que naquele ano de 1952 representava mais de 70% das exportações brasileiras, uma predominância inabalável desde o Império e que iria se prolongar ainda mais.[438] A eleição da nova diretoria do Clube Militar, a ocorrer em maio, extremou as discussões entre os oficiais das Forças Armadas. O comandante da Força Militar do Leste, a maior concentração de tropas do país, cobrindo a capital federal, Zenóbio da Costa, um ferrenho anticomunista, contrapunha-se ao nacionalismo extremado do ministro da Guerra, Estillac Leal.

Essa divergência tornou-se pública e levou Getúlio a afastar ambos de seus postos, em 18 e 25 de março respectivamente, para conter a propagação da crise militar em seu governo. A seguir, Estillac lançou-se candidato à presidência do Clube Militar, formando novamente a chapa vitoriosa nas últimas eleições, com o general Horta Barbosa, intransigente nacionalista. A oposição, identificada como conservadora, organizou a Cruzada Democrática por iniciativa do general Cordeiro de Farias, derrotado na última eleição, reunindo oficiais de prestígio nas Forças Armadas, muitos dos quais seguiriam tendo participação na vida pública, sobretudo a partir do golpe de abril de 1964.

Enquanto Estillac se referia ao nacionalismo e às "honestas posições combatendo o entreguismo em seus mais variados aspectos", a Cruzada Democrática, em manifesto lançado em março, defendia um "nacionalismo sadio", a participação privada na exploração do petróleo e uma maior aproximação com os Estados Unidos, sem "ocultar outras bandeiras repudiadas por nosso patriotismo e nossa índole democrática", em uma clara referência aos comunistas, que apoiavam a corrente nacionalista.[439] Em março de 1952, foram realizadas as eleições para a diretoria do Clube Militar, e a chapa Estillac Leal-Horta Barbosa foi derrotada pela chapa Etchegoyen-Nélson Mello, por larga margem de votos.

Mas, pouco depois, a 10 de maio, em um movimento surpreendente, a UDN, até então a força liberal no contexto político nativo, passou a defender o monopólio estatal do petróleo, contrapondo-se à proposta enviada ao Congresso por Getúlio, e formou ao lado dos nacionalistas e dos comunistas, seus adversários declarados, especialmente estes últimos. Um dos líderes udenistas na Câmara, procurando justificar a posição contraditória de seu partido, declarou que a questão era "essencialmente política"; ou seja, um movimento estimulado pela ferrenha oposição vibrada pela UDN ao presidente da República, seu adversário histórico. O debate sobre os termos da exploração do petróleo no Brasil, ao desprezar os seus graves aspectos econômicos, uniu adversários à esquerda e à direita de Getúlio, inclusive em seu partido, o PTB, e galvanizou a opinião pública. Getúlio não afirmou sua posição inicial, favorável à participação do capital privado, liberando o PTB para aprovar a exclusividade ao capital nacional.[440]

- **Jango**

Debelada uma crise militar crescente, aprovada a criação da Petrobras sem Getúlio se desgastar nesse processo, ele fez outro movimento, este interno ao PTB.

Uma vez eleito e empossado deputado federal em fevereiro de 1951, Jango licenciou-se de sua cadeira para assumir a secretaria do interior do governo de seu estado, chefiado pelo primo do presidente da República, Ernesto Dorneles. Jango seguiu recrutando quadros para o PTB e aproximando-se das lideranças sindicais do Rio Grande do Sul. Nas eleições municipais de novembro de 1951, o PTB conquistou a maioria das prefeituras do estado. Em 1952, Jango foi reeleito presidente da Comissão Executiva Estadual do PTB e, em junho, por indicação de Getúlio, assumiu a presidência nacional do partido, cargo que manteria até abril de 1964. Retornou à capital federal e à sua cadeira na Câmara, e logo se qualificou como um interlocutor de Getúlio e dos sindicatos, aproximando o PTB das lideranças comunistas neles atuantes.[441]

Mas as atividades políticas de Jango não se limitavam à interlocução com lideranças sindicais.

As primeiras Caixas de Aposentadoria e Pensão surgiram ainda na República Velha. Em seguida à Revolução de 1930, no Governo Provisório, foram subordinadas ao Ministério do Trabalho, e novas Caixas, agora denominadas Institutos, foram criadas por categorias profissionais definidas. Os institutos previdenciários reuniam, cada qual, comerciários, bancários, servidores do estado e assim, sucessivamente; um grande número de contribuintes, todos obrigatoriamente vinculados ao instituto de sua categoria, somavam grandes reservas financeiras, uma vez que era então reduzido o número de aposentados e pensionistas, e parte expressiva dessas reservas financeiras foi vinculada a fundos imobiliários, que, a partir de 1937, começaram a financiar moradias construídas nas maiores cidades do país, em meio a um processo de verticalização urbana e aceleração crescente a partir do início da década de 1940.[442]

Os institutos - seus postos de direção e seus cofres - serviam ao interesse partidário do governo e de seus integrantes. Coordenar essas manobras, em troca de apoio a Getúlio, passou a ser uma das principais tarefas assumidas por Jango a partir de sua nomeação para a presidência da executiva nacional do PTB.[443] Controlando as indicações para cargos nos institutos, todos de livre nomeação do presidente, e a distribuição, por critério partidário, de moradias populares financiadas pelos institutos, Jango viu o seu poder político larga e subitamente ampliado. Uma reforma ministerial em julho seguinte o levaria à chefia do Ministério do Trabalho, e ele não demoraria a suscitar cerrada oposição.

Aos 22 anos, em 1941, Jango já era um pecuarista de sucesso no Rio Grande do Sul. Muito moço sucedeu ao pai na administração da fazenda. Em 1942, era dono de um rebanho de mil e quinhentas novilhas, sempre contando com empréstimos do Banco do Brasil, uma das poucas e a maior fonte de crédito agrícola do país, ao qual dava em garantia de pagamento o seu gado. Cerca de quatro anos depois, em 1946, somaria cerca de quinze mil novilhas, avaliadas em cerca de US$ 500 mil dólares, um valor então expressivo. Jango era, também, arrendatário de dezesseis fazendas nas quais, além da guarda de seu rebanho, colhia trigo e milho.[444] A política não o faria perder a sua vocação de pecuarista, mesmo ao se transferir para o Rio de Janeiro para assumir a direção do PTB em meados daquele ano de 1952. E, quando Jango necessitou da assistência de um advogado, foi-lhe indicado o professor - como ele sempre o chamaria - San Tiago Dantas.[445]

• Museu de Arte Moderna

Ao retornar da Itália no ano anterior, San Tiago encontrou um convite do empresário e colecionador Raimundo Castro Maia. Cuidando de reorganizar o Museu de Arte Moderna e de reformar a sua diretoria, escreveu a San Tiago: ele, Castro Maia, iria continuar na presidência, Niomar, esposa do dono do jornal *Correio da Manhã*, Paulo Bittencourt, seria a diretora executiva, e Walther Moreira Salles, tesoureiro; e, como vice-presidente, por unanimidade, o nome de San Tiago fora lembrado, conclui Raimundo, dizendo que esperava que San Tiago colaborasse com a nova diretoria do Museu, inclusive os ajudasse a comprar quadros, "como os que vimos na casa de Nelson Rockefeller", em Nova York.[446] San Tiago redigiria os estatutos do Museu e participaria ativamente de sua direção.[447]

Seis meses depois, a 15 de janeiro de 1952, era o Museu de Arte Moderna do Rio de Janeiro inaugurado. Sua sede provisória foi instalada no andar térreo do prédio do Ministério da Educação, e Oscar Niemeyer, o arquiteto que participara da elaboração do seu projeto, fez o projeto interno do novo museu. Na cerimônia de abertura ao público, em nome da direção do Museu, falou San Tiago. Faz a defesa da "inovação" nas artes, como registrou um crítico à época, referindo "a prioridade das grandes iniciativas em São Paulo, cidade onde correm parelhas o engrandecimento espiritual e material", e que dera ao Brasil uma das "primeiras coleções de arte"; mas, "era indispensável à alta vida intelectual do Rio de Janeiro organizar em bases mais amplas o [seu] Museu de Arte Moderna". Além da tarefa inicial do novo Museu, de aproximar o público, era a sua tarefa maior, que "dependia também dos críticos contemporâneos", "apressar a difícil obra de depuração da experiência artística do presente, estabilizando ganhos e contribuindo para diminuição do que é falso ou insubsistente".[448]

CAPÍTULO 12

WASHINGTON E RUA DO OUVIDOR

Nada estaria mais distante das esperanças com que se encerrou a Segunda Grande Guerra do que a constituição no mundo moderno de dois grandes blocos políticos, mutuamente inquebráveis, e cujas relações tensas denominamos Guerra Fria.[449]

- **Embaixada e banco**

Em outubro de 1951, Maurício Nabuco, um dos mais experientes diplomatas do Itamaraty, deixou subitamente o posto em Washington, antes do término de sua missão.[450] A especulação sobre o nome do novo titular do posto mais importante da diplomacia brasileira não tardou. Um dos primeiros cogitados foi o de San Tiago. As suas ligações com o Itamaraty eram antigas. Estudante, ministrara aulas particulares a candidatos que, naquele ano de 1952, já ocupavam diversos postos graduados na carreira; jovem professor, integrara bancas de seleção por concurso para o quadro de diplomatas; e poucos meses antes, fora novamente convidado a examinar em mais um processo de seleção.[451] Mas, sobretudo, era recente e havia sido amplamente divulgada na imprensa a sua efetiva participação nos debates no âmbito da IV Reunião de Chanceleres realizada em Washington em abril anterior.

San Tiago era sabidamente o candidato do ministro João Neves da Fontoura, mas logo surgiu o nome de seu amigo e cliente, Walther Moreira Salles, que se mostraria um competidor invencível. Ocupando um dos postos mais importantes das finanças nacionais, a Superintendência de Moeda e Crédito, do Banco do Brasil, que desempenhava as funções de um Banco Central, e à frente do banco da família, Walther contava uma vez mais com o apoio, decisivo à sua pretensão, de sua fiel amiga de juventude, Alzira Vargas, filha de Getúlio.[452]

A resistência a um nome estranho ao quadro de pessoal do Itamaraty logo foi sentida. A falta de experiência em assuntos diplomáticos do postulante era notória e seria uma grave restrição. Não foi essa, porém, a única alegação contrária aventada, e logo explorada na imprensa. O "banqueiro feliz" saberia que, pelo fato de ter muito dinheiro, fora "guindado" à direção da Sumoc, e por essa mesma razão era agora indicado para ser embaixador do Brasil nos Estados Unidos, escreveu o jornalista Magalhães Júnior em sua coluna no *Diário de Notícias*, de aberta oposição a Getúlio. E acrescentou ser essa indicação uma "derrota cruel" para o ministro das Relações Exteriores, e seu candidato, San Tiago.[453]

Além de ser corrente a nomeação de embaixadores fora dos quadros do Itamaraty – o marido de Alzira Vargas ocuparia o mesmo posto quatro anos depois – Walther não era desqualificado para o cargo. Associara-se a Nelson Rockefeller em negócios no Brasil e estabelecera relações pessoais com empresários e com altos funcionários da influente burocracia norte-americana. Entre esses, o poderoso subsecretário de Estado norte-americano para América Latina, Charles Miller, que trabalhara com Nelson Rockefeller e àquela altura era um dos artífices da concessão de créditos negociados pelo Brasil com o Banco Mundial, na sequência da IV Reunião de Chanceleres verificada no ano anterior.[454] Naquele ano de 1952, em um momento decisivo para a situação econômica do Brasil, a posição de Walther no centro financeiro internacional era especialmente significativa, e não achava par no corpo diplomático brasileiro.

Getúlio conhecera Walther, amigo de sua filha Alzira, em Poços de Caldas, estação de águas frequentada pelo presidente e sua família na década de 1930, onde João Moreira Salles, pai de Walther, negociava com café e fundara a sua casa bancária. Havia pouco, Getúlio nomeara Walther titular da Sumoc, e, em sua reserva habitual, ouvia considerações de sua filha, sendo certo que o astuto presidente não era preso a maiores hesitações em suas escolhas pessoais.[455] A 13 de abril, o jornal *Diário de Notícias,* contrafeito, registrava a escolha de "mais um milionário pelo presidente para participar do seu governo", renovando suas críticas, e acentuando o fato inédito de que cerca de um terço dos senadores havia reprovado o nome do novo embaixador. Ao final de maio, Walther seguiu para o posto.[456]

San Tiago, que jamais comentava suas opções políticas, não comentaria também a nomeação de seu amigo. Porém, ao se licenciar da direção do banco, Walther, com o assentimento do seu pai, convidou San Tiago a ocupar um dos assentos na diretoria do banco da família, cuja sede estava localizada na Rua do Ouvidor, no centro do Rio de Janeiro. San Tiago aceitou o convite, mas acresceu à proposta de Walther uma exigência então incomum: além dos honorários e eventuais gratificações pagas aos demais diretores, San Tiago receberia um percentual do valor de cada novo negócio de cuja tratativa ele participasse diretamente. E seriam vários os negócios importantes dos quais San Tiago participaria. Somente em 1957, ao adquirir o *Jornal do Commercio*, San Tiago deixaria o banco.[457]

Em sua edição de domingo, 29, e segunda-feira, 30 de junho de 1952, o *Diário de Notícias*, que criticara duramente a indicação de Walther para o posto de embaixador do Brasil em Washington, noticiava que o embaixador conseguira cinco empréstimos, no montante de US$ 110 milhões, em menos de um mês de atuação dos Estados Unidos – o que era inexato. A liberação dos empréstimos, que haviam sido negociados anteriormente pelo Brasil no âmbito da Comissão Mista Brasil-Estados Unidos, sem a participação de Walther, coincidia com a visita do secretário de Estado norte-americano, Dean Acheson, ao Brasil, que aqui chegou a 2 de julho.[458]

O secretário norte-americano passou quatro dias no Brasil, visitando Recife, São Paulo e Rio de Janeiro, onde se encontrou com o presidente da República, falou às duas Casas do Congresso, visitou o Museu de Arte Moderna, onde havia uma exposição sobre a obra de Goya, assistiu a uma demonstração de dança encenada pelo pai de santo João da Gomeia, uma exibição da vedete Luz del Fuego, e hospedou-se na belíssima mansão de seu amigo Walther Moreira Salles, projetada por Olavo Redig de Campos e inaugurada no ano anterior, no bairro da Gávea, na zona sul do Rio de Janeiro.[459] A visita tinha por objetivo reforçar os laços de amizade entre os dois países, no momento em que o Brasil via liberados os recursos de três empréstimos do Eximbank e dois do Banco Mundial, para obras de produção de energia e melhoramento dos meios de transporte.

• Viagem à Europa

San Tiago deixou o Rio a 12 de agosto, com destino a Genebra e lá permaneceu por dez dias, participando dos trabalhos do Comitê de Juristas das Nações Unidas, incumbido de estudar problemas de unificação do Direito privado, relativos às obrigações alimentares. Dessa vez, San Tiago levou a mãe para conhecer a Europa, e com ela e Edméa, de Genebra, onde viram "a eclosão das flores" no início do verão europeu, seguiram para Montecatini, na Itália, hospedando-se no *Grande Hotel de La Pace*, onde dona Violeta frequentaria banhos termais para aliviar dores reumáticas.

A San Tiago o hotel dava, na sua placidez de estação de águas, "menos resultados físicos do que espirituais"; posso "acabar um livro a cada dois dias e tomar notas, coisas de que estava privado há vários meses".[460] Sobre esse isolamento produtivo, descia o tédio, "igual e universal das estações de águas", só amenizado por excursões de automóvel às cidades vizinhas na Toscana - Florença, Piza, Lucca, Prato e Pistoia - e por uma tentativa de "banho de mar em *Viarregio*". A 13 de setembro, partiriam com destino a Roma, onde ficariam o tempo necessário para que "minha mãe possa ver a cidade e receber uma benção do Papa". San Tiago preparou uma "condensação de lugares e objetos de arte, para que mamãe pudesse levar uma impressão geral e clara de tudo". Sob um frio "mais avançado, flores já amarelas e cheiro de inverno", chegaram a 18 de setembro a Paris. Mas, registra, como sempre a cidade "está excelente, dando a cada um, como é seu privilégio, a sensação de plenitude da existência". Embora "angustiado com algumas coisas que são só minhas e com outras que são de todos nós", San Tiago sente "um prazer incomparável" em ver "como espírito [de sua mãe], removendo anos de vida e fadiga, e sobretudo de exclusivismo doméstico, rapidamente começou abrir-se para essa nova realidade, e a reagir com uma emoção sincera ao que via". Ainda assim, anota San Tiago, em um estilo eloquente sempre que se refere à sua família, especialmente à avó e à mãe, ele não pode deixar de "ficar triste, pensando no que esta viagem teria sido para ela aos quarenta e cinco ou mesmo aos cinquenta anos. A nobreza instintiva do seu ser, o anseio de elevação intelectual que o destino drenou para vida familiar, teriam dado à sua personalidade e à sua vida momentos de felicidade e um poder de influência imprevisíveis".[461]

Poder de influência era, exatamente, o que o filho de d. Violeta buscava somar naquele momento.

• Cogitações políticas

Em carta enviada de Montecatini a Demóstenes Madureira de Pinho, seu antigo companheiro na Ação Integralista Brasileira e atual colega na Faculdade de Direito, San Tiago diz vir refletindo muito sobre as preocupações que os unia e "deveria nos unir cada vez mais". Faz inicialmente referência a um projeto comum de "ação política" de ambos, que contaria com a colaboração do jornal carioca *Diário de Notícias*, mas que, por alguma razão não mencionada, melhor seria, conclui, raciocinar sem essa possibilidade. A alternativa a essa frustração tampouco seria criar ou "comprar um grande jornal ativo", ou criar um jornal novo, o que implicaria uma mudança de profissão, e "não é isso o que temos no espírito";

era, contudo, acrescenta, "impossível deixarmos de iniciar a nossa intervenção na vida pública".

Essa determinação não significava dar início a uma carreira política, mas assumir "responsabilidades proporcionais ao peso da autoridade [por nós] granjeada em outras manifestações da vida econômica e cultural do país", em um momento em que os quadros da elite política brasileira não haviam sido renovados, pois os homens de "indubitável valor político" que formaram a geração da Revolução de 1930 estavam, "salvo raras exceções, liquidados". E os novos políticos compunham um aglomerado "incaracterístico, onde há três ou quatro homens de mérito, mas onde não há um 'sentido', nem mesmo, como havia entre os homens de 1930, uma consciência de grupo, um vínculo no tempo".[462]

Nesse quadro, o destino do Brasil vinha sendo "delineado pelo acaso", e este "opera, no terreno parlamentar, por meio de sugestões demagógicas, e, no plano executivo, pelo azar dos bons ou maus ministros", situação que comprometia "a possibilidade real de um desenvolvimento econômico", capaz de nos colocar entre os países desenvolvidos. Era, porém, indispensável que, como se dera nesses países, "elaborássemos, através de nossa cultura, soluções técnicas e doutrinárias de que necessitamos para viver". Não há, afirma San Tiago, "desenvolvimento espontâneo"; a única forma a perseguir era o "desenvolvimento intensivo", e este é uma "obra de vontade de uma geração, isto é, de um grupo de homens dotados de intuição histórica, de espírito prático e consagrados pelo sucesso de seus próprios empreendimentos".

Esses homens, diz San Tiago, estavam diante de um dilema: ou tomavam "nas mãos o problema do desenvolvimento do seu país, ou suas existências, por mais brilhantes que pareçam, por mais coroadas de êxito que possam ser consideradas, não terão passado de fracasso e deserção". E a eles só "restará como saída o cinismo, sobre os múltiplos disfarces da torre de marfim". Portanto, arremata, o único meio de "viver a própria vida", é "viver pela comunidade", pois, se "esquecermos a comunidade, é a nós mesmos que estaremos destruindo".[463]

San Tiago renova a crítica à elite política brasileira que já havia feito no ano anterior ao dono do *Correio da Manhã*, Paulo Bittencourt. Dela dava agora notícia a seu colega, acrescendo-a do chamamento à ação política. Daí a pouco, San Tiago aprofundaria sua crítica à elite dirigente, publicamente. Antes, falaria à parte da elite militar.

• Palestra na Escola Superior de Guerra

Alguns dos integrantes da Cruzada Democrática, cujos candidatos foram eleitos para dirigir o Clube Militar, eram estagiários da Escola Superior de Guerra, e nesta, para onde fora designado fazer o curso, o coronel Ernesto Geisel, além de colegas de farda que reencontrou, recordaria, naquele ano de 1952, um dos palestrantes convidados, San Tiago.[464]

Nesse ano, o tema de sua palestra foi o Tratado do Atlântico Norte – Otan –, firmado havia dois anos, em um mundo em que a esperança nascida ao final da guerra, de ser possível alcançar-se um "equilíbrio multilateral de várias forças, podendo neutralizar-se reciprocamente", viu-se frustrada pela constituição de "dois grandes blocos políticos mutuamente inquebráveis, e cujas relações tensas denominamos Guerra Fria". Essas forças polarizadas em dois regimes antagônicos, àquela altura, armavam as tropas em luta na península coreana, cujo término começara a ser buscado em meio a combates devastadores.

Nesse contexto, diz San Tiago, a "segurança do mundo moderno repousa, principalmente, no Ocidente europeu e na área adjacente do Atlântico Norte". Essa segurança estava, desde 1949, a cargo sobretudo das forças arregimentadas pelos membros do Tratado do Atlântico Norte, estacionadas na Europa Ocidental. Os antecedentes, a estrutura jurídica do Tratado, a natureza de seus dispositivos, as suas implicações e consequências são os pontos analisados didaticamente por San Tiago. Em sua conclusão, ele observa que "os fatos conduzem, por conseguinte, o nosso tempo a uma evolução no sentido de uma coordenação maior entre os Estados, que fará emergir, possivelmente, organismos de base mais ampla do que a base nacional". O Brasil, que tinha o planejamento de sua vida em termos estritamente nacionais, não poderia, conclui San Tiago, deixar de considerar o "momento em que as expansões nacionais estarão ultrapassadas, nos grandes cenários do mundo, por uma fórmula que está superando, largamente, as bases nacionais". Por outras palavras, deveria o Brasil buscar a sua fórmula de se inscrever no mundo cujo processo de globalização, segundo o conferencista, já estava em curso.[465] Processo que ele, em sua atividade profissional, acompanhava de perto.

• Advocacia

À margem da lida do escritório, da atuação nas empresas de cuja direção participava e dos compromissos assumidos com o governo, San Tiago ia somando outros, sucessivamente. O balanço dessas outras atividades naquele ano de 1952, em diferentes medidas, mas todas favoráveis, o iam tornando mais conhecido.

Em janeiro, San Tiago fora nomeado pelo presidente da República membro da Corte Permanente de Arbitragem em Haia, em substituição a Levi Carneiro, o autor do decreto que instituiu em 1930 o governo provisório, de Getúlio.[466] A Corte de Arbitragem era formada por juízes indicados por países signatários da Convenção de Haia, para manutenção da paz, de cuja conferência em 1907 Rui Barbosa fora um dos destaques. Entre os indicados anteriormente, figuravam alguns dos maiores juristas brasileiros, e, aos quarenta anos, a designação de San Tiago vinha reconhecer, uma vez mais, o seu talento jurídico. A *Revista Forense*, então a maior revista jurídica do país, cujo redator-chefe era Carlos Medeiros Silva, registrou a escolha do titular de seu escritório, "um legítimo expoente da nova geração de juristas brasileiros, o recém-nomeado, por sua inteligência, cultura e idoneidade moral terá oportunidade de demonstrar, mais uma vez, os seus dotes excepcionais, a serviço da Pátria e das nossas letras jurídicas".[467]

Em abril, Getúlio fixou o preço de compra da cera de carnaúba e o preço do açúcar em todo o país. San Tiago redige parecer sobre o "preço único do açúcar e a constitucionalidade da resolução 619/51", que suscitou, pela sua expressão econômica, ampla controvérsia.[468] San Tiago interpreta a constitucionalidade de uma resolução expedida pelo Poder Executivo, valendo-se de métodos consagrados de hermenêutica, e, com extrema clareza e precisão, fixa os conceitos jurídicos versados no exame da questão: o monopólio do Estado e a livre concorrência; a relação entre esses dois tópicos, e a igualdade entre agentes econômicos, realçando a diferença entre igualdade e identidade e igualdade perante a lei, e, ainda, igualdade em situações de monopólio e de concorrência. San Tiago não se limita à referência de autores jurídicos; trata do ângulo econômico da questão e cita, o que era então absolutamente incomum entre advogados e juristas, obras de economistas clássicos e atuais.[469] A intervenção do Estado na economia, porém, seguia seus caminhos habituais. A 30 de junho seguinte, o presidente da República autoriza o Instituto do Açúcar e do Álcool a requisitar metade da produção de cachaça para transformação em álcool anidro, visando à aplicação industrial.

Um mês depois, em julho, San Tiago foi convidado, pelo ministro das Relações Exteriores, para participar de uma comissão incumbida de rever o projeto de reforma do Itamaraty.[470] Então, San Tiago já teria evoluído de sua proposta feita no ano anterior, de ser criado no Itamaraty o cargo equivalente ao de subsecretário de Estado, existente na diplomacia norte-americana, vendo-a agora de difícil execução.[471]

Ainda em julho de 1952, o jornal *A Manhã* noticiava a designação de San Tiago para a Comissão de Direito do Centro de Pesquisas da Casa Rui Barbosa, então presidida por Américo Lacombe.[472]

O prestígio intelectual de San Tiago era amplamente reconhecido. Em carta de 2 de junho de 1952, Roberto Marinho acusa o recebimento de um artigo que dele recebera para *O Globo*: "amanhã, com o teu artigo, vou me sentir diretor do *New York Times* (...)".[473]

• Multiplicidade

Ocupado e satisfeito com seus afazeres, San Tiago prosseguiria pelo ano de 1953;[474] os afazeres cresceriam em volume e o seu contentamento ia se tornando mais exigente. Sua vida profissional era intensa: além do escritório de advocacia que liderava, San Tiago era vice-presidente da Refinaria de Petróleo de Manguinhos, em construção à beira da Avenida Brasil, no Rio de Janeiro; vice-presidente do Cimento Portland, que, em associação com o Banco do Brasil, estava por inaugurar uma fábrica localizada no bairro de Irajá, também no Rio de Janeiro; membro do Conselho Executivo da Cia. Excelsior de Seguros; e diretor do Banco Moreira Salles, que não cessava de expandir suas atividades.[475]

Além disso, San Tiago seguia ministrando suas aulas de Direito Civil, na Faculdade Nacional, onde manteria maior assiduidade.[476] Do seu escritório de advocacia, já no nº 277 da Avenida Erasmo Braga, 8º andar, situado na esquina desta com a Avenida Antônio Carlos, tendo em diagonal o prédio do Foro, e, por uma caminhada de quinze minutos, agradável nos dias do meio do ano, alcançava-se a sede do Tribunal Federal de Recursos, instituído pela Constituição em vigor, onde eram julgados os casos em que a União ou autoridade federal figurassem como interessadas. A pouco mais de dois quarteirões de distância, na Avenida Rio Branco, estava o prédio do Supremo Tribunal Federal. Esses tribunais eram frequentados por San Tiago, para atender a audiências de causas de maior importância de seu escritório.

O Rio de Janeiro do poder era geograficamente limitado – e belo. Os prédios e palácios públicos, os hotéis, restaurantes, clubes, casas e apartamentos frequentados pela elite dirigente, localizados no centro e na zona sul da cidade, tinham próximo a si as águas serenas da baía de Guanabara, ou as agitadas do Oceano Atlântico batendo nas praias da zona sul da cidade, o espelho da Lagoa Rodrigo de Freitas, o verdor das montanhas próximas e a imponência das rochas monumentais, ainda parcialmente descobertas à vista de todos. San Tiago, que se inscrevera na elite dirigente do país por seus méritos intelectuais, e sobretudo pela sua notável aplicação, frequentava todos esses ambientes, ao ritmo que lhe permitia a sua dedicação às múltiplas tarefas, que aceitava.

O escritório não cessava de prosperar. Os dois sócios eram também muito atuantes. Jayme Bastian Pinto já era reconhecido como experiente advogado de empresas, e Carlos Medeiros, uma autoridade em Direito público, desde 1951 era também consultor-geral da República, então o cargo de maior prestígio na advocacia pública. O *Professor*, como San Tiago era por todos chamado, recebia os principais clientes, traçava a estratégia jurídica das principais causas, eventualmente revia petições, atendia às principais audiências forenses, era o artífice de complexas formulações jurídicas e autor de notáveis e valorizados pareceres.

À aplicação profissional de San Tiago somava uma estrita organização pessoal. As regras disciplinando a atividade interna do escritório haviam sido por ele redigidas e nelas definidas as tarefas das secretárias, datilógrafas, telefonista, copeira, mensageiro e motorista. O *Professor* atenderia a determinadas ligações sempre, eventualmente outras, e a sua agenda interna e externa era rigorosamente seguida. E o escritório era muito bem equipado. Tão logo surgiram as máquinas de escrever elétricas, San Tiago as importou dos Estados Unidos; e os empregados e os advogados associados eram bem remunerados, recebendo todos, em uma escala definida pelo próprio San Tiago, participação nos lucros do escritório.

Havia pouco tempo, San Tiago contratara, como sua secretária, Léa Paim. Elegante e bonita, era uma excelente taquígrafa, capaz de tomar ditados em francês e inglês.[477] E o *Professor* ditava incessantemente; acaso obrigado a interromper o ditado, a ele retornava sem consultar o texto na altura em que fora interrompido e sem perder o nexo do tema.[478] Ditava às datilógrafas; postava-se à frente delas e dizia o texto na cadência necessária à sua transcrição, sempre mais lenta do que a taquigrafia. E, já de volta a casa, se lhe ocorresse algum dado ou referência significativa, não hesitava em ligar às secretárias no meio da noite para pedir-lhes que anotassem o que lhe havia faltado.[479] Léa, que não tardaria a ter uma forte atuação e presença no escritório, trabalhava na mesma sala em que San Tiago e atendia, com viva dedicação, à rotina do chefe, cujos horários finais da jornada eram sempre tardios.

Essas múltiplas atividades não afastavam San Tiago dos amigos do *Grupo*; as visitas e almoços reunindo-os seguiam, com maior ou menor intervalo, maior ou menor presença, mas estavam todos sempre em contato entre si. Gallotti consultava San Tiago sobre assuntos jurídicos da *Light*, e Plínio Doyle já fazia parte do escritório, acompanhando no foro algumas causas e cuidando das contas pessoais de San Tiago, tarefa que desde cedo cumpriu dedicadamente, até os últimos momentos da vida do amigo.

Já a cena econômica do país seguia com seus problemas estruturais irresolvidos.

• Greves

O aumento contínuo das importações e a queda nos preços do café e do algodão, os principais itens da pauta de exportação do país, registraram, ao final de 1952, um déficit recorde de US$ 286 milhões na balança comercial, e de US$ 600 milhões em atrasados comerciais. O governo, buscando reagir a essa aguda crise cambial, em janeiro de 1953, adotou um regime mais flexível, criando um livre, porém limitado, mercado de câmbio; revista, em parte, a proibição adotada no ano anterior, era autorizada a entrada e saída de capital e de lucros, bem como a compra e venda de moeda estrangeira para o turismo. Mas as importações e exportações, bem como as transações de capital consideradas de importância para o país, permaneciam no mercado oficial (Cr$ 18,72 por dólar), sob controle do governo.[480]

No plano interno, a situação não era melhor; a taxa de inflação em 1952, carreada para o novo ano, afetava diretamente a classe média e a massa trabalhadora. A desvalorização do cruzeiro alcançou 11,6%, e os gêneros alimentícios mais consumidos pela população tiveram os seus preços ainda mais elevados.[481] Essa situação evidenciava o fracasso do combate à inflação, prometido por Getúlio ao tomar posse havia dois anos.

Os efeitos dessa inação não demorariam a ser sentidos duramente pelo governo.

A 15 de março, Getúlio voltou a atacar os partidos, dizendo-os "insensíveis às necessidades das estruturas econômicas do país e às novas tendências populares". Uma dessas tendências tomou forma e atingiu a liderança do presidente da República; oito dias depois de suas declarações, a 23 de março, os operários da indústria têxtil de São Paulo, sob o comando de um líder filiado ao Partido Comunista Brasileiro, reivindicaram 60% de aumento sobre o salário de 1952; e a 26 de março, os metalúrgicos da capital, em solidariedade aos seus companheiros, entraram em greve também. O governo declarou a greve ilegal, com base no Decreto nº 9.070, que Dutra reeditara tão logo assumira a Presidência da República em 1946, mantendo a política trabalhista autoritária estabelecida por Getúlio Vargas na ditadura do Estado Novo. Em meados de abril, eram trezentos mil operários parados na capital paulista; as negociações tiveram início e um acordo foi alcançado, sendo concedido um reajuste de 32%, e a garantia de que os grevistas não seriam processados.[482]

• Uma nova liderança política

Um dia antes de a greve ser deflagrada, a 22 de março, outro fato, ainda mais incisivo, porém de efeitos mediatos, abalava a classe dirigente do país. Um professor secundário de português, nascido em Mato Grosso, criado no Paraná, formado em Direito em São Paulo e, em 1948, eleito vereador na capital, tornara-se conhecido pelas acusações de corrupção ao governador Adhemar de Barros. Em uma campanha por todo o estado, em outubro de 1950, elegeu-se o deputado estadual mais votado, e, nas eleições de 1953, com apoio de dois pequenos partidos, PDC e PSB, conquistou a Prefeitura de São Paulo, somando o dobro de sufrágios do segundo candidato mais votado.[483] Uma aparência deliberadamente teatral, de ternos amarfanhados, esgares e cabeleira desalinhada, mas servida por uma oratória incisiva marcada por um sotaque peculiar e um português deliberadamente formal que ornava o verbo fácil e estudado do candidato, mostrou-se arrebatadora junto à classe média e aos trabalhadores, cujos anseios agudamente ele percebeu e sintetizou no bordão, vibrado ao longo de toda a sua campanha: "o tostão contra o milhão". Era o início de uma carreira política fulminante, deflagrada não apenas à margem da estrutura partidária dominante: ela revelava o eleitorado receptivo a personalidades carismáticas, cultivadas pela relação direta do líder com seus eleitores, e não construída pela propaganda oficial e imposta, como fora a de Getúlio. O carisma, e não as ideias, conservadoras, de Jânio Quadros inquietaria a classe dirigente. A esta, San Tiago teria duras palavras, a seguir.

CAPÍTULO 13

A ELITE E AS MASSAS

Conseguimos, em verdade, atingir a esta verificação terrível, de que as elites brasileiras estão mais atrasadas como elites, do que as massas brasileiras como massas.[484]

- **Um discurso**

Três dias antes da eleição de Jânio Quadros e quatro antes da greve estalar em São Paulo, a 19 de março de 1953, a Confederação Nacional do Comércio instalou o seu Conselho Técnico no Rio de Janeiro. Em nome dos conselheiros falou San Tiago; o seu discurso surpreendeu a plateia de empresários, advogados e economistas, e suscitou, na sessão seguinte do Conselho, ausente San Tiago, veemente reação de Eugênio Gudin, reputado economista e seu colega de magistério na Faculdade de Economia.[485] Em sessão posterior, San Tiago oferece, a propósito de esclarecer pontos que enunciara, incisiva tréplica a Gudin, tendo lugar um revelador debate entre os dois oradores.[486]

Em sua manifestação inicial, San Tiago diz existir na sociedade brasileira um "choque de mentalidades", a opor homens "ávidos de objetividade" e aqueles "presas inermes de armadilhas ideológicas, sucumbidos e perturbados por argumentos de pura emoção". País importador de manufaturas e exportador de matérias-primas, firmamo-nos também como importadores de produtos intelectuais acabados, "esquemas racionais, artifícios jurídicos e tábuas de valores", pertinentes aos países desenvolvidos que os haviam criado para atender aos seus "interesses vitais".

A cultura, em países liderados, faz, assim, "o jogo de seus competidores", diante de uma elite incapaz de reagir, pois seus integrantes não são educados para o cumprimento de tarefas objetivas. O sistema educacional brasileiro, diz San Tiago, não atende às exigências intelectuais dos núcleos motores da vida econômica do país: é orientado para o estudo das artes liberais – um estudo ornamental, não voltado à promoção do desenvolvimento, o que nos torna incapazes de "elaborar soluções próprias para uma realidade que pressentimos sem compreender" e, portanto, de dar "expressão teórica às nossas necessidades vitais".

Desse quadro San Tiago extrai uma dura síntese que teria larga difusão: "Conseguimos, em verdade, atingir a esta verificação terrível, de que as elites brasileiras estão mais atrasadas como elites, do que as massas brasileiras como massas". As massas brasileiras exibem, diz, um grau "elevado de amadurecimento, e de reação individual, e de intuição prática para existência", enquanto as elites se mostram "desadaptadas da vida", marcadas por uma educação universitária vencida, enredadas nas malhas de ideologias "sem adequação existencial", e ineptas para tarefas concretas.

Eliminar metodicamente os fatores emocionais e os preconceitos ideológicos – subprodutos do nosso pervertido câmbio cultural que "inçam" as elites brasileiras – e orientar a educação para o desenvolvimento são os instrumentos principais para transformar a nossa "paideia", a fim de que a emancipação econômica não preceda à cultural, mas, simultâneas, resultem na emancipação do país. O sistema educacional reclama "pronta e resoluta liquidação", e, sobre as "bases de um novo sistema", deve ser implantada a educação para o desenvolvimento, "cujas características sejam impressas pela realidade vital do país".

- **A réplica**

Na reunião seguinte do Conselho, a 26 de março, a que San Tiago não pôde comparecer, Gudin fez uma crítica direta à manifestação de seu colega.[487] Embora reconhecendo o talento de San Tiago, Gudin duvidava o haver entendido bem: o "seu estilo é um pouco complexo", ironizou. Segundo o economista, "o acontecimento marcante, capital, do Brasil, nos últimos vinte anos, foi a instituição do sufrágio universal num país de 65% de analfabetos, vale dizer, o domínio das massas substituindo a oligarquia que funcionava bem até 1930"; o Brasil jamais progredira tanto como em certas fases anteriores a 1930, e a ruína daquela estrutura política importou, com a instituição do sufrágio universal, "em uma substituição de valores nos quadros nacionais", os quais, antes vindos basicamente de Minas Gerais e São Paulo, passaram a vir de "regiões onde a civilização difere um pouco, do Sul, do Rio Grande, da fronteira, do Nordeste". Este fato teria comprometido o "grau de cultura, de civilização" anterior, segundo Gudin.[488]

Nesse contexto, o país, a partir de 1930, passara a viver sob o signo da inflação, cujos efeitos deletérios comprometiam em especial o caráter do brasileiro, corroendo, ainda mais, padrões morais já deprimidos, segundo Gudin. Em paralelo, os agravos externos, notadamente a grande depressão de 1929, haviam extremado o quadro interno. A solução para vencer a demagogia propiciada pela voz das urnas seria educar o país; dotar a classe média de "um certo grau de cultura e formação", mas sem que se incidisse no "erro [de] pretender-se orientar o Brasil para um sistema de educação genuinamente brasileiro, visando o seu desenvolvimento ou qualquer outro fim". Precisamos "é desenvolver a educação, *tout court*"; nosso mal "não está em absolvermos de mais a civilização ocidental, mas em a absorvermos de menos"; cumpria "envidarmos esforços para assimilarmos mais depressa a civilização ocidental: nunca pensar em criar outra".

Um dos presentes ao debate, Roberto Campos, observou a seu colega economista que, "se bem me lembro, o Dr. San Tiago Dantas" afirmou que "devíamos demonstrar certa resistência cultural construtiva, procurando repensar as fórmulas culturais, e aceitar sem humildade a importação técnica". Ante o reparo de seu colega, Gudin tergiversou: "não sei se entendi bem. O estilo do Dr. San Tiago Dantas é um pouco complexo (...) desconheço o que significa 'repensar fórmulas culturais'".

• A tréplica

San Tiago está presente na reunião seguinte, a 16 de abril, assim como Gudin, e é a este que se dirige, diretamente. Embora não fosse seu propósito voltar ao tema para oferecer uma tréplica às afirmações do "nosso eminente colega e mestre", San Tiago diz o fazer por estar certo de que o "meu pensamento não foi apreendido por sua Excelência", embora, acrescenta, "naquilo em que estamos em discordância, é provável que essa discordância se mantenha".

"Um pensamento estritamente nacionalista"; "a oposição entre as elites e as massas"; e a definição de "educação para o desenvolvimento". Esses os pontos a esclarecer, afirma San Tiago.

O conhecimento, observa, não mais pode ser algo estranho à sociedade, como mostrava a sociologia moderna; impõe-se considerar, em sua formulação, "as relações existentes entre as formas de conhecimento e as formas da vida social onde aquelas se elaboram" – o conhecimento é, assim, um "produto da vida social". Analisar as correntes de ideias e doutrinas que se apresentam como valores de ordem universal, para apropriá-los à determinada sociedade e a seus problemas, essa a tarefa das elites de um país – como o nosso – que buscava desenvolver-se.[489]

Elites são, prossegue San Tiago, as classes dirigentes, em qualquer domínio: político, econômico, cultural. Massas, as classes dirigidas, o "segmento maior da sociedade que recebe da outra classe, a dirigente, a orientação sobre as atividades fundamentais da existência".

Falta de objetividade; incapacidade executiva; insensibilidade aos interesses vitais do país; incapacidade de comunicação com as massas – esses os pecados das elites brasileiras, prossegue San Tiago. A educação de sentido ornamental que seus membros recebiam os predispunha naturalmente a avaliações de fundo subjetivo, que lhes cegava a objetividade no exame da realidade de seu país. A incapacidade executiva estava em que, inabilitados para prévia e claramente configurarem o objetivo a cumprir, não alcançavam as elites estabelecer processos que atendessem às suas pretensões. Os interesses vitais do país não podiam também ser por elas divisados, uma vez que a elite trabalhava com produtos culturais importados, e não com os meios específicos de análise deduzidos da nossa realidade. A incapacidade de comunicação com as massas era o resultado das qualidades negativas das elites, que as descaracterizavam essencialmente, pois frustrava a liderança que, ordinariamente, seria esperado exercerem sobre as classes dirigidas.

Já as massas exibiam virtudes relativas, como San Tiago as vê: "comportamento social ativo"; "sensibilidade para seus próprios interesses"; "aceitação de formas de autocontrole". A primeira estaria traduzida na capacidade de as massas, em não adotando simplesmente posições de resistência ou de passividade, conseguirem identificar nas lideranças, que aceitavam, o traço de sua vontade. O pressentimento de seus interesses, contrapondo-se em determinados momentos históricos com os defendidos pelas elites, podia ser encontrado no exemplo do povo russo, ao pressentir este os interesses vitais de seu país – ao contrário das elites – quando das invasões napoleônicas, no século XIX. As massas apresentavam, muitas vezes, considerável grau de maturidade ao se ajustarem, sem o travo de uma inércia generalizada, às formas de ordenamento social, conclui San Tiago.

Promover a preparação de quadros dirigentes "capazes de darem desempenho às novas tarefas técnicas e de chefia, que se abrem no campo da administração pública e da iniciativa privada", assim como voltar o ensino secundário ao seu propósito básico, de "promover a habilitação do homem médio, de ser o último ciclo intermediário" no currículo escolar, constituíam o núcleo da educação para o desenvolvimento. Esta substituiria a educação ornamental que as elites exibiam, e que as inabilitava a atender às demandas sociais e econômicas do país.

Gudin retomou sua crítica, lancetando, uma vez mais, o articulado arrazoado de seu colega, em seus nexos mais sensíveis. Mofou do receio de San Tiago em importarmos produtos intelectuais acabados, elaborados para atender a outras realidades sociais. Por que, indagava, exemplificando, não se poderia ter "copiado o padrão ouro, que em sua época cumpriu a contento sua função econômica?". E procurava identificar quais as importações perigosas denunciadas por seu confrade, confessando ter aversão a tudo que fosse metafísico, querendo exemplos concretos. Quanto às massas, a evolução delas poderia ser medida por índices determinados, o de analfabetismo um deles: "eu, diz Gudin, não me atreveria dizer que as massas que fizeram a Guerra de Canudos, que as massas do sertão do Brasil, estão ideologicamente com pressentimentos".

Para Gudin, a elite dirigente, na qual não via como inscrever, por exemplo, o ex-governador paulista Adhemar de Barros, não apresentaria, entre nós, sinais de decadência; o mal estava em não ser ela levada ao "governo da cidade", isto é, ao efetivo comando da administração pública, deixado aos despreparados.[490] Não procedia, também, o fato de a elite demonstrar desinteresse pelos problemas vitais do Brasil; duas eram as suas maiores falhas: não realizar plenamente seus objetivos, ignorando o exemplo estrangeiro, e o bacharelismo que a viciava, muita conversa, mais falar que pensar.

Quanto à "educação para o desenvolvimento", proposta por San Tiago, ela deveria dispensar a adjetivação, segundo Gudin; "educação de caráter", para as massas, em primeiro lugar; e "cultura humanística para as classes dirigentes"; a essas, "precisamos dar-lhes Oxford e Cambridge", sentenciava.

A essas afirmações, San Tiago não respondeu, mas não deixaria o tema.

Em sua coluna na revista *O Cruzeiro*, o jornalista Franklin de Oliveira faz um exato resumo da manifestação de San Tiago na Confederação Nacional do Comércio, dizendo, fosse "menos embotado em sua sensibilidade o poder público, as palavras do ilustre mestre teriam calado tão profundamente que seria de se prever que operassem um milagre: o milagre da tomada de consciência da realidade nacional". Citando o "lúcido diagnóstico e a terapêutica ainda mais translúcida", traçando "o exato perfil da crise brasileira", registra o tom profético da manifestação de San Tiago, confirmada na eleição para prefeito de São Paulo, em que se verificou "a explosão de um estado de espírito coletivo trabalhado já pelas soluções do desespero", numa clara alusão ao perfil político de Jânio Quadros.[491]

Silenciosa seria a repercussão entre os amigos próximos e não tão próximos das afirmações de San Tiago, feitas na Confederação. Embora se referisse à elite dirigente, aí sobressaindo o papel da classe política, San Tiago estendeu a sua crítica a outros segmentos da elite, ao propor a eliminação radical do ensino a ela destinado tal como ele era ministrado naquela altura. A Academia, segundo San Tiago denunciava, oferecia uma educação "ornamental", desassociada da realidade do país, o que a impedia de ser culturalmente aprendida e, assim, a partir dela, fosse elaborada uma ideologia do desenvolvimento.

Não era inédita a crítica de San Tiago; Rui Barbosa, morto havia trinta anos, verberara impiedosamente a elite de seu tempo em seguidas oportunidades. Inédita, porém, era a relação que San Tiago faz entre a elite dirigente e a massa, a esta creditando, em determinadas circunstâncias, um discernimento intuitivo que superaria a pretensa cultura da classe dirigente na percepção dos reais problemas do país, e da direção de seu encaminhamento. O registro dessa superioridade das massas sobre a elite, mesmo circunstancial, era desconcertante, como mostrou a reação de Eugênio Gudin. Registrar a superioridade das massas sobre as elites no discernimento de soluções dos problemas reais do país era atestar a perda da capacidade dirigente da classe política. Ora, perdendo a classe dirigente a sua capacidade de condução dos rumos do país, esta ficaria em mãos das massas, isto é, de lideranças não emergentes das elites tradicionais. Aos olhos da classe dirigente, haveria um deslocamento do poder, realmente subversivo, ínsito nas afirmações de San Tiago.

Na verdade, San Tiago adverte da possibilidade de a elite perder a sua capacidade de liderança política devido à sua incapacidade de perceber e reagir articuladamente às demandas sociais de seu tempo. A infiltração comunista, tão temida pela elite dirigente, dava-se precisamente pela desatenção, por parte da classe dirigente, às demandas sociais legítimas. Aliás, essa é a manchete que encima a transcrição do *Jornal do Commercio* da manifestação de San Tiago na Confederação Nacional do Comércio.[492]

A crítica de San Tiago era um alerta à classe dirigente para que deixasse o seu isolamento cultural, seus preconceitos e buscasse entender a realidade social do país, para habilitar-se a transformá-la, para atender às justas demandas das massas.

Contudo, ainda que percebida a manifestação de San Tiago como uma advertência dura e direta à elite dirigente do país, – e não como uma conversão ideológica radical – os seus termos sugeriam a muitos, no ambiente cultural vigente, exibir o seu autor uma posição contraditória. Afinal, era ele, como poucos, um membro da elite, a qual ele criticava duramente. San Tiago estava ciente dessa crítica que a ele seria crescentemente oposta – mas ela jamais calaria a sua advertência.

[illegible]

CAPÍTULO 14

UMA SÍNTESE DO PODER

Nenhuma sociedade em expansão poderá alcançar a plenitude de seu ciclo evolutivo se ela não dispuser de uma classe dirigente capaz de elaborar as ideologias que tornem viáveis os seus imperativos vitais.[493]

- **Poder nacional**

Cinco dias depois de sua primeira manifestação e nove dias antes da sua última na Confederação Nacional do Comércio, San Tiago faz duas conferências na Escola Superior de Guerra, a 27 de março e a 7 de abril de 1953. Na primeira San Tiago trata do poder nacional em seu aspecto externo, e na segunda trata do poder em seu aspecto interno.[494]

Aos estagiários San Tiago fala como um professor aplicado: identifica, define, conceitua, em sequência perfeitamente ordenada, mas nem por isso de leitura e menos ainda de audiência difícil. Mas o professor foge ao traçado acadêmico corrente: ele não sofreia a sua opinião crítica, nem refuga prognósticos.

"O poder nacional", diz, é "a soma de meios de que dispõe o Estado Nacional para assegurar o preenchimento de seus fins". E cada Estado, para preencher seus fins deve satisfazer seus "interesses vitais" que se relacionam estreitamente às "condições existenciais da comunidade política", o que, a sua vez, obriga a esta comunidade atendê-los, sob o risco de ela sofrer um "daqueles processos de involução social e mesmo de desintegração que representam as muitas formas pelas quais se liquidam as culturas".

Esses "interesses vitais", prossegue San Tiago, assumem um caráter permanente, moldam as instituições políticas, fixam "as reações emocionais", e unificam o "comportamento histórico da sociedade"; e, visto por "meio dessa projeção de mentalidade coletiva", são chamados de "aspirações nacionais", a serem perseguidas.

San Tiago retoma o seu ponto antes exposto, sobre as classes dirigentes do país, que se mostravam àquela altura incapazes de compreender os interesses vitais da sociedade, ou seja, incapazes de "interpretar culturalmente a sua própria realidade". Mas não só a classe dirigente estaria apta a compreender os imperativos vitais da sociedade: as massas, ou as "classes dirigidas", acham-se eventualmente a tanto habilitadas, em "momentos em que as elites, deformadas por erros de educação ou por influências estranhas, perdem aquela sensibilidade, enquanto as massas a conservam, tomando para si o papel condutor" da sociedade.[495]

Não basta, porém, apreender os interesses vitais; é necessário fixá-los "na consciência da sociedade, de onde passa a motivar atos de governo e reações da opinião pública". A fixação desses imperativos exige a sua "formulação ideológica". Nesse processo é indispensável, adverte San Tiago, tomar o vocábulo ideologia em seu sentido empregado nos estudos sociais modernos; a saber, ideologia não seria "apenas como uma força cultural que influi sobre a sociedade, mas também sobre o produto da própria sociedade, como alguma coisa que nasce de seus problemas práticos, de sua situação existencial", e cuja formulação "universalize e torne racionalmente aceitáveis os imperativos existenciais". Nenhuma sociedade alcançará, diz, a "plenitude de seu ciclo evolutivo se ela não dispuser de uma classe dirigente capaz de elaborar as ideologias que tornem viáveis os seus imperativos vitais".[496]

O preenchimento dos fins do Estado Nacional brasileiro consiste, prossegue, "essencialmente, em desenvolver uma sociedade que ainda se apresenta no grupo das nações de baixo nível de vida no mundo". No caso brasileiro, essa não seria uma tarefa fácil.

San Tiago toma por exemplo o "nacionalismo econômico" vigente, sempre receoso da predação de nossas riquezas potenciais, antes de nós as utilizarmos. Não se podia deixar de reconhecer existir, nesse processo, uma elaboração ideológica à base desse "nacionalismo [que] nega a prática de alguma coisa e não afirma propriamente [a prática] de outra". Referindo-se à prospecção e refino do petróleo em território brasileiro, tema especialmente caro aos militares, San Tiago observa que se formara entre nós uma ideologia que "nega a exportação, nega a exploração" dessa riqueza. Essa ideologia encerrava uma forte contradição, na medida em que ao se "choca[r] com a nossa necessidade de promover o desenvolvimento a curto prazo, ela como que se nega a si mesma, porque, procurando defender uma riqueza para que a possamos utilizar, cria um embaraço para que essa utilização se acelere".

Essa "ideologia", em si contraditória, era um dos desafios postos ao nosso desenvolvimento social e econômico, para os quais, exemplificava, deveria ser estabelecida uma "posição ideológica, a linha de comportamento social que supere aquela contradição e que permita vencer os termos críticos em que ela se acha colocada".[497]

- **Poder político**

Na palestra que se segue, San Tiago trata do poder nacional em seu aspecto interno: como "força permanente de comando", uma "forma de autoridade e que se exerce sobre o grupo político mais evoluído, que é o Estado moderno". E enumera os três tipos de poder político, citando o sociólogo alemão Max Weber: o poder tradicional, o democrático e o carismático.[498]

San Tiago exemplifica esses três tipos, referindo o poder tradicional ao "patriarcalismo primitivo"; o burocrático, "o exemplo mais perfeito que encontramos nas democracias", nas quais se tem um "regime de institucionalização do poder". Nesse regime, há a "substituição de um critério pessoal ou grupal, por um critério de institucionalização". San Tiago demora-se alinhando exemplos do poder carismático, no qual a "autoridade do indivíduo resulta de um vínculo subjetivo entre ele e o grupo, de um traço de confiança que não pode ser resolvido na base racional". Por meio dessa "confiança íntima", a autoridade (carismática) se legitima.

Segundo San Tiago, o fascismo foi a maior tentativa de "organização burocrática, partindo do carisma". Este era o "ponto de partida para aceitação dos chefes e construindo daí para baixo, uma burocracia". O estado alemão nazista repousava sobre o "princípio do Führer", isto é, a derivação da legitimidade de cima para baixo, ao contrário do que ocorre nas democracias constitucionalizadas, nas quais a legitimidade do poder deriva de "baixo para cima", ou seja, "partindo de segmentos sociais de maior amplitude, para segmentos sociais de menor amplitude".

A seguir, San Tiago refere as fontes do poder, de onde ele deriva, onde ele se concentra, a segmentação da sociedade e classes, que, "em uma divisão bem grosseira", refere uma classe proprietária de bens de produção, outra proprietária de bens de consumo ou de altos salários e de uma classe remunerada através de salários comuns".

Essa qualificação encaminha a análise do papel do Exército, e à sua identificação "estrutural com a classe média", como San Tiago a vê; essa identificação se deve, diz, à existência de um "curioso divórcio entre a classe agrária, que rege a vida política do país, como sua fonte real de poder, e a formação do Exército, nos últimos decênios da Monarquia". San Tiago retoma e detalha a sua tese, exposta em seu ensaio *Rui Barbosa e a Renovação da Sociedade*, de que a classe agrária não "contribuía para os quadros do Exército" – e sim a classe média –, e o fato de o Exército não haver se solidarizado "com as atividades ou moldes monárquicos, característicos do Estado monárquico".

O distanciamento do Exército da classe agrária prosseguiu com a República, e a sua identificação com a classe média se intensificou. San Tiago, sem o citar, alude à direção da economia, então confiada a Rui Barbosa, que promoveu uma "administração da classe média", de "abertura de novas possibilidades, inclusive nos recursos extremos de que lançou mão, desviando os financiamentos tradicionais da classe agrária". Nesse contexto, as classes militares, conclui San Tiago, não seriam em si conservadoras, mas sim "um mecanismo corretivo no mecanismo conservador da sociedade", precisamente pela sua identificação com a classe média.[499]

San Tiago arremata sua palestra expondo a estrutura do Estado democrático e do Estado totalitário. É preciso, diz, atentar não à origem do poder, para encontrar o "critério diferenciador" desses dois estados, mas ao "modo como ele funciona", lembrando que "as mais típicas ditaduras de nosso tempo foram estabelecidas por processos legítimos", tal a ditadura hitlerista.

A "diferença conceitual profunda" está em como é tratado o antagonismo existente entre a ação dos indivíduos e a ação do Estado, antagonismo entre a "estrutura democrática e a ditatorial". Naquela, "toda a construção do edifício do Estado obedece ao propósito de encontrar uma técnica para proteger eventualmente o indivíduo contra o seu governo", enquanto no estado ditatorial dá-se o inverso: "nada protege melhor o interesse do indivíduo do que a ação governamental".

"Houvesse tempo", San Tiago diz, iria mostrar as "consequências dessa oposição". Onze anos depois, já muito doente San Tiago, a sociedade brasileira iria, ela própria, experimentá-las.[500]Em suas conferências na Escola Superior de Guerra, San Tiago volta a um ponto por ele referido; como fizera em seu ensaio sobre Rui, aponta a identificação do Exército com a classe média emergente, e a distância do Exército da classe agrária no final do Império, então a classe no comando político do país. A identificação do Exército com a classe média prosseguiria na República, e o fato de não haver o Exército estabelecido um vínculo maior com o poder político, o liberara à crítica, crescente, da classe dirigente; e, nessa crítica, em determinadas circunstâncias, teria o Exército o apoio da classe média. Essa identificação poderia, ao menos em parte, explicar a desenvoltura do Exército – "o partido de armas na mão", como o jovem San Tiago o chamara – em buscar fazer da sua política a política do país. E, naquele momento, em 1953, crescia a inquietação dos militares em relação à política.

A crítica de San Tiago à elite era o desfecho das análises que vinha fazendo sobre a situação brasileira. Ainda em 1942, ao mostrar as razões pelas quais fracassara o Integralismo, defendeu a substituição do capital pelo trabalho como o núcleo das reformas estruturais brasileiras que deveriam ser promovidas, e denunciava os privilégios conferidos à classe proprietária e os direitos negados à trabalhadora, acrescendo que a esta deveria ser garantida a seguridade social digna, que então já se ia convertendo em mais um privilégio de determinadas categorias de servidores públicos.

San Tiago mostrara ser o Direito comprometido com o regime democrático. Em sua defesa do humanismo no Direito, afirmou ser o homem o centro de valores em um processo contínuo de aperfeiçoamento, o qual o Direito não poderia ignorar, como deveria a ele dar forma, preservando essa característica essencial, pois não era o Direito apenas uma ordenação fria e técnica de normas entre si articuladas.

Analisando a ação política, San Tiago refutara a solércia dos que prezavam a justificação dos meios em vista dos fins, defendendo a ação política legítima, ciente de que ela cobrava o sacrifício pessoal de arrostar o destino, pelo enfrentamento das forças que se interpusessem na trajetória do homem público. Nesse sentido, o Quixote era o exemplo que via insuperável: a conquista do dom de si mesmo, a síntese habilitadora de um caminho a percorrer, cujos frutos talvez não fossem alcançados, mas cujas sementes vingariam como lição do esforço maior na realização de um propósito transcendente.

A forma material desse propósito San Tiago recolheu de Rui, ao nele ver o *estadista do progresso*, capaz de elaborar uma ideologia do desenvolvimento devidamente articulada a propostas e normas legais a serem aprovadas pelo Parlamento, e não impostas à força pelo Executivo, e capazes de promover o efetivo desenvolvimento social e econômico do país. Àquela altura estava claro a San Tiago que a elite dirigente brasileira não seria capaz de promover as reformas estruturais, sem as quais o subdesenvolvimento brasileiro não seria vencido.

Em paralelo ao exercício da sua profissão, San Tiago vinha elaborando a sua ideologia reformista, "interpretando culturalmente" a realidade social econômica do país, a partir da sua múltipla experiência profissional e intelectual.

A crítica aberta à elite dirigente do país seria o sinal para iniciar a ação política partidária, porém de eficácia retida, como diria o jurisconsulto; a ideologia reformista já tinha objeto e forma delineados e o propósito determinado, mas o retorno de San Tiago à política partidária aguardava o início da execução desse contrato consigo mesmo. Era preciso achar o momento e o veículo partidário por meio do qual a sua ação política deflagraria o seu curso público.

• Meados de 1953

Em face do agravamento da situação econômica e política do país, em junho Getúlio reformou o seu gabinete, restando apenas um dos ministros nomeados havia dois anos. Como sempre, Getúlio fez um balanço das forças que o apoiavam; porém, o seu critério exibiu um traço pessoal nítido. Três dos indicados eram experientes, políticos: o ministro da Fazenda, Oswaldo Aranha, amigo do presidente; e os outros dois, José Américo e Vicente Rao, embora houvessem eventualmente feito oposição ao ditador no Estado Novo, eram homens experientes e convertidos à obediência a Getúlio, e assumiram, respectivamente, a pasta da Viação e Obras Públicas e das Relações Exteriores, este substituindo João Neves da Fontoura.[501] Os outros três ministros eram políticos jovens; o gaúcho João Goulart, que assumiu o Ministério do Trabalho, era o herdeiro político escolhido por Getúlio. O ministro da Educação, uma nova pasta que se desdobrava do Ministério da Saúde, foi entregue ao baiano Antônio Balbino, do PSD, substituindo outro baiano; e a pasta da Justiça foi entregue ao líder da bancada mineira do PSD na Câmara Federal, Tancredo Neves, substituindo Negrão de Lima, outro mineiro.

O novo ministério refletia a coligação PSD-PTB, que formava maioria no Congresso em apoio ao presidente. No dia seguinte à posse de Jango, no Ministério do Trabalho, os trabalhadores marítimos deflagraram uma greve nacional, paralisando portos, estaleiros e navios mercantes em todo o país. O novo ministro aceitou prontamente todas as reivindicações dos grevistas.[502] E três dias depois, na sede do Sindicato dos Operários Navais do Rio de Janeiro, Jango afirmou que iria "prestigiar os autênticos líderes sindicais" e que as portas do seu gabinete no ministério "estão abertas a todos representantes de fato da classe trabalhadora". Ao ver do ministro, o Brasil precisava de "líderes operários" e dessa "unidade demonstrada na greve dos marítimos, tão indispensável ao desenvolvimento do sindicalismo brasileiro".

O ministro do Trabalho, por suas próprias palavras, identificava-se aos olhos do país como sendo ministro dos trabalhadores sindicalizados e de seus líderes, e a essa adesão somava a noção de que o aperfeiçoamento do sindicalismo brasileiro dar-se-ia, como enunciou o ministro, pela unidade dos grevistas, tal a exibida nas recentes paralisações.

As primeiras ações do novo ministro sobressaltaram não apenas a classe política estranha ao PTB, mas também a classe média trabalhadora fora dos círculos sindicais, e que sofria diretamente os efeitos das sucessivas paralisações.[503] O PSD, que reunia, sobretudo em Minas, uma ampla base conservadora, ampliou a sua reserva à ação do ministro; a aguerrida oposição ao governo capitaneada pela UDN sentiu-se estimulada e alarmou o oficialato nas Forças Armadas. A associação do trabalhismo de Vargas à ação dos comunistas, que seria estimulada por Jango, era nítida, como em editorial o jornal *O Estado de São Paulo* acusava.[504] Sobre a crise econômica, configurava-se uma crise política. E esta, com Jango à frente, subia ao círculo pessoal de Getúlio.

• Viagem aos Estados Unidos

Nesse contexto político de crescente instabilidade, San Tiago viaja, em julho, aos Estados Unidos, onde visitaria, além de Washington, Nova York e Chicago.[505] Porém, a viagem até Washington, informa em carta ao amigo Lacombe, trouxe-lhe uma "pavorosa enxaqueca", que o levou a uma estadia de uma semana em *Homestead*, no estado de Virgínia; "infelizmente a minha saúde não precisa de dias, mas de meses para se refazer, diz ao amigo".[506] Walther [Moreira Salles, então embaixador em Washington], inclusive, estaria marcando "hora em um médico [em Nova York], que, irá me repetir tudo quanto tenho ouvido, ora otimista, ora alarmado, em tantos consultórios da minha vida de consulente".

San Tiago faz um longo relato a Lacombe e, como de hábito, a ele acrescenta considerações sobre o que via. Relembra a sua primeira viagem internacional, ao Panamá, em 1943, quando sobrevoou a Amazônia, então a bordo de um pequeno DC-3, e o impressionou a abrangência da visão aérea que, observa, transformara as viagens como forma de aprendizado. "As estradas e hotéis que o nosso *Rousseau* achava preferível visitar viajando a pé pertencem hoje ao automóvel; mas "a cordilheira, o planalto, o deserto, o Lago Titicaca, o Rio Amazonas, só se entregam verdadeiramente ao avião". Então, a "América revela a sua natureza macroscópica, a sua escala de miriâmetros"; no descortino da paisagem vista do avião, "o próprio céu é parte, entra em sistema, e o panorama ocasional das nuvens não é um fator indiferente".

Em solo, a América, como então eram comumente referidos os Estados Unidos, também impressionava San Tiago, especialmente o vigor da sua economia e a sua mobilidade social: o hotel é "monumental, entre uma floresta e um campo de golfe", dotado dos "maiores requintes do modo americano de viver". Quem compare as possibilidades da classe média americana, diz San Tiago, com "a vida europeia mais abastada, como fazemos quase todos, precisa corrigir suas impressões e generalizações nestes centros de férias, que não podemos suportar orçamentariamente por mais que alguns dias". O "maior orgulho da América, prossegue San Tiago, deve estar nessa capacidade de elevar o seu nível de vida de tal maneira, que a comparação com outros países tem de ser feita através do cortejo de classes sociais diferentes".

O "suporte orçamentário", ao qual San Tiago se refere, seria uma gentileza ao amigo Lacombe, professor universitário, sempre constrangido em suas viagens pela escassez de fundos, e não ao advogado de enorme sucesso, e agora banqueiro também. Ao hotel, d. Violeta e a sobrinha Lúcia vão se reunir a San Tiago e Edméa. Seu pai, o almirante Raul, seguia em Washington, onde San Tiago o encontrara "um pouco cansado da maratona da coroação" (da rainha Elizabeth, em Londres, de onde vieram os pais de San Tiago a Washington), mas refere, como sempre orgulhoso, as atividades da mãe – que por vezes grafava, singularmente, *mãi* – "o seu entusiasmo crescente com os Estados Unidos, tomando aulas de inglês e lendo romances americanos".[507]

A viagem de San Tiago com Walther terá ocorrido ao fim do seu exercício na Embaixada nos Estados Unidos, pois, na mesma carta a Lacombe, de 23 de julho, San Tiago informa que "Walther está radiante, pois tem, desde segunda-feira (20 de julho), substituto. Embora os motivos dele para deixar a Embaixada sejam particulares, considero muito oportuno afastamento do ponto de vista político". Com Oswaldo Aranha no Ministério da Fazenda, "imagino o que vai ser este posto", e observa San Tiago: "Os que pensam que o Getúlio tem métodos e fins devem estar desorientados".

Antônio Gallotti, que ia subindo rapidamente na complexa estrutura administrativa da *Light*, prossegue San Tiago, "muito amavelmente promoveu-me um convite para o Canadá", onde San Tiago visitaria os controladores da empresa, mas "sinto não ter agora tempo para aceitar. Estou gratíssimo", acrescenta.[508] Os dois amigos diferiam; a objetividade de Gallotti era assombrosa e plástica, atravessava todos os planos da sociedade, indistintamente; San Tiago exsudava uma gravidade pessoal, gentil, e um engenho intelectual singular, de análises, sínteses e formulações. Mas os amigos se entendiam sobre todas as diferenças, inclusive as partidárias, que iriam crescer sem cessar, por iniciativa de San Tiago.

• Coreia e Brasil

Depois de um longo domínio democrata, em novembro de 1952, o general Eisenhower foi eleito pelo Partido Republicano presidente dos Estados Unidos. A política externa norte-americana logo se ajustou às diretrizes partidárias dominantes. A defesa militar do país seria o principal objetivo, extremamente valorizado pela classe política republicana, enquanto as relações comerciais deixariam de ser estabelecidas entre governos, passando a ser deixadas majoritariamente à iniciativa de empresários privados, e reduzido o papel dos organismos multilaterais. Nesse novo contexto, em julho de 1953, o governo dos Estados Unidos manifestou o desejo de encerrar os trabalhos da Comissão Mista Brasil-Estados Unidos, expresso o seu desagrado com a política de sustentação, determinada pelo governo brasileiro, do preço do café e, também, pela nova legislação do petróleo, prestes a ser aprovada no Congresso brasileiro, que impedia a participação de capitais estrangeiros na sua exploração refino.[509]

No plano externo, na guerra da Coreia subsistia o impasse a que haviam chegado, ainda no verão de 1951, as forças beligerantes estacionadas praticamente no mesmo local onde iniciara o conflito. Porém, as escaramuças não cessavam, e assim as baixas norte-americanas somavam-se à razão de mais de duas mil por mês. Ambos os lados perceberam que nenhum deles venceria a guerra, iniciada em 1950; as negociações para encerrar o conflito haviam começado em julho de 1951, mas sem sucesso. A constatação dos maus tratos infligidos aos prisioneiros por ambos os lados, assim como a sorte dos prisioneiros norte-coreanos, cuja metade dos mais de cem mil se recusava a retornar ao seu país, dificultavam o acordo e retardaram os entendimentos. Nesse impasse, os bombardeios norte-americanos sobre o território da Coreia do Norte prosseguiam a um ritmo comparável ao volume de bombas despejadas pela Força Aérea norte-americana sobre a

Alemanha na guerra anterior, sendo a capital norte-coreana completamente destruída.

O general Eisenhower, experiente militar – o comandante das tropas aliadas no desembarque nas praias da Normandia, em junho de 1944, a maior operação bélica do gênero jamais executada – foi visto pelo eleitorado como capaz de pôr fim à guerra da Coreia, e esta era uma das missões a ele outorgada na expressiva vitória que lhe atribuiu. Morto Stálin, em março de 1953, os novos dirigentes, em meio a uma feroz disputa interna pela afirmação no posto de novo líder da União Soviética, deixaram claro que não desejavam o prolongamento do conflito na Coreia, reconhecendo, tal como seus adversários, o fato incontestável, de que não haveria vencedores, apenas perdedores. O armistício tornou-se inevitável, e em julho um cessar-fogo foi firmado, prolongando-se até os dias de hoje.

Os americanos perderam oficialmente trinta e sete mil homens e tiveram mais de quarenta mil feridos na guerra da Coreia. Os chineses contaram meio milhão de baixas, e as duas Coreias cerca de três milhões, entre mortos, feridos e desaparecidos, além de cinco milhões de desalojados de suas casas.

A China de Mao, mesmo tendo sofrido pesadas baixas, emergiu do conflito como uma potência militar continental a ser respeitada, enquanto o Japão tornou-se o maior beneficiário direto da sinistra economia de guerra; sua economia floresceu, e ele assumiu a liderança industrial na Ásia e na Oceania. O grande derrotado na guerra do Pacífico tornou-se o bastião capitalista, firmemente aliado aos Estados Unidos, situado ao largo dos maiores estados comunistas de então, a União Soviética e a China.

O controle da península coreana pelos comunistas foi evitado, ainda que a um alto custo humano, que fez reviver a tragédia da guerra, cinco anos depois do final da última. Mas, os principais atores da Guerra Fria, Estados Unidos e União Soviética, perceberam que poderiam se enfrentar militarmente sem recorrerem aos seus arsenais nucleares. Essa experiência iria se repetir, na década seguinte.

• Documente-se

O mais aguerrido e contundente adversário de Getúlio, o jornalista Carlos Lacerda, vinha atacando duramente o jornal *Última Hora*, o único a apoiar Getúlio abertamente. Lacerda acusava o presidente de haver constrangido o Banco do Brasil a conceder empréstimos à *Última Hora*, de Samuel Wainer. A UDN, partido de Lacerda, e oposição constante ao presidente da República, uniu-se à campanha. Getúlio autorizou a sua bancada aprovar a constituição de uma Comissão Parlamentar de Inquérito, formada em abril, para apurar o alegado favorecimento de Getúlio ao jornal *Última Hora*. Em seu depoimento, Wainer se recusou a nomear os financiadores privados de seu jornal.

Essa recusa em nomear os seus financiadores levou Wainer à prisão a 19 de julho, por dez dias. Ao final, em novembro seguinte, o inquérito não alcançou seu objetivo maior de provar a acusação de favorecimento de Getúlio à *Última Hora* e mostrou que os principais jornais eram também devedores do Banco do Brasil.[510]

Os motivos para Walther pedir exoneração do posto de embaixador do Brasil em Washington, antes de julho, seriam particulares, segundo escreveu San Tiago a Lacombe; porém, o nome de Walther havia ganhado as manchetes, no curso da CPI sobre financiamentos particulares feitos à *Última Hora*.[511]

Não mais embaixador desde agosto, a 8 de outubro, Walther, da Suíça, escreveu a San Tiago relatando a conversa que tivera com Samuel Wainer, na qual ele, Walther, informara a Samuel que iria transferir-lhe as ações da empresa controladora do jornal *Última Hora*, – que foram dadas em garantia ao empréstimo feito pelo Banco Moreira Salles à *Última Hora* quando do lançamento do jornal – ou a quem Samuel indicasse, sem (Walther) receber qualquer compensação financeira. Walther acrescentou que não foi possível atender ao apelo de Samuel, que então lhe fez, para auxiliá-lo outra vez, "em companhia de outros amigos".[512] "Walther refere a opinião ouvida de San Tiago, que seria melhor pôr "um ponto final no caso", mas devemos, diz Walther, "como você [San Tiago] bem sugeriu, nos documentarmos, sobre a cessão das ações". Dirigindo-se a San Tiago diretamente, Walther diz: "Os acontecimentos tão desagradáveis que cercaram o caso, onde cooperamos na melhor das intenções, ainda mais reforçaram o desejo de me alhear do assunto, para o futuro, conservando, porém, as boas relações que com ele (Samuel) tenho e que prezo. Foi uma experiência que muito me custou, sob inúmeros aspectos, e espero que você possa dar solução (à cessão das ações) com a habilidade e amizade de sempre".

E concluiu: "Bem, querido San Tiago, telegrafe-me para Paris acusando o recebimento desta, para minha tranquilidade. Com minhas saudades, um abraço muito afetuoso do seu Walther".[513]

- **Problemas de Direito**

Em vigor a Constituição de 1946 e reaberto o Congresso, a intervenção arbitrária do governo na economia estava já afirmada como San Tiago mostrara em seu parecer sobre a fixação do prazo do açúcar. Igualmente, o planejamento econômico ditado pelo governo expandia-se, e eram criadas novas empresas estatais, como a Petrobras, administradas segundo a vontade do Executivo, sensível aos agora múltiplos interesses partidários que o cercavam, como San Tiago mostrara em sua proposta de controle das empresas estatais. A ação do Executivo tinha lugar sem a fiscalização efetiva do Parlamento e sem que esse editasse normas ordinárias que prescrevessem e, em seus limites contivesse, segundo os princípios fixados na Constituição, a ação do governo.

Nesse contexto, achavam-se em plena maturidade intelectual juristas nascidos ao fim do século anterior, tal Francisco Campos, o constitucionalista Themístocles Cavalcanti, o autor da Lei de Sociedade Anônima e de Falências, Trajano Miranda Valverde, o processualista civil Pedro Batista Martins, autor dessa nova lei, e o mais notável deles e, como Francisco Campos, amigo de San Tiago, Pontes de Miranda.

A esses juristas viriam somar-se os da geração seguinte, a de San Tiago, cujas obras surgiriam ainda na década de 1940 e se afirmariam na de 1950, uma das décadas mais ricas da literatura jurídica do país.[514]

A tese de doutorado, apresentada por San Tiago à Faculdade Nacional de Direito em 1940, sobre direito de vizinhança, jamais fora reeditada. As suas aulas ministradas no curso de Direito Civil nessa Faculdade foram taquigrafadas por um aluno de seu primeiro curso iniciado em 1942 e reunidas em apostilas mimeografadas; e, embora circulassem em grande número, San Tiago jamais as revisou, e elas seriam muito mais tarde editadas em livro, sendo um exemplo raro de concisão e precisão doutrinária. Alguns professores mais tarde, seus alunos, se valeriam muito dessas apostilas em suas aulas, alguns deles em suas obras.

San Tiago lança, em 1953, *Problemas de Direito Positivo*, que seria o seu único livro de Direito Aplicado, à exceção da sua tese de cátedra.[515] Reunindo vinte e um estudos e pareceres, a maioria publicados na década anterior, San Tiago trata pioneiramente de alguns temas fundamentais do Direito, como o princípio do devido processo legal, e da evolução do Direito dos contratos, diretamente afetados pela inflação monetária, cujo curso, irrefreado, entrava pela segunda década, desorganizando a vida social e econômica do país. Outros problemas jurídicos então presentes e são tratados com abordagens inovadoras, até hoje atuais: os "meios de proteção ao comprador", a "preferência para subscrição de aumento de capital das sociedades anônimas", o "poder regulamentar das autarquias", "normas de direito singular e sua revogação", e "lei e regulamento".[516]

O título do volume refere exatamente como San Tiago via o objeto da sua profissão: resolver problemas que desafiassem o seu talento jurídico. Mais tarde, de volta à política militante, San Tiago veria que as soluções dos problemas a lhe desafiar seriam mais complexas, e, no seu caso, as mais significativas, inalcançáveis.

CAPÍTULO 15

TIROS FATAIS

O Getúlio, tirando o Jango [do Ministério do Trabalho], contentou os militares, mas é inegável que cedeu a um ultimatum e ficou com sua autoridade diminuída.[517]

• O ministro e o ministério

A crítica aberta e violenta vibrada ao presidente da República pela UDN e por toda a imprensa, à exceção do jornal *Última Hora*, não era o único fato a afrontar Getúlio em seu segundo governo. Os trabalhadores, antes domados pelas restrições estritas à liberdade sindical em vigor no Estado Novo, não eram mais submissos ao comando do antigo líder, que só os recebia em articulados encontros protocolares e a eles se dirigia pelo rádio e em orquestradas cerimônias públicas; agora, defrontava-se o presidente com greves, exigências e mobilizações de trabalhadores capazes de afetar diretamente o equilíbrio social e econômico do país.

Jango trouxe à direção nacional do PTB, e a seguir ao Ministério do Trabalho, um padrão de relacionamento pessoal formado pela sua experiência de estancieiro na lida com peões de suas fazendas, em conversas à roda da cuia de chimarrão e nos churrascos festivos. Era um convívio razoavelmente franco, em que as barreiras sociais momentaneamente não se faziam tão presentes. Jango era educado e naturalmente afável; trazia o colarinho aberto e a gravata afrouxada, sempre sorridente, e, jamais fitando o interlocutor nos olhos, ouvia pacientemente a todos e deixava-se em um silêncio raramente rompido em meio às opiniões que o circundavam.[518]

A figura jovial do ministro, acrescida por sua descontração pessoal, que a intensa vida social do Rio de Janeiro estimulava, tornaram-no ainda mais solícito às lideranças sindicais. Estas fizeram de seu gabinete um ponto de encontro e de reuniões sucessivas, noite adentro, com a presença receptiva do ministro. Mas Jango tinha um objetivo designado pelo seu patrono Getúlio: ampliar a base de sustentação do presidente da República com os trabalhadores, e, com esse propósito, Jango aproximou o PTB das lideranças comunistas, atuantes nos sindicatos.[519]

A orientação seguida por Jango à frente do ministério – à frente da "trincheira dos trabalhadores", como ele o denominou – suscitou imediata reação.[520] No esquema partidário de sustentação do governo no Congresso – por meio da aliança entre o PSD, majoritário, e o PTB –, aquele partido representava, em larga medida, o voto conservador, naturalmente contrário à aproximação do novo ministro do Trabalho, líder do PTB, com lideranças do partido comunista. E, nessa linha, já ao início de janeiro, o governador paulista Adhemar de Barros, que dera a Getúlio expressivo apoio na eleição presidencial, dele se afastou publicamente. A oposição, vendo os abalos na base de sustentação do governo e sem encontrar por parte deste uma resistência à altura dos ataques que sofria no Congresso e fora dele, acresceu suas investidas. Sem dúvida, o mais agressivo dos adversários era o udenista Carlos Lacerda, à frente do seu jornal, *Tribuna da Imprensa*. Embora seu alvo central fosse Getúlio, ele não poupava da sua ferocidade denunciatória nem sequer os seus próprios correligionários, quando supunha vê-los arrefecer em sua crítica ao governo.[521]

• Insubordinação tolerada

No decreto por meio do qual Getúlio havia elevado o salário mínimo em dezembro 1951 estava previsto um novo reajuste dali a dois anos. No início daquele ano de 1954, começaram a circular rumores de que o ministro do Trabalho, pressionado pelas lideranças sindicais nas quais ele abertamente se apoiava, determinara estudos para dobrar, em uma única vez, o valor do salário mínimo, de Cr$ 1.200 para Cr$ 2.400, em relação a uma depreciação da moeda no mesmo período de cerca de 60%. Essa proposta encontrou oposição do Ministério da Fazenda, chefiado por Oswaldo Aranha, e dos empresários, que defendiam um reajuste de pouco mais de 40%.[522]

A 8 de fevereiro, surgiram publicados nos jornais trechos de um manifesto firmado por quarenta e dois coronéis e trinta e nove tenentes--coronéis da ativa, dirigido ao generalato do Exército. Redigido pelo então tenente-coronel Golbery do Couto e Silva, integrante do corpo permanente da Escola Superior de Guerra, o *Memorial dos Coronéis*, como ficaria conhecido, era versado em puro estilo castrense: frases com a ordem invertida, adjetivação preciosa e bombástica, orações reduzidas, em busca de dar ao texto uma cadência enfática.[523]

O Memorial era um claro ato de insubordinação e afrontava a hierarquia do Exército; nele eram os generais, superiores dos signatários, publicamente advertidos por seus subordinados sobre a situação da força, que descreviam em cores dramáticas. O texto acusava o agravo ao moral de seus quadros, causado intencionalmente pelo descaso que o poder civil votava ao Exército; este se achava privado de recursos materiais, seus oficiais desestimulados pelos baixos soldos recebidos; e, sobre a impossibilidade de assim cumprir o seu dever funcional, via-se o Exército exposto às investidas solertes de ideologias de esquerda, estimuladas por setores do governo. Porém, a razão maior do protesto vinha expressa ao final do texto do Memorial: o propalado aumento de 100% sobre o valor do salário mínimo, índice de reajuste que não contemplaria o soldo militar.[524]

Um claro ato de insubordinação por parte dos signatários do Memorial, estes, todavia, não foram punidos por Getúlio, uma omissão percebida nas Forças Armadas como um sinal de fraqueza política do presidente.[525] Divulgado o texto integral do Memorial, a 22 de fevereiro, um dia depois João Goulart e o ministro do Exército foram exonerados de seus cargos por Getúlio. Mas a queda de seu pupilo não demoveu o presidente. A 1º de maio, Getúlio anunciou em Petrópolis, na presença de dois mil líderes sindicais, o aumento de 100% no valor do salário mínimo, ressaltando na oportunidade a defesa dos trabalhadores empreendida por seu ex-ministro, e que ele ora ratificava.[526]

E Lacerda prosseguia em sua violenta campanha pela imprensa, à qual reagia solitariamente a *Última Hora*, atacando-o e aos próceres da UDN. Nas páginas da *Tribuna da Imprensa* e pelos microfones da *Rádio Globo*, de Roberto Marinho, que lhe concedia cada vez mais tempo, Lacerda acusava de ladrão o filho do presidente da República, Lutero.[527] A sua ofensiva estendeu-se à televisão, de Assis Chateaubriand, com grande efeito junto à reduzida, mas atenta, audiência de telespectadores; Lacerda não demorou a dominar esse novo meio de comunicação diverso do rádio, tornando-o mais um veículo de sua oratória fulminante.[528]

• O atentado

Entre o atentado ao jornalista Carlos Lacerda na Rua Toneleros, em Copacabana, nas primeiras horas do dia 5 de agosto, em que foi morto a tiros o major Vaz, um dos oficiais da Aeronáutica que davam guarda voluntária, à margem de seu posto, ao agressivo jornalista, e o tiro no peito com que Getúlio Vargas se matou em seus aposentos no Palácio do Catete, às 8h30 da manhã, do dia 24 de agosto de 1954, decorreram dezenove dias – dos mais dramáticos da política nacional.[529]

Algumas horas depois do atentado, um motorista de táxi foi a uma delegacia de polícia em Copacabana e declarou que pouco antes transportara um desconhecido suspeito em seu carro. Na verdade, o carro do taxista fora alvejado por tiros disparados por um vigia local, no momento do atentado. E o motorista do táxi fazia ponto na esquina da Rua Silveira Martins com a Rua do Catete, na esquina do Palácio do Catete – onde residia Getúlio – e prestava serviços regulares a integrantes da guarda pessoal do presidente da República. Estava prefigurada a sinistra conexão entre o atentado e a guarda pessoal do presidente da República.[530]

No dia seguinte ao atentado, a 6 de agosto, Getúlio, por meio do seu ministro da Justiça, Tancredo Neves, comprometeu-se publicamente perante o país, e especialmente à Aeronáutica, onde servia o major Vaz, a apurar a responsabilidade pela "deplorável ocorrência".[531] Mas Lacerda já se antecipara: no mesmo dia do atentado, na *Tribuna da Imprensa*, acusava "só um homem como responsável por esse crime. É o protetor de ladrões, cuja impunidade lhes dá audácia para atos como os desta noite. Esse homem chama-se Getúlio Vargas".[532]

Estava criado um clima político que mobilizaria a atenção da opinião pública, sobretudo na capital federal.

• O jovem oficial morto e o Brigadeiro

Na tarde do dia 6, foi o major Vaz sepultado. Mesmo não estando o major em serviço no momento do atentado, o seu velório teve lugar no Clube da Aeronáutica, onde foi celebrada uma missa de corpo presente, sendo o esquife transportado a pé até o Cemitério São João Batista, em Botafogo; o brigadeiro Eduardo Gomes liderava o cortejo fúnebre e, grafado em uma faixa desdobrada à sua frente, lia-se que aquele crime não ficaria impune. A revolta dos oficiais da Aeronáutica com o assassínio de seu companheiro crescia, insuflada publicamente por Lacerda.[533]

Candidato pela legenda da UDN à Presidência da República nas eleições de 1945 e 1950, em ambas foi o brigadeiro rudemente batido pela força política de Getúlio; na primeira, ao este mandar seus correligionários votarem no marechal Dutra, seu ex-ministro da Guerra durante o Estado Novo, que então findava, e, em 1950, quando Getúlio, candidato ele próprio, impôs ao brigadeiro fragorosa derrota. Não foi difícil ao brigadeiro naquele momento liderar seus companheiros de farda assimilando, impropriamente, a honra ferida da sua força à honra da nação, e advertir publicamente o governo quanto à apuração do crime.[534]

• O peão e o presidente

A 7 de agosto, o motorista do táxi, em novo depoimento, identificou um segundo passageiro em seu carro na noite do crime: Climério Euribes de Almeida, integrante da guarda presidencial, subordinado a Gregório Fortunato e também ligado a Benjamin Vargas, irmão do presidente. O outro passageiro, antes referido, foi também identificado: o pistoleiro Alcindo João do Nascimento. Estava estabelecida a conexão direta entre o crime e o palácio do governo da República.[535]

Peão de fazendas e depois integrante da Brigada Militar do Rio Grande do Sul, Gregório, o negro Gregório como o chamavam seus conterrâneos, ou o Anjo Negro, como o alcunharam os adversários do presidente, estivera envolvido nos combates aos paulistas na Revolução de 1932, quando se aproximou de Benjamin Vargas, irmão de Getúlio. Este criou a guarda pessoal do presidente depois da revolta integralista em 1938, quando o Palácio da Guanabara foi invadido pelos rebeldes, e o presidente lá se encontrava com a sua família absolutamente desprotegido. Benjamin chamou Gregório e outros companheiros seus da Brigada para formarem a guarda pessoal do presidente, que, com retorno de Getúlio à Presidência em 1951, foi novamente constituída. Coube a Gregório reorganizá-la e chefiá-la, servindo de guarda-costas do presidente da República, estando sempre a ele próximo em suas aparições públicas.[536]

Gregório indagado pessoalmente por Getúlio no dia do atentado, nele negou estar envolvido; porém, a 8 de agosto, confessou a Benjamim ser ele o mandante do crime. Benjamin informou a seu irmão da possibilidade de Gregório estar envolvido no atentado, e Getúlio determinou a imediata dissolução da sua guarda pessoal, a detenção de Gregório nas dependências do Palácio e fossem elas franqueadas às diligências policiais.[537]

• A oposição múltipla

A 9 de agosto, falando pela *Rádio Globo*, Lacerda acusou Getúlio de estar cercado de facínoras, e que a sua presença à frente do governo era "um desafio e uma afronta insuportável à consciência dos brasileiros"; e o secretário-geral do Partido Comunista Brasileiro, Luís Carlos Prestes, ex-aliado de Getúlio ao fim do Estado Novo, apontava ao jornal do seu partido, a *Tribuna Popular*, "os instintos sanguinários" de Getúlio naquele regime, e afirmava que no governo atual "não foram poucos os trabalhadores barbaramente torturados e assassinados pela polícia", ao mesmo tempo em que acusava seu ex-liderado Lacerda de ser agente da Polícia Federal norte-americana. Na Câmara, o deputado Aliomar Baleeiro, da UDN, em aparte a um discurso candente de seu colega e líder do partido, Afonso Arinos, pediu o afastamento do presidente do cargo.[538]

A oratória moderna de Lacerda, vazada em um tom coloquial, mas marcada por ferinos ataques pessoais a seus adversários políticos, especialmente a Getúlio, não encontrava par entre seus correligionários e opositores; pelo rádio e pela televisão ele movia uma campanha pública inédita contra o governo. Na Câmara, secundava-o o líder da UDN, Afonso Arinos. Um tribuno eficaz, ainda que tributário de fórmulas retóricas tradicionais, entre as quais formular o orador sucessivas e enfáticas indagações para as responder em seguida, e, por esse diálogo encenado, ir fixando dramaticamente aos ouvintes o alvo de seu confronto verbal; seu discurso era, porém, refinado por traços de uma larga cultura política e histórica, que lhe davam o comando parlamentar dos ataques a Getúlio.

Das fileiras da base de sustentação do governo, do PSD e do PTB, erguiam-se vozes pouco inspiradas e receosas em defesa do presidente da República, incapazes de contestar, efetivamente, as investidas dos quadros da UDN. Em paralelo, as forças militares movimentavam-se, especialmente a Aeronáutica.

• A República do Galeão

Depois de aclamarem o brigadeiro Eduardo Gomes, o "chefe incontestável da Aeronáutica", no dia seguinte, a 10 de agosto, em reunião no Clube da Aeronáutica, os oficiais pediram a deposição do presidente da República; a seguir, um grupo de oficiais das Três Armas foi ao ministro do Exército, Zenóbio da Costa, solicitar apoio à proposta de afastamento do presidente, negado por Zenóbio. A 12 de agosto, foi instaurado um inquérito policial militar sediado na Base Aérea do Galeão, logo conhecida como a "República do Galeão", que passou a comandar as investigações, à margem do inquérito policial civil em curso.[539]

Capturado e preso pela Aeronáutica, a 13 de agosto, o pistoleiro Alcino confessou a autoria dos disparos que mataram o major Vaz e feriram o guarda municipal, afirmando que fora contratado por Climério para matar Carlos Lacerda. Dois dias depois, oficiais da Aeronáutica apreenderam no Palácio o arquivo particular de Gregório, foi ele preso e recolhido à base Aérea do Galeão. A 18 de agosto, foi preso Climério, que confessou ter sido contratado por Gregório, para participar da trama para eliminar o maior crítico de Getúlio Vargas.

Os documentos apreendidos no Palácio do Catete revelaram a atuação paralela e ilícita do Anjo Negro, o inseparável guarda-costas do presidente da República. À frente de oitenta e três homens, integrantes da guarda do presidente, e sempre próximo a ele, Gregório não demorou a se valer de seu prestígio funcional e exercê-lo em proveito próprio, como mostrariam as investigações. Indicava protegidos seus para cargos em órgãos públicos, recebia propinas por obter licenças de importação junto ao Banco do Brasil e, com um empréstimo do banco, comprou, em 1953, uma fazenda no Rio Grande do Sul, de propriedade de Maneco Vargas, um dos filhos do presidente. Os negócios escusos de Gregório foram imediatamente vazados para a imprensa pelos responsáveis pelo inquérito, e Getúlio, tendo confrontado o filho, dele ouviu a confirmação de que vendera a fazenda ao seu chefe da guarda.[540]

• O repto ao presidente

A 20 de agosto, o vice-presidente da República, Café Filho, que já havia se reunido secretamente com Carlos Lacerda, informou ao ministro da Guerra, Zenóbio da Costa, o seu propósito de sugerir a Getúlio a renúncia conjunta, do presidente e sua, como forma de superar a crise. A proposta foi rejeitada pelo alto comando das Forças Armadas, na tarde do mesmo dia 20, e as Três Forças foram postas em prontidão. No dia seguinte, Café Filho levou pessoalmente a Getúlio a proposta de renúncia conjunta, e este a recusou.

Em reunião, a 22 de agosto, no Clube da Aeronáutica, os oficiais firmaram um manifesto no qual exigiam a renúncia de Getúlio. O ministro da Justiça, Tancredo Neves, tomando conhecimento do teor do documento, propôs a prisão dos signatários e submeter ao Congresso a decretação do estado de sítio. Os ministros militares se opuseram à proposta de Tancredo.[541] A seguir, naquela noite, o marechal Mascarenhas de Morais, chefe do Estado Maior das Forças Armadas, deu a Getúlio notícia do manifesto; em resposta ao marechal, disse Getúlio que, mesmo abandonado pelas forças militares e pelos amigos, já vivera muito, e "agora posso morrer. Nunca darei, entretanto, uma demonstração de pusilanimidade".[542] A 23 de agosto, em discurso no Senado, o vice-presidente da República rompeu com o titular.

- **O julgamento consciente**

No correr desse dia, noticiou-se a existência de um manifesto firmado na véspera por generais do Exército, alinhado às duas outras forças, porém mais incisivo.

Redigido pelo mesmo autor do *Memorial dos Coronéis*, o tenente-coronel Golbery do Couto e Silva, este outro manifesto, sentencioso e mais curto, afirmava que, já tendo sido apurado que Gregório Fortunato, "homem de absoluta confiança do presidente da República", era o "mentor e mandante" do atentado da Rua Toneleros - o que era exato - mas que havia, segundo o Manifesto, o risco de os culpados não serem punidos - o que não era provável - tais fatos comprometiam a "autoridade moral indispensável ao presidente da República para o exercício de seu mandato". E acrescentava o manifesto que "a perduração" da crise "político-militar", além de trazer "irreparáveis prejuízos à economia", poderia causar "comoções internas". Em face da "intranquilidade geral e do repúdio e indignação de que se acham possuídas todas as classes sociais do país", concluía o texto: "conscientes de seus deveres e responsabilidades perante a nação, os generais signatários, solidários à Marinha e à Aeronáutica", diziam "julgar, em consciência, como o melhor caminho para tranquilizar o povo e manter unidas as Forças Armadas, a renúncia do atual presidente da República".[543]

À noite, as rádios noticiavam que a renúncia de Getúlio havia sido exigida pelas Forças Armadas.

Por volta da meia-noite daquele dia 23, o ministro da Guerra, acompanhado do chefe do Estado Maior das Forças Armadas, notificaram pessoalmente Getúlio do teor do manifesto dos generais e do veredito do julgamento por eles proferido. Getúlio decidiu ouvir os ministros de seu gabinete, e uma reunião foi convocada, tendo início às 03h00 da madrugada do dia 24 de agosto.

- **Ministros esquivos**

Contrariando os seus hábitos, de estrita sobriedade funcional e de rigor hierárquico, a reunião foi aberta à presença de familiares do presidente e de outros funcionários no Palácio, àquela hora.

Um Getúlio com o semblante distante pediu a opinião de cada ministro.[544] Zenóbio, do Exército, declarou-se capaz de resistir, observando, porém, que qualquer ato nesse sentido, "custaria sangue". O ministro da Marinha disse que a Armada não pensava em destituir o presidente, porém já se manifestara em apoio a Aeronáutica, que o queria deposto; e o ministro da Força Aérea admitiu não comandar mais os seus homens, que obedeciam ao brigadeiro Eduardo Gomes e não a ele.[545]

Os ministros civis foram evasivos; a decisão cabia ao presidente, e eles o acompanhariam. José Américo, que mais tarde se disse "colhido de surpresa" com a convocação da reunião, trouxe um toque literário que apenas mascarava o seu endosso à sugestão de renúncia e o temor que sentia de que a crise, evoluindo, envolvesse diretamente os ministros civis; como pouco tempo depois diria, "escudado no testemunho dos detentores das pastas militares, apelei para o desprendimento do presidente, exortando-o a que afugentasse com um grande gesto os espectros que nos rondavam sombrios e ameaçadores".[546] A exceção, desassombrada e enfática, coube ao ministro da Justiça, Tancredo Neves; ele reiterou a proposta de resistir que mais de uma vez fizera a Getúlio, por todos os meios legítimos, disponíveis e suficientes a seu ver, fechando os clubes militares, efetuando prisões e pondo tropa e blindados na rua, inclusive ouvindo o povo, por intermédio do Congresso.[547]

Por último, falou Oswaldo Aranha; sempre dramático, evocou a sua amizade antiga com o presidente e, reafirmando a sua solidariedade ao companheiro de tantos anos, alinhou alternativas, entre elas a resistência pessoal do presidente à situação, alvitre do qual partilharia; a resistência militar; mas também a renúncia do presidente, este um ato pessoal e exclusivo do presidente, declarando-se fiel à decisão que Getúlio tomasse.[548]

Getúlio pediu aos ministros que fossem mais objetivos em suas manifestações. Zenóbio afirmou que poderia prender os signatários do manifesto, mas repetiu que essa seria uma ação sangrenta. Neste ponto, a filha do presidente, Alzira, sua única confidente, interpelou prontamente o ministro da Guerra, lembrando-o de que os generais signatários do Manifesto, nenhum deles, àquela altura, tinha tropa sob seu comando, fato que desmentiria a possibilidade da sangrenta resistência anunciada pelo ministro da Guerra. Intervindo o marido de Alzira, (almirante licenciado) Amaral Peixoto, propôs uma solução supostamente conciliadora: o presidente se licenciaria do cargo. Getúlio disse aceitar a proposta, e determinou aos ministros militares que mantivessem a ordem pública. Os ministros se dispersaram, e Zenóbio da Costa dirigiu-se ao Ministério do Exército. Tancredo redigiu o comunicado a ser feito ao público informando-o da licença, cujo texto o presidente aprovou sem ler.[549]

• O penúltimo lance

Getúlio recolheu-se a seus aposentos privados. Foi interrompido por três vezes. Seu irmão Benjamin o informou ter sido convocado a depor, por um telefonema - cuja autoria jamais seria confirmada –, no inquérito em curso no Galeão; Getúlio disse-lhe que não fosse; se o quisessem, viessem ao Palácio buscá-lo. A seguir, Alzira informou ao pai da disposição de alguns oficiais de prenderem o general Juarez Távora e o brigadeiro Eduardo Gomes, proposta que Getúlio descartou, dizendo-a inútil.[550]

Naquele momento, Lacerda, falando na rádio dizia que Getúlio deveria "apodrecer no Catete"; e, depois de visitar o vice Café Filho, dirigiu-se à casa do advogado José Nabuco, casado com a irmã de Afonso Arinos, que lá estava. Com a notícia de que Getúlio iria licenciar-se do governo, champanhe foi servida aos presentes.[551]

Por volta das 07h00 da manhã, chegou ao Palácio a notícia de que os generais não aceitariam o retorno do presidente, uma vez cumprida a licença. Na verdade, os generais já o haviam julgado e decretado a sua destituição do cargo, decisão que já fora transmitida a Getúlio. Benjamim informou ao irmão, que apenas lhe pediu que verificasse a origem da informação.[552]

Às 08h30, Getúlio disparou um tiro em seu próprio peito.

• O povo, afinal

Ninguém ficou indiferente ao desenlace da crise. Na capital do país, na manhã do dia 24 de agosto, a rede telefônica, sob uma demanda concentrada muitas vezes superior à sua capacidade, sofreu uma pane ficando incapaz de cursar as chamadas feitas pelos assinantes.

Exposto em câmara ardente o corpo de Getúlio, à sua frente moveu-se uma fila ininterrupta de milhares de seus admiradores para prestar ao presidente morto as suas últimas homenagens. A comoção popular estimulou alguns incidentes nas ruas do Rio de Janeiro e esvaziou as de São Paulo.[553] E à tarde do dia 24, o presidente Café Filho deu posse ao seu ministério no Palácio do Catete.

Na manhã do dia 25 de agosto, o cortejo fúnebre, sem honras militares, expressamente recusadas pela família de Getúlio, deixou o palácio até o Aeroporto Santos Dumont, de onde partiu o DC-3 transportando o esquife do presidente morto com destino a São Borja, no Rio Grande do Sul. A Avenida Beira Mar, que margeava a baía até ao aeroporto, desde a Enseada da Glória estava inteiramente tomada por umas das maiores aglomerações populares já vistas na cidade do Rio de Janeiro.[554]

A única forma de resistência que Getúlio vira, dissera e repetira possível em tais situações, materializou-se: o ato último, pessoal e irrefragável. Do poder, que exerceu com raro grau de frieza e empenho, sentiu só lhe restar a alternativa de deixá-lo pela forma que, mais de uma vez, prenunciara e ao longo da crise de agosto de 1954 referiu, ante a incredulidade de seus ouvintes.

• O poder real na cena política

Getúlio logo percebeu a extensão do envolvimento pessoal de seu guarda-costas no atentado e a repercussão negativa que este fato teria ao público e aos militares, ainda que o presidente viesse a ser exonerado de qualquer responsabilidade ao fim de um (certamente humilhante) processo. Não apenas o ricochete figurado da bala assassina, mas, diretamente, o alvejara o envolvimento de Gregório Fortunato no crime da Rua Toneleros, e este fato ficou claro a Getúlio três dias depois do atentado.

A referência à renúncia tal como a proposta por José Américo, sob a forma de um "grande gesto" por parte do presidente, foi apenas uma forma estilizada de endosso da proposta de renúncia reiteradamente feita a Getúlio e sempre por ele recusada, expressamente.[555] A resistência pessoal sugerida pelo companheiro de Getúlio, talvez o mais próximo, Oswaldo Aranha, arrostando as suas próprias vidas, embora sincera em sua expressão, era obviamente irrealista à vista da condição pessoal de seus personagens e do quadro político existente. Ao contrário, havia a recomendação objetiva de resistir reiterada por Tancredo, como assim a reconheceu o próprio Getúlio, ao presentear o seu destemido ministro com sua caneta, com a qual teria assinado a Carta-testamento.[556]

Ainda uma vez, Getúlio surpreendeu a todos com a sua algidez habitual. Guardou para si o último lance e com ele desnorteou os seus adversários, subtraindo-lhes o triunfo de uma campanha política sem precedentes na história do país, e que parecia, até o seu desfecho surpreendente, vitoriosa.

Nove anos depois do fim do Estado Novo e a dez da imposição do regime militar, o suicídio de Getúlio e as forças a que ele reagiu marcaram a política brasileira, no período em que San Tiago iria a ela retornar. Mas não imediatamente. Naquele momento, San Tiago lançava um olhar crítico ao magistério e à advocacia.

A crise política, que teve um desfecho trágico, coincide com a amarga constatação que San Tiago faz do exercício da sua vocação.

• Advocacia e universidade

Em discurso na sede do Instituto, no Rio de Janeiro, em 12 de agosto de 1954 - no mesmo dia em que era instaurado inquérito policial militar, pela Aeronáutica, para apurar os atos que levaram à morte o major Vaz –, cumprindo "uma das mais belas tradições do Instituto", San Tiago rende homenagem às memórias dos sócios desaparecidos no ano anterior. Uma longa digressão sobre o exercício da advocacia precede o resumo biográfico dos colegas desaparecidos. O advogado, diz San Tiago, é, "em certo sentido, o contrário do jurista"; enquanto este último pode estar vinculado a uma posição "puramente especulativa e científica em face do direito", ao advogado o Direito não se apresenta como "um sistema de conceitos", e sim como um "arsenal de meios de luta", em defesa da causa que lhe desafia.

O exercício da profissão de advogado nada mais é, prossegue, do que "causa após causa, a perseguição infatigável da vitória"; alcançada esta, "abre em júbilo a alma do mais experimentado veterano", porém à sua falta, sobretudo nos casos em que o advogado "pôs o melhor de seu esforço e confiança, nos faz cair sobre a alma, até o fim da carreira, a mesma desilusão e amargura". Contudo, a profissão de advogado permite a "ventura" de se viver intensamente, e, mais do que qualquer outra em nosso tempo, o "privilégio da liberdade". A liberdade do advogado, ricos ou pobres, o faz dono da sua iniciativa, embora essa liberdade traga "algo de ilusório, pois na verdade temos a liberdade de tudo, contanto que dela só usemos para advogar".

Talvez a "glória do advogado" seja "mais radiosa do que o destino pode reservar ao jurista", prossegue San Tiago. Mas, o brilho da advocacia, a sua projeção de "nomes solares, nimbados pela vitória", esses expoentes do foro veem, "afinal, seus trabalhos confinados às salas de audiência, destinados aos autos"; seus memoriais, timbrados do princípio ao fim pelo "objetivo pragmático e pelo endereçamento ao tribunal, é efêmero", enquanto as obras dos verdadeiros juristas permanecem.

Já sendo San Tiago um desses nomes solares do foro, à sua advocacia já estava associada a sua atividade de jurisconsulto, reconhecida plenamente. Mas a sua maior frustração profissional subsistia, e ele a expressava uma vez mais.

Em outra saudação, dessa vez ao titular de Direito Romano, Matos Peixoto, que então recebia o título de professor emérito, na Faculdade Nacional de Direito, San Tiago, alinha à faina da advocacia e ao labor do jurista, atividades que ele, como poucos, pôde somar o exercício do magistério, que, também como poucos, superiormente exercia.

Em sua elocução San Tiago começa por referir-se amargamente ao ensino universitário, que, em seu caso, teve início simultâneo ao exercício da advocacia. Não havia sido possível entre nós, diz, "fixar nas escolas uma rotina cultural de nível elevado", pois a academia apenas atende à formação de "quadros para a cintilação intermitente de personalidades intelectuais de exceção". E repete o que vinha afirmando sobre o ensino superior, em que tudo "estava por fazer", sendo a universidade "mais uma realidade administrativa do que um centro vivo e estável de elaboração da cultura e de formação de uma classe social superior".[557]

Criticando deliberadamente a universidade, em sua própria Faculdade de Direito e em uma homenagem festiva a um professor que a deixava, San Tiago acrescenta uma ressalva, que antes reafirma o seu juízo crítico, tão objetivo quanto excepcional naquele meio: a existência de "um núcleo de verdade vital" resistente à luta "que no seio dela [da Universidade] se desenrola entre o autêntico e o falso, entre a ciência e a mistificação". Essa "recôndita essência" era, apesar de tudo, capaz de atrair "homens do seu nível e qualidade", tal o mestre homenageado, em um processo que fazia renascer a universidade, "impondo o futuro ao passado, a vida ao compromisso, à ciência à carreira, à verdade à convenção".[558]

A ressalva sobre o ensino superior, tão bem elaborada, não era mais sentida por San Tiago. Ele se distanciara do seu curso na Faculdade Católica e o da Faculdade de Economia, seguindo com o curso na Faculdade Nacional de Direito, ao qual preparava os pontos e questões de provas e dava algumas aulas, sempre concorridas, em meio a compromissos profissionais.

Mas ele não demoraria a romper o monopólio da sua profissão de advogado.

CAPÍTULO 16

A SUCESSÃO DE GETÚLIO

[Juscelino] Kubitschek, talvez o único pessedista que é político de massas.[559]

• O vice, presidente

Titular de um mandato de deputado federal pela inexpressiva legenda do PRP, do Rio Grande do Norte, José Café Filho teve relativo destaque na legislatura de 1946. Tendo se aproximado do governador de São Paulo, Adhemar de Barros, que apoiou a candidatura de Getúlio à Presidência da República, em outubro de 1950, Café formou como candidato a vice-presidente na chapa vencedora encabeçada por Getúlio. À sombra da vigorosa personalidade e popularidade do presidente, o vice não sobressaiu em seu posto, o qual, contudo, lhe dava trânsito com os parlamentares, e, por designação constitucional, o vice-presidente da República ocupava a presidência do Senado Federal.

No início da crise de agosto, Café aproximou-se da UDN, formando abertamente na oposição a Getúlio. Empossado na Presidência, compôs um gabinete em que predominavam udenistas e seus seguidores, como o ministro da Fazenda, contendor das ideias e colega da Faculdade de Economia de San Tiago, Eugênio Gudin. Mas, já exibindo o dinamismo de sua administração à frente do governo de Minas, e um raro vigor carismático, que já lhe havia fixado a determinação de concorrer à sucessão de Café nas eleições de 3 de outubro do ano seguinte, 1955, Juscelino Kubitschek, do PSD, indicou o talentoso engenheiro Lucas Lopes para a pasta de Viação e Obras Públicas. Os Ministérios da Aeronáutica e da Marinha foram ocupados por antigetulistas, respectivamente o brigadeiro Eduardo Gomes e o almirante Amorim do Vale; já o Ministério do Exército coube ao general Henrique Lott, respeitado na força pela sua aplicação profissional, à margem das correntes políticas que naquele momento dividiam o Exército.

O rigoroso programa de combate à inflação deflagrado por Gudin, de restrição ao crédito oficial - em maior volume, o único disponível - e do corte de despesas públicas, não demorou a receber duras críticas dos empresários, burocratas e trabalhadores. A inquietação, porém, não era apenas de natureza econômica.

• Tutela militar

A cena política já estava dominada pelas eleições parlamentares e para o governo dos estados a serem realizadas a 3 de outubro daquele ano de 1954. Duas semanas depois de Café Filho assumir o poder, deu-se a posse do novo chefe do Estado Maior das Forças Armadas, general Canrobert. O seu pronunciamento não se limitou às saudações e elogios de praxe, comuns a essas solenidades ordinariamente reservadas ao âmbito castrense. Vendo à frente a tarefa "patriótica da hora presente, de cimentar indestrutivelmente a união sagrada" entre as Forças Armadas, "mantenedoras da Ordem [e] defensoras do regime e protetores das instituições democráticas", o general lançava uma advertência à classe política do país. Eram as Três Forças "uma sólida muralha" às investidas de quaisquer "forças desagregadoras", e resistentes à "infiltração solerte dos inimigos da Pátria". A advertência destinava-se a elementos que procurassem atrair militares para seus quadros, e a ações políticas que, "violentassem a vontade da nação, sufocando-lhe, ao trombetear da demagogia irresponsável, o profundo sentimento de amor à democracia e à liberdade" da pátria brasileira.[560]

A morte de Getúlio deixou em seus adversários o inquietante receio de que o eleitorado seria influenciado pelo inesperado e trágico desaparecimento da figura que regera a política brasileira desde 1930, e esse fato poderia a eles impor uma severa derrota nas urnas. Entre os militares, esse receio também não era menor. Temiam pesar sobre eles, junto à opinião pública, a responsabilidade de haver determinado a renúncia do presidente levando-o à morte.

Reagindo a esse temor, dez dias depois do pronunciamento do chefe do Estado Maior das Forças Armadas, este e os ministros das Três Forças divulgaram um "manifesto à nação sobre os acontecimentos que culminaram na trágica madrugada de 24 de agosto". O objetivo do manifesto era duplo; desde logo, um registro dos fatos, "verídico e sereno", para "ulterior julgamento da história", procurando afastar a pecha de golpismo que os getulistas procuravam pespegar à intervenção dos militares na cena política, especialmente no curso da crise de agosto último. "Baluarte precípuo da ordem e da manutenção do regime", os militares contra ele não teriam conspirado, mas o defenderam, o que ora faziam, nos termos do Manifesto, uma vez mais quando se aproximavam as eleições. Seus signatários repeliam as acusações que procuravam "gerar animosidades perniciosas dos nossos trabalhadores contra as corporações militares". O outro e imediato propósito do manifesto era advertir que, naquele momento, deveria haver um "clima de união, compreensão e trabalho, que proporcionasse um ambiente tranquilo e próprio ao voto livre e consciente".[561]

Assim como o "julgamento em consciência" no qual, a 23 de agosto último, os generais haviam prolatado a sentença de destituição de Getúlio da Presidência da República, o voto livre, assegurado na Constituição, ganhava, nos termos do Manifesto, um velado pressuposto de validade: ser, também, um voto consciente. E a "consciência" requerida ao eleitor traduzia-se, no caso, em este negar o seu voto aos "inimigos da pátria", cujas instituições políticas cabiam às Forças Armadas guardar, e os seus pronunciamentos eram a expressão concreta desse dever que assim elas viam fixados na Constituição federal.[562]

Certos em sua investidura de guardiões das instituições democráticas, não menos certos estavam os militares de serem eles o juízo último da ação política. E, portanto, viam-se autorizados para nela intervir no momento e com a intensidade que entendessem pertinente. Contudo, essa prerrogativa e a propalada unidade entre as Forças Armadas não seriam capazes de prevenir o vezo da insubordinação hierárquica que as vincava, como dali a pouco o país iria ver uma vez mais.

O suicídio de Getúlio comoveu o país, mas não moveu o eleitorado; este recusou o crédito político no índice esperado pelos petebistas, e a punição aos udenistas não foi tão severa, como por eles antevista. A bancada do PTB cresceu de cinquenta e um para cinquenta e seis deputados federais, (de 16,7% para 17,1%), mas viu derrotados no Rio Grande do Sul, o estado natal de suas principais lideranças, o seu candidato a governador e os seus candidatos às duas vagas do Senado, Jango e Alberto Pasqualini, embora Leonel Brizola tenha sido eleito deputado federal. Ainda assim, foi o PTB o único partido a ver a sua representação na Câmara Federal crescer, registrando a UDN, o seu maior adversário, queda mais acentuada, perdendo sete cadeiras, (26,6% - 22,6%), enquanto, o PSD, embora somando mais dois representantes, teve reduzida a sua participação no quadro geral da Câmara, (36,8% - 34,8%).

Mas a vida política do país fora posta sob a tutela das forças militares, como os sucessivos pronunciamentos mostravam. E estas forças já haviam fixado o seu adversário político: o chefe nacional do PTB, herdeiro de Getúlio, e maior responsável pela aliança dos sindicatos com elementos comunistas neles atuantes, João Goulart.

Imprevisível àquela altura era a significação geopolítica do ato, que, a 15 de dezembro, Café Filho assinou: a delimitação da área do planalto central do país, onde um dia teria lugar o novo Distrito Federal. E que um político mineiro viria implantá-lo em cinco anos à frente da Presidência da República.

• Juscelino Kubitschek

Juscelino nasceu em 1902 em Diamantina, na zona do garimpo em Minas Gerais no século XVIII, como o nome sugere. Formado em medicina três anos antes da Revolução de 1930, logo mostrou a iniciativa que iria marcar a sua carreira política; às suas expensas, com economias reunidas do salário de telegrafista na capital mineira, seguiu para Paris, para fazer um curso de especialização. Um ano depois de vitoriosa a revolução, foi nomeado médico do Hospital Militar da Força Pública do Estado. Pelo casamento, inscrevera-se na trama familiar que articulava a vida política mineira; seu sogro representara Minas na Câmara Federal pela legenda do poderoso Partido Republicano Mineiro, o extinto PRM. Deflagrada a Revolução de 1932, foi enviado à frente de combate, onde então conheceu Benedito Valadares, futuro interventor de seu estado, e de quem seria chefe do gabinete civil, quando aquele assumiu o governo, em dezembro de 1932.

Seguindo a orientação dos chefes políticos, Juscelino concorreu a deputado federal nas eleições de outubro daquele ano de 1934, e, revelando já o seu talento político, foi o deputado mais votado no estado mostrando uma personalidade carismática, mas de uma cepa distinta do populismo que Jânio Quadros e Brizola viriam exibir. Com a implantação do Estado Novo, em novembro de 1937, retornou à prática médica, mas em fevereiro de 1940, foi nomeado prefeito de Belo Horizonte pelo interventor de estado, Benedito Valadares.

O prefeito combinaria um dinamismo pessoal, que o fazia sempre presente em diferentes pontos da cidade acompanhando obras, e um arrojo urbanístico não menos comum. Contratou a dois comunistas notórios o projeto arquitetônico de uma capela a ser erguida no distante bairro da Pampulha, e os afrescos que iriam decorá-la, o arquiteto Oscar Niemayer e o pintor Cândido Portinari, afrontando as lideranças conservadoras de seu estado.

Com a redemocratização do país, em final de 1945, Juscelino ingressou no PSD, elegendo-se a 2 de dezembro deputado federal; cinco anos depois, o partido o escolheu candidato ao governo do estado, posto que disputou com Gabriel Passos, seu concunhado, e um dos amigos que San Tiago fizera em seu tempo de ginásio em Belo Horizonte, na década de 1920. Em dois meses de campanha, vibrando o slogan "binômio, energia e transporte", Juscelino correu o estado, visitando cerca de cento e setenta municípios, ao mesmo tempo em que firmava acordos de apoio à sua candidatura com líderes de outros partidos. Apuradas as urnas, obteve por volta de 714 mil votos contra 544 mil dados a Gabriel Passos, enquanto Getúlio Vargas se elegia presidente da República e o seu oponente, do PSD, era fragorosamente derrotado.

Juscelino, que já conciliara, como poucos políticos, a uma eficaz articulação política à conquista do eleitor à força de uma simpatia pessoal rara, levou ao governo de Minas Gerais o modelo de administração que delineara na prefeitura, cercando-se de assessores competentes; não tardaria, porém, revelar um perigoso desprezo pelo equilíbrio das contas públicas, em sua busca permanente por financiamento para seus largos projetos de governo. Mas o dinamismo administrativo e o carisma do filho da antiga zona do ouro de Minas eram irrefreáveis, como o país constataria dali a pouco. Como recordaria Tancredo Neves, "o Juscelino, quando queria ser amável, era genial".[563]

Os adversários da candidatura à Presidência do governador mineiro, concentrados na UDN e em núcleos ativos das Forças Armadas, apontavam-no como aliado das forças getulistas, e citavam a proximidade destas com elementos da esquerda. Subsistia o receio de o eleitorado expressar nas eleições presidenciais de outubro de 1955 a revolta pela morte trágica de Getúlio e votar maciçamente no PTB.

A aliança entre PSD e PTB, mantida nas eleições parlamentares de outubro de 1954, seguia acentuando a desesperança da UDN em chegar ao poder pelo voto.[564] E dois novos quadros ascenderam a postos no Executivo de seus estados: em São Paulo, o prefeito Jânio Quadros elegeu-se governador do estado, e, em Porto Alegre, o deputado Leonel Brizola conquistou a prefeitura. O cenário político tornava-se mais complexo.

Juscelino entregou a Francisco Negrão de Lima a coordenação política de sua campanha, viajou aos estados que já apoiavam o seu nome e visitou os ministros militares, para lhes assegurar que a sua candidatura e eventual eleição não constituiriam uma ameaça à ordem no país, da qual estes úlimos se viam tutores autoproclamados.

A 27 de janeiro de 1955, porém, Café Filho, com aprovação dos signatários, fez divulgar pelo rádio mais um manifesto dos Chefes das Forças Armadas que estes lhe haviam entregado no último dia do ano anterior. Nele, os militares, alegando um "dever moral", reclamavam ao governo apelar a "todas as forças políticas nacionais em favor de um movimento altruístico de recomposição patriótica que permiti[sse] a solução do problema da sucessão presidencial em nível de compreensão e espírito de colaboração interpartidária, sem o acirramento dos ódios e dissensões que vêm de abalar seriamente a vida nacional".[565]

Por outras palavras, deveria o candidato civil ser a expressão de um acordo interpartidário, para não "acirrar ódios"; nesse contexto, o candidato não poderia ser Juscelino, que, inclusive, contava com dissidentes em seu próprio partido. Mas Juscelino, a quem Café dera notícia prévia do Manifesto, uma vez mais reagiu em defesa da sua candidatura.

Augusto Frederico Schmidt redigiu uma entrevista, publicada no dia seguinte no *Correio da Manhã*, em que Juscelino afirmava, em frase que ficaria célebre (e a qual Juscelino tomou conhecimento ao ler o jornal): "Deus poupou-me o sentimento do medo", vinculando o respeito à sua candidatura à subsistência do regime democrático no país.[566] Treze dias depois, a 10 de fevereiro de 1955, a convenção nacional do PSD, por significativa maioria de votos de seus integrantes, homologou a candidatura do governador de Minas Gerais à Presidência da República. Paralelamente, cresceu a suspeita de que Café Filho estaria formando com as forças que conspiravam para impedir a candidatura e a eventual eleição de Juscelino.

Sentindo a inclinação do presidente da República em atender aos conspiradores, a esse fim intervindo na ação partidária em curso nos estados, Miguel Seabra Fagundes, seu conterrâneo e amigo, que assumira a pasta da Justiça em agosto com a posse de Café, a este apresentou a sua demissão a 14 de fevereiro. E em notável discurso de transmissão do cargo, à margem da prestação de contas de sua atividade à frente da pasta, com elegância e clareza, Seabra apontou a violação à lei, então sendo engendrada, com a anuência do titular do Executivo.

"Hoje, as deliberações de cúpula não correspondem às condições político-sociais do país", e os últimos pleitos mostraram "a fragorosa derrota dos conciliábulos de gabinete e de coalizões partidárias despreocupadas do prestígio popular dos escolhidos", afirmou Seabra. A seguir, obliquamente se referindo à aquiescência de Café Filho à proposição golpista, afirmou não ser possível construir um argumento que "outorgue à União – isto é, ao Poder Executivo federal – penetrar no campo de atividade peculiar aos poderes estaduais". E denunciou, agora aludindo aos juristas da UDN, a tentativa de "fabricação de leis à minuta, para exterminar o inimigo do dia", esquecidos esses autores de que "a força moral do direito está na igualdade de sua aplicação acima das inclinações pessoais"; e concluiu, repelindo a tese da maioria absoluta defendida pelo juristas da UDN, e não prevista na Constituição, afirmando ser "a única política adequada à condução dos negócios da justiça, a do respeito à Constituição, a da fidelidade intransigente, desassombrada, inflexível, à legalidade".[567]

Aos trinta anos, jovem desembargador no Rio Grande do Norte, em 1941, Seabra publicara uma obra clássica sobre a ação revisora do Judiciário de atos da administração pública, até hoje insuperável. Em seu discurso, o jurista tinha e versava corajosamente uma dicção rara na categoria. Seabra fulminou a pretensa tese jurídica alardeada pelos professores de Direito da UDN, da exigência de maioria absoluta de votos, que seria necessária à eleição do presidente da República, assim como condenou, por ilegal, a interferência do Executivo na vida partidária dos estados. O pronunciamento do ministro da Justiça demissionário alcançou grande repercussão, especialmente sobre o PSD, que o viu como uma garantia jurídica e moral do resultado das eleições a se realizarem em outubro de 1955.

Vencendo resistências internas no PSD contra a candidatura de Juscelino, e com a intermediação de Oswaldo Aranha em favor do petebista, a 18 de abril o PSD aceitou o nome de João Goulart para compor a chapa de Juscelino, como candidato a vice-presidente, ampliando a aliança entre o PSD e o PTB, vigente no governo de Getúlio. Juscelino estava ciente da oposição da cúpula das Forças Armadas ao nome de Jango, mas estava igualmente ciente de que, sem o apoio de Jango e de seu partido, poderia não ser eleito.[568]

Em 31 de julho, a UDN aprovou o apoio ao candidato a presidente, o general Juarez Távora, veterano conspirador de 1922, lançado pelo Partido Democrata Cristão, e a vice o ex-governador de Minas, o udenista Milton Campos.

Um ano depois da morte de Getúlio, estava aceso o rastilho de uma convulsão política, cujo desfecho não tardaria, e nela San Tiago teria uma posição clara e pública.

CAPÍTULO 17

O PALESTRANTE

O aspecto fundamental da crise brasileira, que parece iluminar melhor todos os outros, é, a meu ver, o descompasso entre a ascensão rápida e constante do que se costuma chamar as massas e a decadência contínua e irreversível das elites dirigentes.[569]

• Educação jurídica

O ano de 1955 havia começado com San Tiago procurando reduzir as suas atividades acadêmicas. Em 2 de janeiro, ele solicita à direção da Faculdade de Economia "licença em prorrogação" para tratar de "interesses particulares", sem vencimentos, pelo prazo de um ano, a contar daquela data, concedida em agosto; e, três semanas depois, a 24 de janeiro, San Tiago recebe ofício do diretor da Faculdade Católica de Direito solicitando-lhe que assumisse, naquele ano, "com o maior empenho, a sua cátedra" de Direito Romano, pondo fim, "em definitivo", ao "regime de interinidade e substituições". Sendo impossível a San Tiago "acudir ao chamamento da faculdade", pedia-lhe o diretor providência capaz de "resolver a situação embaraçosa" existente "naquele curso", o que San Tiago faz colocando-se à disposição do diretor para encontrar uma solução, assim registrando o seu afastamento definitivo daquela cátedra. Já na Faculdade Nacional de Direito, San Tiago é informado, a 8 de março, de que daí a seis dias começariam as aulas daquele ano letivo.[570]

Naquela altura, San Tiago só achava tempo para suas aulas na Faculdade Nacional de Direito; mesmo assim, já se socorria de assistentes que o substituíam em suas ausências. E é nessa Faculdade que, a convite de seu diretor, proferiu a aula inaugural daquele ano letivo de 1955.

Sob o título "Educação Jurídica e a Crise Brasileira", San Tiago expõe a correlação que via entre os dois temas.[571] Como ele vinha afirmando, a elite, a classe dirigente brasileira, não era educada para resolução dos desafios objetivos da vida: ao contrário, a educação da elite era ornamental, assim como a educação jurídica, capaz apenas de recolher "isoladas cintilações de personalidades intelectuais"; não estranhava, portanto, carecer a cultura jurídica nacional, na qual o ensino jurídico se incluía, de uma ampla renovação.

Era indispensável "retificar o objetivo, [do ensino jurídico] que não é o estudo expositivo das instituições, mas a formação do raciocínio jurídico, adestrado na solução de controvérsias";[572] igualmente, era necessário "abrir espaço à especialização, mediante a flexibilidade dos currículos", para preparar o estudante "de acordo com a função diversificada" que ele pretendia exercer. Entre as mudanças necessárias à execução de sua proposta, San Tiago aponta a eliminação do "serôdio sistema de aproveitamento escolar mediante exames e notas graduadas de zero a dez"; em seu lugar, bastaria emitir o professor "um juízo de suficiência" e, "quando muito, a esse laconismo poderia acrescentar-se uma láurea para os aproveitamentos excepcionais".[573]

A cultura jurídica se funda na educação jurídica, conclui San Tiago; e a nossa deve se renovar servindo, "como nos cabe, aos ideais da nossa cultura: o predomínio do valor ético sobre o valor técnico, e a legitimidade da autoridade pela subordinação à justiça".

Ao texto da aula, San Tiago anexou um detalhado "esboço de reforma" do ensino jurídico, do qual deduz diferentes currículos.[574]

Uma vez mais, San Tiago repetia o ponto, que vinha vibrando em suas manifestações: o fracasso da elite dirigente em promover as reformas estruturais que possibilitassem o desenvolvimento econômico e social do país, devido ao seu desaparelhamento cultural, que a universidade não era capaz de superar, em especial em relação ao ensino jurídico, responsável pela formação de boa parte dos políticos no Brasil.

• Ética e Técnica

A 18 de agosto, San Tiago fala aos estagiários da Escola Superior de Guerra novamente. O título da palestra era oportuno: "Interpretação da realidade brasileira". Contudo, o texto completo da palestra não constaria dos registros da escola. Mas, no trecho dele remanescente, San Tiago trata da ética e da técnica como formas de controle do homem e de controle do mundo físico: "A ética, diz, é, sobretudo, o controle subjetivo, ou melhor, o controle da natureza humana, por meio da consciência. A técnica é toda a forma de controle objetivo, de controle que se alcança sem ser por meio da consciência, o que permite que o próprio controle do homem seja ao mesmo tempo procurado através de meios éticos e de meios técnicos".[575]

O equilíbrio entre essas duas formas de controle era essencial, pois grave era o risco quando se submetia a natureza humana ao controle técnico e não ao controle ético; este último, avassalado pelo "desenvolvimento das técnicas de controle da natureza humana", resultaria na "transferência da responsabilidade ética para minorias dirigentes, as quais pouco a pouco se vão tornando as responsáveis por toda forma de controle exercido, seja sobre a natureza humana, seja sobre a natureza física que a cerca".[576]

Cinco dias depois, em outro ambiente e à elite civil do país, falaria San Tiago da tormentosa conciliação entre a ética, a política e a técnica jurídica.

• O estigma luminoso

Depois de doze anos representando o Brasil no Comitê Jurídico Interamericano, que reunia nove juristas reconhecidos voltados à solução de questões de desenvolvimento e de Direito internacional no âmbito do Sistema Interamericano, Francisco Campos deixou o cargo.[577]

Seu aluno no curso de pós-graduação em Direito e seu assessor no Ministério da Educação em 1932, quando Campos, ministro, promoveu uma ampla reforma do ensino médio do país, coube a San Tiago, seu substituto no posto que vagava, saudar o "ilustre jurista brasileiro" em jantar a ele oferecido no *Copacabana Palace*, presentes inúmeros diplomatas e autoridades, como noticiou *O Globo*, que transcreveu trechos da alocução do orador.[578]

Campos, como era conhecido, ao deixar em 1942 o Ministério da Justiça de Getúlio no Estado Novo, que assumira em 1937 com o golpe que implantou aquele regime e outorgou a Constituição redigida por ele, afastara-se da política completamente.

"Ergo-me emocionado", diz o antigo aluno, "para tributar a Vossa Excelência as homenagens da Comissão de Juristas Interamericanos, onde tive a honra imerecida de substituí-lo".[579] A nota pessoal de San Tiago era sincera, a sua admiração pelo jurista era verdadeira, a despeito da funda divergência entre eles no terreno político, no qual San Tiago caminhara de sua posição autoritária, quando ela coincidira com o então ministro da Educação, em 1931, mas já renegada por San Tiago havia muito, ao contrário de Campos, que remanesceria impenitente na defesa de seu credo político autoritário. Esse imobilismo ideológico Campos o manteria sem desfalecimento até o fim de seus dias, resistente a todas as transformações sociais e políticas registradas depois do término da Segunda Guerra.

Contudo, a inteligência e a capacidade do jurista eram notáveis, e ficaram registradas na literatura por sua obra moderna de educador, legista e jurisconsulto. O reformador e o renovador do ensino, primeiro no governo de Minas ao final da década de 1920, e no governo federal na seguinte; o legista constitucional do regime autoritário do Estado Novo, mas igualmente modernizador de parte expressiva do Direito público no Brasil na década de 1940, fora seguido pelo notável parecerista, superiormente versado em quase todos os ramos do Direito.

San Tiago, em sua saudação, expõe a dicotomia entre o reformista modernizador e o político autoritário, apontando, com rara destreza verbal, a "legenda de genialidade", que, "desde cedo formou-se em torno da sua pessoa", e "até hoje aí está, pesando sobre seus ombros, espécie de estigma luminoso", que "ao mesmo tempo serve para tudo se lhe oferecer e a tudo se lhe recusar". San Tiago enfrenta essa perplexidade, que aponta, pelo hábil contraste que faz entre Rui Barbosa e Francisco Campos, sugerindo o cotejo "dessas duas mentalidades, dissemelhantes senão opostas em quase tudo, ambas, porém tocadas da genialidade, e como que crestadas pelas chamas da admiração de seus contemporâneos".

Todavia, registra San Tiago que o pensamento político de Campos faziam-no, nesse plano, um antípoda de Rui: "ao idealismo jurídico, a fé intelectual, a confiança nas doutrinas que marcavam inalteravelmente o espírito de Rui e lhe deram à personalidade o sentido apostolar", Campos, desde as suas primeiras manifestações e "definições de atitudes", opôs um "realismo implacável, que punha a nu o fundo pragmático e existencial de todas as ideologias, e um criticismo que relativiza todas as posições doutrinárias".[580]

A descrição das posições políticas de Rui, San Tiago expõe com nitidez; as de Campos, ele vela elegantemente sem todavia negá-las: Campos, entrediz San Tiago, fora o pragmático do poder, do seu exercício, que lhe descortinara cruamente o plano objetivo com álgida frieza, e impunha uma lógica cerrada nas suas precisas formulações que disciplinavam o exercício cotidiano do poder, isentando-o de contrastações irracionais, como Campos via ocorrer no regime das massas, isto é, nos regimes democráticos.

Campos pusera (e em abril de 1964, ao início do regime militar, poria, uma vez mais) o seu verbo jurídico a serviço dos atos instrumentais do poder – a relação incindível, para Campos, entre *logos* e *pragma*, que toma San Tiago por título de seu ensaio.

O ex-aluno de doutorado no início da década de 1930, vinte anos depois não apenas sucedia ao mestre de Direito, mas formava ao seu lado como um dos grandes jurisconsultos do país, sem que a divergência ideológica entre eles, como de resto ocorreria a todos os amigos de San Tiago, comprometesse-lhe a estima e o convívio cordial.

- **O dever dos intelectuais**

Quatro dias depois do pleito, a 7 de outubro, San Tiago fez, no Ministério da Educação e Cultura, uma conferência sobre "A crise brasileira e o dever dos intelectuais", na cerimônia de inauguração do Instituto de Estudos Brasileiros – ISEB. Criado por decreto de Café Filho, embora vinculado ao Ministério da Educação, ao Instituto era formalmente outorgada liberdade de pesquisa e de opinião, no estudo de ciências sociais e na análise da realidade nacional, com o propósito de contribuir na discussão das bases conceituais de desenvolvimento do país.[581]

Ante uma plateia de intelectuais, alguns deles seus ex-alunos de Direito, como Hélio Jaguaribe, Roland Corbisier e Roberto Campos, San Tiago começa por definir os conceitos sobre o tema que versaria, e cita Karl Jaspers, para quem o homem moderno via o mundo em constante transformação e não mais como algo "permanente ou durável". A realidade mutável integrava a consciência, que à realidade se voltava para interpretá-la e, nesse processo, "a existência contingencia a consciência, a consciência por sua vez incide sobre a existência, e a modifica".

Mais do que uma síntese, essa formulação convertia-se em um comando à ação transformadora dirigido ao próprio San Tiago, e este a propagava. A consciência das demandas sociais, e a elas dar resposta, era o repto que ele via posto àquela altura aos intelectuais.

San Tiago elabora este ponto. Retoma o tema tratado em seu ensaio sobre o Quixote, ao dizer que dar sentido ao "destino individual não pode deixar de ser o problema supremo da consciência". Por outras palavras, vincular o destino individual a uma causa, eis o desafio. A sua superação – a sua "equação autêntica" – só seria possível por meio de uma "integração" do destino individual, "consciente e deliberada", à história de seu tempo.[582]

Não bastava, porém, a tomada de consciência que vinculasse o destino individual; este precisava integrar-se às questões maiores de seu tempo, ditadas pelo evolver da história. Era necessário "exprimir no seu destino, como um microcosmo, a peripécia histórica que nos envolve". Ou seja, converter-se o indivíduo em "protagonista de sua época, uma força ativa, influenciada e influenciante". Fixado esse ponto, vinculando o indivíduo e o seu destino à sua participação social, convertendo-se em uma força ativa, San Tiago volta-se a outro tema de sua doutrinação. Era indispensável a essa participação que a educação fosse capaz de transmitir as "características de uma sociedade a seus novos membros", consistindo um "sistema aparelhado para integração do homem" na sociedade em que ele está inserido.

A educação forjava a "aliança" entre "os problemas de uma época e a sua finalidade última, segundo a qual se ordenam as soluções". E conferia substância e perspectiva ao destino do indivíduo, ao seu "impulso vital" que, integrado à sua realidade histórica, forjava a sua influência na sociedade. Essa inteligência assim conformada poderia ou não ser capaz de "racionalidade ou legitimidade contemporânea"; se não o fosse, provavelmente iria se "render às elaborações ideológicas" inspirada por outra ordem existencial, "não raro antagônica", resultando um "processo de captura cultural". Era, portanto, indispensável que a inteligência fosse capaz de "converter em verdade e normas o impulso vital em que aspira exprimir-se", em uma sociedade em uma determinada época.

Descrita esta concepção, que San Tiago denominou "historiante", na segunda parte de sua palestra ele trata do "tema específico da crise brasileira", e reitera as suas causas principais, como as via: a classe dirigente no Brasil fora incapaz de dar resposta às demandas sociais do país, pois ela era formada por indivíduos despreparados para a solução objetiva dos problemas a enfrentar, devido a uma educação ornamental, voltada, como visto, à "cintilação intelectual" episódica de alguns de seus integrantes.

San Tiago a seguir reapresenta a sua visão da elite ao longo da história republicana, registrando a incapacidade das "novas classes econômicas" surgidas no país nos primeiros anos daquele século, a "classe mercantil" e a "classe industrial", de substituir a "classe agrária na sua antiga função dirigente, contentando-se no papel de cliente do poder". Ainda assim, mesmo com a decadência da classe dirigente, o país crescera, como mostravam os índices de renda e de investimento levantados pela Comissão Mista Brasil-Estados Unidos. Nesse crescimento, San Tiago via o poder "espontâneo de líderes econômicos e a rapidez com que o trabalhador brasileiro responde a estímulos monetários, adaptando-se a novas circunstâncias".

Desse contexto entre decadência e ascensão "provém a sucessão de contradições da vida brasileira contemporânea". Nele, duas "reações típicas" ocorriam: a "reação demagógica", que partia da classe dirigida, e a "moralista", que partia da classe dirigente. A primeira reação era "fruto da disponibilidade moral" em que restava a classe dirigida, do "mimetismo" que a "prendia à classe dirigente tornada incapaz", pois ainda não fora capaz de se converter em classe dirigente, ocupando o lugar da anterior. A reação moralista dava-se pela "voz de elementos de escol", e San Tiago a liga à perda de eficiência, que, a seu ver, comprometia-lhe o seu nível de moralidade: "desaparecida a eficiência, desaparece a moralidade".

San Tiago conclui a sua longa palestra dizendo serem "os intelectuais os mais aptos para iluminar os fundamentos da crise histórica, e pôr em evidência os meios da sua superação no tempo". Mas a resolução dos problemas só se daria se resolvidos os obstáculos que impediam o "desenvolvimento intensivo" do país, esse um imperativo vital, a ser respondido. Esse desenvolvimento não seria obra de uma classe dirigente "obsoleta", enquanto "a ascensão do povo brasileiro era, ainda àquela altura, uma "peripécia enigmática". O povo estava entre a "ampla ameaça de captura" por parte do "cesarismo demagógico", que pode desdobrar-se em uma "nova aventura fascista", e a captura pelo "comunismo internacional", a promover a "desintegração da sociedade por submissão a um desígnio externo". "Desenvolvimento econômico e ascensão das massas ao poder", evitando a "dupla captura extremista", era o "binômio histórico" capaz de superar a crise brasileira, e ao qual "temos deveres, nós os intelectuais", conclui San Tiago. Vinte e oito dias depois, sentindo ser seu dever intelectual agir naquele momento, San Tiago manifesta-se publicamente.

CAPÍTULO 18

LEGALIDADE, ILEGALIDADE

Há duas maneiras de violar o direito e degradar a cultura jurídica: a primeira consiste em substituir o império da lei pelo da força; a segunda, em desmoralizar a lei mediante interpretação arbitrária, conscientemente endereçada a legitimar aquilo que ela proíbe.[583]

- **A declaração**

Divulgado o resultado das eleições de 3 de outubro, Juscelino obteve 35,68% dos votos válidos e Jango 44,25%. Dutra, em 1945, fora eleito com maioria absoluta de votos, e Getúlio somou na eleição de 1950, 48,73% dos votos. A queda no percentual alcançado por Juscelino mostrava a divisão do eleitorado diante dos candidatos.[584] Mas a divisão não se verificou apenas entre o eleitorado, senão nas correntes políticas, dentro e fora dos partidos, como logo ficou evidente.

Em 5 de novembro, nove professores da Faculdade Nacional de Direito, no Rio de Janeiro, divulgaram uma *Declaração* redigida por San Tiago em que analisaram os argumentos defendidos pela UDN – a pretensa exigência legal de se alcançar a "maioria absoluta de votos" à eleição do presidente, e a exclusão do "voto dos comunistas". Esses argumentos, pela voz de seus defensores, justificariam a anulação da eleição de Juscelino e Jango, verificada no pleito do último dia 3 de outubro.

Em defesa da "legalidade" e denunciando a "traição intelectual desses juristas enfeudados em ambições políticas", como noticiou o *Correio da Manhã*, o texto da Declaração resultou da iniciativa pessoal de San Tiago, que, "antes de escrevê-lo, troquei ideias com alguns de nossos colegas, e, encontrando por parte deles plena concordância, preparei durante a noite o documento [o texto da Declaração]". San Tiago havia hesitado na sua conveniência, mas "a gravidade não diminuída da situação política e a veemência do pronunciamento da UDN tornavam imperativa esta tomada de atitude, da qual acredito possam advir forças para o legalismo".[585]

A Declaração nascera, como iria San Tiago a seguir historiá-la em carta a Demóstenes Madureira de Pinho, seu amigo e colega de magistério, quando San Tiago visitou o seu "amigo, Dr. Oswaldo Aranha", e deste ouviu que o brigadeiro Eduardo Gomes afirmara a Aranha "não ter havido eleitos" no recente pleito presidencial; esclarecendo sua afirmação, o brigadeiro "explicou que o requisito de maioria absoluta era indubitável, principalmente para o vice-presidente, à vista do artigo 1º do Ato das Disposições Transitórias".[586]

Escreve San Tiago: "consultando a Constituição, verificamos, (juntamente com Aranha) imediatamente o equívoco a que algum jurista menos idôneo, ou talvez idôneo, porém interessado, induzira o ministro da Aeronáutica". Esse jurista apresentara ao brigadeiro como sendo "um princípio constitucional o que era simples norma de direito singular, feita para um único caso"; ficara claro a San Tiago àquela altura a iniquidade óbvia da tese jurídica defendida pela UDN, mas, a seu ver, ela desempenhava o seu "papel emoliente no espírito dos chefes militares". Essa tese da maioria dos votos e a da "contaminação" do pleito pela presença do voto comunista estavam então "largamente difundidas entre a oficialidade e desenvolvidas em trabalhos de juristas de nomeada, com endereço no Tribunal Eleitoral". Seriedade emprestada a essas teses, "tivemo-la exuberante quando o coronel Mamede as articulou com todas as letras no discurso por ele feito no enterro do general Canrobert", a 1º de novembro, quatro dias antes do lançamento da Declaração.

Àquela altura, prossegue San Tiago historiando a redação da Declaração, "já estava disposto, como jurista, a não silenciar diante desse artifício intelectual", embora se sentisse "constrangido" de "vê-lo aparecer, de um momento para outro, na pena de um dos brasileiros a quem mais admiro". San Tiago, sem o citar, referia-se ao defensor jurídico da tese udenista, o amigo Afonso Arinos, o qual, na qualidade de líder da UDN na Câmara, estava "empenhado na anulação do pleito".

A seguir, referindo-se ao argumento de Demóstenes, a quem San Tiago enviara o texto da Declaração antes de a divulgar e este se recusara a assiná-la, de que a Declaração seria antes "legalista, destituída de sentido político"[587], San Tiago contestou-o, afirmando que a "Declaração quis ser e foi um documento essencialmente político, e consciente de seu fim". E este fim era pôr a "verdade jurídica à premeditada destruição do regime do sufrágio, que os partidos antipopulistas pretendiam alcançar através da anulação do pleito", referindo-se San Tiago à UDN especialmente.

Em sua negativa em firmar a Declaração, Demóstenes indagara qual seria a "posição moral e intelectual" que assumiriam os professores signatários perante os alunos e o país se o Superior Tribunal Eleitoral acolhesse a tese combatida na declaração. E acrescentara que "recearia muito que nos interpretassem o gesto como uma tentativa pretensiosa, e não de influir na decisão da justiça".[588]

San Tiago procurou dissipar os receios do colega e amigo, afirmando que a iniciativa e o texto eram dele, e, ao redigir a Declaração, ele não tivera nenhum dos receios "perante os alunos e perante o país", que assaltaram Demóstenes, com quem já discutira prováveis formas de ação política. Ao contrário, a Declaração era, concluiu San Tiago, uma manifestação claramente política, pois política - partidária - era a manobra da UDN, encoberta por uma tese jurídica falsa.

• Neofascismo

San Tiago historiou para Demóstenes a trama antidemocrática que o motivara a redigir e divulgar a Declaração.[589] Dois movimentos simultâneos e opostos então se cruzavam: um descendente, "a queda progressiva do nível de eficiência e moralidade da classe dirigente", e outro, "ascendente, a emancipação tumultuária das massas e sua aspiração ao governo da sociedade". "Essa velha classe dirigente", prossegue, estava "irremediavelmente desqualificada para dirigir o povo", compreender e resolver "um só dos seus problemas", embora nela se reunissem "tácitos homens de nosso convívio, com os quais temos nossas maiores afinidades; mas que se agasalham no glacial inferno udenista, onde não há esperança de ressurreição".[590]

Porém, não se daria, observa San Tiago, uma substituição no comando do país; a "falência ética e pragmática" da classe dirigente era notória, mas o povo era "ainda incapaz de escolher bem, por não ter criado um novo núcleo que o interpretará e o guiará no futuro": "vive o momento de demagogia, dos falsos líderes, dos Adhemares, dos Jânios Quadros, e do próprio Vargas, de certa época".

E conclui: "o sufrágio é a única porta, o canal que devemos manter aberto a qualquer preço, para que por ele avance o povo em sua marcha de conquista e renovação", aduzindo que "estamos às portas de um neofascismo", para o qual o seu olfato, diz San Tiago, "era mais apurado do que de um perdigueiro". Os elementos nesse sentido estavam presentes: uma "minoria esclarecida" acreditava que a maioria da nação é cega para formular o interesse coletivo, e "que essa formulação é o dom dessa minoria esclarecida". Essa elite decadente tentaria impor às massas uma "forma sinistra de uma ditadura temporária e punitiva, da qual se exercerão opressões e vinganças grupais, mas não se resolverão os problemas grupais".

E San Tiago declara a sua opção política, que cumpriria pelos próximos dez anos de vida: "estou escolhendo o caminho mais favorável à ascensão continuada das massas brasileiras e lutando contra a reação neofascista de sua elite ultrapassada e decadente".

A linguagem da Declaração é clara, direta e vigorosa, a partir da afirmação inicial de que uma das formas de se degradar a "ordem e a cultura jurídica" era "desmoralizar a lei mediante interpretações arbitrárias, conscientemente para legitimar aquilo que ela proíbe". Esse objetivo, e o que nele é "mais odioso", é que ele "só consegue perpetrar-se pela traição intelectual dos juristas"; e essa traição "profana o direito", conclui San Tiago.

A regra da maioria absoluta, a dar eficácia ao resultado eleitoral, ou seja, só seria eleito aquele que alcançasse metade mais um dos votos válidos, não era procedente porque, diz San Tiago, simplesmente não era prevista na Constituição; esta "não [a] enunciou expressamente", como figurava na Carta de 1934, "a norma de que a eleição presidencial se faz por maioria de votos", nem como na de 1891, em que a norma, expressamente, prescrevia a maioria absoluta. Não fora, portanto, prescrita a regra que estabeleceria o regime de maioria absoluta de votos, mas afirmada a regra que consagrava a maioria simples, observada na recente eleição presidencial. A regra do artigo 1º, das Disposições Transitórias da Constituição vigente, citada expressamente pelos defensores da tese da maioria absoluta, não "tolera aplicação extensiva ou analógica"; ao contrário, ela "aponta para a solução" prescrita na Constituição. A discussão da tese defendida pela UDN não tem "qualquer base científica", e "sustentar, em nome de uma hermenêutica sibilina a tese da maioria absoluta", em face das normas constitucionais e da lei eleitoral, "é uma irrisão jurídica", que os signatários do manifesto, "em nome da cultura jurídica se sentem no dever de denunciar".

Na visão de San Tiago, não menos insustentável juridicamente era a segunda tese, de que os votos dos comunistas não seriam válidos, pois a sua agremiação partidária fora declarada ilegal. Tal proscrição não alcançou o "comunista como indivíduo", portanto, "suas ideias ou vinculações associativas não tolhem a [sua] ampla capacidade de votar e ser votado". Em consequência, era válido, "como o de qualquer cidadão", o voto dos comunistas; e arremata: "ainda que fosse 'possível' separar fisicamente" tais votos "lançados nas urnas, não teríamos como deixar de computá-los".

Não tinham os signatários da Declaração propósito de "influir nos acontecimentos políticos", mas estavam cientes de que a "verdade e o respeito à verdade são forças eficazes que contribuem para orientação e o desfecho de crimes partidários". Essa era a única motivação dos signatários, que assumiram, em seus nomes, a responsabilidade pela Declaração, afirma San Tiago.

Coincidindo com a posição de Demóstenes, por temor burocrático ou profissional, ou indiferença pela ação política que não via por alguma forma vincular-se ao Direito e ao seu ensino, a grande maioria dos professores da Faculdade não firmou a Declaração.[591]

- **Golpe preventivo**

A quatro dias da publicação da Declaração, a 1º de novembro, no enterro do general Canrobert, o coronel Bizarria Mamede tomou a palavra, imprevistamente, rompendo o protocolo militar, e pronunciou um discurso no qual afirmava ser uma "indiscutível 'mentira democrática' se o regime presidencial, que concentrasse uma enorme soma de poderes no Executivo, permitisse a vitória da minoria, que seria consubstanciada com posse dos eleitos".[592] Ou seja, trouxe o coronel a tese dos juristas da UDN ao meio militar. O ministro da Guerra, general Lott, entendeu devida a punição do coronel por insubordinação, mas este, servindo na Escola Superior de Guerra, não estava diretamente subordinado ao ministro, pois a Escola achava-se hierarquicamente ligada à Presidência da República. De então por diante os desdobramentos não cessaram.

Na Câmara dos Deputados, o líder udenista Afonso Arinos apresentou um projeto reivindicando fosse a eleição presidencial deferida àquela casa, por não haverem os candidatos vitoriosos somado a maioria absoluta de votos. E em seu jornal, *Tribuna da Imprensa*, a 4 de novembro, Lacerda pregava abertamente um golpe de estado liderado pelos militares, e afirmava ser "o legalismo, neste momento, apenas o pretexto para entregar o poder dos inimigos do Brasil [...] O dilema é este: ou se estabelece o regime de emergência, ou tomam posse Juscelino e Goulart para impor ao país, em pouco tempo, uma ditadura e, como inevitável consequência, uma guerra civil".[593]

Entre os militares legalistas formava o ministro da Guerra, que consultara o ministro do Supremo Tribunal Federal, então à frente do Superior

Tribunal Eleitoral, Luís Gallotti – irmão de Antônio, amigo de San Tiago – que lhe assegurara não prescrever a Constituição a regra da maioria absoluta, e, portanto, os eleitos deveriam ser empossados.[594] Dois dias depois, ao ir indagar se o presidente Café Filho havia tomado conhecimento do discurso de Mamede, Lott soube que ele fora internado, vítima de uma crise cardíaca. Em seu lugar, assumira o presidente da Câmara dos Deputados, o pessedista, porém opositor de Juscelino, Carlos Luz, a quem Lott imediatamente procurou.[595] A 10 de novembro, Carlos Luz comunicou a Lott que seguiria os termos de um parecer do consultor geral da República contrário à punição de Mamede, pelo ministro da Guerra. Lott prontamente demitiu-se do cargo.

À 1h00 da madrugada do dia 11 de novembro, porém, Lott telefonou ao seu vizinho na Vila Militar, no subúrbio de Deodoro, general Denys, comandante do I Exército (hoje Comando Militar do Sudeste) que compreendia o Distrito Federal e reunia a maior concentração de tropa e armamento do país; Denys, ouvindo o protesto de Lott, disse-lhe que este deveria agir imediatamente em face da posição do presidente interino.

No início da manhã de 11 de novembro, o general Denys deslocou sua tropa e blindados estacionados na Vila Militar para o centro da capital, cercando os seus principais prédios públicos, e Lott informou os principais chefes militares do país das ações deflagradas, e da grande maioria destes recebeu apoio.

Pouco depois, no cais do Ministério da Marinha, Carlos Luz, proclamando-se ainda presidente da República e acompanhado de alguns políticos e militares, entre eles Carlos Lacerda e o coronel Mamede, subiu a bordo do cruzador Tamandaré, com destino ao porto de Santos, contando com o apoio do almirante Pena Boto, conhecido pelo seu feroz anticomunismo. Ciente dessa manobra, Lott determinou à belonave, que contava apenas com uma de suas duas caldeiras em funcionamento, que regressasse ao porto da capital; descumprida a ordem, ordenou ao comandante da artilharia de costa que desse tiros de advertência ao Tamandaré; se ele persistisse em seu curso, disparassem tiros de intimidação, à frente no navio; e, prosseguisse o Tamandaré o seu curso, fosse ele alvejado diretamente. Mas os disparos não atingiram o seu alvo e o Tamandaré seguiu em direção a Santos, onde os revoltosos supunham obter apoio.[596]

Ao final da tarde do dia 12 de novembro ficou evidente aos revoltosos que o Tamandaré não poderia aportar em Santos, cuja guarnição já obedecia às ordens de Lott; seus passageiros tomaram a decisão de regressar ao porto do Rio de Janeiro. Nesse meio tempo, Carlos Luz, ainda embarcado, não era mais presidente da República. A Câmara Federal, na manhã de 11 de novembro, aprovara uma moção que declarava Carlos Luz impedido de exercer a presidência.[597] E ao final do dia 11, o general Lott dera posse ao deputado pessedista Nereu Ramos, na Presidência da República, o terceiro na linha de sucessão; enquanto o novo presidente pedia a "Deus que me ilumine nessa hora e me indique o caminho da pacificação da família brasileira", Lott declarou que "o Exército cumpriu o seu dever".[598]

No dia 13 de novembro pela manhã, cruzando rente ao Forte de Copacabana, com seus alto-falantes voltados para a costa entoando o Cisne Branco (o hino da Marinha), o Tamandaré chegou ao Rio de Janeiro. Carlos Lacerda buscou asilo na Embaixada de Cuba, e o coronel Mamede foi recolhido preso ao Ministério da Guerra, enquanto Carlos Luz negociava, ainda a bordo, com o deputado pessedista mineiro, Ovídio de Abreu, em nome de Nereu Ramos, a sua renúncia à Presidência. E os recém-empossados ministros das Forças Armadas, em memorando enviado ao novo titular da Presidência, reclamaram a decretação do estado de sítio.[599]

• O parecer engajado

A 14 de novembro, em um rascunho de texto dirigido ao presidente da República, Nereu Ramos, San Tiago historia os acontecimentos recentes. Aponta a subversão da ordem, longa e abertamente preparada por "políticos impatrióticos" com o "encorajamento lamentável de alguns militares", que alcançou seu ponto culminante a 10 de novembro e seria consumada em um golpe de estado se não houvessem as Forças Armadas intervindo, "fazendo abortar o atentado". Mas, "para sua honra", as Forças Armadas não conservaram a "autoridade de fato mais do que o tempo estritamente necessário para retirar do poder aqueles que dele queriam se servir".[600]

Contudo, San Tiago refere a persistência de "focos de subversão" que não tardariam em ser rearticulados, inclusive por "parlamentares amparados por suas imunidades". Era pública, diz, a pregação de crimes contra a segurança do Estado, como mostravam alguns jornais. Essa "trama revolucionária, de objetivos não apenas ilegais, mas sanguinários", deveria ser revelada. Contudo, a ação do governo só poderia se dar, sem infringir a lei, pela decretação do estado de sítio, nos termos previstos na Constituição Federal. Essa era a providência que "tomamos a liberdade de sugerir a Vossa Excelência, cônscios da extensão das nossas responsabilidades para com Vossa Excelência".

Ao alto da primeira página, também com a letra de San Tiago, uma breve nota diz: "original em cinco cópias". Não se sabe se o texto foi entregue ao presidente da República, nem se conhecem os outros eventuais destinatários e nem mesmo se o texto foi firmado por San Tiago, e, ainda, se San Tiago escreveu espontaneamente ou a pedido de terceiros. Entregue ou não ao seu destinatário, esse texto poderia ser visto com um desdobramento incisivo da posição política que animara o autor da *Declaração* dos professores de Direito, por ele redigida.[601]

• Uma sugestão de agenda externa

Dois meses depois da eleição de Juscelino, em dezembro de 1955 San Tiago redige um memorando confidencial sobre "A política externa do Brasil no quinquênio 1956-1960", ou seja, no curso do mandato do novo presidente, cuja posse teria lugar no mês seguinte.[602]

San Tiago refere o tema à América Latina, a qual, diz, sofria, por parte dos Estados Unidos, "preterições sucessivas" desde 1947. Haveria razões de ordem técnica e econômica, e também políticas, que explicariam esse tratamento. No primeiro grupo, três eram os principais fatores: a incapacidade de "absorção útil de auxílio exterior", por falta de capitais domésticos que o complementassem, associada à falta de "preparo tecnológico e de capacidade empresarial" desses países; a incapacidade política de eles debelarem a inflação interna, o que importava na elevação constante dos custos de produção; e a incapacidade de pagarem os empréstimos em razão do baixo nível de seus saldos em moeda estrangeira. Entre os fatores eminentemente políticos, San Tiago aponta a pouca expressão estratégica da região no quadro internacional, comparada a outras áreas da Europa, Ásia e norte da África. A esse fator, somavam-se os outros dois: a concessão de empréstimos a um ou a alguns desfecharia protestos dos demais países latinos; e, por fim, a instabilidade interna de muitos deles, que, ao mesmo tempo, reclamavam apoio externo e o repeliam com igual veemência, "às vezes sob o mesmo governo".

Nesse contexto, com a possível antecedência, deveria o novo governo "elaborar e formular sua linha de conduta", que San Tiago sugere referindo "os interesses comuns do bloco latino-americano".[603]

No governo Vargas não fora possível ao Brasil assumir a liderança da América Latina, em boa parte devido à presença incômoda, aos Estados Unidos, do então presidente argentino, Perón. Porém, agora, diz San Tiago, "em torno do novo presidente do Brasil, pode-se constituir, sem alarde, o bloco latino-americano, graças ao entendimento sincero e amplo entre o Rio de Janeiro e Buenos Aires". A tanto era necessário fixar os objetivos desse grupo: obter o apoio político norte-americano combatendo o comunismo na América Latina, "não só mediante a retificação das atividades soviéticas no hemisfério, mas também mediante a correção urgente das condições econômicas de pauperismo, em que medra o descontentamento social e se forma o comunismo do tipo doméstico". E, assim, buscar obter auxílio técnico e econômico dos Estados Unidos, "nas condições mais favoráveis por eles asseguradas a outras áreas".

- **Petróleo: contrato de risco e energia atômica**

Em outro ponto do memorando, San Tiago trata da "cooperação financeira e combustíveis". A presença do petróleo na pauta de importação brasileira era crescente e comprometia todo o esforço despendido na soma de divisas estrangeiras, drenadas para a importação desse produto. Sobre esse fato, havia a disciplina legal da produção do petróleo submetida ao monopólio da Petrobras. A questão do petróleo, observa, "assumira, entre nós, um duplo caráter: é um problema político-social, tanto quanto técnico-econômico". Isto é, não se tratava, de discutir a questão do petróleo como as dos demais produtos da pauta externa do Brasil, mas sim de um problema que "excitava toda sorte de manifestações políticas e comoções sociais". Portanto, "tendo em vista os motivos histórico-políticos, o Brasil não pode, sem perda de tempo e de comoções inúteis, modificar sua legislação". O caminho seria adotar "soluções contratuais específicas, que serão objeto de aprovação do Poder Legislativo", para vigorar excepcionalmente com força de lei, "por meio das quais fosse possível, sob condições especiais e específicas, haver a participação privada na exploração de petróleo". O Estado Maior do Exército já teria examinado "a solução contratual, com grande aceitação".[604]

San Tiago propõe que esse tema fosse conduzido pelo Ministério do Exterior em estreita colaboração com os Estados Maiores, de forma que, ao chegar ao Congresso, já teria sido examinado pelas Forças Armadas, as quais, como era sabido, tinham inegável poder sobre a matéria. Não só o petróleo, mas, "por meio de uma ação diplomática adequada", poderia o Brasil inclusive entrar "na era atômica participando do *pool*, que já se formara", aproveitando essa oportunidade para evitar que se repetisse, "em relação a esta nova forma de energia", "o contexto dramático em que caímos em relação ao petróleo, e que hoje constitui uma tão grave ameaça à nossa sobrevivência econômica".

Concluindo o seu memorando, San Tiago sugere uma detalhada "programação preliminar" a ser seguida. O Ministério das Relações Exteriores deveria ir imediatamente a Washington, assistido por um trabalho de relações públicas, e depois lançar, com grande divulgação na imprensa americana e argentina, "um apelo para o tratamento da América Latina de nação mais favorecida, tendo em vista a erradicação do pauperismo e do comunismo". E, a seguir, o ministro deveria ir a Buenos Aires buscar apoio do governo argentino e tentar promover uma reunião na capital americana, reunindo os três países em torno da proposta de auxílio sugerida. No plano interno, o presidente poderia tentar formar uma união política para a condução da política externa. Só a partir dessa união seria possível o presidente tratar das questões de petróleo e de energia atômica. Nesse sentido, se parecesse conveniente, ele poderia cogitar a "nomeação de alguns políticos da oposição para postos diplomáticos e a sua participação nos comitês do Itamaraty sobre questões internacionais, o que oferecia vantagem sobre diversos pontos de vista".[605]

Não se sabe quem solicitou a opinião de San Tiago, porém é certo que Juscelino já o conhecia bem, inclusive pela sua atuação diplomática; quando San Tiago participou da IV Reunião de Chanceleres em Washington, em 1951, um dos primeiros cumprimentos que recebeu pela sua nomeação foi o do então governador de Minas, Juscelino Kubitschek. E o novo presidente iria logo solicitar ao jurisconsulto a estruturação legal de seus maiores projetos de Governo.

CAPÍTULO 19

JUSCELINO PRESIDENTE

Desenvolvimento econômico e ascensão das massas ao poder, eis o binômio histórico através do qual se superará a crise brasileira (...).[606]

• Ministério

Juscelino tomou posse a 31 de janeiro e pediu ao Congresso a revogação do estado de sítio em vigor desde 23 de novembro anterior. Dos vinte e quatro ministros civis, dezesseis integravam o PSD, apenas seis o PTB, partido do vice-presidente, João Goulart. Juscelino nomeou para a pasta da Fazenda seu amigo e deputado federal, José Maria Alkmin; o ex-presidente interino Nereu Ramos assumiu o Ministério da Justiça, José Carlos Macedo Soares seguiu à frente das Relações Exteriores e o general Lott voltou ao Ministério da Guerra – e nele permaneceria ao longo de todo o mandato presidencial. Ao PTB, segundo o acordo firmado antes das eleições, coube o Ministério do Trabalho, que além dos sindicatos controlava os fartos e manipuláveis recursos dos institutos de previdência, e o Ministério da Agricultura, cuja importância no plano político – à exceção do café que contava com meios próprios de persuasão dos governos – vinha sendo reduzida à vista da rápida industrialização do país. Começava uma das mais, senão a mais dinâmica presidência da história da República.

• Planejamento

À frente do Governo de Minas, Juscelino já havia revelado uma rara capacidade administrativa baseada não apenas na sua energia e habilidade política, mas também no planejamento e na execução dos seus atos; e sabia se cercar de bons quadros, com os quais dialogava e sobre os quais exercia uma efetiva liderança.[607] Essa experiência de governo estadual e de administração municipal à frente da Prefeitura de Belo Horizonte, Juscelino trouxe à presidência, cuidando especialmente do planejamento de suas ações.

Nomeou o engenheiro Lucas Lopes presidente do BNDE e, sob a sua direção, criou o Conselho de Desenvolvimento, "com a finalidade de estudar as medidas necessárias à coordenação da política econômica do país, elaborar planos e programas visando aumentar a eficiência das atividades governamentais e a fomentar a iniciativa privada". Ao Conselho coube supervisionar a execução do Plano de Metas, coordenado por Lucas Lopes, com Roberto Campos, então diretor superintendente do BNDE.[608] O Plano encampou projetos já elaborados no âmbito da Comissão Mista Brasil-Estados Unidos, e estabeleceu trinta e uma metas, divididas em grandes grupos: energia, transportes, indústrias de base, alimentação, educação. No âmbito do Conselho, foram criados grupos executivos relativos a áreas específicas discriminadas no Plano, formados por técnicos da administração pública e empresários privados, voltados à discussão sobre a definição das metas previstas.

Lucas Lopes recordaria, já nos primeiros dias do governo, a atividade incansável de Juscelino, deflagrada sempre ao início da manhã, assim como a sua visão extremamente pragmática; as questões iam sendo enfrentadas pela capacidade de o presidente mobilizar a participação de técnicos do governo e pela confiança dos empresários aos projetos que apresentava.[609] A essa qualidade, Juscelino somava a sua capacidade de manobra política; os grupos executivos foram situados à margem do alcance da ação partidária, o que lhes permitiu um inédito desembaraço administrativo. Entre esses grupos sobressaía o da indústria automobilística, que estabeleceu as bases para a sua instalação em território brasileiro, com grande sucesso econômico e apoio popular.

Ao Plano de Metas, Juscelino acrescentou o que chamou de meta-síntese – a construção da nova capital do país, que mobilizaria, muito de suas energias, e a do país.

Poucos meses depois da sua posse, já se difundia pelo país uma sensação de dinamismo e inovação, que se confundia com a imagem pessoal de Juscelino.[610] Tinha-se à frente do governo federal um presidente carismático e bom administrador, com um plano de governo claro, liderando uma aliança partidária peculiar, entre o conservador PSD e o populista, à esquerda, PTB, enfrentando a oposição da UDN, à direita, sediciosa, e competente. E como sempre oscilando entre a defesa da legalidade e os surtos de insubordinação autoritária, estava "o partido de armas na mão".

• O voo rebelde

Já no mês seguinte, a 11 de fevereiro, um surto de indisciplina militar ocorreu: um pequeno grupo, liderado pelo major Haroldo Veloso e o capitão Lameirão, tomou um bimotor da Força Aérea e rumou para Jacareacanga, uma base localizada no Pará, rebelando no trajeto as bases de Aragarças, em Goiás, e Cachimbo e Santarém, no Pará. Os revoltosos, inconformados com a posse do novo presidente da República, receberam a solidariedade de outras guarnições da Aeronáutica. Mas, cercados os revoltosos pelas tropas do governo, a 29 de fevereiro, dezoito dias depois, o levante estava debelado. Os atos beiraram o ridículo, mas mostraram viva a indisciplina nas Forças Armadas. Contudo, o comando do ministro da Guerra, general Lott, seria eficaz; somente no governo seguinte, com a renúncia de Jânio Quadros, em agosto de 1961, em um movimento muito mais articulado e amplo liderado pelo Exército, as Forças Armadas novamente interviriam diretamente na vida política do país.

Juscelino desarmou a primeira das crises políticas de seu governo e minimizou os efeitos da anterior, enviando ao Congresso um projeto de lei concedendo anistia a todos os civis e militares que houvessem participado de "movimentos revolucionários ocorridos no país" entre 10 de novembro de 1955 e 19 de março de 1956[611]. E dois meses depois deu início ao maior de seus projetos de governo. E foi a San Tiago que o novo presidente solicitou a estruturação legal desse seu projeto.

• Brasília

A transferência da capital federal para o planalto central do país era referida desde o Império em diversas propostas, sob diversos fundamentos. A primeira Constituição da República, editada em 1891, trazia em seu artigo terceiro uma disposição específica: "Fica pertencendo à União, no planalto central da República, uma zona de 14.400 km^2, que será oportunamente demarcada para nela estabelecer-se a futura capital federal". A Constituição de 1946, então vigente, previa a transferência da "capital da União para o planalto central do País", a demarcação da sua localização e, uma vez "efetuada a transferência, o Distrito Federal (então a cidade do Rio de Janeiro) passará a constituir o estado da Guanabara".[612] Mas a prescrição legal só ganharia vida com a posse de Juscelino, cumprindo uma promessa de campanha: eleito, ergueria Brasília, como seria denominada a nova capital do país, e, ainda em seu governo, para lá transferiria a capital do país.

O novo presidente não tardou a dar curso à sua promessa, e para lhe dar forma jurídica solicitou os ofícios do professor San Tiago Dantas.

A 13 de abril, a imprensa noticiava uma entrevista do presidente da República com os líderes dos partidos do Congresso, com a presença de San Tiago, para "assentar as bases da sociedade de economia mista" que cuidaria "do problema da transferência da capital da República para o planalto goiano".[613] Àquela altura, San Tiago já redigira o projeto de lei a ser enviado ao Congresso dias depois; conciso, em um estilo de "severa simplicidade", a Lei nº 2.874, que seria editada em 19 de setembro seguinte, dispunha sobre a mudança da capital federal.[614] Em setembro, teve lugar o concurso para escolha do plano-piloto, da nova capital, sendo vencedor o projeto do arquiteto Lúcio Costa, ex-diretor da Faculdade de Belas Artes, e que colaborara no projeto modernista do prédio do Ministério da Educação e Saúde, no Rio de Janeiro, e nas obras da Pampulha, em Belo Horizonte, quando Juscelino era seu prefeito.[615]

Um dos projetos políticos mais importantes do governo, e certamente o mais combatido pela feroz oposição da UDN, a construção de Brasília ficaria indelevelmente ligada ao dinamismo administrativo e à capacidade de articulação política de seu criador. Mas a batalha política a ser enfrentada pelo novo governo, que teria a nova capital entre seus temas mais polêmicos, estava no início.

CAPÍTULO 20

POLÍTICA, PODER, APOSTA

Em primeiro lugar deve ser posto em relevo o propósito de formular e executar uma política de desenvolvimento econômico conjugada a um severo combate à inflação.[616]

• Política e poder

A 17 de abril, na véspera de o novo presidente enviar o projeto de lei dispondo sobre a criação de Brasília, que San Tiago redigira e viabilizaria juridicamente a transferência da capital federal para o planalto central do país, uma das mais importantes alterações na geopolítica brasileira, San Tiago volta a falar aos estagiários da Escola Superior de Guerra. Escusando-se pelo "caráter muito apressado [de suas] reflexões" sobre o tema proposto, "a cultura política como fator de poder nacional", começa por precisar o conceito de política, entre os vários que se "contêm debaixo dessa etiqueta". Registra a referência corrente à política como sendo a soma de "ciência e arte do governo", ou seja, voltada à solução dos negócios públicos; mas, observa, havia outra acepção que não poderia ser descartada: "a política como arte de obtenção e conservação do poder", pois sem a detenção do poder não há governo, e San Tiago vê na detenção do poder o "objeto de uma arte" – a arte da política.[617]

A essas duas acepções do vocábulo política, San Tiago acresce outra, objetiva: "o encadeamento de ações (de governo) visando um determinado fim". Por outras palavras, "todas as vezes que uma série de ações se desenvolve segundo um encadeamento finalístico, para aproximar ou garantir um determinado resultado, é lícito dizer-se que está sendo seguida uma política". Entre essas três acepções da palavra política existe uma "inter-relação muito estreita e elas se fundem na conscrição de um exato conceito de política"; a saber, a arte e a ciência de governo, a obtenção e a detenção do poder e o "encaminhamento finalístico" das ações de governo, para solucionar problemas.

San Tiago elabora a "conscrição" dessas acepções que formam o conceito de política que apresenta, e a seguir entra no seu tema recorrente já havia algum tempo: o processo, em curso na sociedade brasileira, da "afirmação e declínio da classe dirigente", observando que "na consciência política dos indivíduos e das coletividades entram elementos refletidos e elementos instintivos" – estes últimos, na verdade, "intenções finalísticas". Essas "intenções" eram sentidas pelas classes dirigidas, como mostrava a história, sobretudo quando a classe dirigente, em declínio, "deixa de ser a expressão de uma supremacia social efetiva (...) e inicia um movimento de transformação do seu próprio papel histórico", o que determina um "rebaixamento de sua cultura política".

À classe dirigida, observa San Tiago, faltava "a ciência e a arte de governar", e ela estava convicta de que a classe dirigente era capaz de resolver seus problemas, prestando-lhe, portanto, "obediência institucional"; porém, quando essa convicção desaparece, verifica-se uma "gradual autonomia da classe dirigida, a qual passa a um estado de disponibilidade". E esse estado "constitui o clima próprio da demagogia e do cesarismo".

San Tiago conclui a sua palestra procurando ligar as suas considerações sobre o poder político ao poder nacional, tema a ele proposto. E dá, como exemplo, o regime soviético, no qual a classe dirigente, sem o contraste da opinião pública, é um regime de "política imprevisível, de decisões individuais". Ao contrário, um regime de paz dependeria da "elevação da cultura política das classes dirigidas e da sua maior participação na ação política", e, também, da criação de "regimes de opinião que informassem, com maior amplitude, o processo decisório da classe dirigente".

As considerações de San Tiago se davam no plano global sob os constantes desdobramentos da Guerra Fria, e, no âmbito nacional, a cinco meses do décimo aniversário do regime político-jurídico instituído pela Carta de 1946, já sob forte dúvida de ser esse regime capaz de absorver as rápidas transformações sociais em curso; estas eram determinadas por uma economia que conjugava um expressivo e contínuo crescimento a uma inflação renitente, havia cerca de quinze anos, e a um progressivo endividamento interno e externo. Uma das respostas buscadas pela classe política foi propor uma reforma da Constituição.

- **Reforma da Constituição**

Em longa entrevista concedida à imprensa em 26 de março daquele ano de 1956, o ministro da Justiça, Nereu Ramos, anunciou a revisão do texto constitucional, cuja proposta seria elaborada por um "grupo de jurisconsultos, escolhidos fora dos quadros das agremiações partidárias, todos eles homens de notório saber para proceder a estudos de reforma constitucional"[618]. San Tiago figura em primeiro lugar na mensagem, e ao lado de seus colegas de Comissão, em julho, entregam onze propostas de emenda ao ministro da Justiça sobre os temas a que haviam sido submetidos estudar; contudo, a proposta de reforma não avançou no Congresso.[619] Oito anos depois, a Constituição seria dilacerada pelos atos adicionais a ela sobrepostos pelo regime militar vitorioso em abril de 1964, sendo, em 1967, substituída por um texto imposto pelo regime militar.

- **Jockey Clube**

Em um lance que não correspondia às suas inclinações pessoais, mas antecipava a sua pretensão política e nesse sentido era um primeiro movimento público expressivo, a 26 de março, o nome de San Tiago é lançado à disputa pela presidência do Jockey Clube Brasileiro, ao mesmo tempo em que era anunciado como um dos jurisconsultos designados pelo governo para elaborarem um projeto de reforma da Constituição.

A sede social do Jockey Clube ficava no centro da cidade, na esquina da Avenida Rio Branco com a Almirante Barroso, fronteiro ao Clube Naval e vizinho ao Museu de Belas Artes; era um belo prédio de estilo afrancesado, como os demais erguidos à altura da abertura da Avenida Rio Branco ao início do século passado, que seria impiedosamente demolido ao final da década de 1970. Desde a sua inauguração, seu restaurante atraía a elite política e econômica da capital do país, e era frequentado por San Tiago desde moço, no início dos anos 1930.

Além da sede no centro da cidade, um grande contingente de sócios frequentava a imponente sede esportiva, o Hipódromo da Gávea, situado à margem da Lagoa Rodrigo de Freitas, próximo ao Jardim Botânico, onde corriam os páreos, especialmente quando era sorteado, pela loteria federal, um vultoso prêmio em dinheiro – *sweepstake*; um dos eventos mais importantes da alta sociedade carioca, tradicionalmente contava com a presença do presidente da República. Àquela época, o turfe era um esporte de elite, ao qual os grandes jornais dedicavam uma página especial, o que conferia a seus dirigentes uma fonte permanente de divulgação.

A decisão de San Tiago sobre concorrer contou com o estímulo de seu cliente, Peixoto de Castro, proprietário de um haras afamado e turfista de largo prestígio, e de outros nomes expressivos ligados ao turfe e integrantes da elite política e econômica carioca, muitos deles clientes de seu escritório de advocacia, e empresários com os quais lidava como diretor do Banco Moreira Salles. Em uma nota publicada nos jornais, sócios do Jockey, turfistas e empresários conhecidos, declararam apoio a San Tiago.[620] Um anúncio divulgando a chapa encabeçada por ele traz uma amostra da elite política econômica da capital federal; concorriam ao Conselho Consultivo: Antônio Larragoiti Jr., Arthur Lundgrem, Valentim Bouças, empresários, o prefeito da capital federal, Francisco Negrão de Lima, Herbert Moses, presidente da Associação Brasileira de Imprensa, e Oswaldo Aranha, uma das mais expressivas figuras políticas do país desde 1930.[621] San Tiago arregimentou também o apoio de duas alas formadas por sócios atuantes, Renovadora e Pacificadora.

A uma crítica apócrifa à ala Pacificadora, San Tiago responde. Em carta dirigida ao jornal, vê-se o jurisconsulto, inescapavelmente. Um arrazoado articulado e bem escrito, que, mesmo não sendo rebuscado, revela certo formalismo do autor e o vezo do mestre pronto a tudo esclarecer. San Tiago alinha no texto os objetivos da sua candidatura; um "sócio alheio aos grupos e às competições", que "só aceitara disputar a presidência" por haver encontrado entre os seus apoiadores o "sincero propósito pacifista", o único capaz de animá-lo a enfrentar com "sacrifício pessoal, mas com entusiasmo essa tarefa". E conclui dizendo que o respeito que ele votava à chapa adversária seria a "nossa primeira e inequívoca contribuição para pacificação da nossa sociedade".[622]

O contendor de San Tiago, o engenheiro Mário Azevedo Ribeiro, era um nome tradicional do turfe. Lineu de Paula Machado, que havia criado no começo do século o maior haras de cavalos de corrida do país, o contratou para a construção do hipódromo, executada entre 1920 e 1926. Mário continuou ligado à administração do Jóquei, sendo eleito em 1952 seu presidente. E à sua reeleição, disputa a qual San Tiago se lançou, o filho de Lineu, Francisco, formou, na chapa encabeçada por Mário, como candidato a vice-presidente.

Francisco de Paula Machado era, sem dúvida, a figura mais eminente dos quadros do Jockey, e a sua candidatura tornava a sua chapa imbatível. Como seu pai, um criador de sucesso, Paula Machado colecionava vitórias nas pistas de corrida e era um patrício na elite do Distrito Federal; neto de Eduardo Palassin Guinle, empresário ao qual fora outorgada ao final do Império a concessão das docas do porto de Santos, Eduardo ao morrer era um dos homens mais ricos do país. Seu filho Octávio Guinle, irmão da mãe de Francisco, construiu o Hotel Copacabana Palace, em 1923, e eram donos do Banco Boavista, um dos mais tradicionais do Rio de Janeiro.

A disputa trouxe uma novidade grata a San Tiago. Convidado por Jacinto de Thormes, jornalista que inaugurara o colunismo social na imprensa brasileira, San Tiago e Paula Machado compareceram ao seu programa de entrevistas, *Acontece*, transmitido pela Televisão Tupi, no Rio de Janeiro. Comentando as apresentações em sua coluna no jornal, Jacinto registrou que "o professor San Tiago Dantas, que, pela primeira vez, enfrentava a televisão", com mais algumas "aparições *televisiônicas* talvez se transformaria em favorito. Isso graças ao excelente dom da simpatia, inteligência rápida e culta em responder e esclarecer".[623]

Porém, a clareza na articulação de ideias e a destreza verbal não foram suficientes para San Tiago sair vencedor do pleito. Não menos cordial e elegante o seu adversário, Paula Machado reafirmou a sua posição inquestionável de maior e mais sofisticada figura do turfe brasileiro. Os números confirmaram esse fato: 1.541 votos dados à chapa situacionista e 832, à chapa liderada por San Tiago. Assistida pelos candidatos, antes do final da contagem dos votos, porém já claro o triunfo da chapa da situação, em um gesto elegante, como registrou a imprensa, San Tiago cumprimentou seu adversário, restando "pacificada a família turfística"[624]. Ao fim do mandato que se iniciava, em 1960 elegeu-se Paula Machado presidente do Jockey, sucessivamente até 1984, vinte anos depois da morte de San Tiago.

Por sua vez, indisputável era a posição de San Tiago no universo jurídico nacional. O mestre consagrado, à frente de seu renomado escritório situado na Avenida Erasmo Braga, 227, 8º andar, telefone 52.21.80, que aos quarenta e quatro anos de idade completava vinte de cátedra e catorze à frente da cadeira de Direito Civil, da Faculdade Nacional de Direito no Rio de Janeiro, e em seu papel timbrado se identificava apenas como *advogado*, era solicitado por todas as partes. E seguia solicitado a falar em público.

• Parlamentarismo

A 23 de abril de 1956, San Tiago fala aos associados do Rotary Club do Rio de Janeiro sobre o Dia Pan-Americano. O conferencista, diz a nota no jornal, "abordou, com o brilhantismo que lhe é peculiar, o tema que lhe foi proposto".[625] No início do mês seguinte, San Tiago está em Porto Alegre para uma conferência sobre a proposta de reforma da Constituição. A adoção do regime parlamentarista, vigente ao longo de todo o Império, jamais saiu da pauta política da República, e um jornal local ouviu a opinião de San Tiago sobre a adoção do regime parlamentarista: "não julga[o] o parlamentarismo nem interessante, nem oportuno". Era um "presidencialista convicto", pois entendia que as "formas de organização de poderes não eram elaborações doutrinárias, mas sim de ordem prática". Portanto, a escolha da forma de governo deveria ser feita a partir de uma "observação direta da realidade". E, entre nós, a realidade mostrava que "a debilidade da estrutura burocrática do país não está apta a suprir as instabilidades características do governo de gabinete". Nesse contexto, a adoção do regime parlamentarista conduziria o país "à descontinuidade e à anarquia administrativa", o que, ao fim, "levaria a alguma reação militar". Cinco anos depois, a adoção do parlamentarismo seria o alvitre político, apoiado por San Tiago, para contornar a reação militar, que então se levantou com a renúncia de Jânio Quadros.

No dia seguinte, a 8 de maio, o *Correio da Manhã*, no Rio de Janeiro, publicou parte do trabalho da comissão de juristas incumbidos de redigir o projeto de reforma da Constituição. Os dois tópicos referiam-se à maioria absoluta, a ser alcançada pelo candidato a presidente, e a coincidência na duração de mandados.[626] Uma semana depois, San Tiago, ao lado de seu colega Hermes Lima, está no Centro Acadêmico Cândido de Oliveira, da Faculdade Nacional de Direito, participando de um debate sobre a reforma da Constituição.[627]

• Árbitro

No início do mês seguinte, em junho, tendo sido escolhido árbitro pela União, San Tiago divulga seu voto na disputa desta com a *The São Paulo Railway Co. Ltd.* A esta, fora outorgada pelo governo imperial, em abril de 1856, pelo prazo de noventa anos, a concessão da Ferrovia Santos-Jundiaí, que substituiu as bestas de carga no transporte do café das lavouras paulistas até o porto de Santos para exportação. A *Santos-Jundiaí* havia sido encampada pela União em 1946; a controvérsia que se seguiu e fez objeto do juízo arbitral instalado pelo governo federal versava sobre se os bens adquiridos pela ferrovia e não destinados aos fins da concessão deveriam ou não ser devolvidos à União, e, em caso afirmativo, quais seriam esses imóveis. Houve empate, com o voto de

San Tiago em favor da União, e contrário por parte do árbitro da concessionária, João de Oliveira Filho; o presidente do juízo, o ex-ministro do Supremo Federal, Laudo de Camargo, decidiu favoravelmente à concessionária. O jornal *Correio da Manhã*, em uma série de reportagens estampadas na primeira página, criticou duramente a escolha do governo federal em instituir um juízo arbitral para dirimir a questão, os árbitros e seu resultado. E indagou se não a teria havido por parte do árbitro do governo "um cochilo", que teria dado a ganhar à concessionária "1 bilhão e meio de mão beijada". San Tiago, a seguir, fez publicar seu voto; à parte o mérito, sempre questionável em controvérsias jurídicas centradas na interpretação de cláusulas contratuais, o voto traz a "severa simplicidade" de raciocínio, estilo e também de composição, do autor.[628]

• Comitê Jurídico Interamericano

Em carta a San Tiago, Juscelino o convidara a integrar o Conselho de Desenvolvimento criado logo ao início da sua presidência, em fevereiro. Em maio, Lucas Lopes, secretário-geral do Conselho, convida San Tiago para participar de um grupo de trabalho "para estudar e propor ao governo providências administrativas ou legislativas, visando a criação de um sistema não inflacionário de canalização de recursos financeiros para investimentos industriais, principalmente nos setores básicos da economia nacional". San Tiago aceita o convite, mas diz que, nos três próximos meses, não poderia comparecer às sessões do Conselho do Desenvolvimento, pois durante esse período estará presidindo o Comitê Jurídico Interamericano, cujos trabalhos excluíam "qualquer outra atividade concorrente", mas que poderia colaborar ainda assim, se lhe fossem enviados textos para estudo e apreciação.[629] A presidência do Comitê não seria tão absorvente quanto San Tiago supôs, como mostra a sua intensa atividade profissional nos meses que se seguiram.

• Escala móvel

A 10 de agosto, San Tiago, a propósito da comemoração do sesquicentenário da inauguração dos cursos jurídicos no Recife, a convite da seção local da Ordem dos Advogados, fala sobre um tema que mobilizava o Direito Civil àquela altura: a escala móvel – posteriormente, correção monetária – indicando os efeitos corrosivos de uma inflação persistente sobre o valor do cruzeiro, que afetava todos os negócios públicos e privados.[630]

• Areia monazítica

Nesse mesmo mês, está San Tiago outra vez no centro de uma controvérsia. Noticia o jornal *Última Hora* que, em depoimento à Comissão Parlamentar de Inquérito sobre energia atômica, João Neves da Fontoura informou ter sido San Tiago o idealizador de decreto expedido pela Comissão de Exportação de Minerais Estratégicos. A acusação lançada pelo jornal sugere que o decreto teria permitido "uma escandalosa troca de preciosos minerais atômicos por estoques de trigo que abarrotavam os celeiros americanos". E, segundo a denúncia então formulada por um deputado, San Tiago teria ligações com um grupo interessado nessas exportações.

Não se tem notícia de San Tiago haver sido convocado a depor, nem o texto do decreto está em seus arquivos. A troca de areia monazítica por trigo foi objeto de acordos firmados com os Estados Unidos, e uma das empresas exportadoras desse mineral atômico, a Orquima, tinha entre seus sócios Augusto Frederico Schmidt, amigo de mocidade e próximo a San Tiago. O deputado mineiro Guimarães Passos, presidente da Comissão, observou, todavia, que esta não tinha "objetivos inquisitoriais" e que "o amplo inquérito" tinha o "intuito de oferecer ao país e aos poderes públicos a solução que nos pareça a mais acertada em matéria de tanta relevância, qual seja a da energia nuclear, evitando a continuidade de erros cometidos". O tema não teria prosperado na imprensa e, pouco depois, a CEME seria extinta com a criação, em outubro seguinte, da Comissão Nacional de Energia Nuclear.[631]

No mesmo dia de agosto e na mesma *Última Hora* em que foi publicada a matéria envolvendo San Tiago na questão relativa à comercialização da areia monazítica, é ele alvo de nova crítica. Em sua coluna, a conhecida jornalista Adalgisa Nery acusa-o, duramente, por ele, valendo-se do "seu saber, [d]a sua inteligência lúcida e [d]o seu incontestável prestígio de jurista", defender uma firma que, segundo ela, gozava junto "às autarquias da pior fama". No caso, San Tiago defendia uma empresa que viu seus interesses contrariados pelo Instituto de Aposentadoria e Pensão dos Comerciários, IAPC, um dos poderosos institutos de pensões, cujas verbas, historicamente, estavam sob absoluto controle e manejo do Partido Trabalhista Brasileiro, ao qual o jornal era estreitamente ligado.[632]

Em outubro, a imprensa noticia que San Tiago passava a integrar, juntamente com Hermes Lima, o Conselho Fiscal da Covibra, com sede em São Paulo, a maior indústria de vidro plano do Brasil, pertencente ao empresário paulista Sebastião Paes de Almeida.[633] Quatro anos antes, em 1952, o banqueiro libanês Jacob Safra deixou o seu país e com a família mudou-se para São Paulo, onde, com o filho Edmond, em 1955, fundaram uma instituição financeira com laços com bancos europeus. San Tiago assistiu Jacob Safra e seu filho na implantação de seus negócios no Brasil.[634]

CAPÍTULO 21

A ELITE E SEU CRÍTICO

Outro imperativo na minha vida, que me leva a afastar-me dos negócios, para dedicar integralmente o meu tempo à cátedra, à advocacia e às funções de diretor do Jornal do Commercio, que acabo de adquirir dos seus antigos proprietários.[635]

• A verificação terrível

Em 1942, o jovem diretor da Faculdade de Filosofia reclamava fossem estendidas às massas trabalhadoras a mesma proteção jurídica dada à classe proprietária. Então, o catedrático já formava na elite acadêmica brasileira; onze anos depois, San Tiago ampliou o seu protesto desta vez dirigindo-o a um alvo que bem delineou e denunciou em uma síntese de inédita contundência: "Conseguimos, em verdade, atingir a esta verificação terrível de que as elites brasileiras estão mais atrasadas como elites, do que as massas brasileiras como massas".[636] Agora, falava não mais o brilhante acadêmico, mas o jurisconsulto que atendia, com o seu notável talento profissional, a classe econômica que ele associava à elite dirigente do país. O duro epíteto, cujo significado reiteradamente San Tiago iria expor, denunciava a ignorância da elite sobre os problemas nacionais, que pesavam sobre a classe trabalhadora, e a indiferença da elite em resolvê-los.

A classe dirigente à qual San Tiago se dirigia concentrava-se no Rio de Janeiro, pois ali estava situado o poder político, os seus órgãos, o aparato burocrático que o rodeava e era por ele manipulado; e, em contrapartida, a alta burocracia ia somando privilégios e ampliando a sua atuação na vida do país, em uma economia na qual era o Estado o grande interventor, e para alguns um generoso financiador. Nos diferentes mercados iam se consolidando monopólios e oligopólios imunes à competição, acrescendo o processo inflacionário e a carestia dos bens e serviços indispensáveis à grande massa trabalhadora. Esta ia se expandindo nos grandes centros urbanos por um expressivo número de migrantes vindo do nordeste do país, com baixa ou nenhuma formação educacional ou habilitação profissional, mas que ia sendo inscrita no processo eleitoral. Convivia o país, ainda dependente das insuficientes divisas estrangeiras obtidas com a exportação do café, com uma alta taxa de crescimento econômico, mas com uma economia de baixa competividade, uma inflação persistente e uma iníqua distribuição de renda.

A crítica de San Tiago à elite jamais exibiu um acento ácido e pessoal - ao contrário de outro grande crítico da elite governante, Rui Barbosa - tampouco revestiu-se de cores ideológicas extremas. E a elite, mesmo dele discordando, não o discriminava: seguiria ouvindo com atenção e interesse o formulador de análises e propostas coerentes e bem articuladas. Mas a elite percebeu que San Tiago jamais seria uma liderança partidária expressiva, ainda que viesse a ser uma expressiva força intelectual na cena política.

Ao final de 1956, San Tiago não mais pretendia seguir falando à elite apenas por meio de conferências, ensaios e artigos eventuais na imprensa; a seu ver, ouvir as massas e atender às suas necessidades justas e prementes era um dever da classe dirigente que, para tanto, disso precisava ser persuadida. A essa persuasão San Tiago acreditava fosse ele capaz de contribuir efetivamente, enfrentando controvérsias que a sua trajetória política no passado e profissional no presente pudesse suscitar - e, de fato, logo seriam suscitadas. Ampliar a sua audiência era o seu propósito imediato, e ele o via como o desdobramento natural de toda sua preparação para o retorno à ação partidária vinte anos depois do fracasso da sua experiência da mocidade.

A sua notável cultura, rica em exemplos de embates ideológicos, de transformações sociais, associada a uma rara experiência da mecânica interna do Estado brasileiro, da sua estrutura jurídica e administrativa, eram meios formidáveis à análise do jogo político. E animava San Tiago, com a sua atuação ampliada, buscar o prodígio de transformar a água da política nacional em um vinho substancioso de uma reforma estrutural do país, tal o milagre das Bodas de Caná, cuja cena bíblica ele pedira a Portinari para recriar em um mural, que encomendara três anos antes ao pintor, para ornar a bela residência que construía desde então.

Saber, ter e poder: já cumpridos os dois primeiros termos da proposição que a si San Tiago fixara alcançar, restava o último: o poder - o poder político. E a determinação de San Tiago nesse sentido era, sem dúvida, firme. A busca pela presidência do Jockey Clube, que lhe daria uma maior projeção pessoal em seu meio social, embora frustrada, fora um lance nessa direção. Neste início do ano de 1957, o lance seria bem mais ousado.

• Jornal do Commercio

Bem cedo, em uma manhã de março de 1957, quando chegavam ao Aeroporto do Galeão os voos internacionais, San Tiago lá estava aguardando seu amigo Walther Moreira Salles. San Tiago queria, ele mesmo, ser o primeiro a informá-lo de que deixaria a diretoria do banco, pois estava adquirindo o *Jornal do Commercio* e esse era um passo irreversível na sua volta à ação política ostensiva, ainda que esta não fosse deflagrada imediatamente.[637]

O pedido de dispensa das funções de diretor do banco, que havia cinco anos vinha exercendo por seu "honroso convite", San Tiago dirige a João Moreira Salles, pai de seu amigo Walther, fundador e controlador do banco. "Um outro imperativo" o levava a "afastar-se dos negócios para dedicar meu tempo integralmente à cátedra, à advocacia e às funções de diretor do *Jornal do Commercio*", que vinha de adquirir. O jornal contava 127 anos de existência, e era "uma força constante na luta pela democracia brasileira e pela preservação do regime de livre empresa", escreve San Tiago. Essa linha jornalística ele procuraria manter, e a tanto mobilizara seus "recursos pessoais", e, mais do que eles, a sua "energia pessoal", que serão "integralmente reclamadas pela tarefa a que me proponho".[638]

O "assunto" teria surgido inesperadamente, diz em carta San Tiago ao seu amigo Gilberto Amado. Os antigos proprietários estavam "conscientes" das transformações materiais pelas quais o jornal precisava passar para se manter na "competição", e preferiram vendê-lo, em condições que permitiram a San Tiago realizar um negócio "individualmente, com recursos próprios e algum crédito pessoal".[639]

Vinte e seis anos depois, San Tiago era novamente proprietário de um jornal, desta feita seu controlador, um propósito havia muito definido ao qual se empenhara decididamente. Ele, que jamais deixara de frequentar as páginas dos jornais – e de advogar para alguns de seus donos – não seria, porém, um típico jornalista; o seu jornal serviria ao seu projeto político pessoal, e a sua trajetória à frente dele seria mais longa do que os seis meses que passara em 1931, na capital paulista, editando *A Razão*. Mas, não muito.[640]

A escritura de compra do *Jornal do Commercio* foi lavrada a 22 de março, sendo adquirente a firma Gráfica Editora Jornal do Comércio S.A., que para esse fim San Tiago constituiu, e vendedores Rodrigues & Cia., cedendo estes todo o acervo, menos o prédio, que, entretanto, seria ocupado pelos compradores pelo prazo de um ano. Os compradores adquiriram ainda "os contratos de trabalho dos empregados, o *Arquivo Judiciário*, o *Retrospecto Comercial* e ainda a seção gráfica e a editora do *Jornal do Commercio*". No ato da escritura, o comprador pagou um sinal de Cr$ 5 milhões, do valor total de Cr$ 30 milhões, devendo o saldo ser pago pelo prazo de cinco anos, como noticiou amplamente a imprensa. A San Tiago coube ações no valor Cr$ 24,5 milhões, e ele cedeu onze lotes de ações, no valor de Cr$ 500 mil cada, a nove amigos, e aos seus dois sobrinhos mais velhos, Raul e Felippe.[641]

A sede do *Jornal do Commercio* ficava na Avenida Rio Branco, esquina com a Rua do Ouvidor, não muito longe da sede do Banco Moreira Salles cuja diretoria havia pouco San Tiago deixara, e no mesmo prédio em que o seu amigo Gilberto Amado matara a tiros o poeta Aníbal Teófilo, em 1915.[642] San Tiago assumiu a diretoria do jornal e convidou para diretor-adjunto Otávio Thyrso de Andrade, que àquela altura estava no *Diário de Notícias*, e com este veio, para chefiar a redação, Luiz Paulistano, experiente jornalista que havia participado diretamente da renovação por que passara o *Diário* no início dos anos 1950.[643]

San Tiago buscou modernizar o *Jornal do Commercio*, sem, todavia, descaracterizá-lo. O decano entre os jornais da imprensa do Rio de Janeiro era voltado aos pequenos e médios comerciantes; publicava números, informações e dados dos mercados que interessavam diretamente à praça da capital federal, em uma diagramação que, contrastando com as inovações introduzidas pela *Última Hora*, pelo *Diário de Notícias* e *Jornal do Brasil*, identificava o *Jornal do Commercio* ao padrão jornalístico próximo ao do início da República. A reforma gráfica liderada por Luiz Paulistano logo se fez sentir, embora não viesse a ter a extensão de seus concorrentes; a primeira página passou a estampar fotografias, o que motivou inclusive nota de seus concorrentes pelo ineditismo da medida; manchetes e títulos foram impressos em negrito, uma coluna de turfe foi criada, a edição de domingo foi renovada e vários autores foram convidados a escrever sobre temas culturais.[644] San Tiago convidou seus colegas professores para nele colaborar, Hermes Lima e Afonso Arinos, e o jovem crítico literário Eduardo Portella; os diplomatas Roberto Assunção e Gil Ouro Preto foram incumbidos da parte internacional, e o economista Roberto Campos eventualmente escreveria sobre temas de sua área.[645]

Acreditava San Tiago que o jornal poderia ser capaz de "adquirir força e sentido como instrumento de tudo que desejamos ver retificados na trajetória do país", e permaneceria "fora da influência dos grupos políticos e dos partidos" para, "com isenção", observar governo e oposição, criticando e apoiando-os quando "iniciativas e atitudes de um e de outro coincidirem com o interesse do velho jornal da esquina da Avenida", como afirmou aos seus colegas da imprensa.[646] O instrumento que San Tiago julgava mais importante nessa tarefa seria a coluna diária já existente na página quatro do jornal – *Várias Notícias* – e que ele passou a redigir diariamente, expondo a sua opinião sobre os fatos do momento.

- **Várias Notícias, um propósito**

No ano de 1957, seriam publicadas pelo menos 208 *Várias*, em sua grande maioria escritas por San Tiago; ao final do dia, ele chegava à redação vindo de seu escritório de advocacia, se inteirava das notícias, escolhia o seu tópico, eventualmente mais de um, e, sempre em folhas pautadas de papel almaço, as escrevia com notável fluência.[647] Nelas, estão presentes o friso literário e a forma de raciocínio do jurisconsulto: a preocupação em bem fixar o seu tema e sobre ele esclarecer a sua posição. Os temas sucediam-se na órbita política e econômica, nacional e estrangeira: ação partidária, governo, personalidades políticas, questões econômicas imediatas – desenvolvimento, combate à inflação, crise fiscal, salários; política externa, construção de Brasília, etc. Nas *Várias*, San Tiago ia configurando a sua pretendida linha de ação partidária.

O tom de alguns de seus textos é surpreendente pelos juízos contundentes que faz. Em uma de suas primeiras *Várias*, a 27 de março, San Tiago se refere ao ex-governador paulista, Adhemar de Barros, como um "desses expoentes da demagogia".[648] Um pouco depois, aponta a inexperiência de José Maria Alkmin, amigo e partidário do presidente da República, para ocupar o cargo de ministro da Fazenda. Em uma posição que seria recorrente em suas *Várias*, defende a estabilidade política e o desenvolvimento econômico, aliados ao combate à inflação e à contenção de despesas públicas, um programa a ser convertido em uma doutrina de governo posta acima dos interesses partidários. Reprova duramente a proposta que permitia parlamentares e juízes federais, "estes que podiam insurgir-se sobre a legalidade da norma aprovada pelo Congresso", valerem-se de taxa de câmbio subsidiada, no sistema de taxas de câmbio múltiplo vigente, para importação de automóveis para uso particular. Na véspera do comparecimento à

Câmara do ministro da Fazenda, o deputado José Maria Alkmin, San Tiago diz que o ponto fraco do governo de Juscelino fora a escolha de parlamentares para integrarem o ministério, medida que comprometia o princípio da confiança e o princípio da capacidade pessoal, uma das "melhores caraterísticas do presidencialismo".[649] Já a transferência da capital para Brasília, cuja base legal fora concebida por San Tiago, era positiva, pois importava em "uma reorientação dos investimentos públicos e privados na direção de uma área menos desenvolvida, e representa também uma elevação do nível cultural e tecnológico do interior". A nova capital não "constituiria, do ponto de vista econômico, um absurdo", embora "os benefícios poderiam vir a ser anulados por uma execução ambiciosa e inadequada que destrua os aspectos favoráveis do programa, tornando-o inflacionário".[650]

Um dos temas recorrentes em seus escritos, e agora presente nas *Várias*, era a presença do "partido de armas na mão" e a estabilidade política nacional; muitos governistas incitavam os militares e a oposição os provocava, escreve San Tiago, restando "a segurança das instituições na dependência do grau efetivo de imunidade que as Forças Armadas hajam conquistado contra essas insídias de origem civil". E entre os partidos e os políticos, "ninguém no país abusou mais do que a UDN, e o seu líder atual [Carlos Lacerda], do apelo à força armada, ao regime de exceção, ao golpe de estado". Nesse contexto, critica o personalismo, que "devora, como num incêndio, a política brasileira", voltado ao "exagero na consideração das pessoas, desprezando a consideração dos problemas", concentrando-se "na crítica das personalidades e na destruição de reputações".[651]

Em outro tema recorrente em suas *Várias*, San Tiago mostra a desigualdade entre empregados no mercado privado, onde um trabalhador braçal tem "um salário mínimo entre Cr$ 3.000,00 e Cr$ 3.700,00", e no mercado estatal onde "aufere cerca de Cr$ 8.000,00". E acrescenta que "esses aumentos de salários, na administração pública, têm obedecido a propósitos demagógicos, veiculados por pessoas, cujo senso de responsabilidade, em face da situação econômica do país, não merece indulgência". Desdobrando seu comentário, San Tiago diz que "a defesa da iniciativa privada, no terreno econômico, é hoje, na verdade, uma trincheira avançada da defesa da liberdade política". A seguir, faz a afirmação central de sua visão política do país: nenhum governo não mais poderia "hoje negligenciar o apoio e a compreensão das classes populares".[652]

Menos de uma semana depois, San Tiago trata de um personagem que, dali a pouco, será decisivo em sua carreira política partidária; diz, não sem exagero, que João Goulart ocupava uma "posição controvertida, na vida política do país"; era ele "o alvo principal do antigetulismo e estava sujeito "a uma campanha de extermínio mais intensa do que qualquer outra até agora endereçada contra o homem público". San Tiago amplia a posição do PTB na cena política do país creditando-lhe o fato de não haver sido criado entre nós um "movimento de esquerda de grande envergadura". Todavia, prossegue, a ascensão das classes populares, cujo "nível de cultura vem aumentando", assim como tem ampliado a sua "capacidade de autodeterminação (...) enquanto o prestígio das antigas elites parece declinar", impunha ao PTB ter "uma chefia enérgica e eficaz, e o sr. João Goulart, se pretende mantê-la, deve voltar-se para os seus problemas de estrutura e de orientação".

San Tiago não limita as suas críticas a esses aspectos do partido, e aponta que o objetivo do PTB deveria ser "o aumento e a melhor distribuição da renda nacional, sem concessões ao populismo salarial". Outra falha que San Tiago aponta na ação do partido era a "errônea identificação entre o trabalhismo e o estatismo", observando que o aumento deste último não significava aumento efetivo de produtividade, mas "uma elevação dos custos internos, que deprime em última análise o nível de vida do trabalhador".[653] Na verdade, prossegue, o PTB não compreendera o verdadeiro significado do desenvolvimento econômico, pois o partido não estava convencido de que a elevação do nível de bem-estar do trabalhador dependia do aumento de investimentos, da melhoria da produtividade, e que, sem esses pressupostos, era impossível se criar mais empregos e se ter mercadorias mais baratas: apenas se conseguia criar atividades cada vez mais deficitárias e antieconômicas, e oferecer aos trabalhadores "o paliativo da assistência social e dos salários nominais", que a inflação não demorava a corroer.[654]

A crítica de San Tiago não se limitava ao PTB, e era ainda mais dura em relação ao PSD; este era um exemplo de partido de clientela, com uma "velha mentalidade maliciosa e oportunista", que "ainda governa os movimentos táticos do partido nas chamadas grandes ocasiões".[655] Em julho, San Tiago critica a visão de um dos chefes do PSD, Amaral Peixoto, que sofrera expressiva derrota nas eleições seguintes ao suicídio de seu sogro em agosto de 1954, observando que Amaral Peixoto cometera o erro de "não ser bastante claro, bastante taxativo, e de preferir envolver o seu pensamento em certos subentendidos que a muitos podem ter parecido pouco tranquilizadores". Na verdade, "os chefes políticos mais credenciados do país (...) precisam despertar para essa nova atmosfera da vida pública, em que as ideias pouco a pouco se vão elevando à condição de protagonistas".[656]

No início de julho, San Tiago precisa um dos pontos do seu ideário, o nacionalismo democrático; este "não aspirava ao aniquilamento, mas ao fortalecimento da iniciativa privada", e "concebe o enriquecimento do país como o fruto do trabalho livre, estimulado por uma preocupação sadia de rentabilidade e de lucro, e controlada pela eficácia seletiva do regime de livre concorrência". E afirmava que a "nossa melhor tradição ideológica e popular" não estava com os "antinacionalistas nem com os nacionalistas totalitários". A linha "fecunda e mais coerente da política brasileira" era o "nacionalismo democrático". Mas o que se verificava era o declínio do regime, e as "raízes econômicas" desse viam-se no fato de o governo tornar-se "o produtor, o distribuidor e o empregador, em medida superior às exigências estritamente supletivas da intervenção estatal"; esse processo de estatização contínua ia, paulatinamente, "deixando de ver a prática das instituições democráticas". Pouco depois, San Tiago antecipa uma crítica a um projeto de lei, apoiado pelo governo, que instituiria a escala móvel - correção monetária, ainda com a designação francesa; a correção monetária seria, diz, "transformar a já famosa espiral dos salários e dos preços numa instituição jurídica, tornando obrigatório o seu funcionamento no país".[657]

Voltando a tratar do chefe do PTB, João Goulart, San Tiago o isenta do efeito negativo de recentes majorações salariais, pois não seria possível o partido defender o "aperto dos cintos" se "esse sacrifício não está enquadrado numa política coerente e efetiva de estabilização". Em contrapartida, o PTB deveria apresentar ao país um "programa político-econômico de defesa dos salários reais, e não usar a sua força partidária para apoiar reivindicações de aumentos dos salários nominais". Tanto os chefes do PTB quanto os trabalhadores, "cujo nível de conhecimento aumenta todos os dias", ignoravam que a simples elevação do salário nominal era ilusória, pois a melhora instantânea do nível de renda era logo corroída pelo aumento de preços, tornando mais agudas as dificuldades.[658]

Pouco depois, San Tiago volta a tratar do PTB, observando que até o último pleito, em 1954, o objetivo do partido fora aumentar a sua participação no Congresso, nos governos e assembleias estaduais, o que importou em "a quantidade da representação podia ser e foi sacrificada à qualidade".[659] Categórico em suas observações, San Tiago afirma que os militares não mais viam em Jango "um elemento de inquietação social e de tendência esquerdizante, ao mesmo tempo em que passaram a reconhecer no trabalhismo um papel coordenador das reivindicações populares, independente e em muitos pontos concorrente, das infiltrações comunistas controladas do exterior". Esse fato, porém, não era bastante à afirmação maior do partido no cenário político do país. O PTB deveria formar uma doutrina de governo "fiel aos seus compromissos históricos com os trabalhadores e fiel às imposições, não menos irredutíveis, da realidade brasileira". E a responsabilidade pela execução dessa tarefa, era preciso o partido reconhecer, deveria ser cometida a "homens capazes de desempenhá-las no interesse do país, deixando bem o partido, e mostrando que ele está apto para funções superiores".[660] San Tiago, sem dúvida, via-se entre esses homens capazes.

- **Rua Dona Mariana**

Em julho, San Tiago mudou-se para a bela casa que fez construir na Rua Dona Mariana, em Botafogo, a mesma rua em que residiam vários amigos seus: Alceu Amoroso Lima, Flexa Ribeiro, cuja casa era contígua à sua, Jayme Bastian Pinto, seu colega de escritório, Afonso Arinos, e um de seus amigos mais próximos, Américo Lacombe.[661]

O lote número 138 tinha cerca de 20m de testada e 60m de comprimento, e o projeto foi contratado em 1953 com o arquiteto Carlos Leão, que fora colega de escritório de Lúcio Costa, e, com este, Oscar Niemeyer e outros arquitetos, colaborador na feitura do projeto do prédio do Ministério da Educação, que seria um marco no modernismo brasileiro, e cuja construção San Tiago acompanhou, ainda professor de Direito na Faculdade de Belas-Artes (e Arquitetura), na década de 1930.

O arquiteto viu acrescido ao formato alongado e longitudinal do lote o desafio para atender ao pedido feito por seu cliente: a residência deveria servir às duas instâncias nas quais passaria a transitar intensamente o proprietário: a vida pública e a vida privada. Deveria ser a residência de um casal sem filhos, com mais de quarenta anos, porém com uma ativa vida social, que ia crescentemente mesclando-se à atividade política de seu dono. A casa da Rua Dona Mariana atenderia aos planos de San Tiago – até mesmo ao trágico imprevisto: sete anos depois, nela seria velado o corpo do *Professor*.

Dois acessos à residência eram oferecidos ao visitante, ambos alcançados por uma passagem que da rua corria pela lateral direita até os fundos do terreno. O acesso frontal podia ser feito por três portas altas de vidro, que abriam para uma área avarandada precedida por um pequeno jardim mediando o portão da casa; essa área avarandada era guarnecida por uma laje de cobertura, sustentada por três colunas, encimadas por um frontão retangular articulado por placas justapostas de mármore branco de Carrara, alinhado à extensão horizontal da fachada.

A critério do proprietário, o acesso podia se dar através das duas portas de vidro, que da varanda abriam para a ampla sala de visitas, ou o visitante era introduzido diretamente pela outra porta envidraçada à direita, ao escritório público, contíguo à sala de visita, formando esse espaço o primeiro ambiente social da casa. Esses acessos frontais eram, contudo, pouco utilizados. Preferencialmente, o visitante era conduzido à entrada principal, alcançada mais à frente pela passagem lateral onde uma larga porta de madeira abria para o vestíbulo interno. Neste, subia à direita uma escadaria em madeira, cujo pé-direito ia até a laje superior do segundo andar, dando esse vazio uma agradável sensação de amplitude espacial ao vestíbulo; o convidado seguia em frente, deixando à esquerda a outra entrada do escritório público, e cruzando uma parede divisória dava em uma espaçosa galeria, que ligava os ambientes sociais do primeiro andar: à esquerda, a sala de visitas, que se comunicava com o escritório, e, no outro extremo da galeria, a sala de jantar.

Fixada na parede que mediava o vestíbulo e a galeria, ao entrar, o visitante se deparava com uma bela tapeçaria do mais famoso tapeceiro de sua época, o francês *Lurçat*.[662]

A sala de visitas, de paredes brancas, como as demais da casa, dava vista ao pequeno jardim à frente e ao jardim interno da casa, e nela os móveis eram também sólidos, típicos da marcenaria mineira, que San Tiago viu em sua adolescência em Belo Horizonte, e reviu quando lá residiu por um curto período, em 1935.[663]

O escritório era sóbrio e confortável; na parede à esquerda de quem nele entrava pelo vestíbulo, uma papeleira antiga, em madeira trabalhada, com tampo curvo fechando sobre as gavetinhas de seu interior, era encimada por um grande barômetro. Na parede conexa, uma estante de madeira, em um vão recortado ao centro, estava fixada uma tapeçaria de *Savonnerie*, composta de um tríduo de peças articuladas, ladeada de prateleiras onde eram dispostas edições raras e ricamente encadernadas; à frente da estante, estava um conjunto de sofá de couro preto e cadeiras, com uma pequena mesa de redonda em mármore contornado por madeira, e a iluminação, feita por abajures, compunham o mobiliário.[664] Esse escritório público era, na verdade, uma recepção aos visitantes que iam tratar com o *Professor* de questões políticas, cada vez mais frequentes. Nele, San Tiago recebeu o líder comunista, Luís Carlos Prestes ao final de 1963, início de 1964, quando San Tiago tentou, em vão, unir forças do centro e da esquerda para preservar o governo Jango, que abalava.

A galeria, em formato marcadamente retangular, tal o lote, com 4 metros de largura e 14 metros de cumprimento, ligava as áreas sociais da casa e era ladeada à direita pela parede que a separava do vestíbulo, e, do lado oposto, portas de vidro devassavam um jardim interno, que margeava a galeria em toda a sua extensão e alcançava a sala de jantar. Assim, da sala de visitas ia-se, pela galeria, à sala de jantar – no outro extremo da área social – margeando-se o jardim interno. Nele, ilhas de folhagem foram distribuídas, e ao fundo um pequeno lago foi recortado em sua superfície; de um tom próximo ao vermelho que vira decorar o interior das casas em Pompeia, San Tiago mandou pintar um trecho do muro dividindo o terreno na margem oposta do jardim.[665] O contraste das cores do jardim – o verde da folhagem e o vermelho do muro – surgia vivo, pelas portas envidraçadas, aos convidados que sentados à larga mesa de jantar tinham também à vista, cobrindo a parede do fundo da sala, o painel pintado por Portinari, retratando o episódio bíblico das Bodas de Caná.[666]

A galeria – também chamada varanda pelos familiares de San Tiago – tornou-se um ambiente em si e não apenas um elemento de ligação entre os ambientes sociais da casa. Ela abrigava vários quadros da rica coleção de San Tiago – outro Portinari, (*Semeadura*, 1955), *Guignard* (*Vaso de Flores*), os franceses *Rauol Dufy* (*L'Estacade*, 1930) e *Fernand Lèger* (*Odalisques*, 1947), o japonês *Kumi Sugai*, (guache sobre papel), um desenho a carvão de Picasso (1932), e, no jardim, dois torsos em mármore, um casal, do escultor *Alfredo Ceschiatti*[667]; o sofá, as cadeiras e as pequenas mesas de centro e canto dispostas sobre o piso em mármore ao longo da galeria tinham um desenho moderno, contrastando com a sobriedade dos outros cômodos.

O segundo pavimento tinha a laje colada à lateral direita do terreno, ao contrário do piso inferior, e a fachada era recuada sobre o piso inferior até o limite da sala de visitas e do escritório público. O deslocamento lateral e frontal na disposição do piso do segundo andar permitia às janelas à esquerda abrirem sobre o jardim no térreo isolando os seus cômodos fronteiros da visão que da rua se tinha da residência. Esses cômodos atendiam à atividade intelectual de San Tiago: à frente da porta de entrada do escritório privado ficava a sua mesa de trabalho, encimada por janelas altas que iluminavam sem devassar o ambiente; à sua esquerda, uma janela abria sobre o jardim interno no piso inferior, e, à direita, uma porta levava à biblioteca. Nesta, três largas fileiras duplas e paralelas, de dez estantes de madeira cada, somadas às quatro estantes dispostas no escritório, abrigavam cerca de onze mil volumes. A esse conjunto, compunha, em forma retangular e já alinhada no corredor vazado pelo vão da escada que subia do térreo, uma sala destinada à secretária e à bibliotecária que atendiam a San Tiago.[668]

Contígua a essa sala havia uma outra, de televisão e, do outro lado do corredor, um quarto de hóspede, que integravam esse espaço intermediário situado antes do ambiente destinado ao casal. Este era formado por um amplo dormitório, alinhado à lateral esquerda do terreno, dando vista ao jardim no primeiro piso; o dormitório era ligado a dois amplos quartos de vestir, cada qual dispondo de um banheiro privativo, com janelas voltadas para os fundos do pavimento. À lateral direita do piso, à altura do dormitório, mediada pelo corredor, subia uma escada de serviço do piso inferior, ladeada por uma rouparia e por um quarto de costura.

Ao lado da área onde os veículos trazendo visitantes podiam manobrar, junto à divisão traseira do terreno, uma edícula abrigava mais três quartos para empregados, (além dos dois situados no corpo principal da casa), um amplo depósito e a garagem para dois veículos.[669]

A casa da Rua Dona Mariana era um projeto pessoal e político de San Tiago. O professor e jurisconsulto de larga cultura e sucesso profissional impôs o seu registro pessoal na nova residência. O projeto, os materiais, o mobiliário, a pinacoteca e os objetos de arte, adquiridos em sucessivas visitas a antiquários (sobretudo franceses) e em livrarias europeias e norte-americanas em suas frequentes viagens ao exterior, as louças e talheres mandados fazer especialmente em Portugal, o desenho e a ornamentação do jardim e, mesmo as ferragens, mostravam o seu refinamento e a sua sofisticação.

A relação de San Tiago com a arte de seu tempo, visível nos quadros, notadamente de autores brasileiros, era partilhada com clássicos da literatura universal, *Dante*, *Cervantes*, *Goethe*, mas também com *Proust*, cuja obra completa fora publicada havia trinta anos. Esse convívio entre tradição e modernidade era fruto da sua experiência pessoal. Professor de Direito na Faculdade de Belas-Artes (e Arquitetura), no início da década de 1930, apenas saído da Faculdade de Direito, San Tiago conviveu com arquitetos e artistas modernistas em um Rio de Janeiro, cuja elite intelectual se reunia e trabalhava no espaço de uma dúzia de quarteirões do centro da cidade. E entre 1952 e 1956, San Tiago foi vice-presidente do Museu de Arte do Rio de Janeiro tendo um papel fundamental na sua refundação e implantação.

A nova residência não se inscrevia entre os largos salões da alta sociedade da capital federal; ela era um instrumento ao propósito de San Tiago se fazer ouvir na cena política, e ele nela receberia os integrantes da elite dirigente, burocratas, sindicalistas, líderes da esquerda e da direita.

Essa inscrição de San Tiago na elite dirigente do país era registrada, não sem certa ironia, por um dos mais sagazes integrantes dessa elite.

- **Exposição pública**

No início de setembro, San Tiago oferece a Chateaubriand – dono do *Diários Associados*, o maior conglomerado de comunicações do país – um almoço no restaurante da *Maison de France*, no prédio da Embaixada, no centro do Rio de Janeiro. Entre os trinta e cinco convidados, estavam parlamentares, advogados e jornalistas. À "cálida oração" dirigida por San Tiago ao homenageado, este respondeu observando que, no "vago" magistério do Direito, San Tiago tornara-se um "personagem à parte"; mas ele era, "até ontem, metade de um homem superior", pois não era possível ser um homem superior integral "só advogando e ensinando". À frente do *Jornal do Commercio*, Chateaubriand via San Tiago livre e doutrinador, e "decidido a falar a verdade (...) por dever intelectual"; era um "cristão-mártir, abraçado à sua fé, o portador de uma "vocação missionária", o "reeducador" que avançava como o "apóstolo do bem público" e o "evangelista da redenção nacional".[670]

A exacerbação das qualidades de San Tiago transbordava numa ironia, que insinuava a dúvida se o saber de San Tiago acharia a linguagem jornalística, e se, com esta, a sua pregação seria capaz de "reeducar" a política nativa. Àquela altura, ao início de setembro de 1957, San Tiago já iniciara havia cinco meses, com a redação de cento e trinta e oito *Várias*, a sua *evangelização*; e a dúvida a que aludia o sibilino jornalista, proprietário dos *Diários Associados*, provavelmente acometeria a elite política e econômica do país que o lesse, e também um largo contingente de amigos e admiradores de San Tiago.

O ano de 1957, antes de seu término, já somava movimentos significativos e duradouros. Em março, San Tiago deixara a direção do Banco Moreira Salles, adquirira o controle do *Jornal do Commercio* e assumira sua direção, passando a exercer novamente o jornalismo diário. Embora a saída do banco lhe permitisse dedicar-se mais à advocacia, ao jornalismo e ao seu consequente e explícito engajamento político, não lhe permitiu manter o escritório com seus sócios Carlos Medeiros e Jayme Bastian Pinto, que se consolidara como um dos mais prestigiados e rentáveis na capital federal. Jayme, mais moço, seguiria uma carreira notável de advogado, de causas importantes e complexas, em seu próprio escritório. Carlos Medeiros, um pouco mais velho do que San Tiago, já tinha uma carreira consagrada de advogado público; fora consultor-geral da República no último governo Vargas, e Juscelino o convidara, naquele ano de 1957, para ocupar o mesmo posto.

Desfeito o escritório da Avenida Erasmo Braga, San Tiago adquiriu um conjunto de salas num prédio à Rua do Carmo nº 8, 5º andar, não muito distante de seu antigo escritório. Com ele vieram a secretária Sylvia Póvoas e o seu fiel procurador Plínio Doyle. E quase cinco anos depois do início das obras, em julho, San Tiago mudou-se para a sua nova residência na Rua Dona Mariana.

Sobre essas mudanças todas outra ocorreu: a exposição pública de San Tiago na cena política, que o colocou em evidência e aberto a críticas de toda sorte, não mais como advogado, apenas. Entre elas, a veiculada pelo vice-líder do PTB na Câmara Federal, o deputado Sérgio Magalhães, eleito pelo Distrito Federal. Da tribuna, ele acusou ser o magnata Nelson Rockefeller o verdadeiro dono do *Jornal do Commercio*, e não San Tiago. Este refutou a acusação duramente, dizendo haver adquirido a totalidade das ações do jornal, e afirmando que todos aqueles que o conheciam sabiam que ele "jamais emprestou ou emprestaria o seu nome" a uma empresa com "as responsabilidades públicas de edição centenária de um dos maiores jornais brasileiros, a não ser detendo por direito próprio a propriedade daquilo que tenha assinado". E aponta a leviandade do deputado ao não revelar os termos da informação distorcida que teria recebido, e "que guardou em expressivo anonimato [o que] revela o desapreço em que V.Exa. tem à reputação alheia e me leva a pensar no pouco caso que V.Exa. deve fazer da própria". A resposta de San Tiago não preveniria futuras insinuações malévolas, a virem de quadros do PTB, de San Tiago representar, em sua ação política, interesses de grandes grupos econômicos estrangeiros.[671]

Por sua vez, o publicista, redator das *Várias,* não sonegava a sua crítica às manobras políticas e ao papel de seus atores, sem, todavia, visá-los pessoalmente; esse estilo, e a sua linguagem clara e polida, não o preveniria da resposta de seus adversários, mas os embates assim travados jamais comprometeriam a fluência e a cordialidade de suas relações pessoais, com exceção de uns poucos políticos extremados.

O presidente da República era um dos destinatários das críticas de San Tiago, feitas em suas *Várias*, sobretudo à sua leniência com o processo inflacionário que herdara dos governos anteriores e contra o qual não se mostrava, já no começo de seu governo, inclinado a combater efetivamente. De outro lado, San Tiago, o responsável pela arquitetura jurídica da construção de Brasília e da transferência da capital do Rio de Janeiro para o planalto central, defendia a construção de Brasília por uma perspectiva geopolítica, ressalvando, porém, o risco do descontrole dos investimentos públicos.

- **Viagem e angústia**

San Tiago e Edméa chegaram em começo de setembro a Chicago, onde San Tiago participou de uma conferência promovida pela Unesco e a *International Law Society*, a qual achou muito proveitosa, tanto pelo conteúdo dos debates, quanto pela "boa qualidade dos que compareceram, sobretudo os americanos e ingleses".[672]

San Tiago, contudo, não se sentia bem; o "meu cansaço acumulado explodiu, sob a forma de certa angústia e hipocondria", embora ao seu pai, em um afetuoso cartão remetido de Nova York, omita a confissão que fizera a Chermont de Miranda, um dos amigos do *Grupo*. Depois de uma semana em Nova York, uma vez mais hospedado no Hotel Ambassador, escreve ao pai anunciando a partida para Roma, "pelo voo 70 da Air France", depois de uns "bons quinze dias [nos Estados Unidos] entre compras, descanso, alguns contatos profissionais, conversas com amigos: tudo correu sem contratempos", e se despede com um beijo ao pai.[673]

A 24 de setembro, já em Roma, hospedado no Hotel Hassler, situado ao lado da Igreja *Trinità dei Monti* e ao alto da *scalinata* [escadaria] que a liga à *Piazza di Spagna*, um dos mais luxuosos e tradicionais hotéis da cidade, San Tiago responde a Chermont, que em sua carta prestava contas a San Tiago dos negócios, das causas e das finanças do escritório, ao qual este se associara; San Tiago instrui Chermont, entre outras providências materiais, a transferir a Plínio Doyle, o dinheiro de que não precisasse para outras despesas "para reforços de recursos que serão usados nas minhas liquidações". O papel de carta do hotel trazia estampadas na frente e no verso fotos do prédio e da vista que dele se descortinava. San Tiago marca à caneta à tinta nas fotos tomadas a partir "deste hotel, posto na borda do *Pincio*", os sítios de maior interesse histórico, dizendo ao amigo do *Grupo* que gostaria de tê-lo e a sua esposa, juntos, "para mergulharmos nesse cenário ocre e azul". Ainda em Roma, quatro dias depois, a 28 de setembro, San Tiago escreve a Thiers, outro amigo do *Grupo*, narrando, como sempre fazia em viagem, os seus passeios e visitas, que daquela vez se destinaram ao "Palatino, três ou quatro igrejas, a *Tivoli* e à Vila Adriana". San Tiago diz que dom Helder Câmara, seu antigo colega de Ação Integralista, chegara naquela data a Roma, mas San Tiago receava não ter tempo de encontrá-lo, pois estava "fazendo as malas para seguir para Paris".[674]

A "ambiência romana", de "ocre e azul", a que San Tiago se refere, em seguida ele a troca pela exuberância da capital francesa, onde chega no começo de outubro e hospeda-se no Hotel Continental, situado na esquina da *Rue de Rivoli* e *Castiglione*, com uma bela vista lateral para o Jardim das

Tulherias, [*Tulieries*] que se estende do Museu do Louvre até a Praça da Concórdia. O seu propósito era permanecer em Paris até o dia 20 de outubro, a fim de recuperar-se do cansaço e dissipar a angústia que o acometia. E segue instruindo Plínio Doyle sobre movimentos financeiros a serem feitos, relativos a suas finanças pessoais, do escritório e do jornal.[675]

Mas a estadia projetada de seis semanas em Paris, em busca de descanso e serenidade, foi duramente interrompida pela notícia que lhe chega do Rio de Janeiro, a 9 de outubro: aos sessenta e nove anos de idade, o Almirante Raul de San Tiago Dantas sofrera um infarto fatal. O retorno imediato ao Rio de Janeiro não permitiu ao filho assistir ao enterro do pai, senão à missa de sétimo dia, a 16 de outubro, mandada rezar na Igreja da Candelária, a qual acorreu um grande número de amigos da família. A angústia de San Tiago, se dissipada em suas férias, deu lugar a um grande abatimento por não poder ter estado ao lado do pai em seus últimos dias. O almirante Raul ocupou todos os postos graduados da sua força e manteve sempre o porte militar; San Tiago nele via uma integridade rígida, mas afetiva, a envolver a família, que ele reunia em almoços aos domingos em sua casa, aos quais os netos e o filho compareciam regularmente. Nas cartas carinhosas endereçadas ao "querido pai", com "um beijo", *Francisco* dele se despedia. E assim no último bilhete.[676]

De volta à rotina, San Tiago ministra o seu último curso regular de Direito Civil na Faculdade de Direito, e trabalha em seu novo escritório, redigindo sobretudo pareceres e memoriais forenses, e formulando soluções jurídicas específicas. Alugava metade do amplo escritório ao conhecido advogado Miguel Lins, seu contemporâneo na faculdade, a quem encaminhava questões processuais, e este, assim como outros advogados, lhe solicitava pareceres e o concurso em causas forenses. Exibindo a versatilidade de sua cultura jurídica, em novembro, ele oferece um parecer sobre imposto de vendas e consignações, antecessor do ICMS, e sobre a constituição de cambiais à exportação. Defende o jornal *O Globo*, em uma longa questão, e ainda participa do conselho de administração de algumas empresas, atua como consultor-jurídico de outras e do Sindicato da Indústria de Cimento.[677] Mesmo com um menor movimento, que iria ainda mais se reduzir no ano seguinte, o jurisconsulto seguia sendo muito solicitado; e, como constatou Chermont no curto período em que esteve no escritório, os honorários cobrados – e recebidos – por San Tiago eram expressivos.[678]

- **Várias**

Viajando aos Estados Unidos no início de setembro, San Tiago não redigira a maioria das *Várias* publicadas nesse mês e até pelo menos a segunda quinzena de outubro, sendo substituído pelo economista Roberto Campos e pelos editores de política internacional;[679] a maioria delas nesse período trata de temas econômicos e entre esses questões recorrentes: desenvolvimento, câmbio; e de assuntos internacionais, igualmente recorrentes: auxílio externo, FMI, Banco Mundial e ONU. Em outubro, San Tiago, já de volta ao jornal, e a única questão política relevante referida na coluna, do dia 20, é a greve deflagrada cinco dias antes em São Paulo; nela, diz San Tiago, "saiu-se mal o PTB, apoiando o movimento grevista sem discriminar entre as reivindicações justas que ele encerra e os métodos ilegítimos e antissociais de que se está servindo".[680] A carestia, que motivara os grevistas, estava demonstrada na distribuição de renda no país, como doze dias antes, em outra *Várias*, são relacionados dados do imposto de renda. Fixado o salário mínimo em Cr$3.800,00, e destinado apenas aos trabalhadores urbanos empregados, mas não aos rurais, que não tinham qualquer proteção salarial e laboral, o maior número de contribuintes no país declarava uma renda líquida entre Cr$60 mil e Cr$90 mil anuais; quinhentos e doze contribuintes tinham uma renda líquida entre Cr$2 milhões e Cr$3 milhões anuais, e apenas duzentos e setenta e dois contribuintes, renda superior a Cr$3 milhões anuais.[681]

A 31 de outubro, nas *Várias*, San Tiago trata da edição da lei fixando para 1960 a data da mudança da sede do governo federal do Rio de Janeiro para Brasília. Nessa ocasião, a população carioca iria sentir em "toda plenitude, os efeitos dos erros administrativos e políticos acumulados (...) os quais levaram a Prefeitura do Distrito Federal à ruína financeira e ao descalabro administrativo". Essa situação era consequência do "empreguismo desenfreado, do malbarato dos dinheiros públicos [que] tornaram a receita local insuficiente para o custeio dos serviços puramente locais (...)".[682]

No primeiro dia do mês seguinte, é levado ao ar, na *TV Tupi*, mais um programa patrocinado pelo *Jornal do Commercio* sobre Ciência e Tecnologia, retomando o tema da *Várias* do último dia 10. A seguir, a propósito de um eventual plebiscito sobre a prorrogação do mandato de parlamentares que vinha sendo discutido no Congresso para fazer a eleição parlamentar de outubro próximo coincidir com a de presidente da República dois anos depois, San Tiago insurge-se contra o mecanismo de consulta popular, então proposta; "a URSS, o nazismo, o fascismo se esmeraram em criar esses processos de votação homologatória, que variam da 'lista única' ao voto descoberto popular," diz. O expediente "mais desabridamente homologatório e ditatorial sempre foi o plebiscito, do qual não se conhece uma única experiência em grandes coletividades que haja resultado contrário aos desígnios dos dirigentes".[683] Mudando radicalmente de tema, San Tiago registra declaração pública de seu amigo dom Helder Câmara, e diz que, "pela primeira vez, depois de muitos anos, viu-se um dos chefes da Igreja no Brasil mostrar o interesse desta e a parte que pretende tomar, e está tomando, nos problemas e planos de desenvolvimento econômico". Em outro tema, San Tiago fere um espinhoso ao PTB. Da autonomia concedida aos Institutos da Previdência, cujo controle o PTB exercia avidamente, San Tiago observa que tal autonomia "não pode (...) transformar-se em um 'bill' de indenidade para lhes permitir a fuga a qualquer espécie de controle ou fiscalização", nem podiam ser tais institutos "entregues ao uso e desfrute de partidos políticos, nem um instrumento para premiar dedicações partidárias e distribuir vantagens".[684]

Em agosto, a União Soviética havia lançado o primeiro míssil balístico intercontinental e, em outubro, um desses mísseis pôs em órbita o primeiro satélite terrestre artificial, o *Sputinik*, como foi então chamado. Esses mísseis poderiam ser armados com ogivas nucleares e alcançar, em menos de uma hora, qualquer alvo no território norte-americano. A Guerra Fria escalava para um novo patamar. Em novembro, San Tiago trata desse assunto. Não era, diz, o progresso tecnológico da URSS, revelado no desenvolvimento de novos mísseis balísticos, que ameaçava a paz no mundo: "O que gera o perigo internacional incessantemente renovado é a existência de um regime político, cujos dirigentes não se acham sob o controle da opinião pública".[685] A emergência dos países não alinhados no cenário geopolítico mundial encaminhou a *Várias* seguinte; nela San Tiago reclama que o Brasil tomasse uma posição que lhe permitisse "não só seguir de perto os acontecimentos, mas também influenciá-los". E acrescenta que, na questão do Egito, evidenciou-se a disputa entre os blocos norte-americano e soviético, e essa "divisão do mundo em áreas de influência constitui a mais perniciosa e negativa das formas de eliminação [de superação] da questão política mundial".[686]

No fim de novembro, San Tiago volta a um tema nacional do qual já tratara; investe contra uma proposta de lei que permitiria aos bancários aposentarem-se com trinta anos de serviço, aos cinquenta e cinco de idade: "errada e impatriótica a orientação, de alguns tempos para cá implantada no país, de estimular a fuga ao trabalho e a inatividade remunerada"; não havia razão "de ordem econômica, social ou moral, capaz de justificar que pessoas ainda válidas cessem a sua contribuição para formação do produto nacional e continuem a perceber uma parcela da renda pelos que ainda continuam em plena atividade".[687]

Em dezembro, San Tiago segue tratando de temas à margem da ação partidária, que refluíam com a chegada do final do ano. Ele se volta às questões econômicas e enfatiza duas delas; uma, deliberadamente velada na agenda econômica nacional, e outra, que começava a ganhar corpo e suscitava reações ideológicas: a livre concorrência, e a possibilidade do comércio entre o Brasil e a União Soviética e os países do bloco soviético; um tema não agradava ao empresariado nacional, e o outro excitava a empedernida direita anticomunista, que estendia as suas ramificações pelas Forças Armadas.

Ante a inútil ação da Cofap – Conselho Federal de Abastecimento e Preços –, para cumprir o seu propósito, de aumentar a oferta e baixar os preços de gêneros alimentícios de primeira necessidade, San Tiago diz que os homens públicos brasileiros deveriam se convencer "diante da verdade irretorquível dos fatos, de que reside na livre concorrência, garantida e estimulada pelo Estado, o maior incentivo ao produtor e a melhor defesa do consumidor". O projeto de lei instituindo a repressão ao abuso do poder econômico, em defesa da livre concorrência, dormia o sono induzido no Congresso, ao lado de outras leis ordinárias que atualizassem a disciplina da ordem econômica nacional. Já o comércio com os países socialistas poderia "absorver o café brasileiro e outros produtos, e, portanto, só temos a ganhar com essa expansão de mercados". San Tiago marcava a sua posição pessoal sobre um tema que, ministro das Relações Exteriores quatro anos mais tarde, defenderia sob críticas redobradas, observando o "que a política muitas vezes não faz, ou faz com dificuldade, o que os laços econômicos conseguem operar frutuosamente".[688]

• Em defesa do Direito

A 21 de dezembro, no Teatro Municipal do Rio de Janeiro, San Tiago faz o seu discurso de paraninfo da turma formada na Faculdade Nacional de Direito naquele ano. Diz aos alunos que "a confiança e amizade", que eles quiseram "consagrar neste paraninfado", ele a recebia "como sinal de apoio às ideias que vêm norteando o seu magistério".[689] Com elas, buscava resposta "para a controvérsia, que lavra no ensino jurídico, entre a finalidade profissional e a finalidade cultural de nossos estudos".

San Tiago expõe essa controvérsia relacionando-a ao sistema de ensino "através de caso ou problemas" e o ensino por meio da exposição sistemática das disciplinas. Faz uma longa análise dessas duas formas de ensino, identificando os seus aspectos positivos e negativos. Mas "o método por excelência de ensinar o Direito e formar o jurista" era, a seu ver, formar o raciocínio jurídico do estudante para habilitá-lo, diante do conflito de interesses que lhe fosse posto, a procurar "a solução, descobrir as normas jurídicas adequadas e suscitar os conceitos e teorias para torná-las inteligíveis". San Tiago rejeita a acumulação de uma cultura jurídica meramente ilustrativa, sem claro objetivo profissional, pois seria, além de "errônea, perigosa"; o jurista assim formado faria "da sua ciência uma história natural de teorias e conceitos", incapaz de avaliar o valor "efetivo das normas".

A formação profissional dos alunos era a sua "preocupação obsessiva", e nela buscava "preservar o sentido teórico, relacionando-o aos efeitos práticos", para manter o Direito "em contato com as realidades sociais que o alimentam". San Tiago observa que alguns grandes estudiosos por vezes eram "advogados apagados, e que advogados de sucesso têm sido servidos por culturas precárias". Essa "anomalia" era, contudo, indicativa de uma verdade conhecida, a saber, que na formação profissional outros fatores se conjugavam, "desde o denodo, a tenacidade, a combatividade, até o bom senso, a prudência e o tato social". Entre os advogados, coube a Rui Barbosa criar "um novo padrão intelectual para a advocacia, ao mesmo tempo que se tornava o maior arquiteto do Direito Constitucional Republicano".[690]

A seguir, San Tiago expõe o tema central de seu discurso, que denomina a luta pelo direito: "a grande conquista do Direito", a "que temos de defender, é o princípio da legalidade entendido como supremacia da regra de Direito". San Tiago traça a evolução desse princípio ao longo da história, e adverte que não bastava a existência, em uma sociedade, de um ordenamento jurídico para incluir "o Estado entre os que observam o princípio da legalidade ou supremacia do Direito". Em uma alusão à realidade política brasileira, diz não ser admissível ver-se o governo como fonte de lei, e admitir-se que tivesse o governo "a faculdade de modificá-la, de infringi-la, em sua própria apreciação do bem comum". Nesse contexto distorcido, a supremacia era a da "prestação jurídica do bem comum", como este era visto pelo governo, e, assim, a norma jurídica não passava de um "veículo formal dessa apreciação, dependente do arbítrio do governante".

San Tiago alinha os "recursos técnicos" que seriam capazes de submeter, sem instrumentos de força, o governo ao império da lei. O primeiro desses recursos era a supremacia de Constituição sobre a lei ordinária; outro recurso era "o controle da legalidade dos atos administrativos, não só dos praticados por funcionários, mas também dos praticados pelo próprio Governo, inclusive o Chefe de Estado". Dois outros recursos garantiam a submissão do Governo ao império da lei. O controle de constitucionalidade das leis pelo Judiciário, que assim impunha "ao próprio Legislativo, a supremacia da regra do Direito", prevenindo, ou circunscrevendo-o, o arbítrio do Legislador. E um outro recurso, que operava como pressuposto teórico e prático dos mecanismos anteriores, era a divisão de poderes. Por exemplo, uma distinção entre "a legalidade socialista" e a "legalidade democrática" estava no fato de que aquela "sujeita à supremacia do Direito os indivíduos e os órgãos administrativos, de Estado, mas não o Governo", controlado por um partido único. Já a legalidade democrática "aspira disciplinar a própria política recebendo desta a orientação, mas convertendo-a em normas que, por sua vez, se sobrepõem ao arbítrio do órgão governativo".

"Lutar pelo Direito" era, então, "lutar pelo princípio da legalidade como entendemos no mundo democrático, isto é, como a submissão das relações sociais e do próprio Governo ao império da norma jurídica". E conclui o paraninfo dizendo que a luta pelo Direito "é, ainda e sempre, lutar contra o poder, não para enfraquecê-lo ou destruí-lo, mas para envolvê-lo na ordem jurídica e assim assegurar sua conciliação permanente com os interesses da sociedade".

A defesa da ordem jurídica é, precisamente, o primeiro ponto que San Tiago irá enfatizar ao, dali a pouco, analisar a política no ano de 1957, que se encerrava.

• Análise política: um texto

Além das suas *Várias* do início do ano, a 15 de janeiro de 1958, San Tiago Dantas redige uma análise "em linhas gerais da evolução da situação política do país no ano de 1957", em forma e estilo de um texto que pode ter sido destinado ao presidente da República.[691] O primeiro tópico abordado é a consolidação da legalidade; esta teria sido alcançada naquele governo, evitando o rompimento da ordem jurídica vigente, e esse estado de normalidade democrática contara com a colaboração "decisiva e patriótica, e o elevado grau de compreensão cívica das Forças Armadas". Alcançara o governo também unir consideráveis forças políticas, e mesmo as que o combatiam iriam naquele ano disputar eleições parlamentares em "clima de perfeita imparcialidade". Em relação à economia, era registrada "a elevação do nível de vida do povo, a melhoria das condições de que desfrutam os trabalhadores, classe cuja ascensão vem sendo estudada e proclamada por todos os observadores da nossa realidade". Nesse contexto, não haveria maior antagonismo entre as classes trabalhadoras e as demais, uma vez que a política de desenvolvimento econômico tornara mais fácil a compreensão entre empresas e seus empregados; e essa percepção alcançava "as classes militares e as classes populares", que assim "sentiam, com reações semelhantes, os problemas vitais da nacionalidade". A abundância de capitais estrangeiros, que haviam afluído ao país nos dois anos anteriores, com a maior abertura ao exterior da economia nacional, mostrava não ser o "nacionalismo um sentimento de hostilidade para com o estrangeiro", fato que sugeria uma maior colaboração estrangeira, especialmente na exploração do petróleo, a qual "sem quebra dos nossos princípios, sem modificação das nossas leis" e por meio da Petrobras, "será sempre recebida com satisfação e confiança pelo nosso povo e pelo meu governo".[692]

O texto traz a visão que San Tiago gostaria de transmitir aos destinatários de uma elocução do presidente da República, que não se sabe se foi feita, ou mesmo se trechos dela vieram compor outro texto eventualmente divulgado. Como sempre em pronunciamentos políticos, a realidade é acomodada ao propósito visado, e nesse texto não foi diferente. Porém, sem dúvida, a capacidade de articulação partidária de Juscelino, e a liderança do general Lott, seu ministro da Guerra, preservavam o estado de legalidade vigente e que seria mantido ao longo de seu mandato, ainda que não coubessem nesse figurino democrático as medidas tomadas pelo governo para em vão tentar cassar o mandato e calar a voz de Carlos Lacerda na televisão nos dois anos precedentes.[693] E, sem dúvida, era verdadeira a afirmação de que estava em curso um inédito processo planejado e articulado de desenvolvimento econômico, cujos frutos já eram visíveis a todos. Mas era inegável também a incontinência do processo inflacionário, do endividamento público e do déficit na balança comercial, fatores que, somados, pesavam especialmente sobre os trabalhadores de baixa renda, privando-os de partilhar o saldo do contínuo crescimento da economia nacional. Não só na enérgica e incansável oposição vibrada pela UDN, mas também no âmbito do próprio governo, cresciam os defensores de um combate vigoroso à inflação. Juscelino hesitava, todavia, em tomar medidas efetivas de combate à inflação e ao endividamento interno, receoso de ver contido o ritmo de seus empreendimentos, a construção de Brasília inclusive, e o reflexo daquelas medidas afetarem as eleições parlamentares de outubro próximo.

CAPÍTULO 22

INGRESSO NO PTB

A reforma de sua vocação intelectual, quando ele sentiu chocar-se contra o seu espírito o apelo existencial de sua época.[694]

• A cena partidária

Ao leitor de suas *Várias* naquele ano de 1957 que se encerrava, não era difícil perceber a inclinação de San Tiago pelo PTB. E ele indicava em seus artigos as razões dessa inclinação, embora a sua candidatura a deputado federal pela legenda do partido ainda não houvesse sido formalizada.[695]

Analisando no início de 1958 o espectro partidário nacional, San Tiago diz ser o PSD um partido clientelista, aferrado ao poder, em todos os seus níveis, voltado à sua forte base rural e incapaz de perceber a ascensão política das massas, que se iam adensando continuamente nas maiores cidades do país, bem como desatento à necessidade de se promoverem as reformas sociais indispensáveis à equação política dessa realidade. Já a UDN era um partido essencialmente urbano, voltado à classe média e alta, em especial no centro-sul do país, dominada pela frustração de jamais haver alcançado o poder; e, pelo verbo arrebatado de seu maior tribuno, Carlos Lacerda, buscava reiteradamente arregimentar o apoio dos militares para a derrubada do governo constituído. Por sua vez, o PTB era um partido de massa, capaz, segundo San Tiago, de agregar em seus quadros o crescente contingente de trabalhadores urbanos, e de diminuir a oposição entre os partidos políticos e as classes armadas; e, entre estas e a classe trabalhadora, ia se formando, na visão de San Tiago, "uma compreensão política de nível superior, isenta de tendências ditatoriais, exclusiva de todo ressaibo de peronismo", e que iria voltar-se "para democratização crescente da vida política, em que se acha o equilíbrio social".[696]

San Tiago cobra de João Goulart, na sua qualidade de líder do PTB, medidas que atualizassem a representação do partido; nesse sentido, este deveria acolher em sua legenda nomes de prestígio pessoal fora de seus quadros para disputar as próximas eleições, e reconhecer a crescente conscientização da classe trabalhadora, adotando uma agenda reformista que incorporasse temas mais amplos do que aqueles que até então vinham sendo defendidos pelos elementos tradicionais do PTB.

Na mesma altura, comentando os movimentos de Jânio Quadros, governador de São Paulo, em direção à legenda do PTB para candidatar-se a deputado federal pelo Paraná nas eleições de outubro daquele ano de 1958, San Tiago o via como "um raro exemplo de um demagogo autêntico, que se acolhe ao seio de um partido popular", e acrescenta que "a personalidade" de Jânio "é mais interessante para o psicólogo do que para o sociólogo". Ainda assim, San Tiago sanciona o ingresso de Jânio no PTB, pois ingressando num "partido popular de base ampla o demagogo desaparece como força individual isolada e ganha as dimensões de líder partidário popular". Ainda em relação à política de São Paulo, onde o PTB, assim como o PSD, tinha baixa votação, diz ser o "adhemarismo", ou seja, o estilo político do ex-governador Adhemar de Barros e líder do Partido Social Progressista, uma "revolta arrogante", que se exprimia "no desafio: 'rouba, mas faz', locução da qual não se deve ver indulgência para com o roubo, mas a exaltação do horror à ineficiência até os limites do paradoxo".[697]

Mesmo criticando a estrutura do PSD, San Tiago defende a aliança entre ele e o PTB, que dava sustentação parlamentar ao governo federal, e nesse sentido provê argumentos bem elaborados, mas distantes da realidade cotidiana da ação política: o PTB "injetaria" no PSD "o sentido social, que é o seu combustível ideológico", e iria preparando "os quadros impropriados do PTB para uma crescente participação no exercício do poder".[698] Em particular, mais objetivo, porém ainda com um traço de irrealismo, San Tiago acreditava que o PTB, com a aproximação do poder, vinha evoluindo "satisfatoriamente da linha de reivindicações para a procura de soluções, e a harmonia com o PSD é um fator extremamente favorável, pois o PSD, com todo o seu empirismo, tem a vantagem do hábito mais inveterado de governar".[699]

Estar no poder era um objetivo ainda incerto de San Tiago, mas sim estar a ele próximo o bastante para nele influir por suas ideias e formulações. San Tiago busca uma das chaves intelectuais que o autorizaria seguir nesse caminho, que em breve formalizaria. Ele a encontra no Visconde de Cairu, estimulador da abertura dos portos por dom João VI, cujo transcurso dos cento e cinquenta anos da medida faz o objeto de sua palestra.

• O exemplo de uma vocação

A conferência lida por San Tiago, a 28 de janeiro daquele ano de 1958, na Associação Comercial do Rio de Janeiro, é o trabalho do *scholar* aplicado. Os principais traços biográficos e da obra de Cairu, assim como sua atuação política, são delineados em seu habitual estilo conciso e claro. Na verdade, San Tiago busca o "protagonista de sua época", não por acaso o subtítulo de seu ensaio.

San Tiago situa Cairu na elite de seu tempo, na passagem do século XVIII para o século XIX, uma elite "pequena, mas dotada de invulgar capacidade, [que] apenas dependia, para liderar o país, de conseguir levar sua influência até o trono e ter acesso aos círculos superiores da administração",[700] ao contrário, diz San Tiago, da elite daquela altura, dominada pelo contraste, "e mesmo pelo antagonismo entre uma classe dirigente declinante e uma classe popular em ascensão". San Tiago descreve os quadros da elite da qual Cairu fazia parte, que, mesmo tendo formação europeia, tinha raízes brasileiras e assim se constituiu, "no início do século, desde a transferência do soberano para a América, na primeira classe dirigente de nosso país".

Mas a figura de Cairu só poderia ser percebida "em toda sua amplitude", "ilumina[ndo-se]" um aspecto decisivo de sua trajetória: "a reforma de sua vocação intelectual, quando ele sentiu chocar-se contra o seu espírito o apelo existencial de sua época". Às vésperas da Independência, Cairu lançou mão "de outro grande instrumento da sua vida pública – o jornalismo"; e, daí por diante, tem início a sua pregação política, por meio do "jornalismo doutrinário", voltado à estruturação do estado brasileiro, então em curso.

É nítida a relação que San Tiago procura estabelecer entre a trajetória pessoal de Cairu no curso da sua ação política, e a sua, que recomeçava; e uma vez mais, San Tiago busca compreender a afirmação de uma vocação, figurada, tal a do Quixote, ou real, como a de Rui Barbosa, e encerra o seu ensaio sobre o "protagonista de sua época" com a síntese dessa sua busca: "a mais fecunda lição de sua vida e de sua carreira: a de que o destino individual só se realiza plenamente quando o homem logra, pela mobilização de suas energias e faculdades, entrar em equação com a sua época, e exprimir na peripécia de sua própria vida a trama dos problemas em que debate a sociedade a que pertence".

San Tiago sem dúvida mobilizava inteiramente suas energias e faculdades, e acreditava, naquela altura, entrar em equação com a sua época; mas as peripécias da sua vida seriam surpreendentes – sobretudo, a ele próprio.

• Uma candidatura controvertida

Depois de San Tiago em sua *Várias* do primeiro dia do ano novo defender, como candidatos às eleições de outubro próximo, "nomes de prestígio pessoal fora dos quadros do partido", e a adoção de uma "agenda reformista" pelo PTB, a *Última Hora* estampou, na primeira página da edição de 6 de janeiro de 1958, editorial sob o título "Jango: Lembre-se de Getúlio!" Naquele momento, em que iriam ter início as lutas eleitorais, em disputa doze governadorias estaduais e trezentos e sessenta e dois assentos na Câmara Federal, era necessário advertir Jango, diz o editorial, dos perigos que o cercavam: um deles, "a pretexto da renovação dos quadros do partido", a infiltração de elementos, até prova em contrário, "nitidamente antipopulares e antitrabalhistas". Entre esses, o único exemplo nominalmente citado no texto é o de San Tiago, "notoriamente a caminho de sua filiação trabalhista"; San Tiago formava com outros representantes "de grandes grupos financeiros e econômicos", que "forçavam as portas do PTB como se fossem em busca de uma apólice de seguros para cobrir a origem antinacional de suas fortunas", conclui o editorial.[701]

A oposição a San Tiago vinda do próprio PTB formava-se antes mesmo de sua filiação ao partido ser oficializada, e versava o argumento que iria se disseminar entre esses seus opositores internos e externos ao partido: o seu passado integralista na juventude e o seu êxito profissional na maturidade defendendo grandes empresas, pontuado pela ressalva do seu mérito intelectual, este, todavia, incapaz de anular os seus pecados antitrabalhistas. A *Última Hora* estava vinculada à linha tradicional do PTB, a do sindicalismo varguista e da sua organização atrelada ao governo, aos Institutos de Previdência e seus cofres, com os quais contava o partido para manter a sua força eleitoral.

Em abril, San Tiago, em mais uma *Várias,* defende obliquamente, sem negar diretamente o fato, o PTB da denúncia, sempre renovada, de que o partido aliava-se aos comunistas, afirmando San Tiago não ter sido Luís Carlos Prestes quem havia equacionado "os problemas do proletariado brasileiro", nem havia ele formulado soluções e criado instituições permanentes para aplicá-las e desenvolvê-las; tampouco, "fundado um partido, cujos serviços ao trabalhador brasileiro representam, centuplicados, todos os que lhe possam ter prestado o Comunismo". Havia, diz, o comunismo perdido para os partidos populares, isto é, para o PTB, "a liderança do proletariado".[702] Dois dias depois, ainda tratando do PTB, San Tiago afirma que "o prefeito de Porto Alegre, Leonel Brizola, representa as camadas mais moças e de sentido populista mais marcado do Partido Trabalhista

Brasileiro".[703] Três semanas depois, em sua edição de 7 de maio, o *Correio da Manhã* publicou uma nota informando que Jango teria dito a amigos que três catedráticos universitários seriam candidatos ao Congresso pelo PTB: Hermes Lima, San Tiago Dantas, Darcy Bessone, este último da Faculdade de Direito de Belo Horizonte; desses, só San Tiago sairia candidato.[704]

• San Tiago e Jango

San Tiago conheceu Jango quando este foi indicado por Getúlio para assumir a direção nacional do PTB, em 1952, e o deputado federal pelo Rio Grande do Sul fixou-se no Rio de Janeiro. Já então estancieiro de sucesso, mas permanentemente endividado com o Banco do Brasil, do qual obtinha farto e sempre renovado crédito, o afável deputado achou no jurisconsulto e banqueiro, que colaborava regularmente com o governo de Getúlio sem nele ocupar qualquer cargo, um advogado para seus negócios particulares.[705]

Ao contrário de seu padrinho político, Jango não sentia atração pela ação política de análise e debate de questões postas à decisão do governante ou do parlamentar. Longe disso, Jango pouco lia, raramente escrevia, a sua interlocução era quase exclusivamente oral, e os textos que firmava, cumprindo formalidades de seu cargo, eram redigidos por assessores que com ele despachavam.

Jango terá tido conhecimento ou sido informado das posições públicas de San Tiago, em defesa de uma nova ordem política que assegurasse à classe trabalhadora garantias mínimas de bem-estar, tradicionalmente conferidas à classe proprietária. E que essa evolução, no entender de San Tiago, deveria ser expressa em um programa partidário próprio e ser dada pela via democrática, isto é, pela defesa partidária desses direitos, feita pela ação legislativa do Congresso, rejeitada assim qualquer ruptura do Estado de direito. Também, não seria desconhecida a Jango a aberta e dura crítica à elite dirigente do país, reiteradamente feita por San Tiago, que a acusava de ser incapaz de aceitar e promover as reformas estruturais indispensáveis ao desenvolvimento social do país. A crítica à elite formulada por San Tiago, um dos seus integrantes mais expressivos, conferia uma identidade singular a esse advogado de grandes causas e diretor de um banco em contínua expansão; além dessa singularidade, San Tiago estava sempre presente na imprensa expondo opiniões jurídicas e analisando e criticando ações políticas. E, desde o ano anterior, 1957, em uma mudança definitiva em sua vida profissional, era o titular do *Jornal do Commercio*, cuja linha editorial passara a ser a defesa de um trabalhismo renovado, que poderia ser aceita por um partido popular, tal o PTB.

Ao Jango promover o seu ingresso no PTB, San Tiago viu a possibilidade concreta de dispor, além do seu jornalismo doutrinário, de uma tribuna parlamentar, de onde acreditava poder participar e influir diretamente no destino político do país. E Jango ganhava um competente legislador e criador de fórmulas jurídicas, minutas de programas partidários e de propostas de reformas institucionais, além de um respeitado expositor cuja opinião e conselho, como o tempo viria mostrar, o líder trabalhista ouviria a seu exclusivo critério, de forma descompromissada.

Como em outras oportunidades, San Tiago não comunicou, sequer aos amigos mais próximos, o seu ingresso formal no PTB, deixando-os perplexos com a sua decisão.[706] San Tiago não seria aceito no PSD e muito menos na UDN, e não há indícios de que ele tenha buscado ingressar em algum desses dois partidos. No PSD, que dominava o maior colégio eleitoral do Brasil depois de São Paulo, Minas Gerais, a repartição das zonas eleitorais e seus candidatos seguia um caminho já traçado, que não permitiria ingresso súbito de postulantes, sem causar um desarranjo partidário que os experimentados chefes do partido jamais considerariam aceitar. Na UDN, onde San Tiago contava com inúmeros amigos, a oposição de Lacerda somava-se à distância das posições do partido em relação às de San Tiago e, como recordou um dos maiores advogados de sua época e ligado à UDN, pelo ciúme que ele despertava em seus bacharéis.[707]

Haveria por parte de San Tiago uma sinceridade de propósito ao ingressar no PTB, de nele lutar pela causa que já defendia publicamente, a promoção de um desenvolvimento econômico e social que trouxesse uma melhor distribuição de renda e elevasse o nível de vida dos trabalhadores, sem o rompimento da ordem democrática, conferindo ao trabalhismo uma forma madura de ação política e criando uma alternativa ao populismo liderado por Brizola que começava a dominar o partido.[708] A muitos essa pretensão pareceria uma ingenuidade inadmissível por parte de San Tiago, sobretudo diante do estilo de ação política do PTB. Mas, sobre essas pretensões consideradas, com maior ou menor grau de análise crítica da ação política do partido, havia o fato de o PTB oferecer a San Tiago uma via mais rápida à sua pretensão de atuar decisivamente na cena nacional. E esse fato dominou as suas considerações; a sua decisão foi, afinal, pautada pelo objetivismo político, que superou quaisquer outras.[709]

No Rio de Janeiro, cidade natal de San Tiago e onde vivia e fizera a sua carreira profissional, o PTB era dominado pelo filho de Getúlio, Lutero, que não teria nele aceitado o ingresso de San Tiago, veto que Jango não desafiou.[710] A alternativa mais próxima e viável era Minas Gerais, onde San Tiago poderia citar laços familiares e a sua estadia, como estudante nos anos de 1920, como, de fato, faria. O sindicalista Ernani Maia, três décadas depois, recordaria a visita de Jango aos seus colegas de partido em Belo Horizonte, onde os informou da candidatura a deputado federal do *Professor*, pela legenda do PTB mineiro. "Quase sempre vestido de preto, sóbrio, porém simpático e gentil, San Tiago a todos seduzia pela inteligência".[711] Mas a sua introdução nos quadros do partido não provocou reação apenas na sua cúpula nacional; no âmbito do diretório mineiro ela foi imediata. Seus integrantes logo perceberam que a candidatura lançada pela mão do presidente do partido e vice-presidente da República de uma personalidade nacionalmente conhecida seria capaz de fazer uma campanha que mobilizaria amplos recursos materiais drenaria votos de quadros tradicionais do partido em suas bases eleitorais – o que ocorreria.[712]

• Violeta

Os trabalhos da candidatura de San Tiago foram interrompidos na manhã de 23 de junho de 1958. Aos setenta e dois anos, um ano depois de seu marido, faleceu dona Violeta, "a mãezinha adorada", como Francisco jamais deixou de a ela se referir. Muito cedo realizado, San Tiago manteve sempre os fortes vínculos afetivos que o ligavam à mãe, que reconheceu e estimulou o talento precoce do filho. A celebração religiosa teve lugar na Capela de Santa Terezinha, à entrada do Túnel Novo, que liga Botafogo a Copacabana, e a missa oficiada pelo pároco local foi concelebrada pelo bispo auxiliar do Rio de Janeiro, dom Helder Câmara, amigo de San Tiago desde a Ação Integralista. A lista de presentes reunia boa parte da elite dirigente na capital federal, encabeçada por Jango e inúmeros parlamentares, embaixadores, empresários, intelectuais, e, como não poderia deixar de ser, os fiéis amigos do *Grupo*, que muitas vezes dona Violeta recebera, eles ainda estudantes de Direito, em seu sobrado da Rua Barão de Jaguaripe, em Ipanema.[713]

Essa elite iria assistir San Tiago falar da tribuna da Câmara Federal, representando, dali a pouco, o partido que nela suscitava as maiores inquietações.

- **O Professor e o partido**

San Tiago não ignorava a estrutura fechada do PTB. A sua liderança era concentrada nas mãos de Jango e de um pequeno grupo que custodiava, ferreamente, a memória de Getúlio, vibrando-a como um permanente trunfo eleitoral; e, com não menos vigor, controlava os postos de trabalho e manipulava sem maior fiscalização os abastados cofres dos Institutos de Previdência Social em direto benefício de sua atividade partidária.[714] Nessa estrutura, a mobilidade interna dos quadros do partido era reduzida e o interesse por um amplo debate programático era estreito. As poucas lideranças que nele surgiam cresciam nesse círculo fechado e a ele se conformavam, ou teriam que deixar o partido.[715]

A carreira política de Brizola teve início com a de Jango pela legenda do PTB gaúcho em 1947, e, desde logo, evidenciou-se a diferença de estilo entre ambos. O vigor exuberante de Brizola casou-se com o figurino populista, de incitador de paixões pela fixação, como inimigos, de seus adversários na cena partidária, bem como de denunciador de políticas conspiratórias, que nomeava lesivas ao interesse nacional, a um eleitorado que ele não deixava de cultivar dedicadamente. A eleição à Prefeitura de Porto Alegre, em janeiro 1956, permitiu-lhe o contato direto com seus correligionários e a oportunidade de converter novos eleitores e de mostrar-lhes um dinamismo efetivo em um cargo executivo. Jango, feito por Getúlio presidente do partido em 1952, tivera uma limitada experiência executiva como secretário do interior, antes de se transferir para o Rio de Janeiro, eleito deputado federal. Embora simpático e afável no trato pessoal, não tinha os dotes oratórios nem a paixão política de seu cunhado e tampouco conquistou a preferência dos eleitores de seu Estado, que lhe negaram uma cadeira no Senado, em outubro de 1954, dois meses depois da morte de Getúlio. Jango, porém, viu seu capital político ser ampliado ao ser eleito vice-presidente da República, em 1955, representando o PTB na aliança com o PSD, e por manter, no governo eleito de Juscelino, o controle da máquina sindical, o preço do apoio do PTB cobrado ao novo presidente.

Fernando Ferrari, outro quadro que se distinguia no PTB, conterrâneo e contemporâneo de Brizola, como este, tinha um expressivo capital eleitoral próprio, mas diferia essencialmente do seu populismo e divergia da cúpula do partido, ao reclamar, como antes fizera Alberto Pasqualini (a esta altura já incapacitado pela doença), que fosse estabelecida uma linha doutrinária a orientar a ação política do partido.

Esses fatos não apenas eram conhecidos por San Tiago, como ele já os apontara em suas *Várias*: caracterizara o estilo populista de Brizola, reclamara a fiscalização das verbas dos Institutos de Previdência, que não deveriam ser utilizadas sem controle, e defendera a formulação de uma linha doutrinária a ser seguida pelo partido.

Ainda, San Tiago não poderia ter, já pelas suas características pessoais e de formação cultural, a pretensão de vir a ser um líder de massas, que a elas falasse com um apelo efetivo, como eram capazes, por estilos distintos, mas eleitoralmente eficazes, Brizola e Ferrari. Ao papel de doutrinador, certamente não lhe faltava habilitação e ele já vinha apresentando em seus escritos um articulado esboço nesse sentido e agora iria expô-lo em sua campanha a deputado. Mesmo falando aos sindicatos e a líderes locais do partido em Minas e fora de Minas, como ele fazia em sua campanha e já vinha fazendo em seu jornal, a leitura dos pontos principais do ideário de San Tiago evidenciava a dificuldade que ele teria em se ver inscrito em uma linha programática que o PTB eventualmente lograsse fixar. Mas, sobretudo, não poderia San Tiago ignorar não ser do interesse dos chefes do partido definir qualquer linha programática.

Porém, "afirmada a reforma de sua vocação intelectual", nenhum desses fatos demovia San Tiago de realizar o seu projeto político – o *Professor*, tal ele jamais deixou de ser, e de assim ser visto e nomeado.

• Números adversos

Entrando no terceiro ano de seu governo, Juscelino vinha equilibrando os diferentes setores da vida política nacional, na relação que com eles estabelecera. A aliança de seu partido, PSD, com o PTB lhe dava uma maioria no Congresso capaz de resistir às investidas da oposição udenista;[716] a maior das Três Armas estava sob o firme comando do general Lott, o líder do contragolpe de novembro de 1955, que permitira a sua posse na presidência.

Na área econômica, a situação era mais delicada e a habilidade pessoal do presidente não bastava; o processo inflacionário, que já ia completando a sua segunda década sem ter sido em nenhum momento vigorosamente enfrentado, não era o único fator de inquietação. O acelerado crescimento econômico decorrente da execução do Plano de Metas e Bases, ao qual se somou à construção de Brasília, exigia para o seu financiamento capitais não disponíveis no país, além disso, o ritmo de crescimento da economia aumentava a demanda por derivados de petróleo, importados com as reservas que a receita, decrescente, da exportação do café não bastava a atender, gerando déficits comerciais crescentes.[717]

A classe política brasileira, e nesse ponto Juscelino era um dos seus mais expressivos representantes, acreditava que a execução de obras criaria condições para um rápido crescimento econômico, que, por sua vez, compensaria o custo inflacionário de seu financiamento pela emissão de papel-moeda. Como recordaria o autor do Plano de Metas e Bases, Lucas Lopes, "a deseducação do político brasileiro" levava-os a não acreditar em inflação e sim em obras realizadas; "poucos se incomodavam se essas obras resultariam ou não de um processo inflacionário, de emissão de recursos, como era o caso".[718]

Em meados de 1958, Juscelino estava ciente das dificuldades econômicas que seu governo enfrentava. A elevação dos preços de produtos e serviços era sentida por toda a população, em especial a de baixa renda; entre o ano anterior, 1957, e o ano em curso, o índice geral de preços cresceu de 7% para 24,3%, e o déficit federal elevou-se a 4% do produto nacional bruto, em comparação a pouco mais de 2% em 1956 e menos de 1% em 1954 e 1955.[719] Em junho, José Maria Alkmin renunciou ao cargo de ministro da Fazenda, não afastando o fracasso de sua gestão no combate à inflação. Juscelino convidou Lucas Lopes para substituí-lo, e Roberto Campos para assumir a presidência do BNDE em seu lugar. Mas Juscelino não quis correr o risco de anunciar uma política deflacionária antes da realização das eleições de outubro, embora a sua elaboração tenha começado imediatamente.

• Entendimento entre as forças políticas

Os efeitos da inflação eram e continuariam sendo uma questão política, e não apenas econômica, cada vez mais presente. O seu combate é o primeiro ponto de um texto redigido por San Tiago, que não se sabe quem o solicitou e a quem teria sido dirigido: "As Bases de um Entendimento Entre as Forças Políticas Nacionais", datado de 20 de junho daquele ano de 1958. San Tiago enumera seis pontos, a começar por uma formulação de uma política de desenvolvimento econômico conjugada a um severo combate à inflação; uma reforma constitucional; a formulação de uma política externa; a defesa do princípio nacionalista; a consolidação e aprimoramento das bases jurídicas dos direitos dos trabalhadores; e o sexto e último ponto, o estímulo à iniciativa privada, aos investimentos particulares nacionais e estrangeiros, ou à iniciativa puramente brasileira".[720]

Embora bem descritas e articuladas, as "bases" eram de difícil execução, pois exigiriam a reunião de forças partidárias em número considerável, bastante a promover alterações na Constituição, em leis ordinárias, e, no âmbito da política externa, atrair apoio de outros países sul-americanos à formação de uma linha de ação própria. Além disso, em plena campanha eleitoral, as alianças, as mais diversas, formavam-se a partir de situações locais, em um país em que a população vivia majoritariamente fora dos grandes centros urbanos.

Muitos dos pontos alinhados nessas "bases" compõem a "preocupação doutrinária" do candidato, expressa também em seu "jornalismo doutrinário", que San Tiago dirá ter pautado a sua campanha.

• A convenção do partido

Em início de julho, San Tiago segue para Belo Horizonte onde baseou a sua campanha. Em convenção realizada a 26 de julho, um sábado, a sessão mineira do PTB aprovou, com a presença de representantes de cento e catorze municípios, as chapas do partido para disputar assentos na Câmara Federal e na Assembleia Legislativa. Entre os doze indicados a disputar um lugar na Câmara, estava San Tiago.[721]

Antes mesmo de sua indicação para compor a chapa ser formalizada, San Tiago já vinha mantendo contatos com sindicatos e diretórios do interior, e, no rádio e em auditórios fechados, pronunciou vários discursos e conferências. Segundo a imprensa, ele teria pedido ao partido que lhe destinasse uma região a qual sua candidatura estivesse circunscrita, mas, não sendo aceito seu pedido, teria San Tiago ampliado sua área de campanha, estendendo-a à zona de influência dos falecidos líderes Lúcio Bittencourt e Machado Sobrinho. Na verdade, San Tiago faria campanha em todos os polos mais populosos do estado, avançando por vezes em feudos eleitorais estabelecidos, conduta que contrariou seus colegas de partido, igualmente candidatos, especialmente a Camilo Nogueira da Gama, no sul do estado, a Mário Palmério, no Triângulo, e a Valter Ataíde no município de Nova Lima, próximo à capital.[722]

Na convenção do partido, San Tiago foi alvo de acusações por parte de Nogueira da Gama e de Valter Ataíde. O primeiro disse haver San Tiago votado pela inelegibilidade de Getúlio em 1950; e Valter Ataíde acusou San Tiago de não ser um "nacionalista sincero", e que, portanto, não seguiria a linha doutrinária do partido. San Tiago rebateu as acusações e buscou esclarecer "os espíritos" sobre a sua posição política, citando em sua defesa "a confiança absoluta que nele deposita o Sr. João Goulart". A impugnação à sua candidatura foi exigida por um convencional aliado a Nogueira da Gama, mas em defesa de San Tiago levantaram-se os sindicalistas Ernani

Maia e Clodesmidt Riani, e os candidatos a deputado, Geraldo Mascarenhas, Milton Reis e Sette de Barros.[723]

• O pensamento político do candidato

Na semana seguinte à realização da Convenção do PTB, San Tiago dá uma longa entrevista ao *Diário de Minas*, que depois foi transformada em um folheto com o título de "O Pensamento Político de San Tiago Dantas, candidato do PTB mineiro à Câmara Federal". Certamente, essa apresentação do candidato diferia de todas as demais; e o estilo do *Professor* e a organização de suas ideias, articuladas em sequência, não sugeriam ao destinatário um petebista mineiro, ou de qualquer outra região do país.

Em uma breve introdução, San Tiago diz estar honrado com o encargo que recebeu de lutar pela "vitória da gloriosa legenda de nosso partido" e, se eleito, lutar "pela causa dos trabalhadores, tal como a entendeu e definiu Getúlio Vargas". San Tiago identifica o objetivo primordial do partido, a "reforma progressiva da sociedade". Esse propósito deveria inspirar e condicionar a atuação parlamentar e ser uma demonstração de "fidelidade à classe trabalhadora". No cumprimento desse propósito não pretendiam os representantes do partido "estimular, mas apaziguar a luta de classes", nem dar à classe trabalhadora privilégios às demais, senão "abolir progressivamente privilégios que hoje, em benefício de outras classes, perpetuam a injustiça e garantem a opressão".

Dessa tarefa partidária, San Tiago afasta o demagogo, para quem o "povo é a massa aglomerada, sem diferenciações institucionais" e, assim "suscetível de guiar-se pela emoção, e de deixar-se vencer por favores"; ao contrário, para o trabalhista verdadeiro o povo é a classe trabalhadora organizada em seus sindicatos. Depois de qualificar o trabalhismo, como o entendia, dele distanciando os demagogos, San Tiago trata do nacionalismo, uma posição que seus adversários não o viam adotar.

Protesta ter sido sempre nacionalista, invocando a linha editorial do jornal que assumira, em que tratara da questão do petróleo, dos minerais estratégicos, das relações internacionais e do capital estrangeiro, mantendo uma posição nacionalista, mas não repelindo a cooperação do capital estrangeiro, assegurada, porém, a preservação de "nossas faculdades de decisão a respeito de nossos próprios problemas". Essa sua posição encontraria concordância perfeita com o trabalhismo, segundo San Tiago. A integração das elites é o ponto seguinte tratado; era preciso integrar o que "há de são, de capaz nessas elites no movimento trabalhista", para unificar e não dividir a sociedade brasileira, "fazendo das garantias dadas ao trabalho o centro da ordem jurídica". Esse propósito San Tiago já defendia em 1945, "quando terminava a Segunda Guerra Mundial e se iniciava entre nós o trabalhismo". Agora, era o trabalhismo um fator que não se pode descartar do desenvolvimento econômico, porque "equilibra o processo de enriquecimento material da nação com a melhor distribuição da riqueza", e é capaz de eliminar as condições em que "medra o comunismo", pela "conciliação das classes não através da opressão, mas da ascensão do trabalhador". Portanto, não poderia haver "enriquecimento coletivo" sem a "paralela distribuição da riqueza, através do salário alto, do imposto, do acesso à propriedade e da previdência social" ao trabalhador. A ascensão do trabalhador, conclui, não era apenas um propósito partidário, mas consubstanciava o trabalhismo e este é "o germe da ordem jurídica futura, como nele está a justificação social do desenvolvimento econômico".[724]

Dificilmente, terá o eleitor petebista, em especial o mineiro, visto candidato a cargo eletivo apresentar-se dessa forma, tão pouco comum na política nativa. Objetiva, porém, foi a ação de San Tiago em defesa do partido, que se seguiu a essa proclamação doutrinária.

• Defesa de Brizola

A candidatura do prefeito de Porto Alegre, Leonel Brizola, a governador do estado nas mesmas eleições em outubro daquele ano 1958, teve o seu registro logo contestado por seus adversários políticos locais que temiam, e não sem razão, o prestígio alcançado por Brizola, a jovem força populista como San Tiago o identificara. A questão política converteu-se em questão jurídica, e em torno desta articulou-se um debate nutrido por vários pareceres: seria Brizola inelegível devido ao fato de ser cunhado do vice-presidente da República? Entre os vários juristas chamados a opinar, destacou-se San Tiago. A imprensa noticiou fartamente a disputa, e o *Correio da Manhã* publicou a íntegra do seu parecer, com chamada na primeira página. Sucinto como todos os seus trabalhos, esse se articula em dez itens, ocupando pouco mais de meia página do jornal; San Tiago conclui que Brizola só seria inelegível "para o cargo de Governador se o vice-presidente assumir, como sucessor ou substituto, a Presidência, e dela não se afastar um ano, pelo menos, antes da eleição".[725] Ou seja, nada impediria a candidatura de Brizola.

• Resposta às críticas

A defesa pública de Brizola não imunizou San Tiago das críticas e acusações por parte de seus colegas de partido. A 13 de agosto ele reage por um texto em forma de entrevista e o envia à publicação no jornal *O Estado de Minas*. Nessa "entrevista" rebate, uma vez mais, as críticas a ele dirigidas; San Tiago identifica em alguns de seus adversários uma "mistura do personalismo e dos ressentimentos de cunho udenista combinando uma tendência esquerdista geradora de prevenções". Rebate também "as intrigas e calúnias" a ele dirigidas por "companheiros de partido", movidos por uma rivalidade interna, que, todavia, não conquistaria os verdadeiros trabalhistas. Quanto às críticas ao seu parecer em que defende a legalidade da candidatura de Brizola ao governo do Rio Grande do Sul, vindas de opositores externos, observa que o acerto da tese nele defendida estava registrado no pronunciamento coincidente, "unânime e fundamentado, do Tribunal Superior Eleitoral". San Tiago acrescenta que ele tinha uma clara posição doutrinária, que era expressão "integral e coerente do trabalhismo democrático, nacionalista, reformista, antientreguista e anticomunista. Essa era a sua causa – uma causa a trabalhar, a causa do trabalhismo e do trabalhador". A posição doutrinária de San Tiago, combatida por expressivos quadros do próprio PTB, sofreria, pouco depois, duro golpe, que atingiria um instrumento vital de seu ambicioso retorno à política.

• Jornal em chamas

Um dia antes de completar 131 anos, a 30 de setembro de 1958, três dias antes da eleição, por volta das 14h45, um violento incêndio irrompeu no prédio em que se achava instalado o *Jornal do Commercio*. O fogo teve início em uma sala onde funcionava uma alfaiataria; os bombeiros não demoraram a chegar, porém o combate às chamas só teria início quase uma hora depois, pois o volume de água nos hidrantes era insuficiente para dar pressão necessária à utilização das mangueiras. O fogo subiu e alcançou rapidamente as instalações do jornal, consumindo uma grande quantidade de papel estocado. Em pouco tempo, o prédio construído em 1902 foi devorado pelas chamas, que invadiram as suas noventa salas alugadas, onde funcionavam, além do Jornal, escritórios comerciais, de advocacia, e pequenos negócios.

Os prejuízos com fogo e água foram expressivos: vinte e seis linotipos perdidas, sendo vinte novas, havia pouco adquiridas, e avaliadas em cerca de US$ 500 mil; a rotativa do jornal ficou muito avariada, assim como a oficina de composição. Só o arquivo escapou das chamas graças ao empenho dos funcionários, preservando-se mais de cem anos de história do Brasil.[726]

Os maiores jornais cariocas ofereceram suas instalações à direção do *Jornal do Commercio* para rodar as suas próximas edições. Foi aceito o oferecimento de *O Globo*, então um jornal vespertino, e assim a edição do *Jornal do Commercio*, matutina, não se sobreporia àquela.

Em nota distribuída à imprensa no dia seguinte, San Tiago agradece o apoio recebido dos demais jornais, citando nominalmente o *Diário Carioca*, *O Globo*, o *Jornal do Brasil*, o *Correio da Manhã*, o *Diário de Notícias* e os *Diários Associados*; não se refere ao jornal *Última Hora*, que apoiava abertamente o PTB, porque este não teria prestado assistência ao *Jornal do Commercio*. E, em outra nota, "o *Jornal do Commercio* diz que continuará vivo como tem estado há 130 anos e será remodelado de alto a baixo para tomar a aparência gráfica dos jornais modernos do país".[727]

Porém, essa peripécia do destino não seria superada por San Tiago.

CAPÍTULO 23

ELEITO DEPUTADO

Doutrinariamente, o trabalhismo objetiva a conciliação das classes e a reforma progressiva da sociedade, para atingir, etapa por etapa, a eliminação das contradições e injustiças de uma sociedade capitalista já ultrapassada, e o advento de outra forma de sociedade, em que a riqueza social se distribua de forma justa e os benefícios da civilização se encontrem ao alcance de todos.[728]

• O candidato afortunado

A crítica a San Tiago visava, também, os gastos de sua campanha, acusada, por essa razão, de ilegítima; e a denúncia desses gastos era secundada por muitos dos mais conhecidos jornalistas políticos.[729] San Tiago insurge-se contra a acusação de que o apoio eleitoral que vinha recebendo dos diretórios mineiros do PTB fosse obtido em troca de auxílios a eles dados. A compra de votos, que "condeno e abomino", era "prática entre deputados inoperantes", os quais, em anos sucessivos de seus mandatos, eram incapazes de apresentar um "projeto, uma emenda ou um discurso", de real valor.

Em Minas Gerais, o PSD contava com um quadro de crescente prestígio, o presidente da República havia sido eleito fazia dois anos. E, embora o PTB formasse uma aliança que dava sustentação ao governo de Juscelino, o partido sentia dificuldade nas menores cidades do interior, onde o voto conservador majoritário se dividia entre o PSD e a UDN.

San Tiago enfrentou essa realidade partidária, somada ao fato de ser um candidato absolutamente desconhecido do eleitorado mineiro, com uma bem articulada campanha e fartos recursos à sua disposição, inclusive um pequeno avião monomotor adquirido pelo candidato. Eleito, ele explicaria a sua campanha: foi uma das que primeiro teve início, e ele viajou por todos os quadrantes do estado visitando cerca de cem localidades, somando mais de cem horas de voo; proferiu "discursos, conferências, [participou de] mesas redondas", "entrei em contato com a mocidade estudiosa e expus largamente as minhas ideias". Foi votado em mais de duzentos municípios mineiros; em Belo Horizonte obteve cinco mil e trezentos votos, a quinta votação ali alcançada, por meio de "programas consecutivos de televisão". Em uma palavra, a campanha, diz, "teve que ser muito mais uma campanha de propaganda e de proselitismo do que uma campanha de acordos e de contatos pessoais".[730]

Em agosto, a campanha de San Tiago chegou à Câmara Federal; o líder da UDN, Carlos Lacerda, a ela faz referência, dizendo que o "*Professor*, (...) no desespero de se fazer eleger deputado por Minas Gerais, derramava o seu dinheiro e corrompia todos os partidos buscando solapar nos municípios as bases de seus próprios companheiros de partido"; Lacerda reconhecia, contudo, que o dinheiro gasto por San Tiago havia sido obtido "na sua copiosa e brilhante advocacia".[731] Um mês depois, Lacerda voltava à carga, atingindo primeiro o partido e seu líder: "se Jango era herdeiro de Vargas, Prestes é agora herdeiro de Jango". Lacerda diz que o PTB buscava aliança com os comunistas, "para vestir uma fantasia de revolucionários", ao mesmo tempo em que o PTB se convertia em partido de "plutocratas, como o Sr. San Tiago Dantas, atualmente empresando uma enorme máquina de corrupção em Minas".[732] Tendo explicado a sua campanha, San Tiago não reagiu a essas acusações.

Realizadas as eleições a 3 de outubro, o lento processo de contagem dos votos começou no dia seguinte em todos os municípios. Antes de concluída a apuração, a imprensa carioca já apregoava a eleição de San Tiago; ele alcançaria entre trinta e sessenta mil votos, colhidos em diferentes regiões do estado.[733] A 19 de outubro, antes da proclamação das eleições pelo Tribunal Eleitoral, o *Jornal do Commercio*, em coluna na primeira página, discriminava, por município, a votação recebida por San Tiago e o colocava em primeiro lugar na legenda do PTB – o que não se confirmaria. Mas a sua votação provinha de todas as regiões do estado, fato que lhe dava, segundo o jornal, uma expressão única, pois ultrapassaria "o âmbito das influências do domínio regional, ao mesmo tempo que demonstra a penetração da candidatura do novo líder trabalhista, em áreas que não pôde sequer visitar, durante a campanha eleitoral". O "novo líder trabalhista", ainda segundo a matéria, teria conseguido, em seus municípios de base "eleger os prefeitos municipais, arrancando ao PR ou ao PSD, o governo local".[734]

San Tiago seria o segundo candidato mais votado do PTB. Minas Gerais fez uma bancada de quarenta e um deputados federais, elegendo o PSD dezoito, a UDN, oito, o PTB, cinco, o PR, oito e o PL, dois. San Tiago ficou em décimo lugar na lista geral dos eleitos, sendo suplantado por José Raimundo, ligado pessoalmente a Juscelino, e nomeado por ele para presidente do Instituto de Aposentadoria e Pensões dos Industriários (IAPI), que obteve aproximadamente 2.500 votos a mais que San Tiago: José Raimundo, 37.862 votos; San Tiago, 35.364 votos. Os outros três candidatos do PTB tiveram votação inferior a San Tiago: Mário Palmério, 30.115 votos; Camilo Nogueira de Gama, 22.327 votos; Valter Ataíde, 18.858 votos.[735]

O ex-governador, Milton Campos, foi eleito pela UDN para o Senado com 870.624 votos, e o deputado eleito mais votado foi o pessedista Bias Fortes, com 66.362 votos.[736] Pela legenda da UDN, de seus oito deputados eleitos, apenas Magalhães Pinto, banqueiro, suplantou San Tiago, ficando na segunda colocação geral, com 52.979 votos. Entre os deputados udenistas estavam Bilac Pinto, dono da Editora Forense da qual San Tiago fora diretor, e Gabriel Passos, seu contemporâneo de juventude em Belo Horizonte.[737]

No Rio Grande do Sul, o candidato a governador pelo PTB, Leonel Brizola, obteve expressiva votação e derrotou o candidato do PSD, tendo recebido, inclusive, apoio dos integralistas locais.[738] Já no estado do Rio de Janeiro, o PSD sofreu um revés contundente: Getúlio Moura, candidato do PSD a governador foi batido por Roberto Silveira, do PTB, e Amaral Peixoto, presidente nacional do PSD, disputando uma vaga no Senado foi derrotado por seu ex-correligionário, Miguel Filho, agora na legenda do PTB.[739]

Concorrendo a uma vaga no Senado pela capital federal, o petebista Lutero Vargas fez campanha ao lado de Luís Carlos Prestes e foi derrotado por Afonso Arinos, concorrendo pela UDN, beneficiado diretamente pelo apoio de Lacerda, que se reelegeu deputado federal.[740]

O PSD manteve a maior bancada no Congresso, embora as suas cadeiras tenham se reduzido; ainda assim, a sua aliança parlamentar com o PTB, que fizera um número maior de deputados, enquanto a UDN permanecera praticamente estável, garantia sustentação ao governo.

• O deputado e o analista das eleições

No dia da eleição, 3 de outubro, a *Várias* de San Tiago no *Jornal do Commercio* traz uma primeira análise do resultado das urnas. Ao referir as alianças verificadas em alguns colégios eleitorais entre a UDN e o PTB, entre o PSD e a UDN, San Tiago registra o antagonismo que se deu entre os dois partidos criados por Getúlio Vargas, o PTB e o PSD. E refere o ponto crítico dessa nova situação na derrota eleitoral de Amaral Peixoto: o choque deste com o PTB no estado do Rio de Janeiro. Se era "certo" que Amaral Peixoto "jamais fora simpático ao trabalhismo, não deixou, entretanto, de escandalizar que a família do presidente Vargas se pusesse em oposição formal ao partido que detém, junto aos trabalhadores brasileiros, a responsabilidade da liderança, legada em documento público por Vargas".[741] O esquema da sucessão presidencial, prossegue San Tiago, seria articulado a partir "das forças populares organizadas e dos partidos nacionais estáveis e institucionalizados"; a questão que agora se punha era se a aliança entre PSD e PTB subsistiria com o vigor necessário para enfrentar as eleições presidenciais, a se realizarem dali a dois anos.[742]

Três dias depois, em outra *Várias* San Tiago aponta que o esquema de forças que se delineava era muito mais adverso do que aquele do início do governo, e, portanto, o presidente deveria abrir espaço ao trabalhismo em seu governo se não quisesse que os estados do Rio de Janeiro e do Rio Grande do Sul, que passavam a ser governados por petebistas, viessem a "gravitar uma órbita de cooperação independente, capaz de se transformar facilmente em oposição".[743]

• Ferrari, o programático excluído

Nove dias depois das eleições, o deputado Fernando Ferrari, que obteve a maior votação para a Câmara Federal no país, ofereceu um almoço aos governadores de seu partido que vinham de ser eleitos, Brizola, no Rio Grande Sul, e Roberto Silveira, no estado do Rio de Janeiro. Ferrari, segundo San Tiago, "um dos líderes políticos mais esclarecidos e ponderados da nova geração trabalhista",[744] já vinha divergindo fortemente de Brizola, inclusive não o apoiando em sua candidatura ao governo de seu estado, e renunciando à liderança do partido na Câmara. Ferrari era uma força política inegável que o ombreava a Brizola, porém sem o acento populista deste, e ao reclamar ao partido a elaboração de uma doutrina consistente, contrariava a sua cúpula e selava o seu destino no PTB. Mas, àquela altura, ele exibia ao partido e à classe política o seu prestígio nas urnas.[745]

No almoço, falando em seguida ao anfitrião, Brizola refere "o glorioso Presidente Vargas" e, "entre os doutrinadores, estão a figura querida do Senador Pasqualini e o Prof. San Tiago Dantas (...) e como condutor da nossa causa devo citar o Presidente do PTB o Dr. João Goulart".[746] O astuto governador do Rio Grande do Sul fixou a posição de San Tiago em seu novo partido: a de doutrinador, a formar entre os derrotados em suas proposições, Pasqualini e Ferrari. A crítica a San Tiago seguia, velada ou expressa, no âmbito do PTB e em vozes de apoio ao partido.

Cinco dias depois, em sua coluna na *Última Hora*, a jornalista Adalgisa Nery afirma que "o brilhantíssimo San Tiago é entreguista", restando a ela esperar que San Tiago, de então por diante, adotasse "condutas que favoreçam o Brasil" sobre a antiga "soma de atos antibrasileiros" que praticara. A jornalista criticava também a superioridade que ela via afetada por San Tiago ante as críticas a ele dirigidas, observando que na vida pública essa postura era uma afronta e uma fuga a debates de interesse coletivo. Visivelmente contrafeita, Adalgisa Nery, em uma nota em sua coluna, refere carta pessoal que havia recebido de San Tiago. E diz que esperava "que os seus sinceros esforços de servir o Brasil" pudessem contar com a presença da sua "admirável inteligência" para engrandecê-lo e honrá-lo.[747]

Pouco depois de confirmar sua cadeira na Câmara, San Tiago viaja aos Estados Unidos, e, ao voltar, fala ao público carioca diante das câmeras da *Televisão Tupi*, na noite de 27 de novembro, no dia seguinte à publicação formal pelo Tribunal de Minas Gerais do resultado das eleições. A primeira pergunta feita ao entrevistado sem dúvida interessava a todos: por que San Tiago escolhera o PTB, um partido de massas, para ingressar na política? A resposta, como sempre, remete ao advogado: jamais, diz ele, essa pergunta lhe fora feita por um trabalhador. A estranheza estava entre aqueles que não compreendem que "a posição trabalhista" possa ser tomada por "homem de empresa, um profissional liberal", enfim, quem exerça uma atividade não assalariada. O ponto seguinte é a doutrina a ser seguida pelo PTB na sua ação política. Elogiando o deputado Ferrari, San Tiago diz que estava encaminhando, juntamente com ele, uma proposta à Convenção Nacional do PTB, ou seja, "uma série de pontos teóricos que servirão de verdadeiros pontos de referência para atuação do partido tanto nos cargos administrativos, como nas assembleias legislativas".

A seguir, San Tiago é indagado de uma coligação entre os partidos de centro, reunindo UDN e PSD, ao lado do PL e do PDC, para se opor ao avanço do trabalhismo, que seria estimulada, inclusive, por um dos chefes do PSD, Amaral Peixoto. A San Tiago essa era uma ideia nefasta; a fórmula "mais feliz para o desenvolvimento da nossa vida democrática consiste na aliança de um partido popular com um partido conservador". Ao contrário, a aliança do centro para opor-se a partidos populares "nada mais é do que uma tentativa de transformar em luta partidária a luta de classes". E cita como "uma combinação feliz na vida pública brasileira", a aliança do PTB com o PSD. San Tiago afasta, inclusive, uma possível identidade que fosse vista entre o PTB e o partido trabalhista inglês, que adotava uma nítida linha socialista; ressalva, todavia, que poderia vir a existir uma conciliação entre a linha trabalhista e a linha socialista, mas essa não era a sua posição pessoal. E registra que a doutrina por ele exposta não era ainda um programa de governo, "um programa de medidas administrativas". Mas, esclarece, não tinha ambição de dirigir o partido, apenas nele integrar-se e "servi-lo e trabalhar por essas ideias que, a meu ver, estão na base do partido trabalhista e justificam sua luta na vida política brasileira".[748]

Aos seus novos colegas de ofício, San Tiago era e seria sempre o jurisconsulto de larga cultura e reconhecida inteligência, o criador de fórmulas jurídicas para aviar impasses políticos. Mas, ao seu eleitorado e mesmo aos seus colegas de partido, San Tiago procurava acentuar, em todas as suas manifestações, distinções que, em sua conversão ao trabalhismo, marcariam a sua trajetória de defesa de uma linha doutrinária por ele didática e minuciosamente exposta, isenta de apelos populistas.

• Programa de estabilização monetária

Em seguida às eleições, Juscelino lançou o Programa de Estabilização Monetária, que buscava a difícil conciliação entre o combate à inflação e a preservação do custoso Plano de Metas e Bases e da não menos onerosa construção de Brasília. O programa recebeu crítica imediata da classe política. Havia, entre muitos, a ideia de que a contenção da inflação era uma submissão a uma estratégia conservadora imposta pelo Fundo Monetário Internacional, e que a contenção dos salários significava pôr sobre a classe trabalhadora a responsabilidade pelo combate à inflação. Os cafeicultores, cevados em subsídios governamentais, exigiam que o governo continuasse comprando os excedentes de café para manter o preço do produto, ameaçando inclusive com manifestações públicas. Os industriais, sobretudo os paulistas, que dependiam do crédito permanente do Banco do Brasil, reagiram às restrições que o programa prescrevia à concessão de empréstimos. Igualmente, a possibilidade de elevação de impostos não foi bem recebida, e os trabalhadores se movimentaram buscando alianças para resistir às restrições salariais previstas. Sem alcançar uma equação política capaz de permitir a sua efetiva aplicação, o programa seria abandonado em meados do ano seguinte.

• Deputado: primeiros movimentos

A 30 de outubro, San Tiago completou quarenta e sete anos. A "reforma da sua vocação intelectual" havia sido concluída. A sua nova trajetória, contrariando o que programara, não contaria com o apoio de seu jornal, cujas finanças sempre frágeis não resistiram ao prejuízo causado pelas chamas.[749] Mas nada deteria San Tiago em sua determinação de participar e influir na ação política do país. E, como mostraria em sua estreia na Câmara Federal, esse propósito ele desejava cumprir rapidamente. Um dos mais argutos políticos daquele tempo, José Maria Alkmin, já advertira aos chefes do PSD mineiro: "Cuidado com o San Tiago. Ele não nos dará sossego. Aliás, porque não o tem".[750] E assim San Tiago começou a exercer o seu mandato de deputado federal na legislatura iniciada a 15 de janeiro de 1959.

Falando no Fórum Política do PTB, em um sábado a 11 de janeiro, "o professor San Tiago Dantas" diz que a síntese política da melhor distribuição da riqueza e do desenvolvimento é a doutrina que se espera do partido. San Tiago afirma que, se as classes trabalhadoras não participassem por meio de uma melhor distribuição de riqueza "dos benefícios do desenvolvimento", não seria possível manter "um vínculo de desenvolvimento social no seio do estado democrático, nem seria possível evitar reivindicações contrárias aos objetivos do desenvolvimento".[751]

A 23 de novembro, San Tiago faz um longo depoimento a *O Jornal*, na linha das entrevistas que concedia, na qual elabora sobre diferentes temas. Diz ser o trabalhismo não uma opção entre capitalismo e socialismo, pois essas tendências podem ser por eles conciliadas: um "trabalhista [pode] ser socialista ou individualista sem qualquer incoerência", pois o trabalhismo exprime a "convicção de que o progresso econômico é inseparável do progresso social" e que a riqueza deve ser distribuída à classe média e popular, por meio de medidas adequadas. Nesse contexto, o trabalhismo era uma defesa para a livre empresa contra "a tendência à propriedade coletiva ou estatal de todos os bens de produção". Assim, o trabalhismo se relacionaria com os homens de empresa, uma vez que esses percebessem a necessidade de uma reforma social "progressiva" da classe trabalhadora e da sua participação nos "benefícios do enriquecimento" o que asseguraria um "grau mais elevado de justiça social".

A seguir, San Tiago diz que a luta contra a corrupção, "na vida eleitoral e na atividade partidária", é o primeiro dever do homem público, e observa que "o culto da honestidade deve ser integrado com o culto da competência sem a qual a moralidade pode existir em indivíduos isolados, mas não tarda a declinar no comportamento de uma classe detentora da liderança". San Tiago refere outros pontos de sua pregação, tais o desenvolvimento econômico e as transformações que se vinham processando no âmbito da classe média e da classe trabalhadora, às quais as reformas econômicas e sociais deveriam se dirigir. Em meio a essas aspirações, diz, o nacionalismo brasileiro havia se tornado na "doutrina mais popular do nosso tempo". Por fim, San Tiago diz que a vida política brasileira exigia um novo estilo "condizente com a legalidade"; não teriam mais lugar as "agressões pessoais desmedidas, e a excitação das suscetibilidades dos militares não teria mais lugar na cena política brasileira".[752]

San Tiago iria levar à Câmara esse estilo "condizente com a legalidade".

Antes da primeira semana do ano de 1959, o PTB mineiro vivia uma crise interna com a inesperada renúncia do senador Lima Guimarães à presidência do diretório provisório do partido. Abriram-se dois grupos em disputa, e um deles, comandado por San Tiago, se opôs à candidatura de José Raimundo, o deputado petebista mais votado na eleição de outubro anterior.[753] A 4 de janeiro, cerca de seiscentos representantes dos diretórios municipais do interior de Minas compareceram à 8ª Convenção Estadual do Partido, para eleger os integrantes do diretório estadual. As duras críticas de Camilo Nogueira da Gama a San Tiago feitas no curso da campanha eleitoral foram superadas pelo apoio que San Tiago deu à escolha de Camilo para presidente da Comissão Executiva do PTB de Minas, cabendo a San Tiago o cargo de secretário-geral.[754] No novo posto, Camilo reduziu o significado da divisão do partido, referindo-a como um debate de alto estilo democrático, declaração corroborada por San Tiago. Em relação à candidatura própria do PTB mineiro nas eleições estaduais aprazadas para outubro de 1960, questão que lhe foi posta imediatamente, San Tiago condicionou-a a dois fatores: "a capacidade de expandirmos nossa organização e ampliarmos o nosso eleitorado (...) entrosando-nos cada vez mais com a classe trabalhadora e dando desempenho satisfatório aos postos executivos que nos são confiados"; e acrescentou que seus esforços, à frente da Secretária Geral, seriam "consagrados ao crescimento do partido".[755]

E, a seguir, em fevereiro, San Tiago, antes do início da legislatura, em trinta e três páginas manuscritas em folhas pautadas de papel almaço, na qualidade de secretário-geral do partido em Minas Gerais e "em nome da comissão executiva regional e do diretório regional, eleitos em 3 de janeiro último, pela VIII Convenção Regional do partido", redige "Instruções aos Dirigentes Municipais do Partido Trabalhista Brasileiro (Minas Gerais)". Nada menos de quinze temas são propostos à leitura de integrantes do partido distribuídos pelo interior do estado e na sua capital; temas específicos, tal a organização dos diretórios municipais e distritais, reestruturações administrativas e recepção de chefes políticos e solenidades são mesclados a tema gerais, como nacionalismo, reforma agrária e sindicalismo.[756] Redige ainda San Tiago "Normas de Operação dos Diretórios Municipais do PTB" e "Normas de Serviço da Secretaria do Partido". As normas são minuciosas, cada item com seu respectivo título, os parágrafos numerados; San Tiago redige, inclusive, modelos de ofícios, balancetes, relatórios, recibos de doações, formulários de registro de alistamentos filiados ao partido, e de registros de reuniões. Igualmente minuciosa, as Normas de Serviços da Secretaria alinham mais de vinte itens, detalhados em inúmeros subitens.

Dificilmente essas "Instruções e Normas" redigidas pelo secretário-geral, pelo *Professor*, – como San Tiago era nomeado pela imprensa e chamado por seus colegas de partido também – seriam integralmente lidas, compreendidas e aplicadas pelos chefes políticos do interior; e, mesmo se devidamente transmitidas aos líderes partidários locais, a execução delas enfrentaria uma cultura partidária bem diversa. San Tiago falava a um público diferente de seu habitual; mas era ele o mesmo professor, com a mesma fluência, clareza e precisão, ainda que com um pequeno ajuste de estilo e argumentação, para buscar ser compreendido por um auditório mais afeito à conversação e à afirmação preferencial de interesses imediatos e de opiniões pessoais.

Um dia depois de redigir as Instruções, San Tiago redige um texto de uma página sobre política externa, um interesse seu permanente, e possivelmente remetido ao ministro do Exterior. Nele comenta a notícia de uma missão diplomática a ser enviada ao sudeste asiático, e faz sugestões; que o embaixador, chefe da missão, levasse "cartas pessoais do presidente do Brasil a diferentes chefes de Estado", como emissário pessoal, "visando o estabelecimento de futuras legações naqueles países". Em relação à Índia, deveria ser dirigida uma carta ao seu presidente, Nehru, convidando-o a visitar o Brasil, um gesto que teria "repercussão nos Estados Unidos e na Ásia, pois seria a primeira visita do chefe indiano ao hemisfério ocidental".[757]

San Tiago acompanhava o cenário geopolítico mundial, que dali a pouco iria registrar um surpreendente movimento. Mas, no seu universo intelectual, encerrava-se um curto ciclo.

A 11 de março, uma discreta nota na *Última Hora* informava a venda do *Jornal do Commercio* a Assis Chateaubriand. Assim, o jornal adquirido havia vinte e três meses por San Tiago passava a integrar os *Diários Associados*. Ser proprietário de um jornal fora um projeto havia muito formulado por San Tiago; ele acreditou que, com o controle e a reforma do *Jornal do Commercio*, como, de fato, buscou fazer, poderia influir no curso do debate político e, em seu retorno à ação partidária, reforçar a sua posição no trabalhismo brasileiro e contribuir efetivamente para a sua reorientação. Mesmo ciente de que não seria capaz de mobilizar recursos materiais para vir a concorrer com os demais jornais, o jornal em certa medida reforçou o prestígio de San Tiago, percebido, porém, mais no plano cultural do que no plano político.[758]

Na redação do *Jornal do Commercio*, ao início do expediente da sua edição do dia seguinte, San Tiago despediu-se de seus colaboradores, agradecendo-lhes o esforço para a modernização do jornal. Assis Chateaubriand, titular dos *Diários Associados*, saudou, em seu estilo arrebatado, o amigo que lhe transmitira a propriedade do *Jornal do Commercio*. E o fez exaltando a personalidade e a inteligência de San Tiago, contrastando-as com o que se tinha na classe política, "taba dos bugres políticos, (...) que não encontram um idioma comum em que conversar"; San Tiago seria, agora como deputado, "não um chefe de fila, mas um líder subversivo", que, com "o fabuloso crédito de energia e tenacidade com o que o dotou a Providência, iria empregá-lo em reformar o mundo brasileiro. Esta, a sua única vocação, um reformador social". San Tiago estava "abreviando o tempo – ele que não tem a Eternidade". "Temerário, San Tiago", concluiu Chateaubriand.[759]

• A coligação PSD-PTB

Nas eleições de 1958, o PSD vira reduzida a sua presença no Congresso, e o PTB a havia aumentado, além de haver conquistado o governo de dois estados importantes na política nacional, o Rio Grande do Sul e o estado do Rio de Janeiro. Ainda assim, não eram os trabalhistas uma força nacional; contava com poucos votos nos dois maiores colégios eleitorais do país, São Paulo e Minas Gerais. Em São Paulo, tampouco o PSD e a UDN tinham uma presença significativa, marginalizados pelas presenças dominantes de Jânio e Adhemar. O PSD paulista, aliado ao PTB no plano nacional, via a sua representação na Câmara dos Deputados decrescer, entre 1945 e 1962, de 45,7% para 13,7% da bancada do partido, o que teria levado Tancredo Neves observar "que o PSD de São Paulo era tão importante que cabia todo na sala de visitas [de seu presidente estadual] Cirillo Júnior".[760]

A 13 de março, em sua bela residência moderna da Rua Dona Mariana, San Tiago recebe Jango e Amaral Peixoto, presidente nacional do PSD;

o propósito do encontro era discutir a coligação entre os dois partidos, claro o interesse de ambos em preservá-la, "um fator essencial ao êxito de qualquer plano político". A constatação de que nenhum dos dois partidos isolados poderia ter sucesso político era, no caso, o ponto significativo da equação, que se via, como de hábito, adornada pela declaração enfática sobre programas para solução da crise econômica e financeira, programas os quais nenhum partido apoiaria decididamente.[761]

• Uma linha política

No dia seguinte à reunião entre Jango e Amaral Peixoto, Jango em uma entrevista a *O Jornal* disse não poder admitir que a sucessão presidencial fosse tratada como uma escolha de nomes e de fórmulas partidárias, "sem atenção à sua significação popular"; Jango procurava fixar publicamente os pontos que sinalizariam a posição do PTB na próxima eleição presidencial. Segundo ele, em meio à crise pela qual o país passava, já se percebiam sinais de um grande movimento social cujo desfecho seria a transformação da sociedade, "dominada pelo poder econômico e pelo egoísmo de grupos financeiros nacionais e internacionais", em uma sociedade mais justa. Nesse contexto, a definição da sucessão da presidência estava vinculada à resolução de problemas que afligiam o povo. E essas soluções só poderiam ser alcançadas por meio de reformas da ordem econômica e social que propiciassem o melhor equilíbrio entre as classes e elevasse o nível de vida dos trabalhadores. Jango concluiu a entrevista dizendo que não aceitaria "soluções reacionárias", e que o PTB apoiaria as "medidas corajosas e eficazes [que o presidente da República tomasse] em defesa do povo para enfrentar a crise social".[762]

Em um papel que cada vez mais exerceria, no dia seguinte *O Jornal* traz declarações de San Tiago, em que este procura desdobrar e contextualizar as declarações do presidente nacional do PTB; observa que Jango colocara a questão da sucessão presidencial "como [um] episódio da luta histórica iniciada por Getúlio Vargas, para dar ao Brasil uma nova ordem social, baseada na justiça entre as classes e na distribuição equitativa das riquezas". San Tiago critica as fórmulas inventadas nos "laboratórios políticos", e acrescenta que os candidatos "sintéticos" serão novamente liquidados nas urnas, pois o "povo está cada vez mais consciente do que seja política". Jango, segundo San Tiago, era chefe de um partido que reunia políticos profissionais, mas que continuava a ser "um movimento popular", compreendendo não só o "operariado, como a classe média, civis e militares".[763]

Eleito deputado, San Tiago logo projetou, no plano político, as conclusões de suas análises da sociedade brasileira; entre outras, o discernimento político crescente das massas e a representatividade da classe média no contexto social e político do país. Traços dessas análises surgiram nas manifestações de Jango, como em sua entrevista acima; mas as declarações de Jango iam ganhando um tom desafiador próprio, que aludia à inevitabilidade de um confronto entre forças populares e forças identificadas como reacionárias.

Na véspera do domingo de Páscoa, a 21 de março, Jango volta a se manifestar; em uma entrevista coletiva à imprensa por ele convocada, detalha o rumo do PTB na questão presidencial. Primeiramente, leu um texto escrito que começava por registrar que a aliança entre o PTB e o PSD evitara, em novembro de 1955, "o golpismo arbitrário", que instalaria no país um "governo dirigido à distância pelos *trusts* internacionais" [e que] "liquidaria as conquistas sociais alcançadas pelo trabalhador". Tendo cumprido o seu propósito de repelir o golpe que impediria a posse de Juscelino na Presidência da República e a sua, na Vice-Presidência, o PTB continuava aberto aos entendimentos com os demais partidos, desde que esses compreendessem a necessidade de defender o povo, de enfrentar as grandes reformas que todos sentiam necessárias à diminuição dos sacrifícios impostos à população. O PTB marcharia, decididamente, para adoção imediata de algumas "reformas sociais e econômicas de base".

A primeira delas era a reforma agrária, "com o objetivo de assegurar a quem trabalha livre acesso à propriedade do solo". Era também fundamental que trabalhadores participassem da decisão de reajustar os salários, para evitar que tais reajustes servissem de pretexto a "altas abusivas de preço". Outro problema sensível, segundo Jango, era o controle dos lucros das empresas estrangeiras no Brasil, "responsáveis em grande parte pelo empobrecimento contínuo do povo", e a revisão do sistema de distribuição de rendas públicas para os estados menos desenvolvidos, do norte e do nordeste do país. Essas propostas de reforma dependiam de lei ordinária ou de alteração no texto da Constituição, devendo o PTB, no debate sobre a sucessão presidencial, condicionar o seu apoio a candidato com compromisso de apoiar a promoção das reformas.[764]

O *Jornal do Commercio* publicou a íntegra do texto lido por Jango, e o *Jornal do Brasil* transcreveu as respostas às questões formuladas diretamente ao presidente do PTB. Entre outras declarações, Jango anunciou que o partido deflagraria logo depois da Semana Santa a campanha das reformas, e que já existiam grupos de trabalho estudando "diversos pontos do programa". O PTB estava disposto, inclusive, a seguir sozinho na defesa das reformas e à disputa presidencial se não obtivesse apoio de outros partidos. No plano partidário a questão central era a movimentação de Jânio Quadros, que, embora deputado federal eleito pelo PTB do Paraná, abertamente cuidava de sua campanha à Presidência da República, desprezando a orientação do partido. Jango observou que o PTB iria unido, "com uma só voz", e que Jânio, integrando o partido, estaria incluído nessa diretriz, e, caso não viesse unido ao partido como os demais, "ficaria no caminho, na poeira da estrada".

Jango acreditava que o PSD, pela sua experiência e contatos com o povo no interior do país, formaria ao lado do PTB. Ainda assim, advertiu estar ciente de que iria a seguir "ser chamado de comunista ou de revolucionário", imputação feita por seus adversários toda vez que ele tomava, como agora, uma atitude "em favor dos trabalhadores". Por fim, Jango registrou que o marechal Lott já havia se pronunciado a favor de teses defendidas pelo PTB, e que essa posição o transformava em um candidato potencial (para o PTB) à disputa pela Presidência da República.[765]

CAPÍTULO 24

ESTREIA NA CÂMARA DOS DEPUTADOS

São realmente reformas, reformas de base, reformas de estrutura, as medidas que se fazem necessárias para enfrentar o descontentamento, ou antes, a inquietude social, [reformas] que o povo brasileiro, neste instante, reclama.[766]

• Desigualdade e reforma

A sede da Câmara dos Deputados – o Palácio Tiradentes – foi erguida em 1926, e substituiu a sede do Parlamento Imperial; antes, ali se localizou a cadeia na qual Tiradentes aguardou a execução da sua sentença de morte, por enforcamento. San Tiago não só trocou o escritório da Avenida Erasmo Braga pelo da Rua do Carmo; trocou também a sua frequência regular ao foro da capital federal e à sala de aula da Faculdade de Direito pela tribuna do Palácio Tiradentes, a Cadeia Velha, como era ainda chamado.

O tempo havia acrescentado uma maior robustez física ao deputado de quarenta e sete anos que chegava à Câmara pela primeira vez. E o seu ar magisterial vira-se afirmado sobre uma gravidade espontânea e um comedimento natural de gestos, que a presença na tribuna parlamentar não alteraria. Sempre elegante, em trajes predominantemente escuros, por vezes usando colete sob o paletó, e, em alguns ambientes abertos, chapéu, San Tiago sobe à tribuna, a 31 de março, uma segunda-feira, e inicia a leitura de um longo discurso, de mais de quarenta páginas impressas, logo cortado por cerca de quarenta apartes e interrupções.[767]

Ao início, pede a transcrição nos anais da Câmara da entrevista coletiva de Jango à imprensa no último dia 22, vinculando a sua fala à proposta das reformas ali enunciadas e à posição assumida pela direção do PTB. Pretende "analisar, em suas linhas mestras, as teses a que alude a entrevista", deixando para outra oportunidade apresentar "projetos [de lei] concretos, que ainda dependem de estudo e deliberação no seio da bancada do meu Partido, e de consultas aos demais".[768]

San Tiago começa apontando a desigualdade decorrente do processo de desenvolvimento intensivo em curso conduzido pelo governo federal, que gerava pressões inflacionárias que ele não conseguia vencer, fato que agravava a desigualdade entre a classe assalariada e a classe patronal, esta aumentando os seus ganhos e aquela vendo os seus reduzirem-se: "A sociedade se encontra a braços com uma autêntica crise social e econômica, provocada por vários fatores, e caracterizada, neste instante, por uma intensificação do processo de desvalorização da moeda ou de elevação do custo de vida, em que se destrói o salário e se esgotam a resistência e a confiança das classes média e populares".[769]

A inflação impunha uma segunda forma de desigualdade: a crescente distância, que ia se tornando invencível, entre os estados mais ricos e os estados mais pobres do país, comprometendo as finanças do regime federativo: "A inflação monetária, favorecendo os setores da sociedade a que são encaminhados em primeira mão os novos suprimentos de moeda, não só promove o enriquecimento de uma classe à custa do empobrecimento de outra, como acelera o desenvolvimento de certas regiões, acentuando a inferioridade de outras deixadas fora do alcance de seus benefícios artificiais".[770]

A seguir, San Tiago denuncia a terceira desigualdade, registrada entre o campo e a cidade, entre a sociedade urbana e a sociedade rural, esta vivendo uma dramática estagnação, aquela experimentando acelerado crescimento. Tal situação só poderia ser vencida por uma reforma agrária que distribuísse terras "mantidas incultas por proprietários desinteressados ou incapazes, que as reservam para revenda futura com os lucros de valorização", àqueles que desejassem lavrá-las, um contingente formado por "uma vasta população rural, superior a quarenta milhões de habitantes". Devido à sua própria difusão no espaço geográfico, esse largo contingente majoritário da população brasileira não constituía, ainda, "uma eficiente massa de pressão política, mas a sua improdutividade leva a efeitos porventura mais arrasadores ao sistema econômico nacional". E diz San Tiago que "nenhum corretivo deste, nenhuma reforma, terá consistência e escala adequadas, se não atacar de frente, corajosamente, o problema, dando início à extinção do feudalismo nos campos".[771]

Tendo alinhados os temas que irá desenvolver extensivamente na sequência de seu discurso, San Tiago faz a síntese de seus efeitos maiores:

"São [essas] três grandes desigualdades ou desníveis, que hoje ameaçam a solidariedade social no País, e fomentam o processo irreversível da crise com que nos defrontamos: a desigualdade entre os que vivem do lucro e os que vivem do salário; a desigualdade entre as regiões para onde afluem os benefícios da industrialização e das obras públicas e as regiões que não apenas se privam desses benefícios, mas até os subvencionam, com o seu sacrifício; e a desigualdade entre as cidades, onde se concentram os recursos monetários e se intensifica a demanda de bens e serviços, e os campos, onde vegeta uma população nos níveis mais baixos de consumo, e de onde emigram os elementos mais capazes por se acharem privados de acesso, em condições razoáveis, à propriedade da terra".[772]

Além da questão central da reforma agrária, San Tiago expõe três pontos a serem enfrentados no âmbito das reformas anunciadas: a afirmação de um poder monetário em mãos do estado, a disciplina da remessa de lucros para o estrangeiro, e a repressão ao abuso do poder econômico.

• Reformas

O poder monetário, "o controle máximo da economia da Nação", não era fiscalizado prévia ou posteriormente pelo Legislativo, e não se achava nas mãos do presidente da República, mas nas mãos de "funcionários da administração e do Banco do Brasil". Por sua vez, a elaboração do orçamento, em que "deve pesar, quanto à propositura da despesa, a responsabilidade do Presidente da República, como chefe da administração", está exposta "à ação fragmentária de centenas de congressistas, que emendam livremente a proposta governamental"; e é "sabido que a autorização de despesas é um ato que atrai simpatia e popularidade junto aos seus beneficiários, tanto quanto a criação de receita é um ato que suscita reações contrárias".[773]

Já a questão da remessa às matrizes no exterior dos lucros obtidos por empresas de capital estrangeiro em suas operações no Brasil convertera-se em uma cláusula pétrea da pauta ideológica do PTB, pois fora enunciada na Carta-testamento de Getúlio Vargas, e na Câmara já havia um projeto nesse sentido, ao qual San Tiago faz referência. Ao lado da defesa da Petrobras, que na visão dos petebistas estaria sempre sob a cobiça irrefreável de grandes grupos estrangeiros, o que o próprio San Tiago já negara antes de filiar-se ao partido, a remessa de lucro seria um dos temas recorrentes da agenda petebista.[774]

San Tiago alude a outro tema a ser enfrentado, a disciplina da repressão ao abuso do poder econômico de mercado; esta não poderia ser promovida "se insistirmos numa legislação segundo a qual são as atividades atentatórias da economia popular matéria de exclusiva repressão penal". Ou seja, era indispensável editar uma norma especial e criar um órgão de defesa da livre concorrência, no âmbito da administração pública, com poderes de reprimir o abuso do poder econômico, e não apenas no plano penal, de execução muito mais complexa e entre nós inoperante.[775]

O texto extenso e os apartes sucessivos e longos, especialmente interpostos pelos deputados udenistas Adauto Lúcio Cardoso e Carlos Lacerda, respondidos por San Tiago à margem de sua fala, venceram o tempo regulamentar atribuído ao orador naquela sessão, adiando a conclusão do discurso para a próxima, a ter lugar no dia seguinte, 1º de abril.

• Reforma agrária

Retomando seu discurso, San Tiago refere "de maneira sintética", "reformas de base, de estrutura", indispensáveis para superar as desigualdades denunciadas em sua fala. A primeira e a mais polêmica, a reforma agrária; sobre ela "retomamos uma ideia que se encontra nos anais do Congresso e em estudos sobre economia rural brasileira [que são] importantes precedentes". Aparteado seguidamente, San Tiago diz que via se levantar em relação à reforma agrária análoga oposição feita à abolição, o que permitiu a longa sobrevivência da escravidão entre nós, ao reclamarem os seus deputados "em primeiro lugar uma transformação de mentalidade". Em resposta a um aparte do udenista Adauto Lúcio Cardoso, em que o inquieto deputado pretendeu, com evidente ironia, associar a reforma constitucional necessária à promoção da reforma agrária ao comprometimento do regime legal da propriedade privada, San Tiago respondeu que "deixo cair, por não me parecer ser digno de Vossa Excelência, o que pode haver de pequeno no aparte, e respondo o que nele há de grande". E a seguir, esclarece que modificações na Constituição "haviam sido feitas por todos os países onde a reforma agrária fora feita, ou estava em curso, como no caso da Itália, comandada pelo Partido Democrata Cristão", notoriamente anticomunista. A reforma agrária, prossegue San Tiago, não poderia ser baseada no instituto da desapropriação, "tal como se acha formulado", pois isso consistiria "em financiar o mercado imobiliário, com os recursos do estado para que os capitais aplicados em imóveis obtivessem uma revenda vantajosa". A desapropriação, tendo por fundamento o interesse social, possibilitaria uma indenização justa ao proprietário da terra. Nessa hipótese, "o desapropriado (veria) entrar no seu patrimônio, a título de indenização, o equivalente àquilo que desse patrimônio sai, ou seja, uma importância capaz de produzir rendimento equivalente ao que o bem desapropriado está produzindo em média no momento da desapropriação".

Por outras palavras, a indenização devida pelo regime de desapropriação vigente teria o preço da terra reajustado pelo índice de inflação, o que inviabilizaria a reforma, e suscitaria o aumento especulativo do valor da terra de forma ainda mais aguda. Não era novidade essa proposta defendida por San Tiago; ela já era discutida amplamente, e a sua defesa, agora por ele feita, nasceu da provocação de um aparte, pois não constava ela, como o próprio orador anunciou, de seu discurso, uma vez que as proposições de medidas legislativas, que dessem combate à desigualdade que ele denunciou em seu discurso, não seriam nele tratadas àquela altura. San Tiago observa que a reforma agrária não era o "único ponto que o PTB desejaria submeter à consideração do Congresso Nacional e da opinião pública".

A partir de então, o número de apartes se reduz e San Tiago volta às questões da desigualdade e à condução da política econômica. O texto segue denso, mas fluente. San Tiago fala extensivamente sobre a inflação e o seu combate, da política monetária que não contava com instituições fortes. E conclui que "temos fundadas esperanças de que, se não nos dividirmos em torno de ideias, não nos separaremos em torno de nomes, se assim for, se assim acontecer, teremos transformadas as horas agitadas e ainda duvidosas que estamos vivendo numa hora histórica, e a geração de homens públicos deste instante poderá colocar o grande problema que lhes foi posto nos braços à altura da confiança e da investidura que recebeu do povo brasileiro".

• O crítico contundente

Mas antes mesmo de San Tiago voltar à Câmara para concluir o seu discurso a 1º de abril, Carlos Lacerda, em seu jornal, *Tribuna da Imprensa*, um dia antes já o criticara. Feito "em tom de aula inaugural de escola noturna de comércio, em cidadezinha florescente", nele eram sustentadas "teses terrivelmente revolucionárias, da divisão entre regiões do Brasil, da divisão entre os que lucram muito e os que ganham pouco e da divisão entre a agricultura que nada tem e a indústria que, no seu entender, tem demais".[776]

Lacerda atacou a proposta de reforma agrária enunciada por San Tiago, dizendo que ela, associada à alta taxa de natalidade no campo, iria substituir o problema do latifúndio pelo minifúndio. E aponta San Tiago como o "tutor de Jango", desde que Pasqualini "foi brutalmente afastado pelos arrivistas e exploradores de sepultura que dominam o PTB", em uma referência ao culto à memória de Getúlio.

O "sr. Dantas" era agora o "mentor" de Jango; ele "entra com ideias, convenientemente filtradas, e empresta ao Jango o próprio vocabulário". San Tiago seria não apenas o novo teórico do PTB, mas passava a ser também "o seu costureiro", que vestia a "comovedora nudez de Jango", "mentalmente um Manequinho [nome popular de um pequeno chafariz representando um menino urinando, àquela altura localizada no bairro de Botafogo, muito conhecida no Rio de Janeiro] a fazer pipi na sociologia". Lacerda via ainda surgir uma crise entre os "duros do PTB", que iriam "comer fogo", pois San Tiago era um "homem de muito talento, e não menor ambição". Logo Jango, "que é ignorante, mas não é lorpa", compreenderia que San Tiago, acreditando ser ele o candidato ideal para presidente da República, iria "passá-lo para trás". Segundo Lacerda, San Tiago em seu discurso mostrara que a inteligência ainda era sinônimo de disponibilidade e servidão, "que levava homens de talento a uma espécie de "famulagem dos poderosos", que a eles davam fundamentos intelectuais para continuar a dominar o país na "pior das opressões que é a da mediocridade ambiciosa e voraz". Era triste ver não a situação pessoal de San Tiago, mas sim a de seus alunos, em face de um "mestre assim disponível".[777]

A crítica de Lacerda, deixando-se à parte a manipulação das ideias de San Tiago e a cortante (mas bem escrita) ironia, tocava num ponto que dali por diante seria registrado mesmo entre amigos e admiradores de San Tiago: a disposição de seu engenho intelectual, lastreado por uma fidelidade que se mostraria firme, a serviço de Jango, um político ambicioso, porém de reduzidos dotes analíticos, e de uma liderança vacilante, que o tempo só agravaria. Lacerda amplificava também um outro ponto, que então começava a ser percebido na ação do PTB: o embate entre o populismo, de exacerbação nacionalista-estatista, do qual Brizola era o expoente e que seguiria dominando a ação do PTB, e a defesa, por parte de San Tiago, de uma ação definida por linhas programáticas, a ser debatida e formalizada no Congresso.

A imprensa tratou o primeiro (e o mais significativo) trecho do discurso de San Tiago conforme a orientação política dos diferentes veículos. E os principais partidos também, como era de se esperar. O *Jornal do Commercio* fez uma boa síntese do discurso; já o *Diário de Notícias*, "o matutino de maior tiragem do Distrito Federal", em aberta defesa de Jânio e de oposição ao governo Juscelino e à sua coalizão partidária, apontou uma contradição; enquanto Raul de Góis, representante do PTB pela Paraíba, defendia uma reforma agrária amena, a de San Tiago seria radical.[778] *O Jor-*

nal destacou a defesa da reforma da estrutura econômica e social.[779] Em uma de suas colunas políticas não assinadas, sob o título "A máquina e o óbvio"[780], o *Correio da Manhã* associou o discurso de San Tiago à "interpretação do PTB à fala de Jango dirigida a um futuro governo".[781] A *Tribuna da Imprensa*, além da crítica pronta de Lacerda, viu no discurso de San Tiago "a reiteração das acusações de Goulart contra Kubitschek".[782] O *Jornal do Brasil* disse que "San Tiago apresentou o 'calcanhar de Aquiles' da democracia e mostrou soluções"; mas, concluído o discurso de San Tiago, o mesmo jornal observava que, ante a presença do "novo teórico do PTB", que vinha de ser aceito no partido, não se podia esquecer o "triste tratamento que teve o suave e enérgico petebista, sr. Alberto Pasqualini".[783] A *Última Hora*, veículo do PTB na mídia, em uma coluna de canto inferior de página e sem assinatura, comentou que quaisquer as "lacunas [do discurso de San Tiago] ele tinha o mérito de servir como lastro teórico de medidas práticas que continuem a bandeira do trabalhismo".[784]

• A UDN e o discurso

No dia seguinte à conclusão do discurso de San Tiago, o líder da UDN na Câmara dos Deputados, o paraibano João Agripino, o respondeu. Culpou o governo pelo processo inflacionário e acrescentou que o próximo presidente deveria pôr "um paradeiro à insensatez e à loucura que vinham dominando a administração federal, se não quiser ver o país arrastar-se a uma revolução que será inevitável". Quanto à reforma agrária, a proposição apresentada por San Tiago, para facilitar as desapropriações de terras, era "altamente perigosa". Mais objetivo, o *Jornal do Brasil*, no mesmo dia 2 de abril, observou que San Tiago não poderia ter ferido os pontos teóricos que escolheu em seu discurso, sem considerar os precedentes que sobre eles havia e o fato de seu partido haver participado nas discussões sobre eles realizadas no Congresso, lembrando que o PTB existia desde 1945, e, desde então, era o único partido que não perdera as eleições presidenciais até então realizadas. E concluía, concordando com a observação de Carlos Lacerda, sem a sua ironia, de que, "pelo dito até agora, o orador será prontamente reconhecido pelos alunos" – mas não pelo eleitorado petebista.[785]

• O PSD e o discurso

Seis dias depois do término do discurso e cinco dias depois da manifestação formal da adversária UDN, o PSD, coligado ao PTB, manifestou-

-se sobre o discurso de San Tiago, por intermédio de Vasconcelos Torres. Certamente não era esse deputado fluminense, ligado a Amaral Peixoto, presidente do partido, o nome aliado mais indicado para comentar os temas do discurso, os quais o PSD admitiu "como base de estudo e debate", defendendo Vasconcelos Torres a manutenção da coligação dos dois partidos.[786] Em um aparte ao final do discurso do pessedista, segundo o *Diário de Notícias*, San Tiago, com óbvio esforço retórico, extrai da fala de seu colega o apoio do PSD.[787]

Na verdade, não queria a direção do PSD, um partido com forte base rural em Minas Gerais, discutir a reforma agrária, que implicaria reforma de dispositivo constitucional; antes, em 1956, já no corrente governo, havia sido tentada uma reforma constitucional e o Congresso, mesmo com a posição majoritária da coligação PSD-PTB, se negou a fazê-la para alterar a distribuição de receitas públicas, então proposta, uma medida indispensável para um melhor equilíbrio financeiro da federação.

• O PTB e o discurso

O discurso de San Tiago denunciando a desigualdade social e econômica do país, à qual as reformas de base nele referidas encaminhariam a solução, não foi visto apenas pelo seu conteúdo e forma e muito menos pela reconhecida capacidade do orador. Um outro ângulo, relativo à mecânica interna do PTB, foi percebido, e nela apontada uma fratura importante. Apesar de seu prestígio intelectual, San Tiago era um deputado que iniciava, e não cedo, o seu primeiro mandato parlamentar, e, sem dúvida por decisão pessoal de Jango, fora ele o escolhido para expor ao Congresso a posição do partido sobre as reformas de base, que seria, com maior ou menor ênfase e articulação, a maior bandeira política do PTB de então por diante.[788] Essa identidade de San Tiago com a defesa das reformas reafirmaria o prestígio do *Professor* – seus dotes de explicador e formulador –, mas não consolidaria o seu prestígio junto à cúpula de seu partido. A esta, e à Frente Nacionalista com seus integrantes do PTB, San Tiago carregava o estigma de entreguista, defensor de capitais e empresas estrangeiras, inimigo, portanto, do trabalhismo de Vargas, como recordaria, bem mais tarde, e penitente, Almino Afonso, um dos líderes petebistas daquela época.[789]

Pouco depois, em Belo Horizonte, San Tiago comenta sobre a reforma agrária, que seria um tema recorrente em suas entrevistas; o partido faria "seminários de estudo sobre a questão", considerando as diferenças regionais. Explicou que a posição do partido previa uma emenda constitucional modificando o art. 147, da Constituição Federal, "regulando a desapropriação por interesse social, para diferenciá-la da desapropriação por utilidade pública especialmente quanto ao critério de fixação da indenização" a ser paga pela União ao proprietário da terra desapropriada. Mas esse debate jamais seria promovido, nesses termos e de forma consistente, pelo PTB.

A advertência de San Tiago, feita em seu discurso, de que as desigualdades sociais e econômicas poderiam comprometer a ordem democrática e de que a solução dessas desigualdades só poderia ser alcançada pelo debate e pela ação legislativa, não estimulou o PTB a debatê-la; seus líderes se empolgaram com o slogan (que já havia sido cunhado antes) e transformaram as reformas de base em uma bandeira partidária a ser constantemente agitada – e jamais cumprida.

• Convenção do PTB

A 1º de maio, o PTB realizou a sua Convenção Nacional para a escolha do novo diretório nacional e para a fixação do "seu programa de reformas estruturais, preconizado por Jango e focalizado nos discursos de San Tiago". Antes, porém, a bancada do partido na Câmara decidiu examinar separadamente, entre as reformas referidas por San Tiago, aquelas de conteúdo constitucional e aquelas que poderiam ser alcançadas por meio de legislação ordinária. Nesse sentido, um grupo de trabalho, presidido pelos líderes do partido na Câmara e no Senado, foi constituído para estudar a matéria. Integrariam o grupo de trabalho, além de San Tiago, o deputado Fernando Ferrari, outros deputados e senadores, e o professor Anísio Teixeira. Na mesma oportunidade, San Tiago foi eleito um dos quatro vice-presidentes da Comissão Executiva do PTB.[790] Mas uma visita monopolizou a atenção dos políticos brasileiros, a de San Tiago também.

• Fidel Castro no Brasil: nacionalismo estatista

Fidel Castro chegou ao Brasil vindo dos Estados Unidos onde fora recebido como um novo tipo de revolucionário: filho de classe média alta cubana, formado em Direito, líder de uma força guerrilheira que enfrentara as tropas do governo na região leste da ilha, e que, avançando em direção à capital, Havana, pusera fim ao governo corrupto de Fulgêncio Batista, abertamente apoiado pelos Estados Unidos, fazendo-o fugir do país.[791]

A aura de um revolucionário defensor de uma Cuba democrática e livre de corrupção, que se formou em torno de Fidel, foi elaborada e apresentada ao público norte-americano em matérias escritas pelo jornalista Herbert Matthews, no *The New York Times*. Em três artigos sucessivamente publicados em 1957, Fidel foi descrito como um libertador romântico do povo cubano, e assim foi ele recebido nos Estados Unidos, a 15 de abril de 1959, quatro meses depois de tomar o poder.[792]

Com uma oratória caudalosa, irreprimível, exibindo um porte e figurino inéditos de revolucionário latino-americano, farda de guerrilheiro, barba crescida e um charuto à mão, Fidel falou nas principais universidades norte-americanas da Costa Leste, explicando a revolução, que via como exemplo para países subdesenvolvidos da América Latina. Em seus longos discursos, reiterou não ser comunista e justificou o fuzilamento em seguida a julgamentos sumários que logo tiveram lugar em Cuba, de integrantes do governo deposto de Batista.[793]

Àquela altura, tanto para Washington quanto para Moscou, Fidel era um enigma ideológico. Nada indicava a sua futura conversão ao comunismo; os contatos sigilosos que seu irmão, Raúl, este um comunista convicto e absolutamente discreto, mantinha, já em abril de 1959, com a União Soviética, não seriam conhecidos por Fidel.[794] Mas entre os revolucionários já havia sido fixada a contraposição entre o movimento, que defendia uma ampla reforma agrária e a intervenção do governo em vários setores da economia, e a expressiva presença de firmas norte-americanas controlando grande parte da economia cubana. A lei de reforma agrária, editada em maio de 1959, tinha um viés nacionalista explícito, e o Instituto Nacional de Reforma Agrária passou a intervir especialmente nos conflitos entre trabalhadores e dirigentes de firmas estrangeiras.[795]

A proximidade – noventa milhas náuticas entre o extremo norte da ilha e o sul da Flórida – havia muito fizera os Estados Unidos o parceiro dominante da economia cubana, baseada na exportação de açúcar. Além das inúmeras empresas atuantes em território cubano, a Base Naval em Guantánamo, situada no extremo oeste da ilha, marcava (e ainda marca) a presença militar norte-americana na ilha. Os investimentos norte-americanos em Cuba ultrapassavam outros na América Latina com exceção da Venezuela; os Estados Unidos respondiam pela maioria da exportação e da importação de Cuba, e o comércio exterior respondia com uma grande parcela do Produto Nacional Bruto cubano.[796]

A proposta dos revolucionários, de promover uma reforma agrária e o conceito, dominante, de um nacionalismo identificado ao estatismo, isto é, deve caber ao Estado o controle acionário de empresas vistas como estratégicas pelos titulares do poder, iriam logo confrontar os interesses norte-americanos. Todavia, essas questões e outras que a seguir iriam distanciar Cuba dos Estados Unidos, especialmente o relacionamento, cada vez mais próximo que iria ser estabelecido com a União Soviética, não haviam ainda alcançado o seu desfecho. Com essa imagem de revolucionário benigno, destemido e carismático, Fidel chegou ao Brasil, vindo dos Estados Unidos, e, como lá fizera, falou a todos, inclusive a uma fração da elite, em elegante jantar que lhe foi oferecido no Rio de Janeiro.

À imprensa brasileira, Fidel falou sobre a reforma agrária em curso em seu país, e declarou que o seu governo pregava a paz, a justiça social, a democracia e o direito à autodeterminação dos povos; não haveria risco de uma ditadura em Cuba, e que, tão logo o país estivesse "preparado para exercer o direito ao voto livre, sem perigo de impactos emocionais e consciente do que deseja, serão realizadas eleições em Cuba, nas quais participarão todas as correntes políticas".[797]

A 5 de maio, acompanhado de uma comitiva de cinquenta pessoas, Fidel retornou ao Rio de Janeiro e foi à Associação Brasileira de Imprensa. Falou por duas horas em tom de comício e foi muito aplaudido; declarou que a Revolução Cubana era o primeiro movimento de massa da época contemporânea a ser feito com liberdade de imprensa e que a reforma agrária em seu país iria até a criação de cooperativas.[798]

À noite, Fidel compareceu a um refinado jantar a ele oferecido pelo advogado José Nabuco, um dos mais expressivos representantes da elite carioca, em sua mansão em Botafogo. Titular de um dos maiores escritórios de advocacia da capital federal e casado com a irmã de Afonso Arinos, um dos próceres da UDN, Nabuco reuniu, em torno do líder revolucionário, entre outros políticos convidados, Adhemar de Barros, Carlos Lacerda, Magalhães Pinto e San Tiago, que, segundo o *Jornal do Brasil*, foi apresentado a Fidel pela anfitriã, Maria do Carmo Nabuco, "como amigo, [e] o meu maior inimigo político". Fidel deixou a residência dos Nabuco às 4h30 da madrugada.[799]

Fidel almoçou com Juscelino, no Palácio das Laranjeiras, e à tarde, por mais de duas horas, falou em um comício na Esplanada do Castelo organizado por estudantes; disse que a revolução não havia acabado, e afirmou que o fuzilamento de adversários do regime não tinha um caráter vingativo, e estavam sendo punidos aqueles que, "exorbitando da força, movidos pelo afã do saque e da desordem, tiraram a vida de milhares de cubanos". A Revolução Cubana, segundo ele, foi "a mais justa na punição de seus criminosos".[800] Os objetivos de Brasil e Cuba, concluiu, eram os mesmos: pão e liberdade, sob firme base econômica; e descobrira, disse, que não havia barreira do idioma entre o Brasil e os outros países da América Latina. A estadia no Brasil, de um Fidel, "sempre loquaz e exuberante", recebeu uma extraordinária e bem documentada cobertura da imprensa brasileira.

A aura de revolucionário libertador do país desde a década de 1930 dominado por forças ditatoriais apoiadas pelos Estados Unidos, em que o relativo progresso econômico criava fundas desigualdades sociais, sobretudo entre o campo e a cidade, e a identificação de Fidel às ideias nacionalistas-estatistas, já defendidas por boa parte do PTB e pela esquerda, em um primeiro momento atraíram a atenção de conservadores, em especial de Lacerda, o ferrenho anticomunista e adversário do PTB.[801]

Lacerda, como tantos outros, reveria a sua avaliação sobre o governo e a pessoa de Fidel, mas sobre os nacionalistas extremados, em maior ou menor grau, o líder cubano manteria uma forte e duradoura atração.

Caberia, porém, a San Tiago, dali a dois anos discutir, em nome do governo brasileiro, a posição de Cuba revolucionária no hemisfério americano e as suas significativas consequências geopolíticas. A posição do governo brasileiro, formulada à frente do Ministério das Relações Exteriores por San Tiago, receberia severas críticas da maioria dos convivas de José e Maria do Carmo Nabuco – da UDN e de Lacerda, especialmente.

CAPÍTULO 25

EDUCAÇÃO E OUTROS TEMAS

O ensino, tal como hoje o possuímos em nosso país, funciona muitas vezes como fator de desajustamento social, (...) correspondendo (...) a um tipo de mandarinato social, em que o que se procura, através do ensino superior, muito mais uma posição de predomínio na sociedade, uma qualificação dentro das relações humanas, do que uma aptidão para desempenhar funções relacionadas com a administração e com a economia.[802]

• Encampação

Menos de uma semana depois da partida de Fidel Castro, o governador do Rio Grande do Sul, Leonel Brizola, decretou a encampação da Companhia de Energia Elétrica Rio-Grandense, filial da *American and Foreign Power Company* (AMFORP), concessionária na área da grande Porto Alegre. O processo administrativo fora célere, e baseado em um decreto expedido por Getúlio Vargas no último dia do seu mandato, em novembro de 1945. Em uma decisão súbita, o Conselho de Águas, aquiescendo a uma manobra articulada discretamente pelos trabalhistas gaúchos e engendrada pelo governador, um "malabarismo aritmético" fixou a indenização a ser paga à concessionária encampada no valor de apenas Cr$ 10,00. O Conselho, o órgão regulador do setor, composto por militares do Exército e da Marinha, tinha por encarregado da sua ligação com a Presidência da República, à qual era subordinado, o chefe da Casa Civil, general Nélson de Mello, que aprovou a encampação, sem examinar a matéria. E Brizola conseguiu, prontamente, com o Judiciário local, a imissão de posse nos bens da concessionária, e assim assumiu a direção da concessionária.

O ato suscitou crítica por grande parte da imprensa. O jornal *O Estado de São Paulo*, em editorial transcrito em *O Jornal*, do Rio de Janeiro, qualificou o "confisco à moda gaúcha" de "ilegal, imoral, e que iria prejudicar sensivelmente o crédito externo do Brasil"; o ato fora praticado "contra o regime de propriedade privada e não apenas contra uma empresa individual, qualquer que seja a nacionalidade de seus acionistas"; já o jornal nacionalista de esquerda *Semanário*, em manchete, noticiou que "O povo gaúcho esmagou o truste da eletricidade da *Bond and Share*". E trazia uma declaração do governador Brizola de que o "ato de encampação diz de perto com processo de libertação nacional". A reação do governo norte-americano foi imediata; a encampação foi inscrita na já complexa pauta das relações entre os dois países. Ministro das Relações Exteriores e depois da Fazenda no governo João Goulart, caberia a San Tiago dar curso à negociação dos termos da indenização a ser paga pelo Tesouro brasileiro aos acionistas da ex-concessionária.[803]

• Explicando a reforma agrária

Dez dias depois, a 21 de maio, San Tiago é convidado a falar a alunos na Faculdade Nacional de Direito sobre a proposta da reforma agrária, a qual, diz, não tinha objetivo apenas econômico – aumentar a produtividade agrícola – mas também um objetivo social, "melhorar a distribuição da renda nacional". No Brasil, só haveria duas maneiras de intervir legalmente na propriedade agrária: pelo imposto e pela desapropriação, e esta, "só pode ser fundada em dois motivos": utilidade pública ou interesse social. É por esse último fundamento que San Tiago defende a realização da reforma agrária, pois possibilitaria o pagamento justo pela terra desapropriada, isto é, pelo valor que ela foi adquirida e não pelo valor que ela veio a ter devido à inflação. Portanto, conclui, era necessário "o reexame dos fundamentos jurídicos da desapropriação", o que só seria possível com a reforma da Constituição, que previsse a desapropriação por interesse social.[804]

• Inimigo em qualquer idade

A 27 de maio, o *Diário de Notícias* noticiou a morte de Foster Dulles, secretário de Estado norte-americano, o mais efetivo ator da Guerra Fria do lado ocidental, sem referir expressamente a sua causa, divulgada em seu país: a "doença que o vitimou, estando longe de ser atributo da velhice, mas um inimigo do homem em qualquer idade", evitando, como era ainda corrente, atribuir publicamente a morte ao câncer, inimigo ainda indefensável. Sem dúvida, um inimigo em qualquer idade, e, então sem qualquer terapia disponível, espreitava San Tiago.[805]

• Educação: conciliação e reforma

O Projeto de Lei de Diretrizes e Bases da Educação fora enviado pelo Executivo ao Congresso em 1948, mas só começou a ser debatido em plenário, na Câmara Federal, dez anos depois, por empenho, sobretudo, do deputado Carlos Lacerda. Então, já estavam articuladas e firmes em campos opostos a defesa do ensino privado, dominado pelas escolas católicas e ardorosamente defendido pelos líderes religiosos e civis, entre estes o amigo de San Tiago, Alceu Amoroso Lima, e a defesa aguerrida da escola pública, liderada principalmente pelo reconhecido educador e também amigo de San Tiago, Anísio Teixeira.

Ainda naquele ano, Lacerda apresentou um substitutivo ao projeto que, todavia, não foi à votação até a instalação no ano seguinte da nova legislatura, em 15 de janeiro de 1959, quando apresentou um novo substitutivo. Porém, em maio os partidários da escola pública apresentaram o "substitutivo dos educadores", redigido principalmente por Anísio Teixeira. Ao fim do mês, abriu-se o debate na Câmara sobre o segundo substitutivo de Lacerda, o da Comissão da Educação e o "substitutivo dos educadores".[806]

Os defensores do ensino privado argumentavam caber às famílias decidir sobre o ensino de seus filhos, em nome da liberdade individual, restando ao Estado um papel supletivo, oferecendo a escola pública àqueles que não quisessem, ou não pudessem, ter seus filhos matriculados em escolas particulares, sendo este último o caso majoritário entre a população do país. Nesse contexto, as verbas federais destinadas à educação deveriam destinar-se também às escolas privadas e, em torno desse ponto travou-se o debate. Os defensores do ensino público, ao contrário, argumentavam dever ser o ensino laico e haver uma forte centralização das verbas federais nas mãos do Conselho Nacional de Educação, composto por membros nomeados pelo presidente da República, com os recursos federais integralmente canalizados para o ensino público.

San Tiago entrou nesse debate. A 4 de junho, em um discurso na Câmara, afirma ser a educação fator essencial para que o enriquecimento econômico não se visse "sequestrado em mãos de uma pequena minoria ou de determinados setores e classes"; a seguir, faz dura crítica ao Projeto de Lei de Diretrizes e Bases saído da Comissão de Educação, apresentado como substitutivo ao plenário da Câmara; esse substitutivo "aparece completamente alheio, no seu sentido geral, na sua significação que hoje se procura imprimir à transformação da economia da sociedade brasileira". Não havia no projeto "uma concepção nova do problema", e não atentava ele para o crescimento vertiginoso do contingente escolar nos ciclos de ensino, verificado nos últimos trinta anos. Na verdade, "o ensino, tal como hoje o possuímos em nosso país, funciona muitas vezes como fator de desajustamento social", pois os seus "quadros legais" acham-se inteiramente "adaptados a uma realidade social diferente, correspondendo ainda a um tipo de mandarinato social, em que o que se procura, através do ensino superior, muito mais uma posição de predomínio na sociedade, uma qualificação dentro das relações humanas, do que uma aptidão para desempenhar funções relacionadas com a administração e com a economia".[807] O substitutivo, longe de ter "uma visão de unidade e objetivo de conjunto", agravava o "fragmentarismo do nosso sistema de educação", enquanto a lei deveria ser o "instrumento através do qual a educação brasileira mantenha a sua unidade de objetivos".

No entanto, não se poderia negar à "iniciativa privada a liberdade que a Constituição assegurava, ou deixar de reconhecer o papel relevantíssimo que ela [iniciativa privada] está desempenhando, sobretudo no campo do ensino médio, onde praticamente 80% da população estuda em estabelecimentos privados, e o restante em estabelecimentos públicos". Porém, a partir dessa realidade, "considerar o ensino público uma atividade superfetatória [redundante], e reduzir a ação do poder federal, no campo do ensino, ao absenteísmo que se preconiza no projeto, vai uma distância tão grande, que estou convencido de que a Câmara prejudicará irremediavelmente a formulação do sistema educacional nacional de que necessitamos". San Tiago sugere ao substitutivo "transformações profundas, capazes de ajustar o pensamento da Constituição e o verdadeiro sentido histórico do momento que atravessamos".[808] E conclui afirmando que o debate deveria ser suprapartidário, defendendo que se conciliassem as proposições em uma norma que atendesse à realidade do momento e às necessidades que iam sendo colocadas pelo processo de desenvolvimento do país, e as grandes transformações por ele vividas.

Carlos Lacerda, em aparte, congratulou o seu adversário "pelo seu discurso em geral, e, em particular, pela declaração que [vinha] de fazer"; reconhecendo a procedência da crítica de San Tiago, observou que ela estava superada na redação que ele, Lacerda, dera, em versão definitiva, ao seu segundo substitutivo, que já encaminhara à Comissão de Educação. Portanto, o inconveniente que San Tiago, com razão, apontara, estava removido. Respondendo ao aparte, San Tiago diz "felicito-me pelo que acabo de ouvir do nobre líder da oposição e faço questão de dizer que vejo nisso mais uma prova do que há pouco disse: que o modo de apreciarmos o problema não pode divergir por motivos de antagonismo partidário". E era seu desejo não ver, no projeto final de diretrizes e bases, "sair vencido o poder público, e nem tampouco ver sair oprimida a iniciativa privada".[809]

O diálogo é intenso entre os parlamentares, como San Tiago informa em carta ao professor Anísio Teixeira, seu amigo e o mais habilitado defensor do ensino público, cuja presença e colaboração nos trabalhos em curso na Câmara San Tiago solicita: que viesse assistir "às nossas reuniões, e traga-nos a sua inestimável contribuição da sua experiência e do seu saber sobre as matérias que estamos examinando". Era, diz San Tiago, indispensável que "tivéssemos uma lei concebida sem facciosismo, sem discriminação de natureza ideológica" e fiel ao espírito da Constituição. Acrescenta que não havia trazido "prevenções, nem segundos objetivos" à sua participação nos trabalhos da subcomissão e o "mesmo espírito" encontrou naqueles que a integravam, a determinação de servir exclusivamente à educação nacional. San Tiago lamenta não ter a comissão, até o momento, o apoio ou assistência "de técnicos do Ministério da Educação".

San Tiago expõe a seguir a Anísio Teixeira o seu desapontamento ao ler que um de "seus colaboradores mais inteligentes, Darcy Ribeiro", pronunciara no ISEB uma conferência sobre a lei de diretrizes e bases, e "deixar[a] de julgar conveniente estar presente aos trabalhos da subcomissão", onde a lei era debatida; ao contrário de Lacerda, que não apenas trouxera ao debate o projeto de lei novamente, mas dialogara com San Tiago, como registra uma foto publicada na imprensa dos dois adversários sentados, lado a lado, em reunião na Biblioteca da Câmara Federal. Uma posição conciliatória foi alcançada, como San Tiago assegurara a Anísio: desapareceu do texto "qualquer supremacia do ensino privado sobre o ensino público, desapareceu o derradeiro vestígio de supletividade atribuído ao ensino público", como desejavam os defensores do ensino privado.[810]

A 27 de julho, San Tiago envia ao presidente da Subcomissão de Educação o texto revisto de cento e três artigos do Projeto de Lei de Diretrizes e Bases, ao qual "fiz emendas de redação, sem alterar o sentido das normas, e no qual consolidei as últimas emendas aprovadas pela Subcomissão".[811]

Contudo, a lei só seria aprovada em 1961, depois da renúncia de Jânio Quadros à Presidência da República.

• Outras reformas no Congresso

Em começo de junho de 1959, Jango seguiu para Genebra, chefiando a delegação brasileira à Conferência Internacional do Trabalho. Em seu lugar, Brizola assumiu a presidência interina do PTB. Jango prolongaria sua estadia fora do país por mais de um mês, evitando participar das conversas políticas em torno da candidatura Lott, indicando San Tiago para representá-lo. A atuação de Brizola, nesse curto período de ausência de Jango, seria intensa; a de San Tiago também. Mas por caminhos e direção diferentes.

Em seu discurso de estreia na Câmara, sobre as desigualdades sociais, San Tiago fez referência a projetos que já tramitavam no Congresso e cujo teor conformava-se à proposta de reformas referidas por seu partido. Dois meses depois, a 2 de junho, San Tiago dirige-se ao presidente do PSD, Amaral Peixoto, e, "dando cumprimento do que ajustei com Vossa Excelência", a ele encaminha a relação dos projetos de emendas constitucionais e de leis ordinárias, cuja aprovação pelo Congresso Nacional "constitui, no entender do meu partido medida essencial e inadiável para enfrentarmos a crise social que presentemente atravessa a nação".

Na carta, San Tiago enumera as medidas que atenderiam as desigualdades sociais que apontara em seu discurso: o combate à inflação e ao desequilíbrio regional existente, e a promoção da reforma agrária, que, todavia, não nomeia diretamente, apenas referindo milhões de trabalhadores rurais que "suportam as mais miseráveis condições de vida". No próprio corpo da carta, San Tiago cita catorze projetos em tramitação no Congresso, entre 1949 e 1958. Conclui acenando ao PSD, dizendo que ao presidente, a ser eleito em 1961, estará reservada a "tarefa de arrematar a grande obra do atual presidente da República".[812]

Essa iniciativa, sem apoio efetivo do próprio PTB, não prosperaria. Na verdade, já se desenhava nas correntes mais expressivas do partido uma aberta descrença no Congresso como órgão capaz de promover as reformas nos termos por elas exigidos.

• Entrevista

Dezoito dias depois, San Tiago está nas páginas da revista semanal *O Cruzeiro*, a mais vendida no país. A entrevista é concedida ao jornalista Carlos Castello Branco, que registra, não sem ironia, uma prática de San Tiago que certamente o indispunha com os jornalistas mais experientes – o entrevistado solicitar previamente aos jornalistas os tópicos a serem versados por ele na entrevista, quando não os respondia por escrito, ou, em outra prática de San Tiago, e não menos antipática, ditava as respostas. E acrescia o formalismo da entrevista o tom professoral, que San Tiago não perdia.[813] O entrevistado discorre sobre onze tópicos distintos, extensamente, cobrindo três páginas e meia, em caracteres reduzidos, da edição da revista. Uma análise completa, diz o jornalista, do "ponto de vista de sua corrente", no âmbito do PTB, do problema sucessório nacional, feita por "um dos dois ou três mais influentes chefes do trabalhismo brasileiro", diz o entrevistador.[814]

Referindo-se às Forças Armadas, San Tiago as vê apreensivas, pois estamos "vivendo uma fase de desajustamento social" provocada pelo processo de desenvolvimento econômico, que só poderia ser vencida por uma "política de correção na distribuição social da riqueza que viesse a tornar mais homogêneo o processo de enriquecimento". As Forças Armadas têm tido, prossegue, um papel potencial na vida política do país, e é "na conduta dos partidos que sempre temos de ir procurar as causas da conduta militar". Em outro tópico, San Tiago refere a candidatura de Jânio, contrastando-a aos partidos políticos. Nestes deveríamos "procurar o fio condutor do aperfeiçoamento dos costumes e das instituições", pois são eles "os condensadores da opinião pública" e é perante eles que os homens públicos "se tornam verdadeiramente responsáveis". Nos termos em que estava colocada, a candidatura de Jânio não contribuiria "ao aperfeiçoamento da democracia brasileira"; ela tinha um caráter extrapartidário, e Jânio representava a "política de direita com técnica eleitoral de esquerda".

Comentando a cena partidária geral, San Tiago acredita que o PSD e o PTB pudessem caminhar juntos, e menciona a entrega ao presidente do PSD de um programa com as propostas relativas às reformas de base defendidas pelo PTB, e em torno do qual este gostaria de ver assentada a preservação da coligação com o PSD. San Tiago diz que o nome do marechal Lott, em forte cogitação no âmbito do PSD, expressava a "aliança da opinião civil e da opinião militar" e era uma "garantia para as instituições democráticas e para os princípios nacionalistas".

Já o lançamento de um candidato de união nacional, a reunir os partidos em torno de um único nome e cogitado por Juscelino, exigiria "o desaparecimento da candidatura de Jânio", hipótese implausível. San Tiago faz referências vagas sobre a reforma agrária, à pública manifestação de Fernando Ferrari de candidatar-se à vice-presidência em desafio à posição do PTB, à reforma do ministério, às possíveis alianças estaduais, à sucessão mineira, que ainda estava em aberto, e à superada (porque já afirmada) questão da reeleição de Juscelino.

A entrevista é longa, formal, e o *Professor* falava como escrevia, como as taquígrafas da Câmara já haviam verificado e lhe haviam dito pessoalmente, ao tomarem nota de seus discursos, para publicação nos anais da Casa, fato que anulava, em entrevista, o tom descontraído da conversa.[815] Castello Branco situa bem a posição de San Tiago, como um dos chefes de uma das correntes do partido; esse comentário, todavia, evidenciava, aos que de perto acompanhavam a cena política, a pouca repercussão partidária da ação e das declarações de San Tiago quando se referia ao PTB, embora fosse reconhecida a sua inteligência e cultura, que a mídia registrava.[816]

• O PSD e o Professor

Uma semana depois de sua entrevista a *O Cruzeiro*, a 27 de junho San Tiago redige, como sempre à mão e em papel almaço pautado, a ser datilografado, "um relatório ao Dr. João Goulart", em que são tratados vários temas postos aos seus cuidados, entre eles os entendimentos que mantivera com o governador de Minas, e líder do PSD, Bias Fortes, a quem San Tiago "achou útil" dizer, em nome da renovação da aliança entre os dois partidos, que o PTB, diante de um candidato do PSD ao governo mineiro, poderia lançar um nome seu para vice-governador, inclusive desafiando nas urnas eventual candidato do Partido Republicano. Em resposta, Bias observou, prossegue San Tiago, que o PSD daria uma grande votação a Jango se esse disputasse a vice-presidência, pois a ele carrearia os votos do PR, cerca de quatrocentos mil, que seriam essenciais à vitória do petebista. San Tiago diz a Jango que se surpreendeu com a sugestão, velada, mas efetiva, de Bias, de que o PTB, para haver o apoio do PR, deveria desistir de disputar a vice-governadoria do estado. Desconcertado com a astúcia do experiente político mineiro, que, mesmo expressando-se obliquamente, alvejou a pretensão de San Tiago candidatar-se àquele cargo, restou ao *Professor*, deputado noviço, para postergar o tema, responder ao sagaz pessedista "apenas que não sabia se Jango desejava ser candidato a vice-presidente".

Surpreendeu-se ainda San Tiago, como informa em seu relatório, que no dia 26, seguinte à sua conversa com Bias, em almoço com Juscelino, este lhe dissera que estava informado da ponderação do governador mineiro e que ele, Juscelino, achava "de importância assegurássemos à chapa Lott-Jango o apoio do PR". Ou seja, Juscelino ratificava a posição de Bias, somando o desconcerto de San Tiago. Ele conversava sucessivamente com os principais líderes políticos, e enunciava as posições e formulações sobre os principais temas da cena nacional procurando sobre eles projetar a visão que acreditava fosse, ao menos em suas linhas principais, a do PTB, e que pudesse, em certa medida, unir o partido em torno dela, enquanto os líderes do PSD, que exerciam o domínio da política mineira e, em boa medida, da política nacional, conversavam entre si, discretamente, contando o número de votos.

San Tiago enumera outras questões em seu relatório, entre elas a situação do PTB em Minas que, diz, estava unido e esperava participar do pleito estadual, "pelo menos, da disputa pela vice-governadoria", acrescentando que prosseguia o "clima de perfeito entendimento entre nós e o Tancredo, que tem ganhado terreno no PSD e junto ao governador". Na verdade, San Tiago, nesse ponto, buscava avançar com Jango a sua candidatura a vice-governador, seguindo à de Tancredo ao governo.[817]

No plano nacional, a realidade econômica agravara-se; a 17 de junho, o governo federal anunciou o rompimento com o Fundo Monetário Internacional aproveitando o fato de este haver condicionado a concessão de novos empréstimos ao Brasil à promoção de medidas de combate à inflação, as quais o governo brasileiro relutava em tomar.[818] A decisão foi apoiada pelos nacionalistas, traduzida em manifestações populares na capital federal. Discordando da decisão do governo, o ministro da Fazenda, Lucas Lopes, pediu exoneração do cargo, sendo nomeado para substituí-lo o empresário paulista Sebastião Paes de Almeida, àquela altura ocupando a presidência do Banco do Brasil. A seguir, Walther Moreira Salles foi nomeado embaixador do Brasil, em Washington, em substituição a Amaral Peixoto, que veio ocupar o Ministério da Viação e Obras Públicas, cujo titular, Lúcio Meira, fora nomeado presidente do Banco Nacional de Desenvolvimento Econômico, em lugar de Roberto Campos. Esses movimentos não continham a crise econômica. O seu mais agudo e devastador indicador apontava a inflação naquele ano de 1959 rompendo a barreira dos 30% ao ano, a repetir-se em 1960, alcançando o dobro da inflação média anual do período 1950-1958.[819] Mas nem os índices de inflação crescentes, nem a oposição, nem a crítica dos economistas, que havia pouco participaram do governo, como Lucas Lopes e Roberto Campos, deteriam Juscelino e as emissões de moeda, ou seja, o financiamento inflacionário das despesas públicas e da construção de Brasília.[820]

Nesse quadro de instabilidade crescente armava-se a cena eleitoral.

• O interlocutor credenciado

San Tiago fora credenciado por Jango para discutir a sucessão presidencial enquanto estivesse na Europa, de onde retornaria no final de julho. Em meados daquele mês, San Tiago diz à imprensa que estava autorizado pelo presidente Juscelino a assegurar ao PTB que o PSD "terminaria por aceitar o nome que o PTB indicasse para companheiro de chapa do marechal Lott".[821] E que o PSD teria algumas "sugestões a fazer em relação à reforma agrária, defendida pelo PTB". Enquanto isso, o governador pessedista de Minas, Bias Fortes, declarava que a vitória de Lott era certa; e o comitê nacional pró-candidatura Lott, em nota oficial assinada pelo deputado pessedista Último de Carvalho, e lida na Associação Brasileira de Imprensa, lançava o nome de Jango como candidato à vice-presidência, formando a chapa Lott-Jango.[822]

A atividade de San Tiago, discutindo a sucessão presidencial e o futuro da coligação PSD-PTB com as principais lideranças políticas do país, Juscelino inclusive, era segundo a imprensa, a de um "expositor", de notável clareza e lucidez, sem, todavia, ter um peso político correspondente à sua atividade.[823] Definida a candidatura do marechal Lott pelo PSD, em 23 de julho, a indicação do candidato à vice-presidência restava ser definida.

A voz eleitoralmente mais forte no PTB era a de Brizola. Exercendo interinamente a presidência do PTB na ausência de Jango, atacou abertamente Ferrari, seu companheiro de partido, mas adversário em seu estado, que lhe respondeu que estava concentrado na "campanha ideológica" que fazia pelo Brasil postulando disputar a vice-presidência da República, e que somente discutiria com Brizola na convenção do PTB.[824] Em resposta, Brizola desmentiu a sua candidatura a vice-presidente, porque não tinha "vocação para ser outro Fernando Ferrari" e todos sabiam que o PTB já tinha um candidato natural a esse cargo, referindo-se a Jango. Em outra entrevista, Brizola criticou a campanha de "mãos limpas", como Ferrari nomeara a sua.[825]

Ao retornar ao Brasil a 22, Jango foi recebido no aeroporto no Rio de Janeiro por vários correligionários, por lideranças de trabalhadores e pelo marechal Lott, em uma manifestação de prestígio orquestrada pelo PTB. Descrevendo a recepção ao vice-presidente, a *Última Hora* noticia que Lott fora o primeiro a subir no avião para cumprimentar Jango, seguindo-se Brizola e Roberto Silveira, e, por último, San Tiago. Jango saúda a escolha de Lott para disputar a presidência pelo PSD e diz que as reformas propostas pelo PTB eram inadiáveis. Dois dias depois, Jango discutiu com Juscelino uma possível reforma ministerial. Enquanto isso, Brizola fechava a questão sobre a vice-presidência, afirmando haver no PTB só um nome, o de Jango.[826]

Ao contrário de Jango, que sempre se esquivava de confrontos de toda a sorte, Brizola não perdia a oportunidade, no âmbito do partido ou fora dele, de afirmar enfática e abertamente as suas posições, sempre em busca de uma audiência mais ampla, comunicando à sua fala um vigor carismático que já o distinguia entre os seus correligionários e começava a marcar a cena política nacional. Igualmente, ia se tornando nítido o fato de que Brizola não formava entre os liderados de Jango, e começava a arregimentar os seus seguidores, firmando uma ala com presença crescente no âmbito do PTB, paralela à de Jango. As personalidades distintas de Jango e seu cunhado, o choque de visões políticas e de formas de ação, já eram percebidos pelos políticos mais experientes e pelos analistas mais atentos.

• Um homem de classe média?

Trabalhando ativamente no interior do partido em Minas Gerais, e inscrevendo-se na cena política nacional por seus deslocamentos e conferências sucessivas representando formalmente Jango, que se mantinha afastado das discussões, em estendida viagem ao exterior e a seguir permanecendo em uma de suas fazendas no Rio Grande do Sul, San Tiago, que fora eleito em um estado onde o PTB tinha pouca expressão, buscava desenhar um novo trabalhismo e trajar o figurino desse trabalhismo intelectualmente renovado.

Declarando-se "um homem da classe média" em uma entrevista à revista semanal *Manchete*, concorrente de *O Cruzeiro*, ele procura ajustar a esse figurino alguns fatos de sua carreira. Sem dúvida, ele provinha da classe média, como afirma, filho e neto de militares, mas desde cedo a deixara, ingressando na elite acadêmica do país, cujo ápice alcançara antes de completar trinta anos, e, sem dúvida, "economicamente se fortalecera na profissão" de advogado, na qual se distinguiu com igual precocidade. Se não era, como acentua, um plutocrata, tampouco fora sua passagem pelo Banco Moreira Salles "efêmera", como diz na entrevista. Igualmente, não é exata a cronologia que apresenta de sua atividade política; registra, corretamente, o seu início na Faculdade de Direito e o término dessa fase em 1938, com a extinção da Ação Integralista Brasileira; porém, a fase seguinte não se inicia em 1951, com a eleição de Getúlio, cuja proximidade política buscava; San Tiago voltara a ingressar na ação partidária com a eleição para a Câmara em outubro de 1958, e cujo mandato começava a exercer. Corretamente, data o conhecimento com Jango no início do segundo governo Vargas, porém como seu advogado, em questões de crédito rural, sobretudo, e não como parceiro político; e converte em convite de Jango o desejo que a este San Tiago manifestou de candidatar-se a deputado pelo PTB, e viu realizado em 1958, quando Jango franqueou-lhe a legenda do PTB em Minas para concorrer à Câmara.

A afirmação de San Tiago de que via a necessidade de o partido ter "uma conduta doutrinariamente coerente que os intelectuais de amanhã possam interpretar", sem dúvida pertinente, não era, todavia, partilhada pela cúpula do partido, que negou espaço à primeira manifestação nesse sentido, de Pasqualini, e naquele momento já havia marginalizado a voz seguinte, de Ferrari, e já negava a de San Tiago.

O trabalhismo brasileiro, para San Tiago, deveria ser "uma reconciliação da classe operária com setores industriais que se revelam capazes de compreender a necessidade de um reequilíbrio social, e até mesmo como defesa do sistema de livre iniciativa". E via identidade entre industriais e o trabalhismo, pois todos eles eram nacionalistas e conheciam os problemas das massas porque "viviam com elas e delas".[827] "Na verdade, essa conciliação jamais existira e, naquela altura, estava ainda mais distante, pois o nacionalismo, que era um dos traços mais marcantes do trabalhismo cultivado do legado de Getúlio, estava já inseparavelmente ligado a um estatismo voltado aos setores mais expressivos da economia nacional, posição que não atraía a iniciativa privada.[828] Essa orientação doutrinária que se vinha extremando, contrária à posição conciliatória defendida por San Tiago, já tinha em Brizola não apenas o seu defensor, mas, como visto, seu executor, com a encampação que promovera, havia seis meses, da concessionária de energia elétrica de Porto Alegre, um ato, em suas palavras, de "libertação nacional".

• Intervalo diplomático

Embora desempenhando com afinco as suas atribuições partidárias e legislativas, San Tiago mantinha o seu interesse pela política externa, interesse que ele não hesitaria em reafirmar dali a exatos dois anos. E a 6 de agosto, requer à mesa da Câmara licença por um prazo de quinze dias para integrar a delegação brasileira à V Reunião de Consulta das Repúblicas Americanas, a realizar-se em Santiago do Chile, no dia 12 daquele mês, atendendo a sua designação pelo governo federal.[829] Retornando da viagem, San Tiago em discurso na Câmara registra a participação do Brasil na Reunião de Chanceleres no Chile. Em seu arquivo há uma minuta do texto *da Declaração de Santiago* [do Chile], por ele redigida e que foi emitida pela Organização dos Estados Americanos, como fecho da V Reunião de Consulta, com suas correções manuscritas.[830]

Internamente, o governo federal caminhava para seu termo, com a eleição para o seu sucessor, a ocorrer dali a poucas semanas.

- **A inflação tem seus clientes**[831]

Em um sábado, 12 de setembro, Juscelino fez a primeira ligação telefônica de Brasília para o Rio de Janeiro, "inaugurando o circuito radiotelefônico entre as duas cidades".[832] No dia seguinte, o vice-presidente da República participou em Juiz de Fora, a segunda maior cidade de Minas, de um comício; saudado por Tancredo Neves, por San Tiago e outros líderes políticos e sindicalistas mineiros, Jango agradeceu à "palavra franca dos líderes sindicais" na exposição de seus problemas. Respondendo a acusações por parte da imprensa, o líder petebista diz que os trabalhadores não provocavam agitações, e deveria o governo tomar medidas enérgicas contra os verdadeiros agitadores. O PTB lutava por um programa de reformas e não visava, apenas, "trocar um presidente por outro, mas criar um clima em que todos possam participar das riquezas nacionais". E convocou os petebistas para a luta em defesa do "honrado marechal Lott, que salvou a democracia, em 1955".[833]

O trabalhismo de San Tiago é alvo, novamente, de dura crítica poucos dias depois. Ele opinara não haver base legal à proposta de se estabelecer em lei gratificação de Natal compulsória aos trabalhadores de empresas privadas. Seu colega de legenda, o deputado paulista Salvador Lossaco, criticou a opinião de San Tiago, acusando-o de não haver ainda se entrosado com o trabalhismo brasileiro; a opinião de San Tiago era "um erro e uma injustiça" e mostrava que ele "não deixou de pensar como empregador" ao negar as "mais legítimas reivindicações dos trabalhadores". Segundo o deputado petebista, San Tiago somava-se àqueles que procuravam obstar a efetivação da participação dos trabalhadores nos lucros das empresas.[834]

Pouco depois, na qualidade de vice-líder do bloco PTB-PR no exercício da liderança, devido à ausência do titular, o deputado Osvaldo Lima Filho, San Tiago vai à tribuna para desfazer as "intrigas" relativas à posição do PTB sobre a sucessão presidencial e à colaboração que o partido, no âmbito da sua coligação com o PSD, vinha dando ao governo federal. O PTB ainda não formalizara a sua posição na questão sucessória, e o apoio ao governo de Juscelino era marcado pela crítica, de várias fontes, à sua política econômica, em especial aos efeitos da inflação sobre os salários, situação que respondia pelo número crescente de greves, nos grandes centros urbanos. A crítica estendia-se também à presença, em grau inédito na economia do país, do capital estrangeiro, fato que contrariava frontalmente o ardoroso nacionalismo reativo, expresso por integrantes da Frente Parlamentar Nacionalista, sobretudo pelos petebistas.[835]

Procurando explicar a situação do PTB na aliança com o PSD, San Tiago faz uma cerrada exposição na tribuna da Câmara sobre os aspectos jurídicos e políticos das coligações partidárias e das dificuldades inerentes a esse regime de "aliança com independência". Defende o partido em relação às greves verificadas naquele ano, nelas apontando o papel conciliador do partido, sem deixar, todavia, de apoiar as reivindicações dos trabalhadores, cujo atendimento não era um processo simples, diz San Tiago; a luta contra a inflação não era uma política de fácil execução para qualquer governo – e "a razão é simples, a inflação tem seus clientes". Algumas categorias econômicas beneficiavam-se com a inflação, assim como os bancos "prosperam à sua sombra, pelo crescimento rápido e agigantado dos depósitos". E, da mesma forma, as indústrias de base, porque têm "acesso a fontes de financiamento oficial, onde obtêm dinheiro a juros baixos e a prazos longos". Os assalariados, ao contrário, só tinham a perder.

Mas era impossível se pensar em luta contra a inflação, "senão em termos de luta total". Em outra parte de seu discurso, depois de elogiar as qualidades do marechal Lott, e as suas "convicções nacionalistas, comprovadas pela sua honradez ilibada", San Tiago diz não mais poder haver dúvida de que o PTB estava com a sua posição tomada desde que recebera na sede do partido, na capital federal, o candidato do PSD: este era "o homem capacitado para ser o intérprete do nacionalismo, da reforma social progressiva e da luta pela emancipação de nosso povo, luta para o que conclamamos todos os partidos", conclui San Tiago.[836]

A "luta total" contra a inflação apontada por San Tiago não era, porém, o remédio apoiado pelo PTB; este, majoritariamente, via a inflação por uma ótica ideológica, uma especulação dos produtores em busca de lucros abusivos, a requerer repressão do governo, a mais extrema, inclusive.

Chegando a Belo Horizonte, a 17 de outubro, para participar da reunião da Comissão Executiva do PTB com a sua bancada estadual, San Tiago declarou que, em relação à vice-governadoria de Minas Gerais, a posição do partido seguia inalterada: havia o desejo de seus quadros de lançar um candidato próprio, mas não estava excluída a possibilidade de apoiar um nome oferecido por outro partido, notadamente o PR, "desde que esse nome seja de boa ressonância popular".[837]

No plano nacional, as discussões, deflagradas e alimentadas por Juscelino, passaram a girar em torno de uma possível escolha de um nome capaz de compor uma união nacional dos três partidos majoritários em torno de uma única candidatura; o nome cogitado por Juscelino era o do governador da Bahia, o udenista Juraci Magalhães, que os três partidos majoritários, o PSD e o PTB, e o de oposição a estes, a UDN, poderiam vir a apoiar, segundo propalava o presidente da República. A 23 de outubro, em um encontro no Palácio das Laranjeiras, promovido por Juscelino, reunindo Amaral Peixoto, San Tiago, representando Jango, e o deputado Armando Falcão, foi discutida a formação de uma chapa de união nacional. No dia seguinte à divulgação desses entendimentos, Lott comunicou ao PSD que não desistiria da sua postulação à Presidência da República, pondo fim a essa manobra palaciana de Juscelino.[838]

- **Jânio Quadros**

Em fevereiro daquele ano de 1959, iniciadas as movimentações partidárias com vista à eleição presidencial, Lacerda declarou que o governador da Bahia, Juraci Magalhães, poderia oferecer à UDN mais uma "derrota gloriosa", se se candidatasse à Presidência da República. Lacerda procurava afastar a manobra de Juscelino para ter Juraci como candidato de União Nacional, em uma aliança entre os principais partidos. A sua vez, Jânio, governador de São Paulo e já decidido a disputar a presidência, enviou dois emissários a Lacerda para o sondar sobre o seu eventual apoio à sua candidatura. Pouco depois, ao se encontrar pessoalmente com Lacerda, Jânio lhe disse que daria ao Brasil um governo moralizador e austero e acrescentou que era "um udenista sem carteira partidária", e que não queria "assumir compromissos partidários, queria ser um candidato popular". Lacerda a seguir, em seu jornal, *Tribuna da Imprensa*, defendeu o imediato apoio da UDN à candidatura de Jânio à presidência.[839]

Candidato à Prefeitura de São Paulo em 1952, Jânio lançou-se contra a máquina partidária poderosa do PSP, de Adhemar de Barros, e fixou o seu *slogan*: "o tostão contra o milhão", que não se referia apenas à visível disparidade de recursos e meios à disposição de seus adversários, mas também ao desperdício de dinheiro público que ele via no governo estadual. Nascia o candidato moralizador e austero, preocupado com os dinheiros públicos, que se investia no dever de punir os desmandos e varrer a corrupção: a vassoura era o símbolo de sua campanha.

A sua gestão na prefeitura fora marcada por gestos largos e incisivos, mirando a administração pública; aos seus funcionários, dirigia bilhetes com comandos expressos e secos, quando não ríspidos, que iriam celebrizá-lo como administrador implacável e temido.

Candidato ao governo do estado em 1954, deixando a prefeitura, a sua campanha repetiria os pontos da anterior, acrescida de cenas dramáticas, como a retirada de sua candidatura pouco depois de lançada, em janeiro daquele ano. E retomou o seu bordão de "varrer" a corrupção dos órgãos públicos. Jânio foi eleito, derrotando Adhemar de Barros, por uma margem inferior a vinte mil votos. À frente do maior estado da federação, estava uma liderança diversa de todos os perfis políticos que o país conhecia e conheceria por muitos anos seguintes.[840]

O candidato à presidência de 1960 era a soma do mesmo candidato nos pleitos anteriores. Diverso, porém, e que iria surpreendê-lo, era o plano político no qual Jânio iria agora atuar. A dinâmica da política federal era absolutamente distinta da verificada nas esferas municipal e estadual, e a relação de forças que ali se travava era muito mais vigorosa e os seus atores muito mais experientes em seus misteres. O talento oratório, o populismo conservador e a teatralidade de Jânio o haviam feito vitorioso em suas disputas até àquela altura, e, de fato, atraíam uma classe média assustada com o preço do desenvolvimento econômico acelerado imposto por uma inédita taxa de inflação. Mas, na singular personalidade do candidato, sobressaía um traço provinciano, vincado por uma autossuficiência que extremava a singularidade da sua ação política e o inclinava à execução de lances isolados.

Na última eleição para presidente da República, em 1955, a UDN não foi capaz de vencer os seus dois grandes adversários, o PSD e o PTB, que se uniram. Então, procurou, sem sucesso, a intervenção militar para impedir o resultado eleitoral de tal união. Cinco anos depois, e candidato a ser apoiado pela aliança PSD-PTB era, precisamente, o oficial do Exército que, liderando um contragolpe, pusera fim à insurreição militar estimulada pela UDN. E a UDN se agarrava a Jânio Quadros, como sendo a única hipótese viável de chegar à Presidência da República.[841]

A convenção da UDN realizou-se a 8 de novembro, e Jânio foi indicado candidato à presidência por uma larga margem de votos sobre o governador da Bahia, Juraci Magalhães: duzentos e cinco votos contra oitenta e cinco.[842] A escolha não foi uma surpresa; em março na convenção do partido em Minas, dois de seus principais líderes, Bilac Pinto e Milton Campos, já haviam defendido a candidatura de Jânio, o mesmo acontecendo a seguir na convenção realizada em São Paulo.[843]

A movimentação partidária de Jânio e a sua contínua e fria manipulação das forças políticas, sugerindo movimentos erráticos, era por ele cultivada com grande habilidade, e fugia aos padrões da política tradicional, assim como a sua oratória, de uma nova cepa populista, de acento conservador, conquistara o eleitorado de São Paulo e não demoraria a conquistar o voto nacional. Nessa linha, em um lance ousado, cuja reencenação seria dali a dois anos frustrada, teve lugar depois da convenção da UDN, a 25 de novembro; Jânio informou à direção do partido que renunciava à sua candidatura, dizendo que seria impossível governar o país diante das diversas legendas e correntes políticas existentes.[844] Mas Jânio reconsiderou sua decisão, dessa vez; e voltou à disputa, reafirmando a sua independência partidária e a sua singular personalidade política.

Menos de três semanas depois, a 12 de dezembro de 1959, a Convenção Nacional do PSD homologou a candidatura Lott, por 2.387 votos a favor e 49 abstenções. Lott contava 65 anos, Jânio, 42.

Pouco depois, Brizola, chegando a Porto Alegre ao retornar do Rio de Janeiro, advertia que o Brasil poderia "cair numa ditadura: o aumento da inquietação popular poderá ser o caminho certo para um clima de exceção, para o estado de sítio. Daí será apenas um passo para o fim do regime". Acrescentou, porém, ser contrário a golpes e à ditadura, defendendo o aumento da produção agrícola, a revisão do salário mínimo e a reforma profunda da Constituição. E manifestou seu apoio às candidaturas Lott e Jango.[845]

O perfil ideológico da candidatura Lott estava definido já em seu lançamento pela Frente Parlamentar Nacionalista e assim se apresentou ao PSD e ao PTB, os dois partidos que davam maior número de integrantes à Frente. Esse perfil não guardava maior identidade com a maioria conservadora do PSD, que, todavia, não contava como alternativa em suas fileiras que pudesse ser lançada à sucessão de sua maior figura, Juscelino.

Ou seja, o PSD, que conquistara a Presidência da República com a experiência política e administrativa, somada ao carisma natural de Juscelino, iria agora disputá-la apoiando um militar que, desde a adolescência, vivera a rígida disciplina castrense, sem jamais ter pleiteado uma eleição.

O PTB, por sua vez, mesmo sendo o partido que vinha ampliando a sua representação parlamentar, não tinha quadros à altura da disputa pela presidência. Jango, como visto, não comandava o partido em torno de si.

Quando disputou o Senado em seu estado, viu-se derrotado, assim como o candidato que apoiou à Prefeitura de Porto Alegre não se viu eleito. Fernando Ferrari, campeão de votos parlamentares, estava por deixar o partido, que lhe negava o espaço que o seu prestígio eleitoral autorizava. A estrela em ascensão, o enérgico cunhado de Jango, eleito governador no ano anterior, projetava com vigor e agressividade rara o seu nome na cena política nacional, mas ainda não o fixara. O único caminho aberto ao PTB era renovar a aliança com o PSD, acreditando repetir-se o sucesso verificado em outubro de 1955. Mas a indecisão dos trabalhistas, que evidenciava uma falta maior de coesão do partido em torno de suas pretensões no âmbito da aliança com o PSD, vinha imobilizando e retardando a declaração do seu apoio à candidatura Lott. A oposição, capitaneada pela UDN e esta pelo verbo incandescente de Lacerda, que apoiava Jânio, estava ciente de que o ex-governador paulista era sua única via para alcançar a Presidência da República.

- **Tancredo Neves**

Havendo permanecido no ministério de Getúlio até o seu trágico fim em agosto de 1954, Tancredo não se desincompatibilizou no prazo legal para se candidatar e buscar renovar o seu mandato nas eleições para a Câmara Federal, em outubro de 1954. Nos anos seguintes, no governo Juscelino, sucessivamente foi diretor do Banco de Crédito Real de Minas Gerais, controlado pelo estado, que deixou para ser diretor da carteira de redesconto do Banco do Brasil, em 1956, permanecendo nesse cargo até julho de 1958, quando assumiu a Secretaria de Finanças do Estado de Minas Gerais. Tendo sido ministro da Justiça de Getúlio, a seguir Tancredo acumulou experiência na área de finanças, experiência que a maioria dos chefes do PSD não tinha e, na verdade, a viam como um entrave à sua política clientelista. Dessa orientação dava exemplo o pessedista da mesma geração de Tancredo e governador da Bahia, Antônio Balbino: cumpridos apenas três meses e seis dias de seu mandato, nomeou 3.749 novos funcionários públicos; ou seja, 1.249 nomeações por mês, ou 39 por dia.[846]

Nas eleições de outubro de 1955, a mesma em que Juscelino fora eleito presidente, Bias Fortes disputou o governo de Minas à frente da coligação PSD-PR e somou 850.000 votos, cerca de 140.000 a mais dos votos dados em Minas à candidatura a presidente de Juscelino, e mais de 200.000 votos sobre Jango. Com esse capital eleitoral, Bias, desde o início das movimentações para definir a candidatura à sua sucessão, apoiou o nome de Tancredo e, a partir de 1959, tão logo aberta a campanha no estado, afirmou-se no PSD o nome de Tancredo à sua sucessão. A situação interna e externa ao partido era, porém, diversa daquela do pleito anterior.

A execução do Plano de Metas do governo Juscelino drenou parte dos recursos que os estados esperavam receber do governo federal, o que indispôs governadores e prefeitos e teve significativa repercussão nas eleições de 1958. Em Minas, o programa de eletrificação e de abertura de rodovias iniciado pelo governador Juscelino sofreu as consequências da redução do fluxo de recursos federais.[847] Neste contexto, a 24 de novembro, teve início a Convenção do PSD mineiro e a disputa pela indicação ao governo do estado.

Estimulado por José Maria Alkmin, o deputado estadual Ribeiro Pena lançou, na convenção do PSD, o seu nome ao governo de Minas, ameaçando deixar o partido se não fosse indicado. A candidatura de Tancredo não contara, desde o início de sua cogitação, com o apoio de parte da cúpula do PSD, como mostrava a dissidência patrocinada por Alkmin, apoiada no silêncio cúmplice do ex-governador Benedito Valadares e de Juscelino. Um simples balanço de forças mostrava a Juscelino, de um lado, o seu débito a saldar com o PR que o apoiara decisivamente na eleição de 1955, e não afrontar a ala dissidente do PSD ligada à cúpula do partido, e, de outro lado, apoiar Tancredo, que não integrava a sua base de apoio, ao contrário de Alkmin, seu contemporâneo na ação política. Nesse quadro, Juscelino orientou os convencionais a dividirem seus votos entre Tancredo e Ribeiro Pena, este sem qualquer perspectiva de sucesso eleitoral, sabidamente. Essa orientação abriu a divisão do partido, e enfraqueceu a candidatura de Tancredo.[848]

Ainda assim, a convenção do PSD indicou Tancredo candidato a governador, e Ribeiro Pena, confirmando a ameaça que fizera, formalizou a sua candidatura pelo PSP, com apoio do PDC e PST, tendo como candidato a vice-governador, Alkmin.

Não só Alkmin, mas também Benedito Valadares e outras figuras importantes do PSD guardariam ressentimento em relação à projeção que cedo Tancredo alcançara à frente do Ministério da Justiça no segundo governo de Getúlio; então líder da bancada mineira na Câmara, a sua escolha para o cargo, segundo seus críticos, se devera a relações familiares entre Getúlio e Tancredo, e não resultara de uma negociação com a cúpula do PSD na formação do ministério de Getúlio. Os cardeais do partido, que vieram a se opor a Tancredo, ficaram ressentidos de não haverem sido ouvidos então; além disso, a sugestão desassombrada de Tancredo em agosto de 1954, em favor de uma reação armada e pronta para fazer cessar a articulação para derrubar Getúlio, contrariara a opinião de todos os demais ministros, e também a posição de seu genro, Amaral Peixoto, depois presidente do PSD, de o então presidente não reagir e afastar-se do cargo.[849] Sobre esses fatores, Tancredo estabelecera e mantinha boas relações com PTB e seus principais líderes.

Essa versão, contudo, seria desmentida pelo próprio Tancredo, que só conheceu Getúlio em 1951. A sua indicação para assumir a liderança da bancada mineira do PSD na Câmara Federal fora feita por Juscelino, então prefeito de Belo Horizonte, para ajudá-lo a defender os interesses da prefeitura com o governo federal, assim como a seguir a sua indicação a Getúlio para ocupar o Ministério da Justiça.[850]

O fato é que Tancredo, dono de uma larga cultura histórica, notadamente sobre a política nacional, não cortava a figura do pessedista mineiro típico, chefe atento de sua clientela, receoso de medidas reformistas e cego às limitações do Tesouro Nacional, visto como fonte perene de recursos a serem repassados à administração pública, devidamente loteada entre bases municipais. Avesso a esse tipo de política, Tancredo não formara um amplo fundo eleitoral, para além do seu núcleo original de São João del Rei. A chapa Tancredo-San Tiago reunia duas forças culturais raras na política brasileira; mas essas forças não somariam votos suficientes.

A convenção do PTB mineiro realizou-se em Belo Horizonte, a 29 de novembro, domingo, para a escolha dos candidatos à sucessão do estado. O nome de Tancredo, para governador, foi submetido aos convencionais, assim como a postulação de San Tiago a vice-governador, que logo achou oposição de seus adversários internos. Apoiado por José Raimundo, o deputado mais votado do partido e adversário da primeira hora de San Tiago, e pela maioria da bancada do partido na Assembleia Legislativa mineira, o sindicalista Ernani Maia apresentou-se à disputa pela vice-governadoria, para formar ao lado de Tancredo.

Dos 384 votos dos trabalhistas mineiros, 355 votos foram dados a Tancredo; San Tiago obteve 227 votos, e Ernani Maia recebeu 107. Homologada a chapa Tancredo Neves-San Tiago Dantas, Ernani Maia declarou que respeitava integralmente a decisão soberana da convenção e que iria trabalhar com todas as suas forças pela vitória dos nomes de seus correligionários nas eleições do próximo ano. No dia seguinte à decisão da convenção, Camilo Nogueira da Gama afirmou que, mesmo que o PR viesse a apoiar a candidatura de Jango, o PTB não retiraria a de San Tiago, pois acreditava que os dois partidos pudessem chegar a um entendimento amplo sobre o candidato a vice. O PTB lançou a chapa Tancredo-San Tiago, mas estava dividido quanto à candidatura de San Tiago; e essa fratura não se consolidaria.[851]

Três dias depois de escolhido candidato a vice-governador, San Tiago reiterou que não retiraria a sua candidatura. E acrescentou à sua maneira didática, pouco empregada por políticos, que "não considera[va] os votos dados a Ernani Maia, como votos contrários a mim", e que "a ninguém, mesmo aos meus amigos mais íntimos, formulei um pedido de apoio". Segundo San Tiago, a disputa que ele enfrentou significava apenas a expressão de tendências "mais ou menos simpáticas a uma estreita aliança com o PSD, no pleito sucessório que se aproxima[va]". E diz que os votos dados a Tancredo "traduziram a esperança de que em torno da candidatura do senhor Tancredo Neves, possamos reconstituir, uma vez mais, uma base mais equânime, e poderosa aliança de forças políticas que há de governar, por muitos e muitos anos o nosso estado e o nosso país". E conclui citando uma frase "memorável" dita por Tancredo: "é na aliança do PSD e do PTB que repousa o equilíbrio institucional do nosso país".[852]

Ao mesmo tempo em que buscava aparar as divergências que sofrera à sua postulação a vice-governador, San Tiago aproximava o seu nome ao de Tancredo.

Menos conturbada, a UDN só indicou candidato a governador, Magalhães Pinto, deixando, astuciosamente, vago o nome à disputa pela vice-governadoria. A sua vez, o PR não indicou candidatado a governador, e sim a vice, Clóvis Salgado, então ministro da Educação.

Eram, portanto, três os candidatos a governador: Tancredo, Magalhães Pinto e Ribeiro Pena. E a vice-governador, então permitidas as candidaturas avulsas a esse cargo, isto é, não vinculadas a uma candidatura ao governo do estado, iriam ter à disputa San Tiago, Alkmin, Clóvis Salgado e Nélson Thibau, apoiado pelo Partido Republicano Trabalhista e pelo Partido Libertador.

A combinação desses dois quadros partidários, o de Tancredo e o de San Tiago, determinou os movimentos seguintes. Duas semanas depois de realizada a Convenção do PTB, o *Diário de Notícias*, que abertamente apoiava Jânio e criticava San Tiago, noticiava a inquietação com o fato de a candidatura de San Tiago ser irremovível, o que comprometeria a preservação da aliança entre o PSD, o PTB e o PR. Este último tinha uma bancada federal e estadual que pesavam na balança da política mineira, e seus representantes não aceitariam ficar em "um plano inferior" ao PTB; e portanto, condicionavam o apoio ao nome de Tancredo à indicação de um nome dos republicanos à vice-governadoria. E se não fossem atendidos, os republicanos poderiam coligar-se à UDN, apoiando a candidatura de Magalhães Pinto. Desenhava-se a composição de uma chapa informal, Magalhães Pinto-Clóvis Salgado.[853]

• Reuniões, conversas e relatório

Em dezembro daquele ano de 1959, San Tiago escreve um longo relatório dando notícia e sugestões da situação política e o envia por um portador a Jango, que permanecia em sua fazenda em São Borja. San Tiago diz que a candidatura de Jânio ganhava "consistência" e "simpatia dos meios políticos, nas classes produtoras, na classe média e, ainda que em menor escala, na própria classe popular". O apoio de Lacerda à candidatura de Jânio "marcara-a como candidatura de oposição", o que havia "discriminado os campos de luta". Mas outros fatores, prossegue San Tiago, trabalhavam a favor de Jânio; a carestia, "alarmante nas últimas semanas", com sucessivas remarcações de preços; a "desorientação dos meios políticos", isto é, da oposição a Jânio, que não achava um nome para enfrentá-lo; e a "precipitação" havida em favor da candidatura Lott, por parte dos parlamentares da Frente Nacionalista, e dos comunistas.[854]

Lott detinha as "credenciais" para a presidência, mas, inegavelmente, observa San Tiago, atraía oposição do meio militar, e "grandes setores da opinião civil se inclinavam a Jânio, por simples desafeição a Lott". Nesse contexto, podia-se temer repetir-se a "aventura de Cristiano Machado", referindo-se San Tiago a esse candidato lançado à disputa com Getúlio, em 1950, e abandonado pelo próprio PSD e por grande parte de seus eleitores, em favor do ex-ditador.

A situação do PTB não era menos tranquila: "Ele estava abrigado atrás de seu nome", [de Jango] mas era "inegável [que a sua candidatura] para muitos é apenas uma tese por não se sentir o processo de lançamento e sustentação capaz de realizá-la". Inclusive havia no partido janistas, que aguardariam apenas que uma eventual candidatura de Jango à presidência desaparecesse para declararem o seu voto. Segundo San Tiago, o momento era propício para o lançamento com êxito da candidatura de Jango à presidência, opondo-a a Jânio, e era mais favorável a Juscelino, pela "identificação política de ambos" e por favorecer a pretensão do presidente em retornar, em 1965; e, ainda, conviria ao PSD, que se achava "pobre de candidaturas viáveis". Contra o lançamento do nome de Jango, havia a hostilidade do PSD, "decorrente de atritos eleitorais recentes"; falta de "apoio financeiro para nossa campanha", enquanto a de Jânio contava com "apoios excepcionais"; e a "debilidade de nosso dispositivo político", tanto no "governo [ministros] quanto no partido [Executiva Nacional meramente nominal]".

A seguir, San Tiago reforça a proposta, que já vinha, com conhecimento de Jango, debatendo em suas conversas políticas. Antes de lançar o nome de seu candidato, deveria o PTB procurar unir suas forças às do PSD, acordando que o "nome do futuro presidente e do vice sairia de um dos dois partidos"; os dois partidos iriam governar juntos; e a aliança que firmassem admitiria a posterior adesão de outros partidos, notadamente a da UDN. Esse acordo poderia ser formalizado em um protocolo interpartidário, que seria apresentado ao presidente da República para ser por ele executado, dando assim "força e expressão política à aliança".

Ao ver de San Tiago, a posição de Jango sairia desse acordo mais valorizada no cenário nacional e lhe permitiria tomar a liderança de projetos sociais importantes, o que criaria um clima em que a candidatura de Jango deveria ser "moldada". Ao mesmo tempo, San Tiago sugere fosse formada uma nova executiva nacional do partido, capaz de atuar com todos os governadores e líderes do PTB integrando seus quadros. Conclui San Tiago, informando que já conversara a respeito com Juscelino e Amaral Peixoto, que haviam recebido bem a proposta de um acordo interpartidário.

Jango só voltaria ao Rio de Janeiro no início do ano seguinte. A direção do PTB adiara a realização de sua convenção para decidir sobre a candidatura de Lott, deixando em aberto o apoio do partido, que, nesse intermédio, negociava alianças para as disputas estaduais, entre essas a disputa pela vice-governadoria de Minas.

San Tiago tentava reunir o maior apoio possível à sua candidatura, e, especialmente, frustrar a tentativa do PR em lançar uma candidatura própria à vice-governadoria de Minas. Para discutir esse tema, ele convida para almoçar em sua residência na Rua Dona Mariana, sob as vistas do mural de Portinari, Amaral Peixoto, Arthur Bernardes Filho, chefe do PR, o presidente do PSP, Adhemar de Barros, e o seu ex-chefe integralista e atual presidente do PRP, Plínio Salgado.[855] Na mesma data, a *Última Hora* insinuava, sem maior fundamento, mas para enfraquecer a pretensão de San Tiago, que ele "entrava no páreo" para disputar a vice-presidência de Lott, na hipótese de Jango não pleitear a sua reeleição. A seguir, vinha a crítica, na mesma matéria do jornal, nomeando San Tiago como um "conservador, que se incrustou na legenda do PTB por motivos ocasionais e que não dispunha de nenhuma mensagem para o eleitorado do PTB".[856]

A divisão no PTB em relação à candidatura Lott era expressa pelo deputado Eloy Dutra, o mais votado na legenda do partido no Distrito Federal, que dizia não saber se o partido teria condições ou não de lançar uma candidatura própria à Presidência de República, mas esta seria a melhor solução para "testar o nosso poder nacional" e, se derrotado, ficaria o PTB "onde todo partido revolucionário deve ficar, na oposição". Para vice-presidência, San Tiago poderia ser um dos indicados do partido.[857]

O PTB ainda não definira sua posição em relação à candidatura Lott, e é nesse contexto a referência oblíqua que San Tiago faz, em seu relatório, à candidatura de Jango à presidência expressa por algumas vozes do partido, como a de Eloy Dutra. Porém, San Tiago precede a essa especulação a descrição da crescente popularidade de Jânio Quadros, que frustraria qualquer pretensão presidencial do PTB, que não foi levada adiante.

- **O homem mais inteligente do Brasil**

San Tiago Dantas, "que muita gente boa considera o homem mais inteligente do Brasil": assim é apresentado, em uma matéria da revista *O Cruzeiro*, o professor de Direito, o escritor, o deputado, o jornalista, ao público não necessariamente interessado por política.[858] San Tiago pesa cem quilos e tem quarenta e oito anos, diz o repórter. E os paradoxos desse homem versátil são sutilmente expostos, na matéria. Ele, a quem "elegância significa eliminação", tem em sua residência "ampla, moderna, sóbria e funcional" as paredes cobertas de obras de arte, de Picasso a Portinari. A sua "conversão ao trabalhismo" surpreendeu a todos, ele que faz parte da "elite conservadora do país". San Tiago teria uma posição, diz o repórter, que lembraria o parlamentar inglês, Stafford Crips, "o cavaleiro vermelho do trabalhismo inglês", sendo o cavaleiro vermelho nacional "mais surpreendente". Na Faculdade de Direito era um professor "inteiramente renovador", que deliberadamente busca transformar o estudo do Direito em um estudo profissional: "suas turmas são famosas". Na advocacia, põe em prática o "método de saturação", que consiste em "cobrir o problema" por todos os lados.

Jango teria insistido para que ele disputasse "a confiança do eleitorado"; formou-se aí uma amizade "meteórica, mas sólida", que venceu não propriamente as resistências de "quadros trabalhistas ao seu ingresso no partido". O repórter conclui a matéria dizendo que abrira apenas uma pequena janela no "grande mundo do cidadão San Tiago Dantas". Amanhã, aberta outra janela, "o panorama será diferente". O tom mais leve da matéria sugere ser ela laudatória, porém ela traz fatos verdadeiros, inclusive os elogiosos a San Tiago, e o jornalista, com habilidade, aponta as contradições que o deputado do PTB exibe, registrando a mais notável delas, que não havia sido ainda amplamente vista com nitidez: esse trabalhista brasileiro provinha da elite conservadora, e dela se tornara o mais direto crítico, e a sua pregação política buscava atraí-la ao quadro de um trabalhismo renovado.

San Tiago trazia a sua inteligência e a sua contradição, esta não menos visível, à sua significativa atividade parlamentar, no primeiro ano de exercício de seu primeiro mandato, que se encerrava. O seu discurso incansável sobre desigualdade econômica e social, que ficou registrado como sendo sobre as reformas de bases, alcançou boa repercussão, mas não teria o seu desfecho legislativo, que o seu partido a ele desse por meio do encaminhamento de projetos à apreciação do Congresso.[859]

Sem a mesma repercussão, pois o tema não suscitava, como seguiria não suscitando, a atenção e a dedicação dos principais líderes políticos, San Tiago empenhou-se no debate da Lei de Diretrizes e Bases, e o seu discurso a respeito fixou, com precisão e clareza, os pontos de conciliação que contribuíram para a aprovação do projeto, vencendo as posições extremadas que antes impediam-lhe a tramitação desde 1946. O diálogo de San Tiago com Carlos Lacerda, seu feroz adversário, a quem coube dar o impulso inicial e cuja dedicação também foi decisiva à aprovação do projeto, é um dos momentos altos da elaboração legislativa do parlamento brasileiro, como percebeu San Tiago.[860]

A atividade parlamentar de San Tiago voltou-se a trabalhos na Comissão de Constituição e Justiça, que ele integrava desde o início de seu mandato, sob a forma de relatoria de projetos e de elaboração de pareceres jurídicos a eles relativos. Além disso, San Tiago encaminhou projetos de alterações legislativas. Em seu arquivo há, então, outras minutas de um "projeto de lei que reprime abusos do poder econômico nas eleições", e um projeto de emenda constitucional que "estabelece os princípios básicos do regime de terras". O projeto estabelecia que a lei promoveria a "justa distribuição da propriedade e regularia o seu uso, condicionando ao bem-estar social", como defendia San Tiago, mas o projeto sobre esse tema não prosperaria.[861]

• Cenário internacional

A 20 de dezembro, era inaugurada a era do jato no Brasil: a aeronave francesa *Caravelle*, com a bandeira da Varig, fizera a linha São Paulo-Nova York, com escalas em Belém, Porto d' Espanha e Nassau. O trajeto entre São Paulo – Rio fora feito em quarenta minutos. O bireator, partindo às 07h00 da manhã de São Paulo e às 08h40 do Rio, chegou a Nova York no mesmo dia às 23h00, somando doze horas de voo efetivo, além das suas três escalas. A reportagem, presente no Aeroporto do Galeão, registrou o "ruído ensurdecedor dos dois reatores".[862] A ligação entre a América do Sul e a do Norte estreitava-se. Mas não a distância entre os dois hemisférios geopolíticos, o leste e o oeste.

As posições que delineavam a Guerra Fria seguiam mantidas, de lado a lado, catorze anos depois do fim da Segunda Guerra, ultrapassados todos os movimentos que causaram maior apreensão no contexto internacional, tal a revolução comunista chinesa, os onze meses de duração do bloqueio aéreo a Berlim imposto pelos soviéticos entre junho de 1948 e maio de 1949, a Guerra da Coreia, a fugaz, mas trágica, insurreição húngara em 1956, duramente esmagada pelos tanques da União Soviética. E, ainda, a distância econômica que a Europa Ocidental, com a exceção das ditaduras portuguesa e espanhola, renitentes admiradoras de práticas fascistas, exibia em relação ao bloco soviético, visível especialmente no contraste entre as frações ocidental e oriental de Berlim. Na Alemanha Ocidental, as transformações eram impressionantes. Treze anos depois, dificilmente poderia se imaginar ali ter havido uma guerra tão sangrenta; na capital Berlim, a estação ferroviária era circundada por lojas finas e prédios de escritórios, e nos transportes públicos um povo visivelmente bem alimentado. A fronteira entre o setor ocidental e oriental estava aberta, porém, na parte da cidade controlada pelos soviéticos, praticamente em todas as ruas, eram ainda visíveis os duros efeitos da guerra, nas ruínas dos prédios, sobretudo nas ruas secundárias. A disparidade entre os dois lados de Berlim traduzia-se também no valor das respectivas moedas; o marco ocidental, cotado a um preço três vezes e meia superior ao marco oriental, acentuava a diferença entre os dois regimes.

Se em termos comparativos o regime soviético estava muito distante da economia aberta de Berlim Ocidental, reproduzindo em boa medida a norte-americana, na União Soviética a população sentia a melhoria das condições de vida em relação à situação desesperadora que experimentara em 1945; mas o avanço da economia soviética era lento em comparação com as economias europeias ocidentais.[863] A Europa, contudo, estava, naquele momento em relativa tranquilidade.

A descolonização em processo na Ásia e na África respondia pela permanência de conflitos localizados os quais, todavia, não abalavam o equilíbrio precário existente entre as duas superpotências, que se dedicavam à corrida pela supremacia em armas nucleares cada vez mais letais. Figurante ainda marginal na dualidade política existente, a China continental concentrava-se na execução de uma reforma econômica interna que mais tarde iria revelar-se ainda mais trágica, pelo sacrifício de milhões de vidas, do que fora a reforma feita por Stálin duas décadas antes.[864] A emergência do que se chamou países de Terceiro Mundo, aqueles que, inscritos geograficamente em um dos hemisférios geopolíticos, eram potencialmente rebeldes aos comandos que lhe fossem impostos, foi registrada na cena internacional, mas essa rebeldia potencial era absorvida no processo da Guerra Fria.

Os pilares ideológicos, no entanto, seguiam vigentes e nítidos. Os Estados Unidos professavam um anticomunismo visceral, que deveria ser contido na esfera geopolítica por ele liderado, enquanto a União Soviética não tolerava nenhuma dissidência de sua linha ideológica nos países europeus que ocupara territorialmente ao fim da guerra. Na América Latina, o nacionalismo que se associara ao estatismo fazia essa composição ideológica atraente aos comunistas, mesmo se esses não participassem diretamente da vida política de países latino-americanos. A vigilância ideológica norte-americana era naturalmente alimentada pelo interesse econômico de suas empresas privadas operando nessa região. Em 1952, a nacionalização determinada pelo presidente da Guatemala, de empresas norte-americanas, teve uma reposta rápida e fulminante, com a sua deposição abertamente ordenada pelos Estados Unidos e executada pela CIA. Porém, a inclinação da revolução cubana para a órbita soviética, que começou a se desenhar não muito depois da tomada do poder por Fidel Castro, iria trazer a Guerra Fria para o centro da América Latina, a uns poucos minutos de voo ou a poucas horas de navegação do território norte-americano, da maior potência militar do mundo.

Essa realidade geopolítica, iria dali a pouco envolver a atividade política de San Tiago. Antes, porém, ele iria fazer um lance ousado na política mineira, e conheceria diretamente a sua rudeza até então por ele insuspeitada.

- **Sobrinhos**

O exercício de mandato de deputado federal e a intensidade com que San Tiago o exercia tornava a sua agenda mais restrita, somando inúmeros compromissos políticos, inclusive almoços e reuniões na residência da Rua Dona Mariana, 138. Mas sempre que podia, entre dezembro e março, San Tiago subia quase todos os finais de semana para seu confortável chalé em Petrópolis, na Rua Souza Franco. Amplo, arejado com cômodos largos e um agradável jardim lateral, ali San Tiago reunia também uma bela pinacoteca, com quadros de pintores contemporâneos brasileiros, entre eles Manabu Mabe, Scliar, Inimá, e um escritório com alguns livros. Em Petrópolis era sempre visitado por amigos, quase todos eles lá mantendo casa de verão. E recebia seus sobrinhos com os quais não deixava de conviver.

Em suas memórias, Inês Quental Ferreira recorda o tio que procurava fazer os sobrinhos "participar[em] um pouco do seu estilo de vida e viver situações que não eram comuns no dia a dia" deles. San Tiago queria que seus sobrinhos se abrissem a novas experiências, além da vida em família, que ele considerava "muito limitada e pacata". *Papio* "então entrava em ação nos oferecendo aulas extras, viagens e pequenos presentes", como entradas para temporadas de balé no Teatro Municipal. San Tiago também procurava, nas conversas com os sobrinhos, trazê-los para perto dele, ouvindo e aconselhando, "oferecendo a cada um o que considerava mais apropriado". Mas San Tiago, por àquela altura, oferecia uma diversão bem mais lúdica, embora sofisticada; ele adquirira uma lancha de boas dimensões, que mantinha ancorada no Iate Clube e de onde os sobrinhos saíam em passeio com os amigos pela baía de Guanabara ainda limpa e propícia para mergulhos.

Como sempre fizera, San Tiago tratava os sobrinhos como os filhos que não pôde ter, e a sua dedicação era compreendida e naturalmente aceita pelos pais deles, a sua irmã Dulce e o seu amigo João Quental.[865]

Já acostumada a ser surpreendida pelos movimentos políticos de Francisco, a família iria vê-lo a seguir disputando uma eleição majoritária – e enfrentando os experientes políticos mineiros.

CAPÍTULO 26

CANDIDATOS

Tivesse eu sabido que a minha candidatura iria receber de sua parte uma condenação pública, e a bem dizer, expressa, eu não teria aceitado de meu Partido o encargo espinhoso de disputar esse cargo (...).[866]

• O contexto nacional

No último dia do ano de 1959, foi registrada, no Tribunal Regional Eleitoral, a candidatura de San Tiago à vice-governadoria de Minas.[867] Mas as dúvidas opostas à sua candidatura não cessavam: uma semana depois, ele vai aos jornais desmentir a notícia de que o seu nome tivesse sido cogitado na direção nacional do PTB para concorrer à vice-presidência da República no lugar de Jango, que iria dedicar-se às "lutas trabalhistas"; ninguém no partido admitiria outro nome senão o de Jango, como candidato, uma vez mais, à vice-presidência, diz San Tiago. E indagado sobre à indecisão do Partido Republicano, que ainda não indicara candidato à vice-governadoria, San Tiago diz que o PTB mineiro estava em "atitude de expectativa", acompanhando as discussões entre o PSD e o PR, esperando que esses partidos chegassem a uma "composição legítima que possa ser, depois, apresentada ao PTB".[868]

A proximidade com Jango era agora usada para sugerir fosse o *Professor* seu concorrente, hipótese absolutamente implausível, mas que distraía o foco da sua candidatura à vice-governadoria de Minas. Enquanto o PTB e o PSD expunham suas fraturas partidárias no estado e o PR seguia indefinido, Jânio dizia certa a vitória de Magalhães Pinto, pois, segundo ele, havia uma "sublevação pública dos mineiros, extravasando os partidos" e criando uma situação, que apontava para a vitória do candidato udenista.[869] E Jânio prosseguia com a sua campanha, já tendo visitado as principais cidades do Triângulo Mineiro e do sul de Minas, e traçava o roteiro para levá-la ao norte e nordeste do país.[870]

A 10 de janeiro, Juscelino anunciou que a meta de seu governo naquele ano de 1960 seria a estabilização monetária; e no fim do mês iria divulgar as providências adotadas para a recuperação do valor da moeda e para o reequilíbrio das finanças públicas.[871] A descrença por parte de muitos economistas e políticos da oposição em relação a esse propósito era absoluta. O custo da construção de Brasília, cuja inauguração se aproximava, e do Plano de Metas, já se sabia não seria absorvido nos próximos exercícios.

Na mesma data do anúncio feito por Juscelino, uma reunião entre as forças governistas era marcada, para se buscar consolidar a candidatura do marechal Lott e dar início à sua campanha eleitoral, a qual, todavia, não contaria com o apoio do presidente, que, segundo suas palavras, manter-se-ia neutro em relação ao pleito.[872] Participariam da reunião, Jango, que viria de Porto Alegre, assim como Leonel Brizola, San Tiago, Amaral Peixoto, Armando Falcão e Tancredo Neves. A presença de Brizola no encontro era significativa: era ele o líder mais expressivo do PTB àquela altura; reunia um largo capital eleitoral e assumira o governo do estado com uma expressiva votação. Além disso, a sua dinâmica administração era bem vista pelo povo gaúcho e o seu estilo político, nutrido por uma oratória de larga penetração popular, sempre elegendo – para estar sempre a combatê-los – adversários poderosos, cortava-lhe um perfil agressivo, que começava a ganhar maior projeção nacional. Não por acaso, já era ele anunciado como líder do partido ao lado de Jango.[873]

Era evidente a esses próceres do PSD e do PTB, e a Juscelino, um fato inexorável: só a coligação entre os dois partidos daria alguma sustentação à candidatura Lott para enfrentar nas urnas o seu tormentoso, porém experiente, candidato da UDN, Jânio Quadros.

Essa realidade pesava sobre os entendimentos entre os dois partidos que elegeram e davam sustentação ao governo Juscelino. O PTB não tinha em Jango uma chefia carismática e atuante na cena nacional, e, Jango não era um político devotado às articulações partidárias, permanecendo boa parte do ano parlamentar longe da capital federal, no Rio Grande do Sul, em uma de suas fazendas; Jango havia indicado San Tiago para representá-lo nos encontros políticos e para expor a posição do PTB, posição que não se achava consolidada nas reformas anunciadas pelo partido, mas orientada por um projeto nacionalista e estatista, que San Tiago temperava em suas declarações, conduta que lhe valia a crítica constante de boa parte das lideranças do PTB.

Representando Jango em encontros políticos, e explicando a posição do PTB à imprensa e a auditórios, de sindicatos e acadêmicos, San Tiago ocupava o noticiário, mas não era uma liderança expressiva. Cumpria com afinco os seus deveres partidários e dava curso ao seu projeto pessoal: conquistar a vice-governadoria de Minas Gerais.

• Autocrítica

No início de 1960, San Tiago, em dois textos cuja destinação não se conhece, faz uma análise compreensiva da situação partidária, na qual procura expor, de forma indireta, as razões da sua candidatura.[874] Observa que o PSD e o PR foram surpreendidos pelo lançamento, "em jogada rápida e precisa", feita pelo PTB, de uma candidatura própria - a sua - à vice-governadoria. Os "chefes tradicionais da política mineira" eram "partidários incondicionais do status quo", e desse espírito conservador provinham inclusive as resistências à candidatura de Tancredo a governador, desse "atilado secretário de finanças", ao qual San Tiago ligava a sua candidatura. Já ao PR, um acordo nas bases atuais seria vantajoso; dono de uma força eleitoral equivalente à do PTB, além do vice-governador, Arthur Bernardes Filho, ocupavam os republicanos três secretarias e "inúmeras diretorias de entidades oficiais". Ao PTB, ao contrário, o acordo vigente com o PR significaria "marcar passo, o que frustraria o seu eleitorado".

O lançamento de seu nome, observa San Tiago, respondeu a essa inquietação do partido, e foi um "lance jogado com maestria". Mas criou um problema para o PSD e PR; se esses dois partidos acordassem lançar, pela legenda do PR, um candidato à vice-governadoria, a aliança tríplice, PSD, PTB, PR, estaria "por terra, e decretada a rebelião no PTB". Esse quadro permitiria ao candidato da UDN, Magalhães Pinto, "trabalhar na área de ressentimento trabalhista".

San Tiago, a seguir, refere a exigência do PR a ter candidato à vice-governadoria, e ser apoiado pelos diretórios municipais do PSD. Já o PTB, não fazia tal exigência, porém fazia questão de que os diretórios municipais permanecessem neutros, deixando a livre escolha dos candidatos aos seus eleitores. A posição do PTB era "hábil e simpática", mas a competição com o Partido Republicano assumiria um "caráter de hostilidade", que dificultaria a posição do PSD.

San Tiago reconhece os duvidosos prognósticos sobre a sua candidatura, principalmente se o PR contra ela lançasse um nome de grande projeção no PSD, como era o de Clóvis Salgado, já em cogitação aberta. Mas, acrescenta, ele teria uma marca trabalhista recente, porém profunda, "e que algumas observações suas soavam" revolucionárias "em certas áreas pessedistas". E conclui, com visível desalento: mais fácil teria sido o PTB lançar o nome de Camilo Nogueira da Gama como candidato a vice-governador. Ele, San Tiago, já teria tirado proveito de "ser o nome mais discutido da política de Minas".[875]

San Tiago buscara essa candidatura com a mesma disposição com que se elegera deputado. Ao início, acreditava, como muitos, que o nome de Tancredo, com o apoio do PSD e do PTB, seria imbatível, e o seu, aliado ao dele, seria sufragado também.

O reconhecimento que San Tiago faz àquela altura de uma candidatura mais viável do que a sua, tal a de Camilo Nogueira da Gama, sugere uma penitência à sua crença, que se mostrava precipitada, em seu sucesso eleitoral. E a arguição, de que, apesar do seu possível fracasso nas urnas, teria ele alcançado uma expressiva notoriedade na política mineira a partir da eleição de outubro de 1958, e ser ora reforçada por essa campanha, surge, por entre a sedução de sua lógica, como uma frágil compensação. San Tiago estava sendo informado pela mecânica silenciosa, mas implacável, da política mineira, de que capital intelectual, mesmo reconhecido, não significava capital político.

- **Brizola, Lott, Jango, San Tiago**

Em 12 de janeiro, Brizola conferenciou com o deputado do PSD Armando Falcão, presentes San Tiago e Brochado da Rocha, secretário de Justiça do Rio Grande do Sul. Sobre a candidatura de Lott, Brizola disse que bastava aguardar a convenção do PTB, quando o nome de Lott seria homologado. No dia seguinte, era noticiado que Juscelino, em reunião com Lott, Amaral Peixoto, Armando Falcão e San Tiago, teria aderido à ideia de um pacto interpartidário.[876] Segundo Armando Falcão, ele e San Tiago estavam redigindo uma minuta de acordo a ser firmado entre os partidos que apoiavam a candidatura Lott.

Em um almoço oferecido ao governador Brizola no Museu de Arte Moderna, presentes Amaral Peixoto, o presidente da Câmara, o pessedista Ranieri Mazzilli, o ministro da Justiça, Armando Falcão, e San Tiago, foram acertados detalhes sobre a campanha dos partidos aliados em torno da candidatura Lott. Em seguida ao almoço, San Tiago acompanharia Brizola ao Rio Grande do Sul, para se encontrar com Jango, que só viria à capital federal na semana seguinte.

Na sede local do PTB, ainda no Rio de Janeiro, Brizola declarou em uma cadeia nacional de rádio, reunindo oitenta emissoras, que fizera ao presidente da República um "apelo para que lance, já, um programa em prol da reforma agrária, pois com isto estará contribuindo de maneira decisiva para a eleição do marechal Lott". Falando por duas horas ininterruptas e aplaudido pelos correligionários que lotavam a sede do partido, Brizola historiou a origem e as razões dos ataques que vinha sofrendo "de certa imprensa, mais a serviço dos trustes e dos monopólios estrangeiros, do que preocupada com a sorte do povo brasileiro". Em seu estilo oratório, Brizola mantinha vivas as críticas que recebia, para poder redobrar ataques aos seus adversários e, no caso, à imprensa, crítica quase unânime, da encampação por ele promovida da concessionária de energia elétrica de Porto Alegre.[877]

Em São Borja, Jango se reuniu, a 19 de janeiro, com Brizola e San Tiago e, em seguida, o governador gaúcho declarou que, embora Jango relutasse em se candidatar à vice-presidência era "necessário que ele soubesse que a sua candidatura não mais lhe pertencia". Brizola era, sem dúvida, a voz mais expressiva do partido e exibia o seu prestígio crescente, sobre o de Jango, inclusive.[878]

A 21 de janeiro, reunida a Executiva Nacional do PTB convocada por Jango, presentes quase todos os deputados e senadores trabalhistas, decidiu-se abandonar a ideia do protocolo interpartidário a ser assinado pelos partidos que apoiariam a candidatura Lott. A decisão surpreendeu os meios políticos e frustrou todas as conversações mantidas com a cúpula do PSD, entre Juscelino, Brizola, e o trabalho de elaboração de seu texto, executado por San Tiago em conjunto com Armando Falcão.[879] Prontamente, Jango negou a existência de um protocolo redigido com a colaboração de San Tiago; e acrescentou que Brizola lhe teria entregue em São Borja não o texto de um protocolo, mas "algumas sugestões esparsas apresentadas por companheiros do partido", o que teria levado ao abandono do protocolo. A sua vez, Brizola desmentiu o veto de Jango dizendo que se tratava de uma "pré-minuta" com ideias gerais discutidas com o ministro da Justiça e San Tiago, para posterior exame do PTB e do PSD.

Segundo a imprensa, consumou-se a derrota do movimento que contou com a participação de San Tiago.[880]

• O apoio negado

Antes de ir ao encontro com Jango, San Tiago reiterou, ainda uma vez, ser um candidato inarredável à vice-governadoria de Minas Gerais; e negava postular a vice-presidência: ao contrário, ele seria o principal articulador do apelo para que Jango aceitasse a sua candidatura àquele posto.[881] O PR adiantou o seu veto à candidatura de San Tiago, comunicando o seu presidente, senador Bernardes Filho, a Lott que o seu partido gostaria de indicar candidato a vice-governadoria de Minas, para apoiar o candidato do PSD, mas o PTB, havendo lançado San Tiago, rompera o acordo vigente na última eleição. Estava aberta a porta para o PR não apoiar o candidato do PSD ao governo de Minas, o que traria necessariamente repercussões no pleito presidencial.[882]

A candidatura de San Tiago passou a ser vista como moeda de troca pelo apoio do PR, ou, se inarredável, como reafirmava San Tiago, como empecilho ao apoio dos republicanos às candidaturas estadual e nacional do PSD.

A notoriedade que San Tiago vinha conquistando, junto à cúpula política do país, noticiada pela imprensa, não somava, como já visto, na formação de seu capital político. Era o *Professor* o expositor, o explicador, o formulador, mas não formava entre os líderes partidários. *Professor* era o tratamento que Jango lhe dava, no qual seus adversários e mesmo alguns de seus amigos viam uma leve ironia; e San Tiago dirigia-se a Jango tratando-o por senhor.[883]

Ao final de janeiro, Jânio seguia com sua candidatura, visitando o norte do país, enquanto o PTB e o PSD ainda discutiam uma aliança em torno da candidatura Lott.[884] Jango exigia o mínimo de condições para apoiar o candidato pessedista, mas o PTB não conseguira reunir, por falta de quórum, a sua comissão incumbida de redigir o "programa mínimo", cuja aceitação pelo PSD seria a condição para os trabalhistas apoiarem o seu candidato. Entre os ausentes, San Tiago, que se refugiava, segundo a imprensa, na "paz bucólica de Petrópolis".[885]

A resistência a propostas inovadoras não vinha apenas da classe política; os empresários a elas resistiam também, como o jurisconsulto experiente, agora legislador, constatou pessoalmente a seguir.

• Ações ao portador

Em paralelo à sua ação partidária, San Tiago atuava na Comissão de Constituição e Justiça, da Câmara dos Deputados, emitindo pareceres sobre projetos de lei e a eles propondo emendas de conteúdo e de redação sobre diferentes assuntos. Apresenta e é aprovado na Comissão um substitutivo a um projeto que propunha a extinção das ações ao portador, transformando-as em ações nominativas, nas sociedades anônimas.

Em abril, San Tiago vai a Bolsa de Valores debater com corretores de fundos públicos o seu projeto de lei, cuja finalidade era coibir diversas modalidades de fraudes, "principalmente nas partilhas oriundas de desquites [inexistia o divórcio], nas ações de falências, em que os credores são prejudicados e os falidos garantem a sua situação financeira pessoal folgada"; e nos processos sucessórios com "o impedimento da entrega efetiva desses papéis aos herdeiros". O projeto estabelecia "a circulação mediante endosso, o que tornaria transferência dos títulos nominativos tão fácil quanto a das ações ao portador". San Tiago invoca em defesa de seu substitutivo a experiência de países capitalistas como os Estados Unidos e Inglaterra, que consagrariam "o princípio da nominatividade através do endosso".

Em resposta, o vice-presidente da Associação Comercial de Corretores afirmou que o projeto "golpearia o desenvolvimento econômico nacional" e desestimularia investimentos. Na verdade, o projeto reduziria consideravelmente a intermediação dos corretores, este o real motivo da oposição a ele feito. San Tiago contorna a oposição, solicitando ao presidente da Bolsa que indicasse três corretores que pudessem assessorar a Câmara Federal no exame daquele projeto, que, como tantos outros projetos inovadores, não encontraria acolhida no Legislativo, e só seria tornado lei mais de trinta anos depois.[886]

• Jango candidato a vice

Jango instalou a Convenção Nacional do PTB, a 17 de fevereiro. Segundo o programa traçado, coube a San Tiago, em nome das delegações estaduais, apresentar à convenção a candidatura de Jango à vice-presidência, como companheiro de chapa de Lott.[887] No dia seguinte, a candidatura de Lott à Presidência da República e a de Jango à Vice-Presidência foram homologadas, sem, todavia, exibir o partido a unidade que Jango anunciara; os diretórios regionais de Mato Grosso, Paraná, Santa Catarina e Rio Grande do Sul abriram dissidência, reagindo à candidatura de Lott.

Jango fez um discurso burocrático na convenção, historiando a atuação do partido e o apelo que lhe fora feito no ano anterior para que aceitasse a candidatura à Presidência da República. Referiu-se ao programa de reformas de base, "em torno do qual o PTB propôs a renovação da aliança com o PSD, a fim de enfrentar os problemas básicos do país", programa ao qual, segundo Jango, Lott "mostrou pronta receptividade". Acentuou a posição nacionalista e democrática de Lott, afirmando que ele manteria "os princípios que nos foram legados pelo imortal presidente Getúlio Vargas", e concluiu afirmando estar pronto para a luta por seus princípios.[888]

Em seu discurso, Lott tratou de vários pontos defendidos pelo PTB e pelos nacionalistas alinhados à esquerda no espectro ideológico vigente. Defendeu uma política internacional executada a partir de um relacionamento com todas as nações do mundo, pregando a "libertação de todos os oprimidos e injustiçados", a reforma agrária, o aperfeiçoamento da legislação trabalhista, a regulamentação do direito de greve e a participação dos empregados nos lucros das empresas, "reivindicações impostergáveis". A seguir, preconizou "a reorganização da previdência, e a disciplina da remessa de lucros para o estrangeiro, motivo de preocupações para o inolvidável presidente Vargas".[889]

Na mesma data em que se realizava a Convenção, Jânio, depois de haver percorrido 1.200 km em território gaúcho, dizia acreditar vencer as eleições na terra natal do PTB e de Getúlio Vargas.

Enquanto o marechal Lott, surpreendendo a muitos, admitia defender pontos da pauta nacionalista à esquerda, Jânio acentuava o seu populismo conservador, percorrendo o país.[890]

• Uma dívida, um veto

Em março, Juscelino ainda não achara um meio de saldar a sua dívida eleitoral com o PR, que o ajudara a eleger-se presidente, em 1955. Os republicanos não abriam mão de ter o apoio do PSD mineiro à candidatura de Clóvis Salgado à vice-governadoria, e a Juscelino o presidente do PR reafirmou que não apoiaria o candidato do PSD à Presidência da República se não tivesse o apoio desse partido à candidatura de Clóvis Salgado.[891]

O impasse de Juscelino e a sua solução ganharam a imprensa: substituir os ministros das pastas do Trabalho e da Agricultura, atribuídas em seu governo ao PTB. Juscelino escolheu pessoalmente San Tiago para a pasta da Agricultura, mas, tão logo esse movimento foi divulgado, a bancada do PTB na Câmara Federal se reuniu no Palácio Tiradentes na tarde de sexta-feira, 1º de abril, e vetou o nome de San Tiago sob a alegação de que o escolhido deveria ser um verdadeiro "nacionalista", escolhido de acordo com aqueles representantes do partido. Fixada em um documento a posição da bancada, liderada pelo deputado Sérgio Magalhães – o mesmo que acusara San Tiago de ser testa de ferro de Nelson Rockefeller à frente do *Jornal do Commercio*, e que, duramente contestado por San Tiago, silenciara –, um grupo de deputados do PTB foi ao apartamento de Jango, no Edifício Chopin, ao lado do Copacabana Palace, e, em uma reunião que se estendeu pela madrugada, fizeram Jango se comprometer a levar a Juscelino a posição do PTB contrária à nomeação de San Tiago.[892]

A Juscelino a rejeição do PTB teria chegado por outra forma, segundo ele mais tarde recordaria. Àquela altura, Juscelino tomou conhecimento da manifestação na Câmara do deputado Sérgio Magalhães, de que o PTB poderia apoiar a constituição de uma CPI, já requerida pela UDN, para apurar eventuais irregularidades na Novacap – órgão responsável pelas obras de construção de Brasília –, cuja inauguração estava aprazada para o próximo dia 21 de abril. Instalada a CPI, a inauguração de Brasília não poderia ocorrer na data fixada, e esse receio fez Juscelino solicitar ao deputado pessedista Carlos Murilo procurasse seus colegas petebistas e deles indagasse a posição do PTB; o deputado recebeu a informação de que o PTB só retiraria o apoio à CPI se San Tiago não viesse a ocupar a pasta da Agricultura. Juscelino ligou a Jango e disse-lhe do risco da instalação da CPI, mas Jango teria se mostrado hesitante em relação à revogação da decisão dos deputados petebistas.[893]

Em paralelo, Carlos Murilo teria procurado San Tiago em sua residência em Botafogo e a ele exposto a situação, e ouvido de San Tiago que ele, dali a duas horas, faria chegar a Juscelino uma carta – que San Tiago deixou pessoalmente em Palácio: "É com prazer, sr. Presidente, e sem a menor quebra da solidariedade que sempre tenho tido para com o seu governo, que restituo a V. Exa. o honroso convite, que me fez para a pasta da Agricultura, e que me havia declarado pronto a aceitar, desde que o mesmo não implicasse em modificação da posição de candidato do PTB à vice-governadoria de Minas. Não me posso esquecer que foi essa a segunda vez que V.Exa. me distinguiu com tal convite, tendo-me sido impossível aceitar o primeiro, para o Ministério do Trabalho, por me achar empenhado, naquela época, em árdua campanha eleitoral. Por ambas as distinções sou-lhe muito grato, e conservo-as como um testemunho inestimável de sua confiança pessoal".[894]

A CPI não foi instalada, por falta de quórum, e o veto a San Tiago, expresso pelos principais representantes de seu partido, foi amplamente divulgado.

O convite de Juscelino não se deveu apenas à sincera admiração que este nutria pelo jurisconsulto, que formulara o regime legal relativo à construção de Brasília e à transferência para a nova capital federal, que estava sendo erguida, e da constituição do novo estado da Guanabara, em curso no Legislativo. Na verdade, Juscelino buscava fazer San Tiago desistir de sua candidatura, e abrir caminho para a de Clóvis Salgado, saldando assim o seu débito eleitoral com os republicanos e solidificando um apoio que lhe seria útil dali a cinco anos, quando pretendia disputar a presidência novamente, propósito já amplamente conhecido. A sua vez, o convite implicava San Tiago abrir mão de sua candidatura, hipótese que com elegância em sua carta ele afasta.

Essas considerações todas foram suplantadas pelo fato do veto, contundente e público, das lideranças do PTB ao nome de San Tiago, renovando as restrições cruas a ele dirigidas. Jango, como de hábito, cedia à pressão mais incisiva que recebia, evidenciando a sua liderança apenas formal de seu partido. Naquele momento, Fernando Ferrari abertamente o desafiara lançando-se candidato a vice-presidente, apoiando Jânio Quadros e Leonel Brizola exibia, cada vez mais altiva, a sua independência partidária; era o principal representante do nacionalismo estatista extremado apoiado pela esquerda, e não escondia a dificuldade em aceitar o nome de Lott, assim como não refreava a dura crítica ao governo Juscelino, do qual o PTB era aliado. A sua vez, a bancada do PTB ganhava voz própria, formando seus representantes o maior contingente da Frente Parlamentar Nacionalista.

Em defesa de San Tiago a única voz erguida foi a de Tancredo, que feriu o ponto central do episódio, ao dizer que "seria profundamente injurioso fazer-se uma barganha nesse sentido. Poderemos chegar a um acordo de apoio exclusivo do PSD ao candidato do PR, ou outro do próprio PTB, nunca em termos de troca, mas apenas por razões políticas".[895]

Já no plano legislativo, San Tiago não sofria maior contestação.

• Estado da Guanabara

A 23 de fevereiro, a imprensa carioca noticiava o projeto de lei elaborado por San Tiago para organizar o novo estado da Guanabara a ser criado com a transferência da capital para Brasília.[896] A fórmula para a organização jurídica do novo estado foi apresentada por San Tiago em um substitutivo por ele redigido a três projetos de lei relativos à transferência do então Distrito Federal. O conciso substitutivo de San Tiago trazia dez artigos. Nele, estava prevista a indicação pelo presidente da República, a ser referendada pelo Senado, de um governador interino do estado, cujo mandato teria início com a criação do estado e iria extinguir-se com a eleição do novo governador e do vice-governador, permanecendo em atividade a Câmara dos Vereadores, eleita em 1958, até a eleição da Assembleia Legislativa para um mandato de cinco anos, a 3 de outubro seguinte. A Assembleia seria composta por cinquenta membros, e deveria em quatro meses elaborar a Constituição do novo estado. Em 14 de abril de 1960, o Congresso Nacional aprovou e Juscelino sancionou a Lei nº 3.752, conhecida como Lei San Tiago Dantas, que estabelecia normas para criação do estado da Guanabara (o 21º estado da União) e convocação de sua Assembleia Constituinte.[897]

Ao longo do ano seguinte, 1961, San Tiago voltaria a tratar de questões relativas à transferência da capital.[898] Em todas as suas intervenções, na Comissão de Constituição e Justiça ou na tribuna, é significativa a qualidade e dimensão de sua contribuição. San Tiago não domina apenas a matéria jurídica e o processo legislativo envolvidos na criação de Brasília, do estado da Guanabara e das questões conexas a esses temas; é notável a sua capacidade de argumentação na tribuna, respondendo a questionamentos ora bem formulados, ora provocativos, por parte dos opositores do governo, e a apartes ociosos de correligionários que buscavam associar-se ao discurso claro e objetivo do orador. A autoridade do jurisconsulto é naturalmente expressa, sem o preciosismo tão ao gosto dos bacharéis. As suas intervenções permitiam um grande número de apartes, os quais ele responde com elegância e inabalável paciência.

Juscelino, ao solicitar a San Tiago redigir a estrutura jurídica da nova capital e da criação do estado da Guanabara, exerceu a sua fina capacidade de avaliação de seus colaboradores, advertido da repercussão da indicação de San Tiago no âmbito do PTB.

Lançadas as candidaturas, abriu-se o tempo das campanhas – a de San Tiago, inclusive.

• Um governador e dois vices

O Partido Republicano finalmente realizou a sua convenção nacional, a 14 maio, e decidiu apoiar a candidatura de Jânio Quadros, rompendo o acordo que esse partido tinha com o PSD. Clóvis Salgado, fiel a Juscelino, contestou a decisão de seus pares e deixou o Ministério da Educação, desincompatibilizando-se para concorrer à vice-governadoria de Minas. Assim, o PR não apoiaria Lott, mas manteria o acordo em Minas. No entanto, não apoiaria San Tiago, lançando Clóvis Salgado para com ele concorrer à vice-governadoria e insinuar a formação da chapa Tancredo-Clóvis Salgado à sucessão mineira.

Em junho de 1960, Tancredo deixou a Secretaria de Finanças para candidatar-se ao governo do Estado.[899] E, a 25 de junho, San Tiago requer à Câmara licença de seu mandato de deputado pelo período de cem dias para dedicar-se à sua campanha. Uma eleição majoritária, dois políticos experientes e com sólidas bases eleitorais, ex-titulares de importantes ministérios – Alkmin, da Fazenda, Clóvis, da Educação – com verbas federais a distribuir por suas bases estaduais, uma vitoriosa aliança partidária – PSD, PR e PTB –, desfeita naquela sucessão estadual, e a oposição, aberta e pública, da cúpula dirigente do seu próprio partido; esses obstáculos opostos a San Tiago não seriam compensados pela preferência velada de Tancredo ao seu nome e por sua proximidade com Jango, assinalada por notas na imprensa. No entanto, San Tiago se dedica à sua campanha com a disciplina e o método habituais: havia o que explicar, o que esclarecer ao eleitorado.

Em meados de junho, San Tiago reuniu-se com Tancredo, para discutir suas campanhas, e este, que não enfatizava situações adversas, na televisão mineira dizia acreditar – diante dos eleitores – que "seu amigo" Alkmin poderia ainda integrar-se à sua campanha, e não via, na última convenção do PR, senão atos de "absoluta isenção".[900] Enquanto isso, a *Última Hora* noticiava, em junho, que San Tiago iria substituir Clóvis Salgado no Ministério da Educação, sacrificando, portanto, a sua candidatura à vice-governadoria. Essa manobra, segundo o jornal, seria de interesse de Juscelino, para vir a contar com o apoio de Clóvis Salgado à sua candidatura à presidência, em 1965. A matéria conclui: "em primeira mão, podemos revelar que a substituição do sr. Clóvis Salgado pelo deputado San Tiago Dantas, no Ministério da Educação, é um assunto resolvido".[901] A notícia era improcedente, mais um lance na oposição à candidatura de San Tiago por parte do órgão da imprensa vinculado à cúpula do PTB.

Contando com uma forte base eleitoral que o elegera vice-governador na chapa de Juscelino em 1951, Clóvis Salgado não se opunha em dividir o palanque com o seu adversário direto, San Tiago, quando estes se unissem aos compromissos de campanha de Tancredo; não fazia "qualquer restrição ao comparecimento do senhor San Tiago Dantas aos comícios realizados nas cidades do interior". Tancredo subia aos palanques sozinho, ou com os dois candidatos a vice-governador que o apoiavam. Uma situação contraditória, que ajudou a confundir o eleitorado, em prejuízo direto a Tancredo.[902]

• Fios invisíveis

Por essa altura, o amigo do *Grupo*, Hélio Vianna, indaga a San Tiago se a sua candidatura "valerá a pena", mesmo ciente de o amigo dizer que "sempre valerá a pena lutar por aquilo que se tem como certo"; mas, no caso, observa Hélio, a candidatura de San Tiago visaria antes "o progresso de seu ingrato partido no estado do que a conquista da vice-governança".[903] San Tiago responde à carta de seu amigo e procura explicar a razão da sua candidatura; ele não visava tanto o cargo em si, mas uma maior projeção que a disputa lhe daria no espectro político mineiro, que consolidaria uma liderança efetiva. Estava em jogo cerca de um milhão de votos, e essa eleição seria um passo para a reeleição de deputado em 1962, e possivelmente prepararia uma eventual candidatura à governadoria de Minas, em 1965, quando a disputa pela presidência, a ser travada naquele ano, a seu ver, reuniria, Juscelino, Jango, Tancredo e Carvalho Pinto. Ou seja, San Tiago contava com a eleição de Tancredo para o governo de Minas e de Carvalho Pinto para o de São Paulo, o que tornaria esses dois governadores candidatos naturais à Presidência da República, disputando com o vice-presidente, Jango, que, segundo San Tiago, seria reeleito em outubro próximo, e com Juscelino que, como era público, pretendia voltar à presidência.

Mas San Tiago pede ao amigo que recebesse a sua carta como "um desejo de maior convívio". E imagina um encontro dos dois na fazenda que adquirira em Pirapora, cidade onde seus pais moraram em 1926, e nela San Tiago passou férias quando residia em Belo Horizonte, estudante de ginásio. As razões sentimentais na compra dessa fazenda remetiam à lembrança de *Dindinha*, sua avó adorada, que lá residira com os pais de San Tiago, e com o adolescente em férias, passeavam a cavalo: "Havemos de conversar em Pirapora na velha fazenda, onde você terá quarto e cavalo arriado (...) Como *Dindinha* acharia graça! A ela é que vão ter, como você é um dos poucos a saber, os fios invisíveis da minha vida".[904]

Esse surto de reminiscências afetivas em meio a uma campanha eleitoral leva San Tiago a escrever a Thiers, outro amigo do *Grupo*, então morando em Portugal, para pedir-lhe que, se possível, fosse ao lugarejo de Santiago D'Antas, próximo à cidade do Porto, e verificasse uma quinta situada naquele pequeno lugarejo, que a ele fora oferecido à compra: "Você conhece a minha preocupação sentimental em possuir um palmo de terra minhota, um espírito de retorno às origens de meus avós".[905]

No momento em que procurava avançar em sua áspera trajetória política, San Tiago estendia seus vínculos amáveis com o passado. E diverge de Hélio: os amigos do *Grupo* não estariam ficando velhos, "mas estamos começando a ficar mais sós. Acompanhemo-nos, pois". Um pedido que os amigos do *Grupo* atenderiam, sem falta.[906]

- **Caminhos de Minas**

San Tiago teve na televisão um excelente meio para falar a uma fração do eleitorado da capital mineira. Claro, fluente, as suas entrevistas e palestras são apreciadas – e confirmam a presença do *Professor* na política, e em campanha eleitoral. A 23 de junho, inicia uma série de palestras na *TV Itacolomi*, de Belo Horizonte.[907] Porém, esse meio de comunicação era ainda pouco disseminado na capital, uma cidade de cerca de 700 mil habitantes àquela altura. O eleitorado estava disperso pelo interior do estado e a ele o candidato dirige-se e procura com ele identificar-se pessoalmente em comícios, encontros, reuniões, visitas – enfim, onde lograsse reunir eleitores, uma tarefa inexequível sem apoio dos chefes políticos municipais e de seus cabos eleitorais. Organizado, dispondo de amplos recursos que a sua advocacia incessante não deixava de prover, San Tiago procurava cobrir todos os maiores núcleos de eleitores no estado.

Na eleição anterior, de outubro de 1958, candidato à Câmara, fora bem votado na capital e colhera votos de diferentes regiões do estado. San Tiago voltava a visitar essas bases eleitorais e procuraria atrair outras nos restantes noventa dias de campanha. Para atender ao seu roteiro nesse prazo, San Tiago adquiriu um monomotor *Bonanza*, com capacidade de sete passageiros, que cruzava a 250 km/h. Ele e o piloto, a quem crivava de perguntas sobre informações e dados que lera no manual da aeronave, e, raramente, acompanhado por mais de um correligionário, ia de cidade em cidade para encontros com eleitores, cuja base tentava ampliar.[908]

San Tiago confirma sua presença em Cataguazes, na zona da mata mineira, em homenagem a Camilo Nogueira da Gama, da qual participaria, como convidada, Edna Lott, filha do marechal. E visita Carangola, pouco mais ao norte, onde recebera também boa votação. E as visitas sucedem-se por todos os quadrantes do estado, ora acompanhando Tancredo, ora seguindo só. A imprensa do agora estado da Guanabara registrava a campanha desse carioca em Minas. E, naquela altura, o grupo *Diários Associados*, de Assis Chateaubriand, anunciava a ligação entre Rio e Belo Horizonte, pela TV com micro-ondas, que possibilitaria "transmissões simultâneas de televisão entre as duas capitais".[909]

As transformações registradas ao longo do governo Juscelino eram inéditas no país, e o presidente era sem dúvida popular. Mas Jânio, a ele se opondo frontalmente, mostrava-se não menos atraente ao eleitorado nacional, ao qual ele não cessava de se dirigir com sua eloquência peculiar. Ao eleitorado de sua terra, Tancredo invocava o passado para mostrar a habilidade dos homens políticos mineiros, uma referência tão precisa quanto distante do eleitor comum do qual ele buscava o sufrágio. Agradecendo à manifestação de apoio de mais de sessenta deputados, entre eles San Tiago, em jantar a ele oferecido, Tancredo diz que Minas, desde a província, teve a realizar "a missão moral e material de nossa pátria e de promover o progresso democrático do nosso povo"; citando Bernardo de Vasconcelos, Marquês do Paraná, Teófilo Otoni e Visconde de Ouro Preto, ressalta que, desde o Império, Minas ocupava um "papel saliente no entendimento entre as forças políticas". Um discurso erudito, que San Tiago terá apreciado, distante, porém, do universo cultural não só daquele eleitorado, mas também das cogitações de Jango, que, ao lado de Tancredo, e de San Tiago, visitou algumas cidades do interior do estado e participou de comícios em bairros proletários da capital.[910]

Em Juiz de Fora, San Tiago dá uma entrevista à imprensa local, e, "respondendo a mais de quarenta perguntas" diz que "pretende dinamizar o cargo de vice-governador, que deve constituir o elo entre o governo e os trabalhadores". E, na mesma altura, representantes comunistas de duzentos e sessenta e cinco municípios mineiros divulgaram o apoio do partido aos candidatos: para senador, Camilo Nogueira da Gama e para vice-governador, San Tiago, ambos do PTB; Tancredo para governador, Jango para vice-presidente. Pouco antes, Luís Carlos Prestes, líder do Partido Comunista Brasileiro, declarou em entrevista à televisão da capital mineira, além do apoio a Lott, que os comunistas em Minas estavam aumentando em número e iriam votar nos srs. Tancredo Neves e San Tiago Dantas, porque ambos "são nacionalistas".[911]

Uma semana antes, o *Diário de Notícias* traz uma longa entrevista de Jânio explicando o seu programa internacional de governo e refere a sua viagem a Cuba, a convite de Fidel Castro. Jânio não acreditava que "fatores internos ou externos tivessem mudado o rumo da revolução cubana a ponto de pôr em perigo a segurança do continente".[912] Mas o rumo da Revolução Cubana estava sendo radicalmente alterado, assim como a reação a ela, sobretudo por parte dos Estados Unidos, como ficaria claro dali a pouco.

• Expectativas contraditórias

A 30 dias da eleição, parte da imprensa via Tancredo como favorito, apontando a coligação de partidos que o apoiava: além do PSD, o PTB, o PR e o Partido Socialista. E assim pensava o candidato. E apontava também a vitória de San Tiago.[913] Mas outra parte da imprensa duvidava. O PSD não homologara o nome de Clóvis Salgado para candidato a vice-governador, indicando apenas Tancredo para disputar o governo de Minas; mas o apoio prestado por vários integrantes do partido a Clóvis Salgado era real e estava ancorado em um protocolo firmado entre o PR e o PSD.[914] A candidatura de Alkmin a vice-governador exibia a fratura exposta do PSD favorecendo diretamente a de seu adversário, Magalhães Pinto, pois, na matemática eleitoral majoritária, um voto dado a um candidato subtrai necessariamente um voto possível a seu(s) oponente(s), já que é delimitado o número de votos possíveis atribuídos àquele cargo. E Tancredo não conseguiria realizar "o milagre da unidade do partido".[915]

• Fidelidade partidária

A dezenove dias das eleições, marcada para 3 de outubro, procedente de Brasília, Juscelino chegou a Governador Valadares para anunciar o início do asfaltamento da Rodovia Rio-Bahia, a partir daquele trecho em direção à cidade de Leopoldina, na zona da mata mineira.[916] Orador fluente, irradiando sempre uma simpatia contagiante, e bem informado sobre o tema de seu discurso, Juscelino exalta, no comício à beira da estrada, a importância econômica e social da obra de seu governo para Minas Gerais. Mas, além de divulgar seus feitos ao fim do seu mandato presidencial, Juscelino atende a seus colegas de partido, que lhe solicitaram reforçar a busca por votos para seus candidatos.

O desejo expresso por Juscelino de se manter neutro nas eleições daquele ano, visto por todos como manobra antecipada para não comprometer acordos favoráveis à sua futura candidatura à Presidência da República em 1965, preocupava o PSD, que sentia àquela altura os seus candidatos à presidência e a governador do estado ameaçados por seus adversários. A campanha de Jânio, cuja trajetória eleitoral impressionava a todos, não podia ser mais dinâmica e eficiente. O ex-governador paulista corria o país divulgando o seu discurso populista conservador, de austeridade e moralidade públicas, galvanizando eleitores com sua atuação dramática diante das audiências crescentes que a ele iam assistir em sucessivos comícios. Em Minas, o banqueiro Magalhães Pinto dispunha de fundos próprios para fazer uma campanha bem planejada e melhor executada. Sem ter indicado um candidato a vice-governador, disputando apenas o governo do estado, a UDN podia acolher os votos dos eleitores que sufragariam um dos três candidatos a vice-governador sem terem o seu voto vinculado a um dos candidatos a governador. Assim, eleitores de Clóvis Salgado, de Alkmin e de San

Tiago poderiam votar livremente em Magalhães Pinto, ainda que Clóvis e San Tiago apoiassem Tancredo, e Alkmin fosse uma dissidência do PSD.

Em seu discurso em Governador Valadares, Juscelino faz explícito o seu apoio aos candidatos do PSD, Lott e Tancredo: "Eu sou do PSD. Recomendo, portanto, as candidaturas do marechal Lott e do sr. João Goulart, companheiro leal, digno e bravo de todas as horas. Como pessedista, tenho que indicar para governador este jovem e dinâmico Tancredo Neves que, graças a uma conduta pública ilibada, granjeou a simpatia e as preferências do eleitorado".[917]

O pedido de apoio a Tancredo, senão contrafeito, tem a algidez de uma solidariedade partidária compulsória, burocrática, em vivo contraste com a menção a Jango. O cálculo político de Juscelino era frio e objetivo. Jango poderia ser eleito vice-presidente pelo PTB, aliado do PSD desde 1946 era àquela altura e tudo indicava poder assim continuar, uma liderança expressiva do partido que crescia continuamente a sua base parlamentar. Tancredo era um quadro mais jovem – oito anos – do que Juscelino, e, se não dotado de um carisma maior e presença marcante na cúpula do partido, era senhor de uma inteligência e cultura políticas que o cálculo político do presidente não deixaria de considerar – e, em certa medida, recear. À frente do governo de Minas, Tancredo poderia vir a ser uma presença incômoda ao plano presidencialista de Juscelino; daí, talvez, a referência polida, mas reticente, do presidente à candidatura de Tancredo, em vivo contraste com a referência feita a Jango.

Sobre os candidatos à vice-governadoria do estado, Juscelino foi claramente objetivo: "Quanto à vice-governança, o meu candidato, do PSD, é o sr. Clóvis Salgado, companheiro dedicado que nunca fugiu à linha da mais estrita fidelidade, ajudando a resguardar a ordem, num momento difícil para a nacionalidade". E faz uma menção concessiva: "Há também o sr. San Tiago Dantas, que lançado por um coligado, o PTB, é também por todos os títulos digno da investidura".

Em campanha no interior do estado, San Tiago recebe a notícia – e o teor – do discurso de Juscelino. O choque que o discurso causa a San Tiago, este, em rara manifestação aberta, registra-o na carta que imediatamente dirige a Juscelino: "Tivesse eu sabido que a minha candidatura iria receber de sua parte uma condenação pública, e a bem dizer, expressa, eu não teria aceitado de meu partido o encargo espinhoso de disputar esse cargo, pois nunca supus que tivesse de tomar posição política em Minas em desacordo com a sua orientação". E aponta o golpe fatal na declaração de voto de Juscelino: "Seu pronunciamento veio no dia 14, um dia, portanto, após o encerramento do prazo para as substituições de candidatos, o que me coloca na difícil posição de só poder renunciar se o meu Partido o permitir, e nesse caso tendo de ouvir, às vésperas do pleito, os órgãos partidários".[918]

O apoio a Clóvis, manifestado pelo maior cabo eleitoral do PSD, deixou San Tiago sem área de manobra sequer para desistir de sua postulação. Só lhe restava prosseguir em sua campanha, desenganado. A seis semanas da eleição, a candidatura de San Tiago, desde o início enfrentando obstáculos de toda sorte, recebia ao seu término um duro golpe, que talvez encerrasse uma lição de política mineira ao estilo do PSD. O partido se dividia, mas nele predominava um instinto de sobrevivência, o qual, aliás, San Tiago em suas análises já percebera. Mas a San Tiago talvez faltasse perceber um fato que, na fria análise dos experientes pessedistas, Juscelino, naturalmente entre estes, se percebia: o talento de um jurisconsulto, como o de San Tiago, era, sem dúvida, valioso no jogo político; mas não se convertia em capital eleitoral – muito menos suscitava fidelidade partidária.

O *Diário de Notícias*, que apoiava abertamente os candidatos udenistas, noticiava que a candidatura de Magalhães Pinto estava cada dia mais forte, e eram formados comitês Jânio-Jango.[919] E o presidente do PR fazia campanha para Jânio Quadros, silenciando sobre o apoio a Tancredo.[920] A 23 de setembro, um comício em São João del Rei, cidade natal de Tancredo, reuniu uma multidão, acrescida de moradores das cidades vizinhas. Um grande palanque foi armado, mas o ingresso nele de um número excessivo de pessoas, além dos oradores inscritos, Lott, Jango, Tancredo e San Tiago, fez com que a sua estrutura de madeira ruísse, ferindo várias pessoas, inclusive San Tiago, que sofreu uma entorse no tornozelo. Um mau sinal para esses candidatos, que não escapou ao registro de San Tiago.[921]

• Urnas

A 4 de outubro as urnas foram abertas, e um dia depois da votação teve início a apuração. O desfecho do embate entre o campeão das urnas, que, em catorze anos, viera da vereança à disputa pela Presidência da República conquistando cadeiras no Legislativo e no Executivo, e o marechal disciplinado, inflexível na conduta e na aparência marcial, e que desde o início da juventude vivera entre as regras do regime castrense, não poderia surpreender; mas os números da disputa surpreenderam a todos. Jânio arrebatou 5.636.623 votos, Lott 3.486.825 e Adhemar de Barros, 2.185.709, ficando o vencedor com 48,26% do total de votos, sobre 32,94% de Lott e 18,79% de Adhemar. Ou seja, Jânio conquistou 60% a mais de votos do que

Lott e mais do dobro dos votos dados a seu constante contendor em São Paulo. Superou Jânio o seu antecessor, Juscelino, que alcançara cinco anos antes 36,68% dos votos válidos; Jânio obteve apenas meio percentual a menos do que Getúlio em 1950, e ficara a cerca de seis pontos percentuais do vencedor Dutra na eleição de 1945, que pôs fim ao Estado Novo.

Nos maiores estados da federação, São Paulo, Minas Gerais, Rio Grande do Sul e Rio de Janeiro, Jânio venceu. Sob qualquer ângulo, a sua eleição confirmou uma carreira política excepcional.

Jango enfrentou dessa vez dois adversários, mas, como na eleição anterior, foi eleito por uma margem pequena na disputa, uma vez mais com o udenista Milton Campos. Somou 4.547.010 votos, 36% do total, e seu adversário direto, 4.237.719 votos, 33,7%, registrando uma diferença de 309.291. A candidatura de Jango sentiu diretamente a dissidência aberta do petebista Fernando Ferrari, que somou 2.137.000 votos, 17% do total. Porém, significativamente, Ferrari bateu Jango no Rio Grande do Sul, e Milton Campos derrotou Jango, em Minas Gerais, Mato Grosso, São Paulo, Pernambuco e no novo estado da Guanabara, o antigo Distrito Federal.

A derrota do PSD em Minas foi expressiva: Lott e Tancredo foram derrotados, elegendo a UDN o presidente da República e o governador de Minas. Jânio Quadros alcançou 692.044 votos, Lott 679.957 e Adhemar de Barros 183.599. Magalhães Pinto abriu uma vantagem de oitenta mil votos em relação a Tancredo; somou 760.427 sobre 680.539, e o inexpressivo Ribeiro Pena somou menos de sessenta mil votos, 59.611, perdendo, inclusive, para Nelson Thibau, 134.159. Clóvis Salgado alcançou uma expressiva vitória: conquistou 500.830 votos, San Tiago 304.395, Alkmin 198.028; Clóvis Salgado conquistou praticamente a soma dos votos de seus principais oponentes, 502.423 votos e cerca de 60% mais votos sobre os dados a San Tiago.[922] A dissidência aberta por Alkmin drenou uma parcela substancial de votos para Magalhães Pinto, assim como a derrota de Lott contribuiu para a de Tancredo. Porém, a razão maior, como o próprio Tancredo mais tarde reconheceria, não era devida apenas à desarmonia do PSD mineiro, mas sim à espetacular votação dada a Jânio Quadros em todo o país.[923]

San Tiago superou Alkmin, cuja campanha jamais visou a vitória, mas a soma de seus votos mostrou a distância que o separava de Clóvis Salgado. Mesmo se todos os votos dados a Alkmin fossem carreados a San Tiago, o que seria obviamente impossível, ele teria apenas dois mil votos a mais do que Clóvis Salgado obteve. Firmada a aliança, informal, mas cumprida, entre o PSD e o PR em torno da candidatura de Clóvis Salgado, o candidato do PTB, qualquer que fosse o seu representante lançado à disputa, dificilmente obteria êxito. Esse fato foi percebido pelo PR, que era o fiel da balança na relação entre o PTB e o PSD e, nas palavras de Tancredo, vendia caro o seu apoio.[924] Assim, a expectativa de que o PR não disputasse a vice-governadoria era remota e não poderia deixar de ser considerada em uma análise fria do quadro sucessório mineiro; e o ingresso na disputa do candidato do PR, desde o início identificado e com o apoio do PSD assegurado, selou o destino do candidato do PTB.

Restava a San Tiago saber se os votos a ele dados iriam consolidar o seu nome no cenário político mineiro e alimentar a hipótese de uma candidatura ao governo do estado, em 1965. Porém, essa verificação não seria dada a San Tiago fazer.

• A derrota e dois derrotados

A 12 de outubro, Brizola e San Tiago reúnem-se com Jango em São Borja para discutirem a posição do PTB em relação ao governo de Jânio. Brizola, sempre pronto a afirmar a sua liderança em seu partido e na cena nacional, diz que Jânio tinha grandes compromissos com o povo gaúcho, e ele, Brizola, iria pessoalmente fiscalizar o cumprimento desses compromissos, auxiliando o novo governo.[925] Dois dias depois, Jango reúne-se novamente com San Tiago, já no Rio de Janeiro, e se encontra também com Tancredo, antes de se reunir com Juscelino. San Tiago participa, uma vez mais, das reuniões e segue para Belo Horizonte, onde se reúne com os dirigentes mineiros do partido.[926]

A 18 de outubro, San Tiago fala à imprensa e desta vez não foge ao óbvio. Os políticos, diz, ante a derrota deviam buscar ouvir o povo que os surpreendeu, negando-lhes o voto. O PTB e o PSD haviam se enganado quanto ao grau de popularidade de Juscelino, e, ainda em proporção maior, em relação ao governo Bias Fortes. As urnas mostraram uma "reação popular profunda", diversa daquela esperada pelos dois partidos, e agora a tarefa do PTB deveria ser sondar as "suas próprias bases para retificar impressões e conclusões implantadas com precipitação". San Tiago refere o PSD como antigo aliado, e, agora, a independência do PTB deveria traduzir-se "no dever de nos aproximar do povo e de auscultarmos os seus sentimentos e tendências dos quais se acham manifestamente divorciadas das velhas cúpulas partidárias", em uma clara referência à direção do PSD. Deveria o PTB ser "um espelho das autênticas aspirações populares e de suas necessidades, canalizando-as para os seus objetivos de luta (...) [e assim], não poderíamos tomar melhor atitude do que a sua independência".[927]

A análise de San Tiago centrou-se na confiança do PSD e do PTB na popularidade de Juscelino, que acreditaram suficiente para vencer as eleições, e não na popularidade que Jânio veio conquistando com o alcance da sua oratória em uma campanha que correu todo o país, servida de largos recursos financeiros.[928] Agora, San Tiago busca orientar o seu partido, enumerando as tarefas que via necessárias; mas a sua audiência era reduzida, pois a sua cúpula a ele resistia abertamente.

Também em Belo Horizonte, no mesmo dia em que são publicadas as declarações de San Tiago, em uma entrevista sintética mostrando sua lucidez política, Tancredo comenta o resultado adverso das eleições. Ele o aceitou, certo de haver cumprido o seu dever de disputá-las, e não via por que desafiar o seu resultado, em uma elegante alusão à UDN, que contestara o resultado das duas últimas eleições presidenciais. Só um "bacharelismo livresco ao estilo do *ancien regime*" seria capaz de arguir a ilegitimidade dos resultados das urnas, quando estes não lhes eram favoráveis: "Nos dias de hoje a vitória amedronta mais do que a derrota", observa Tancredo.[929]

E aponta a razão dos resultados das urnas: teria havido um desdobramento no corpo social do país, que formara uma "aliança das classes médias com as classes trabalhadoras, vigente a partir de 1930", e que constituía "o centro de gravidade da política nacional". A classe média rompeu essa aliança, e votou por uma "nova aliança, com as elites, tidas como superadas ou demissionárias". Esse comportamento da classe média se deveu à ameaça que ela sentiu "à sua segurança econômica, ao seu bem-estar social, aos seus padrões de conforto, pelos fatores inflacionários inerentes a todos e quaisquer processos de desenvolvimento econômico". Assim, "lançou a classe média seu voto de protesto. Daí o sentido revolucionário do último pleito, cujas consequências são imprevisíveis". Tancredo fixa o paradoxo do governo Juscelino, que os números impiedosamente mostravam: o surto de desenvolvimento nele verificado incrementou a desvalorização da moeda cujos efeitos a classe média sentiu depreciarem as conquistas que somou nesse período.

No entanto, Tancredo não via nenhum fator que indicasse a cristalização, em termos duradouros, da união, que a eleição de Jânio mostrou, entre a elite e a classe média. E observou que, se essa união se "desencantasse, a tendência [da classe média] seria procurar o seu leito antigo e natural, [de maior proximidade com a classe trabalhadora] privando [então] os governantes eleitos daquela base de opinião pública imprescindível às tarefas administrativas". E conclui Tancredo dizendo que este era "o problema que deve desafiar a prodigiosa argúcia do sr. Jânio Quadros, pois, se se verificar a rutura do eixo que determinou a sua eleição, terá ele que se empenhar na conquista do proletariado e da classe média, para não se transformar em prisioneiro das elites reacionárias que contribuíram para sua eleição".[930]

Hábil, e seguindo a sua linha inflexível de conduta política de não aprofundar dissidências, Tancredo diz impecável a conduta da cúpula do partido, durante a campanha, citando nominalmente Juscelino e Benedito Valadares; mas, com extrema habilidade que não lhe faltaria jamais em sua carreira política, e iria sendo apurada com toques de malícia aplicada, diz que aqueles (referindo-se a Alkmin, seu sagaz adversário no partido) que não haviam se alinhado à sua candidatura, contrariando a linha do partido, só teriam prejudicado a si próprios e não à sua candidatura.[931]

A análise de Tancredo é muito mais abrangente do que a de San Tiago, embora coincida com o registro deste, sobre a ascensão política da classe média. Com rara acuidade, Tancredo antecipou a dificuldade que Jânio iria encontrar diante desse rearranjo de forças que a sua campanha galvanizou e cuja equação, paradoxalmente, iria se constituir no maior desafio de seu governo. Para enfrentar essa situação, o populismo conservador de Jânio precisaria arregimentar uma larga base de apoio com que confrontasse àquele das classes reacionárias, que iriam reclamar o preço de seu apoio tão logo Jânio pretendesse resistir às suas reivindicações. Essa manobra de Jânio, segundo Tancredo, ele só seria capaz de articular com apoio do proletariado, mobilização que o presidente dificilmente seria capaz de executar.

Tancredo antevia a dificuldade política que Jânio teria, uma vez no topo da política brasileira. A sua previsão estaria confirmada dali a poucos meses, embora a reação de Jânio a esse estado viesse a surpreender a todos. Tancredo seria o homem decisivo em uma crise nacional sem precedentes. E o seu companheiro em uma chapa frustrada ao governo de Minas seria por ele convidado a participar de uma fugaz experiência política.

CAPÍTULO 27

EUROPA, RIO DE JANEIRO, JÂNIO QUADROS

A candidatura do Sr. Jânio Quadros [é] um retrocesso no processo democrático (...) um movimento 'frondizista' – política de direita com técnica eleitoral de esquerda.[932]

• Lazer e advocacia

Retornando de Belo Horizonte ao Rio de Janeiro, em final de outubro, San Tiago está, em seu escritório na Rua do Carmo, preparando sua viagem a Paris, onde iria descansar. Mas, antes de partir, finda a difícil disputa política e a dura experiência da derrota, pede ao seu amigo e colega de escritório, Plínio Doyle, que o ajudasse a separar os originais de um livro, reunindo artigos diversos, sob o título: *Palavras de um professor*.[933] E o *Professor* segue para Paris no começo de novembro e lá hospeda-se no Hotel Continental, debruçado sobre o Jardim das Tulherias, não muito distante do Museu do Louvre e do *Bistrot Benoit*, dois endereços que ele frequentava regularmente desde a sua primeira ida à capital francesa, em 1946.[934]

Em Paris, San Tiago cumpre a sua rotina de visitas a livrarias, a museus e a restaurantes e encontra-se com brasileiros, que lá residiam, ou em visita à cidade. Entre estes Jango, que, seguindo para Moscou, fez uma escala em Paris indo San Tiago ao aeroporto recebê-lo.[935]

Também em visita à cidade, San Tiago encontra-se com o novo governador de Minas, Magalhães Pinto, seu "velho amigo", com quem "se entedia bem", como escreve San Tiago a Hélio Vianna. Dono do Banco Nacional de Minas Gerais, que em pouco tempo estaria entre um dos maiores do país, Magalhães e seu banco eram clientes de San Tiago desde a década de 1940. Conversavam sobre política brasileira, como dá nota uma reportagem na revista *O Cruzeiro*, de um encontro entre San Tiago, o governador eleito do Paraná, Nei Braga, o jornalista Carlos Castello Branco (autor da matéria) e Magalhães Pinto. Mas o advogado está também ativo. San Tiago concluía as negociações para a instalação de um grande frigorífico no norte de Minas, provavelmente representando seu cliente Edmond Safra, cuja filial brasileira do banco, de origem suíça, San Tiago ajudara a instalar no Brasil. No começo de dezembro, San Tiago vai à Alemanha, em companhia de Magalhães Pinto, a negócios.[936]

De volta a Paris, e na véspera de seguir para Lisboa, San Tiago responde a uma carta de Hélio Vianna, que indagara o amigo sobre seu estado, e diz que, com sua ida a Paris, a "súbita mudança de rotação de motores, desorganizou-me inteiramente: insônias e angústias que não conhecia ainda"; mas que agora essa fase estava superada, e ele se sentia "restituído ao seu natural". Mas, acrescenta, "nada sei o que a política me reserva esse ano". E San Tiago se mostra indeciso: "Meu movimento íntimo não é para seguir adiante e com entusiasmo; é para procurar defender-me de uma absorção que me foi nociva".[937]

A 9 de dezembro, San Tiago e Edméa seguem para Lisboa, de trem. Embora San Tiago talvez devesse voltar de Lisboa para "uma cidade alemã", ele retornaria diretamente à capital portuguesa e, então, diz a Thiers que lá estava: "poderemos fazer o programa de viagens imaginado por você e permitido pelo tempo". E quem sabe, acrescenta, poderiam passar a noite de Natal em Braga, "onde é esplêndido, ou nalguma pequena cidade que você descubra".[938]

Depois de quase dois meses na Europa, San Tiago e Edméa retornam ao Brasil, em 30 de dezembro.[939] A sua absorção na vida política, que ele vira nociva naquele ano que se encerrava, não seria menor no ano por começar. Seria, porém, de outra natureza.

• O novo estado e sua lei

No início de 1961, um dos temas mais debatidos e presentes no noticiário jornalístico carioca era a aplicação da Lei San Tiago Dantas, que estruturara o novo estado da Guanabara. Inúmeras controvérsias tinham lugar, e o governador recém-eleito, Carlos Lacerda, era um dos mais diretos críticos do novo estatuto. San Tiago acompanhava essas controvérsias, esclarecendo um ou outro ponto da lei que redigira. E seguia o ritmo agora relativamente calmo de suas atividades nesses meses de verão, dividindo seu tempo entre o Rio de Janeiro e a sua casa de veraneio em Petrópolis, na qual sua esposa permanecia por toda a estação. A frequência da elite carioca àquela cidade serrana era uma tradição que vinha do século anterior, e lá San Tiago encontrava muitos de seus amigos. Porém, como tantas outras vigentes na capital federal, que desde abril anterior fora transferida definitivamente para o planalto central do país, essa tradição também começaria a perder a sua força, irrefragavelmente. Mas a antiga capital federal era, e seria por um bom tempo, um auditório de grande ressonância para todo o país.

• Brizola combatente

Duas semanas antes da posse de Jânio na Presidência, a 16 de janeiro, Brizola falou no Rio de Janeiro em um evento organizado pela União Nacional dos Estudantes, então atuante na cena política do país. Em seu estilo de confrontação com adversários por ele eleitos em torno de temas que ele fixava de forma irredutível, o seu discurso sugeria uma luta pessoal a ser travada em público, por um contendor destemido, como ele seria. Liminarmente, Brizola afirma que o fato de o Brasil fazer parte do mesmo hemisfério não justificava "estarmos incondicionalmente ao lado dos Estados Unidos", cujos "homens públicos davam cobertura ao capitalismo cruel, sem alma, que estava esmagando, destruindo, desvitalizando as populações da América Latina". Porém, ele, Brizola, por "dádiva de Deus", se sentia cada vez mais "inconformado", e nele pulsavam, reavivados, os "sentimentos de rebeldia" e "empolgavam-[no] os impulsos de independência, cada dia mais fortes". O seu pensamento havia evoluído, acrescentava; ele não era um simples inimigo dos Estados Unidos, apenas "pensava alto e com independência".

Estava claro, disse, que as reformas de estrutura de que o país necessitava para vencer o subdesenvolvimento dependiam de uma "questão preliminar": a "revisão profunda das relações com os Estados Unidos, pois os efeitos do intercâmbio econômico mantido com esse país" implicavam uma "cadeia de dependência não só econômica e psicológica, mas também política", a que nos víamos submetidos. E advertia que os brasileiros que viessem a se empenhar na reforma das relações com os Estados Unidos deviam estar cientes de que seriam por estes denunciados como "comunistas, para intrigá-los com a opinião pública brasileira e mundial".[940]

À frente do governo do Rio Grande do Sul, Brizola já afirmara essa sua política nacionalista estatista de aberto confronto com os Estados Unidos, ao decretar arbitrariamente a caducidade do contrato firmado com a concessionária de energia elétrica da capital gaúcha, assumindo o governo do estado a prestação desses serviços, e deixando ao governo federal a solução, que não seria rápida nem simples, da questão assim criada com o governo norte-americano. E naquele início de ano, Brizola cuidava de estatizar também a companhia telefônica de seu estado.

Brizola apurava os contornos de seu nacionalismo-estatista, ao configurar o seu maior e mais poderoso adversário, os Estados Unidos, atento não só à política externa de Jânio, cujas indicações iniciais prenunciavam um distanciamento inédito da liderança norte-americana, mas, também, atento à revolução cubana, cujo perfil antiamericano já estava claramente demarcado.

• O discurso depois da posse

Ao contrário do que se esperava, Jânio, em seu discurso de posse proferido no púlpito erguido à frente do Palácio do Planalto, não criticou Juscelino; ele o criticaria no dia seguinte, duramente, em discurso transmitido por uma cadeia nacional de rádio, no qual Jânio advertiu a nação de uma forma não menos direta.

O vivo contraste entre o surto de desenvolvimento e os efeitos corrosivos da inflação que o acompanharam não obscurecia o fato de Juscelino haver cumprido integralmente o seu mandato e haver transmitido à presidência ao seu sucessor democraticamente eleito. Esse fato, inédito na curta e acidentada República instaurada em 1946, foi visto por Jânio em seu breve discurso de posse como sendo "a consolidação em termos definitivos no país, dos princípios democráticos".

Já em seu discurso no dia seguinte à posse, Jânio reafirmou a declaração feita em campanha, de que o seu governo seria "rude e áspero", mas, se não lhe faltasse a "inspiração divina", o "apoio das multidões", e do Legislativo e do Judiciário, "resgataria a palavra de fé empenhada nas praças".[941]

Jânio, a seguir, descreve a "terrível" situação financeira do país, cuja moeda, desde 1948, se desvalorizara cerca de oito vezes; e "o que logrou retumbantes repercussões publicitárias, cumpre agora saldar, amargamente, pacientemente, dólar a dólar, cruzeiro a cruzeiro". Não menos grave era "a crise moral, administrativa e político-social em que mergulhamos". O novo presidente via, "por toda a parte, escândalos de toda natureza (...) o favoritismo, o filhotismo, o compadrio sugando a seiva da nação e obstando o caminho aos mais capazes".[942] E atacou "o desenvolvimento burocrático, solidarizando-se entre si vários grupos unidos para atividades semelhantes", sempre prontos a formular "novas exigências" quando um desses grupos "se julgava preterido em relação a outros". A sua vez, era inadmissível ter a ação sindical "utilização dolosa contra a coletividade (...) sobretudo se a serviço de conveniências externas".

Não pediria ao povo que "apertasse o cinto e sofresse calado" ante o "enriquecimento abusivo e indecente dos gozadores inescrupulosos"; os "proletários e humildes" deveriam "zelar e lutar por seus interesses" nos limites das "regras democráticas", porém "cumpria-lhes imbuírem-se da disciplina do trabalho". Concluindo, Jânio enalteceu o Brasil, "o solo fértil e subsolo inesgotável", o povo "tenaz e tranquilo", e observou, referindo-se à cena internacional, que "o colonialismo agonizava" e que "cabia ao Brasil estender as mãos a esse mundo jovem", a "todos os países do continente", às "velhas coletividades europeias e asiáticas sem prevenções político-filosóficas".[943]

Em sua primeira manifestação ao país, Jânio deixou claro que contava com a Providência para lhe dar forças para enfrentar o desafio a ele legado por uma administração caótica. O fardo do poder posto sobre os seus ombros só um governo "rude e áspero" seria capaz de dele se desincumbir, desde que não lhe faltasse o apoio do povo e dos poderes da República.

O novo presidente condicionava o seu governo ao apoio nos termos em que o enunciava e reclamava, e não alinhava, como poder-se-ia esperar de uma administração em seu início, as medidas com as quais enfrentaria a situação que cruamente descrevia, no exercício de um mandato que lhe fora outorgado por esse mesmo povo a quem ele advertia.

Havia uma inversão sutil e perturbadora na fala de Jânio; ao seu início, afirmava que não poderia cumprir o seu mandato se não lhe fosse prestado o apoio extraordinário de toda a nação. A ela caberia viabilizar-lhe o cumprimento de seu mandato, este o repto a ela lançado publicamente. O país, dizia o presidente que se empossava, com ele contaria, se, antes, o país lhe outorgasse o poder nos termos que ele liminarmente reclamava.

• Um incidente diplomático

A 2 de fevereiro, quarenta e oito horas depois da posse de Jânio, San Tiago está na tribuna criticando a ação do presidente da República com relação ao incidente diplomático que o sequestro, por elementos antissalazaristas, do navio de passageiros *Santa Maria*, de bandeira de Portugal, causara. Destituído o seu comando, o *Santa Maria*, vindo das Antilhas de onde zarpara, rumava para a costa brasileira, onde os sequestradores buscariam asilo. O país, diz San Tiago, acompanhava com emoção esse episódio e dessa emoção participava o Congresso, porque "o navio insurreto" transportava centenas de passageiros em "situação aflitiva"; e, também, porque o episódio, "ainda que fadado talvez a resultado material diminuto", marcaria por sua repercussão internacional "o estado de inconformidade em que se encontra a opinião democrática de Portugal e do mundo em relação à ditadura do sr. Oliveira Salazar".[944]

San Tiago, antes de analisar os termos da questão em seu contexto diplomático, observa que o PTB, em nome do qual naquele momento falava exercendo episodicamente a sua liderança na Câmara, sentia-se inclinado a abrir ao presidente da República um crédito de confiança em razão da "orientação internacional em face de declarações realizadas por ele durante a sua campanha eleitoral", que havia se transformado em um compromisso com o povo brasileiro, de "rever a nossa posição internacional, de nos colocar numa linha de absoluta independência, de reatar nossas relações com todas as nações civilizadas do mundo (...) e de dar seu apoio à linha anticolonialista".[945]

A seguir, San Tiago critica objetivamente a conduta pessoal, e impertinente, de Jânio, que havia se colocado e a seu governo, em "um impasse de onde dificilmente poderá sair, sem quebra de princípios superiores, que sempre orientaram a vida internacional do país". San Tiago analisa, do ponto de vista jurídico, a conduta do presidente, acentuando que a sua intervenção direta no incidente era equivocada e se dera por uma "forma excepcional, que é o Chefe de Estado dirigir-se, pessoalmente, ao Capitão insurreto".[946]

Segue-se um vivo debate entre San Tiago e o deputado udenista Adauto Lúcio Cardoso. Ao fim de sua exposição, San Tiago lembra ao deputado udenista, talvez aludindo ao discurso e ao repto de Jânio à sociedade brasileira, que ele, San Tiago, na tribuna fizera o que compete a "uma oposição consciente: criticar, examinar, discutir e policiar, e não propor soluções a quem recebeu do povo o encargo e o dever de encontrá-las". A taquigrafia da Câmara, na transcrição da fala de San Tiago, registra aplausos ao deputado petebista e consigna a observação conclusiva de seu adversário udenista, que diz haver sido o discurso de San Tiago "extremamente pessimista", acrescentando uma nota de surpresa e desalento: "Se um homem da sua cultura, do seu discernimento, a quem louvo, não pode indicar solução alguma (...)".[947]

O debate, embora circunscrito ao incidente diplomático, era revelador, pois mostrava, dois dias depois de iniciado o seu mandato, um presidente que agia sobre os quadros técnicos de seu governo, por impulso pessoal, e ouviu da Câmara que a ele cabia o dever de dar soluções aos problemas que lhe eram postos, pois este fora o mandato a ele outorgado pelo povo.

- **San Tiago na oposição**

Jânio deflagrou uma série de ações moralizadoras e de austeridade como havia prometido em sua campanha, a elas acrescentando o friso teatral que impunha a seus atos desde o início de sua vida pública. Disciplinou horário de corridas de cavalo, desfile de misses, rinhas de galos, entre outras atividades não significativas. E, como antes já fizera, comunicava-se por meio de bilhetes enviados aos funcionários públicos, com comandos secamente grafados, exibindo, no exercício da chefia da administração federal, a sua posição hierárquica máxima, de presidente da República, em vivo contraste com antecessores, mais discretos no relacionamento com a burocracia estatal.

Além das medidas e os bilhetes enviados, que seriam noticiados na imprensa, já em 1º de fevereiro Jânio tomou medidas significativas: estendeu a jornada dos funcionários públicos federais para oito horas diárias, instituiu cinco comissões de sindicância, presididas por militares, para investigar a atuação de órgãos federais, entre eles dois institutos de aposentadoria, e, a seguir, instauraria outros inquéritos; por meio de dois decretos, exonerou, a partir de final de março, todos os funcionários civis contratados pelo Executivo depois de 1º de setembro do ano anterior e proibiu a contratação de outros funcionários pelo prazo de um ano.

O estilo de administração do novo presidente causou um grande impacto na opinião pública, nem tanto pelo sentido moralizador com que procurava o presidente timbrar as suas ações, mas pelo seu desassombrado enfrentamento da burocracia, que revelava uma noção e o exercício de autoridade até então não conhecidos, e sugeria, à primeira vista, um padrão inédito de eficiência do governo federal. As realizações de Juscelino sem dúvida mostravam a eficiência de sua ação administrativa; porém, essa eficiência, e a autoridade com que Juscelino a promovera não eram um exercício, como o de Jânio, de comando hierárquico exposto ao público. O político mineiro trabalhava no interior da máquina estatal, inclusive criando órgãos a ele diretamente subordinados, como os Grupos Executivos que em seu governo executaram os seus principais projetos; enquanto Jânio, como logo ficou claro, operava de fora da máquina, sobranceiro em seu posto máximo de chefia. A burocracia federal inclinou-se ao comando do novo presidente, assim como se acomodara ao estilo do anterior. Mas Jânio veria que o preço da obediência, que buscava vistosamente comandar, seria um reiterado e desgastante exercício de autoridade pessoal.

A 2 de março, San Tiago ocupa a tribuna da Câmara para, em nome da maioria, opor-se à edição de decretos expedidos por Jânio, que determinaram a demissão de funcionários públicos admitidos a partir de setembro anterior e suspendera por um ano novas contratações.[948] San Tiago critica a ação e a forma do presidente da República e faz referência à conduta de Jânio quando este assumiu, em fevereiro de 1955, o governo de São Paulo. Igualmente, Jânio determinou a demissão maciça de funcionários. E posteriormente "os quadros do serviço público se reencheram de funcionários, em número muitas vezes superior".[949] San Tiago faz uma análise jurídica dos decretos e debate com os deputados da UDN que o aparteiam, em um exercício competente de oposição ao governo federal. E diz que o presidente da República, "se quiser procurar de novo o caminho da legalidade, de que se extraviou", terá o apoio da maioria da Casa, "uma compreensão patriótica que nenhuma paixão política conseguirá alterar". No entanto, conclui San Tiago, "nenhum ato de arbítrio, nenhuma manifestação de desconsideração pela lei e pelas instituições conseguirá intimidar".[950]

Em sua primeira intervenção na Câmara, falando por delegação da oposição, majoritária, ao novo governo, San Tiago registra que aquela situação ocorria pela primeira vez na República inaugurada em 1946. Ou seja, não tinha o presidente uma maioria formada no Congresso a lhe prestar apoio. A crítica de San Tiago às medidas iniciais de Jânio, relativas ao funcionalismo público, havia repercutido na imprensa, e esta começou a especular como seria escolhida a liderança da oposição ao governo que se iniciava.[951] A 5 de março, o *Diário de Notícias*, que apoiava o governo de Jânio, dizia que a indicação de San Tiago para a liderança da oposição, que estaria em cogitação, seria uma manobra para aproximar o PTB e o PSD do presidente da República. San Tiago seria vinculado a vários elementos udenistas que integrariam o governo, e assim seria "o veículo do qual o PSD se aproximaria" de Jânio. Na mesma data, o *Correio da Manhã* noticiava o encontro havido dois dias antes entre San Tiago e Pedroso Horta, ministro da Justiça, e o único realmente próximo ao presidente, quando a San Tiago, teriam sido prestados esclarecimentos sobre as medidas administrativas tomadas pelo presidente da República, objeto de sua crítica no Congresso.[952]

A especulação em torno do nome de San Tiago para a liderança da oposição se esvaiu naturalmente; a resistência por parte de Amaral Peixoto, presidente do PSD, foi expressa, fato que não teria surpreendido San Tiago, se ele aceitasse essa posição, o que ele próprio já declarara à imprensa não a pretender.[953]

As intervenções de San Tiago, criticando os primeiros atos de governo de Jânio, mostravam que ele era também um quadro parlamentar extremamente competente na oposição. Uma sólida cultura jurídica e política, servida por uma notável fluência, o tornavam um crítico tão efetivo quanto um defensor de posições do governo, uma de suas incumbências parlamentares no governo anterior. Mas, como era sabido, essas qualidades não bastavam às lideranças nem do PSD nem do PTB. San Tiago reservava uma independência de opiniões sobre determinados temas significativos em relação a muitas das posições do PTB e de seus líderes, e, sobretudo, não tinha as posições extremas dos nacionalistas radicais que crescentemente controlavam o seu partido, nem mostrava a acomodação encanecida dos próceres do PSD.

A conversa com Pedroso Horta poderia ser uma manobra não para atrair San Tiago para o apoio do governo, mas com ele abrir um diálogo sobre temas nos quais a sua opinião independente pudesse coincidir com a do governo. Um desses temas, aliás já identificado por San Tiago, era a política externa. Ao criticar a conduta pessoal de Jânio, no caso do *Santa Maria*, San Tiago ressalvara a promessa de uma política externa altiva, feita pelo candidato à Presidência da República, esperando vê-la cumprida. Havia, em torno de um projeto de política externa que estava sendo afirmado pelos primeiros atos de governo, uma convergência de opiniões, e San Tiago, nesse contexto, seria uma voz de apoio a essa política.

• O poder nacional

O Congresso, que reprovou boa parte das medidas administrativas tomadas por Jânio, era uma casa parlamentar de ordem bem diversa daquelas municipal e estadual com as quais Jânio lidou à frente dos executivos da cidade e do estado de São Paulo. Em Brasília, na nova e ainda inóspita capital federal, Jânio seria obrigado a tratar com os políticos mais experientes do país, habituados a negociar altivamente com a Presidência da República, e a exercer as atribuições e as prerrogativas do Legislativo integralmente. Entre estas, a de fiscalizar as ações do Executivo, como lembrara San Tiago dois dias depois da posse de Jânio na Presidência da República.

Ao contrário do que se verificava em São Paulo, onde os quadros profissionais mais habilitados, saídos da sua reputada universidade estadual, encontravam um mercado de trabalho vigoroso e competitivo que os procurava e os atraía, os demais estados da Federação não apresentavam a mesma dinâmica econômica e social, e assim os seus melhores quadros profissionais tinham na carreira política o meio seguro de ascensão social e econômica.

Jânio, que jamais exercera seu mandato de deputado federal, iria enfrentar uma inédita oposição majoritária no Congresso, sensível a eventuais manobras do presidente e inatingível pela teatralidade de suas ações. Essa situação iria lhe exigir um trato contínuo com parlamentares experientes, sem que nesse diálogo se estabelecesse, ao menos por parte dos parlamentares mais influentes no Congresso, uma relação hierárquica que, por qualquer forma, implicasse um temor reverencial ao chefe de governo. Ao contrário. Jânio não demoraria a experimentar a realidade própria das elaboradas articulações do poder político nacional promovidas em seu estrato superior, diversas, em conteúdo e forma, daquelas travadas no âmbito municipal e no estadual. Jânio iria sentir que a sua habilitação política seria posta à prova; especialmente as ações que afetavam diretamente toda a população do país, tais as medidas econômicas, que tomaria a seguir.

A 13 de março, Jânio anunciou a sua política econômica, voltada à contenção de despesas públicas, à redução do déficit público, à reforma cambial, que implicou uma desvalorização da moeda de Cr$ 90,00 para Cr$ 200,00, e a eliminação de vários subsídios, inclusive a produtos de largo consumo popular. As medidas foram bem recebidas pelos organismos financeiros e credores estrangeiros, dos quais o Brasil dependia para girar a sua dívida externa, mas foram compreensivelmente criticadas pelos sindicatos de trabalhadores em razão da imediata elevação de preços de gêneros alimentícios, por elas determinada.

• Guerra Fria no Brasil

A Revolução Cubana havia fixado no hemisfério americano um novo pólo da Guerra Fria, e nele iam sendo irradiados os efeitos da radical e aberta oposição ao sistema comunista vibrada pelos Estados Unidos, que buscavam estipular como um princípio a nortear a política externa de seus aliados no continente. No Brasil, porém, o anticomunismo sistemático precedeu a Guerra Fria. O marechal Dutra chegou à Presidência da República em 1946 determinado a expurgar o Partido Comunista e os comunistas da vida política brasileira. A sua obsessão datava da Revolução Comunista, de 1935, que revelou haver no Exército brasileiro uma real infiltração das ideias comunistas, e um de seus mais notáveis oficiais deixou a força para se tornar o líder do Partido Comunista Brasileiro.[954] Esse anticomunismo visceral, que Dutra exibia, foi a seguir influenciado pela simpatia, presente no alto comando das Forças Armadas brasileiras, sobretudo no Exército, à Alemanha de Hitler, e à sua política de eliminação dos comunistas naquele país.[955] A ida da Força Expedicionária Brasileira para combater na Itália as forças nazistas e o seu retorno ao Brasil saudado entusiasticamente pela população não consignaram aos seus integrantes o prestígio que outros exércitos tiveram de seus povos na defesa da democracia contra a tirania nazista e fascista. A eliminação dos comunistas da vida partidária, e não a cruenta defesa da democracia, para parte da cúpula militar, e da elite política do país, era o aspecto mais saliente do pós-guerra, como o governo Dutra mostrou.

A Guerra Fria deflagrada imediatamente depois do fim da Segunda Guerra repôs a pauta anticomunista em evidência, alimentando as obsessões que haviam antes se formado entre nós. Não foi, assim, difícil arregimentar aquelas forças. Porém, a defesa das reformas estruturais indispensáveis à eliminação do subdesenvolvimento crônico que afligia os países sul-americanos, mesmo este apontado como campo fértil à propagação do ideário comunista, não encontrava no meio político brasileiro uma proposição racional, formulada nos termos do regime democrático, que se distanciasse dos extremos ideológicos que pregavam medidas também extremas. Estava aberto o caminho à radicalização, atraindo para esse debate convulsionado políticos de inegável prestígio popular, como o governador gaúcho, de um lado, e o futuro governador do estado da Guanabara, Carlos Lacerda, de outro. Os fatores da radicalização ideológica iriam ser exacerbados com a reorientação da política externa determinada por Jânio em seu breve governo.

Em entrevista à imprensa em final de fevereiro, o chanceler Afonso Arinos expôs a linha da política externa definida pessoalmente por Jânio, segundo o candidato prefigurara e o presidente reafirmara em seu discurso de posse.[956] O ministro, diante da questão relativa ao ingresso da China continental na ONU, anunciou que, para o Brasil, não se tratava de uma escolha entre dois países, aquele e Formosa – hoje Taiwan –, mas da "concessão de credenciais a um Estado hoje dividido, por motivos que não competia ao Brasil avaliar". O chanceler esclareceu que o presidente da República não dera, até então, instruções para que o Brasil estudasse o início das relações diplomáticas com a China de Mao Tsé-Tung. De toda forma, já determinara fossem iniciadas gestões para o reatamento imediato das relações diplomáticas com a Hungria, Bulgária e Romênia, enquanto o restabelecimento das relações entre o Brasil e a União Soviética achava-se em fase preliminar.[957]

A 20 de março, em mensagem do presidente da República ao Congresso, os principais pontos da política externa do governo eram resumidos: ampliação dos contatos com todos os países, inclusive os do mundo socialista; expansão do comércio externo brasileiro; apoio decidido ao anticolonialismo; luta contra o subdesenvolvimento econômico; fidelidade ao sistema interamericano; a mais íntima e completa cooperação com as repúblicas irmãs da América Latina, em todos os planos; relações e colaboração com os Estados Unidos, em defesa do progresso democrático e social das Américas.[958]

Era clara a posição do governo de o Brasil não "ignorar a realidade, a vitalidade e o dinamismo dos Estados socialistas", daí a aproximação diplomática ditada pelo presidente com países daquele bloco. Por essa linha, a 14 de março, deu o Brasil por encerradas suas relações oficiais com os países bálticos por ordem do presidente da República, uma vez que a Lituânia, Letônia e Estônia já estavam, desde o final de Segunda Guerra, sob o domínio soviético. E, uma semana depois, "foram trocadas, entre a embaixada do Brasil em Washington e as embaixadas da Hungria, Romênia e Bulgária, notas para o restabelecimento de relações diplomáticas com aqueles dois primeiros países, assim como o estabelecimento dessas relações com a Bulgária".[959]

O encerramento das relações diplomáticas com os países do Báltico, sob domínio político da União Soviética, assim como o estabelecimento de relações diplomáticas com os países da Europa Central, igualmente inscritos na órbita soviética, era um passo adiante no restabelecimento das relações diplomáticas do Brasil com a União Soviética. Diversa, porém, era a situação de Cuba, com quem o Brasil já mantinha relações diplomáticas e, naquela altura, o seu governo revolucionário já entrara em choque com os Estados Unidos.

Seis meses depois de vitoriosa, em junho de 1960, e ainda sem uma aberta filiação ao ideário comunista, a Revolução Cubana e seu líder vinham reorientando a economia cubana sob o comando incontrastado do governo. O governo cubano exigiu às refinarias estrangeiras sediadas no país que processassem o óleo cru adquirido da União Soviética; ante a recusa delas, as refinarias foram expropriadas, e a reação norte-americana veio do Congresso, que autorizou o presidente da República a cortar a cota de importação de açúcar de Cuba. A sua vez, o governo cubano determinou a expropriação de propriedades norte-americanas na ilha, e a seguir Eisenhower suspendeu a compra de açúcar de Cuba. Em agosto, foram expropriadas as empresas industriais e agrícolas norte-americanas, e, em setembro, os bancos. No mês seguinte, o governo dos Estados Unidos decretou o embargo comercial a Cuba. Ao final de outubro, foram expropriadas todas as outras empresas norte-americanas; Washington retirou o seu embaixador de Cuba, e as relações entre os dois países foram formalmente rompidas em janeiro daquele ano de 1961, a poucos dias da posse do novo presidente norte-americano.[960]

Em paralelo, as relações entre Cuba e a União Soviética vinham se estreitando, enquanto um crescente fluxo migratório, sobretudo da população de renda mais alta e majoritariamente branca, deixava a ilha exilando-se na Flórida. Em sua campanha à presidência, Kennedy havia defendido uma vigorosa política de contenção da influência comunista, da qual Cuba era o exemplo mais inquietante para os Estados Unidos; ao assumir a presidência, em final de janeiro de 1961, recebeu da administração anterior um plano de invasão de Cuba, elaborado pela CIA, e autorizou a sua execução. A 15 de abril, um grupo de exilados cubanos que vinha sendo treinado pela CIA desembarcou na baía dos Porcos, em Cuba, enquanto aviões americanos não identificados bombardeavam bases aéreas cubanas. Mas a ofensiva foi rapidamente rechaçada pelas tropas terrestres cubanas, que em quarenta e oito horas derrotaram os invasores, cento e quarenta invasores mortos, mil e cem capturados pelas forças de Fidel Castro.

Os planos para a fracassada invasão haviam sido elaborados a partir da experiência análoga, e vitoriosa, verificada na Guatemala em 1956, quando a CIA, armando um grupo de rebeldes, destituiu o presidente Arbenz. Eisenhower, contudo, não executou o plano que Kennedy veio a executar e cujo fracasso retumbante o obrigou a desculpar-se publicamente perante o povo americano. A fracassada invasão de Cuba, agravou as tensões da Guerra Fria, a qual chegou, de fato, ao centro e ao sul do hemisfério americano.

A repercussão no Brasil foi imediata. Carlos Lacerda, que exaltara Fidel Castro quando este estivera no Brasil havia dois anos e fora festejado em um refinado jantar oferecido por um dos mais representativos integrantes da elite carioca, como sendo o grande líder revolucionário latino-americano, apoiou enfaticamente o ataque norte-americano, afirmando que Fidel havia "traído o revolucionário, transformado em tirano". E que ele, Fidel, "abria as portas das Américas à infiltração comunista e à ocupação por elementos de vanguarda do imperialismo russo". E, nesse contexto ameaçador, a UDN – legenda partidária de Jânio e do chanceler Afonso Arinos – deveria, de então por diante lutar contra o comunismo, pois o

PSD só se interessava por defender "os privilégios de sua clientela política", enquanto "o PTB é hoje o albergue diurno dos comunistas".[961]

Em 10 de maio, em nota oficial, o Itamaraty definiu a posição brasileira em relação à questão cubana, "seguindo rigorosamente os princípios que esposa e, em consequência, defende a autodeterminação do povo de Cuba; opõe-se a qualquer intervenção estrangeira, direta ou indireta, para impor a Cuba determinada forma de governo, considerando a intervenção indébita tanto a militar como a econômica ou ideológica".[962] Uma semana depois, o chanceler Afonso Arinos compareceu à Comissão de Relações Exteriores da Câmara e num discurso cauteloso, refere, de um lado, a defesa do "princípio da não intervenção", e, de outro lado, "o problema da democracia em Cuba", com o qual o Brasil se deparava. E Lacerda voltou ao ataque, criticando seu colega de partido e a política externa, de "evasivas, subterfúgios e sofismas".[963] A sua vez, Brizola defendeu a política externa do governo, e "devíamos acompanhar [o caso cubano] considerando-o um problema tanto da América Latina quanto do Brasil, e aprender com suas causas. As consequências pouco interessam, a rigor; as causas, estas, sim, a rigor, nos interessam, e vitalmente".[964]

Entre os conservadores e para a maioria das lideranças das Forças Armadas, os regimes da URSS e agora o de Cuba eram vistos como uma ameaça à estabilidade política do Brasil. A revolução vitoriosa cubana servia de inspiração à esquerda radical no Brasil.

CAPÍTULO 28

EMBAIXADOR NA ONU

Salvar a democracia é eliminar as desigualdades.[965]

- **"Clementina"**

O Palácio Tiradentes, no começo da Rua Primeiro de Março, no centro histórico do Rio de Janeiro, estava vazio, não de funcionários públicos, que só iriam ser transferidos para a nova capital paulatinamente, estimulados pela concessão de inúmeras vantagens. O Congresso se transferira para Brasília e estava localizado no moderníssimo prédio projetado por Oscar Niemeyer, e para lá agora San Tiago se dirigia para atender às reuniões da Comissão de Justiça, a qual era dos vice-presidentes, e participar das sessões da Câmara Federal.

Em seu escritório no Rio de Janeiro, Rua do Carmo, 9, seguia San Tiago advogando, recebendo consultas para pareceres e soluções em casos complexos; os casos de foro encaminhava a maioria deles a seu colega de andar e contemporâneo de faculdade, o competente advogado Miguel Lins, ou a outro grande advogado do foro do Rio de Janeiro. O seu colega de faculdade e que com ele trabalhou alguns meses no escritório da Rua do Carmo, Vicente Chermont de Miranda, havia deixado a sociedade para abrir o seu escritório, ficando San Tiago com a companhia de outro seu colega e amigo do *Grupo*, Plínio Doyle, seu procurador havia muitos anos. San Tiago já não advogava diretamente no foro, nele patrocinando disputas. Incidentalmente, comparecia a uma audiência, ou fazia uma sustentação oral em tribunais superiores. De qualquer forma, a sua advocacia seguia extremamente rentável. Como recordaria Chermont de Miranda, a sua habilidade em advogar nada devia à sua habilidade em fixar honorários, os quais não eram objeto de negociação; e, cioso da sua reputação como jurisconsulto, atendia a clientes exclusivamente em seu escritório.

A sua presença na vida pública não alterara a sua educada e gentil reserva no trato pessoal. E, como sempre se conduzira, nada falava de si, ou comentava de negociações políticas nas quais se via ou se vira envolvido. Explicava detalhadamente os pontos de vista que expendia nas matérias que versava; aí, sim, infatigável e extremamente didático, procurava atrair o interlocutor à sua proposta. E era um grande ouvinte. Um de seus alunos, que o reencontrou em campanha política em Minas, em 1958, surpreendeu-se com a paciência com que San Tiago ouvia as indagações de seus eleitores, inclusive de advogados no interior, muitos deles pedindo sugestões a questões jurídicas que os desafiavam, e San Tiago pacientemente os ouvia, e sugeria. E seguia sendo um trabalhador infatigável, e predominantemente noturno. A sua secretária, Sylvia Póvoas, o deixava no escritório no começo da noite e ele ainda cumpriria muitas horas. Uma medida do sucesso de sua advocacia, e também da sua criatividade, foi a notícia publicada na *Última Hora*; San Tiago criou uma empresa na qual inverteu parte do seu patrimônio imobiliário: "havia ingressado com vinte milhões de cruzeiros", na empresa "Clementina de Administração e Participações".[966]

• Defesa da livre concorrência

Em Brasília, San Tiago era um operoso integrante da Comissão de Constituição e Justiça, na qual exercia a função precípua de legislador, emitindo pareceres sobre projetos de lei, elaborando substitutivos a estes e participando das discussões de sua tramitação. A um deles, se dedicou especialmente.

A defesa da livre concorrência, por meio da repressão do abuso de poder econômico de mercado, fora objeto de um decreto editado, em agosto de 1945, nos estertores da ditadura Vargas. Revogado em novembro seguinte pelo governo de José Linhares, em 1948, Agamenon Magalhães, valendo-se do texto do decreto por ele redigido, apresentou na Câmara Federal projeto de lei, que não prosperou. Em 1956, seu filho e também deputado, Paulo Magalhães, reapresentou o projeto. Em final de março daquele ano de 1961, as Comissões de Economia e de Constituição e Justiça da Câmara dos Deputados concluíram seus trabalhos de elaboração da Lei de Defesa da Concorrência, sobre aquele projeto, que definia o abuso do poder econômico e disciplinava a sua repressão a ser executada por um órgão administrativo, a Comissão Administrativa de Defesa Econômica – CADE.[967] San Tiago ofereceu um substitutivo ao projeto, e, dois meses depois, reage, na Comissão, à inscrição de um artigo no substitutivo, proposta por um seu colega do PTB da Paraíba. O dispositivo apresentado habilitaria o CADE fixar uma percentagem máxima de lucro que pudesse ser auferida pelas empresas, e limitar a distribuição de dividendos aos seus acionistas.

San Tiago contesta a proposta do seu companheiro de partido, observando que o propósito da lei de defesa da concorrência era protegê-la, por meio da repressão legal, do abuso do poder econômico, detido e indevidamente versado sobretudo por empresas monopólicas e formações oligopólicas (as quais havia em grande número na economia nacional), "sem tolher o desenvolvimento da iniciativa privada no país". Conferidos ao CADE os poderes contidos na proposta, esse órgão, segundo San Tiago, "se constituiria em um órgão dirigente da economia do país, descaracterizando a lei antitruste". A realização de lucros não constituía abuso de poder econômico, pois não encerrava "ilicitude, bastando citar que todo o país se interessa pela elevação dos preços de seus produtos exportáveis, procedimento dos mais legítimos", diz San Tiago. O que fixava o preço das mercadorias era a livre concorrência, e seria mais lógico "lançar sobre os ganhos excessivos o imposto de renda ou o de lucros extraordinários". Só haveria ilicitude na elevação dos preços, se promovida pela "coalizão de empresas, com o propósito de extinguir a lei de oferta e procura".[968] A intervenção do governo deveria ser voltada à "erradicação do abuso do poder econômico", por intermédio do CADE; e a intervenção direta do governo na economia, durante a Segunda Guerra, era um exemplo entre nós flagrante e recente da ineficácia dessa política, arguia San Tiago.[969]

• Divórcio, ensino, telecomunicações, inquilinato

A atividade legislativa de San Tiago prosseguia. Ele é indicado a um dos seis relatores do projeto de Lei do Código de Telecomunicações, cabendo-lhe analisar os dispositivos relativos à execução dos serviços públicos, a caducidade e a decadência do contrato de concessão e a cassação dos direitos outorgados. A 20 de julho, ele apresenta suas sugestões ao projeto; e, no dia seguinte, a Comissão de Constituição e Justiça da Câmara concluiu o trabalho elaborado por San Tiago sobre a Lei do Inquilinato.[970] O deputado Nelson Carneiro, conhecido pela defesa incansável da instituição do divórcio no Brasil, sob ferrenha oposição da igreja católica, saudou o parecer de San Tiago apresentado em seguida ao projeto que regulava a anulação do casamento. San Tiago concluiu que, do ponto de vista constitucional, "o projeto é incensurável".[971]

Ainda naquele mês de julho, San Tiago apresenta, na Comissão projeto de lei que instituía o plano do ensino público, submetendo à disciplina do planejamento a longo prazo, para os investimentos da União na educação. O projeto não conflitava com as medidas estipuladas no projeto de Lei de Diretrizes e Bases, que ainda tramitava, e subordinava "a aplicação das verbas orçamentárias federais a uma programação de longo alcance".[972]

No âmbito de seu partido, San Tiago não tinha a mesma precedência do legislador.

- **Convenção do PTB**

No início de julho daquele ano de 1961, realizou-se em Brasília a Convenção do PTB. Correntes internas traziam suas pretensões, o que tornava difícil à cúpula do partido estabelecer uma unidade de ação, e o exercício da liderança de Jango. A representação do Paraná, pela qual Jânio, em 1958, se elegera o deputado mais votado do estado, defendia apoio ao governo, pela identidade com a sua política externa. Outra ala defendia uma maior democratização do partido, com a redução do poder da direção nacional. Jango teria conseguido resistir à corrente mais à esquerda do partido, que a imprensa então referia por grupo compacto, e nessa disputa teria sido assessorado por San Tiago, "hoje convertido em seu principal conselheiro, [para quem] o partido precisaria eliminar as suspeitas que vinha despertando nas classes produtoras, se quisesse realmente ascender ao poder em um futuro próximo".[973]

- **O dissidente**

A questão mais tormentosa, porém, era a situação do deputado Fernando Ferrari, definitivamente incompatibilizado com a direção do partido. O Movimento Trabalhista Renovador, por ele criado e liderado, aprovara na justiça eleitoral a sua transformação em partido político. O aguerrido deputado gaúcho vinha se opondo abertamente à liderança de Jango e à de Brizola no PTB, e era um crítico contundente da estrutura do partido dominado por sua cúpula. E Ferrari era uma força eleitoral. Já tendo sido o deputado federal mais votado nas eleições de 1958, elegera com seu apoio o prefeito de Porto Alegre, em 1960, derrotando o candidato apoiado por Brizola, e fora candidato a vice-presidente somando mais de dois milhões de votos e convertendo-se, depois de Jango, no petebista de maior prestígio eleitoral.

A sua liderança tinha sentido oposto à de Jango e à de Brizola; defendia que o PTB afirmasse uma linha doutrinária e, fiel a ela, lutasse no Congresso pelas reformas nela discriminadas. A resistência da cúpula do PTB às propostas de Ferrari, repetindo a postura de Getúlio nas eleições de 1950 em relação a Pasqualini, atingia, naquele momento, o seu ponto máximo, e o desfecho dessa crise partidária se deu com a expulsão de Ferrari, decidida na Convenção.[974] Dividido, o PTB ganhava uma face mais radical, que Jango acomodava no âmbito do partido, mas sobre ela não exercia a liderança que a sua posição poderia indicar.

Salvo a assessoria de San Tiago a Jango, não há notícia de sua presença na Convenção. A linha moderada com que San Tiago buscava identificar a elaboração e a defesa das reformas que pregava distanciava-se cada vez mais da linha determinada pela atuante bancada federal do partido. Seus membros mais expressivos vibravam um nacionalismo estatista, aproximando-se dos núcleos sindicais mais extremados.[975]

• Comunismo e comunistas

Em fins de junho, Jânio aceitou um convite de Khrushchev para visitar a União Soviética, e a 25 de julho anunciou numa entrevista à imprensa em Brasília que dera instruções a seu Ministério do Exterior para reatar as relações diplomáticas com a Rússia.[976]

Enquanto isso em Berlim, a partir da divisão do território alemão, ao fim da guerra com a derrota alemã, entre as áreas controladas pelos norte-americanos, franceses e britânicos, de um lado, e, de outro, o lado oriental, controlado pela União Soviética, cerca de 2,7 milhões de alemães haviam deixado o território oriental, cruzando as fronteiras abertas, em direção ao lado ocidental. Somente em julho daquele ano de 1961, cerca de trinta mil pessoas, entre estas as mais qualificadas profissionalmente, deixaram o lado oriental. Mas na noite de 12 para 13 de agosto, os soviéticos estabelecem as primeiras barreiras isolando a zona soviética; inicialmente foram dispostas cercas de arame farpado e, a seguir, foi erguido um muro de concreto, protegido por torres, minas, e cães de guarda, recebendo as sentinelas ordem para executar alemães que tentassem cruzar aquela barreira. A divisão em duas Alemanhas estava estabelecida concretamente. A Guerra Fria ganhava mais um marco sinistro. E se fazia mais presente nas Américas.[977]

Em agosto, Brizola pediu para integrar a missão oficial brasileira que compareceu à Reunião da Organização dos Estados Americanos em Punta del Leste, na qual os Estados Unidos lançaram a Aliança para o Progresso, um programa de auxílio aos países americanos subdesenvolvidos. Então, Brizola avistou-se brevemente com o líder revolucionário cubano, Che Guevara, e endossou publicamente a crítica deste à proposta norte-americana, em desacordo com a orientação diplomática que recebera a missão brasileira presente à reunião.[978]

Jânio, que ditava pessoalmente a política externa do país, em mais um gesto teatral, em 19 de agosto condecorou Che Guevara, ao este regressar de Punta del Leste. O gesto do presidente deflagrou imediata e dura crítica das forças conservadoras, surpreendidas, tal o próprio chanceler Afonso Arinos, por essa iniciativa. Em cerimônia no Palácio do Planalto, Guevara recebeu a Grã-Cruz da Ordem Nacional do Cruzeiro do Sul e agradecendo disse: "como revolucionário, estou profundamente honrado com essa distinção do governo e do povo brasileiro. Porém, não posso considerá-la nunca como uma condecoração pessoal, mas como uma condecoração ao povo e à nossa revolução".[979]

A reorientação da política externa contradizia o perfil conservador do presidente. Mas contradições não eram raras na conduta do presidente. Ao contrário.

• Embaixada na ONU

A divergência de San Tiago em relação à linha ideológica que se ia extremando e dominando o seu partido já era de conhecimento público. A cúpula do PTB e as suas lideranças na Câmara Federal e na Assembleia Legislativa mineira já haviam a ele reagido pessoalmente, vetando a sua indicação a cargo no Executivo, e confrontado abertamente suas posições, sobretudo em questões econômicas. A indicação de Jango para representá-lo em conferência com líderes de outros partidos não alterava o juízo sobre a posição de San Tiago, a qual era vista como a do *Professor,* sem capital eleitoral expressivo.

Certamente, a ação legislativa atraía San Tiago, pois ela importava em efetivas modificações na vida social, econômica e política do país. Porém, o processo legislativo era truncado e desgastante para quem nele se empenhasse, pois, o seu desfecho, com a entrada em vigor da norma devidamente editada, mostrava-se imprevisível, mesmo quando fosse a norma bem elaborada e atendesse, de fato, ao interesse público, o que nem sempre ocorria. O PTB não se empenhava sequer em dar forma legislativa consistente e ordenada às reformas de base, a sua maior bandeira política, que o partido agitava publicamente. San Tiago podia sentir especialmente essa incapacidade de agir de seu partido, pois em seu discurso de estreia na Câmara, dois anos antes, expusera as razões econômicas e sociais que reclamavam as reformas de estrutura e a necessidade de as promover.[980]

O legislador aplicado, e habilitado como poucos a essa tarefa, não via, no PTB, oportunidade de levá-las ao Congresso, a sede natural do debate democrático, como San Tiago reiteradamente apontava. Mas uma alternativa à atuação na Câmara surgiu.

O nome de San Tiago teria integrado uma lista tríplice levada pelo chanceler Afonso Arinos ao presidente da República; ao seu lado, Bilac Pinto e Prado Kelly, ambos udenistas como o chanceler, o primeiro deputado e o segundo, naquela altura, presidente da Ordem dos Advogados do Brasil. Ambos não tinham experiência em questões de política exterior, ao contrário de San Tiago.

O convite a San Tiago para ocupar a Embaixada do Brasil na ONU o havia surpreendido, declararia mais tarde. Mas, em "seu espírito encontrou muita receptividade, dada a identificação da linha política externa do governo Jânio e a do trabalhismo, pregada e defendida por mim mesmo na elaboração do programa do PTB em maio de 1959".[981]

A colunista Pomona Politis, do *Diário de Notícias*, a 5 de agosto anunciou, "em absoluta primeira mão", que San Tiago aceitara o convite de Jânio para substituir o embaixador Ciro de Freitas Vale, na chefia permanente da delegação do Brasil na ONU. Dois dias depois, San Tiago diz aos jornalistas que iria formalizar a sua aceitação ao convite do presidente da República.[982]

A Comissão de Relações Exteriores da Câmara, seguindo o rito legal, ouviu longamente San Tiago em reunião do dia 18 de agosto, e aprovou por unanimidade a mensagem presidencial com sua indicação, e o plenário do Senado aprovou o seu nome quatro dias depois, por trinta e seis a seis, e marcou a sua manifestação da tribuna para o dia seguinte. Na mesma data, foi expedido o ato de nomeação de San Tiago. Dos embaixadores nomeados pelo governo de então, San Tiago Dantas foi o que recebeu votação mais expressiva.[983]

• A despedida frustrada

A decisão de "renunciar ao restante do mandato de deputado federal foi tomada no recesso da minha consciência", depois de medir, "amadurecidamente, os argumentos que pesavam contra e a favor" dessa decisão.

Assim, no plenário da Câmara, abre San Tiago o seu discurso de renúncia ao mandato que o eleitorado mineiro lhe havia outorgado na última eleição, em 1958, pela legenda do PTB.[984]

A opção não terá exigido maior reflexão por parte de San Tiago. A representação do Brasil na ONU poria San Tiago no centro dos grandes movimentos geopolíticos, um de seus interesses. Mas, fiel à sua personalidade, San Tiago nada revelava de suas inclinações pessoais; ao seu estilo, insere a sua opção em um contexto mais amplo, aliando-a à perspectiva que vê aberta à política exterior do Brasil.

A seguir, San Tiago expõe as razões da aceitação do convite que lhe fora feito. Depois da Segunda Guerra, diz, registrava-se a "preeminência da vida internacional", que passara a operar seus reflexos intensamente "no destino de cada povo". Nesse contexto transformado, nenhuma "comunidade" seria capaz de vencer problemas como os do subdesenvolvimento econômico, da estabilidade, da organização social, e a própria preservação das suas instituições políticas, senão integrando-se no grande processo universal em curso. Nesse processo, porém, havia uma grande causa a ser defendida, a causa da paz, a "própria causa da sobrevivência das nações". E a essa causa o Brasil já estava em condições de "levar substancial contribuição", pois não era mais um "protagonista de segundo plano" na cena internacional.

San Tiago contava levar à ONU a causa da paz e a convicção de que as instituições democráticas só poderiam ser salvas "através do soerguimento do nível de vida e das condições de independência dos povos modernos", cuja defesa teria na ONU o seu foro maior. Por essa razão, ao aceitar nela representar o Brasil não se sentia afastado do Parlamento, pois não se sentia "afastado das responsabilidades e das inquietudes do Congresso brasileiro".

O regime democrático afirmado, um país posicionado para liderar outros na defesa da causa da paz e da preservação das instituições democráticas pelo combate ao subdesenvolvimento, é esse o Brasil que surge no discurso de San Tiago, e representá-lo na ONU constituía-se em um desafio irrecusável. San Tiago observa que a política externa do atual governo já definida, de situar o país "numa posição de independência plena", reafirmava a evolução de nossa política e atendia à ampliação de nossos mercados comerciais externos, indispensável à nossa emancipação econômica. Essa orientação, registra San Tiago, identificava-se à linha de seu partido traçada em sua Convenção de 1º de maio de 1959, e inscrita em seu programa então aprovado, que, nesse trecho, ele ajudara formular.

Segundo San Tiago, "havíamos conquistado uma convicção democrática, um amadurecimento político", que permitia dizer "estarem hoje conjurados, de modo permanente, os riscos dos regimes de exceção". A sua afirmação otimista sobre o amadurecimento político do país não demoraria quarenta e oito horas para ser desmentida.[985]

CAPÍTULO 29

TREZE DIAS DE AGOSTO

No dia 25 de agosto, diante da crise, sob todos os pontos de vista inesperada, da renúncia do Chefe de Estado aos deveres e aos direitos do seu cargo, era natural que a nação estremecesse diante de um fato novo da sua vida institucional.[986]

- **O inesperado**

Muito cedo na manhã do dia 25 de agosto, uma sexta-feira, Jânio Quadros pediu ao seu chefe da Casa Civil, Quintanilha Ribeiro, que chamasse ao seu gabinete o general Pedro Geraldo, chefe da Casa Militar. E a ambos informou da sua decisão, já tomada e irretratável, de renunciar ao mandato de presidente da República.[987] Ao voltar da parada militar comemorativa do Dia do Soldado, por volta das 10h00 horas, Jânio informou ao ministro da Justiça, Pedroso Horta, da sua decisão. O general Ernesto Geisel, comandante militar do Planalto, que se encontrara na parada com o general Pedro Geraldo e fora por ele advertido que se preparasse, pois "hoje vai haver coisa grossa", terminada a cerimônia, foi ao encontro de seu colega no Palácio do Planalto onde este o informou da decisão do presidente. Geisel dirigiu-se ao Ministério da Guerra e transmitiu a notícia da renúncia do presidente ao ministro do Exército, marechal Odylio Denys.[988]

Pouco depois, este, juntamente com o ministro da Aeronáutica, Grum Moss, e o ministro da Marinha, Silvio Heck, foram chamados pelo presidente, que lhes comunicou a sua decisão. Os ministros militares pediram a Jânio que a revisse, declarando que ele poderia contar com o apoio das Forças Armadas, que comandavam; Jânio interrompeu a manifestação de apoio dos militares: "Meus amigos, poupemo-nos esses constrangimentos, quando nada em homenagem ao meu gesto. Minha decisão é definitiva".[989]

A seguir, Jânio deixou o Palácio do Planalto, dirigiu-se ao Palácio da Alvorada, e dali, com sua esposa e sua mãe, seguiu às 11h00 para São Paulo, deixando sua carta de renúncia com Pedroso Horta, para ser encaminhada ao Congresso às 15h05, quando os seus termos seriam formalmente divulgados à imprensa; por essa altura, o ex-presidente já teria pousado na base militar de Cumbica, em São Paulo.[990]

- **O fato e a notícia**

Ainda antes do meio-dia, os ministros militares enviaram um emissário ao presidente da Câmara, Ranieri Mazzilli, do PSD paulista, convidando-o a encontrá-los no Ministério da Guerra. Estes informaram a Mazzilli do fato, e da existência de uma carta firmada por Jânio a ser encaminhada ao Congresso naquela tarde. Deixando a reunião, Mazzilli encontrou-se com o deputado mineiro, também do PSD e líder da maioria – a oposição parlamentar a Jânio – José Maria Alkmin, a quem pediu que convocasse os demais líderes dos partidos para uma reunião, para a eles transmitir a notícia que vinha de receber.[991]

A partir desse momento teve início a propagação do fato da renúncia, e o processo parlamentar subsequente foi deflagrado em Brasília. Duas questões jurídicas logo se puseram. A primeira referia-se à natureza da renúncia, e a sua solução era simples; sendo a renúncia um ato unilateral, não dependia a sua eficácia da homologação por quem quer que fosse, e do ato da renúncia irradiavam-se imediatamente os seus efeitos, irreprimíveis e irrevogáveis. A outra questão, ainda mais simples: nos termos da Constituição, impedido o presidente da República, era ele substituído pelo vice-presidente, e este pelo presidente da Câmara Federal.

Consumada a renúncia, o passo seguinte, que nitidamente se pôs ao Congresso, era dar posse ao deputado Ranieri Mazzilli, que exerceria interinamente a Presidência da República até o regresso ao Brasil, de sua viagem à China, do vice-presidente eleito, João Goulart. Em torno do meio-dia o fato da renúncia já estava equacionado politicamente, e a sua notícia ganhava o rádio, e era difundida por todo o Brasil.

Contudo, não seriam os parlamentares em Brasília a única força atuante na cena política nacional, como logo ficou evidente.

San Tiago se despedira da Câmara na véspera, na manhã do dia 24, e à tarde teria deixado Brasília, regressando ao Rio de Janeiro. Os jornais do dia seguinte noticiaram o seu discurso, enfatizando o seu registro de que, entre nós, o regime democrático já deitara "raízes fundas" em nosso solo político. Vinte e quatro horas depois desse registro, essas raízes foram arrancadas do solo no qual San Tiago as havia visto firmes. A notícia da renúncia teria alcançado San Tiago no Rio de Janeiro. E San Tiago seguiu para Belo Horizonte.[992]

• A Constituição

Às 13h00, Pedroso Horta entregou ao presidente do Senado, Auro de Moura Andrade, do PSD paulista, (e do Congresso, quando as duas casas legislativas se reuniam em sessão única), a carta de renúncia, que naquele momento era lida aos jornalistas de Brasília por Carlos Castello Branco, assessor de imprensa do ex-presidente.[993] Em plenário, o senador leu a carta de renúncia e declarou ter "confiança nas Forças Armadas, no espírito patriótico do nosso povo (...) e no Congresso Nacional (...) numa solução que convenha, realmente, aos interesses da democracia". Por volta das 16h00, teve lugar a sessão conjunta da Câmara e do Senado, e, embora já fosse de conhecimento público, foi formalmente dada ciência ao Congresso Nacional da renúncia do presidente da República. Acrescentou o senador que, sendo a renúncia um "ato de vontade do qual deve tomar conhecimento o Congresso", ou seja, um ato unilateral que, portanto, não dependia de homologação ou ratificação por parte do Parlamento para gerar os efeitos visados pelo seu autor, nos termos da Constituição Federal, "caberia ao presidente da Câmara dos Deputados assumir a Presidência da República".[994]

Pouco depois das 17h00, do mesmo dia 25, Ranieri Mazzilli tomou posse no cargo de presidente da República, em cerimônia realizada no Palácio do Planalto, com a presença dos ministros militares, dos generais Pedro Geraldo e Ernesto Geisel, e de um grande número de parlamentares. Em seu curto discurso, Mazzilli disse da sua "firme disposição de manter o regime constitucional", com apoio de seus pares na Câmara dos Deputados, agradeceu "aos senhores ministros da guerra, da aeronáutica e da marinha, a presença deles a sua posse" e concitou à "toda a nação a prosseguir no trabalho patriótico que todos os brasileiros esperam dos responsáveis pelos destinos nacionais".[995] O presidente em exercício manteve no cargo os ministros militares, aceitou a demissão de todos os demais integrantes do gabinete de Jânio, e nomeou chefe da casa militar do novo governo o general Ernesto Geisel, irmão mais moço do general Orlando Geisel, chefe do gabinete do ministro da Guerra, marechal Odylio Denys.[996]

A corte dos parlamentares aos representantes das Forças Armadas, em meio à simples execução de atos eminentemente civis em estrito cumprimento de normas legais pelo presidente do Congresso e pelo presidente interino da República, trazia à cena o receio de uma intervenção militar no processo político, como se dera na eleição do general Dutra, em 1946, e na posse de Juscelino, em 1956, garantida pela ação do general Lott e do atual ministro da Guerra, o marechal Odylio Denys. Contudo, a corte dos congressistas aos militares seria em vão.

A movimentação no meio militar fora deflagrada em sequência à notícia da renúncia, e o seu motivo era o cumprimento da regra constitucional que, claramente, previa a assunção da presidência pelo vice, João Goulart, àquela altura escalando em Singàpura, de volta da viagem oficial que fizera à China comunista, (como o léxico da Guerra Fria a referia), em missão que lhe fora designada por Jânio, e onde era informado da renúncia do titular da presidência.[997]

• O veto verbal

Logo depois de sua posse, Mazzilli teria tido conhecimento do veto – verbal – das Forças Armadas à posse de Jango, expresso pelo marechal Denys. E Mazzilli teria informado a Juscelino do veto militar pelo deputado Abelardo Jurema, enviado por Mazzilli ao seu encontro no Rio de Janeiro; Juscelino teria entrado em contato com o marechal Lott, já na reserva, e este o teria informado que iria defender publicamente a posse de Jango.[998] Por volta das 17h30, Juscelino declarou à imprensa que tudo estava tranquilo no país, segundo as informações de que dispunha; e que a presença do marechal Denys no Ministério do Exército, que, para surpresa de alguns influentes elementos militares fora mantido no cargo por Jânio, era "a segurança e garantia da legalidade"; e, acrescentou Juscelino, ninguém melhor do que ele sabia disso, referindo-se à atuação decisiva de Denys para assegurar a sua posse na presidência, em 1956.[999]

• San Tiago e a legalidade

San Tiago terá chegado a Belo Horizonte no meio da tarde do mesmo dia da renúncia, 25 de agosto, sexta-feira, e à noite, reuniu-se com seus colegas do PTB mineiro e com líderes sindicais. Ao fim da reunião, San Tiago fez "um apelo público à união nacional e em defesa da legalidade constitucional".[1000]

Ao final do dia 25, o ato da renúncia já havia sido absorvido no processo político, cujo objetivo se afirmava no Congresso: dar posse ao vice-

-presidente da República, João Goulart, assim que ele retornasse ao país. Porém, o veto verbal dos militares insinuara-se no processo político. E a defesa da legalidade constitucional converteu-se em sinônimo da posse de João Goulart na Presidência da República.

- **A reação ao veto militar**

O veto verbal dos militares à posse de Jango na presidência, comunicado a Mazzilli na tarde do dia anterior, só seria divulgado ao longo do sábado, 26, dia seguinte à renúncia.

Pela manhã, na Câmara dos Deputados, assim como no Senado, em sessão permanente, oradores expressavam a sua confiança na posse do vice-presidente, alguns citando a garantia das Forças Armadas ao cumprimento da Constituição.[1001] E a imprensa noticiava que a "posse tranquila a Goulart, é o pensamento dos chefes militares"; e transcrevia uma nota do PSD, cautelosa e sem citar o nome de Jango, que o desejo do partido e do povo brasileiro era "que tudo se processasse rigorosamente dentro dos quadros constitucionais".[1002]

Contudo, por volta das 16h00, chegou ao Congresso a notícia de que o marechal Denys declarara aos deputados gaúchos do PTB, Ruy Ramos e Mário Gomes, que o vice-presidente não assumiria a Presidência da República. Denys, além dos dois deputados, recebera uma comissão de parlamentares do PTB, a qual repetira a declaração do veto militar à posse de Jango.[1003]

A reação ao veto militar foi imediata, e desdobrou-se em diferentes planos. No Congresso, parlamentares foram às tribunas do Senado e da Câmara para protestar pela defesa da Constituição e, portanto, pela posse de Jango na Presidência da República, tão logo ele retornasse ao Brasil. O deputado Sérgio Magalhães, do PTB da Guanabara, no exercício da Presidência da Câmara, distribuiu nota oficial afirmando que "na presidência, ainda que eventual, da Câmara, não receberia, não daria prosseguimento, não despacharia qualquer emenda constitucional. Não se reforma a Constituição, em regime de anormalidade nem em crise". E concluía: "prefiro a guerra civil à desmoralização do Poder Legislativo, que é a viga mestra do regime democrático".[1004]

O confronto direto entre o poder político civil e o poder bélico das Forças Armadas fora delineado. E foi o governador gaúcho que confrontou a posição das Forças Armadas e disso deu notícia às 03h00 da madrugada do domingo 27. Pela rádio local, Brizola lançou uma proclamação afirmando que, "como legítimo governador do Rio Grande do Sul", não permitiria que "a honra do nosso estado e a Constituição da República fossem ultrajadas"; e reagiria, "se preciso for, à bala".[1005] E a seguir, divulgou um manifesto, no qual dizia que "o governo do estado" havia sido "apenas notificado da renúncia do Senhor Presidente da República" e que, "por motivo dos acontecimentos, como se impunha, o governo deste estado dirigiu-se ao vice-presidente da República, doutor João Goulart, pedindo o seu regresso urgente ao país, o que deverá ocorrer nas próximas horas".[1006]

Brizola já havia mobilizado a capital gaúcha em torno do Palácio Piratini, a sede do governo, e conclamava a população à defesa da posse imediata de Jango em sucessivos pronunciamentos à frente de uma rede de retransmissões radiofônicas, a "cadeia da legalidade", que daria ao seu movimento e à sua arrebatada oratória projeção nacional.

O destemor de Brizola, publicamente expresso menos de quarenta e oito horas depois da renúncia de Jânio, abriu no Rio Grande do Sul uma frente de resistência a qualquer óbice à posse de Jango; e, ao reclamar o retorno imediato de Jango ao país, Brizola lançou um desafio concreto às Forças Armadas extremando a defesa da Constituição, reclamada no Congresso.

• San Tiago e a posse de Jango

Pela manhã daquele dia 27 de agosto, San Tiago reuniu-se com Mazzilli e reagiu à notícia publicada na véspera, em um único matutino carioca, de que tivesse comparecido "à reunião para examinar fórmulas, como emendas parlamentaristas e outras". Os contatos que vinha mantendo, afirmou, visavam "exclusivamente assegurar a posse do sr. João Goulart no momento em que retornar ao Brasil". A seguir, a bancada do PTB emitiu nota informando que, pelo telefone internacional, fora dirigido a Jango "veemente apelo para que este adiasse, por dois dias, a sua vinda para o Brasil, a fim de permitir que lhe sejam enviadas, por portador idôneo, notícias completas da situação política e social do País". E que "o sr. João Goulart, que deseja seguir imediatamente de Paris para Brasília, concordou em aguardar a chegada do emissário, o qual partirá ainda hoje, por via aérea, ao encontro do Presidente da República". A nota foi assinada pelo deputado Almino Afonso e pelo vice-presidente nacional do PTB, San Tiago Dantas.[1007]

No Rio de Janeiro, o marechal Lott divulgou um manifesto aos seus "camaradas das Forças Armadas e ao povo brasileiro" conclamando "todas as forças vivas do país para tomar posição no respeito à Constituição". O ministro do Exército, general Denys, reagiu com rara truculência; determinou a prisão de Lott e o seu recolhimento às celas da fortaleza da Laje, uma inóspita ilha rochosa encravada no meio da baía de Guanabara.[1008]

A resistência ao veto militar oposta no Congresso, o repto de Brizola no Rio Grande do Sul, o manifesto do marechal Lott e a sua prisão revelaram ao país uma crise militar, no bojo de uma crise política, deflagrada pelos chefes das Forças Armadas, cujos principais lances até então tinham tido lugar na nova capital.

• O impasse

A dinâmica política ganhou um ritmo frenético. Havia um presidente designado pela Constituição fora do país, um presidente interino no país, a insubordinação militar expressa em um veto verbal ao cumprimento da Constituição, um estado da federação rebelado, um Congresso dividido entre a busca de uma solução de compromisso e o estrito cumprimento da Constituição. Por um momento, não se podia antever o desfecho da conflagração que parecia tomar conta do país.

No início da tarde do dia 27 de agosto, o general Machado Lopes, comandante do III Exército, o maior do país, estacionado no Rio Grande do Sul, mas com jurisdição até o Paraná e cobrindo toda a faixa fronteiriça sul do território nacional, comunicava ao Ministério do Exército a posição do governador Brizola, de resistir à "ação que impeça a posse de João Goulart", e, acrescentava, ser a posição de um grande número de oficiais do Exército sob seu comando o cumprimento das regras constitucionais sobre a posse do vice-presidente.[1009] A crise militar agravava-se.

• San Tiago e Jango

Às 14h00 (hora de Brasília) daquele domingo, 27 de agosto, Jango chegou a Paris vindo da China, que visitara em viagem oficial. E informou ao embaixador Carlos Alves de Sousa que, seguindo o "conselho (telefônico) de seus correligionários, de qualquer forma iria para o Brasil assumir o governo", mas ainda iria marcar a data de seu retorno.[1010]

De Brasília, San Tiago conversou por telefone com Jango em Paris. A ligação foi feita da residência do padre Vidigal, do PSD, de Minas Gerais, presentes, além do anfitrião, os deputados Gileno Dé Carli e Gustavo Capanema.[1011] A fala de San Tiago foi anotada pelo deputado Gileno Dé Carli, do PSD de Pernambuco, uma das testemunhas da conversação, e que a publicou em livro lançado em setembro daquele mesmo ano de 1961, sobre a crise da renúncia de Jânio.

San Tiago informou a Jango ser a situação "muito tensa e confusa. Os militares, através dos seus ministros, haviam vetado a sua vinda, sob a alegação de questão de segurança nacional". Acrescenta San Tiago: "Sei que os militares não teriam motivos para impor o veto", e "como o sr. afirma, que o marechal Denys é seu amigo". Mas, "segundo os militares", eles teriam sido obrigados a tomar essa medida devido às circunstâncias presentes, tal como eles as viam. "Estive com eles e continuam intransigentes, declarando mesmo, ao serem por mim interpelados, que se o sr. vier ao Brasil, e pisar em solo brasileiro, o sr. será preso".[1012] Prossegue San Tiago: "mas, eu quero lhe informar que eu, como também seus amigos do PTB e do PSD, estamos intransigentes contra a tese do impedimento, e o Congresso Nacional jamais concordará com o seu afastamento do cargo de Presidente da República". A seguir, San Tiago refere a Jango o drama que se desenrolava no país, em um "clima da mais alta emoção" e que assim não valeria a pena "um sacrifício inútil de sua parte" se, com um "pouco de cautela se poderá chegar a uma boa solução". O dispositivo militar, observa San Tiago, "está intacto", porém das conversas que mantinha com os militares, a sua "firme convicção é de que se o sr. nos der tempo para importantes entendimentos nessas áreas, a nossa causa sairá vitoriosa". Acrescenta ser compreensível o desejo de Jango de regressar imediatamente ao Brasil, "mas se trabalharmos com inteligência, obteremos a vitória com sua posse, sem guerra civil". E conclui San Tiago dizendo que "os militares estão começando a aceitar a emenda parlamentarista".[1013]

Em seguida à conversa telefônica com Jango, San Tiago renuiu-se com colegas do PTB, e a eles referiu a conversa com Jango, inclusive a sua sugestão de o presidente aguardar em Paris uma solução para a crise que se formara, não regressando ao Brasil nas próximas quarenta e oito horas, e que a solução parlamentarista já estava sendo cogitada no Congresso.[1014]

A renúncia de Jango ao mandato de vice-presidente e o exercício desse cargo, tal prescrito na Constituição, estavam descartados na cena política daquele momento: nem Jango renunciaria, nem as Forças Armadas o deixariam simplesmente assumir a Presidência da República. E a emenda parlamentarista já estava na pauta política, como solução à crise – embora não estivesse ainda sendo considerada pelos militares, como San Tiago antecipava otimista. E Jango concordara em postergar o seu retorno ao Brasil.

Naquele mesmo dia, Juscelino visitou Tancredo em seu apartamento pela manhã, e à tarde Tancredo foi ao encontro de Juscelino em seu apartamento, no Rio de Janeiro. Como de hábito, nada transpirou das conversações dos dois sagazes políticos mineiros.[1015]

- **Reunião em Palácio**

Na manhã do terceiro dia da renúncia, segunda-feira, 28 de agosto, Mazzilli convidou as lideranças partidárias da Câmara e do Senado ao Palácio do Planalto para reunirem-se com os ministros militares; participaram do encontro o general Ernesto Geisel e vários parlamentares, entre eles Tancredo Neves e San Tiago, ambos sem mandato: Tancredo não se candidatara nas eleições de 1958, e San Tiago renunciara ao seu mandato havia quatro dias. Aos presentes, o marechal Denys reafirmou que as classes armadas estavam "inteiramente unidas na defesa da ordem pública e da segurança nacional", e que, assim, a posse de Jango não poderia ter lugar. Indagado o marechal se a incompatibilidade com a posse de Jango era absoluta, ou se, com a modificação do regime (presidencialista), ela poderia ser superada, Denys teria respondido que "os ministros militares cumpriram a sua obrigação; cabia aos políticos cumprir o seu dever". Indagado ainda que tipo de solução política contaria com a aquiescência das Forças Armadas, o marechal observou que "o problema era de natureza política e não lhes [aos militares] cabia dar nenhuma sugestão".[1016]

Os ministros militares deixaram a reunião, e o deputado petebista Almino Afonso informou aos seus colegas que, havia pouco, conversara por telefone com Jango e este lhe dissera que estaria disposto a correr todos os riscos inerentes ao cumprimento de seu dever, porém ele, Jango, estava advertido de que naquele instante o PTB "não tinha condições de assumir a chefia política da nação sem uma composição com outras forças, razão por que ele estava com espírito aberto para dialogar com todas as agremiações políticas, inclusive em termos de formar um governo de coalizão nacional; e Jango tinha conhecimento, por telefonema anterior, (de San Tiago, que reportara a conversa aos líderes petebistas) de que fora sugerida a edição de uma emenda parlamentarista, e que o PTB, em última hipótese, poderia analisar aquela medida".[1017]

A seguir, o deputado Menezes Côrtes, da UDN, presente à reunião, passou a defender a solução parlamentarista, e imediatamente propôs que as lideranças partidárias ouvissem as suas bases. A reunião foi suspensa às 12h00, e às 13h00 era distribuída aos parlamentares nota dos militares, dirigida ao presidente da República em exercício, na qual eles "manifestam absoluta inconveniência, por motivos de segurança nacional, do regresso ao país do vice-presidente João Goulart".[1018]

Recebendo esta nota, Mazzilli a enviou ao presidente do Senado. Em seguida no mesmo dia 28, o PSD divulgou nota oficial, dando apoio integral à posse de Jango, afirmando a "irreversível posição de fidelidade à Constituição" e o seu propósito de "assegurar a posse legítima ao sr. João Goulart no exercício do cargo de presidente da República". A bancada federal do PTB e a sua Comissão Executiva publicaram, também na mesma data, nota assinada pelo seu líder, Almino Afonso, e seu vice-presidente nacional, San Tiago Dantas, informando que dirigiram a Jango, "pelo telefone internacional, um veemente apelo para que este adiasse, por dois dias, a sua vinda para o Brasil, a fim de permitir que lhe sejam enviadas por portador idôneo notícias mais completas da situação política e social do país". E Jango aceitara o apelo.[1019]

• A recusa de Machado Lopes

Por volta das 06h00 da manhã do dia 28, uma ordem expedida pelo ministro do Exército, em mensagem de rádio transmitida pelo seu chefe de gabinete, Orlando Geisel, ao quartel do III do Exército, em Porto Alegre, chegou ao conhecimento do comandante Machado Lopes. Pouco depois, ele foi ao encontro do governador Brizola no palácio para informá-lo de que não cumpriria a ordem que vinha de receber, para destituí-lo do governo do estado, usando a força se necessário.[1020] O general explicou ao governador que a sua posição se devia à defesa, que ele entendia devida, do cumprimento da Constituição e que, assim, fosse dada posse ao vice-presidente João Goulart.

A ida do comandante do III Exército ao encontro do governador e a sua decisão foram logo divulgadas por Brizola no rádio, acrescentando este que haveria um entendimento perfeito entre o seu governo, o III Exército e a V Zona Aérea. E que havia falado com Jango naquela data, "levando-lhe o nosso desejo de que regressasse imediatamente ao nosso país".[1021] No começo da tarde, o Congresso seria informado das declarações de Brizola pelo deputado gaúcho Ruy Ramos.[1022]

Brizola divulgou que recebera o apoio do general Machado Lopes à sua posição, e não da convergência das posições de ambos, em relação ao cumprimento da regra constitucional. Embora imprecisa a afirmação divulgada por Brizola, e pelos deputados gaúchos que falaram naquela tarde na Câmara, a coincidência de posições em defesa da legalidade alterava significativamente a escala da crise.[1023] A partir daquele momento, no sul do país, do Rio Grande ao Paraná, o cumprimento da Constituição seria defendido por uma fração significativa do Exército e da Aeronáutica, contrariando o comando central das Forças Armadas.

A situação política do país chegava ao seu grau máximo de inquietação desde o dia 25. Agora, a possibilidade de uma guerra civil, antes cogitada, era real. Mas, naquele mesmo dia 28, a fórmula do parlamentarismo prosperava no Congresso.

Na madrugada de terça-feira, 29 de agosto, foi formada uma comissão mista de deputados e senadores para opinar sobre o veto, agora formalizado, das Forças Armadas à posse de Jango, comunicado ao presidente em exercício, e a Comissão poderia sugerir uma proposta de emenda constitucional instituindo o regime parlamentarista.[1024]

• Mensagem de San Tiago a Jango

A 29 de agosto, às 08h40 da manhã em Brasília, às 12h40 (hora de Paris), San Tiago liga para o embaixador do Brasil em Paris, Carlos Alves Souza, narra a situação e lhe pede para transmitir uma mensagem a Jango.[1025] O Congresso havia recebido no dia anterior a mensagem de Mazzilli transmitindo o veto formal dos militares à posse de Jango, sob alegação de ser "inconveniente para a segurança nacional". Uma comissão do Congresso havia sido constituída para examinar o teor da mensagem de Mazzilli, e "opinaria em quarenta e oito horas". "Tinha-se a impressão", diz San Tiago, "que o Congresso não votaria o impedimento de Jango, desejado pelos militares", e a emenda parlamentar era a "fórmula que estava ganhando terreno"; e, depois de examinada por alguns deputados, o marechal Denys seria "sondado a respeito". Segundo San Tiago, o esquema militar não era "tão rígido como parecia nos primeiros momentos", e existiriam "outros militares que não desejariam violentar a Constituição, nem condenar o vice-presidente". As comunicações de Brizola, prossegue San Tiago, eram em Brasília consideradas "exageradas e de um otimismo um tanto exaltado". Não era exato, inclusive, que o III Exército estaria "intransigente" a favor de Jango, pois, como veio a se saber, o seu comando havia declarado que "apenas desejava a preservação da Constituição", o que tanto pode acontecer, acrescenta San Tiago, "através da posse de Jango quanto de uma solução votada pelo Congresso".

Finda a mensagem ditada, San Tiago conversa com o embaixador e pede-lhe as suas impressões sobre Jango, e dele ouviu que o vice-presidente estava sereno e lhe dava a impressão de que estaria disposto a aceitar uma fórmula que não implicasse a quebra da legalidade, da tranquilidade pública e de obediência aos preceitos constitucionais. Inclusive, Jango não se mostrava infenso à emenda parlamentarista e teria autorizado o deputado Franco Montoro, do PDC paulista, e que o acompanhava na viagem, a fazer essa declaração ao governador de São Paulo, Carvalho Pinto.[1026]

• A resposta de Jango

Ao fim de sua conversa com o embaixador, San Tiago solicitou-lhe que pedisse a Jango que ligasse tão logo possível para Brasília, no telefone número 23.182. Pouco depois, Jango tomou conhecimento da conversa com San Tiago, e, com auxílio do embaixador, redigiu uma resposta para ser transmitida a San Tiago, que aguardava a ligação de Jango naquele número em Brasília. A ligação foi feita às 15h00 (hora de Paris), 11h00 em Brasília.

Jango informou a San Tiago haver tomado conhecimento da conversa dele com o embaixador Alves de Souza. Diz que a "diversos amigos, já afirmei estar de espírito aberto para qualquer entendimento alto no sentido da preservação da ordem legal", e que, como o amigo San Tiago sabia, jamais alimentou "ambições de ordem pessoal"; o seu desejo era a "preservação da ordem constitucional indispensável à tranquilidade da nação e o seu desenvolvimento", desejo o qual, acreditava, "se conciliava ao das forças responsáveis pelos destinos do país". E conclui: "Dentro dessa linha de pensamento, todos os que estiveram empenhados na preservação das nossas instituições terão em mim um aliado".[1027]

Em seguida, San Tiago pediu ao embaixador que redigisse, com o vice-presidente, uma curta proclamação aceitando o regime parlamentarista. Redigida a proclamação, ela foi lida a San Tiago pelo embaixador ao telefone; San Tiago sugeriu uma pequena correção, que Jango aprovou. A proclamação seria divulgada aos representantes das agências noticiosas internacionais e aos correspondentes brasileiros em Paris, para uma entrevista na Embaixada, o que, todavia, não teria ocorrido. Na proclamação, Jango afirmava que lhe cabia, "nos termos da Constituição, assumir a Presidência da República, em virtude da renúncia do Presidente Jânio Quadros"; e que regressaria ao Brasil, "a fim de cumprir os deveres constitucionais que me são impostos e que decorrem do mandato que o povo me conferiu pela segunda vez". Havia interrompido em Paris sua viagem de regresso, "atendendo a apelos de inúmeros amigos e destacados membros do Congresso Nacional, que me afirmaram considerarem essa atitude uma colaboração de minha parte aos entendimentos em curso em Brasília no sentido de assegurar a manutenção do regime e da paz interna". E concluía, afirmando estar, "como sempre, de espírito aberto a qualquer alto entendimento no sentido da preservação da legalidade e da defesa dos sagrados ideais da Pátria"; em seu entender, "nenhum Governo poderá ser instalado no País senão com base no congraçamento de todas as forças responsáveis do Brasil". E que o "PTB dará seu apoio no Congresso à emenda parlamentarista".[1028]

A proclamação não seria divulgada. Mas, no dia 29 de agosto, já estava em curso a redação da subemenda à emenda de Raul Pila tramitando no Congresso, que previa a instituição do regime parlamentarista; San Tiago é um dos redatores, ao lado de Nestor Duarte, Gustavo Capanema e Afonso Arinos.[1029] Nessa subemenda, era sugerido que, "para ganhar autenticidade que necessita", deveria ser prevista a realização de um referendo popular, para decidir sobre a permanência, ou não, do regime parlamentarista.[1030] Nesse mesmo dia 29, no Congresso, o relator Oliveira Brito, da Comissão Mista criada para apreciar as consequências jurídicas e políticas da renúncia de Jânio diante do veto militar à posse de Jango, divulgou o seu parecer. O relator sugeria ao Congresso Nacional "a votação de emenda constitucional instituindo o regime parlamentarista, dentro dos moldes que mais se adaptam às condições do Brasil e atendam às circunstâncias da conjuntura atual da vida brasileira, ressalvados os mandatos eletivos vigentes". E que a Câmara e o Senado adotassem normas uniformes para tramitação da referida emenda.[1031]

• Nova conversa com Jango

Ao final do dia 29 de agosto, início da madrugada do dia 30 em Brasília, uma nova ligação a Jango foi feita, este ainda em Paris, de onde partiria, às 13h30, do dia 30, para Nova York e de lá "seguiria para o Brasil".[1032] San Tiago expõe longamente a situação a Jango, relatando os acontecimentos, dizendo que o regime estava em perigo iminente. Em resposta, que San Tiago reproduz aos ouvintes em voz alta, Jango disse que "não poderia nem deveria apresentar meu pedido de renúncia, porque seria uma covardia". Mas, se "amigos, [que estavam] vivendo o drama com tanta intensidade, julgarem que, para preservar a paz social e evitar o derramamento de sangue, o Congresso Nacional, que tem sido tão formidável em sua atuação, deve votar o meu impedimento, que o faça. É uma questão de consciência dos congressistas". A seguir, Juscelino disse a Jango que a situação era "dificílima e que a sobrevivência do regime estava por minutos"; Juscelino nada pediu "especificamente, a não ser, em termos gerais, que Jango não sacrificasse o regime". Jango respondeu que "aceitava o parlamentarismo e que deixava ao Congresso a Suprema Decisão".[1033]

• Machado Lopes resiste

Pouco depois, o marechal Denys expediu a ordem de remoção do general Machado Lopes do comando do III Exército; às 11h00, foi divulgada a resposta de Machado Lopes à nomeação do general Cordeiro de Farias para substituí-lo: "O III Exército está coeso e não mais acatará a ordem de vossa excelência e agirá por conta própria para assegurar a Constituição". Cordeiro de Farias, contudo, não seguiu para o Rio Grande do Sul. "Ficou remanchando", diria mais tarde o general Ernesto Geisel, e assim a sugestão dos irmãos Orlando e Ernesto, para afastar militarmente Machado Lopes e dar cumprimento estrito à ordem do ministro do Exército, de silenciar Brizola, viu-se descartada, inclusive por Denys.[1034] Às 13h00, Juscelino em discurso apelou às Forças Armadas que não se opusessem a toda a nação e defendeu o direito de posse de Jango. E uma mensagem de apoio, com assinatura de mais de cem congressistas, foi enviada ao comandante do III Exército.[1035]

• O manifesto frustro

Pela manhã, os ministros militares divulgaram um manifesto ao país, no qual, invocando o "dever constitucional, de responsáveis pela manutenção da ordem, da lei e das instituições democráticas", as Forças Armadas já haviam manifestado ao presidente da República, (em exercício), "como amplamente divulgado", a "absoluta inconveniência na atual situação do regresso ao país do vice-presidente João Goulart".[1036] Um texto prolixo, exemplo do arrevesado estilo castrense do tenente-coronel Golbery do Couto e Silva, que o redigiu, o manifesto não traz uma proposição: reclama do "regime que atribui ampla autoridade e poder pessoal ao chefe de governo, o sr. João Goulart".

Áspero e factualmente inexato quanto à situação do país, o manifesto era, sobretudo, um lamento de uma iniciativa frustra: o golpe militar, sem um "usurpador", e sem unidade de forças, estiolara-se; ao enfrentamento direto de forças contrárias, prevaleceram os pronunciamentos militares.[1037]

• As Forças Armadas cedem

A 30 de agosto, João de Segadas Viana, o mais antigo general de quatro estrelas do Exército, foi a Brasília transmitir ao marechal Denys o apoio de generais à solução parlamentarista em curso no Congresso; na madrugada seguinte, 31, Denys reuniu os ministros militares, alguns generais, o comandante do I Exército, Cordeiro de Farias, e todos concordaram em "apoiar a decisão soberana do Congresso".[1038] Às 15h00, Jango chegou a Buenos Aires, e, por essa altura, o petebista gaúcho, Ruy Ramos, comunicava ao plenário da Câmara que, reunidos na madrugada daquele dia, os chefes militares, inclusive o marechal Denys, haviam decidido apoiar a decisão que o Congresso tomasse em relação à investidura de Jango na Presidência da República. Na tarde daquele mesmo dia, o comandante do II Exército expediu nota informando que os ministros militares haviam aceitado a solução parlamentarista.[1039]

• O negociador sutil

No mesmo dia 31, a imprensa divulgou um manifesto de Tancredo: "O que a nação deseja, reclama e impõe é o respeito à nossa Constituição, que todos juramos amar e defender. Não sejamos perjuros".[1040]

Avançando a tramitação da emenda parlamentarista no Congresso, Mazzilli se reuniu com Tancredo em Brasília, e lá, pessoalmente, "instou [lhe]" ir a Montevidéu encontrar-se com Jango e ouvi-lo sobre os termos de seu retorno à Brasília, para assumir a Presidência da República. Tancredo a seguir reuniu-se com o general Ernesto Geisel, chefe da Casa Militar de Mazzilli, a quem coube formular e executar as ações e as providências logísticas indispensáveis, inclusive aprestando o (avião) *Viscount* presidencial, para que a viagem de Tancredo fosse "coberta de êxito", como este recordaria.[1041] Segundo os entendimentos mantidos por Tancredo em Brasília, Jango com ele retornaria no *Viscount* Presidencial diretamente à capital. Havia o receio de que Jango, desembarcando em Porto Alegre, ignorasse a sua concordância com a fórmula parlamentarista e aderisse à proposta de Brizola de dar-lhe posse, assumindo Jango a presidência desafiando a emenda parlamentarista, que seguia o seu curso no Congresso, mas ainda não havia sido votada e promulgada.

Em sucinta declaração à imprensa, Tancredo, antes de embarcar, confirmou a sua ida a Montevidéu ao encontro de Jango, em "missão pacífica". Indagado quais seriam os termos dessa missão, Tancredo respondeu que ela seria "em termos de legalidade", aduzindo que era a favor da posse de Jango na presidência, e, se "a sua missão compreendesse outros termos, ele não a aceitaria".[1042] O avião presidencial partiu do Aeroporto Santos Dumont, com Tancredo a bordo, com destino a Montevidéu na manhã do dia 31 de agosto. Jango chegou a Buenos Aires na tarde desse dia 31, e às 19h00 chegou a Montevidéu.[1043]

- **Diálogo em Montevidéu**

Na manhã de 1º de setembro, na Embaixada do Brasil em Montevidéu, Tancredo ouviu de Jango suas ponderações sobre as limitações que o regime parlamentarista imporia ao exercício da sua presidência, mas, observou Tancredo, ser "aquela a única saída pacífica"; ele, Jango, "poderia até chegar ao poder dentro do presidencialismo, mas passando por uma guerra civil". Jango, que já autorizara seu partido a negociar uma solução para a crise e já estava informado do alvitre parlamentarista desde o início da crise, viu a questão se definir com os argumentos sobriamente expostos por Tancredo. Porém, uma distração da rota negociada por Tancredo para o retorno de Jango e a sua posse se impôs: instado por Brizola e correligionários seus, Jango decidiu fazer uma escala em Porto Alegre em sua viagem de retorno a Brasília. Tancredo negociou a proposição de Jango, provavelmente com o general Ernesto Geisel, e obteve o compromisso de ambas as partes, de que Jango escalaria em Porto Alegre, mas não faria nenhum pronunciamento público ao chegar à capital gaúcha. Jango cumpriu "rigorosamente" o acordo. Desembarcou em Porto Alegre, dirigiu-se ao Palácio Piratini, chegou à sacada, acenou aos que o aguardavam, mas não se pronunciou, ao contrário do que Brizola pretendia.[1044]

Ao deixar a Embaixada do Brasil em Montevidéu, onde se reuniu com Jango, indagado pelos jornalistas dos resultados desse encontro, Tancredo declarou que "colocara o vice-presidente a par da situação do Brasil", negando-se, porém, a dar "mais pormenores".[1045] Em um pouso inesperado do *Viscount* no Aeroporto de Congonhas, em seu regresso de Montevidéu, por volta das 20h00 do dia 1º, devido às más condições atmosféricas em Brasília, Tancredo concordou em falar brevemente à imprensa; declarou que "o sr. Goulart encontra-se no mais alto propósito de aceitar qualquer solução que venha assegurar a integridade do regime democrático brasileiro. Dessa forma, o sr. João Goulart aceita qualquer decisão do Congresso, desde que sejam respeitados os direitos que asseguram a Constituição". E acrescentou que "tão logo, (ele, Tancredo) cheg[ar] a Brasília, farei entrega ao presidente Ranieri Mazzilli e ao Senado dos resultados positivos das negociações que mantive com o senhor João Goulart".[1046]

• Emenda parlamentarista aprovada

Na madrugada do dia 2 de setembro, por duzentos e trinta e três votos a favor e cinquenta e cinco contra, a Câmara dos Deputados aprovou emenda constitucional instituindo o regime parlamentarista do governo, que tomou o nome de ato adicional. Por volta do 12h00, a emenda foi submetida ao Senado Federal, que ao fim do dia a aprovou, por quarenta e oito votos favoráveis e seis contrários, entre estes o do ex-presidente Juscelino Kubitschek, eleito senador por Goiás. Trinta deputados da bancada petebista seguiram o seu líder, Almino Afonso, votando contra a emenda, porém dezenove deputados petebistas seguiram San Tiago, votando a favor da emenda.[1047]

Um complô urdido por alguns oficiais da Aeronáutica – Operação Mosquito –, que pretendia abater o avião que traria o vice-presidente para a capital federal, foi desmantelado pelo general Ernesto Geisel.[1048] Vindo de Porto Alegre, em um *Caravelle* da Varig, Jango desembarcou em Brasília pouco depois das 20h00, do dia 5 de setembro, e foi recebido no aeroporto, entre outros, por Mazzilli, San Tiago e Ernesto Geisel, e dirigiu-se à Granja do Torto.[1049]

• Epílogo

O golpe militar para impedir a posse de Jango na Presidência da República teve no marechal Denys um hesitante porta-voz do poder militar, e não um usurpador que arrojasse suas forças na tomada do poder. E toda a ação militar esgotou-se em proclamações, e em comandos não cumpridos.

Jango, sem ceder à renúncia reclamada pelos militares, desde o primeiro momento não hesitou em conciliar, descartando a sugestão de retorno imediato feita por Brizola, mantendo-se longe dos extremos. Entre retornar imediatamente ao Brasil, desafiando o veto militar, como lhe pedia Brizola, e retardar o seu retorno, como lhe pediam San Tiago e outros interlocutores do PTB, inclusive, para que pudesse ser negociada no Congresso uma alternativa ao veto militar, que veio a ser a emenda parlamentarista votada pelo Congresso, Jango aceitou a última sugestão. Ao contrário do seu cunhado Brizola, Jango tinha um temperamento pacífico e, sobretudo, havia, no caso, a perspectiva concreta de ele assumir a Presidência da República, um fato a qualquer político sedutor, em especial sem o ônus de uma eleição prévia para esse posto. Ainda, era evidente que o Congresso, com o concurso inclusive de muitos de seus adversários políticos, apoiava a sua investidura e trabalhava por viabilizá-la sem deflagrar um confronto aberto com as Forças Armadas, como a posição de Brizola implicaria.

O Congresso, por sua maioria, manobrou evitando o confronto direto com os militares. E a emenda parlamentar surgiu como uma alternativa à crise. Reduziu os poderes de Jango, mas assegurava-lhe a Presidência da República, e, mais importante, haveria a possibilidade de a vigência do novo regime ser submetida à chancela de um plebiscito popular a realizar-se antes da data prevista, isto é, a nove meses do término do exercício do cargo de presidente por Jango, a ocorrer a 31 de janeiro de 1966. Ou seja, o regime parlamentarista trazia, estipulado na lei que o instituía, a senha para sua revogação antecipada – o que ocorreria.

Mas o trajeto de Jango até a cadeira presidencial foi negociado, e a fase final e decisiva desse processo coube a Tancredo Neves. Ao longo da crise, até então, dele, em público, não se ouvira falar; mas, foi ele que se entendeu com o lado militar, representado, naquela altura, pelo general Ernesto Geisel.

Nos dois movimentos para os quais Tancredo concorreu decisivamente, Jango mostrou-se hábil: reconheceu o desassombro de Brizola em defesa de seu mandato, mas não lhe permitiu conduzir a sua investidura na Presidência da República.[1050]

San Tiago, embora ativo naqueles dias, veio a público apenas em três oportunidades ao longo da crise da renúncia. Ao início, para defender a posse de Jango, "a legalidade constitucional", para desmentir uma notícia falsamente a ele atribuída, e, pouco depois, assinando, juntamente com o líder petebista, Almino Afonso, uma nota distribuída pelo partido trabalhista. Mas manteve entendimentos com inúmeros políticos e alguns militares. Não omitiu, desde o primeiro momento, a sua defesa de uma solução negociada para a crise, que rapidamente atingiu um ponto de ruptura institucional, esta, segundo San Tiago, uma hipótese a ser evitada a todo custo.[1051]

San Tiago conversou com a cúpula de seu partido, com seus demais colegas de bancada. E conversou também com o marechal Denys e com o general Ernesto Geisel.[1052]

Embora não se tenha o registro dessa conversa, Geisel o conhecera na Escola Superior de Guerra e guardou a recordação do *Professor*. É possível que o tema central deste encontro tenha sido as consequências jurídicas de uma possível ruptura institucional, por um lado, e, por outro, as alterações na vida política e nas relações de governo que decorreriam da execução da emenda parlamentarista. Fiel à sua linha de conduta, San Tiago não comentaria a sua atuação política nesses dias seguintes à renúncia de Jânio.

• Primeiro-ministro: pretensão e discrição

O drama político da renúncia de Jânio Quadros estava encerrado. Não os seus desdobramentos.

A disputa pela indicação ao cargo de primeiro-ministro iniciou-se logo depois da edição do Ato Adicional que instaurou o regime parlamentarista. Estando Jango ainda em Porto Alegre, a imprensa noticiava que Amaral Peixoto considerava fortalecida a sua posição para assumir o cargo de primeiro-ministro, sobretudo depois de a bancada do PSD haver decidido que esse cargo seria privativo de congressistas e de presidentes de partido. Essa medida tinha um propósito claro: excluir os políticos sem mandato, e esse era o caso de Tancredo Neves e de San Tiago, e também de Amaral Peixoto, porém este, na qualidade de presidente do PSD, seria, nos termos da norma, aceito como um pretendente ao cargo.[1053] Essa regra partidária fora prontamente elaborada no âmbito da direção do partido, e Amaral Peixoto nela apoiado posicionou-se publicamente como candidato do PSD à chefia do primeiro gabinete parlamentarista. E, tão logo Jango chegou a Brasília, na terça-feira, 5 de setembro, antes de sua posse, Amaral Peixoto o procurou para discutir a indicação do primeiro-ministro; mas Jango lhe disse que só o receberia depois de ouvir a bancada do PTB.[1054]

Não apenas com a bancada do seu partido, mas Jango reuniu-se com Tancredo, e ele, Jango, diria mais tarde Tancredo, "colocou-me o problema do primeiro-ministro". Tancredo sugeriu-lhe o nome do deputado mineiro, pelo PSD, Gustavo Capanema.[1055] Por essa altura, Juscelino já avisara a Jango que apoiava o nome de Tancredo, e já o havia sondado pessoalmente, tendo Tancredo anuído ao convite, e apenas pedido que o seu nome fosse submetido à aprovação do PSD.[1056] A esses nomes, somou-se o de Auro de Moura Andrade, presidente do Senado e membro do PSD paulista. Jango voltou a Tancredo e lhe comunicou que o seu nome era o da sua escolha pessoal para ser primeiro-ministro, preferência que logo transpirou no meio político, não por iniciativa de Tancredo, mas abertamente manifestada por Juscelino.[1057]

Contudo, na véspera da posse de Jango na presidência, quarta-feira, 6 de setembro, a questão amanheceu sem uma definição. Pela manhã, as discussões políticas tiveram lugar no apartamento de San Tiago, em Brasília, e à tarde prosseguiram na Granja do Torto, onde Jango residia. A regra urdida na direção do PSD, de restringir a escolha a parlamentares e a presidente de partido mostrou-se insustentável, e logo passou a admitir "figuras eminentes", cabendo, assim, o nome de Tancredo, que, ao final do dia, já era visto como favorito. Mas o impasse subsistia; Jango então referiu a alternativa de escolher entre dois gaúchos desconhecidos, e, a seguir, sondou o nome do Tancredo com o PTB, que a ele não se opôs. A essa altura, o PSD de Minas Gerais, a maior bancada do partido na Câmara, já se voltara para o nome de Tancredo.[1058]

No quadro que se formou, Amaral Peixoto viu desmontado o aparato normativo que excluía Tancredo, e esvaziada a sua pretensão, mas, "oficialmente, como presidente do PSD", procurou Jango e lhe fez uma "solicitação", pedido que Jango fez questão de registrar por escrito: que Jango enviasse ao partido uma "lista tríplice de nomes do PSD para que, dentre eles, fosse escolhido, com apoio das demais organizações partidárias, o presidente do conselho de ministros a ser instalado". Jango alinhou os nomes de Tancredo, Capanema e Auro de Moura Andrade, e fez questão de registrar, por escrito, haver Amaral Peixoto declinado da sua postulação, que primeiro enunciara. Dirigida a carta ao "Almirante Amaral Peixoto", a consulta ao partido foi feita. Amaral Peixoto apoiou Capanema, opondo-se a Tancredo, que, todavia, foi escolhido, em segundo escrutínio, já sem o nome de Auro, recebendo sessenta e dois votos contra quarenta e três atribuídos a Capanema. A indicação de Tancredo foi vista como uma vitória pessoal de Juscelino, que lançou e defendeu a sua candidatura, e uma derrota de Amaral Peixoto, não só em sua postulação pessoal, mas na oposição que liderou ao nome de Tancredo.[1059]

CAPÍTULO 30

POLÍTICA EXTERNA INDEPENDENTE: O FORMULADOR E O EXECUTOR

Nada é mais difícil do que ser independente, nada é mais difícil do que tomar nas próprias mãos as próprias responsabilidades. Nada se faz com maiores dificuldades, com mais duras penas e com mais sérias discordâncias do que essa tarefa que estamos empreendendo em nosso país (...).[1060]

• Governo de gabinete

Acertada a indicação de Tancredo para a chefia do gabinete, a formação deste era a etapa imediata, e, de Tancredo, Jango ouviu a sugestão de que a sua formação atendesse a um critério partidário proporcional. E assim foi feito: Tancredo levou nomes a Jango, os convites foram feitos e aceitos.[1061] A indicação de San Tiago para o Ministério do Exterior foi uma escolha natural; era notória a sua habilitação para ocupar a pasta e era conhecida no meio político a sua atuação na crise da renúncia, quando seguiu sendo um dos mais próximos interlocutores de Jango. Mas foi também resultado de um movimento sutil feito por Tancredo: destinar a pasta do Exterior a um petebista, mesmo este alvo de abertas restrições da bancada do seu partido na Câmara, importou em afastar o PTB da pasta do Trabalho, sempre cara ao partido, mas uma fonte perene de desafios ao governo. E, ainda, viu o PTB completar a sua cota com o Ministério da Saúde, menos maleável a uma política clientelista, um dos flancos do PTB aberto à oposição.[1062]

A manobra de Tancredo era ainda mais ampla. Ao contemplar os maiores partidos e o PDC – com Franco Montoro no Ministério do Trabalho – o primeiro-ministro ganhava um fôlego inicial, para tentar estabilizar a cena política que acabara de ser abalada pela insubordinação militar, afrontando a Constituição e ameaçando a paz interna do país. Mas não se podia ter ilusão sobre o futuro do novo regime de governo, que ao nascer já tinha o seu fim aprazado. O Congresso que instituiu o regime parlamentarista dele emergiu mais presidencialista do que antes: "ninguém votou o sistema parlamentarista com convicção. Todos viram nele uma solução de emergência", diria Tancredo mais tarde.[1063] Essa realidade não seria desconhecida a San Tiago, ele que já havia apontado a inexistência de uma estrutura administrativa indispensável à afirmação desse regime entre nós. Porém, naquele momento, San Tiago o via indispensável à estabilização, ainda que precária, da vida política.

Em meio às discussões para a formação do novo governo, no dia 6, por decreto, o presidente Mazzilli, em um de seus últimos atos, revogou a norma, editada por Jânio, que disciplinava o expediente nas repartições públicas federais; o expediente diário, de segunda a sexta-feira, seria cumprido das 11h00 às 17h30, cabendo ao funcionalismo uma jornada de trinta e três horas e meia de trabalho semanais. Os funcionários públicos lotados em Brasília deveriam cumprir uma jornada de quarenta horas semanais.[1064]

• Jango presidente, Tancredo primeiro-ministro

Às 22h00, do dia 7 de setembro, o presidente do Congresso deu posse a Jango, e no dia seguinte o Congresso aprovou o nome de Tancredo para o cargo de primeiro-ministro, por duzentos e cinquenta e três votos contra vinte e dois, e os nomes que integrariam o conselho de ministros, por duzentos e quarenta e seis contra dez votos. Entre os ministros, San Tiago, e, entre seus colegas de ministério, dois amigos seus: na Fazenda, Walther Moreira Salles, e no de Minas e Energia, Gabriel Passos.[1065]

Moreira Salles, banqueiro, convivia profissionalmente com empresários e mantinha contatos com funcionários do governo norte-americano; e San Tiago, advogado de empresas brasileiras e estrangeiras, tinha larga experiência em questões de diplomacia, desde o início da década passada, acrescia essa experiência indispensável na interlocução com o governo norte-americano. Contava, assim, o governo com interlocutores junto à burocracia norte-americana, aos organismos financeiros internacionais e empresários naquele país. Por essa linha de raciocínio político, seguiu-se a nomeação, por indicação de San Tiago, do diplomata Roberto Campos para embaixador do Brasil em Washington, em setembro de 1961. Essa interlocução não se limitaria aos círculos financeiros. E iria se mostrar complexa, como logo ficou evidente ao país.

• Posse no ministério

Segunda-feira, dia 11 de setembro de 1961, tomaram posse em Brasília os ministros civis do novo gabinete; San Tiago, no Palácio do Itamaraty, no centro do Rio de Janeiro, às 15h00.

Em seu discurso de improviso ao assumir o cargo, San Tiago explica o regime parlamentarista, que, em um momento de crise, (tal o da renúncia) surgira do "sentimento da legalidade e do senso de ordem jurídica, (...) hoje tão profundamente enraizados na consciência do povo brasileiro, da sua classe política dirigente", e a solução do parlamentarismo se apresentava "como a expressão legítima da vontade do Parlamento", consubstanciando "um grande compromisso de todas as correntes políticas em que hoje se divide a opinião nacional".

Nesse "compromisso, a atitude do novo governo não poderia deixar de exprimir senão a continuidade" da política externa que se vinha praticando por meio do Itamaraty, e se desdobrava pela defesa do princípio da não-intervenção, a luta pela autodeterminação, a emancipação dos povos, a "dilatação cada vez maior das relações com todos os povos em cooperação pacífica, para garantir novos mercados para o Brasil", e a defesa da "abolição de resíduos existentes do colonialismo no mundo".[1066] Encerrando seu discurso, San Tiago dirigiu-se ao corpo de funcionários, observando que o Itamaraty "tornou-se, sem ofensa a qualquer outra, o modelo e o orgulho do serviço público civil brasileiro".[1067]

O discurso de San Tiago foi cuidadosamente articulado. Em menos de vinte minutos ele delineou a sua atuação à frente da chancelaria brasileira. Reconfigurou a situação em que foi instituído o parlamentarismo, com um certo exagero em sua descrição, talvez para evitar que pesasse sobre a sua iminente atuação o forte ceticismo que envolvia o novo regime de governo.[1068]

Acentuou a continuidade da política externa que Jânio delineara e alinhou os seus principais tópicos, antecipando a defesa às críticas que, sabia, a ele seriam opostas, algumas delas implacáveis. A referência à qualidade do corpo de funcionários do Itamaraty não seria apenas retórica; na história do Itamaraty nenhum outro ministro buscaria mais, e obteria, a colaboração de seu corpo de funcionários.

• A execução de uma política

No dia seguinte ao discurso de San Tiago, Tancredo o recebeu e ao ministro da Fazenda, Moreira Salles, em seu apartamento na Avenida Atlântica, para cuidar da apresentação de seu programa de governo ao Congresso. À imprensa, que lhe pedira declarações, o primeiro-ministro explicou que não vigia o regime presidencialista, em que os ministros "podiam falar à vontade, dizer tudo. No regime parlamentarista somos obrigados a consultar, primeiro, o Conselho de Ministros".[1069] Tancredo exibia um dos traços frisantes de sua personalidade política: uma discrição cortês, que não o punha ostensivamente no centro da atenção pública, mas lhe permitia atuar com grande penetração. A marca de sua presença era percebida não pela exibição de sua pessoa, mas pelo timbre de sua inteligência impresso nas articulações políticas das quais participava, tal a ida ao encontro de Jango em Montevidéu havia apenas uma semana.

Os ministros civis do novo gabinete iam a Brasília para as principais reuniões, mas, sempre que possível, despachavam em suas cidades de origem. A alguns ministros, especialmente o da Fazenda, permanecer no Rio de Janeiro era quase uma exigência do cargo, uma vez que os órgãos que integravam o ministério estavam ali sediados. Ao Itamaraty essa exigência também se punha; na ex-capital federal ainda funcionavam as representações diplomáticas e nela residiam os embaixadores estrangeiros acreditados no país.[1070]

Em anúncio publicado no dia da posse de San Tiago, as empresas aéreas Vasp, Cruzeiro do Sul, Varig e Real ofereciam, "unidas", setenta e oito voos diários, nos dois sentidos, com intervalos de até vinte minutos, entre Rio e São Paulo. A ponte área ligava as duas maiores cidades do país, o seu maior centro econômico e o seu maior núcleo burocrático. Enquanto isso, a nova capital ia reunindo os seus quadros, em torno do núcleo político do país, a partir dos Três Poderes que lá se instalaram.[1071] Porém, muitos dos principais movimentos políticos tinham lugar ainda na antiga capital.

Nas duas semanas seguintes à sua posse, San Tiago cuidou da estruturação de seu gabinete e das movimentações de diplomatas servindo no ministério e no exterior.[1072] E desempenhou as funções externas da pasta, recebendo colegas estrangeiros, firmando tratados que já estavam na pauta do ministério. Em paralelo, elaborou, com sua equipe, o capítulo relativo à política internacional que integrou o programa de governo que o presidente do Conselho de Ministros, Tancredo Neves, apresentaria à Câmara a 28 daquele mês.

Ao reconhecer em seu discurso de posse haver encontrado no Itamaraty uma política externa delineada, San Tiago foi preciso e franco. Essa política, à qual ele iria dar uma elaborada formulação e uma aplicada execução, imprimindo-lhe o título – política externa independente – havia sido traçada em suas linhas gerais por Jânio pessoalmente, a "golpes de teatro", como pareceu a um dos experientes diplomatas brasileiros.[1073] Contudo, o rumo dessa política era claro, mas a ela não pôde ser dada maior execução no acidentado e curto governo de Jânio, o que impediu a sociedade brasileira e a classe política sentirem integralmente os seus resultados, que, agora, na gestão de San Tiago, iriam se suceder e ganhar considerável preeminência. Mas, do sul do país, movia-se uma força política com crescente desembaraço e outra direção.

• Brizola: a batalha da libertação

A 25 de setembro, duas semanas depois de empossado o novo gabinete parlamentar, Brizola desembarcou à noite no Aeroporto Santos Dumont, "em meio a uma manifestação raramente experimentada por um homem público nessa capital", reportou o *Diário de Notícias*. Recebido por inúmeros dirigentes sindicais, estudantes e autoridades civis e militares, entre estas o general Amauri Kruel, chefe do gabinete militar da Presidência da República, e o general Osvino Alves, comandante do I Exército, sediado no Rio de Janeiro, além de deputados estatuais e federais, Brizola dirigiu-se à Associação Brasileira de Imprensa, onde concedeu uma entrevista aos jornais cariocas, "dando início à campanha da volta do regime presidencialista".[1074]

De lá seguiu para a sede da União Nacional dos Estudantes, na praia do Flamengo, e a eles, referindo-se ao parlamentarismo, disse existir na América do Sul todas as formas de governo; porém uma constante era "a miséria, o analfabetismo, a dominação econômica externa, o subdesenvolvimento". Não devemos nos "preocupar, acrescentou, com as formas de governo, mas com os caminhos que devem ser encontrados para que o Brasil supere o processo de espoliação econômica a que está sendo submetido pelas potências estrangeiras, através dos trustes internacionais". A "nossa luta" apenas havia começado, e era claro que ele não poderia estar de acordo com a implantação do parlamentarismo como fora feito. Brizola declarou que não seria candidato à Presidência em 1965, caso não vingasse o parlamentarismo, nem a qualquer outro cargo, e desmentiu a notícia de que teria recebido uma oferta de armas feitas pelo governo de Cuba. E concluiu dizendo que "as forças reacionárias do país, aliadas aos inimigos estrangeiros, estão se rearticulando para tentar novo golpe contra o regime".[1075]

No dia seguinte, 26 de setembro, foi oferecido um almoço a Brizola, no Copacabana Palace, "por motivo de sua atuação durante a recente crise político-militar", organizado pelo cerimonial do Itamaraty e presidido por Tancredo; estavam presentes cinquenta e cinco convidados, muitos integrantes do gabinete, dez líderes sindicais e um representante das classes estudantis.[1076] San Tiago saudou Brizola, o "comandante da legalidade", salientando que havia sido evitado "o derramamento de sangue dos brasileiros" e alcançada a "preservação do regime democrático [devido] à atuação enérgica, tenaz e desassombrada de Brizola, [e] à conjugação de esforços dos trabalhadores, dos estudantes, do Congresso Nacional, da imprensa livre e de todo o povo brasileiro na maior jornada cívica de todos os tempos". Brizola fez um rápido agradecimento, observando que a "estrutura superada e arcaica do nosso regime requer reformas imediatas de base para livrar o país do subdesenvolvimento em que se encontra". Ainda mais econômico, o primeiro-ministro, Tancredo, saudou o governador gaúcho e "realçou os planos e realizações que o novo governo pretende empreender".[1077]

O alinhamento das forças mobilizadas na defesa da legalidade não ocorrera exatamente como o referiu San Tiago. Solitariamente Brizola, confirmada a renúncia de Jânio, insistiu que Jango retornasse imediatamente ao Rio Grande do Sul, onde ele seria investido na Presidência da República, e Brizola logo repudiou o alvitre parlamentarista. A ação destemida de Brizola opôs determinada resistência ao golpe militar, com o concurso decisivo do comando do III Exército de Machado Lopes; e o regime parlamentarista foi instituído com um prazo assinado para sua extinção.

O Copacabana Palace não era o local nem os comensais a plateia para Brizola expor, com a sua contundência habitual, a sua linha de ação política por ele já enunciada ao início daquele ano, e que ele ia desdobrando com vigor e extensão crescentes. No salão elegante do hotel mais famoso do Brasil, presentes os integrantes do Conselho de Ministros, cuja escolha o líder do PTB já dissera ser uma imposição das forças reacionárias, Brizola, assim como Jango fazia, limitou-se a falar da necessidade das reformas de base, as quais seguiam sendo motivo de eloquentes pronunciamentos dos trabalhistas, sem que, todavia, o partido concentrasse esforços em aprovar, no Congresso, leis que as afirmassem.

Brizola aceitou o gesto do grupo político majoritário no poder em sua direção; no almoço sentou-se ao lado de Tancredo, agradeceu a homenagem, mas deixou claro que o seu caminho era outro.

Naquele mesmo dia, mais tarde, em discurso no encerramento do IX Congresso Nacional de Jornalismo, realizado em Friburgo, cidade serrana distante pouco mais de 100 km do Rio de Janeiro, Brizola conclamou os jornalistas à "grande batalha da libertação". Antes de se discutir a forma de governo, era preciso saber, afirmou, se "o sistema adotado o foi para atender às aspirações deste país, ou para manter aspirações que devem ser derrogadas". Precisamos ter a "coragem de afirmar que o problema de nossa libertação se liga à eliminação do processo espoliativo que o mundo capitalista exerce sobre o nosso povo e cujo centro polarizador está hoje nos Estados Unidos". O nosso subdesenvolvimento era "uma manifestação exasperada do golpismo (...) que apenas entrou em estado latente", e reclamava, portanto, "a mobilização permanente e a unificação, na maior escala possível, de todas as forças renovadoras e progressistas que desejam afastar, de uma vez por todas, de nossa pátria, o espectro da guerra civil, o espantalho da miséria, da fome, da ignorância e do desespero que ronda os lares brasileiros, na cidade e no campo", concluiu.[1078]

A campanha pela revogação do ato adicional, que instituíra o regime parlamentarista, era, no plano de ação exposto por Brizola, uma etapa preliminar a ser vencida tão logo quanto possível. Mas o objetivo da sua pregação não era apenas o retorno ao presidencialismo, e sim, o combate frontal ao capitalismo, promovido pelos Estados Unidos, em detrimento dos países subdesenvolvidos, em especial, o Brasil, o maior país da América Latina.

• O exemplo de Cuba

Falando à noite na *TV Rio*, Brizola declarou que não acreditava na possibilidade de o Congresso votar as reformas de base que o país reclamava, e essa omissão não deixaria de influir no espírito do eleitorado no pleito do ano seguinte, em outubro de 1962; e acrescentou que "a miséria generalizada pode ser um prenúncio de uma revolução". Brizola negou ser comunista, ressalvando, porém, que não era anticomunista, e negou que estivesse rompido com Jango, embora dele divergisse algumas vezes. E admitiu que o exemplo de Cuba poderia repetir-se no Brasil, dependendo das circunstâncias; se fosse instalada uma ditadura militar no país, por exemplo, haveria "condições para repetição do fenômeno cubano no Brasil".[1079]

Brizola remarcava a sua posição nacionalista-estatista, de combatente do capitalismo liderado pelos Estados Unidos, e de resistência ao golpismo das forças conservadoras, sem perder de vista o exemplo cubano. O populismo do governador gaúcho ganhava contornos mais nítidos e a sua retórica ganhava um acento revolucionário.

- **Entrevistas e conferências**

Um almoço para quinhentas pessoas, no Museu de Arte Moderna, celebrou publicamente o aniversário de cinquenta anos de San Tiago, dali a dois dias, a 31 de outubro.[1080] E o *Professor* seguiria expondo, explicando, esclarecendo a sua defesa da ordem constitucional, ao lado das vozes radicais de seu partido, que nela, ao contrário, viam um entrave à realização das reformas.

Em entrevista coletiva à imprensa nacional e estrangeira, no Itamaraty, a 11 de outubro, San Tiago reiterou que manteria a política externa do Brasil, traçada pelo governo anterior, e tratou da agenda da Chancelaria, comentando os problemas de Cuba, Berlim, Angola e China Comunista.

Em relação ao reatamento com a União Soviética, ele seria realizado "em termos de coexistência leal, como entre todos os demais povos. É o meio de ajudar a diminuir as tensões mundiais, que não implica em qualquer simpatia ou tolerância para com os regimes políticos". Em relação a Cuba, era o Brasil defensor do princípio de não-intervenção e, portanto, contrário a qualquer ingerência ou pressão externa que pudessem representar uma violação a esse princípio; e esperava que "o povo cubano [pudesse] exercer a sua autodeterminação e que, através dessa autodeterminação, Cuba [retornasse], por seus próprios meios, à prática integral do regime democrático".[1081]

O reatamento das relações com a União Soviética, ao lado da questão de Cuba, eram os principais tópicos da agenda, pois ambos irradiavam efeitos diretos sobre a cena política nacional, extremando posições já definidas e agrupadas em polos opostos, no governo e fora dele, revelando o domínio da Guerra Fria na geopolítica mundial.

A posição de San Tiago à frente da Chancelaria era coerente com a sua visão da política e do Direito; ambos deveriam seguir um processo evolutivo, de continuidade adaptativa às circunstâncias econômicas e sociais que se iam afirmando na vida de cada país. E as diversas correntes ideológicas deveriam esforçar-se por coexistir sob a moldura da Constituição votada pelo Parlamento. San Tiago fazia da defesa do regime democrático uma aspiração nacional, que ele procurava identificar no povo brasileiro, e buscava projetá-la no plano internacional, defendendo a coexistência entre as nações por sobre as suas diferenças ideológicas, políticas e culturais.

O propósito de San Tiago, à frente do ministério, era dar uma formulação consistente e bem definida à política externa, comunicando-a com os elementos pertinentes da política interna, para conferir maior amplitude a esta e maior projeção àquela. Essa comunicação, entre o plano nacional e o internacional, era um propósito claro na atuação de San Tiago, e ele buscou afirmá-la também por meio de uma ativa presença pública, mantendo permanente contato com a imprensa, para expor as questões maiores e os desafios da política externa, trazendo-as para a vida diária da política nacional e inscrevendo-as, pela primeira vez, entre os tópicos de governo e das suas relações com as demais forças políticas e sociais.[1082]

Pouco depois, em conferência proferida na Associação Brasileira de Imprensa, organizada pela Comissão Permanente das Organizações Sindicais do Estado da Guanabara, San Tiago acentuou esse ponto. Até então a política exterior era "um segredo de estado", um assunto fechado, já que o povo não tinha conhecimento de "seu sentido e seus objetivos, nem estava em condições de entendê-los"; o Brasil, "hoje em dia, tem uma política exterior elaborada por brasileiros, que reflete a vontade do povo, tal como esta vontade se manifesta nos pleitos eleitorais". Os tempos haviam mudado e a sua presença, diz, mostrava a disposição do governo em discutir com a classe trabalhadora a sua política exterior: "estamos em uma hora em que não é mais possível fazer política exterior à margem da opinião pública. Este é o verdadeiro sentido da democratização do país".

A questão de Cuba era a que mais interessava à sua plateia; a ela San Tiago refere o princípio adotado pelo Brasil, no qual sempre se baseou "a nossa política exterior", o da "não-intervenção nos negócios internos de outros povos por outro Estado ou por um grupo de Estados". Ao mesmo tempo, "reconhecemos que o governo de Fidel Castro se afasta das diretrizes do regime democrático", e que não poderíamos aceitar a "definição de democracia como um sistema que nega eleições livres ao seu povo". Porém, o problema cubano deveria ser resolvido exclusivamente pelo povo cubano. San Tiago tratou de outros tópicos, entre eles a questão de Angola, observando que, apesar dos laços fraternos que uniam Brasil e Portugal, o Brasil não endossava a política portuguesa em Angola, pois defendia a emancipação das colônias africanas.[1083]

A 25 de outubro, San Tiago está em Belo Horizonte, visita a Assembleia mineira, e depois vai à sede do PTB local onde declarou que o presidente Jango esperava que o partido se preparasse para as eleições de outubro próximo, a fim de aumentar o número de representantes no Congresso e nas Assembleias estaduais. E informou que a política de universalização das relações do Brasil caminhava para "o normalizado das relações comerciais e diplomáticas com a URSS".[1084]

No dia seguinte, San Tiago foi homenageado pela União Síria-Brasileira, à conta da instalação da Embaixada brasileira em Damasco. E falou à imprensa mais uma vez sobre Cuba: "a invasão de um Estado por motivos relacionados à ingerência em sua política interna é indefensável perante o direito internacional". E a condecoração outorgada por Jânio a Guevara fora "um ato impensado, ato de finalidade sensacionalista e de efeito provocador, que despertou reação facilmente evitável".[1085]

De volta ao Rio, San Tiago reúne-se com o cardeal dom Jaime de Barros Câmara para discutir aspectos da política internacional. O receio da Igreja Católica era o reatamento com a URSS, sede do comunismo ateu, e a possível propagação de sua ideologia entre nós. O cardeal queria ouvir a posição do Brasil diante dessa ameaça prefigurada pela Igreja. Ao final do encontro, o cardeal manifestou ao chanceler "a confiança de que, em qualquer ação que o governo se sinta na necessidade de adotar no interesse do país, sejam sempre resguardados os valores espirituais da tradição brasileira".[1086]

Em direta oposição quanto à natureza dos "valores da tradição brasileira" referidos pelo cardeal, o deputado estadual por Pernambuco e líder das Ligas Camponesas, Francisco Julião, foi aplaudido por três mil pessoas no auditório da Secretaria de Saúde e Assistência, em Belo Horizonte, ao dizer que no ano passado estivera em visita à China de Mao Tsé-Tung; que em Cuba o povo estava liberto do colonialismo econômico; e que a reforma agrária no Brasil viria com, sem, ou contra os elementos reacionários que a ela se opunham.[1087]

• Uma política consistente

Em novembro, San Tiago reuniu diplomatas, entre os mais experientes da carreira, para traçar a linha de ação a ser seguida na execução dos principais pontos da agenda da política externa brasileira. Os encontros tiveram lugar na Casa das Pedras, uma mansão na Estrada da Gávea Pequena, no Alto da Boavista, então um bairro tranquilo e seguro, na antiga capital federal. O proprietário, Drault Ernanny, era cliente de San Tiago, fora seu colega na diretoria da Refinaria de Petróleo de Manguinhos, e era então deputado federal.

Foram realizadas sete sessões, entre 1º e 5 de novembro, registradas em atas. A primeira sessão, presidida por San Tiago, teve início às 22h00 do dia 1º de novembro, terminando às 2h00 da manhã do dia seguinte. Nela foi estabelecida a agenda das discussões, alinhados onze temas.[1088]

A iniciativa era inédita no Itamaraty. Embora os diplomatas fossem ouvidos ordinariamente pelos titulares da pasta, nenhum destes havia promovido um colóquio para fixar e formular, ouvidos os diplomatas mais experientes, as linhas de ação a serem seguidas com relação aos pontos da pauta das relações externas do Brasil.

San Tiago presidiu a maioria dos encontros. Ele apresentava o tema a ser analisado, fazia as suas considerações, sempre de forma sintética, versando os conceitos jurídicos e diplomáticos, a seguir solicitava e, atentamente, ouvia as considerações dos presentes, sem jamais "fechar questão", e dava forma final ao que se discutiu.[1089] Sobre a capacidade de análise e formulação, já conhecidas de sua vida pública, a de ouvir é revelada aos presentes; não apenas um ouvinte aplicado, porém um ouvinte que acolhia e incorporava ao seu raciocínio análises e sugestões a ele propostas.[1090]

Essas reuniões ficaram conhecidas como "Os Colóquios da Casa das Pedras" e as conclusões nelas alcançadas foram incorporadas à execução da política externa.

• Os amigos do *Grupo*

Os amigos do *Grupo* festejaram a indicação de San Tiago para o ministério como uma conquista deles próprios; havia trinta e quatro anos, quando conheceram um jovem de dezesseis anos em meio a um trote que lhe impuseram ao seu ingresso da faculdade de Direito, que acreditavam piamente na sua inteligência e esperavam a sua presença na vida pública do país. O ritmo de trabalho de San Tiago, que sempre fora intenso, agora somava solicitações contínuas, que o absorviam em compromissos externos sucessivos. Porém, os encontros dos amigos não foram interrompidos, e San Tiago sempre que podia a eles comparecia. Na casa de Lacombe, no belo apartamento de Gallotti, ou na mansão que San Tiago erguera na Rua Dona Mariana, e além desses anfitriões, Hélio Vianna, Thiers Martins Moreira e Plínio Doyle se reuniam; mesmo os mais distantes dessas reuniões, como Octavio Faria, Gilson Amado e Chermont de Miranda, não perdiam os laços com San Tiago.[1091]

Na casa de San Tiago, na ampla galeria margeada pelo jardim interno, que ligava o escritório térreo e a sala de visitas à sala de jantar, os amigos conversavam; San Tiago analisava a situação política, expunha seus pontos de vista, nem sempre coincidentes com os de seus amigos. Estes, à exceção de Plínio, que sempre fora apolítico, vinham do Integralismo na juventude, ou do monarquismo, como Hélio Vianna, e, embora já houvessem sido, havia muito, convertidos à democracia, não aceitavam o PTB de Jango e menos ainda o de Brizola, este último o ponto de convergência entre todos eles. Contudo, o brilho intelectual de San Tiago seguia admirando seus amigos fiéis.

A sua vez, San Tiago prestava homenagem a um amigo e colega, a quem votava uma grande admiração intelectual, o eminente professor Tullio Ascarelli, dando o seu nome à biblioteca da Embaixada brasileira em Roma.[1092]

• Amizade e ressentimento

Amigo de mocidade de San Tiago, quando formavam no pensamento conservador fortemente influenciado pela igreja católica na década de 1920, e pouco depois nas fileiras da Ação Integralista, Augusto Frederico Schmidt, após a redemocratização de 1945, remanescera um aplicado conservador, rejeitando abertamente as reformas estruturais pregadas por seu amigo e logo passando a criticar a sua condução da política externa. Empresário de sucesso e jornalista conhecido, àquela altura articulista no *Globo*, fora Schmidt o idealizador e o propugnador, com o consentimento de Juscelino, da Operação Pan-Americana, e acreditou que seria nomeado ministro das Relações Exteriores, o que, todavia, não ocorreu.

Em entrevista à *Revista Manchete*, pouco depois da posse de San Tiago, Schmidt declarou que a diplomacia brasileira era basicamente demagógica e não atendia aos interesses atuais e permanentes do país. O Ministério do Exterior estava nas "mãos de um homem muito inteligente e que, apesar de radicais e invencíveis diferenças e antagonismos que hoje nos separam, foi alguém de quem tanto esperei e a quem dei uma amizade desinteressada".[1093]

Mas, em relação às questões mais controvertidas, sobretudo entre os conservadores, Schmidt observou não querer "uma ação coletiva contra Cuba", e que não se opunha "ao reatamento de relações com a União Soviética – julgo, disse, que a nossa política externa deve expandir-se".[1094]

Schmidt seguia buscando apresentar-se como o preceptor intelectual do jovem San Tiago, embora fosse apenas cinco anos mais velho do que ele. Eles haviam se conhecido, em 1929, quando San Tiago já exibia uma firme independência intelectual e pessoal, não se deixando conduzir por elogio ou crítica às suas qualidades. San Tiago não mudara o seu estilo de conduzir-se, e o seu pensamento, absolutamente renovado, era de conhecimento público, desde o início da década de 1940.

Ao *Globo*, San Tiago fala sobre as declarações de seu amigo. Distingue os pontos de convergência com a sua entrevista e ignora as considerações inexatas e ressentidas sobre a sua pessoa. A política externa, diz, mantinha-se fiel às ideias do Ocidente e aos compromissos internacionais assumidos, como reclamava o seu mais novo crítico. Igualmente, a política seguida pelo Itamaraty era de repúdio a "uma ação coletiva contra Cuba", e de defesa do reatamento com a URSS, posições apoiadas por Schmidt. "Também concordo", encerra San Tiago a sua curta declaração, que "não devemos perder tempo com a luta contra esta ou aquela ideologia, mas precisamos afirmar a nossa convicção que só a democracia pode resolver os problemas dos homens e das nações".[1095]

San Tiago, uma vez mais, não rebatia ou desqualificava as críticas dirigidas à sua pessoa; ele simplesmente as descartava, como, na tribuna da Câmara, quando selecionava do aparte o trecho controverso que entendia merecer resposta. Esse distanciamento, esse controle da distância com que se inscrevia no debate político e ideológico, jamais o deixava resvalar para questões ou situações pessoais, conduta que a muitos sugeria uma afetação de superioridade intelectual, mas que trazia e mantinha o debate em torno da sua essência. Como um jurisconsulto, visava resolver o mérito da questão, e não discutir partes da controvérsia. Essa postura incomodava seus críticos, fossem eles amigos ressentidos como Schmidt, ou empedernidos e agressivos adversários como Lacerda, que não o conseguiam trazer para um enfrentamento pessoal. Não um crítico como os demais, porém, o seu maior adversário estava no seio do próprio PTB, e cada vez mais presente na cena política nacional, tal como San Tiago.

• Libertação nacional: ponto e contraponto

A 10 de novembro, Brizola estava novamente no Rio de Janeiro, e retornou à sede da União Nacional dos Estudantes - UNE - onde discursou. Anunciou a criação da Frente de Libertação Nacional, reunindo ele, o governador de Goiás, Mauro Borges, e o prefeito de Recife, Miguel Arraes, que exprimia "as nossas aspirações e as do povo brasileiro". A Frente, declarou, era uma organização acima das facções partidárias, devendo unir em torno de si todos os brasileiros, "menos os que estejam ligados a interesses que não sejam legítima e exclusivamente brasileiros". A sua organização seria feita a partir do povo, com a fundação de núcleos e bases entre os estudantes, trabalhadores da cidade e do campo, e caminharia "para o poder, a fim de efetuar uma revolução pacífica, dentro da ordem e da lei, confiando no espírito democrático das Forças Armadas, mas pronta para repelir qualquer golpe de força". Brizola disse não considerar o comunismo "o bicho papão" com o qual "setores bem conhecidos em nosso país e no resto da América Latina procuram assustar as pessoas desprevenidas, criando uma atmosfera de medo, com objetivo de resguardar seus privilégios". Reiterou que não acreditava que o Congresso promovesse as reformas de base, pois ele havia aprovado o regime parlamentarista "não para pacificar o país, mas para subir ao poder". E que a espoliação do país não consistia "apenas na remessa de lucros e riquezas para fora, mas também, e principalmente, em fatores internos, com a estrutura imposta pelos países espoliadores, para impedir o nosso desenvolvimento".[1096]

Em outro auditório, San Tiago fala sobre a política externa e interna do país.

A 12 de novembro, na Academia Nacional de Direito de Buenos Aires diz que a progressiva "eliminação das barreiras culturais e econômicas latino-americanas conduzirá à eventual integração continental" e observa que o Brasil e a Argentina representavam 55% do comércio latino-americano, e eram assim o núcleo da economia dessa região. A seu ver, as economias latino-americanas subdesenvolvidas deveriam reformar os seus sistemas educacionais, a fim de incorporar o progresso técnico daquele século para reduzir as disparidades entre as nações desenvolvidas e subdesenvolvidas.[1097]

Ao retornar de Buenos Aires, San Tiago escalou em Montevidéu, reuniu-se com o presidente do Uruguai, embarcando a seguir para Porto Alegre.[1098] Segundo a *Última Hora*, "fontes autorizadas" do gabinete de San Tiago desmentiram, com ênfase, notícias veiculadas na imprensa de que estariam estremecidas as relações entre o chanceler e o governador Leonel Brizola, que, naquele dia, ofereceu um banquete a San Tiago no Country Club local.[1099]

À imprensa, San Tiago disse, em contraponto ao seu anfitrião, que "o Congresso poderá, dentro dos termos constitucionais, fazer reformas profundas, pois o regime está desatualizado e despreparado para o que a nossa situação social reclama". A eleição, em outubro do ano que vem, de um Congresso comprometido em sua maioria com a reforma da Constituição, permitiria "sem quebra da continuidade da ordem jurídica alcançar os objetivos de reforma, atendendo inclusive aqueles que defendem a convocação de uma Constituinte".[1100]

Na mesma data, o comandante do I Exército, general Osvino Ferreira Alves, denunciava a existência de forças ocultas, de dentro e de fora do país, interessadas em criar um clima de incompreensão e mal-estar entre as Forças Armadas, visando abalar a segurança das nossas instituições. Assegurou, todavia, que "a Marinha, o Exército e a Aeronáutica estão unidos e conscientes de seu papel em defesa da Constituição".[1101]

No mesmo dia, 17 de novembro, em Belo Horizonte, Jango declarou que o Brasil vivia uma das crises mais sérias, que só seria superada com a solução de seus grandes problemas, "a fim de evitar que o povo se desesperasse e viesse a se revoltar".[1102] E ao lado de Tancredo, Jango foi a Belo Horizonte encerrar o Congresso Brasileiro de Reforma Agrária, que reuniu cerca de "mil e quinhentos camponeses".[1103]

• Uma proposta de política externa

Em dezembro de 1955, San Tiago, em um dos pontos de um memorando confidencial, "A política externa do Brasil no quinquênio 1956-1960", por ele enviado a Juscelino que no mês seguinte assumiu a Presidência da República, sugere a articulação de um movimento regional para discutir a política exterior dos Estados Unidos para com o Brasil e a América Latina.[1104] Atento ao contexto da Guerra Fria que pautava a geopolítica global, San Tiago referia a tendência afirmada na Conferência de Bandung, em 1955, de que países subdesenvolvidos deveriam manter-se equidistantes entre as duas potências globais, para melhor equilibrar as suas relações comerciais com os Estados Unidos e com a União Soviética.

Três anos depois, San Tiago, pela mesma linha de reajuste da política externa, defende o relacionamento diplomático do Brasil com os países do bloco socialista, lembrando "que povos imaturos têm em relação ao estrangeiro reações puramente emocionais, formadas por simpatias e antipatias, inveja, gratidão, rivalidade ou suspicácia".[1105]

Em 1959, o Brasil restabeleceu relações comerciais com a União Soviética, e Jânio já havia determinado as providências para o reatamento das relações diplomáticas em julho daquele ano de 1961. Embora dando continuidade aos pontos fixados por Jânio para a política externa, San Tiago alterou o passo das negociações relativas ao reatamento com a URSS, em medida que não lhes comprometesse o desfecho, mas fosse suficiente a abrir espaço para ele antes expor, amplamente, às forças políticas e à opinião pública, as razões do reatamento; e, também, para atrair a si a crítica vinda das alas conservadoras, distraindo-as do gabinete e do presidente da República.

Às 14h00 do dia 23 de novembro, o chanceler San Tiago Dantas e o representante do chanceler Andrei Gromyko trocaram notas estabelecendo o reatamento das relações diplomáticas entre o governo do Brasil e da União Soviética, e, encerrada a cerimônia, San Tiago foi à Câmara dos Deputados, onde por cerca de três horas expôs aos parlamentares as razões do reatamento.[1106]

Na tribuna, San Tiago historia o processo de reatamento das relações diplomáticas e seus termos. O reatamento foi cercado de cautelas especiais, explica: um "estudo acurado foi realizado pelo Conselho de Segurança Nacional através de um dos seus mais ilustres oficiais, cujos subsídios foram integralmente aproveitados pela chancelaria".[1107] Ao início, foi feita a retratação dos termos do artigo publicado em 1946; "a mesma Gazeta Literária, na mesma página e com a mesma evidência, publicou artigo em que emitia conceitos contrários àqueles que haviam dado lugar ao protesto brasileiro". E as negociações prosseguiram, transferidas para o Rio de Janeiro.

Em medida recíproca à exigida pela URSS, ficou acordado que a sua Embaixada no Brasil não poderia contar com mais de vinte e cinco integrantes, e nenhum destes poderia ultrapassar, sem autorização expressa do governo local, o limite compreendido num raio de 40 km, medido do centro de Moscou e do centro do Rio de Janeiro.[1108]

Depois de explicar o trâmite diplomático do reatamento, San Tiago enumerou as suas razões políticas. Como fora uma questão preliminar a ser resolvida antes de se decidir a questão de mérito, San Tiago diz que não se poderia admitir uma "tal fragilidade" do regime democrático, que, posto em confronto com os regimes socialistas, "o seu destino estará selado". Os "estados socialistas" ofereciam "no campo das soluções políticas" esquemas frágeis, muito inferiores, como técnica de governar, àquilo que tem sido alcançado pelas democracias sendo este regime, portanto, o que "melhor se impõe, através da coexistência".[1109] A coexistência, e não o isolamento, era a razão de os regimes democráticos manterem relações diplomáticas sem preconceitos ideológicos. E acrescenta que "a paz não se manterá se o preço que tivermos de pagar por ela for o isolamento". Os países democráticos estavam advertidos de que, se transformassem "suas dissidências em prevenções e idiossincrasias, o único resultado dessa atitude há de ser a exacerbação da intolerância e da incompreensão". E a intolerância uma vez "exacerbada até o ponto extremo, então, realmente, não restará ao mundo outro caminho senão o da guerra".[1110]

San Tiago, reiterando suas declarações públicas, procura afastar do processo de reatamento qualquer traço ideológico nele visto, e apresenta uma razão objetiva que a Câmara dos Deputados do Brasil não deveria ignorar. O índice de crescimento do comércio do bloco soviético era, diz, o mais elevado do mundo, uma área econômica onde existia "excedente de capacidade de absorção de produtos, que o nosso país só poderia deixar de atacar e aproveitar se tivéssemos perdido o instinto de conservação. Não há nisso ideologia, senhores Deputados".[1111]

E conclui dizendo que bem havia medido "as razões e as consequências" do reatamento, sem o que não teria tomado, "com o consentimento de todo o governo, a resolução transcendente, no dia de hoje, de trocar com o chanceler soviético as notas que restabeleceram as nossas relações".[1112]

A repercussão ao reatamento foi considerável, na Câmara e fora dela. A ala conservadora na Câmara, sem articular uma crítica objetiva, lamentou a ofensa "ao Brasil católico"[1113]; e com o reatamento seria, segundo Plínio Salgado, o ex-chefe integralista, necessário "defender as tradições cristãs da nacionalidade, a soberania da pátria e a liberdade e a dignidade dos cidadãos".[1114]A esse protesto, somou-se a advertência de que a "sovietização do mundo" seria promovida pelo país, que, com o reatamento, iria manter "um foco de espionagem no Brasil, de propaganda subversiva dessa doutrina deletéria". E, por essa razão, não poderia o Brasil ter no plano externo atitudes "equívocas" em relação ao caso cubano, o de Berlim e o da China comunista, para que o Brasil não se "agregasse ao carrossel bolchevista".[1115]

Pela primeira vez – e essas seriam raras – San Tiago é elogiado publicamente pela bancada de seu partido. O seu líder, Almino Afonso, congratulou-se com o governo e com "V. Exa, em particular, pelo êxito diplomático que se coroa com o reatamento". Rápido e contundente, o jovem deputado udenista pela Bahia, Antônio Carlos Magalhães, não deixou de observar, "estão orgulhosos agora, mas impediram que ele fosse Ministro", referindo-se ao episódio do veto do PTB ao convite de Juscelino para San Tiago ocupar o Ministério da Agricultura. Embora orador fluente, desconcertado Almino procurou, sem sucesso, responder a estocada do impetuoso deputado baiano.[1116]

O deputado gaúcho Ruy Ramos, ardente partidário de Brizola, declarou estar autorizado a cumprimentar San Tiago em nome da Frente Parlamentar Nacionalista, pois "V. Exa. foi responsável pela consumação de um dos grandes objetivos da Frente, o reatamento das relações do Brasil com um dos maiores países da atualidade que é, indiscutivelmente, a União Soviética".[1117] O líder da UDN, Menezes Côrtes, reiterou, em aparte, a sua "posição a favor do reatamento das relações diplomáticas com a União Soviética", acentuando que o reatamento era "uma demonstração inequívoca de que somos uma nação soberana e de que não temos medo de manter relações diplomáticas ainda que seja com nações dominadas por uma ideologia que combatemos".[1118]

No mesmo dia, Tancredo declarou que "o reatamento vinha se processando por meio de consulta às forças políticas do país desde o governo do senhor Jânio Quadros", e era de conhecimento do Conselho de Ministros, acrescentando que ele não "implicaria em nenhuma concessão por parte do governo brasileiro a qualquer motivação de ordem ideológica".[1119]

A reação contrária ao reatamento, pronta e melhor articulada, veio no dia seguinte, pela imprensa. Em editorial, *O Globo* escreveu que "agora parece que ficaremos com a injúria oficial e que a bandeira da foice e do martelo tremulará sob os céus do Brasil para gáudio – é de pasmar – dos nossos intrépidos 'nacionalistas'". O jornal *O Estado de São Paulo* disse que "os nossos principais produtos de exportação, como o café, o cacau, o açúcar e o algodão, não têm a menor probabilidade de virem a interessar o governo do Sr. Kruschev", e apontava que o reatamento fora apoiado por "comunistas notórios", hoje inscritos em vários partidos e, sobretudo, no PTB".

O *Diário de Notícias*, com deliberada imprecisão, em manchete, noticiou que o chanceler havia enfrentado na Câmara "forte reação contra reatamento". Ao *Correio da Manhã*, San Tiago declarou que o Brasil havia reatado relações com a União Soviética e não com o comunismo: o reatamento foi feito "sem qualquer caráter ideológico e com a preservação integral da fidelidade do Brasil aos princípios democráticos e cristãos de nossa comunidade".

À noite, San Tiago falou na *TV Tupi*, no Rio de Janeiro, e situou os críticos do reatamento. Uma reduzida minoria nacional "mais preocupada com a expansão do comunismo (que perde terreno no mundo), do que a própria expansão econômica do Brasil, justamente o fator essencial impeditivo de qualquer atuação do comunismo em nosso território". Essa minoria "colocou a questão em termos ideológicos enquanto o governo brasileiro a alicerçou em termos práticos e politicamente neutros". No mesmo programa, San Tiago informou que ainda não estava em cogitação o estabelecimento de relações com a China comunista.

Dois dias depois, Lacerda, em editorial em seu jornal, *Tribuna da Imprensa*, disparava sua crítica não só ao reatamento, mas ao chanceler também. Nenhum problema do Brasil seria resolvido com o reatamento, e sim da Rússia, pois a ela o reatamento dava "uma posição para a tomada da América do Sul", e, por obra de "um paspalhão verboso e viscoso, com muita leitura e pouca cultura, conselheiral (...) usando palavras escolhidas meticulosamente, decoradas para exprimir ideias de segunda mão". San Tiago era "um caráter de terceira servindo-se de uma inteligência de segunda para uma ambição de primeira".[1120] San Tiago não respondeu às ofensas de Lacerda. A seguir, a direita teria mais uma oportunidade de criticar o chanceler.

- **Discurso no cemitério**

Anunciava o *Correio da Manhã* que San Tiago falaria em nome do governo, no Cemitério São João Batista, dali a três dias, a 27 de novembro, na cerimônia organizada pelas Forças Armadas para reverenciar os mortos da Intentona Comunista de 1935. A escolha do ministro teria sido proposital, para ele dizer que a política externa do governo nada tinha a ver com a ideologia comunista.[1121]

Do ponto de vista do presidente da República e do gabinete, a escolha de San Tiago para os representar na cerimônia seria natural. O *Professor* era um grande orador, capaz de associar o governo à homenagem, como cabia e este desejava, sobretudo Jango, para procurar distanciá-lo dos comunistas, como o chanceler fizera em relação ao reatamento. A San Tiago não foi difícil aceitar a incumbência. Ele estava sempre disposto a ser a voz em defesa da coexistência ideológica e partidária, em defesa da preservação do regime constitucional, sem deixar de defender a realização de reformas que buscassem superar o subdesenvolvimento econômico e social e reduzir a desigualdade existente na sociedade brasileira. E, como todo político, cuidava também de ver a projeção de seu nome. Esse episódio traria, porém, dura crítica ao orador.

Estavam presentes à solenidade, na manhã da segunda-feira, 27 de novembro, dois dias úteis depois do reatamento, Jango, Tancredo, membros do gabinete e cerca de cem oficiais generais das Forças Armadas, e o ex-presidente, marechal Dutra, anticomunista empedernido e responsável pelo rompimento das relações diplomáticas com a URSS e pela cassação do Partido Comunista Brasileiro em seu governo.

Falando antes de San Tiago, em nome das Forças Armadas, o brigadeiro Hardman alertou para o perigo do comunismo, defendeu o princípio da camaradagem nos quartéis e garantiu que as Forças Armadas manteriam a tranquilidade em todos os "lares do país". Na ordem do dia, lida durante a solenidade, o ministro da Guerra, general Segadas Viana, disse que "o inimigo que, em 1935, ameaçou a Pátria, permanecia atuante, usando novas técnicas de desagregação e se apresentando sob as mais insidiosas e traiçoeiras facetas". O problema não era apenas militar, pois alcançava a toda Nação. Contudo, "o Exército estava atento, pois tinha o dever constitucional, e a ele não faltaria, de defender as instituições e o nosso sistema, baseado na crença de que o Estado é para servir o homem e na defesa de nossas tradições cristãs".[1122]

San Tiago bem sabia que aquele ambiente não apoiava a sua opção partidária, e a referência ao fato de ser filho e neto de militares sugeriu a San Tiago uma qualificação pessoal para tratar do tema, para além da sua situação política. Em um timbre frio, por todo o seu discurso, San Tiago registra, como eventos recentes da história do país, os episódios sangrentos da revolta e a quebra da lealdade que antes teria havido em todas as revoltas militares.

Não houve, diz, por parte dos insurretos, "um único rasgo de generosidade, de nobreza, mas uma exibição de deslealdade", que assinalava uma "terrível associação entre objetivos políticos e os critérios morais", que era, em sua "íntima essência, o sentido revolucionário do comunismo". 1935 era um sinal de advertência, que deveríamos "procurar interpretar", para compreendermos os "perigos que nos ameaçaram e ainda nos ameaçam no presente". Mas San Tiago observa que o tempo havia desmentido "os teóricos do comunismo que profetizaram a guerra necessária e a revolução inevitável".

O mundo moderno repudiava a revolução social como elemento transformador, e tinha na "contribuição da ciência" a elaboração dos meios para vencer "as desigualdades e o antagonismo entre classes, para limitar a concentração econômica e para combater o imperialismo". Por essa razão, já seria possível ver, inclusive, "sobre os riscos presentes de guerra, a possibilidade concreta de uma coexistência, a salvo do medo".

Era preciso construir um país onde não houvesse mais lugar para se repetir 1935, mas, a tanto, era necessário "realizar a emancipação econômica e política do país," dando-lhe o "sentido permanente de respeito às liberdades públicas e de submissão à ordem social e ao Direito e à Justiça". A política, prossegue, subordinava-se à moral: "os fins não justificam os meios; são normas morais que justificam tantos os meios como os fins". Esses princípios só se acham preservados numa democracia, porém, a democracia tinha, hoje, um pressuposto inafastável, "a eliminação efetiva das desigualdades econômicas e da injustiça social". Nesse sentido, a defesa da democracia seria, "talvez a forma mais alta com que podemos reverenciar a memória dos que hoje homenageamos". Nesse quadro democrático moderno, que San Tiago traça e ergue como o antídoto ao comunismo, as Forças Armadas eram uma "presença tangível do regime, o sentido de equilíbrio, o que moderava os lances em que extrema a competição partidária".[1123]

Em manchete, *O Globo* noticiou ter sido a cerimônia uma grande manifestação de repulsa ao comunismo, como os conservadores e a maioria das Forças Armadas desejavam; desse propósito discrepou o discurso de San Tiago, que não foi uma simples e primária oração de repulsa ao comunismo, e aí o incômodo que as palavras de San Tiago causaram.

A resposta ao comunismo, para os conservadores aguçados pelo clima criado e sempre renovado da Guerra Fria, deveria ser uma política de governo de firme repressão aos comunistas, incluindo, necessariamente, a proscrição permanente do Partido Comunista Brasileiro. San Tiago propunha uma linha alternativa, a qual ligava diretamente à essência plural do regime democrático. O seu receituário de enfrentamento da ideologia e da ação dos comunistas era a realização de reformas estruturais que possibilitassem vencer o subdesenvolvimento do país e reduzir consideravelmente as desigualdades econômicas e sociais entre os brasileiros. A democracia, ao se caracterizar pelo respeito de todos ao direito e à justiça, punha essa exigência também aos militares e assim não poderia ser a presença tangível deles, na vida brasileira, um elemento de inquietação na ordem política nacional.

Inquietação, permanente e pessoal, trouxe a notícia que San Tiago recebeu de seu médico.

• Nódulo e sigilo

O nódulo na mama direita teria sido percebido no banho, ao final do primeiro semestre daquele ano de 1961. Ao consultar o seu médico, Cruz Lima, este recomendou ouvisse o conhecido cirurgião Fernando Paulino, sugestão que inquietou San Tiago, como, brevemente, referiu ao sobrinho Felippe.[1124] O cirurgião, um dos mais renomados do Rio de Janeiro, recomendou fosse o nódulo extirpado prontamente.

Mas San Tiago postergou a cirurgia, e assumiu em setembro a chefia do Itamaraty. A cirurgia só foi realizada cerca de cinco meses depois, a 12 de dezembro, na Casa de Saúde São Miguel, em Botafogo, não muito distante da casa onde San Tiago nascera e da rica mansão que o celebrado jurisconsulto de cinquenta anos erguera ao reingressar na política partidária havia exatos três anos.

A divulgação da cirurgia a que foi submetido San Tiago foi feita por nota do Itamaraty, distribuída à imprensa no dia 12 de dezembro, e publicada no dia seguinte, informando que San Tiago na véspera se submetera a uma intervenção cirúrgica, e passava bem. E que, no dia seguinte à publicação da nota, dia 14, teria alta. Certamente orientada por San Tiago, a nota do Itamaraty não era exata. Uma cirurgia, tal a de San Tiago, àquela altura e em um paciente de cinquenta anos, dificilmente admitiria alta quarenta e oito horas depois de sua realização. Contrariamente à nota oficial, *O Jornal* registrou a data da cirurgia três dias antes, um sábado, 9 de dezembro, e não fez menção à nota distribuída pelo Itamaraty. Essa nota coincide, apenas, com a data de alta de San Tiago, 14 de dezembro, cinco dias, portanto, da sua cirurgia, data que parece mais provável.[1125]

A biópsia confirmaria a pior notícia. Àquela altura, não havia tratamento que protelasse o avanço da insidiosa moléstia e que nada tinha a ver com a idade do paciente, como ela era referida nos jornais, evitando escreverem a palavra câncer. Praticamente o único recurso disponível, a cirurgia, extirpando o tumor, procurava frear-lhe a metástase.

Desde a notícia da cirurgia, San Tiago procuraria ocultar a sua doença, a ela não se referindo absolutamente e, a seguir, quando seus efeitos começaram a debilitar a sua saúde, à percepção de todos, faria circular a informação de que era vítima de uma doença do colágeno.

Nem à esposa, nem à família, nem aos amigos mais próximos, comentaria o diagnóstico e os possíveis desdobramentos dos quais o cirurgião Fernando Paulino não terá deixado de advertir ao seu paciente.[1126] Os resultados dos exames periódicos que San Tiago passou a fazer eram dirigidos, por sua determinação expressa, ao seu escritório, aos cuidados de sua secretária, Sylvia Póvoas, que a ele os entregava sem os verificar. Sylvia foi instruída a manter absoluta reserva sobre os exames; ela, mais tarde, recordaria Edméa, para ela ligando em busca de notícias da saúde do marido já que ele nada dizia em casa a respeito.[1127] A pressa que alguns de seus contemporâneos via em sua ação, e, sobretudo, a sua ambição política, ganhava no caso de San Tiago, um estímulo sinistro e fatal: o fim próximo, implacável e certo.

San Tiago não altera o seu estilo de vida, e, nos dois anos seguintes, acelera o seu já intenso ritmo de trabalho, aceitando desafios, de grande exigência física inclusive.

- **Cuba na América**

A posição norte-americana sobre Cuba era clara, e expressa no apoio à proposta da Colômbia, o Plano Lleras, de ser convocada uma reunião de consulta para discutir a permanência de Cuba, sob o governo de Fidel Castro, nos quadros da Organização dos Estados Americanos - OEA. A 4 de dezembro daquele ano de 1961, a pedido da Colômbia, foi ouvido o Conselho Permanente da OEA, que aprovou resolução para considerar as "ameaças à paz e à independência política dos Estados americanos, que pudessem surgir da intervenção de potências extracontinentais destinadas a romper a solidariedade americana".[1128] Se já era claro o objetivo do Plano Lleras, estimulado e apoiado pelos Estados Unidos, de excluir Cuba e o regime de Fidel Castro da OEA, com o anúncio feito dois dias antes, a 2 de dezembro, por Fidel Castro em discurso, da sua filiação ideológica ao marxismo-leninismo, o repúdio ao regime cubano era, agora, uma questão indiscutível para os Estados Unidos e seus aliados no continente, e aos conservadores no Brasil também.

Dois dias depois, o Itamaraty esclarecia que a abstenção do Brasil na votação no Conselho Permanente da OEA não significou uma alteração da posição brasileira em relação a Cuba. Mesmo abstendo-se de votar, manteve-se o Brasil fiel ao princípio de não-intervenção. Chile, Bolívia, Equador e Argentina, além do Brasil, abstiveram-se, e o México votou contra, mas catorze outros países votaram a favor, ficando decidida a VIII Reunião de Consulta ter lugar no Uruguai, em janeiro próximo. Cumprindo a sua linha de ação de dar publicidade à execução da política externa, San Tiago explica, a seguir, na televisão, a posição do Brasil em relação à situação de Cuba.[1129]

A crítica à posição do Itamaraty e de seu ministro não tardou. Em editorial de 11 de dezembro, *O Globo*, citando Fidel Castro, que afirmara que a Cordilheira dos Andes se converteria em uma nova Sierra Maestra das Américas, ou seja, que a Revolução Cubana seria fomentada nos países latino-americanos a partir do exemplo cubano, advertia que essa "ignominiosa revolução" seria exportada ao Brasil; e acrescentava não ser o que os cubanos chamavam de revolução nada mais "do que a adoção do comunismo e o culto da personalidade do barbudo 'salvador' do continente". O Brasil não poderia "poupar Castro e, junto com ele, a invasão comunista no continente", precisamente porque fora signatário da *Declaração de Santiago*, em 1959; e citava o então deputado San Tiago Dantas que explicara à Câmara os termos dessa declaração, "explicitamente e belamente" resumindo seus termos. Em razão destes, deveria o Brasil negar apoio ao ditador cubano. Contudo, ao abster-se, ficou o Brasil em "escassa minoria no conselho da OEA". E conclui, afirmando que depois da expressa filiação marxista de Fidel Castro, falar-se em "autodeterminação dos povos e em não-intervenção parece uma simples zombaria".[1130]

Ele responde, em artigo no mesmo *O Globo*, angulando a crítica; cita a luta constante contra o subdesenvolvimento e a desigualdade "entre as camadas ricas e as camadas pobres" na América Latina, "problemas que, às vezes resultam em soluções que representam um passo em falso da democracia". Era preciso, portanto, não condenar esses governos, mas "atraí-los de volta ao sistema para o que o sistema, assim fortalecido, lhes ofereça a solução". San Tiago reafirma a posição do Brasil em relação a Cuba e diz que "aceitar a intervenção jamais será a solução, mas a negação da política democrática".

San Tiago seguia a linha de argumentação exposta em seu discurso no cemitério na homenagem às vítimas da revolta comunista de 1935. A melhor forma de enfrentar a provocação do comunismo era o combate ao subdesenvolvimento. A proscrição do Partido Comunista, a intervenção militar, interna ou externa, não eram a solução democrática, argumentava, em um clima de crescente radicalismo autoritário.

• Uma linha de ação inutilizada

San Tiago reuniu-se com a Comissão de Planejamento do Itamaraty, a 26 de dezembro, para "fixarmos, com muita clareza, a posição do Brasil em relação a Cuba", examinando as suas implicações "tanto em relação ao sistema interamericano, quanto nossas relações bilaterais com os Estados Unidos".[1131]

E faz uma síntese da proposta anterior, elaborada na sétima sessão dos Colóquios da Casa das Pedras, em 5 de novembro. A política do Brasil, diz, "foi muito categórica e muito simples: respeito incondicional ao princípio de não-intervenção; respeito incondicional ao princípio de autodeterminação dos povos, no sentido de que só o povo é um instrumento legítimo para escolha do regime, especialmente se esse regime é o democrático".[1132] No governo Jânio, prossegue, houve "um ligeiro toque de simpatia ideológica" e uma "recusa sistemática", quando não "evasiva", de o governo brasileiro pronunciar-se sobre o caráter democrático do governo de Fidel Castro.[1133] À frente do ministério, San Tiago diz haver determinado uma linha "oposta", que reconheceu não ser o regime cubano democrático, indiferentemente de ser ele socialista ou comunista; o que "importava era classificá-lo como não democrático, tomando como padrão a *Declaração de Santiago*".[1134]

A partir de informações trazidas pelo embaixador Vasco Leitão da Cunha sobre a posição da Finlândia diante da URSS, foi esboçado um plano a partir do "binômio preliminar: não-violência versus *Declaração de Santiago*".[1135] O primeiro termo do binômio era dirigido aos Estados Unidos; o segundo, a Cuba. De acordo com o Plano Fino, seria proposto aos Estados Unidos não empregar a violência no caso cubano, enquanto seriam feitas gestões com o governo de Fidel com vistas à sua adesão aos termos substantivos do Plano Fino. Seria, a esse fim, proposto pelo Brasil uma espécie de moratória na (eventual) violência.

As duas cláusulas iniciais do Plano procurariam manter "as conquistas de Cuba, tendo a Revolução Cubana, em sua essência, sua existência garantida". Contudo, Cuba deveria estabelecer as "exterioridades" democráticas: promover a sua desmilitarização, ou seja, "limitar seus armamentos, ou cessar suas compras de armamentos na União Soviética", a exemplo do que acontecera com a Áustria e a Finlândia. E deveria o governo de Fidel promover o "desarmamento político" de Cuba, para que este não fosse "um regime político hostil aos demais países latino-americanos". Seria o conceito de "propaganda nacional" admitido, mas não a "propaganda ideológica".

Cumpridos esses pontos iniciais, a "moratória ficaria definitiva, e os outros cinco termos, fixados também no Plano Fino, visando o restabelecimento de relações diplomáticas entre Cuba e os Estados Unidos, teriam execução".

O Plano Fino reagiria ao Plano Lleras, que para San Tiago era um "ponto de partida, mas não de chegada", deixando, portanto, inconclusa a posição da OEA, mas direcionando-a à expulsão de Cuba da Organização.

Porém, menos de um mês depois da sétima sessão dos Colóquios, a 2 de dezembro, Fidel Castro, tendo anunciado em discurso a adesão do regime cubano ao marxismo-leninismo, tornou a situação de Cuba muito mais complexa à vista dos demais países americanos, especialmente dos Estados Unidos, que desde janeiro anterior havia rompido relações diplomáticas com o governo de Cuba.

O Plano Fino, observou San Tiago, viu-se inutilizado pela filiação de Fidel Castro ao credo marxista-leninista, que tornou "inadmissível qualquer espécie de gestão que referisse a *Declaração de Santiago*". Era necessária formular uma nova linha de ação relativa ao problema de Cuba, para ser levada à VIII Reunião de Consulta dos Ministros das Relações Exteriores da Organização dos Estados Americanos, que teria lugar em Punta del Este,

Uruguai, entre 22 e 31 de janeiro de 1962, tendo como objetivo discutir a posição do governo de Cuba..[1136]

Ainda na reunião com a Comissão de Planejamento, San Tiago antecipa as suas considerações sobre o tema, e diz ver que a reunião de consulta em Punta del Este continha "vários perigos", uma vez que ela iria deliberar sobre sanções a Cuba, já havendo àquela altura treze estados americanos rompido relações com o regime de Fidel Castro, e o Equador poderia ser o próximo, o que daria maioria, no plenário da Organização, para tornar obrigatórias as suas decisões. Mas o Brasil, assim como a Argentina, o Chile e o México, os maiores países latinos e sul-americanos não poderiam assistir a uma deliberação e a ela se vincularem "sem terem tido possibilidade de rediscuti-la".[1137]

Era necessário, prossegue San Tiago, distinguir "entre compromisso e aspiração no sistema interamericano"; todo o sistema, diz, se tem desenvolvido "no sentido de que há compromissos definidos em tratados e aspirações definidas em declarações" e, em geral, o "sistema vai evoluindo à medida que transforma aspirações em compromissos".[1138] O caso cubano era um caso de "evasão das aspirações comuns, definidas no artigo 5, da Carta, da OEA, ou na *Declaração de Santiago*?"[1139] E deveria ser visto por essa ótica, inclusive porque as condições, naquele momento, "não parecem tão tranquilas que não possamos assistir a movimento similar em outros países. Estamos tomando Cuba como caso experimental. O que se decidir será para todos".

San Tiago argumenta que admitir a existência de um país socialista na América não deveria justificar "uma ação militar ou bloqueio econômico para descartá-lo", o que, ao seu ver, suscitaria uma reação da opinião pública nos demais países americanos. Por outro lado, a relação que esse país "viesse estabelecer com o bloco soviético criaria uma latência de perigo militar". Essa situação, "a presença de um enclave socialista" em um hemisfério "unido por pactos defensivos de base democrática, geraria necessidade de neutralização" desse país socialista. Esse contexto havia suscitado o exemplo da Finlândia, considerado na "primeira fase de nossos estudos", na Casa das Pedras.

• Uma linha de ação refeita

A Comissão de Planejamento se reuniu novamente no dia seguinte, 27 de dezembro. Em sua primeira manifestação nessa reunião, San Tiago situa a questão cubana agora como um problema "extra-hemisfério"; como designada pelos norte-americanos, era "mais uma relação com a opinião pública do que uma relação governo a governo".[1140]

San Tiago indaga a opinião dos presentes, e o embaixador Araújo Castro observa que a opinião pública estava dividida sobre a questão de Cuba; era "impressionante verificar no Brasil a pressão das esquerdas, dando a impressão que estavam mobilizados em torno desse tema".[1141] A situação posta à diplomacia brasileira havia se alterado; a tentativa de invasão a Cuba já havia ocorrido e a posição americana em relação a Cuba não iria sofrer qualquer atenuação; os Estados Unidos não aceitariam assumir um compromisso de não emprego da violência, o que faria qualquer mediação, nesse sentido proposta pelo Brasil, infrutífera, e, mais, suspeita, colocando o Brasil, "à mercê de dois grupos: ou dos Estados Unidos ou de Fidel Castro", diz o embaixador.

Portanto, o Brasil não deveria tentar a reaproximação de Cuba com os Estados Unidos, "nem mesmo sondagens, (...)" ou "grande articulação diplomática" nesse sentido. Deveria o Brasil afirmar a sua posição contrária à aplicação de sanções e contra o rompimento com Cuba; se fossemos derrotados, seguiríamos a decisão majoritária. Mas, conclui Araújo Castro, ficaríamos em uma posição "muito segura". Ao contrário, se fossemos tentar mediar uma solução entre Estados Unidos e Cuba, "iríamos nos desgastar e eventualmente sermos atingidos pelos dois lados".[1142]

San Tiago pondera que, uma vez tornada pública a posição do Brasil, seria necessário fazê-lo com "toda firmeza e clareza", pois uma posição contrária à aplicação de sanções e à ruptura de relações da Organização com Cuba permitiria interrogações as quais não poderiam ficar sem respostas: por exemplo, o que pensava a diplomacia brasileira: "quanto mais marxista ou leninista, melhor?" San Tiago transfere essa questão aos diplomatas indagando se ao expor a posição do Brasil deveria dizer também "o que pensamos de um país comunista no hemisfério?" À resposta afirmativa do embaixador Araújo Castro, San Tiago acrescentou que estava "na hora de escolher os nossos inimigos. Estou me referindo aos inimigos internos. Por meio de três ou quatro tomadas de atitude, dizer de quem é que queremos receber pedradas".[1143]

Tomando a opinião dos presentes, San Tiago vai distinguindo a posição a ser adotada em Punta del Este, fazendo algumas considerações.[1144] A primeira delas era não implicar nem o presidente nem o chefe do gabinete, Tancredo Neves, diretamente, na ação a ser deflagrada pelo Itamaraty na reunião de Punta del Este. Assim como no caso de reatamento com a URSS, em que se evitou que a crítica recaísse sobre o presidente e o primeiro-ministro, ficando confinada à pessoa do chanceler.[1145] Um outro fato considerado por San Tiago era que a política exterior seria bem aceita "no seio do povo", embora não fosse tão popular quanto no governo do Jânio: Jango não respondia pela política externa, Tancredo era "muito omisso" nesse tema e a posição do ministro do Exterior era naturalmente limitada, mas, "também, porque não sou muito esse tipo de [homem] público", diz San Tiago: "sou mais visto como homem de habilidade de posições do que de extremar posições".[1146]

Segundo San Tiago, "nossa vitória consistirá em irmos, pouco a pouco, abrindo mão desse sucesso perante a opinião pública, que foi a marca do governo Jânio Quadros". Era indispensável exibir uma grande firmeza, sem hesitações, "ainda que essa firmeza nos leve a arrostar uma diminuição de popularidade. É claro que isso tem um limite de segurança, abaixo do qual podemos ir a pique como governo, mas a marca tem que ser a da firmeza".

A seguir, San Tiago faz o balanço da "conversa" e dela deduz duas linhas de ação: "abdicar completamente da ideia de uma elaboração através de consultas. Temos que formar uma linha nossa e assentar essa linha com muita autoridade própria, moral e política"; e "nossa [posição] não pode constituir surpresa nem para Cuba, nem para os Estados Unidos, nem para o Brasil".[1147] Daí, não podia a posição do Brasil ficar sendo elaborada para ser "lançada num determinado dia, mas precisa ser tornada clara e receber todo o impacto crítico que possa suscitar, até previamente". E, na manifestação a ser feita, deveria ser procurada "uma integral", para "situá-la no quadro geral da política externa brasileira e mostrar claramente que uma parte sugere outra".

San Tiago delineia a posição brasileira a ser seguida em Punta del Este recorrendo a uma metáfora que havia pouco experimentara pessoalmente: "não estamos fugindo a sancionar Fidel Castro violentamente. Não é que estejamos querendo servir-lhe de guarda-costas. O que estamos fazendo é saber que uma cirurgia malfeita naquele ponto vai abrir um problema novo, incurável e de grandes proporções".[1148]

O ano de 1961 encerrou-se quatro dias depois, com uma elegante recepção, oferecida na "noite de São Silvestre" pelo casal Drault Ernanny, na Casa das Pedras; entre os convidados, o primeiro-ministro Tancredo Neves, o chanceler San Tiago Dantas, os ministros militares, além de inúmeros deputados.[1149]

E o novo ano teve início com o advogado de Prestes, católico conservador e amigo de San Tiago, Sobral Pinto, dizendo ao chanceler do seu "receio quanto aos acordos com os Estados Unidos sobre o fornecimento a nós, de alimentos". A seu ver, "deveríamos impedir a entrada desses excedentes, para obrigar a gente brasileira a promover, pela necessidade, nosso desenvolvimento nos setores agrícolas e industriais".[1150]

- **Execução de uma linha de ação**

A execução do Plano Fino, ou, ao menos, o esforço diplomático por executá-lo, daria ao Brasil, no entender de San Tiago, uma projeção maior no cenário mundial; a "inutilização" do Plano reduziu o espaço de uma negociação da questão de Cuba, na qual o Brasil poderia participar efetivamente. Mas não impediu o Brasil e seu chanceler de representarem e defenderem a sua proposta na reunião de chanceleres, em Punta del Este.

Em campanha para presidência, Kennedy definira como prioridade enfrentar a questão de Cuba; e, presidente, a desastrada e humilhante ação militar na baía dos Porcos por ele autorizada o fez abandonar ações isoladas e acionar iniciativas multilaterais, das quais a da Colômbia, propondo a realização da VIII Reunião, era o exemplo presente.

As relações diplomáticas dos Estados Unidos com o governo de Fidel Castro estavam rompidas desde o início de 1961, e a sua adesão pública ao marxismo-leninismo, no final de 1961, a sua declaração de fazer da Cordilheira dos Andes uma nova Sierra Maestra, ou seja, a defesa pública da propagação, pelo centro e o sul do continente, da vitoriosa guerrilha cubana, solidificou a posição norte-americana, a ser defendida na VIII Reunião. Esses fatos tornavam o regime cubano não apenas uma ameaça geograficamente próxima aos Estados Unidos por parte de um agora aliado soviético, mas também um estímulo à revolução socialista no restante da América, desafiando a hegemonia norte-americana no continente.

A decisão do Brasil de se abster na votação da proposta da Colômbia de convocar a VIII Reunião reafirmou a sua posição sobre a questão de Cuba, já expressa publicamente e enformada nas duas reuniões da Comissão de Planejamento do Itamaraty, em final de dezembro último. San Tiago iria, de então por diante, elaborar argumentos, sobretudo jurídicos, e seguir expondo a posição do governo em seu roteiro de conferências, palestras e entrevistas com que buscava angariar apoio à política externa que executava.

A 5 de janeiro, em entrevista coletiva no Palácio do Planalto, San Tiago diz sobre a questão de Cuba que o Brasil seguirá se esforçando para "manter a unidade democrática, sem se afastar do respeito ao princípio da autodeterminação dos povos". A política exterior "não muda como os fenômenos meteorológicos, porque representa uma atitude nacional"; ou seja, não havia motivo para mudar a linha de ação do Brasil em relação a essa questão. E esclareceu que o atual governo diferia do anterior, porque considerou explicitamente o regime cubano como "não democrático" e reconhecia "a difícil situação do povo cubano submetido a um regime em que a liberdade é precária".[1151]

San Tiago repetiu esses pontos ao receber o líder anticastrista, Luís Conte Agüero, a quem manifestou "a disposição brasileira de conciliar o respeito à não-intervenção com o firme desejo de fortalecer a democracia e a unidade americana".[1152] Na mesma altura, cineastas cubanos filmavam um documentário sobre o Brasil, com cenas tomadas em vários estados, e com entrevistas com Jango, Leonel Brizola e o deputado e líder das Ligas Camponesas, Francisco Julião.[1153]

• Chefes de missão dos estados americanos

Seis dias depois, a 11 de janeiro, o Conselho de Ministros enviou à delegação que representaria o Brasil em Punta del Este as instruções a serem por ela cumpridas. As instruções se referiam inicialmente aos princípios aos quais já aderira o Brasil, e sintetizava a fórmula que permitiria a constituição de uma comissão especial para definir as obrigações e limites que o governo socialista de Cuba deveria aceitar e cumprir, para que "não se tornasse permanente ameaça a instituições e governos de outros estados".[1154] Seriam essas as obrigações: 1) o compromisso de não contrair alianças militares com quaisquer potências ou grupos de potências; 2) a limitação de armamentos, mediante o estabelecimento de certas garantias; 3) a abstenção de propaganda política e ideológica e de qualquer atividade no exterior que possa ser considerada subversiva ou contrária às instituições e governos de outros Estados.[1155]

No dia seguinte, os chefes de missão dos países americanos acreditados no Brasil reuniram-se no Palácio do Itamaraty, no Rio de Janeiro, a convite de San Tiago, que a eles faz uma alocução, a propósito da posição do Brasil a ser expressa na VIII Reunião de Consulta, a se realizar dali a menos de duas semanas.

Ciente de que a maioria dos países centro-americanos, à exceção do México, e em princípio o Haiti, seguiria a posição defendida pelos Estados Unidos, e, no sul do hemisfério, apenas o Brasil, Argentina, Chile e Equador dela dissentiam, San Tiago começa por registrar a incompatibilidade entre a "política do governo de Cuba e os princípios democráticos, em que se baseia o sistema interamericano". A partir dessa perspectiva, desdobra os termos da posição do Brasil, enfatizando que uma ação militar contra Cuba, ou a imposição de sanções econômicas, imediatas ou mesmo proteladas, seriam juridicamente injustificáveis e provocariam uma forte reação na opinião pública dos países americanos. Mas uma reunião de consulta poderia, "por via de ação diplomática, alcançar os meios eficazes para preservar a integridade do sistema democrático, em face de um Estado que se declara socialista". Tal "orientação" poderia ser formulada por um órgão especialmente criado no âmbito da Organização, ao qual fosse outorgada "latitude suficiente para tomar a si o estudo das obrigações e a elaboração do estatuto das relações entre Cuba e o hemisfério e sobre o qual, ouvindo as partes, se pronunciaria o Conselho da OEA".[1156]

O *Professor* vale-se dos seus conhecimentos de Direito Civil; a sua proposta sugeria um caderno de obrigações negativas, isto é, obrigações de não fazer, as quais seriam propostas a Cuba aderir. Essa fórmula, que conteria as sugestões do Conselho de Ministros (elaboradas pelo chanceler e sua equipe), não iria ferir a ordem jurídica nem a "soberania de Cuba", pois seria negociada com seu governo, e seria capaz de favorecer "uma redução da tensão existente e contribuir para o fortalecimento da paz".[1157] Além disso, essa fórmula preservaria o princípio da não-intervenção, e, uma vez aplicada, seria capaz "de neutralizar" o regime cubano.

San Tiago exorta os ministros estrangeiros a não decidirem por uma "cominação, que apenas abra caminho à aplicação de sanções", mas buscarem uma resolução em torno da qual "ainda seja possível um esforço de cooperação", que desse "esperanças de uma pacificação".[1158]

A seguir, em entrevista coletiva à imprensa, esclarece a posição brasileira sintetizando os termos da sua alocução feita três dias antes. Comentando as reações a essa posição, observa a ela não haver reação negativa, por parte dos Estados Unidos; acreditava San Tiago que Cuba aceitaria as obrigações propostas, "contra determinadas garantias", a serem oferecidas pelo Comitê, e que o governo de Cuba não poderia "deixar de ver a realização da Consulta como uma grande oportunidade para que se apresentasse ao julgamento da opinião pública americana".[1159] O otimismo demonstrado por San Tiago encontrou pronto rebate.

• Ex-chanceleres, chanceler

Quatro dias depois da reunião com os chefes das missões estrangeiras acreditados no Brasil, *O Globo* publicou uma nota firmada por quatro dos últimos cinco ex-titulares das pastas das Relações Exteriores, os quais, "compenetrados da gravidade da situação das Américas", depois de uma breve análise jurídica das normas que disciplinavam a relação entre os países do hemisfério americano, concluíam que, "dentro do sistema continental não é admissível um Estado comunista ou vinculado às potências comunistas". Fidel Castro, diz a nota, aliou-se a "potências comunistas, como a URSS e à China Vermelha". Assim, Cuba tornou-se um país "egresso do concerto interamericano, com o qual quebrou todos os laços e ligações".

A nota prossegue, afirmando que não era "acertada e nem conveniente a posição resignatária de cruzar os braços"; deveriam as repúblicas americanas promover o rompimento coletivo das relações diplomáticas com Cuba que a eliminasse da "Organização dos Estados Americanos, enquanto durar a ditadura fidelista".[1160]

O *Correio da Manhã* publicou a resposta de San Tiago à nota dos ex-chanceleres. O governo não recebe a nota senão como uma colaboração, diz, e, "pessoalmente, lamento que a condução de nossa política externa não esteja hoje nas mãos de qualquer dos ilustres signatários, bem mais capacitados para a tarefa com que nos defrontamos". E observa que, "lendo as palavras de hoje e rememorando os atos que praticaram os signatários durante sua gestão na chancelaria", constata estarem todos procurando "os mesmos objetivos", e, se havia divergência sobre os meios de ação, esta seria devido a "certa modificação de perspectiva que sempre se produz, por mais experimentado que seja um estadista, quando considera os assuntos de Estado sem a imediata responsabilidade de decidi-lo".

Com habilidade, San Tiago vai identificando as posições que ele adota e aquelas tomadas pelos ex-chanceleres, e cita exemplos ilustrativos, para em seguida contestar a "bem-intencionada manifestação dos ex-chanceleres". Isolar Cuba seria integrá-la ainda mais no mundo socialista, "para o qual Cuba teria de gravitar por força do repúdio pelas repúblicas americanas". E o rompimento diplomático proposto importaria em "o caso cubano ficar aforado, em caráter exclusivo, ao litígio entre Ocidente e Oriente". Além disso, o rompimento seria um "mero passo para uma intervenção pela força", hipótese que os ex-chanceleres também repudiavam.

San Tiago tranquiliza seus antecessores, afirmando que o Brasil não teria uma "posição resignatária, de braços cruzados", observando "que ao ardor do jornalista às vezes pode parecer 'braços cruzados' a ponderação do estadista, que se revela às vezes como linha eficiente de ação", insinuando, ironicamente, ser um jornalista não familiarizado com tais questões o redator da nota. Por fim, San Tiago reitera a "luta ou medidas que ponham a democracia a salvo de suas infiltrações, e que tudo faremos para que o regime de Cuba não ameace o sistema interamericano". Nesse sentido, os "melhores exemplos de normas" estavam nos arquivos do Itamaraty, providos "por alguns dos Chanceleres signatários do documento ontem divulgado pelo *Globo*".[1161]

A resposta de San Tiago silenciou os ex-chanceleres, mas o diálogo de San Tiago não se limitou ao mundo diplomático. Nos últimos dias, vinha ele se reunindo com almirantes, brigadeiros, generais, líderes operários, para expor a posição do Brasil em relação à questão de Cuba.

Na mesma data da publicação da resposta de San Tiago, o presidente da República, por proposta do chanceler, assinou vários decretos remanejando diplomatas, entre eles o ministro de primeira classe, João Guimarães Rosa, para exercer a função de chefe do Serviço de Demarcação de Fronteiras.[1162]

• Punta del Este

A 19 de janeiro, San Tiago partiu para Punta del Este, chefiando a delegação brasileira. Em pleno verão carioca, o chanceler trajava um terno preto, portava um chapéu levemente desabado à direita, e saudou os que foram ao seu concorrido embarque.[1163]

A Conferência foi aberta ao final da tarde do dia 22 de janeiro pelo presidente do Uruguai. San Tiago solicitou a postergação por vinte e quatro horas do início dos trabalhos da Conferência, para que pudessem ser realizados "contatos para manejar elementos de trabalho e não para adotar posições definitivas", declarou à imprensa.

A delegação brasileira ficou hospedada no Hotel São Rafael, então o maior e mais luxuoso do sofisticado balneário uruguaio. As conferências tiveram lugar em uma das grandes salas do cassino, anexo, em uma mesa disposta em forma de U, sentando-se San Tiago ao lado do chanceler [secretário de Estado] Dean Rusk.[1164] No dia 23, reuniram-se as delegações para a primeira sessão plenária; depois da eleição do presidente e vice-presidente da Conferência, tratou-se de questões protocolares (credenciais, caráter público das reuniões e comissão de estilo) e marcou-se a primeira sessão para o dia seguinte, dia 24.

O chanceler colombiano abriu a conferência e se pronunciou a favor de medidas contra Cuba. Segundo Castilla, mesmo que a revolução cubana tivesse sido aplaudida inicialmente, os rumos por ela adotados desviavam-se dos ideais hemisféricos.

Ao embarcar para o Uruguai, o secretário de Estado, Dean Rusk, afirmou que os Estados Unidos dispunham de forças militares para intervir em Cuba, mas essa ação deveria ser considerada atendendo às circunstâncias particulares existentes. Na Reunião, prosseguiu, a medida a ser tomada deveria ser isolar Fidel Castro e "certificarmo-nos de que Cuba não constitui um foco de infeção para outros países". A Organização dos Estados Americanos deveria proclamar a "incompatibilidade de Cuba com os compromissos básicos do sistema interamericano, com a segurança, o futuro e a dignidade do hemisfério".[1165]

Nesse mesmo dia 22 de janeiro, San Tiago diz que a proposta do Brasil era a única a oferecer uma "solução prática" para o caso cubano, e que os governos americanos acabariam por concordar que a neutralização do governo de Fidel Castro, por meio de obrigações negativas, a serem por ele assumidas na relação com os demais países do hemisfério, era o caminho a ser seguido. San Tiago defende também que as decisões, alcançadas na Reunião, deveriam ser tomadas por unanimidade, como de outras vezes, consolidando a unidade de posição dos governos americanos.[1166]

Naquela data, contudo, era outro o quadro que se desenhava, com posições já demarcadas, que afastavam liminarmente a possibilidade de se alcançar a unanimidade dos votos. As delegações se dividiam em dois grupos, em torno de duas propostas. Doze países, liderados pelos Estados Unidos, defendiam a imposição de sanções a Cuba: Colômbia, Guatemala, San Salvador, Honduras, Nicarágua, Costa Rica, República Dominicana, Panamá, Peru, Paraguai e Venezuela. Opunham-se à imposição de sanções a Cuba, Brasil, Argentina, Chile, Bolívia, Equador, México, o Uruguai e o Haiti, que teria mudado de sua posição inicial, agora contrário a sanções.[1167]

Ao início da Reunião, San Tiago participa de um almoço na casa do presidente uruguaio, presentes seus colegas norte-americano, argentino e mexicano; apresenta a posição do Brasil e defende fosse alcançada uma decisão unânime na Reunião, mesmo reconhecendo haver divergências entre os países americanos. Em contrapartida, o subsecretário assistente para assuntos latino-americanos, Richard Goodwin, informava aos delegados argentinos que a fórmula brasileira de neutralização de Cuba era inaceitável aos Estados Unidos.[1168]

À noite, San Tiago reuniu-se com o presidente Dorticós, de Cuba, que lhe disse que o seu país aceitava discutir a proposta como base de um possível entendimento, mas não a votaria quando discutida no plenário da Reunião. Em Havana, Fidel Castro, antevendo a decisão a ser tomada em Punta del Este, declarou que Cuba não aceitaria sanções, nem condenação de espécie alguma que viesse a ser tomada, acrescentando que o direito à autodeterminação de Cuba não seria defendido na Reunião, "mas pelos canhões e pelos Exércitos cubanos, pelas cinco divisões prontas a agir".[1169]

• A posição do Brasil

A 24 de janeiro, San Tiago diz que a "unanimidade buscada, nas decisões internacionais, só seria alcançada ao preço da eliminação da essência de uma controvérsia, e, assim, as simples reafirmações de propósitos já declarados debilitam, em vez de revigorar, o sentido afirmativo já vazado em anteriores declarações".

O sistema regional, prossegue, era um "conjunto orgânico de normas obrigatórias e aspirações programáticas" e a sua "base primordial é o princípio da não-intervenção de um Estado nos negócios internos de outros". Os "nossos povos aspiram à democracia" e, se "não conseguem ainda alcançá-la de forma permanente ou mesmo estável", era devido ao "subdesenvolvimento econômico que mantém em nossos países níveis de renda individual hoje apontados entre os mais baixos do mundo".[1170] Os Estados Unidos eram uma economia sólida e uma democracia "permanente e estável"; já aos demais países-membros afirmar a democracia pressupunha vencer as causas que a debilitavam. Essa debilidade os "condenava a uma permanente instabilidade", e, além disso, a luta contra o comunismo, no estágio atual, não era travada apenas internamente, e sim no contexto da Guerra Fria. Por isso, era preciso situá-la "em toda a sua extensão e profundidade", e ver que a permanência, por um longo período à frente, impunha uma "conclusão imediata": a inutilidade das medidas de força "que agravam tensões" e "colocam em perigo a causa da paz".

San Tiago não nega a interferência do comunismo internacional em estados democráticos, mas pondera que a adoção de "medidas de isolamento sem alternativas em relação a Cuba" importaria na "sua gravitação para o bloco soviético", inevitavelmente. O caso cubano deveria ser considerado nos termos de uma "política geral de defesa da democracia contra o comunismo", e, nesse contexto, buscar o retorno de Cuba, ainda que "não imediato, à órbita dos povos livres".

San Tiago a seguir explicita a posição do Brasil, deduzida das considerações que expusera: a aplicação de sanções militares era "inconcebível", e o Brasil se opunha também à imposição de sanções econômicas. Essas medidas eram infrutíferas, enquanto o rompimento de relações diplomáticas teria um "caráter simbólico" e não seria uma solução efetiva. O Brasil reiterava o seu apoio ao princípio que requer "a organização política com base no exercício efetivo da democracia". Porém, a perda momentânea dessa efetividade não significaria uma incompatibilidade definitiva com a Organização. No entanto, "um Estado, ao se afastar dos princípios e objetivos em que se funda a comunidade de Estados democráticos do hemisfério, não pode deixar de aceitar que lhe seja proposta a adoção de certas obrigações negativas ou imitações". Essas obrigações eram indispensáveis à segurança dos estados americanos, e acreditava San Tiago que uma reunião de consulta, como aquela, tinha competência e meios necessários para "formular tal orientação".

Nesse sentido, refere a sua proposta de ser criado um órgão especial nos quadros da Organização que elaboraria um estatuto de obrigações negativas, a ser confirmado por Cuba.[1171] Antes de concluir, San Tiago dirige-se especialmente aos "eminentes representantes dos Estados Unidos", observando que "tem cabido à nação norte-americana a liderança mundial na luta pela defesa da democracia e pela preservação das liberdades públicas". O Brasil, acrescenta, estava "integrado nos objetivos dessa luta e a atitude que assume na presente consulta corresponde, no seu entender, ao meio mais adequado de bem servir a causa comum".[1172]

• A voz dos Estados Unidos

No dia seguinte, na terceira sessão da Comissão Geral, o Secretário de Estado norte-americano, Dean Rusk, discursou sobre o sistema interamericano. O regime cubano dera ao comunismo "uma cabeça de ponte na América, colocando todo o hemisfério nas primeiras linhas na luta entre comunismo e democracia"; além disso, havia convertido Cuba num "arsenal de armas e munições e, com a ajuda comunista, criou a mais poderosa força militar da América Latina". Propôs a adoção de medidas contra o regime castrista, cuja filiação aos países do bloco sino-soviético "constitui um perigo comum para a paz e segurança do continente; a exclusão do regime de toda participação nos organismos e conselhos do sistema interamericano; a suspensão do comércio entre Cuba e as demais nações do hemisfério; a repressão ao tráfico de armas; e a execução de ações coletivas e individuais contra as diversas formas de agressão indireta e política que se iniciaram contra o hemisfério."[1173]

Em nota distribuída à imprensa a seguir, San Tiago disse acreditar que os Estados Unidos procuravam "fixar objetivos mais flexíveis, bastante próximos, ainda que até agora não inteiramente coincidentes, com a posição dos sete países", entre eles o Brasil. Mas acreditava que poderia se "prosseguir de maneira a se constituir uma posição em torno desses objetivos, por meio de um grupo de trabalho a ser constituído".[1174]

• Ainda a indefinição

Àquela altura, sete países se opunham à aplicação de sanções a Cuba, acrescidos para oito, com a adesão do Uruguai, divergindo do grupo de doze nações a favor, liderado pelos Estados Unidos; essa configuração impedia a votação de qualquer sanção contra Cuba, pois o grupo a elas favorável não contava com dois terços dos votos necessários para aprovar a sua proposição.[1175] Mas essa configuração se alteraria no curso das ações da delegação norte-americana.

Ao final dos debates foram postas em votação nove resoluções, entre elas, a de expulsão de Cuba da OEA. Abstiveram-se de votá-la o Brasil, a Argentina, a Bolívia, o Chile, o Equador e o México, ou seja, os maiores e mais populosos países latinos do hemisfério. Na última hora, o Uruguai somou-se ao grupo liderado pelos Estados Unidos, e o Haiti também, dando o voto necessário à formação de uma maioria de dois terços, suficiente para ser decidida a expulsão de Cuba, uma vez o seu governo convencido por um empréstimo prontamente concedido pelos Estados Unidos.[1176]

Após uma reunião de uma hora com o secretário de Estado, San Tiago informou que o Brasil não votaria pela expulsão de Cuba; à imprensa, declarou que "não se poderia aplicar a pena antes de se qualificar o crime".[1177]

Na madrugada de 31 de janeiro, pelo voto positivo de catorze dos vinte e um países que integravam a Organização dos Estados Americanos, Cuba foi expulsa da Organização. À exceção do Chile, os demais opositores da resolução fizeram registrar que a expulsão de um país-membro era uma hipótese não prevista na Carta da OEA, e, portanto, só seria exequível mediante a sua prévia alteração, por meio de uma emenda antes aprovada pelo plenário da Organização.[1178]

Ao final da conferência, o presidente Kennedy declarou que a atitude dos chanceleres, em Punta del Este, não tinha precedentes, ao "declarar, a uma voz, que o conceito do marxismo-leninismo é incompatível com o sistema interamericano".[1179]

- **O chanceler e os EUA**

A posição do Brasil, embora reiteradamente explicada por San Tiago em manifestações públicas e exposta em encontros com os representantes do Departamento de Estado norte-americano, não deixava de ser vista, por alguns funcionários norte-americanos, como uma afronta à hegemonia dos Estados Unidos no hemisfério, e por outros, mais esclarecidos, como uma irresignação cabível, mas a ser enfrentada e contida.

A atuação pessoal de San Tiago, o seu perfeito domínio dos fatos, das normas e do Direito internacional, que ele exprimia com uma polida e firme frieza, eram atributos que os norte-americanos não viam presentes na maioria de seus interlocutores latinos. O buliçoso embaixador norte-americano no Brasil, Lincoln Gordon, observou ser San Tiago "tão vaidoso quanto inteligente".[1180] A suposta vaidade de San Tiago era, antes, a sua gravidade natural, gentil, porém inabalável, e a sua habilitação intelectual, evidente. Não só uma suposta vaidade era atribuída a San Tiago; o representante dos Estados Unidos na Organização dos Estados Americanos, Delesseps Morrison, via a Organização como um instrumento de política externa a ser livremente manejado pelo Departamento de Estado; assim, a posição independente de San Tiago era tida por parcial, como sendo apoio manifesto a Cuba, e o diplomata lançou ao chanceler brasileiro o epíteto de "San Tiago de Cuba", em alusão a uma das cidades da ilha governada por Fidel Castro; e, ainda, o "San Tiago de Cuba" exerceria uma incômoda, aos Estados Unidos, liderança sobre os seus confrades da Argentina, México, Chile, Equador e Bolívia, formando o *soft six*, ou seja, os seis países "dóceis" em relação a Cuba.[1181]

A posição inicial norte-americana sofreu uma atenuação, apontou corretamente San Tiago; o Secretário de Estado não mais defendeu, em seu pronunciamento formal, a intervenção militar ou a imposição de sanções imediatas a Cuba, ao reclamar o seu isolamento por meio da expulsão do governo de Fidel Castro dos quadros da Organização dos Estados Americanos. San Tiago pôde, assim, ver vitoriosa em parte a posição do Brasil de defesa da não-intervenção militar como resposta ao estabelecimento de um estado socialista no hemisfério. Nas demais resoluções, inclusive a de combate à disseminação do comunismo no hemisfério, o Brasil votou com os Estados Unidos, e assim a totalidade dos demais países.

A política externa do Brasil, desde o reatamento com a União Soviética, e agora com a reunião de Punta del Este, ganhou ampla cobertura da imprensa. Muito dessa notoriedade deveu-se à atuação do chanceler, de um raro dinamismo. Os desdobramentos políticos dessa notoriedade no plano externo e interno ainda seriam verificados em sua extensão e intensidade. No âmbito do Itamaraty, registrou-se uma inédita e sofisticada formulação de uma linha de ação do ministério, substancialmente articulada pelo chanceler e por ele superiormente defendida.

Como adiantara nas reuniões internas no Itamaraty, San Tiago estava ciente de que a posição do Brasil não venceria a oposição dos Estados Unidos. Mas San Tiago percebeu que o valor possível de ser deduzido da posição do Brasil estaria não no êxito improvável da sua aprovação, e sim no empenho em sua defesa. Assim, centrou a sua exposição em seus fundamentos jurídicos, bem elaborados e apresentados, sem confrontar a posição norte-americana.

E procurou San Tiago aproximar as duas posições, para não deixar a divergência extremar-se em uma dissidência aberta que viesse a comprometer as relações com os Estados Unidos. Além de não se justificar no plano externo a criação de um contencioso com Washington no hemisfério, internamente essa posição seria vista e alardeada pela esquerda radical nativa como uma vitória sobre os Estados Unidos, e, por este, como uma aproximação do Brasil com o governo de Fidel, convertendo-se a relação com o governo norte-americano em um dos fatores de radicalização da política interna do país. Em relação ao chanceler, a direita radical o responsabilizou por levar o Brasil a apoiar Cuba e o comunismo, enquanto a extrema esquerda viu na sua atuação apenas o reconhecimento da posição que ele havia muito defendia.

• Retorno do chanceler: apoio, críticas e rancores

San Tiago retornou ao Rio, 3 de fevereiro, sendo recebido no Aeroporto Santos Dumont pelo primeiro-ministro, Tancredo Neves, comandantes militares, representantes dos demais ministros, diplomatas e delegações de sindicatos, trabalhadores e estudantes.[1182]

Antes de atender à convocação da Câmara Federal, a 5 de fevereiro, San Tiago vai à televisão expor "ao povo brasileiro um relato objetivo" do que se passou na VIII Reunião de Punta del Este.

Dois dias depois, San Tiago vai à Câmara prestar contas da atuação da delegação brasileira na Reunião encerrada em Punta del Este havia duas semanas. Na tribuna, historia os preparativos do Itamaraty, refere as conversações mantidas com o Departamento de Estado norte-americano e afirma que, embora tenha havido divergências, a seu ver a Reunião no futuro seria vista como tendo "marcado época na formação do americanismo". Das vinte e uma nações do hemisfério, vinte reafirmaram o propósito de lutar contra o comunismo, sem, todavia, o "aparecimento ou o fortalecimento de doutrinas e métodos reacionários que pretendam suprimir as ideias de progresso social e confundir com a subversão comunista as organizações sindicais e os movimentos políticos e culturais autenticamente progressistas e democráticos". E acrescenta, o que fora dito previamente pelo Itamaraty, sobre a posição do Brasil, fora cumprido.

- **Brizola: encampação**

Duas semanas depois de encerrar-se a Reunião de Consulta e pouco antes da viagem de Jango ao EUA para se reunir com Kennedy, a 16 de fevereiro, Brizola decretou a encampação da Companhia Telefônica Rio Grandense, subsidiária da *International Telephone & Telegraph Co (IT&T).* Os Estados Unidos reagiram imediatamente, e o seu embaixador no Brasil, Lincoln Gordon, procurou San Tiago no dia seguinte à notícia da encampação, e, sempre loquaz, declarou à imprensa que, a pedido de Jango e Brizola, "havia concordado em discutir os pagamentos das indenizações, num espírito de compreensão mútua". Naquele mesmo mês, diante de uma plateia de agricultores, Brizola desapropriou duas fazendas no nordeste do Estado.[1183]

No plano interno, a prestação dos serviços públicos concedida a empresas privadas, na maioria expressiva estrangeiras, vinha sendo, havia décadas, comprometida pela corrosão inflacionária das tarifas, inexistindo uma regulação efetiva, executada por órgãos reguladores técnicos e independentes do Executivo, que zelasse pela qualidade e continuidade desses serviços. Tais serviços eram (e seguiriam sendo) vistos pelo Executivo e pelo Legislativo como ativos partidários, cujas tarifas podiam ser manipuladas pelo titular do poder concedente. A encampação, vinculada a um discurso nacionalista populista, tal o de Brizola, era agitada e executada como se fosse uma solução natural e definitiva à adequada prestação dos serviços concedidos. No plano externo, o contencioso com os Estados Unidos se viu acrescido por este item, precedido pela encampação por Brizola da companhia de eletricidade da capital gaúcha, dois anos antes.

Pouco depois, no Rio de Janeiro, em meio às discussões que se seguiram ao seu ato, Brizola declarou que, se dependesse dele, "encamparia todas as companhias estrangeiras que operam no Brasil, tanto as de serviços públicos como as de atividades privadas, inclusive a *Light*, no Rio e em São

Paulo".[1184] Os desdobramentos das encampações promovidas por Brizola seriam inscritos na agenda de San Tiago. Não naquele momento, porém.

- **Desarmamento, descolonização, censura**

Em carta ao embaixador do Brasil em Washington, Roberto Campos, San Tiago pede que lhe envie nove livros relativos ao desarmamento nuclear, um deles o de um jovem professor, Henry Kissinger, tema da conferência da qual participaria em Genebra, representando o Brasil em março seguinte.[1185] Na Conferência, San Tiago defende, com outras delegações, a maior participação de países não-alinhados na Comissão de Desarmamento da ONU, e, com apoio do Canadá, o Brasil foi incluído entre os seus oito novos membros.[1186] Em seu discurso, San Tiago afirmou que o Brasil não pertencia a nenhum dos blocos formados no cenário geopolítico mundial, apoiava a busca pelo desarmamento e condenava "propostas inviáveis lançadas, de parte a parte, na expectativa não de um progresso efetivo no campo do desarmamento, mas de um rendimento político imediato junto à opinião pública internacional". As nações não-armadas (nuclearmente) deveriam "tomar a atitude esclarecida e corajosa de repelir os projetos armamentistas, de mera Guerra Fria, em vez de emprestarem seu apoio de reforço a posições puramente polêmicas". A seguir, reclama a reconversão de uma "economia largamente influenciada pela produção de armas", argumentando ser esta uma medida fundamental para que um eventual desarmamento não gerasse um desequilíbrio econômico que o frustrasse. Os recursos despendidos em armas encontrariam melhor destinação no combate ao subdesenvolvimento. E defendeu, junto com o México, que a América Latina fosse declarada zona não nuclearizada.[1187]

Aos habituais críticos da política externa brasileira e de seu chanceler, a eventual coincidência de posições entre o Brasil e os países socialistas era vista como uma rendição da nossa soberania a estes, assim como a atividade diplomática de San Tiago estava permanentemente sob suspeita, bastando a imprensa noticiar seus encontros, como, por exemplo, o almoço que ofereceu ao chanceler soviético, Andrei Gromiko, em Genebra, conduta habitual na profissão diplomática.[1188]

De Genebra, San Tiago foi a Paris onde chegou a 23 de março, e, em almoço com seu colega de chancelaria, na linguagem universal destas, discutiram os interesses comuns dos dois países. Nesse mesmo dia, era anunciada a candidatura a deputado federal, pelo PTB da Guanabara, de Leonel Brizola.[1189] O governador gaúcho elogiava a política externa do Brasil em relação aos países socialistas e a Cuba, mas a dizia dócil em relação aos Estados Unidos. A 26 de março, San Tiago está em Lisboa onde se encontra com o ministro dos Negócios Estrangeiros de Portugal, que lhe explicou a política lusitana com relação às "províncias ultramarinas" e o estabelecimento de uma Comunidade Luso-Brasileira; e ouviu do chanceler a reiteração da posição brasileira, de defesa da independência das antigas colônias europeias do continente africano, inclusive as lusitanas.[1190]

CAPÍTULO 31

VIAGEM AOS ESTADOS UNIDOS, EUROPA E ORIENTE MÉDIO

O primado dos Estados Unidos na economia mundial, pela circunstância de que este país, exportador de manufaturas, é, ao mesmo tempo, o maior produtor de matérias-primas para o seu próprio consumo.[1191]

• Washington

De Lisboa, San Tiago retornou ao Rio de Janeiro, mas pouco depois viajou com Jango, que aceitou o convite de visitar os EUA, feito ao seu antecessor. A 3 de abril, Jango desembarcou na Base Aérea de Andrews com sua comitiva formada por vinte e três integrantes.[1192] Foi recebido por Kennedy à porta do avião, e, depois da troca de saudações ante a tropa perfilada na pista do aeroporto, os dois presidentes seguiram de helicóptero até a capital. Kennedy acompanhou Jango à *Blair House*, a casa de hóspedes do governo norte-americano, em "uma atitude muito gentil", como registrou a reportagem cinematográfica da Agência Nacional. As reuniões entre os presidentes e assessores tiveram lugar na Casa Branca; a reportagem cinematográfica mostrou a cena protocolar, os dois presidentes sentados lado a lado, e os seus chanceleres em pé, os quatro conversando, e o embaixador Roberto Campos servindo de intérprete entre os dois presidentes.[1193]

A agenda a ser negociada era extensa. O golpe militar na Argentina, que derrubara o presidente Frondizi; a infiltração comunista em sindicatos brasileiros; Cuba; o novo acordo internacional do café; a paralisia dos empréstimos por parte do *Export Import Bank* desde maio de 1961; a inflação brasileira; o desarmamento e a situação econômica e social do Brasil. E ainda a Aliança para o Progresso e as encampações feitas por Brizola.[1194] Mas o tema central para o governo brasileiro era a situação econômica do país.

No dia seguinte, Jango falou ao Congresso norte-americano, em um sinal de deferência do governo Kennedy ao visitante. Em seu discurso, Jango observou inicialmente a "semelhanças de organização política" entre os dois países, mas apontou a profunda diversidade socioeconômica existente entre eles, e a seguir referiu a inflação no Brasil, tão "falada no país e no estrangeiro". Atribuiu a sua causa ao desequilíbrio determinado na última guerra, cujos efeitos os países europeus conseguiram vencer com a ajuda dos Estados Unidos, entre 1948 e 1952, ajuda estendida, no âmbito do Plano Marshall, inclusive aos seus adversários no conflito. Sem qualquer plano de cooperação internacional que contribuísse para a modernização da sua economia, o Brasil ficou dependente da restauração dos preços de exportação de seus produtos primários. Internamente, continuou Jango, a consciência política da elite e do povo, diante da situação do país, estava "cada vez mais viva", compreendendo que a "luta pelo desenvolvimento era a luta do povo".

Atento a essa realidade, o governo estava empenhado na promoção de reformas estruturais, entre elas a reforma agrária, e reconhecia que, no processo de desenvolvimento, o capital estrangeiro tinha considerável significação, oferecendo o país "amplas oportunidades à iniciativa privada estrangeira que quisesse lealmente cooperar para o seu desenvolvimento". Jango elogia a iniciativa da Aliança para o Progresso, mas disse que a execução e o êxito desse programa deveriam refletir o espírito de confiança e respeito recíproco entre os governos dos dois países. Concluindo, observou que o conflito ideológico entre o Ocidente e o Oriente não deveria ser "resolvido militarmente", e era preciso que fosse encontrado o fim de uma "perigosa emulação armamentista, através da convivência e da negociação".[1195]

O discurso do presidente brasileiro repetia pontos antes levantados por seu mentor, Getúlio Vargas, quando o ex-presidente Truman visitou o Brasil acompanhado do general Marshall, o idealizador do plano de ajuda aos países europeus mais atingidos pela Segunda Guerra, e negou liminarmente a ajuda então pretendida pelo governo brasileiro. E, antes como agora, o combate oferecido à inflação pelo governo brasileiro mostrava-se insuficiente para o governo norte-americano, este o obstáculo maior a impedir uma ajuda externa substancial ao Brasil.

Jango fez ainda a defesa oblíqua da encampação de concessionárias estrangeiras, lançando sobre elas a dúvida sobre a lealdade com que agiam no Brasil, omitindo o fato de que o governo brasileiro não reajustava as tarifas de seus serviços, permitindo que aquelas empresas seguissem sendo tratadas como ativos partidários manipuláveis, agora sob uma tintura ideológica nacionalista-estatista empregada com alarde por Brizola.

• Conversações

San Tiago está presente nas reuniões em que Jango participa. Na primeira delas, a 4 de abril, a pedido de Jango, o embaixador Roberto Campos fez um relato das questões econômicas mais significativas enfrentadas pelo Brasil naquela altura. Kennedy comentou os pontos brevemente, manifestando a intenção de os Estados Unidos colaborarem na solução deles, acrescentando que era do interesse do seu governo que fosse dada uma solução justa às encampações promovidas por Brizola de concessionárias norte-americanas.[1196]

À noite, no mesmo dia, foi realizado um jantar na Embaixada brasileira, em Washington, com a presença de Jango, San Tiago e Roberto Campos, participando o diretor da CIA, John McCone, que faria um memorando resumindo os pontos tratados na reunião, indicando as manifestações de San Tiago sobre os tópicos versados, sem o registro, contudo, das demais manifestações, e por certo sem revisão de San Tiago.

O primeiro ponto que teria sido comentado por San Tiago seria o interesse de o governo brasileiro criar um serviço de inteligência próprio, associando o memorando essa observação ao estabelecimento em Brasília e no Rio de Embaixadas e Consulados de países do bloco soviético. Além disso, San Tiago teria externado preocupação, partilhada por outros governos latino-americanos, de que a CIA teria por objetivo criar uma espécie de polícia secreta mundial, capaz de influenciar e afetar a vida política dos países nos quais ela operava; a essa observação teria o diretor da CIA reagido, dizendo que o seu propósito não seria este, e sim do órgão de inteligência soviético, que agiria por essa forma. A esse tópico, seguiu-se o de eventuais remessas de armamento por Cuba a grupos extremistas no Brasil, e San Tiago teria dito haver notícia de que elas teriam sido enviadas pelo governo de Fidel Castro. Há, ainda, uma referência ao deputado Francisco Julião, sobre o qual San Tiago teria uma opinião negativa.

O memorando registra que nem San Tiago nem Moreira Salles acreditavam que o Partido Comunista tivesse uma influência forte no Brasil, e muito menos que o Brasil sucumbiria ao comunismo, sendo, portanto, preservado o sistema de livre empresa; e, naquele momento em relação às concessionárias americanas encampadas, San Tiago disse haver um impasse nas negociações, mas não haver uma ação arbitrária do governo brasileiro.[1197]

A 6 de abril, Jango discursa na ONU e em jantar oferecido por associações americano-brasileiras, em Nova York. A 9, já no México, Jango sofreu um desmaio assistindo a uma apresentação de dança folclórica que lhe foi oferecida pelo governo mexicano. Diagnosticada uma isquemia, o presidente manteve-se a seguir em repouso. O discurso que Jango faria no Senado foi entregue por San Tiago ao presidente do Congresso mexicano.[1198] Jango retornou ao Brasil, e a 12 de abril San Tiago a Washington. Em reunião com o secretário de Estado norte-americano, San Tiago assina acordo para o empréstimo de US$ 131 milhões, da Aliança para o Progresso, destinado ao Nordeste, que Celso Furtado, superintende da Sudene, havia negociado em visita anterior a Washington.[1199]

Em Washington, San Tiago e os embaixadores Mário Gibson Barbosa e Roberto Campos reúnem-se com o embaixador Lincoln Gordon e o economista Edwin Martim, subsecretário de Estado para Relações Interamericanas. Discutiu-se o que o Brasil entenderia por uma política externa independente, distinta de uma neutralidade sistemática. Não se tratava, segundo San Tiago, de uma posição sistematicamente neutra, que advogasse sempre uma posição intermediária entre o bloco soviético e o bloco ocidental. O Brasil decidiria a posição a tomar, considerando as matérias postas ao seu exame. O subsecretário Martim afirmou que os Estados Unidos não seriam contrários a uma política externa independente. Na verdade, eles gostariam que os seus amigos fossem independentes, mas, a esse fim, era necessário que a posição tomada refletisse um julgamento realista entre os dois blocos e considerasse também a herança comum existente com os Estados Unidos e suas crenças políticas, consideração que, a seu ver, importaria, o mais das vezes, em apoio às posições norte-americanas do que em reprovação.[1200]

A visita foi marcada pela cordialidade dos dois presidentes. Afável, com um sorriso largo e pronto, sempre disposto a conversar, essas qualidades de Jango, reconhecidas até por seus mais radicais adversários políticos, amenizavam as divergências existentes.[1201] Mas não as eliminavam, assim como internamente não reforçavam o comando de Jango sobre o seu próprio partido.

Ao final da visita de Jango aos Estados Unidos, o Comunicado Conjunto divulgado pelas duas chancelarias referiu a pauta discutida nas reuniões havidas entre os dois presidentes e seus representantes, registrando a convergência de pontos de vistas e exibindo a forma genérica própria a esses documentos diplomáticos.[1202]

Ao cumprimento dos pontos previstos no Comunicado Conjunto, a Kennedy bastava um comando administrativo para que o processo tivesse início. A Jango, além de ele dar execução à sua decisão em agir, uma vez esta tomada afirmativamente, era necessário desfechar uma complexa articulação política interna, a começar no seio do seu próprio partido, sobre o qual Jango mantinha uma liderança precária, como os norte-americanos estavam advertidos. Ainda assim, os efeitos da visita foram bem recebidos, mesmo se o resultado concreto se limitasse à liberação de um empréstimo no âmbito da Aliança para o Progresso.

A posição do Brasil em Punta del Leste não deixou sequelas maiores no relacionamento com os Estados Unidos, como, aliás, San Tiago previra; afinal, os Estados Unidos alcançaram o seu objetivo de expulsar Cuba da Organização dos Estados Americanos, e uniram todos os países do hemisfério no compromisso de combater a subversão comunista, um desdobramento temido da Revolução Cubana.

A questão principal no relacionamento entre os países era, sem dúvida, a situação econômica do Brasil, que exibia uma inflação crescente e uma dívida externa com vencimento a curto prazo. O pagamento dos juros da dívida dependia sobretudo da exportação de café, cujo preço o governo brasileiro não podia controlar.

O chanceler era um alvo nítido dos opositores da política externa, já definitivamente crismada de independente; mas era um alvo difícil de ser abatido: a sua resposta era pronta e articulada, qualidade que quase todos os seus críticos reconheciam, mesmo se para agravar os juízos negativos que sobre ele expendiam. E esses não faltavam, e seguiram se manifestando. E San Tiago seguiu falando, de volta ao Brasil a 15 de abril. Dois dias depois, falou na solenidade de posse da nova diretoria do Centro Acadêmico XI de Agosto, na Faculdade de Direito da USP, sobre a política externa do Brasil; e, de volta ao Rio, falou a 18 de abril, na *TV Rio*, sobre a viagem do presidente aos Estados Unidos.[1203]

• O tempo na política

Não só a televisão ia transformando os hábitos e abreviando o tempo da política. Por essa altura, era anunciado que, depois do sucesso da ponte aérea Rio-São Paulo, reunindo seis companhias, eram lançadas as pontes Rio-Brasília, Rio-Belo Horizonte e Belo Horizonte-Brasília, unindo as empresas Cruzeiro do Sul, Real, Lóide Aéreo, Varig, Panair do Brasil e Vasp. Nos aeroportos um único balcão e os horários de voo distribuídos por "todo o dia": Rio-Brasília-Rio, cento e trinta voos por semana, Rio-Belo Horizonte-Rio, noventa e oito voos, Belo Horizonte-Brasília-Belo Horizonte, quarenta e dois. Porém, essa concentração de poder de mercado não ocultava os seus efeitos negativos pesarem sobre os usuários desses serviços, alvo de dura crítica na imprensa.[1204]

San Tiago era um usuário frequente dessas pontes aéreas e, a 26 de abril, a imprensa noticiava a sua candidatura a uma vaga de deputado federal pelo PTB de Minas Gerais, estado que visitava regularmente.[1205] Mas antes de se lançar à campanha eleitoral, o que ocorreria somente no segundo semestre, San Tiago estava no Rio e frequentava os seus lugares habituais. Dando expediente no Palácio do Itamaraty, no Rio de Janeiro, mantinha San Tiago contato com os seus amigos, muitas vezes com eles se reunindo em um dos seus restaurantes preferidos, o *Bife de Ouro*, no Hotel Copacabana Palace;[1206] e, nos fins de semana, como tantos outros amigos seus, San Tiago subia a serra em direção à sua casa em Petrópolis e lá os encontrava, como registrava a imprensa.[1207]

• Um surto reformista

A 8 de abril, enquanto Jango estava em Washington em visita oficial, Brizola sentenciou que as próximas eleições parlamentares em outubro seriam a "última saída pacífica para a atual crise brasileira. Se não for eleito um Parlamento popular, a revolução será inevitável".[1208] Jango sequer tentava conter o seu cunhado. Contudo, viu-se obrigado a se mover e procurou celebrar o Dia do Trabalhador, 1º de maio, à maneira de Getúlio Vargas, discursando em Volta Redonda, onde se localizava a Companhia Siderúrgica Nacional, uma das maiores empresas estatais do país, e vista, ao lado da Petrobras, como um símbolo da soberania econômica brasileira.

Acompanhado de Tancredo Neves e invocando o seu patrono político, Jango disse que buscava "forças que o permitissem prosseguir na defesa intransigente dos interesses do povo brasileiro". As classes médias e populares e os que viviam no campo, prosseguiu, não tinham tranquilidade, e sim motivos para "novas preocupações sobre o novo dia de amanhã"; o custo de vida "continuava subindo e destruindo os orçamentos populares (...) o preço dos gêneros subindo verticalmente (...) sobretudo os de primeira necessidade". Era preciso pôr um freio a isso. E Jango aludiu a medidas que, entendia, poderiam conter o aumento do custo de vida, fosse por meios de subsídios, de importações, que estimulassem a produção e impossibilitassem a exploração de grupos especuladores, ou ainda pela intervenção no mecanismo de armazenagem e distribuição de gêneros, pois era chegado "o momento de uma tomada de posição mais enérgica". Era também chegado o "momento das reformas – agrária, bancária, eleitoral e da regulamentação da remessa de lucros". A esse fim, cabia ao Congresso a iniciativa de outorgar poderes constituintes aos eleitos no pleito de outubro vindouro, poderes constitucionais, que os permitissem realizar tais reformas.[1209]

Embora a afirmação da sua posição reformista – a qual ele e o seu partido jamais conseguiram definir claramente para submetê-la ao Congresso –, pudesse ser vista como um deslocamento à esquerda de sua posição até então mantida, ela não endossava a posição sectária de seu cunhado Brizola, que agia por uma linha de absoluta independência partidária e ideológica. A intervenção na ordem econômica do país cogitada por Jango no combate à carestia não surtiria efeito; esta só seria combatida eficazmente por uma ação planejada de combate à inflação, que o governo até então não conseguia executar. E a proposta de converter os eleitos, em outubro próximo, em constituintes já fora feita por Tancredo, pois era sabido de todos que a reforma agrária, então a mais sensível das reformas apregoadas, só poderia ser executada por meio de uma alteração na Constituição, que autorizasse o governo a indenizar com títulos que lançasse aos proprietários das terras desapropriadas.

O verbo revolucionário de Brizola envolvia o governo de Jango, e este não tinha uma resposta à altura.

• Advertência ao chanceler

San Tiago não se demorou no Brasil. Viajaria à Europa para cumprir uma agenda típica de chanceler: retribuir as visitas de seus confrades, firmar acordos bilaterais e destacar, mesmo momentaneamente, o seu país na agenda diplomática global e a atuação de seu chanceler. Sucessivamente visita a Polônia, a França, a Alemanha, o Papa e Israel.

Anunciada a viagem de San Tiago a 11 de maio, Brizola, no dia seguinte, ataca indiretamente a política externa do governo, criticando a Aliança para o Progresso. O governo do Rio Grande do Sul, enquanto estivesse sob a sua chefia, diz, "desinteressa-se de qualquer empréstimo ou auxílio da Aliança para o Progresso, até que haja uma definição clara e inequívoca em torno desse assunto". Acusou a Embaixada norte-americana de movimentar fundos à sua disposição "no Banco do Brasil e entrar em entendimentos diretos com prefeitos e entidades públicas e privadas". Intolerável essa ingerência, que ele não aceitava "por entender atentatória aos brios nacionais". E, "nessas próximas horas", iria transmitir ao ministro San Tiago "este ponto de vista".[1210]

Brizola seguia a sua linha de crítica sectária à política norte-americana, para reforçar a sua posição nacionalista e, ao mesmo tempo, imputar obliquamente a San Tiago uma tibieza nas relações com os Estados Unidos. Com a sua acusação, Brizola contrapunha-se à direita, mas com ela somava na crítica a San Tiago. Este, assim, se via acusado pelos dois extremos e, um deles, uma vez mais, situado no âmbito de seu próprio partido.

- **Polônia, Alemanha, Roma, Tel Aviv**

A ida de San Tiago a Varsóvia foi acidentada. O avião em que viajava apresentou um defeito que o deteve em Dakar e depois em Lisboa, atrasando a sua chegada ao Aeroporto de Orly, em Paris, a sua última escala antes da capital polonesa, onde pousou na tarde do dia 14 de maio, acompanhado de Edméa. No aeroporto, foram recebidos com flores por alunos da Escola Rui Barbosa. Depois de uma reunião com o chanceler polonês, foi oferecida uma recepção ao visitante, sendo saudado pelo chanceler Rapacki, que, havia pouco, visitara o Brasil.[1211]

Em seu agradecimento, San Tiago responde indiretamente ao ataque de Brizola; elogia a Aliança para o Progresso, que havia considerado "o problema latino-americano em um ponto de vista global". Respondendo a outra pergunta da imprensa brasileira, considerou "pequena" a atividade comunista no Brasil, ressaltando que as suas conversas com as autoridades polonesas visavam estabelecer "uma base realista para as nações subdesenvolvidas da América Latina, cuja integração econômica é o primeiro objetivo".[1212]

De Varsóvia, San Tiago seguiu por trem a Gdansk (Cracóvia), na costa polonesa, no Mar Báltico, e visitou estaleiros onde estavam sendo construídos navios de carga para o Brasil.[1213] Recebeu o título de Doutor *Honoris Causa* da Universidade de Cracóvia, a mais antiga da Polônia, fundada em 1364. San Tiago foi saudado pelo Prof. Opalek, decano da Faculdade de Direito, que lembrou o apoio dado pelo Brasil "às aspirações de independência da nação polonesa na época em que ela tinha sido despojada de sua própria estrutura estatal", e concluiu registrando a importante contribuição de San Tiago à consolidação da paz no mundo, defendendo o "desenvolvimento da coexistência pacífica entre Estados com regimes políticos diferentes".[1214]

Devidamente paramentado, trajando capa bordada, a medalha imposta e a borla de catedrático, San Tiago agradece a outorga da comenda, em um discurso em francês. A propósito desse discurso, formou-se uma

"Professor, sempre serei"

A mãe, a irmã e as sobrinhas

O almirante e a "mãezinha adorada"

Pais e filhos

Os sobrinhos

Com a mãe, embarcando para Paris. Ao lado de Edméa, o embaixador José Nabuco

Ao lado de Peggy Salles, mulher de seu amigo Aluísio Salles.

Um homem da classe média?

Ou um representante da elite?

Em seu gabinete na casa de Petrópolis

No escritório de sua residência na rua dona Mariana, em Botafogo

Uma campanha eleitoral moderna e caríssima: a bordo do Bonanza

Em campanha no interior de Minas

Jango, acompahado pelo professor, em seu ambiente político: ouvindo cabos eleitorais

Na redação do Jornal do Commercio, com Roberto Campos e José Vieira Coelho

San Tiago escreve, Jango aguarda, Lott fala, Tancredo ouve

Otto Maria Carpeaux conversa com o antigo diretor da faculdade de filosofia, que o contratou como bibliotecário. À direita de San Tiago, o jornalista Luiz Alberto Bahia e o diplomata José Sette Câmara.

Em 1960, o eleitorado mineiro rejeitou ambos

O Mestre da discrição política, Tancredo Neves

San Tiago ouve Tancredo

San Tiago, Jango, Lott e Abelardo Jurema; suas preces não foram ouvidas

O chanceler e o primeiro-ministro Konrad Adenauer

Kennedy, Jango, San Tiago e Dean Rusk. O intérprete, embaixador Roberto Campos

João XXIII, o reformador da igreja

Saudando sua colega chanceler, Golda Meir

Buenos Aires, 1961, à esquerda do Chanceler o futuro embaixador Rubens Ricupero

Humberto, marechal Castello Branco no poder, dirá do amigo de mocidade: "esquerdista por interesse"

Vernon Walters, o homem da CIA, ouve

Os sinais da doença irremissível

versão que teve larga divulgação. San Tiago não teria tido tempo de escrevê-lo, e o protocolo exigia-lhe o texto escrito. No momento de proferi-lo, San Tiago teria solicitado a integrante de sua comitiva que lhe desse, em lugar do texto inexistente, algumas folhas em branco, e com elas em mão, teria figurado ler um texto que, na verdade, diria de improviso. Mais tarde, surgiu o texto escrito do discurso, que foi traduzido e publicado.[1215]

O episódio tem todas as características de uma fabulação, cujo tema era o brilho intelectual de San Tiago; porém, essa versão contrariava a sua disciplina intelectual. San Tiago falava e escrevia com absoluta facilidade, inclusive em francês, e no Itamaraty não faltavam redatores capazes de a tempo escreverem os seus discursos, embora fosse ele que os redigisse, ao menos os mais importantes, e, com certeza, revisava os que a seu pedido fossem escritos. Ao longo da sua intensa vida intelectual e de professor, San Tiago jamais se permitiu improvisar qualquer manifestação sua, escrita ou oral, (estas últimas eram por ele estruturadas previamente), destinada a qualquer auditório. Certamente não seria em uma viagem oficial, devidamente planejada, que tal descuido ocorreria.

Em seguida, San Tiago chegou a Bonn, capital da República Federal Alemã, para uma visita de vinte e quatro horas.[1216] Discutiu com seu colega alemão as altas taxas impostas ao café brasileiro em relação àquelas impostas ao café africano que chegava à Europa. Em sua breve saudação, para surpresa de seu anfitrião, San Tiago contestou as teses do ministro da Economia alemão, Ludwig Erhard, expostas no dia da América Latina, comemorado, pouco antes, na Feira de Hanover. San Tiago observou que o milagre alemão, como ficou conhecida a rápida recuperação econômica que o país experimentou em seguida à Segunda Guerra, deveu-se, também, aos recursos liberados no âmbito do Plano Marshall, que foi destinado pelos Estados Unidos à Europa, não tendo tido a América Latina igual oportunidade, que contou com os seus próprios meios, e um dos mais significativos era a defesa de seus produtos de exportação, como fazia o Brasil.[1217]

San Tiago deixou a Alemanha, a 19 de maio, e no dia seguinte foi recebido em Roma pelo papa João XXIII, viajando a seguir a Israel, onde foi recebido pelo primeiro-ministro, Ben Gurion, e declarou que "Brasil e Israel sempre foram amigos sinceros".[1218] A chanceler israelense, Golda Meir, em jantar que ofereceu a San Tiago em sua residência, disse que a política exterior do Brasil "tem sabido conquistar o respeito de todas as nações" e, projetava o país internacionalmente. "Consideramos a política externa brasileira justa e inteligente", completou ela.[1219]

A presença de San Tiago na Europa, que atraía "considerável interesse e respeito", embora a maioria da imprensa no Rio, "pelo motivo já conhecido", sonegasse essa notícia e "a sua importância para nós", foi registrada por Paulo Francis em sua coluna na *Última Hora*, referindo-se, especificamente, aos filmes de TV sobre o Brasil, "bem mais baratos e mais facilmente vendáveis do que os de cinema, e que teriam acesso ao mercado mundial"; e a divulgação e prestígio do país no exterior, que a viagem do chanceler acrescia, contribuiria nesse sentido.[1220] Mas, na mesma data, em editorial, *O Globo* criticava o "Prof. San Tiago Dantas" por exibir uma "capa de 'neutralidade' em Genebra na conferência sobre desarmamento ou alhures, e dar-se ares de terceira posição, ou que pior nome tenha, é apenas perpetrar grave distorção dos nossos compromissos continentais". E concluía dizendo que "Rio Branco, em doze anos de Ministério, nunca se afastou de sua mesa de trabalho, e como o respeitavam as outras chancelarias!".[1221]

• O chanceler, o ex-chanceler

Ao *Jornal do Brasil*, no trajeto aéreo entre Tel Aviv e Roma, de onde regressou ao Brasil, a 25 de maio, San Tiago, uma vez mais, opondo-se à radicalização em torno das reformas, diz que estas, "que o país reclama – a começar pela Reforma Agrária" – deveriam ser feitas com a urgência possível para "conter os impulsos revolucionários" e ser utilizada "eficazmente [a] ajuda internacional". E acrescenta que a campanha eleitoral daquele ano deveria ser uma oportunidade "ao país para se converter em foro universal de debates sobre seus problemas".[1222]

Ao retornar ao Brasil, recebe uma carta, datada de 25 daquele mês de maio, de seu amigo e senador udenista Afonso Arinos, a propósito da próxima campanha eleitoral, dando sequência a uma conversa telefônica que teria tido com San Tiago. Afonso Arinos refere uma sugestão então feita por ele, "em caráter reservado" a San Tiago, a respeito da substituição de Jango na hipótese de este se afastar por algum tempo do governo para tratamento de saúde, em consequência da indisposição cardíaca que o acometera no México, embora o presidente àquela altura já se mostrasse recuperado. Depois de tratar de questões diplomáticas, da representação do Brasil que exercia na Conferência de Desarmamento promovida pela ONU em Genebra, designada por San Tiago, Arinos dizia que, na véspera das eleições de outubro vindouro, os grupos "reacionários brasileiros vão se articular desesperadamente", a fim de "cristalizar uma divisão de blocos e forçarem uma tomada do poder pela cúpula". E acreditava que esses grupos tudo fariam para ter um Congresso que no ano seguinte, de 1963, levasse a termo "o que não permitimos fosse feito em setembro de 1961", [com a renúncia de Jânio]. A reação, prossegue Arinos, iria se organizar em torno de "JK, Schmidt, Neves, Lafer, Roberto Marinho, Júlio de Mesquita [dono do jornal *O Estado de São Paulo*], Lacerda, tudo bem misturado com dom Jaime, militares, gente rica e anônimos fanáticos".

Tudo isso, prossegue, teria na política externa um (falso) "ponto de convergência, mas o objetivo seria reanimar o mito JK", a quem Arinos, um dos líderes da UDN, fazia duras críticas. Por essa razão, esse grupo deveria ser enfrentado e não se poderia ceder na política externa. O Exército deveria ser "cuidadosamente preparado" para eventualmente ser chamado a "impor a legalidade constitucional", pois, do contrário, nada evitaria "um desfecho revolucionário, e com amplitude que você (San Tiago) previa". E conclui dizendo que o seu desejo era que, então, "San Tiago voltasse à pasta [do Exterior] e eu ficasse no exterior, sempre que possível, para levar avante a sua política. Repetiríamos nesta geração o exemplo de outra. Você tem barriga e a capacidade para imitar o Barão [do Rio Branco], eu fingiria de Nabuco, pois faltam-me o bigode, a formosura e o talento".[1223]

Na proposição de Afonso Arinos somavam-se elementos e personagens em uma curiosa e reveladora avaliação da ação política nacional e parecia supor fosse a ação política de San Tiago executada majoritariamente no âmbito das cúpulas partidárias, quando este já agia em campo aberto enfrentando as forças radicais, de seu partido inclusive. Um exemplo da ação política de San Tiago em campo aberto logo se fez presente. E por um colega de partido de Arinos.

• Moção de censura ao chanceler, e conferência

Uma moção de censura contra o chanceler, de autoria do deputado udenista Eurípedes Cardoso de Menezes, protocolada em 29 de maio, e que agora vinha a julgamento na Câmara, somava às acusações então feitas à condução da política externa a de ter sido o chanceler, na Conferência de Desarmamento em Genebra, um "autêntico advogado do Kremlin"; essa afirmação, reagira o Itamaraty, era totalmente equivocada.[1224]

No regime parlamentar, os ministros dependiam do voto de confiança da Câmara, sendo exonerados se este lhe fosse negado em moção de desconfiança ou censura.[1225] San Tiago comparece à tribuna da Câmara e defende a sua atuação. Explica a execução da política externa brasileira, antes aprovada pelo Conselho de Ministros, que no regime parlamentarista, ainda com mais nitidez, representava o pensamento do povo brasileiro devidamente filtrado pelo Poder Legislativo.

O chanceler responde aos apartes pacientemente, e, encerrada a segunda fase da exposição iniciada à tarde, ao fim da noite a moção foi votada e amplamente rejeitada, por cento e setenta e um votos contra cinquenta e quatro. Porém, não demoraria essa mesma Câmara, em outra circunstância, tendo o nome de San Tiago como objeto de uma consulta aos seus integrantes, rejeitar o seu nome.[1226]

Pouco depois, a 11 de junho, San Tiago vai à Escola Superior de Guerra. Durante três horas, falou e respondeu a perguntas dos estagiários, (como eram chamados os alunos dessa escola), em uma conferência de "caráter reservado". Contestou a ameaça que Lacerda não cessava de propalar, de a subversão comunista patrocinada por Moscou e seus aliados penetrar e destruir a sociedade brasileira, assegurando que a política externa do Brasil não o afastava de suas alianças tradicionais. O Brasil defende a paz, a autodeterminação dos povos e é contra a corrida armamentista, declara, enfatizando esses objetivos da política externa brasileira.[1227]

San Tiago não mais seria convidado a falar na Escola Superior de Guerra.

CAPÍTULO 32

PRIMEIRO-MINISTRO: A REJEIÇÃO

Temos que realizar no nosso País (...) uma autêntica revolução democrática. Esta revolução é que nos salvará de uma revolução de sentido extremista e antidemocrático. Ela é que consolidará as nossas instituições.[1228]

• A mecânica parlamentarista

Vaga a presidência do Conselho, o presidente da República indicaria o seu substituto, que dependeria da aprovação da Câmara dos Deputados, pelo voto da maioria absoluta de seus membros. Aprovado o indicado, a Câmara exprimiria a seguir a confiança, ou não, no Conselho de Ministros, ou seja, no gabinete formado pelo primeiro-ministro, e à sua aprovação submetido. Fora assim com o gabinete chefiado por Tancredo Neves em setembro anterior. Rejeitado o nome indicado pelo presidente da República, nova indicação por ele deveria seguir-se em até três dias após a primeira recusa. Uma nova recusa exigiria um outro nome a ser apresentado no mesmo prazo, e, não aprovado este, caberia ao Senado, a seu critério, escolher o primeiro-ministro.

Da data da renúncia de Tancredo, começaria a correr o prazo de três dias para Jango submeter um nome à Câmara, para chefiar um novo gabinete. E Tancredo, a 22 de janeiro, já anunciara que em junho deixaria a chefia do gabinete para se candidatar a uma cadeira na Câmara, nas próximas eleições parlamentares em outubro daquele ano de 1962, e os demais integrantes do gabinete iriam se desincompatibilizar também.[1229]

- **A indicação insinuada**

A 2 de junho, Jango se reuniu com Tancredo e San Tiago, sucessivamente; e, a seguir, disse à imprensa que, a seu ver, a escolha do novo primeiro-ministro estava subordinada a duas preliminares: a preservação da política externa e a fixação de um programa de reformas destinadas a dar à política externa a estrutura interna que lhe faltaria.[1230] O PSD imediatamente reagiu à insinuação pública do nome de San Tiago, que poderia ser entrevista na declaração de Jango. Juscelino foi ao seu encontro e o informou de que o PSD pretendia manter um nome de seus quadros (como fora o caso de Tancredo) na chefia do próximo gabinete. Inicialmente, Jango não teria se oposto a essa pretensão, mas o PTB sim.[1231]

Um dia depois, a bancada do PTB, em nota, afirmou que não aceitaria "um gabinete amorfo, sem objetivos claros", pois "o momento não comportava um 'gabinete tampão', apenas para preencher um lugar vazio". O seu líder na Câmara, Almino Afonso, disse ser natural, embora não obrigatório, que o primeiro-ministro devesse ser "escolhido das fileiras do PSD", mas Jango deveria escolher "livremente o nome que lhe parecesse mais indicado", observando, porém, haver, nas forças políticas, um desejo "unânime" de participar na formação do gabinete. Ou seja, de serem as forças políticas ouvidas por Jango no processo da indicação do nome a ser submetido à Câmara Federal.[1232]

Em seguida à insinuação do nome de San Tiago, o presidente do PSD, Amaral Peixoto, a 5 de junho, reuniu em sua residência os representantes de nove partidos: PSD, PTB, ("o ministro San Tiago Dantas, pelo PTB"), UDN, Representação Popular, Trabalhista Nacional, Libertador, Democrático Cristão, Social Progressista e Republicano, e estes "manifestaram, em face da desincompatibilização dos ministros que integram o atual gabinete, o propósito de manterem a coligação partidária", a qual teria por finalidade "fortalecer a autoridade do governo e o prestígio das instituições dentro das características do regime vigente, desde que o futuro Conselho de Ministros seja constituído de nomes que mereçam a confiança pública e venham a submeter à aprovação da Câmara um programa mínimo, em que se ofereçam soluções práticas e exequíveis aos diferentes e fundamentais problemas sobre o que se tem pronunciado os partidos".[1233]

As cúpulas partidárias, na verdade, registravam o desejo de serem ouvidas no processo de escolha do indicado.

Formalmente, cabia ao presidente da República a prerrogativa de indicar à aprovação da Câmara dos Deputados o nome do chefe de gabinete.

Mas essa prescrição legal continha-se no quadro de forças partidárias. Nele atuando, negociando apoios, o presidente articularia a aprovação de seu indicado. Frustrado o golpe militar seguinte à renúncia de Jânio, e instituído o regime parlamentar, em novembro de 1961, o nome de Tancredo para chefiar o primeiro gabinete era absolutamente pertinente; porém, o hábil político mineiro então fizera ver a Jango não ser esse fato bastante: deveria ser formado um gabinete pluripartidário, para tanto ouvindo o presidente, previamente as cúpulas dos maiores partidos, como de fato, ocorreu e então possibilitou a aprovação do nome de Tancredo. Agora, Jango assim não agiria, deliberadamente.

- **O chanceler em público**

San Tiago prosseguiu à frente do Itamaraty, falando sobre a política externa do país a diferentes plateias, incluindo eventuais comentários sobre a situação atual. No início de junho fala a representantes de entidades sindicais e reitera o que escrevera no início da década de 1940, quando reclamou ao Direito brasileiro estender aos trabalhadores as garantias análogas às que eram dadas aos proprietários de imóveis. A "ação emancipadora da política exterior deveria ser completada pela da política interna, para solução autenticamente brasileira de problemas brasileiros, o que importava em uma luta longa para os trabalhadores, que deveriam permanecer mobilizados". Observa San Tiago, "já atravessei revoluções, crises, lutas, nesta longa caminhada, e nunca vi a classe trabalhadora brasileira fugir às suas vocações democráticas nem tramar golpes". Na mesma data, San Tiago ofereceu um almoço no Itamaraty ao professor Henry Kissinger, assessor especial do presidente John Kennedy.[1234]

A 6 de junho vai ao Palácio Metalúrgico, em São Cristóvão, no Rio de Janeiro e fala a representantes de diversas entidades sindicais;[1235] mas é proibido de falar aos alunos do curso de sociologia da PUC do Rio de Janeiro. O padre Fernando de Bastos Ávila, diretor da Escola de Sociologia e Política, em carta ao *Jornal do Brasil*, desmentiu que houvesse proibido a realização de uma conferência do chanceler, marcada pelos alunos, mas apenas desaconselhado a iniciativa "por sua inoportunidade em face de seu sentido político".[1236] A 7 de junho, intelectuais lançam um manifesto de apoio ao chanceler, firmado por escritores, músicos, dramaturgos, poetas, professores, entre eles, Oscar Niemeyer, Millôr Fernandes, Jorge Amado, Clarice Lispector, Maria Martins e Dias Gomes.[1237]

Na televisão a 14 junho, San Tiago diz que a crise no abastecimento de gêneros alimentícios, principalmente no Rio de Janeiro, não ameaçava apenas o governo, "mas poderá destruir o regime atual". E observa que os ataques que recebia vinham de "uma pequena área de incompreensão", e, sobre a sua possível indicação para primeiro-ministro, era uma "questão de foro íntimo do presidente da República, até que o Congresso julgue essa indicação".[1238]

• A indicação efetivada

Duas semanas depois, no Palácio da Alvorada ao final do dia 19, Jango reuniu-se, por quarenta minutos, com dirigentes do PSD, UDN, PTB e PSP e os informou que formalizaria até o próximo dia 26 a indicação do nome de San Tiago à chefia do próximo gabinete. E que encarregara San Tiago "de entabular com as representações partidárias os entendimentos necessários à sua indicação para a presidência do conselho de ministros".[1239] Os representantes dos partidos deixaram o Palácio sem falar à imprensa, e com duas certezas, uma evidente, outra facilmente dedutível da conduta do presidente da República. A primeira, Jango, deliberadamente, não os ouvira sobre a sua indicação à Câmara para a chefia do próximo gabinete parlamentar; a segunda, ao entregar a San Tiago a tarefa de negociar diretamente com as lideranças partidárias o apoio ao seu nome, estava claro que Jango não iria empenhar-se no processo de aprovação do nome de San Tiago. Ao outorgar ao próprio San Tiago a condução do processo de aprovação do seu nome junto à Câmara, Jango dele subtraíra-se; o seu indicado estava por si, só.

Em seguida ao anúncio de sua indicação, divulgada em nota oficial do governo, San Tiago, naquele mesmo dia 19, começou a trabalhar por sua conta. Em entrevista coletiva, disse que iria ouvir "as representações partidárias" e verificar se encontraria, "junto a elas, possibilidades para que se efetive uma indicação e se constitua um governo capaz de enfrentar um programa de realizações inadiáveis". Esclareceu que era "muito cedo para pensar em nomes" de um gabinete, e que em seu programa contemplaria as reformas de base. A seguir, ainda naquele mesmo dia, visitou o presidente do PSD, Amaral Peixoto, a quem pediu sondasse o seu nome junto à bancada daquele partido, aliado do PTB no Congresso.[1240]

Mas a rejeição ao nome de San Tiago para a chefia do gabinete era uma possibilidade já considerada. E o argumento, logo avançado nesse sentido, dizia que Jango, com a indicação de San Tiago, teria ele bem cumprido o rito parlamentar, cabendo à Câmara a responsabilidade por decidir sobre a sua indicação.[1241]

- **O indicado só**

Ao ser indicado à Câmara para chefiar o novo gabinete, San Tiago conhecia a expressão máxima do seu prestígio pessoal. Encerrava a sua marcante trajetória à frente do Itamaraty, era um expositor seguro e incansável a diferentes plateias, e o seu nome não saía dos jornais. Mas a sua figura, no meio político, traduzia uma razoável perplexidade.

Ingressara no PTB devido à ação direta de Jango, e elegera-se deputado federal por Minas Gerais por meio de uma campanha dispendiosa, fato que ele jamais desmentiu, cujos recursos provieram exclusivamente de suas finanças pessoais. Imediatamente, mostrou-se um quadro aplicado a serviço da organização de sua legenda no estado que representava, e, no plano nacional, logo se fez ouvir pela defesa das reformas estruturais que o seu partido tomou por bandeira e ele as apoiou. Em seu discurso de estreia na Câmara dos Deputados, fez questão de a elas dar consistência programática e insistir defendendo fossem elas votadas pelo Congresso.

A sua linha política não demorou a pôr San Tiago em confronto com as maiores lideranças do PTB, a começar pela de Leonel Brizola, e com os outros integrantes radicais da Frente Parlamentar Nacionalista.

No plano estritamente pessoal, San Tiago não adotou a postura de um integrante de um partido popular, nem rejeitou hábitos naturais de um componente da elite dirigente do país. Indistintamente, em sua rica residência, na Rua Dona Mariana, recebia líderes sindicais, estudantis, integrantes da classe dirigente, diplomatas nacionais e estrangeiros. E, ao contrário de outros políticos integrantes das cúpulas partidárias, não acumulava nominalmente bons empregos públicos (e salários); contava, além dos vencimentos de professor público, sempre inexpressivos, com recursos havidos à frente de seu escritório de advocacia que, mesmo com a atividade reduzida depois do início da sua vida partidária, era, à vista de todos, indiscutivelmente rentável. Além disso, quando chamado a colaborar com o governo antes de ter um cargo eletivo, jamais dele recebeu qualquer contraprestação pecuniária.

San Tiago era o integrante da elite que falava aos trabalhadores, pela mesma forma com que discutia com a classe dirigente as reformas de estrutura que defendia. E, em um momento de crescente polarização das ideias e das forças políticas, afirmava que as reformas de estrutura só poderiam ser realizadas na forma da lei, para não comprometer a ordem constitucional vigente, contrariando aqueles que queriam vê-las executadas à margem do Congresso e aqueles que, no Congresso, não as queriam ver por ele executadas.

O postulante à chefia do gabinete parlamentar não cortava a figura de uma liderança política tradicional. E era com líderes formados na política tradicional e de diferentes partidos, a começar pelo PSD, com os quais San Tiago iria negociar os votos necessários à aprovação da sua indicação.

O PSD era o partido cujo cálculo político mostrava-se mais complexo, pois, desde 1955, mantinha uma coligação com o PTB, apesar das oscilações verificadas em seu curso. Maior bancada na Câmara, e alijada do processo de indicação do novo chefe de gabinete, a cúpula do PSD prontamente se opôs à indicação de San Tiago.

A 21 de junho, dois dias depois da reunião de Jango com os líderes partidários mais expressivos, quando ele confirmou publicamente a indicação de San Tiago, e dois dias depois de San Tiago já haver sondado a cúpula do PSD sobre a sua postulação, parlamentares desse partido reuniram-se para "examinar a nova organização do novo Conselho de Ministros", ou seja, o apoio que o PSD estaria disposto a prestar, ou não, ao nome de San Tiago. Em nota, em estilo enfático, porém evasivo, o partido, depois de defender, "de forma mais incisiva", a necessidade "inadiável de acelerar o desenvolvimento econômico do país para a equitativa redistribuição dos frutos do enriquecimento da nação", advogava o combate à inflação e à ineficiência administrativa, "responsáveis pela angústia que dominava o país", e reiterava serem "inadiáveis" as reformas agrária, administrativa e tributária, assinalando que as preocupações do partido coincidiam com as do presidente da República "no seu interesse pelo bravo e sofrido povo brasileiro". Por essa razão, o PSD aceitava a "responsabilidade que lhe cabia decorrente da sua posição no Congresso Nacional", e, sem embargo "da admiração e respeito que o reconhecimento das virtudes de homem público do professor San Tiago Dantas lhe inspira, reiterava o partido a sua disposição de cooperar com o sr. presidente da República", e afirmava estar o PSD em "condições de formar, aglutinando a maioria necessária na Câmara, um governo com o firme e irrecusável compromisso de executar uma política enérgica e decisiva para a solução dos graves problemas com que se depara o país".[1242] Portanto, esperava que o presidente da República "escolhesse, para essa investidura, um nome de sua confiança, dentro das fileiras do partido".[1243]

A nota não traduzia a real conduta do partido. Em final de setembro anterior, pouco depois da posse do gabinete chefiado pelo pessedista Tancredo Neves, a Câmara, com apoio decidido do PSD, aprovou uma moção de confiança ao gabinete; porém, pouco depois, o Senado, com apoio do PSD, rejeitou a delegação de poderes solicitada por Tancredo, com a qual este, àquela altura, buscaria encaminhar as reformas citadas na nota do PSD.

Agora, uma vez mais, o PSD, à frente de todas as outras considerações, media qual poderia ser a sua participação no poder central do país, e, por esse critério decidia.

• A nota do PSD e seu destinatário

A divulgação da nota oficial do PSD, rejeitando prontamente a indicação de San Tiago, teria sido uma iniciativa isolada de um dos integrantes da bancada do partido, argumentou o seu presidente, Amaral Peixoto, assegurando a Jango não haver intenção de o PSD romper a aliança partidária com o PTB, como logo se especulou; e acrescentou que o PSD não vetava o nome de San Tiago, mas "reiterava advertência de que, sendo majoritário na Câmara, poderia continuar reivindicando a presidência do Conselho". O presidente do PSD, ao visitar Jango para entregar-lhe formalmente a nota do partido, dele ouviu que a nota não deveria lhe ser entregue, mas ao seu real destinatário, San Tiago. Amaral Peixoto esquivou-se, porém, desse gesto: pediu aos deputados Ovídio de Abreu e Martins Rodrigues que, em seu lugar, a entregassem a San Tiago.[1244] Nesse jogo de meneios consecutivos, Jango esquivava-se de ser o responsável pela recusa do PSD ao seu indicado – por não haver previamente com ele negociado o que poderia assegurar a sua aprovação; e Amaral Peixoto esquivava-se de proclamar o veto ao nome de San Tiago – um candidato que o seu partido reconhecia capaz de ocupar a chefia do gabinete.

A UDN formava na oposição a Jango e, conhecida a nota do PSD, divulgou a sua: ouvida a sua bancada de deputados, "verificou-se que a maioria não se pronunciou favoravelmente ao nome do professor San Tiago Dantas para o cargo de Primeiro-Ministro".[1245]

Dois dias depois de anunciada a indicação de San Tiago, as cúpulas dos rivais PSD e UDN somavam-se na rejeição ao nome de San Tiago.

• Uma campanha inédita

A imprensa se dividia sobre a indicação de San Tiago, e ele vai ao rádio e à televisão.[1246]

A 22 de junho, ao longo de setenta e cinco minutos, rebate as acusações de pressão sobre a Câmara, que teria sido exercida por entidades de classe que se manifestaram publicamente a seu favor; estas apenas expressavam os seus pontos de vista, contesta San Tiago. Não responde diretamente a Lacerda – que o acusava de adotar o caminho da corrupção ideológica – como sempre não polemizando em torno de acusações pessoais.[1247] Expõe os termos do programa de governo que adotaria, se aprovado seu nome: lutaria pelo fortalecimento das instituições, contra os extremos da direita e da esquerda; pela melhoria do nível de vida do povo, "permitindo que ele participe do enriquecimento do país"; e por reformas "decididas e prudentes", para fortalecer as liberdades, apontando que no Brasil "havia os que associavam reforma social a uma tendência esquerdizante e ao abandono de posições democráticas".

Respeitava todos os partidos, mas, a seu ver, era o momento de se encontrar um denominador comum para pôr fim às diferenciações partidárias. Não haveria outra forma senão essa, pois a crise "atingiu a níveis por demais perigosos"; em 1961, diz, "a inflação brasileira atingiu a uma taxa de 43%, e naquela altura do ano, meados de 1962, a taxa acumulada [já] alcançava 36%", o que "indica que na segunda parte do ano vamos atingir inevitavelmente a níveis ainda mais elevados, o que põe em perigo, não apenas a estabilidade econômica, mas também a estabilidade social". Proporia um plano de emergência para gradualmente conter a inflação; o governo buscaria uma conversa franca com as classes produtoras, na base de "compromissos morais", pedindo-lhes "uma trégua dos preços para, então, pedir aos trabalhadores uma trégua nos salários". E acreditava ser possível encaminhar a reforma agrária, "dentro de um plano racional e jurídico, e, também, a reforma tributária e administrativa". Por fim, o novo governo deveria contar com homens em "que se reconhecessem o povo e as agremiações partidárias". E reiterou a sua advertência, de que só havia uma técnica para "melhorarmos as nossas instituições: a técnica legal e constitucional".[1248]

San Tiago retomava a linha de ação que seguira na questão do reatamento das relações diplomáticas do Brasil com a União Soviética e em relação à questão de Cuba na Reunião de Punta del Este: tornou pública, em declarações à imprensa e em programas de rádio e televisão, a posição do Brasil naqueles dois episódios e, agora, expunha ao público o seu plano de governo caso fosse indicado, e os termos em que postulava a indicação para a chefia do gabinete. Buscava apoio fora do ambiente restrito das cúpulas partidárias e da própria Câmara, as quais eram hostis ao seu nome.

A ação de San Tiago não passou despercebida às lideranças partidárias. Estas não esperavam uma campanha pública que visasse a indicação de um primeiro-ministro em uma eleição restrita ao âmbito da Câmara, e muito menos na qual fosse exposto, liminarmente, um programa de governo de forma tão abrangente e detalhada, que se projetava, na visão das suas cúpulas, sobre os partidos, disputando-lhes iniciativas nesse sentido.

Imediatamente, a campanha de San Tiago foi identificada como uma afronta à sobrevivência dos partidos e, sob essa increpação, ignorou-se deliberadamente a discussão do programa de governo que ele propunha para enfrentar a crise econômica, que, ele apontava, ameaçava a ordem constituída, previsão que seria realizada.

• Duelo de notas

San Tiago, depois de falar no rádio e na televisão, distribui nota à imprensa. Diz que as conversações que vinha mantendo com parlamentares de diferentes partidos, inclusive do PSD e da UDN, "me tem levado a crer que a receptividade da Câmara para a sua indicação é bem maior do que poderiam fazer crer os pronunciamentos de algumas direções partidárias". Acrescentou: "O povo brasileiro pode estar certo de que nessas conversações, nem por iniciativa minha, nem de meus interlocutores, entrou ou entrará qualquer negociação de apoio em troca de concessões ou de entrega de áreas de influência administrativa, mas unicamente a discussão de medidas com que o governo enfrentaria a difícil situação brasileira".

E mais, "não levarei para o governo um só compromisso que possa reduzir a independência e eficiência da ação reclamada pelos problemas do Brasil". Pretendia prosseguir até a data da decisão da Câmara com as consultas e conversações que vinha mantendo, com todos os partidos.[1249]

No mesmo dia, os líderes do PSD, UDN, PL, PRP e PDC, protestaram, em nota conjunta, em face das declarações do "eminente professor"; causava "a mais justificada estranheza essa tentativa do ilustre homem público de obter, por meio de entendimentos isolados, resultados diferentes da conclusão a que chegaram as direções partidárias", pois, "a vingar esse processo, estaria comprometida a integridade dos partidos políticos, em que se funda a democracia".[1250]

As acusações a San Tiago eram claramente improcedentes, mas coerentes com a visão de democracia da classe dirigente do país: a democracia deveria fundar-se no estrito controle nas forças políticas pelas cúpulas partidárias. Contrariando essa realidade, e havendo sido o seu nome antecipadamente rejeitado, expressa e publicamente pela cúpula do PSD e da UDN, San Tiago conversava, como declarou que faria, com todos os partidos e com as agremiações menores.

Na verdade, o fato de San Tiago pôr em debate público uma proposta de governo, e não limitar a defesa de seu nome em negociações fechadas com dirigentes de partidos, incomodava as suas cúpulas e era inconveniente aos seus líderes, pois os desafiava ao debate público, terreno em que o *Professor* movia-se com absoluto desembaraço.

• Jango: manifestação tíbia e tardia

Cinco dias depois de haver informado às cúpulas partidárias da indicação de San Tiago, três dias depois de o PSD e a UDN haverem rejeitado publicamente a sua indicação, e dois dias depois de San Tiago ser acusado de comprometer, com a sua campanha solitária, a integridade da democracia no país, Jango falou à revista *O Cruzeiro*, voltada à classe média urbana. Disse que submeteu à "apreciação e consideração das correntes partidárias o nome de San Tiago para promover os entendimentos necessários à sua indicação à presidência do conselho de ministros", de acordo com a sistemática do regime parlamentarista. San Tiago iniciara as conversações preliminares sobre a aprovação de seu nome e de um eventual gabinete sob sua chefia, visando "a constituição de um conselho que refletisse as legítimas aspirações do povo brasileiro".

A seu ver, San Tiago reunia as "virtudes necessárias" para presidir o Conselho, e lembrou que, ao indicá-lo como representante do PTB para o cargo de primeiro-ministro, ele, que agora era acusado de "extremista", fora identificado como um "político reacionário, de extrema direita". Isso, acrescentou Jango, havia apenas dez meses. San Tiago seria capaz de "comandar a execução de um programa realista, em defesa dos interesses populares e de contribuir para constituição de um governo democrático, à altura do momento em que vivíamos", concluiu Jango.[1251] Sem dúvida, San Tiago seria capaz, talvez com maior aptidão do que a de qualquer outro quadro político naquele momento, de atender ao propósito enunciado por Jango. Mas este não defendeu o seu nome de acordo com a prática política, como visto.

• San Tiago responde ao PSD e à UDN

"O povo compreenderá todas as decisões, mas não compreenderia, neste instante, recuos, temores ou tergiversações", diz San Tiago em nota em que responde ao comunicado conjunto e às entrevistas de dirigentes partidários que criticavam a sua campanha pela chefia do gabinete. San Tiago observa que nos termos do ato adicional, que instituiu o regime parlamentarista, competia à Câmara aprovar ou recusar a indicação do primeiro-ministro, o que, aliás, "as notas da UDN e do PSD reconheciam". Por isso, "não fugirei à luta pela aprovação do meu nome" e "acatarei com igual respeito a sua aprovação ou recusa". Mas, se aprovado, "apresentarei imediatamente um programa concreto e exequível de combate à carestia e regularização do abastecimento [de gêneros alimentícios], de reformas de base e [de] limitação da inflação". Para tanto, iria pedir à Câmara um voto de confiança para um gabinete "constituído dos homens mais credenciados da política brasileira, escolhido sem injunções ou negociações de apoio".[1252]

• O PSD inseguro

O presidente do PSD reagiu às declarações de San Tiago, dizendo que a rejeição ao seu nome era uma "questão ultrafechada" para o partido. A medida evidenciou a alguns deputados mais experientes o receio da cúpula do partido de defecções no momento da votação do nome de San Tiago na Câmara. Derrotado nas eleições de 1954, Amaral Peixoto não tinha mandato parlamentar desde que assumira a presidência do partido naquele ano, e não teria percebido não ser recomendável, ante a natureza da manifestação solicitada à Câmara, o partido fechar questão sobre essa votação, pois a medida, se ratificada pela bancada, poderia sugerir um rompimento da aliança com o PTB, com reflexos nas eleições de outubro – como logo o PTB deixaria claro.[1253]

A bancada do PSD reuniu-se com Amaral Peixoto e não ratificou a decisão por ele anunciada de fechar a questão em torno da rejeição do nome de San Tiago, e em uma linguagem evasiva procurou contornar a questão criada: a decisão seria "mantida fechada por dentro [do partido] e aberta por fora", isto é, aberta para o público, fórmula que se mostraria parcialmente ineficaz.

A sua vez, o presidente da UDN, deputado Herbert Levy, disse que seu partido votaria disciplinada e maciçamente contra a indicação de San Tiago, e denunciou, uma vez mais entoando a acusação de seu partido, a coação sobre membros do Congresso por adeptos de San Tiago, que teriam deslocado líderes sindicais para Brasília, sob outros pretextos.[1254]

A 26 de junho, dois dias antes da apreciação do nome de San Tiago, ao formalizar perante a Câmara dos Deputados a renúncia do primeiro gabinete parlamentar, o pessedista Tancredo disse que San Tiago havia "ampliado as dimensões do Itamaraty, preservando as suas nobres tradições e dando-lhe um realce que projetou o nome do Brasil, cercado de singular prestígio, nos grandes conselhos do Universo".[1255]

Em paralelo, o presidente do PSD e o seu líder na Câmara manobravam para impedir que San Tiago ocupasse a tribuna da Câmara e expusesse seu programa de governo na sessão em que seria apreciado o seu nome. O empenho de ambos seria, como dali a pouco ficaria patente, ineficaz.

• A sessão

A mensagem de Jango à Câmara indicando o nome de San Tiago para a chefia do gabinete parlamentar foi entregue às 15h00 do dia 28 ao seu presidente, Mazzilli, pelo chefe da Casa Civil da Presidência, Hermes Lima, professor, como San Tiago, da Faculdade Nacional de Direito, no Rio de Janeiro. Mazzilli convocou uma sessão extraordinária para às 21h00, quando seria votada em plenário a indicação.[1256]

Segundo a regra do Ato Adicional, os deputados só se manifestariam sobre a indicação feita pelo presidente da República, não cabendo qualquer discussão. A exposição do programa de governo pelo indicado teria lugar em sequência à aprovação de seu nome.[1257]

Mas, aberta a sessão, o líder do PTB, Almino Afonso, levantou uma questão de ordem; indagou se San Tiago poderia usar a tribuna. Mazzilli encaminhou a questão à Comissão de Constituição e Justiça, uma vez que o Regimento Interno da Câmara não tratava dessa hipótese. O deputado Nelson Carneiro, do PSD, presidente da Comissão, depois de ouvi-la, pronunciou-se favorável à manifestação de San Tiago, nos seguintes termos: San Tiago poderia usar da palavra por quarenta minutos, antes da votação, não sendo admitidos apartes, e os líderes dos partidos, teriam cada um, a seguir, quinze minutos para manifestar-se.[1258]

Às 22h04, autorizado pelo presidente da Câmara, San Tiago dirige-se à tribuna, ingressando no plenário a passos lentos, acompanhado dos deputados Emílio Carlos, Neiva Moreira e Clidenor de Freitas, sendo aplaudido pela bancada do PTB, de pé, restando silenciosas as bancadas da UDN e do PSD.[1259]

• Discurso

San Tiago começou seu discurso pouco depois das 22h00, e falou por quarenta e cinco minutos com o Plenário da Câmara e as galerias repletas.[1260] Chegava àquela Casa, diz, à qual viera tantas vezes, no "acesso de uma controvérsia". A pronúncia escandida dos vocábulos, por sua voz impostada, terá esclarecido imediatamente aos ouvintes o adjetivo: ou aceso, ou acesso, este último grafado na transcrição do discurso. Os dois vocábulos são pertinentes: ou uma controvérsia deflagrada e flamejante (acesa), ou uma controvérsia surta das circunstâncias, isto é, uma controvérsia inopinada, monopolizadora.

A controvérsia nascera da própria circunstância, e seguia San Tiago; e naquele momento alcançava, publicamente, o seu ponto maior. Ele, um integrante da elite dirigente na qual ingressara sem favores de origem ou de classe social, à conta apenas do talento e esforço próprios, formava em um partido popular, falava às massas e defendia reformas estruturais, a serem promovidas por um Congresso que ele sabia a elas e ao seu nome refratário.

Além disso, sabia San Tiago da sentença irrecorrível e ocultada de todos, que lhe feria o peito e ameaçava a sua trajetória, mas não lhe sustava a determinação que não se dobrava também à ciência do fato de que ele não teria os votos suficientes daquele Plenário.

O seu discurso é cuidadosamente composto e dito com a fluência habitual. Reitera os pontos articulados que vinha expondo publicamente desde o início de seu mandato de deputado, em 1959, e ainda com maior intensidade agora, ao deflagrar uma inédita campanha para aprovação de seu nome à chefia do gabinete.

Detalha o programa que, se aprovado o seu nome, pretenderia executar para alcançar os objetivos visados a partir de dois eixos: o combate à inflação e a promoção das reformas de base, aquele a ser alcançado por uma conciliação entre as classes produtoras e a trabalhadora, e as reformas promovidas exclusivamente pela via legislativa.

E explica a sua candidatura; submetia-se ao voto da Câmara "com espírito tranquilo e a consciência serena, medindo bem a gravidade dos compromissos a que me ofereço", certo de que não avançara até esta "tribuna senão pelo firme desejo de servir ao meu país, e de fazer com que as soluções dos problemas brasileiros possam ser encontradas dentro da lei".

E expõe uma "política de governo, tecnicamente adequada", com "medidas que representassem a mobilização moral de todas as classes produtoras em torno do governo", pois "ninguém romperá a espiral de preços e salários senão através de um compromisso recíproco em que o povo saiba que o seu salário está protegido através de uma contenção racional dos preços, e as classes empresariais saibam que os seus preços podem ser mantidos graças a uma estabilização temporária de salários".[1261]

Sobre as reformas de estrutura, deveria o governo formular uma proposta articulada tecnicamente e negociá-la, em um "ambiente de mútua confiança entre todos os agentes políticos e econômicos, para que o programa de governo pudesse irradiar os seus efeitos recuperadores da economia e assim evitar uma crise política", que, segundo San Tiago, se desenhava. O gabinete que se disporia a formar seria, conclui San Tiago, "de responsabilidade solidária, e o seu único compromisso, a sua única verdadeira finalidade seria não trair as esperanças do povo brasileiro que neste momento sente, através das palavras de todos os seus representantes nesta Casa ou nos outros setores da vida nacional, que já não há mais tempo para espera, e que, para defendermos a democracia, a paz social, a tranquilidade e a independência, precisamos unir-nos como só um homem, em torno do interesse do Brasil".[1262]

• A rejeição

Encaminhada a votação, falaram dezoito oradores, pela ordem das bancadas, o primeiro o líder do PSD, Martins Rodrigues, seguido do líder da UDN, Menezes Côrtes, depois Almino Afonso, do PTB, e o último Abel Rafael, do PRP.

O líder do PSD, disse que ninguém desconhecia os "problemas apontados por San Tiago, pois nos preocupamos com as reformas de base reclamadas por todos os brasileiros". E que "os partidos querem realizar as reformas democraticamente", e o que se pretendeu "com a indicação de San Tiago foi negar a existência dos partidos para dividi-los e subverter a democracia", que estava "em perigo".

O líder da UDN, Menezes Côrtes, disse que o programa apresentado por San Tiago era o mesmo proposto por Tancredo. Acrescentou que não ouviram de San Tiago a sua confiança no regime parlamentarista. A UDN desejava o progresso "cada vez mais rápido do Brasil, mas dentro da democracia, que é o único regime que corresponde aos seus ideais, de país livre e cristão". E a UDN só aprovaria um "nome que inspirasse nossa confiança".

O líder do PTB, Almino Afonso, várias vezes interrompido, inclusive pelo deputado udenista Adauto Lúcio Cardoso, que bradava "com San Tiago seria a greve geral (...) seria o caos", defendeu a indicação de seu colega de partido, e denunciou que "uma elite que não tem coragem de enfrentar os problemas básicos do povo é uma elite demissionária". Afirmou ser necessário conciliar a reforma da política externa às reformas internas, e que "o povo tem consciência do momento histórico que estamos vivendo". O PTB havia cumprido seu dever, diz Almino, certo de que San Tiago tinha condições para chefiar o governo que o momento reclamava.[1263]

O líder do PR, Manuel Novaes, declarou que era necessário executar o programa de reformas estruturais e seria "talvez, através do Chanceler que conseguiríamos atingir nosso objetivo", afirmando que San Tiago contava "com a inteira confiança do partido".

O PSB, por seu líder, Aurélio Viana, recordou que apenas quarenta e quatro, dos trezentos e vinte e seis deputados, votaram contra a moção de censura antes dirigida contra San Tiago, e que "os fariseus nacionais, que por fora se apresentam limpos, alegam que votar em San Tiago [para chefe de gabinete] é votar com Cuba e a implantação do comunismo no Brasil. Nada disso".

O deputado Fernando Ferrari, líder do Movimento Trabalhista Renovador, chamado à tribuna, recusou-se a falar; o líder do PDC leu nota em que declarava aberto o apoio ou a rejeição a San Tiago. O líder do PL também não falou.[1264]

• Os números da rejeição

O indicado deveria obter cento e sessenta e quatro votos na Câmara, ou seja, a maioria absoluta, formada pela metade mais um dos trezentos e vinte e seis deputados que integravam aquela legislatura.

Reiniciada a sessão da Câmara às 03h30 da madrugada do dia 29, ela foi suspensa por quinze minutos; retomada às 03h45, a sessão encerrou-se às 04h45, quando Mazzilli proclamou o resultado: a Câmara rejeitou a indicação de San Tiago por cento e setenta e quatro votos, e cento e dez favoráveis.[1265]

O deputado pessedista por São Paulo, Ulysses Guimarães, havia declarado que aqueles como ele, integrantes do PSD e companheiros de San

Tiago no gabinete de Tancredo, ficariam em posição constrangedora se se vissem obrigados a votar contra o ex-chanceler. Assim, sugeriu que os ex-ministros do PSD só reassumissem seus mandatos depois da apreciação pela Câmara do nome de San Tiago, o que os impediria de votar a indicação de San Tiago.

Dos companheiros de Ulysses no gabinete de Tancredo, só ele faltou, e deliberadamente, à sessão que decidiu a indicação de seu colega de gabinete. Oliveira Brito, colega de gabinete e de partido de Ulysses, não só compareceu à sessão, como declarou abertamente o seu voto em favor de San Tiago, dizendo que votava com a sua consciência e contra a orientação do partido, de rejeitá-lo. Franco Montoro, do PDC, também colega de San Tiago no gabinete, antecipou seu voto favorável a San Tiago, e o confirmou, presente na sessão do dia 28.[1266]

Tancredo não votou porque não tinha mandato de deputado federal, mas fez questão, pouco antes, em seu discurso de despedida da chefia do gabinete, de citar as realizações de seu colega à frente da chancelaria brasileira.

De um total de duzentos e oitenta e dois votos computados, San Tiago somou cento e dez votos a favor de sua indicação, cinquenta e quatro votos a menos do número de votos necessários a alcançar a maioria absoluta dos sufrágios e a sua aprovação para Chefia do Gabinete.

San Tiago obteve 67% dos votos necessários à sua indicação, colhendo votos em praticamente todos os partidos cujas lideranças publicamente a ele se opuseram: 11,6% dos udenistas, sete a favor, e cinquenta e três contrários; o PSP, a quarta força partidária, deu a San Tiago nove votos favoráveis e oito contrários, comparecendo toda a bancada à sessão de votação; o PR, a quinta força na Câmara, computou oito votos a favor de San Tiago, quatro contra e uma ausência; o partido de San Tiago, o PTB, segunda força na Câmara, registrou quatro votos contrários a San Tiago (6% do total), cinco ausências (7% do total) e cinquenta e sete votos favoráveis, em uma bancada de sessenta e seis integrantes (86% do total)[1267].

O PSD, a maior bancada na Câmara, cento e onze deputados, dos quais doze não compareceram à sessão, deu quinze votos a favor de San Tiago e oitenta e quatro contrários; ou seja, 15% dos integrantes que compareceram à sessão mostraram que a "questão ultrafechada", ou "fechada por dentro e aberta por fora", propalada pela presidência do partido, não se realizou. Além disso, dezessete deputados, entre os mais expressivos do partido, fizeram questão de declarar o seu voto, para registrar o seu apoio ao nome de San Tiago, e tornar público que não o sufragaram apenas pelo dever de lealdade que sentiam em relação ao partido.[1268]

• Depois da rejeição

Falando ao rádio e à televisão na noite de quinta-feira, 28 de junho, por mais de uma hora San Tiago afirmou que se submetia "ao resultado a que se chegou", mas o debate havido na Câmara revelou a "intransigência dos partidos políticos", e a votação foi "uma luta aberta do Brasil do passado contra o Brasil do futuro". Contudo, não se devia interpretar a decisão da Câmara como um "fato negativo para a causa popular"; pois o "povo brasileiro cresceu demais para ser contido nos quadros da clientela partidária", cujo "espírito paroquial limitado [era] incapaz de compreender a projeção histórica do nosso povo".

Havia um Brasil que pensava apenas em "soluções imediatistas para problemas que não são do povo, mas de setores interessados", e reiterava a sua observação de que "a inflação no Brasil tem seus clientes (...) e faz com que, enquanto a vida encarece para muitos, os lucros fiquem abundantes para poucos".

Negou, [nas negociações que manteve com os partidos], ter havido propostas de "partilhas de áreas de influência, oferecidas ou solicitadas"; disse: "propus um gabinete solidário com uma tarefa comum, em que cada ministro merecesse o endosso do seu grupo político e a corresponsabilidade dos outros grupos (...) quebrando critérios tradicionais da política brasileira, porque eles não são mais compatíveis com o Brasil de hoje".[1269]

A imprensa era então claramente partidária, nas manchetes de primeira página, nos editoriais e nas colunas de seus comentaristas políticos. Contudo, a reportagem era razoavelmente independente e na maioria das vezes precisa nas informações que prestava e nos fatos que narrava. *O Globo, Diário de Notícias, O Jornal, Correio da Manhã, O Estado de São Paulo,* variavam o grau e o tom, mas formavam uma barragem cerrada de crítica à indicação e, por vezes, à pessoa, de San Tiago. Já o *Jornal do Brasil* apoiava francamente San Tiago, e lhe dava uma ampla cobertura, e a *Última Hora* apoiava San Tiago pela ótica do PTB, quando não da Frente Nacionalista Parlamentar, ou seja, eventualmente e com contida ênfase.

Porém, a reação de alguns dos colunistas da *Última Hora* à derrota de San Tiago foi contundente. "Quem é Abel Rafael, Lauro Cruz", e mais um punhado de deputados, indagou o colunista Paulo Francis, sugerindo que se procurasse a lista dos que votaram contra a indicação de San Tiago:

"Duvido que conheçam oitenta por cento dos nomes"; esses não seriam representantes do povo, mas das "velhas estruturas feudais, de latifundiários, de interesses em processo de aniquilação com o desenvolvimento do país". Não queriam governo, não queriam reforma, "só querem a permanência - *ad infinitum ou ad revolutationem*? - do atual estado de coisas". São as cúpulas, "os Amaral Peixoto, os [Herbert] Levy, etc., que impedem com seus tampões que essas reformas sejam transformadas em leis pelo Congresso". Segundo Francis, San Tiago se propôs a realizar reformas e se opunha a interesses escusos e ao reacionarismo, e, "qualquer que for o seu passado, é um dos homens mais preparados deste país para o exercício do poder". E, conclui, San Tiago foi acusado de inabilidade por não negociar com as cúpulas partidárias, mas "negociar com as cúpulas partidárias seria formar um gabinete-títere dos Amaral Peixoto e Levy, dos latifundiários e banqueiros".[1270]

Em sua coluna também na *Última Hora*, Joel Silveira disse esperar que o PTB tivesse aprendido uma lição, e se desligasse dos "mamutes do PSD e da UDN". O "PSD do almirante Peixoto e a UDN do doutor Levy representam a muralha que tem de ser derrubada para que este país encontre (...) o seu caminho certo". E aconselhava Jango, para "remediar a crise aberta com a derrota (que nada teve aplastante, como anunciava a reação) do sr. San Tiago Dantas, não indicasse ao Congresso nomes de gabarito e de qualidade. Mande o pior, pois somente o pior será aceito pelos cento e setenta e quatro mamutes". E sugeriu fosse indicado o "almirante Peixoto" para premier.[1271]

San Tiago, sem dúvida, era uma figura "extremamente complexa", integrava a "mais alta elite intelectual, mas que abandona a torre para vir 'sujar as mãos' nos campos e nos pântanos. É um patrício no meio da plebe"; precisamente por sua personalidade tão eclética é que, sobre quaisquer reservas existentes contra ele, era San Tiago "o homem indicado para o momento", escreveu Tristão de Ataíde.[1272]

O líder católico, ultraconservador, Gustavo Corção, ao contrário de Tristão de Ataíde, observou: "exausto, gasto, liquidado pela combinação letal de grã-fino e populista, de catedrático e petebista, sem ter compreendido - apesar de seus proclamados dotes intelectuais - que no Brasil, para vencer na espécie de jogo em que se meteu, é preciso ter a vulgaridade de um Adhemar de Barros, ou a cafajestagem de um Juscelino, o sr. San Tiago Dantas morrerá politicamente sem compreender que espécie de erro cometeu [e] sem ter dado à sua pátria um pequeno bom serviço, e sem ter logrado para si mesmo o que sonhou (...)".[1273]

O *Jornal do Brasil* observou que o PSD e a UDN não rejeitaram o programa de San Tiago, referiram-se "exclusivamente a sua pessoa – que despertou lá os seus temores e antipatias em personalidades como as dos senhores Amaral Peixoto e Herbert Levy".[1274] San Tiago "brilhantemente derrotado, tinha garantido, por seus próprios adversários um lugar decisivo, como poucos da política nacional".[1275]

A identificação dos agentes das cúpulas do PSD e da UDN, que trabalharam contra a indicação de San Tiago, foi feita, sobretudo, pelos jornalistas políticos que o defenderam. Já aqueles jornalistas que criticavam San Tiago concentravam os seus juízos negativos na pessoa do indicado.

O *Diário de Notícias* disse ser "o nome do sr. San Tiago Dantas inviável". Ele não desfrutaria da "confiança geral" a ser depositada em "homens que, honesta e eficientemente, enfrentarão tais males" [que todos conheciam] e "qualquer orador de comício estava cansado de alertar a respeito e procurarão pôr-lhes cobro".[1276]

O deputado Adauto Lúcio Cardoso, da UDN carioca, mais uma vez beirando a histeria política, declarou que "as bancadas partidárias", que, "coesas, rejeitaram a indicação de San Tiago Dantas para primeiro-ministro", assim continuavam, para "impedir a organização de um gabinete subversivo" e "salvaguardar as instituições democráticas".[1277]

A tentativa de associar o nome de San Tiago a uma ação subversiva à frente da chefia do gabinete, feita pelo impulsivo deputado udenista, era simplesmente absurda. Já os líderes do PSD, embora tivessem o direito de rejeitar o nome de San Tiago, não expuseram motivos mais altos do que uma vaga antipatia pela pessoa do indicado, não apresentaram candidatos que lhe disputassem a indicação, não discutiram o programa de governo por ele apresentado e não se opuseram a seu programa. Portanto, a rejeição ao seu nome pelo PSD não se tratara de "uma questão fechada, tratara-se de um veto", observou o *Jornal do Brasil*.

O deputado Francisco Julião, líder das Ligas Camponesas, apontou, por sua ótica ideológica, o equívoco das "chamadas classes dirigentes", afirmando que elas "largaram seu melhor quadro, o único homem que poderia, com medidas objetivas, protelar a revolta, anestesiar as massas, que ele, Julião, via inexorável".[1278] Já Brizola limitou-se a declarar que "o veto ao nome do Sr. San Tiago Dantas foi feito contra a vontade e as aspirações da maioria do povo brasileiro".[1279]

• A mecânica da rejeição

Uma vez indicado à chefia do gabinete o seu nome à Câmara por Jango, mas sem o empenho deste para aprová-lo, San Tiago adotou em sua campanha a linha de ação que seguira à frente do Itamaraty, na afirmação que imprimiu à política externa independente: desdobrou-a publicamente, deslocando o foco da sua campanha e da sua pessoa para um programa de governo que defendia.

Advertido da oposição majoritária e liminar do PSD ao seu nome, San Tiago procurou os partidos menores em busca de votos, e conversou com personalidades políticas, cumprindo um roteiro distinto do que as cúpulas dos partidos maiores poderiam imaginar e desejar, habituadas aos conciliábulos em torno de nomes e posições no governo a ser formado. A movimentação de San Tiago subtraiu à cúpula do PSD a possibilidade de ser ouvida antes de o candidato lançar-se em campanha, e assim ter ela a oportunidade de tentar definir os seus rumos e de buscar assegurar ao partido uma expressiva presença política no novo gabinete.

Já ao início, esses movimentos foram qualificados como uma desconsideração inaceitável por parte do candidato à organização partidária: San Tiago desprezaria as cúpulas dos partidos majoritários, especialmente o maior deles, o PSD, qualificação logo maliciosamente convertida em uma agressão deliberada à ordem parlamentar, e capaz de pôr em perigo a ordem democrática.

Um outro elemento terá entrado na equação política de Jango ao indicar o nome de San Tiago sem promover as negociações que dele se esperava, e poderia ter decidido a aprovação de seu nome.

Não recearia Jango que San Tiago afirmasse o regime parlamentarista, ainda que a chefia do gabinete uma vez outorgada a San Tiago a alguns pudesse sugerir tal possibilidade. Outra seria a consideração do presidente da República. O Ato Adicional que instaurara o regime parlamentarista permitia a realização do plebiscito em até nove meses antes da data das eleições presidenciais de outubro de 1965, ou seja, a consulta plebiscitária, que decidiria a sorte – a sobrevivência ou não – do regime vigente, poderia ser realizada até janeiro de 1965.[1280]

A realização do plebiscito a nove meses da eleição presidencial de outubro de 1965, legalmente admissível, permitiria ao chefe de gabinete pretender estender a permanência de seu gabinete até essa data, isto é, de julho de 1962 até janeiro de 1965. Essa possibilidade de o regime parlamentar estender-se por mais de dois anos não interessava a Jango, que buscava ver restaurados o mais cedo possível os poderes de presidente da República; tampouco interessava aos candidatos já sabidos ou antevistos nas próximas eleições presidenciais, sendo Juscelino o mais forte postulante e o único declaradamente candidato.

San Tiago não terá ignorado esse dado na conduta de Jango, e as previsões realistas já ao começo de sua campanha mostravam que ele não alcançaria o número de votos necessários à aprovação do seu nome. Não era uma previsão difícil de ser feita, uma vez que o PSD se associou à UDN no propósito, liminarmente manifestado, de rejeitá-lo.

• O PSD temeroso e as razões da UDN

A cúpula do PSD não partilharia apenas do receio de Jango. Recearia que San Tiago, à frente do gabinete, reforçasse a campanha eleitoral do PTB já nos meses antecedentes ao pleito de outubro daquele ano de 1962.[1281]

Sob uma retórica supostamente reformista, a cúpula do PSD mostrou uma insensibilidade social que a aproximou do reacionarismo da UDN e, nesse passo, afastou-se do seu agudo realismo político, como observaria Tancredo, ao dizer que "o setor mais reacionário do PSD", no qual se inscrevia boa parte da sua cúpula, "temia as posições lúcidas e esclarecidas" de San Tiago, e a elas mostrou-se refratário, uma vez expostas em "um dos maiores discursos da história do parlamento brasileiro e mesmo assim teve seu nome recusado".[1282]

O presidente da UDN, Herbert Levy, entre outras alegações para o seu partido rejeitar o nome de San Tiago, declarou que se tratava de um "homem controvertido e pouco nítido".[1283] Embora imprecisa, essa afirmação do líder da UDN era coerente com a linha de raciocínio expressa por esse porta-voz da elite dirigente paulista. A controvérsia em torno de seu nome o próprio San Tiago admitira existir, ciente de que a sua posição não era comum na política brasileira. A pouca nitidez com que ele surgia aos olhos da elite dirigente estava nas suas proposições e formulações que não se voltavam exclusivamente às demandas da classe dirigente, mas também às de outros segmentos da sociedade, sem que fosse San Tiago um radical, como muitos de seus colegas de partido.

Havia, portanto, uma certa coerência na posição da UDN. Ela era contrária aos trabalhistas e, em relação aos pessedistas, com eles vinha formando e atuando na defesa das questões que viam essenciais à preservação da situação partidária dominante na qual abrigava os seus principais interesses.

• PTB: apoio condicionado

San Tiago contou com a expressiva votação de seu partido. Contudo, os votos não traduziam o apoio ao seu programa de governo, nem se identificavam com pontos fundamentais da linha de ação política que San Tiago propunha executar à frente do gabinete parlamentar. O apoio prestado, manifestado nas declarações de voto de petebistas feitas durante a sessão da Câmara, era, em sua quase totalidade, vinculado a um programa identificado ao nacionalismo-estatista defendido pela Frente Parlamentar Nacionalista e às pautas de sindicatos e associações de trabalhadores, muitos deles àquela altura sob aberta influência do Partido Comunista Brasileiro. Nenhuma dessas manifestações endossava as propostas formuladas por San Tiago. Igualmente, o apoio prestado a San Tiago por órgãos de trabalhadores e estudantes, por alguma forma identificados ao PTB, não estava alinhado ao programa de governo que ele expunha, mas à adoção da pauta que esses órgãos apresentavam e exigiam.[1284]

• A síntese da rejeição

Jango, ao indicar o nome de San Tiago à chefia do gabinete e a ele deixar o esforço de buscar os votos necessários à sua aprovação, terá sugerido uma oblíqua rejeição; pois, na crua aritmética do poder, não trabalhando explicitamente a favor da sua indicação, valendo-se do poder político inerente ao seu cargo, Jango trabalhava contra. Mais tarde, Tancredo diria não crer nessa hipótese. "Afinal, se o presidente não quisesse San Tiago, não o teria convidado".[1285]

Mas essa contradição caberia na larga conta de hesitações e de manobras dúbias e dissimuladas de Jango. No caso, simultaneamente indicar San Tiago, provavelmente o nome mais capaz naquele momento para chefiar o gabinete, e temer vê-lo ocupar aquele posto. Pois, nele, como visto, San Tiago poderia formar um governo consistente, um polo de poder que, na visão de Jango, poderia ofuscar a sua presidência. E, sobretudo, formar um gabinete que aspirasse a durar, retardando a realização do plebiscito até o seu prazo final, em janeiro de 1965, contrariando o interesse majoritário da classe política em ver restabelecido o mais brevemente possível o regime presidencialista, em especial dos declarados candidatos, e prováveis, à Presidência da República.

CAPÍTULO 33

OS MESES SEGUINTES

Tenho consciência de havermos feito pelo bom entendimento entre os Estados Unidos e o Brasil, durante nossa administração no Itamaraty e também durante a minha gestão na Fazenda, mais do que a política de passividade vem pretendendo realizar.[1286]

• Despedida do Itamaraty

A 3 de julho, San Tiago se despede dos funcionários do Itamaraty, e, saudado pelo ministro interino, Renato Archer, agradece aos colaboradores de sua gestão. E diz acreditar "que, se houve uma conquista realizada nestes meses, foi a ação deste Ministério, que se vinculou à opinião pública, e de hoje em diante nada aqui se fará, ou se dirá, que não seja ouvido, lido, examinado e julgado pela opinião pública de nosso país".[1287]

• Doença

A atividade de San Tiago, consideravelmente aumentada desde que assumira o Ministério das Relações Exteriores, em setembro anterior, não o afastou da família. Sempre que possível, comparecia aos almoços, na casa de sua irmã e de seu cunhado, quando se reunia com os sobrinhos; e os recebia em sua casa na Rua Dona Mariana, e no verão os encontros podiam rarear quando San Tiago subia a Petrópolis, mas o contato com os sobrinhos e, sobretudo, o vivo interesse do tio por suas atividades, era o mesmo de sempre.

Com os amigos do *Grupo*, os encontros pessoais, em visitas ou em jantares e almoços, reduziram-se, mas não eliminaram hábitos antigos mantidos de jantarem em restaurantes no centro da cidade do Rio, especialmente os de culinária portuguesa, localizados próximos à Praça XV, entre esses o *Rio Minho, Cabaça Grande* e *Albamar*, nos quais, nos agradáveis meses de inverno carioca, San Tiago apreciava um de seus pratos preferidos, a sopa *Leão Veloso*. Em uma forma de telegrama San Tiago escreve à mão o texto que depois seria expedido pelos Correios, este um meio muito utilizado em uma metrópole na qual o serviço telefônico era precário: "Américo, tenho uma dúvida sobre se você hoje, quinta-feira, convidou-nos ou não para um jantar na cidade (Gallotti, Hélio, Chermont e Thiers). Todos sabem do convite, mas estão no ar". Em outro bilhete, também sem data, dirigido apenas a Américo Lacombe, e deixado por San Tiago na Casa Rui Barbosa "dois assuntos", escreve San Tiago: o primeiro, se os seus alunos poderiam frequentar a Casa Rui Barbosa em outro horário, pela manhã, e o segundo assunto, "de ordem tão pessoal que não cabe em um bilhete, fica para uma conversa (se você quiser poderemos almoçar na cidade amanhã ao meio-dia, no Jockey, está bem?)". San Tiago tinha prazer em receber amigos em sua residência, e dela fizera um ponto de reunião habitual com algum deles; à frente do Itamaraty, amigos se reuniam em sua casa domingo à tarde e depois saíam juntos para jantar.[1288]

Entre si, os amigos comentavam a atuação de San Tiago, a ele votando a mesma admiração que expressavam desde a faculdade quando o conheceram aos dezesseis anos, mesmo discordando da linha de ação do PTB, e da linha do próprio San Tiago.[1289] Reunidos, San Tiago com eles analisava o momento político e fazia projeções, comentava as ações que executava e os entendimentos que mantinha com os líderes políticos com os quais se reunia seguidamente. Mas raramente falava de si, e jamais antecipava seus movimentos, os quais eram fruto de detida reflexão, como recordaria Américo Lacombe. Nesse sentido, San Tiago seguia alguns dos experientes políticos mineiros que, na frase de Tancredo, "não se ocupavam da sua pessoa".[1290]

A reserva pessoal de San Tiago fora acrescida da sentença que recebera de seu médico em sequência à cirurgia a que se submetera em dezembro anterior: a ninguém, à família e aos amigos mais próximos, comunicou o diagnóstico que recebera sobre a natureza do tumor que fora extirpado e de sua, quase certa, progressão fatal. Mas os amigos do *Grupo* não deixariam de registrar a sua preocupação diante do silêncio absoluto e da ação política determinada, sem arrefecimento, com a saúde do amigo. Hélio Vianna escrevia a San Tiago: "Ouvi-o ontem, na televisão, e vi que, em vez de descansar antes da campanha eleitoral, [a deputado federal, em outubro daquele ano de 1962], você está disposto a continuar a sua luta, que não é apenas sua, pelo Brasil. É uma atitude que compreendo, mas não posso deixar de recomendar que se cuide, que não se exceda de modo a comprometer a sua saúde".[1291]

O ritmo de suas atividades poderia sugerir não ser o diagnóstico recebido por San Tiago o mais severo, e a preocupação do amigo vir a ser remediada por um maior momento de descanso pessoal. De qualquer forma, essa hipótese não era considerada por San Tiago, que não reduzia o ritmo de sua atividade.

• A chefia do gabinete

A 2 de julho, Jango indicou à chefia do gabinete o pessedista paulista e ex-presidente do Senado, Auro de Moura Andrade, e se dizia "convencido que não lhe faltaria o apoio para promover as medidas e as reformas que o povo brasileiro reivindica e os superiores interesses que a nação reclama".[1292] O indicado foi aprovado por duzentos e sessenta e dois votos favoráveis, e cinquenta e um contrários. Auro teria assegurado a Jango formar um gabinete com nomes previamente por ele aprovados e dado a este, em garantia, uma carta assinada, sem data, com seu pedido de renúncia. Contudo, Auro teria buscado formar um gabinete com políticos não aprovados por Jango, e se viu obrigado a renunciar dois dias depois. A nota da presidência dizia ser a decisão do senador irrevogável, e foi justificada pela impossibilidade de ele constituir um novo gabinete.[1293]

A seguir, Jango indicou o professor de Direito, o desconhecido professor gaúcho, Brochado da Rocha, secretário de Justiça do governador Leonel Brizola; e a 10 de julho, Jango, com Tancredo e San Tiago no Palácio da Alvorada, acompanhou a votação na Câmara do nome de Brochado da Rocha. Mas logo no início dos debates, Jango e seus convidados foram assistir à projeção do filme que acabara de ser lançado, *O assalto ao trem pagador*; ao término do filme o nome de Brochado já estava aprovado. E o primeiro ato do novo chefe de gabinete foi congratular os produtores do filme.[1294]

O propósito de Jango de ver estabelecido o regime presidencialista coincidia com a preferência da maioria do país e de sua classe política. O último semestre de 1962 converteu-se em um hiato de espera pelo restabelecimento do antigo regime, e em palco para a campanha pela antecipação do plebiscito, realizado a 6 de janeiro de 1963.

• Em campanha eleitoral

Duas semanas depois de ver o seu nome recusado pela Câmara dos Deputados, a 12 julho San Tiago desmentia a sua indicação para ministro da Fazenda no novo gabinete parlamentar, acrescentando que já dissera a Brochado da Rocha e a Jango que a recusa de seu nome para a presidência do Conselho, pelas bancadas do PSD e da UDN, o havia colocado "à frente de uma campanha eleitoral, em todo o país, para fortalecer a representação das forças populares no Congresso Nacional".[1295]

A seguir, San Tiago viaja a São Paulo e a Santos, onde fala no Sindicato dos Portuários, e no sábado, 14 de julho, está em São João Del Rey, em Minas Gerais, terra de Tancredo;[1296] no dia seguinte, em Juiz de Fora, faz o seu primeiro comício de campanha, indo depois a Araxá descansar, e onde pretendia escrever, em oito dias, um pequeno livro, "A Razão da Recusa", sobre a rejeição de seu nome pela Câmara para a chefia do gabinete, livro que não chegou a escrever.[1297]

A 14 de julho, San Tiago fala no Rotary Club e observa que o volume de capitais brasileiros empregado nos Estados Unidos e na Suíça era uma vez e meia maior do que o valor máximo dos recursos que o governo brasileiro esperava obter na Aliança para o Progresso; para ele, o governo brasileiro deveria criar condições para atrair novamente esses capitais ao Brasil, não por "meios compulsórios", mas por propostas "atraentes" que motivassem os seus "proprietários empregá-los novamente no país". San Tiago defende a ampliação do mercado externo, a contenção da inflação e a ampliação do mercado interno. As duas últimas providências eram, sem dúvida, urgentes. E reitera a sua preocupação com a inflação, que vinha se elevando continuamente com aceleração prevista no segundo semestre já iniciado; a falta de oferta de gêneros alimentícios de primeira necessidade era uma realidade que angustiava ainda mais a larga parcela de brasileiros de menor renda, e causava uma viva instabilidade política, extremando posições partidárias.[1298]

A 3 de agosto, os ministros militares lançaram um manifesto de apoio à antecipação do plebiscito, somando-se a Jango, à classe política e às organizações trabalhistas; todos desejavam a antecipação da consulta popular sobre a vigência do regime parlamentarista. A 14 de setembro, Brochado da Rocha renunciou sem obter do Congresso a aprovação da lei que antecipasse a consulta popular como pretendera. No dia seguinte, foi deflagrada uma greve de trabalhadores, e o Congresso naquele mesmo dia aprovou a Lei Complementar nº 2, fixando a data do plebiscito para 6 de janeiro de 1963.

O professor de Direito Hermes Lima assumiu a chefia do gabinete imediatamente à queda do anterior e nele permaneceria até o fim do regime parlamentarista, em janeiro seguinte.

• Guerra nuclear

Pouco depois da realização das eleições parlamentares de outubro, San Tiago lança "Política Externa Independente", uma coletânea dos principais textos relativos à sua passagem pelo Ministério das Relações Exteriores; mas fez questão de incorporar alguns textos de seu antecessor, Afonso Arinos, buscando dar uma visão de conjunto da política que, tendo encontrado esboçada no Itamaraty a partir do impulso inicial de Jânio Quadros, San Tiago a ela deu uma formulação e uma divulgação pública inéditas.[1299]

Dois dias depois do lançamento de seu livro, era deflagrada a maior crise da Guerra Fria, com a descoberta, pela espionagem norte-americana, da instalação de mísseis nucleares em Cuba, pelos soviéticos.

A 14 de outubro de 1962, um avião norte-americano de reconhecimento, U2 – igual aeronave fora abatida pelos soviéticos em maio de 1960 –, voando a cerca de vinte mil metros de altura, fotografou bases militares cubanas; as fotos revelaram que estavam em curso trabalhos de instalação, obviamente executados pelos soviéticos, de plataformas de lançamentos de mísseis balísticos capazes de atingir o território norte-americano. Foi deflagrada a maior crise da Guerra Fria, que pôs a humanidade à beira de uma guerra nuclear.

O governo norte-americano ficou surpreso com a iniciativa soviética, e não conseguiu identificar, de início, a sua motivação. Esta não era também clara aos demais analistas, e não foi tomada precedida de maior avaliação pelos líderes soviéticos e sim por uma imposição de Khrushchev, secretário-geral do Partido Comunista soviético, e chefe de seu governo; o objetivo seria alarmar os norte-americanos e reduzir a larga vantagem que estes detinham em número de mísseis, que, lançados do território norte-americano, alcançariam o território soviético, à razão de seis mísseis interbalísticos por um soviético.[1300] Os mísseis que estavam sendo instalados em Cuba eram de pequeno e médio alcance, mas capazes de atingir alvos vitais no território norte-americano, a cerca de cem milhas da ilha de Cuba.

A tensão que se seguiu dominou todo o globo. Kennedy resistiu à pressão de seus assessores radicais, que defendiam o ataque imediato às bases soviéticas em Cuba, e o fim do regime de Fidel Castro. A ala mais moderada defendia uma negociação firme com os soviéticos, alternativa que acabou prevalecendo e teve como ato maior o bloqueio naval imposto a Cuba, medida anunciada pela televisão a todos os Estados Unidos pelo próprio Kennedy, a 22 de outubro; quarenta navios e vinte mil homens foram deslocados para cercar Cuba, com ordem de afundar navios que tentassem furar o bloqueio. No dia 24, navios soviéticos aproximaram-se do perímetro estabelecido pela Marinha norte-americana em torno da ilha, mas não o romperam. Seguiu-se um entendimento direto entre Kennedy e Khrushchev e, a 26 de outubro, um acordo foi alcançado. A União Soviética retiraria seus mísseis de Cuba e, em troca, os Estados Unidos se comprometeriam a não invadi-la e a retirar mísseis que mantinham em uma base norte-americana na Turquia, sendo essa última medida mantida em sigilo naquele momento.

O acordo alcançado não apenas desarmou literalmente a possibilidade de uma guerra nuclear, como permitiu, pela primeira vez, às duas potências se entenderem objetivamente sobre uma questão controversa. Em 1963, foi estabelecida uma linha direta telefônica entre os dirigentes norte-americanos e soviéticos, o que não eliminaria o estado de Guerra Fria entre os dois países, mas contribuiria para reduzir a tensão causada por esse antagonismo geopolítico.

San Tiago não mais ocupava a pasta das Relações Exteriores durante a crise dos mísseis em Cuba, mas teria cabido a ele dar forma à carta que Jango encaminhou em resposta à do presidente Kennedy, solicitando o apoio do governo brasileiro à posição do governo norte-americano.[1301]

• Reeleição em Minas

A campanha de San Tiago pelo segundo mandato de deputado federal pela legenda do PTB mineiro não precisou ser tão intensa e certamente não tão dispendiosa quanto à primeira, em 1958. Desde a renúncia de Jânio, em agosto do ano anterior, San Tiago era uma presença constante nos principais jornais do Rio de Janeiro, que chegavam a Minas e cujo noticiário, em seus maiores temas, era reproduzido nos jornais da capital e nos do interior do Estado. Mesmo a ação do Ministério das Relações Exteriores, que ordinariamente não se inscrevia na cena aberta da política nacional, com San Tiago tornara-se matéria de ampla divulgação e interesse.

Contudo foi inexpressivo o crescimento de votos que lhe foram dados na eleição de 1962, em relação à anterior - 35.364 votos em 1958 e 35.809 votos em 1962.[1302] Em relação aos três maiores partidos, a evolução maior foi registrada pela UDN, cujo titular do governo estadual, Magalhães

Pinto, era de sua legenda: a UDN, que contava oito deputados, dobrou esse número; o PSD cresceu de dezoito para vinte; e o PTB somou apenas mais um deputado aos cinco que elegera em 1958.[1303]

Embora San Tiago tenha recebido exatos 445 votos a mais do que na eleição anterior, – um crescimento praticamente nulo em razão do aumento da base eleitoral – foi ele o mais votado de sua legenda, por ampla margem. Em relação aos candidatos da UDN, beneficiados pelo apoio declarado do governador Magalhães Pinto, San Tiago foi bem votado. No PSD, à exceção do empresário Sebastião Paes de Almeida, que detinha o monopólio do vidro plano no Brasil e obteve 80.057 votos, Tancredo alcançou expressiva votação, 58.090 votos, mostrando que o eleitorado mineiro reconheceu a sua liderança no regime parlamentarista.

Em São Paulo, Jânio mostrou a força da marca que deixara no eleitorado paulista na disputa pelo governo do estado, em que foi batido por Adhemar de Barros por 100.000 votos.[1304] Porém, o fato individual mais expressivo daquelas eleições foi a votação que recebeu Leonel Brizola, na Guanabara, por onde foi eleito para a Câmara Federal. Embora o PTB, dois anos antes na disputa pela governadoria no novo Estado, houvesse afirmado a sua presença, quando seu candidato, Sérgio Magalhães, foi derrotado por Carlos Lacerda por apenas 23.252 votos, a eleição agora de Brizola era, sem dúvida, impressionante: ele obteve 269.384 votos, ou seja, a preferência de 27% do eleitorado da Guanabara.[1305]

Em Pernambuco, Miguel Arraes, com expressivo apoio popular e da esquerda, derrotou, em acirrada disputa, o udenista João Cleofas, que fez uma campanha milionária com apoio financeiro de órgãos estranhos à política.[1306] Em Pernambuco, também, o líder das Ligas Camponesas, Francisco Julião, foi eleito deputado federal, e cunhou a frase que seria uma bandeira da esquerda radical: “Reforma agrária na lei ou na marra”.[1307]

• Números e plano econômico

A 18 de novembro, San Tiago almoça com Jango no Restaurante *Bife de Ouro*, no Hotel Copacabana Palace, contíguo ao Edifício Chopin, onde Jango residia no Rio de Janeiro. Poucos dias depois, era anunciada a tabela do novo salário mínimo na Guanabara: Cr$ 21.000,00; e o dólar, no mercado paralelo, era cotado para venda a Cr$ 720,00.[1308]

Por essa altura, Jango já teria formulado e San Tiago aceitado o convite para ocupar a pasta da Fazenda, a partir da restauração do regime presidencialista, aprazada para início de janeiro seguinte. San Tiago, desde logo, sugeriu a Jango que tivesse pronto um plano econômico a apresentar ao país, que buscasse conciliar o combate à inflação à preservação do crescimento econômico, em índices razoáveis, e sugeriu o nome do economista Celso Furtado para elaborá-lo.[1309]

Pouco depois, San Tiago defende na televisão o retorno do regime presidencialista, dizendo que o plebiscito permitiria a "restituição da autoridade ao Presidente". E defende as medidas que o governo tomaria no início do ano seguinte, uma vez restaurado o presidencialismo, atribuindo importância significativa ao combate à inflação, por ele referida como "problema monetário e financeiro, com seus complexos do comércio exterior e da balança de pagamentos". San Tiago adverte, todavia, ser indispensável não se encarar essa política como sendo uma tarefa exclusivamente técnica; e, repetindo a proposição que fizera em seu discurso perante a Câmara na votação de sua indicação para primeiro-ministro, diz que "nada será feito, afinal, se não houver uma cooperação profunda, extensa e sincera, entre produtores e trabalhadores, em todos os planos de atividade".[1310]

Os números da economia eram decepcionantes no último biênio, 1961-1962, que se encerrava; a economia crescera 8,6% em 1961, mesmo com redução do investimento, após 9,4% em 1960, mas desacelerou para 6,6% em 1962. A produção industrial, que avançara de 10,6% para 11,1% entre 1960 e 1961, registrou 8,1% em 1962. E a inflação saiu de 25,4% em 1960 para 34,7% em 1961, elevando-se para 50,1% em 1962.[1311]

A 27 de setembro, Jango nomeou o economista Celso Furtado ministro Extraordinário do Planejamento, e a 28 de dezembro o Plano Trienal de Desenvolvimento Econômico e Social, 1963-1965, elaborado por uma equipe de técnicos sob a coordenação do ministro, somando 397 páginas, quatro partes, 15 itens e dezenas de subitens, foi apresentado e aprovado pelo Conselho de Ministros. Apesar de não ser identificado com os economistas conservadores, Celso Furtado elaborou um plano em que um dos principais objetivos era reduzir a despesa programada da União por meio de medidas de contenção e diferimento de despesas, inclusive com redução dos subsídios ao consumo, e o reajuste das tarifas de serviços públicos nos setores de transporte e comunicações.[1312] O plano era ambicioso: ao longo de três anos, visava conjugar um enérgico combate à inflação, trazendo-a a um índice de 10%, a uma taxa de crescimento da economia de 7% ao ano.[1313]

Dois dias depois da publicação do Plano e na véspera de Jango anunciá-lo em seu discurso de Ano-Novo, o deputado petebista Sérgio Magalhães, líder da Frente Nacionalista Parlamentar, criticou-o, dizendo que seu autor o havia elaborado "desconhecendo a existência de um fator decisivo, o imperialismo econômico", ignorando que a inflação resulta "da atuação de grupos internacionais". E acrescentou que o Plano traduzia "uma política de conciliação ideológica, quando deveria ser consagrador da ideia de desenvolvimento da economia nacional".[1314]

Em novembro, San Tiago reúne em livro discursos e conferências proferidas, em diferentes oportunidades, feitos em memória, ou celebrando alguma data significativa em suas carreiras, de seus colegas ilustres, sob o título *Figuras de Direito*, que seria uma obra singular na literatura jurídica nativa.[1315] Por essa altura, é publicado um ensaio de San Tiago, *Produtividade: aspecto institucional*, um dos temas mais complexos a afetar o desenvolvimento econômico do Brasil. O jurisconsulto, com um sólido conhecimento de temas econômicos, preparava-se para assumir a pasta da Fazenda.

A 13 de dezembro, participando de um programa de televisão apresentado por seu amigo e colega de turma Gilson Amado, San Tiago refere medidas econômicas que poderiam ser executadas a partir de janeiro do ano vindouro.[1316] E era estudada a implantação da escala móvel - a futura correção monetária - dos salários no país, proposta que seria examinada no Conselho de Ministros, como parte da política econômica para 1963.[1317] Restaurado o regime presidencialista, a proposta de governo não era submetida à Câmara; porém, o apoio do Congresso, no qual estavam representadas as classes produtoras e a trabalhadora, teria uma influência decisiva na afirmação ou não de uma política de combate à inflação. Mas esse apoio já não bastava. Àquela altura, era crescente o poder de mobilização de diferentes organizações que atuavam na política nacional. A ação da Frente Parlamentar Nacionalista, ágil e objetiva, justapunha-se em boa medida à do Congresso, e traçava, em determinados temas, uma linha inflexível de ação, assim como organizações sindicais, cuja mobilização exercia uma pressão política e social cada vez maior.[1318]

San Tiago não ignorava essa realidade, de resto evidente a todos. Uma outra realidade, ao contrário, oculta a todos por iniciativa sua, seria um enigma; publicamente ao menos, os sinais da progressão da doença àquela altura não eram imediatamente visíveis, embora San Tiago já não exibisse um ar saudável - mais curvo, pálido, o andar mais pesado, o corpo derreado ao sentar-se denunciavam uma saúde frágil. Os sinais evidentes de uma doença mais grave não demorariam a surgir.

O nome de San Tiago para ocupar a pasta da Fazenda já fora cogitado quando Brochado da Rocha assumiu a chefia do gabinete, em julho anterior. E seria, de então por diante, sempre cogitado. Inclusive, uma viagem sua a Washington, para participar de reuniões preliminares a uma negociação da dívida externa brasileira, foi considerada, e chegou a ser anunciada pelo irrequieto embaixador norte-americano no Brasil, Lincoln Gordon. Contudo, ficou evidente que, sem a titularidade da pasta, não teria ele autoridade para tratar com o governo norte-americano, nem seria politicamente interessante estimular uma ação paralela à do ministro atual.[1319]

Dado como certo o seu nome para ocupar a pasta da Fazenda, uma vez restaurado em janeiro seguinte o regime presidencialista, nada parecia detê-lo. E os sinais da sua doença, que ocultava, surgiriam ao público.

CAPÍTULO 34

MINISTRO DA FAZENDA

É o que vamos mostrar; se seremos capazes de pôr as nossas finanças num processo econômico de desenvolvimento ameaçado de colapso pela inflação, sem precisarmos interromper, por um só dia, o funcionamento das nossas instituições políticas, a vigência das nossas liberdades públicas, a continuidade da vida representativa (...).[1320]

• Retorno ao regime presidencialista

Em seguida ao anúncio do Plano Trienal, em novembro de 1962, os preços industriais no atacado subiram cerca de 20% em janeiro seguinte, e 11% em fevereiro, receosos os produtores de um controle de preços que pudesse ser imposto pelo governo. Em primeiro de janeiro, o salário mínimo fora reajustado em 56%, e, em meados daquele mês, o governo anunciou o fim dos subsídios cambiais, provocando o aumento do preço do trigo e dos derivados de petróleo.[1321]

Em meio a esse quadro inflacionário agudo, a cena partidária não abrigava uma posição de centro, capaz de mitigar a polarização à esquerda e à direita, e de promover uma reforma constitucional para permitir o encaminhamento das reformas de estrutura, que todos sabiam necessárias, e, com variações, diziam apoiar. Esse quadro desafiava Jango, especialmente. A sua formação política não se dera no parlamento, afeiçoando-o às negociações que ali tem lugar ordinariamente, com a sua mecânica própria; tampouco, a sua liderança no PTB era capaz de conter, depois da restauração do presidencialismo e agora sem o anteparo de um gabinete chefiado pelo hábil Tancredo Neves, a corrente radical de seu partido, liderada por Leonel Brizola, que provia os quadros mais agressivos à ativa Frente Parlamentar Nacionalista. Mesmo junto às organizações sindicais, em que Jango forjara sua experiência política, a sua liderança não exibia o mesmo vigor de antes, e estas mostravam-se cada vez mais radicais.

Não havia, portanto, inscrita no cenário partidário uma força de centro configurada - nem era o presidente capaz de mobilizá-la - que, equidistante das forças radicais, pudesse enfrentar a situação econômica e encaminhar as reformas de estrutura nos termos do regime constitucional vigente.[1322] Esse cenário ficaria ainda mais nítido com a insistência de San Tiago em afirmar que o combate à crise econômica e a promoção das reformas estruturais deveriam ser feitos exclusivamente nos estritos termos das regras constitucionais, enquanto Brizola afirmava ser cada dia mais clara a opção por promover as reformas e enfrentar a crise à margem do Congresso, sugerindo um caminho revolucionário. Essa discrepância absoluta iria afirmando a noção de que, frustrado o combate à crise econômica e financeira, a ordem constitucional ruiria.

O grande desafio do ano que começava era de ordem econômica e de ordem política. Iria o presidente da República mostrar-se à altura desse desafio era a questão que logo iria se pôr. Um dos primeiros obstáculos foi fixado por seu cunhado, o agora deputado Leonel Brizola, pelo estado da Guanabara, que naquele mesmo mês de janeiro criou a Frente de Mobilização Popular; esta, em seu programa, exigia a imediata aprovação das reformas de base, em especial a reforma agrária. Jango, segundo Brizola, deveria romper com as forças de centro, representadas pelo PSD.[1323] Jango não seguiria Brizola e Brizola não cessaria de criticar Jango, por não adotar as medidas radicais que preconizava.

• O ministério presidencialista

A 6 de janeiro, foi realizada em todo o país a consulta plebiscitária. De um total de 18 milhões de eleitores, 11,5 compareceram às urnas, e a permanência do regime parlamentarista foi rejeitada por cerca de 9 milhões de votos. No início da madrugada do dia 23, por 259 votos a favor, 8 contrários e uma abstenção, a Câmara dos Deputados revogou a emenda que instituiu o ato adicional e com este o regime parlamentarista em setembro de 1961. Pouco antes, o último Conselho de Ministros apresentou a sua renúncia coletiva.

No início da terceira semana de janeiro, o gabinete já estaria formado, mas a imprensa dizia ainda indefinida a pasta da Fazenda. Anunciado o ministério presidencialista, San Tiago ocupa a pasta da Fazenda, pondo fim às especulações da imprensa, que dera como certa a sua ida para o Itamaraty, ou em disputa em torno da pasta da Fazenda com o deputado pessedista, Antônio Balbino, que assumiu o Ministério da Indústria, e San Tiago emerge, segundo a imprensa, como o "homem forte do Ministério".[1324]

Jango, visto como o grande vitorioso do plebiscito, formou o novo ministério, compondo as forças políticas mais expressivas. O ex-primeiro-ministro, Hermes Lima, que acumulava a pasta das Relações Exteriores, foi nela mantido; o líder do PTB na Câmara, Almino Afonso, assumiu a pasta do Trabalho; Celso Furtado permaneceu no cargo de ministro Extraordinário para Assuntos de Planejamento e Desenvolvimento, assim como os ministros militares.[1325] Ao PSD coube dois ministérios, da Indústria e Comércio, ocupado por Antônio Balbino, e o da Saúde, por Paulo Pinheiro Chagas.

• O plano e a realidade

O Plano Trienal estimava uma taxa de crescimento da renda nacional em 7% ao ano e redução progressiva da inflação em 1963, empregando os meios dos planos ortodoxos de estabilização da moeda. A sistematização desses meios de estabilização monetária San Tiago nomeou de "plano de contenção", que iria executar e seria objeto da sua reiterada e insistente pregação pública.

Não havia como combater a inflação àquela altura senão o governo reduzir drasticamente a base monetária (o volume de moeda em circulação), contendo a emissão de papel-moeda, diagnóstico de quase todos os economistas, de diferentes inclinações ideológicas. O país não contava com um Banco Central, apenas com a Superintendência da Moeda e Crédito, subordinada a uma das diretorias do Banco do Brasil, (por sua vez, presas a indicações partidárias), e nem existia um mercado de títulos públicos, (criado com títulos indexados à desvalorização da moeda, a partir de 1964), e na pauta de exportações, embora o café viesse perdendo importância, ainda respondia pela maioria das exportações, que não eram diversificadas.[1326] Nesse contexto, a única possibilidade de o plano de contenção ter êxito e, consequentemente, o Plano Trienal, era se as classes produtoras, a trabalhadora e os servidores federais aceitassem, por um período inicial, reajustes menores de preços e salários, e também elevação momentânea dos índices de inflação (inflação corretiva, no jargão econômico), determinada pela redução de despesas e investimentos públicos, eliminação de subsídios, contenção do crédito e fixação da taxa real do dólar, para, a seguir, a inflação corretiva ser logo absorvida, acarretando o decréscimo das taxas de inflação. Como já dissera San Tiago, combater a inflação não era um desafio técnico, mas político: alcançar um acordo entre as classes produtoras, a trabalhadora e o funcionalismo público, civil e militar.

- **Posse**

À exceção dos ministros que foram mantidos em seus postos – que dispensaram o ato de transmissão do cargo, sendo nele reinvestidos – o primeiro novo titular a assumir o cargo foi San Tiago, às 09h00, do dia 28 de janeiro, em Brasília, quando Miguel Calmon transmitiu-lhe a direção da pasta.

As dificuldades "próprias à administração financeira em quaisquer circunstâncias" eram acentuadas naquele momento pelo vulto ameaçador a que chegou a inflação, diz San Tiago, abrindo o seu discurso de posse; mas havia a "firme decisão, que já não é do governo, mas de todo o povo, de levar adiante o desenvolvimento econômico do país e conquistar a sua emancipação". Não seriam antagônicos esses dois objetivos, embora não fosse possível serem alcançados a curto prazo. O presidente, prossegue San Tiago, "lhe dera o encargo de exprimir a sua confiança em que as classes produtoras do Brasil atenderiam ao seu apelo de promover uma cooperação voluntária, sincera, de autocontenção dos preços". Da mesma forma, acreditava que não faltariam a "compreensão, o apoio e a colaboração ativa dos trabalhadores"; uma política salarial seria formulada para assegurar a correção do valor nominal dos salários de acordo com a desvalorização da moeda, evitando, porém, que os preços fossem "impelidos por aumentos ilusórios".

San Tiago refere o alto apreço pela cooperação internacional, um "poderoso acelerador do desenvolvimento, capaz de permitir que se queimem etapas intermediárias". Era preciso, todavia, se ter liberdade de comércio com todos os países, "sem outra discriminação que não seja a do próprio interesse nacional". Seria assegurada uma economia baseada na concorrência livre e leal, "sem monopólios e privilégios tóxicos", sendo bem-vindo o capital estrangeiro, que continuaria a contar com as "condições de segurança e liberdade, sem outras discriminações senão as impostas em uma legislação liberal, inspirada pela consideração dos interesses nacionais".[1327]

O roteiro do combate à inflação foi apresentado clara e previamente à nação, pelo ministro. Cumpri-lo com a "colaboração ativa" das forças políticas e econômicas, pois não era um desafio apenas do ministro. Mas este era tido por responsável pelo êxito da política que anunciava, na estreita visão da classe dirigente do país.

Já em seu gabinete no Rio, por volta das 14h00, depois de haver recebido o cargo em Brasília, San Tiago, em rápido contato com a imprensa, disse que era seu propósito promover uma harmonização entre os Ministérios da Fazenda, do Trabalho, da Indústria e Comércio, e com o ministro sem pasta para o Planejamento, Celso Furtado, para a perfeita execução "da linha de ação, que será enquadrada nos termos do Plano Trienal".[1328]

San Tiago traçou em seu discurso de posse a linha de ação que procuraria cumprir à frente do Ministério da Fazenda, ressaltando o apoio político que Jango lhe prometera prestar.[1329] Os objetivos alinhados e as medidas a dar execução não diferiam essencialmente daqueles expostos no programa de governo que apresentara à Câmara Federal em junho anterior, quando teve a sua indicação à chefia de gabinete a ela submetido, e por ela rejeitada.

Em meio a um processo inflacionário em constante aceleração, promover um acordo entre as classes produtoras e a trabalhadora e servidores federais para a contenção voluntária de preços e salários, reduzir à metade o crédito federal, cortar subsídios e conter despesas do governo, reprimir o abuso do poder econômico, contar com capital estrangeiro e o apoio de organismos financeiros internacionais, contrariando abertamente forças nacionalistas-estatistas, que já exigiam fossem feitas as reformas de estrutura na "marra", à força, sobre um Congresso moroso, era um propósito que revelava a obstinação de um ministro por um projeto necessário, mas inexequível.

San Tiago seguirá por um caminho análogo ao percorrido no Ministério das Relações Exteriores. Dá forma ao plano de contenção, deduzido do Plano Trienal, e irá expô-lo reiteradamente, advertindo que o enfrentamento da crise econômica, sobretudo da inflação crescente, não era apenas uma questão técnica, pois exigia uma articulação política ampla e complexa, e da sua solução dependeria a sobrevivência do regime democrático. O desafio estava posto às cúpulas do Executivo, dos partidos e das demais forças políticas atuantes.

• A pasta: trabalhos, críticas

San Tiago formou seu gabinete com advogados, economistas, diplomatas e jornalistas.[1330] E já no início dos trabalhos mostra uma atividade febricitante. Sucedem-se reuniões internas com titulares dos diversos órgãos subordinados à pasta da Fazenda – Superintendência da Moeda e Crédito do Banco do Brasil (o Banco Central de então), Receita Federal, entre outros órgãos, e aos seus titulares San Tiago pede uma dedicada colaboração, e deles iria receber. Reúne-se com outros ministérios para alinhar as medidas a serem tomadas, e participa de reuniões externas em seu gabinete no Rio e em Brasília, com titulares de órgãos representativos de diferentes setores produtivos, que atuavam em uma economia fechada. A todos, com maior ou menor ênfase, com referências específicas conforme o setor e os interesses reclamados, San Tiago expõe a difícil situação do país, a linha de ação que o governo procuraria executar e o apoio indispensável de todas as forças econômicas. E esse apoio seria respaldado, segundo San Tiago, pelo presidente da República, o seu maior articulador, e pelo Congresso, que compreenderia a gravidade da situação do país.

Ao mesmo tempo, San Tiago cuida da frente internacional; era imperioso renegociar imediatamente o pagamento dos juros da dívida externa, vencíveis a curto prazo. A esse fim, planeja encontros com representantes do governo norte-americano e do Fundo Monetário Internacional, e discute com os embaixadores Lincoln Gordon e Roberto Campos a agenda a cumprir e em sua viagem aos Estados Unidos no mês seguinte.

O mês de janeiro e a primeira semana de San Tiago à frente da Fazenda encerravam-se com a crítica já acesa sobre as medidas anunciadas pelo ministro. O líder do Partido Comunista Brasileiro, Luís Carlos Prestes, apontou, no discurso de posse de San Tiago, "sérias ameaças aos interesses nacionais", por ter o ministro considerado "indispensável ao país a contribuição do capital imperialista", e haver San Tiago insistido na "velha mentira reacionária de que aumento de salários pode ser a causa da inflação". Quanto ao Plano Trienal, deveria ser combatido "pelas forças patrióticas e populares", pois a sua execução dependeria essencialmente de empréstimos e financiamentos norte-americanos.[1331]

No mesmo dia em que falou Prestes, em entrevista coletiva San Tiago alinhou objetivos a serem alcançados com as medidas. A formulação de uma política salarial do governo, que era a do presidente, diz, procurava manter o poder aquisitivo do trabalhador, sem favorecer reajustes ilusórios que fomentassem o encarecimento de vida. San Tiago ressalta que já havia esclarecido à indústria paulista que o governo esperava a sua cooperação para aumentar a curto prazo a oferta de bens. Em relação às nacionalizações de concessionárias de serviços públicos, um tema sensível para o governo norte-americano e ardente aos nacionalistas radicais, entre eles Brizola, o governo estava ultimando o programa "nas bases firmadas num encontro, no ano anterior, entre os presidentes Kennedy e João Goulart. As concessionárias estrangeiras receberiam as indenizações com elas ajustadas pelo governo brasileiro, cuja maior parte deveria ser reinvestida no Brasil".[1332]

A crise econômica na vida do país podia ser medida pela cobertura da imprensa às atividades do ministro da Fazenda. Nos dez primeiros dias de fevereiro, anotou, além dos despachos internos de sua pasta, nada menos de vinte e um encontros, reuniões e almoços dos quais San Tiago participou, em seu gabinete, fora dele e alguns em sua residência. A agenda do ministro iniciava-se por volta das 10h00 da manhã e não raro ultrapassava a meia-noite, recebendo visitantes em despachos preferencialmente em seu gabinete, no imponente prédio do ministério, no centro do Rio de Janeiro, na Avenida Antônio Carlos; mas San Tiago ia a Brasília, para encontrar o presidente da República, e a São Paulo, para expor às classes empresariais reunidas no centro econômico do país, sobrecarregando a sua agenda – e a sua saúde.

• Nova legislatura

A 3 de fevereiro, tomaram posse trezentos e setenta e dois dos quatrocentos e nove deputados eleitos; ministro de Estado, San Tiago não assumiu sua cadeira na Câmara. Na mesma data, o deputado Sérgio Magalhães foi eleito presidente da Frente Parlamentar Nacionalista, e, em manifesto, a Frente reclamou alterações na Constituição para permitir a desapropriação de terras por interesse social, pagamento em títulos da dívida pública, a nacionalização das indústrias de carne, leite, trigo e da indústria farmacêutica; o monopólio estatal do câmbio, a proibição de empréstimo por estabelecimentos oficiais a empresa de capital estrangeiro e a extensão do monopólio ao refino e distribuição do petróleo.[1333]

Na mesma pauta, Brizola disse que o povo estava sofrendo em virtude "da inflação, dos déficits e da espoliação econômica (...) um ambiente onde está se tornando insuportável a vida humana";[1334] e era inadmissível a indiferença do Congresso para decidir sobre as reformas necessárias.

A sua vez, o líder do PSD, Martins Rodrigues, encontrou-se com Jango e lhe transmitiu as preocupações de seu partido e da UDN sobre "uma eventual cobertura do Presidente" às atividades de Brizola, ouvindo de Jango que ele não se solidarizava com as atitudes de Brizola, mas não se sentia "em condições, nem obrigado a fazer Brizola calar-se", e que o governo estava interessado em "atingir seus objetivos exclusivamente pela via legal".[1335]

À noite, desse mesmo dia, 4 de fevereiro, San Tiago fala em rede nacional de rádio e televisão, e expõe as medidas para enfrentar a crise econômica. O problema mais grave do país, diz, era a inflação. Porém, não era intenção do governo combater a inflação sacrificando o desenvolvimento, o que causaria desemprego e outros efeitos que afligiriam diretamente o povo. Anuncia a suspensão de subsídios e o aumento das tarifas de serviços públicos que "caíram a níveis ínfimos", e diz que a política econômica do governo seria feita "a portas abertas, para que o povo conheça nossas intenções e possa assistir ao nosso trabalho, nossos êxitos, nossas falhas".

Valendo-se de um quadro fixado atrás de sua bancada e voltado à vista do telespectador, San Tiago cita por memória os números ali fixados, da inflação e do crescimento "das emissões de papel-moeda, que aumentava o meio circulante, alimentando a inflação". Anuncia a seguir a transferência da execução de serviços públicos para o poder público, uma exigência, diz, das forças nacionalistas, mas a transferência não seria feita por meio de encampação, que, pela lei, exigia o depósito judicial prévio do montante da indenização, recursos de que "o governo não dispõe e não tem o propósito de disfarçar". O caminho da nacionalização seria o da compra das concessionárias estrangeiras de serviços públicos. Mas o governo não daria "a sua última palavra enquanto o povo dela não tiver conhecimento dos critérios e avaliação que estão sendo estudados e analisados".[1336]

Em contrapartida, não seria possível, prossegue San Tiago, conceder ao funcionalismo público um aumento superior a 40% a partir de abril; esse aumento importaria em uma despesa extraordinária de Cr$ 120 bilhões, elevando o déficit para aquele ano de 1963 para cerca de Cr$ 800 bilhões. Mas estavam previstos no Plano Trienal cortes orçamentários no valor Cr$ 200 bilhões, cuja definição estava sendo estudada, e conclui: "as classes trabalhadoras estão conscientes dos problemas econômicos que nos envolvem. Estão solidárias com o governo na preservação da liberdade. Todas as suas conquistas serão respeitadas. O governo, que obedece a uma liderança eminentemente popular, tem meios para pedir ao povo essa colaboração".

E anunciou uma medida endereçada diretamente às classes produtoras: a redução de empréstimos a serem feitos pelo Banco do Brasil, da ordem de 50%.[1337]

No dia seguinte de sua fala no rádio e televisão, San Tiago recebe Brizola em sua residência, ficando sem efeito o debate entre os dois anunciado pela televisão. Brizola disse à imprensa que discordava "violentamente" do propósito do governo de comprar e não encampar concessionárias estrangeiras de serviços públicos, e defendia a estatização de todas elas. Argumentava que a aquisição das concessionárias seria prejudicial ao país e o valor devido pelo governo por uma encampação seria irrisório, como ele argumentou nos processos que determinou e conduziu no Rio Grande do Sul. Além disso entendia, como já dissera, que o Plano Trienal nada resolveria sem a execução das reformas de base.[1338] O contraste entre a atuação dos dois políticos era cada vez mais nítido, e traduzia as diferentes perspectivas e soluções dos problemas nacionais.[1339]

• Catástrofe social

A 11 de fevereiro, San Tiago formalizou a redução em 50% do crédito oferecido pelo Banco do Brasil e à tarde expôs a medida acerca de quinhentos representantes das classes produtoras em reunião da Federação das Associações Comerciais, no Clube Comercial do Rio de Janeiro. Em sua palestra, diz textualmente que "o ano de 1963 seria de catástrofe social para o Brasil". E explica a sua previsão sombria: "se tivéssemos de cobrir o déficit orçamentário com o recurso único de novas emissões, e, verificado o ritmo de 1962, a inflação assumiria proporções imprevisíveis e os reajustamentos salariais passariam a ser reclamados em prazos cada vez mais curtos, de oito, de quatro, de dois e, possivelmente, até de um mês, já que nenhuma barreira seria possível propor à política de expansão de crédito". Porém, o surto inflacionário "não é impossível de ser resolvido; difícil é aguentar a aplicação dos remédios adequados com a indispensável capacidade de sofrimento e a coragem necessária".

O discurso de San Tiago não poderia deixar de surpreender os empresários, e a previsão que fez iria realizar-se dali a alguns anos, já no regime militar, uma vez instituída a correção monetária cuja perpetuação atestaria o fracasso, ao longo de uma geração, do combate à inflação.[1340]

No dia seguinte, San Tiago chega à tarde a São Paulo, é recebido no aeroporto pelo prefeito Prestes Maia e segue para o Palácio dos Campos Elíseos, a fim de se encontrar com o governador Adhemar de Barros, uma das primeiras vozes contra a sua indicação para a chefia do gabinete. Após o almoço com o governador e representantes do empresariado paulista, acompanhado dos líderes do PSD e do PTB, respectivamente, Martim Rodrigues – um dos principais deputados contrários à sua indicação à chefia de gabinete, e que se esforçou por impedir San Tiago de apresentar sua proposta de governo à Câmara Federal –, e do deputado petebista Bocaíuva Cunha, reuniu-se na sede do Banco do Brasil naquela cidade, com seus diretores e líderes das classes produtoras paulistas.[1341]

Ainda no Banco do Brasil, San Tiago recebe líderes sindicais e a eles expõe os termos do plano de contenção à inflação, expondo-os, a seguir, na Federação e no Centro das Indústrias de São Paulo; e antes de falar na televisão local, visitou a viúva do deputado, pelo PTN, Emílio Carlos, morto repentinamente havia menos de um mês, um dos grandes oradores na Câmara, e enérgico defensor da sua indicação à chefia de gabinete.[1342]

Ao sair do encontro com o governador Adhemar de Barros, San Tiago declarou à imprensa que, "se não for possível conter a inflação, os últimos dias deste ano deverão ser caóticos".[1343] Já o saldo das conversas com os empresários do Rio e de São Paulo, a seu ver, teria sido positivo. Mas estaria apreensivo com as informações que recebera do Ministério do Trabalho de que seria muito difícil conter a eclosão de greves entre Rio e São Paulo, em protesto contra as medidas anti-inflacionárias do governo.[1344] O ministro do Trabalho, Almino Afonso, declarou que deveriam ser buscadas, em relação às divergências de entendimentos entre patrões e empregados, "soluções harmônicas que evitem greves"; e ele não impediria as greves considerando-as ilegais, mas não contribuiria para sua deflagração, na fase de entendimentos.[1345] Essa posição de suposta neutralidade do antigo líder do PTB e agora ministro do Trabalho soava às lideranças sindicais como um estímulo aos seus movimentos reivindicatórios. Almino, pouco antes de deixar a pasta do Trabalho em junho seguinte, autorizaria a criação de cinquenta novos sindicatos, entre os quais vinte rurais, encerrando um processo célere, de apenas um mês de tramitação.[1346]

O PSD, por sua vez, repetia em encontros pessoais com Jango a promessa de seu apoio, buscando distanciá-lo das forças radicais de esquerda presentes na legenda do PTB e atuantes na cena política, Brizola sobretudo; "o apoio do partido ao presidente da República era um fato consumado", declarava o líder do PSD.[1347] Mas os fatos consumados em política são desfeitos ao sabor das circunstâncias.

• Em busca de apoio

San Tiago reúne-se em Brasília com Jango na madrugada do dia 15 de fevereiro e mais tarde, por volta do meio-dia, antes de retornar ao Rio de Janeiro. Não foi divulgado o teor da conversa, mas havia a convicção de que o esforço feito pelo ministro seria o último possível para encaminhar uma solução ordinária para "uma crise de profundidade". Até o momento, Jango daria, "aos que o cercam de perto, a informação de secundar as ações do seu ministro da Fazenda". Contudo, esse apoio do presidente não era tornado público, como San Tiago necessitava, e essa carência ele já a havia expressado, reiteradamente. De volta ao Rio, San Tiago iria buscar, em vão, apoio não menos significativo naquele contexto político. Ele visita o comandante do I Exército, Osvino Alves, e seus comandados, e expõe as medidas de contenção à inflação; mais tarde o ministro da Guerra diria, porém, que imaginava "o governo empunhando uma vara cumprida, cuja ponta só bate no povo".[1348]

San Tiago prosseguia com o seu plano de contenção, que contrariava interesses longamente sedimentados, e os clientes antigos da inflação e do Tesouro Nacional. A 15 de fevereiro, às 22h00, recebe em seu gabinete representantes da lavoura e do comércio do norte do Paraná, que reivindicavam reajuste do preço da saca de café. San Tiago diz não ter condições de autorizar "indenização para cobrir prejuízos provocados por operações de especulação que nunca deveriam ter ocorrido". À ameaça de uma iminente explosão revolucionária no Paraná por cafeicultores insatisfeitos, afirma que, "se explosão houver, faremos face a isso. O que não se pode é adotar soluções sob pressão de explosões, marchas de produção etc. A posição do governo é adotar soluções corretas e realistas mesmo que seja para reagir a explosões".[1349] Os cafeicultores não esqueceriam a posição irredutível do ministro.

O apoio explícito à política de San Tiago não vinha do seu partido ou do presidente da República, mas de figuras contrárias ao governo, entre as quais o economista ultraconservador Eugênio Gudin, que defendeu dar um crédito de confiança a San Tiago, cujas exposições sobre a política financeira do governo "têm primado tanto pela clareza quanto pela segurança de orientação"; o ministro não "recuava diante do enorme esforço físico do trabalho de divulgação, que ninguém melhor do que o próprio detentor da pasta pode fazer", e assim não se poderia deixar de "aplaudir e enaltecer atos e palavras do sr. San Tiago Dantas nesta fase inicial de vigoroso combate à inflação".[1350]

A 18 de fevereiro, San Tiago almoça com correspondentes de jornais estrangeiros no Rio, na Associação Brasileira de Imprensa – ABI, e responde a um "verdadeiro bombardeio de perguntas", e, no dia seguinte, reúne-se com diretores dos jornais cariocas aos quais faz "uma lúcida exposição sobre os remédios que o governo está decidido a aplicar à situação".[1351] Aos secretários de Finanças, participantes da Confederação de Secretários da Fazenda do Estado, San Tiago oferece um almoço e pede a indispensável "cooperação dos governos estaduais ao programa de combate à inflação".[1352]

Àquela altura, o habitualmente discreto Tancredo Neves, em entrevista, disse acreditar que os grupos de centro existentes nos três maiores partidos estariam fortalecidos até 1965. E, embora não acreditasse no "retardamento, até lá, na aprovação, pelo Congresso, das medidas corretivas da estrutura brasileira", admitia que, à falta delas, a sucessão de Jango seria inevitavelmente marcada por uma "intensa disputa de caráter ideológico entre esquerdistas e direitistas, com a quase exclusão dos agrupamentos centristas". Tancredo acreditava que a disciplina econômica prevista no Plano Trienal e já a sua aplicação iniciada, se cumprida com o "sacrifício de todas as camadas da população", daria uma "direção mais segura ao desenvolvimento econômico", que não poderia ser "obstada mesmo em nome de outro projeto". Contudo, o Congresso deveria corresponder a "imperativos como os da reforma de base, cujo valor social é mais visível". Tancredo não notava em Jango "nem o esquerdismo que os direitistas querem lhe atribuir, nem o direitismo que as esquerdas querem lhe imputar". A guerra ideológica entre a direita e a esquerda já estava acesa, mas a execução do Plano Trienal deveria seguir, e o Congresso deveria fazer a sua parte encaminhando as reformas de base, enquanto Jango não era o radical que pudesse obstar o processo democrático brasileiro.

A síntese acurada de Tancredo não apenas fixava a situação do momento, mas entrevia na rotação da engrenagem política o risco da sua desintegração, e a consequente ameaça à estabilidade constitucional do país; era, portanto, indispensável vencer a crise econômica com o sacrifício de todos e com a atuação efetiva do Congresso.[1353] Nesse sentido, o deputado mineiro concordava com a posição de seu colega na Câmara, endossando seu esforço à frente do Ministério da Fazenda. Esse esforço não era apenas político, mas, agudamente, físico.

Para recuperar-se do ritmo frenético dos últimos dias, San Tiago anunciou que passaria o carnaval em Petrópolis para onde iria se dirigir na sexta-feira, 22 de fevereiro; mas, nessa data, recebeu o ministro da Guerra, Amauri Kruel, que tratou de assuntos relacionados ao Exército e ouviu do ministro um relato sobre as medidas de contenção de despesas.[1354] À tarde, o gabinete do ministro da Fazenda, em nota, informou que "as classes militares dão seu apoio integral à política financeira do governo. A maioria maciça dos generais compreendem o sentido e os objetivos dessa política e a apoia plenamente".[1355]

Essa compreensão seria bem menor do que a nota oficial do gabinete do ministro dizia crer, e não apenas por parte dos militares.

• Plano de Contenção: apoio?

Na quarta-feira de cinzas, 27 de fevereiro, no rádio e na televisão, San Tiago pediu uma mobilização geral contra a inflação, em apoio ao governo: "é preciso dizer a cada dona de casa que não compre hoje, porque amanhã será mais barato". A reação do povo ao plano de combate à inflação do governo, no primeiro mês de execução "ultrapassou as expectativas". A primeira batalha, no combate à inflação, "é a confiança do povo (...) a salvação do Brasil está nas mãos dos brasileiros (...) temos como enfrentar nossas dificuldades com ou sem apoio internacional", afirma San Tiago; e defende a formação de uma "Frente Nacional, sem alas avançadas nem moderadas", e deveríamos "seguir uma política que englobe os que querem fazer com que o país faça reformas através da democracia. E nós vamos lutar para isso".[1356]

A 1° de março, o plano de contenção de despesas federais elaborado pelo ministro da Fazenda foi por ele apresentado ao Ministério, e a seguir editado um decreto que previa um corte de despesas federais de cerca Cr$ 400 bilhões. À noite, Jango recepcionou, no Palácio das Laranjeiras, no Rio de Janeiro, seus amigos mais próximos e auxiliares diretos em comemoração aos seus quarenta e três anos. Entre os convidados estava San Tiago.[1357]

Ainda naquela semana, depois de um dia movimentado, com várias audiências, e ter na saída do Ministério enfrentado um temporal, San Tiago foi acometido de uma forte gripe; mas, "pálido e gripado", não deixou de marcar uma conversa com o presidente do Sindicato dos Produtores de Juta, que pretendia um aumento de 70% no preço da sacaria.[1358] Não apenas essa categoria pleiteava reajuste de seus preços. Nesse mês de março e no seguinte, San Tiago iria se reunir com diversos setores da economia – têxtil, vestuário, veículos e autopeças, a indústria de cimento – e negociar um congelamento temporário, de quarenta e cinco dias, dos preços desses produtos e ainda negociaria com associações comerciais a restrição temporária do crédito ao consumidor. Esses acordos trariam uma trégua fugaz na elevação dos preços a ser sentida no final do segundo trimestre.

Porém, naquele início de março, as dificuldades eram consideráveis.[1359] E a elas Brizola vinha somar as suas duras críticas à política econômica do governo. Em cadeia de rádio e televisão, qualificou a política econômico-financeira conduzida por San Tiago de "extremamente perigosa, antinacional e antissocial". Essa política, homologada por Jango, "poderia levar o governo à frustração, senão à ruína". E declarou-se "insuspeito em assumir uma atitude pública diante dos rumos que se pretende encaminhar o país".[1360]

Na mesma data, Jango declarou em almoço que lhe foi oferecido pelos portuários que, nas negociações que iriam ter lugar nos Estados Unidos, não seria admitida qualquer restrição à soberania brasileira, e seriam conduzidas com a mesma independência com que o Brasil negociou com a URSS. À tarde, Jango recebeu, ao lado de San Tiago e Antônio Balbino, o apoio de cerca de trinta diretores da Confederação Nacional das Indústrias.[1361]

• Juca Pato

No dia seguinte em São Paulo, San Tiago recebe, no Auditório do jornal *Folha de São Paulo*, o primeiro troféu de 'Intelectual do Ano', concedido pela União Brasileira de Escritores. San Tiago obtivera 146 votos, seguido de Afonso Schmidt, romancista paulista, com 132 votos, e Mário Graciolli, com 45 votos.[1362] Indisputada a sua inteligência, a sua ação política era crescentemente criticada pelas forças radicais, cada vez mais expressivas.

• Viagem aos Estados Unidos

Na véspera da viagem, a 8 de março, San Tiago falou por cerca de uma hora no rádio e televisão e disse que iria renegociar em Washington o escalonamento do débito [de curto prazo] do Brasil, de cerca de US$ 800 milhões, acrescentando que "não iremos em busca de uma dádiva, mas de entendimento franco", respondendo às críticas de Brizola que defendia uma posição intransigente com os Estados Unidos.[1363] Em editorial, *O Globo* escrevia "está em Jango a própria sobrevivência econômica do País. Se não conseguirmos a consolidação de nossas dívidas a curto e médio prazo e o consequente desafogo de nosso crédito, caminhamos inelutavelmente para o impasse econômico".[1364]

Almino Afonso, ministro do Trabalho, declarou que San Tiago tinha uma "missão altiva e séria e viajava cercado do apoio de todo o povo brasileiro". E a seu ver deveria ficar muito claro que a missão de San Tiago "não esgota as possibilidades do Brasil. O malogro das negociações não nos colocará no beco sem saída (...); o Brasil superará o desenvolvimento com ou sem ajuda dos Estados Unidos". E entoou a posição dos nacionalistas radicais, observando que não caberia "sequer a indagação da possibilidade de que a nossa contraprestação [à ajuda norte-americana] seja em termos de concessão de nossa soberania".[1365]

A 9 de março às 12h00, acompanhado de Edméa, e de cinco assessores, San Tiago parte do Galeão, em avião da Pan American, com destino a Nova York; ao seu embarque, como era habitual, compareceram vários políticos e autoridades militares. San Tiago chega a Washington no dia seguinte e hospeda-se na Embaixada do Brasil. Pouco antes, Lacerda aconselhara "meus amigos americanos a não quererem nada com o Brasil".[1366]

San Tiago levava uma carta de Jango a Kennedy, que teria sido "amansada pelo ministro da Fazenda", para retirar, segundo o jornalista Carlos Castello Branco, a "agressividade à manifestação de continuidade da linha de política externa". E Jango trabalharia com os círculos nacionalistas para conter o "desencadeamento de uma ofensiva contra a Missão Dantas".[1367]

O Ministério não demorou a cobrar à saúde do ministro o seu empenho em chefiá-lo. Ao despedir-se de Jango em Brasília, a imprensa registrava a aparência de San Tiago, a de um homem "muito cansado ou doente. Sua fisionomia era horrível. Muito pálido, suando sem parar e falando com um ritmo que não é natural, o sr. San Tiago Dantas, ao regressar dos Estados Unidos, com ou sem êxito, deveria tirar rapidamente umas férias, do contrário não o teremos – pelo menos na plenitude de seu vigor físico – por muito tempo no Ministério da Fazenda".[1368]

Ao contrário, San Tiago daria cumprimento a uma agenda cuja intensidade não seria menor nos Estados Unidos.

A 11 de março, no primeiro dia de sua visita oficial, San Tiago encontra-se com o secretário de Tesouro Douglas Dillon e depois com o presidente Kennedy, com quem conferencia por mais de uma hora. Seguiram-se encontros com David Bell, diretor da Agência Nacional de Desenvolvimento, e com o Diretor Executivo do Fundo Monetário Internacional.[1369] No segundo dia de sua visita, San Tiago encontra-se com o secretário de Estado, Dean Rusk, já seu conhecido da Conferência de Punta del Leste no ano anterior, a quem diz que o Brasil "segue menos preocupado com a subversão comunista e mais com o subdesenvolvimento econômico como ameaça potencial à América Latina"; e que o Brasil "tem força e segurança suficientes para enfrentar quaisquer tentativas de subversão comunista". No mesmo dia, San Tiago visita o presidente do Banco Mundial e encontra-se com os membros da subcomissão latino-americana no Senado.[1370] No dia seguinte, visita o presidente do Banco Interamericano de Desenvolvimento, onde expõe a necessidade de operações de financiamento para exportações de bens de capital.[1371]

"O povo brasileiro está disposto a todos os sacrifícios para a execução do programa anti-inflacionário", diz o ministro da Fazenda no almoço que ofereceu, na Embaixada brasileira, a figuras destacadas do governo americano e de organismos internacionais. Indagado por jornalistas brasileiros sobre as declarações de Juscelino de que o plano de contenção representaria uma capitulação perante o Fundo Monetário Internacional, San Tiago disse que bem conhecia "as dificuldades que estou tendo junto ao FMI, que resiste ainda às características do Plano Trienal e aconselha métodos diferentes de contenção". O presidente Juscelino, acrescentou, estava pouco informado sobre as questões financeiras do momento, mas "estou certo de que, uma vez esclarecido, reexaminará, com a sua habitual boa-fé, as declarações prestadas, talvez com ligeireza".[1372]

A 16 de março, os jornais publicavam declarações de Brizola de que Jango corria o risco de ser "paralisado na medida em que tivesse êxito a política de San Tiago, que satisfaz às classes dirigentes, das quais recebe apelos, e agrava a situação do povo, o qual recebe imposições 'numa dose cavalar'". Na verdade, a ida de San Tiago a Washington teria sido um erro: "estão fritando o *Professor*. Agora, para ele reverter bem a situação, só virando bicho. Se ele virar bicho, eu mesmo irei ao aeroporto recebê-lo", arrematou Brizola. A seu ver, San Tiago "só deveria ir aos Estados Unidos depois de revogada a lei de ajuda externa editada naquele país (*Foreing and Act*)", uma das exigências dos nacionalistas nativos. Estava surpreendido com a atuação de San Tiago na Fazenda, cuja nomeação apoiara; aos jornais, prossegue, San Tiago era um "demônio, antes da sua política financeira; agora, é uma esperança. Eu não mudei, quem mudou foi, portanto, San Tiago", concluiu Brizola.[1373]

Não deixando as acusações habituais de Brizola sem rebate, mas manifestando-se sempre por uma linguagem técnica, San Tiago diz que a missão que o levara aos Estados Unidos "estava ligada ao esforço que o governo brasileiro vinha fazendo para recuperar em curto prazo sua estabilidade econômica, sem diminuir o ritmo de seu desenvolvimento".[1374]

A viagem de San Tiago estava condicionada aos termos da equação geopolítica vigente e à cena política nativa. De um lado, os Estados Unidos preocupavam-se com a infiltração comunista no continente americano, estimulada pelo governo revolucionário de Cuba; de outro, as forças nacionalistas e de esquerda locais denunciavam o garrote imperialista que viam imposto por Washington aos países do continente, que os impediria vencer o subdesenvolvimento. Mesmo por ora contido o receio da infiltração comunista no governo brasileiro, o governo norte-americano não deixava de analisar objetivamente os números da economia do Brasil, assim como os organismos internacionais de crédito, que temiam pela sua solvência diante de um processo inflacionário que não era debelado havia mais de uma década. San Tiago era conhecido e respeitado pelas autoridades norte-americanas, e cumpre uma meticulosa agenda de visitas aos principais financistas, nacionais e internacionais, em Washington. Mas os seus anfitriões estavam cientes de que o *Professor* não era uma liderança política, e era duramente contestado em seu próprio partido.

O resultado dos contatos da viagem traduziu esse contexto; foi liberada ao final uma fração de uma linha de crédito antes solicitada, suficiente apenas para manter ativo o comércio exterior pelos próximos meses. Contudo, em seu papel, San Tiago celebra os resultados da viagem explicando-os com a sua verve sóbria habitual.

- **Retorno: Washington-Brasília**

San Tiago e Juscelino encontraram-se no Aeroporto de Nova York e conversaram por mais de uma hora, antes de embarcarem no mesmo *boeing* da Varig, onde se sentaram lado a lado, no voo de regresso ao Rio de Janeiro.[1375] No Galeão, onde chegou às 07h25, portando um chapéu e sobraçando um pesado sobretudo, San Tiago foi recebido entre outros por dom Helder, seu amigo de mocidade e companheiro da extinta Ação Integralista nos anos 1930. San Tiago seguiu imediatamente para Brasília para encontrar Jango.

Fazendo um balanço de sua missão nos Estados Unidos, em entrevista coletiva no Palácio do Planalto, a 27 de março, San Tiago fala do restabelecimento de um clima de confiança internacional, que permitiria ao Brasil procurar ajuda não apenas de um país, mas da cooperação multilateral em apoio ao Plano Trienal.[1376]

À tarde, San Tiago compareceu à Comissão de Orçamento da Câmara, presentes cerca de oitenta deputados, entre eles os líderes do PSD e da UDN, para prestar aos parlamentares esclarecimentos sobre a sua missão nos Estados Unidos. À noite, embarcou no *Viscount* da presidência para o Rio, já tendo programado falar no dia seguinte em cadeia de rádio e televisão.[1377]

Na mesma data, era noticiado ter havido um compromisso assumido pelos líderes dos partidos que apoiavam o governo, PTB, PSD e PSP, de que a Câmara não alteraria o projeto de aumento do funcionalismo público, mantendo o reajuste médio de 40% para os vencimentos dos servidores federais, previsto no trabalho em elaboração pelo Executivo.[1378]

Ainda naquela noite, um dos amigos de San Tiago, seu contemporâneo na Faculdade de Direito e integrante do CAJU, ainda sem a notoriedade do ministro, mas que se iria afirmar muito mais ampla e em terreno bem mais ameno, o diplomata Vinicius de Moraes estreava um show de bossa nova, ao lado de Carlos Lira, "com a cantora estreante, Nara Leão", e do conjunto de Roberto Menescal. O show, *Trailler*, marcaria a volta "às madrugadas do poeta Vinicius de Moraes, na boate *Au Bon Gourmet*, cujas mesas já estavam todas reservadas". E já uma das figuras mais notórias do planeta, Pelé conduziu o Santos a uma vitória de 3 a 0 sobre o Flamengo, no Maracanã; os dois primeiros gols nasceram de passes de Pelé, assinalados por Coutinho e Durval, e o terceiro, ele mesmo marcou, conquistando o Santos o torneio Rio-São Paulo. Dali a três dias, no domingo, o Santos enfrentaria o Botafogo, necessitando apenas de um empate para conquistar a Taça Brasil. Extremamente discreto, pouco conhecido, mas muito atuante, sobretudo, no estado de São Paulo, o superintendente do Banco Brasileiro de Descontos S.A., mais tarde conhecido por Bradesco, sr. Amador Aguiar, telegrafou a San Tiago, cumprimentando-o pelo êxito das negociações em Washington.[1379]

Na televisão, um dia depois de sua chegada, San Tiago explica detalhadamente o resultado de sua missão nos Estados Unidos. "As negociações foram marcadas por absoluta independência no plano político nacional e internacional", e foram "boas para a administração financeira do governo atual, pois representam a retomada da confiança internacional e o restabelecimento de um clima de cooperação e respeito técnico".[1380] Porém, o resultado financeiro da viagem foi limitado; San Tiago negociou um empréstimo de US$ 398 milhões com o governo dos Estados Unidos, mas apenas US$ 84 milhões desse valor poderiam ser imediatamente utilizados pelo Brasil, liberado o valor restante se cumprido o programa de estabilização da moeda por parte do Brasil.

• Plano de Contenção, Plano Trienal

A 29 de março, na Confederação Nacional de Indústrias, San Tiago diz que os objetivos do plano de contenção haviam sido alcançados no primeiro trimestre do ano, "o que nem o próprio governo esperava"; o país enfrentava, diz San Tiago, uma crise de "pré-estabilização com dificuldade de capital de giro cujo auge ocorreria em maio, quando seriam anunciadas medidas para aliviar seus efeitos". Era necessário ser consolidado um "sistema de cooperação voluntária entre a indústria e o governo para contenção dos preços, em que as empresas absorvam, como parte dos seus lucros, todos os aumentos de custos inevitáveis, na medida das possibilidades". E adverte "não exagerar, nem subestimar as negociações em Washington", enfatizando o restabelecimento de um clima de confiança.

A seguir, apontou as diferenças entre o Plano Trienal, "um plano de Estado Maior, que não poderia deixar de ser um conjunto de diretrizes de natureza esquemática, uma perspectiva hipotética dos objetivos previstos, uma hipótese geral de trabalho", e o Plano de Contenção, que era "a ação de comando no campo de batalha, seguindo o grande itinerário do Plano Trienal, mas improvisando, detalhando aquelas decisões impostas pela realidade dinâmica a cada momento, o que não pode ser obra do planejamento geral". Não poderia, contudo, deixar de ter "a substancial coincidência" entre um plano e outro. Nesse sentido, "o plano de contenção é uma execução e ao mesmo tempo uma revisão permanente do Plano Trienal", e as metas daquele são as metas deste. Depois de falar sobre as fases, a pré-estabilização e estabilização, do fortalecimento do mercado de capitais, financiamento às exportações, conclui, "fazendo um apelo à contenção voluntária, à troca dos lucros pela segurança, este um esforço decisivo para a soberania da iniciativa privada no país, decisivo para salvar as características do regime e assegurar a continuidade da prosperidade brasileira".[1381]

Em 1° de abril, o cruzeiro foi desvalorizado em 31%, e a taxa de inflação ao final do primeiro trimestre, projetada em termos anuais, alcançaria cerca de 60%[1382]; essa elevação – alimentada em parte pela inflação corretiva – fora prevista acontecer, mas seria momentânea, se mantidas íntegras as medidas tomadas, segundo o ministro. Dois dias depois, durante três horas, representantes das indústrias automobilística e de autopeças reuniram-se no gabinete de San Tiago, ao lado do ministro Balbino, do presidente do Banco do Brasil e do diretor da Sumoc.[1383] San Tiago agradeceu o esforço de contenção voluntária de preços, e observou que a retração do crédito oficial não estaria prejudicando a indústria; ocorreria apenas uma "determinada retração dos banqueiros, porém passageira". Era indispensável a "plena estabilização dos fatores de produção", e que não haveria, a seu ver, desemprego naqueles setores.[1384] Na mesma data, o presidente da CNI reuniu-se com San Tiago para analisar a "ameaça do colapso da indústria de construção naval".[1385]

O ministro da Fazenda renovava a sua insistência em buscar um compromisso entre as classes produtoras e a trabalhadora, e em mobilizar o apoio da classe política para que fosse contido o reajuste dos vencimentos dos servidores federais em índice de 40% proposto pelo governo, não sendo assim aumentada a base monetária, isto é, não fossem realizadas emissões adicionais de moeda, medida que realimentava a inflação. Mas os diferentes setores da economia e da burocracia estatal reagiam às medidas propostas no plano de contenção executado pelo ministro da Fazenda. Inexistente a experiência de um combate a uma inflação em rápida ascensão, e acreditando os diferentes setores públicos e privados do país poder ser ela debelada sem o emprego de medidas de caráter monetário e sim pela aceleração a qualquer custo do crescimento econômico, as palavras de San Tiago não sensibilizavam os seus ouvintes aos quais ele se dirigia incessantemente – e nem o hesitante presidente da República.[1386]

Naquele mesmo dia 3 de abril, o governo enviou ao Congresso a proposta formulada pelo Ministério da Fazenda de reajuste de 40% dos vencimentos dos funcionários civis e militares da União. A oposição a essa proposta seria imediata e fulminante, e o seu desfecho contribuiria decisivamente para a saída de San Tiago do Ministério.[1387]

- **Brizola e a reforma agrária**

Pouco depois, San Tiago está no Recife, para discutir com o governador Miguel Arraes o financiamento, pelo Banco do Brasil, aos produtores de açúcar, para suplementação dos salários de cerca de cem mil operários e lavradores, que recebiam em média Cr$ 6 mil por mês.[1388] San Tiago encontra-se com o general Castello Branco, então comandante do IV Exército, sediado naquela capital, seu conhecido de mocidade, pois Humberto, como San Tiago o tratava, era cunhado de Hélio Vianna, colega de turma de San Tiago e um de seus amigos do *Grupo*.[1389]

De volta ao Rio de Janeiro, San Tiago anuncia a edição do novo regulamento da Lei de Imposto de Renda, que facilitaria a declaração de bens dos contribuintes, e o cálculo e a arrecadação dos impostos; "está regulada [a matéria] com simplicidade, sem exageros desnecessários, de modo a permitir que o Fisco verifique os acréscimos patrimoniais, pelos rendimentos tributados ou não, aos contribuintes". A reação foi imediata: as "classes produtoras paulistas disseram-se intranquilas com a nova regra". E a Associação Comercial de São Paulo, em telegrama "encarecia" ao ministro a necessidade de adiamento da exigência de entrega das relações de bens, juntamente com a declaração de rendimentos, aliás, "injustificada e vexatória", trazendo "grande tensão aos contribuintes que não sabem até agora como agir".[1390]

A preocupação imediata de San Tiago não era o pretexto da elite econômica, receosa de perder seus privilégios sustentados pelo Tesouro. E sim com a oposição de seu partido à política econômica, e com Jango, que seguia esquivo em relação à ação nesse sentido de seu próprio governo.

CAPÍTULO 35

ESQUERDA POSITIVA, ESQUERDA NEGATIVA

Há hoje no Brasil duas esquerdas. A esquerda positiva, que quer resolver os problemas dentro da ordem e da democracia para benefício do País. [E] a esquerda negativa, que vive da fraseologia pseudorrevolucionária, prefere a inviabilidade do governo, lança descrédito sobre o Congresso [e] duvida da eficácia da lei.[1391]

- **O jogo desleal**

Cinco dias depois, Brizola volta à carga; a sua única preocupação, disse, era a aprovação das reformas de base, e as crises que afligiam o país refletiam o empenho das classes privilegiadas em criar obstáculos a essa aprovação. E ele estava "em divergência profunda com alguns setores do governo. Com o professor San Tiago Dantas, então, a minha divergência é radical, pois considero que está fazendo uma política contrária à Carta de Vargas".[1392]

San Tiago encontra-se com Jango, no Palácio das Laranjeiras, no Rio de Janeiro, onde expõe o resultado das medidas executadas por sua gestão para tentar conter a inflação, e diz que elas alcançavam os resultados esperados.[1393]

E à noite, fala na *TV Continental*, canal 9, no Rio de Janeiro, no programa *Mesas Redondas*, apresentado por seu amigo, Gilson Amado. E é contundente: "denuncio a tentativa de muitos de alarmar o povo, dizendo que estamos correndo risco de desemprego em áreas da indústria paulista e em outras; denuncio o propósito de amedrontar o povo com a recessão econômica, quando o que há é inversão da expectativa de alta [da inflação]".

No entanto, diz, está encontrando reações positivas do povo, que marchava à frente das elites, indicando o rumo correto, "enquanto os homens públicos perdem-se em debates acessórios (...), semeiam ideias falsas que o povo mais tarde tende a eliminar". O país fora posto "entre o progresso e o caos", devido a questiúnculas políticas, enquanto o povo queria assegurar o desenvolvimento econômico, e não aceitava ver a nação "devorada pela voragem da inflação, desfigurada pelas ondas de especulação que criam fortunas da noite para o dia". O povo sabia que "ninguém ainda descobriu uma política econômica capaz de eliminar em noventa dias uma inflação de anos". Era fácil, observa, "fazer a unanimidade em torno da extinção da inflação", mas ao se passar do "diagnóstico à terapêutica aí aparecem os cépticos, os alarmistas; é aí que muitas vezes alguns ultrapassam o limite do jogo leal para enfrentar as novas circunstâncias".

A política de contenção posta em prática tinha entre os seus objetivos afastar o país da inflação, que "conduz ao perigo, à catástrofe sem remédio (...) onde os preços sempre ganham e os salários sempre perdem". Cita as demissões que estavam ocorrendo na indústria paulista, registrando o seu número não ser tão alto quanto apregoados, e que os empresários logo veriam, aos primeiros sinais da estabilização da moeda, a necessidade de voltar a contratar.

A seguir, San Tiago repete a recomendação de que "os brasileiros deveriam deixar de comprar hoje para comprar amanhã, mais barato". Reconhece estar em curso um "severo período de alta do custo de vida"; explica o mecanismo de alta dos preços, e aponta que o governo a vinha combatendo com um plano de contenção, retirando o excesso do meio circulante, limitando o crédito e gastos públicos, sem manter artificialmente o preço de artigos populares. Ao iniciar uma política de pré-estabilização, prossegue, vê-se o governo obrigado a retirar essas distorções, eliminando subsídios cambiais do trigo e do petróleo, outros subsídios ocultos nas tarifas artificialmente baixas, e corrigir as distorções dos preços controlados. Imediatamente após essas medidas, por dois ou três meses, verificava-se uma inflação corretiva, "cuja subida já não tinha causas inflacionárias". Essas elevações de preço não deveriam amedrontar o povo brasileiro, pois haveria uma alta inicial controlada, seguida por uma alta moderada que "não poderia produzir os efeitos catastróficos"; os quais só ocorreriam se não fosse executado um plano de contenção, tal como ora fazia o governo. San Tiago diz confiar no povo a quem apelava para que "não dê ouvidos aos que alimentam crises e mais crises".

Sobre o combate de partidários da esquerda à política de contenção do governo, San Tiago indagava e expunha a razão dessa conduta; haveria no Brasil duas esquerdas: "a 'esquerda positiva', que quer resolver os problemas do país, aproveitando ao máximo as oportunidades que se nos deparam

[e] não se alimenta de fantasias, acha que é excepcional ver na Presidência um homem de esquerda, líder popular, e deve aproveitar sua presença para realizar o progresso dentro da ordem e da democracia para benefício do país; e a 'esquerda negativa', que vive de fraseologia pseudorrevolucionária, prefere a inviabilidade do governo de Goulart; anuncia catástrofes diariamente, lança descrédito sobre o Congresso, no qual se espelham fielmente todas as correntes de opinião pública do país; duvida da eficácia da lei, põe a perder a oportunidade atual e acena para uma revolução possível que, se viesse, duraria quinze dias, o tempo necessário para entregar o país às forças mais reacionárias da esquerda, à esquerda que Lenin chamou de "a doença infantil do comunismo".

Os verdadeiros homens de esquerda, diz San Tiago, estão integrados hoje no esforço construtivo de que a política financeira e o Plano Trienal fazem a melhor defesa.

Maior perigo da ação da esquerda negativa, prossegue, é a da reaglutinação da direita. Cabia à esquerda verdadeira, "a esquerda a que pertenço, a esquerda a que pertence Goulart, nesse momento, a missão de prestar serviços históricos a esse país". Está certo, prossegue, de que o Congresso não tolerará a ideia de protelar as reformas; enfrentará todas elas, a partir da reforma agrária, da bancária, urbana e tributária, porque "sem mudarmos a estrutura do país, a política de contenção e equilíbrio não se completará para lançar a estrutura da nova sociedade brasileira".[1394]

Pouco visto o programa de televisão, a repercussão da fala de San Tiago não foi imediata. Mas a sua síntese descritiva das forças de esquerda, a positiva e a negativa, entraria para o léxico da política brasileira. A *Última Hora*, que apoiava o PTB, noticiou a fala de San Tiago no quarto inferior da página dois, abaixo de mais uma notícia sobre a ruidosa separação de Garrincha de sua esposa, mãe de suas oito filhas; Garrincha "desapareceu juntamente com a cantora Elza Soares". A notícia faz um resumo das declarações de San Tiago, sem destaque de seu ponto capital.[1395] O vice-presidente da Confederação Nacional dos Trabalhadores da Indústria, Dante Pellacani, apressou-se em esclarecer em entrevista ao *Jornal do Brasil* que pertencia à "esquerda positiva", e que não havia a chamada "esquerda negativa" nos setores de sua liderança sindical.[1396]

O *Correio da Manhã*, registrando que San Tiago era um "espírito sutil demais para cair na cilada de uma provocação" feita por Brizola, havia ele recorrido a mais uma de suas fórmulas em cuja redação era um especialista. Era a fórmula um "artifício verbal, mas consagrava a divisão das esquerdas no Brasil". San Tiago, homem "estudioso e matreiro", sabia não correr risco de identificar-se como comunista, ao se dizer integrante da esquerda positiva, pois estava advertido de que no exterior essas expressões não eram sinônimas. E indagava o jornal: Jango seria a esquerda positiva para San Tiago, ou seria a esquerda negativa para seu cunhado Brizola?[1397]

Dois dias depois de sua longa entrevista, San Tiago reúne-se, em conferência com o ministro da Guerra, Amauri Kruel, e o informa acerca das disponibilidades financeiras do governo federal para atender ao aumento dos militares, previsto para ser de 40%.[1398] Após a reunião, San Tiago divulgou nota à imprensa, dizendo que considerava normal a situação do país e extremamente fortalecida a posição do governo federal, com a unidade das Forças Armadas.[1399] Porém, na mesma data essa proposta era duramente criticada na coluna *Plantão Militar*, publicada na *Última Hora*: "Só mesmo na matemática do prof. San Tiago, que adotou a fórmula superada de combater a inflação com sacrifício dos assalariados", poderia propor um aumento de 40%. Mas acreditava que o Congresso, mais sensível às aflições do funcionalismo, votaria um aumento de 70%.[1400]

Estava lançada a senha para a derrota da proposta de San Tiago – a derrota do ministro da Fazenda.

• "Luta na arena democrática"

A 22 de abril, o valor do dólar no câmbio oficial passou a ser comprado pelo Banco do Brasil a Cr$ 600,00 e vendido a Cr$ 620,00. E foi alterada a cota de contribuição para as exportações da safra de café, de 1962/1963, elevada para US$ 26,00. Em nota, o ministro explicou que a nova cotação do dólar refletia uma taxa mais realista de câmbio no quadro da economia brasileira, e os efeitos da medida contribuiriam para um substancial aumento do valor em cruzeiros das exportações brasileiras, que seriam incentivadas, e desestimulariam as importações. Acreditava o governo que o câmbio poderia se estabilizar em torno dessa nova taxa, e as medidas de contenção já haviam freado o índice de inflação, o que justificaria a correção do câmbio verificada.[1401] Em contrapartida, o efeito imediato da desvalorização do cruzeiro seria o aumento do preço de produtos de primeira necessidade que dependiam de insumos importados, entre eles o petróleo e o trigo.

No dia seguinte, em Belo Horizonte, San Tiago almoça com o governador Magalhães Pinto, é homenageado com um jantar pelo prefeito da cidade e recebe uma manifestação popular no auditório da Secretaria de Saúde. Na Assembleia Legislativa de Minas, a 23 de abril, diz ser aquele momento "a última oportunidade que o povo concede aos seus governantes para conquista de um padrão de vida digno da pessoa humana". San Tiago explica o processo inflacionário e que o esforço do governo do presidente João Goulart "é dominar o problema da catástrofe inflacionária". O plano de contenção, diz, otimista, "está operando no Brasil uma inversão de expectativa mais depressa do que se esperava", isto é, "os efeitos das medidas estabilizadoras já se faziam sentir". O combate à inflação que estava sendo promovido seria "uma lição que o Brasil dará aos países latino-americanos, pois encontrará o caminho certo sem que seja preciso cercear nenhuma liberdade pública". A seguir, em palestra na delegacia da Confederação Nacional dos Trabalhadores da Indústria, sobre combate à inflação, San Tiago defende a "luta na arena democrática, na arena do voto e na arena das soluções legais".[1402]

- **"Tripé antirreformista" e a revolução inevitável**

Naquele mesmo dia 24 de abril, no Rio, Brizola iniciou a "jornada pelas reformas", fazendo a primeira de várias palestras em cadeia de rádio e televisão, com o objetivo de "mobilizar o povo para exigir do Congresso as reformas de base e combater o processo de espoliação econômica de que o país tem sido vítima". No dia seguinte, declarou que "as forças progressistas desejariam que Jango reavaliasse o seu governo, em especial o tripé antirreformista formado por San Tiago, Kruel e Balbino, justamente [os ministros] que deveriam dar maior apoio às reivindicações populares". E acrescentou: "o povo brasileiro só sairia da situação de miséria em que se encontra, através de processo e decisões revolucionárias. A revolução brasileira poderá ser consentida, não tendo que ser necessariamente violenta". Brizola dizia estar em perfeito entrosamento com o esquema de mobilização popular das forças nacionalistas, e defendia um reajuste ao funcionalismo civil e militar "no mínimo igual ao do custo de vida dos últimos anos". E acrescentou "que a revolução é inevitável. Já estamos ouvindo o seu rumor".

Sobre a esquerda negativa, afirmou que a classificação "é um subterfúgio produzido pela cabeça privilegiada do ministro San Tiago Dantas, para explicar a sua difícil situação de trabalhista que está traindo a Carta de Vargas". A política financeira adotada pelo ministro era altamente perigosa e de características antinacionais; em relação ao aumento de 40% ao funcionalismo, disse, a posição da quase totalidade do PTB era a de se conceder 70%. San Tiago estaria cercado "de técnicos superados", e "traindo o trabalhismo, a Carta de Vargas e envergonhando o Brasil"; a carta que San Tiago enviara ao diretor da Agência Interamericana de Desenvolvimento, assumindo o compromisso de pedir ao Congresso apenas 40% de aumento ao funcionalismo, seria, ao ver de Brizola, uma alienação da identidade nacional, e, ele acreditava, que Jango "haveria de querer ficar ao lado do povo, e iria desmontar o 'tripé antipovo'", formado pelos ministros citados.[1403]

• O fortalecimento da reação

San Tiago reage imediatamente. Havendo tomado "pelos jornais" conhecimento das declarações de Brizola na televisão, diz verificar, "com pesar que esse meu companheiro de partido, a quem sempre prezei pela coragem de suas atitudes, vai cada dia descambando mais para um caminho negativista, contrário aos interesses do povo, pois conduz ao colapso econômico e ao fortalecimento imprevisível da reação". E diz, "atacar a política financeira sem propor para ela uma alternativa racional é uma atitude política irresponsável, é um incentivo criminoso à recaída no processo inflacionário". San Tiago desmente que estaria deixando o ministério, observando que a sua atuação "emana do pensamento e da vontade do Presidente, de quem me considero um colaborador e representante".[1404] O presidente, todavia, seguia silente; deixava ao seu ministro da Fazenda contestar o seu cunhado, que atacava o núcleo de ação do governo, o combate à inflação.

Nesse quadro, de então por diante o reajuste dos vencimentos dos servidores federais ganhou uma preeminência invencível. A proposta de 40% fora imediatamente rechaçada pelo funcionalismo federal, civil e militar, atacada duramente pelas forças da esquerda radical, e Jango hesitava em lidar com o tema. A 29 de abril, reuniu-se com San Tiago e Celso Furtado para examinar uma alteração na proposta de reajuste dos vencimentos dos servidores federais em discussão na Câmara, que recebia emendas dos integrantes da Frente Parlamentar Nacionalista, propondo um índice de reajuste de 70%, enquanto era noticiado que o governo aceitaria acrescer em 10% o índice de reajuste dos vencimentos dos servidores.[1405] A essa altura, San Tiago já havia respondido à acusação feita pelo líder do Pacto de Unidade dos Ferroviários Paulistas de que a política de contenção teria recomendado o congelamento de salários, esclarecendo que o plano de contenção previa o seu reajustamento de acordo com os aumentos ocorridos no custo de vida.[1406]

Ecoando as declarações de Brizola, o deputado petebista e presidente da Frente Parlamentar Nacionalista, Sérgio Magalhães, disse que a atuação do governo federal estava distante da Carta-testamento de Vargas e do autêntico trabalhismo, e alertava os poderes públicos sobre a situação do país, que considerava "à beira do caos". E não tendo o Plano Trienal produzido efeitos, prescrevia ao governo alterar radicalmente sua política econômica, impondo o monopólio do câmbio, dos principais produtos de exportação e importação, porque assim evitaria a evasão da renda nacional. E dizia ser Jango "politicamente, um homem indefinido, não se sabendo se ele pertence à direita ou à esquerda, e que desconhecia qualquer pronunciamento seu em torno de suas tendências ideológicas".[1407]

Jango chama San Tiago e Celso Furtado novamente a Brasília e com eles se reúne, a 1º de maio. Em seguida, uma nota oficial distribuída pela Presidência da República afirmava que a taxa de inflação naquele momento era inferior à do período antecedente, mas, se não fossem mantidas as medidas de contenção, ela voltaria a subir imediatamente. Por sua vez, os sindicatos afirmavam que a fixação de um índice inferior revelaria a intenção do governo em confiscar ou congelar vencimentos do funcionalismo público. Jango, uma vez mais, silenciava, deixando o ônus da reação às críticas ao seu ministro da Fazenda, e assim endossava a pressão sobre San Tiago exercida pelos nacionalistas-estatistas e pela burocracia federal, civil e militar, para rever o índice de 40% de reajuste de seus vencimentos.[1408]

Os parlamentares cientes de que o plano de contenção era indispensável ao combate à inflação e o controle desta à segurança política do país, com poucas exceções não expressavam o seu apoio ao ministro da Fazenda publicamente, ou, como fazia a direção do PSD, recolhiam-se atrás de declarações de apoio vago ao governo.

• Remediar

O plano de contenção estava severamente ameaçado. Mas San Tiago insiste; ministro da Fazenda, "era o seu dever alertar o Congresso e o povo, especialmente os militares e os servidores civis, para o alcance prático de qualquer modificação dos quantitativos do aumento proposto pelo Governo". E expõe os efeitos de um reajuste acima do teto previsto: "Se tivermos de emitir papel-moeda acima dos limites previstos a fim de financiar maior aumento de vencimentos do funcionalismo, as consequências se farão sentir no aumento proporcional do custo de vida". E "o povo pagará, através da diminuição de valor dos seus vencimentos e salários, o ônus da majoração (...) [e] estaremos tirando, através dos efeitos da emissão, os benefícios concedidos apenas nominalmente". E aponta o único remédio a seu ver pertinente: o Congresso, "na sua soberania (...) fornecer, ao mesmo tempo, na mesma lei [em que se estabeleceria o reajuste], recursos não inflacionários para cobertura da diferença entre o reajuste de 40% para 60% (...) [provenientes] de um empréstimo compulsório, a ser colocado, ainda este ano, junto aos contribuintes do imposto de renda e de lucros imobiliários". E define a aplicação da receita extraordinária: o produto da operação seria aplicado nos investimentos do Governo já planejados para acelerar o desenvolvimento econômico, liberando, desse modo, receita orçamentária que cobrirá o aumento de salários, sem agravamento da inflação. "É essa a única solução viável, a única que não ilude o povo e que preserva o êxito, já quase assegurado, da política financeira em execução".

E concluía a nota do Ministério da Fazenda, fixando a posição adotada, em face do problema, "pelo Sr. presidente da República, com inteira satisfação dos seus ministros da Indústria, do Planejamento e da Fazenda, como executores da política econômica e do Plano Trienal".[1409]

Em sua nota, San Tiago apresenta uma solução ao ônus adicional a ser trazido pela majoração dos vencimentos do funcionalismo público, e envolve Jango, que a aprovou. Mas San Tiago estava advertido de que Jango não defenderia a sua proposta e ela dificilmente seria aceita pelo Congresso; com sua nota, San Tiago registra a sua oposição ao aumento dos vencimentos públicos que fulminaria o plano de contenção e assim a política por ele executada à frente da pasta da Fazenda.

O projeto de reajuste de vencimentos tramitava na Câmara e já recebera cerca de trezentas emendas, e dessas apenas uma, de autoria do pessedista pelo Amazonas, Leopoldo Peres, cuidava de dar ao Executivo os meios financeiros para enfrentar o aumento.

A UDN acionou o canto de seus bacharéis que imediatamente inquinaram a medida de inconstitucional. San Tiago defende a medida, com o mesmo vigor físico e intelectual que vinha demonstrando, quando a sua substituição no ministério (por alegações de saúde, inclusive) já era abertamente cogitada.

• Brizola e os militares

Os órgãos de classe seguiam solicitando ao ministro reajuste de preços; San Tiago discute a correção do preço do aço, recebe o presidente do Instituto do Açúcar e do Álcool e o presidente do Instituto Brasileiro do Café.[1410] Naquela altura, o líder sindical Osvaldo Pacheco, da CGT (Comando Geral dos Trabalhadores), afirmava que "Jango está superado e que já era tempo de abandoná-lo".[1411]

E Brizola, falando em praça pública, em Natal, no Rio Grande do Norte, disse ser necessário "colocar mais fogo na fogueira e aumentar a pressão contra o Congresso para conseguir a aprovação das reformas indispensáveis à vida brasileira"; e chamou o general Antônio Muricy, comandante da guarnição militar daquela cidade, de "gorila e golpista". Naquele momento, o general estava em um almoço oferecido ao embaixador Lincoln Gordon pelo governador do estado e desaprovou qualquer desagravo à ofensa a ele dirigida, enviando uma patrulha para o hotel em que Brizola estava hospedado, para garantir a sua segurança, proibindo qualquer manifestação da tropa, que foi posta em regime de prontidão.[1412]

A 8 de maio, *O Globo* noticiava que San Tiago, dois dias antes, deixara o seu gabinete de trabalho quase às 23h00, e no dia seguinte não comparecera ao ministério, retido em casa em estado febril, por uma gripe, e adiou seu retorno a Brasília para encontrar-se com Jango; e, por aconselhamento médico, iria descansar por quinze dias, depois de entendimentos com a missão especial do FMI, que chegava ao Rio de Janeiro a 9 de maio.[1413] O objetivo da missão era complementar a consulta iniciada em janeiro, e que prosseguira com a ida de San Tiago aos Estados Unidos, para eventual obtenção de empréstimo junto àquele organismo internacional. A 10 de maio, San Tiago e os técnicos da Fazenda reúnem-se com a missão especial do Fundo, cuja maior preocupação era o reajuste dos vencimentos dos servidores federais não obedecer ao índice da proposta original de 40%, e sim o de 70% reclamado pela burocracia federal e apoiado pelas forças de esquerda e sindicais.[1414]

Quatro dias depois, Brizola disse, a propósito da Comissão Especial, criada no Congresso para discutir a proposta de alteração de artigos da Constituição que permitissem a execução da reforma agrária, que "iniciou-se a transferência do problema, que de agora em diante, deverá ser decidido fora do Congresso", acusando as maiorias conservadoras do Congresso de estarem "fechando as portas" à reforma agrária.[1415]

Nesse mesmo dia, 14 de maio, San Tiago fala no rádio e televisão. Afirma que o governo do presidente Goulart não se afastará do Plano Trienal em hipótese alguma, e diz ser favorável ao aumento do funcionalismo, se aprovado pelo Congresso o empréstimo compulsório. Explica detalhadamente as medidas do plano de contenção e esclarece o papel do Fundo Monetário Internacional, alvo permanente da esquerda negativa, cuja missão que viera nos visitar tinha o objetivo de atender à exigência estatutária do Fundo, que o impedia de auxiliar países que não estivessem tomando medidas de saneamento econômico. Quando o presidente Goulart deixasse o governo, legal e pacificamente, em 1965, "teremos deixado de ser uma nação de economia caótica e teremos nos transformado num país de desenvolvimento harmônico, capaz de andar sozinho". E, aludindo a Brizola, condenou aqueles que fazem da necessidade de uma reforma constitucional, para permitir a reforma agrária, "um pretexto para agitação demagógica". E podia dizer "ao povo que confie e não se deixe iludir pelos que querem a desordem e vivem pregando desentendimentos".[1416]

Enquanto isso, a Confederação Nacional das Indústrias declarava que a proposta de empréstimo compulsório era na verdade mais um imposto, e a Associação Comercial que o comércio não suportava mais um imposto. No dia seguinte, San Tiago fala por mais de cinco horas à Comissão Especial da Câmara sobre o projeto elaborado por seu ministério, dispondo sobre o empréstimo compulsório, que seria arrecadado com base nos rendimentos sujeitos à incidência do imposto de renda em todos os rendimentos que usufruíssem mais de Cr$ 281 mil por ano, Cr$ 23.400 por mês, o que excluía a larga maioria dos trabalhadores do setor privado, o maior contingente dos assalariados, mas alcançaria boa parte do articulado funcionalismo público. E debateu com o senador udenista, Aliomar Baleeiro, sobre a constitucionalidade do projeto, respondendo a diversas questões.[1417]

Na mesma altura, Brizola visitava Jango e expunha a orientação que entendia dever ser adotada pelo governo: a exclusão do PSD de seus quadros; a composição de um governo nacionalista popular, sustentado por minorias dinâmicas e pelo apoio do povo; o rompimento com o FMI; a dinamização da luta pela reforma agrária, com imediata adoção de medidas para as quais o governo já dispusesse de amparo legal. Jango teria ouvido e permanecido em silêncio.[1418]

• A voz solitária

A 16 de maio, o Ministério da Fazenda divulgou a posição do governo em relação à próxima safra cafeeira, 1963/1964, determinando ao Banco do Brasil que não concedesse financiamento a detentores de café daquela safra de 1963/1964, enquanto as safras anteriores, por eles dadas em garantia de operações bancárias, não tivessem sido exportadas ou faturadas ao IBC pelo preço das safras respectivas.[1419] A divergência entre o ministro e os produtores de café, sobretudo paulistas e paranaenses, em relação ao financiamento da próxima safra, não seria superada na sua gestão.

No dia seguinte, Jango convocou uma reunião ministerial, tendo por tema principal a reforma agrária, que, com as demais reformas de base, ele assumira o compromisso de promover. Em relação ao aumento para o funcionalismo público, Jango afirmou que havia mantido entendimentos com os ministros San Tiago e Celso Furtado e a eles havia sugerido "a majoração na base de 60 a 70%", ajustando a elevação do custo de vida e dentro da média dos aumentos concedidos aos trabalhadores. E dizia confiar que o Congresso iria conceder os recursos não inflacionários, solicitados pelo ministro da Fazenda.[1420]

San Tiago que, por ordem médica, já havia adiado a sua viagem ao Espírito Santo para descansar, não comparece à reunião, mas, publicou o *Jornal do Brasil* uma longa entrevista sua.

A rejeição à emenda constitucional proposta pelo PTB para permitir a reforma agrária, observa San Tiago, havia criado uma "atmosfera política, em face da qual o governo terá de escolher o seu caminho; não existiriam apenas duas posições, os que negam qualquer emenda constitucional, e os que procuram promover as reformas admitindo que a elas se chegue por um caminho distinto da legalidade". Segundo San Tiago, era necessário arregimentar dentro do Congresso e nos diferentes setores da opinião pública "os que desejam alcançar as reformas pacífica e democraticamente, eliminando, desse modo, as graves tensões sociais que resultarão de uma polarização de posições". O grande papel do governo seria o de "suscitar essas forças progressistas, convocando-as onde quer que se encontrem, para que o dispositivo parlamentar permita ao Presidente cumprir o mais solene compromisso de seu governo, que é o de iniciar a reforma das estruturas sociais do país". Não era de se esperar que o presidente recuasse do que "foi o seu compromisso mais característico da sua vida pública e da campanha do plebiscito".

San Tiago defendia a constituição de uma força pluripartidária para promover as reformas, entredizendo, nessa afirmação, a constituição de uma força capaz de superar a radicalização em curso, que já abertamente defendia a execução de atos de governo à margem da lei. Especificamente em relação à reforma agrária, duas atitudes recentes pareciam-lhe lamentáveis: "o recuo observado em alguns setores conservadores da política do país, que favorece o congelamento de uma estrutura condenada e sem capacidade para enfrentar os problemas econômicos e sociais do campo; e a atitude provocadora e exacerbada em que se colocaram alguns setores reformistas, com o único resultado de atemorizar as forças do centro e de despertar uma reação defensiva, capaz de paralisar, por algum tempo, o movimento em favor das reformas". Essa segunda atitude, que San Tiago vinha qualificando de esquerda negativa, "retardava em vez de acelerar a revolução democrática brasileira". San Tiago volta a defender a sua tese de pagamento em títulos aos proprietários de terras que viessem a ser desapropriadas. E, por fim, disse que caberia ao presidente Goulart decidir o momento em que deveria orientar e definir a organização do esquema de força capaz de apoiar a política reformista do governo.[1421]

Integrante de um governo presidido por um político hesitante, incapaz de estabelecer uma linha de defesa para opor aos seus críticos, nem estabelecer uma via de negociação partidária efetiva para angariar apoio, San Tiago de seu posto no Ministério da Fazenda analisa a situação política e prescreve medidas e diretrizes ao presidente da República, inclusive. Porém, àquela altura, as formulações e caminhos apontados pelo *Professor*, mesmo exibindo o seu brilho intelectual, seguiam tendo baixa aceitação no âmbito do seu partido e fora dele. San Tiago, contudo, insiste em defender suas posições e resistir à esquerda negativa e à crítica de boa parte da elite dirigente.

A reação à crise, por parte de Jango e de sua base partidária, seguiu o receituário da política nativa diante de tais situações: a reforma do ministério. E, dali a pouco, a ideia de uma frente democrática lançada por San Tiago seria cogitada – tarde demais, porém.

San Tiago só conseguiu viajar a Vitória a 18, acompanhado de Edméa, de Flexa Ribeiro, seu amigo e vizinho da Rua Dona Mariana, de uma secretária, e de um assessor, encarregado de filtrar os processos e dar prioridade aos urgentes, que não podiam esperar pelo repouso do ministro.[1422]

Pouco depois, era noticiada uma possível reforma do ministério; e cogitava-se, vagamente, de uma frente para promover as reformas de base, a começar pela reforma agrária. Contudo, havia indefinição de Jango, dentro do seu próprio partido.[1423] O frágil estado de saúde de San Tiago era discutido abertamente, inclusive o seu afastamento do Ministério da Fazenda, agora noticiado, poderia ocorrer a qualquer momento, e o seu substituto já apontado, o ex-governador de São Paulo, Carvalho Pinto, embora o gabinete do ministro, no Rio de Janeiro, já houvesse desmentido que San Tiago deixaria o Ministério da Fazenda, ou trocaria de pasta.[1424]

Contrariando a opinião do seu médico, San Tiago deixou Vitória no avião presidencial, com destino a Brasília, e, a 22 de maio, faz uma exposição de cerca de duas horas ao ministério reunido.[1425] A política econômica do governo vinha sendo executada de acordo com o Plano Trienal e a situação financeira estava sob controle; e, à medida que a inflação fosse sendo combatida, escasseariam progressivamente as oportunidades para atividades especulativas [sobretudo de gêneros alimentícios], diz. E não haveria fundamento para as queixas feitas pelos ramos da produção e do comércio diante da disciplina de crédito imposta, sendo também exageradas as informações sobre o índice de desemprego.[1426] San Tiago diz ainda acreditar nas gestões junto ao Fundo Monetário e que o Brasil receberia o crédito solicitado no valor de cerca de US$ 55 milhões, bem como a prorrogação do prazo de vencimento de cerca de US$ 50 milhões.[1427] Mas a não aprovação pelo Congresso da contrapartida à receita adicional que cobrisse o aumento da despesa do governo com o aumento do funcionalismo, comprometeria o Plano Trienal e dificultaria as negociações com o Fundo Monetário Internacional.[1428]

A 25 de maio, San Tiago encerrou a sua estadia de repouso em Vitória uma semana antes do que esperava e três dias a menos do que contava, e seguiu para Petrópolis; na véspera, Carvalho Pinto desmentiu a notícia que substituiria San Tiago no Ministério da Fazenda.[1429]

Desde a sua posse, em começo de fevereiro, o ministro da Fazenda estava em toda parte, explicando, debatendo, informando, prestando contas, respondendo a interpelações no Congresso e rebatendo acusações de Brizola e de seus adversários, sobretudo de seus colegas de partido. Em momento em que a linguagem do debate político se deteriorava, San Tiago descartava o teor agressivo ou pessoal das críticas que lhe eram dirigidas e respondia à substância delas, quando esta existia.[1430] Ele trazia ao debate político uma extraordinária lucidez de raciocínio e uma elegância de estilo raramente vistas; as críticas educadas que recebia, respondia com igual educação, sempre medida e cuidada para não resvalar na pessoa de seu opositor. Mas a sua atuação denunciava a fraqueza política de Jango.

Este tinha dificuldade em compreender a necessidade de o governo combater energicamente a inflação: em sua avaliação, a persistência obstinada do ministro da Fazenda em reduzir os índices de inflação acarretaria uma perda irreparável de força política para o presidente da República, a ser, portanto, evitada.

Naquela altura, em final de maio, início de junho, não havia nenhum grupo político que apoiasse decididamente as medidas anti-inflacionárias, e os grupos de esquerda bradavam por reformas, especialmente a reforma agrária, já à margem do Congresso. San Tiago estava isolado na defesa do plano de contenção, e não era capaz de mobilizar apoio político diante da omissão do presidente da República.

• Crime de lesa-pátria

Em manchete de primeira página, a *Última Hora* transcrevia declarações de Brizola em comunicado por ele distribuído na noite de 28 de maio: a compra de empresas estrangeiras de serviço público seria um "crime de lesa-pátria". Brizola teria sido informado de um encontro sigiloso de ministros, presente San Tiago, no qual teria sido "tramada a compra do grupo Light".

Naquela mesma noite, falando em programa de rádio e televisão, que entrou pela madrugada, Brizola reiterou que a efetivação da compra da *Bond and Share* seria um crime de lesa-pátria, e exibiu uma cópia do que seria da ata da reunião da Comissão Interministerial, que teria tratado da transação, dizendo ter verificado, "com grande pesar", que vários ministros de Estado já a haviam aprovado, "inclusive o Ministro da Guerra, que é um general do Exército e, por isso, se encontrava em posição muito difícil".[1431]

San Tiago, em rádio e televisão no dia seguinte, desmente Brizola. Afirma que a compra das concessionárias estrangeiras de serviços públicos, uma "fonte permanente de atrito entre o público e as autoridades", era "indispensável para emancipação da economia brasileira, e tudo que representa o adiamento dessa compra atenta contra o processo de estabilização financeira do governo". Repeliu a ideia de o Brasil ter sido compelido pelos Estados Unidos a comprar qualquer empresa da AMFORP, o grupo controlador das empresas encampadas por Brizola no Rio Grande do Sul, nem empresas do grupo *Bond And Share*, como a Telefônica do Rio de Janeiro, que, aliás, era canadense e não norte-americana, esclarece.

Brizola ignorava intencionalmente as manifestações do governo federal e as de San Tiago sobre esse tema, e não alterava a sua linha de ação. Dizia que "se o governo não detiver esse negócio altamente lesivo aos interesses nacionais, criaria uma discordância insanável com ele, Brizola". E "o presidente Goulart marchava para frondização", isto é, tal o ex-presidente argentino, Jango seria deposto pelos militares, por pressão das forças políticas que se firmaram no tripé [antirreforma, composto] pelos ministros Amauri Kruel, San Tiago Dantas e Antônio Balbino.[1432]

Naquele momento, o jornalista Carlos Castello Branco registrava o fim do primeiro ministério, e acrescentava que ainda não havia decisão sobre a Fazenda, pois o "próprio sr. San Tiago Dantas será o juiz da sua permanência ou de seu afastamento", sendo, todavia, provável que Carvalho Pinto ou Celso Furtado ocupassem o seu lugar.[1433]

De volta ao Rio de Janeiro na tarde do dia 4 de junho, San Tiago comparece ao Estado-Maior do Exército e ao longo de três horas, a portas fechadas, fala para cerca de trezentos oficiais, primeiro sobre a situação econômica do país e a seguir sobre os entendimentos para a compra das concessionárias estrangeiras. Historia as tratativas para nacionalização das concessionárias, que haviam sido iniciadas ainda no regime parlamentarista, no gabinete de Tancredo Neves, e a aquisição delas acordada entre

Jango e Kennedy, quando aquele visitou os Estados Unidos. Os estudos ainda estavam em curso no âmbito de uma comissão especial criada pelo presidente da República, a quem caberia a decisão final sobre a aquisição das concessionárias.

Antes da reunião, Brizola mandara distribuir aos gabinetes dos chefes militares do Rio um relatório de catorze páginas mimeografadas, no qual denunciava a compra das subsidiárias e acusava o general Kruel, San Tiago e Balbino como responsáveis pela operação.

Após a fala de San Tiago, o general Costa e Silva manifestou-se; podia entender a complexidade da questão objeto da palestra do ministro da Fazenda, mas queria acentuar que "um grupo de agitadores procurava isolar, em relação aos estudos feitos, simplesmente a figura do Ministro da Guerra, como responsável pela solução encontrada (...) deixando claramente subentendido que queriam eles atingir uma força organizada que sabem pronta para agir contra os perturbadores da ordem". Aplaudido, o general arrematou: "não falava, a partir daquele momento, em nome apenas dos generais, mas de todos os oficiais presentes – e que representavam, em suma, o pensamento de todo o Exército". O general Kruel agradeceu a presença de todos e a manifestação de solidariedade que acabava de receber, citou nominalmente o deputado Leonel Brizola, e declarou estar certo de que o objetivo dos agitadores era sua saída do Ministério da Guerra, por saber que ele agiria contra a desordem.[1434]

No dia seguinte, o Tribunal Superior Eleitoral registrou a candidatura do senador Juscelino Kubitschek de Oliveira à Presidência da República, nas eleições de outubro de 1965. O pedido de registro foi feito pelo PRT, e a decisão do tribunal, unânime.[1435]

• No Senado: o caminho da inflação

Em fim de maio, um grupo de oficiais enviara ao presidente da República um protesto contra o baixo nível de vencimentos dos oficiais das Forças Armadas, argumentando que um segundo tenente do Exército recebia o mesmo que um ajudante de cozinha na Marinha Mercante.[1436] No dia seguinte à sua exposição no Estado Maior do Exército, no Rio de Janeiro, San Tiago está em Brasília e comparece ao Senado para prestar esclarecimentos sobre o "aumento dos vencimentos do funcionalismo público e o empréstimo compulsório introduzido no projeto da Câmara dos Deputados".

San Tiago fala extensamente; transcrita, sua exposição soma quinze páginas densas de texto, e outro tanto de respostas às questões dos senadores. Era conhecido o esforço que o governo "vem empreendendo para conter a expansão dos meios de pagamentos no país e, desta forma, eliminar, dentro do mais curto prazo, os fatores inflacionários que ainda vêm do passado até hoje", diz. Àquela altura, o esforço do governo tinha sido "coroado de pleno êxito", mas era ainda insuficiente para modificar "substancialmente a tendência que a inflação imprimiu às nossas condições econômicas nos últimos meses do ano passado". O fator inflacionário, prosseguiu, não desaparece rapidamente da economia de um país. Seus efeitos continuariam a surgir nos setores "aos quais a onda monetária se vai propagando". Mas era inegável que a política financeira que vinha sendo seguida havia feito desaparecer "aquela expectativa de altas contínuas e descontroladas" da taxa de inflação.

Admite, porém, que "muitos algarismos do Plano Trienal estavam sendo revistos". Reconhece que o governo ainda não tinha "inteiramente resolvido os problemas da balança de pagamentos", e que naquele mês enfrentaria "a questão dos nossos débitos com o Fundo Monetário Internacional", seguindo-se as discussões com os países europeus para negociar novos créditos. Poderia, diz, "pensar", com a consciência tranquila, que a "política de contenção financeira vem sendo executada satisfatoriamente". Era preciso ver que "estamos assistindo a uma redistribuição de forças, a uma reacomodação que ainda levará algum tempo, mas cujo prêmio, estou certo, será a criação das condições de estabilidade necessárias para um surto autêntico de desenvolvimento".

A seguir, San Tiago sintetiza a questão que o havia trazido à tribuna; "o aumento para 70% a que afinal chegamos nos reajustamentos sucessivos criou-nos a necessidade de um suprimento a mais [de recursos não-inflacionários], que só poderemos encontrar em três formas". A primeira, empréstimos ainda no corrente exercício; a segunda, agravar o plano de contenção, cujos cortes iriam recair sobre projetos diretamente ligados ao desenvolvimento do país, comprometendo a sua execução; a terceira opção seria "a emissão, pura e simples, a criação de papel-moeda para, com esse papel-moeda novo, atendermos ao aumento" do reajuste do funcionalismo. "Não insistirei nos cálculos e nos algarismos", pois o Senado os conhecia, bem como a Câmara dos Deputados, que os estão estudando através de suas comissões técnicas, diz.

E explica os efeitos da emissão de moeda, advertindo que ela "não é gratuita (...) não é uma forma de criar dinheiro que não custe nada a ninguém. Se o fosse não teríamos motivos para aumentar só 70%. Poderíamos aumentar 200 ou 300%". O impacto negativo na inflação, com a emissão de moeda, seria imediato e irreversível. Em seguida, detalha os efeitos da inflação; o que "há de terrível na inflação, o que há de odioso nela, socialmente, é que [ela] não é discriminatória (...) atinge, por igual, situações econômicas e sociais diferentes". Esse efeito [a inflação] impunha "sacrifícios maiores aos que menos podem suportar, e, menores e mais facilmente suportáveis, àqueles que ela, eventualmente, até beneficia".

San Tiago descreve a função do empréstimo compulsório proposto, a aplicação dos recursos advindos do empréstimo e a criação, prevista no projeto de reajuste, de um "Fundo Federal de Investimentos na Infraestrutura, em empreendimentos públicos rentáveis, de modo a canalizarmos a capacidade de poupança do povo brasileiro para essa forma de atividade, necessária, essencial, ao desenvolvimento orgânico e programado". Concluindo, afirma: "se caminharmos para uma solução que signifique a supressão do empréstimo compulsório sem termos outros recursos não-inflacionários – e eu sinceramente, não os vejo diante de mim –, estaríamos escolhendo o caminho da inflação. Esse caminho estará sendo escolhido conscientemente e nós marcharemos então para criar no País um aumento adicional do custo de vida que, nesta taxa que esbocei – de 6 até o máximo de 10% – atingirá, por igual, a todas as classes sociais".[1437]

O primeiro a interpelar o ministro foi o senador Vasconcelos Torres, integrante do PTB fluminense, que se mostra cético se o empréstimo seria "pago normalmente". E, elogiando o seu colega de partido, disse que hoje ele desmentiu aqueles que, "não podendo apenas criticar a sua política financeira, já se preocupam também com sua saúde. V. Exa. fez aqui um checkup magnífico, falando e demonstrando que, para o bem da nossa Pátria, a saúde de V. Exa. está muito firme". E eu digo: "precisamos ouvir essas informações, mas precisamos também da saúde de V. Exa. para a execução desses planos". San Tiago responde, afirmando que o empréstimo não criaria nenhuma discriminação que atingisse o funcionalismo, e defende a constitucionalidade do empréstimo compulsório. Agradece a intervenção, e silencia sobre as considerações feitas sobre a sua saúde.

A seguir, o senador Mem de Sá enumera três questões, sendo a mais objetiva, naquele momento, se, qualquer plano de contenção poderia ter êxito em "um clima de agitação política, de agitações sociais e, sobretudo, dentro de um clima de greves sucessivas, interruptoras", como o que o país vivia. A última questão, diz San Tiago, "sem dúvida a mais importante (...) responderei, com sinceridade: que considero tão difícil que às vezes sou tentado a pensar que é impossível. Mas logo caio em mim e penso que é indispensável. Não temos outro meio, nobre Senador, porque, se há um risco que hoje estamos correndo, em toda a América Latina, um risco que nos rodeia é o da tentação de criar, artificialmente, condições de imobilização do campo político para operar, então, as reformas econômicas. A ideia de operar as reformas econômicas debaixo de anestesia política é, hoje, podemos dizer, uma constante do panorama político da América Latina".

Era preciso olhar, prossegue, para as economias europeias ocidentais e ver como elas conseguiram superar as crises inflacionárias que as acometeram, "sem terem tido a necessidade de coarctar as liberdades políticas e retirar a livre manifestação das aspirações sociais". O nosso desafio, conclui, é combater a inflação "sem precisarmos interromper, por um só dia, o funcionamento das nossas instituições políticas, a vigência das nossas liberdades públicas, a continuidade da vida representativa que, hoje, estamos praticando e sem precisarmos, tampouco, levar à praça pública processos de coação com o que se procura, muitas vezes, impedir a livre manifestação de opinião popular".[1438]

San Tiago permaneceu no Congresso por mais de três horas. Ao fim, o ministro é aplaudido, registram as notas taquigráficas. E falou ainda à Comissão Especial da Câmara dos Deputados que examinava o projeto de reforma bancária, manifestando-se a favor da emenda do deputado José Maria Alkmin que, entre outras atribuições do Conselho Monetário Nacional, previa a fixação, por ele, de um teto para as emissões.[1439]

• Início da reforma do ministério

A seguir, Jango reuniu-se com o pessedista Oliveira Brito, líder do governo na Câmara, e San Tiago; ao presidente declarar ser San Tiago insubstituível, este o teria corrigido; insubstituível "até que seja substituído".[1440] Àquela altura, San Tiago já havia dito a Jango que sairia da Fazenda; o presidente não opunha resistência à pressão da esquerda negativa, comandada por seu expoente maior, Leonel Brizola, para substituir San Tiago. Na verdade, Jango e a classe dirigente estavam incomodados com a execução do plano de contenção. Ignorância generalizada sobre o mecanismo perverso do processo inflacionário, embora seus efeitos fossem visíveis, e a dificuldade em seu combate somavam-se à crença, arraigada na classe política, de que a aceleração do crescimento econômico seria capaz de vencer a inflação. Nesse quadro de atraso cultural, inseria-se a defesa enérgica de interesses e privilégios particulares e corporativos, precisamente por parte daqueles menos vulneráveis economicamente e com maior expressão política. Essas posições vinham isolando San Tiago e ajudavam a dobrar Jango, cuja determinação política não era robusta e agora se debatia por qual caminho seguir, em meio às crises políticas que se iam sucedendo em seu governo.

Jango agiu parcialmente. A 11 de junho o general Jair Dantas Ribeiro substituiu o general Kruel, no Ministério do Exército, ficando a segunda fase da reforma a ser discutida a seguir. A 12 de junho, San Tiago comparece à Câmara. A ementa da sua manifestação naquele plenário dizia, "para atender a pedido de informações do deputado Cantídio Sampaio e, espontaneamente, para prestar esclarecimentos sobre a compra de companhias concessionárias de serviços públicos de energia elétrica".

A transcrição da primeira interpelação à exposição do ministro ocupa nada menos de seis páginas; San Tiago torna a explicar as questões levantadas; e ainda ouve uma outra longa interpelação, sem consistência, mas à qual responde pacientemente.[1441] Outros deputados pedem para se manifestar, e San Tiago coloca-se à disposição da Presidência da Câmara para comparecer à sessão noturna que iria realizar-se e dar curso à segunda parte da discussão.

Mesmo já com sinais evidentes de uma enfermidade que não se conhecia o nome, mas com evolução crescentemente perceptível a todos, San Tiago não alterava a sua conduta política, na tribuna inclusive. A sua extraordinária capacidade de análise e síntese das matérias a ele submetidas, quase sempre superior à de seus interpelantes, aliada à sua facilidade de exposição, permitiam-lhe falar extensivamente, por um fluxo verbal avassalador, porém sereno, e os vocábulos escandidos com grande naturalidade. E cuidava de seguir com estrito zelo as regras protocolares da etiqueta parlamentar, acrescendo o respeito intelectual que suscitavam as suas manifestações.

Nessa sessão noturna, cujo tema era a aquisição, pela União, de concessionárias estrangeiras, o principal interpelante de San Tiago é o seu maior crítico, o deputado Leonel Brizola. O orador de massas que arrebatou o eleitorado da Guanabara, somando o maior número de votos da história brasileira em sua época, defrontava-se com o grande explicador, o professor notável. Brizola, na tribuna da Câmara Federal, estava distante do microfone de rádio ou de uma câmera de televisão, seus ambientes favoráveis e nos quais era inexcedível a sua oratória popular. Ao contrário, San Tiago achava-se em seu ambiente natural, a tribuna da Câmara, que ele ocupava com o mesmo desembaraço do experiente professor em sua sala de aula. Sagaz, Brizola, não estabeleceu um debate com San Tiago sobre os fatos que alinhou; Brizola tinha a sua posição formada, monolítica, e ela era por ele expressa por raciocínios simples martelados com viva indignação em sua oratória candente.[1442] Mas não se expunha ao debate.

Dada a palavra a San Tiago, ele, liminarmente, diz que "estimaria muito encontrar-me neste assunto em concordância plena com o nobre Deputado Leonel Brizola, com quem, muitas vezes, tenho condividido opiniões em diversas questões relacionadas com a vida pública do nosso país. Creio, entretanto, que os pontos que nos separam na apreciação deste momentoso caso estão muito claros, e, se já não ressaltavam claros da minha própria exposição, agora se tornaram transparentes com as considerações breves, mas concisas, feitas pelo meu nobre interpelante".[1443]

E, metódico, professoral, alinhando e analisando fatos, contesta as afirmações de seu colega de partido. "Quero examinar todos os aspectos dessa transação; a questão do preço; a conversão do preço em dólares; o prazo, o reinvestimento e os aspectos laterais que muitas vezes se tornam mais importantes, como, por exemplo, mudar a relação entre a conclusão dessa compra e a vigência de um artigo da lei americana, do *Foreign Act* relativo a desapropriações, não indenizadas, realizadas no exterior".[1444] E assim procede, longamente, exaustivamente.

Negou que a operação tenha sido tratada pelo governo e pelo Ministério da Fazenda em caráter sigiloso, uma vez que esse tema vinha sendo tratado já por administrações anteriores, tendo início no segundo semestre de 1961, ainda no governo parlamentar. Seguiu-se a criação pelo presidente da República, em 1962, da Comissão de Nacionalização das Empresas Concessionárias de Serviços Públicos - Conesp, para estudar a compra das concessionárias. A 20 de janeiro último, San Tiago fora informado pela Conesp de que as negociações haviam chegado às fases finais, mantendo os integrantes da Frente Parlamentar Nacionalista sempre informados sobre o andamento das tratativas. San Tiago demarca a responsabilidade do governo, e que considera os seus integrantes responsáveis pelas negociações havidas, assumindo ele a sua cota solidária de responsabilidade. A celeuma em torno do caso era devido a um "processo dialético de antagonismo com as fontes de onde procedem os capitais", acrescentou.

Não se tratava, tão somente, de um exame das condições da transação, pois, "opiniões emitidas e atitudes tomadas por muitos mostram que existe hoje, não apenas nos meios políticos, mas também fora deles, uma posição contrária à nacionalização mediante compra e que favoreça à nacionalização unilateral, tomada pelo Poder Público, sob sua exclusiva responsabilidade, sem nenhuma forma de negociação capaz de eliminar a área de atrito". Ou seja, exatamente o que propunha Brizola: a encampação das empresas, mediante uma indenização fixada unilateralmente pelo governo brasileiro. Enfim, uma atitude que não buscava solucionar a área de atrito criada, mas tentar vencer, por essa forma, a controvérsia.[1445]

San Tiago afirma que está convencido de que a melhor solução não era "seguir a via dos atritos, das dificuldades, dos incidentes, mas procurar uma negociação altiva e sincera, a via da harmonia, do entendimento mútuo, da amortização a longo prazo, de acordo com as possibilidades do país".

E, antes de concluir, San Tiago faz um comunicado importante. Naquele momento em que o presidente da República estava empenhado na recomposição do seu governo, "como seu ministro da Fazenda, tive a oportunidade de dispor, nas mãos de S. Ex.ª, o meu cargo e de lhe pedir que me substitua, de acordo com a sua orientação. Por isso, fizera questão de não adiar esta exposição de hoje, de vir à Câmara prestar a homenagem que devo aos meus colegas de poder legislativo, o ministro falando com franqueza, e assumindo, integralmente, como sempre, as responsabilidades do que se passa no governo a que pertence".[1446]

Ao fim de sua longa manifestação, respondendo a Brizola, que insistentemente exigia sua saída do governo, San Tiago informa à Câmara a sua decisão de deixar o ministério da Fazenda e o fato de já a haver comunicado ao presidente da República.

• A longa saída do ministério

No dia seguinte, a 13, Jango, em almoço na residência de San Tiago, fez-lhe um apelo para aceitar o Ministério do Exterior, que San Tiago recusou.[1447] No dia seguinte, confirmando o que dois dias antes dissera na tribuna da Câmara dos Deputados, sobre já haver "disposto em mãos" do presidente da República o seu cargo de ministro da Fazenda, San Tiago faz saber, por meio da imprensa, que deixaria a pasta, e diz estar certo de que o futuro ministro manteria a política econômica do presidente João Goulart. E aguardaria no posto a chegada do seu sucessor, e que os trabalhos do ministério estavam correndo normalmente.[1448]

No domingo 16, Jango lhe solicitou que fosse a Brasília para ouvi-lo sobre a reforma do ministério, e enviou o avião presidencial para buscá-lo no Rio de Janeiro. San Tiago é recebido no aeroporto em Brasília por diversos parlamentares, entre eles o líder do governo, Oliveira Brito, seguindo para a Granja do Torto, ao encontro de Jango a quem repetiu o que lhe dissera uma semana antes: à frente do ministério buscara, em vários pronunciamentos públicos, conquistar a confiança do povo para a política econômica do governo, e estava disposto a devolver a pasta ao presidente, mas não aceitaria outro ministério, o que representaria, a seu ver, uma quebra no sentido de responsabilidade. A reunião se prolongou até as 03h00 da madrugada. No dia seguinte, 17, Carvalho Pinto encontrou-se com San Tiago, que à noite voltou ao Rio, no *Viscount* da Presidência da República.[1449]

De Belo Horizonte, o senador petebista Camilo Nogueira da Gama, que presidia a sessão mineira do PTB, afirmava que "a maioria absoluta do povo brasileiro deplorará a saída de San Tiago do ministério, e as repercussões no plano interno e no exterior serão as mais graves".[1450]

Em meio às notícias da demissão de San Tiago, porta-vozes da indústria e do comércio expressavam agora receio. A Federação das Indústrias manifestou a sua opinião de que a política econômica traçada por San Tiago deveria ser mantida e a indústria nele depositava "a sua inteira confiança". E a Associação Comercial daquele estado em telegrama a Jango, encarecia "a necessidade imperiosa da manutenção de San Tiago à frente do Ministério da Fazenda".[1451]

A crítica aberta à saída de San Tiago do ministério veio do jovem parlamentar da Bahia, e presidente da UDN local, deputado Antônio Carlos Magalhães: dizendo ser o ministro da Fazenda, "amigo e correligionário do Presidente e que se credencia no país e no exterior, executando uma política financeira que criou as maiores esperanças, o sr. João Goulart, mais uma vez, para atender ao agente número um da subversão no Brasil, o seu cunhado Leonel Brizola, afasta o Prof. San Tiago Dantas, desejando, ainda, impor ao ilustre homem público a humilhação de aceitar outra pasta".[1452]

Dois dias depois, tomaram posse em Brasília os novos ministros de Minas e Energia, Oliveira Brito, da Educação, da Justiça e do Trabalho, Amauri Silva, substituindo Almino Afonso, e Evandro Lins e Silva, nas Relações Exteriores. E a imprensa notificava que Carvalho Pinto já havia aceitado o Ministério da Fazenda.[1453]

San Tiago expusera, em reunião com políticos na residência do deputado Humberto Lucena, as três considerações que informavam a sua posição, já conhecida do presidente e divulgada na imprensa: se a política financeira era um êxito, o titular da pasta só poderia ser sacrificado no quadro de uma reforma ministerial completa, e jamais rebaixado de posto, como se fora uma censura; se fracassou a política, o ministro da Fazenda deveria sair; por fim, o Ministério das Relações Exteriores não tinha nada a oferecer a ele, San Tiago, que, à sua frente, afirmara, com êxito, a política externa independente.[1454]

• A denúncia: Lacerda e Brizola

A 19 de junho, San Tiago tomou a iniciativa de selar a sua saída do ministério em uma longa entrevista ao *Jornal do Brasil*, ainda em seu gabinete no Rio de Janeiro. Diz que iria "reassumir o seu mandato de deputado federal, aliando-se ao grupo no Congresso entrosado com a política econômico-financeira que ele havia imprimido ao país", e iria ao rádio e à televisão prestar contas de seu trabalho. De fato, reassumiu o seu mandato, mas não o exerceria naquele ano, licenciando-se, para tratamento de saúde, até fevereiro próximo.[1455]

E, com uma contundência poucas vezes por ele empregada, acrescenta San Tiago, "Denuncio ao país tanto a extrema direita, de que se tornou expressão o governador da Guanabara, o sr. Carlos Lacerda, como a esquerda negativa, de que se tornou porta-voz expressivo o deputado Leonel Brizola, como formas atrasadas, antinacionais, imaturas de formação da consciência política postas a serviço de posições contrárias, ambas prejudiciais ao futuro do povo brasileiro". E prossegue, só "na medida em que conseguirmos vencer o primarismo dessas posições, para encararmos os interesses do Brasil, sem o preconceito de servir à estratégia da Guerra Fria, conseguiremos corresponder à confiança do nosso povo e contribuir para solução dos seus problemas". Voltando-se a Jango, sem o citar, diz que "as vacilações, as dubiedades, as concessões simultâneas a posições contraditórias, não representam um processo democrático de formação de opinião e de governo, e são extremamente prejudiciais à nação".

No Congresso iria alinhar-se às forças mais responsáveis e esclarecidas, as únicas em que o presidente poderia basear-se para dar ao seu governo um sentido democrático e progressista. Elogiou o seu sucessor, que teria "grande apreço pela ideia do Plano Trienal, e fora o primeiro governo estadual a elaborar um plano de ação, que marcou a sua administração", e acrescentou não ter sabido de qualquer pressão por parte de Brizola na reforma ministerial, e, "se houve, teve caráter pessoal".

Na data em que saiu publicada a entrevista, 19 de junho, Carvalho Pinto aceitou a pasta da Fazenda, depois de longa conferência com San Tiago sobre as condições em que assumiria o ministério.[1456]

Ao receber uma comissão de deputados estaduais paulistas, Jango, tentando minimizar o custo político (e econômico) da reforma ministerial, disse que "o povo é que vai julgar o ministério que estamos formando, com integrantes que representam a vontade democrática e um fator de tranquilidade e segurança para a família brasileira". Tranquilidade que ele não conseguiria prover. Mais tarde observaria Tancredo Neves: "Quando [Jango] foi compelido a afastar o San Tiago Dantas e o Antônio Balbino do governo e, sobretudo, afastar o general Kruel do Ministério do Exército, aí ele perdeu o controle da situação. Essa concessão foi funesta".[1457]

A 20 de junho, Lacerda respondeu à qualificação que San Tiago lhe dera, de líder da extrema direita. Em carta a ele endereçada e que divulgou à imprensa, o governador da Guanabara disse negar a San Tiago "o direito de classificar a minha posição política e social, como de direita, esquerda ou centro". E a seguir Lacerda soma ofensas pessoais; San Tiago seria "oportunista", e fizera fortuna "como advogado de interesses vultosos, nem todos legítimos, nem todos nacionais e nem todos concebíveis em um país policiado, em uma verdadeira democracia". A classificação de esquerda negativa e positiva não decorreria de uma convicção, mas de um erro, mais um, "na sua infalível capacidade de errar em seus diagnósticos políticos". "A fama de talentoso de San Tiago em nada servira ao país, senão a sua prosperidade pessoal"; ele era um "sibarita, o membro gozador das chamadas elites" e "servirá com desenvoltura o interesse dos que lhe dão fortuna, e o interesse da expansão política da Rússia na América Latina".[1458]

San Tiago recebeu a carta entregue por um portador em seu escritório, na Rua do Carmo, em um final de tarde, presente o seu amigo e procurador Plínio Doyle. San Tiago abriu-a, leu-a, dobrou-a e a colocou de volta no envelope, no qual, no verso, escreveu *devolva-se*, e a fez entregar ao seu autor.[1459]

Havendo Lacerda divulgado a carta, San Tiago distribuiu uma nota à imprensa. Sucintamente diz haver devolvido a carta, "por considerá-la um documento abominável, impróprio para a vida pública dos povos civilizados, e digno de ficar apenas nas mãos de quem teve o tempo e a torpeza de escrevê-la". Estava surpreso com a agressividade com que Lacerda respondeu à qualificação de ser um homem de extrema direita. E talvez ele não fosse realmente, pondera San Tiago, pois "parece que a ele faltou equilíbrio moral indispensável à tomada de consciência de qualquer posição política". Esse caso seria "antes de ordem psicológica do que ideológica", e San Tiago conclui dizendo que não pretendia "entrar em polêmicas e retaliações sem interesses para o país".[1460]

Os destemperos emocionais de Carlos Lacerda já eram de todos conhecidos; porém, nessa carta viu-se o grande tribuno e jornalista, despejando impropérios em um texto sem maior sentido, não sendo difícil perceber, na reação de Lacerda, a procedência da qualificação política que lhe dera San Tiago.

Já Brizola tinha sob seu absoluto controle a indignação e a estridência que influía às suas manifestações públicas, e não reagiu imediatamente à denúncia feita por San Tiago. Frio em seu cálculo político, nesse caso Brizola sabia-se vencedor; a denúncia, feita por San Tiago, poderia interpretá-la como uma manifestação de derrota, por haver Brizola imposto a San Tiago a perda do ministério. Ao contrário de Lacerda, Brizola não debatia diretamente com San Tiago, apenas repetia o deputado gaúcho as suas opiniões inflexíveis.

Atacado pela direita e pela esquerda negativa, esta majoritária em relação à positiva, San Tiago deixou Ministério da Fazenda depois de o haver assumido em 24 de janeiro, uma vez reinstaurado o regime presidencialista. Deduziu do Plano Trienal, cuja elaboração e autor sugerira a Jango, o plano de contenção, arma de combate imediato à inflação. Explicou exaustivamente a todos os auditórios e à imprensa a mecânica da corrosão da moeda, de seus danosos efeitos aos mais vulneráveis e seus sombrios benefícios aos mais afortunados, citando os "clientes da inflação" e a cegueira dos que insistiam em não ver em sua aceleração risco à ordem constitucional. Esse risco apontou com ênfase crescente, à medida que o plano de contenção ia sendo atacado por quase todos os agentes políticos e econômicos do país.

Visivelmente doente já à sua posse, nos cento e quarenta e oito dias que esteve à frente do ministério participou de, pelo menos, cento e trinta e oito reuniões; fez pronunciamentos em cadeia de rádio e TV em seis ocasiões; concedeu dez entrevistas a jornalistas e foi citado nos principais jornais do Rio de Janeiro cerca de três mil e novecentas vezes.[1461]

Nenhuma outra voz política ergueu-se com maior presteza e consistência confrontando a pregação de Brizola, seu colega de partido. Nenhuma crítica do combativo deputado gaúcho ao ministro da Fazenda ficou sem resposta, e San Tiago procurou sempre resguardar o presidente da República, enquanto serviu em seu gabinete, mesmo sem jamais haver dele recebido manifestação pública de seu apoio. Ao deixar o ministério, frustrada a política de combate à inflação, San Tiago vaticinou-lhe o desfecho: a emergência de um regime autoritário, que, de fato, seria imposto em abril seguinte, e ao qual ele sobreviveria por cinco meses – o mesmo tempo que ele permanecera à frente do Ministério da Fazenda.

Carvalho Pinto tomou posse a 21, à noite em Brasília. San Tiago saudou o seu substituto, dizendo que tinha satisfação em entregar o ministério a um estadista com as qualidades do novo ministro e que o presidente merecia aplausos pela escolha feita.

Em sua coluna, Ibrahim Sued dizia-se preocupado com a conduta pessoal do presidente: "Jango foi terrivelmente frio com três dedicados amigos e conselheiros competentes", entre eles San Tiago, "afastando-os como uma frieza impressionante".[1462]

CAPÍTULO 36

FRENTE AMPLA: O NEGOCIADOR INCANSÁVEL

Entre as forças de esquerda existe um núcleo atuante com objetivos de agitação, que não trabalha por um encaminhamento efetivo do processo eleitoral, mas se empenha na quebra da Constituição e na implantação de um regime de fato.[1463]

• O presidente desorientado

Ao início do segundo semestre, Jango tinha diante de si um quadro político complexo, em boa parte devido à sua conduta incerta. Ele não se empenhara em prestar apoio ao plano de contenção da inflação executado por seu ministro da Fazenda; mesmo sabendo difícil a aprovação da reforma agrária, não se esforçara por negociar com o Congresso e com o seu partido uma proposta consistente; e não soube utilizar os meios à disposição de seu governo para enfrentar o desabastecimento dos principais gêneros alimentícios, que vinha se acentuando nos grandes centros urbanos. Todos esses fatores eram agravados pela estridente mobilização de trabalhadores, por sucessivas greves reclamando reajustes salariais acima do estabelecido no plano de contenção, e evidenciavam que ele, o chefe do partido trabalhista, não mais exercia uma efetiva liderança sobre as organizações sindicais.

Em julho, San Tiago já fora do ministério, dois mil oficiais (na reserva remunerada), sócios do Clube Militar, em um ultimato exigiram um aumento de 70% dos seus vencimentos, fixando um prazo de dez dias para o governo cumprir a exigência. O ministro da Guerra determinou a prisão disciplinar do presidente do Clube, mas o ultimato subsistiu, e a ele o Congresso e Jango se dobraram a 11 de julho, três dias antes da data limite fixada pelos militares; e, seis dias depois, Jango sancionou a lei do aumento do funcionalismo.[1464] Evidentemente, os quadros reformados falavam pelos oficiais da ativa, nas três Forças. E o Congresso, embora aprovando formalmente o empréstimo compulsório juntamente com o novo índice de reajuste, sabia que esse imposto não seria devidamente arrecadado, e assim pudesse, em tempo hábil, compensar o custo inflacionário do reajuste concedido.

• O presidente rendido

Na data em que sancionara a lei do reajuste do funcionalismo público federal comprometendo definitivamente o plano de contenção executado por San Tiago, Jango recebeu o embaixador norte-americano, Lincoln Gordon, e este, em telegrama que enviaria a seguir ao Departamento de Estado, relatou o que teria ouvido do presidente da República. A saúde de San Tiago, segundo Jango, o impossibilitara de continuar à frente do Ministério da Fazenda, e os médicos de San Tiago teriam dito a Jango, segundo este, que a sua permanência no ministério poderia causar a sua morte; San Tiago deveria tirar um mês de férias, e, em seguida, talvez, pudesse continuar no ministério, mas à frente da pasta do Exterior, menos exigente. Jango disse que ele ainda contava com San Tiago entre os seus amigos mais próximos.[1465] Os fatos narrados por Jango não são exatos, a não ser o fato, público e notório, de estar San Tiago visivelmente doente. Igualmente, não procedia a afirmação de que San Tiago poderia depois de um mês de férias assumir o Ministério do Exterior. Não se pode corroborar um relato como este do embaixador, mas Jango, segundo depoimentos de contemporâneos, comentaria sobre a doença de San Tiago com muitos de seus interlocutores, dizendo-a (falsamente) ser a razão da sua não permanência no ministério.[1466]

Dois dias depois, era noticiado que o pagamento do funcionalismo civil e militar, com reajuste de 70%, começaria a ser feito a 1º de agosto. O aumento aprovado importaria em um custo adicional de Cr$ 210 bilhões, dispondo o Tesouro de uma verba a esse fim de Cr$ 140 bilhões. A diferença, em tese, seria coberta pelos recursos a serem arrecadados pelo empréstimo compulsório, aprovado pela nova lei, cuja regulamentação, todavia, ainda estava por ser feita por ato do presidente da República.[1467] Mas o empréstimo, que alcançaria o estrato superior da renda de pessoas físicas, a 4 de setembro, por decisão liminar de juízo de vara da Justiça Federal do Rio de Janeiro, teve a sua cobrança suspensa, por entendê-la inconstitucional.[1468]

• O veredito

San Tiago, acompanhado de sua esposa e de seu médico particular, Cruz Lima, seguiu a 24 de julho com destino a Washington.

Hospedado na Embaixada brasileira, San Tiago submete-se, no Hospital Walther Reed, então situado no centro de Washington, a uma série de exames; uma semana depois, é transferido para o George Washington Hospital, onde novos exames são realizados durante uma semana.[1469] A seguir, é submetido a uma cirurgia para coleta de material para biópsia, e permanece mais duas semanas internado. "A biópsia foi uma coisa enorme e o choque operatório e as dores têm incomodado muito, ele emagreceu muito porque depois da operação não conseguia quase se alimentar e agora, enjoado pelos remédios, é uma luta para comer", descreve Edméa o estado de seu marido ao amigo Antônio Gallotti. "O pior, prossegue Edméa, é o tratamento do tal colágeno, que causa um impacto no organismo e a pessoa fica nervosa, enjoada e indisposta". A 25 de agosto, San Tiago tem alta e retorna com Edméa à Embaixada do Brasil.[1470]

A cirurgia havia revelado um processo avançado de metástase, que já tomara outros órgãos; o veredito dos médicos americanos foi objetivo e fatal: nada havia a fazer, e ao paciente restaria pouco tempo de vida.[1471] Essa informação, como as anteriores sobre o seu estado de saúde, seria também sonegada por San Tiago; em seu lugar, por sua orientação, foi imediatamente disseminada a notícia de que padecia de uma doença do colágeno, que não seria fatal, mas exigiria um tratamento longo e com sucessivas intercorrências. Seguindo o mesmo padrão anterior, sequer Edméa foi informada da gravidade do estado do seu marido, e o falso veredito propagado de Washington ganhou largo curso no Brasil. Depois de mais uns dias hospedado na Embaixada do Brasil em Washington, San Tiago, ainda muito abatido, volta ao Brasil a 10 de setembro.[1472]

Quarenta e oito horas depois do retorno de San Tiago teve lugar uma rebelião de sargentos; seiscentos e cinquenta rebelados ocuparam em Brasília os Ministérios da Marinha e da Justiça, e a Base Aérea. Os revoltosos insurgiram-se contra uma decisão do Supremo Tribunal Federal, tomada na véspera, que entendeu inelegíveis os sargentos para cargos legislativos impossibilitando, assim, um deles, filiado à Frente Parlamentar Nacionalista, de tomar posse na Câmara dos Deputados, para a qual fora eleito. A rebelião foi dominada pelo Exército imediatamente, deixando mortos um fuzileiro e um civil[1473].

Em forma e origem diversas, outro incidente envolveria as Forças Armadas.

Em entrevista ao jornal *Los Angeles Times*, em matérias publicadas duas semanas depois, a 29 e a 30 de setembro, Carlos Lacerda previu a queda de Jango antes de ele concluir o seu mandato e aconselhou ao governo norte-americano negar financiamento ao Brasil, na véspera da viagem do ministro da Fazenda, Carvalho Pinto, aos Estados Unidos. Segundo o governador da Guanabara, o governo federal estaria nas mãos de comunistas e de elementos dispostos a "parar o país, degenerando toda a economia pública e todo o espírito público. E o maldito negócio é todo feito de cima para baixo". Em relação a Jango, prosseguia Lacerda, os militares se debatiam "se é melhor tutelá-lo, patrociná-lo, pô-lo sob controle até o fim de seu mandato ou alijá-lo imediatamente". E concluiu dizendo não acreditar que esse "estado de coisas pudesse subsistir até o final do ano".

Os três ministros militares reagiram. Em nota conjunta acusaram de impatrióticas as declarações de Lacerda, e um convite ao governo dos Estados Unidos para interferir em assuntos internos brasileiros.[1474]

Pouco antes, em fim de agosto, Tancredo líder do governo, grande conhecedor da história política do país e o mais esclarecido analista da cena política nacional, observou que, "de 1º de setembro até abril do próximo ano [1964], teremos um período de extremas dificuldades. Vamos atravessar um verdadeiro túnel".[1475] A travessia, já iniciada, não chegaria ao seu fim. Os fatores que iriam interrompê-la bruscamente, iriam se suceder, velozmente, na cena política nacional.

De volta ao Brasil, mais magro, mais curvo, porém intelectualmente ativo, San Tiago encontra amigos. Almoça frequentemente no *Bife de Ouro*, restaurante do Copacabana Palace, recebe visitas e trabalha no escritório de sua residência, na Rua Dona Mariana, rodeado de seus onze mil volumes e assistido por sua secretária; eventualmente vai ao escritório da Rua do Carmo, administrado por seu fiel amigo e procurador, Plínio Doyle, e retoma os encontros com os sobrinhos.[1476] E, dali a pouco, ressurge publicamente o *Professor*, opinando.

• Estado de sítio

A 1 de outubro noticiava O *Globo* que o governo havia, em vinte e quatro dias, emitido mais papel-moeda do que em oito meses; de janeiro a 30 de agosto daquele ano de 1963, "graças ao plano de contenção do Prof. San Tiago Dantas, tinham sido emitidos Cr$ 85 bilhões, importância que já estava acima das previsões do Plano Trienal". Porém, nas três semanas de setembro último, de primeiro a 24, haviam sido emitidos Cr$ 90 bilhões, cerca de Cr$ 4 bilhões diários, em média.[1477]

No dia seguinte, em discurso em cadeia de emissoras de rádio e televisão, Jango atacou os "falsos defensores da ordem, e agitadores ostensivos e agentes dissimulados de interesses antinacionais, que conspiram contra a Nação, no que ela tem de mais sagrado: a sua integridade, a sua emancipação, a paz interna, o direito mesmo de comandar o seu destino". E afirmou que o país poderia contar com os "trabalhadores, com os quais se identifica no ideal e na luta pela preservação das conquistas sociais iniciadas por Getúlio Vargas". Na mesma data, os ministros das Três Armas puseram em prontidão todas as unidades militares integrantes das guarnições do Rio de Janeiro e de São Paulo, em face da ameaça de greve por várias categorias.[1478]

Em editorial, *O Globo* disse decepcionante o discurso de Jango; indagava se ele poderia realmente acreditar que a inflação teria sido contida, ignorando que só no mês de setembro o Tesouro havia posto em circulação mais de Cr$ 100 bilhões, já vencido o plano de contenção elaborado por San Tiago. Além disso, o governo de Jango não conseguira resistir às pressões para aumentos salariais, por meio de greves políticas que haviam "estropiado a vida econômica e têm reduzido a produção".[1479]

No âmbito da presidência e com os chefes militares próximos a Jango, as declarações de Lacerda à imprensa norte-americana seguiam repercutindo, e duas medidas foram cogitadas: a decretação de estado de sítio ou a intervenção federal no estado da Guanabara. Os líderes do governo na Câmara, Tancredo Neves e Bocaiúva Cunha, do PTB, advertiram ao presidente que a Câmara negaria curso a qualquer das duas medidas. Jango ignorou a avaliação de seus líderes, e, a 4 de outubro, encaminhou ao Congresso Nacional um pedido de decretação de estado de sítio em todo o território nacional, pelo prazo de trinta dias.[1480] A crise ganhou forma jurídica, e estava em mãos do Legislativo conceder poderes extraordinários ao presidente da República, para governar temporariamente sem a contenção de muitas das garantias individuais fixadas na Constituição.

San Tiago não teria sido consultado ou informado sobre a intenção de Jango de solicitar à Câmara a decretação do estado de sítio. Ao dela tomar conhecimento na data da sua divulgação, no dia seguinte, um sábado, vai a Belo Horizonte, aonde chega por volta do meio-dia, e se encontra com o governador Magalhães Pinto e a seguir com a bancada mineira do PTB, que integrava. Aos jornalistas que recebeu no Hotel Normandy, no centro da cidade, desculpando-se pela pressa, entregou-lhes um texto manuscrito a lápis, apontando a inconstitucionalidade da medida solicitada por Jango e da sua inoportunidade política.[1481] À noite, ainda no sábado, San Tiago encontra-se com Jango no Palácio das Laranjeiras, no Rio de Janeiro, e certamente o terá informado da declaração que, ainda na capital mineira, dera à imprensa sobre o pedido de estado de sítio, e que seria publicada no dia seguinte, domingo, 6 de outubro.

Nela afirma San Tiago que ninguém ignorava a "solidariedade e o apreço que me unem ao presidente da República". Contudo, não podia se "exonerar, sobretudo como representante do povo de Minas, de pronunciar-me sobre o estado de sítio". Via, na medida, "aspectos políticos e jurídicos que a tornam, com a extensão em que foi solicitada, inconveniente e inconstitucional".[1482] Sobre o aspecto político, o estado de sítio "em pouco tempo, à revelia do presidente e de seus ministros, teria uma evolução inevitável e se tornaria um instrumento de repressão e prevenção sobretudo de greves"; tinha o governo, "fora do estado de sítio, os meios necessários" para reprimi-las e, além disso, não se podia "esquecer que as causas das greves estão no processo inflacionário galopante que corrói a moeda e destrói, em prazos cada vez mais curtos, as conquistas salariais". E recorda suas "numerosas advertências ao país" sobre os efeitos da inflação, e do risco "se nos afastássemos de uma política severa e de contenção, para não vermos parar o país". E conclui dizendo "não ficar mal a um governo eminentemente popular, como o do presidente, rever suas iniciativas à luz das reações populares".[1483]

Rejeitado por todos, à esquerda e à direita, o pedido de decretação de estado de sítio foi retirado por seu autor na segunda-feira, 7 de outubro. Mas a crise política que tomava o país subsistia, agravada pela crise econômica.

O reajuste concedido ao funcionalismo comprometera a posição fiscal, que, a partir do início do segundo semestre, ficou mais aguda com a queda da arrecadação, devido à redução da atividade econômica. Em outubro, o governo restringiu ainda mais o crédito, determinando a compra compulsória de títulos, sem juros, com prazo de cento e oitenta dias, por todos aqueles que tomassem empréstimo dos bancos particulares que ultrapassasse os limites de créditos autorizados pelo governo. A medida provocou forte reação do meio empresarial, enfraquecendo o apoio até então prestado a Carvalho Pinto.[1484]

• Esquerda negativa e Jango

Na segunda semana de outubro, representantes da Frente de Mobilização Popular, de Leonel Brizola, de Miguel Arraes, do Comando Geral dos Trabalhadores e da União Nacional dos Estudantes, e de outras entidades de esquerda, reunidos em Brasília, concluíram que o governo de Jango atendia aos interesses das classes conservadoras, distanciando-se dos grupos que haviam assegurado a sua posse na crise da renúncia de Jânio; caberia, portanto, às esquerdas romper com o governo. Essa tomada de posição teve o seu desdobramento objetivo a 14 de outubro, quando o ministro da Educação, Paulo Tarso, renunciou ao cargo. A Frente de Mobilização Popular declarou em seguida ao ato de seu integrante que "as forças populares querem deixar firmada, com absoluta clareza, sua posição de total independência em relação à política de conciliação do presidente da República em relação a todo o esquema de poder vigente".[1485] A seguir, Brizola moveu-se.

• Grupos de onze

Em fim de outubro, o deputado gaúcho anunciou, através de uma rede nacional de emissoras formada a partir da *Rádio Mayrink Veiga*, do Rio de Janeiro, por ele frequentemente utilizada, a criação dos Grupos de Onze, um movimento que reuniria, em diversas células com esse número, influentes ativistas de esquerda, e teria por objetivo lutar pela implantação das reformas de base e pela "libertação do Brasil da espoliação internacional". No documento de criação dos Grupos de Onze, Brizola detalhou a sua formação e organização. As iniciativas "precisam surgir por toda a parte, onde quer que se encontre um brasileiro consciente, um nacionalista, um patriota, mesmo nos lugares mais longínquos de nossa pátria". O ponto de partida seria o "entendimento entre dois ou três companheiros perfeitamente identificados", e, "decidida em reunião a fundação do grupo ou comando, deve ser lavrada uma ata assinada por todos e onde constem os objetivos acima estabelecidos".

O grupo jamais chegou a ter uma atividade efetiva, sendo a sua principal forma de ação a venda, a divulgação e a coleta de assinaturas do semanário nacionalista *Panfleto*, também criado por Brizola, nos meses de fevereiro e março de 1964.[1486]

A revolta dos sargentos em Brasília, greves sucessivas, o pedido de estado de sítio e o constante agravamento da situação financeira compunham uma crise política e econômica que dominava o país. O deputado petebista Almino Afonso, em declaração ao *Jornal das Ligas Camponesas*, via só uma alternativa ao país: "ou a saída golpista ou a revolução social".[1487]

Mas outra perspectiva abria-se à crise, como mostra San Tiago.

A 15 de agosto, San Tiago ainda fazendo exames em Washington, Ibrahim Sued, um dos repórteres mais bem informados no Rio de Janeiro, noticiou em primeira mão que San Tiago fora escolhido, por um júri reunido pela revista *Visão, o Homem de Visão - 1963.*[1488] A 25 de outubro, a revista *Visão* convidava para o jantar em homenagem a San Tiago, a ser realizado às 20h30, no Hotel Glória, no Rio de Janeiro.

• A realidade pressentida

Saudando o homenageado, o economista e colega de San Tiago na Faculdade de Economia do Rio de Janeiro, Octávio Gouvêa de Bulhões, elogiou o ex-ministro da Fazenda, "os seus memoráveis esclarecimentos ao público sobre o processo inflacionário e a importância da sua eliminação", ressaltando a necessidade da conjugação de medidas de contenção da inflação, sem as quais esta não seria debelada. Mas San Tiago não se ateve a temas econômicos em seu discurso de agradecimento.

Descansado e relativamente bem-disposto, com a voz impostada e firme, que, naquele momento, não denotava a gravidade da doença que o consumia, San Tiago inicia a sua fala dizendo ser necessário enfrentar duas situações capitais. A sobrevivência da democracia e da liberdade, no mundo moderno, dependia da capacidade de "estendemos a todo povo, e não de forma potencial, mas efetiva, os benefícios hoje reservados à classe dominante". O segundo ponto era a certeza de que "a continuidade da civilização, com o seu resultado final, que é a reconciliação dos homens, depende da nossa capacidade de preservar a paz", de substituir a "competição militar entre os povos por técnicas cada vez mais estáveis de cooperação e de convivência".

Havia uma "inevitável correlação entre democracia e reforma social". E não mais bastavam à preservação da democracia apenas a fidelidade aos princípios jurídicos e o crescimento da renda; a esses dois fatores era necessário "aditar um terceiro: a reforma social". Nesse ponto, observa San Tiago, "o pensamento democrático, no Brasil e fora dele, não raro se torna evasivo".

A reforma social deveria incorporar as aspirações do povo que "subam das próprias bases sociais, e não ser uma reforma outorgada pela classe dominante, expressiva apenas de uma concessão sem conciliação". Deveria responder ao "problema vital da segurança econômica do indivíduo na sociedade", então assegurado esse estado apenas aos proprietários, enquanto "a forma universal de participação do indivíduo na sociedade é o trabalho, e o *status* que a todos corresponde é o do trabalhador". Em "curto prazo e respeitando os direitos subjetivos", a reforma social deveria promover uma "redistribuição de renda social", e, em paralelo, era indispensável a "liquidação progressiva e completa das formas de opressão social e de dominação", estabelecidas em proveito de "classes, de grupos, de interesses nacionais ou estrangeiros diferenciados".

Era indispensável, liminarmente, "conseguíssemos obter de nós mesmos, da classe dirigente", o entendimento com as classes produtoras e a trabalhadora, alcançando o mínimo de confiança na viabilidade "de um projeto brasileiro". A desorganização da vida política e social do Brasil estava atingindo a empresa privada e comprometendo a empresa pública, e, em meio a esse processo, afirmou-se "a inflação brasileira", cujas taxas de crescimento eram cada vez "mais perigosas".

Porém, não cabia ver a inflação apenas como uma incontinência monetária de nossos governantes, mas devida também à falta de "programação, mesmo cálculo, das despesas públicas e à definição de investimentos sem prévio balanço de recursos", somando-se a esse estado a pressão da classe trabalhadora por uma maior "participação na renda social, através de salários mais elevados", e "da classe empresarial por financiamentos a novos empreendimentos, entrevistos na ampliação do mercado interno".

A seguir, San Tiago retoma a sua crítica aos extremos, de esquerda e de direita, os quais, se, mesmo temporariamente, comandarem "o nosso processo político 'abrirão', inevitavelmente, a revolução brasileira, tornando-a mera subsidiária de um processo internacional, cujos interesses superiores nos serão impostos de fora, daí por diante". Não se tratava, diz, de uma opção doutrinária ou ideológica a ser feita, entre iniciativa estatal e iniciativa privada; era necessário indagar dessas alternativas aquela de maior eficiência e adequação, para, "de maneira consequente, nos fixarmos na escolha". O mesmo deveria ser feito em relação à política externa; à frente do Itamaraty, procurou não "inscrever a economia [do Brasil] no âmbito da área geopolítica a que pertencemos, e a ela subordinar o curso de seus interesses"; dessa política resultou o "sentido de independência, e não de preferência ideológica, que procurei dar à política externa brasileira".

San Tiago encaminha a conclusão do seu discurso, e reafirma a sua "posição política e partidária, em que continuo a aprofundar as minhas raízes, que era então, como hoje, a expressão de uma convicção sincera na capacidade das nossas classes populares para impulsionarem, no sentido da renovação, da revolução democrática, o curso da nossa história". A sua vez, à classe dirigente o "compromisso primordial deve ser a atualização da cultura brasileira, pela incorporação rápida das conquistas do pensamento moderno". E do "ajustamento perfeito entre elites capazes de se modernizarem e o povo, que nos testemunha todos os dias a sua vitalidade, que sinceramente espero vir a surgir, por eletrólise, essa realidade que pressentimos: o futuro do Brasil".[1489]

No dia seguinte, o *Jornal do Brasil* publicou a íntegra do discurso de San Tiago, cujo texto ele na véspera havia distribuído à imprensa, registrando "o retorno do Sr. San Tiago Dantas e da razão à vida nacional", e o *Correio da Manhã* referiu que "o homem de estado" foi alvo de uma manifestação "de cordialidade e admiração".[1490] Ao jantar no Hotel Glória compareceram mais de quinhentas pessoas, os mais expressivos representantes da "classe dirigente", entre estes o ministro da Fazenda, Carvalho Pinto, o ministro das Relações Exteriores, embaixador Araújo Castro, advogados, empresários, diplomatas e outras personalidades da vida pública do Rio de Janeiro, ausente o presidente da República. A escritora Clarice Lispector foi uma das poucas presenças femininas presentes à homenagem a San Tiago.[1491]

Enquanto em seu discurso na véspera San Tiago afirmara que a "iniciativa regeneradora" do estado em que se encontrava o país deveria "envolver o comportamento de todo o Governo", e, caso essa iniciativa deixasse "abertas frestas", o esforço seria anulado, "e se [restauraria] a marcha para a desordem",[1492] o presidente do PSD, formalmente ainda aliado ao PTB no Congresso, vinha à imprensa explicar o verdadeiro sentido da nota divulgada havia pouco por seu partido: o PSD não era "nem contra nem a favor do presidente João Goulart", acrescentando, em seguida, que era apenas "a favor do Brasil". Mas, nesse mesmo dia, o ministro da Justiça, o também pessedista Abelardo Jurema, teria dito que "nunca se conspirou tanto, mas o governo estaria muito atento às manobras". Acreditava, inclusive, o ministro, que parte do PSD estaria envolvida nas manobras contra o presidente da República, para derrubá-lo.[1493]

• A cena política

Empossado na Presidência da República sob o regime parlamentarista em setembro de 1961, Jango voltou a sua ação política à antecipação do plebiscito que restauraria o regime presidencialista. Restaurado este, em janeiro de 1963, Jango não foi capaz de ajustar a sua linha de ação política a esse regime e a ele dar um curso seguro e nítido. A inflação sem combate efetivo devorava a vida econômica e social do país, animando greves, sobretudo nos maiores estados[1494]; o sindicalismo, que Getúlio atrelara ao Executivo, ganhava autonomia crescente deste, e se abria à penetração da esquerda radical; as reformas de estrutura foram convertidas por Jango, Brizola e por outros radicais de esquerda em bandeiras alinhadas a bordões ideológicos – fim da espoliação capitalista, do imperialismo, etc. –, e jamais foram convertidas em projetos legislativos, enviados ao Congresso e nele defendidos, com o mesmo vigor com que, em praça pública, eram aqueles bordões propagandeados. A bandeira das reformas, sobretudo a agrária, dominava a política nacional em lugar do combate à inflação, o qual viu-se logo frustrado.

A ação da esquerda negativa ajudava a aglutinar a direita radical, como apontara San Tiago, enquanto a aliança entre o PTB e o PSD ia se decompondo, à vista de um Congresso inoperante, incapaz de chamar a si o debate dos temas mais significativos do momento. E os sinais de indisciplina militar, tal a revolta dos sargentos, já se mostravam evidentes no "partido de armas na mão".

Nesse contexto, no qual os vocábulos golpe e contragolpe já constavam do discurso político corrente, San Tiago observara ser preciso organizar um sistema de forças progressistas no Congresso, distante dos extremos de direita e de esquerda, que defendesse a legalidade democrática e desse sustentação ao governo. No início de outubro, Jango teria visitado San Tiago em sua casa e a ele teria solicitado que fizesse contatos visando dar "maior densidade política ao governo, nesta hora de crise".[1495] Surgiu, então, a notícia de uma frente que desse sustentação ao governo e ao seu titular, que buscaria ser articulada por San Tiago.

Desenganado pelos médicos norte-americanos, mas falsamente recoberto o diagnóstico fatal por outro, benigno, mas que não escondia a marcha cruel e irrefreável de seus padecimentos físicos, San Tiago não deixou de se movimentar e conversar sobre a criação da Frente.

Se as razões a justificar a criação dessa Frente eram claras, os termos a estruturá-la, como San Tiago a via e a situação política reclamaria, eram de difícil, senão impossível, composição. A um só tempo ela visaria reunir forças progressistas de centro e da esquerda positiva, dar sustentação política ao governo, defender o combate efetivo à inflação e, ainda, encaminhar as reformas de base, em meio à habitual vacilação de Jango, ante a oposição da esquerda negativa e da direita radical, imerso o país na maior crise econômica desde a grande depressão verificada ao final da década de 1920.

A criação de tal Frente parecia ser, como diria San Tiago, mas não publicamente, uma aspiração sem possibilidade de vir a ser realidade.

San Tiago fazia parte do cada vez mais reduzido núcleo de políticos, entre eles, o líder do governo, Tancredo Neves, que viam nítidas, no clima político reinante, não apenas a ameaça ao regime constitucional vigente, mas, rompido este, as consequências funestas e duradouras à frágil experiência democrática brasileira. O país estava atravessando o túnel cujo início Tancredo vira em agosto anterior, e San Tiago via, na ação "provocadora" da esquerda negativa, um "estímulo a um golpe governista, sob a forma de contragolpe".[1496]

Mas San Tiago impunha-se o dever de participar; e inicia entendimentos com líderes políticos visando à formação da Frente.

A defesa pública da criação da Frente e o apoio de Jango à execução de seus propósitos seriam decisivos para um desfecho favorável às articulações de San Tiago. Mas Jango não assumiria essa liderança, como, de resto, não defendera o seu candidato a primeiro-ministro dezoito meses antes, e omitira-se na defesa de seu ministro da Fazenda. Agora, Jango repetia a sua conduta; fazia crer que San Tiago era o seu representante, sem, todavia, apoiar as negociações para a criação da Frente.

San Tiago prossegue, porém. Fala ao *Correio da Manhã* e prefigura os termos em que a Frente deveria ser formada. Distingue a esquerda negativa da esquerda positiva, observando que a primeira "não procura apreender o sentido evolutivo, o processo dialético das transformações sociais e se contenta com verbalismo ideológico, pseudorrevolucionário, quase sempre favorável, em sua resultante final, à aglutinação das direitas e ao reforço da reação". Se o governo realmente desejasse "tomar uma posição de esquerda construtiva", deveria promover uma sequência "de atos administrativos coerentes e bem definidos com os quais traduzisse esse propósito, [e] era necessário rejeitar, por ser injusto, "etiquetar de conservadores" alguns partidos, devendo-se lembrar que muitos deles contribuíram para edição de leis sociais mais avançadas. Em determinadas circunstâncias, San Tiago acreditava que alguns partidos haviam reagido "contra certas formas verbais de esquerdismo, sobretudo quando [essas formas] não são confrontadas com soluções práticas e sugestões concretas a que tenham de dar ou recusar apoio". San Tiago exemplifica esse ponto referindo o "desentendimento nacional em torno da reforma agrária", preso à "verbalização do problema"; este caso deveria ser "tirado do campo das competições conceptualistas para ser posto no das definições concretas".[1497]

No momento em que abertamente era discutido o rompimento da ordem constitucional por forças extremistas da direita e da esquerda, senão pelo próprio Jango, como alguns teriam visto o frustrado pedido do estado de sítio sugerir, o governo deveria submeter ao Congresso medidas concretas e nele negociá-las sem preconceitos e juízos antecipados, sob a liderança do presidente da República. A tanto era indispensável atrair o apoio das forças de centro, para somá-las à esquerda positiva, tendo antes excluída a esquerda negativa, que declaradamente repudiava qualquer forma de entendimento amplo. Esse o núcleo da proposta de San Tiago.

E San Tiago movimenta-se. A 28 de outubro, em São Paulo, almoça com o governador Adhemar de Barros, e declara à imprensa que a situação nacional, depois de ter passado por dificuldades, tende a uma certa normalização, mas observa que "o processo brasileiro de desenvolvimento foi rompido, sendo necessário restabelecê-lo para a eliminação dos debates estéreis". E prossegue, conversando com Juscelino, que orientava os seus movimentos e procurava com eles coordenar as posições do PSD, tendo sempre em vista a sua candidatura à presidência, nas eleições de outubro de 1965.[1498]

• A estrutura da Frente Ampla

Na última semana de novembro, San Tiago prefigura os quadros da Frente Ampla, que passou a ser assim identificada, ou Progressista, ou, ainda, Única. Ela deveria ser "bastante ampla para abrigar elementos progressistas dos partidos do centro, e estruturada fundamentalmente com o grosso do PTB, o governo de Pernambuco, os Comandos Sindicais não contagiados pelo anarquismo, e o PC [Partido Comunista]". Seriam definidos os "objetivos estratégicos, a preservação do processo eleitoral constitucional, o repúdio ao golpe e à subversão", e os "objetivos táticos, eleição da mesa da Câmara, com a escolha de um presidente que garanta o presidente da República contra tentativas de impeachment e garanta a Câmara contra o risco do fechamento".

San Tiago acreditava, ou dizia acreditar, que forças de esquerda (além da esquerda positiva), desde o "grosso do trabalhismo até o PC", estariam desunidas, "não por desentendimentos, mas por falta de coordenação pessoal e de formulação de objetivos de luta", enquanto as forças "anarquistas aspiram a liderar essa coordenação, mas com a finalidade de canalizar forças no sentido da subversão".[1499]

Ou seja, as forças anarquistas, nelas incluída a esquerda negativa e a extrema direita, estariam dispostas, cada qual, a assumir o comando de uma Frente para dar curso ao seu processo subversivo de romper a ordem constitucional. A oposição a tal Frente, ao menos em tese, poderia ser feita pela formação de outra Frente, aquela em articulação por San Tiago, e esta não poderia deixar de contar com o apoio dos partidos de centro, notadamente do PSD. A questão que remanescia era a identificação do líder dessa Frente, capaz de assumir o seu comando e exercer a sua liderança. Esse líder não seria San Tiago, mesmo se a sua saúde permitisse, e ele estaria disso advertido, embora tivesse publicamente assumido o papel de seu articulador. Desse modo, Jango seria o líder natural da Frente que visava apoiar o seu governo; mas Jango não assumia a sua liderança, ainda que a ela não negasse o seu apoio nominal, embora sem empenhar-se efetivamente.

Em meio aos sinuosos movimentos da política nativa, o assassinato de Kennedy chocou o mundo. San Tiago reunira-se com ele, em março último. E em artigo que logo publica, analisa a trajetória do presidente que se encerrara súbita e tragicamente a 23 de novembro. Nem toda ação do presidente morto poderia contar com "a nossa adesão sem reserva ou mesmo merecer a nossa simpatia", observa, mas não era o caso de proceder a essa discriminação naquele momento, diz San Tiago.

A seguir, qualifica a ação política um processo por vezes contraditório em suas fases sucessivas, mas cuja unidade "só se patenteia, ou depois de concluída, ou a partir de certos lances capazes de clarear totalmente os seus objetivos". E acrescenta: "o homem público que não aceita, em benefício do êxito final, esse risco de atravessar etapas aparentemente contraditórias, não é um realizador, [não é] um homem de estado, mas no máximo um propagandista de ideias, um demagogo ou ideólogo".

Reiterando o que já escrevera tomando o exemplo do Quixote, San Tiago afirma que a marca distintiva do estadista "é a plena aceitação do risco da inconsequência temporária, pela tranquila certeza sobre o sentido final da sua ação." "O risco reside em que a obra pode ficar interrompida antes de estar unificada e esclarecida, e que o julgamento popular pode ser feito no momento em que o saldo da conta corrente é negativo". O homem de estado, verdadeiramente digno desse nome, aceita friamente esse risco, conclui.[1500]

- **A crise e o seu responsável**

Logo a realidade política nativa se impôs, fazendo duro contraste com o homem de estado descrito por San Tiago. A 30 de novembro, Jango definiu o momento político do país que ele presidia: "Estamos vivendo a mais grave crise por que já passou o Brasil em toda sua história republicana. Caminhamos, aceleradamente, para um desfecho que, se não for evitado a tempo, irá abalar, em termos definitivos e imprevisíveis, a própria estrutura da nação. Não era ele, o presidente da República, o principal responsável por aquela situação, pois não governava sozinho", disse Jango.

Todas as forças ativas do país, do Congresso aos empresários, deteriam "uma parcela de responsabilidade pelo destino do país e do governo". A seu ver não era "justo nem razoável" que essas forças continuassem "lutando umas contra as outras, em uma estéril dispersão de esforços, e que descarregassem toda sorte de acusações apenas sobre a Presidência da República". Jango acrescentou não ter dúvida de que, "a continuar como vamos, o caos poderá sobrevir – e a todos atingirá, indistintamente. A todos compete por isso um esforço no sentido de evitá-lo".[1501]

A seguir, Jango fez uma ampla consideração sobre a origem histórica da crise que se vive no Brasil e, como conclusão, afirmou "só nos resta uma alternativa: a reforma de base no campo", e as "outras reformas de base: a bancária, a tributária, a orçamentária e a eleitoral". Com essas reformas, Jango acredita evitar "que a crise caminhe para um desfecho caótico e subversivo", pois "a palavra *revolução* deixou de ser um fantasma abstrato e (...) se transformou, num temor real da nação, que cresce à medida que se acelera o ritmo inflacionário. Já ultrapassamos os limites do suportável".[1502]

A revolução estava às portas de um país convulso, e não seria justo acusar-se o presidente da República por essa situação, que ele descrevia, e ressalvava a sua responsabilidade. Em meio à crise cujo desfecho provável, em suas próprias palavras, indicava ser um golpe que poria fim ao regime constitucional vigente, Jango não teve uma palavra em defesa da Frente articulada pelo seu ex-ministro da Fazenda, cujo objetivo era conciliar forças em apoio ao seu governo e em defesa da ordem democrática.

As declarações de Jango, além de procurar isentá-lo da responsabilidade sobre os rumos do país, precederam um novo curso de ação do presidente, cuja tônica seria a edição de uma série de medidas que ele passou a ver como decisivas ao seu governo.

• Jango: medidas radicais

Derrotado do seu pedido de estado de sítio, em outubro anterior, inclusive sob forte reação das forças de esquerda, Jango voltou-se para o seu círculo estreito de assessores e moveu-se à esquerda.

Em sucessivos atos vistos nesse sentido, Jango nomeou o almirante Cândido Aragão, ligado a Brizola, chefe do Corpo de Fuzileiros, medida que provocou a imediata reação do escalão superior da Marinha; estendeu os benefícios da Previdência Social aos trabalhadores rurais, tornou obrigatório a todas as empresas com mais de cem empregados proporcionar ensino elementar gratuito aos funcionários, e enviou ao Congresso projeto que instituía a escala-móvel para o reajuste dos vencimentos do funcionalismo público e a este estendeu o 13º salário, a partir de 1964. Determinou por decreto a revisão de todas as concessões governamentais das jazidas minerais, e cancelou as concessões não exploradas no curso dos últimos vinte anos. A seguir, tabelou o preço dos óleos lubrificantes vendidos por empresas estrangeiras e outorgou à Petrobras o monopólio das importações de petróleo. E, não tendo obtido aprovação do Congresso para a alteração de dispositivo constitucional necessário à desapropriação de terras, determinou à Superintendência de Reforma Agrária - Supra - a elaboração de minuta de decreto que considerasse de interesse social e, portanto, suscetíveis de desapropriação imóveis de mais de 500ha, localizados nas faixas de 10km da margem das rodovias, açudes e ferrovias. Essa medida foi imediatamente combatida sendo temporariamente suspensa. Em paralelo, as forças da esquerda negativa reclamavam que o Ministério da Fazenda fosse entregue a Brizola, que dizia só aceitar a pasta com todos os seus "penduricalhos".[1503]

Essas medidas de Jango, anunciadas ao longo de dezembro, à exceção da nomeação do almirante Aragão, não foram precedidas das análises de forma e conteúdo indispensáveis, e não eram de execução imediata. Contudo, a sinalização ideológica delas era nítida às forças da direita, que já entreviam uma conspiração golpista em curso no âmbito do próprio governo, e mostravam à esquerda radical, que tinha em Brizola, a sua liderança mais expressiva, um movimento autônomo e liderado por Jango.[1504]

O movimento de Jango não teria passado despercebido a San Tiago. A imprensa seguia noticiando a sua articulação de uma Frente que ele dizia acreditar que pudesse mobilizar a opinião pública e respaldar a política reformista do governo. E observa que o impasse entre o Executivo e o Legislativo ia se tornando cada vez mais, perigoso com o passar do tempo, podendo essa situação agravar-se a ponto de as forças reformistas e as forças antigovernistas virem a acreditar ser a única solução da crise política a interrupção do processo constitucional, não em termos revolucionários, mas em termos golpistas.

Nesse contexto, deveria a Frente visar três pontos principais: a necessidade de adoção de uma linha comum pelas forças de esquerda e pelos elementos reformistas dos partidos de centro; a convocação da esquerda radical para essa linha, sem que a ela coubesse um papel dominante, uma vez que lhe faltava poder aglutinador; e o apoio ao governo, para a sustentação das reformas e a garantia de uma política financeira anti-inflacionária, preservadora dos interesses nacionais e da política externa independente.[1505]

O convite à esquerda radical seria uma mera formalidade, pois era sabido, por sua atuação, que ela não aceitaria participar dessa Frente, pois já estava abrigada na Frente de Mobilização Popular, comandada por Brizola; igualmente, à Frente Parlamentar Nacionalista, que também apoiava o deputado gaúcho. E o combate efetivo à inflação, que, sem dúvida, era a tarefa mais urgente a ser executada, já havia sido abandonado desde a demissão de San Tiago do Ministério da Fazenda.

San Tiago seguia com suas conversas. Almoça no restaurante da *Maison de France*, com o jornalista Antônio Callado e com Samuel Wainer, dono do jornal *Última Hora*, que não o apoiava.[1506] A 20 de dezembro, encontra-se com Jango em seu apartamento na Avenida Atlântica, e a ele reporta a conversa sobre a formação da Frente que tivera com o comando do PSD, com Juscelino Kubitschek e Tancredo Neves, estes dois políticos mineiros firmes defensores da preservação da ordem constitucional vigente. Nessas conversas, considerava-se que a Frente poderia admitir até extremos ideológicos, mas sem a participação de Brizola e de seus seguidores.[1507]

Antes de retornar a São Paulo, o ex-ministro da Fazenda, Carvalho Pinto, encontrou-se com San Tiago no Rio de Janeiro e a ele expôs os termos da sua gestão na pasta da Fazenda, à qual na véspera renunciara, "alegando não existirem condições para o exercício de sua administração". E, em seu lugar, foi nomeado Ney Galvão, ex-presidente do Banco do Brasil.[1508] Ao Jango não entregar a Brizola o comando do Ministério da Fazenda, a crítica dura que Brizola lhe vinha fazendo cristalizou-se em confronto direto e aberto.[1509]

• San Tiago vê o golpe

Em outubro, pouco tempo depois de retornar dos Estados Unidos, em conversa com o diplomata Marcílio Marques Moreira, San Tiago disse ver a possibilidade de um golpe ser desfechado por Brizola e ser instalado no Brasil uma república sindicalista.[1510] Um mês depois, Jango disse inevitável o golpe, acenando com medidas de governo bem diversas daquelas que San Tiago apontara ser o caminho da "esquerda construtiva".

A Frente ia tomando uma feição peculiar; enquanto crescia a dificuldade de ela ser formada em meio à radicalização que se alastrava, decrescia o número daqueles que não desejavam ver rompida a ordem constitucional. Esse risco motivaria San Tiago em prosseguir em suas conversações, visando fixar uma posição de equilíbrio, de racionalidade na cena política do país, mesmo ciente do fracasso inevitável do seu esforço.

É interessante notar que, nas conversações que San Tiago mantinha, o nome de Tancredo Neves jamais aparecia entre os seus interlocutores, mesmo sendo difícil que eles não conversassem sobre a travessia do "túnel" em que a política nacional ingressara em início de outubro último, na metáfora exata de Tancredo. Porém, como acontecera no caso da renúncia de Jânio e das tratativas para a posse de Jango, os dois políticos jamais deixavam rastro de suas conversas, pois não falavam de si, e, quando desejavam dizer algo em público, formulavam precisamente um comentário à imprensa.

E San Tiago era constantemente solicitado a falar, em outros foros, que os da política partidária.

• Paraninfado, conferências

A 10 de dezembro, no Salão Nobre do Itamaraty, San Tiago paraninfa a turma de quarenta e um formandos que concluíram naquele ano o curso do Instituto Rio Branco. Em um discurso de vinte e duas laudas saúda os formandos e analisa a política externa do Brasil.

E começa por estabelecer o sentido da expressão que passou a identificar a sua ação à frente do Ministério das Relações Exteriores, e diz que a crítica a expressão política externa independente, "em vez de um servilismo, ou sujeição consciente a imposições feitas do exterior, é um fato a ser explicado à luz de critérios sociológicos e não a ser julgado por critérios puramente morais", pois a "independência só se alcança quando a consciência política do país, impelida pelo processo de suas próprias contradições, logra apreender a realidade nacional e passa a identificar, no quadro topográfico de suas relações com outros povos, itinerário que lhe permite alcançar suas finalidades".

A seguir, San Tiago faz um circunstanciado exame das relações externas do Brasil. E o *Professor*, que havia iniciado o seu magistério muito cedo, diz que era "tempo de se ouvir a palavra da mocidade; ela não nos traz o calor ingênuo do entusiasmo, mas a inquietação do seu senso precoce de responsabilidade pública".[1511] O orador da turma, José Guilherme Merquior, em seu discurso, disse "raros terão sido os paraninfos, como San Tiago, capazes de tocar tão de perto a simpatia de jovens". Jango, que presidiu a cerimônia, não discursou, declarando apenas a sua satisfação em congratular-se com os jovens diplomatas.[1512]

Pouco depois, San Tiago está em Belo Horizonte, na Faculdade de Direito, discursando nas comemorações do Centenário do jurista Edmundo Lins.[1513] E, a 18 de dezembro, faz conferência sobre "Ciência e Tecnologia no Processo Desenvolvimentista Nacional", no Conselho Nacional de Pesquisas, quando registra que o Brasil "atravessa uma quadra extremamente perigosa, que poderia ser definida como o risco de uma recaída do subdesenvolvimento". E ressalta a importância, "maior do que nunca, de um mais profundo entrosamento entre a ciência e a técnica de administração política, principalmente no setor econômico, com relação aos planos de longo alcance".[1514] Ainda naquele mês, o *Digesto Econômico*, publicação da Associação Comercial de São Paulo e da Federação do Comércio daquele estado, traz um texto de San Tiago, "A Evolução da Política Brasileira".[1515]

• Frente Ampla: um texto

Com data de 26 de novembro daquele ano de 1963, um texto datilografado com o título "Bases para Formação de uma Frente Popular, ou Progressista", acha-se no arquivo de San Tiago, sem indicação de autoria, embora o estilo seja seu. Na introdução, o seu objetivo: prestar apoio e cooperação ao presidente João Goulart para levar adiante as reformas de base. Impunha-se, então, a necessidade de se formar uma base política, "com lastro de opinião pública e eficiência operacional tanto no Congresso como fora dele", para apoiar uma renovação do ministério, que pudesse encaminhar as reformas. Tal base seria formada a partir do entendimento "entre forças políticas sobre pontos programáticos e não sobre pessoas, e resultaria da união entre forças de esquerda e do centro".

A Frente não cuidaria de definir o seu caráter ideológico e doutrinário, mas em sua formação tomaria por base pontos específicos, de governo, "suscetíveis de serem abordados através de medidas legislativas e administrativas". Eram enunciadas, como sugestão, as reformas agrária, bancária, tributária, administrativa, empresarial e reforma política, essa última sensível, em seus pontos mais significativos: adoção do voto do analfabeto, elegibilidade dos alistáveis, eliminação das limitações decorrentes da lei de segurança nacional e a liberdade de organização para quaisquer partidos, inclusive o comunista.[1516]

Neste texto, muitos dos temas de incontáveis discussões com diferentes forças políticas, que prosseguiriam no novo ano, o último da República de 1946.

- **Economia**

Desde a saída do "moderado San Tiago Dantas, a principal figura do ministério",[1517] em junho anterior, o combate à inflação, já comprometido, fora substituído na pauta política do país pela promoção da reforma agrária, ao lado de outras pautas cuja execução era não menos complexa, tanto do ponto de vista jurídico, quanto político, tais a encampação de concessionárias estrangeiras e a instituição de monopólios estatais em diversas atividades econômicas.[1518] E os números da economia pioravam.

Em 1961 e em 1962, a economia brasileira cresceu 7,3 e 5,4%, e em 1963 apenas 1,6%; mas, como nesse mesmo período a população cresceu a uma taxa de 3,1% ao ano, em 1963 houve, de fato, uma descapitalização no país; nesse mesmo período, a inflação cresceu continuamente: entre 1961 e 1963, respectivamente 38,1%, 53,3% e 73,5%, e as projeções indicavam um índice superior a 90% naquele ano de 1964, que se iniciava.

Àquela altura, meados de janeiro de 1964, as manifestações de apoio à formação da Frente Ampla eram todas condicionadas a uma melhor análise da sua proposta, ainda a ser feita pelas forças políticas que se diziam nela interessadas.[1519] O governador Arraes, depois de visitar San Tiago em sua casa, já tendo conversado com o deputado Almino Afonso e com os representantes do Comando Geral dos Trabalhadores, Osvaldo Pacheco e Dante Pellacani, declarou ser necessário o governo executar uma política financeira e externa nacionalistas, medida a seu ver tão prioritária quanto às reformas de base. A sua vez, o PSD afirmava que deveria ser previsto um programa mínimo e uma política de governo a ser executada antes da formalização da Frente Ampla e o seu líder, Martins Rodrigues, dizia considerar "inviável o esquema de San Tiago, de aglutinar forças parlamentares de diversos partidos para apoiar as medidas governamentais, principalmente na aprovação de emenda constitucional"; isso, mesmo que o PTB votasse maciçamente as reformas, o que achava difícil.[1520] O líder do Partido Comunista enumerou pontos que via necessários incluir no esboço da Frente[1521], e Magalhães Pinto apoiava a ideia da sua criação, reservando-se o direito de apresentar posteriormente suas sugestões. Já Brizola, recusou-se a vir ao Rio de Janeiro discutir a articulação da Frente Ampla, desconfiando das intenções do presidente e recusando-se a participar de qualquer esquema articulado por San Tiago.[1522]

Enquanto a tentativa de San Tiago articular a Frente Ampla era considerada ambiciosa pelo colunista Carlos Castello Branco, Paulo Francis observava ser "muito difícil conciliar as lideranças nacionais, quase tão difícil quanto adivinhar o pensamento do presidente da República."[1523]

- **Frente de Mobilização Popular**

Ao contrário, a Frente de Mobilização Popular, liderada por Brizola, tinha uma posição definida; já considerava Jango "um caso irremediável de duplicidade e indecisão", ao qual poderiam prestar colaboração se a eles fossem entregues os principais "postos de comando da vida econômico-financeira". Nesse sentido, reunidos seus dirigentes com Brizola, no Rio de Janeiro, a Frente de Mobilização não examinou a hipótese de integrar um governo de Frente Ampla nos moldes propostos por San Tiago.[1524]

Enquanto Arraes, vindo de Pernambuco, chegava ao Palácio do Rio Negro em Petrópolis onde Jango despachava e dele recebeu o esboço de dois documentos, um, com cinco páginas apontado como tendo sido elaborado por San Tiago, e, outro, com igual número de páginas, encaminhado por Luís Carlos Prestes, Brizola se reunia em seu apartamento, na Avenida Delfim Moreira, no Leblon, com deputados da Frente de Mobilização Popular, entre eles Almino Afonso, Marco Antônio, representando Luís Carlos Prestes, oficiais e sargentos. Cinco horas depois, concluíram não ser o programa apresentado por San Tiago autorizado ou da preferência do chefe de governo. Em seu lugar, a Frente de Mobilização Popular aprovou manifesto em que ratificava as teses que vinha sustentando, e reclamou ao presidente da República a adoção de medidas contra "o processo espoliativo", ao qual estaria submetido o país.[1525]

San Tiago reage à manifestação da Frente de Mobilização Popular sem citá-la: "não obstante a existência, ainda, de alguns obstáculos", se diz otimista em relação à formação da Frente Ampla em razão dos "excelentes resultados que vem tendo nos contatos com as diversas áreas da esquerda", observando que "não são diferentes as conclusões dos contatos que nesse sentido desenvolvi com grupos progressistas do PSD". Em relação a Brizola, este havia se mostrado compreensivo em relação à ideia, "dependendo de alguns pontos a serem acertados. Mas é certo que não há nenhuma hostilidade de sua parte a que se concretize a Frente Ampla pró-reforma". A proposta da Frente Ampla seria encaminhada ao deputado Bilac Pinto, da UDN, e posteriormente às bases partidárias seriam sondadas, pois haveria elementos da "bossa nova udenista" que apoiariam a participação na Frente Ampla.[1526] Procurando, com suas declarações públicas, arrefecer as manifestações explícitas e implícitas, negando apoio à Frente, vindas de lideranças políticas, San Tiago buscava manter aberto um canal de diálogo, uma alternativa à radicalização política que não cessava de extremar-se.

• Idealismo e realidade

Esse propósito San Tiago manteria até o desfecho do governo de Jango, e ainda em janeiro vai, sucessivamente, a Belo Horizonte e a São Paulo. Na capital mineira, a 13, recebe, da Câmara Municipal de Belo Horizonte, o título de "Cidadão Honorário", e, em seu agradecimento, evoca os primeiros anos da adolescência ali vividos numa pensão, no bairro dos Funcionários, e as férias no sertão, em Pirapora, às margens do Rio São Francisco, onde, então, sua família residia. Em São Paulo, seis dias depois, profere uma conferência sobre a ALALC, Aliança Latino-Americana, na Associação Comercial, e participa de homenagem ao embaixador soviético promovida pelo jornalista Assis Chateaubriand.[1527] Voltando ao Rio de Janeiro, toma posse na presidência do Centro Cultural Brasil-Israel, onde discursa, citando as novas diretrizes do Centro, e ressalta o maior incremento entre as relações do Brasil com Israel.[1528]

Atendendo a um convite do Centro Brasileiro de Pesquisas Físicas, a 23 de janeiro, San Tiago faz uma palestra na Academia Brasileira de Ciências sobre a modernização da cultura brasileira. Longa e fluente, nela San Tiago aborda a cultura brasileira a partir de uma perspectiva histórica, analisando o momento presente em que se verificava "uma verdadeira transformação de atitudes", e com ela o grau de "consciência que temos da importância, da primazia do papel da ciência no nosso processo de emancipação econômica política e social". A seguir, San Tiago distingue uma posição idealista, de abordagem da cultura, de uma posição realista que se ia afirmando. Em lugar de se partir das "ideias para os fatos, dos conceitos para a realidade, na ordem da sua influência e da sua causação, a verdade é que a realidade em determinados momentos gera os conceitos que os dinamiza, que os apropria, que lhes dá uma eficácia própria e que conseguem, então, realizar, num período curto e com uma violência que muitas vezes surpreende, aquilo que através de uma simples atitude idealista durante anos constituía apenas uma aspiração que não conseguira verter-se na realidade".

A modernização da nossa cultura surgia então "não como fruto de uma simples aspiração idealista, mas como a imposição da realidade", a qual San Tiago acreditava revestir-se de "uma força, uma capacidade de concretização que ultrapassa tudo quanto até o presente momento temos podido considerar".[1529]

A apreensão da realidade objetiva, sem a anteposição de ideias que conduzisse a sua investigação, segundo San Tiago, seria o passo decisivo para estimular transformações culturais que articulariam a formulação de políticas capazes de contribuir decisivamente para a emancipação política, social e econômica do país, e de vencer o véu de um idealismo deslocado, ou de uma empedernida imobilidade de posições sedimentadas que as recobriam.

• O programa mínimo da Frente Ampla

San Tiago procurava manter aberto um canal de diálogo, e a 1º de fevereiro entrega a Jango o esboço do programa mínimo da Frente Ampla, que sugeria poder ser aceito por todos os grupos interessados em uma solução constitucional para o encaminhamento das reformas.[1530] Assim, estaria concluída a "missão San Tiago". O programa mínimo é divulgado por Jango, com o nome de Frente Ampla de apoio às Reformas de Base, e o seu texto publicado na íntegra na imprensa.[1531] Dividido em três partes, a primeira enumerava as emendas constitucionais consideradas necessárias à promoção das reformas de estrutura, da agrária à eleitoral; a segunda indicava as leis ordinárias que complementariam essas emendas, e outras que concorreriam para ampliar o campo de implantação das reformas; a terceira, mais extensa, arrolava as medidas que o presidente da República poderia adotar, independentemente do Congresso.[1532]

O tempo, mais do que o volume das restrições político-partidárias, era agora, observa San Tiago, o grande obstáculo à formação de uma Frente Ampla. E, acrescenta, cabia ao presidente da República, "em poucos dias, unir os fios da coligação imaginada, de modo a neutralizar a tendência de elementos da esquerda, [e] repor [na cena política] a ideia de uma Frente Ampla, ou de qualquer esquema destinado à preservação da legalidade democrática do país".[1533]

• Jango desacredita a Frente Ampla

No dia seguinte à divulgação do programa mínimo da Frente, Jango fez saber à imprensa, sem dar uma declaração formal, que havia se interessado pela formação da Frente articulada por San Tiago, e mesmo a estimulara, porém, em nenhum momento, chegou a oficializá-la, por considerar que o *Professor* refazia o roteiro por ele próprio coberto em pessoa, mais de uma vez, sem qualquer resultado de natureza prática. Além disso, Jango entendia que naquele ano pré-eleitoral ninguém no Congresso mudaria de posição para votar reformas.[1534]

Ou seja, era inútil o seu esforço em buscar formar uma Frente Ampla de apoio a Jango: pois este não via eficácia política nesse apoio e via o empenho de San Tiago antes como um projeto pessoal.

Apresentado o programa mínimo da Frente, e divulgadas as declarações de Jango a respeito da Frente e da condução de San Tiago das negociações, este não se manifestou imediatamente. Oito dias depois, a 14 de fevereiro, San Tiago expõe o programa mínimo da Frente em entrevista coletiva por ele convocada e realizada no antigo Palácio Tiradentes, onde, até a transferência da capital para Brasília, reunia-se a Câmara dos Deputados. E, como sempre, analisa o quadro político e esclarece a sua atuação.

Explica San Tiago que, em seguida à rejeição pela Câmara do pedido de decretação de estado de sítio, na primeira semana de outubro, houve uma suspensão do diálogo entre o Executivo e o Legislativo, e as forças políticas evoluíram em direções diversas procurando um "sentido próprio de radicalização". Naquele momento, tornou-se urgente a formação de uma Frente Ampla que "convidasse à formação de alianças, meio que torna possível alcançar seus resultados práticos dentro da democracia". Com o conhecimento de Jango, San Tiago começara a trabalhar na articulação dessa Frente, cujo "principal objetivo", desde o seu início, "é a preservação do sistema democrático e da ordem constitucional e consequentemente o repúdio aos regimes de exceção".

O texto do programa mínimo da Frente Ampla, o mesmo antes entregue a Jango, é, prossegue San Tiago, um instrumento para receber sugestões, e em sua introdução está registrado que a ação da Frente Ampla deve processar-se pacificamente e sem quebra de continuidade do sistema constitucional, para permitir que as reformas de base sejam aprovadas pelo Congresso. Nesse sentido, as forças políticas reunidas na Frente Ampla dirigiriam os seus esforços em torno de três objetivos principais: 1 – a preservação dos sistemas democráticos e da ordem constitucional, em face de contragolpes ou soluções extralegais; 2 – a contenção da inflação, mediante certas reformas, condição de garantia política da ordem econômica; e 3 – a preservação do processo de sucessão presidencial, com a realização das eleições em 1965.[1535]

San Tiago acreditava que os resultados positivos alcançados justificavam os esforços despendidos no curso das articulações por ele conduzidas para a criação da Frente Ampla, nos últimos sessenta dias: o diálogo entre todas as forças políticas que apoiavam o presidente da República havia sido restabelecido, com o fortalecimento do clima de legalidade que o governo vinha defendendo de acordo com a opinião pública; o trabalho dos agrupamentos de esquerda, que, sem abdicarem de seus princípios, discutiam a definição ampla de objetivos comuns, que pudessem ser aceitos pelas forças progressistas do centro. Esses resultados aguardavam os próximos dias para saber se a Frente seria um instrumento político que permitisse ativar as reformas a serem feitas "somando ação do presidente da República, do Congresso e do povo".[1536] Dez dias antes, a 5 de fevereiro, o *Jornal do Brasil*, em editorial, afirmou que era necessário deixar bem claro que nenhuma reforma de base no Brasil seria feita, pois este não era o desejo do governo João Goulart. San Tiago, prossegue o texto, vinha de redobrar os esforços de políticos e partidos para oferecer ao governo uma nova diretriz para a vida econômica e social do país, e Jango a desprezava, por duas razões: os dois anos remanescentes de governo não seriam suficientes para fazer uma reforma sequer, a agrária, por exemplo; e as reformas eram o único capital político de Jango, que lhe davam a sua preciosa bandeira reivindicatória.[1537]

Entre as declarações do articulador da Frente Ampla e os fatos políticos do momento, abria-se um hiato incontornável. San Tiago diz que nenhuma das forças deveria ser excluída da possibilidade de participar da Frente Ampla, e que contava possível receber apoio de elementos da UDN e mesmo da Frente de Mobilização Popular, mas admite que ainda não havia um pronunciamento formal dos partidos a respeito da Frente Ampla. Ainda assim, não acredita ser aquele "o último esforço" para formá-la, ao contrário do que já dissera o líder de seu partido, deputado Doutel de Andrade.

Ao esforço físico despendido pelo articulador da Frente Ampla, somava-se o esforço em insistir na procedência do propósito da Frente – a subsistência da ordem constitucional – que os fatos políticos iam desmentindo. San Tiago procura fixar, em meio à rápida decomposição da situação política do país, a preservação da ordem constitucional, que àquela altura parecia não ter mais que uns poucos, como ele, defensores aplicados.

Esforço físico San Tiago não poupava, mesmo tendo consciência de que a doença não lhe poupava os dias. A 18 de fevereiro, chega a São Paulo para participar da entrega do Prêmio Juca Pato que recebera no ano anterior, e declara que a Frente estaria sendo estudada pelas direções partidárias e que o governo poderia contar com maciço apoio do Congresso já no princípio da próxima sessão legislativa. E negou que as emendas constitucionais previstas no programa visariam possibilitar a reeleição do presidente da República.[1538] Pouco depois o governador de São Paulo, Adhemar de Barros, manifesta-se contra a Frente Ampla de San Tiago.[1539]

• A Frente Ampla rejeitada

A Frente articulada por San Tiago, a qual Jango negara apoio, era, todavia, objeto de suas conversas. A 21 de fevereiro Jango conferenciou com Almino Afonso, e, no dia seguinte, sucessivamente, com Sérgio Magalhães, um dos líderes da Frente de Mobilização Popular, e com representantes do Comando Geral dos Trabalhadores e da Confederação Nacional dos Trabalhadores da Indústria, e os encaminhou a San Tiago, a quem, pessoalmente, pediu que os recebesse. Ainda naquele dia, Jango recebeu duas lideranças do Partido Comunista para também discutir os termos da Frente. A seguir, o líder do PTB na Câmara, após audiência com o presidente da República, declarou que o PTB iria reunir-se no correr da semana seguinte para discutir o programa da Frente, vendo o esquema proposto por San Tiago como "um ponto de partida", posição com a qual o deputado Sérgio Magalhães concordava, desde que houvesse uma preparação preliminar e de iniciativa do Executivo. E uma comissão seria formada no PTB para discutir os pontos principais da Frente.[1540]

Mas haveria na cúpula do PTB próxima a Jango a convicção de que o chamado esquema San Tiago deveria ser radicalmente alterado, pois ele não mais satisfaria à necessidade de apoio do governo, nem responderia às indagações de todos os setores da opinião popular; segundo esse entendimento, o esquema de San Tiago seria apenas um ponto de partida para vencer o isolamento em que se sentia o governo, sem este se tornar prisioneiro de uma série de compromissos aleatórios, os quais esses círculos petebistas viam inscritos no esquema San Tiago.[1541]

Nessa altura, Brizola volta-se diretamente contra San Tiago, acusando, nas páginas de seu semanário *Panfleto*, o ministro da Fazenda de não haver defendido os interesses do Brasil nas negociações do III Acordo do Trigo, firmado com os Estados Unidos. San Tiago rebate a acusação, dizendo que se pretendeu armar uma tentativa grosseira de difamação, forjada com documentos apresentados de forma incompleta, com propósito deliberado de induzir o leitor a erros de interpretação; e ele iria esclarecer todos os trâmites das negociações sobre o assunto, provando que foram sempre resguardados os interesses do Brasil.[1542]

- **A visita da esquerda negativa**

A 26 de fevereiro, San Tiago recebe em sua residência na Rua Dona Mariana, na ampla galeria que se estendia ao lado do jardim interno, "ornamentado com espadas de São Jorge e antúrios", e nela exposta boa parte da sua belíssima pinacoteca, dirigentes do Comando Geral dos Trabalhadores, muitos deles ligados ao Partido Comunista. Por duas horas os líderes sindicais conversaram com o anfitrião amistosamente, apesar das restrições que muitos faziam à sua atuação política, e deles teria ouvido que o programa da Frente "não era suficientemente vigoroso".[1543] Ao fim da reunião San Tiago viajou a Brasília, e, antes de embarcar, declarou que não perdera a esperança de ver Brizola e a Frente de Mobilização Popular integrados ao esquema da Frente Única, e que desconhecia a exigência de Arraes de alijar os dirigentes do PSD da Frente, mas entendia ser indispensável a participação da cúpula do partido.[1544]

Se San Tiago dizia esperar ver Brizola apoiar a Frente Ampla, este declarava estar disposto a dela participar, se San Tiago e a alta cúpula do PSD dela se afastassem; e ainda impunha outra condição, esta ao presidente da República: que lhe fosse entregue o controle absoluto da política econômica do país. E anunciava que, juntamente com os deputados que o apoiavam, entre eles, Almino Afonso, iria percorrer o país pregando contra "a política de conciliação com o imperialismo" promovida pelo governo federal.[1545]

Após quatro horas de debate, das quais a primeira tomada pela exposição feita por San Tiago, a bancada do PTB na Câmara, às primeiras horas da madrugada de 27 de fevereiro, aprovou, por unanimidade, uma moção de apoio à Frente articulada por San Tiago. Mas esse apoio, nos termos expressos pela moção, era dado "em princípio, sem prejuízo do exame em maior profundidade que pretende o partido fazer na oportunidade em que examinará as sugestões, acréscimos, alterações ou modificações que os companheiros ou representantes de outros grupos políticos e populares venham sobre o tema fazer". Sob tais condições, este apoio não diferia muito daquele que o PSD incisivamente se esquivava de prestar à Frente, ao declarar que "dentro dos limites do seu apoio ao governo, [o PSD] poderá até aprovar [a Frente], sem se comprometer, porém, com qualquer dos itens previstos no programa".[1546] À tarde, a bancada do PTB foi ao encontro de Jango e lhe entregou a moção aprovada naquela madrugada.

Pouco depois, o repórter Joel Silveira dizia que lera o primeiro número da revista *Panfleto*, lançada por Brizola, e verificou que, "pelo menos oitenta por cento da matéria editorial e dos artigos assinados que a compõem, são de crítica, muitas vezes a mais intolerante, contra o atual governo e as correntes que o apoiam". Indagava se não seria o caso de perguntar a Brizola "afinal, qual o inimigo mais temível – o senhor San Tiago Dantas, com a sua Frente Ampla, ou o sr. Carlos Lacerda, comandante indiscutível do antirreformismo nacional?".[1547]

CAPÍTULO 37

MARÇO DE 1964: ESQUERDISMO, NEOFASCISMO

E você já pensou no que vão ser 20 anos de ditadura direitista?[1548]

• Subversivos à esquerda e à direita

No começo de março, San Tiago diz que existiam, naquele momento da política brasileira, duas tendências que traduziam duas mentalidades: "a primeira favorece as posições extremistas, tanto de direita como de esquerda; a segunda favorece as posições realistas, de transição e sentido progressista, com maior ou menor capacidade de renovação". Os extremistas de esquerda tinham atitude puramente emocional e ideológica, e vinham se expressando por uma linha crescentemente subversiva. Essa não era, em geral, a posição dos comunistas confessos e socialistas, mas "daqueles que se deixaram levar ao esquerdismo, posição sabidamente negativa, pois ajuda a reação mais do que o progresso social, e expõe a nossa sociedade ao risco do poder pessoal e do neofascismo, sob suas múltiplas formas". Já os extremistas de direita, com seus "corolários, anticomunismo sistemático e defesa das oligarquias, não podiam ser rotulados de conservadores, uma vez que acabam por conduzir à destruição da estrutura social, que pretendem defender". Era lamentável, prossegue San Tiago, que os extremismos crescessem, criando uma tensão interna, em lugar de uma posição "realista e evolutiva". A política realista não buscava conciliar o inconciliável, mas extrair e pôr em evidência os objetivos comuns, ajustando a evolução social ao curso histórico e superando antagonismos em sentido construtivo. O debate sobre as reformas deveria, em uma política realista, centrar-se no terreno do conteúdo e no método para alcançá-las.[1549] San Tiago reafirmava o propósito da Frente que ele articulara e cujo programa mínimo apresentara, e situava a esquerda negativa e a direita radical, neofascista, respondendo ainda a Miguel Arraes que dissera ser a Frente uma tentativa de conciliar o inconciliável.

A insistência de San Tiago em citar a Frente e as suas conquistas, que a realidade política não afirmava, era o seu pretexto para fazer a defesa enfática da legalidade, que, desde outubro anterior, ele via diretamente ameaçada por golpes em curso, de fontes distintas, do governo e fora dele, mas com o propósito único de subverter a ordem constitucional. E, entre essas pretensões golpistas, San Tiago não exclui a do próprio presidente da República; Jango, como San Tiago havia pouco observara em conversa particular com Alceu Amoroso Lima, nutriria propósitos continuístas, inalcançáveis sem a subversão da ordem constitucional vigente, uma vez que, nos termos da lei, Jango era inelegível nas próximas eleições de outubro de 1965.[1550]

A 9 de março, Jango visita San Tiago, que estaria enfermo.[1551] E, no dia seguinte, Arraes declarava que a Frente não resolveria problema algum, o que, todavia, não alterou o discurso público de San Tiago. À sua amiga, a escritora Dinah Silveira de Queiroz, escreve mantendo sua posição pública; seus esforços para criar uma "Frente Progressista, em que o governo possa apoiar-se ainda não chegaram a um ponto de cristalização, mas já produziram resultados bastante produtivos. A luta é para criar no Brasil, internamente, uma política de coexistência pacífica entre a esquerda e o centro progressista, contrariando a tendência de muitos para a radicalização".[1552]

Embora visível, San Tiago seguia omitindo a evolução da sua doença e as limitações que ela lhe impunha. Na mesma carta à Dinah, escreve "tenho pena que não estejam aí quando ocorrer a nossa viagem, pois não poderíamos ter, Edméa e eu, melhor companhia", referindo-se à viagem que pretendia proximamente fazer à União Soviética, atendendo a convite que lhe fora feito. No mesmo dia, ao embaixador na Grécia, Antonio Mendes Viana, San Tiago diz estar alimentando, com Edméa, o desejo de ir a Grécia em abril, passar quinze ou vinte dias descansando. A seguir, convida o diplomata Lauro Escorel, então servindo em Roma, para acompanhá-los à Grécia: "se pudermos contar com a companhia de vocês será verdadeiramente excelente". E acrescenta que, caso fosse eleito para a Academia Brasileira de Letras, em começo de abril, pensava em uma estadia na Itália, no fim da primavera, para "trabalhar a parte do seu discurso que seria dedicada ao italianismo".[1553]

• A razão de San Tiago

San Tiago seguia defendendo a formação da Frente Ampla. Sabia da oposição das cúpulas partidárias; dos sindicatos, dominados pela esquerda radical; que os "agressivos" do PSD e a "bossa nova" da UDN não prestariam um apoio suficiente a consolidar uma posição de centro-esquerda, e, sobretudo, sabia não contar com Jango. Este já deixara implícito em entrevista, em novembro anterior, à *Manchete*, e a seguir nas declarações feitas em fevereiro, de que a Frente atenderia a posições pessoais de San Tiago, e ele, Jango, nela jamais vira possibilidade de êxito. E, mesmo com ampla cobertura da imprensa, a Frente de San Tiago não gerava fatos políticos capazes de influir nos rumos que a cena nacional tornava cada vez mais radicais. Além disso, San Tiago não poderia deixar de perceber que Jango já tinha, ainda que difuso, como eram as elaborações do presidente, um projeto pessoal de poder ao qual a Frente não contribuiria, ao contrário.

Contudo, a Frente era um meio de San Tiago estar presente, de participar da vida política e nela tentar influir e, sobretudo, por seu intermédio seguir insistindo na divulgação da sua posição, de defesa intransigente da ordem constitucional e na advertência de que dois riscos a acometiam, somando-se em seus efeitos devastadores: a inflação sem combate efetivo, e a radicalização, à esquerda e à direita, que já dominava a cena política nacional. Radicalização que iria se desdobrar em atos expressivos.

• O Comício

Ao início do terceiro mês de 1964, a situação econômica e social do país registrava índices recordes de inflação e de greves, e Jango voltou-se ainda mais ao seu círculo estreito de colaboradores próximos.[1554] Foi, então, traçada uma linha de ação na qual o presidente deveria realizar uma série de comícios nas principais cidades do país para mobilizar a população em seu apoio, agitando a bandeira das reformas de base, desafiando o Congresso a aprová-las, mesmo cientes Jango e seus colaboradores do trâmite naturalmente moroso do processo legislativo, e da forte oposição de boa parte do Congresso a algumas das reformas propostas, notadamente à reforma agrária. De acordo com o calendário legislativo, o Congresso reabriria a 15 de março, um domingo. Um comício, no Rio de Janeiro, foi marcado para dois dias antes, sexta-feira, 13. O propósito era exibir o apoio popular ao governo, mostrando ao Congresso que este deveria dobrar-se àquele, e não protelar mais as reformas.

Na Praça da República, em frente à estação de trens da Central do Brasil, e do prédio sede do Ministério da Guerra, o comício reuniu cerca de cem mil pessoas, com a presença das principais lideranças da esquerda radical, e dos três ministros militares. Aberto o comício às 18h00, o líder da Frente Parlamentar Nacionalista, Sérgio Magalhães, que havia pouco defendera o rompimento com o governo Jango dizendo-o por demais conciliador, afirmou que o "governo federal tem sido sensível" às reivindicações dos trabalhadores. Já o presidente da União Nacional dos Estudantes, José Serra, exigiu a extinção da "política de conciliação", e assinalou a presença da "classe dos sargentos que emerge para as lutas populares". O orador mais esperado da noite, Brizola, disse que "o Congresso não dará mais nada ao povo, pois não está com as aspirações do povo brasileiro. O Congresso não está identificado com o povo. Por outro lado, olhamos o próprio governo e vemos a sua perplexidade diante dos problemas que temos debatido publicamente. Se os poderes da República não decidem, por que não transferirmos essa decisão para o povo que é a fonte de todo poder?".

Jango falou de improviso, enfaticamente, por sessenta e cinco minutos, em um tom menos radical e tendo ao seu lado sua esposa, Maria Thereza, em pleno viço de seus vinte e três anos.[1555] A "hora é a hora das reformas", declarou, e, sempre mirando o Congresso, afirmou que o "povo brasileiro já estava amadurecido e tinha consciência da sua força e de sua unidade", e não faltaria com o seu "apoio às medidas de sentido popular e nacionalista". E assegurou que "nenhuma força será capaz de impedir que o governo continue assegurando absoluta liberdade ao povo brasileiro, que ele se manifeste livre democraticamente, e, podemos dizer, com orgulho, que contamos com o patriotismo das bravas e gloriosas Forças Armadas".[1556]

• O dispositivo militar

À sombra de Getúlio, porém sem a sagacidade e a experiência administrativa que este acumulara, a trajetória política de Jango fora feita por meio de conversas intermináveis com líderes sindicais negociando favores e vantagens à conta da máquina do governo, sobretudo dos Institutos de Previdência, então superavitários, em um convívio ameno em que Jango movia-se com absoluta naturalidade. Já a hierarquia militar não era uma ordem próxima à sua personalidade. Ele jamais se sentira à vontade com os militares, nem procurara entender-lhes a formação e o seu papel na vida política brasileira, marcado, aliás, por sucessivos atos de indisciplina. Os militares, por sua vez, em sua expressiva maioria, jamais o toleraram por suas ligações com os sindicalistas e, ministro do Trabalho de Getúlio, fora Jango o alvo maior do manifesto dos coronéis, firmado por muitos dos oficiais que agora uma vez mais o rejeitavam. Se havia um paradoxo entre os militares invocarem a hierarquia e a disciplina militar como esteio das Forças Armadas, e ao mesmo tempo a ela e à ordem constitucional acumularem agravos nas sucessivas sublevações que deflagraram no curso da República brasileira, Jango jamais procurou entender ou se precaver efetivamente dessas irrupções. Ao contrário, em seu governo as sucessivas trocas de ministros militares não contribuíam para que se estabelecesse entre estes e o seu comandante em chefe uma relação de firme liderança. Operou-se, assim, uma inversão: o núcleo do poder no Exército passou a ter no presidente da República o objeto de permanente fiscalização de sua conduta e de controle dos efeitos de seus atos não só no meio militar. Nesse contexto, não foi difícil às Forças Armadas, à sombra do poder formal que deveria subordiná-las ao comando do presidente da República, estabelecer um núcleo ativo que, de oposição defensiva ao governo, converter-se-ia, rapidamente a partir do comício do dia 13, em uma conspiração que fixaria o objetivo de derrubá-lo.[1557]

Jango não percebeu, ou ignorou, assim como os seus assessores e sem dúvida os integrantes da esquerda negativa, que a presença dos ministros militares no palanque do dia 13 seria vista por muitos dos oficiais da cúpula das Forças Armadas como aprovação da pressão que o governo e seus partidários radicais lançavam sobre o Congresso Nacional.

A sua vez, o ministro do Exército, Jair Dantas Ribeiro, mostrava-se insensível às advertências do general Kruel, comandante do II Exército, sediado em São Paulo, e do comandante da Escola Superior de Estado Maior, general Castello Branco, sobre a extensão e a radicalização das forças de esquerda que inquietavam a cúpula militar. Acreditava o ministro que esta seria fiel ao comando do presidente da República e não o desafiaria; a esse engano, ainda com maior entusiasmo, somava-se o instável chefe da Casa Militar, general Assis Brasil, que, às vésperas do comício do dia 13, afirmara que "ninguém na presidência da República tivera um dispositivo militar como o de Jango, que lhe assegurasse o comando das Forças Armadas"; o presidente "descansava das suas aflições na solidez do dispositivo militar". Mas, na verdade, Jango nunca deteve o comando da situação militar em seu governo.[1558] Como os fatos iriam logo comprovar.

Em seguida ao comício das reformas, Jango, cumprindo disposição legal, encaminhou ao Congresso Nacional a mensagem do presidente da República àquela legislatura, e nela alinhou as bandeiras que vinha acionando e as referira em seu discurso no comício.[1559] Expressamente, pedia ao Congresso a supressão da indenização prévia e em dinheiro, no caso de desapropriação de terras por interesse social; o voto para analfabetos; a elegibilidade dos sargentos; a legalização do Partido Comunista; a supressão da vitaliciedade da cátedra universitária. Esses pleitos eram uma provocação ao Congresso Nacional, pois Jango sabia que dificilmente essas medidas seriam discutidas e aprovadas naquela legislatura; na verdade, era mais um passo no processo de radicalização das posições do presidente, que se somava às bandeiras por ele agitadas.

- **A Frente Popular substitui a Frente Ampla**

O comício do dia 13 foi visto por seus organizadores e por Jango como um momento maior de afirmação da sua liderança política. Contrária, a análise de Tancredo, que a transmitiu a Jango: a revolução que viria teria consequências mais profundas, sobretudo porque haveria "uma carga de ódio arrasadora". Mas Jango, "homem de boa-fé, achava que, se houvesse o colapso do seu governo, as coisas se passariam à moda brasileira, quer dizer, com ele indo para sua fazenda, como o Dr. Getúlio em 1945", registraria Tancredo. Não seria a última vez que Jango ignoraria uma advertência do seu experiente líder na Câmara Federal.[1560] Os integrantes da bancada do PTB na Câmara Federal, aos quais cabia a crisma de esquerda negativa, não partilhariam desse receio, e decidiram que a Frente Ampla e o seu programa mínimo, articulada por San Tiago, deveria ser substituída por uma "verdadeira Frente Popular", radicalmente diversa daquela.

Essa nova Frente seria formada por todos os setores representativos da opinião pública, e, eventualmente, por partidos políticos, corrigindo, segundo seus defensores, uma inversão que teria ocorrido na formulação da Frente Ampla, que estaria voltada basicamente aos partidos e, secundariamente, aos setores não políticos vinculados ao pensamento popular. Estimulados por Jango, os deputados defensores da Frente Popular visitaram, na manhã do dia 17 de março, San Tiago em sua residência.[1561] A seguir, o grupo petebista decidiu substituir a denominação *Frente Ampla* por *Frente Popular*, ao mesmo tempo em que Almino Afonso iria procurar Brizola a fim de atrair a Frente de Mobilização Popular para a Frente Popular, enquanto o deputado Sérgio Magalhães afirmava que a "verdadeira Frente Popular" representaria a unidade das forças populares, sendo "uma revisão programática do documento elaborado por San Tiago".

Brizola, por sua vez, repetia que, se o atual Congresso não tomasse as decisões "reclamadas pelo nosso povo", deveria "deferir a solução do impasse ao próprio povo, que é a fonte de todo poder"; e a solução seria convocar eleição para uma constituinte, precedida de um plebiscito, para que o povo dissesse sobre a instituição de um outro Congresso.[1562] Alguns dos deputados que haviam se reunido com San Tiago reuniram-se depois com Brizola e Arraes, e não alcançaram formular um documento constitutivo da Frente Popular. Mas, antes da assinatura do documento que viesse a ser elaborado, Brizola exigia atos concretos por parte do presidente da República: iniciar a reforma ministerial, com a demissão do ministro da Fazenda, Ney Galvão, e a seleção prévia dos indicados pelos integrantes da Frente de Mobilização Popular, liminarmente vetada a participação do PSD.[1563]

Ainda dependendo do exame de diversas forças interessadas na formação da Frente Popular, o seu programa mínimo foi a seguir divulgado. Nele era dito ser o seu propósito assegurar "o apoio parlamentar e popular a um programa que abrange emendas da Constituição, leis ordinárias e atos de competência exclusiva do poder executivo, destinados a permitir que se processem no país, pacificamente, através da expansão do processo democrático e sem quebra da continuidade do sistema constitucional, as reformas". A Frente apoiava o presidente da República para executar os itens da mensagem por ele enviada ao Congresso no dia 15 último, e a "aspiração comum de todos os que nela se reúnem, sem prejuízo de outras reivindicações específicas, já formuladas, pelas quais continuam a bater-se isoladamente ou em coligação de menor âmbito as entidades e pessoas signatárias do presente documento".

Embora seu texto não tivesse sido concluído, este trecho já trazia uma linguagem dúbia em pelo menos dois pontos significativos. A Frente Popular prestaria ao presidente da República apoio parlamentar e popular; este último seria o apoio arregimentado junto às forças que atuariam no âmbito dos partidos, porém de forma autônoma em relação às suas cúpulas – tal a Frente Parlamentar Nacionalista e a Frente de Mobilização Popular atuavam – e junto às demais organizações, sindicais e outras. E, ainda, era assegurado àqueles que, mesmo vindo integrar a Frente, seguirem com suas "reivindicações específicas, já formuladas", sem prejuízo de integrarem a Frente Popular – uma abertura que admitia a atuação de correntes paralelas à Frente que se iam formar.

• A última defesa da legalidade constitucional

No mesmo dia em que era divulgado o programa mínimo da Frente Popular, 19 de março, San Tiago, em palestra transmitida pela Rádio Ministério da Educação, expõe, pela última vez, o propósito e os termos da Frente Ampla, que não fora concebida como um instrumento de pressão do povo sobre o Congresso – é a "expressão da união entre ambos".[1564] A sua finalidade, em primeiro lugar, era "a manutenção do processo democrático", o qual, acreditava, "não se interromperá no Brasil", e o seu programa mínimo alinha "pontos preferenciais", pelos quais se estabeleceria uma ligação entre "o pensamento do povo e o pensamento dos governantes", e, uma vez fossem esses pontos convertidos em normas legais votadas no Congresso, teríamos uma "norma de conduta do país", que nos dará "a certeza de que caminhamos para finalidades conhecidas".

Alcançada essa segurança jurídica, teria o governo o que ele mais precisa, "na ordem parlamentar e na ordem partidária", uma base para governar. Essa base eliminaria a "situação instável em que no dia de hoje os partidos se pronunciam numa direção e amanhã grupos sindicais vão para as praças públicas solicitar que se adote uma direção diferente, e assim mantém o governo em um perpétuo impasse e numa perpétua arbitragem entre tendências que se contrapõem". Se a Frente Ampla alcançasse a sua função harmonizadora de forças políticas, poderia o presidente adotar para seu governo "medidas que todo povo brasileiro reclama e que se tornam inadiáveis, especialmente no setor da vida econômica do país". San Tiago referia o processo inflacionário que ia causando a desorganização social e econômica do país, "sutilmente algumas vezes e brutalmente em outras", situação que exigia a adoção de medidas para as quais, entretanto, "é impossível um governo se lançar se não sentir atrás de si uma base partidária com raízes profundas na confiança popular".

Mas não bastaria a formação dessa Frente, com esses propósitos, se não fosse assegurada a continuidade do exercício dos poderes do Congresso, nos estritos termos da ordem constitucional vigente, pois não se podia "pretender que um país amadureça democraticamente, sem ver aumentar a importância do Congresso em sua vida política". Os "que procuram desmoralizar o Congresso, que procuram caricaturá-lo aos olhos do povo", prossegue, são eles, "em primeiro lugar, inimigos desse mesmo povo", e estão provavelmente interessados "em trabalhar por aquilo de que o Brasil mais necessita afastar, que é o risco da ressurreição das formas de poder pessoal". Nenhuma dessas formas, "nenhum poder militar, nenhum poder tutelar de grupos que se julgam mais esclarecidos do que o povo, e que querem em lugar dele orientar a nação, estão em condições de substituir os mecanismos que a vida constitucional cria para as democracias capazes de levar adiante a sua vida e de atingir sua finalidade". O Brasil havia evoluído politicamente, conclui, e, "nos dias de hoje, tem que colocar o seu Congresso no lugar que lhe corresponde, de instituição essencial", que se afirma ao lado do Poder Executivo e do Poder Judiciário, como "as três expressões de autoridades que nascem diretamente da consciência do povo".[1565]

Essa seria a última defesa pública da ordem constitucional vigente feita por San Tiago antes da queda de Jango. San Tiago respondia à pressão feita por Jango e Brizola e pelos demais integrantes da esquerda negativa sobre o Congresso, e apontava, na formação da Frente Popular, um instrumento desse propósito.

• São Paulo marcha e Brizola pronto para a luta

E ainda no mesmo dia 19 de março, teve lugar no centro de São Paulo, reunindo várias entidades em sua organização e com o apoio aberto do governador Adhemar de Barros, uma marcha, *Da Família com Deus pela Liberdade*, que reagia à implantação do regime comunista no país, promovida, segundo os manifestantes, pelo governo federal. Partindo da Praça da República em direção à Praça da Sé, o coração do maior centro econômico do país, a marcha reuniu entre quinhentos e oitocentos mil participantes e revelou a posição da expressiva classe média paulista, abertamente apoiada pela classe política e empresarial. Ao contrário da classe média carioca, formada majoritariamente por servidores públicos, em alguma medida dependentes do poder político central, que ainda tinha uma forte presença na antiga capital do país, os manifestantes de São Paulo viviam em uma economia mais competitiva e, por essa razão, sentiam agudamente a desorganização social econômica que se estabelecia no país.[1566]

Um dia depois da marcha paulista, Brizola diz que a situação nacional se aproximava rapidamente de um desfecho; "as formigas da reação" estavam mobilizadas e as hostes "antipopulares", com cobertura total da imprensa, em breve alcançariam os quartéis. Nesse contexto, acreditava que Jango poderia não chegar à conclusão de seu mandato, e criticava o manifesto da Frente Popular, a seu ver, apenas uma declaração de intenções, "insuficiente, por não acentuar a necessidade da luta anti-imperialista e antiespoliativa, [pois] sem isso não tem muito sentido o movimento reformista". Ele apoiaria medidas concretas do governo no sentido das reivindicações populares, mas não renunciaria às suas posições a não ser para se integrar no comando uniforme de luta. Brizola, agora, justificava o desfecho da crise atual com a aceleração da inflação cujo combate, tenazmente defendido por San Tiago, ele se opusera agressivamente. Brizola dizia cumprir a sua parte na organização do povo para resistir em defesa das suas liberdades, e, afirmava, existiriam, para este fim, milhares de grupos de onze espalhados pelo país.[1567]

A 20 de março, o general Humberto Castello Branco, ocupando a chefia do Estado Maior do Exército, distribuiu aos oficiais de Estado Maior uma circular na qual dizia "compreender a intranquilidade e as indagações" presentes no oficialato, suscitadas pelo comício do dia 13, no qual, a seu ver, eram evidentes duas "ameaças": a elaboração de uma nova Constituição, para permitir as reformas de base, e o desencadeamento, em maior escala, das agitações do "ilegal poder do CGT". A circular do general Castello era a visão e a linguagem militar do comício, especialmente do discurso de Brizola. A "ambicionada constituinte" seria um objetivo revolucionário da esquerda a ser alcançado pela violência, "com o fechamento do Congresso e a instituição de uma ditadura". Reservada a princípio, a circular não demorou a ser divulgada, fixando uma posição do Exército e de congregação das demais Forças Armadas, de reação ao governo federal e às forças radicais que o apoiavam.[1568]

Os governadores iam se manifestando publicamente em sentido análogo, as suas declarações convergindo contra o governo de Jango. Lacerda foi a São Paulo e se encontrou com Adhemar a 20, e Magalhães Pinto divulgou manifesto dizendo que as reformas não poderiam ser pretextos para agitação e perpetuação de pessoas ou grupos no poder, esperando "uma atitude clara e consequente das Forças Armadas".[1569]

A 20 de março, o PTB e o PSD realizaram suas convenções partidárias, e o PSD lançou Juscelino candidato à presidência na eleição de outubro do ano seguinte. Jango e Brizola inelegíveis, o PTB não contava com um nome nacional que pudesse indicar à disputa, e não parecia possível que se recompusesse a aliança com o PSD, verificada na eleição de Juscelino, em 1955. Jango discursou na convenção do partido e disse que o PTB "jamais poderia aceitar o princípio da intocabilidade de uma Constituição. As constituições devem ser tocadas sempre pela vontade popular, afirmou".[1570] A intocabilidade da Constituição estava mais próxima de ser posta à prova do que o presidente poderia supor.

• Cultura à retaguarda

Em meio à crise aguda em que o país se via lançado, San Tiago é convidado a dar a aula inaugural do ano letivo da Faculdade Nacional de Filosofia. A 20 de março, compareceu à Faculdade, cuja direção assumira aos vinte e nove anos, exercendo-a entre 1941 e 1945, e leu a sua aula, não sem antes ouvir o presidente do Diretório Acadêmico da Faculdade fazer críticas à cúpula administrativa da Universidade. San Tiago se mostrou solidário com os estudantes da FNFi e com a UNE, "pela posição de luta que têm sabido tomar em favor das causas da emancipação nacional".[1571]

Iniciando sua aula, San Tiago delineia o contexto histórico do ensino brasileiro. Aponta a grande reforma havida no início da década de 1930, e registra que a transformação da sociedade brasileira a partir daquele período poderia ter contado com papel "criador de vanguarda da Universidade [do Brasil]". Todavia, não foi o que ocorreu; e, aprofundando a sua crítica, afirma que "a Universidade, por causas que cabe ao sociólogo averiguar e definir, tomou posição à retaguarda do processo social brasileiro. Dela não veio, até aqui, um esforço suficiente de formulação dos nossos problemas, ou de modernização da nossa cultura, nem mesmo uma adequação eficaz de seus cursos profissionais às tarefas de nível superior, reclamadas pela diversificação ocupacional ocorrida na sociedade".[1572]

Mas, feita a crítica com propriedade e contundência raramente verificadas no meio universitário nativo, San Tiago apresenta dez pontos, como contribuição à reforma da Universidade. O professor, que já cumprira quase trinta anos de magistério, e dele se afastara senão por aulas episódicas, ao ingressar na política em 1959, sabia que não teria mais tempo para conversar com os alunos e ser o professor que disse, ao início da sua carreira, ser esta a sua profissão, a mais próxima da sua vocação. Mas nesse último lance San Tiago exerce plenamente o seu magistério, alinhando à crítica fundamentada o esclarecimento e as sugestões transformadoras.[1573]

A 23 de março, Jango recebeu o programa da Frente Popular, cujo propósito, como visto, era dar apoio "popular ao governo". Eram inúmeras as exigências que o texto enunciava; apoiava as propostas contidas na mensagem presidencial, mas eram acrescentadas outras medidas, de aberta intervenção do estado na economia, inclusive a criação de uma Agência Nacional, para o controle e divulgação de notícias para o exterior e do exterior. No dia seguinte, quarta-feira, véspera de feriado da Semana Santa, Jango seguiu com a família para São Borja, no Rio Grande do Sul. E era anunciado que a cúpula da UDN iria articular a formação de uma Frente Parlamentar Ampla, em defesa da Constituição e do Congresso.[1574]

• Motim na Marinha

A 25 de março, um grupo de marinheiros e fuzileiros navais, desrespeitando a proibição do ministro da Marinha, foi a uma reunião comemorativa, no Sindicato dos Metalúrgicos no Rio, da Associação dos Marinheiros e Fuzileiros Navais, entidade criada para reivindicar e defender os direitos da categoria. O ministro da Marinha viu nesse ato uma quebra de disciplina militar e expediu ordem de prisão contra os organizadores do evento. Porém, com apoio do seu comandante, o vice-almirante Cândido Aragão, os fuzileiros incumbidos de prender os revoltosos aderiram ao levante. Jango proibiu a invasão do local da reunião, o que levou o ministro da Marinha a pedir demissão e ser substituído imediatamente. No dia seguinte, um acordo com os revoltosos foi feito para deixarem o prédio, sendo em seguida presos; mas, por ordem do ministro da Guerra, foram liberados e a seguir anistiados por Jango. Esse ato do presidente foi visto pelos oficiais superiores da Marinha, no manifesto que divulgaram, como um "golpe aplicado contra a disciplina na Marinha, ao admitir-se que uma minoria insignificante de subalternos impõe a demissão de ministros e autoridades navais e se atreva a indicar substitutos".[1575] O golpe não foi sentido somente na Marinha, mas em todas as Forças Armadas.

Já Brizola fez saber à imprensa que, no encontro que teria com Jango no fim de semana de 28 e 29, em São Borja, diria ao presidente que o seu grupo e as forças de esquerda por ele lideradas não integrariam a Frente Popular e muito menos o governo federal, a não ser que lhe fosse entregue "o Ministério da Fazenda e seus penduricalhos", isto é, todos os órgãos afetos a essa pasta. Para ele, a Frente Popular deveria se constituir somente da "vanguarda reformista".[1576]

• Homenagem dos sargentos

A 30 de março, uma segunda-feira, Jango aceitou o convite e compareceu à comemoração dos quarenta anos da Associação dos Subtenentes e Sargentos da Polícia Militar, na sede do Automóvel Clube do Brasil, no centro do Rio de Janeiro, no início da noite. Não era difícil prever as reações que a presença do presidente em uma celebração de sargentos da polícia militar suscitaria, especialmente em seguida à reação do oficialato da Marinha duramente imputando a Jango um golpe na hierarquia militar. Mas o presidente não escutou a reiterada advertência feita por Tancredo Neves de que não comparecesse ao evento.[1577]

Na cerimônia, Jango falou de improviso. Afirmou que, naquele momento, estavam sendo praticados atos de indisciplina, mas ele não admitiria que "a desordem [fosse] promovida em nome da ordem", e que "a disciplina se constrói sobre o respeito mútuo entre os que comandam e os que são comandados"; apontando serem os sargentos "o alicerce básico de nossas forças armadas", denunciava a campanha que se movia por todos os meios e processos contra o presidente da República e o pensamento que ele representava.[1578]

Nem o ministro do Exército, o general Jair Dantas Ribeiro, hospitalizado para se submeter a uma intervenção cirúrgica, e nem o chefe da Casa Militar, o general Assis Brasil, em Porto Alegre cuidando de assuntos particulares, compareceram à comemoração. Aos oficiais, mesmo aqueles que não se opunham abertamente ao governo federal, o episódio foi uma clara violação da liderança militar, pois esta não convivia com a participação política dos comandados, como a presença e a manifestação de Jango indicavam.

Naquele dia, em Minas, Magalhães Pinto formou um secretariado extraordinário, diante da crise política instalada no país.[1579] Com esse movimento, o governador mineiro procurava aglutinar forças partidárias em oposição ao governo federal. San Tiago teria sido convidado, mas não aceitou participar; Afonso Arinos, senador pelo estado da Guanabara na legenda da UDN, e o pessedista José Maria Alkmin, deputado federal por Minas, aceitaram o convite.[1580]

• A imprensa

No dia seguinte, editoriais de jornais cariocas exigiam abertamente a saída de Jango do governo: "Basta de farsa. Basta de demagogia, para que realmente se possam fazer as reformas de base. A nação não admite nenhum golpe ou contragolpe. O Brasil já sofreu demasiado com o governo atual. Agora, basta!", dizia o *Correio da Manhã*. O *Jornal do Brasil* afirmava que o presidente da República "sentia-se bem na ilegalidade. Está nela e ontem nos disse que vai continuar nela, em desafiar a ordem constitucional, os regulamentos militares e o Código Penal Militar. Ele se considera acima da lei". Também em editorial, o *Diário de Notícias* dizia que "o presidente da República afasta-se deliberadamente de seus deveres legais, acobertando movimentos conduzidos pela liderança comunista, numa aventura que poderá levar o país ao imprevisível". Segundo *O Globo*, a nação estava unida às Forças Armadas, e todos tinham a certeza de "que o Brasil não poderá mais suportar que, à sombra das liberdades e garantias constitucionais, os comunistas e seus auxiliares trafeguem comodamente, preparando um asfixiamento daquelas liberdades e a derrubada da Constituição".[1581] Ao contrário, e em evidente exagero, a *Última Hora* dizia que dez mil sargentos haviam na véspera "aclamado o presidente no Automóvel Clube".[1582]

- **Generais em Minas**

Às 05h00 da manhã do dia 31 de março, uma terça-feira, o general de divisão Mourão Filho movimentou a sua tropa de mil e quatrocentos homens, sediada em Juiz de Fora, contando que o general de brigada Carlos Luís Guedes, baseado em Belo Horizonte, iria incorporar à sua as tropas sob seu comando, e avisou aos chefes militares no Rio de Janeiro de sua iniciativa. Ao saber da notícia, o general Castello Branco classificou-a de "uma aventura ou uma temeridade". Depois de falar com Magalhães Pinto e com o general Guedes e saber que o movimento das tropas já avançava, Castello avisou ao seu "pessoal" que com ele conspirava, que não haviam previsto a deflagração do movimento naquela data e por aquela forma.[1583]

Chovia no Rio na manhã do dia 31 de março, uma terça-feira, quando Jango foi informado, no Palácio das Laranjeiras, do levante de Mourão por um telefonema de Juscelino, a quem o deputado mineiro Alkmin avisara.[1584] A seguir, Juscelino divulgou uma proclamação, em que fez um "apelo de paz ao governo e à nação", afirmando que "a legalidade está onde estão a disciplina e a hierarquia", apontando que "a casa brasileira estaria irremediavelmente dividida se as Forças Armadas se dividissem em lealdades distintas e antagônicas, geradoras de legalidades múltiplas".[1585]

De Porto Alegre, onde se achava e onde permaneceria, Brizola declarou que "as atividades dos governos do Rio Grande do Sul, da Guanabara e de São Paulo são nitidamente subversivas, compreendendo, inclusive, o tráfico de armamentos, a organização de corpos provisórios e outras medidas nitidamente golpistas. Dizem que se arregimentam para defender a democracia, quando na realidade querem golpeá-la".[1586] Enquanto isso, as manifestações dos principais quadros políticos na véspera, estampadas nos jornais naquele dia 31, eram lidas, e os fatos incertos deste dia 31 iam sendo noticiados pelo rádio; e, apesar das dificuldades e precariedade da rede de telecomunicações, verificava-se um intenso tráfego interurbano de telefonia.

Jango aparentava absoluta calma; acreditava haver muitos boatos circulando, e não estava bem informado dos fatos em curso. Mas, por volta do meio-dia, a notícia do levante das tropas em Minas já se difundira por todo o país e circulava no meio político, chegando ao Palácio das Laranjeiras onde Jango e seus assessores permaneciam.[1587] À tarde, Juscelino foi ao encontro de Jango e lhe sugeriu que fizesse um pronunciamento "afastando-se das lideranças sindicais e da retórica dos sargentos".[1588]

À medida que o dia 31 avançava, as forças da esquerda negativa, que vinham afirmando a sua vigorosa presença e disposição de luta, inclusive ameaçando dobrar o Congresso para promover as reformas crescentemente radicais que defendiam, mostravam-se inermes e silentes, e assim permaneceriam, sem opor qualquer reação ao golpe em curso.

Às 05h00 da tarde, Mourão falou à *Rádio Globo* e acusou Jango de estar se tornando "chefe de um governo comunista, e, por isso, deveria ser afastado", enquanto os seus soldados desciam em direção ao Rio de Janeiro sem encontrar qualquer resistência.[1589] Os governadores de Minas, Rio de Janeiro, Rio Grande do Sul, de oposição a Brizola, e Paraná, mostraram-se desde o primeiro momento solidários ao levante deflagrado por Mourão Filho, e no correr do dia a eles foram somando-se, celeremente, apoios de comandantes militares e de políticos por todo o país.

• A última visita

No início da noite, José Gregori, seu assessor em São Paulo à época do Ministério da Fazenda, de lá veio ao Rio e foi à casa de San Tiago. Este lhe pediu que o levasse ao Palácio das Laranjeiras, e Gregori, dirigindo um Aero Willys, o carro de serviço da casa de San Tiago, chegaram ao Palácio em torno das 20h00.[1590] San Tiago não via Jango havia algum tempo, mas àquela altura sentiu-se no dever de a ele dar o que seria a sua última avaliação do momento político.

Antes de visitar Jango, San Tiago falou com Alceu Amoroso Lima, que registrou a avaliação de seu amigo, que conhecera em 1928, primeiranista de Direito: "No dia 31 de março, quando San Tiago me falou pela última vez ao telefone (...) já a revolução estava deflagrada em Minas e o San Tiago se dirigia para o Palácio das Laranjeiras, onde ainda estava o Jango. Perguntei a ele o que ocorrera, admirando-me da atitude do Magalhães Pinto e querendo saber que probabilidade tinha o Jango de resistir. Poucas, me diz o San Tiago. Fala-se que alguns elementos aquartelados às margens do [Rio] Paraíba lhe são fiéis. Mas creio que está tudo perdido". "E, você, já pensou no que vão ser 20 anos de ditadura direitista?", indagou San Tiago ao amigo.

Jango recebeu San Tiago sozinho em seus aposentos no primeiro andar do Palácio.[1591] A conversa não foi longa. Como Jango deveria saber, disse San Tiago, o Departamento de Estado norte-americano não sofria mais influência da política de Kennedy. Sofria outras influências, bem diversas. E não seria impossível que o movimento de Minas viesse a ser apoiado pelo Departamento de Estado, inclusive não seria impossível que ele tivesse sido deflagrado com o conhecimento e a concordância do Departamento de Estado. Não seria impossível que o Departamento de Estado viesse a reconhecer a existência de um outro governo em território livre do Brasil.

Jango indagou ao *Professor* se ele estava só especulando, e San Tiago respondeu negativamente.[1592]

San Tiago não poderia saber que o plano de contingência, elaborado pelo governo norte-americano para a eventualidade de um golpe de estado no Brasil que derrubasse o governo de Jango, ainda no governo Kennedy, previa o eventual reconhecimento de um novo governo e o envio de apoio militar aos revoltosos. Não era, contudo, segredo a quem minimamente acompanhasse os rumos da política norte-americana que o governo dos Estados Unidos, no esquema geopolítico delineado depois do sucesso da Revolução Cubana, iria se opor firmemente à instalação de um governo de esquerda no maior país da América Latina.[1593]

As outras considerações de San Tiago sobre a ciência dos Estados Unidos da deflagração do movimento e do seu eventual apoio aos revoltosos, inclusive apresentando apoio militar, eram procedentes e iriam se confirmar; igualmente, a afirmação de que San Tiago não especulava. Ele poderia ter sido informado por seu amigo Afonso Arinos e mesmo por Magalhães Pinto, que era seu interlocutor constante, e o governador poderia ter sido informado pelo embaixador norte-americano, Lincoln Gordon, ou por outro funcionário do governo norte-americano, dos planos do governo de seu país em relação à situação brasileira naquele momento, e assim estariam cientes da disposição do governo americano de agir em apoio aos revoltosos.[1594] De qualquer forma, é pouco provável que San Tiago tenha declinado a Jango a fonte de suas informações, menos ainda sendo ela uma fonte secundária como era o caso; e a ele, San Tiago, dificilmente Lincoln Gordon teria falado diretamente, porque San Tiago, naquela altura, já figurava no lado vencido.

Não muito depois, Jango teve a última conversa com o general Kruel, que lhe disse só poder apoiá-lo de então por diante se ele rompesse com a esquerda; demitisse o ministro da Justiça, Abelardo Jurema, e Darcy Ribeiro, da Chefia do Gabinete Civil, e pusesse fora da lei o Comando Geral dos Trabalhadores. Jango recusou a proposta de Kruel, qualificando-a de uma capitulação humilhante a qual ele não se prestaria. A seguir, os principais chefes do Exército uniam-se contra o seu comandante em chefe. O "dispositivo" militar e civil de Jango começava a desabar, e o seu governo também.[1595]

As tropas do general Kruel, este rompido com o governo de Jango, se deslocavam em direção ao Rio de Janeiro, fechando o cerco sobre a antiga capital federal, enquanto sucessivas adesões de unidades militares em todo o país iam se registrando velozmente. O editorial do *Correio da Manhã,* sob o título *Fora,* exigia que o presidente da República deixasse o governo.[1596]

Jango deixou o Rio de Janeiro às 12h45, do mesmo dia 1º, com direção a Brasília. Mais tarde, Millôr Fernandes diria que Jango fora o primeiro presidente na história deposto por um golpe de estado a fugir para a capital do país. Fuga ou não, Jango seguiu para Brasília, e lá se encontrou com alguns deputados do PTB, e, à tarde daquele dia 1º, lançou uma proclamação, irradiada às 23h30 pela *Rádio Nacional,* no Distrito Federal.[1597] Jango acusava "forças reacionárias" de haverem desencadeado, mais uma vez, um "golpe contra as instituições e contra a libertação econômica da Pátria"; e dizia não se poder "responsabilizar o meu governo" pela inflação que devastava a economia, e, ainda, afirmava ter feito "tudo para debelá-la". Concluía afirmando ser a sua política autenticamente popular e fiel ao ideário de Vargas, e que "reagirei aos golpes dos reacionários, contando com a lealdade, a bravura e a honra das forças militares e com a sustentação das forças populares do nosso País".[1598]

No início da noite, ainda no dia 1º, Jango dirigiu-se ao aeroporto de Brasília, para embarcar com destino a Porto Alegre. Tancredo o acompanhou ao aeroporto; dez anos depois o deputado mineiro repetia com Jango o gesto de desassombrada solidariedade que prestara a Getúlio Vargas, na véspera de seu suicídio, em curso a sua deposição da Presidência da República.[1599] Deixando com atraso Brasília no começo da madrugada do dia 2, pois uma pane no avião que iria levá-lo o obrigou a trocar de aeronave, Jango chegou a Porto Alegre às 3:00 da madrugada.[1600] No Rio de Janeiro e em Brasília, as ações políticas desdobravam-se.

• No Palácio da Guerra

Na mesma madrugada do dia 2, por volta da 01h00, no Rio de Janeiro, precisamente no Palácio da Guerra, como era também conhecido o prédio do Ministério do Exército, na presença de oficiais generais que ali se encontravam, o general Costa e Silva, invocando a sua qualidade duvidosa de ser o mais antigo general do Exército, empossou-se no cargo de comandante-chefe do Exército Nacional, cargo inexistente, quando o presidente da República estava por aterrissar em Porto Alegre. Em nota distribuída à imprensa, o Estado Maior do Exército divulgou as medidas prontamente tomadas por Costa e Silva para restabelecer "a coesão e eficiência operativa das grandes unidades do Exército (...) [e] para eliminar a subversão dirigida no Rio Grande do Sul por Leonel Brizola".[1601]

• No Congresso

Canalha! Canalha! Do plenário, Tancredo Neves dirigia-se ao presidente do Congresso, Auro de Moura Andrade – e integrante de seu partido – que, em meio à madrugada do dia 2, convocara uma sessão conjunta das duas Casas, e nela fez uma rápida comunicação ao plenário: "numa hora gravíssima da vida brasileira, o chefe de Estado abandonou o governo"; e imediatamente declarou vaga a Presidência da República, ignorando os protestos de deputados, aos quais negou arbitrariamente a palavra, de que Jango ainda se encontrava em território brasileiro, no Rio Grande do Sul, e encerrou a sessão, que durou uns poucos minutos.[1602]

A reação de Tancredo era procedente do ponto de vista jurídico e moral. Jango ainda era constitucionalmente o presidente da República, pois sabidamente se encontrava no país, estando àquela altura por chegar ao Rio Grande do Sul, vindo de Brasília, como o próprio Tancredo era testemunha. A indignação de Tancredo não era menos procedente; a declaração de Auro era deliberadamente falsa, e o seu propósito claramente ilegal: abrir caminho para a rápida imposição de um novo governo mesmo em flagrante violação à Constituição.

No ato ilegal do senador paulista, não faltaria uma forte dose de ressentimento pessoal; dois anos antes, Jango o indicara à chefia do gabinete parlamentar, não sem antes exigir e receber do vaidoso senador uma carta de renúncia, por ele firmada, mas não datada, que Jango usou para remover Auro do cargo poucos dias depois de sua investidura, sem lhe comunicar diretamente o ato de sua remoção, deixando Jango a sua notícia ser divulgada ao senador, em plenário da Câmara, pelo petebista Almino Afonso.[1603]

Declarada a vacância da Presidência da República, à manobra ilegal do presidente do Congresso seguiu-se a posse do presidente da Câmara dos Deputados, Ranieri Mazzilli, em uma cerimônia soturna, acolitada pelo presidente do Supremo Tribunal Federal e realizada em meio à madrugada daquele dia 2, no Palácio da Alvorada.[1604]

No curso daquele dia, os generais Costa e Silva, Castello Branco e Décio Escobar, membros do Alto Comando Revolucionário, informalmente instituído, haviam encaminhado manifesto "a seus camaradas do Exército". Nele, estando Jango em "ostensivo conluio com notórios elementos comunistas" e agindo em "flagrante ilegalidade", caberia, nos termos da Constituição às Forças Armadas "defender a Pátria e garantir os poderes constitucionais, a lei e a ordem"; impunha-se, portanto, "sem tardanças, dizer um 'Basta!' terminante a essas manobras desagregadoras e subversivas". O devotamento à Pátria por parte do Exército brasileiro não mais o permitia "assistir impassível à trágica derrocada das próprias instituições militares". O manifesto, conclamava "a todos os camaradas do Exército brasileiro, a cerrar fileiras em nome da Segurança Nacional para salvaguarda da estrutura das nossas Forças Armadas gravemente ameaçadas". E arrematava: "coesos e unidos, restauremos a legalidade, como é do nosso dever, assegurando a plena vigência do regime democrático. Esta é a hora decisiva".[1605]

Às 13h00, o prefeito de Porto Alegre, que, ao contrário do governador do estado, apoiava Jango, publicou uma nota, em que dizia que Jango, depois de se reunir com autoridades, amigos e correligionários e verificar "as condições de resistir ao processo golpista", decidiu "dispensar o sacrifício do povo gaúcho e brasileiro". E Brizola pediu "a todos os patriotas que enfrentassem com serenidade e calma essa difícil passagem".[1606]

Por volta das 12h00, Jango deixou Porto Alegre com destino a uma de suas fazendas, em São Borja, onde se encontrou com a esposa e os filhos. Em um bilhete dirigido às autoridades uruguaias, entregue a Maria Thereza, que partiu com os filhos para Montevidéu, solicitou asilo político ao governo daquele país. Dois dias depois, a 4 de abril, reuniu-se à família e começou a viver o exílio; até a sua morte em 1976, aos cinquenta e sete anos, jamais lhe foi permitido vir ao Brasil. Consentido pelo governo de então o seu enterro em São Borja, ao lado do féretro, Tancredo discursou, homenageando o presidente desterrado.[1607] Tal como fizera havia vinte e dois anos, junto ao túmulo de Getúlio Vargas.

• A síntese de San Tiago

San Tiago, com os fatos que conhecia, os mais recentes ainda não muito nítidos, a 2 de abril, em carta ao diplomata Marcílio Marques Moreira, faz uma síntese dos acontecimentos, alinhando e comentando os "episódios finais do governo Goulart", que "se sucederam em ritmo de 'montagem' cinematográfica". O comício do dia 13 projetou "um sentido revolucionário sobre uma série de atos, na verdade moderados ou mesmo inócuos, que criaram expectativas e aglutinaram a reação". Depois, o incidente disciplinar na Marinha, "resolvido de modo infeliz, com a mudança do ministro e o cancelamento das punições, o que abalou a hierarquia, gerou pânico na oficialidade, e levou às outras armas o receio de um processo desintegrador". Em seguida, o comparecimento do presidente a uma associação de sargentos, em que o discurso por ele feito, embora moderado de ideias e palavras, ganhou um colorido especial pelo local e pelo confronto com os discursos de outros. Criou-se assim "o clima e o lançamento de um golpe, meditado e urdido com antecedência".

Prossegue San Tiago, descrevendo a sucessão de cenas. Deflagrado o movimento militar em 31 de março, o "governo federal foi colhido de surpresa, e reagiu com grande ineficiência". Em dois dias viu-se o general Kruel tomar posição com os rebeldes, e a força abandonando gradualmente o presidente. "Hoje, temos a notícia [não exata, naquele momento, como se saberia mais tarde] de que o presidente passou do Rio Grande ao Uruguai, onde se supõe que se asile. Não houve ato de renúncia. O Moura Andrade comunicou ao Congresso que a presidência estava vaga, e o Mazzilli tomou posse como substituto constitucional".

Embora cedo para dizer sobre o sentido e os efeitos dos fatos recentes, "receio muito o retrocesso histórico, o caráter reacionário que venha a marcar o novo governo, recalcando aspirações populares, que não poderão achar outro caminho senão o da violência", observa San Tiago.

Contudo, acreditava que a realização das reformas de estrutura era indispensável à evolução do processo político brasileiro por meio de um programa que fosse aceito pelo "novo sistema de forças dominantes", cuja formação ainda não se podia divisar. "O clima é de calma, mas ainda não há segurança", conclui San Tiago.[1608]

Não era esse o clima. San Tiago estava mal informado, ou não quis alarmar o seu correspondente, residindo no exterior. Naquele dia, era noticiado nos jornais da manhã a prisão na véspera do ex-ministro da Justiça, Abelardo Jurema, do governador Miguel Arraes e do governador do estado do Rio de Janeiro, Badger da Silveira; e, no Rio, em São Paulo e Minas, líderes sindicais haviam sido presos, inclusive a cúpula do Comando Geral dos Trabalhadores. A *Rádio Nacional* e a *Rádio Mayrink Veiga*, onde Brizola até poucos dias atrás tivera um microfone cativo, haviam sido silenciadas.[1609]

Em editorial, os jornais se manifestavam sobre o papel das Forças Armadas e o destino da revolução. A *Tribuna da Imprensa* escrevia ser necessário "agora organizar o mais rapidamente possível o novo governo (...) [e] providenciar, também urgentemente, para que os direitos políticos dos que foram ontem legitimamente banidos pelo povo sejam cassados para sempre". Na mesma data, também em editorial, *O Globo* dizia "o povo e as Forças Armadas, cuja atuação, nesta difícil conjuntura, deve ser prestigiada e apoiada pelo legislativo. Não saíram elas de seus quartéis (...) para verem, em seguida, o movimento amesquinhado pelos políticos preocupados somente com seus interesses eleitorais". Já o *Correio da Manhã* escrevia de outro ângulo: "às Forças Armadas cabe a tarefa de impedir que o movimento vitorioso descambe para represálias pessoais ou de grupos. Elas, que deram execução ao movimento, têm agora o dever de preservá-lo, de conter o processo de degenerescência com que ameaçam a cupidez política de uns e a vocação ditatorial de outros".[1610]

Em visita ao novo ministro da Guerra, general Costa e Silva, ainda no mesmo dia 2, o governador da Guanabara, Carlos Lacerda, pediu-lhe o afastamento imediato de todos os elementos comunistas de postos-chaves da administração federal.[1611]

• A cena partidária

"Grande nação! Bom coração e péssimo caráter", exclamou o deputado udenista Aliomar Baleeiro, surpreso ao saber das articulações vitoriosas e incruentas do movimento revolucionário, que iam se sucedendo celeremente ao correr daquele longo dia 2 de abril.[1612]

Tancredo, que fora o líder do governo Goulart, manifestou a sua estranheza pela ausência de um ato que consumasse o impedimento do ex-presidente da República, entendendo que o Congresso deveria tomar uma decisão final a respeito, pois, na hipótese de Jango retornar ao território brasileiro até janeiro de 1966, seria ele o presidente constitucional do país.[1613]

No plano partidário mais amplo, outra era a ordem de cogitações; a classe política via os militares, mesmo à frente de um movimento que ganhava corpo rapidamente, como elementos agora ativos, mas integrantes da mecânica política do país, ao lado do Congresso. Crença a ser rapidamente vencida pelos fatos.

Mas nesse contexto tiveram início os primeiros movimentos partidários. A cúpula do PSD, com a presença de Juscelino, começou a examinar a sucessão; foram convocados todos os seus parlamentares no Rio para seguirem para Brasília, onde teriam lugar as próximas conversações. Nos termos da Constituição, já decorrido mais da metade do mandato do presidente, em caso de vacância, caberia ao presidente da Câmara exercer interinamente a Presidência, e ao Congresso, dentro de trinta dias, eleger o sucessor de Jango. Discutiu-se uma aliança do PSD com a UDN, e cogitou-

-se também de o PSD oferecer uma perspectiva de acordo com o PTB, para que o mandato presidencial fosse completado por um pessedista.[1614]

Enquanto isso, em Minas, a bancada do PTB, depois de ouvir San Tiago por telefone, desligou-se do governo Magalhães Pinto e "reafirmou o seu apoio inabalável às reformas de base".[1615]

Mas os fatos políticos relevantes não mais tinham origem na classe política; "o partido de armas na mão" os ia ditando. O longo dia 2 de abril não se encerraria sem uma derrota imposta a San Tiago, esta vinda de um campo bem diverso.

• Academia Brasileira de Letras

Em 19 de novembro de 1963, San Tiago havia formalizado a sua candidatura à cadeira número nove, vaga com a morte do escritor Magalhães Azeredo, na Academia Brasileira de Letras. A sua inscrição levou alguns postulantes, entre eles o gramático Celso Cunha, a retirar suas candidaturas; caso não surgissem novos candidatos, San Tiago disputaria a vaga com o escritor Nilo Bruzzi. Cumprindo o protocolo, San Tiago enviou telegrama a todos os acadêmicos submetendo o seu nome à "sua apreciação, esperando levar, em breve, em visita pessoal, meus cumprimentos".[1616]

Ao seu amigo de mocidade e acadêmico, Gilberto Amado, San Tiago escreveu dizendo que a sua postulação atendia a um convite feito por Afonso Arinos, que, "falando em nome de um grupo de amigos nossos", assim havia "constituído um impulso, a que obedeci pensando, principalmente, do prazer de juntar-me a alguns amigos, entre os quais o seu nome avulta". San Tiago lamentava não poder contar com o voto do amigo, embaixador, que, servindo no exterior, não estaria de volta ao Brasil antes de 2 de abril daquele ano de 1964, a data aprazada para a eleição na Academia, mas acrescentava que, "se não o voto, pode haver, mais do que isso, que é o prestígio do seu apoio, e esse será para mim inestimável".[1617]

Em 2 de dezembro de 1963, San Tiago em carta a Afonso Arinos dava notícia da sua candidatura, a qual ele estava "procurando levar a bom termo". Já havia oficializado a apresentação de seu nome e acreditava que as probabilidades de sucesso "não diminuíram, antes aumentaram, nas últimas semanas". Porém, estava atrasado no programa de visitas, mas vinha recebendo algumas "manifestações firmes", que montariam, segundo seus cálculos, a "21, cabendo 12 ao meu concorrente único, e havendo dúvidas sobre a posição de três votantes".[1618]

Mas o cálculo de San Tiago mostrou-se equivocado. Aberta a urna, a 2 de abril, computados trinta e cinco votos, sendo vinte e três por carta e doze votos presenciais, nenhum dos candidatos, em quatro escrutínios, alcançou o número mínimo de dezenove sufrágios, necessário à eleição à cadeira nº 9, e o presidente da Academia a declarou vaga, e reabertas as inscrições. San Tiago foi derrotado nos três primeiros escrutínios por seu contendor direto, Nilo Bruzzi, que no primeiro alcançou dezoito contra quinze votos, ampliando a vantagem no segundo, dezoito a catorze votos, mantendo-a no terceiro, dezessete votos a treze, San Tiago superando-o no quarto escrutínio por um voto, dezessete a dezesseis, faltando-lhe, porém, dois votos para ser eleito.[1619]

San Tiago não faria qualquer comentário sobre o resultado da eleição e nem voltaria a candidatar-se na nova eleição marcada para o dia 6 de agosto.[1620]

Oito anos antes, San Tiago disputara a presidência do Jockey Clube, e fora merecidamente derrotado. Não estava ele habilitado a desafiar a chapa vencedora, liderada pelo nome mais qualificado do turfe carioca, além de sua postulação servir, como muitos perceberam, a um movimento de divulgação de seu nome, para além dos limites do clube. Havia dois anos, San Tiago disputara a chefia do gabinete parlamentar; era, ao lado de Tancredo Neves, que deixava o cargo, um dos mais qualificados entre os poucos políticos do país realmente aptos àquela tarefa, que a ele foi negada pela conjunção de atos menores da política nacional. Integrando a Academia Brasileira de Letras, em qualquer época, San Tiago iria enobrecê-la. Mas ela o recusou, na votação realizada no dia seguinte ao movimento armado que derrubou o governo João Goulart, ao qual San Tiago, seu colega de partido, servira esforçadamente. Do contendor de San Tiago na Academia, não se guardou o nome.

• Início da ocupação

Enquanto era noticiado que Jango ainda estava "sumido" e sua esposa, Maria Thereza, com seus dois filhos pequenos haviam chegado ao Aeroporto de Montevidéu e esperado por cerca de vinte minutos por um táxi, o novo regime ia se configurando. O secretário de Estado norte-americano, em entrevista, declarou que o governo dos Estados Unidos estava disposto a continuar o programa de cooperação com o Brasil, "porque a crise evoluía dentro de preceitos constitucionais"; e que aguardava a resposta brasileira ao oferecimento de um empréstimo de US$ 400 milhões feito pelo governo norte-americano ao então ministro San Tiago Dantas.[1621]

Na Câmara, líderes de partidos reunidos haviam repelido a ideia de se promover a cassação de mandatos de deputados, sendo recusada uma proposta nesse sentido do deputado udenista Herbert Levy por seu colega de partido Adauto Lúcio Cardoso, a quem uma lista divulgada, referindo quarenta nomes de parlamentares a serem cassados, era uma hipótese "tão ridícula e fere de tal maneira a dignidade do Legislativo, que só pode ser tomada como provocação". Não era, porém, uma provocação como logo ficaria evidente.[1622]

Muitos dos atos até então executados pela "revolução" e seus "agentes", militares e civis, em diferentes postos e cargos, não tinham amparo nas leis em vigor no país, notadamente na Constituição. Simultaneamente, grupos das Forças Armadas e de civis instavam aos chefes militares fosse promovido o expurgo de parlamentares de esquerda, medida apoiada e reivindicada por Costa e Silva.[1623] A edição de um ato que desse forma jurídica à cassação de mandatos parlamentares e à suspensão de direitos políticos foi objeto de sugestões originárias de parlamentares, segundo as quais o Congresso outorgaria às Forças Armadas poderes extraordinários para agir. Tais sugestões, embora elaboradas prontamente, não chegaram a ser consideradas, pois a 4 de abril o deputado udenista Bilac Pinto já havia procurado o jurista Carlos Medeiros, seu amigo de faculdade e colaborador na *Revista Forense*, editada por Bilac, e lhe pedira que redigisse ato outorgando poderes aos militares, titulares de fato do novo governo, para promover o expurgo político que pretendiam, medida que a Constituição, produto da redemocratização verificada em 1946, não poderia prever, como de fato não previa, senão em situações excepcionais, assegurada sempre ao parlamentar acusado o amplo direito à defesa, em um processo conduzido estritamente no âmbito do Parlamento, regra agora frontalmente repelida pelos militares.[1624]

A 5 de abril, um domingo, Carlos Medeiros concluiu a minuta do Ato que lhe fora solicitado, e o seu texto foi submetido ao general Castello Branco, que lido em voz alta, em sua residência, pelo deputado pessedista Alkmin, foi aceito; a seguir, foi o texto enviado a Costa e Silva, que o encaminhou a Mazzilli, em Brasília.[1625]

• O restabelecimento integral da legalidade

A 6 de abril, uma segunda-feira, quando San Tiago chega a Brasília, já se noticiava a edição de um ato adicional que outorgaria poderes ao Comando Revolucionário para cassar patentes militares, mandatos parlamentares e determinar a suspensão de direitos políticos, entre outras medidas.[1626] No dia seguinte, San Tiago reúne-se com a bancada trabalhista na Câmara e expõe a sua opinião, de que o partido não deveria adotar posições agressivas, mas colaborar para que se alcançasse, com maior rapidez, o objetivo mais importante: "a reconsolidação da legalidade". Aponta a contradição entre o propósito noticiado do Comando Revolucionário, de promover cassações e preservar o Congresso, observando "que não se pode manter aquilo que se desmoraliza". Aos parlamentares caberia reconhecer a situação revolucionária e, "sem decair da sua dignidade, contribuir, com serenidade e bom senso, para o restabelecimento integral da legalidade". E acrescentou que "a cassação de mandatos é um ato muito penoso". Seria mais indicada a solução de a Câmara examinar cada pedido que, individualmente, lhe fosse encaminhado, de licença, para se processarem parlamentares envolvidos com atividades subversivas denunciadas pela revolução. Essa era uma proposta evasiva, pois já era sabido que a Câmara não tinha intenção de cassar seus membros, nem os chefes da revolução deixariam ao Congresso a decisão final de cassar mandatos parlamentares.[1627]

San Tiago terá sido uma das primeiras vozes a reclamar o restabelecimento integral da legalidade e a sugerir ao seu partido essa tarefa, um dia antes da revolução completar uma semana, e a três dias da edição do Ato Institucional. Em sua coluna, Carlos Castello Branco registrava que San Tiago, ao ouvir o deputado udenista José Aparecido dizer acreditar que "essa sua tranquilidade ainda seria convocada" pelo novo governo, San Tiago teria rido e dito, "quem sabe, [mas] parece que há muita pedra e pouco cimento".[1628]

Ainda naquele dia 7 de abril, o Congresso aprovou e o presidente da República sancionou projeto de lei que regulamentava a eleição indireta do presidente e vice-presidente da República. Nele, estava prevista a convocação do Congresso com a antecedência mínima de quarenta e oito horas, para proceder à eleição, a ser decidida por maioria absoluta de seus membros e em segundo escrutínio por maioria simples. O líder do PTB, Doutel de Andrade, em declaração de voto, disse que a bancada do seu partido era inteiramente contrária ao projeto, aprovado sem que fosse realizada a chamada nominal dos deputados.

• O autoritário empedernido

Ao ato redigido por Carlos Medeiros, foi sentida a ausência de um friso que lhe desse maior substância revolucionária. Por sugestão de Bilac Pinto, Carlos Medeiros ligou para o seu mentor, Francisco Campos, e ambos foram, na tarde do dia 7 de abril, ao Ministério da Guerra conferenciar com chefes militares liderados por Costa e Silva, que os informou da resistência do Congresso em aprovar as medidas visadas por eles.[1629]

A maior inteligência jurídica de sua geração, o impenitente autoritário, redator da Carta de 1937, que estruturou a ditadura do Estado Novo de Getúlio, a que a Carta então vigente pusera termo, fulminou a dúvida que obstava a ação desabrida e imediata do Alto Comando Militar: não havia, segundo Campos, motivo para tal hesitação; os chefes militares não tinham motivos para se "inclinar a objeções ao ato que melhor consultassem os objetivos revolucionários, porque a própria manutenção do Congresso Nacional e a investidura do presidente da Câmara na Presidência da República estavam ainda na dependência do poder de fato, de origem revolucionária", que os chefes militares vinham exercendo. Resistisse o Congresso em votar o texto, haveria a "alternativa" de ele ser outorgado. Campos redigiu a Introdução do Ato Institucional, fixando a fonte e a expressão do poder revolucionário incontrastado, a saber, a força cria o seu direito e este assim se constitui em fonte de legalidade.[1630]

O poder revolucionário afirmava-se sobre a ordem constitucional vigente.

Na Câmara, o deputado Arnaldo Cerdeira, do PSB, fez referência a um Ato Institucional que modificaria a Constituição e preveria a cassação de mandatos e a cassação de direitos políticos. Os militares estariam reivindicando "a marcha de um processo revolucionário e a responsabilidade dessa revolução". E acrescentou "essa é a verdade da situação brasileira. Se alguém tiver força para impedi-lo que vá para as ruas combater a revolução vitoriosa, vá acabá-la. Nós [na Câmara] não temos como fazê-lo".

• A visita inesperada

Na manhã de 9 de abril, os meios políticos já esperavam a edição de um Ato Institucional e a subsequente cassação de mandatos parlamentares. San Tiago estava em Brasília havia três dias, e conversava com deputados que se achavam na capital. Dois deles chegaram a Brasília, logo cedo naquele dia 9, Bocaiúva Cunha e Almino Afonso, dois líderes do PTB. Ambos haviam sido determinados opositores de San Tiago em sua tentativa de formar uma Frente Ampla. Naquela manhã em Brasília, San Tiago os surpreende, como Almino Afonso registraria mais tarde: "no apartamento do deputado Bocaiúva Cunha, para onde fui, até ver que rumo tomar, recebi a visita do deputado San Tiago Dantas. Era tocante o seu gesto, justo no dia em que pairava no ar, com indisfarçável eletricidade, o prenúncio de grandes decisões". San Tiago faz uma análise da situação, "com aquela racionalidade incomum", mas "aí brotou o lado humano: vim, diz San Tiago, aqui para dar-lhe um conselho, se você me permite: não se deixe prender".[1631] E já havia prisões, pedidos de asilo diplomático, centenas de habeas corpus requeridos perante os tribunais, e listas informais de parlamentares a terem seus mandatos cassados. O conselho de San Tiago mostrou-se procedente, logo a seguir.

• O Ato Institucional

Na tarde de 9 de abril, os três ministros militares representando o Comando Supremo da Revolução, em cerimônia realizada no Ministério da Guerra, firmaram o Ato Institucional.[1632]

Em onze artigos e devendo vigorar até 31 de janeiro de 1966, quando expirariam os mandatos do presidente e do vice-presidente da República, os quais deveriam ser eleitos pelo Congresso no prazo de quarenta e oito horas, o Ato removia todas as inelegibilidades, permitindo a eleição de um militar da ativa. E concentrava poderes na mão do presidente da República, especialmente de iniciativa legislativa, podendo ele propor emendas constitucionais e projetos de lei, sendo de sua competência exclusiva projetos de lei que importassem na criação e aumento de despesas. Era outorgado ao Comando Revolucionário (por indicação do Conselho de Segurança Nacional) e, depois de empossado o presidente, a este, o poder de cassar mandatos legislativos federais, estaduais e municipais, e suspender direitos políticos pelo prazo de dez anos; eram suprimidas as garantias constitucionais e legais de inamovibilidade e estabilidade de emprego, o que permitia ao presidente da República decidir sobre a demissão, disponibilidade ou aposentadoria compulsória de todos os funcionários públicos, sendo esses atos excluídos da apreciação judicial.

"O partido de armas na mão" já dispunha das prerrogativas máximas do poder incontrastado. A questão jurídica, com a edição do Ato, estava formalmente resolvida. As cassações de mandatos parlamentares de patentes militares, aposentadorias forçadas, demissões e suspensão de direitos, iriam, em sucessão, somar-se às prisões que vinham ocorrendo por todo o país e redefiniriam a fisionomia política do país por uma forma e intensidade jamais vista em sua história.

A sombria previsão de San Tiago, feita a 2 de abril, de que o Brasil, por vinte anos, viveria um regime autoritário de direita, começava a ser cumprida.

Em Brasília, na noite de 9 de abril, depois de firmado o Ato Institucional pelo Comando Revolucionário, os líderes de nove partidos representados na Câmara dos Deputados – PSD, UDN, PSP, PDC, PR, PL, PTN, PRP e MTR – "reafirmaram, em perfeita harmonia", a intenção de votar no general Castello Branco para presidente da República. Mais tarde, nessa mesma noite, Juscelino divulgou sua declaração. Disse que estava "de acordo com a indicação do nome honrado e digno do general Humberto Castello Branco, na certeza de que a conduta e o passado desse ilustre militar asseguram completo respeito às normas democráticas" e, acrescentou, "acatamento à vontade do povo que será expressa nas urnas de outubro de 1965".[1633]

• Cassações de mandatos e direitos políticos

No dia 10 de abril, circulavam nomes de parlamentares que deveriam ter cassados os seus mandatos. Entre estes, segundo a imprensa, o de San Tiago, que, no entanto, havia sido retirado da lista pouco antes de ser expedido, pelo Comando Revolucionário, o ato de cassação.[1634] Nesse mesmo dia, a junta militar divulgou a primeira lista, com cento e dois nomes dos punidos pelo novo regime; quarenta e um deputados federais tiveram seus mandatos cassados e suspensos os direitos políticos de várias personalidades de destaque na vida nacional, entre os quais, Jango, Jânio Quadros, Luís Carlos Prestes, Miguel Arraes; e deputados, muitos deles líderes da Frente Parlamentar Nacionalista, Leonel Brizola, Neiva Moreira, Almino Afonso, Sérgio Magalhães, o ex-ministro da Justiça, Abelardo Jurema, e integrantes do círculo próximo a Jango, o chefe da Casa Civil, Darcy Ribeiro, o assessor de imprensa, Raul Ryff e o dono da *Última Hora*, Samuel Wainer. Vinte e nove líderes sindicais integravam essa primeira lista de punições, entre eles Clodesmidt Riani, Dante Pellacani, Hércules Correia, Roberto Morena, e o economista Celso Furtado. E cento e vinte e dois oficiais foram expulsos das Forças Armadas.

Os meios de execução da nova ordem imposta pelo movimento de abril começaram a ser acionados: exílio, cassação de mandatos parlamentares e de direitos políticos, tortura, inquéritos policiais-militares, para apurar "subversão e corrupção" no governo federal, chefiados por oficiais das Forças Armadas investidos de poderes policiais, especialmente para decretação de prisões arbitrárias.

A 11 de abril, o marechal Castello Branco foi eleito por 361 votos, dos 438 votantes. Para vice-presidente, foi eleito Alkmin, em segundo escrutínio, depois de Auro Moura Andrade haver retirado sua candidatura. San Tiago, presente à votação, absteve-se, o que, havendo apenas uma candidatura, significa um voto contrário ao candidato único. O PSD deu 123 votos, seguindo-se a UDN, com 105 e o PTB com 52 votos. Do PSD, dois parlamentares se abstiveram: Oliveira Brito e Tancredo Neves.[1635]

A 14 de abril, foi divulgada nova lista de cassações, incluindo sessenta e sete civis e vinte e quatro oficiais das Forças Armadas, entre estes muitos oficiais próximos a Jango, sendo transferidos para reserva vinte generais e cento e dois oficiais das Forças Armadas.[1636] No dia seguinte, Castello Branco foi empossado na Presidência da República, e o diretor da *Tribuna da Imprensa* reclamava expressamente a cassação de San Tiago qualificando-o de o *Laval* brasileiro.[1637]

• Almoço com o embaixador

A 17 de abril, uma sexta-feira, Lincoln Gordon almoçou com San Tiago no Rio de Janeiro e com ele conversou longamente. O embaixador norte-americano, em telegrama ao secretário de Estado, registrou os principais tópicos da conversa. Segundo Gordon, San Tiago teria dito acreditar que o Brasil tivesse alcançado uma maturidade política que impedisse interrupções na continuidade do regime constitucional. Os seus esforços, ao articular a Frente Ampla, tiveram o propósito de buscar a estabilidade constitucional, comprometidos, todavia, pela tolerância de Jango com os radicais. San Tiago estaria aliviado pelo fato da imposição de o novo governo não ter resultado em uma conflagração sangrenta. Em relação ao futuro, a principal preocupação de San Tiago seria com o risco de um novo governo, representando uma elite aristocrática, deixar as massas sem liderança e desorientadas, o que poderia ter efeitos políticos a longo prazo análogos ao peronismo na Argentina. San Tiago acreditava ser a tarefa mais importante no momento estabelecer lideranças não extremistas no Partido Trabalhista e essa seria a sua principal preocupação nos meses seguintes.

A seu ver, o novo ministério era apenas razoável, endossando San Tiago a nomeação de Bulhões e Vasco Leitão da Cunha, mas Juarez Távora e

Milton Campos não teriam uma conexão maior com a cena política corrente. Com relação às eleições presidenciais, San Tiago acreditava que Juscelino teria sido enfraquecido pelas posições que tomou no curso da revolução e pela hostilidade que o novo governo lhe votava.

Os líderes revolucionários, segundo San Tiago, iriam procurar algum meio de prolongar o mandato de Castello Branco, alegando a necessidade de coincidir as eleições presidencial e congressual em 1966, ou por meio, por exemplo, de uma emenda constitucional que permitisse Castello candidatar-se na eleição de 1965. Quanto ao Ato Institucional, era ele obviamente autoritário, faltando-lhe mesmo a legitimação democrática formal, que lhe quisessem dar, por um plebiscito.

Embora falando com fluência, San Tiago pareceu longe de estar bem de saúde, registrou Gordon. Pálido, e tossindo com frequência, planejava visitar Nova York e Boston para novos exames médicos no curso das duas próximas semanas. Gordon ficou com a impressão de que a combinação de fatores médicos e políticos estavam apressando o crepúsculo desse "curioso personagem da política brasileira".[1638]

As anotações de Gordon parecem fiéis, e as observações de San Tiago sinceras. A previsão de San Tiago de que o mandato do general Castello Branco iria ser prorrogado mostrou-se absolutamente certeira, e dali a três meses iria se confirmar. Nesse almoço, San Tiago estende a linha de contenção política que vinha mantendo, e revela um pouco mais do seu ceticismo quanto às perspectivas de retorno à legalidade constitucional, que, todavia, deveria ser logo buscado, no regime que vinha de se implantar havia dois dias, com a posse de Castello Branco.

O movimento de abril ia se afirmando. Pouco antes do final daquele mês, foi promulgada a lei que instituía o novo código de vencimentos dos militares.[1639]

• Notícias e uma análise não concluída

A 23 de abril, San Tiago comparece à missa do primeiro ano de falecimento da esposa do agora presidente Castello Branco, irmã de seu amigo, Hélio Vianna. E escreve cartas nos dias seguintes. A um correligionário em Poços de Caldas, diz: "inquietou-me saber que a família do Sebastião tem passado dificuldades, o que provavelmente também sucede a outros companheiros". E estava remetendo uma "pequena importância que você fará o favor de aplicar nos auxílios mais urgentes, notadamente à família de Sebastião de cujas dificuldades estou informado". E diz estar procurando "atender a situações semelhantes em outros municípios". E envia um "abraço afetuoso para os amigos e companheiros", e ao Maneco pede receber "a expressão da minha constante amizade".

Ao seu ex-aluno de Direito na Faculdade Católica, Israel Klabin, agradece o envio de um texto de sua autoria, desculpando-se por não poder, naquele momento, fazer uma leitura mais atenta e transmitir-lhe suas impressões mais válidas; "estou numa fase difícil para leituras e na iminência de partir para a Europa no dia 11 com o propósito de me avistar com alguns especialistas na França e na Suíça", e restitui ao amigo o texto dizendo que, "numa primeira leitura, pareceu-lhe magnífico". Ao seu antigo sócio no escritório, Jayme Bastian Pinto, diz haver lido "com delícia" o tratado da cozinha portuguesa do século XV, que Jayme lhe emprestara e San Tiago o devolvia, "não sem haver copiado algumas das receitas para tentarmos uma experiência em Petrópolis no verão", experiência que o tempo não lhe deixaria realizar. E a Robert Kennedy, San Tiago diz haver recebido com grande prazer um convite para contribuir com o programa de história oral que seria promovido pela *John F. Kennedy Memorial Library*, e, como haveria a possibilidade de viajar aos Estados Unidos no fim do ano, esta seria a data indicada para ter o seu depoimento gravado.[1640]

Desfechado o golpe em 31 de março, San Tiago nele anteviu o início de vinte anos de regime autoritário de direita, como disse ao seu amigo Alceu Amoroso Lima, no dia 2 de abril. Publicamente, contudo, San Tiago não expendia esse juízo tão claro e que o tempo mostraria absolutamente preciso. A sua tarefa política era de imediato defender o restabelecimento da ordem democrática, advertido, porém, que seria inútil confrontar os novos donos do poder. Pois ele bem sabia que "o partido de armas na mão" não iria deixar suas iniciativas serem medidas pelos interesses da classe política, ou, mesmo por qualquer grupo social. Ainda assim, podia San Tiago dizer acreditar, a despeito de seu ceticismo privado, que haveria algum espaço à atuação da classe política no novo regime.

Na verdade, San Tiago dava seguimento à sua pregação em defesa da legalidade constitucional, à qual, no governo Jango, se opusera sobretudo a esquerda negativa, que abertamente desafiava a ordem constitucional. O sinal ideológico invertera-se, mas o objetivo dos radicais, agora de direita, era também a imposição de um regime autoritário sobre a Constituição vigente, processo já deflagrado e em parte já executado.

Em um texto manuscrito, que não concluiria, e não divulgaria, San Tiago rascunha uma linha de ação para o PTB.

Dirige-se a todos os "seus companheiros de partido, líderes sindicais e à classe trabalhadora", e diz "competir, como trabalhista, a oposição ao governo instaurado através do Ato Institucional". Essa oposição, todavia, não deveria ser "demolidora", que favoreça a "agitação e reforce, pela reação inevitável, o dispositivo político conservador"; uma oposição "crítica e construtiva, vigilante dos interesses das classes populares (...) em que a luta pela emancipação da classe política possa prosseguir". Só através de um partido como o Trabalhista "o povo poderá manter-se coeso e intervir no processo político através do voto e da representação".

No contexto da revolução, era indispensável uma reforma que se "eliminasse o que contribuiu para a queda do governo de João Goulart". O mandato presidencial fora interrompido por uma "insurreição armada", mas esse "desastre político" não podia ser atribuído a "forças ocultas, ao capitalismo internacional e aos interesses contrariados de grupos econômicos".

"O erro máximo", prossegue, "o erro imperdoável, que leva precisamente à coalizão antirreformista e acaba por mobilizar contra o governo até forças progressistas, isentos de qualquer reacionarismo, é o radicalismo". O governo, que ignora a "variedade de matizes de opinião e extrema as suas atitudes", gera suspeitas sobre o seu intento de recorrer a meios violentos para impor reformas, "reduz a sua área de apoio e consolida o radicalismo oposto, o conservador". Para preservar o poder e manter-se na liderança, "o governo reformista deve ser, em primeiro lugar, moderado; em segundo lugar, eficiente; e, em terceiro lugar, austero".

O radicalismo crescente que "certas forças políticas procuraram e conseguiram envolver o governo Goulart" a partir do segundo semestre de 1963, diz San Tiago, acelerou a formação de uma frente contrária, para a qual contribuíram as mais variadas forças, sob a "liderança final da mais isenta de todas elas: as Forças Armadas", que, desde 1955, não intervinham diretamente no processo político. A Frente Ampla, que, entre dezembro e fevereiro, ele procurara articular para unir as forças de esquerda positiva e de centro adotando um programa "equilibrado e democrático", capaz de tranquilizar o país, foi alvejada pelo radicalismo que "combateu a sua constituição e o seu programa, arrastando o governo a um comportamento político, que culminou no comício de 13 de março e daí por diante criou, em poucos dias, condições de isolamento total", ao qual se seguiu o movimento armado de 31 de março.

Vê-se que San Tiago escrevera de um jato o texto, não o revisou e o deixou incompleto deliberadamente. Terá percebido que não seria a hora de expor as feridas do próprio partido e do governo deposto, muitas delas abertas pela oposição que ele, San Tiago, sofrera de seus companheiros, muitos deles ora perseguidos, presos e exilados. Mas essa avaliação da queda de Jango é uma crítica direta ao radicalismo que tomou as rédeas do partido e do governo de Jango, a partir do segundo semestre de 1963, e que San Tiago vê como uma das causas a precipitar o desfecho em 31 de março, pela "aglutinação das forças reacionárias de direita", como ele próprio tantas vezes advertira. E a isenção que ele vira nas Forças Armadas, naquele contexto, rompera-se afinal.

CAPÍTULO 38

A ÚLTIMA VIAGEM À EUROPA

Estou na iminência de partir para a Europa no dia 11 com o propósito de me avistar com alguns especialistas na França e na Suíça.[1641]

• Solidão

A saúde declinava. Os incômodos que o perseguiam intensificavam--se continuamente; uma tosse persistente, fortes dores na coluna não o deixavam e o curvavam cada vez mais; mas ele insiste em manter-se ativo. Vai ao escritório no centro da cidade, permanecendo mais tempo, porém, no escritório de sua residência, que, agora, recebia poucos visitantes externos. Os amigos e a família o procuravam, mas o turbilhão político em que o país vivera desde a renúncia de Jânio e no qual ele se viu imerso havia cessado de vez.[1642] San Tiago sente-se doente, e está só. A saúde e a política deixaram-no.

A 8 de maio, San Tiago comunicou aos petebistas mineiros que viajaria à Europa, a fim de submeter-se a tratamento médico, e embarcou a 11, com destino inicial a Paris e dali a Nancy.

A cópia de uma carta redigida em francês e dirigida ao professor Sadoul, conhecido pneumologista francês, descreve o seu estado de saúde, a partir da intervenção que sofrera, em julho do ano anterior, nos Estados Unidos. Curiosamente, a carta diz que o diagnóstico feito em seguida à cirurgia não teria apontado a existência de um tumor canceroso "com muita certeza", constatando uma doença "inflamatória do tecido conjuntivo, provavelmente do grupo colagenoso". A descrição do estado de saúde no momento do embarque de San Tiago é minuciosa e refere os efeitos da evolução da doença e o tratamento então dado aos sintomas mais agudos: a tosse, a rouquidão, a fadiga muscular, as dores lombares e no peito, que acometiam sem cessar o paciente e nos últimos três meses haviam se agravado. O médico brasileiro pede a seu colega francês que avaliasse a situação pulmonar de San Tiago e uma possível reeducação respiratória com a finalidade de recuperar o funcionamento de um pulmão, e de reduzir os acessos de tosse.[1643] Provavelmente, já se verificava uma metástase nos pulmões e no mediastino, que causaria a tosse e a fadiga, e comprometeria as cordas vocais, causando a rouquidão.

- **Paris – Nancy – Viena – Roma – Lourdes – Paris**

San Tiago chega a Paris a 12 de maio, mas não embarca logo para Nancy, pois o médico francês viajara e não regressaria antes do dia 5 de junho. San Tiago sente-se melhor, com um pouco mais de resistência para andar e uma "orientação mais definida quanto à correção de postura e a recuperação respiratória", além da "ginástica respiratória" que passou a fazer diariamente. Em carta ao sobrinho Felippe, diz que não podia fazer planos antes de ir a Nancy. Apenas uma curta visita a Viena e a Roma estavam programadas. E dá nota dos passeios que fazia em Paris; teatro e música: "vimos *Sta. Joana,* de B. Shaw, bem representada. Amanhã, sábado, iremos à N. Dame assistir ao oratório *Pacem in terris* de *Darius Milhaud*, regência de Ch. Munch". Encontra em Paris o ora embaixador do Brasil em Viena, seu antigo chefe de gabinete no Itamaraty, Mário Gibson Barbosa, e em sua companhia passeia por três dias; San Tiago leva Gibson à ilha de São Luís, e mostra as casas onde haviam morado os personagens de Proust, riu, e contou anedotas, segundo recordaria o embaixador.[1644]

Edméa já teria sugerido a San Tiago visitar o santuário católico de Lourdes, no sul da França, nos Pirineus, próximo à fronteira com a Espanha. Ele, que era, em suas palavras, um homem de fé bruxuleante, aceitou a sugestão, reconhecendo a sua fé estar sendo dolorosamente apurada, embora "não me sinto apto para receber uma graça, mas o exercício permanente do sofrimento físico e o dever da paciência me têm cristianizado muito e me dado humildade". E confessa a angústia que lhe causavam as suas limitações físicas: "Meu desespero é não saber até que limite posso contar comigo para me oferecer às tarefas em que posso ser útil".[1645]

No fim de semana de 22 de maio, em carta ao sobrinho Felippe, San Tiago diz que foram a Lourdes de automóvel, uma longa "viagem, atropelada, mas muito bonita; atravessaram a *Beauce*, a *Touraine*, o *Poitou*, a região de *Bordeaux* (dos vinhos Graves), as *Landes* e o início dos Pirineus". Na volta, visitaram o Castelo de *Amboise* (um dos castelos situados no vale do Rio Loire), e seguiram por pequenas estradas "bem mais interessantes que as grandes *routes nationales*". E havia comprado "algumas coleções de diapositivos da Unesco, sobre catedrais, castelos (...) muito belos, e vem acompanhados de um texto escrito por especialista. Espero que os possamos ver aí, com o *Kodak-Carroussel*".

San Tiago diz manter-se em um "isolamento voluntário em relação aos assuntos brasileiros", mas não podia ignorar a preocupação com o que se passava no Brasil. Havia ficado preocupado com a declaração do ministro da Guerra, general Costa e Silva, "qualificando a entrevista do Juscelino como comparável ao discurso aos sargentos", o que revela não ter o "movimento revolucionário de abril alcançado ainda o seu sistema de pontos de equilíbrio". No plano internacional, prossegue, "a situação do Brasil é má; ocorreu uma quebra de expectativa, e uma reclassificação do país no quadro da instabilidade latino-americana".[1646]

A 3 de junho, dois dias antes de seguir para Nancy, San Tiago escreve a Aloysio Novis, "duas palavras apenas, ao médico, inseparável do amigo". A "rouquidão não cedeu, antes aumentou, e por assim dizer, tornou-se permanente, independente do esforço vocal, do frio etc.". Aflito, San Tiago procurara um otorrino em Paris, e o diagnóstico não poderia ser mais desalentador; o caso era de "ordem geral compaginado na minha doença", e a opinião do especialista a mais objetiva possível: "Acha a recuperação problemática, e em qualquer caso tardia".[1647]

San Tiago imagina que perderia parcialmente a voz – "Se tiver de ser, que seja feita a vontade de Deus. Procurarei viver na minha circunstância. Em vez de aulas, discursos e palestras de TV, vou tentar o caminho que ficará aberto: a leitura e a redação de artigos e livros". E, esperançoso, avalia esse estado que acreditava possível: "Resignar-se, sempre pensei, não é deixar de lutar; é lutar partindo de sua contingência, como se esta fosse – e de fato o é – uma constante, e não uma variável, em sua função".[1648]

Em Nancy, para onde seguiu de carro, San Tiago viveu outra "experiência dura", dando a entender, em carta ao sobrinho Felipe, que um tratamento não mais poderia ser feito, já avançada a doença, e depois de "tantos exames e abalos, o fato de recomeçar, de repetir, acabou por nos colocar os nervos em grande comoção"; "nesta viagem, feita com muito pouca saúde, e pela primeira vez longe do apoio dos médicos, é inevitável que nos sintamos muito sós". Mas contava com a dedicação da Edméa: "apesar de conhecê-la tão bem, e há tantos anos, nunca imaginei que ela chegasse a assegurar-me, como tem feito, tudo que, numa hora como esta, eu iria precisar".

"Apesar de tudo", San Tiago e Edméa conseguiram se alegrar e apreciar Viena, para onde seguiram provavelmente partindo de Nancy, que fica a leste de Paris, próximo à fronteira com a Alemanha, hóspedes do embaixador Gibson Barbosa.[1649] E, como fazia sempre em suas cartas aos amigos e aos sobrinhos, descreve a cidade e os museus, as bibliotecas que visita.

A ida ao museu de arte, o *Kunstmuseum*, com a sua coleção de obras de "*Brueghel*, toda uma sala, em que estão quadros como a *Bauernstanz*, a festa das bodas, cenas de inverno, os jogos infantis. E de *Dürer* há coisas ótimas, entre elas a magnífica virgem com o menino, uma *Gretchen* de absoluta pureza. Há vários *Cranachs* excelentes, e uns oito *Velásquez* tão bons como os melhores do Prado". Visita também o Museu *Albertina*, que funciona como uma biblioteca e tem uma das maiores coleções de desenhos do mundo; "pedimos as pastas de Michelangelo e Leonardo, que nos foram trazidas no gabinete de leitura, contendo os originais de desenhos a tinta, sanguínea e lápis".[1650]

Por essa altura San Tiago terá sabido que, no dia 8 de junho, o mandato de senador de Juscelino fora cassado e os seus direitos políticos suspensos por dez anos, conforme constava do decreto firmado pelo marechal Castello Branco e pelo ministro da Justiça, Milton Campos.[1651] Escrevendo a 13 de junho, de Viena, San Tiago diz que afinal não ficara surpreso com a cassação do Juscelino, pois "está na linha de concretização do movimento de abril", mas, "é claro que acentua a violência, que desacredita ainda mais o país, e não me surpreendo que outras decisões semelhantes venham ainda sair". Mas conclui, esperançoso: "nada impedirá que um país, onde o povo está à frente de sua classe dirigente, retome, mais cedo ou mais tarde, o rumo da revolução democrática".[1652]

E, de fato, outras decisões semelhantes saíram, e no dia seguinte.

• A cassação imprópria

A 14 de junho, foram divulgadas três listas de cassação de mandatos e de suspensão de direitos políticos.[1653]

Em uma das listas dirigidas a Castello Branco, não se sabe qual precisamente constava, em meio a uma série de nomes a serem cassados, o de San Tiago. Em data que não se pode precisar, Castello ditou ao seu ajudante de ordens, coronel Moraes Rego, que transcreveu seus comentários aos nomes de uma das listas a ele enviada. Ao de San Tiago, observou o marechal: "Foi o grande responsável pela institucionalização de Goulart. Esquerdista por carreirismo. Julgo, no entanto, imprópria a cassação. Decisão – Não".[1654]

San Tiago tivera, de fato, uma participação significativa no retorno de Jango ao Brasil e na sua assunção da Presidência da República, mas não foi ele "o grande responsável pela institucionalização de Goulart". A segunda consideração feita pelo marechal, "esquerdista por carreirismo", era primária: a posição ideológica de San Tiago, como a sua atuação política, não poderia ser assim qualificada, imputação esta que nem seus inimigos haviam feito. Imprópria, sem dúvida, era a cassação de San Tiago, àquela altura, não em razão da condescendência do regime militar, mas do seu estado de saúde.

Hélio Vianna, que exercia uma forte ascendência intelectual sobre o cunhado, Castello Branco, contou-lhe do estado de saúde de San Tiago, e que não lhe restavam muitos dias de vida; a sua cassação, nessas condições, acresceria ao gesto do presidente um vinco de frieza que não deixaria de ser percebido. Castello dobrou-se à observação de seu cunhado, sem poupar os seus comentários, nos quais repontava uma larga demanda reprimida de respeitabilidade intelectual por parte do marechal, perceptível àqueles que o conheciam.[1655]

No dia seguinte à divulgação de uma nova lista de cassações, 15 de junho, o casal segue para Roma, onde se hospeda no Hotel Rafael, "erguido na carcaça de uma velha casa", a dois passos da *Piazza Navona*, próximo à Embaixada do Brasil. A doença vinha limitando os seus movimentos, mas não impedia San Tiago de visitar lugares conhecidos, "uma concentração em poucas coisas não se mostra inconveniente". Revê "os grandes Berninis, o Museu Etrusco, uma exposição de arte Hitita, e muita pintura moderna nas galerias". E passeia pela *Appia Antica* de ponta a ponta, em uma temperatura inferior a 20°, diz em carta ao seu sobrinho Felippe.[1656]

Ao sobrinho Raul, San Tiago diz ter ficado em uma "posição muito singular, com os direitos e o mandato respeitados pelo movimento de abril. Se a saúde estivesse perfeita, não duvidaria em iniciar uma atuação intensa. Mas, como fazê-lo? As dores e o cansaço ainda me cortam, de repente, as melhores intenções". E se despede, comovido, do sobrinho: "Receba, meu filho, o meu melhor afeto". Em um pós-escrito a essa carta, Edméa diz ser uma pena que "Francisco não esteja ainda livre da tosse e da rouquidão" e que, retornando a Paris, ele "fará mais alguns dias de ginástica [respiratória]".[1657]

Uma semana depois, estavam novamente em Paris, no Hotel Continental. A vida do casal girava em torno do tratamento de San Tiago; pela manhã, ele ia à clínica fazer exercícios respiratórios, de onde retornava pela hora do almoço. Já tinham ido ver os impressionistas (então reunidos no Museu *Jeu de Paume*), e, no teatro, viram *Cyrano de Bergerac*, "muito bem interpretado, com certo acento humorístico para contar o ridículo dos fanfarronados, [que] mostra bem a sua fraqueza", e "não deixei de ouvir com prazer certos versos, que desde muito ouvi de *Mamãi*, [sic] que sabia outros deles de cor". Além do teatro, San Tiago aluga um carro com motorista e passeia pela cidade e pelos arredores; e projeta uma ida a Reims e a Lyon, para ver as catedrais, um passeio, que pela distância de Paris dificilmente poderá ter feito em único dia, ao menos no caso de Lyon.[1658]

San Tiago encontra-se com os brasileiros que estão em Paris, alguns deles aproveitando o verão europeu, outros a caminho do exílio. O diplomata Marcílio Marques Moreira, então servindo em Genebra, passou um fim de semana em Paris com San Tiago, que se encontrara com o ex-ministro e o ex-consultor jurídico do governo Jango, Antônio Balbino e Waldir Pires, e com o advogado José Nabuco.[1659] E diz ao sobrinho, "Tenho conversado muito" com o Juscelino, encontrando-o para jantar, e à tarde, "em companhia das mulheres, para tomar um chá", e que ele vai "muito forte de ânimo, consciente da hora que atravessamos e disposto a desempenhar, pelo conselho e pela liderança, um papel construtivo". Esse papel, na visão de San Tiago, "deve estar baseado em dois objetivos: defender o Castello em seu desejo de se separar dos reacionários e de iniciar reformas, ainda que limitadas; e forçar por todos os meios, a eleição em 1965, para que a normalidade democrática retorne ao país. Vamos ver o que podemos fazer para isso".[1660]

- **O poder militar prorrogado**

Ainda em Paris, no começo de julho, San Tiago escreve a Hélio Vianna, avisando da sua volta ao Brasil a 14 com a "esperança de retomar a minha participação na vida pública e a atividade profissional". Mas ao seu amigo de mocidade é mais sincero ao referir a sua saúde, embora não absolutamente; diz estar melhorando "em todos os aspectos, mas preciso habituar-me a viver sem a grande resistência física dos últimos anos". E acrescenta: "tenho posto em prática os princípios da aceitação do destino e da paciência militante, espécie de paciência que quero distinguir da resignação, pois tem um sentido mais ativo e nos faz caminhar para frente".[1661]

Como um advogado tenaz, que, sabendo perdida a causa, não mostra nenhum desfalecimento, San Tiago, mesmo sem a resistência de antes e visíveis os efeitos da doença, quer seguir participando da vida pública, pretendendo ter condições físicas suficientes. É o que procura mostrar, uma vez mais, a outros amigos, não tão próximos, mascarando o seu real estado de saúde; ao embaixador Lourenço Fernandes, que fora seu assessor na Fazenda, diz haver regressado da Europa em melhores condições "de resistência física e com a recuperação pulmonar quase completa", mas deveria ter uma atividade restrita até ao final do ano, quando esperava ir aos Estados Unidos abraçar o amigo em Washington.[1662]

Às 05h17, da madrugada do dia 17, uma sexta-feira, como previra San Tiago, o Congresso aprovou a subemenda João Agripino, transferindo a data da eleição presidencial de outubro de 1965 para outubro de 1966, e prorrogando o mandato do presidente Castello Branco até 15 de março de 1967, alcançado o quórum mínimo de 205 na Câmara, e no Senado por 43 votos a 6.[1663]

A 18 de julho, um sábado, San Tiago recebe a visita de seu médico, e, dizendo-se em boas condições físicas, reúne-se, por cerca de cinco horas, com o líder do PTB da Câmara, Doutel de Andrade, em sua residência, informando-se e discutindo a posição do PTB diante da prorrogação do mandato de Castello Branco.[1664]

Na mesma data, em declaração ao *Jornal do Brasil*, por um texto datilografado, San Tiago comenta a decisão do Congresso de adiar, para 1966, a eleição do presidente da República e subordiná-la ao princípio da maioria absoluta. Uma vez mais, em público San Tiago tempera o seu ceticismo, que em particular manifestava em relação aos desdobramentos políticos da revolução de abril. E assim comenta a prorrogação do mandato do presidente da República. Essa regra não poderia ser julgada "à luz de seus efeitos secundários e imediatos", devendo ser avaliada no "contexto do processo de redemocratização do país". San Tiago diz compreender a posição contrária de seus colegas, entre eles seus companheiros de partido, mas observa que não se tratava, naquela altura, da "prorrogação de mandato e sim de escolher a melhor época, a mais oportuna, para eleição do novo presidente constitucional, e de assegurar a essa eleição um lastro amplo de vontade popular". Nesse contexto, a eleição de 1966 "será a mais favorável ao restabelecimento do processo democrático e à participação efetiva das forças populares", do que a eleição de 1965, que seria realizada "sob o império de normas de exceção e a pequenos intervalos das cassações de mandato, antes de reconstituídos os quadros políticos do país".

Falando a seguir sobre as perspectivas do país, diz que o Brasil repelia, "com igual aversão, o extremismo de esquerda e de direita", e tinha a vocação "irresistível de conciliar a reforma social e a liberdade política". Essa tarefa não poderia ser, todavia, executada por um "grupo dirigente fechado", mas deveria ser uma "tarefa coletiva, aberta à participação do povo, em que o povo desempenhará o seu papel criador".

Eram "contrárias aos interesses do Brasil as pretensões de grupos ou indivíduos que se julguem em condições de tutelarem sozinhos a Nação, como as intenções subversivas dos que querem dividi-la, transformando-a, cedo ou tarde, voluntária ou involuntariamente, em campo de provas das lideranças internacionais". E conclui afirmando "ser o dever de todos manter o país unido, e preservar as condições internas em que possa transcorrer, pacificamente, o seu processo evolutivo, e em recuperar os meios de ação política do povo, para submeter à sua vontade e influência todos os setores da vida nacional".[1665]

Irreversível o fato da prorrogação do mandato do presidente, San Tiago acentua o compromisso público, assumido pelos dirigentes do país, de cumprir com a nova data das eleições, dizendo-as ocorrer em um contexto no qual o retorno à legalidade democrática teria na própria eleição a sua afirmação. O racionalismo de San Tiago estava, agora, submetido a um realismo imperativo. Ele racionalizava sobre os fatos irreversíveis que eram impostos sucessivamente pelas forças do novo governo, procurando entre estes divisar o caminho de superação das medidas autoritárias, em busca da reconstituição da legalidade democrática.

Mas esse retorno à legalidade estava muito distante de ser alcançado, e o fim de San Tiago muito próximo. Ao regressar da Europa, em visita à sua prima Lurdes Montenegro, San Tiago disse-lhe ao dela se despedir, em um tom de voz que só ela poderia ouvir: "agora é uma questão de tempo".[1666] Na verdade, pouco mais de um mês.

• A última análise

Em sua edição de 1º de agosto, a *Revista Manchete* fez um balanço dos cem primeiros dias do governo do marechal Castello Branco, e ouviu San Tiago. Em duas páginas de um texto escrito por ele diretamente, San Tiago diz preferir "tentar averiguar como o governo instalado a 15 de abril pode servir ou comprometer as aspirações e interesses do nosso país", em lugar de fazer um julgamento, mesmo que provisório, da atuação do novo governo.

O destino da comunidade brasileira dependia da capacidade de "governo e povo situar-se adequadamente no processo mundial", e de "processar, por meios pacíficos e democráticos, isto é, através do voto e sem violência, a revolução social, à liquidação da velha estrutura ainda vigente, baseada no privilégios de classe, na desigualdade de fortunas e na subordinação econômica do país a grupos de interesses particulares nacional e estrangeiro", e, em seu lugar, instaurar "uma estrutura moderna baseada na melhor distribuição social da riqueza, no controle das atividades econômicas fundamentais pelo estado e na abertura efetiva de oportunidades iguais para todos".

A projeção internacional do Brasil foi alcançada porque "nós não nos enfeudamos a um bloco político-militar", mas essa projeção estará comprometida "se o governo que se instaurou em abril vier a representar um retrocesso histórico, se interromper a marcha da revolução democrática, em vez de se ajustar a ela e de protegê-la contra deturpações". E, acrescenta, nenhum governo estará "em condições de levar adiante aquela revolução se o povo permanecer afastado, excluído das lutas e debates em que se elabora a solução dos seus problemas". Portanto, "o povo deve voltar ao debate político, os problemas devem passar pelo exame das massas para que essas adotem soluções e assim lhes comuniquem vitalidade e autenticidade".

O caráter das reformas não poderá fugir ao método de ouvir as aspirações do povo, nos termos de um regime democrático, diz San Tiago, e enumera as reformas mais importantes. A agrária só seria viável se o governo se dispuser a "arbitrar as forças sociais que se defrontam". Igualmente, a reforma urbana, que "não se pode limitar a planos de financiamento de construções, mas ser um meio de assegurar o exercício do direito de morar". A reforma tributária não pode ser "um simples corpo de normas técnicas", com o fim de "melhorar a arrecadação e aumentar a receita pública", mas deve ter por objetivo primeiro "garantir e acelerar o desenvolvimento". E a reforma bancária só será uma verdadeira reforma "se fizer com que o sistema bancário deixe de servir a interesses preferenciais dos próprios banqueiros e de grupos econômicos a ele ligados, para levar de modo impessoal o benefício de crédito, as poupanças populares, aos setores da economia nacional por eles fertilizados".

Nessa altura, San Tiago reconhece obliquamente que o governo João Goulart era correntemente acusado de "pregar as reformas de base e não ter querido realizá-las". Mas aponta "risco ainda maior", que ameaçava a execução dessas reformas: tentar executá-las por meio de "mudanças legislativas que não atingissem a estrutura social", que deveriam reformar.

A seguir, San Tiago fixa o objetivo do PTB. O seu partido deveria ser "o fiscal permanente do sentido popular das reformas", e ter por "objetivo supremo a redemocratização", e a sua linha política deve ser "a expressão tática dos meios à disposição do Congresso e do povo para alcançar essa finalidade". No âmbito desse programa, San Tiago reitera sua observação de que fossem as eleições realizadas, como previsto, em 1966, "já expirada a vigência das normas constitucionais de exceção e reconstruídos os partidos atingidos pelas recentes cassações, o povo terá condições melhores, mais livres, mais objetivas, para fazer valer, sem deformações, a sua vontade".

Igualmente, deveriam "as lideranças sindicais autênticas, democráticas, isentas de vinculação comunista", serem restauradas, para que "os sindicatos voltem a representar um papel de organizadores e disciplinadores da classe trabalhadora". Por fim, a representação da mocidade se fazia necessária para garantir "à juventude os seus órgãos de representação e de expressão". A juventude, diz, "tornou-se uma das forças avançadas da consciência nacional, na fixação de objetivos de luta, e na capacidade de reação contra quaisquer iniciativas que atentem contra o interesse nacional". Ao PTB cabia, portanto, o dever de "defender o esforço de modernização do país, através da ciência, da tecnologia e da educação".

E conclui San Tiago dizendo serem "essas, nos curtos limites de uma entrevista, as principais responsabilidades que atribuo ao meu partido na luta, que temos obrigação de conduzir, pela restauração, em sua plenitude, da democracia brasileira".[1667]

Nesse texto, escrito a trinta e cinco dias de sua morte, San Tiago explora o espaço deixado às forças populares, e nele, mesmo sombreado por ameaças reacionárias, defende as reformas que pregava e aponta a linha de ação que entende devesse o PTB seguir. E reclama a audiência das massas, a redemocratização do país, com a recomposição de sua estrutura sindical e da representação da juventude.

Entretanto, os padecimentos físicos não cessavam de aumentar em intensidade e frequência. Mas obstinadamente San Tiago procurava participar. O seu fim já divisado por todos estar próximo, crescentemente próximo numa contagem aflitiva para os que o viam de perto, era por ele ignorado, embora fosse irrefragável. E San Tiago seguia buscando atuar politicamente, e seguia sendo alvo de seu adversário obsessivo Carlos Lacerda, que acusava o regime de Castello Branco de respeitar San Tiago, por não lhe haver cassado o mandato de deputado federal.[1668]

Três dias depois, San Tiago volta a público, para criticar o discurso do presidente da República sobre política externa. Era perigosa, diz, a interpretação que poderia ser atribuída ao discurso, de que, estando um país em determinada "área geográfica e ter as mesmas aspirações democráticas de seus vizinhos, está, por essa razão, sujeito a normas e objetivos de política externa, ditadas no exterior, e que apenas lhe cabe acompanhar". Não havia, prossegue, uma "coincidência sistemática de interesses" que subordinaria a política externa do Brasil à dos Estados Unidos, mas, entre estas, haveria "contrastes e antagonismos", o que, contudo, não comprometia, aos olhos dos Estados Unidos, a independência da política brasileira. San Tiago aponta o jogo de palavras feito com os vocábulos independência e interdependência, este nomeando, em lugar daquele, uma nova orientação da política externa, e elabora extensivamente esse ponto, analisando em sequência os outros pontos do discurso de Castello Branco.[1669]

Dois dias depois, San Tiago escreve ao embaixador Gibson Barbosa agradecendo a hospedagem e a companhia em Viena. Esperava que "o serviço de escritório", que havia lhe enviado de Roma, fosse "útil e que sirva, ao seu lado, para recordar a nossa grande amizade". San Tiago diz que procurava retornar às atividades normais sem, todavia, a "intensidade que você supõe"; havia reassumido a sua cadeira na Câmara dos Deputados, mas devido ao frio em Brasília, intenso como no Rio, via as suas dores aumentadas e diminuída a sua capacidade. No entanto, manifestara-se publicamente em relação ao discurso do presidente da República sobre política exterior. Fiz "reparos construtivos", embora esses não pudessem "conter a linha americanista que se desenrola com exagerado ímpeto e rapidez". A maneira de o Brasil ser amigo dos Estados Unidos, prossegue, era não assumir um papel "passivo na política internacional". Tinha consciência de que durante a sua administração no Itamaraty e na Fazenda fizera "mais pelo bom entendimento entre os Estados Unidos e o Brasil do que a política de passividade vem pretendendo realizar".[1670]

Na mesma data, San Tiago escreve ao ex-embaixador do Brasil em Roma, Hugo Gouthier, que acabara de ser aposentado de suas funções pelo Ato Institucional, e comenta que lera "com atenção a sua defesa e se trata de um documento cabal, que não poderá deixar de impressionar favoravelmente aos encarregados do inquérito" em que o embaixador se vira indiciado. Acreditava que ele poderia vir ao Brasil, mas a última palavra nesse particular deveria caber aos seus advogados. San Tiago se despede com um "afetuoso abraço de seu velho colega e amigo, e aqui estou, como sempre, à sua disposição para qualquer providência em que lhe possa ser útil".[1671]

• Brasília, a última viagem

San Tiago vai à Câmara, no dia 20 de agosto, e, em uma sala contígua ao plenário, conversa com colegas e jornalistas sobre política e economia. Em relação à atuação do PTB, argumenta novamente que não deveria ser de apoio ao governo Castello Branco, mas ser a sua principal obrigação, no momento, defender a redemocratização do país, a abertura total das entidades estudantis, liberdade para os sindicatos, e um trabalho visando à revisão de processos que concluíram pela cassação de mandatos ou suspensão de direitos políticos. Não acredita que Castello Branco, pessoalmente, cogitasse de uma ditatura, porém admitia que as circunstâncias poderão "impor um governo forte". Critica os defensores do "quanto pior, melhor", pois esses trabalham indiretamente para a chamada "linha dura", os radicais de direita. San Tiago, para ilustrar a posição do PTB, teria recorrido à imagem do náufrago, que deve tentar boiar, deslizando no sentido das águas e, se puder, imprimir ao impulso uma linha oblíqua, que o poderá conduzir à outra margem.

Em relação à política econômica, que já era objeto de crítica por boa parte do Congresso, inclusive por elementos da UDN, o seu curso era em substância igual àquele por ele executada à frente da Fazenda. Porém, no momento, mostravam-se impróprias as suas medidas, processadas na mesma ordem cronológica de então, uma vez que as condições do país haviam mudado de tal forma que a aplicação da política atual seria um erro pelo sacrifício que imporia à população.[1672]

Já no Rio, a 26 de agosto, San Tiago endereça a Plínio Doyle um envelope fechado, com um sobrescrito: "para ser aberto em caso de morte ou doença grave, ou restituída depois de 29 de agosto". San Tiago faz referência à anestesia que iria se submeter no dia seguinte, e, em caso de acidente, pede ao amigo que tomasse algumas providências de natureza patrimonial. A síntese dessas providências seria dar liquidez aos muitos bens que deixaria, sobretudo bens imóveis, sendo o produto das vendas e das liquidações entregue à Edméa. A casa da Rua Dona Mariana deveria ser vendida ou alugada, e adquirido um apartamento na Lagoa, "como era do gosto dela". Ao amigo, "agradeço tudo que fez por mim. Sua fraternal amizade tem sido um dos maiores bens da minha vida, e tenho certeza de que ela não faltará a Edméa e aos meus sobrinhos. Um abraço do seu San Tiago Dantas".[1673] San Tiago não se enganou; Plínio seguiu sendo fiel à memória do amigo, e dedicado, como ele fora, à sua família.

CAPÍTULO 39

MORTE

Plínio, veja nos jornais da tarde se há algo sobre a minha doença que eu precise esclarecer. Diga-me o que há – o bom e o mau.[1674]

• Despedida

Nos últimos dias de agosto, San Tiago chamou os amigos Antônio Gallotti e Américo Lacombe a sua casa. E os recebeu em seu quarto, "deitado sobre o ombro direito, protegido do frio úmido por uma manta branca", e pediu aos amigos que falassem. San Tiago já falava com dificuldade, mas queria, como recordaria Gallotti, "ouvir, só ouvir, vozes de sempre, sobre a nossa e a vida dos amigos". Já dormitando, à menção dos amigos de saírem, San Tiago pediu-lhes: "Fiquem, falem mais, lembrem o nosso passado, recordem o que fizemos e o que deixamos de fazer, falem. E assim foi até que ele adormeceu (...)".[1675]

Ao final do dia 31 de agosto, uma segunda-feira, San Tiago está em seu escritório da Rua do Carmo, com Plínio Doyle, quando sofre uma hemoptise. Razoavelmente recomposto, segue em seu carro para casa, e na manhã do dia seguinte interna-se no Hospital Samaritano, não muito distante de sua mansão na Rua Dona Mariana e da modesta residência, alugada por seu pai, então jovem oficial de Marinha, numa pequena vila de casas simples, na esquina da Rua Real Grandeza com Voluntários da Pátria, onde nascera a 30 de outubro de 1911. Num raio de 2 km, no bairro de Botafogo, San Tiago nasceu e morreria.

Ao deixar sua residência na Rua Dona Mariana, na terça-feira, pela manhã, a comoção era geral; San Tiago despediu-se dos empregados, um a um, assim como fizera em sua casa em Petrópolis, na última vez que lá esteve, dizendo ao caseiro, "seu Buca, aqui não volto mais".[1676]

A tenaz resistência que opusera à doença, cujo nome insistira em ocultar, ia se esgotando ao ritmo macabro de sua liquidação física. Ao pé da cama no hospital, a seu pedido foi colocada uma pequena tela de Dufy, uma marinha, que a San Tiago certamente evocava a memória de sua avó adorada, *Dindinha*, e os longos passeios que pela mão dela faziam à beira-mar, em uma Avenida Atlântica quase deserta, ao final da década de 1910.

Os amigos do *Grupo* vão visitá-lo. Quase sem voz, estende a mão a cada um deles, e diz: "Acho-me em face do absoluto – nada que é contingente me pode preocupar". E o *Papio* despede-se dos sobrinhos, tão presentes em sua vida, e ele na deles, sempre com uma afeição e atenção paternais.[1677]

No sábado, 5 de setembro, o estado de San Tiago se agravou.[1678] Ao final da tarde, Antônio Gallotti e Thiers Martins Moreira vão ao hospital visitar o amigo, que os recebe praticamente sem voz; aperta-lhes a mão e a eles faz um penúltimo esclarecimento, que Galotti registrou: "Minha vida não conheceu a adversidade, mas ficou incompleta. Vem o fim. Jó também foi tentado pelos sofrimentos da carne a negar o Eterno. Deus quer me provar com terríveis padecimentos, mas o desespero e a revolta não atingirão a minha alma". Depois de os amigos saírem, no começo da noite, San Tiago chamou o fiel Plínio Doyle e lhe passou um bilhete: "Plínio: veja nos jornais da tarde se há algo sobre a minha doença que eu precise esclarecer. Diga-me o que há; o bom e o mau".[1679] A paralisia em uma das cordas vocais, que lhe trouxera uma rouquidão permanente, estendera-se e era agora absoluta. Um padre é chamado por sugestão de sua irmã Dulce, e ministra-lhe os últimos sacramentos, que apenas pode ouvir.[1680] Nada mais havia a esclarecer.

Às 5h30 da manhã do dia 6 de setembro, um domingo, morre San Tiago. Iria completar, dali a cinquenta e quatro dias, cinquenta e três anos de idade.

O seu corpo foi trasladado do Hospital Samaritano para sua residência, na Rua Dona Mariana, nº 138, onde foi exposto na ampla sala de visitas, cujas portas abriam para o jardim fronteiro da casa. O caixão foi colocado entre dois círios erguidos sobre castiçais altos, e o corpo amortalhado com a beca de professor: "professor, sempre serei", dissera vinte e quatro anos antes, quando conquistara sua cátedra de Direito Civil.

A partir das 7h00 da manhã, os amigos começaram a acorrer à rua Dona Mariana. Ao longo do dia, cerca de mil pessoas velaram-lhe o corpo, uma fração expressiva da elite dirigente do país, ausentes alguns de seus integrantes, exilados ou banidos da vida pública.[1681]

Às 17h00, após as orações fúnebres celebradas pelo Frei Lucas Moreira, em um cortejo a pé, seguido por um grande número de amigos, o féretro saiu em direção ao Cemitério São João Batista, a poucos metros da rua Dona Mariana.

À beira do jazigo, onde estavam enterrados seus pais, falaram dez oradores, entre eles Alceu Amoroso Lima, o senador Afonso Arinos, o deputado, líder do PTB, Doutel de Andrade, e Roberto Campos.[1682]

Alunos, políticos, jornalistas, advogados, diplomatas, escritores, professores, médicos, admiradores anônimos, além dos amigos e familiares, compareceram ao enterro.[1683] Os jornais reproduziram inúmeras manifestações daqueles que, com ele, haviam convivido e trabalhado em diferentes épocas de sua vida. Essas manifestações somavam-se sobre alguns pontos comuns identificados no morto ilustre: a inteligência notável, a capacidade de esclarecer, a lucidez, a imensa cultura, o meio político brasileiro refratário às suas excepcionais qualidades, o estoicismo com que enfrentou a doença, o exemplo que deixava de sua luta política. Em quase todas essas manifestações, porém, o declarante associava à sua trajetória pessoal a presença de San Tiago.

Poucos em suas manifestações distinguiram e fixaram límpida, sem associações pessoais, a figura de San Tiago, no contexto em que ele atuou, intervindo na vida cultural e política do país, sobretudo a partir de 1958, quando muitas das suas ações políticas surpreenderam a elite dirigente do país.

Entre essas exceções, Alceu Amoroso Lima sintetizou a trajetória política do amigo morto, observando que ele foi "da elite às massas", e cuja "grande visão fora ter compreendido a evolução das massas, ter tentado impedir que continuasse o paralelismo isolacionista entre elas e as elites", buscando ser um "traço de união entre ambas (...), San Tiago tentou quebrar o tabu. Só o futuro dirá se foi apenas uma flor, ou também uma semente, como creio".[1684]

Carlos Drummond de Andrade acreditava que o "sacrifício desse espírito luminoso e encantador, nos dias alucinados do último governo, não terá sido inútil. Sua derrota provou que ele tinha razão. Foi a penúltima aula de lucidez. A última foi sua morte admirável". Otto Maria Carpeaux, a quem San Tiago nomeara bibliotecário da Faculdade de Filosofia quando este emigrara da Europa para o Brasil, recordou: "nós, os seus amigos (...) tiveram, como eu, todos os motivos para apreciar-lhe a bondade do coração", e acrescentou, "foi e teve tudo. Nem lhe faltou a honra de ser insultado pelos piores elementos. Foi uma vida frustrada pela frustração do Brasil".[1685]

O cronista Carlos Heitor Cony trouxe um dado de realismo ao apontar o emprego pelos jornais, ao referirem a causa da morte de San Tiago, do "ambíguo e sovado lugar comum: 'insidiosa moléstia'", quando todos sabiam que a real causa era um câncer, que o vinha consumindo.[1686]

As Assembleias Legislativas de Minas Gerais e do Rio de Janeiro homenagearam San Tiago, e inúmeras manifestações pessoais e de associações foram registradas pela imprensa nos dias seguintes.

- **Testamento**

Poucos dias depois da morte de San Tiago, os jornais publicaram um texto por ele escrito, uma "Nota Prévia Sobre o Reagrupamento das Forças Políticas Brasileiras em 1964", ao qual deram o nome de testamento político. Em três páginas e meia, dividida em oito itens, San Tiago analisa a situação atual do país, registrando que ela "pode evoluir no sentido de um restabelecimento da legalidade democrática em toda a sua amplitude, ou de um reforço da autoridade militar, com a redução das características do regime democrático preservados pelo Ato Institucional". Como vinha dizendo, acreditava que as tendências pessoais do presidente da República favoreceriam a primeira hipótese, mas "nada impede que as circunstâncias venham a operar em favor da segunda e que os próprios responsáveis pelo Governo sejam levados a uma revisão de atitude".

A seu ver, tudo indicava haver o risco de uma crise institucional por ocasião da sucessão do presidente da República em 1966, com a "apresentação de candidaturas militares, cuja confrontação se fará mais em termos de prestígio político-militar do que popular e partidário". Cumpre evitar, prossegue, o desdobramento nesse sentido e, "se possível, acelerar a redemocratização do país", o que, todavia, só poderia acontecer por meio da "reunião das forças políticas", em um "esforço de revisão das estruturas partidárias vigentes". Porém, a simples fundação de um novo partido não atenderia a esse propósito, pois eram eles formados em sua maioria por homens públicos que tinham "vínculos de natureza regional, e alguns deles pela participação na liderança nacional, o que dificultaria deixarem os quadros partidários a que pertenciam".

A solução, que pareceria indicada, seria uma "União de forças políticas em que se integrem, não os partidos, mas os homens públicos independentemente do Partido a que pertencem, com ou sem desvinculação dos quadros deste". Da União sairia uma fórmula de transição, da qual poderia surgir um novo partido, dependendo das circunstâncias presentes. Essa União deveria "eximir-se de qualquer atitude antecipada de apoio ou oposição ao atual Governo". Na primeira hipótese, suscitaria a acusação de adesismo, que lhe "tolheria a iniciativa e, na segunda hipótese, inibiria o apoio de políticos que hoje apoiam o governo".

O apoio ou a oposição ao governo resultaria, segundo San Tiago, do comportamento ulterior dessa União; ela deveria dar preferência à fixação de um programa de reformas no âmbito de uma "conciliação histórica e institucional com o regime democrático representativo". Fosse em relação à reforma agrária, fosse nas reformas técnicas e administrativas, tal a bancária, a tributária, a do serviço público e, ainda, em relação às reformas de natureza política, como a constitucional e a eleitoral, deveria a União assentar um "certo número de princípios e objetivos, com bastante latitude, para permitir a inclusão em seus quadros de homens e forças de posições doutrinárias diferentes". Tais princípios e objetivos deveriam ser estabelecidos com bastante precisão para caracterizar a União como "um agrupamento reformista e progressista, objetivando a modernização do país e a implantação, através do voto, de uma democracia social".

Outra questão que se punha à União a ser formada, e se convertia em um de seus objetivos centrais, seria decidir sobre o regime parlamentarista ou presidencialista. Observa San Tiago que o regime presidencialista, "com os poderes quase autocráticos do Presidente da República, parece conduzir a uma luta de poder que intermitentemente rompe as fronteiras da legalidade e expõe o país ao risco de um golpe de Estado". Nesse quadro, considera "uma associação inspirada na experiência alemã e na observação da realidade brasileira", em que "tanto o Presidente da República como o Chefe do Governo fossem escolhidos pelo Congresso mediante eleição, cabendo ao Presidente da República propor ao Congresso o nome, que este sufragará ou não, para a chefia do Governo. O Chefe do Governo, uma vez eleito e investido, forma o Ministério com ministros de sua confiança, responsáveis perante ele. A substituição do Chefe do Governo depende de eleição prévia do seu substituto, por proposta do Presidente da República ou, em determinados casos, por iniciativa do próprio Congresso".

O último objetivo da União seria a reforma do sistema eleitoral vigente, sendo "conveniente associar o sistema proporcional à representação por distritos, composta a Câmara Federal por deputados eleitos por distrito, segundo o princípio majoritário, e de deputados eleitos por circunscrição de âmbito mais largo, ou seja, pelos Estados, segundo o princípio proporcional".

San Tiago sugere ainda uma reforma do processo legislativo, para torná-lo mais expedito, sem, todavia, contribuir para que se fizessem normas de afogadilho; nesse sentido havia estudos já feitos no próprio Congresso.

O texto está inacabado e terá sido escrito nos últimos dias de San Tiago. Uma última vez, insiste em reformar as estruturas sociais e políticas brasileiras nos estritos termos do regime democrático, cuja restituição, logo em seguida ao movimento de abril, ele foi um dos primeiros a reclamar publicamente.[1687]

Assim como em seu esforço empreendido até às vésperas do golpe para articular uma Frente Ampla em defesa da Constituição, San Tiago preconiza em seu Testamento a formação de um dispositivo para fortalecer as instituições democráticas, que via ameaçadas, apesar das promessas em sentido contrário feitas pelo próprio presidente da República.[1688]

Alceu Amoroso Lima referiu o legado de San Tiago, sua luta pelas reformas, que ele não alcançou fazer "pessoalmente ou por falta de saúde, ou por falta de compreensão do ambiente político e social", mas acreditava que "outros o farão, pois ele deixou uma semente que frutificará".[1689] O realista Tancredo Neves, não. O exímio conhecedor da política brasileira e de seus homens não acreditava fosse possível prosseguir com a ideia de reformulação que San Tiago deixou como legado político, pois "faltava alguém no país com seu poder de articulação, capaz de movimentá-la".[1690]

• Câmara dos Deputados

A 10 de setembro, a Câmara homenageou a memória de San Tiago. Comandando os trabalhos, o seu presidente, Ranieri Mazzilli, afirmou que "esta Casa perde um gênio parlamentar: o PTB perde um professor e soldado, e a República perde um convicto democrata". Indicado pela liderança do PSD, Tancredo, que desde o golpe de abril não ia a Brasília, falou em nome do partido. Em um discurso breve, em um estilo um tanto rebuscado, Tancredo recortou com notável precisão o homem e o político.[1691] "O Brasil perdia com o desaparecimento de San Tiago um expoente, senão o mais alto de sua geração. Coração sem ódio, esteve sempre aberto a todas as solicitações da Verdade, do Belo e da Justiça; trocou o conforto de uma situação privilegiada pelas atribuições e os sacrifícios inerentes à vida política. A cátedra pelo comício. A sala de aula pela praça pública, deliberadamente. Amava o Povo e se iluminava ao seu contato. O homem que dominava com o fascínio intelectual as mais ilustres assembleias internacionais, era simples, no meio dos simples, se desarmava de suas defesas naturais, se libertava de prevenções e se mostrava na plenitude de sua grandeza d'alma.

A sua liderança foi a da inteligência. Antes de tudo e acima de tudo foi o homem da compreensão".

Nesses contrastes, prossegue Tancredo, não havia contradição, pois San Tiago trazia consigo "uma mensagem doutrinária." Ele foi, conclui Tancredo, de "todos os de nossa geração o mais afirmativo e, por isso mesmo, o mais discutido, controvertido e polemizado. A sua última, e terrível polêmica foi com a morte. Resistiu o quanto pôde; superior aos sofrimentos, perseverou até o último momento em consagrar-se todo, de corpo e alma, ao serviço da Pátria".[1692] "A sua liderança foi a da inteligência. Antes de tudo e acima de tudo foi o homem da compreensão".

Entre os vários necrológicos, feitos em diferentes auditórios, sobressai este de Tancredo. Ao descrever a trajetória de San Tiago, o orador a ela não imiscui a sua, para a realçar. Na oração de Tancredo não há o elogio fácil aos dotes intelectuais do morto, mas sim a análise da sua ação política e das suas motivações nas quais surgem os traços determinantes de sua personalidade, revelando toda a sua singularidade. É nítida a identidade entre os dois políticos, e ganha sentido a afirmação de Tancredo, feita anos depois da morte de San Tiago, de haver sido ele, naqueles tormentosos anos iniciais da década de 1960, a figura central da política brasileira – dessa política superior, que San Tiago, como Tancredo, procuraram executar.

• Missa de 7º dia

Edméa, a viúva, a irmã, cunhado e sobrinhos de San Tiago, convidaram para missa, sábado, 12 de setembro, na Igreja Nossa Senhora do Carmo, na Rua 1º de março, às 11h00. Também convidaram seus alunos da turma de 1945, o advogado Miguel Lins e outros amigos, colegas de faculdade, entre estes os amigos do *Grupo*, seus colegas e auxiliares do escritório, o ministro das Relações Exteriores. O Itamaraty, o Centro Brasileiro de Pesquisas Físicas e a Comissão Jurídica Interamericana associaram-se ao convite para a missa.[1693] Dois dias depois, foi celebrada em Paris, missa de sétimo dia na Igreja de Notre Dame, por iniciativa dos embaixadores Antônio Mendes Viana, Paulo Carneiro e do cônsul-geral, Frank Mesquita.[1694]

CAPÍTULO 40

DEPOIS

Ele morreu no apogeu da sua carreira (...) E nos últimos anos da sua vida era, sem dúvida, a figura central da política brasileira, o San Tiago.[1695]

Afirmados e reconhecidos os dois primeiros termos da tríade que a si fixara cumprir, *saber* e *ter*, desenganadamente San Tiago buscou e não alcançou realizar o terceiro, a conquista mais significativa: o *poder político*.

Nessa busca, San Tiago não se viu aceito em seu próprio partido; havendo servido dedicadamente ao presidente da República, este lhe negou apoio, mesmo indicando-o à chefia do gabinete parlamentar; nomeando-o ministro da Fazenda, não o apoiou em seu combate à inflação, que devorava o país; e, ao fim, desdisse o presidente o seu esforço por formar uma frente partidária para preservar a ordem constitucional, em meio ao golpismo de direita e de esquerda que a ameaçava.

O "mais discutido, o mais controvertido, o mais polemizado político de sua geração", terá sido San Tiago um perdedor, como muitos de seus contemporâneos o viram?[1696]

Ou, como ele dissera possível, a sua ação política seria convertida, pela germinação de seu exemplo, em um crédito de realização futura, certo de que a marca distintiva do estadista era "a plena aceitação do risco da inconsequência temporária, pela tranquila certeza sobre o sentido final da sua ação"?[1697]

NOTAS

4.ª CAPA

NEVES, Tancredo. Um elogio a San Tiago Dantas. In: *Perfis Parlamentares*. Brasília: Câmara dos Deputados. 2001. p 346-350.

Tancredo Neves. In: SILVA, Vera Alice Cardoso; DELGADO, Lucília de Almeida. (Tancredo Neves) T*ancredo Neves:* a trajetória de um liberal. Petrópolis: Ed. Vozes, 1985. p. 121-122.

Brizola sugere substituição de San Tiago, Kruel e Balbino. *Jornal do Brasil*, 25.04.1963, p. 4.

EPÍGRAFE

1. Ms. de San Tiago Dantas. *A crise do nosso tempo*. 08.12.1947. ASTD.

2. DANTAS, F. C. de San Tiago. Tragédia e enigma na morte de Kennedy. *Jornal do Brasil*, 01.12.1963, p. 113.

APRESENTAÇÃO

3. Revista Forense, v. 208. p. 395-397.

CAPÍTULO 1 – A DEMOCRACIA MEDIDA

4. DANTAS, F. C. de San Tiago. Discurso proferido na cerimônia de colação de grau dos bacharéis da Faculdade Nacional de Direito em 12.12.1945. Novos rumos do Direito. In: *Palavras de um professor*. 2. ed. Rio de Janeiro: Forense, 2001. p. 29.

5. MIRANDA, Francisco Cavalcanti Pontes de. *Democracia, liberdade, igualdade*: os três caminhos. Rio de Janeiro: José Olympio Editora, 1945.

6. Sobre Alceu Amoroso Lima e Jacques Maritain, ver: DUTRA, Pedro. *San Tiago Dantas: A razão vencida - O Ideólogo (1911-1945).* São Paulo: Singular, 2014. p. 152. Alceu jamais se recusaria, por toda a sua longa vida, a comentar sua posição ideológica anterior, expor a sua evolução e os princípios e ideias que passou a defender, com absoluta sinceridade, ainda que com alguma imprecisão quanto à datação de seu câmbio ideológico.

7. RAO, Vicente. *Direito e a vida dos direitos*. São Paulo: Max Limonad, 1952.

8. "Somando-se os quatro períodos em que não esteve licenciado, Vargas cumpriu dois anos de um mandato; até sua ida para a presidência da República, em janeiro de 1951, seria de cinco anos". BRANDI, Paulo. *Vargas*: da vida para a história. Rio de Janeiro: Zahar Editores, 1983. p. 210.

9. Apenas 13% da população total do país votou em 1945 para presidente da República. Cf. LAMOUNIER, Bolívar. Raízes da instabilidade institucional do regime de 1946-64. In: LAMOUNIER, Bolívar; CARNEIRO, Dionísio Dias; ABREU,

Marcelo de Paiva. *50 anos de Brasil: 50 anos de Fundação Getúlio Vargas*. Rio de Janeiro: Ed. FGV, 1994. p. 38.

10. FAUSTO, Boris. *História do Brasil*. São Paulo: Edusp, 1994. p. 400.

11. LAMOUNIER, Bolívar; CARNEIRO, Dionísio Dias; ABREU, Marcelo de Paiva. *50 anos de Brasil: 50 anos de Fundação Getúlio Vargas*. Rio de Janeiro: Ed. FGV, 1994. p. 125.

12. Esse decreto não seria revogado pela nova Constituição promulgada em setembro de 1946, e vigeria até o golpe militar de abril de 1964, quando a repressão aos sindicatos tornou-se ainda mais feroz. Cf. RODRIGUES, Leôncio Martins. Sindicalismo e classe operária (1930-1964). In: FAUSTO, Boris (coord.). *História geral da civilização brasileira*. O Brasil Republicano Sociedade e Política (1930-1964). São Paulo: Difel, 1986. v. 3, t. 3, p. 533.

13. Sobre a prisão dos comunistas, ver: GASPARI, Elio. *A Ditadura derrotada*. São Paulo: Companhia das Letras, 2003. p. 125-126.

14. "A uma pergunta sobre qual a posição dos comunistas se o Brasil acompanhasse qualquer nação imperialista que declarasse guerra à União Soviética, o dirigente do PCB [Luís Carlos Prestes] respondeu: 'Faríamos como o povo da Resistência Francesa, o povo italiano, que se ergueram contra Pétain e Mussolini. Combateríamos uma guerra imperialista contra a URSS e empunharíamos armas para fazer a resistência em nossa pátria contra um governo desses, retrógrado, que quisesse a volta do fascismo. Mas acreditamos que nenhum governo tentará levar o povo brasileiro contra o povo soviético, que luta pelo progresso e bem-estar dos povos. Se algum governo cometesse esse crime, nós, comunistas, lutaríamos pela transformação da guerra imperialista em guerra de libertação nacional'". *Tribuna Popular*. 16.03.1946, p. 1-2.

15. Cf. MALI, Mauro; FLAKSMAN, Dora. Eurico Gaspar Dutra. In: BELOCH, Israel; ABREU, Alzira Alves de (coord.). *Dicionário histórico-biográfico brasileiro: 1930-1983*. Rio de Janeiro: Forense Universitária, 1984. v. 2, p. 1145.

16. Carta de San Tiago Dantas ao príncipe dom Pedro Henrique de Orleans e Bragança. Petrópolis, 30.03.1946.

17. Depoimento de Antônio Paim, então membro do Partido Comunista Brasileiro.

18. O debate no Senado Federal, no qual Luís Carlos Prestes respondeu aos apartes de seus pares, está transcrito em PRESTES, Luís Carlos. Discurso do senador sobre a campanha anticomunista e iminência do cancelamento do registro do Partido Comunista Brasileiro. In: BONAVIDES, Paulo; AMARAL, Roberto. *Textos políticos da história do Brasil*. Brasília: Senado Federal, 2002. v. 6, p. 134. O registro do PCB foi anulado em 07.05.1947. Em outubro, o Senado aprovou projeto propondo

a extinção dos mandatos dos parlamentares do partido comunista, que foi aprovado pela Câmara Federal em janeiro de 1948 e a seguir sancionado por Dutra. Cf. ABREU, Alzira Alves de; JUNQUEIRA, Ivan. Luís Carlos Prestes. In: BELOCH, Israel; ABREU, Alzira Alves de (coord.). *Dicionário histórico-biográfico brasileiro: 1930-1983*. Rio de Janeiro: Forense Universitária, 1984. v. 4, p. 2822. A cassação dos mandatos dos parlamentares comunistas está bem narrada por ROCHA, Hildon. In: O Drama da cassação. *Revista do Congresso*, fev. 1948.

19. Carta de San Tiago Dantas a Rosita Moreira. Lisboa, 26.02.1947.

20. Segundo Dario de Almeida Magalhães, um dos fundadores da UDN e um dos seus mais agudos críticos, o partido, em relação a San Tiago, somou, sempre, despeito e falta de visão. Depoimento de Dario de Almeida Magalhães.

21. Sobre o plano Beveridge e seu autor ver: DUTRA, Pedro. *San Tiago Dantas*: A razão vencida - O Ideólogo. São Paulo: Singular, p. 428.

22. Sobre a expressão empregada por San Tiago, ver: REZENDE, Condorcet. *Os Caminhos de San Tiago*. Rio de Janeiro: Ventura, 2008, ano 21, n. 257, p. 38 e 59.

23. Sobre a influência de Maurice Barrès no pensamento de San Tiago Dantas, ver: DUTRA, Pedro. *San Tiago Dantas*: A razão vencida - O Ideólogo. Op. cit.

CAPÍTULO 2 – A NOVA ORDEM MUNDIAL, A VELHA ORDEM NACIONAL

24. Carta de San Tiago Dantas a Américo Lacombe, jan. 1932.

25. Depoimento de Inês Quental. O quinto sobrinho, João José, havia falecido mal completara um ano de idade, em 1944, pouco antes de a família se mudar para a nova residência.

26. Depoimento de Maria Rita Ferreira e de Tereza de Jesus Cardoso da Silva, empregadas na casa de San Tiago e Edméa. Maria Rita nos anos 1930 e 1940, e Tereza de Jesus, nas duas décadas seguintes.

27. Ao visitar uma de suas antigas empregadas domésticas, cujo filho estava doente com caxumba, Edméa disse que não tivera filhos porque San Tiago também tivera caxumba. Depoimento de Tereza de Jesus Cardoso da Silva.

28. Assim chamavam-se os amigos mais próximos da faculdade, San Tiago, Antônio Gallotti, Américo Lacombe, Hélio Vianna, Thiers Martins Moreira, Plínio Doyle os quais mais assiduamente se correspondiam: "Os amigos do *Grupo*, porém, até hoje não tiveram letra minha". Carta de Antônio Gallotti a Thiers Martins Moreira. Nova York, 26.03.1948.

29. Depoimento de Astolpho Dutra, aluno de San Tiago de sua primeira turma do curso de Direito Civil na Faculdade Nacional de Direito, formada em 1945.

30. Luís Souza Dantas foi embaixador do Brasil na França entre 1922 e agosto de

1942. Ver: KOIFMAN, Fábio. *Quixote nas trevas*: o embaixador Souza Dantas e os refugiados do nazismo. Rio de Janeiro: Record, 2002.

31. Carta de Ignácio Azevedo Amaral ao encarregado de negócios da França. Rio de Janeiro, 24.05.1946.

"O curso se dividirá em três aulas, subordinadas aos títulos seguintes:

1ª - A formação jurídica do Brasil

2ª - O Código Civil Brasileiro

3ª - As tendências atuais do Direito Civil Brasileiro". Carta de San Tiago Dantas ao presidente do Instituto Franco-brasileiro de Alta Cultura Científica e Literária. s/d. 1946.

32. Guido Di Ruggiero nasceu em Nápoles em 1888 e, graduado em 1910, ligou-se ao início de sua carreira a Benedetto Croce, o maior expoente da filosofia italiana na primeira metade do século e decidido opositor do regime fascista. A partir de 1925, Di Ruggiero ensinava História da Filosofia na Universidade de Roma, mas a sua assinatura no Manifesto dos Intelectuais Antifascistas o levou à perda do cargo e à prisão, de onde foi libertado em 1943 com a queda do regime de Mussolini. Seu livro *Sumário de História da Filosofia* foi editado no Brasil em 1937 pela Editora Athena, Rio de Janeiro.

33. Depoimento de Jayme Bastian Pinto. Em um caso defendido por San Tiago em 1947, Tullio Ascarelli é um dos pareceristas, convidado por ele. Ascarelli, ao lado de suas exemplares obras jurídicas, resumiu a sua experiência brasileira em um interessante livro: *Sguardo sul Brasile*. Milano: Dott A. Giuffre Editore, 1949.

34. Sobre o *Campana*: Disponível em: www.simplonpc.co.uk/Grimaldi_SIOSA_PCs.html. Acesso em: mar. 2014.

35. A partida dos professores foi noticiada pelo jornal *Correio da Manhã*, Rio de Janeiro, 16.10.1946. Carlos Chagas Filho conheceu San Tiago por volta de 1932, quando este servia no gabinete de Francisco Campos, no Ministério da Educação, apresentado por Almir de Castro, também estudante de medicina e muito amigo de Octavio Faria, colega de San Tiago na Faculdade de Direito. Então frequentavam o Café Amarelinho, na Cinelândia, próximo ao prédio onde se achava instalado o Ministério da Educação, no centro do Rio de Janeiro. Depoimento de Carlos Chagas Filho.

36. Carta de San Tiago Dantas a Thiers Martins Moreira. A bordo do *Campana*, 26.10.1946.

37. Carta de San Tiago Dantas a Américo Lacombe. Marselha, 31.10.1946.

38. O automóvel foi cedido por Henrique Vitor Lage, cliente de San Tiago, e sobrinho do empresário Henrique Lage, proprietário da Campanha Nacional de Navegação Costeira, cujos navios, todos batizados com o prefixo ITA, ligavam pela costa brasileira as principais capitais do país. Henrique Lage ficou conhecido pelo

palácio que ergueu, próximo ao Jardim Botânico, no Rio de Janeiro, para sua esposa, a cantora lírica italiana, Gabriella Besanzoni, cuja propriedade, depois da morte do empresário em 1941, seria tombada e conhecida como Parque Lage. Vitor Lage herdou, depois da viúva, a maior parte dos bens de seu tio, cujo inventário, arrolando inúmeras empresas, foi alvo de uma acidentada disputa judicial a prolongar-se por muitos anos. San Tiago fora contratado para defender nessa demanda os interesses de Vitor, uma causa que lhe rendeu e a seus colegas de escritório expressivos honorários. Cf. RIBEIRO, Carlos Alberto Campello. *Henrique Lage e a Companhia Nacional de Navegação Costeira*: a história da empresa e sua inserção social (1891-1942). Disponível em: www.navioseportos.com.br. Acesso em: mar. 2013. Depoimento de Carlos Chagas Filho. Depoimento de Jayme Bastian Pinto.

39. Não se tem a data precisa da chegada de San Tiago a Marselha. A 26 de outubro, ainda a bordo do *Campana*, escreve ao seu amigo Thiers Martins Moreira. É possível que o desembarque em Marselha tenha ocorrido a 29, terça-feira, pois, a 31, San Tiago e seus colegas de viagem seguiram com destino a Paris. Sobre San Tiago e Paris, depoimento de Carlos Chagas.

40. O saldo desse processo mostrou uma das faces do horror da ocupação nazista: dos mais de oitocentos mil franceses deportados, cerca de duzentos mil não retornaram. Cf. BEEVOR, Antony; COOPER, Artemis. *Paris*: after the liberation, 1944-1949. London: Penguin Books, 2004. p. 147.

41. Carta de San Tiago Dantas a Américo Lacombe. Paris, 05.11.1946. No inverno de 1946, um dólar valia duzentos e cinquenta francos no mercado negro, e uma empregada doméstica ganhava dois mil e quinhentos francos ao mês. Cf. BEEVOR, Antony; COOPER, Artemis. *Paris:* after the liberation, 1944-1949. Op. cit. p. 267. Uma pesquisa de opinião feita na França naquele ano registrou como a maior preocupação de seus habitantes "comida - pão e carne". Cf. JUDT, Tony. *Postwar*: a history of Europe since 1945. New York: The Penguin Press, 2005. p. 86.

42. Carta de San Tiago Dantas a Américo Lacombe. Paris, 22.11.1946.

43. A peça *Folle de Chaillot*, escrita por Jean Giraudoux, foi encenada por Louis Jouvet, "com uma atuação assombrosa da velha Marguerite Moreno"; e "no teatro Montparnasse, dirigido por Gaston Baty, vimos também Shakespeare na comédia de *Gentleman de Verona*", escreve San Tiago Dantas a Hélio Vianna. Paris, 14.11.1946. A tradução de Hamlet, feita para o francês por André Gide, foi publicada em 1945. Em junho de 1942, Louis Jouvet se apresentou no Teatro Municipal, no Rio de Janeiro, na Temporada Francesa nele encenada. In: *A Revista da Semana*, jun. 1942.

44. San Tiago conferiu *in loco* as leituras que havia feito no Brasil antes de conhecer a França; no caminho de Chartres, ele escreve a Américo Lacombe: "a imensa planície de Beuce, terra de trigo, onde a flecha da catedral emerge do horizonte muitos quilômetros antes de se chegar, relemos [ao lado de Augusto Frederico Schmidt] o poema de Pèguy a N[otre] D[ame] de Chartres". Carta de San Tiago Dantas a Améri-

co Lacombe. Paris, 22.11.1946. Por influência de Alceu Amoroso Lima, o católico Charles Pèguy foi muito lido no *Grupo* de San Tiago, na Faculdade de Direito, por Schmidt inclusive, que o considerava o maior poeta francês. Ver Carta de Augusto Frederico Schmidt a San Tiago Dantas. Canadá, 1946. *Présentation de la Beuce à Notre Dame de Chartres*, o belíssimo poema de Pèguy, foi publicado em 1913. Elie Lambert era professor de História da Arte da Sorbonne. Nascido em 1888, naquele ano de 1946 havia publicado *L'style gothique*. Paris, 1946.

45. Carta de San Tiago Dantas a Américo Lacombe. Paris, 05.11.1946.

46. Sobre a situação política e econômica da França após a libertação, ver: JONES, Colin. *Illustrated History France*. New York: Cambridge, 2003. p. 279.

47. Cf. COINTET, J. P. Gouvernement provisoire de la République Française. In: SIRINELLI, Jean-François (dir.). *Dictionnaire historique de la vie politique française au XXe siècle*. Paris: Presses Universitaires de France, 1995. p. 446 e ss.

48. Sobre os encontros de San Tiago com intelectuais e políticos franceses, Carta de San Tiago Dantas a Antônio Gallotti. Saint Moritz, 1946. Embora enferma àquela altura, Colette morreria dali a oito anos, em 1954.

49. Em uma das notas soltas encontradas em seus arquivos, San Tiago refere a leitura de um dos livros mais famosos de François Mauriac, *Thérèse Desqueyroux*, publicado em 1927.

50. SCHMIDT, Joel. François Mauriac. In: LAFFONT, Robert. *Dictionnaire des auteurs*. Paris: Bouquins, 1989. v. 3, p. 326. Entre os signatários da carta enviada ao general Charles De Gaulle estavam Jean Paul Sartre e Paul Valéry, de cuja obra San Tiago retirara a epígrafe da sua declaração formal de renúncia ao credo integralista. Sobre Robert Brasillach, ver: KAPLAN, Alice. *The collaborator*. Chicago: The University of Chicago Press, 2001. p. X-171. A citação de Paul Valéry está em DUTRA, Pedro. *San Tiago Dantas*: A razão vencida – O Ideólogo. cit., p. 663.

51. Charles Maurras havia sido preso em Lyon em setembro de 1944 e condenado em janeiro seguinte. Ao ouvir a sentença de morte, disse ser "uma vingança de Dreyfus", devido à sua participação no *affair* Dreyfus, meio século antes, ao começo de sua carreira, quando defendeu a injusta condenação do oficial do Exército francês. Cf. WINOCK, Michel. *Le siècle des intellectuels*. Paris: Éditions du Seuil, 1999. p. 447-448. Charles Maurras morreria em 1952, aos oitenta e quatro anos de idade, depois de haver deixado a prisão em razão de sua idade avançada. Sobre o caso Dreyfus, ver DUTRA, Pedro. *San Tiago Dantas*: A razão vencida – O Ideólogo. cit., p. 138.

52. Sobre o Tribunal de Nuremberg, ver GILBERT, Martin. *A history of the twentieth century*: 1933-1951. New York: William Morrow and Company, Inc., 1998. v. 2. p. 744-745. Além desse julgamento, outros ocorreram em diversos países ocupados pelos alemães, sendo executados vários oficiais nazistas, e muitos sentenciados a diferentes penas de prisão. A primeira execução em Nuremberg ocorreu no dia 16 de outubro de 1946. Op. cit. p. 775-776.

53. Cf. TELLIER, Thibault. Paul Reynaud. In: SIRINELLI, Jean-François (dir.). *Dictionnaire historique de la vie politique française au XXe siècle*. Paris: Presses Universitaires de France, 1995. p. 920. Uma detalhada descrição da posição de Paul Reynaud, em especial de seus entendimentos com Winston Churchill está em LUKACS, John. *The duel*: the eighty-day struggle between Churchill and Hitler. London: Yale University Press, 1990. p. 64.

54. Carta de San Tiago Dantas a Thiers Martins Moreira, a bordo do *Campana*, 26.10.1946.

55. Carta de San Tiago Dantas a Antônio Gallotti. St. Moritz, dez. 1946.

56. Depoimento de Carlos Chagas Filho, que assistiu às conferências de San Tiago. Àquela época, praticamente inexistiam gravações em língua estrangeira, a não ser em disco, poucos e muito caros. A pronúncia correta de um idioma estrangeiro era um grande desafio. Os estudantes dependiam de professores nativos para ouvir a língua falada corretamente, ou de viagens de longa duração ao exterior. Alceu Amoroso Lima, que desde cedo viajara à França várias vezes, falava um francês perfeito, admirado por seus jovens amigos. Depoimento de Américo Lacombe. Sobre a data da conferência, carta de Edméa de San Tiago Dantas a Hélio Vianna. Paris, 14.11.1946. O ano de 1946 foi excepcionalmente frio. A 1º de novembro, ainda no outono, os termômetros registraram na capital francesa uma temperatura mínima de menos sete graus e a máxima a metade desse índice, em um dia de muita umidade. Por todo esse mês, a temperatura média seria próxima aos dez graus negativos à exceção de uns poucos dias, alcançando a mínimas temperaturas próximas ao zero grau, com noites especialmente úmidas. Na primeira quinzena de dezembro, a temperatura cairia ainda mais, e ao início do inverno alcançaria doze graus negativos. Sobre a temperatura em Paris nos meses de novembro e dezembro de 1946, ver: http://www.tutiempo.net/en/Climate/Paris-Orly/12-1946/71490.htm. Acesso em: 15 jul. 2013.

57. No arquivo de San Tiago Dantas existem dois textos escritos em francês, os quais referem os temas das conferências feitas em Paris. Um deles datilografado em papel almaço e ao final com um trecho manuscrito sugere ser uma cópia feita pela esposa de San Tiago, Edméa, que deve ter datilografado o original manuscrito de seu marido, é aqui comentado. O outro texto, manuscrito, de San Tiago descreve a trajetória do Direito Civil, especificamente. As cartas de San Tiago e de Edméa, bem como o depoimento de Carlos Chagas, permitem identificar duas conferências das três referidas em carta enviada por San Tiago, ainda no Brasil, à Faculdade de Direito de Paris, não havendo referência à realização da terceira conferência. O texto aqui citado é o primeiro texto, com uma temática mais abrangente do que o segundo texto. Ms. San Tiago Dantas. ASTD.

58. Sobre o Direito brasileiro no Império, ver: DUTRA, Pedro. *Literatura jurídica no Império*. 2. ed. Rio de Janeiro: Padma, 2004.

59. Carta de San Tiago Dantas a Américo Lacombe. Paris, 29.11.1946.

60. Carta de San Tiago Dantas a Antônio Gallotti. St. Moritz, 1946.

61. "Francisco (...) ontem trabalhou até às 3 horas da manhã e amanhã fará a 1ª conferência, muito mal-humorado, mas levando certamente uma obra-prima (modéstia à parte) como sempre acontece, apesar de estar achando que não é o que ele queria. A 2ª [Conferência] será no dia dez (...)". Carta de Edméa de San Tiago Dantas a Edith Brandão. Paris, 02.12.1946.

62. "Antes da primeira, vários professores me explicaram que não poderiam assistir à segunda, por este ou aquele motivo", escreve San Tiago Dantas a Antônio Gallotti. Londres, 1946. "Mas, exceto Eugénie Niboyet, todos assistiram a ambas. Depois da segunda, numa recepção, oferecida pelo diretor, discutiram a conferência muito a sério (...)". E acrescenta: em almoço, em que boa parte deles se encontrava, "fiz um pequeno discurso que, ao que me parece, agradou muito especialmente a Maurice Picard e Louis Mazeaud, a melhor figura atual de Direito Privado". Carta de San Tiago Dantas a Américo Lacombe. Paris, 29.11.1946.

63. Carta de San Tiago Dantas a Américo Lacombe. Paris, 05.11.1946.

64. Professor da Faculdade de Direito de Roma, Giuseppe Messina participou da redação do Código Civil italiano editado em 1942, e deixou uma obra significativa, havia dois anos reunida em cinco volumes. "Ainda não contei a Edméa" sobre a biblioteca que havia adquirido, escreve San Tiago a Lacombe. Carta de San Tiago Dantas a Américo Lacombe. Paris, 29.11.1946. Datada de Roma, a 04.01.1947, San Tiago outorga, de próprio punho, a Thiers Martins Moreira, procuração para este constituir o Instituto de Direito Comparado, podendo assinar estatutos e contratos sociais. Não foi possível identificar o destino desse Instituto, que teria sido criado por San Tiago. Procuração de San Tiago Dantas a Thiers Martins Moreira. Roma, 04.01.1947.

65. Carta de San Tiago Dantas a Hélio Vianna. Paris, 14.11.1946. Carta de Edméa de San Tiago Dantas a Edith Brandão. Paris, 02.12.1946. Carta de San Tiago Dantas a Gilda Lacombe. Paris, 17.12.1946.

66. O registro da fluência em alemão foi feito por Edméa, a Américo Lacombe, ao regressar da viagem. Depoimento de Américo Lacombe. Concluído o curso de Direito em meados de 1932, San Tiago estudou por cerca de um ano alemão e latim, com um padre, de quem contratou aulas particulares. Mais tarde, retomaria aulas de alemão. Depoimento de Américo Lacombe. Em entrevista em 1947, San Tiago apontou seus autores preferidos: "o livro de Von Thur sobre a Parte Geral do Direito Civil", (...) e entre as "Obras literárias: meus autores do momento, isto é, aqueles em que penso com a intenção de sistematizar algumas ideias sobre eles são Proust e Ibsen. Meu autor mais permanente é mesmo Goethe". Entrevista – sem indicação de publicação – 21.08.1947. Andreas Von Thur publicou entre 1910 e 1918 a [Parte Geral do Código Civil Alemão] – *Allgemeine Teil des Bürgeliches Gesetzbüch*, logo reconhecida como uma das obras clássicas de Direito Privado universal.

67. Carta de San Tiago Dantas a Antônio Gallotti. St. Moritz, dez.1946.

68. Carta de San Tiago Dantas a Gilda Lacombe. St. Moritz, 17.12.1946. *Darkness at Noon*, escrito em alemão, mas lançado na versão inglesa em 1940, foi traduzido para o francês sob o título *Le Zero et L'infini* e publicado em 1945; em português, sob o título, *O zero e o infinito*, foi lançado em 1964. Sobre o impacto da obra de Koestler, ver: SCAMMELL, Michael. *Koestler: the literary and political odyssey of a twentieth-century skeptic*. New York: Random House, 2009. p. 198. Sobre o paralelo entre os regimes comunista e fascista, ver: MAZOWER, Mark. *Dark Continent*: Europe's twentieth century. London: Penguin Books, 1999. p. 253-254.

69. Anotações de San Tiago Dantas, 18 e 23.12.1946. ASTD.

70. Depois de uma breve passagem pelo Rio de Janeiro, Enrico Tullio Liebman fixou-se no magistério em São Paulo, onde renovaria o ensino de Direito Processual Civil. Ada Pellegrini Grinover, professora de origem italiana, de Direito Processual na Universidade de São Paulo, atribui a vinda de Liebman ao Brasil à "tempestade política" então em curso na Itália. A afirmação é deliberadamente enganosa. Assim como Tullio Ascarelli, também amigo de San Tiago, Liebman fugiu das leis raciais editadas por Mussolini, para não ser deportado para a Alemanha nazista, onde certamente seria morto nos campos de concentração, como foram tantos outros italianos em igual situação. Ver: Ada Pellegrini Grinover. O magistério de Enrico Tullio Liebman. In: *Revista da Faculdade de Direito da Universidade de São Paulo*, São Paulo, 1996, v. 181, p. 98.

71. Anotações de San Tiago Dantas, 18.12.1946. ASTD.

72. Depoimento de Vanna Piraccini, proprietária da Livraria Leonardo da Vinci no Rio de Janeiro, que arrematou parte da biblioteca de San Tiago, posta à venda por sua viúva, e foi consumida em um incêndio que destruiu as instalações da livraria na década de 1970.

73. Anotações de San Tiago Dantas, 24.12.1946.

74. San Tiago ficou hospedado no *Albergo Moderno*, instalado em um belo prédio, construído nas primeiras décadas do século XX, na via Marco Minghetti, 30; deixando o *Albergo* à direita, e ganhando a via del Corso, a uma quadra adiante, San Tiago nela terá se defrontado com a antiga *Libreria del Littorio*, um prédio pequeno, de três andares, assim identificado pela inscrição talhada no mármore do frontispício da loja térrea. Possivelmente, muitas das obras sobre o regime fascista de lá terão partido para livrarias italianas espalhadas pelo mundo nas décadas de 1920 e 1930, entre estas as situadas no Rio de Janeiro e em São Paulo, visitadas pelo jovem San Tiago. Hoje o prédio onde se localizou a *Libreria* abriga um pequeno hotel; o *Albergo Moderno* já não existe há vários anos. A referência ao *Albergo* está na procuração manuscrita, outorgada por San Tiago Dantas a Thiers Martins Moreira para constituição do Instituto de Direito Comparado. Roma, 04.01.1947.

75. Cf. SMITH, Denis Mack. *Modern Italy*: A political history. Michigan: Michigan Press, 1977. p. 423-424.

76. Carta de San Tiago Dantas a Plínio Doyle. Roma, 10.01.1947. Escreve Plínio Doyle: "Recebi, há dias, dois avisos de vencimentos de títulos seus sendo um do Banco do Brasil, juntamente com o Gallotti, que liquidou o mesmo título, de Cr$ 35.625,00; amanhã, 11, vence-se outro do Banco Moreira Salles, de Cr$ 50.000,00, assinado por v. em 10.07.1946".

Em 21.03.1947, um balanço feito por Plínio Doyle, entre outubro anterior e aquela data, mostrava as despesas efetuadas por San Tiago, um total de Cr$ 155.450,30. Há o registro de quantias, entre Cr$ 500,00 e Cr$ 700,00 pagas à dona Violeta, mãe de San Tiago, à garagem, em Ipanema, Cr$ 2.125,00, onze meses da mensalidade da Associação Brasileira de Imprensa, no valor de Cr$ 345,00, o pagamento de um empréstimo de Cr$ 50.000,00 ao Banco Moreira Salles e, por fim, o pagamento da passagem aérea Lisboa-Rio de Janeiro no valor de Cr$ 10.700,00.

77. Carta de San Tiago Dantas a Rosita Moreira. Paris, 26.11.1946.

78. Carta de San Tiago Dantas a Hélio Vianna. Nápoles, 08.01.1947.

79. O restaurante *Zi Teresa* ainda existe em Nápoles, situado no porto, na Via Borgo Marinari, 1. Disponível em: www.arte.it/guida.arte. Acesso em: set. 2013.

80. San Tiago terá partido para Londres em fevereiro, pois, a 29.01.1947, Hélio Vianna escreve-lhe dizendo que não encaminhou a Paris a resposta à carta do amigo enviada de Nápoles, por não saber se ele iria parar novamente "na tal cidade-luz, mas escrevi para Londres onde a estará esperando". Carta de Hélio Vianna a San Tiago Dantas. Rio de Janeiro, 29.01.1947.

81. Londres concentrava um sexto dos domicílios ingleses, e entre um milhão e um milhão e meio de residências foram destruídas pelas bombas alemãs, mais da metade dos danos ocorridos nas áreas urbanas do país. Em setembro de 1944, cerca de 2,350 V-1s já haviam atingindo Londres, matando cerca de cinco mil pessoas e ferindo quinze mil. A esses ataques seguiram-se as V-2s, foguetes de cerca de catorze metros, pesando catorze toneladas, cruzando a uma velocidade duas vezes superior à velocidade do som, e contra os quais não havia defesa possível, ou mesmo alarme de sua chegada que permitisse à população refugiar-se nos abrigos antiaéreos. Em janeiro de 1945, cerca de cinco V-2s alcançavam Londres todos os dias. Até serem as suas plataformas de lançamento destruídas pela aviação aliada em março, cerca de quinhentas V-2s haviam atingindo Londres, matando mais de duas mil pessoas. SHEPPARD, Francis. *London*: a history. New York: Oxford Press, 1998. p. 338.

82. Em 1947, foram iniciadas as obras urbanas, inclusive a construção de novas residências seguindo um plano elaborado quatro anos antes, para a área central e a grande Londres, pelo professor Patrick Abercrombie. SHEPPARD, Francis. *London*: a history. cit., p. 341. Sobre o *Plano Beveridge*, ver: DUTRA, Pedro. *San Tiago Dantas*: A razão vencida – O Ideólogo. São Paulo: Singular, 2014. p. 428.

83. Carta de San Tiago Dantas a Hélio Vianna, abr. 1947.

84. Em 1946, um ano depois do final da Guerra, pão era ainda racionado na Inglaterra. San Tiago escreve à amiga Rosita Moreira: "Em Londres consumi o açúcar que você me mandou, e com o qual adocei muitas das rações de hotel". Carta de San Tiago Dantas a Rosita Moreira. Lisboa, 26.02.1947.

85. Carta de San Tiago Dantas a Américo Lacombe. Lisboa, 26.02.1947.

86. Em maio de 1946, pouco antes do plebiscito que decidiu pelo fim da monarquia, Victor Emmanuel III renunciou em favor do filho, Umberto II. Afirmada a República, Umberto II asilou-se em Lisboa e a seguir em Cascais, sem jamais retornar à Itália. Sobre o hotel, escreve San Tiago, "tem fama de caríssimo na Europa, mas não me parece, pois pago por um quarto ótimo 120 escudos por dia (90 a 95 cruzeiros)". Carta de San Tiago Dantas a Américo Lacombe. Lisboa, 26.02.1947. Uma garrafa de Coca-Cola, havia pouco lançada no Brasil, custava em 1947 no Rio de Janeiro Cr$ 0,50.

87. Carta de San Tiago Dantas a Américo Lacombe. Lisboa, 26.02.1947.

88. Cf. YERGIN, Daniel. *The prize*. New York: Touchstone Book, 1993. p. 283 e ss.

89. Cf. MOURRE, Michel. Maroc. *Dictionaire Encyclopedic d'Histoire*. Paris: Bordas, 1996. p. 3528-3529.

90. *Diário de Notícias*. Lisboa, 19.03.1947.

91. Aberto em 1937, o restaurante *Machado* – hoje *Adega Machado* – na Rua do Norte, 91, no Bairro Alto, é uma tradicional casa de fados. João Branco Núncio foi uma das maiores figuras do toureio equestre português, dono de um estilo espetacular e figurativo. Nascido em 1901, faleceu em 1976, tendo participado de cerca de mil touradas. Disponível em: www.cm-alcacerdosal.pt. Acesso em: 17 abr. 2014.

92. Em 1945, a Panair, cujo controle a Pan Am havia alienado a brasileiros, começou a operar linhas internacionais. O primeiro voo transcontinental deixou o Rio de Janeiro a 27.04.1946, com destino a Londres, com escalas em Recife, Dakar, Lisboa e Paris, em uma viagem de quase vinte e quatro horas. A Panair foi a primeira companhia internacional a operar o *Constellation*. Esse moderno quadrimotor à hélice havia feito o seu voo inaugural em janeiro de 1943 e foi o primeiro avião a ter a cabine inteiramente pressurizada; transportava entre 95 e 107 passageiros, cruzando a 470 quilômetros por hora, em um teto operacional de 7.350 m, com autonomia de voo de cerca de 5.500 quilômetros. Disponível em: Constellation 049. http://pt.wikipedia.org/wike/Panair_do_Brasil. Acesso em: 15 jul. 2013.

93. *Diário da Manhã*. Lisboa, 24.03.1947.

94. Carta de San Tiago Dantas a Rosita Moreira. Lisboa, 26.02.1947. Curiosamente, San Tiago não conta como livro a edição de sua tese de doutorado, *Conflito de vizinhança e sua composição*, em 1940.

95. Winston Churchill não teria empregado pela primeira vez a expressão "cortina de ferro". *The Yale Book of Quotations* registra o seu uso, no mesmo sentido

depois usado por Churchill, pela escritora socialista e feminista, Ethel Snowden, em seu livro *Through Bolshevik Russia*, publicado em 1920. SHAPIRO, Fred. New Haven. In: *New York Times - Book review*. 06.01.2013. p. 6. Sobre o discurso de Churchill em Zurique e a política interna soviética nesse período, MAMMARELLA, Giuseppe. *Storia d'Europa dal 1945 a oggi*. Firenze: Laterza, 2006. p. 141-142; 155-156.

96. GADDIS, John Lewis. *The Cold War*: a new history. New York: The Penguin Press, 2005. p. 9-11.

97. A referência à "cortina de ferro" foi feita por Winston Churchill em discurso na Universidade de Missouri, em 05.03.1946. Em 13 de março, Stálin respondeu ao discurso de Churchill, que alcançou imediata e ampla repercussão em todo o mundo; falando à imprensa soviética por ele controlada, indagou o ditador se poderia ser uma surpresa o desejo da União Soviética defender-se ocupando os países fronteiriços e neles estabelecer governos alinhados ao seu, lembrando que em 1941 a União Soviética fora invadida através da Finlândia, da Romênia, da Bulgária e da Hungria, então lideradas por governos hostis ao soviético. Cf. GILBERT, Martin. *A History of the Twentieth Century*, 1933-1951. New York: William Morrow and Company, Inc. 1998. v. 2, p. 740. Sobre a formação do bloco soviético, ver: KRAMER, Mark. Stalin, Soviet Policy, and the Consolidation of a Communist Bloc in Eastern Europe, 1944-1953, *apud* APPLEBAUM, Anne. *Iron Curtain*: The crushing of Eastern Europe - 1944-1956. New York: Doubleday, 2012. p. 477.

98. Cf. GADDIS, John Lewis. *The Cold War*: a new history. New York: The Penguin Press, 2005. p. 57.

99. Ficara famosa a resposta de George Marshall ao presidente Franklin Roosevelt que, conhecido por sua aliciante simpatia, pediu-lhe que o chamasse de Frank e ele o trataria por George; este retrucou: "General Marshall, se não lhe importar, Sr. Presidente". In: JOHNSON, Paul. *Eisenhower*: a life. London: Viking Penguin, 2014. p. 19.

100. Nas eleições de 1946, o partido comunista italiano obteve 19% dos votos e o francês, 28%, o seu melhor resultado até então. Na Tchecoslováquia, nas eleições livres daquele ano, os comunistas obtiveram 38% dos votos, na Bélgica 14% e na Grã-Bretanha apenas 0,4%. Cf. JUDT, Tony. *Postwar*: a history of Europe since 1945. New York: The Penguin Press, 2005. p. 79 e 95.

101. A desnutrição era endêmica na Europa, à exceção da Suécia e da Suíça. Na Alemanha ocupada, a dieta da população alemã na zona inglesa decresceu de meados de 1946 a 1947, de 1.500 calorias diárias por adulto para 1.050. Nessa mesma época, o americano urbano médio consumia cerca de 3.000 calorias diárias. In: PATTERSON, James T. *Grand expectations*: The United States, 1945-1974. New York: Oxford University Press, 1996. v. 10, p. 62. Cf. JUDT, Tony. *Postwar*: a history of Europe since 1945. New York: The Penguin Press, 2005. p. 86.

102. "Os russos, escreveu Kennan, não querem invadir ninguém (...). Eles prefe-

rem agir politicamente, o que não significa agir sem violência, [mas] uma violência *doméstica* e não *internacional*, ou seja, uma violência policial, não militar (...). Não vi necessidade de uma Guerra soviética-norte-americana, que não traria ganho algum. Confronte-os determinadamente, mas não agressivamente, sugeri, e deixe o tempo trabalhar a nosso favor" (grifo do original). In: KENNAN, George F. *Memoirs*: 1925-1950. New York: Pantheon Books, 1972. p. 361-364.

103. FIELD, Alexander J. *A great leap forward*: 1930s depression and U.S. economic growth. London: Yale University Press, 2011. p. 19.

104. Cf. LICHTHEIM, George. *Europe in the Twentieth Century*. London: Weidenfeld and Nicolson, 1972. p. 296.

105. BISCHOF, Günter. Marshall Plan. *The Oxford Companion to United States History*. New York: Oxford University Press, 2001. p. 475. Sobre o cálculo atualizado dos valores do Plano, ver: JUDT, Tony. *Postwar*: a history of Europe since 1945. New York: The Penguin Press, 2005. Sobre os efeitos do Plano, ver: GALBRAITH, John Kenneth. *A journey through economic time*: a firsthand view. Boston-New York: Houghton Mifflin Company, 1994. p. 147.

106. Cf. GADDIS, John Lewis. *The Cold War*: a new history. New York: The Penguin Press, 2005. p. 103. GILBERT, Martin. *A History of the Twentieth Century*. New York: William Morrow and Company Inc, 1998. p. 810-811.

107. Sobre a criação do estado de Israel e a demarcação do seu território e o da Palestina, ver: BUNTON, Martin. *The Palestinian-Israeli conflict*: a very short introduction. Oxford: Oxford University Press, 2013. p. XIV.

108. BRANDI, Paulo. *Vargas*: da vida para a história. Rio de Janeiro: Zahar Editores, 1983. p. 200.

109. CARMO, J. A. Pinto do. *Diretrizes partidárias*. Rio de Janeiro: Irmãos Pongetti, 1948. p. 112.

110. BRANDI, Paulo. *Vargas*: da vida para a história. Rio de Janeiro: Zahar Editores, 1983. p. 208 e 210.

111. Ao mesmo tempo, porém, Getúlio admitia em seu palanque a presença de Luís Carlos Prestes: "O apoio dos comunistas, cujo partido já era então ilegal, a Cirilo Junior e a candidatos petebistas fez com que Vargas e Luís Carlos Prestes subissem juntos ao mesmo palanque nessa campanha, episódio que ficou imortalizado numa fotografia histórica, com frequência erradamente datada de 1945 [e não de 1947]". BRANDI, Paulo. *Vargas*: da vida para a história. cit., p. 211.

112. BANDEIRA, Moniz. *Brizola e o trabalhismo*. Rio de Janeiro: Civilização Brasileira, 1979. p. 54.

113. DANTAS, F. C. de San Tiago. Parecer: Cassação de Patente de estabelecimento bancário, Nacionalidade da pessoa jurídica, Ato administrativo veiculado em decreto-lei, inconstitucionalidade, "due process of law", 29.06.1946. In: *Revista*

Forense, Rio de Janeiro, out. 1947, n. 113, p. 331-336. Sobre a regulação da economia, ver: Trajetória da regulação no Brasil. In: DUTRA, PEDRO. *Regulação e concorrência e a crise brasileira*. São Paulo: Singular, 2017. p. 21 e ss.

114. ABREU, Marcelo de Paiva. 1944-54: Estabilização, substituição de importações e crise cafeeira. In: LAMOUNIER, Bolívar; CARNEIRO, Dionísio Dias; ABREU, Marcelo de Paiva. *50 anos de Brasil: 50 anos de Fundação Getúlio Vargas*. Rio de Janeiro: Fundação Getúlio Vargas, 1994. p. 125 e ss.

115. Cf. MALAN, Pedro Sampaio. Relações econômicas internacionais do Brasil (1945-1964). In: FAUSTO, Boris (coord.). *História geral da civilização brasileira*. O Brasil Republicano Economia e Cultura (1930-1964). São Paulo: Difel, 1986. v. 4, t. 3, p. 66.

116. BAER, Werner. *A industrialização e o desenvolvimento econômico do Brasil*. Rio de Janeiro: Ed. FGV, 1977. p. 80-81.

117. Não por acaso, como mostra Pedro Malan, Getúlio Vargas criara, em maio de 1944, "uma Comissão de Planejamento Econômico como ação complementar ao Conselho de Segurança Nacional". Cf. MALAN, Pedro Sampaio. Relações econômicas internacionais do Brasil (1945-1964). In: FAUSTO, Boris (coord.). *História geral da civilização brasileira*. O Brasil Republicano Economia e Cultura (1930-1964). São Paulo: Difel, 1986. v. 4, t. 3, p. 61.

118. Mesmo em relação ao capital privado nacional levantavam-se severas restrições. Arthur Bernardes, ex-presidente da República e chefe político mineiro, afirmava que "dar concessão é um dos maiores perigos que uma nação pode criar a si mesma (...). Abramos os olhos contra tudo que tiver aparência de concessão, quer a nacionais, quer a estrangeiros". WEFFORT, Francisco. Redemocratização e constituinte. In: MICELLI, Sérgio (superv.). *Nosso século*: 1945-1960. São Paulo: Abril Cultural, 1980. p. 13. Ver: GUDIN, Eugênio. *Rumos da política econômica*. Relatório apresentado na Comissão de Planejamento Econômico sobre a Planificação Econômica Brasileira, Rio de Janeiro, 1945. p. 106-109.

119. Ao início da guerra, em 1939, o imposto de renda contribuía com cerca de 1,4% do produto interno bruto norte-americano; ao final da guerra, essa cifra alcançava 5,9%, somando mais de trinta e cinco milhões de contribuintes, enquanto a renda *per capita* crescia consideravelmente. Em 1949, quando a produção dos países da Europa Ocidental já alcançava 98% dos níveis anteriores à guerra, a renda *per capita* norte-americana superava largamente a dos países mais adiantados – entre eles Canadá, Nova Zelândia, Suíça e Suécia – à razão de 1.450 dólares e 900, respectivamente, exibindo uma taxa de desemprego inferior a 4%. PATTERSON, James T. *Grand expectations*: the United States, 1945-1974. New York: Oxford University Press, 1996. p. 56. MAMMARELLA, Giuseppe. *Storia d'Europa dal 1945 a oggi*. Firenze: Laterza, 2006. p. 148. O plano de apoio à educação superior – conhecido como "The GI Bill", a lei dos soldados combatentes, uma das mais "imaginativas e civilizadas ações na história moderna", no dizer do economista John

Kenneth Galbraith - receberia uma dotação de 14,5 bilhões de dólares, entre 1944 e 1956, valor superior ao destinado ao Plano Marshall. "No ano escolar 1950, cerca de 497.000 universitários se formaram, cerca de cento e cinquenta mil deles mulheres, uma cifra expressiva, comparada à de 1940, quando 216.500 universitários haviam colado grau". PATTERSON, James T. *Grand expectations*: the United States, 1945-1974. New York: Oxford University Press, 1996. p. 68. GALBRAITH, John Kenneth. *A journey through economic time*: a firsthand view. Boston-New York: Houghton Mifflin Company, 1994. p. 135.

120. Cf. WEIS, W. Michael. *Cold warriors and coups d'etat*: Brazilian-American relations, 1945-1964. Albuquerque: University of New Mexico, 1993.

121. Sobre o Tratado então firmado, ver: VIZENTINI, Paulo Fagundes. *Relações exteriores do Brasil (1945-1964)*: o nacionalismo e a política externa independente. Rio de Janeiro: Vozes, 2004. p. 26-27.

122. Cf. MALAN, Pedro Sampaio. Relações econômicas internacionais do Brasil (1945-1964). In: FAUSTO, Boris (coord.). *História geral da civilização brasileira*. O Brasil Republicano Economia e Cultura (1930-1964). São Paulo: Difel, 1986. v. 4, t. 3, p. 67. SCHMIDT, Augusto Frederico. *Antologia política* (org. e sel. José Mário Pereira). Rio de Janeiro: Topbooks, 2002. p. 31.

Truman foi recebido no Brasil pelo marechal Dutra, este trajando a farda de seu posto, embora já na reserva, e assistiu a uma parada militar na Avenida Presidente Vargas, havia pouco inaugurada, e então nua de grandes prédios, a não ser na proximidade da avenida Rio Branco, que a cruza próximo à igreja da Candelária. Ao sair do Palácio do Catete, o presidente americano, trajando casaca e cartola, no calor do verão do Rio de Janeiro, saúda o presidente Dutra, este imediatamente alvo da galhofa de seus conterrâneos. (Ver: Cine Jornal Pathe, disponível no Youtube.) Há também uma breve tomada de câmera no interior do hotel Quitandinha em Petrópolis, onde teve lugar a conferência. Nela vê-se representando o Brasil o general Góes Monteiro, e os Estados Unidos, o general Marshall.

123. WEIS, W. Michael. *Cold warriors and coups d'etat*: Brazilian-American relations, 1945-1964. Albuquerque: University of New Mexico, 1993. p. 19-20.

CAPÍTULO 3 – O HOMEM DE SEU TEMPO

124. DANTAS, F. C. de San Tiago. Humanismo e Direito. In: *Palavras de um professor*. 2. ed. Rio de Janeiro: Forense, 2001. p. 98.

125. Carta de San Tiago Dantas a Thiers Martins Moreira. Roma, 27.12.1946.

126. "No inverno europeu, escreve San Tiago, bebe-se e é como se não existisse um fígado, um estômago, uma vesícula no itinerário daquele álcool". Carta de San Tiago Dantas a Américo Lacombe. Lisboa, 26.02.1947.

127. Notas de San Tiago Dantas, 12.01.1947.

128. Op. cit.

129. Referindo-se à principal obra de Goethe, San Tiago observou: "A alma moderna, porém, tem formas e procedências múltiplas; se fosse necessário escolher, apesar disso, a sua legenda, primordial, eu por mim elegeria o *Fausto*, de preferência a qualquer outra". DANTAS, F. C. de San Tiago. *D. Quixote*: um apólogo da alma ocidental. Rio de Janeiro: Tempo Brasileiro, 1964. p. 29.

130. Notas de San Tiago Dantas. 12.01.1947.

131. *A Noite*, 14.08.1947, p. 20.

132. "San Thiago nos leu uma bela conferência sobre o humanismo e o direito. Desculpava-se diante dos mestres por haver escrito uma lição ainda elementar". In: VILLAÇA, Antônio Carlos. *O livro de Antônio*. Rio de Janeiro: José Olympio, 1974. p. 174. *Humanismo e Direito* foi publicada originalmente na *Revista Verbum*. As citações aqui feitas estão em Humanismo e Direito. In: DANTAS, F. C. de San Tiago. 1911-1964. *Palavras de um professor*. 2. ed. Rio de Janeiro: Forense, 2001. p. 93. Nessa obra, o texto de San Tiago é datado, equivocadamente, de 1948. Deste ano data, provavelmente, a sua publicação na *Revista Verbum*, dirigida pelo padre Leonel Franca.

133. DANTAS, F. C. de San Tiago. 1911-1964. *Palavras de um professor*. 2. ed. Rio de Janeiro: Forense, 2001. p. 31-32.

134. Nas palavras de Hans Kelsen, expoente maior da corrente positivista, e um dos mais influentes juristas do século XX, cuja doutrina foi acolhida no Direito brasileiro, "Do ponto de vista da ciência, livre de quaisquer julgamentos valorativos, morais ou políticos, a democracia e o liberalismo são apenas dois princípios possíveis de organização social, exatamente como o são a autocracia e o socialismo. Não há nenhuma razão científica pela qual o conceito de Direito deva ser definido de modo a excluir estes últimos. Tal como empregado nessas investigações, o conceito de Direito não tem quaisquer conotações morais. Ele designa uma técnica específica de organização social. O problema do Direito, na condição de problema científico, é um problema de técnica social, não um problema moral (...). Existem ordens jurídicas que, a partir de certo ponto de vista, são injustas. Direito e justiça são dois conceitos diferentes. O Direito, considerado como distinto da justiça, é o Direito positivo. É o conceito de Direito positivo que está em questão aqui; a ciência do Direito positivo deve ser claramente distinguida de uma filosofia de justiça". In: KELSEN, Hans. *Teoria geral do Direito e do Estado*. São Paulo: Martins Fontes, 1995. p. 13. Uma análise atual e abrangente da obra de Hans Kelsen feita a partir de seu texto original, está em: *Rechtsphilosophie und Rechtstheorie*. Alemanha, Mohr: Paul Siebeck, 2005. Na edição brasileira: DIAS, Gabriel Nogueira. *Positivismo Jurídico e a Teoria Geral do Direito*: *Na obra de Hans Kelsen*. São Paulo: Ed. Revista dos Tribunais, 2010.

135. Ver: RADBRUCH, Gustav. Filosofia do Direito. Tradução e prefácio de Luís Cabral de Moncada. Coimbra: Armênio Amado - Editor - Sucessor, 1979, 6. ed. revista e acrescida dos últimos pensamentos do autor. Uma síntese do positivismo

jurídico está em: BOBBIO, Norberto. *O positivismo jurídico*: lições de Filosofia do Direito. São Paulo: Ícone, 1995. p. 136. Sobre as posições de Gustav Radbruch e Hans Kelsen, ver ainda: KELLY, J. M. *A short history of Western legal theory*. New York: Clarendon Press, 1997.

136. DANTAS, F. C. de San Tiago. Rui Barbosa e a Renovação da Sociedade. In: *Figuras do Direito*. 2. ed. Rio de Janeiro: Forense, 2002. p. 24.

137. DANTAS, F. C. de San Tiago. 1911-1964. *Palavras de um professor*. 2. ed. Rio de Janeiro: Forense, 2001. p. 95.

138. Augusto Frederico Schmidt terá sido um dos conferencistas e possivelmente Francisco Campos. O texto da conferência de Schmidt se perdeu, como o próprio registrou em seu prefácio do livro de San Tiago, *Dom Quixote*: um apólogo da alma ocidental. 2. ed. Rio de Janeiro: Tempo Brasileiro, 1964. p. XV. Já o texto de Francisco Campos foi publicado pelo governo mineiro em 1951. CAMPOS, Francisco. *Atualidade de D. Quixote*. Minas Gerais: Secretaria da Educação do Estado de Minas Gerais, 1951.

139. As citações aqui feitas quando não diversamente referidas são extraídas de: DANTAS, F. C. de San Tiago. *Dom Quixote*: um apólogo da alma ocidental. Rio de Janeiro: Agir, 1948. p. 15. San Tiago certamente leu o original espanhol, da obra de Cervantes. Então a tradução para o português mais elaborada era a dos Viscondes de Castilho e Azevedo. *Dom Quixote*. Rio de Janeiro: Civilização Brasileira, s/d.

140. Op. cit. p. 26-27.

141. CERVANTES, Miguel. *Dom Quixote De La Mancha*. Tradução e notas de Ernani Só. São Paulo: Penguin Companhia, 2012. v. 1. p. 151.

142. DANTAS, F. C. de San Tiago. *Dom Quixote*: um apólogo da alma ocidental. cit., p. 28.

143. Op. cit. p. 40-41.

144. Op. cit. p. 36.

145. Op. cit. p. 37.

146. Op. cit. p. 49.

147. Op. cit. p. 51.

148. Op. cit. p. 63.

149. Op. cit. p. 69.

150. Datado de 08.12.1947, esse artigo seria publicado no jornal *Diário Carioca* sob o título "Crise como desajustamento da cultura", 14.12.1947.

151. Ms. DANTAS, F. C. de San Tiago. *Tema de nosso tempo*. 08.12.1947. As citações feitas de ora por diante sobre este texto são extraídas do manuscrito aqui citado, redigido em 1947. Publicado no *Diário de Carioca*, 14.12.1947, p. 1-2.

CAPÍTULO 4 – O JURISCONSULTO

152. DANTAS, F. C. de San Tiago. Rui Barbosa e o Código Civil. In: *Figuras do Direito*. 2. ed. Editora Forense: Rio de Janeiro, 2002. p. 45.

153. "Sempre me hei de lembrar, com desvanecimento, de que subscreveu comigo, sem restrições, sem mudar uma palavra, sem acrescentar uma vírgula, extenso arrazoado jurídico, por mim elaborado". CARNEIRO, Levi. San Tiago Dantas: Oração na Academia Brasileira. Em sessão de setembro, 1964.

154. Sobre o parecer relativo à incapacidade para testar, ver carta de Nilton Campos, professor de Psicologia, Lógica e Ética, a San Tiago Dantas. Rio de Janeiro, 15.03.1946. E DANTAS, F. C. de San Tiago. Perda de usufruto legal pelo novo casamento, sem partilha dos bens do cônjuge falecido, e distinção entre comunhão voluntária e sociedade. In: *Revista Forense*, 1948. v. 118, p. 47.

155. Sobre escritórios daquela época, depoimento de Vicente Constantino Chermont de Miranda.

Dario de Almeida Magalhães, um dos mais hábeis advogados de seu tempo, e seu contendor eventual em grandes causas, recordaria o colega e amigo: "O título universitário e o ruído da fama que rapidamente lhe cercou o nome, nos círculos jurídicos, lhe deram as credenciais necessárias para, encurtando as etapas, adquirir prestígio singular entre os profissionais do foro. Não há notícia de triunfo tão fulminante, e recebido como mais justo. Em poucos anos, San Tiago Dantas não só logrou as recompensas pecuniárias, que a sua condição de advogado de grandes causas granjeava, como o prestígio do jurisconsulto, cujos pareceres passaram a figurar entre os mais autorizados dos nossos conselheiros em problemas jurídicos". Um analista excepcionalmente lúcido e penetrante. In: MAGALHÃES, Dario de Almeida. *Figuras e momentos*. Rio de Janeiro: Nova fronteira, 1985. p. 246.

156. Depoimento de Jayme Bastian Pinto. Em seu papel timbrado, o escritório exibia sua nova configuração e endereço: "San Tiago Dantas Jayme Bastian Pinto Carlos Medeiros Silva Advogados Av. Erasmo Braga, 277 – 8º andar. Rio de Janeiro". E os três sócios, firmavam, em conjunto, trabalhos forenses; entre eles, "A cessão de ações da Companhia Imobiliária de Petrópolis (Fazenda Imperial)", datado daquele ano de 1947. Outro, "Memorial, em favor do Senhor D. Pedro D'Orleans e Bragança", foi também firmado pelos sócios do escritório e foi acompanhado de pareceres, um deles oferecido pelo grande jurista italiano, Tullio Ascarelli, certamente solicitado por recomendação de San Tiago.

157. O filho de Carlos Medeiros, o ex-deputado federal Marcelo Medeiros, em depoimento ao Autor, desmentiu a versão corrente de haver seu pai datilografado o texto da Carta de 1937, redigido por Francisco Campos. Mas é inquestionável o fato de Carlos Medeiros trabalhar com Francisco Campos diretamente, quando este redigiu a Constituição Federal de 1937. Depoimento de Marcelo Medeiros. Trinta anos depois, Carlos Medeiros redigiria a Carta do regime militar.

158. A *Revista Forense* era então dirigida por Bilac Pinto, professor de Direito na Faculdade de Direito de Minas Gerais, em Belo Horizonte. Em 1947, Bilac Pinto transferiu-se para o Rio de Janeiro, onde conquistou uma cátedra na Faculdade Nacional de Direito. A amizade com San Tiago logo se formou, e poucos anos depois San Tiago dirigiria a *Revista Forense*.

159. O Contrato de Honorários Advocatícios redigido por San Tiago dizia: "O advogado fará jus a honorários constituídos de uma parte fixa e de uma parte variável. A parte fixa será de Cr$ 100.000,00 (cem mil cruzeiros), paga em duas prestações de Cr$ 50.000,00 cada uma, a primeira por ocasião da distribuição de petição inicial e a segunda por ocasião da primeira petição de recurso à instância superior". Contrato de honorários que entre si fazem a Cia. Brasileira de Café e o dr. Francisco Clementino de San Tiago Dantas. 13.12.1950. Arquivo pessoal de Alberto Venâncio Filho.

160. Cf. FIGUEIREDO, Wilson; ANDRADE, Moacir. *E a vida continua*: a trajetória profissional de Wilson. Rio de Janeiro: Ouro sobre azul, 2011. p. 111. Depoimento de Aloysio Ferreira Salles.

161. Depoimento de Walther Moreira Salles.

162. "Sobre a presença da família presidencial em Poços de Caldas, d. Nini tem mais a acrescentar. Quando d. Darcy Vargas, a mulher do presidente, chegava ao Palace, mandava avisar: 'Nini, cheguei'. Ela já sabia, era para ir ao encontro da primeira-dama e servir-lhe de companhia. Alzira Vargas, a filha do presidente, virou amiga fraterna de d. Nini, assim como de Walther Moreira Salles e de seus outros integrantes da juventude dourada de Poços de Caldas". TOLEDO, Roberto Pompeu de. *História do Unibanco 1924-1994*. Instituto Moreira Salles (coord.). São Paulo: Bloch Editores, 1994. p. 42.

163. Carta de San Tiago Dantas a Magalhães Pinto. Rio de Janeiro, 22.09.1943.

164. Carta de Jayme Bastian Pinto a San Tiago Dantas. Nova York, 03.02.1948.

165. Depoimento de Israel Klabin.

166. Carta de Jayme Bastian Pinto a San Tiago Dantas. Nova York, 03.02.1948.

167. Primeiro consultor jurídico do BNDE, José Luís Bulhões Pedreira era filho de Mário Bulhões Pedreira, conhecido criminalista, amigo de San Tiago, que com ele convivera no Instituto Brasileiro de Criminologia, no Rio de Janeiro em 1936. Mário faleceu ainda moço, em agosto de 1949, e San Tiago herdou a amizade de seu filho então recém-formado em Direito. Depoimento de José Luís Bulhões Pedreira.

CAPÍTULO 5 – EUROPA, GUERRA FRIA, RIO DE JANEIRO

168. DANTAS, F. C. de San Tiago. *Poder nacional, cultura política e paz mundial*: Conferências de San Tiago Dantas na Escola Superior de Guerra (1951-1962). LEITE, Amauri Pereira; VIANNA, Gilberto de Souza; MOREIRA, Marcílio Marques. (coord.). Rio de Janeiro: ESG, 2014. p. 63.

169. Não se tem a data precisa da partida de San Tiago e sua esposa com destino inicial a Lisboa, mas é possível estimá-la em torno de 21.03.1948, sendo certo o retorno ao Brasil a 25 do mês seguinte. Em 4 de março desse ano de 1948, San Tiago solicitou ao Diretor da Faculdade Nacional de Ciências Econômicas "licença, sem vencimentos, do cargo de professor catedrático de Direito Civil da Faculdade Nacional de Ciências Econômicas, pelo prazo de um ano, a terminar em 31.12.1948, por exercer simultaneamente o cargo de professor catedrático da Faculdade Nacional de Direito e estar momentaneamente impossibilitado, por motivo de saúde, de exercer o magistério em mais de uma faculdade". Na verdade, o motivo seria o acúmulo de compromissos profissionais e acadêmicos, e a opção de San Tiago por lecionar na Faculdade Nacional de Direito. Era corrente entre professores das faculdades públicas pedido de licença para tratamento de saúde, mas, em verdade, utilizado para atender a compromissos particulares. Depoimento de Américo Lacombe.

170. Carta do Reitor da Universidade de Paris, Gustave Roussy, ao Reitor da Universidade de Rio de Janeiro, 16.04.1946.

171. Depoimento de Carlos Flexa Ribeiro.

172. Carta de Edméa de San Tiago Dantas a Gilda e Américo Lacombe. Hotel Ritz Paseo del Prado, Madri, 01.04.1948. O *Cadillac* seria propriedade de Lúcio Feteira; ele e seu irmão Raul eram ricos herdeiros de uma indústria de ferramentas de corte de couro em Vieira de Leiria. Lúcio emigrara para o Brasil, onde tinha inúmeros negócios. Disponível em: htpp://pt.wikipedia.org. Acesso em: abril 2014. Edméa faz referência em sua carta aos irmãos e a Nuno Simões, ex-ministro do Comércio na década de 1920, e conhecido advogado e incentivador das relações luso-brasileiras, amigo de San Tiago e de Assis Chateaubriand. Disponível em: www.violinos.pt.site/s/497. Acesso em: abr. 2014.

173. Carta de Edméa de San Tiago Dantas a Gilda e Américo Lacombe, Sobre a origem do nome San Tiago, ver: DUTRA, Pedro. *San Tiago Dantas*: A razão vencida – O Ideólogo. Op. cit. p. 25-27.

174. A lampreia, pescada "nas águas remansadas do Minho, Lima ou Cávado, ensopada no molho do próprio sangue, com arroz ou estufada", é um prato típico minhoto, popular findo o inverno. Cócos do Porto, assim grafado por San Tiago, seria um pudim de leite de coco feito com uma generosa dose de vinho do Porto. Cf. MODESTO, Maria de Lourdes. *Cozinha tradicional portuguesa*. Lisboa: Editorial Verbo, 1989. p. 12. Àquela altura, Dina Teresa era uma conhecida fadista e atriz de cinema. No início dos anos 1930 apresentou-se no Brasil, convidada pelo hoteleiro

Francisco Serrador. Vinte anos depois deixou Portugal em definitivo, vindo residir no Brasil, onde faleceu em 1984, aos oitenta e dois anos. Disponível em: htpp://mundolusiada.com.br. Em janeiro daquele ano de 1948, Antonio Marceneiro, com cinquenta e seis anos, foi consagrado o rei do fado em Portugal. Disponível em: htpp://pt.www.wikipedia.org/wiki/Alfredo_Marceneiro. Acesso em: 28 abr. 2014.

175. Carta de Edméa de San Tiago Dantas a Gilda e Américo Lacombe. Hotel Ritz Paseo del Prado. Madri, 10.04.1948.

176. Carta de San Tiago Dantas a Thiers Martins Moreira. Madri, 01.04.1948.

177. Carta de Edméa San Tiago Dantas a Arminda e Antônio Gallotti. Barbizon 18.04.1948. Ainda no Brasil, San Tiago cogitou ter um carro à sua disposição em Paris, como da vez anterior. Um amigo francês, em carta, o informou que melhor seria adquirir um *Citroën*, do mesmo modelo daqueles que trafegavam nas ruas do Rio Janeiro, e revendê-lo ao partir; o preço, 1.570 dólares norte-americanos. Carta de Robert Clavane a San Tiago Dantas. Paris, 05.03.1948. Não há, contudo, indicação de que San Tiago tenha comprado um carro, sendo certo que ele não dirigia.

178. "Antes de mais nada", diz Tullio Ascarelli, "constitui o Direito Comparado, o meio para desenvolver a 'linguagem' jurídica internacional. Fortalecer e desenvolver, no direito, uma linguagem ideal, internacionalmente uniforme, é contribuir para uma sempre maior compreensão, aproximação, cooperação, unificação internacional". ASCARELLI, Tullio. *Problemas das sociedades anônimas e Direito Comparado*. São Paulo: Saraiva, 1969. p. 4.

179. DAVID, René. *Les avatars d'um comparatiste*. Paris: Economica, 1982. p. 189.

180. *Introdução ao Estudo do Direito Privado na Inglaterra*. A obra de René David, de renome mundial, seria publicada no ano da morte de San Tiago, 1964, *Os Grandes Sistemas de Direito Contemporâneo*. Antes, René David já escrevera sobre Direito Civil Francês extensivamente, sobre o sistema jurídico de seu país, e sobre o Direito Soviético; e ainda um notável curso de Direito Civil Comparado, em 1950. Disponível em: https://fr.wikipedia.org/wiki/Ren%C3%A9_David_(juriste). Acesso em: 3 out. 2015.

181. *Humanismo e Direito*. Aula proferida no curso sobre humanismo organizado pela Pontifícia Universidade Católica do Rio de Janeiro, em 1948. In: DANTAS, F. C. de San Tiago. 1911-1964. *Palavras de um professor*. 2. ed. Rio de Janeiro: Forense, 2001. p. 112.

182. O convite a San Tiago está em carta de René David a San Tiago Dantas. Paris. 07.10.1947. Léon Julliot de La Monrandière presidira a Comissão de Revisão do Código Civil francês, em 1945, e, no ano seguinte, deão da Faculdade de Direito de Paris, foi eleito membro da Academia de Ciências Morais e Políticas, e integrou o Conselho Constitucional de seu país. Disponível em: http://www.wikimanche.fr/l%c#%A9on_Julliot_de_La_Morandi%c3%A8re. Acesso em: 03 out. 2015.

183. As citações aqui feitas estão em *Bulletin de la société de législation comparée*.

dez.1948. Arquivo pessoal de Arnoldo Wald.

184. O texto da proposição redigido que San Tiago assim diz: "Os juristas, reunidos nas Jornadas de Direito Franco-Latino-Americanas, considerando que os estudos de Direito Comparado devem ser conduzidos sob o espírito e por métodos internacionais, assim se manifestam: que no futuro os Institutos e Centros Nacionais de Direito Comparado deverão estabelecer entre si uma ligação permanente de coordenação, a fim de promover uma maior uniformidade e regularidade na pesquisa e no intercâmbio de documentos e de pessoal científico; e, a tal fim, designam uma comissão permanente de juristas franceses e de juristas latino-americanos para propor os meios de realizar, praticamente, tais laços de coordenação e de preparar, imediatamente, as bases do intercâmbio, a serem submetidos a discussão em um próximo congresso". *Bulletin*, op. cit. Arquivo pessoal de Arnoldo Wald.

185. O convite foi formalizado pelo Instituto de Altos Estudos Franco-Brasileiros. In: DAVID, René. *Les avatars d'um comparatiste*. Paris: Economica, 1982. p. 189.

186. Op. cit. p. 191.

187. Op. cit. p. 194.

188. O ensaio de René David acha-se em WALD, Arnoldo; JAUFFRET-SPINOSI, Camille (dir.). *Le droit Brésilien hier*: aujourd'hui et demain. Paris: Société de Législation Comparée, 2005. Enriquecido de uma cuidadosa atualização bibliográfica realizada pelo prof. Arnoldo Wald, mais tarde assistente de San Tiago na cadeira de Direito Civil na Faculdade Nacional de Direito, e seu companheiro no Instituto Brasileiro de Direito Comparado e Estudos Legislativos.

189. A 01.06.1948, *O Jornal* anunciava a palestra do professor Francesco Carnelutti, sobre o tema "Direito e Processo". Sobre a conferência de San Tiago, ver: VILLAÇA, Antônio Carlos. *O livro de Antônio*. Rio de Janeiro: José Olympio, 1974. p. 173. Cf. TUCCI, José Rogério Cruz e. *Francesco Carnelutti*: vida e obra. São Paulo: Migalhas, 2017.

190. "Tullio Ascarelli est, avec San Tiago, un des hommes les plus remarquables qu'il m'ait été donné de connaître". DAVID, René. *Les avatars d'um comparatiste*. Paris: Economica, 1982. p. 198.

191. A cidade de Barbizon nomeou um grupo de pintores impressionistas que começaram a frequentá-la e a pintar a céu aberto em seus arredores, por volta de 1820; entre eles, Theodore Rosseau, a figura central da *Escola de Barbizon*, como ficou conhecida. Ver: LANGDON, Anthony. Barbizon School. In: *The Oxford Companion to Western Art*. Edited by Hugh Brigstoke. Oxford University Press. 2001. p. 47. Carta de Edméa de San Tiago Dantas a Arminda e Antônio Gallotti. Barbizon. 18.04.1948.

192. Carta de Edméa de San Tiago Dantas a Arminda e Antônio Gallotti. Barbizon, França. 18.04.1948. Sobre o hotel, disponível em: www.bas-breau.com. Sobre o castelo de *Fontainebleau*, www.musee-chateau-fontainebleau.fr. Acesso em: 27 abr. 2014.

193. Sobre a presença brasileira em Bretton Woods, liderada por Eugênio Gudin, ver: CAMPOS, Roberto. *A lanterna na popa*: memórias. Rio de Janeiro: Topbooks, 1994. v. 1. p. 62.

194. BROGAN, Hugh. *The penguin history of the USA*. London: Penguin Books, 2001. p. 567.

195. DANTAS, F. C de San Tiago. *Poder nacional, cultura política e paz mundial*: Conferências de San Tiago Dantas na Escola Superior de Guerra (1951-1962). LEITE, Amauri Pereira; VIANNA, Gilberto de Souza; MOREIRA, Marcílio Marques (coord.). Rio de Janeiro: ESG, 2014. p. 69.

196. A Organização dos Estados Americanos - OEA, com sede em Washington D.C., teve fixados em sua Carta seus princípios básicos: era de sua competência e não da ONU resolver as disputas regionais, e os países-membros comprometiam-se a defender o regime democrático, assim entendida a defesa do livre comércio e da livre iniciativa. Ver: VIZENTINI, Paulo Fagundes. *Relações exteriores do Brasil (1945-1964)*: o nacionalismo e a política externa independente. Rio de Janeiro: Vozes, 2004. p. 27.

197. MAMMARELLA, Giuseppe. *Storia d'Europa dal 1945 a oggi*. Firenze: Laterza, 2006. p. 88-89.

198. A economia e a política alemãs nesse período, e suas principais medidas, acham-se minuciosamente descritas em BARK, Dennis L.; GRESS, David. R. *Histoire de l'Allemagne*: Depuis 1945. Paris: Robert Laffont, 1992. p. 199–206.

199. Victor Klemperer, no terceiro volume de suas memórias, então vivendo na Alemanha Oriental, relata os efeitos caóticos da reforma monetária no setor sob controle soviético. KLEMPERER, Victor. *The diaries of Victor Klemperer 1945-59*: The lesser evil. London: Phoenix, 2004. p. 256-257.

200. Os aviões pousavam nos aeroportos de Tempelhof, Gatow e, a partir de dezembro de 1948, no aeroporto de Tegel. Sobre o bloqueio, ver: WINDSOR, Phillip. O Bloqueio de Berlim. In: *História do século 20, 1942-1956*. São Paulo: Abril Cultural, v. 5, p. 2236-2241.

201. MAZOWER, Mark. *Dark Continent*: Europe's twentieth century. London: Penguin Books, 1999. p. 267.

202. Luís Gallotti, irmão mais velho de Antônio, teria sido indicado advogado do departamento jurídico da *Light* por Oswaldo Aranha, a pedido do ex-deputado Edmundo Luz Pinto, catarinense como os irmãos Gallotti, que vieram residir na capital federal na década de 1920, para estudar. Luís Gallotti teria obtido um lugar para Antônio em 1933, dois anos depois de ele haver se formado, inicialmente na área trabalhista do departamento jurídico da empresa, contratação recomendada por Francisco Campos. Luís era procurador da República, o que não o impedia de ser advogado da *Light*. Essa poderosa concessionária contaria, sempre, em seus quadros profissionais com procuradores da República e de estados; então, a lei ce-

gava a essa situação naturalmente conflitiva, que só a Constituição Federal de 1988 poria termo, assegurando, porém, o que então se arguiu ser um direito adquirido, de aos procuradores da República ativos poderem seguir advogando privadamente.

A *Light* também contava, habitualmente, com seus advogados na direção da Ordem dos Advogados do Brasil, que ficaram conhecidos como os "desembargadores da *Light*", advogados da concessionária, por sua influência política indicados ao Tribunal de Justiça do Distrito Federal, onde boa parte das demandas envolvendo a concessionária era decidida. Sobre a data de ingresso de Antônio Gallotti na *Light*, ver: BORDEN, Henry. In: GALLOTTI, Antônio. Rio de Janeiro: Editora Nova Fronteira, s/d. p. 76. Sobre a *Light* e a Ordem dos Advogados do Brasil, depoimento de Luís Otávio Gallotti. Sobre advogados da *Light* e o Tribunal de Justiça, depoimento de Astolpho Dutra.

203. Oswaldo Aranha e o general Góes Monteiro estariam entre as personalidades públicas próximas à *Light*. McDOWALL, Duncan. *The Light:* Brazilian traction Light and Power Company Limited - 1899-1945. Toronto: University of Toronto Press, 1988. p. 336-337.

204. Em carta sem data, mas com possível registro em 1948, Gilda, esposa de Américo Lacombe, refere-se a Arminda Gallotti: "Temos sentido imensa falta de vocês em nossas reuniões, (...) da beleza e elegância de Arminda". Carta de Gilda Lacombe a Antônio Gallotti, s/d. Henriette Amado, esposas de Gilson, colega de San Tiago e de Antônio Gallotti, recordaria "Arminda linda, elegante e amiga (...). Morreu muito cedo, (...) nos deixando o exemplo da grande paraguaia sincera, sensual e amorosa". AMADO, Henriette de Hollanda. *Exercício de vida*. Rio de Janeiro: Codecri, 1981. p. 81.

205. A concessão do empréstimo à *Light* foi objeto de debate no meio político brasileiro. Nesse sentido, ver a defesa da concessão do empréstimo, que seria o primeiro feito a uma empresa privada no Brasil pelo Banco Mundial, por Horácio Lafer, então deputado federal, e ministro da Fazenda no governo seguinte. Cf. MAYER, Jorge Miguel; FLAKSMAN, Sérgio. Horácio Lafer. In: BELOCH, Israel; ABREU, Alzira Alves de (coord.). *Dicionário histórico-biográfico brasileiro: 1930-1983*. Rio de Janeiro: Forense Universitária, 1984. v. 2, p. 1734. Sobre a concessão do empréstimo, ver também: MALAN, Pedro Sampaio. Relações econômicas internacionais do Brasil (1945-1964). In: FAUSTO, Boris (coord.). *História geral da civilização brasileira.* O Brasil Republicano Economia e Cultura (1930-1964). São Paulo: Difel, 1986. v. 4, t. 3, p. 64. Depoimento de Alberto Venâncio Filho. Carta de Antônio Gallotti a Thiers Martins Moreira. Nova York, 26.03.1948. As referências aqui feitas estão na carta de Antônio Gallotti a Thiers Martins Moreira.

206. Escrevia Antônio Gallotti: "as minhas dificuldades aqui foram grandes. Inglês precaríssimo. Instituições de direito desconhecidas. Comprei livros. Terei de continuar esses estudos aí". Carta de Antônio Gallotti a Thiers Martins Moreira, cit.

207. Antônio Gallotti visitou uma exibição no Rockefeller Center, em Nova York,

promovida pela União Soviética, onde livros, prospectos, exemplares da constituição e retratos de líderes soviéticos eram ofertados de graça aos americanos – "eu mesmo fiz um pequeno sortimento", acrescenta. Carta de Antônio Gallotti a Thiers Martins Moreira, cit.

208. Carta de Antônio Gallotti a San Tiago Dantas, Toronto, 01.06.1948.

209. Carta de Thiers Martins Moreira a Antônio Gallotti. 11.06.1948.

210. SCHMIDT, Augusto Frederico. À Margem de uma Conferência. *Correio da Manhã*, 06.01.1949, p. 2.

211. Carta de Gilberto Amado a San Tiago Dantas. Nova York, 28.05.1949.

212. SCHMIDT, Augusto Frederico. *O Galo Branco*: páginas de memórias. Rio Janeiro: José Olympio, 1957. p. 289-299.

213. O convite a San Tiago está em carta de Argeu Guimarães (Chefe da Divisão Cultural do Itamaraty) a San Tiago Dantas. 16.08.1948.

214. A bela igreja, de cujo plano elevado se descortina toda a baía de Guanabara, foi erguida em 1739, e era a preferida da família imperial, este título sendo outorgado à irmandade· Carta de Jayme Costa a San Tiago Dantas. Rio de Janeiro, 22.06.1948.

215. In: *El Pais*. Montevidéu, s/d.

216. Eduardo J. Couture, 1904-1956, antes da guerra já era um mestre de Direito reconhecido internacionalmente. Correspondia-se com os principais processualistas italianos, então os mais respeitados nessa matéria. Cf. L'emigrazione dei giuristi milanesi nella Montevideo d' anteguerra. In: LOSANO, Mario. *Revista Trimestrale de Procedura Civile*, marzo 1999. Giuffré Editore, ano LIII, n. 1. p. 219. Couture seria o grande divulgador da literatura processual italiana, segundo um dos seus grandes autores, Piero Calamandrei. Eduardo J. Couture. In: *Dir. Proc. 1956*, p. 247. James Goldschmidt, 1874-1940, faleceria poucos meses depois de sua chegada a Montevidéu. Sobre a sua estadia na capital uruguaia e o seu exílio, ver La Libertad de la cultura y la ley de tolerancia. Eduardo Couture. Disponível em: www.fder.edu.uy/archivo/documento/couture. Acesso em: 7 fev. 2016. A referência feita por Couture a Enrico Liebman está em COUTURE, Eduardo J. *Fundamentos do Direito Processual Civil.* São Paulo: Livraria Saraiva, 1946. p. 10.

217. No início de 1950, Eduardo Couture escreve a San Tiago: "Mi querido amigo, acabo de ler su trabajo sobre Rui Barbosa y el Código Civil". Se trata de una obra maestra en su estilo". Carta de Eduardo Couture a San Tiago Dantas. Montevidéu, 24.03.1950.

218. O Direito protestativo confere a seu titular o poder de influir unilateralmente na situação jurídica de terceiro, sem que este possa se opor, sendo, assim, obrigado a sujeitar-se à vontade daquele. Por exemplo, o poder de o outorgante revogar procuração que outorgou; de um dos proprietários pedir a divisão de coisa comum, em condomínio.

219. Eduardo Couture conferiu, com notável brilho, uma dimensão mais ampla à interpretação da norma jurídica, que se casa à proposta de San Tiago. Ver: COUTURE, Eduardo J. *Interpretação das leis processuais*. Tradução de Gilda Maciel Corrêa Meyer Russomano. Rio de Janeiro: Editora Forense, 1994. p. 11.

220. DANTAS, F. C. de San Tiago. Panorama II. *A Razão*, 01.08.1931. Em 1953, o Rio de Janeiro contava com 75.000 funcionários públicos. ALCANTARA, Eurípedes et al. As metrópoles do *boom* imobiliário. In: MICELLI, Sérgio (superv.). *Nosso século*: 1945-1960. São Paulo: Abril Cultural, 1980. p. 151.

221. Decreto-Lei nº 4.598, de 20.08.1942.

222. Em São Paulo não seria menos ativa a construção civil de prédios de maior porte; com uma área urbana espraiada, ao contrário do que se tinha na zona sul carioca, o adensamento vertical foi inicialmente menos sentido.

223. Os primeiros Institutos de Aposentadoria e Pensão foram criados pela Lei nº 4.682, editada em janeiro de 1923, por iniciativa do rico industrial e fazendeiro Elói Chaves. Cf. BONDUKI, Nabil Georges. *Origens da habitação social no Brasil*. Em Análise Social, v. 29, 1994, p. 711 a 732. Depoimento de Nestor Goulart Reis.

224. "De 1950 a 1954, o Rio de Janeiro enfrentou uma corrida imobiliária sem precedentes: cerca de 20 bilhões de cruzeiros – um terço do meio circulante no Brasil – foram investidos no mercado imobiliário. A cidade, em 1950, tinha 2.303.063 habitantes, apenas 213.961 trabalhadores industriais, 40.901 comerciários e cerca de 60.000 funcionários públicos. O resto da população economicamente ativa vivia de subempregos. A especulação imobiliária, não sendo acompanhada por um plano de infraestrutura urbana, acabou gerando outros problemas". GLASBERG, Rubens. Ele voltará. In: MICELLI, Sérgio (superv.). *Nosso século:* 1945-1960. São Paulo: Ed. Abril Cultural, 1980. p. 155. Ver: REZENDE, Vera Lúcia Motta. *Planos, regulação urbanística e intervenção no Rio de Janeiro*. São Paulo, 2014.

225. No arquivo de San Tiago há referência a um Recurso Extraordinário por ele firmado, em curso no ano de 1947, sendo relator o ministro Ribeiro da Costa, do Supremo Tribunal Federal, nº 12.032/47, Alagoas.

226. "A burocracia expandida [no Estado Novo] e o uso contínuo do apadrinhamento para preencher as sinecuras governamentais fizeram surgir a necessidade de um número enorme de 'despachantes', que, mediante uma taxa, conseguiam desembaraçar os nós burocráticos, garantindo tratamento privilegiado a seus clientes". LEVINE, Robert M. *Pai dos pobres?* :o Brasil e a era Vargas. Tradução: Anna Olga de Barros Barreto. São Paulo: Companhia das Letras, 2001. p. 96.

227. Ver: ROUCHOU, Joëlle; BLANC, Lúcia (org.). *Memórias de Ipanema*: 100 anos do bairro. Rio de Janeiro: Secretaria Municipal de Cultura, Assessoria de Projetos Especiais. 1994. Disponível em: http://www.sindegtur.org.br/2010/arquivos/ipa100.pdf.

228. Ibidem.

229. Sobre o Banco Lar Brasileiro e o financiamento de imóveis urbanos, ver:

BEDOLINI, Alessandra C. B. *Banco Hipotecário Lar Brasileiro, S. A.*: análise das realizações no estado de São Paulo 1941-1965. Dissertação de Mestrado FAU-USP. São Paulo: 2014.

CAPÍTULO 6 – VISÃO E REALIDADE

230. DANTAS, F. C. de San Tiago. Reflexões sobre o emprego dos 'planos' em administração e economia, *Revista de Economia e Estatística*, ano 3, n. 3, jul. 1938, p. 253.

231. John Abbink era presidente da editora McGraw Hill, uma das maiores dos Estados Unidos, especializada em livros técnicos. Ao critério técnico que presidiu a escolha de Octávio Gouvêa de Bulhões somou-se a indicação de apadrinhados do governo, em busca de projeção pessoal, conferida pela nomeação para integrar a Missão. Elegante, Bulhões rememoraria esse fato: "Constavam da cúpula da Missão, pelo lado brasileiro, Valentim Bouças, Mário Bittencourt Sampaio, Aníbal Alves Bastos, o general Anápio Gomes e o secretário Afonso Almiro Costa Junior (...). "Essas pessoas mencionadas cooperavam, mas não eram pessoas que conhecessem bem a situação econômica nacional e internacional. Acompanhavam, não resta dúvida, mas era necessário apelar para outros assessores de modo a formular o relatório final, que foi assinado pelo Abbink e por mim. Tive o assessoramento das pessoas com quem eu costumava trabalhar. Esses é que de fato muito discutiam com os assessores". In: BULHÕES, Octávio Gouvêa de. *Depoimento*. Brasília: Divisão de Impressão e Publicações do Departamento de Administração de Recursos materiais do Banco Central do Brasil, 1990. p. 58.

232. Ofício de Octávio Gouvêa de Bulhões dirigido a San Tiago Dantas. Papel timbrado do Ministério da Fazenda, Gabinete do Ministro, Secção de Estudos Econômicos e Financeiros. Rio de Janeiro, 28.08.1948.

Sobre a composição da *Missão Abbink*, MALAN, Pedro S.; BONELLI, Régis; ABREU, Marcelo de P.; PEREIRA, José Eduardo de C. *Política econômica externa e industrialização no Brasil (1939/52)*. Rio de Janeiro: IPEA/INPES, 1980. A lista dos integrantes brasileiros da *Missão Abbink* está em BULHÕES, Octávio Gouvêa de. *À margem de um relatório*. Rio de Janeiro: Edições Financeiras S. A., 1950. p. 59 e 66.

Augusto Frederico Schmidt, mais tarde, assim explicaria o envio da *Missão Abbink* ao Brasil: "O ministro do Tesouro dos Estados Unidos, (...) indo passear no Brasil, logo começaram a pedir-lhe coisas, dinheiro emprestado, aparelhamento disso e daquilo. Para se ver livre das inúmeras solicitações com que lhe desrespeitavam as férias, o ministro do Tesouro americano inventou Abbink, que procuraria entender a linguagem dos pedinchões brasileiros, dos lamurientos brasileiros que querem tratamento de filhos, de protegidos, de socorridos, sem retribuição de espécie alguma". In: SCHMIDT, Augusto Frederico. *Antologia política* (org. e sel. José Mário Pereira). Rio de Janeiro: Topbooks, 2002. p. 25-26.

233. Cf. KELLER, Vilma; BENJAMIN, Cid. Octávio Gouvêa de Bulhões. In: BELOCH, Israel; ABREU, Alzira Alves de (coord.). *Dicionário histórico-biográfico brasileiro: 1930-1983*. Rio de Janeiro: Forense Universitária, 1984. v. 1, p. 502.

234. Cf. ABREU, Marcelo de Paiva. Missão Niemeyer. In: BELOCH, Israel; ABREU, Alzira Alves de (coord.). *Dicionário histórico-biográfico brasileiro*, op. cit., v. 3, p. 2235-2236.

235. "Nunca se conseguiu saber, exatamente, que parcela do Plano Salte foi executada. O que é certo é que o plano como um todo não foi implementado devido a sua inexequibilidade financeira e a inviabilidade técnica de muitos de seus projetos. Cf. CALICCHIO, Vera; FLAKSMAN, Dora. Plano Salte. In: BELOCH, Israel; ABREU, Alzira Alves de (coord.). *Dicionário histórico-biográfico brasileiro*, op. cit., p. 2782. Irônico, o economista, e colega de San Tiago na Faculdade Nacional de Economia, Eugênio Gudin, referia-se ao *Plano Salte no escuro*, acentuando a sua posição crítica à maior intervenção do governo na ordem econômica do país. Depoimento de Jorge de Serpa Filho.

236. BULHÕES, Octávio Gouvêa de. *À margem de um relatório*. Rio de Janeiro: Edições Financeiras S. A., 1950. p. 337. Sobre as conclusões do *Relatório Abbink*, ver a síntese em: KELLER, Vilma; BENJAMIN, Cid. Octávio Gouvêa de Bulhões. In: BELOCH, Israel; ABREU, Alzira Alves de (coord.). *Dicionário histórico-biográfico brasileiro*: *1930-1983*. Rio de Janeiro: Forense Universitária, 1984, v. 1, p. 502. Uma análise detida dessa missão, e das demais estrangeiras, e sobre a divulgação de suas conclusões, está em MALAN, Pedro S.; BONELLI, Régis; ABREU, Marcelo de P.; PEREIRA, José Eduardo de C. *Política econômica externa e industrialização no Brasil (1939/52)*. Rio de Janeiro: IPEA/INPES, 1980. p. 47 e 56, nota de rodapé.

237. As citações a seguir referem-se ao trabalho de San Tiago: *Memória sobre investimentos estrangeiros no Brasil*. Datado de 12.01.1949, e publicado no *Digesto Econômico*, ano VI, n. 62, jan. 1950.

238. Ibidem.

239. San Tiago teria entregue a versão ao ministro da Fazenda em início de fevereiro de 1949, e o relatório seria publicado em junho seguinte. Ver: KELLER, Vilma; BENJAMIN, Cid. Octávio Gouvêa de Bulhões. In: BELOCH, Israel; ABREU, Alzira Alves de (coord.). *Dicionário histórico-biográfico brasileiro, 1930-1983*. Rio de Janeiro: Forense Universitária, 1984. v. 1, p. 502. Ms. sem título, 09.04.1949.

240. Deuteronômio: quarto livro do Velho Testamento da Bíblia. "A Lei do Levirato – quando dois irmãos moram juntos e um deles morre, sem deixar filhos, a mulher do morto não sairá para casar-se com um estranho à família; seu cunhado virá até ela e a tomará, cumprindo o seu dever de cunhado". In: *A Bíblia de Jerusalém*. São Paulo: Edições Paulinas, 1985. p. 308-309.

241. Pareceres publicados na *Revista Forense*, 1948, v. 118, p. 47, e *Revista Forense*, 1949, v. 122, p. 39.

242. Sobre a vinda de Guido Di Ruggiero ao Brasil, ver carta de San Tiago Dantas ao Secretário do Instituto Cultural Ítalo-Brasileiro Piero Banti. Rio de Janeiro, 03.06.1946.

243. Depoimento de Hélio Vianna Filho.

244. Carta de San Tiago Dantas a Américo Lacombe, 06.05.1951. Carta de Américo Lacombe a Antônio Gallotti, 08.06.1948.

245. "Domingo passado reunimo-nos aqui San Tiago, Gilson, Hélio e eu (com as senhoras). Pegamos uma tremenda discussão s/ o assunto, o San Tiago, reconhecendo todos os inconvenientes, acha o direito dos judeus indiscutível. E como [lê] mil publicações, jornais e boletins de questões internacionais, é um discutidor terrível. Quero ver uma luta entre vocês dois. [Ficarei] como seu torcedor". Carta de Américo Lacombe a Antônio Gallotti. Rio de Janeiro, 08.06.1948.

CAPÍTULO 7 – O ESTADISTA DO PROGRESSO

246. DANTAS, F. C. de San Tiago. Rui Barbosa e a Renovação da Sociedade. In: *Figuras do Direito*. 2. ed. Rio de Janeiro: Editora Forense, 2002. p. 39.

247. O historiador Américo Jacobina Lacombe foi diretor da Casa Rui Barbosa por cinquenta e quatro anos, entre 1939 e 1993. Em 1941, por um Decreto do presidente da República, a obra de Rui Barbosa teve o seu projeto de edição definido. Editados 137 volumes, a obra completa de Rui ainda não teve a sua publicação concluída. Bem cuidados e com prefácios substanciosos, os volumes impressos não foram regularmente reeditados, sendo encontrados, em sua maioria, apenas em sebos, as frágeis brochuras originais já desfeitas. Igualmente, as inúmeras monografias publicadas sobre Rui e sua obra, em boa parte pela passagem do seu centenário em 1949, não foram reeditadas. Convênio firmado pela FCRB e o Supremo Tribunal Federal permitiu a inserção, rudimentar, dos textos das obras completas na rede. Disponível em: http://www.casaruibarbosa.gov.br/interna.php?ID_S=128.

248. Há registro na imprensa de uma conferência feita por San Tiago em 1942, sobre *Rui Barbosa e o Código Civil*, cujo texto, todavia, não teria sido publicado naquela altura. In: *Diário de Notícias*, 14.04 e 13.05.1942. Em 20.09.1949, San Tiago lê a sua conferência na Casa Rui Barbosa. *Jornal Diário de Notícias,* 20.08.1949. *Rui Barbosa e o Código Civil*. Rio de Janeiro: Casa de Rui Barbosa, 1949. Os dois trabalhos de San Tiago foram publicados, em um único volume com o subtítulo "Conferências". *Rui Barbosa e o Código Civil* editado pela casa Rui Barbosa, juntamente com *Dois momentos de Rui Barbosa*. Rio de Janeiro: Casa de Rui Barbosa, 1949, reunindo os dois trabalhos de San Tiago, *Rui Barbosa e o Código Civil* e *Rui Barbosa e a Renovação da Sociedade*. As citações dessas obras aqui feitas são da terceira edição de *Rui Barbosa e o Código Civil* e da segunda edição de *Rui Barbosa e a Renovação da Sociedade*. In: DANTAS, F. C. de San Tiago. *Palavras de um professor*. 2. ed., Rio de Janeiro: Editora Forense, 1962.

249. A citação está em Discurso de paraninfo no Colégio Anchieta, em 1903. In: BARBOSA, Rui. *Antologia* (sel. pref. e notas Luís Viana Filho). Rio de Janeiro: Saraiva de bolso, 2013. p. 23. Ver: Obras Completas de Rui Barbosa, v. XXX, t. I, p. 349. O parágrafo de onde foi extraída a citação ora feita mostra o estilo de Rui Barbosa, mesclado de sínteses perfeitas e uma irreprimível "carícia parnasiana", como anotou José Guilherme Merquior; diz o crítico sobre o estilo de Rui Barbosa: "os laivos anacrônicos e pernósticos estão longe de comprometer totalmente a beleza e a funcionalidade retórica das orações desse apóstolo magno do liberalismo. A carícia parnasiana da frase pela frase, do idioma como instrumento de mero virtuosismo, nem sempre domina a prosa ética de Rui. Ouçamos, por exemplo, esse 'Hino à liberdade', proferido na Bahia em 1897". Ver: MERQUIOR, José Guilherme. *De Anchieta a Euclides*: breve história da literatura brasileira – I. Rio de Janeiro: Livraria José Olympio Editora, 1977. p. 130. Ver: Rui Barbosa. *Hino à liberdade*. Conferência no Polytheama baiano em 26.05.1897. In: VIANA FILHO, Luís. *Antologia*. Rio de Janeiro: Saraiva de bolso, 2013. p. 41.

250. Veja-se a excelente síntese da trajetória política de Rui Barbosa: GONÇALVES, João Felipe. *Rui Barbosa*: pondo as ideias no lugar. Rio de Janeiro: Ed. da FGV, 2000.

251. BARBOSA, Rui. Palavras à Juventude. *Escritos & Discursos Seletos*. Rio de Janeiro: Cia. José Aguillar Editora, 1966. p. 667. In: BARBOSA, Rui. *Antologia* (sel. pref. e notas Luís Viana Filho). Rio de Janeiro: Saraiva de bolso, 2013. p. 23.

252. "O sr. sabe como eu, professor sem grande biblioteca herdada ou comprada, tenho sido há uns dois ou três anos, o mais assíduo dos frequentadores dos livros do falecido Rui". Carta de San Tiago Dantas a Alceu Amoroso Lima. Rio de Janeiro, 03.08.1934.

253. "De posto em posto, a minha ascensão da vida pública se graduou invariavelmente pelas das tuas conquistas". In: *Hino à liberdade*. Op. cit.

254. Cf. Resposta a Cézar Zama. In: Tribuna Parlamentar II – República. Obras Completas de Rui Barbosa, Rio de Janeiro: Casa Rui Barbosa. 1954. p. 299-397. Veja-se, também, a descrição impiedosa que faz Rui Barbosa dos "sete camafeus do regime, os donos da situação e da república (...)". In: *A questão social e a política no Brasil*. Conferência pronunciada em 20.03.1919, no Teatro Lírico do Rio de Janeiro. In: *Antologia*. Op. cit. p.135-136. E a justa reação de Rui pela imprensa, quando, acovardado o Supremo Tribunal Federal diante da ameaça do presidente da República, Floriano Peixoto, de mandar prender os ministros que concedessem ordem de habeas corpus impetrado por Rui, – e apenas um, dos doze juízes, o paulista Joaquim de Toledo Piza e Almeida, a concedeu – voltou-se diretamente aos magistrados daquela corte: "Medo, venalidade, paixão partidária, respeito pessoal, subserviência, espírito conservador, interpretação restritiva, razão de Estado, interesse supremo, como quer que te chames, prevaricação judiciária, não escaparás ao ferrete de Pilatos! O bom ladrão salvou-se. Mas não há salvação para o juiz covarde". In: MANGABEIRA, João. *Ruy – O estadista da República*. São Paulo: Livraria

Martins, 1960. p. 70. BARBOSA, Rui. Obras Completas de Rui Barbosa, v. XXVI, t. IV. 1899. p. 191.

255. BARBOSA, Rui. Às classes conservadoras. Edição anotada. Rio de Janeiro: Fundação Casa de Rui Barbosa; São Paulo: LTr Editora, 1986. p. 11-15. E GONÇALVES, João Felipe. *Rui Barbosa*: pondo as ideias no lugar. Rio de Janeiro: Ed. da FGV, 2000. p. 133.

256. Sobre a fraude nas eleições de 1910, ver: DUTRA, Pedro. *San Tiago Dantas*: A razão vencida - O Ideólogo. cit., p. 513, nota de rodapé n. 68. Sobre a campanha de 1910, ver: Op. cit. p. 35 e ss.

257. Ver: BARBOSA, Rui. *Finanças e política da República*: Discursos e Escritos. Capital Federal: Companhia Impressora, 1892. Jorge Caldeira melhor sintetizou o significado da obra de Rui Barbosa à frente do Ministério da Fazenda: "Em um único dia, 17.01.1890, e com quatro decretos, Rui Barbosa atualiza séculos: liberta empresários da tutela do Estado, permite a garantia de créditos, formata o crescimento no setor privado (...)". "Os princípios jurídicos de todas essas medidas vigem até hoje no país. Na época, provocaram uma enorme mudança a favor do setor privado da economia - e geraram uma reação de ódio conservador que acompanharia o ministro pelo resto de sua vida (...). O crescimento econômico do país é um dos maiores do mundo no momento". CALDEIRA, Jorge. *101 brasileiros que fizeram história*. Rio de Janeiro: Estação Brasil, 2016. p. 147-148.

258. Sobre o séquito espontâneo de Rui Barbosa formado por populares, depoimento de Astolpho Dutra.

259. Homero Pires registrou o contraste entre a pauta social de Rui Barbosa e a inteligência de sua própria época: "As nossas melhores inteligências, os nossos chamados sociólogos, Silvio Romero, Alberto Torres, professavam a propósito da questão social as ideias mais errôneas". BARBOSA, Rui. *Teoria política*. PIRES, Homero. (seleção, coordenação e prefácio). Rio de Janeiro: W. M. Jackson Inc. Editores, 1952. p. XII. Ver: GONÇALVES, João Felipe. *Rui Barbosa*: pondo as ideias no lugar. Rio de Janeiro: Editora da Fundação Getúlio Vargas, 2000. p. 157.

260. Pinheiro Machado, cuja manobra à frente do Senado frustrou o apoio oficial à candidatura de Rui Barbosa em 1910 à Presidência da República, opondo-lhe a do marechal Hermes da Fonseca, afinal vitoriosa, indicara à *Light*, a poderosa concessionária de serviços públicos, contratasse os serviços jurídicos de Rui, e assim foi feito. Ver MAGALHÃES JÚNIOR, Raimundo. *Rui, o homem e o mito*. Rio de Janeiro: Civilização Brasileira, 1965, p. 248-266.

261. Apenas a oligarquia baiana apoiaria, sempre, Rui Barbosa. Representou a Bahia no Senado Federal de 1890 a 1922. Antes, sempre delegado por seu estado natal, foi deputado provincial em 1878, e, entre 1878 e 1884, deputado geral, estadual e federal, respectivamente. Em 1910, Minas Gerais e São Paulo apoiaram a candidatura de Rui à presidência, somente após verem suas outras pretensões derrotadas. Ver: GONÇALVES, João Felipe. *Rui Barbosa*, op. cit. p. 123-127. Rui

não ignorava os reveses que sofreu em sua vida política: "Os frutos da minha vida são escassos e tristes, bem que os seus ideais tenham sido grandes e belos. Muito é o bem a que tenho aspirado; mas o colhido muito pouco". Direito e Liberdade. In: BARBOSA, Rui. *Antologia* (sel. pref. e notas Luís Viana Filho). Rio de Janeiro: Saraiva de bolso, 2013. p. 44.

262. Rui Barbosa respondeu aos críticos de seu discurso denunciando deles o "horror da eloquência. Puseram-lhe o nome de retórica, ao intuito de a deprimir". Discurso proferido no Supremo Tribunal Federal, na sustentação do habeas corpus em favor do almirante Wandenkolk e outros, em 2 de setembro de 1893. *Novos discursos e conferências*, p. 151. In: BARBOSA, Rui. *Antologia* (sel. pref. e notas Luís Viana Filho). Rio de Janeiro: Saraiva de bolso, 2013. p. 100.

263. Antônio Carlos Villaça, o grande memorialista, evocou, em uma síntese perfeita, a relação de Rui Barbosa com o povo e a sua rejeição pela elite política brasileira: "A morte de Rui foi sentida pelo povo. Ele era povo. Há a famosa fotografia do seu caixão sendo levado pelo povo, carregado pelo povo, marinheiros, soldados, gente do povo, Rui teria gostado dessa fotografia. Ele, nos braços do povo. Ele, que era elite. (...) Rui era amado pelo povo. As duas campanhas presidenciais, de 1910 e 1919, revelaram que o povo o aplaudia, o compreendia, o admirava". In: VILLAÇA, Antônio Carlos. *O livro dos fragmentos*. Rio de Janeiro: Civilização Brasileira, 2005. p. 105.

264. DANTAS, F. C. de San Tiago. Rui Barbosa e o Código Civil. In: *Figuras do Direito*. 2. ed. Rio de Janeiro: Editora Forense, 2002. p. 44.

265. Op. cit. p. 45.

266. Op. cit. p. 46.

267. Op. cit. p. 52.

268. Op. cit. p. 53-55.

269. Op. cit. p. 35 e ss.

270. DANTAS, F. C. de San Tiago. Rui Barbosa e a Renovação da Sociedade. In: *Figuras do Direito*. 2. ed. Rio de Janeiro: Editora Forense, 2002. p. 38-39.

271. DANTAS, F. C. de San Tiago. Rui Barbosa e a Renovação da Sociedade. Op. cit. p. 23.

272. Ibidem.

273. Sobre a Lei Saraiva, ver: GONÇALVES, João Felipe. Op. cit. p. 37 e ss. Ver: *Reforma do ensino secundário e superior*. Op. cit. v. IX, t. I, e *Reforma do ensino primário*. Op. cit. v. X, t. I a IV. Obras Completas de Rui Barbosa, op. cit. Sobre a presença de Rui Barbosa nas letras jurídicas do Império, ver: DUTRA, Pedro. *Literatura jurídica no Império*. 2. ed. Rio de Janeiro: Padma, 2004. p. 98-103.

274. "O perfil do Exército Brasileiro em 1942 revelava que os oficiais provinham

majoritariamente da classe média urbana, que era um grupo muito mais restrito do que nos Estados Unidos contemporâneo". McCANN, Jr., Frank D. *Aliança Brasil-Estados Unidos: 1937-1945*. Rio de Janeiro: Biblioteca do Exército Editora, 1995. p. 287. Cf. FAORO, Raymundo. *Os donos do poder*. 3. ed. Porto Alegre: Editora Globo, 1976. v. 2.

275. DANTAS, F. C. de San Tiago. Rui Barbosa e a Renovação da Sociedade. Op. cit. p. 26.

276. A frase de Gaspar Silveira Martins é citada por MANGABEIRA, João. *Ruy – O estadista da República*. São Paulo: Livraria Martins, 1960. p. 367-368.

277. GONÇALVES, João Felipe. *Rui Barbosa*: pondo as ideias no lugar. Rio de Janeiro: Ed. da FGV, 2000. p. 128-129.

278. DANTAS, F. C. de San Tiago. Rui Barbosa e a Renovação da Sociedade. Op. cit. p. 43.

279. Ver: FAORO, Raymundo. *Os donos do poder*. Op. cit. p. 678.

280. No mesmo ano de 1949 em que San Tiago escreveu seus ensaios sobre Rui Barbosa, Oliveira Vianna, ardente defensor do Estado Novo e um dos autores mais lidos pelo jovem San Tiago, publicava *Instituições Políticas Brasileiras*, em que critica Rui Barbosa, a quem imputava padecer "do mal da filosofia da sua época, que era o de pensar sobre generalidades, principalmente sobre esta generalidade – o *Povo Soberano*". VIANNA, Oliveira. *Instituições políticas brasileiras*. Rio de Janeiro: José Olympio Editora, 1949. v. 2, p. 42-43; 227, 231 e 215. SCHMIDT, Augusto Frederico. *O Galo Branco*: páginas de memórias. Rio Janeiro: José Olympio, 1957. p. 139.

281. Como observou o memorialista Antônio Carlos Villaça, "as oligarquias o temiam. E o afastaram. [Rui] sabia demais. Era independente demais. Era inovador demais. As oligarquias não o quiseram. Queriam a mesmice, a rotina, a continuidade, a mediocridade inofensiva". In: VILLAÇA, Antônio Carlos. *O livro dos fragmentos*. Rio de Janeiro: Civilização Brasileira, 2005. p. 105.

282. MANGABEIRA, João. *Ruy – O estadista da República*. Op. cit. p. 192.

CAPÍTULO 8 – ADVOCACIA, ACADEMIA E O PARTIDO DE ARMAS NA MÃO

283. Forças Armadas Apreensivas. Entrevista de San Tiago Dantas à revista *O Cruzeiro*. CASTELLO BRANCO, Carlos, 20.06.1959.

284. Josephina Achcar era viúva de Amis Achcar, libanês que durante muitos anos deteve direitos exclusivos de exportação de café brasileiro para o Oriente Médio. Viúva em 1948, pouco depois Josephina casou-se com Henryk Sptizman Jordan. JORDAN, André. *Um rio que passou na minha vida*. Rio de Janeiro: Ed. Leo Christiano, 2006. p. 153.

285. Carta de San Tiago Dantas a Antônio Gallotti, 1959.

286. Edifício Chopin, como ficaria conhecido, foi projetado pelo francês Jacques Pilon, e um anúncio no *Correio da Manhã*, em 1951, descrevia o imóvel e o preço: "Av. Atlântica - Edifício Chopin. Vendo apartamento de alto luxo em início de construção, com frente para a Av. Atlântica e para o Copacabana Palace Hotel; grandes salas, quatro quartos, três banheiros, copa, cozinha, dois quartos de empregados, armários embutidos, etc., preço Cr$ 2.600.000,00. Tratar à rua do Passeio, 56, apto 74". *Correio da Manhã*. 04.06.1951, p. 20. Ver: BOECHAT, Ricardo. *Copacabana Palace*. Rio de Janeiro: Editora DBA, 1998. p. 94 e 99.

287. Sobre a construção do Edifício Chopin, depoimento de Alberto Venâncio Filho.

288. Carta de Antônio Gallotti a San Tiago Dantas. Rio de Janeiro, 16.10.1949. As referências feitas a seguir são extraídas dessa carta.

289. No início da década de 1990, no Museu do Ministério da Fazenda, podia se ver o chapéu usado pelo ex-ministro. Sobre o *Buick*, depoimento de Felippe Quental.

290. Afonso Arinos recordaria a residência sóbria, mas refinada, do amigo. In: FRANCO, Afonso Arinos de Melo. *A escalada*. Rio de Janeiro: José Olympio, 1965. p. 264.

291. Manifesto dos alunos do 5º ano da Faculdade Nacional de Direito. E Declaração de voto de bacharelandos da Faculdade Nacional de Direito. In: *Diário de Notícias*, 15.09.1949 e 18.09.1949.

292. Depoimento de Euryalo Lemos Sobral, aluno da turma da Faculdade Nacional de Direito do Rio de Janeiro, do ano de 1949.

293. MAGALHÃES JUNIOR, R. O paraninfo Leônidas de Rezende. *Diário de Notícias*, 25.09.1949. 2ª seção, p. 1.

294. O paraninfo Leônidas de Rezende. Alunos da Faculdade Nacional de Direito defendem-se e ao professor San Tiago Dantas. *Diário de Notícias*, 27.09.1949.

295. Carta de João Dantas de Britto Lima a San Tiago Dantas, 29.09.1949.

296. Sobre os professores, depoimento de Américo Lacombe.

297. Carta de San Tiago Dantas a Pedro Calmon, 07.11.1949. Magnificência: tratamento dado ao Reitor da Universidade.

298. Identificando a fonte do prestígio de Getúlio Vargas depois de sua deposição em novembro de 1945 da Presidência da República, o general Nélson de Mello observou: "O operariado simpatizava com Getúlio, mas toda a elite brasileira era contra ele. Foi Getúlio quem reconciliou o povo com o governo. O povo estava com ele: a elite, não. E, nesta hora, o povo não adianta nada. Não adianta fome. Os esfaimados não depõem ninguém. Quem depõe são os de barriga cheia, os bem instalados na vida. Aqui, é a classe dominante quem dispõe tudo – com ou sem fome. Getúlio apodreceu no meio das elites. Mas o povo não tomou conhecimento

e continuou getulista". MELO, Nelson de. Depoimento PHO-CPDOC/FGV, Rio de Janeiro, 1978-1979. In: LIMA, Valentina da Rocha (coord.). *Getúlio*: uma história oral. Rio de Janeiro: Record, 1986. p. 221.

299. "O armamento e equipamento da FEB foram fornecidos gratuitamente pelo 5º exército americano. Após a guerra, continuou o fornecimento de armamento americano". CARVALHO, José Murilo de. Vargas e os militares: aprendiz de feiticeiro. In: D'ARAUJO, Maria Celina. *As instituições brasileiras da era Vargas*. Rio de Janeiro: Ed. UERJ, 1999. p. 72. McCANN, Frank D. *Soldier of the Patria*: a history of the Brazilian army, 1889-1937. Califórnia: Stanford University Press, 2004. p. 406.

300. A corrente que defendia o caráter exclusivamente profissional do Exército, mantendo-o afastado das vicissitudes da vida partidária, satisfez-se com as reformas e o consequente fortalecimento material da corporação. In: CARVALHO, José Murilo de. Vargas e os militares: aprendiz de feiticeiro. Op. cit. p. 69-70. A fórmula do general Góes Monteiro está em: D'ARAUJO, Maria Celina. *As instituições brasileiras da era Vargas*. Op. cit. p. 59. A referência de San Tiago ao "partido de armas na mão" está em DUTRA, Pedro. *San Tiago Dantas*: A razão vencida – O Ideólogo. São Paulo: Ed. Singular, 2014. p. 248.

301. "[Ernesto Geisel] saiu [da Escola Militar] de Porto Alegre como o primeiro da turma, com notas acima de 8. Melhor marca só do legendário Luís Carlos Prestes, que terminara o curso em 1918". GASPARI, Elio. *A Ditadura derrotada*. Op. cit. p. 32.

302. Como registraria Ernesto Geisel, ele também germanófilo: "Getúlio, de certo modo, foi germanófilo. Dutra foi germanófilo, Góes também. Não sei se foram por convicção ou por oportunismo, já que a Alemanha estava com os melhores êxitos na guerra de 1939". D'ARAUJO, Maria Celina; CASTRO, Celso (org.). *Ernesto Geisel*. 2. ed. Rio de Janeiro: Fundação Getúlio Vargas, 1997. p. 90.

303. GASPARI, Elio. *A Ditadura derrotada*. São Paulo: Companhia das Letras, 2003. p. 43.

304. "Lei para promoção da defesa dos Estados Unidos", o nome técnico do programa *Lend-Lease*; foi votada em maio de 1941 e expirou em setembro de 1945, quatro meses depois do fim da guerra. McCANN, Frank D. *Aliança Brasil-Estados Unidos, 1937-1945*. Rio de Janeiro: Biblioteca do Exército Editora, 1995. p. 280.

305. DAVIS, Sonny B. *A brotherhood of arms*: Brazil-United States military relations, 1945-1977. Colorado: University Press of Colorado, 1996. p. 30.

306. Sobre o treinamento dos militares brasileiros nos Estados Unidos, ver: DAVIS, Sonny B. *A brotherhood of arms*: Brazil-United States military relations, 1945-1977. Colorado: University Press of Colorado, 1996. p. 87. MCCANN, Frank D. *Aliança Brasil-Estados Unidos, 1937-1945*. Rio de Janeiro: Biblioteca do Exército Editora, 1995. p. 279, nota de rodapé n. 19.

307. Ver: CUNHA, Vasco Leitão da. *Diplomacia em alto-mar*: depoimento ao CPDOC. Rio de Janeiro: ED FGV, 1994. p. 234-235. A versão soviética do incidente foi publicada na *Tribuna Popular*, em 21.01.1947.

308. Um detalhado relato das negociações entre militares brasileiros e norte-americanos relativo à criação da ESG está em DAVIS, Sonny B. Op. cit. p. 93 e ss.

309. CAMARGO, Aspásia; GÓES, Walder de. *Meio século de combate*: diálogo com Cordeiro de Farias. Rio de Janeiro: Nova Fronteira, 1981. p. 47.

310. As citações neste trecho são retiradas das conferências feitas pelo general de divisão Cordeiro de Farias em 18.05.1949: Razões que levaram o governo a pensar na organização da Escola Superior de Guerra. In: *Revista da Escola Superior de Guerra*, ano III, n. 7, out. 1986, p. 9-23. E da conferência do tenente-coronel Idálio Sardenberg, também em 1949: Princípios fundamentais da Escola Superior de Guerra. In: *Revista da Escola Superior de Guerra*, ano III, n. 8, nov. 1987, p. 9-19.

311. "O complexo de inferioridade social do militar do Exército brasileiro é um fenômeno conhecido e, sem dúvida, está na base de ressentimentos contra civis, em geral, e contra os políticos, em particular". CARVALHO, José Murilo de. Vargas e os militares: aprendiz de feiticeiro. In: D'ARAUJO, Maria Celina. *As instituições brasileiras da era Vargas*. Rio de Janeiro: Ed. UERJ, 1999. p. 63.

312. "A política do exército ia muito além da promoção dos interesses organizacionais. Já em 1934, Góes Monteiro enviou um documento a Vargas em que se esboçavam as linhas gerais de um vasto plano de reconstrução nacional (...). Até 1937, estavam presentes como interventores nos estados e como congressistas: 87 interventores, 40 haviam sido militares e 47 eram civis, e apenas três estados não tinham tido interventores militares. A presença militar se fazia sentir também nas comissões técnicas, como a Comissão Nacional de Siderurgia, criada em 1931 pelo ministro da Guerra, tornando-se, depois de 1937, comum nos novos órgãos de formulação política, como o Conselho Nacional do Petróleo, e nas indústrias vinculadas à defesa nacional, a exemplo da Companhia Siderúrgica Nacional e da Fábrica Nacional de Motores. Aparecia ainda nas comissões especiais criadas dentro do influente Conselho Federal de Comércio Exterior". CARVALHO, José Murilo de. Op. cit. p. 70-71.

313. FARIA, Cordeiro. Op. cit. In: *Revista da Escola Superior de Guerra*, ano III, n. 7, 15.10.1986.

314. SILVA, Golbery do Couto e. *Planejamento estratégico*. Brasília: Ed. UnB, 1981.

315. D'ARAUJO, Maria Celina; CASTRO, Celso. (orgs.) Ernesto Geisel. 2. ed. Rio de Janeiro: Fundação Getúlio Vargas, 1997, p.136.

CAPÍTULO 9 – A VOLTA DO CORINGA

316. Sobre este apelido, dado a Getúlio Vargas por San Tiago, ver *O Coringa*, artigo

publicado no jornal *A Razão*, 06.09.1931. DANTAS, F. C. de San Tiago. In: *Escritos Políticos*: 1929-1945. São Paulo: Singular, 2016. p. 260.

317. DANTAS, F. C. de San Tiago. *Industrialização do petróleo no país*. 21.07.1950, p. 5. ASTD.

318. *Digesto Econômico*, ano VI, n. 62, jan. 1950. Nota da redação da revista, publicada pela Associação Comercial de São Paulo, esclarecia: DANTAS, F. C. de San Tiago. Investimentos estrangeiros no Brasil. *Digesto Econômico*, ano VI, n. 52, jan. 1950, p. 25.

319. Dois anos antes, a Condor Syndikat, que seria sucedida pela Deutsche Lufthansa, havia criado a Sindicato Condor, que mais tarde deu origem à Varig. Esta, àquela altura, em 1950, voava apenas aos Estados Unidos. Disponível em: https://pt.wikipedia.org./wiki/Panair_do_Brasil. Acesso em: 10 nov. 2017.

320. Ibidem.

321. Em 1941, criado o Ministério da Aeronáutica, este não dispunha de recursos para construir e manter aeroportos; o Decreto-Lei nº 3462/1941 autorizou a Panair a construir, reformar e manter aeroportos em várias capitais do norte e do nordeste, cit.

322. Do parecer de San Tiago há apenas o registro em um dos currículos redigidos pelo próprio San Tiago. Assis Chateaubriand refere-se a Paulo Sampaio como "comprador exigente", no artigo em que descreveu o voo. San Tiago teria saído do Rio de Janeiro em companhia de Paulo Sampaio e Assis Chateaubriand, com destino a Londres. CHATEAUBRIAND, Assis. Sururu no céu. *O Jornal*, 05.03.1950, p. 4.

323. Datada de 16.03.1950, a foto seria, contudo, de 28 de fevereiro anterior, data do voo, como se depreende da legenda. In: *O Jornal*, 16.03.1950, p. 1.

324. CHATEAUBRIAND. Assis. Sururu no céu. *O Jornal*, 05.03.1950, p. 4.

325. In: "The First jetliner", 1990, *Chicago Public Television – WTTW*. Disponível em: https://en.wikipedia.org/wiki/De_Havilland_Comet.

326. Carta de San Tiago Dantas a Américo Lacombe. Genebra, 21.03.1950. San Tiago refere-se provavelmente à peça de Gabriel Marcel, (1889-1973), *Vers un Autre Royame: L'Emmissaire – Le Signe de la Croix*, que estreara em 1949, e a de Albert Camus (1913-1960), *Les Justes*, que estreara em dezembro daquele ano de 1950.

327. Carta de San Tiago Dantas a Thiers Martins Moreira. A bordo do PLG Panair, 17.04.1950. O bistrô referido por San Tiago, *Au Caveau Monpensier*, existe ainda hoje, no número 15, *rue de Monpensier*. Nessa carta, San Tiago faz referência a um encontro recente com Thiers em Sevilha, na Espanha, do qual não há, todavia, registro.

328. Carta de San Tiago Dantas a Américo Lacombe, 21.06.1950.

329. Carta de Américo Lacombe a San Tiago Dantas. Paris, 13.06.1950.

330. Carta de San Tiago Dantas a Américo Lacombe. Rio de Janeiro, 29.05.1950.

331. Carta de Américo Lacombe a San Tiago Dantas. Lisboa, 21.07.1950.

332. Carta de San Tiago Dantas a Américo Lacombe. Rio de Janeiro. 23.05.1950.

333. Carta de Américo Lacombe a San Tiago Dantas. Rio de Janeiro, 31.05.1950.

334. Construído em estilo neoclássico no início da década de 1850, o Palácio Itamaraty pertenceu a Francisco José da Rocha Leão, o Conde de Itamaraty. Sediou o Ministério das Relações exteriores de 1899 a 1970.

335. Carta de Thiers Martins Moreira a San Tiago Dantas. Rio de Janeiro, 21.06.1950.

336. Carta de San Tiago Dantas a Thiers Martins Moreira. Rio de Janeiro, 21.06.1950. Gilberto Amado era então embaixador brasileiro junto à Comissão de Direito Internacional da ONU, em visita a Paris. O diplomata Guimarães Rosa servia em Paris, seu último posto no exterior, que deixaria no ano seguinte, 1951, retornando ao Brasil.

337. Sobre a carta de João Neves da Fontoura, ver: BRANDI, Paulo. *Vargas*: da vida para a história. Rio de Janeiro: Zahar Editores, 1983. p. 216.

338. BRANDI, Paulo. *Vargas*: da vida para a história. Op. cit. p. 217.

339. Cf. MALIN, Mauro; FLAKSMAN, Dora. Eurico Gaspar Dutra. In: BELOCH, Israel; ABREU, Alzira Alves de (coord.). *Dicionário histórico-biográfico brasileiro: 1930-1983*. Rio Janeiro: Forense Universitária, 1984. v. 2, p. 1151.

340. Cf. BRANDT, Paulo; FLAKSMAN, Dora. Getúlio Vargas. In: BELOCH, Israel; ABREU, Alzira Alves de (coord.). *Dicionário histórico-biográfico brasileiro: 1930-1983*. Rio Janeiro: Forense Universitária, 1984. v. 4, p. 3485.

341. Invocando o nome de Deus, o sr. Adhemar de Barros, o peralta, lança-se à luta ao lado do senhor Getúlio Vargas. *Correio da Manhã*, 16.06.1950, p. 8.

342. Alberto Pasqualini, o primeiro senador eleito pelo PTB, em 1950, diria em 1951, referindo-se à expressão lançada no ano anterior: "(...) temos ouvido falar, nestes últimos tempos, da necessidade de uma *reforma de base*: mas, talvez porque não haja sido debatido o assunto, não possuímos uma ideia clara, definida ou aproximada do seu conteúdo ou da sua extensão". PASQUALINI, Alberto. *Diário do Congresso*, 12.09.1951. Reformas de base. In: DUTRA, Milton. *O trabalhismo de Pasqualini*. Porto Alegre: Intermédio, 1986. p. 221.

343. VARGAS, Getúlio. *A campanha presidencial*. São Paulo: José Olympio, 1951. p. 101.

344. Sobre a escassez de petróleo durante o Estado Novo e a criação do Conselho Nacional de Petróleo, ver o depoimento de Jesus Soares Pereira. In: MEDEIROS, Lima (org.). *Petróleo, energia elétrica, siderurgia*: a luta pela emancipação. Rio de Janeiro: Paz e Terra, 1975. p. 68-69. O decreto que criou o Conselho Nacional do

Petróleo dizia: "O Conselho Nacional do Petróleo foi concebido como um órgão dotado de elevado grau de autonomia administrativa e financeira, submetido de modo direto ao presidente da República (...). Essa autonomia era, contudo, diferenciada no interior do próprio Conselho, de uma forma que bem exprime a influência que as concepções dos militares exerceram sobre a sua constituição: Aos representantes do Ministério da Guerra e da Marinha, isolada ou conjuntamente, caberá o direito de, sem declaração de motivos, recorrer, com efeito suspensivo, para o presidente da República, de qualquer decisão do Conselho que possa afetar a defesa ou a segurança militar do País" (artigo 8, § 2º). COHN, Gabriel. *Petróleo e nacionalismo*. São Paulo: Difusão Europeia do Livro, 1968. p. 53.

345. Em sua resposta, a 30.07.1947, ao general Juarez Távora, que defendera a participação privada na exploração e no refino de petróleo, o general Horta Barbosa afirmou: "Instituído o monopólio do Estado, este é que estabelece o valor de venda dos combustíveis líquidos. Alicerce da independência econômica de um povo, a indústria da refinação deve ser criada com a descoberta ou não de jazidas de petróleo. Petróleo é energia, que tem de ser vendida pelo preço mais barato possível, a fim de facilitar a produção de todas as demais riquezas. Petróleo é base da economia e da defesa militar de um país. Não há como, na indústria do petróleo, se associarem o Estado e os particulares. Se a indústria do petróleo visa lucros comerciais, perde seu caráter de utilidade pública (...). É uma injustiça social entregar o privilégio da indústria do petróleo a alguns, mesmo sob formas de ações de uma sociedade mista. O petróleo pertence à nação, que há de dividi-lo igualmente por todos seus filhos (...)". Ver o depoimento de Jesus Soares Pereira. In: MEDEIROS, Lima (org.). *Petróleo, energia elétrica, siderurgia*: a luta pela emancipação. Rio de Janeiro: Paz e Terra, 1975. p. 73.

346. *Revista do Clube Militar*, em seu editorial de julho, a propósito da posse de Estillac: "Venceu a decisão inquebrantável que faz da defesa dos interesses e das riquezas nacionais contra a cobiça alheia, uma luta sem desfalecimento, uma batalha sem tréguas, da qual há de resultar o triunfo do sentimento patriótico, com a conquista e a consolidação de nossa independência econômica". SODRÉ, Nelson Werneck. In: *História militar do Brasil*. 2. ed. Rio de Janeiro: Civilização Brasileira, 1968. p. 311.

347. Ms. 21.07.1950. ASTD.

348. Um depoimento de Jesus Soares Pereira sobre a política de Vargas. In: LIMA, Medeiros (org.). *Petróleo, energia elétrica, siderurgia*: a luta pela emancipação. Rio de Janeiro: Paz e Terra, 1975. p. 184.

349. Caio Prado Júnior, muitos anos depois, sustentaria ainda a posição então firmada: "Trazer capital de fora para quê? Para aproveitar a mão-de-obra barata que tem aqui, é claro. Mas então o nosso ideal é formar um país de trabalhadores mal pagos por empresas estrangeiras? Isso não é solução (...). O recurso externo é a maior ilusão que pode haver". Caio Prado Júnior. In: MOTA, Lourenço Dantas (coord.). *A história vivida*: entrevistas. 2. ed. ampl. Rio de Janeiro: Topbooks, 2014.

p. 241. Àquela altura, a referência ao capital e à participação privada na indústria de petróleo no Brasil estava inteiramente identificada à "predominância do capital estrangeiro". Um depoimento de Jesus Soares Pereira sobre a política de Vargas. In: LIMA, Medeiros (org.). *Petróleo, energia elétrica, siderurgia*: a luta pela emancipação. Rio de Janeiro: Paz e Terra, 1975. p. 72.

350. Jesus Soares Pereira, um dos integrantes mais expressivos da Assessoria da Presidência da República, criada por Getúlio Vargas em 1951, recordaria um de seus diálogos com o general Horta Barbosa, primeiro titular do Conselho Nacional de Petróleo; dizia este último: "O CNP devia atuar no sentido de criar uma empresa capaz de operar pelo custo, não se preocupando, portanto, em auferir vantagens financeiras. Os derivados de petróleo seriam vendidos pelo preço mais baixo possível para que a atividade nacional se desenvolvesse. Diante de observações pessoais minhas [de Jesus Soares Pereira] sobre as dificuldades que resultariam desse comportamento para com os novos investimentos, uma vez operando pelo custo não sobraria nada para investir, respondia dizendo-me que o Tesouro devia custear a expansão da empresa. 'Está bem – observava – mas de onde o Tesouro vai tirar recursos?'. E ele respondia: 'Da tributação do próprio petróleo'. E eu insistia: 'Mas então por que em vez de obter os recursos através da tributação não consegui-los por meio da majoração dos produtos, evitando inclusive que a receita arrecadada passe obrigatoriamente pelo Ministério da Fazenda, de onde é difícil retirá-la?'. A este argumento o general respondia simplesmente: 'É uma questão de princípio'". Um depoimento de Jesus Soares Pereira sobre a política de Vargas. In: LIMA, Medeiros (org.). *Petróleo, energia elétrica, siderurgia*: a luta pela emancipação. Rio de Janeiro: Paz e Terra, 1975. p. 73.

351. Op. cit., p. 5.

352. Op. cit., p. 6.

353. Cf. KELLER, Vilma; SOARES, Leda. Carlos Lacerda. In: BELOCH, Israel; ABREU, Alzira Alves de (coord.). *Dicionário histórico-biográfico brasileiro: 1930-1983*. Rio Janeiro: Forense Universitária, 1984. v. 2. p. 1719.

354. BRANDI, Paulo. *Vargas*: da vida para a história. Rio de Janeiro: Zahar Editores, 1983. p. 231.

355. BRANDI, Paulo. Op. cit. p. 229.

356. DUTRA, Milton. *O trabalhismo de Pasqualini*. Porto Alegre: Intermédio, 1986. p. 123.

357. NETO, Lira. *Getúlio*: da volta pela consagração popular ao suicídio (1945-1954). São Paulo: Companhia das Letras, 2014. p. 191.

358. Sobre as alianças feitas pelo PTB nas eleições presidenciais de 1950, ver: FERREIRA, Marieta de Morais; FLAKSMAN, Dora. Partido Trabalhista Brasileiro. In: BELOCH, Israel; ABREU, Alzira Alves de (coord.). *Dicionário histórico-biográfico brasileiro: 1930-1983*. Rio Janeiro: Forense Universitária, 1984. v. 3, p. 2602.

359. Sobre a televisão, ver: MORAES, Maria Teresa P. Nas ondas do rádio e da

TV. In: MICELLI, Sérgio. *Nosso século*: 1945-1960. Abril Cultural, 1980. p. 59. Antigos desafetos, com a redemocratização davam curso franco à oposição ao ex-ditador. Ver: WAINER, Samuel. *Minha razão de viver*: memórias de um repórter. Rio de Janeiro: Record, 1987. p. 128. Ver: LACERDA, Carlos. *Depoimento*. PAIVA, Claudio Lacerda (org.). 2. ed. Rio de Janeiro: Nova Fronteira, 1978. p. 129-131.

360. ABREU, Marcelo de Paiva. O processo econômico. In: FAUSTO, Boris; GOMES, Angela de Castro (coord.). *História do Brasil Nação 1808-2010*: Olhando para dentro 1930-1964. São Paulo: Ed. Objetiva, 2013.

361. Ver: NETO, Lira. *Getúlio*: da volta pela consagração popular ao suicídio (1945-1954). Op. cit. p. 144-145.

362. Op. cit.

363. Carta de San Tiago Dantas a Paulo Bittencourt. Rio de Janeiro, 13.11.1950.

364. Ibidem.

365. Sobre o comportamento da economia nesse período, ver: ABREU, Marcelo de Paiva. 1944-54: Estabilização, substituição de importações e crise cafeeira. In: LAMOUNIER, Bolívar; CARNEIRO, Dionísio Dias; ABREU, Marcelo de Paiva. *50 anos de Brasil: 50 anos de Fundação Getúlio Vargas*. Ed. FGV. 1994. p. 136-137.

366. BRANDI, Paulo. *Vargas*: da vida para a história. Op. cit. p. 238.

367. PASQUALINI, Alberto. Reformas de base. In: DUTRA, Milton. *O trabalhismo de Pasqualini*. Op. cit. p. 221-224.

368. "Ao preparar-se para a posse, Getúlio pediu a algumas pessoas relação de nomes para compor o gabinete. E uma das pessoas a quem ele pediu foi o San Tiago Dantas". ALMEIDA, Rômulo de. *Rômulo*: voltado para o futuro. Fortaleza: BNB, 1986. p. 50. Sobre a composição da Assessoria, ver BRANDI, Paulo. *Vargas*: da vida para a história. cit. p. 237-238.

369. MAYER, Jorge Miguel; BENJAMIN, César. Walther Moreira Salles. In: BELOCH, Israel; ABREU, Alzira Alves de (coord.). *Dicionário histórico-biográfico brasileiro: 1930-1983*. Rio de Janeiro: Forense Universitária, 1984. v. 4, p. 3046.

370. Ver telegrama de Juscelino Kubitschek a San Tiago Dantas. Belo Horizonte, 17.03.1951.

CAPÍTULO 10 – DIPLOMATA INFORMAL

371. DANTAS, F. C. de San Tiago. Discurso na IV Conferência de Consulta. Washington. In: *Jornal do Commercio*, 15.04.951, p.6.

372. Carta de San Tiago Dantas ao embaixador João Neves da Fontoura. Rio de Janeiro, 12.01.1951. As citações a seguir são deste documento.

373. Op. cit. Instituída em 1944, a finalidade declarada da Fundação, que tomou

nome do ditador, era prover quadros para o serviço público, a indústria e o comércio. A maior dotação viria do poder público, embora ao início houvesse contado com a contribuição de grandes empresas privadas e o apoio de lideranças empresariais. A partir de 1946 – como mostra Marly Silva da Motta –, um grupo de professores da Faculdade Nacional de Ciências Econômicas ingressou na Fundação Getúlio Vargas a convite de Simões Lopes. A partir desse núcleo inicial, tornou-se a Fundação uma referência em estudos econômicos, ao lado da Faculdade de Economia, da Universidade do Brasil. GOMES, Angela de Castro (coord.); DIAS, José Luciano de Mattos; MOTTA, Marly Silva da. *Engenheiros e economistas*: novas elites burocráticas. Rio de Janeiro: Ed. FGV, 1994. p. 100-101.

374. *A Manhã*, 13.03.1951, p. 3.

375. *A Manhã*, 09 e 13.03.1951. p. 3. O ministro observou, sobre uma dúvida (a ser reiterada no âmbito da administração pública) logo avançada, que a chefia de uma missão não era um direito que adquirisse o diplomata ao entrar na carreira; ao contrário, era uma função de livre e exclusiva competência do presidente da República, para designar entre os que julgasse mais aptos; ao que o ex-ministro da justiça, Francisco Campos, também presente à reunião, ponderou; "exigir um curso para aqueles, dentre os quais o presidente pode nomear, parecia-lhe restringir a prerrogativa de nomeação do presidente da República", cit.

376. THORMES, Jacinto de. Com o casal Gallotti. *Diário Carioca*, 17.03.1951. Maneco Muller, sob o pseudônimo de Jacinto de Thormes – retirado do personagem do romance *A cidade e as serras*, de Eça de Queiroz, foi um dos pioneiros do colunismo social no Brasil; circulando entre integrantes da elite da capital federal, mesclava informações sobre eventos sociais diversos com notícias de cunho político. O jornalismo de Jacinto de Thormes inovou ao divulgar como vivia a classe alta no Rio de Janeiro, a partir de 1945. O Rio de Janeiro era o maior polo de atração turística internacional e nacional do país. Entre os meses de dezembro de 1951 e março de 1952, nada menos de dezessete navios de passageiros partiram da capital federal para a Europa, entre eles, o *Campana*, no qual San Tiago viajara pela primeira vez à Europa, em 1946. Com destino aos Estados Unidos deixavam o cais da praça Mauá oito vapores, um deles ainda em dezembro, e sete no mês seguinte.

377. Firmado pelo presidente Getúlio Vargas e seu ministro da Fazenda, Horácio Lafer, em 03.07.1952 foi expedido o Decreto nº 31.079, que "autoriza estrangeira adquirir o domínio útil do terreno de marinha que menciona, situado na capital federal". Seguindo-se à ementa, o artigo único do Decreto diz: "fica Arminda Gallotti, de nacionalidade paraguaia, autorizada adquirir a fração ideal de 1/17 avos do domínio útil do terreno de marinha, beneficiado com o apartamento número 501, do prédio número 350, da Avenida Rui Barbosa, nesta capital, a que se refere o processo protocolado no Ministério da Fazenda sob o número 92.183, de 1952". Processo sem dúvida de curso célere, pois, protocolado no ano de 1952, mereceu em julho do mesmo ano a expedição do decreto autorizativo. Antônio Gallotti assim pôs em nome de sua esposa o novo imóvel, que seria um dos centros de reunião da elite carioca.

378. *Diário de Notícias*, 10.03.1951.

379. O artigo, apesar de sua complexidade e detalhes, terá sido redigido em um curto período de tempo, pois, publicado em março, ele narra os trabalhos preparativos à IV Reunião realizados inclusive naquele mês. É possível, também, que a publicação embora refira a data de março, possa ter ocorrido no mês seguinte. *Revista dos Arquivos do Ministério da Justiça* nº 37, mar. 1951. Uma versão datilografada do texto publicado se acha no arquivo de San Tiago Dantas. ASTD.

380. DANTAS, F. C. de San Tiago. Emergência e Desenvolvimento. In: *Revista dos Arquivos do Ministério da Justiça*, nº 37, mar. 1951.

381. Op. cit. Roberto Campos servira entre 1947 e 1949 junto à ONU e então concluíra seu doutorado em Economia na Universidade de Columbia. Ex-seminarista, leitor aplicado e metódico, revelou-se pela sua capacidade de trabalho e por uma notável facilidade de síntese e exposição de temas econômicos, matéria então pouco versada pelos diplomatas brasileiros. Roberto participara da reunião de Breton Woods, em 1944, e a partir de então, em seu posto em Washington, estabeleceu um amplo e sólido relacionamento com a burocracia norte-americana, no Departamento de Estado e nos organismos financeiros internacionais sediados naquela capital.

382. Weis afirma ser San Tiago o autor do documento. WEIS, W. Michael. *Cold warriors and coups d'etat*: Brazilian-American relations, 1945-1964. Albuquerque: University of New Mexico, 1993. p. 40. DANTAS, F. C. de San Tiago: Emergência e Desenvolvimento. p. 14-18. In: *Arquivos do Ministério da Justiça*, nº 37, mar. 1951.

383. Instrução Geral sobre o item III da agenda da IV Reunião de Consulta dos chanceleres americanos: Cooperação Econômica de Emergência e Desenvolvimento. p. 21-32. ASTD.

384. "No dia 20.11.1946, Nelson foi a um jantar oferecido por Walther Moreira Salles. O encontro foi o primeiro passo de uma frutífera parceria que se fundou, em grande parte, do compartilhamento de dois projetos entre o americano e o cafeicultor, banqueiro e homem de negócios brasileiro. In: TOTA, Antônio Pedro. *O amigo americano*. São Paulo: Cia das Letras, 2014. p. 203. Sobre a relação de Edward Miller e Nelson Rockefeller, ver COBBS, Elizabeth A. *The rich neighbor policy*: Rockefeller and Kaiser in Brazil. Michigan: Yale University Press, 1992. p. 71.

385. WEIS, W. Michael. *Cold warriors and coups d'etat*: Brazilian-American relations, 1945-1964. Albuquerque: University of New Mexico, 1993. p. 39. Depoimento de Pedro Malan.

386. Segundo anotou San Tiago, a grande maioria da delegação brasileira à IV Conferência teria embarcado a 2 de março. E, "por intervenção de um dos principais nomes da delegação enviada aos EUA, o advogado San Tiago Dantas, o coronel Castello [Branco] levou junto Argentina [mulher do coronel] no voo fretado especialmente pelo governo brasileiro que seguiu do Rio de Janeiro (...) em direção a Washington". NETO, Lira. *Castello*: a marcha para a ditadura. São Paulo: Con-

texto, 2004. p. 163-164. Argentina era irmã de Hélio Vianna, um dos amigos do *Grupo*. San Tiago, por seu intermédio, conheceu Humberto Castello Branco na década de 1930.

387. Declaração do representante do Brasil, dr. Francisco Clementino de San Tiago Dantas, perante a Comissão Econômica da IV Reunião de Consulta, em resposta à exposição do sr. Charles E. Wilson, diretor da Mobilização de Defesa. 03.04.1951. O texto da intervenção de San Tiago, traduzido do inglês, foi publicado no *Jornal do Commercio*, em 15.04.1951.

388. O Ponto IV era um programa de assistência técnica a países subdesenvolvidos anunciado pelo presidente Truman, e estabelecido pela Lei nº 535, aprovada pelo Congresso norte-americano em 05.06.1950.

389. Ver BARRETO, Fernando de Mello. *Os sucessores do Barão*: Relações Exteriores do Brasil - 1912-1964. São Paulo: Paz e Terra, 2001. p. 189.

390. O jornal *A Manhã*, em 04.04.1951, p. 3, em manchete de página inteira, refere o "caloroso apoio à orientação do Brasil": "acolhido com palmas entusiásticas o discurso do delegado brasileiro".

Em carta, João Neves cumprimenta San Tiago: "Cumpre-me ajuntar que, mesmo nas negociações bilaterais que empreendemos junto do Governo americano, foi Vossa Excelência um dos maiores cooperadores. Saliento com prazer que a sua intervenção oral na Comissão III, por ocasião da visita do Senhor Charles E. Wilson, foi das melhores peças ouvidas durante a Reunião". Carta do embaixador João Neves da Fontoura a San Tiago Dantas. Washington, 11.04.1951.

391. Carta de Américo Lacombe a San Tiago Dantas. Rio de Janeiro, 11.04.1951.

392. Rua Larga, a denominação anterior da av. Marechal Floriano, no Rio de Janeiro, onde fica o prédio no qual era instalado o Ministério das Relações Exteriores. Carta de Hélio Vianna a San Tiago Dantas. Rio de Janeiro. 11.04.1951.

393. Carta de Antônio Gallotti a San Tiago Dantas. Rio de Janeiro, 18.05.1951.

394. Carta de Chas. W. Hunt, New York, 90, Rockefeller Plaza, April 16th, 1951.

395. O prédio e a fachada da antiga livraria acham-se preservados.

396. Adolfo Ventura, 1856-1941. Historiador, pioneiro do método moderno de história da arte na Itália. Titular da faculdade de Roma, sua história da arte italiana, em 25 volumes, foi publicada entre 1901 e 1940. *O desenvolvimento das escolas italianas de pintura*, em cinco volumes, de Van Merle, foi publicada entre 1923 e 1938. Carta de Alexander Malitsky (Fine Arts Department Brentano's Booksellers to the World) a San Tiago Dantas. Nova York, 20.04.1951.

397. Carta de Adolf A. Berle Jr. NY, April 23th, 1951.

398. Carta de San Tiago Dantas a João Neves da Fontoura. Nova York, 20.04.1951.

399. "Esta figura extraordinária do Sá Freire Alvim, o auxiliar em que Getúlio

depositava uma confiança que ultrapassava qualquer limite. Abaixo do chefe, era a figura pinacular do gabinete". In: CÂMARA, José Sette. *Agosto 1954*. São Paulo: Siciliano, 1994. p. 25.

400. Carta de San Tiago Dantas a Sá Freire Alvim, s/ref., s/d.

401. Carta de San Tiago Dantas a Getúlio Vargas. Nova York, 20.04.1951.

402. DULLES, John W. F. *Carlos Lacerda*: a vida de um lutador. v. 1: 1914-1960. Rio de Janeiro: Nova Fronteira, 1992. p. 114.

403. O marechal Mendes de Moraes ocupou a prefeitura do Distrito Federal entre 16.04.1947 e 24.04.1951.

404. DULLES, John W. F. *Carlos Lacerda*: a vida de um lutador. v. 1: 1914-1960. Rio de Janeiro: Nova Fronteira, 1992. p. 123.

Op. cit. p. 127 e ss

405. A primeira carta de Carlos Lacerda, publicada em seu jornal *Tribuna da Imprensa*, data de 05.05.1951: Carta ao presidente da República sobre o assalto ao Distrito Federal; e a carta ora citada foi publicada no dia seguinte: Segunda carta ao presidente da República contra o assalto ao patrimônio dos cariocas, também na *Tribuna da Imprensa*, 06.05.1951, p. 4.

406. *Tribuna da Imprensa*, 30.04.1951, p. 4.

407. Jayme Bastian Pinto, sócio de San Tiago em seu escritório de advocacia, em carta a este disse que consultou amigos de San Tiago, e a opinião era unânime de que San Tiago saiu-se vencedor na polêmica com Carlos Lacerda. O que, a seu ver, dispensava qualquer outra manifestação por parte de San Tiago. Carta de Jayme Bastian Pinto a San Tiago Dantas. Rio de Janeiro, 05.05.1951.

408. O *Gritti Palace* data do século XV e serviu primeiro de residência à família que o batizou em 1475 e a seguir aos embaixadores do Vaticano. Foi convertido no início do século XIX em hotel de luxo, e segue sendo um dos mais luxuosos de Veneza. Carta de San Tiago Dantas a Thiers Martins Moreira. Veneza, 16.05.1951.

CAPÍTULO 11 – ITÁLIA, DIREITO, ECONOMIA E POLÍTICA

409. DANTAS, F. C. de San Tiago. Direito Privado Brasileiro. *Correio da Manhã*. 15.06.1951, p. 13.

410. Carta de San Tiago Dantas a Sá Freire Alvim. Rio de Janeiro, s/d. Jayme conclui em sua carta, falando em nome dos demais colegas do escritório: "Reiteramos vivamente a nossa recomendação (...) de não perturbar, e de estendê-lo mais, se o último incidente tiver rompido o repouso intelectual que tanto se recomenda. Ainda não vejo razão para o Sr. vir antes do fim do mês". Carta de Jayme Bastian Pinto a San Tiago Dantas. Rio de Janeiro, 05.05.1951.

411. Carta de Carlos Flexa Ribeiro a San Tiago Dantas. Rio de Janeiro 14.05.1951. Não se têm as cartas de San Tiago a Carlos Flexa Ribeiro. As referências aqui feitas às cartas de San Tiago a Carlos Flexa Ribeiro são as constantes nas respostas deste a San Tiago. *Mostra del Caravaggio. Catalogo con 131 illustrazioni. Seconda edizione aggiornata e reviduta. Milano, Palazzo Reale - Aprile/Giugno 1951. Sansoni Editore.* Depoimento de Fábio Magalhães.

412. Inaugurado em 1863, quando da unificação da Itália, o Grand Hotel afirmou-se como o mais sofisticado hotel às margens do Lago Maggiore, situado na pequena cidade de Stresa, na região do Piedmonte, a cerca de 90 km a noroeste de Milão. Ainda hoje, é um dos hotéis mais luxuosos da Itália.

413. Carta de Jayme Bastian Pinto a San Tiago Dantas. Rio de Janeiro, 05.05.1951.

414. Entre outros, Vinicius de Moraes, diplomata que já se afirmara como poeta; Francisco de Assis Barbosa, mais tarde autor da biografia do escritor Lima Barreto; Jacinto de Thormes, pioneiro do colunismo social; o repórter investigativo Edmar Morel, autor de um ensaio sobre a Revolta da Chibata e Medeiros Lima, que publicaria uma longa entrevista com Jesus Soares Pereira, transformando-a em excelente documento sobre a história da criação da Petrobras.

415. *Correio da Manhã*. 15.06.1951; e *Revista Forense*, jan./ago. 1951, v. 136, p. 358.

416. San Tiago refere-se às Ordenações Filipinas, coletânea de leis editadas em Portugal no início do século XVII.

417. Mais tarde, Tancredo Neves também reconheceria a obra intelectual de Francisco Campos: "O Campos foi a maior cabeça que Minas teve nestes últimos cinquenta anos. Era um homem de uma cultura excepcional, uma inteligência política penetrante, arrasadora. Um homem de formação na escola dos juristas alemães e por isso mesmo um homem muito mais da lei, da autoridade e da ordem, do que realmente um homem da liberdade e da justiça social. Mas a obra intelectual do Campos é realmente, sem favor, das maiores, se não a maior do seu tempo no Brasil. SILVA, Vera Alice Cardoso; DELGADO, Lucília de Almeida. *Tancredo Neves*: a trajetória de um liberal. Petrópolis: Ed. Vozes, 1985. p. 111.

418. QUEIROZ, Narcélio. Teoria da *Actio libera in causa*: A embriaguez e a responsabilidade penal - outros aspectos da questão. Rio de Janeiro: Editora Jacinto Ribeiro, 1936. E *Judicatura e personalidade*. DANTAS, F. C. de San Tiago. Saudação a Narcélio de Queiroz. In: *Figuras do Direito*. Rio de Janeiro: José Olympio, 1962. p. 105 e ss.

419. A posição norte-americana refletia, em parte, o reduzido interesse por estudar o Brasil, como mostram os números da literatura especializada nos EUA: no período 1945-1954, noventa e dois artigos foram publicados sobre o Brasil; sobre a China, no mesmo período, duzentos e cinquenta. Outro índice registrava trinta e três sobre o Brasil, cento e vinte e um, sobre a China. In: HAINES, Gerald K. *The Americanization of Brazil*: a study of U.S. Cold War diplomacy in the third world, 1945-1954. Delaware: SR Books, 1989. p. 7.

420. "As atividades [da Comissão Mista Brasil-Estados Unidos] foram iniciadas em julho de 1951, os trabalhos técnicos concluídos em julho de 1953 e o relatório final (em inglês) apresentado em dezembro de 1953, quando a Comissão encerrou oficialmente as suas atividades. A versão em português, apresentada em 17 volumes, ficou a cargo do Conselho Técnico de Economia e Finanças do Ministério da Fazenda, sendo publicada em novembro de 1954". Cf. MALAN, Pedro S.; BONELLI, Régis; ABREU, Marcelo de P; PEREIRA, José Eduardo de C. *Política econômica externa e industrialização no Brasil (1939/52)*. Rio de Janeiro: IPEA/INPES, 1980. p. 60. Sobre o financiamento da Comissão, ver LOPES, Lucas. *Memórias do desenvolvimento*. Rio de Janeiro: Centro da Memória da Eletricidade no Brasil, 1991. p. 120.

421. Uma lista dos projetos elaborados pela Comissão Mista Brasil-Estados Unidos está em LOPES, Marcio Augusto Falcão. *O fracasso da Comissão Mista Brasil-Estados Unidos e os rumos da política econômica no segundo governo Vargas*. PUC/SP, 2009. p. 269.

422. *O Globo*, 25.06.1952, p. 1.

423. José Soares Maciel Filho em 1933 lançou no Rio de Janeiro o jornal diário *A Nação*, de apoio a Getúlio. Integrou o Conselho Nacional de Águas e de Energia Elétrica, entre 1939 e 1946, e foi diretor da Sumoc. Maciel Filho redigiu a versão inicial da Carta-testamento de Getúlio Vargas. Deixou a Superintendência do BNDE em fevereiro de 1955.

424. Depoimentos de Cleanto de Paiva Leite e de José Luiz Bulhões Pedreira.

425. Augusto Frederico Schmidt já denunciara, com fina ironia, o fenômeno burocrático: "O meu amigo, o jurista e humanista Saboia de Medeiros, refere-se sempre à influência de um dedo apostemado [infectado], decidindo na escolha dos nomes para a direção e as responsabilidades mais graves, esse dedo apostemado é que desgraça o Brasil; é o mau gosto, o indiscriminado dos caprichos e das preferências que afastam dos cargos os homens de inteligência e competência que possuímos, para entregar tudo aos piores, aos mais medíocres, aos que só por inconsciência aceitam funções que não podem desempenhar a contento". SCHMIDT, Augusto Frederico. O Dedo Apostemado. *Correio da Manhã*, 22.07.1949, p. 2. SCHMIDT, Augusto Frederico. *Antologia política* (org. e sel. José Mário Pereira). Rio de Janeiro: Topbooks, 2002. p. 37-38.

426. "Reorganização das empresas estatais – criação de um organismo central de coordenação e financiamento". 21.09.1951. ASTD. As citações a seguir são desse texto, quando não referido diversamente.

427. "Por tradição, por temperamento nacional, por circunstâncias mesmas do nosso desenvolvimento, o povo brasileiro vive da iniciativa oficial, verdadeiramente o primeiro motor de todas as suas transformações importantes. Nunca foi de

outro modo". In: DANTAS, F. C. de San Tiago. A missão do ensino econômico e administrativo na reconstrução brasileira. *Revista de economia e estatísticas*, ano 4, n. 2, abr. 1939.

428. Um *banco de investimentos em serviços públicos*, como proposto no projeto original, na visão de San Tiago não "justificava esse título", pois seria apenas um canalizador de recursos às empresas estatais, não indicando o projeto como seria formado, nem aplicado, o seu capital. Porém, o ponto menos defensável do projeto era a proposta de se criar um fundo formado por um adicional de 10% ao imposto de renda. Por três razões essa ideia deveria ser rejeitada, diz San Tiago: a primeira, "a especialização da receita pública, método geralmente condenado"; uma "grosseira majoração" do imposto de renda, pois, as alíquotas deveriam ser fixadas atendendo a critérios técnicos precisos; e, por fim, a criação de um "financiamento indeterminado às empresas de economia mista, cuja medida é dada não pelas necessidades das empresas ou por seus programas de atividade, mas pelo volume da arrecadação geral do imposto de renda". In: Reorganização das empresas estatais – criação de um organismo central de coordenação e financiamento, cit.

429. Na proposta apresentada por San Tiago, sobre uma diretoria colegiada haveria um conselho de governadores, de 11 membros, dos quais cinco teriam atribuições executivas, excluído o presidente. Particulares que detivessem ações do fundo poderiam eleger até cinco governadores, estabelecido o índice percentual de ações que permitissem essa indicação, sendo assegurada à União a maioria do Conselho, nomeando livremente pelo presidente da República, dentre os 11 governadores do fundo, cit.

430. San Tiago registra que as "objeções à criação de tal organismo tomava duas formas: a "concentração administrativa exagerada", trazendo como resultado a burocratização das empresas; e o "receio de acúmulo de autoridade nesse organismo, que passará a ter sob seu controle uma parte substancial da economia do país". San Tiago, em resposta, cita a experiência alemã, com a criação das Indústrias Reunidas SA, e a experiência italiana, com a criação do Instituto de Reconstrução Italiano, IRI, uma forma de autarquia. Esses exemplos deveriam ser considerados na estruturação do órgão, buscando-se burocratização, e o organismo deveria "funcionar no plano superior da coordenação de programas e da reorganização de empresas carentes". Não haveria também "acúmulo de autoridade no organismo central", referindo San Tiago o exemplo do Banco do Brasil, a propósito desse risco cogitado. Op. cit.

431. DANTAS, F. C. de San Tiago. Parecer: Cassação de Patente de estabelecimento bancário, 29.06.1946. In: *Revista Forense*, Rio de Janeiro, n. 113, out. 1947. p. 331-336.

432. Cf. KELLER, Vilma; BENJAMIN, César. San Tiago Dantas. In: BELOCH, Israel; ABREU, Alzira Alves de (coord.). *Dicionário Histórico-biográfico brasileiro: 1930-1983*. Rio de Janeiro: Forense Universitária, 1984. v. 2, p. 1053-1054.

433. "Deste [Getúlio] recebi também uns bilhetes de orientação. Um dos pontos consultados foi sobre a política do petróleo. A orientação do presidente foi no sentido de acentuar a nota nacionalista, mas sem espantar as empresas privadas e a necessidade de adoção de soluções objetivas e imediatas para os vários problemas atinentes à obtenção de petróleo e seus derivados". LIMA, Medeiros (org.). *Petróleo, energia elétrica, siderurgia*: a luta pela emancipação. Um depoimento sobre a política de Vargas. Rio de Janeiro: Paz e Terra, 1975. p. 17 e 20.

434. "E, ao lado de Seabra Fagundes e de San Tiago Dantas, também se beneficiou o projeto da contribuição jurídica do procurador-geral Carlos Medeiros da Silva". Op. cit. p. 19.

435. VIANNA, Sérgio Besserman. Duas tentativas de estabilização – 1951-1954. In: ABREU, Marcelo de Paiva (org.). *A ordem do progresso*: dois séculos de política econômica no Brasil. 2. ed. Rio de Janeiro: Elsevier, 2014. p. 122.

436. FAUSTO, Boris (dir.). *História geral da civilização brasileira*. O Brasil Republicano Economia e Cultura (1930-1964). São Paulo: Difel, 1986, v. 4, t. 3, p. 222. Sobre o número dos sindicatos, ver GLASBERG, Rubens. Ele voltará. In: MICELLI, Sérgio (superv.). *Nosso século*: 1945-1960. p. 111.

437. MALAN, Pedro Sampaio. Relações econômicas internacionais do Brasil (1945-1964). In: FAUSTO, Boris (coord.). *História geral da civilização brasileira*. O Brasil Republicano Economia e Cultura (1930-1964). 2. ed. São Paulo: Difel, 1986. v. 4, t. 3, p. 72, nota de rodapé n. 71.

438. Referindo-se ao café, ao longo do Império e em boa parte da República, o professor Delfim Netto assim resumiu a sua importância na história brasileira: "O café era o câmbio, o câmbio era o café". Depoimento de Antônio Delfim Netto.

439. Ver RODRIGUES, Martins Leôncio. O PCB: Dirigentes e a Organização. In: FAUSTO, Boris (dir.). *História geral da civilização brasileira*. São Paulo: Difel, 1986, v. 3, t. 3, p. 439.

440. Ver BRANDI, Paulo. *Vargas*: da vida para a história. Rio de Janeiro: Zahar Editores, 1983. p. 256. E SMITH, Peter Seaborn. *Oil and politics in modern Brazil*. Canada: Macmillan, 1976. p. 83 e ss.

441. Sobre a atuação do PCB nos sindicatos, ver FERREIRA, Jorge. *João Goulart*: uma biografia. Rio de Janeiro: Ed. Civilização Brasileira, 2011. p. 88. Sobre o controle da política trabalhista por parte de Jango, ver D'ARAUJO, Maria Celina. *Sindicatos, carisma e poder*: o PTB de 1945-65. Rio de Janeiro: Ed. da FGV, 1996. p. 92-93.

442. FARAH, Marta. Estado e Habitação: o caso dos institutos de previdência. In: *Espaço e debates*, jan.1985. n. 16, p. 74.

443. "Sob o guarda-chuva do Ministério do Trabalho estavam as Delegacias Regionais do Trabalho e os Institutos de Previdência – ambos oferecendo uma série de benefícios sociais e empregos. Jango já exercia poder sobre os Institutos desde

que assumira a presidência do PTB. Na estratégia de crescimento e unificação do partido, Goulart serviu-se largamente dos benefícios sociais e empregos oferecidos pelos Institutos". In: FERREIRA, Jorge. *João Goulart*: uma biografia. Rio de Janeiro: Ed. Civilização Brasileira, 2011. p. 90.

Lutero Vargas, filho do presidente da República, foi eleito em 1950 para a Câmara Federal com 85.645 votos, a maior votação em todo o país. A sua campanha propagandeava, em "volantes distribuídos por um teco-teco", suas iniciativas: "Confiai na vitória: o comandante Lutero Vargas já operou façanhas mais difíceis. Nomeou o professor Miguel diretor da assistência social do IAPTEC; dona Eugênia chefe da assistência social do IAPC; o professor Acyoli, outra vez diretor do ensino secundário no âmbito nacional; nomeou o Sr. Cecílio Marques presidente do IAPTEC". D'ARAUJO, Maria Celina. *Sindicatos, carisma e poder*: o PTB de 1945-65. Rio de Janeiro: Ed. da FGV, 1996. p. 70-71.

444. Cf. FERREIRA, Jorge. *João Goulart*: uma biografia. Rio de Janeiro: Ed. Civilização Brasileira, 2011. p. 46.

445. Sobre San Tiago advogado de Jango, depoimento de Plínio Doyle. O próprio San Tiago dataria dessa época o seu encontro com Jango: MELO FILHO, Murilo. San Tiago Dantas, o advogado tranquilo: "Sou um homem de classe média". Entrevista à *Revista Manchete*. 18.04.1959.

446. Carta de Raymundo O. de Castro Maya a San Tiago Dantas. Rio de Janeiro, 05.05.1951. Nelson Rockefeller doaria, para a inauguração do Museu, um quadro de Pollock, uma das poucas obras de maior valor salva do incêndio no prédio do Museu, em 1978, no qual foi incinerada boa parte de seu acervo. Depoimento de Fábio Magalhães. Em 2021, a obra de Pollock foi vendida, para fazer frente às despesas do Museu. Depoimento Nelson Eizirik.

447. MAURÍCIO, Jayme. Recordação de San Tiago Dantas. *Correio da Manhã*. Rio de Janeiro, 10.09.1964.

448. Sobre as instalações do Museu, ver *Correio da Manhã*, 16.01.1952, p. 8. Cf. PAULO FILHO, M. O Museu e os dois discursos. *Correio da Manhã*, 20.01.1952, p. 49. E *Correio da Manhã*, 16.01.1952. O discurso do professor San Tiago Dantas. In: *Correio da Manhã*, 16.01.1952, p. 8.

CAPÍTULO 12 – WASHINGTON E RUA DO OUVIDOR

449. DANTAS, F. C. de San Tiago. *Poder nacional, cultura política e paz mundial*: Conferências de San Tiago Dantas na Escola Superior de Guerra (1951-1962). LEITE, Amauri Pereira; VIANNA, Gilberto de Souza; MOREIRA, Marcílio Marques. (coord.). Rio de Janeiro: ESG, 2014. p. 58.

450. Cf. NABUCO, Maurício. *Reflexões & reminiscências*. Rio de Janeiro: Ed. FGV, 1982. p. 174.

451. O jornal *A Manhã* dizia que, embora circulasse a notícia de que San Tiago seria nomeado embaixador nos Estados Unidos, ele, na verdade, seria nomeado consultor do Itamaraty - o que também não ocorreria. *A Manhã*, 14.12.1951. Sobre San Tiago ministrando aulas a candidatos ao Itamaraty, depoimento de Mário Vieira de Mello. Sobre o convite para examinar candidatos do vestibular do curso de preparação à carreira de diplomata, ver carta de Lafayette de Carvalho e Silva a San Tiago Dantas, Rio de Janeiro, 25.10.1951.

452. Sobre a relação de Alzira Vargas e Walther Moreira Salles, depoimento de Américo Lacombe.

453. MAGALHÃES JÚNIOR, Raimundo. A Embaixada em Washington. *Diário de Notícias*. 27.03.1952, p. 3.

454. Sobre a influente burocracia responsável pela política externa norte-americana, e sobre o seu constante trânsito pela iniciativa privada, ver PATTERSON, James T. *Grand Expectations*: the United States, 1945-1974. New York: Oxford University Press, 1996. v. 10, p. 103.

455. Segundo Tancredo Neves, "Em termos de amizade, de confiança, de carinho, ele se transfigurava na presença de Alzira". LIMA, Valentina da Rocha; RAMOS, Plínio de Abreu. *Tancredo fala de Getúlio*. São Paulo: L&PM Editores, 1986. p. 64.

456. Cf. *Diário de Notícias*, 13.04.1952, p. 4. Mais de trinta anos depois, o dono da *Última Hora*, Samuel Wainer, em uma versão não corroborada, referiu o episódio da nomeação de Walther Moreira Salles para embaixador em Washington. WAINER, Samuel. *Minha razão de viver:* memórias de um repórter. Record: Rio de Janeiro, 1987. p. 175-176.

457. Sobre as negociações então feitas com a participação de San Tiago, depoimentos de Américo Lacombe e Walther Moreira Salles.

"Antes, entre 1952 e 1957, fora diretor do [Banco] Moreira Salles. San Tiago Dantas teve papel decisivo numa das mais estratégicas medidas adotadas pelo banco no período: o loteamento da Fazenda Cambuhy. Sua posição era que o grupo não deveria permanecer com vastos ativos imobilizados no setor agrícola. Deveria abrir mão deles, de forma a capitalizar-se o mais possível para exercer seu papel no setor financeiro. A venda de boa parte das terras da Cambuhy capacitou o grupo a fazer frente à dura prova de fogo que estava por vir, com o novo período de expansão experimentado pelo setor financeiro a partir de 1964". TOLEDO, Roberto Pompeu (ed. de texto). *História do Unibanco: 1924-1994*. São Paulo: Instituto Moreira Salles, 1994. p. 141-142.

458. *Diário de Notícias*, 29-30.06.1952, p. 1.

459. Sobre a apresentação de João da Gomeia e de Luz del Fuego, ver EGA, João da. *Black Tie,* coluna da *Última Hora*. 07.07.1952. p. 4. Sobre a residência carioca de Walther Moreira Salles, hoje a sede do Instituto Moreira Salles no Rio de Janeiro,

disponível em: blogdoims.com.br. Ver ACHESON, Dean. *Present at the creation*: my years in the State Department. New York: W. W. Norton & Company, 1969. p. 666-667.

Na visão do Secretário de Estado norte-americano, era o Brasil "indisciplinado, tinha tanta energia quanto um [revólver] Colt, [era] rico, vulgar, culto, pobre, tecnicamente competente, ingênuo, e administrativamente sem remédio (...). Eu estou apaixonado pelo Brasil". In: BEISNER, Roberto L. *Dean Acheson*: a life in the Cold War. New York, 2006, p. 574. SMITH, Joseph. *The United States and the Americas*: Brazil and the United States. London: Georgia Press, 2010. p. 213. (nota de rodapé 10, cap. 6).

460. Sobre a estadia de San Tiago em Genebra, ver Carta de San Tiago Dantas a Demóstenes Madureira de Pinho. Montecatini, 04.09.1952. Fundado em 1870 no coração da Toscana, o hotel ficaria conhecido no início do século passado como uma estação de águas, frequentada pela elite europeia. "Soube agora pelo Américo [Lacombe], que por sua vez foi informado pelo [João] Quental, [cunhado de San Tiago] do grande regabofe de águas em que se está metendo (...). É verdadeiro esse negócio de 6 copos em jejum? Conte logo". Carta de Carlos Flexa Ribeiro a San Tiago Dantas. Rio de Janeiro, 02.09.1952.

461. Carta de San Tiago Dantas a Hélio Vianna. Paris, 19.09.1952.

462. Carta de San Tiago Dantas a Demóstenes Madureira de Pinho. Montecatini, 07.09.1952.

463. Ibidem.

464. D'ARAUJO, Maria Celina; CASTRO, Celso (org.). *Ernesto Geisel*. 2. ed. Rio de Janeiro: Fundação Getúlio Vargas, 1997. p. 108.

465. DANTAS, F. C. de San Tiago. *Poder nacional, cultura política e paz mundial*: Conferências de San Tiago Dantas na Escola Superior de Guerra (1951-1962). LEITE, Amauri Pereira; VIANNA, Gilberto de Souza; MOREIRA, Marcílio Marques (coord.). Rio de Janeiro: ESG, 2014. p. 57; 86-87.

466. Levi Carneiro foi então indicado para a Corte Internacional de Justiça em Haia.

467. *Correio da Manhã*, 01.02.1952, p. 2. *Revista Forense*, Rio de Janeiro, v. 114, mar./abr.1952, p. 74 e ss.

468. O preço único do açúcar e a constitucionalidade da resolução 619/51, 21.04.1952. Parecer do professor San Tiago Dantas. Sobre o mesmo tema, ver parecer de MIRANDA, Pontes de. In: *Questões forenses*. Rio de Janeiro: Borsoi, 1958. v. 3, p. 153.

469. Entre a bibliografia econômica citada, está a obra contemporânea e clássica de BAIN, Joe S. *Pricing, distribution and employment*, 1948.

470. *Diário de Notícias*, 05.08.1952, p. 8. Carta de San Tiago Dantas a João Neves

da Fontoura. Rio de Janeiro, 24.07.1952.

471. A sugestão fora encampada por Roberto Campos, que ao defendê-la sofrera dura oposição de seus colegas diplomatas; um dos mais destacados deles, Vasco Leitão da Cunha, buscava o apoio de San Tiago para derrotar a proposta abraçada por Roberto Campos. Carta de Vasco Leitão da Cunha a San Tiago Dantas. Rio de Janeiro, 08.12.1952.

472. *A Manhã*, 31.07.1952, p. 4.

473. Carta de Roberto Marinho a San Tiago Dantas, 02.06.1952. Não foi possível localizar o artigo de San Tiago citado pelo dono do jornal *O Globo*.

474. Carta de San Tiago Dantas a Thiers e Rosita Moreira. Rio de Janeiro 14.07.1951.

475. Sobre Cimento Portland, ver *Correio da Manhã*, 28.03.1954. Sobre a Cia. Excelsior de Seguros, cf. *Folha da Manhã*, 04.03.1954. p. 5.

476. Não há registros em seu arquivo das aulas de San Tiago na Faculdade de Direito da PUC nesse período.

477. Depoimento de Sylvia Póvoas.

478. Sobre a notória facilidade de ditar de San Tiago, ver *New York Times*. San Tiago Dantas Brazilian Leader. 07.09.1964.

479. Léa Paim, ao final da década de 1980, recusou-se terminantemente a dar depoimento ao Autor.

480. "Teoricamente", diz Werner Baer, "podia-se importar qualquer tipo de mercadoria, mas os interessados deviam inscrever-se nas listas de espera por categorias, estabelecidas de acordo com um sistema de prioridades fixadas pela Carteira de Exportação e Importação do Banco do Brasil (Cexim). Tal como no governo Dutra, certos bens, como combustíveis, gêneros alimentícios básicos, cimento, papel e maquinaria tinham prioridade no licenciamento". BAER, Werner. *A industrialização e o desenvolvimento econômico do Brasil*. Rio de Janeiro: Ed. FGV, 1977. p. 43. E também em BRANDI, Paulo. *Vargas*: da vida para a história. Rio de Janeiro: Zahar Editores, 1983. p. 263-264.

481. O preço do arroz aumentou em 44%, o feijão em 35%, a farinha de mandioca, 84%, o leite, 21%, para citar apenas os mais importantes. Em 1953, a taxa de inflação saltou para 21,4%, atingindo proporções recordes em 1954: 23,6% (dados da revista *Conjuntura Econômica*, janeiro de 1955). In: BRANDI, Paulo. *Vargas*: da vida para a história. Rio de Janeiro: Zahar Editores, 1983. p. 265.

482. BRANDI, Paulo. Op. cit. p. 268-269.

483. "Jânio Quadros, na época deputado estadual, foi apoiado apenas por dois pequenos partidos (o PDC e o PSB) e por uma facção do PTB, liderada pelo general Porfírio da Paz, candidato a vice-prefeito, e os deputados José Artur da Frota

Moreira e Ivete Vargas". BRANDI, Paulo. *Vargas*: da vida para a história. Rio de Janeiro: Zahar Editores, 1983. p. 267-268.

CAPÍTULO 13 – A ELITE E AS MASSAS

484. DANTAS, F. C. de San Tiago. Educação para o desenvolvimento. *Digesto econômico*, ano IX, n. 101, abr. 1953, p. 8 e ss.

485. Integravam o Conselho Técnico da Confederação Nacional do Comércio, presidida por Basílio Machado Neto: Adroaldo Junqueira Ayres, Antônio Vianna de Souza, Carlos Medeiros Silva, Dario de Almeida Magalhães, Eugênio Gudin, San Tiago Dantas, Glycon de Paiva, Jorge Kafury, Octávio Gouvêa de Bulhões, Roberto Campos, Silvio Fróis de Abreu, Teotônio Monteiro de Barros Filho, Themístocles Brandão Cavalcanti e Marcial Dias Pequeno. *Correio da Manhã*, 20.03.1953, p. 5. In: Educação para o Desenvolvimento, *Digesto econômico*, de onde são retiradas as citações a seguir.

486. Eugênio Gudin, nascido em 1886, deixara ao final da década de 1930 a profissão de engenheiro, que o levara à direção de empresas estrangeiras concessionárias de serviços públicos, pela de professor de Economia, na qual se destacou como ardoroso defensor dos princípios do liberalismo econômico.

487. Atas da sessão do Conselho Técnico da Confederação Nacional do Comércio, de 26.03.1953. ASTD.

488. Eugênio Gudin falseava a realidade: embora o número de analfabetos fosse então elevadíssimo, estes não tinham assegurado o direito de votar, o que só ocorreria em 1985, por meio da emenda constitucional nº 15. E as eleições na República Velha, a que Gudin se referia, eram, sabidamente, fraudadas.

489. Ao lado de Marx, em a *Miséria da Filosofia*, San Tiago cita Karl Manheim e seu livro, hoje famoso, *Ideologia e Utopia*, publicado no original alemão em 1929. Eugênio Gudin diz ter "ojeriza especial a Manheim, cujas proposições só servem para trazer confusão". Atas da sessão do Conselho Técnico da Confederação Nacional do Comércio. Rio de Janeiro, 16.04.1953.

490. Gudin refere o despreparo, que via também nos quadros parlamentares nativos, citando Eça de Queiroz: "Já Eça contava a história daquele sujeito que voltava de Londres e a quem perguntavam:

- Que tal a Câmara dos Comuns?

- Tem oradores.

O outro insistia:

- Oradores de verdade como os nossos?

- Não, só ideias e fatos; oradores como os nossos não tem.

Só ideias e fatos (...)".

Atas da sessão do Conselho Técnico da Confederação Nacional do Comércio. Rio de Janeiro, 26.03.1953.

491. Revista *O Cruzeiro*, 11.04.1953.

492. *Jornal do Commercio*, 01.05.1953. p. 5.

CAPÍTULO 14 – UMA SÍNTESE DO PODER

493. DANTAS, F. C. de San Tiago. O poder nacional, seus móveis, interesses e aspirações: realismo e idealismo políticos - 1953. In: LEITE, Amauri Pereira; VIANNA, Gilberto de Souza; MOREIRA, Marcílio Marques (coord.). *Poder nacional, cultura política e paz mundial*: Conferências de San Tiago Dantas na Escola Superior de Guerra (1951-1962). Rio de Janeiro: ESG, 2014. p. 129. O texto da palestra de San Tiago foi impresso pela ESG em uma *plaquette* distribuída aos alunos e professores. Um exemplar traz vários trechos sublinhados pelo general Golbery do Couto e Silva, um dos mais ativos integrantes do corpo permanente da escola. Arquivo pessoal de Elio Gaspari.

494. Ibidem, p. 143.

495. Idem, p. 121 e 125.

496. Idem, p. 127-128.

497. Idem, p. 141.

498. Idem, p. 143 e 145.

499. Idem, p. 170-171.

500. Idem, p. 172-174.

501. Antes de deixar o Ministério, em junho, João Neves convidou San Tiago Dantas para integrar a Comissão Nacional de codificação do Direito internacional. Ofício (cópia) de João Neves da Fontoura a San Tiago Dantas, jun.1953.

502. BRANDI, Paulo. *Vargas*: da vida para a história. Rio de Janeiro: Zahar Editores, 1983. p. 273.

503. Sobre greves, ver BOITO JÚNIOR, Armando. *O golpe de 1954*: a burguesia contra o populismo. São Paulo: Brasiliense, 1982. p. 85, e FERREIRA, Jorge. *João Goulart*: uma biografia. Rio de Janeiro, Ed. Civilização Brasileira, 2011. p. 104.

504. "Acha-se à frente dessa campanha o atual ministro do Trabalho, sr. João Goulart. Mas o que há de mais perigoso nisso tudo é a deliberação assentada pelos que detêm as posições de mando no setor trabalhista do país, de apelar franca e desabusadamente para a colaboração das forças comunistas". In: BRANDI, Paulo. *Vargas*: da vida para a história. Rio de Janeiro: Zahar Editores, 1983. p. 275.

505. Carta de San Tiago Dantas a Américo Lacombe. Homestead, Hot Springs, 23.07.1953. Não se tem a data de partida de San Tiago, mas ele escreve a 23, quinta-feira, a Américo Lacombe do hotel em Virginia, e refere uma estadia em Washington na segunda-feira anterior, 20 de julho. A oito daquele mês de julho, Walther Moreira Salles a ele escreve de Washington, San Tiago ainda no Rio de Janeiro. É possível estimar San Tiago haver chegado aos Estados Unidos em meados da semana iniciada a 13.07.1953.

506. Ibidem.

507. Carta de San Tiago Dantas a Américo Lacombe. Hot Springs, 23.07.1953. Clarice Lispector refere a San Tiago ter encontrado seus pais na capital americana. Carta de Clarice Lispector a San Tiago Dantas. Washington - DC, 07.10.1953.

508. Carta de San Tiago Dantas a Américo Lacombe, cit.

509. Cf. MALAN, Pedro S.; BONELLI, Régis; ABREU, Marcelo de P.; PEREIRA, José Eduardo de C. *Política econômica externa e industrialização no Brasil (1939/52)*. Rio de Janeiro: IPEA/INPES, 1980. p. 29.

510. "Se checassem as planilhas dos débitos oficiais dos principais jornais do país, os congressistas saberiam que os *Diários Associados*, de Chatô, deviam ao governo cerca de 103 milhões de cruzeiros (72,4 milhões de reais) em empréstimos vencidos, enquanto as empresas de Roberto Marinho - rádio e jornal *O Globo* - deviam um total de 53 milhões de cruzeiros (37,2 milhões de reais) aos cofres públicos. A própria *Tribuna da Imprensa* também estava na lista de devedores, com 2 milhões de cruzeiros (1,4 milhão de reais) de débitos a vencer". Ver NETO, Lira. *Getúlio*: da volta pela consagração popular ao suicídio (1945-1954). São Paulo: Companhia das Letras, 2014. p. 248.

511. San Tiago refere já haver sido indicado, a 20 de julho, o substituto de Walther Moreira Salles na Embaixada em Washington. Logo, o pedido de exoneração de Walther dataria, pelo menos, do mês anterior. Carta de San Tiago Dantas a Américo Lacombe. Hot Springs, 23.07.1953.

512. Carta de Walther Moreira Salles a San Tiago Dantas. Berna, 09.10.1953.

513. Sobre o empréstimo feito à *Última Hora* pelo Banco Moreira Salles, ver SILVA, Hélio. *1954*: um tiro no coração. Rio de Janeiro: Civilização Brasileira, 1972. p. 196-198.

514. Em 1956, começam a ser publicados os sessenta volumes do Tratado de Direito Privado, de Pontes de Miranda, uma das obras mais refinadas e compreensivas da literatura jurídica universal escrita por um único autor, e que deu ao Direito brasileiro um grau extraordinário de inteligência do fenômeno jurídico, jamais igualado entre nós, antes ou depois. Os pareceres de Francisco Campos, sobre Direito Administrativo e Constitucional, revelam uma invulgar capacidade de argumentação e solidez doutrinária servidas por um estilo de uma engenhosidade raramente verificadas. Em pareceres e estudos publicados em revistas especiali-

zadas, Seabra Fagundes resolve, com rara clareza de raciocínio, questões difíceis de Direito Público, e Aliomar Baleeiro renova os estudos de Direito Tributário e Financeiro. Um dos mais informados autores sobre questões regulatórias que se extremavam, Meirelles Teixeira, enfrenta questões suscitadas no âmbito das concessões de serviços públicos, e Frederico Marques recorta as instituições de Direito Processual, uma matéria já tormentosa na experiência jurídica nacional. Nos domínios da Filosofia do Direito, Miguel Reale amplia a perspectiva do Direito brasileiro. E ao fim da década, Caio Tácito prossegue os estudos de Direito Administrativo sobre as obras consolidadas de Themístocles Cavalcanti e Carlos Medeiros.

515. Em 1962, lançaria *Figuras de Direito*, notável obra de literatura jurídica. *Figuras do Direito*. DANTAS, F. C. de San Tiago. Rio de Janeiro: José Olympio, 1962.

516. Além desses temas, San Tiago estuda outros correlatos significativos: "as regras da interpretação; a retroatividade das leis; a distinção, como meio de proteção ao comprador, entre a anulação por causa do erro, a rescisão por inadimplemento e o vício redibitório; a diferença sutil entre normas especiais e normas singulares e a regra geral de que a lei nova não revoga as exceções à lei geral; a eficácia dos decretos, das portarias e dos regulamentos". CHAMOUN, Ebert. Prefácio da segunda edição. In: DANTAS, F. C. de San Tiago. *Problemas de Direito positivo*: estudos e pareceres. 2. ed. Rio de Janeiro: Forense, 2004. p. IX.

CAPÍTULO 15 – TIROS FATAIS

517. Carta de San Tiago Dantas a Américo Lacombe. Rio de Janeiro, 26.02.1954.

518. Ver CÂMARA, José Sette. *Agosto 1954*. São Paulo: Siciliano, 1994. p. 48.

519. Cf. D'ARAUJO, Maria Celina. *Sindicatos, carisma e poder*: o PTB de 1945-65. Rio de Janeiro: Ed. da FGV, 1996. p. 99.

520. Nas palavras de Jango, "enquanto for ministro, o Ministério do Trabalho será uma trincheira dos trabalhadores". *Última Hora*, 30.06.1953, p. 1 e 6, *apud* SILVA, Hélio. *1954*: um tiro no coração. Rio de Janeiro: Civilização Brasileira, 1972. v. XVI, p. 173.

521. Cf. DULLES, John W. F. *Carlos Lacerda*: a vida de um lutador. v. 1: 1946-1960. Rio de Janeiro: Nova Fronteira, 1992. p. 166.

522. BRANDI, Paulo. *Vargas*: da vida para a história. Rio de Janeiro: Zahar Editores, 1983. p. 279-280. Sobre a oposição do Ministério da Fazenda, ver FERREIRA, Marieta de Moraes (coord.). *João Goulart*: entre a memória e a história. Rio de Janeiro: Ed. FGV, 2006. p. 51. Sobre os índices de reajuste do salário mínimo, cf. MALAN, Pedro Sampaio. Relações econômicas internacionais do Brasil (1945-1964). In: FAUSTO, Boris (coord.). *História geral da civilização brasileira*. O Brasil Republicano Economia e Cultura (1930-1964). 2. ed. São Paulo: Difel, 1986. v. 4, t. 3, p. 72, nota de rodapé n. 71.

523. O texto do Memorial está em SILVA, Hélio. *1954*: um tiro no coração. Rio de Janeiro: Civilização Brasileira, 1972. v. XVI, p. 307 e ss.

524. "Quando os coronéis fizeram aquele manifesto (...), eles estavam desgostosos porque Getúlio não lhes deu o aumento que queriam". In: CUNHA, Vasco Leitão da. *Diplomacia em alto-mar*: depoimento ao CPDOC. Rio de Janeiro: Ed. FGV, 1994, p. 193. Sobre os protestos do Exército sobre soldo militar, em comparação aos vencimentos de funcionários públicos civis, àquela altura, ver TÁVORA, Juarez. *Uma vida e muitas lutas*: a caminhada no altiplano. Rio de Janeiro: Biblioteca do Exército Editora, 1976. p. 236.

525. "Um grupo de generais foi ao ministro, na época o Ciro do Espírito Santo Cardoso, exigindo a nossa prisão. O ministro sentiu que o problema era grave. E o Getúlio, muito mais político, viu que a coisa podia tomar vulto e partiu para a ação persuasória. Resolveu esquecer o episódio, e não houve nada com nenhum coronel, apesar do mal-estar que restou entre alguns chefes e seus subordinados. (...) Se [Getúlio] tivesse uma base sólida do controle governamental, capaz de enfrentar a trovoada, teríamos sido punidos. Mas, naquela ocasião, ele não tinha. Estava sem base, no Exército, sobretudo". Antônio Carlos Murici. In: LIMA, Valentina da Rocha. *Getúlio*: uma história oral. Rio de Janeiro: Record, 1986. p. 233-234. Sobre a redação do *Memorial dos Coronéis*, op. cit. p. 233.

526. VILLA, Marco Antonio. *Jango*: um perfil (1945-1964). São Paulo: Globo, 2014. p. 25.

527. DULLES, John W. F. *Carlos Lacerda*: a vida de um lutador. v. 1: 1946-1960. Rio de Janeiro: Nova Fronteira, 1992. p. 168. Sobre a relação de Roberto Marinho e Carlos Lacerda, ver NOSSA, Leonêncio. *Roberto Marinho*: o poder está no ar. Rio de Janeiro: Ed. Nova Fronteira, 2019. p. 205.

528. LACERDA, Carlos. *Depoimento*. PAIVA, Claudio Lacerda (org.). 2. ed. Rio de Janeiro: Nova Fronteira, 1978. p. 127.

529. Sobre a descrição do atentado, ver DULLES, John W. F. *Carlos Lacerda:* a vida de um lutador. v. 1: Rio de Janeiro, Nova Fronteira: 1992. p. 176-179. Sobre a controvérsia quanto ao ferimento de Carlos Lacerda, ver SILVA, Hélio. *1954*: um tiro no coração. Rio de Janeiro: Civilização Brasileira, 1972. p. 227.

530. SILVA, Hélio. *1954*: um tiro no coração. Op. cit. p. 235.

531. BRANDI, Paulo. *Vargas*: da vida para a história. Rio de Janeiro: Zahar Editores, 1983. p. 287.

532. DULLES. John W. F. *Carlos Lacerda*: A vida de um lutador. v. 1: 1946-1960. Rio de Janeiro: Nova Fronteira, 1992. p. 179.

533. SILVA, Hélio. *1954*: um tiro no coração. Op. cit. p. 233. Lacerda dizia haver o major Vaz "morrido na guerra". In: DULLES, John W. F. Op. cit. p. 179.

534. SILVA, Hélio. *1954*: um tiro no coração. Op. cit. p. 235.

535. Ibidem.

536. BALDESSARINI, Hugo. *Crônica de uma época*: Getúlio Vargas e o crime de Toneleros. São Paulo: Companhia Editora Nacional, 1957. p. 175.

537. DULLES, John W. F. *Carlos Lacerda*: a vida de um lutador. v. 1: 1946-1960. Rio de Janeiro: Nova Fronteira, 1992. p. 180-181.

538. Ibidem, p. 187. SILVA, Hélio. Op. cit. p. 243.

539. DULLES, John W. F. *Carlos Lacerda*: a vida de um lutador. v. 1: 1946-1960. Rio de Janeiro: Nova Fronteira, 1992. p. 181.

540. BRANDI, Paulo. *Vargas*: da vida para a história. Rio de Janeiro: Zahar Editores, 1983. p. 229. NETO, Lira. *Getúlio*: da volta pela consagração popular ao suicídio (1945-1954). São Paulo: Companhia das Letras, 2014. v. 3, p. 324 e ss.

541. Cf. RAMOS, Plínio de Abreu; BENJAMIN, César. Tancredo Neves. In: BELOCH, Israel; ABREU, Alzira Alves de (coord.). *Dicionário histórico-biográfico brasileiro: 1930-1983*. Rio de Janeiro: Forense Universitária, 1984. v. 3, p. 2384.

542. DULLES, John W. F. *Carlos Lacerda*: a vida de um lutador. v. 1: 1946-1960. Rio de Janeiro: Nova Fronteira, 1992. p. 188.

543. SILVA, Hélio. *1954*: um tiro no coração. Rio de Janeiro: Civilização Brasileira, 1972. v. XVI, p. 345-346. Antônio Carlos Murici. In: LIMA, Valentina da Rocha. *Getúlio*: uma história oral. Rio de Janeiro: Record, 1986. p. 239.

544. CAMARGO, Aspásia; HIPPOLITO, Lucia; D'ARAUJO, Maria Celina; FLAKSMAN, Dora Rocha. *Artes da política*: diálogo com Amaral Peixoto. Rio Janeiro: Nova Fronteira, 1986. p. 373.

545. DULLES, John W. F. *Carlos Lacerda*: a vida de um lutador. v. 1: 1946-1960. Rio de Janeiro: Nova Fronteira, 1992. p. 181 e ss.

546. O depoimento de José Américo está em SILVA, Hélio. Op. cit. p. 277. A proposta de "um grande gesto" foi, mais tarde, atribuída, em outro episódio, a San Tiago – este já morto, e a afirmação não corroborada por terceiro – por Amaral Peixoto, que ouvira essa expressão na última reunião do ministério de seu sogro, Getúlio Vargas, diretamente de José Américo. San Tiago, segundo o depoimento solitário e tardio de Amaral Peixoto, teria empregado essa expressão para sugerir a Jango renunciar, em face da resistência dos militares à sua posse, em seguida à renúncia de Jânio, em 1961. O genro de Getúlio foi a única fonte dessa suposta declaração de San Tiago, não encontrada em nenhum depoimento contemporâneo à crise da renúncia, e frontalmente discrepante da atuação de San Tiago naquele episódio.. O depoimento de Amaral Peixoto se deu quando da escolha do general Ernesto Geisel para a Presidência da República, 1973. In: *Revista Visão*, 09.07.1973.

547. Tancredo Neves reiteraria ter sido possível a Getúlio resistir: "Bastava pôr uma companhia motomecanizada na rua e acabava a brincadeira. Fazia-se uma meia dúzia de prisões. (...) Bastava um ato do presidente determinando que uma

daquelas tropas viesse à rua para acabar com aquilo tudo. Se fizesse uma meia dúzia de prisões, estava tudo terminado". LIMA, Valentina da Rocha; RAMOS, Plínio de Abreu. *Tancredo fala de Getúlio*. São Paulo: L&PM Editores, 1986. p. 36-37.

548. Cf. MOREIRA, Regina da Luz; PENCHEL, Marcos. Oswaldo Aranha. In: BELOCH, Israel; ABREU, Alzira Alves de (coord.). *Dicionário histórico-biográfico brasileiro: 1930-1983*. Rio Janeiro: Forense Universitária, 1984. v. 1, p. 188.

549. RIBEIRO, José Augusto. *A era Vargas 3*. Agosto 1954. Rio de Janeiro: Casa Jorge Editorial, 2001. v. 3, p. 221.

550. RIBEIRO, José Augusto. *A era Vargas 3*. Agosto 1954. Rio de Janeiro: Casa Jorge Editorial, 2001. v. 3, p. 233.

551. DULLES, John W. F. *Carlos Lacerda*: a vida de um lutador. v. 1: 1946-1960. Rio de Janeiro: Nova Fronteira, 1992. p. 188.

552. BRANDI, Paulo. *Vargas*: da vida para a história. Rio de Janeiro: Zahar Editores, 1983. p. 296.

553. Depoimento de Antônio Carlos Villaça.

554. Depoimento de Paulo Mercadante.

555. José Américo distorceria sibilinamente a manifestação de Tancredo Neves, dizendo-a "belicosa", e insinuando-a devida à afeição do ministro da Justiça pelo chefe, "aprofundada na adversidade". Nas palavras do próprio José Américo, ele queria prevenir uma possível reação dos militares, cujos efeitos ele pessoalmente temia. Entrevista de José Américo concedida a Yedo de Mendonça, publicada em *O Cruzeiro*, 02.10.1954. In: SILVA, Hélio. *1954*: um tiro no coração. Rio de Janeiro: Civilização Brasileira, 1978. p. 276-277.

556. Cf. Eu Pedi o Estado de Sítio. *O Cruzeiro*, 18.09.1954, p. 102.

557. Dantas, F. C. de San Tiago. Discurso no Instituto dos Advogados. 12.08.1954. In: DANTAS, F. C. de San Tiago. *Palavras de um professor*. 2. ed. Rio de Janeiro: Forense, 2001. p. 126.

558. Ibidem, p. 127.

CAPÍTULO 16 – A SUCESSÃO DE GETÚLIO

559. CASTELLO BRANCO, Carlos. Forças Armadas Apreensivas. Entrevista de San Tiago Dantas à revista *O Cruzeiro*, 20.06.1959.

560. In: CARONE, Edgard. *A quarta República* (1945-1964). São Paulo: Difel, 1980. p. 61-63.

561. Ibidem, p. 64.

562. Ibidem, p. 62.

563. LIMA, Valentina da Rocha; RAMOS, Plínio de Abreu. *Tancredo fala de Getúlio*. São Paulo: L&PM Editores, 1986. p. 44.

564. YOUNG, Jordan M. *Brasil 1954-1964*: fim de um ciclo civil. Rio de Janeiro: Nova Fronteira, 1973. p. 32.

565. Sobre a data da leitura do manifesto militar, SILVA, Hélio. *O poder militar*. Porto Alegre: L&PM, 1984. p. 102. E seu texto, CARONE, Edgard. In: *A quarta República* (1945-1964). São Paulo: Difel, 1980. p. 68.

566. A autoria da frase, contudo, não é do poeta-empresário como mostraria mais tarde Millôr Fernandes: "A ocasião mais antiga que eu conheço, há sempre uma ocasião mais antiga, está na segunda cartinha (cartinha, na Bíblia, ganha grandiloquência com o nome de epístola), de Paulo a Timóteo: "Deus não me deu o espírito do medo". Timóteo, II - 1,7. Para a bula do medo e suas circunstâncias especiais. In: *Daily Millor*, ano 2, n. 36, dez. 2002.

567. O *Correio da Manhã*, ao lado da *Última Hora*, os dois únicos jornais cariocas a apoiar a candidatura de Juscelino, publicou o discurso de Seabra Fagundes na íntegra, com chamada de primeira página. *Correio da Manhã*, 16.02.1955, p.12 e 4.

568. "Só tivemos as eleições parlamentares de [19]54 graças a um homem: Seabra Fagundes. Com sua autoridade moral, suas convicções jurídicas e seu sentimento democrático, foi ele quem, como ministro da Justiça, conteve a pressão junto ao Café Filho e garantiu as eleições". Tancredo Neves. In: MOTA, Lourenço Dantas (coord.). *A história vivida* (I). São Paulo: O Estado de São Paulo, 1981. p. 225. Sobre a aliança PSD-PTB, ver RAMOS, Plínio de Abreu. *O PSD mineiro*. Belo Horizonte--Rio de Janeiro: Ed. Itatiaia Limitada, 1993. p. 179.

CAPÍTULO 17 – O PALESTRANTE

569. DANTAS, F. C. de San Tiago. *A crise brasileira e o dever dos intelectuais*. Conferência. Ministério da Educação e Cultura. 07.10.1955.

570. Carta do diretor da PUC, Luiz Antônio da Costa Carvalho a San Tiago Dantas. Rio de Janeiro, 24.01.1955. Carta de Themístocles Brandão Cavalcanti a San Tiago Dantas. Rio de Janeiro, 08.03.1955.

571. DANTAS, F. C. de San Tiago. *A educação jurídica e a crise brasileira*. Rio de Janeiro: Revista dos Tribunais, 1955. p. 8.

572. As citações a seguir foram retiradas de DANTAS, F. C. de San Tiago. Op. cit. p. 32-33.

573. Ibidem, p. 33-34.

574. Ibidem, p. 36-37 e ss.

575. DANTAS, F. C. de San Tiago. *Poder nacional, cultura política e paz mundial*: Conferências de San Tiago Dantas na Escola Superior de Guerra (1951-1962). LEI-

TE, Amauri Pereira; VIANNA, Gilberto de Souza; MOREIRA, Marcílio Marques (coord.). Rio de Janeiro: ESG, 2014. p. 186-187.

576. Op. cit., p. 187-188.

577. Ver RIBEIRO, Renato. Breve História da Comissão Jurídica Interamericana. *Revista de Ciência Política*, Fundação Getúlio Vargas, Rio de Janeiro, fev./abr.1990. p. 85 e ss.

578. *O Globo*, 23.08.1955, p. 1 e 8.

579. DANTAS, F. C. de San Tiago. Entre Logos e Parma. In: *Figuras do Direito*. Rio de Janeiro: Ed. Livraria José Olympio, 1962. p. 123 e ss.

580. Idem.

581. Cf. ABREU, Alzira Alves; FLAKSMAN, Dora. ISEB. *Dicionário histórico-biográfico brasileiro*. v. 2, 1930-1983. Rio de Janeiro: Forense Universitária.1984. p. 1617-1619. DANTAS, F. C. de San Tiago. A crise brasileira e o dever dos intelectuais. Conferência. Ministério da Educação e Cultura. 07.10.1955.

582. "Nenhum destino individual poderá encontrar sua equação autêntica senão através de uma integração consciente e deliberada no conteúdo histórico do seu meio e do seu tempo". DANTAS, F. C. de San Tiago. "A crise brasileira e o dever dos intelectuais". Conferência. Ministério da Educação e Cultura. 07.10.1955. As citações seguintes são deste texto.

CAPÍTULO 18 – LEGALIDADE, ILEGALIDADE

583. Declaração de Professores das Faculdades de Direito. 05.11.1955. ASTD.

584. Os demais concorrentes à presidência, Juarez Távora e Adhemar de Barros obtiveram, respectivamente, 30,27% e 25,77%, e o ex-líder integralista, Plínio Salgado, cerca de 8% do total. Milton Campos e Danton Coelho disputaram a vice-presidência e obtiveram respectivamente 41,70% e 14,05%. Disponível em: https://pt.wikipedia.org/wiki/Elei%C3%A7%C3%A3o_presidencial_no_Brasil_em_1955. Acesso em: 17 jan. 2019.

585. *Correio da Manhã*, 06.11.1955, p. 2 e 10; Carta de San Tiago Dantas a Demóstenes Madureira de Pinho, Rio de Janeiro, 04.11.1955.

586. As citações a partir desse ponto são da carta de San Tiago Dantas enviada a Demóstenes Madureira de Pinho. Rio de Janeiro, 19.11.1955.

587. Carta de Demóstenes Madureira de Pinho a San Tiago Dantas. Rio de Janeiro, 04.11.1955.

588. Carta de Demóstenes Madureira de Pinho a San Tiago Dantas. Rio de Janeiro, 04.11.1955.

589. Sobre a redação da Declaração, ver Carta de Oscar Stevenson a San Tiago

Dantas. Rio de Janeiro, 04.11.1955.

590. Carta de San Tiago Dantas a Demóstenes Madureira de Pinho. Rio de Janeiro, 19.11.1955.

591. *Correio da Manhã*, 06.11.1955, p. 1, 8 e 10. Firmaram a declaração os professores (nem todos da Faculdade Nacional de Direito): Arnoldo Medeiros da Fonseca, Edegardo de Castro Rebelo, Evaristo de Morais Filho, Lineu de Albuquerque Melo, Hermes Lima, Oscar Stevenson, Sobral Pinto, Joaquim Pimenta, Vitor Nunes Leal, além de San Tiago. Ms. San Tiago Dantas 14.11.1955. ASTD.

592. Ibidem.

593. Cf. LAMARÃO, Sérgio; FLAKSMAN, Dora. Movimento do 11 de novembro. In: BELOCH, Israel; ABREU, Alzira Alves de (coord.). *Dicionário histórico-biográfico brasileiro: 1930-1983*. Rio de Janeiro: Forense Universitária, 1984. v. 3, p. 2329.

594. Ibidem.

595. Carlos Luz fora eleito presidente da Câmara com apoio da dissidência pessedista em aliança com UDN, PDC e PL. Era o sucessor constitucional de Café Filho em seus impedimentos. In: RAMOS, Plínio de Abreu. *O PSD mineiro*. Belo Horizonte-Rio de Janeiro: Ed. Itatiaia Limitada, 1993. p. 181.

596. Henrique Teixeira Lott (depoimento, 1978). Rio de Janeiro, CPDOC, 2002. In: WILLIAN, Wagner. *O soldado absoluto*: uma biografia do marechal Henrique Lott. Rio de Janeiro: Record, 2005. p. 137.

597. Ver: LAMARÃO, Sérgio; FLAKSMAN, Dora. Movimento do 11 de novembro. In: BELOCH, Israel; ABREU, Alzira Alves de (coord.). *Dicionário histórico-biográfico brasileiro, 1930-1983*. Rio de Janeiro: Forense Universitária. 1984. v. 3, p. 2325-2333,

598. In: *Folha da Manhã*. 12.11.1955. In: WILLIAN, Wagner. *O soldado absoluto*: uma biografia do marechal Henrique Lott. Rio de Janeiro: Record, 2005. p. 147.

599. Sobre a canção, ver DULLES, John W. F. *Carlos Lacerda*: a vida de um lutador. v. 1: 1946-1960. Rio de Janeiro: Nova Fronteira, 1992. p. 231-232. Sobre Carlos Luz, ver WILLIAN, Wagner. *O soldado absoluto*: uma biografia do marechal Henrique Lott. Rio de Janeiro: Ed. Record, 2005. p. 147. LAMARÃO, Sérgio; FLAKSMAN, Dora. Estado de Sítio. *Dicionário histórico-biográfico brasileiro, 1930-1983*. Rio de Janeiro: Forense Universitária, 1984. v. 3, p. 1194-1195.

600. Ms. San Tiago Dantas, Rio de Janeiro, 14.11.1955. ASTD.

601. Carta [rascunho] de San Tiago Dantas ao presidente da República. Rio de Janeiro, 14.11.1955.

602. DANTAS, F. C. de San Tiago. *Política Exterior do Brasil no Quinquênio 1956-1960*. Rio de Janeiro, 05.12.1955. ASTD.

603. Além dos empréstimos obtidos com os organismos internacionais, o Banco Mundial e o Eximbank, deveria o Brasil obter os *grants*, isto é, um "tipo mais favorável de auxílio dos Estados Unidos que eles venham a dispensar a outros países, no seu novo programa de assistência e cooperação". Esse tipo de auxílio, contudo, não poderia ser obtido por meio de uma "simples gestão bilateral, de iniciativa isolada" do Brasil; ele dependeria de uma ação conjunta da América Latina, que o pleiteasse, em um programa de cooperação com os Estados Unidos. Op. cit.

604. Em 09.10.1973, em pronunciamento pela televisão, o presidente Ernesto Geisel anunciou que contratos de risco para exploração de petróleo em território brasileiro seriam firmados pela Petrobras.

605. DANTAS, F. C. de San Tiago. Política Exterior do Brasil no Quinquênio 1956- 1960. Rio de Janeiro, 05.12.1955. ASTD

CAPÍTULO 19 – JUSCELINO PRESIDENTE

606. DANTAS, F. C. de San Tiago. Conferência "A crise brasileira e o dever dos intelectuais". Ministério de Educação e Cultura. 07.10.1955.

607. Como lembraria Tancredo Neves: "O Getúlio infundia muito mais medo do que o Juscelino. Todos tinham muito mais receio da inabalável determinação do Dr. Getúlio, que era fria e inflexível, do que do temperamento afável e sorridente, de certo modo aberto ao diálogo e à conversa, do Juscelino". LIMA, Valentina da Rocha; RAMOS, Plínio de Abreu. *Tancredo fala de Getúlio*. São Paulo: L&PM Editores, 1986. p. 50.

608. Decreto nº 38.744, de 1.02.1956. Carta de Juscelino Kubitschek a San Tiago Dantas. Rio de Janeiro, 03.03.1956.

609. "Juscelino era um grande promotor, tinha ideias claras de economia de livre empresa, com o governo intervindo apenas dentro dos limites que fossem necessários. Certamente era um homem que defendia a economia de mercado e o respeito à lei, à estrutura constitucional vigente. Tinha feito uma campanha altamente liberal, em busca de novos recursos, novas empresas, convocando os empresários à luta. Não tinha sido demagógico, não tinha feito política nacionalista contrária a este ou àquele setor. Juscelino era um líder empresarial mais do que qualquer outra coisa. Era um homem que mobilizava confiança nos projetos que fazia". Cf. LOPES, Lucas. *Memórias do desenvolvimento*. Rio de Janeiro: Centro da Memória da Eletricidade no Brasil, 1991. p. 182.

610. Cf. IANNI; Octavio. *Estado e planejamento econômico no Brasil* :1930-1970. Rio de Janeiro: Civilização Brasileira, 1977. p. 146 e 155.

611. Decreto Legislativo nº 22, de 23.05.1956.

612. Artigo 4.º do Ato das disposições transitórias da Constituição Federal, de 1946.

613. *Correio da Manhã*, 14.04.1956, p. 6.

614. Entre outras providências previstas na Lei nº 2.874, ficava o poder Executivo autorizado a constituir uma sociedade que se denominaria Companhia Urbanizadora da Nova Capital do Brasil (Novacap), à qual caberia "o planejamento e execução do serviço de localização, urbanização e construção da futura capital, diretamente ou através de órgãos da administração federal, estadual e municipal, ou de empresas idôneas com as quais contratar".

615. Sobre o projeto urbanístico de Brasília, ver BARKI, José. *O risco e a invenção: um estudo sobre as notações gráficas de concepção no projeto*. Universidade Federal do Rio de Janeiro. Faculdade de Arquitetura e Urbanismo. Rio de Janeiro, dez. 2014.

CAPÍTULO 20 – POLÍTICA , PODER, APOSTA

616. DANTAS, F. C. de San Tiago. Bases para um entendimento entre as forças políticas nacionais. 20.06.1958.

617. Os trechos aqui citados são extraídos da conferência. DANTAS, F. C. de San Tiago. A Cultura política como fator de poder nacional. In: *Poder nacional, cultura política e paz mundial:* Conferências de San Tiago Dantas na Escola Superior de Guerra (1951-1962). LEITE, Amauri Pereira; VIANNA, Gilberto de Souza; MOREIRA, Marcílio Marques (coord.). Rio de Janeiro: ESG, 2014. p. 193-213.

618. *Última Hora*, 27.03.1956, p. 4. Sobre os aspectos econômicos e financeiros visados na reforma, ver VIOLA, Ítalo. Abaixo o Déficit. *O Cruzeiro*, 03.11.1956. p. 88 e ss.

619. Foram os seguintes os temas estudados pela Comissão: discriminação de rendas; competência da Polícia Federal; elaboração legislativa; acumulação de mandatos eletivos; elaboração orçamentária; maioria absoluta para eleição do presidente da República e do vice-presidente; coincidência e duração dos mandatos eletivos na órbita federal; competência do Supremo Tribunal Federal, no que toca o recurso ordinário e extraordinário; estágio de juízes de carreira; desapropriação por interesse social; reversão dos militares ao serviço ativo. Rio de Janeiro, 06.06.1956. Disponível em: https://sistema.bibliotecas-bdigital.fgv.br/.

620. *Última Hora*, 26.03.1956, p. 7. *O Jornal*, 13.04.1956, p. 15. *Correio da Manhã*, 13.04.1956, p. 28 e *Diário de Notícias*, 13.04.1956, p. 20.

621. O programa do candidato era assim resumido: refere os três principais programas defendidos por sua candidatura: "construção da sede; progresso do turfe; e assistência social". *Última Hora*, 18.05.1956, p. 4.

622. A crítica está em *Correio da Manhã*, 16.05.1956, p. 26. A resposta de San Tiago suscitou uma nota da redação do jornal aposta ao fim da matéria, que se limitou a transcrever a carta de San Tiago. In: *Correio da Manhã*, 22.05.1956, p. 1.

623. THORMES, Jacinto de. Sociedade. *Diário Carioca*, 29.05.1956, p. 6.

624. Os números da eleição estão em *O Jornal*, 31.05.1956, p. 19.

625. *Última Hora*, 26.04.1956, 2º Caderno, p. 6.

626. *Correio da Manhã*, 08.05.1956, p. 9.

627. *Diário de Notícias*, 16.05.1956. p. 4.

628. Voto do árbitro nomeado pela União. San Tiago Dantas. União Federal e The São Paulo Railway Co. Ltd. Rio de Janeiro, 02.06.1956. ASTD. *Correio da Manhã*, 26.08.1956, p. 1.

629. Carta de Juscelino Kubitschek a San Tiago Dantas. Rio de Janeiro, 03.03.1956. Carta de Lucas Lopes a San Tiago Dantas. Rio de Janeiro, 15.05.1956. Carta de San Tiago Dantas a Lucas Lopes. Rio de Janeiro, 08.06.1956. Sobre o Conselho, ver BOJUNGA, Cláudio. *JK*: o artista do impossível. Rio de Janeiro: Ed. Objetiva, 2001. p. 343.

630. Conferência pronunciada pelo professor San Tiago Dantas na Ordem dos Advogados, Seção de Pernambuco, em comemoração à data da fundação dos Cursos Jurídicos no Brasil. Recife, 10.08.1956. ASTD. Em suas aulas, em 1943, San Tiago já discutia os efeitos juridicos da aguda desvalorização da moeda sobre o cumprimento das obrigações.. DANTAS, F. C. de San Tiago. *Programa de Direito Civil II*. Revisão de Texto e Anotações, José Gomes Bezerra Câmara. Editora Rio, 1978. p. 206 e ss.

631. *Última Hora*, 16.08.1956, p. 4. A CEME fora criada, por proposta de João Neves da Fontoura, vinculada ao Ministério das Relações Exteriores, em fevereiro de 1952. No arquivo de San Tiago acha-se uma minuta do Decreto nº 40.316, de 08.11.1956, que não teria ligação com essa questão: "Dispõe sobre escoamento e distribuição do trigo e adota outras providências relacionadas com a defesa da produção nacional". Publicado no *Diário Oficial* a 08.11.1956.

632. NERY, Adalgisa. Ainda o caso do IAPC. *Última Hora*, 16.08.1956, p. 3.

633. *Última Hora*, 23.10.1956, p. 11.

634. Cf. CAMPOS, Roberto. *A lanterna na popa*: memórias. 2. ed. Rio de Janeiro: Topbooks, 1994. v. 2, p. 844. Sobre San Tiago e Edmond Safra, depoimento de Alberto Venâncio.

CAPÍTULO 21 – A ELITE E SEU CRÍTICO

635. Carta de San Tiago Dantas a João Moreira Salles. Rio de Janeiro, 07.03.1957.

636. *Digesto econômico*, ano IX, n. 101, abr. 1953. p. 8 e ss.

637. Depoimento de Walther Moreira Salles.

638. San Tiago diz ter aceitado a "oferta" dos "antigos proprietários que lhe fi-

zera, Elmano Cardim, em seu nome e da família de Félix Pacheco" para adquirir o jornal. Carta de San Tiago Dantas a João Moreira Salles. Rio de Janeiro, 07.03.1957.

639. Carta de San Tiago Dantas a Gilberto Amado. Rio de Janeiro, 01.04.1957.

640. Ver DUTRA, Pedro. *San Tiago Dantas*: A razão vencida – O Ideólogo. Op. cit. p. 231 e ss. Sobre o propósito de adquirir um jornal, ver carta de San Tiago Dantas a Demóstenes Madureira de Pinho. Rio de Janeiro, 04.09.1952.

641. *Correio da Manhã*, 23.03.1957, p. 6. As ações foram assim distribuídas: San Tiago Dantas com Cr$ 24.500.000,00 e, com Cr$ 500.000,00 cada um, os Srs. Aloysio Ferreira de Salles, Hugo de Lamare, Roberto de Oliveira Campos, Demóstenes Madureira de Pinho, José Vieira Coelho, Thiers Martins Moreira, Octavio Thyrso Lúcio Cabral de Andrade, Luís Gonzaga do Nascimento Silva, Raul de San Tiago Dantas Barbosa Quental e Felippe de S. Dantas B. Quental, totalizando a quantia de Cr$ 30.000.000,00. *Última Hora*, 23.03.1957, p. 6. Em seguida à venda do *Jornal do Commercio*, entre os amigos de San Tiago disse-se que o único homem mais inteligente que ele seria Elmano Cardim, que lhe vendeu o *Jornal do Commercio*, no qual San Tiago perderia, como perdeu, dinheiro. Depoimento de Roberto Assunção.

642. Sobre o crime de Gilberto Amado, ver DUTRA, Pedro. *San Tiago Dantas*: A razão vencida – O Ideólogo. São Paulo: Singular, p. 176. LINS E SILVA, Evandro. *Arca de guardados*: vultos e momentos nos caminhos da vida. Rio de Janeiro: Civilização Brasileira, 1995.

643. Sobre Luiz Paulistano, ver AZEDO, Maurício. Entrevista. *Centro de Cultura e Memória do Jornalismo*. Associação Brasileira de Imprensa, 17.09.2008. A diretoria do jornal ficou assim composta: Presidente e diretor: San Tiago Dantas; Vice-presidente: Aloysio de Salles; Diretor-tesoureiro: Hugo de Lamare; Diretor-adjunto: Octavio Thyrso de Andrade. Ver ANDRADE, Octavio Thyrso de. Lembrança de San Tiago Dantas. *Jornal do Commercio*, 01.10.1977, p. 8.

644. *Correio da Manhã*, 29.03.1957. p. 3. Depoimento de Felippe San Tiago Dantas Quental.

645. Depoimento de Eduardo Portella. Sobre os diplomatas, ARINOS FILHO, Afonso. *Atrás do espelho*: cartas de meus pais. Rio de Janeiro: Record, 1994. p. 50. Sobre Afonso Arinos e Hermes Lima, Várias Notícias. *Jornal do Commercio*. Rio de Janeiro, 18.06.1957. Sobre Roberto Campos, ver CAMPOS, Roberto. *A lanterna na popa*: memórias. 2. ed. Rio de Janeiro: Topbooks, 1994. v. 2, p. 845.

646. Carta de San Tiago Dantas a Gilberto Amado. Rio de Janeiro, 01.04.1957. *Última Hora*, 26.03.1957, p. 2.

647. As *Várias* datadas de 1957 aqui citadas são os exemplares recolhidos do arquivo de San Tiago Dantas.

648. A imprensa registrou, não sem ironia, o tom das *Várias*: "Mas, em sua terceira *Várias* – que versa sobre a eleição paulista – já se mostra a que veio San Tiago,

uma nova qualidade no comentário, confrontando-o com os comentários dos matutinos mais sérios". *Última Hora*, 27.03.1957, p. 2.

649. Várias Notícias. *Jornal do Commercio*, 01, 02, 03 e 05.04.1957, p. 4.

650. Várias Notícias. *Jornal do Commercio*, 10.04.1957, p. 4.

651. Várias Notícias. *Jornal do Commercio*, 11, 15-16 e 27.04.1957; e 10.05.1957, p. 4.

652. Várias Notícias. *Jornal do Commercio*, 24, 25 e 28.04.1957, p. 4.

653. Várias Notícias. *Jornal do Commercio*, 04.05.1957, p. 4.

654. Várias Notícias. *Jornal do Commercio*, 22.05.1957, p. 4.

655. Várias Notícias. *Jornal do Commercio*, 17.05.1957, p. 4.

656. Várias Notícias. *Jornal do Commercio*, 27.07.1957, p. 4. Pouco antes, a 18 de julho, a televisão *Tupi*, canal 6, no Rio de Janeiro, transmitiu o programa *O Jornal do Commercio pergunta*, apresentado por San Tiago, e o seu convidado foi Amaral Peixoto, que havia pouco deixara o posto de embaixador do Brasil nos Estados Unidos, que ocupou em seguida à derrota que sofrera nas eleições de 1954. O programa, ao vivo, era levado ao ar às 22h45, em uma época em que a televisão não contava com vídeo-tape, o que reduzia ainda mais a sua assistência. *Jornal do Commercio*, 19.07.1957. p. 2.

657. Várias Notícias. *Jornal do Commercio*, 01.06 e 05.07.1957, p. 4.

658. Várias Notícias. *Jornal do Commercio*, 17.08.1957, p. 4.

659. Várias Notícias. *Jornal do Commercio*, 29.08.1957, p. 4. Esta era a composição do Congresso em 1957: Partido Social Democrático - PSD (113 deputados e 22 senadores); Partido Trabalhista Brasileiro - PTB (63 deputados e 18 senadores) e União Democrática Nacional - UDN (74 deputados e 17 senadores). In: YOUNG, Jordan M. *Brasil 1954-1964:* fim de um ciclo civil. Rio de Janeiro: Nova Fronteira, 1973. p. 49.

660. Várias Notícias. *Jornal do Commercio*, 29.08.1957, p. 4.

661. "Parabéns e boas-vindas pela ocupação material de dona Mariana, 138 (...)". Carta de Flexa Ribeiro a San Tiago Dantas. Buenos Aires, 17.07.1957.

662. Medindo 8,57m² (4,18 de largura por 2,05 de altura) sobre um fundo negro, estrelas azuis, amarelas, vermelhas, brancas, e flores e folhas de várias cores e tons; na borda inferior, peixes negros e brancos sobre um fundo azul; ao alto, uma cabeça de cabra circundada por chamas. Em carta a San Tiago, a secretária de Jean Lurçat o informa que a tapeçaria *Brasil*, o nome dado pelo autor à obra que ele encomendara, [e ela descreve], estava pronta desde junho anterior, ou seja, 1954. Ela indaga San Tiago se ele iria buscá-la pessoalmente ou ela deveria ser enviada ao Brasil, de Paris. Carta de Madeleine Braun a San Tiago Dantas. Jean Lurçat. 4, Villa Seurat. (Paris 4º), 29.10.1955.

A convite do Itamaraty e do Museu de Arte Moderna do Rio de Janeiro, do qual San Tiago era um dos diretores, em julho de 1954 Jean Luçart chegou ao Brasil para expor seus trabalhos no Museu de Arte Moderna, do Rio de Janeiro, sendo recebido no aeroporto por seu amigo, Cândido Portinari. *Diário Carioca*, 29.09.1954. Depoimento de Inês Quental e Alfredo Lanari.

663. A sala de visitas media aproximadamente 63 m^2.

664. O escritório público media cerca de 30 m^2. Sobre a papeleira, ver MOUTINHO, Stella; PRADO, Rúbia Bueno do; LONDRES, Ruth. *Dicionário de artes decorativas & decoração de interiores*. 2. ed. rev. e atual. Rio de Janeiro: Lexikon, 2011, p. 326. Quando necessário, obras raras adquiridas na França eram lá encadernadas a pedido de San Tiago antes de serem remetidas ao Brasil. Depoimento de Vanna Piraccini, proprietária da Livraria Da Vinci.

665. Depoimento de Felippe San Tiago Dantas Quental.

666. No segundo semestre de 1953, quando iniciou a construção da casa, San Tiago encomendou a Portinari um painel cujo tema seriam as Bodas de Caná. Pintura, à têmpera sobre madeira, o painel mede 170 cm x 408,7 cm, acha-se no Museu de Arte Moderna do Rio de Janeiro. Ver Revista do Museu. 16.09.1971. Disponível em: revistadomuseu.com.br. Segundo o Novo Testamento, (Evangelho de S. João. 2:1-11), em uma festa de casamento, (bodas), em Caná, Galileia, Maria pede a Jesus que transforme a água em vinho, que terminava. Este milagre, público, seria o primeiro dos sete realizados por Jesus. Em carta ao pintor, San Tiago diz que estava procurando material para subsidiá-lo na composição da obra, reunindo "elementos iconográficos que aliás não são muitos, nem muito conhecidos com exceção naturalmente do Veronese". San Tiago referia-se ao pintor renascentista italiano, que havia tomado o mesmo tema para uma obra, em 1536, que San Tiago teria visto exposta no Museu do Louvre. Carta de San Tiago Dantas a Cândido Portinari. Rio de Janeiro, 17.11.1953. O painel foi pintado no local, entre 1956 e 1957.

667. Sobre os quadros, depoimento de Inês Quental Ferreira. Os dois torsos esculpidos por Alfredo Ceschiatti adquiridos por San Tiago figuraram em uma exposição na casa de Oscar Niemeyer, na Estada das Canoas. Ver *Correio da Manhã*, 26.05.1956, p. 14. Ceschiatti é o autor da escultura que paira sobre o lago à frente do prédio do Itamaraty, em Brasília, projeto de Oscar Niemeyer.

668. San Tiago Dantas contratou Maria Lucia Bhering para organizar-lhe a biblioteca. Depoimento de Sylvia Póvoas, secretária de San Tiago Dantas.

669. A casa da Rua Dona Mariana contava com cinco empregados: chofer, jardineiro, cozinheira, copeira e arrumadeira. E nos dias de festa eram chamados garçons. Depoimento de Tereza de Jesus Cardoso da Silva.

670. *O Jornal*, 25.09.1957, p. 4.

671. *Jornal do Commercio*, 04.05.1957, p. 6.

672. Carta de San Tiago Dantas a Thiers Martins Moreira. Roma, 28.09.1957.

673. Cartão de San Tiago Dantas ao almirante Raul de San Tiago Dantas. Nova York, 22.09.1957. A data é a da postagem do Correio.

674. Carta de San Tiago Dantas a Chermont de Miranda, set. 1957.

675. A data de retorno está na carta a Thiers Martins Moreira, cit. A Plínio Doyle, San Tiago escreve: "Autorizo o Guedes a vender os primeiros US$ 12.000,00 (...) e creio que com eles você poderá refazer as disponibilidades destinadas ao Jornal, saldar outra dívida, além do imposto de renda". San Tiago reclama da conta "confusa que veio com a carta de D. Sylvia", secretária do escritório. San Tiago descreve a Plínio como gostaria de receber a prestação de contas. E checa alguns números com Plínio. A 18 de setembro, o seu saldo no Banco Moreira Salles, em uma das suas contas bancárias, era de Cr$ 1.124.337,00. Segundo San Tiago, deveriam ser pagos ao Imposto de Renda cerca de Cr$ 400.000,00. Carta de San Tiago Dantas a Plínio Doyle. Paris, 04.10.1957.

676. Sobre a missa, ver *Correio da Manhã*, 10.10.1957, p. 3. Sobre a carreira do almirante Raul de San Tiago Dantas, ver Boletins militares 1 a 13 – 1958. Diretoria do pessoal da Marinha (dp-07). Boletim do Ministério da Marinha. Imprensa Naval, RJ, 1958. Cartão de San Tiago Dantas ao almirante Raul de San Tiago Dantas. Nova York, 22.09.1957.

677. Depoimento de Miguel Lins. Os adversários da renhida disputa em torno da licitação de empresa para o desmonte do Morro de Santo Antônio, 1952, estavam agora reunidos na proposição de um recurso perante o Supremo Tribunal Federal. Dario de Almeida Magalhães, um dos maiores advogados do seu tempo, com um grande número de êxitos perante o Supremo Tribunal, une-se a San Tiago e propõe, diante daquele Tribunal, um agravo de decisão denegatório de embargos, no âmbito de um recurso extraordinário, que lá tramitava. Como se fazia na época, o Memorial dos Agravantes é impresso e distribuído entre advogados e outros operadores do Direito. Naquele mesmo ano de 1957, San Tiago, ao lado de seus colegas Chermont de Miranda e Plínio Doyle, arguem o descabimento de Recurso Extraordinário, em defesa da empresa jornalística brasileira Sociedade Anônima *O Globo*, perante a 1ª Turma do Supremo Tribunal Federal. Respectivamente Recurso Extraordinário nº 27.507, 1957. Recurso Extraordinário nº 36.467, 1957.

678. Depoimento de Chermont de Miranda.

679. Depoimento de Roberto Campos.

680. Decretada a 15.10.1957, sendo governador Jânio Quadros, ficaria conhecida como a greve dos 400 mil; seria encerrada dez dias depois.

681. Várias Notícias. *Jornal do Commercio*, 08.10.1957, p. 4.

682. Várias Notícias. *Jornal do Commercio*, 31.10.1957, p. 4.

683. Várias Notícias. *Jornal do Commercio*, 02.11.1957, p. 4.

684. Várias Notícias. *Jornal do Commercio*, 10 e 14.11.1957, p. 4.

685. Cf. GADDIS, John Lewis. *The Cold War*: a new history. New York: The Penguin Press, 2005. p. 68. Várias Notícias. *Jornal do Commercio*, 15.11.1957, p. 4.

686. Várias Notícias. *Jornal do Commercio*, 27 e 28.11.1957, p. 4.

687. Várias Notícias. *Jornal do Commercio*, 29.11.1957, p. 4.

688. Várias Notícias. *Jornal do Commercio*, 29.12.1957, p. 4.

689. DANTAS, F. C. de San Tiago. Em defesa do Direito. Discurso proferido a 21.12.1957. In: *Palavras de um professor*. 2. ed. Rio de Janeiro: Forense. 2001, p. 35-50. As citações seguintes aqui feitas referem-se a esse texto.

690. San Tiago refere "astros do foro e que foram" os homens de estudo a quem o Direito devia "as maiores obras da nossa ciência". Teixeira de Freitas e Nabuco de Araújo foram os maiores advogados do Rio de Janeiro, e não raro seus escritórios patrocinavam as maiores causas de seu tempo e seus titulares nelas se enfrentavam. Lafayette Pereira e Clóvis Bevilácqua, mais tarde, foram "os juristas mais reputados ouvidos do seu tempo". DANTAS, F. C. de San Tiago. *Palavras de um professor*. 2. ed. Rio de Janeiro: Forense, 2001, p. 40-41.

691. Não há indicação de que o texto tenha sido enviado ao presidente da República. Contudo, pelo seu teor e forma, é plausível ser ele o destinatário. ASTD.

692. Ms. Rio de Janeiro, 15.01.1958. ASTD.

693. DULLES, John W. F. *Carlos Lacerda*: a vida de um lutador. v. 1: 1914-1960. Rio de Janeiro: Ed. Nova Fronteira, 1992. p. 261-281.

CAPÍTULO 22 – INGRESSO NO PTB

694. DANTAS, F. C. de San Tiago. Cairu – protagonista de sua época. In: *Figuras do Direito*. Rio de Janeiro: José Olympio Editora, 1962. p. 6.

695. A inclinação de San Tiago pelo PTB era nítida ao seu correspondente não identificado, mas certamente alguém próximo a San Tiago, cuja posição política naquela altura é bem sintetizada. Este escreve: "A soma de serviços prestados por V. ao P.T.B. até agora, e a lealdade com que tem procedido, o colocam a salvo de qualquer increpação do oportunismo ou de atitude interesseira, pelo menos aos olhos dos capitães do movimento". Remetente desconhecido a San Tiago Dantas. Rio de Janeiro, 01.05.1958. ASTD.

696. Várias Notícias. *Jornal do Commercio*, 01.01.1958, p. 4.

697. Várias Notícias. *Jornal do Commercio*, 13-14.01.1958, p. 4.

698. Várias Notícias. *Jornal do Commercio*, 17-20.02.1958, p. 4.

699. Carta de San Tiago Dantas ao diplomata Carlos Alfredo Bernardes. Rio de Janeiro, 29.04.1958.

700. As citações a seguir acham-se em: DANTAS, F. C. de San Tiago. Cairu – protagonista de sua época. In: *Figuras do Direito*. José Olympio Editora. Rio de Janeiro, 1962. p. 3 e ss.

701. *Última Hora*, 06.01.1958, p. 1.

702. Várias Notícias. *Jornal do Commercio*, 11.04.1958, p. 4.

703. Várias Notícias. *Jornal do Commercio*, 13.04.1958, p. 4.

704. *Correio da Manhã*, 07.05.1958, p. 16.

705. Depoimento de Plínio Doyle.

706. Depoimento de Américo Lacombe.

707. Sobre o ciúme que San Tiago despertava, depoimento de Dario de Almeida Magalhães.

708. Sobre a sinceridade do propósito de San Tiago, depoimento de João Pedro Gouveia Vieira.

709. Depoimento de Astolpho Dutra.

710. Sobre a recusa de Lutero Vargas, ver GOMES, Angela de Castro. Trabalhismo e democracia: o PTB sem Vargas. In: GOMES, Angela de Castro (org.). *Vargas e a crise dos anos 50*. Rio de Janeiro: Relume-Dumará, 1994. p. 142.

711. San Tiago diria no ano seguinte haver sido convidado por Jango para ser candidato a deputado pelo PTB mineiro. O convite terá sido absorvido no apadrinhamento explícito do chefe do PTB ao *Professor*, como a reação de quadros do partido mostrou e seguiria mostrando. MELO FILHO, Murilo. San Tiago Dantas, o advogado tranquilo: "Sou um homem de classe média". Entrevista à *Revista Manchete*. 18.04.1959. A referência a San Tiago, depoimento de Ernani Maia.

712. Em paralelo, correu o rumor de que San Tiago pretenderia vir a ocupar imediatamente a presidência da seção mineira do partido. Uma fonte interna do partido, segundo a imprensa, declarou que os trabalhistas mineiros seriam humilhados se aceitassem essa pretensão do novo integrante do partido. San Tiago desmentiu em outro jornal a notícia publicada no mesmo dia em que foi veiculada. *Jornal do Brasil*, 15.06.1958, p. 16.

713. Sobre a influência da mãe em sua formação, ver MELO FILHO, Murilo. San Tiago Dantas, o advogado tranquilo: "Sou um homem de classe média". Entrevista à *Revista Manchete*. 18.04.1959. Sobre o falecimento de d. Violeta, ver *Correio da Manhã*, 24.06.1958, p. 6.

714. "A Previdência Social era um verdadeiro 'feudo do PTB. (...) E qual era seu verdadeiro alcance, quais os órgãos que podia manipular'? Do Departamento Nacional da Previdência Social (DNPS) fazem parte, embora numa relação meramente administrativa, os Institutos e Caixas de Aposentadoria e Pensões. Os Institutos, cada qual com autonomia de nomeações e verbas, o que dependia muito do 'peso

político' da categoria interessada. (...) Os altos funcionários da Previdência Social eram todos indicados pelo PTB, ao qual cabia, então, gerir a distribuição dos benefícios como verbas, empregos etc.". BENEVIDES, Maria Victoria de Mesquita. *O governo Kubitschek:* desenvolvimento econômico e estabilidade política, 1956-1961. Rio de Janeiro. Ed. Paz e Terra, 1976. p. 88-89.

715. D'ARAUJO, Maria Celina. *Sindicatos, carisma e poder*: o PTB de 1945-65. Rio de Janeiro: Ed. da FGV, 1996. p. 87.

716. "(...) durante [o governo] Kubitschek, tudo o que interessava *diretamente ao Executivo era aprovado*, principalmente nas questões orçamentárias, e o que corria o risco de não passar ia direto para as comissões especializadas, sob o controle do PSD". BENEVIDES, Maria Victoria de Mesquita. *O governo Kubitschek*: desenvolvimento econômico e estabilidade política, 1956-1961. Rio de Janeiro. Ed. Paz e Terra, 1976. p. 80.

717. "Assim como o agravamento da inflação foi o preço de tocar o Programa de Metas sem prévia estabilização, a fórmula de que se lançou mão para evitar o estrangulamento externo teve como custo o aumento da dívida externa. De menos de US$ 2 bilhões em fins de 1955, a dívida ia acelerar-se para US$ 2,7 bilhões em 1960, mais do dobro das exportações. Pior que o volume era o curto prazo da dívida: nesse último ano, 70% do valor total teriam de ser pagos nos três anos seguintes. (...) O ponto mais baixo [das exportações brasileiras] na década foi atingido justamente na metade do governo Kubitschek, em 1958 (US$ 1,24 bilhão), e decorreu, sobretudo, do desabamento das cotações do café, que correspondiam a 60% das exportações". RICUPERO, Rubens. *A diplomacia na construção do Brasil*: 1750-2016. Rio de Janeiro: Ed. Versal Editores, 2017. p. 375-377.

718. Cf. LOPES, Lucas. *Memórias do desenvolvimento*. Rio de Janeiro: Centro da Memória da Eletricidade no Brasil, 1991. p. 219.

719. ORENSTEIN, Luiz; SOCHACZEWSKI, Antonio Claudio. Capítulo 8 - Democracia com desenvolvimento:1956-1961. In: ABREU, Marcelo de Paiva. *A ordem do progresso*: dois séculos de política econômica no Brasil. 2. ed. Rio de Janeiro: Ed. Elsevier, 2014. p. 173. SKIDMORE, Thomas E. *Brasil*: de Getúlio a Castello. Rio de Janeiro: Ed. Saga, 1969. p. 218.

720. DANTAS, F. C. de San Tiago. Bases para um entendimento entre as forças políticas nacionais. 20.06.1958. ASTD.

721. Sobre a partida de San Tiago para Belo Horizonte, ver Carta de San Tiago Dantas a Chermont de Miranda. Rio de Janeiro, 04.07.1958. *Jornal do Brasil*, 29.07.1958, p. 13.

722. *Diário Carioca*. 02.08.1958, p.3 .

723. Ibidem.

724. Entrevista concedida ao *Diário de Minas* e aos *Diários Associados*, em Belo Horizonte, 1958. No panfleto não há o dia e o mês da entrevista; mas em seu texto

há referência à Convenção do PTB realizada "sábado último", ou seja, 26.07.1958; logo, pode-se estimar a data da publicação dessa entrevista na semana que se inicia a 28 de julho daquele ano de 1958. Essa mesma entrevista é publicada em *O Jornal*, do Rio de Janeiro, a 05.08.1958, sob o título *Nacionalização e Reforma do trabalhismo no Brasil*, p. 3 e 6.

725. AZAMBUJA, Raphael. Sr. Brizola e os Pareceres. *Última Hora*, 30.07.1958. *Correio da Manhã*, 03.07.1958, p. 1 e 5. Uma crítica, tortuosa, ao parecer está em DANTAS, Pedro. Na cabeça DAR. *Diário de Notícias*, 06.07.1958, p. 4.

726. *Jornal do Brasil*, 01.10.1958, p. 11.

727. *Correio da Manhã*. 01.10.1958, p. 1. *O Jornal*, 01.10.1958, p. 4.

CAPÍTULO 23 – ELEITO DEPUTADO

728. DANTAS, F. C. de San Tiago. A posição do PTB diante da sucessão presidencial. In: *Perfis parlamentares 21:* Discursos Parlamentares. Brasília: Câmara dos Deputados, 1983, p. 122.

729. Entrevista de San Tiago Dantas à *TV Tupi*, 27.11.1958.

730. Entrevista de San Tiago Dantas à *TV Tupi*, 27.11.1958. Entrevistador Arnaldo Nogueira, programa *Falando Francamente.* Como diria um personagem de Eça de Queiroz, um dos autores favoritos de San Tiago: "E tu compreendes, como eu desejo tentar a Política, preciso primeiramente aparecer, espalhar o meu nome (...)". QUEIROZ, Eça de. *A ilustre casa de Ramires.* São Paulo: Ateliê Editorial, 2014. p. 133.

731. *Correio da Manhã*, 10.08.1958, p. 13.

732. *Diário de Notícias*, 21.09.1958, p. 3. As citações prosseguem na imprensa; segundo a *Última Hora*, que apoiava o PTB, mas não San Tiago, este teria patrocinado um baile "para conquistar a simpatia da juventude" a um custo de Cr$ 73.000,00. *Última Hora*, 16.08.1958, p. 4. E em sua coluna no *Diário de Notícias*, o conhecido jornalista Pedro Dantas, citando o deputado pessedista mineiro Último de Carvalho, dizia que a campanha de San Tiago, "ilustre jornalista, jurista e professor", custaria entre 15 e 20 milhões de cruzeiros, observando que o seu "prestígio intelectual deveria ser suficiente para assegurar-lhe eleição gratuita e fácil". *Diário de Notícias*, 28.09.1958, p. 5.

733. AUGUSTO, José. Na Hora H. *Última Hora*, 09.10.1958, p. 3. *Diário de Notícias*, 10.10.1958, p. 3. *Jornal do Brasil*, 11.10.1958, p. 4.

734. A matéria reproduz os inúmeros municípios em que San Tiago recebeu votos, localizados em todo o estado. *Jornal do Commercio*, 19.10.1958. p. 1.

735. Eleição para deputado estadual em 1958: população em Minas Gerais: 8.641.654; votantes, 1.888.027. Dados estatísticos: eleições federais, estaduais, re-

alizadas no Brasil em 1958, e em confronto com anteriores. BRASIL. Tribunal Superior Eleitoral. 1961. v. 4, p. 17, 30, 54 e 245. Disponível em: http://www.fgv.br/cpdoc/acervo/dicionarios/verbete-biografico/jose-raimundo-soares-da-silva.

736. Dados estatísticos: eleições federais, estaduais, realizadas no Brasil em 1958, e em confronto com anteriores. BRASIL. Tribunal Superior Eleitoral. 1961. v. 4, p. 17, 30, 54 e 245.

737. A informação foi obtida através do https://pt.wikipedia.org/wiki/Elei%C3%A7%C3%B5es_estaduais_em_Minas_Gerais_em_1958.

738. Sobre o apoio dos integralistas a Leonel Brizola, ver RAMOS, Plínio de Abreu. *O PSD mineiro*. Belo Horizonte-Rio de Janeiro: Ed. Itatiaia Limitada, 1993. p. 187-188.

739. Ibidem.

740. Carlos Lacerda, mais tarde, não pouparia Afonso Arinos de suas críticas, dizendo que este não reconhecera o apoio eleitoral que ele lhe prestara na eleição de 1958, e que "durante a crise de agosto de 1961, Afonso Arinos procurou assegurar a sua posição como chanceler no ministério de Goulart, levando 'ao Congresso apavorado aquela fórmula salvadora', aquele 'parlamentarismo impostor'". In: DULLES, John W. F. *Carlos Lacerda*: a vida de um lutador. v. 2: 1960-1977. Rio de Janeiro: Nova Fronteira, 2000. p. 63-64. Afonso Arinos, em nota posteriormente acrescida à edição original de suas memórias, e morto Lacerda, diria sobre seu crítico: "Os meus sentimentos atuais a respeito da imagem de Carlos Lacerda. Foi um líder tão poderoso quão ineficaz. Pôde, em certos momentos, acomodar os fatos à sua vontade, mas nunca colocou sua vontade dentro da verdadeira realidade histórica. Criou, pela sua força, momentos anti-históricos da nossa história. Sua figura humana perdurará. Sua obra histórica desapareceu. No fundo, nunca existiu. (Nota de maio de 1978). FRANCO, Afonso Arinos de Melo. *A alma do tempo*: memórias. Rio de Janeiro: Ed. Topbooks, 2018, p. 1283.

741. Várias Notícias. *Jornal do Commercio*, 03.10.1958, p. 4.

742. Ibidem.

743. Várias Notícias. *Jornal do Commercio*, 06.10.1958, p. 4.

744. Várias Notícias. *Jornal do Commercio*, 12.10.1958, p. 4.

745. D'ARAUJO, Maria Celina. *Sindicatos, carisma e poder*: o PTB de 1945-65. Rio de Janeiro: Ed. da FGV, 1996. p. 118-119.

746. *Última Hora*, 13.10.1958, p. 6.

747. NERY, Adalgisa. Retrato sem retoque. *Última Hora*, 22.10.1958, p. 3.

748. Transcrição da entrevista de San Tiago Dantas a *TV Tupi*, 27.11.1958.

749. Naquele ano de 1958, a dedicação do San Tiago à sua candidatura, a partir de junho foi sentida no *Jornal do Commercio*: publicou 88 *Várias;* 17 publicadas em

janeiro, 14 em fevereiro, 12 em março, 10 em abril, 10 em maio, 04 em junho, 04 em julho, nenhuma em setembro, 10 em outubro, 05 em novembro e 02 em dezembro.

750. MELO FILHO, Murilo. San Tiago Dantas, o advogado tranquilo: "Sou um homem de classe média". Entrevista à *Revista Manchete*. 18.04.1959.

751. *Correio da Manhã*. 14.01.1958, p. 9.

752. *O Jornal*, 23.11.1958, p. 1 e 10.

753. *Correio da Manhã*, 06.01.1959, p. 11. *O Jornal*, 04.01.1959, p. 3.

754. *O Jornal*. 07.01.1959, p. 5. A chapa vencedora ficou assim composta: Presidente: Álvaro Marcílio; Membros: Camilo Nogueira da Gama, Francisco Clementino de San Tiago Dantas, José Raimundo Soares e Silva, Mario de Ascensão Palmeiro, Valter Geraldo de Azevedo, João Lima Guimarães e outros.

755. *O Jornal*, 06.01.1959, p. 4-5.

756. Os temas são: 1: organização dos diretórios municipais e distritais; 2: alistamento e proselitismo; 3: a classe trabalhadora; 4: sindicatos; 5: religião; 6: outros partidos; 7: educação; 8: nacionalismo; 9: reforma agrária; 10: sindicalismo; 11: previdência social; 12: reestruturação; 13: empregos e casos pessoais; 14: recepção de chefes políticos e solenidades;15: conclusão. Nota: Instruções aos dirigentes municipais do Partido Trabalhista Brasileiro (Minas Gerais). Ms. DANTAS, F. C. de San Tiago. Belo Horizonte, 15.02.1959. ASTD.

757. Texto sem título, datado de 16.02.1959, com registro de autoria de San Tiago, ao pé da página. ASTD.

758. *Última Hora*, 11.03.1959, p. 2.

759. *O Jornal*, 08.04.1959, p. 4.

760. In: HIPÓLITO, Lúcia. *De raposas e reformistas* - o PSD e a experiência democrática. São Paulo: Ed. Paz e Terra, 1985. p. 152-153.

761. *O Jornal*, 15.03.1959, p. 1.

762. *O Jornal*, 14.03.1959, p. 1 e 13.

763. *O Jornal*, 15.03.1959, p. 1 e 6.

764. *Jornal do Commercio*, 22.03.1959, p. 3.

765. *Jornal do Brasil*, 22.03.1959, p. 1.

CAPÍTULO 24 – ESTREIA NA CÂMARA DOS DEPUTADOS

766. DANTAS, F. C. de San Tiago. Reformas de base. Pronunciamento no plenário da Câmara dos Deputados em nome do PTB, propondo reformas de base (governo Kubitschek). In: *Perfis parlamentares 21*: Discursos Parlamentares. Câmara

dos Deputados. Brasília. 1983, p. 91.

767. Sem jamais ter sido magro, San Tiago não cessaria de ganhar peso com a idade; ao redor dos 50 anos dirá, "Minha luta contra a gordura tem sido um rosário de derrotas". *Jornal do Brasil*, 14.08.1962, p. 8. DANTAS, F. C. de San Tiago. *Perfis parlamentares 21*. Discursos Parlamentares. Câmara dos Deputados. Brasília. 1983, p. 75-115.

768. Ibidem, p. 91.

769. Ibidem, p. 75.

770. DANTAS, F. C. de San Tiago. *Perfis parlamentares 21*. Discursos Parlamentares. Câmara dos Deputados. Brasília. 1983, p. 76.

771. Ibidem, p. 76-77.

772. Ibidem, p. 77.

773. Ibidem, p. 111-112.

774. Ibidem, p. 105.

775. Idem.

776. *Tribuna da Imprensa*, 31.03.1959, p. 4. "(...) San Tiago Dantas, [em] sua estreia na Câmara, como deputado pelo PTB, foi chamado por Lacerda de 'monsieur Passpartout'. Nada menos do que o criado trapalhão de Phileas Fogg em *A Volta ao mundo em oitenta dias*, de Júlio Verne, e que o grande público conheceria vivido por Cantinflas, no filme do produtor Michael Todd". In: GUTEMBERG, Luiz. *Moisés, codinome, Ulysses Guimarães*: uma biografia. São Paulo: Companhia das Letras, 1994. p. 71.

777. *Tribuna da Imprensa*, 31.03.1959, p. 4.

778. *Diário de Notícias*, 31.03.1959, p. 3.

779. *O Jornal*, 31.03.1959, p. 1 e 6.

780. *Jornal do Brasil*, 31.03.1959, p. 4.

781. *Correio da Manhã*, 31.03.1959, p. 9 e 16.

782. *Tribuna da Imprensa*, 31.03.1959, p. 3.

783. San Tiago Dantas apresentou o "calcanhar-de-aquiles da democracia": mostra soluções. *Jornal do Brasil*, 31.03.1959, p. 5. *Jornal do Brasil*, 02.04.1959, p. 3.

784. *Última Hora*, 01.04.1959, p. 2.

785. *Diário de Notícias*, 02.04.1959, p. 1. *O Jornal*, 02.04.1959, p. 3 e 6. *Jornal do Brasil*, 02.04.1959, p. 3.

786. *O Jornal*, 07.04.1959, p. 5. *Última Hora*, 07.04.1959, p. 2.

787. Ao *Diário de Notícias*, a manifestação do pessedista foi um "aglomerado de lugares comuns e chavões de toda sorte", por vezes não permitindo concluir se "a oração era pró ou contra as teses do novo teórico do PTB". Aliás, San Tiago postou-se em frente a um dos microfones dos apartes, mas "não teve como intervir à mingua de substância no discurso do seu apoiador". *Diário de Notícias*, 07.04.1959, p. 4.

788. Reformas de Base seria uma expressão apropriada pelas mais diversas correntes ideológicas e partidárias, sob a qual logo se abrigaram várias propostas, verbais, de reforma. Luís Carlos Prestes, em artigo publicado no semanário do Partido Comunista Brasileiro, *Novos Rumos*, fez referência às reformas de base do PTB, – como se viu não formuladas – enumerando-as: "limitação da remessa de lucros das empresas estrangeiras, reforma agrária, lei de greve, reforma da previdência social e recuperação do Nordeste". Novos Rumos, 4 a 10.09.1959. CARONE, Edgard. *O P.C.B.*: 1943 a 1964. v. 2. São Paulo: Difel, 1982. p. 206-207.

789. "Na Câmara dos Deputados, instalada no Rio de Janeiro, lhe foi conferida a vice-liderança do bloco parlamentar PSD-PTB, que respaldava o presidente Juscelino Kubitschek. Contudo, se bem me lembro, San Tiago parecia sem trânsito no Palácio Tiradentes. A Frente Parlamentar Nacionalista, desafortunadamente, não lhe dava muito crédito. Ao que percebo agora, (42 anos depois!), não sabia do papel que ele cumprira, como assessor de Getúlio Vargas, na elaboração do projeto da Petrobras. Nem [eu] ao menos me dera conta da porta que abrira aos nacionalistas, no *Jornal do Commercio*, em ostensiva defesa do monopólio estatal do petróleo. Nesse contexto, o discurso de San Tiago Dantas, a 26.02.1959, sobre as Reformas de Base, não tivera maior ressonância na bancada do PTB. Sobretudo no Grupo Compacto". AFONSO, Almino. *1964 na visão do ministro do trabalho de João Goulart*. São Paulo: Imprensa Oficial, 2014. p. 292.

790. *Jornal do Commercio*, 08.04.1959, p. 2.

791. WILLIAMSON, Edwin. *The Penguin History of Latin America*. London: Ed. Penguin Books, 1992. p. 447.

792. DEPALMA, Anthony. *O homem que inventou Fidel*: Cuba, Fidel e Herbert L. Matthews do New York Times. Tradução: Pedro Maia Soares. São Paulo: Companhia das Letras, 2006. p. 133.

793. In: ROBERTS. J. M. *A History of Europe*. New York: Allen Lane, 1997. p. 541. Sobre os fuzilamentos, ver FURSENKO, Aleksandr; NAFTALI, Timothy. "*One hell of a gamble*". Khrushchev, Castro and Kennedy, 1958-1964. New York-London: W.W. Norton & Company, 1998. p. 15.

794. Op. cit. p. 18-22.

795. DOMINGUEZ, Jorge. Cuba since 1959. In: BETHELL, Leslie. *Cuba*: a short history. Cambrigde University Press, 1993. p. 97.

796. FURSENKO, Aleksandr, 1958-1964. NAFTALI, Timothy. "*One hell of a gamble*". Khrushchev, Castro and Kennedy, 1958-1964. New York-London: W.W.

Norton & Company, 1998, p.16.

797. *Correio da Manhã*, 01.05.1959, p. 20 e 8.

798. *Diário de Notícias*, 06.05.1959, p. 1 e 2.

799. *Correio da Manhã*, 06.05.1959, p. 18 e 12. Segundo o jornal, Fidel, que conversara com San Tiago na hora do jantar, teria indagado à anfitriã, "como é o nome mesmo daquele inteligente senhor que é seu inimigo político?". *Jornal do Brasil*, 07.05.1959, p. 4-8.

800. *Correio da Manhã*, 07.05.1959, p.16 e 11. *Última Hora*, 07.05.1959, p. 8.

801. Ao conhecer Fidel no jantar de José Nabuco, Lacerda "ficou encantado com o cubano de 32 anos, ainda mais loquaz que ele"; e Lacerda escreveria: "Tive a sensação de que falei a um homem de uma espécie que parecia extinta: a dos libertadores idealistas", e aceitou a sua justificativa com relação aos fuzilamentos. DULLES, John W. F. *Carlos Lacerda*: a vida de um lutador. v. 1: 1914-1960. Rio de Janeiro: Nova Fronteira, 1992. p. 323.

CAPÍTULO 25 – EDUCAÇÃO E OUTROS TEMAS

802. DANTAS, F. C. de San Tiago. Lei de Diretrizes e Bases da Educação. Discurso pronunciado na Sessão de 04.07.1959 na Câmara Federal. In: *Perfis parlamentares 21*: Discursos Parlamentares. Câmara dos Deputados. Brasília. 1983, p. 451-454.

803. MOREL, Edgar. O povo gaúcho esmagou o truste de eletricidade da *Bond and Share*. *O Semanário*, 23 a 29.05.1959. ano IV, n. 160, p. 8. Brizola encampa Companhia Elétrica Rio-grandense. *Correio da Manhã*, 13.05.1959, p. 16. KELLER, Vilma; BENJAMIN, Cid. Leonel Brizola. In: BELOCH, Israel; ABREU, Alzira Alves de (coord.). *Dicionário histórico-biográfico brasileiro: 1930-1983*. Rio Janeiro: Forense Universitária, 1984. v. 1, p. 489. *O Jornal*, 15.05.1959. p. 5.

804. *Jornal do Brasil*, 22.05.1959, p. 4.

805. *Diário de Notícias*, 27.05.1959, p .4. Nos Estados Unidos, contudo, a verdadeira causa da morte de Dulles foi referida na imprensa, um fato senão inédito, então muito raro.

806. Cf. DULLES, John W. F. *Carlos Lacerda*: a vida de um lutador. v. 1: 1914-1960. Rio de Janeiro: Nova Fronteira, 1992. p. 311.

807. DANTAS, F. C. de San Tiago. Lei de Diretrizes e Bases da Educação. Discurso pronunciado na Sessão de 04.07.1959 na Câmara Federal. In: *Perfis parlamentares 21*: Discursos Parlamentares. Câmara dos Deputados. Brasília. 1983, p. 451-454.

808. Ibidem, p. 458-459.

809. Ibidem, p. 460.

810. Carta de San Tiago Dantas a Anísio Teixeira, s/d. Rascunho manuscrito. Nota aposta por San Tiago: "Carta. 3 cópias. Papel da Câmara". ASTD.

811. Op. cit. p. 470-480. Segundo o jornal, o substitutivo assegurava igualdade de condições entre a escola pública e a escola privada, por dois meios: a representação adequada das instituições educacionais aos órgãos de direção de ensino e o reconhecimento, para todos os fins, nos estudos realizados nos estabelecimentos particulares autorizados e reconhecidos. *Jornal do Brasil*, 11.10.1959. p. 12.

812. Carta de San Tiago Dantas a Ernani do Amaral Peixoto. Rio de Janeiro, 02.06.1959.

813. Não raro, San Tiago, ao falar, erguia o indicador direito, para acentuar, professoralmente, tópicos de seu discurso, gesto que irritava seus adversários. VICTOR, Mário. *Cinco anos que abalaram o Brasil*: de Jânio Quadros ao marechal Castello Branco. Rio de Janeiro: Civilização Brasileira, 1965. p. 425.

814. Forças Armadas Apreensivas. Entrevista de San Tiago Dantas à revista *O Cruzeiro*. CASTELLO BRANCO, Carlos. 20.06.1959, p. 116-120.

815. San Tiago recomendava a leitura, em voz alta, do texto para lhe verificar a autenticidade: "Quando você tiver dúvida sobre a autenticidade do que escreve, leia alto. Se não for verdadeiro, soará como moeda falsa". QUEIROZ, Dinah Silveira. San Tiago pontifício. *Jornal do Brasil*, 27.07.1968, p. 10.

816. Forças Armadas Apreensivas. Entrevista de San Tiago Dantas à revista *O Cruzeiro*. CASTELLO BRANCO, Carlos. 20.06.1959, p. 116-120.

817. DANTAS, F. C. de San Tiago. Relatório ao Dr. João Goulart, 27.06.1959. ASTD.

818. "O que houve aqui no Brasil foi um jogo. No momento em que o Fundo disse não, o governo brasileiro fez como se fosse um rompimento do Brasil. Mas foi o Fundo que disse não". MOREIRA, Marcílio Marques. *Diplomacia, política e finanças*: de JK a Collor, 40 anos de história por um de seus protagonistas. Rio de Janeiro: Objetiva, 2001. p. 51.

819. MALAN, Pedro Sampaio. Relações econômicas internacionais do Brasil (1945-1964). In: FAUSTO, Boris (coord.). *História geral da civilização brasileira.* O Brasil Republicano Economia e Cultura (1930-1964). São Paulo: Difel, 1986. v. 4, t. 3, p. 99.

820. CAMPOS, Roberto. *Na virada do milênio*: ensaios. 2. ed. Rio de Janeiro: Topbooks, 1999. p. 164. LOPES, Lucas. *Memórias do desenvolvimento*. Rio de Janeiro: Centro da Memória da Eletricidade no Brasil, 1991. p. 219.

821. *Jornal do Brasil*, 17.07.1959, p. 4.

822. *Última Hora*, 17.07.1959, p. 4.

823. *Diário de Notícias*, 25.06.1959, p. 4.

824. *Correio da Manhã*, 02.07.1959, p. 16.

825. *O Jornal*, 02.07.1959, p. 4. *Diário de Notícias*, 03.07.1959, p. 4.

826. *Última Hora*, 23.07.1959, p. 4.

827. MELO FILHO, Murilo. San Tiago Dantas, o advogado tranquilo: "Sou um homem de classe média". Entrevista à *Revista Manchete*. 18.04.1959.

828. Segundo o depoimento do deputado Neiva Moreira, ativo integrante da Frente Parlamentar Nacionalista, o estatismo era visto no PTB e na FPN como um instrumento de defesa do nacionalismo.

829. Carta de San Tiago Dantas ao presidente da Câmara dos Deputados. Sala das Seções, 06.08.1959.

830. Relatório da delegação do Brasil à 5ª Reunião de Consulta dos Ministros das Relações Exteriores, ago. 1959. "A Declaração de Santiago do Chile foi feita pelo San Tiago Dantas. De brincadeira, nós dizíamos 'Santiago explains itself'. A conclusão do San Tiago na reunião do Chile de 1959 foi que o sistema interamericano era incompatível com a organização comunista". In: CUNHA, Vasco Leitão da. *Diplomacia em alto-mar*: depoimento ao CPDOC. Rio de Janeiro: ED FGV, 1994. p. 211. No arquivo de San Tiago acha-se uma cópia do relatório sobre o desempenho da delegação brasileira, em português, de 16 páginas, seguido de um texto sobre as resoluções aprovadas e a Declaração de Santiago, no Chile, redigida em espanhol, em 10 páginas subsequentes.

831. Posição do PTB diante da sucessão presidencial. Câmara Federal, Sessão de 10.09.1959. DANTAS, F. C de San Tiago. In: *Perfis parlamentares 21*: Discursos Parlamentares. Câmara dos Deputados. Brasília. 1983, p. 129.

832. *Última Hora*, 12.09.1959, p. 4. Uma das primeiras ligações não oficiais de Brasília para o Rio de Janeiro foi feita pelos engenheiros que instalaram o sistema de comunicação entre as duas cidades ao jornalista ultraconservador, Gustavo Corção, engenheiro de formação, que afirmara ser o governo incapaz de estabelecer o sistema telefônico entre as duas cidades. Depoimento de José Paulo Vianna.

833. *Última Hora*, 14.09.1959, p. 5. *Correio da Manhã*, 15.09.1959, p. 10.

834. *Jornal do Brasil*, 23.09.1959, p. 5.

835. "O número de paralisações trabalhistas no país saltou de 29 em 1958 para 64 e 67, respectivamente, nos dois anos seguintes". In: SANTOS, Wanderley Guilherme dos. *Sessenta e quatro*: anatomia da crise. São Paulo: Vértice, 1986. p. 39.

836. DANTAS. F. C. de San Tiago. *Perfis parlamentares 21*: Discursos Parlamentares. Câmara dos Deputados. Brasília. 1983, p. 119; 129; 130 e 132.

837. *O Jornal*, 18.10.1959, p. 3.

838. *O Jornal*, 23.10.1959, p. 3. *Jornal do Brasil*, 24.10.1959, p. 1 e 7.

839. DULLES, F. W. *Carlos Lacerda*: a vida de um lutador. v. 1: 1946-1960. Rio de Janeiro: Nova Fronteira, 1992. p. 314-315 e 318.

840. Cf. MAYER, Jorge Miguel; BENJAMIN, César. Jânio Quadros. In: BELOCH, Israel; ABREU, Alzira Alves de (coord.). *Dicionário histórico-biográfico brasileiro: 1930-1983*. Rio de Janeiro: Forense Universitária, 1984. v. 3, p. 2847-2856.

841. FRANCO, Afonso Arinos de Melo. *A Escalada*. Rio de Janeiro: José Olympio Editora, 1965. p. 354.

842. Cf. PANTOJA, Silvia; FLAKSMAN, Dora. Juscelino Kubitschek. In: BELOCH, Israel; ABREU, Alzira Alves de (coord.). *Dicionário histórico-biográfico brasileiro: 1930-1983*. Rio de Janeiro: Forense Universitária, 1984. v. 2, p. 1710.

843. DULLES, John W. F. *Carlos Lacerda*: a vida de um lutador. v. 1: 1914-1960. Rio de Janeiro: Nova Fronteira, 1992. p. 333 e ss.

844. Ibidem, p. 339.

845. *Correio da Manhã*, 16.12.1959, p. 14.

846. *Diário de Notícias*, 03.05.1959, p. 4.

847. RAMOS, Plínio de Abreu. *O PSD mineiro*. Belo Horizonte-Rio de Janeiro: Ed. Itatiaia Limitada, 1993. p. 188.

848. RAMOS, Plínio de Abreu. *O PSD mineiro*. Belo Horizonte-Rio de Janeiro: Ed. Itatiaia Limitada, 1993. p. 189.

849. BADARÓ, Murilo. *José Maria Alkmin: uma biografia*. Rio de Janeiro: Nova Fronteira, 1996. p. 283.

850. Em 1951, "foi a primeira vez que vi o Dr. Getúlio e desde então ficamos camaradas, o que facilitou muito minha tarefa como representante do Juscelino junto ao governo federal". Tancredo Neves. In: MOTA, Lourenço Dantas (coord.). *A história vivida*: entrevistas. 2. ed. ampl. Rio de Janeiro: Topbooks, 2014. p. 81. "Juscelino, depois de ouvir os companheiros do PSD mineiro, decidiu continuar com a pasta da Justiça. Contou-me, depois, que o Dr. Getúlio, na hora de escolher o nome, abre um livrinho, que tinha a relação dos deputados, e começou a procurar por ordem alfabética. Juscelino interrompeu na leitura da letra G, dizendo-lhe que não se devia perder tempo, pois achava que o nome do agrado do presidente era o meu". Op. cit. p. 83.

851. *Jornal do Brasil*, 01.12.1959, p. 17. *Última Hora*, 30.11.1958. p. 4. *O Jornal*, 02.12.1959, p. 7.

852. *O Jornal*, 02.12.1959, p. 5.

853. *Diário de Notícias*, 10.12.1959, p. 5.

854. Mais tarde Juscelino diria: "O General Teixeira Lott não era pessedista, ou melhor, não era político. Defendia teses que haviam sido formuladas pela Frente

Parlamentar Nacionalista. Daí o lançamento de sua candidatura pela Frente, homologada depois pelo presidente Juscelino Kubitschek". *Por que construí Brasília*: Juscelino Kubitschek. 2. ed. Brasília: Senado Federal, Conselho Editorial, 2002. p. 266-267.

855. *Diário de Notícias*, 24.12.1959, p. 4. *O Jornal*, 23.12.1959, p. 3.

856. LOPES, Otacílio. Por trás da Cortina. *Última Hora*, 23.12.1959, p. 4.

857. *O Jornal*, 25.12.1959, p. 1.

858. AMADIO, José. Gente que faz notícia. *O Cruzeiro*, 26.12.1959, p. 16-17. As citações são retiradas dessa entrevista.

859. "Falar de Jango é falar das reformas de base. É quase impossível dissociar o presidente da bandeira das reformas. O mais surpreendente é que, em momento algum de seu governo, conseguiu construir uma proposta coerente de transformações (mais que necessária) diante de uma conjuntura econômica-política polarizada". VILLA, Marco Antonio. *Jango*: um perfil (1945-1964). São Paulo: Ed. Globo, 2004. p. 239-240.

860. Ainda naquele ano legislativo, San Tiago prestou homenagem a dois grandes juristas: Clóvis Bevilácqua, cujo centenário fora celebrado, autor do projeto do Código Civil, cuja crítica dura de Rui Barbosa já fora objeto de análise de um ensaio de San Tiago, e fez o necrológio do notável jurista Alfredo Valladão, autor do projeto do Código de Águas, que buscou modernizar a forma de intervenção do estado na ordem econômica, a partir de premissas democráticas. Sobre os discursos de San Tiago, ver DANTAS, F. C. de San Tiago. *Perfis parlamentares 21*: Discursos Parlamentares. Câmara dos Deputados. Brasília. 1983. p. 655-659; 660-662.

861. "Projeto de lei que reprime abusos do poder econômico nas eleições e dá outras providências". Minuta, s/d. ASTD. E "Projeto que dá nova redação aos artigos 141, 16, 147, 156, 20, terceiro e quarto da Constituição Federal, estabelece os princípios básicos do regime de terras". Minuta, s/d. ASTD.

862. *Última Hora*, 21.12.1959, p. 20.

863. STONE, I. F. *The haunted fifties*: 1953-1963. Boston: Little Brown and Company, 1989. p. 264; 270-272. E ROBERTS, J. M. *A History of Europe*. New York: Allen Lane, 1997. p. 543.

864. GADDIS, John Lewis. *The Cold War*: a new history. New York: The Penguin Press, 2005. p. 111-112.

865. FERREIRA, Inês Quental. *Brasileiros há muitas gerações*: memórias e pesquisas sobre as origens da família San Tiago Dantas Barbosa Quental. Rio de Janeiro: Núcleo I inteligência criativa, 2018. p. 165-166.

CAPÍTULO 26 – CANDIDATOS

866. Carta de San Tiago Dantas ao presidente Juscelino Kubitschek. Rio de Janeiro, 14.09.1960.

867. *Jornal do Brasil*, 01.01.1960, p. 4.

868. Em sua coluna, *Em primeira mão*, o jornalista Hélio Fernandes, no *Diário de Notícias*, afirmava que o "senhor San Tiago Dantas, do alto dessa imponência de 400 séculos de cultura [que] nos esmagam", havia lançado a sua candidatura à vice-governadoria em Minas, pretendendo, na verdade, ser candidato a vice da República. 08.01.1960, p. 5. *O Jornal*, 07.01.1960, p. 1.

869. *Diário de Notícias*, 08.01.1960, p. 5.

870. *Diário de Notícias*, 06.01.1960, p. 4.

871. *Correio da Manhã*, 10.01.1960, p. 10.

872. "Conforme eu havia dito aos integrantes das bancadas do PSD, por ocasião da manifestação que me fizeram durante o mês de abril, minha atitude, em face de pleito, seria de absoluta neutralidade". KUBITSCHEK, Juscelino. *Por que construí Brasília*: Juscelino Kubitschek. 2. ed. Brasília: Senado Federal, Conselho Editorial, 2002. p. 266.

873. *Correio da Manhã*, 10.01.1960, p. 19.

874. DANTAS, F. C. de San Tiago. A questão da vice-governadoria: I - candidato exclusivo versus candidato livre. A questão da vice-governadoria: II - polêmica e competição. Não se conhece a formalização desses textos, nem a sua destinação. Ms. s/d. ASTD.

875. Op. cit.

876. *O Jornal*, 14.01.1960. p. 1.

877. *Última Hora*, 16.01.1960, p. 4.

878. *Última Hora*, 20.01.1960, p. 4. Cf. AFONSO, Almino. *1964 na visão do ministro do trabalho de João Goulart*. São Paulo: Imprensa Oficial, 2014. p. 271.

879. *Última Hora*, 22.01.1960, p. 4.

880. *Jornal do Brasil*, 22.01.1960, p. 4.

881. *Diário de Notícias*, 14.01.1960, p. 4.

882. *O Jornal*, 15.01.1960, p. 1.

883. Sobre o tratamento de *Professor* dado a San Tiago por Jango, depoimento de Américo Lacombe.

884. *Diário de Notícias*, 28.01.1960, p. 4.

885. *Correio da Manhã*, 24.01.1960, p. 20.

886. *Jornal do Brasil*, 21.04.1960, p. 11. Sobre a extinção de ações ao portador, ver *Correio da Manhã*, 17.02.1960, p. 11. San Tiago já discutira outra proposta inovadora (e frustrada) à alteração do Código de Processo Civil, criando a possibilidade de conciliação entre as partes, antes do início da ação judicial. *Jornal do Brasil*, 12.02.1960, p. 11.

887. *Jornal do Brasil*, 17.02.1960, p. 4.

888. *Última Hora*, 19.02.1960, p. 4.

889. *Última Hora*, 19.02.1960, p. 4.

890. *Diário de Notícias*, 14.03.1960, p. 1 e 6.

891. *Jornal do Brasil*, 24.01.1960, p. 4.

892. *O Jornal*, 02.04.1960, p. 1 e 4. *O Jornal*, 03.04.1960, p. 1 e 8.

893. *O Jornal*, 05.04.1960, p. 1 e 15. "No Catete, para onde seguiu imediatamente o Sr. Carlos Murilo, transmitiu ao Sr. Kubitschek os termos inquietantes de uma conversa que tivera com os líderes do 'grupo compacto'. Entre eles, Sérgio Magalhães, Temperani Pereira e Almino Afonso manifestaram francamente a disposição de se unirem ao lado oposicionista para 'mobilizar a Câmara e não permitir a aprovação de qualquer medida capaz de facilitar a mudança para Brasília no dia 21'".

894. *O Jornal*, 06.04.1960, p. 1. Carta de San Tiago Dantas ao presidente Juscelino Kubitschek. Rio de Janeiro, 05.04.1960.

895. *Correio da Manhã*, 06.04.1960, p. 3.

896. *O Jornal*, 23.02.1960, p. 1 e 16.

897. *Jornal do Brasil*, 23.02.1930, p. 4. *Correio da Manhã*, p. 11 e 14. ver MOTTA, Marly Silva da. *Saudades da Guanabara*. Rio de Janeiro: Ed. da FGV, 2000. p. 33-35. "Assembleia Legislativa do Estado do Rio de Janeiro. Depto. de Arquivos. Assembleia Legislativa do Estado da Guanabara Informações e Produtos Parlamentares. História e Organização. Disponível em: http://www.alerj.rj.gov.br/center_arq_aleg_prod_link3.htm. Acesso em: 3 jul. 2007. San Tiago relata e discute na Comissão de Constituição e Justiça e na tribuna a lei, de sua autoria, que criou o Estado da Guanabara, e tomaria o seu nome, nas sessões de 22 de fevereiro, 08, 12 e 13 de abril. ver DANTAS, F. C. de San Tiago. *Perfis parlamentares 21*: Discursos Parlamentares. Câmara dos Deputados. Brasília. 1983, p. 596-628.

898. A 24 e a 25 de março, assim como nas sessões de 29, 5 e 9 de abril, San Tiago vai à tribuna da Câmara para tratar do substitutivo à lei orgânica do Distrito Federal. E dois meses depois, San Tiago debate o custeio dos serviços públicos transferidos, a 2 de junho e a 23, a instituição da Fundação Universidade de Brasília. Ver DANTAS, F. C. de San Tiago. *Perfis parlamentares 21*: Discursos Parlamentares. Câmara dos Deputados. Brasília. 1983, p. 596-628.

899. *O Jornal*, 18.06.1960, p. 3.

900. *Correio da Manhã*, 15.06.1960, p. 10 e 16.

901. *Última Hora*, 15.06.1960, p. 6.

902. Tancredo jamais comparecia a atos públicos com apenas San Tiago, ou apenas com Clóvis. Ou participava com os dois, ou se apresentava sozinho. Preferia, nitidamente, a segunda hipótese. Depoimento de Astolpho Dutra.

903. Carta de Hélio Vianna a San Tiago Dantas. Rio de Janeiro, 16.05.1960.

904. Carta de San Tiago Dantas a Hélio Vianna. Paris, 08.12.1960.

905. Carta de San Tiago Dantas a Thiers Martins Moreira. Rio de Janeiro, 22.05.1960.

906. Carta de San Tiago Dantas a Hélio Vianna. Paris, 08.12.1960.

907. San Tiago propõe uma "fórmula capaz de proporcionar a Minas Gerais, através da exportação de minérios, recursos suficientes para o financiamento de um largo programa de industrialização". *O Jornal*, 23.06.1960, p. 5. San Tiago se reúne com estudantes para discutir problemas da educação e política num programa de televisão. *Diário de Notícias*, 20.07.1960, p. 2.

908. Em carta a San Tiago, Hélio Vianna diz que acompanharia em pensamento "os cruzeiros do *Bonanza*, que San Tiago faria correndo do estado em sua campanha. Mas pede ao amigo que tenha "muito cuidado em seus voos", pois o sabia muito audacioso para voar não temendo mau tempo para sair, embora Hélio confiasse no piloto, que era muito prudente. Carta de Hélio Vianna a San Tiago Dantas. Rio de Janeiro, 4.07.1960. No ano seguinte, San Tiago ainda mantinha o avião: "O Dr. San Tiago Dantas recebeu sua carta de 13 do corrente, na qual manifesta o desejo de adquirir um avião de sua propriedade. Pediu-me informá-lo, em resposta, de que não pretende vender agora o referido aparelho, por não dispor ainda de outro para substituí-lo. Quando, porém, resolver efetuar a venda, terá o maior prazer em cientificá-lo dessa resolução". Carta da secretária de San Tiago Dantas ao Comandante Oswaldo Muniz de Oliveira. Rio de Janeiro, 24.02.1961. Depoimento de Astolpho Dutra. Outro acompanhante eventual de San Tiago em seus voos era seu sobrinho, Felippe Quental.

909. *O Jornal*, 17.04.1960, p. 5.

910. *Correio da Manhã*, 26.07.1960, p. 10. *O Jornal*, 29.07.1960, p. 3.

911. *Diário de notícias*, 23.08.1960, p. 5. *Tribuna da Imprensa*, 20.06.1960, p. 5.

912. *Diário de Notícias*, 29.07.1960, p. 2.

913. Depoimento de Astolpho Dutra. No início de uma excursão eleitoral às principais cidades do Triângulo Mineiro acompanhando Lott, Tancredo afirmou que "o rolo compressor" de Minas Gerais, referindo-se a sua campanha eleitoral que se iniciava e o apoio a ela prestado pelo PSD, PTB e PR, além de "comitês nacionalistas", iriam levá-lo à vitória nas eleições de outubro seguinte. *Última Hora*,

06.06.1960, p. 4.

914. *O Jornal*, 08.09.1960, p. 3.

915. *O Jornal*, 09.09.1960, p. 1.

916. *Correio da Manhã*, 15.09.1960, p. 16-10.

917. Ibidem.

918. Carta de San Tiago Dantas ao presidente Juscelino Kubitschek. Rio de Janeiro, 14.09.1960. ASTD.

919. *Diário de Notícias*, 29.09.1960, p. 4.

920. *Diário de Notícias*, 21.09.1960, p. 4.

921. *Correio da Manhã*, 24.09.1960, p. 1. Carta de San Tiago Dantas a Thiers Martins Moreira. Rio de Janeiro, 12.10.1960.

922. RAMOS, Plínio Abreu. *O PSD mineiro*. Belo Horizonte-Rio de Janeiro: Ed. Itatiaia Limitada, 1993. p. 189-191.

923. "Foi Alkmin e não Pena quem articulou e conduziu a dissidência. Pena era conhecido apenas em alguns municípios mineiros. Alkmin era um nome nacional. Foi o esteio político da candidatura de Juscelino e seu mais discutido ministro da Fazenda. Foi de sua autoria, portanto, a principal responsabilidade pela derrota de Tancredo em Minas naquelas eleições". RAMOS, Plínio de Abreu. *O PSD mineiro*. Belo Horizonte-Rio de Janeiro: Ed. Itatiaia Limitada, 1993. p. 190.

924. Segundo Tancredo, "O Partido Republicano era um partido pragmático, que vivia na base da mística do Bernardes [ex-presidente da República], mas que, na hora da tomada de posições eleitorais, vendia-se muito caro. O seu apoio era muito disputado porque ele era o fiel da balança. Para onde ele se inclinava, ele decidia eleição". SILVA, Vera Alice Cardoso; DELGADO, Lucília de Almeida. *Tancredo Neves:* a trajetória de um liberal. Petrópolis: Vozes, 1985. p. 119.

925. *Diário de Notícias*, 13.10.1960, p. 5.

926. *Diário de Notícias*, 14.10.1960, p. 4.

927. *O Jornal*, 18.10.1960, p. 5. *Correio da Manhã*, 19.10.1960, p. 14-10.

928. *Correio da Manhã*, 19.10.1960, p. 14-10.

929. *Correio da Manhã*, 20.10.1960, p. 18-11.

930. *Correio da Manhã*, 20.10.1960, p. 18-11.

931. Era notório o antagonismo, e as farpas trocadas, entre os pessedistas mineiros José Maria Alkmin e Tancredo Neves. Aquele vendo este conversando com o petebista Bocaiúva Cunha, observou: "Daquela conversa não sai nada. Não há [ali] ninguém do PSD". CASTELLO BRANCO, Carlos. *Introdução à Revolução de 1964*: a queda de João Goulart. Rio de Janeiro: Artenova, 1975. t. 2, p. 47.

CAPÍTULO 27 – EUROPA, RIO DE JANEIRO, JÂNIO QUADROS

932. CASTELLO BRANCO, Carlos. Forças Armadas Apreensivas. Entrevista de San Tiago Dantas à revista *O Cruzeiro*, 20.06.1959.

933. Carta de San Tiago Dantas a Plínio Doyle. Rio de Janeiro, 25.10.1960.

934. Em carta a Thiers Martins Moreira, San Tiago diz que partiria no dia 5 de novembro. Em sua coluna, a jornalista Pomona Politis noticia a viagem de San Tiago no dia 30 de outubro. Pomona Politis Informa. *Diário de Notícias*, 01.11.1960, p. 3. Carta de San Tiago Dantas a Thiers Martins Moreira. Rio de Janeiro, 12.10.1960.

935. *Jornal do Brasil*, 03.12.1960, p. 6. *Última Hora*, 30.11.1960, p. 6.

936. CASTELLO BRANCO. Carlos. Política do Brasil em clima europeu. *O Cruzeiro*, 24.12.1960. Os fatos referidos nessa matéria de *O Cruzeiro* certamente tiveram lugar em dezembro, antes da sua publicação, no final daquele mês. Carta de Joseph S. Michaan, representante da E. Safra, a San Tiago Dantas. Nova York, 15.06.1960. Depoimento de Chermont de Miranda.

937. Carta de San Tiago Dantas a Hélio Vianna, dez. 1960.

938. Carta de San Tiago Dantas a Thiers Martins Moreira, Paris, dez. 1960.

939. *Jornal do Brasil*, 31.12.1960, p. 6.

940. BANDEIRA, Moniz. *Brizola e o trabalhismo*. 2. ed. Rio de Janeiro: Civilização brasileira, 1979. p. 117 e ss.

941. Discurso de posse do presidente Jânio Quadros, Brasília, 31.01.1961. In: FRANCO, Álvaro da Costa (org.). *Documentos da política externa independente*. Rio de Janeiro: Centro de História e Documentação Diplomática; Brasília: Fundação Alexandre de Gusmão, 2007. p. 19 e 21.

942. Op. cit. p. 22; 24-25.

943. Ibidem. p. 26-28; 30-31.

944. O caso de Santa Maria. In: *Perfis parlamentares 21*: Discursos Parlamentares. Câmara dos Deputados. Brasília. 1983, p. 286.

945. Ibidem. p. 287.

946. Ibidem. p. 287-288.

947. Ibidem. p. 303.

948. *Diário de Notícias*, 02.03.1961, p. 4.

949. DANTAS, F. C. de San Tiago. Posição da maioria diante dos Decretos nº 50.284 e 50.285 do presidente Jânio Quadros. In: *Perfis parlamentares 21*: Discursos Parlamentares. Câmara dos Deputados. Brasília. 1983, p. 136.

950. Ibidem. p. 156.

951. *Correio da Manhã*, 03.03.1961, p. 10.

952. *Diário de Notícias*, 05.03.1961, p. 4. *Correio da Manhã*, 05.03.1961, p. 11.

953. *Diário de Notícias*, 07.03.1961, p. 4. *Correio da Manhã*, 08.03.1961, p. 14-8.

954. D'ARAUJO, Maria Celina; CASTRO, Celso (org.). *Ernesto Geisel*. 2. ed. Rio de Janeiro: Fundação Getúlio Vargas, 1997. p. 141.

955. GASPARI, Elio. *A Ditadura derrotada*. Ed. Companhia das Letras. São Paulo, 2003. p. 124-127.

956. Almino Afonso, uma das lideranças petebistas na Câmara, observaria: "Sem desmerecer o ministro Afonso Arinos, o verdadeiro ministro das Relações Exteriores era o próprio presidente Jânio Quadros. Pelo menos, no que tange às inovações, ao dinamismo diplomático, à abertura de novas fronteiras, a uma política externa de fato independente". AFONSO, Almino. *Raízes do golpe*: da crise da legalidade ao parlamentarismo - 1961-1963. São Paulo: Marco Zero, 1988. p. 15.

957. Entrevista do ministro Afonso Arinos à imprensa. Circular nº 3.826, de 28.02.1961. In: FRANCO, Álvaro da Costa (org.). *Documentos da política externa independente*. Rio de Janeiro: Centro de História e Documentação Diplomática; Brasília: Fundação Alexandre de Gusmão, 2007. p. 41-42.

958. Mensagem presidencial ao Congresso Nacional. Gestão Afonso Arinos de Melo Franco. FRANCO, Álvaro da Costa (org.). *Documentos da política externa independente*. Rio de Janeiro: Fundação Alexandre de Gusmão, 2007. p. 59.

959. Comunicado sobre o cancelamento das credenciais dos representantes da Lituânia, Letônia e Estônia. Op. cit. p. 52. Informações sobre o restabelecimento de relações diplomáticas com a Hungria, Romênia e Bulgária. Circular nº 3.876, de 28.03.1961. Op. cit., p. 63.

960. HUGH, Thomas. A Revolução Cubana. *História do século vinte*. São Paulo: Abril Cultural, 1968, p. 2609-2613.

961. DULLES, John W. F. *Carlos Lacerda*: a vida de um lutador. v. 2: 1960-1977. Rio de Janeiro: Nova Fronteira, 2000. p. 39-40.

962. Trechos de comunicado sobre a posição brasileira em assuntos atuais de política internacional. In: FRANCO, Álvaro da Costa (org.). *Documentos da política externa independente*. Rio de Janeiro: Centro de História e Documentação Diplomática; Brasília: Fundação Alexandre de Gusmão, 2007. p. 75-76.

963. FRANCO, Afonso Arinos de Melo. Discurso na Comissão de Relações Exteriores da Câmara dos Deputados. Afonso Arinos no Congresso: cem discursos parlamentares. Brasília: Senado Federal, Gabinete da Presidência, 1999, p. 722. Cf. DULLES, John W. F. *Carlos Lacerda*: a vida de um lutador. v. 2: 1960-1977. Rio de Janeiro: Nova Fronteira, 2000. p. 43.

964. BANDEIRA, Moniz. *Brizola e o trabalhismo*. 2. ed. Rio de Janeiro: Civilização brasileira, 1979. p. 127;131.

CAPÍTULO 28 – EMBAIXADOR NA ONU

965. DANTAS, F. C. de San Tiago. Discurso de renúncia ao mandato de Deputado Federal para aceitar a designação para Delegado Permanente do Brasil na ONU, 24.08.1961. Diário da Câmara dos Deputados, 25.08.1961, p. 6133-6138.

966. Depoimento de Astolpho Dutra. Depoimento de Sylvia Póvoas. No mundo dos negócios. *Última Hora*, 09.06.1961, p. 7. Na mesma página do jornal, era informada a cotação do dólar, Cr$ 251,00 para compra e Cr$257,50 para venda. À venda no Cosme Velho, um bairro da zona sul do Rio de Janeiro, ainda de casas térreas e espaçosas em sua maioria, "residência de luxo, com piscina, três salões, escritório, quatro quartos, dependências para empregadas e garagem. Preço Cr$ 10.000.000,00, metade financiado". *Diário de Notícias*, 25.08.1961, p. 3.

967. *Correio da Manhã*, 22.03.1961, p. 4.

968. *Correio da Manhã*, 03.06.1961, p. 12 e 4.

969. *Correio da Manhã*, 26.05.1961, p. 1.

970. *Última Hora*, 19.07.1961, p. 4. *Diário de Notícias*, 20.07.1961, p. 7. *Correio da Manhã*, 22.07.1961, p. 6. *Correio da Manhã*, 21.07.1961, p. 12.

971. *Última Hora*, 27.07.1961, p. 4.

972. *Correio da Manhã*, 27.07.1961, p. 4. Projeto de lei do sr. San Tiago Dantas: Institui o plano de Expansão do Ensino público. Ms. ASTD.

973. *Correio da Manhã*, 05.07.1961, p. 6.

974. *Correio da Manhã*, 28.05.1961, p. 19.

975. D'ARAUJO, Maria Celina. *Sindicatos, carisma e poder*: o PTB de 1945-65. Rio de Janeiro: Ed. da FGV, 1996. p. 136-138.

976. YOUNG, Jordan M. *Brasil 1954-1964*: fim de um ciclo civil. Rio de Janeiro: Nova Fronteira, 1973. p. 131.

977. Cf. GADDIS, John Lewis. *The Cold War*: a new history. New York: The Penguin Press, 2005. p. 115.

978. "Um dia Brizola telefonou-me de Porto Alegre pedindo que sugerisse ao presidente a inclusão dele, Brizola, na delegação brasileira à Conferência de Punta del Leste. Queria ir não apenas para formalidades, mas pretendia, como delegado, ter direito de falar". CASTELLO BRANCO, Carlos. *A renúncia de Jânio:* um depoimento. Rio de Janeiro: Ed. Revan, 1996. p. 37. "Quando Guevara criticou os Estados Unidos, foi calorosamente aplaudido pelo governador do Rio Grande do Sul, Leonel Brizola, líder petebista designado por Quadros como assessor especial

da delegação brasileira". DULLES, John W. F. *Carlos Lacerda*: a vida de um lutador. v. 2: 1960-1977. Rio de Janeiro: Nova Fronteira, 2000. p. 45. Sobre o encontro de Brizola com Che Guevara, ver TAVARES, Flávio. *O Che Guevara que conheci e retratei*. Porto Alegre: RBS Publicações, 2007. p. 40.

979. Afonso Arinos, então o ministro das Relações Exteriores, não foi informado pelo presidente sobre a condecoração a Guevara. ARINOS FILHO, Afonso. *Atrás do espelho*: cartas de meus pais. Rio de Janeiro: Record, 1994. p. 154.

980. E assim prosseguiria "(...) durante o governo Goulart nenhuma decisão importante foi tomada em resposta às iniciativas do Executivo. O Congresso permaneceu igualmente inativo. Não houve iniciativa alguma quanto à maioria das questões centrais, mesmo para compelir o presidente a tornar claras suas próprias referências. Todas as principais propostas sobre a questão agrária foram derrotadas por coalizões majoritárias, *ad hoc*, e nenhuma outra proposta sobre qualquer dos itens que compunham a agenda reformista foi efetivamente submetida ao Congresso". SANTOS, Wanderley Guilherme dos. *Sessenta e quatro*: anatomia da crise. São Paulo: Vértice, 1986. p. 40-41.

981. *Diário de Notícias*, 12.08.1961, p. 4. DANTAS, F. C. de San Tiago. *Revista Manchete*, 21.09.1961.

982. Pomona Politis Informa. *Diário de Notícias*, 05.08.1961, p. 3. *Diário de Notícias*, 08.08.1961, p. 1.

983. *Folha de S. Paulo*, 23.08.1961. *Correio da Manhã*, 18.08.1961, p. 12.

984. Discurso de San Tiago Dantas renunciando ao mandato de deputado federal para aceitar a designação para Delegado Permanente do Brasil na ONU proferido na sessão de 24.08.1961. Diário da Câmara dos Deputados, p. 6133-6138.

985. Idem.

CAPÍTULO 29 – TREZE DIAS DE AGOSTO

986. Discurso de posse do ministro das Relações Exteriores, Francisco Clementino de San Tiago Dantas. In: FRANCO, Álvaro da Costa (org.). *Documentos da política externa independente*. Rio de Janeiro: Centro de História e Documentação Diplomática; Brasília: Fundação Alexandre de Gusmão, 2007. p. 160. Em um curto parágrafo, inserido em uma notícia de teor inteiramente diverso, a *Última Hora* fez referência ao discurso de San Tiago. Discurso de posse de San Tiago Dantas no Ministério das Relações Exteriores, 11.09.1961, p. 5.

987. CASTELLO BRANCO, Carlos. *A renúncia de Jânio*: um depoimento. Rio de Janeiro: Ed. Revan, 1996. p. 8.

988. D'ARAUJO, Maria Celina; CASTRO, Celso (org.). *Ernesto Geisel*. 2. ed. Rio de Janeiro: Fundação Getúlio Vargas, 1997. p. 136-137.

989. CASTELLO BRANCO, Carlos. *A renúncia de Jânio*: um depoimento. Op. cit. p. 10-11. Trinta e cinco anos depois, Jânio diria a seu neto o motivo de sua renúncia – um golpe, frustrado. "Renunciei no dia do soldado porque eu quis sensibilizar os militares e conseguir o apoio deles. Era para ter criado um certo clima político. Imaginei que, em primeiro lugar, o povo iria às ruas, seguido pelos militares, e que os dois me chamariam de volta. Fiquei com a faixa presidencial até o dia 26, um pouco antes de embarcar no Uruguay Star. Achei que eu voltaria de Santos para Brasília na glória. Na realidade, renunciando, eu pedi um voto de confiança à minha permanência no poder. Na Inglaterra, isso é feito frequentemente pelos primeiros-ministros. Fui reprovado e o País pagou um preço muito caro. Deu tudo errado". QUADROS NETO, Jânio; GUALAZZI, Eduardo Lobo Botelho. *Jânio Quadros* - Memorial à História do Brasil. São Paulo: Ed. Rideel, 1996, p. 46.

990. *Última Hora*, 26.08.1961, p. 4. CASTELLO BRANCO, Carlos. A Renúncia de Jânio um depoimento. Rio de Janeiro: Ed. Revan, 1996, p. 50-51.

991. SILVA, Hélio. *1964: Golpe ou Contragolpe?*. Rio de Janeiro: Ed. Civilização Brasileira, 1975. p. 39-41.

992. Discurso proferido na sessão de 24.08.1961, por San Tiago Dantas em razão de sua renúncia ao posto de deputado estadual, publicado no DCD de 25 de agosto de 1961, p. 6133-6138. *Última Hora*, 26.08.1961, p. 4. O estudante secundarista Elio Gaspari era um dos comensais do *Restaurante do Calabouço* – um dos *calaboçais*, como eram então chamados os estudantes que lá faziam suas refeições gratuitas. Administrado pela União Metropolitana de Estudantes, o *Calabouço* era localizado próximo ao Aeroporto Santos Dumont – na área em que hoje está o trevo de acesso ao aeroporto. Elio, indo a pé ao restaurante, viu San Tiago em um carro para lá dirigir-se. Depoimento de Elio Gaspari.

993. CASTELLO BRANCO, Carlos. *A renúncia de Jânio*: um depoimento. Rio de Janeiro: Ed. Revan, 1996. p. 17.

994. Pouco antes da sessão conjunta do Congresso, chegara ao presidente do Senado, reunido com seus colegas, uma nota entregue por dois diplomatas, um deles o futuro embaixador Rubens Ricupero, em que, alarmado, Afonso Arinos, ministro das Relações Exteriores, afirmava que "os ministros militares não podem tomar conhecimento do documento de renúncia, antes do Congresso Nacional, e este é concitado a recusar a renúncia, sem o que será o caos, a guerra civil". SILVA, Hélio. *1964: Golpe ou Contragolpe?*. Rio de Janeiro: Ed. Civilização Brasileira, 1975. p. 43-44. Os militares haviam tomado conhecimento da renúncia pelo seu autor, e, à altura em que Arinos advertia o Congresso, este também já tomara conhecimento dela, e limitara-se a tanto, pois não lhe cabia decidir sobre o ato (unilateral) da renúncia, ao contrário do que pretendia o senador. *Jornal do Brasil*, 26.08.1961, p. 4. Depoimento do embaixador Rubens Ricupero.

995. *Correio da Manhã*, 26.08.1961, p. 12.

996. Idem.

997. Já no exercício da Presidência da República, Mazzilli enviou a Jango, por intermédio da Embaixada em Paris, mensagem informando-o de que assumira interinamente a presidência, em razão da renúncia de Jânio Quadros. SOUZA, Carlos Alves de. *Um embaixador em tempos de crise*. Rio de Janeiro: Francisco Alves Editora S.A., 1979. p. 298. *Última Hora*, 28.08.1961, p. 4.

998. DÉ CARLI, Gileno. *JQ, Brasília e a Grande Crise*. Rio de Janeiro: Ed. Irmãos Pongetti, 1961. p. 34. SILVA, Hélio. *1964: Golpe ou Contragolpe?*. Rio de Janeiro: Ed. Civilização Brasileira, 1975. p. 95-96.

999. *Correio da Manhã*, 26.08.1961, p. 12.

1000. *Jornal do Brasil*, 26.08.1961, p. 3.

1001. O primeiro orador na sessão matutina na Câmara, o deputado Bezerra Leite, do PTB, por Pernambuco, citou "as reiteradas declarações dos chefes militares de que serão os fiadores da legalidade e da ordem tranquilizam a nação brasileira (...) podemos confiar tranquilamente em João Goulart". Diário do Congresso Nacional, ano XVI, Seção II - 27.08.1961, *apud* SILVA, Hélio. *1964: Golpe ou Contragolpe?*. Rio de Janeiro: Ed. Civilização Brasileira, 1975. p. 48.

1002. *Jornal do Brasil*, 26.08.1961, p. 3. O *Diário de Notícias*, que apoiara Jânio, na mesma data dizia que "será simples e rápida a posse de João Goulart". *Diário de Notícias*, 26.08.1961, p. 3.

1003. *Diário de Notícias*, 27-28.08.1961, p. 1 e 3.

1004. *Última Hora*, 28.08.1961, p. 4.

1005. DÉ CARLI, Gileno. *JQ, Brasília e a Grande Crise*. Rio de Janeiro: Ed: Irmãos Pongetti, 1961. p. 39. SILVA, Hélio. *O poder militar*. Porto Alegre: L&PM, 1984. p. 231.

1006. LOPES, José Machado. *O III Exército na crise da renúncia de Jânio Quadros*. Brasília: Editora Alhambra, 1980. p. 41-42.

1007. *Jornal do Commercio*, 28-29.08.1961, p. 4.

1008. *Diário da Noite*, 28.08.1961, p. 13.

1009. *Correio da Manhã*, 30.08.1961, p. 1.

1010. SOUZA, Carlos Alves de. *Um embaixador em tempos de crise*. Rio de Janeiro: Francisco Alves Editora S.A., 1979. p. 299.

1011. *Última Hora*, 28.08.1961, p. 4.

1012. DÉ CARLI, Gileno. *JQ, Brasília e a grande crise*. Rio de Janeiro: Pongetti, 1961. p. 128-130. Dos civis com quem o marechal Denys teria conversado na crise da renúncia, San Tiago é o único referido nas memórias do Marechal. DENYS, Odylio. *Ciclo revolucionário brasileiro*. Rio de Janeiro: Nova Fronteira, 1980. p. 91.

1013. DÉ CARLI, Gileno. *JQ, Brasília e a grande crise*. Rio de Janeiro. Pongetti,

1961. p. 129-130.

1014. *Última Hora*, 28.08.1961, p. 4.

1015. *Última Hora*, 28.08.1961, p. 5.

1016. DÉ CARLI, Gileno. *JQ Brasília e a Grande Crise*. Op. cit. p. 41-42. A única referência a Tancredo Neves, naquela altura, está em SILVA, Hélio. *O Poder Militar*. Porto Alegre: LPM, 1984, p. 283.

1017. DÉ CARLI, Gileno. Op. cit. p. 42.

1018. DÉ CARLI, Gileno. Op. cit. p. 43-44. *Última Hora*, 29.08.1961, p. 4.

1019. *Jornal do Brasil*, 29.08.1961, p. 3. *Última Hora*, 29.08.1961, p. 4.

1020. Registrado seu recebimento às 9h45, do dia 28, mas conhecida desde o início da manhã, o comandante do III Exército, sediado em Porto Alegre, general Machado Lopes, recebeu ordem do ministro da Guerra, transmitida por seu chefe de gabinete, Orlando Geisel, determinando que o III Exército "compelisse imediatamente o senhor Leonel Brizola, por termo à ação subversiva, que em desenvolvendo que se traduz pelo deslocamento e concentração de tropas e outras medidas que competem, exclusivamente, as Forças Armadas. O governador colocou-se, assim, fora da legalidade. O comando do III Exército atue com a máxima energia e presteza". O comando deveria convergir sobre Porto Alegre toda a tropa no estado e empregasse a Aeronáutica, "realizando inclusive o bombardeio, se necessário". Indagava a ordem se seria necessário reforço de tropa, e concluía que o ministro da Guerra julgava "que o momento não era para parlamentar e que requeria ação firme e imediata", e "confiava que a tropa do III Exército cumpriria o seu dever". Com registro de 18 horas do dia 29 de agosto, o comandante do III Exército fez a seguinte declaração: "não acataria as ordens do seu ministro da Guerra, permaneceria no comando do III Exército e, a partir daquele momento, agiria por conta própria, dentro da ideia de manter o regime liberal democrático cristão, assegurando a ordem pública". Machado Lopes comunicou aos comandantes do I, II e IV Exército, e a todas unidades componentes do III Exército a ele subordinadas, que o "III Exército, sob o seu comando, perfeitamente coeso em torno do chefe, resolveu, como seu dever, apoiar integramente a Constituição vigente, não podendo aceitar solução da crise atual, senão nela apoiado". In: LOPES, José Machado. *O III Exército na crise da renúncia de Jânio Quadros*. Brasília: Editora Alhambra, 1980. p. 47-49.

1021. *Correio da Manhã*, 30.08.1961, p. 1.

1022. A sessão vespertina da Câmara dos Deputados teve início às 14 horas, e nela irrompeu, pouco depois, o deputado gaúcho, o petebista Ruy Ramos para informar que acabara de chegar do Rio Grande do Sul, e, em nome do governo e do povo de seu estado, denunciava o marechal Denys, pois este, naquela manhã, teria ordenado ao comando do III Exército "o assalto ao Palácio do Governo o assassinato do governador Leonel Brizola". Informava ainda o deputado que, havia pouco, o general Machado Lopes aderira "na rua à legalidade", e com essa decisão do general de "aderir ao governador do Rio Grande do Sul, a paz voltou àquele estado". In: Diário do Congresso Nacional, ano XVI, seção 1, 29.08.1961. In: SILVA, Hélio. cit., p. 64-65.

1023. SILVA, Hélio. *1964: Golpe ou Contragolpe?*. Rio de Janeiro: Ed. Civilização Brasileira, 1973. p. 173-174. Mais tarde, Machado Lopes registraria a sua posição: "Minha decisão não implicava uma simples adesão ao Governador Leonel Brizola, com quem sempre mantivera respeitosa e cerimoniosa convivência, e sim uma coincidência de propósitos visando, com diversos fundamentos e por caminhos diferentes, ao mesmo objetivo". LOPES, José Machado. *O III Exército na crise da renúncia de Jânio Quadros*. Brasília: Editora Alhambra, 1980. p. 46.

1024. *Correio da Manhã*, 29.08.1961, p. 1.

1025. "No dia 29 de agosto às doze horas e quarenta minutos (hora de Paris), recebi do Deputado San Tiago Dantas telefonema em que ele narrava a situação político-militar do Brasil e me pedia para transmiti-la ao Vice-Presidente. Da extensão telefônica da Embaixada, minha secretária taquigrafou a conversa, que passo a reproduzir". SOUZA, Carlos Alves de. *Um embaixador em tempos de crise*. Rio de Janeiro: Francisco Alves Editora S.A., 1979. p. 300.

1026. SOUZA, Carlos Alves de. *Um embaixador em tempos de crise*. Rio de Janeiro: Francisco Alves Editora S.A., 1979. p. 300.

1027. SOUZA, Carlos Alves de. *Um embaixador em tempos de crise*. Rio de Janeiro: Francisco Alves Editora S.A., 1979. p. 301.

1028. SOUZA, Carlos Alves de. *Um embaixador em tempos de crise*. Rio de Janeiro: Francisco Alves Editora S.A., 1979. p. 301-302.

1029. SOUZA, Carlos Alves de. *Um embaixador em tempos de crise*. Rio de Janeiro: Francisco Alves Editora S.A., 1979. p. 302. FRANCO, Afonso Arinos de Melo. *Planalto*: memórias. Rio de Janeiro: José Olympio, 1968. p. 176-177.

1030. DÉ CARLI, Gileno. *JQ, Brasília e a Grande Crise*. Op. cit. p. 71-74. *Correio da Manhã*, 30.08.1961, p. 9.

1031. Esta subemenda, anexa ao parecer, foi oferecida a 29.08.1961. Op. cit. p. 73-74. *Correio da Manhã*, 31.08.1961, p. 14.

1032. "No Palácio do Planalto, quando foi feita essa ligação telefônica se encontravam, além do Senador Juscelino Kubitschek, o Presidente Mazzili, o Ministro da Justiça, Deputado Martins Rodrigues, o Deputado Drault Ernanny, o Deputado Guilhermino de Oliveira, o Sr. San Tiago Dantas e o Sr. Amaral Peixoto". DÉ CARLI, Gileno. *JQ, Brasília e a Grande Crise*. Op. cit. p. 133-134.

1033. DÉ CARLI, Gileno. Op. cit. p. 133-134.

1034. *Última Hora*, 31.08.1961, p. 4. *Jornal do Brasil*, 31.08.196, p. 4. Sobre uma possível ação militar e a hesitação de Cordeiro de Farias para executar a ordem de destituir do comando do III Exército o general Machado Lopes, ver D'ARAÚJO,

Maria Celina; CASTRO, Celso (org.). *Ernesto Geisel.* Rio de Janeiro: Fundação Getúlio Vargas, 1997. p. 138. Havia nas palavras de Geisel, "o impasse, com a divisão do Exército e com o pouco apetite, vamos dizer, dos generais, dos chefes, de irem para a luta". GASPARI, Elio. *A Ditadura derrotada.* Ed. Companhia das Letras. São Paulo, 2003. p. 79.

1035. *Última Hora,* 31.08.1961, p. 4.

1036. E prossegue o texto: Estava o país, segundo os militares, em um período "inquietador, de agitações sobre agitações, de tumultos e mesmo choques sangrentos nas cidades e nos campos, de subversão armada, enfim, através do qual acabaram ruindo as próprias instituições democráticas, e com elas, a justiça, a liberdade, a paz social, todos os mais altos padrões de nossa cultura cristã". DINES, Alberto et al. *Os idos de março e a queda em abril.* Rio de Janeiro: José Álvaro, 1964. p. 387-388.

1037. DENYS, Odylio. *Ciclo revolucionário brasileiro.* Rio de Janeiro: Nova Fronteira, 1980. p. 90. "Primeiro faltou a Denys a coragem de divulgar logo na primeira hora o veto explícito a Jango. Depois, faltou ao golpe o elemento essencial para o sucesso: um propósito ativo. Impedir a posse do vice-presidente? Para botar quem no lugar? Tenta-se usurpar um mandato presidencial sem mostrar a identidade do usurpador. Os ministros militares ganharam o apelido de *Os Três Patetas.* Durante os catorze dias de duração da crise ninguém se apresentou publicamente como candidato à usurpação". GASPARI, Elio. *A Ditadura derrotada.* São Paulo: Ed. Companhia das Letras, 2003. p. 80.

1038. DULLES, John W. F. *Carlos Lacerda*: a vida de um lutador. v. 2: 1960-1977. Rio de Janeiro: Nova Fronteira, 2000. p. 64.

1039. *Correio da Manhã,* 01.09.1961, p. 1.

1040. *Última Hora,* 01.09.1961, p. 4.

1041. In: MOTA, Lourenço Dantas (coord.). *A história vivida*: entrevistas. 2. ed. ampl. Rio de Janeiro: Topbooks, 2014, p. 1401. "(...) Tancredo Neves foi ao encontro de Jango, que já se achava em Montevidéu. Seguiu no *Viscount* presidencial, requisitado por Geisel. Nessa ocasião, Geisel e Tancredo tiveram pelo menos uma longa conversa. O general, mesmo admitindo a importância desse entendimento, nunca revelou o que conversaram. Tancredo também não". GASPARI, Elio. *A Ditadura derrotada.* São Paulo: Ed. Companhia das Letras, 2003. p. 80.

1042. *Última Hora,* 01.09.1961, p. 4.

1043. SILVA, Hélio. *1964:* Golpe ou Contragolpe? Rio de Janeiro: Ed. Civilização Brasileira, 1975. p. 128. Última Hora, 01.09.1961, p. 1-2.

1044. Tancredo Neves. In: MOTA, Lourenço Dantas (coord.). *A história vivida*: entrevistas. 2. ed. ampl. Rio de Janeiro: Topbooks, 2014. p. 1402-1403.

1045. *Jornal do Brasil,* 02.09.1961, p. 3.

1046. *Última Hora*. 02.09.1961, p. 4.

1047. "A maioria da bancada petebista aderiu ao seu líder, Almino Afonso, na tentativa de impedir a emenda. Entretanto, 19 deputados petebistas 'desertaram', seguiram San Tiago Dantas". DULLES, John W. F. *Carlos Lacerda*: a vida de um lutador. v. 2: 1960-1977. Rio de Janeiro: Nova Fronteira, 2000. p. 65-66.

1048. DÉ CARLI, Gileno. *JQ, Brasília e a Grande Crise*. Op. cit. p. 178. *Última Hora*, 05.09.1961, p. 2. "Geisel desmantelara uma articulação sediciosa de oficiais da FAB, alguns oficiais e sargentos foram presos, as pistas, cercadas, e fecharam-se as estradas de acesso a Brasília". GASPARI, Elio. *A Ditadura derrotada*. São Paulo: Ed. Companhia das Letras. São Paulo 2003. p. 81.

1049. *Jornal do Brasil*, 06.09.1961, p. 1.

1050. Mais tarde, Brizola diria: "Estávamos descontentes com o rumo da situação. Sabíamos que, àquela altura, Goulart já tinha condições de assumir a Presidência da República, na crista do movimento popular e com o apoio da maioria das Forças Armadas, sem precisar fazer qualquer concessão". BANDEIRA, Moniz. *Brizola e o trabalhismo*. 2. ed. Rio de Janeiro: Civilização brasileira, 1979. p. 84.

1051. Em julho de 1973, a *Revista Visão* publicou um perfil do general Ernesto Geisel, indicado para suceder o general Médici na Presidência da República, a partir de março seguinte. No corpo dessa matéria, é reproduzido um depoimento à *Revista Visão*, anteriormente feito pelo almirante Amaral Peixoto, presidente do PSD em 1961, e que não fora cassado pelo regime militar, em que Amaral Peixoto fazia referência "a sua participação nos acontecimentos de agosto de 1961", (renúncia de Jânio Quadros), e "nele destaca a atuação decisiva do general Ernesto Geisel, chefe de gabinete militar do presidente interino, Ranieri Mazzilli".

Disse o almirante Amaral Peixoto: "eu falei a primeira vez com ele [com Jango], para Paris. (...) Depois eu falei aqui do gabinete do Mazzilli, às 04:00hs da manhã. Acho que já dois dias depois, não posso precisar. Falou San Tiago Dantas, em primeiro lugar. O San Tiago falou em termos, assim, muito de apelo a Jango, quase que para uma renúncia 'Dr. João Goulart, a nação está esperando um grande gesto de sua parte'".

O depoimento do almirante Amaral Peixoto, que traz uma narrativa particular dos fatos daquele período, e de sua participação neles, teve lugar nove anos depois da morte de San Tiago, e não corresponde às narrativas contemporâneas, descritas no texto. Não há referência a essa manifestação de San Tiago, muito menos do propósito que, mais tarde, nela veria o almirante Amaral Peixoto. Como já exposto, San Tiago, que se manifestou contra a tentativa de impedir a posse de Jango, a ele solicitou, assim como o líder do PTB, que não regressasse imediatamente ao Brasil, como pretendia Leonel Brizola, até que fosse alcançada uma solução que evitasse uma confrontação com os militares. Então, já discutia o Congresso a emenda parlamentarista. Essa emenda, inclusive, foi aprovada com o voto de dezenove deputados petebistas, entre eles San Tiago Dantas. O depoimento do almirante

Amaral Peixoto está em: Geisel, candidato e presidente. In: *Revista Visão*, v. 43, n. 1, 09.07.1973, p. 17-25.

1052. San Tiago Dantas terá falado com o general Geisel, embora não se tenha o teor do diálogo entre os dois. Informação dada pelo general Ernesto Geisel a Elio Gaspari. Depoimento de Elio Gaspari.

1053. Amaral Peixoto era presidente nacional do PSD e, em janeiro de 1961, fora nomeado ministro do Tribunal de Contas da União, mantendo-se, todavia, na presidência do PSD.

1054. *Última Hora*, 04.09.1961, p. 4. Jornal do Brasil, 06.09.1961, p. 3.

1055. Tancredo Neves. In: MOTA, Lourenço Dantas (coord.). *A história vivida*: entrevistas. 2. ed. ampl. Rio de Janeiro: Topbooks, 2014, p. 1403.

1056. Pouco antes da posse de Jango, Juscelino, reunido com os deputados mineiros Ovídio Abreu e Maurício Andrade, especulava qual nome poderia ser indicado para chefiar o gabinete; o de Tancredo foi lembrado por Maurício Andrade e prontamente aceito por Juscelino, que lhe pediu procurasse a deputada Ivete Vargas, para fazer contato com Tancredo. E assim foi feito. Tancredo recordaria o episódio; de madrugada foi procurado em sua residência por Ivete Vargas e pelo próprio Juscelino e condicionou sua aceitação ao convite à audiência prévia da bancada do PSD, pois não tinha mais mandato parlamentar. Ovídio de Abreu. Depoimento a Júlia de Abreu. 1984. Tancredo Neves. In: MOTA, Lourenço Dantas (coord.). *A história vivida*: entrevistas. 2. ed. ampl. Rio de Janeiro: Topbooks, 2014. p. 1403.

1057. Op. cit. p. 1404.

1058. *Diário de Notícias*, 10.09.1961, p. 4.

1059. O inteiro teor da Carta de Jango ao "Almirante Amaral Peixoto" está em: *Última Hora*, 08.09.1961, p. 4. Os números da votação estão em: *Diário de Notícias*, 08.09.1961, p. 4.

CAPÍTULO 30 – POLÍTICA EXTERNA INDEPENDENTE: O FORMULADOR E O EXECUTOR

1060. Discurso pronunciado na Câmara dos Deputados em 23 de novembro de 1961. In: DANTAS, Francisco Clementino de San Tiago. *Política externa independente*. ed. atual. Brasília: Fundação Alexandre Gusmão, 2011. p. 70.

1061. Cf. MOTA, Lourenço Dantas (coord.). Tancredo Neves. *A história vivida*: entrevistas. 2. ed. ampl. Rio de Janeiro: Topbooks, 2014. p. 1402.

1062. O líder do PTB na Câmara, Almino Afonso, no dia em que era o gabinete aprovado pelo Congresso, afirmou que ele "não poderia ser constituído, senão na forma reacionária do movimento que o inspirou". *Última Hora*, 09.09.1961, p.

4. *Correio da Manhã*, 09.09.1961, p. 6. O líder comunista, Luís Carlos Prestes, a propósito do novo gabinete, declarou nele haver "homens de valor como Gabriel Passos, integrante da Frente Parlamentar Nacionalista", mas no gabinete "vamos encontrar conhecidos agentes do monopólio internacional, Walther Moreira Salles e o Sr. San Tiago Dantas". E afirmou que o parlamentarismo "era o regime de cambalacho" e que Jânio havia sido "pressionado pela reação em consequência de sua política externa". *Última Hora*, 14.09.1961, p. 4. *Jornal do Brasil*, 14.09.1961, p. 5.

1063. In: MOTA, Lourenço Dantas (coord.). *A história vivida*: entrevistas. 2. ed. ampl. Rio de Janeiro: Topbooks, 2014, p. 1405.

1064. *Última Hora*, 07.09.1961, p. 4.

1065. *Última Hora*, 09.09.1961, p. 4.

1066. DANTAS, F. C. de San Tiago. "Discurso de posse do ministro das Relações Exteriores". In: Documentos da Política Externa Independente. Rio de Janeiro: Centro de História e Documentação Diplomática; Brasília: Fundação Alexandre de Gusmão, 2007. v. I, p. 161-162.

1067. O *Diário de Notícias* transcreveu na íntegra o discurso de San Tiago Dantas. *Diário de Notícias*, 12.09.1961, p. 1-2.

1068. "A obediência [de San Tiago] aos cânones do parlamentarismo refletia-se até na adoção pelo Itamaraty da prática de encaminhar assuntos à decisão superior com duas exposições de motivos, uma pormenorizada e de substância, endereçada ao primeiro-ministro, e outra, resumida e formal, ao presidente da República". RICUPERO, Rubens. *A diplomacia na construção do Brasil*: 1750-2016. Rio de Janeiro: Versal Editores, 2017. p. 400.

1069. *Última Hora*, 12.09.1961, p. 2.

1070. Pomona Politis Informa. *Diário de Notícias*, 27.09.1961, p. 11. Um dos diplomatas mais experientes e dos mais conservadores do Itamaraty registrou em suas memórias: "Uma Capital não é apenas uma aglomeração de burocratas: uma Capital é um estado de espírito, uma vocação, e essa o Rio de Janeiro a tinha, como tinha, e tem ainda, sensibilidade para os fatos da vida internacional. Em Brasília, os embaixadores estrangeiros viram-se confinados em um mundo de Jecas-Tatus, onde a expressão 'política externa' evoca a ideia de eleições municipais em Anápolis – que era a quanto alcançava o horizonte brasiliense. Um Cônsul-geral estrangeiro em São Paulo ou no Rio de Janeiro tinha acesso a fontes de informação, a foros de diálogo e campos de ação muito superiores aos que eram acessíveis ao Embaixador do seu país estabulado em Brasília no meio dos zebus do planalto goiano. Por isso, por muito tempo houve a tendência, por parte dos Governos estrangeiros, de acreditar ali representantes cujo posto precedente havia sido um simples Consulado, ou alguma Embaixada de terceira ordem em um país do Terceiro Mundo. No Rio de Janeiro de 1959, ao contrário, posto importante, atraente e agradável, alinhava-se um elenco diplomático *di primo cartello*, com o qual tive prazer e proveito em conviver". CORRÊA, Pio. *O mundo em que vivi*. 2. ed. Rio de

Janeiro: Editora Expressão e Cultura, 1995. p. 605-606.

1071. *Última Hora*, 12.09.1961, p. 4.

1072. Antes de assumir o ministério, o seu amigo Gilberto Amado, embaixador servindo junto à ONU, já lhe pedia um favor burocrático. Carta de Antônio Gallotti a San Tiago Dantas, sem data. Um dia depois da posse de San Tiago, o diplomata Antônio Houaiss escrevia a San Tiago: "Sua ação, infelizmente, vai esbarrar, logo no início, com um eterno problema na Casa – e entro nele sem rodeios: o das promoções". Carta de Antônio Houaiss a San Tiago Dantas. Nova York, 12.09.1961.

Pouco depois da posse de San Tiago, o ministro de primeira, Araújo Castro, um dos quadros mais respeitados do Itamaraty, dirigia carta a San Tiago, porém com outro propósito: "Vão (...) todos os votos de uma grande gestão. Andava o senhor há muito em nosso caderno secreto de chanceleres. E sei que não nos decepcionaremos". Carta do ministro João Augusto de Araújo Castro para o ministro de Estado San Tiago Dantas. 19.09.1961. In: FRANCO, Álvaro da Costa (org.). *Documentos da política externa independente*. Rio de Janeiro: Centro de História e Documentação Diplomática; Brasília: Fundação Alexandre de Gusmão, 2007. p. 159-169.

1073. "De qualquer modo, a verdade é que a San Tiago seduziu a expressão "política externa independente". Não saberia dizer se foi ele quem a inventou. Mas certamente foi ele quem a transformou em ideia-motor de uma concepção diplomática que via o Brasil como uma potência de valor relativo, mas emergente, que necessitava liberar-se de preconceitos do passado e da servidão do alinhamento automático à posição do chefe-de-fila de uma das duas facções em que se achava o mundo, os Estados Unidos da América. BARBOSA, Mário Gibson. *Na diplomacia, o traço todo da vida*. Rio de Janeiro: Ed. Record, 1992. p. 69. Sobre a qualificação da política exterior de Jânio, ver Carta de Araújo Castro a San Tiago Dantas. Tóquio, 19.09.1961.

1074. *Diário de Notícias*, 26.09.1961, p. 3.

1075. A *Última Hora* dedicou duas páginas ao primeiro dia de Brizola no Rio. *Última Hora*, 26.09.1961, p. 1-2. Idem, p. 4.

1076. *Diário de Notícias*, 27.09.1961, p. 1.

1077. *Última Hora*, 27.09.1961, p. 4.

1078. *Diário de Notícias*, 27.09.1961, p. 1-3.

1079. *Diário de Notícias*, 27.10.1961, p. 3.

1080. Pomona Politis Informa. *Diário de Notícias*, 29.10.1961, p. 3.

1081. Primeira entrevista do ministro San Tiago Dantas Gestão Francisco Clementino de San Tiago Dantas. In: FRANCO, Álvaro da Costa. *Documentos da política externa independente*. Rio de Janeiro: Fundação Alexandre de Gusmão, 2007. p. 181.

1082. "No passado, a política exterior era assunto apenas de estado-maior, mas hoje é assunto de opinião pública e, portanto, ela só é válida quando existe, entre a chancelaria e a imprensa, uma perfeita correspondência de intercomunicação assídua e há possibilidade de ambas se influenciarem reciprocamente". Primeira entrevista do ministro San Tiago Dantas Gestão Francisco Clementino de San Tiago Dantas. FRANCO, Álvaro da Costa. *Documentos da política externa independente.* Rio de Janeiro: Ed. Fundação Alexandre de Gusmão, 2007. p. 179.

1083. *O Globo*, 25.10.1961. *Diário Ilustrado Lisboa*, 26.09.1961.

1084. *O Diário BH*, 26.10.1961, p. 3. *Última Hora*, 26.10.1961, p. 3.

1085. *Correio da Manhã*, 26.10.1961, p. 9.

1086. *Última Hora*, 30.10.1961, p. 4.

1087. *Última Hora*, 30.10.1961, p. 4.

1088. Sobre Os Colóquios da Casa das Pedras, ver a reunião e a análise das atas feita pelo embaixador Gelson Fonseca Jr. Ver Os colóquios da Casa das Pedras: argumentos da diplomacia de San Tiago Dantas. DANTAS, F. C. de San Tiago. In: *Política externa independente.* Brasília: Ed. Fundação Alexandre de Gusmão, 2011. p. 303-348. Viagem à Argentina; Aliança para o Progresso; Cuba; Reatamento com a URSS; ALALC; Revisão da política sobre Angola; Instruções à ONU; Bolívia; Política cultural, especialmente na África; Alemanha e Berlim; China. Op. cit. A segunda sessão teve lugar a 2 de novembro pela manhã, e a terceira, na tarde do mesmo dia. A quarta sessão na noite do dia 2 de novembro, a quinta na manhã do dia 4, a sexta sessão na tarde desse dia, quando foi tratado o reatamento das relações diplomáticas do Brasil com a URSS; e na sétima e última sessão, realizada na manhã de 5 de novembro, sob a presidência de San Tiago, o assunto discutido foi a questão de Cuba.

1089. "Os protagonistas se concentram em focos claros, em que não existe espaço para divagações, ou como se diz em inglês, *posturing*. O que San Tiago pede é a melhor solução diplomática para problemas que não são nada fáceis de equacionar". FONSECA JR., Gelson. Os colóquios da Casa das Pedras: argumentos da diplomacia de San Tiago Dantas. In: DANTAS, F. C. de San Tiago. *Política externa independente.* ed. atual. Brasília: Fundação Alexandre Gusmão, 2011. p. 307.

1090. "Lembrei-me, então, do sábio conselho que me dera Aluísio Salles, amigo íntimo e de longa data de San Tiago, quando comecei a trabalhar com ele: 'Olhe, você ainda não conhece bem o *Professor*; tome cuidado com ele, é um homem muito perigoso. Quando tiver uma ideia, pense bem antes de apresentá-la, pois se ele a aprovar, a executa – e na hora!'". BARBOSA, Mário Gibson. *Na diplomacia, o traço todo da vida.* Rio de Janeiro: Ed. Record, 1992. p. 72.

1091. "A sua conferência em Buenos Aires esteve magnífica. Temos participado, com alegria, das suas vitórias e sua brilhante atuação". Carta de Chermont Miranda a San Tiago Dantas. Rio de Janeiro, 20.11.1961.

1092. "Gentile dott. San Tiago, alla vigilia del l'inaugurazione della Biblioteca Tullio Ascarelli a Palazzo Doria Pamphily, desidero Le giunga il mio pensiero e il mio ringraziamento veramente sentito! É con grande emozione che penso che il nome del mio Caro resterà per sempre vivo anche qui, in uma biblioteca esponente della cultura brasiliana, ricordo ed esempio uno scambio intellettuale quale é stato certo l'ideale del mio Tullio!- Credo che il pensiero, partito cosi affettuosamente da Lei, sarebbe certo stato per Lui di grande consolazzione e di grande gioia!" Carta de Marcella Ascarelli a San Tiago Dantas. Roma, 03.11.1961.

1093. *Revista Manchete*, 21.09.1961.

1094. *Jornal do Brasil*, 05.11.1961, p. 12.

1095. *O Globo*, 06.11.1961, p. 6.

1096. *Diário de Notícias*, 11.11.1961, p. 1-3.

1097. *Diário de Notícias*, 14.11.1961, p. 1-2.

1098. *Última Hora*, 17.11.1961, p. 6.

1099. *Última Hora*, 21.11.1961, p. 4.

1100. *Diário de Notícias*, 18.11.1961, p. 1-2.

1101. *Diário de Notícias*, 18.11.1961, p. 1-2.

1102. *Última Hora*, 18.11.1961, p. 4.

1103. *Última Hora*, 18.11.1961, p. 4.

1104. *A Política Externa do Brasil no Quinquênio 1956-1960*. Rio de Janeiro, 05.12.1955. ASTD.

1105. Várias Notícias. *Jornal do Commercio*, 12.01.1958, p. 4.

1106. *Jornal do Brasil*, 24.11.1961, p. 1.

1107. Reatamento de Relações Diplomáticas com a União Soviética. Discurso pronunciado na Câmara dos Deputados. In: DANTAS, F. C. de San Tiago. *Política externa independente*. Brasília: Ed. Fundação Alexandre de Gusmão, 2011. p. 38.

1108. *Última Hora*, 24.11.1961, p. 4.

1109. Ibidem, p. 48-49.

1110. Ibidem, p. 48.

1111. Ibidem, p. 55.

1112. Idem.

1113. ARRUDA, Câmara. Reatamento de Relações Diplomáticas com a União Soviética. Discurso pronunciado na Câmara dos Deputados. In: DANTAS, F. C. de San Tiago. *Política externa independente*. Brasília: Ed. Fundação Alexandre de

Gusmão, 2011. p. 39. "O longo discurso transformou-se num áspero debate, onde o brilhantismo, a complexidade e a profundidade da argumentação de Dantas tiveram de rebater pontos de vista basicamente apoiados num anticomunismo arcaico e obscurantista, cujo primarismo deixa o leitor perplexo". VIZENTINI, Paulo Fagundes. *Relações exteriores do Brasil: 1945-1964*: o nacionalismo e a política externa independente. Petrópolis: Ed. Vozes, 2004. p. 177.

1114. San Tiago em resposta refere "o apreço e estima" que tinha por Plínio Salgado, e conclui: "saiba, e creio V. Exa. será o primeiro a reconhecer que na defesa desses valores superiores a que se referiu, em hipótese alguma, V. Exa, deixará de encontrar-nos a todos no mesmo lado". Op. cit. p. 59.

1115. Deputado Hamilton Nogueira. cit., p. 36. Padre Vidigal. cit., p. 47. San Tiago responde ao aparte do deputado Raimundo Padilha, ex-integralista como San Tiago, com cuidado e elegância, reassegurando ao seu antigo colega que registrou o seu aparte, feito "com maior elevação de vistas" e com a compreensão do sentido "não ideológico, dessa decisão", salientando, ao mesmo tempo a responsabilidade que ela traz. Op. cit. p. 57-58.

1116. Reatamento de Relações Diplomáticas com a União Soviética. Discurso pronunciado na Câmara dos Deputados. In: DANTAS, F. C. de San Tiago. *Política externa independente*. Brasília: Ed. Fundação Alexandre de Gusmão, 2011. p. 43-44.

1117. Reatamento das relações diplomáticas com a União Soviética. Discurso na Câmara dos Deputados. In: DANTAS, F. C. de San Tiago. *Política externa independente*. Brasília: Ed. Fundação Alexandre de Gusmão, 2011. p. 63.

1118. Idem, p. 62.

1119. *Última Hora*, 24.11.1961, p. 4.

1120. VICTOR, Mário. *Cinco anos que abalaram o Brasil* (de Jânio Quadros ao marechal Castello Branco). Rio de Janeiro: Civilização Brasileira, 1965. p. 427. *Diário de Notícias*, 24.11.1961, p. 1 e 3. *Correio da Manhã*, 25.11.1961, p. 1. *Correio da Manhã*, 25.11.1961, p. 1. *Tribuna da Imprensa*, 27.11.1961, p. 4.

1121. *Correio da Manhã*, 24.11.1961, p. 6.

1122. *Última Hora*, 27.11.1961, p. 2.

1123. Discurso do chanceler San Tiago Dantas pronunciado na homenagem prestada aos que tombaram em defesa da Pátria em 27 de novembro de 1935. Ministério das Relações Exteriores. Departamento Cultural e de Informações – Divisão de Informações, nº 599, 27.11.1961.

1124. Depoimento de Lurdes Montenegro, prima de San Tiago Dantas. Depoimento de Felippe San Tiago Dantas Quental, sobrinho de San Tiago Dantas.

1125. *Jornal do Brasil*, 13.12.1961, p. 4. *Diário de Notícias*, 13.12.1961, p. 3. *O Jornal*, 13.12.1961, p. 3.

1126. Segundo Ana Elisa Mercadante, então uma jovem médica, era sabido, entre seus colegas, que o cirurgião Fernando Paulino informava aos seus pacientes as suas enfermidades e consequências possíveis. Depoimento de Ana Elisa Mercadante. Sobre o silêncio de San Tiago sobre sua saúde, entre outros, depoimentos de Aluísio Salles, Miguel Lins e Otávio Thyrso de Andrade.

1127. Depoimento de Sylvia Póvoas, secretária de San Tiago Dantas.

1128. Reuniões de Consulta dos Ministros das Relações Exteriores. Organização dos Estados Americanos – Conselho permanente OEA. Disponível em: https://www.oas.org/consejo/pr/RC/atas.asp. Ver Foreign Relations, 1961-1963, vol. XII, American Republics Released by the Office of the Historian Documents 109-140. The Cuban Question in Latin America, 119.

1129. *Última Hora*, 06.12.1961, p. 6.

1130. *O Globo*, 11.12.1961, p. 1.

1131. FRANCO, Álvaro da Costa (org.) *Documentos da política externa independente.* Rio de Janeiro: Centro de História e Documentação Diplomática; Brasília: Fundação Alexandre de Gusmão, 2007. p. 221.

1132. Op. cit. p. 221.

1133. "Esse ponto", diz San Tiago, "foi considerado uma questão de fato. O próprio ministro Afonso Arinos, numa das suas idas à Câmara, chegou a dizer, de maneira categórica, que não considerava que existissem provas de que o regime de Fidel Castro fosse comunista, dando a impressão de que haver ou não haver provas fosse de grande importância. Além do mais, atitudes como a da condecoração do comandante Guevara mostravam simpatia e nada tinham que ver com a autodeterminação, o que tornava a atitude oficial mais polêmica do que a que temos procurado observar". Op. cit. p. 222.

1134. Op. cit. p. 222.

1135. O embaixador Vasco Leitão da Cunha servira na Finlândia em 1950; foi chamado de Havana, onde agora servia, por San Tiago a participar da 7ª sessão do Colóquio para discutir a questão de Cuba. A fórmula da Finlândia foi aventada também pelos conservadores americanos como uma alternativa ao uso da força militar diante do regime cubano ao este aliar-se à União Soviética. JOHNSON, Paul. *Modern Times.* Blackstone Pub, 2003. p. 623-624. San Tiago credita ao embaixador Vasco Leitão da Cunha a referência à situação da Finlândia. Ver FONSECA JR., Gelson. In: Os colóquios da Casa das Pedras: argumentos da diplomacia de San Tiago Dantas. *Política externa independente.* Brasília: Ed. Fundação Alexandre de Gusmão, 2011. p. 344.

1136. Ibidem, p. 224.

1137. FRANCO, Álvaro da Costa (org.). *Documentos da política externa independente.* Rio de Janeiro: Centro de História e Documentação Diplomática; Brasília: Fundação Alexandre de Gusmão, 2007. p. 226.

1138. Na sequência da reunião, San Tiago diz: "Algumas vezes a distinção [entre aspiração e compromisso] é muito fácil, outras não. Depende da maneira por que o assunto está formulado. Por exemplo, na *Declaração de Santiago* está enunciado com clareza que se trata de aspiração. No Tratado do Rio de Janeiro é compromisso. Dentro da Carta da OEA a dúvida é um pouco maior. Há casos nítidos e casos em que há dúvida". Op. cit. p. 231.

1139. "A resolução final da V Reunião de Consulta dos Ministros das Relações Exteriores das Repúblicas Americanas, realizada em Santiago do Chile de 12 a 18 de agosto de 1959, afirmava ser a existência de regimes não-democráticos incompatível com os princípios em que se baseia a OEA e constituir um perigo para a harmonia e a paz no hemisfério". CUNHA, Vasco Leitão da. *Diplomacia em Alto-Mar*. Depoimento ao CPDOC. Rio de Janeiro: Ed. Fundação Getúlio Vargas, 1994. p. 219, nota 40.

1140. Op. cit. p. 235.

1141. Ibidem, p. 236.

1142. Ibidem, p. 237-238.

1143. Ibidem, p. 238-239.

1144. Participantes do II Registro da reunião da comissão de planejamento sobre assuntos ligados à VIII Reunião de Consulta dos Ministros das Relações Exteriores da OEA, em 27.12.1961: embaixador Araújo Castro, embaixador Dias Carneiro, embaixador Gibson Barbosa, embaixador Henrique Valle, embaixador Leão de Moura, ministro Carlos Duarte, ministro Maury Valente.

1145. Op. cit. p. 244-245.

1146. Op. cit. p. 245.

1147. Segundo San Tiago, a posição do Brasil em relação à Reunião de Consulta a ser realizada no âmbito da OEA, que havia sido proposta pela Colômbia e a qual o "binômio" formulado pelo Itamaraty reagiu, não fora bem vista pelos Estados Unidos. Em conversa com o embaixador Lincoln Gordon, este "delicadamente insinuou" a San Tiago que, para o Departamento de Estado norte-americano, os entendimentos mantidos pelo Brasil com a Argentina, o Chile e outros países americanos teriam tido o propósito de "sabotar" a Consulta sobre Cuba. Naquela altura, foram trocadas notas, duas dos Estados Unidos em apoio à proposta colombiana, respondidas pelo Brasil mostrando ser "inviável" aquela proposta. FONSECA JR., Gelson. Os colóquios da Casa de Pedra. In: *Política externa Independente*. Brasília: Fundação Alexandre de Gusmão, 2011.

1148. FRANCO, Álvaro da Costa (org.). *Documentos da política externa independente*. Rio de Janeiro: Centro de História e Documentação Diplomática; Brasília: Fundação Alexandre de Gusmão, 2007. p. 246-247.

1149. *Diário de Notícias*, 02.01.1962, p. 11. *Última Hora*, 02.01.1962, p. 3.

1150. Carta de Sobral Pinto a San Tiago Dantas. Rio de Janeiro, 04.01.1962. A 3 de janeiro, Brasil e Estados Unidos firmaram um acordo, na véspera da carta de Sobral, no âmbito da Aliança para o Progresso, no qual receberíamos 40 mil toneladas de leite em pó. *Diário de Notícias*, 04.01.1962, p. 3.

1151. *Jornal do Brasil*, 05.01.1962, p. 1 e 4.

1152. *Jornal do Brasil*, 06.01.1962, p. 1.

1153. *Jornal do Brasil*, 06.01.1962, p. 3.

1154. Instruções confidenciais do Conselho de Ministros à delegação do Brasil à VIII Reunião de Consulta dos Ministros das Relações Exteriores da OEA. In: FRANCO, Álvaro da Costa (org.). *Documentos da política externa independente*. Rio de Janeiro: Centro de História e Documentação Diplomática; Brasília: Fundação Alexandre de Gusmão, 2007. v. 1, p. 272. Com esse título e datada de 11.01.1961, a versão datilografada das Instruções acha-se em ASTD.

1155. E caso a fórmula proposta não fosse aceita, deveria a delegação observar limites, sintetizados em três itens: 1) não-aprovação de sanções, ou de medidas que importem na aplicação inevitável de sanções em momento ulterior, tais como as resoluções que "mandem romper relações ilegítimas, dentro de prazo determinado, com os Estados do bloco sino-soviético"; 2) não recusar a aprovação de projetos que importem no reconhecimento da incompatibilidade entre o regime socialista e os princípios e normas do sistema interamericano; 3) aprovação de propostas contendo a condenação de atos que importem em violação dos direitos humanos ou de tratados vigentes, bem como de toda e qualquer infiltração subversiva em Estados vizinhos, podendo chegar, em casos extremos e mediante ressalva e esclarecimento de voto, à aceitação de fórmulas de condenação global. Op. cit. p. 273.

1156. Alocução do ministro San Tiago Dantas aos chefes de missão dos estados americanos, 12.01.1962. In: FRANCO, Álvaro da Costa (org.). *Documentos da política externa independente*. Rio de Janeiro: Centro de História e Documentação Diplomática; Brasília: Fundação Alexandre de Gusmão, 2007. v. 1, p. 262-264.

1157. Op. cit. p. 264. Em suas aulas de Direito Civil, taquigrafadas e depois de sua morte reunidas em livro, o *Professor* ensinava: "Obrigações positivas são aquelas que consistem num ato, um comportamento ativo da parte do devedor e obrigações negativas, pelo contrário, são aquelas que consistem numa omissão. Dentro da categoria das obrigações positivas colocam-se as de dar e as de fazer e, dentro das negativas, as de não fazer. DANTAS, F. C. de San Tiago. In: *Programa de Direito Civil*, II. Editora Rio, 1978. p. 30.

1158. Op. cit. p. 265.

1159. *Jornal do Brasil*, 16.01.1962, p. 5.

1160. *O Globo*, 17.02.1962, p. 2. Firmaram a declaração José Carlos de Macedo

Soares, João Neves da Fontoura, Vicente Rao, Horácio Lafer.

1161. *Correio da Manhã*, 19.01.1962, p. 12.

1162. *Correio da Manhã*, 18.01.1962, p. 6.

1163. *Jornal do Brasil*, 20.01.1962, p. 3.

1164. *Revista Manchete*, n. 511, 03.02.1962, p. 12-15.

1165. *Jornal do Brasil*, 23.01.1962, p. 3.

1166. *O Globo*, 23.01.1962, p. 1-2. (O despacho do enviado especial é datado de 22 de janeiro).

1167. *O Globo*, 23.01.1962, p. 1.

1168. *Jornal do Brasil*, 23.01.1962, p. 3. Nessa mesma data, o enviado do *Jornal do Brasil* a Punta del Este refere, além do almoço de San Tiago com Dean Rusk, "uma longa conferência [entre ambos] no Hotel São Rafael" onde estava hospedada a delegação brasileira. ALVES, Hermano. San Tiago: um dia negativo. *Jornal do Brasil*, 23.01.1962, p. 3.

1169. *Última Hora*, 24.01.1962, p. 6.

1170. AZEVEDO, Arthur Schreiber de. *Conflito, argumento e negociação*: San Tiago Dantas e a Conferência de Punta del Este, 1962. Dissertação de Mestrado, PUC/RS, Porto Alegre, 2014, p. 139-140.

1171. Sobre inserção por San Tiago em seu discurso da questão de Cuba no contexto internacional, ver AZEVEDO, Arthur Schreiber de. Op. cit., p. 140-144.

1172. Discurso na Comissão Geral, em 24 de janeiro de 1962. In: DANTAS, F. C. de San Tiago. *Política externa independente*. ed. atual. Brasília: Fundação Alexandre Gusmão, 2011. p. 124. *Última Hora*, 25.01.1962, p. 25.

1173. *Jornal do Brasil*, 26.01.1962, p. 4.

1174. *Jornal do Brasil*, 26.01.1962, p. 4.

1175. *Jornal do Brasil*, 28-29.01.1962, p. 7. Telegram from Secretary of State Rusk to the Department of State/1/ /1/Source: Department of State, Central Files, 371.04/1-2862. Secret; Niact. Received at 4:49 a.m. and passed to the White House. Punta del Este, January 28, 1962, 2 a.m.

1176. Sobre a súbita mudança de posição do Haiti, ver LEACOCK. Ruth. *Requiem for revolution*: The United States and Brazil, 1961-1969. Ohio: The Kent State University Press, 1990. p. 104-105.

1177. *Jornal do Brasil*, 31.01.1962, p. 5.

1178. *Última Hora*, 31.01.1962, p. 6. *Correio da Manhã*, 31.01.1962, p. 1.

1179. *Diário de Notícias*, 01.02.1962, p. 1 e 7.

1180. LEACOCK, Ruth. *Requiem for revolution*: The United States and Brazil, 1961-1969. Ohio: The Kent State University Press, 1990. p. 106.

1181. DELESSEPS, S. Morrison. *Latin American Mission:* An adventure in hemisphere diplomacy (New York, 1965), p. 169. SMITH, Joseph. *Brazil and the United States:* converge and divergence. Georgia: The University of Georgia Press, 2010. p. 155.

1182. *Última Hora*, 03.02.1961, p. 1.

1183. YOUNG, Jordan M. *Brasil 1954/1964*: fim de um ciclo civil. Rio de Janeiro: Nova Fronteira, 1973. p. 139. BANDEIRA, Luiz Alberto Moniz. *O governo João Goulart*: As lutas sociais no Brasil, 1961-1964. Rio de Janeiro: Revan; Brasília: EdUnB, 2001. p. 76.

1184. *Diário de Notícias*, 27.02.1962, p. 1 e 13.

1185. Telegrama do chanceler San Tiago Dantas ao embaixador Roberto Campos. fev.1962. ASTD.

1186. Cf. FRANCO, Álvaro da Costa (org.). *Documentos da política externa independente.* Rio de Janeiro: Centro de História e Documentação Diplomática; Brasília: Fundação Alexandre de Gusmão, 2007. v. 1, p. 250. *Em busca de um mundo sem armas.* Agência Nacional. Cine Jornal Informativo. Cinegrafista, Romeu Pachoaline.

1187. DANTAS, F. C. de San Tiago. *Política Externa Independente.* Brasília: Fundação Alexandre de Gusmão. ed. atual., 2011, p. 319-321. BARRETO, Fernando de Mello. *Os sucessores do Barão*: Relações Exteriores do Brasil –1912-1964. São Paulo: Ed. Paz e Terra, 2001. p. 259. San Tiago apresentou uma fórmula objetiva, resumiu o *Jornal do Brasil*: "desarmamento, inspeção e reconversão e apoiou o estabelecimento de zonas desnuclearizadas". *Jornal do Brasil*, 17.03.1962, p. 2. Ver WEIS, W. Michael. *Cold warriors and coup d'etat:* Brazilian-American relations, 1945-1964. Albuquerque: Ed. University of New Mexico Press, 1993. p. 152.

1188. *Diário de Notícias*, 21.03.1962, p. 1-2.

1189. Pedro Müller Informa: *Jornal do Brasil*, 23.03.1962, p. 8.

1190. BARRETO, Fernando de Mello. *Os sucessores do Barão*: Relações Exteriores do Brasil - 1912-1964. São Paulo: Ed. Paz e Terra, 2001. p. 260.

CAPÍTULO 31 – VIAGEM AOS ESTADOS UNIDOS, EUROPA E ORIENTE MÉDIO

1191. DANTAS, F. C. de San Tiago. *Poder nacional, cultura política e paz mundial*: Conferências de San Tiago Dantas na Escola Superior de Guerra (1951-1962). LEITE, Amauri Pereira; VIANNA, Gilberto de Souza; MOREIRA, Marcílio Marques. (coord.). Rio de Janeiro: ESG, 2014. p. 66-67.

1192. A comitiva que acompanhou Jango aos Estados Unidos era formada por vinte e três integrantes, dos quais apenas três embaixadores. Dois ministros de Estado; um senador, dois deputados, um general, presidentes de confederações de indústria e de trabalhadores, donos de revista e de jornais. *Jornal do Brasil*, 01.04.1962, p. 4.

1193. *Jornal do Brasil*, 04.04.1962, p. 1; 6. João Goulart visita John Kennedy. Arquivo Nacional.

1194. BARRETO, Fernando de Mello. *Os sucessores do Barão*: Relações Exteriores do Brasil –1912-1964. São Paulo: Ed. Paz e Terra, 2001. p. 260.

1195. Discurso do presidente João Goulart, no Congresso dos Estados Unidos da América, em Washington. MRE, 04.04.1962.

1196. Foreign Relations, 1961-1963, vol. XII, American Republics Released by the Office of the Historian Documents 224-240. 224. Memorandum of Conversation/1/Washington, April 4, 1962, 10:16-11:13 a.m. /1/Source: Department of State, Presidential Memoranda of Conversation: Lot 66 D 149.

1197. Foreign Relations, 1961-1963, vol. XII, American Republics Released by the Office of the Historian Documents 224-240. 225. Memorandum Prepared by Director of Central Intelligence McCone/1/Washington, April 4, 1962. /1/Source: Central Intelligence Agency, Job 80-B01285A, DCI/McCone Files, Memoranda to the Record. Secret. Drafted by McCone on April 5.

1198. *Última Hora*, 11.04.1962, p. 2.

1199. *Diário de Notícias*, 13.04.1962, p. 3. "A viagem do Celso Furtado aos Estados Unidos, em 1961, foi um grande êxito. Ele (...) negociou um pacote de ajuda ao Nordeste que seria assinado por San Tiago por ocasião da visita de Jango a Washington em abril de 1962". MOREIRA, Marcílio Marques. *Diplomacia, política e finanças*: de JK a Collor, 40 anos de história por um de seus protagonistas. Rio de Janeiro: Objetiva, 2001. p. 70.

1200. Foreign Relations, 1961-1963, vol. XII, American Republics Released by the Office of the Historian Documents 224-240. 227. Memorandum of Conversation/1/ Washington, April 12, 1962, 1 p.m. /1/Source: Department of State, Secretary's Memoranda of Conversation: Lot 65 D 330. Confidential. Drafted by Edwin Martin.

1201. Assim o conservador, e sardônico, embaixador Pio Corrêa, politicamente um contundente crítico do ex-presidente: "Fazia anos que eu não via Jango, dez anos exatamente (...). Recebeu-me, no entanto, como se nos houvéssemos visto na véspera, com a afabilidade e a simplicidade que eram de sua natureza; pois Jango era de fato, sem artifício, homem simples, afável e bondoso. Defeito tinha, mas suas qualidades eram suas por índole, com o traço indelével da lhaneza 'campechana' da sua terra". CORRÊA, Pio. *O mundo em que vivi*. 2. ed. Rio de Janeiro: Ed. Expressão e Cultura, 1994. p. 776.

1202. Comunicado conjunto dos presidentes dos Estados Unidos do Brasil e dos Estados Unidos da América. In: DANTAS, F. C. de San Tiago. *Política Externa Independente*. ed. atual. Brasília: Fundação Alexandre de Gusmão, 2011. p. 340-342.

1203. *O Estado de São Paulo*, 17.04.1962, p. 16. *Jornal do Brasil*, 19.04.1962, p. 1.

1204. *Última Hora*, 16.03.1962, p. 8. LIMA SOBRINHO, Barbosa. O que se vem chamando "ponte-aérea". *Jornal do Brasil*, 15.04.1962, p. 6.

1205. *Diário de Notícias*, 26.04.1962, p. 4.

1206. *Jornal do Brasil*, 12.05.1962, p. 3. Pedro Müller Informa - Almoço no Bife. *Jornal do Brasil*, 29.04.1962, p. 8.

1207. Aniversariando Gilson Amado, seu colega de faculdade, San Tiago visita-o em Petrópolis e na residência do amigo encontra o primeiro-ministro Tancredo Neves. Última Hora, 12.03.1962, p. 5.

1208. MORAES, Dênis de. *A esquerda e o golpe de 64*. Rio de Janeiro: Espaço e tempo, 1989. p. 79.

1209. *Última Hora*, 02.05.1962, p. 1. *Correio da Manhã*, 03.05.1962, p. 4.

1210. *Diário de Notícias*, 08.05.1962, p. 1 e 9.

1211. *Jornal do Brasil*, 15.05.1962, p. 3. Divisão de Informações. Boletim do Ministério das Relações Exteriores. Chanceler brasileiro na Polônia, nº 409, 15.05.1962.

1212. *Jornal do Brasil*, 16.05.1962, p. 1.

1213. *Jornal do Brasil*, 17.05.1962, p. 3.

1214. Homenagem a San Tiago Dantas. MRE. Divisão de Informações. nº 417. Rio de Janeiro, 17.05.1962.

1215. VENÂNCIO FILHO, Alberto. Prefácio. In: DANTAS, F. C. de San Tiago. *Palavras de um professor*. 2. ed. Rio de Janeiro: Forense, 2001. p. XI. Discurso proferido na Universidade de Cracóvia em maio de 1962. p. 159. Cf. CASTRO, Virgílio Horácio de. *Janelas para o destino: imprensa e poder*. Belo Horizonte: Labor, 2004. p. 259. Episódio análogo, relativo à memória de San Tiago, foi narrado por Israel Klabin que o encontrou em viagem a Israel; caminhando pelas ruas de Jerusalém, à menção da Divina Comédia feita por Israel Klabin, San Tiago teria recitado por memória todo o Canto Inicial do poema de Dante. Depoimento de Israel Klabin.

1216. *Última Hora*, 18.05.1962, p. 6.

1217. *Jornal do Brasil*, 20.05.1962, p. 10.

1218. *Última Hora*, 22.05.1962, p. 6.

1219. *Jornal do Brasil*, 23.05.1962, p. 4.

1220. FRANCIS, Paulo. Show Business. *Última Hora*, 22.05.1962, p. 8.

1221. *O Globo*, 22.05.1962, p. 1.

1222. *Jornal do Brasil*, 25.05.1962, p. 1 e 4.

1223. Carta de Afonso Arinos a San Tiago Dantas. Genebra, 25.05.1962. ASTD.

1224. *Correio da Manhã*, 15.05.1962, p. 1. *Jornal do Brasil*, 16.05.1962, p. 4.

1225. Arts. 11 e 12, do Ato Adicional nº 4.

1226. *Jornal do Brasil*, 30.05.1962. p. 1.

1227. *Jornal do Brasil*, 12.06.1962, p. 3.

CAPÍTULO 32 – PRIMEIRO-MINISTRO: A REJEIÇÃO

1228. Pronunciamento do ministro San Tiago Dantas a uma rede de televisão e rádio, no dia 22.06.1962. ASTD.

1229. *Jornal do Brasil*, 23.01.1962, p. 4.

1230. "Essa candidatura nasceu do diálogo direto entre o presidente e o prof. San Tiago (...)". Almino Afonso. In: MOTA, Lourenço Dantas (coord.). *A história vivida* (III). São Paulo. O Estado de São Paulo, 1981. p. 381. *Diário de Notícias*, 03.06.1962, p. 4.

1231. *Jornal do Brasil*, 03-04.06.1962, p. 1.

1232. *Última Hora*, 05.06.1962, p. 4.

1233. E prosseguia a nota: "especialmente: combate à inflação, sem prejuízo do desenvolvimento harmônico do país, assegurada a elevação do nível geral de vida, notadamente da população rural; a contenção imediata do custo de vida através de uma política de abastecimento, que abranja a produção, armazenagem, o transporte e a distribuição dos artigos elementares". *Diário de Notícias*, 06.06.1963, p. 4. O *Diário de Notícias*, em sua edição de 6 de junho, transcreve o inteiro teor da nota oficial dos partidos. Há uma cópia do texto da nota oficial, em papel timbrado do PSD, sem data ou firmas, recolhido ao arquivo de San Tiago Dantas.

1234. A 5 de junho, San Tiago fala a cerca de dois mil trabalhadores na Associação Brasileira de Imprensa, atendendo ao convite de cento e dezenove entidades sindicais, e diz que a política externa brasileira "reside no seu constante contato com o povo" e o seu objetivo era o desarmamento geral, fortalecimento da autodeterminação e expansão do comércio com todos os povos. No plano interno, lutava-se "pela justiça social, que inclui a reforma agrária, política de abastecimento e controle de preços, enquadramento dos capitais estrangeiros aos interesses do país e modernização do sistema previdenciário", a fim de dar ao trabalhador a segurança que na sociedade de hoje é alcançada apenas pelos proprietários". San Tiago aos operários: política externa reflete pronunciamento do povo. *Jornal do Brasil*, 06.06.1962, p. 4. San Tiago recebe uma carta de representantes sindicais agradecendo a palestra feita a 7 de junho a dirigentes sindicais em São Paulo; cerca de mais de vinte e cinco sindicatos, entre eles os representantes dos metalúrgicos de São Bernardo e a Federação de Bancários de São Paulo. Carta dos sindicatos a San Tiago Dantas, 07.06.1962. ASTD.

1235. *Diário de Notícias*, 07.06.1962, p. 2.

1236. *Diário de Notícias*, 06.06.1962, p. 12. *Jornal do Brasil*, 06.06.1962, p. 10

1237. *Última Hora*, 07.06.1962, p. 4.

1238. *Jornal do Brasil*, 14.06.1962, p. 3.

1239. FIGUEIREDO, José. *O Globo*, 20.06.1962.

1240. *Jornal do Brasil*, 20.06.1962, p. 3. A referência e a data do encontro de San Tiago com Amaral Peixoto, na noite do dia 19, estão na carta que Amaral Peixoto, dois dias depois, envia a San Tiago, dando notícia da rejeição de seu nome pelo PSD: "De referência à conversação que mantivemos na noite do dia 19 do corrente, e na qual V. Exa. me solicitou verificar, junto ao Partido Social Democrático, a possibilidade da aceitação do seu nome para a presidência do Conselho de Ministros, conforme indicação do Sr. Presidente da República, cumpre-me comunicar-lhe que o Partido, sem embargo dos seus indiscutíveis méritos pessoais, reconheceu a impossibilidade, em que se encontra, de apoiar essa indicação". Carta de Amaral Peixoto a San Tiago Dantas. Brasília, 21.06.1962.

1241. *Jornal do Brasil*, 10.06.1962, p. 3.

1242. *Diário de Notícias*, 22.06.1962, p. 3.

1243. *Jornal do Brasil*, 15.06.1962, p. 3.

1244. Martins Rodrigues, deputado pelo Ceará, era líder da bancada do PSD na Câmara Federal; Ovídio de Abreu era deputado federal pelo PSD de Minas e amigo de San Tiago Dantas.

Amaral Peixoto encaminha o texto da nota oficial do PSD a Jango, acompanhada de uma carta datada de 21.06.1962 na qual disse que, em conversa com San Tiago, a 19 daquele mês, este declarara desejar "conhecer, com brevidade, a decisão do PSD sobre a sua indicação para a presidência do Conselho". Carta de Amaral Peixoto a João Goulart em 21.06.1962. Cópia no arquivo de San Tiago Dantas. O teor da nota foi posto em uma correspondência dirigida a San Tiago, firmado com Amaral Peixoto e entregue a San Tiago pelos dois deputados: *Diário de Notícias*, 22.06.1962, p. 4.

Em suas memórias, publicadas doze anos depois da morte de San Tiago, Amaral Peixoto dá uma versão própria, e singular ao episódio da posição do PSD e ao apoio a San Tiago: "O San Tiago foi muito inábil. Ele é provavelmente um dos homens mais inteligentes com quem lidei, mais cultos, mas não teve habilidade para procurar um entendimento franco e leal com o PSD. Como presidente do maior partido, fui o primeiro a ser procurado. Ele foi à minha casa e disse: 'Já tenho assegurado o apoio da maioria do seu partido, mas vim fazer-lhe uma visita de cortesia'. Colocou mal o problema. Eu respondi: 'Agradeço a visita. Se você já tem o apoio da minha bancada, não precisa de mais nada. Confesso que me retraí e deixei que ele falasse'. Ele continuou: 'Não, mas vamos conversar sobre o ministério, ver as pastas, os nomes'. Eu disse: 'Isto é para uma etapa posterior. Seu nome sendo aprovado, vamos conversar'. Desconversei imediatamente. O mesmo desinteresse que ele demonstrou por mim, eu demostrei por ele. Naturalmente, transmiti à bancada a conversa que tinha tido com ele e externei a minha opinião. O Martins Rodrigues externou a sua, que também era contra (...)". In: CAMARGO, Aspásia. *Arte da Política*. Diálogo com Amaral Peixoto. Rio de Janeiro: Ed. Nova Fronteira, 1986. p. 452.

O registro contemporâneo dos fatos, (inclusive feito pelo próprio Amaral Peixoto), acima exposto, desmente o depoimento do ex-presidente do PSD, prestado em 1986, 24 anos depois dos acontecimentos referidos e 22 depois da morte de San Tiago Dantas.

Como se viu, a 19 de junho, Jango, em uma reunião à tarde, em Brasília, informou a Amaral Peixoto, na presença de líderes do PSD, UDN, PTB e PSP, que estava indicando o nome de San Tiago à chefia do novo gabinete. Em seguida à reunião, San Tiago, em entrevista coletiva, disse que iria procurar os líderes dos partidos para sondá-los a respeito de um possível apoio ao seu nome. E, a seguir, foi visitar Amaral Peixoto, presidente do partido com a maior bancada na Câmara Federal, visita que o próprio Amaral Peixoto registrou ter ocorrido naquele mesmo dia 19 (ver carta acima transcrita de Amaral Peixoto a San Tiago, datada de dois dias depois, a 21 de junho). No dia seguinte, 20, o PSD emitiu nota oficial rejeitando o nome de San Tiago Dantas.

Portanto, não teria havido tempo de San Tiago, mesmo se assim se dispusesse, ter procurado os deputados, e, mais, fosse capaz de já ter assegurado ao seu nome o apoio da bancada do PSD, como afirmaria Amaral Peixoto ao San Tiago visitá-lo. Esses movimentos todos, verificados entre o dia 19 e a votação da Câmara na qual o nome de San Tiago foi afinal rejeitado na madrugada de 29, estão amplamente documentados pela imprensa da época, aqui citada.

A imputação de tal inabilidade a San Tiago não achou correspondência nas críticas a ele dirigidas no curso de sua atividade política, e foi denunciada na imprensa da época como uma escusa a procurar justificar a rejeição do PSD ao seu nome. Tal imputação e variações dela surgiriam em declarações de alguns de seus contemporâneos – todas feitas, porém, depois da morte de San Tiago, em setembro de 1964.

1245. *Jornal do Brasil*, 22.06.1962, p. 3.

1246. Em editorial, o *Diário de Notícias* afirmava que as reformas de base "há tanto reclamadas" não poderiam ser uma obra confiada a San Tiago, pois, para "efetivá-la, falta-lhe altura moral, falta-lhe isenção, e, sobretudo, a vocação do desprendimento patriótico". Não seria com San Tiago na chefia do governo que seria possível "atravessar pacificamente o interregno perigoso deste semestre eleitoral".

Diário de Notícias, 22.06.1962, p. 4.

A *Última Hora* na mesma data afirmava na primeira página que San Tiago seria o premier "contra cúpulas partidárias" e era hora de "dizer-se um BASTA! ao histérico coro de provocações e infâmias". *Última Hora*, 22.06.1962, p. 1.

1247. Na mesma data, na televisão também, Lacerda reiterava as acusações correntes a San Tiago, feitas por seus adversários extremados. *O Jornal*, 23.06.1962, p. 4.

1248. Pronunciamento do ministro San Tiago Dantas a uma rede de televisão e rádio, 22.06.1962. ASTD.

1249. *Jornal do Brasil*, 23.06.1962, p. 3.

1250. *Jornal do Brasil*, 24.06.1962, p. 4.

1251. A entrevista está referida na edição de *O Jornal*, 24.06.1962, p. 1.

1252. *Última Hora*, 25.06.1962, p. 2.

1253. Reagindo à posição do PSD, em 27 de junho, a bancada do PTB anunciou que iria rever compromissos e alianças eleitorais, no próximo pleito de outubro, com todos os partidos que considerassem fechada questão em relação à indicação ao nome de San Tiago, classificando essa conduta de "uma hostilidade ao partido". *Jornal do Brasil*, 28.07.1962, p. 4.

1254. *O Jornal*, 27.06.1962, p. 5. Dos cinquenta e dois deputados presentes à reunião do partido, cinco anteciparam sua posição favorável a San Tiago, os deputados Adahil Barreto, Ferro Costa, Bagueira Leal, Bilac Pinto e o suplente, Juscelino.

1255. *Jornal do Brasil*, 27.06.1962, p. 4.

1256. *Última Hora*, 28.06.1962, p. 4.

1257. Dois eram os processos de votação previstos no ato adicional: o da escolha do primeiro-ministro, pelo quórum qualificado de cento e sessenta e quatro deputados, no mínimo, ou seja, a metade mais um dos votos do número total de deputados naquela legislatura; o outro, da manifestação da Casa sobre a composição do Conselho de Ministros, e do programa de governo, sujeitos também à deliberação de voto, mas pelo quórum de maioria simples. *Diário do Congresso Nacional*, 29.06.1962, Seção I, p. 3683. *Jornal do Brasil*, 26.06.1962, p. 3.

1258. *O Jornal*, 28.06.1962, p. 3.

1259. *Diário de Notícias*, 28.06.1962, p. 2.

1260. Em papel timbrado da Câmara dos Deputados, manuscrita a estrutura do seu discurso, os pontos todos que iria tratar; ao fim, anotou: "elogiar Tancredo Neves e ao Congresso" e apelar pela "ordem, a tranquilidade democrática". Ms. de San Tiago Dantas. ASTD. *O Jornal*, 29.06.1962, p. 3. San Tiago prometeu "um governo de autoridade, de planejamento e de independência. Fez um discurso antidemagógico. Tomou posição contra a luta de classes". *Jornal do Brasil*, 28.06.1962, p. 6.

1261. MESQUITA, Mário M. C. O Impasse Parlamentar Inflação, Estagnação e Ruptura, 1961-1964. In: ABREU, Marcelo de Paiva. *A ordem do progresso*: dois séculos de política econômica no Brasil. 2. ed. Rio de Janeiro: Ed. Elsevier, 2014. p. 185.

1262. *Última Hora*, 28.06.1962, p. 2.

1263. MOREIRA, Marcílio Marques. Introdução: a vida e obra de San Tiago Dantas. In: *Perfis parlamentares 21*: Discursos Parlamentares. Câmara dos Deputados. Brasília. 1983, p. 59.

1264. *Jornal do Brasil*, 28.06.1962, p. 3.

1265. UDN, PSP, PRP, PRT e PL opuseram-se ao nome de San Tiago; PTB, PR, PSB e PST o apoiaram. O Diário do Congresso Nacional menciona, na página nº 3.684, um total de 284 votantes, sendo 110 votos a favor e 174 contrários. Todavia, na relação de nomes consta um total de 282 votantes, sendo 110 votos a favor e 172 contrários à indicação de San Tiago Dantas. Na página 3.690 é mencionado que o número de ausentes é de 31 deputados, porém na relação de nomes constam 30 deputados.

1266. *Jornal do Brasil*, 26.06.1962, p. 3. Durante a sessão foram apresentadas vinte e duas declarações de votos; catorze favoráveis e oito contrárias à indicação de San Tiago, dentre elas, uma declaração de voto conjunta assinada por dezessete deputados do PSD.

1267. Os deputados do PTB, Aloysio Ferreira, José Lopes, Menotti del Picchia e Padre Nobre votaram contra a indicação de San Tiago Dantas. E os deputados Bonaparte Maia, Ary Pitombo, Maia Neto, Miguel Buffara e Temperani Pereira não compareceram à sessão de votação.

1268. Ver CHAGAS, Paulo Pinheiro. *Esse velho vento da aventura*: memórias. Rio de Janeiro: Ed. José Olympio S.A., 1977. p. 445.

1269. *Jornal do Brasil*, 29.06.1962, p. 1 e 3.

1270. FRANCIS, Paulo. Show Business. *Última Hora*, 27.06.1962, p. 8; 29.06.1962, p. 8 e 30.06.1962, p. 8.

1271. SILVEIRA, Joel. Mamutes e urubus. *Diário de Notícias*, 29.06.1962, p. 2.

1272. ATHAYDE, Tristão. Do episódio à crise. *Jornal do Brasil*, 13.07.1962, p. 6.

1273. CORÇÃO, Gustavo. San Tiago Dantas, este conhecido. *Diário de Notícias*, 24.06.1962, p. 2.

1274. *Jornal do Brasil*, 30.06.1962, p. 6.

1275. *Jornal do Brasil*, 29.06.1962, p. 6.

1276. *Diário de Notícias*, 24-25.06.1962, p. 4.

1277. In: *O Globo*. Figueiredo, José. 30.06.1962.

1278. WANDERLEY, Carlos Alberto. Política Nacional, *Última Hora*, 03.07.1962, p. 4.

1279. *Jornal do Brasil*, 01.07.1962, p. 3.

1280. A regra legal vigente, fixada no ato Adicional de setembro de 1961, que instituiu o regime parlamentarista, em relação ao plebiscito sobre a manutenção desse regime ou o retorno ao regime presidencialista, permanecia aberta; dizia apenas que a data do plebiscito poderia ser fixada por lei especial – ainda não editada – e o plebiscito ter lugar em até nove meses antes do término do exercício do vice-presidente no cargo de presidente da República, a ocorrer em 31 de janeiro de 1966.

1281. Os números mostravam a queda da representação do PSD na Câmara Federal; em 1950, detinha o PSD 112 cadeiras, de um total de 304, ou seja 36,8% de toda a Câmara dos Deputados. Nas eleições seguintes, em outubro de 1954, o PSD já encontrou dificuldade em manter essa proporção, mas ainda assim elegeu 115 deputados de um total de 356, perfazendo 32,3% da Câmara. Nas eleições a serem realizadas em outubro de 1962 e sobre as quais a atuação de um novo primeiro-ministro do porte intelectual de San Tiago iria se fazer sentir diretamente, mesmo essa hipótese não tendo se verificado, a queda da representação do PSD na Câmara seria expressiva: em uma bancada total de 409 deputados nessa legislatura, o PTB saltaria de 62 eleitos para 116 eleitos, dois a menos que o PSD, que elegeria em sua legenda apenas três deputados a mais do que a sua última bancada.

1282. Tancredo Neves. In: MOTA, Lourenço Dantas (coord.). *A história vivida*. 2. ed. Rio de Janeiro. Topbooks, 2014. p. 1406.

1283. MATOS, Edísio Gomes de. Crise foi provocada pela mecânica do regime e entrou em trégua que talvez seja efêmera. *Jornal do Brasil*, 15.07.1962, p. 4.

1284. Entre 21 e 23 de junho, uma semana antes da votação na Câmara dos Deputados, diversos órgãos de trabalhadores e estudantes manifestaram apoio condicionado a San Tiago Dantas. *Diário de Notícias*, 22.06.1962, p. 5. *Última Hora*, 23.06.1962, p. 2. *Tribuna da Imprensa*, 23-24.06.1962, p. 2.

1285. Tancredo Neves. In: MOTA, Lourenço Dantas (coord.). *A história vivida* (III). São Paulo. O Estado de São Paulo, 1981. p. 363-364. Raul Ryff, secretário de imprensa de Jango, diria mais tarde: "Jango não teria tomado uma atitude contrária ao San Tiago. Foi o Jango quem indicou o San Tiago". Entrevista de Raul Ryff a Valentina da Rocha Lima e Argelina Figueiredo, 1982. CPDOC/FGV.

CAPÍTULO 33 – OS MESES SEGUINTES

1286. Carta de San Tiago Dantas ao embaixador Mário Gibson Barbosa. Rio de Janeiro, 06.08.1964.

1287. MRE. Divisão de informações. Discurso do Ministro San Tiago Dantas ao despedir-se dos funcionários do Itamaraty. Rio de Janeiro, nº 584, 03.07.1962.

1288. COTRIM, John. *Testemunho de um empreendedor*. Coordenação: Lígia Maria Martins Cabral. Memória da eletricidade do Brasil. Centro de memória da eletricidade no Brasil. Rio de Janeiro. p. 340. Bilhete de San Tiago Dantas a Américo Lacombe, s/d.

1289. A 27 de junho, véspera do exame pela Câmara da indicação ao amigo, um angustiado Lacombe escreve a Antônio Gallotti referindo-se ao amigo comum: "Até que ponto pode o nosso amigo livrar-se do peso dos seus aliados nessa escalada. Isso me angustia. Ver a UNE, [União Nacional dos Estudantes], e o PCB, [Partido Comunista Brasileiro], gritando 'queremos San Tiago!' Nunca pensei viver para isso". Carta de Américo Lacombe a Antônio Gallotti. Paris, 27.06.1962.

1290. Testemunho do Autor.

1291. Carta de Hélio Vianna a San Tiago Dantas. Rio de Janeiro, 29.06.1962.

1292. *Última Hora*, 02.07.1962, p. 4.

1293. *Jornal do Brasil*, 05.07.1962, p. 3. Segundo o *Diário de Notícias*, "Dois fatos levaram-no a tomar aquela decisão. O presidente João Goulart recuou-se a assinar a sua nomeação para o cargo de primeiro-ministro, depois de aprovado o seu nome pela Câmara, uma vez que, além de ter faltado ele à sua palavra de que pediria a realização do plebiscito, também não quis cumprir os compromissos para formação do gabinete". *Diário de Notícias*, 05.07.1962, p. 4. SKIDMORE, Thomas E. *Brasil*: de Getúlio Vargas a Castello Branco (1930-1964). Rio de Janeiro: Ed. Saga, 1969. p. 268.

1294. *Jornal do Brasil*, 11.07.1962, p. 3.

1295. *Jornal do Brasil*, 12.07.1962, p. 6.

1296. "San Tiago cumpriu uma extensa agenda, que incluía encontros com o prefeito Prestes Maia, com o comandante do II Exército, general Amauri Kruel, e também com o candidato de Carvalho Pinto ao governo do Estado, José Bonifácio Coutinho Nogueira (...) compareceu, para conferência, aos sindicatos dos metalúrgicos, em São Paulo, ao dos portuários e dos trabalhadores da Petrobras, na Baixada Santista (...) Foi a primeira vez, em sua história, que essa estrutura sindical recebia um ministro de Relações Exteriores (...) o ponto alto de sua passagem por São Paulo foi uma rumorosa conferência na Associação Comercial". GREGORI, José. *Os sonhos que alimentam a vida*. São Paulo: Jaboticaba, 2009. p. 172.

1297. WANDERLEY, Carlos Alberto. Política Nacional. *Última Hora*, 12.07.1962, p. 4. San Tiago poderá ter dito desse seu propósito a jornalistas; porém, dificilmente escreveria uma obra como essa, na qual não seria possível evitar a descrição de situações que poderiam ser constrangedoras a alguns colegas de seu partido e daqueles que tinham assento na direção dessas agremiações.

1298. *Jornal do Brasil*, 14.07.1962, p. 3.

1299. *Diário de Notícias*, 13.10.1962, p. 12.

1300. TAUBMAN, William. *Khrushchev*: The man and his era. New York: W. W. Norton & Company, 2004. p. 526 e ss. HERRING, George C. *From Colony to Superpower*. U.S. foreign relations since 1776. New York: University Press, 2011. p. 720. GADDIS, John Lewis. *The Cold War*: a new history. New York: The Penguin Press, 2005. p. 78. *Jornal do Brasil*, 23.10.1962, p. 1.

1301. Moniz Bandeira faz referência à elaboração da carta por San Tiago, mas não a cita diretamente, nem divulga seu texto. Sobre o episódio, cita uma entrevista sua com o Jango e a sua minuta manuscrita. BANDEIRA, Moniz. *O Governo João Goulart*. São Paulo: Ed. Unesp, 2010. p. 88, notas 9 e 13.Ver RICUPERO, Rubens. *A diplomacia na construção do Brasil*: 1750-2016. Rio de Janeiro: Versal Editores, 2017. p. 413-414.

1302. Disponível em: https://sig.tse.jus.br/ords/dwtse/f?p=1945:1:::NO:RP:P0_HID_MOSTRA:S. Acesso em: 26 ago. 2021.

1303. Os deputados do PSD com o maior número de votos nessa eleição foram: o empresário paulista Sebastião Paes de Almeida (80.057), seguido por Tancredo Neves (58.090), em terceiro, Pe. Pedro Vidigal (49.599), e em quarto o banqueiro Gilberto Andrade Faria (45.538). Na UDN os deputados com maior votação foram: Oscar Dias Correia (39.873), Rondon Machado (37.834) e em terceiro lugar Dnar Mendes (34.239). No PTB, os mais votados foram San Tiago Dantas (35.809), Milton Reis (20.575) e em terceiro, Paulo Freire (19.035). Ver: Dados estatísticos: eleições federais, estaduais, realizadas no Brasil em 1962 e em confronto com anteriores. Referendum 6.163. v. 6. BRASIL. Tribunal Superior Eleitoral (TSE). Biblioteca Digital, 1964, p. 30 e 31.

1304. *Jornal do Brasil*, 13.10.1962, p. 5.

1305. FERREIRA, Jorge; GOMES, Angela de Castro. *1964*: o golpe que derrubou um presidente, pôs fim ao regime democrático e instituiu a ditadura no Brasil. Rio de Janeiro: Civilização Brasileira, 2014. p. 77.

1306. Miguel Arraes, candidato do PST, obteve 264.499 votos, João Cleofas, pela UDN, alcançou 251.146 votos.

1307. "Os inimigos da Ligas Camponesas, aproveitando-se da divulgação de cartazes com o *slogan*, nos quais aparecia o retrato de Julião ao lado de muitas mãos e de enxadas, imediatamente pediram a cassação do registro de sua candidatura. O texto da defesa foi transcrito em carta aberta, sob o título: 'Reforma Agrária na Lei ou na Marra' e impressa em panfletos e distribuídos por todo o estado". In: *Esperanças e desilusões* (1962-1964). AGUIAR, Cláudio. *Francisco Julião*: uma biografia. Rio de Janeiro: Ed. Civilização Brasileira, 2014. p. 419.

1308. *Jornal do Brasil*, 18.11.1962, p. 8. *Última Hora*, 23.11.1962, p. 1.

1309. FURTADO, Celso. *A fantasia desfeita*. Rio de Janeiro: Paz e Terra, 1989. p. 153.

1310. *Jornal do Brasil*, 24.11.1962, p. 1 e 6.

1311. MESQUITA, Mário M. C. O. Inflação, Estagnação e Ruptura, 1961-1964. Impasse Parlamentar. In: ABREU, Marcelo de Paiva. *A ordem do progresso*: dois séculos de política econômica no Brasil. 2. ed. Rio de Janeiro: Ed. Elsevier, 2014. p. 188.

1312. In: O Plano Trienal e o Ministério do Planejamento. Arquivos Celso Furtado. Organização Rosa Freire d'Aguiar Furtado. Contraponto. 2011. p. 43-440. Sobre a aprovação do Plano, ver Op. cit. p. 7 e 9.

1313. Ver KAFKA, Alexandre. *Depoimento*. Ed. CPDOC-FGV, 1998. p. 86.

1314. *Última Hora*, 31.12. e 1962, p. 4.

1315. O autor é sempre "o poderoso pensador", que o leitor acompanhava em sua trajetória. E registra, com acerto, Chermont de Brito, ser uma pena que os textos reunidos não trouxessem indicação de onde foram proferidos, "de maneira informarem os futuros biógrafos do Sr. San Tiago Dantas". Era essa uma falha a ser corrigida nas próximas edições "do livro que o público deve ler". A falha não foi corrigida. BRITO, Chermont de. In: Figuras do Direito. *Jornal do Brasil*, 01.11.1962, p. 14.

1316. *Jornal do Brasil*, 12.12. 1962, p. 6.

1317. *Jornal do Brasil*, 18.12.1962, p. 13. MACHADO, José. Diretrizes de San Tiago Dantas poderão criar o salário-móvel. *Jornal do Brasil*, 16.12.1962, p. 26.

1318. Segundo o deputado Neiva Moreira, a Frente Parlamentar Nacionalista era um partido; o estatismo que pregava era um instrumento de defesa do nacionalismo. Depoimento de Neiva Moreira.

1319. FRANCIS, Paulo. Aonde (e quando) vai San Tiago. *Última Hora*, 23.11.1962, p. 2.

CAPÍTULO 34 – MINISTRO DA FAZENDA

1320. DANTAS, F. C. de San Tiago. *Perfis parlamentares 21*: Discursos Parlamentares. Brasília. Câmara dos Deputados. 1983, p. 184-185.

1321. MALAN, Pedro Sampaio. Relações econômicas internacionais do Brasil (1945-1964). In: FAUSTO, Boris (coord.). *História geral da civilização brasileira*. O Brasil Republicano Economia e Cultura (1930-1964). São Paulo: Difel, 1986. v. 4, t. 3, p. 102.

1322. SKIDMORE, Thomas E. *Brasil de Getúlio a Castelo*. Editora Saga, 1969. p. 284-285.

1323. FERREIRA, Jorge; GOMES, Angela de Castro. *1964*: o golpe que derrubou um presidente, pôs fim ao regime democrático e instituiu a ditadura no Brasil. Rio de Janeiro: Civilização Brasileira, 2014. p. 134.

1324. Naquele mês de janeiro, antes de sua posse a 24 e até ao final do mês, San Tiago terá participado de cerca de 28 reuniões registradas pela imprensa. O mês de fevereiro iria mostrar-se ainda mais movimentado. SUED, Ibrahim. Reportagem social. *O Globo*, 10.01.1963, p. 4. CASTELLO BRANCO, Carlos. San Tiago emerge como homem forte do Ministério. *Jornal do Brasil*, 23.01.1963, p. 4. *Diário de Notícias*, 23.01.1963, p. 1. MEIRA, Mauritônio. Brasília Informa. *Última Hora*, 11.01.1963, p. 4.

1325. *O Globo*, 24.01.1963, p. 1 e 6.

1326. "Fiquei cinco meses trabalhando com San Tiago no ministério [da Fazenda] e, quando ele saiu, saí também. Foi aí que tive a oportunidade de me informar melhor, pois só lá dentro dava para conhecer mesmo a situação. Na época os números do Tesouro não existiam, você recebia um balanço da Contadoria Geral da República e outro da Diretoria da Fazenda Nacional, um não batia com o outro (...)". LEITE, Antonio Dias. In: VERENA, Alberti; SARMENTO, Carlos Eduardo; ROCHA, Dora (org.). *Mario Henrique Simonsen:* um homem e seu tempo. Depoimentos ao CPDOC. Rio de Janeiro: Editora FGV, 2002. p. 71.

1327. Discurso de posse de San Tiago Dantas. ASTD.

1328. *Jornal do Brasil*, 25.01.1963, p. 3. *Última Hora*, 25.01.1963, p. 16.

1329. Já naquela altura, ao início da execução do plano de contenção, San Tiago, em conversa telefônica com o presidente, a ele fez ver ser indispensável a sua participação pessoal para o sucesso do Plano Trienal junto ao empresariado. CASTELLO BRANCO, Carlos. *Introdução à Revolução de 1964*: a agonia do poder civil. Rio de Janeiro: Artenova, 1975. t. 1, p. 119.

1330. Entre outros, os economistas Antonio Dias Leite, Dias Carneiro, os diplomatas Miguel Osório de Almeida, Marcílio Marques Moreira, Ronaldo Costa, Oscar Lorenzo Fernandes, o advogado Vieira Coelho, que era o chefe de gabinete no Rio de Janeiro, e José Gregori, assessor em São Paulo, o deputado Renato Archer e o assessor e "homem de ação", Aluísio Salles, que transitava por todos os níveis do poder na ex-capital federal. GREGORI, José. *Os sonhos que alimentam a vida*. São Paulo: Jaboticaba, 2009. p. 181. Depoimento de Antonio Dias Leite.

1331. *Jornal do Brasil*, 31.01.1963, p. 3. "A oposição sistemática ao Plano Trienal [e a execução do plano de estabilização de San Tiago] veio das esquerdas. Francisco Julião, Leonel Brizola, Luís Carlos Prestes, os líderes do Comando Geral dos Trabalhadores (CGT) e da União Nacional dos Estudantes (UNE) usaram todo o jargão esquerdista para desqualificar o Plano Trienal: antipopular, antinacional e a serviço dos monopólios internacional, do latifúndio e do imperialismo". FERREIRA, Jorge. O golpe faz 50 anos. In: ALONSO, Angela; DOLHNIKOFF, Miriam (org.). *1964*: do golpe à democracia. São Paulo: Hedra, 2015. p. 60.

1332. *O Globo*, 31.01.1963, p. 2.

1333. *Última Hora*, 04.02.1963, p. 4.

1334. *Última Hora*, 04.02.1963, p. 4.

1335. *Jornal do Brasil*, 07.02.1963, p. 1.

1336. *Jornal do Brasil*, 07.02.1963, p. 3.

1337. *Jornal do Brasil*, 07.02.1963, p. 3.

1338. *Última Hora*, 08.02.1963, p. 4. *Diário de Notícias*, 08.02.1963, p. 2.

1339. "Não há como negar que a exposição televisionada do ministro San Tiago Dantas levantou o tom do debate político". San Tiago teria livrado o povo carioca do "tédio" diante do "fastidioso aranzel semanal do sr. Brizola", tendo a oportunidade de informar-se a respeito dos negócios financeiros do país e do programa de governo, por meio da "palavra sóbria, adequada, clara e franca do Ministro da Fazenda". *O Globo*, 08.02.1963, p. 1.

1340. *O Jornal*, 12.02.1963, p. 4. *Diário de Notícias*, 12.02.1963, p. 2. *O Globo*, 12.02.1963, p. 14.

1341. *O Jornal*, 13.02.1963, p. 5. *O Globo*, 13.02.1963, p. 12.

1342. Depoimento de José Gregori.

1343. *O Jornal*, 13.02.1963, p. 3.

1344. *O Jornal*, 13.02.1963, p. 3. CASTELLO BRANCO, Carlos. Coluna do Castelo. *Jornal do Brasil*, 14.02.1963, p. 4.

1345. *Última Hora*, 15.02.1963, p. 4.

1346. *Última Hora*, 18.06.1963, p. 4.

1347. *Última Hora*, 14.02.1963, p. 4.

1348. CASTELLO BRANCO, Carlos. Coluna do Castelo, *Jornal do Brasil*, 16.02.1963, p. 4.

1349. *O Globo*, 16.02.1963, p. 1 e 8. *O Globo*, 18.02.1963, p. 4.

1350. GUDIN, Eugênio. Crédito de confiança. *O Globo*, 18.02.1963, p. 2.

1351. *Diário Carioca*, 19.02.1963.

1352. *Folha de São Paulo*, 21.02.1963, p. 10.

1353. *Jornal do Brasil*, 22.02.1963, p. 6.

1354. *O Globo*, 22.02.1963, p. 3. *Correio da Manhã*, 23.02.1963, p. 7.

1355. *Diário de Notícias*, 23.02.1963, p. 2.

1356. *Última Hora*, 28.02.1963, p. 1-2.

1357. *Jornal do Brasil*, 01.03.1963, p. 1. *Última Hora*, 02.03.1963, p. 2.

1358. *Jornal do Brasil*, 05.03.1963, p. 4. *Última Hora*, 02.03.1963, p. 2.

1359. MESQUITA, Mário. In: ABREU, Marcelo de Paiva. *A ordem do progresso:* dois séculos de política econômica no Brasil. 2. ed. Rio de Janeiro: Ed. Elsevier, 2014. p.190. *Jornal do Brasil*, 08.03.1963, p. 4.

1360. *Jornal do Brasil*, 07.03.1963, p. 3.

1361. *Jornal do Brasil*, 07.03.1963, p. 1 e 4.

1362. San Tiago Dantas vence, em São Paulo, o *Juca Pato*, instituído pela U.B.E. Leitura, fev. 1963.

1363. *O Jornal*, 09.03.1963, p. 1.

1364. *O Globo*, 09.03.1963, p. 1.

1365. *Jornal do Brasil*, 10-11.03.1963, p. 3.

1366. *Última Hora*, 11.03.1963, p. 2.

1367. CASTELLO BRANCO, Carlos. Kennedy ganhou tempo para ler a mensagem de Goulart. *Jornal do Brasil*, 13.03.1963, p. 4.

1368. MATOS, Edísio Gomes de. Pálido mas otimista. In: A semana em Brasília, *Jornal do Brasil*, 10-11.03.1963, p. 5.

1369. MOREIRA, Marcílio Marques. *Diplomacia, política e finanças*: de JK a Collor, 40 anos de história por um de seus protagonistas. Rio de Janeiro: Objetiva, 2001. p. 85. *Jornal do Brasil*, 12.03.1963, p. 4.

1370. *Jornal do Brasil*, 13.03.1963, p. 3.

1371. *O Jornal*, 26.03.1963, p. 1 e 3. *O Jornal*, 14.03.1963, p. 1. *Jornal do Brasil*, 14.03.1963, p. 3.

1372. *Jornal do Brasil*, 15.03.1963, p. 3.

1373. CASTELLO BRANCO. Carlos. Coluna do Castello - Brizola: política de San Tiago abre caminho ao golpe. *Jornal do Brasil*, 16.03.1963, p. 4.

1374. *Correio da Manhã*, 20.03.1963, p. 1.

1375. MAURO, José. Na Hora H. *Última Hora*, 28.03.1963, p. 3.

1376. *Diário de Notícias*, 28.03.1963, p. 2 e 7.

1377. *O Jornal*, 28.03.1963, p. 1.

1378. *O Jornal*, 28.03.1963, p. 1.

1379. *Última Hora*, 28.03.1963, p. 3.*O Jornal*, 29.03.1963, p. 4.

1380. *Diário de Notícias*, 29.03.1963, p. 2.

1381. *Jornal do Brasil*, 29.03.1963, p. 4. *Jornal do Brasil*, 30.03.1963, p. 3. *O Globo*,

30.03.1963, p. 6.

1382. "Em fevereiro, as tarifas de transportes urbanos foram corrigidas entre 22 e 29%. Em março eliminou-se o subsídio ao trigo importado, o que elevou seu preço de 100%, e ao petróleo importado, o que elevou o seu preço doméstico em 70%. Em abril, o cruzeiro foi desvalorizado em 30,4%. O resultado destas e doutras medidas do processo de 'inflação corretiva', tomadas no primeiro trimestre de 1963, repercutiu imediatamente na taxa de inflação. Some-se a estas pressões inflacionárias o mau ano de agricultura, cujo crescimento foi de apenas 1% em 1963, fazendo com que o índice dos termos de troca agricultura x indústria estivesse em elevação desde o 2º trimestre de 1963 até o 1º trimestre de 1964". MALAN, Pedro Sampaio. Relações econômicas internacionais do Brasil (1945-1964). In: FAUSTO, Boris (coord.). *História geral da civilização brasileira.* O Brasil Republicano Economia e Cultura (1930-1964). São Paulo: Difel, 1986. v. 4, t. 3, p. 102-103.

1383. O empresário José Mindlin estava presente a essa reunião. Impressionou-o a atuação de San Tiago Dantas. O ministro ouviu todos os empresários que desejavam falar, e, a seguir, em menos de quinze minutos, sintetizou todos os pontos importantes referidos nas manifestações. E expôs as medidas que poderia tomar. Mas era visível o desconforto físico do ministro, que todos já sabiam doente. Depoimento de José Mindlin.

1384. *O Jornal*, 04.04.1963, p. 5.

1385. *Jornal do Brasil*, 04.04.1963, p. 5.

1386. A conversa com Jango "era sempre perfeita", observou o governador Magalhães Pinto. Cordial, porém politicamente infrutífera; o presidente não encaminhava diretamente uma ideia, não formulava uma solução e, sobretudo, não expressava uma posição conclusiva sobre o tema em questão. A observação sobre a conversa com Jango está registrada em CASTELLO BRANCO, Carlos. *Introdução à Revolução de 1964*: a queda de João Goulart. Rio de Janeiro: Artenova, 1975. t. 2, p. 48.

1387. *Jornal do Brasil*, 03.04.1963, p. 3.

1388. *O Globo*, 10.04.1963, p. 9. "Observei ali o efeito fantástico da intervenção de San Tiago Dantas nas negociações do açúcar, obrigando os usineiros a pagar o salário mínimo para os trabalhadores da usina e da cana, o que representou uma revolução em seus hábitos de consumo". RIBEIRO, Darcy. *Confissões*. São Paulo: Ed. Schwarcz, 1977. p. 265.

1389. *Última Hora*, 10.04.1963, p. 1.

1390. *Correio da Manhã*, 11.04.1963, p. 12.

CAPÍTULO 35 – ESQUERDA POSITIVA, ESQUERDA NEGATIVA

1391. *O Estado de São Paulo*, 16.04.1963.

1392. *Jornal do Brasil*, 16.04.1963, p. 3.

1393. *Última Hora*, 16.04.1963, p. 4.

1394. *O Estado de São Paulo*, 16.04.1963.

1395. *Última Hora*, 16.04.1963, p. 2.

1396. *Jornal do Brasil*, 17.04.1963, p. 3.

1397. *Correio da Manhã*, 17.04.1963, p. 6.

1398. *Jornal do Brasil*, 18.04.1963, p. 1.

1399. *O Globo*, 18.04.1963, p. 12.

1400. *Última Hora*, 18.04.1963, p. 8.

1401. *O Globo*, 23.04.1963, p. 6.

1402. Inflação, deflação e seus incidentes no governo João Goulart. Palestra do senhor San Tiago Dantas na delegacia da Confederação Nacional dos Trabalhadores da Indústria. Belo Horizonte, 24.04.1963. ASTD.

1403. *Jornal do Brasil*, 25.04.1963, p. 4. *Última Hora*, 25.04.1963, p. 2. *Diário de Notícias*, 25.04.1963, p. 1-2.

1404. *Jornal do Brasil*, 26.04.1963, p. 4.

1405. *O Jornal*, 30.04.1963, p. 1.

1406. *Diário de Notícias*, 30.04.1963, p. 7.

1407. *Correio da Manhã*, 01.05.1963, p. 18.

1408. *Jornal do Brasil*, 01.05.1963, p. 3. *O Jornal*, 01.05.1963, p. 4. *Correio da Manhã*, 01.05.1963, p. 18.

1409. *O Globo*, 02.05.1963, p. 1. *O Jornal*, 03.05.1963, p. 1 e 7.

1410. *Jornal do Brasil*, 07.05.1963, p. 4. *O Jornal*, 07.05.1963, p. 1. *Última Hora*, 07.05.1963, p. 2.

1411. Pedro Müller, *Jornal do Brasil*, 07.05.1963, p. 8.

1412. *Correio da Manhã*, 07.05.1963, p. 16-12. KELLER, Vilma; BENJAMIN, Cid. Leonel Brizola. In: BELOCH, Israel; ABREU, Alzira Alves de (coord.). *Dicionário histórico-biográfico brasileiro: 1930-1983*. Rio Janeiro: Forense Universitária, 1984. v. 1, p. 491.

1413. *O Globo*, 09.05.1963, p. 10. *O Globo*, 10.05.1963, p. 3.

1414. *Última Hora*, 11.05.1963, p. 2.

1415. *Jornal do Brasil*, 15.05.1963, p. 4.

1416. *O Globo*, 15.05.1963, p. 14.

1417. O empréstimo compulsório destinava-se apenas a pessoas físicas e incidiria sobre vencimentos enviados para pessoas residentes no exterior, sobre dividendos e outros interesses de ações ao portador, ao ágio na colocação de letras de câmbio e outros títulos de créditos de titulares não identificados e ainda no lucro apurado por pessoas físicas na venda de imóveis, prêmios de loterias, lucros atribuídos a título de capitalização, juros de debêntures e outras obrigações ao portador. Era previsto um fundo nacional de investimentos industriais como incentivo à poupança popular, cuja carteira seria administrada pelo BNDE. *Jornal do Brasil*, 16.05.1963, p. 1 e 4.

1418. CASTELLO BRANCO, Carlos. Coluna do Castelo. *Jornal do Brasil*, 16.05.1963, p. 4.

1419. *Jornal do Brasil*, 17.05.1963, p. 3.

1420. *Jornal do Brasil*, 18.05.1963, p. 4.

1421. ALVES, Hermano. San Tiago propõe frente política para lutar pelas reformas de base. *Jornal do Brasil*, 18.05.1963, p. 4.

1422. *Diário de Notícias*, 21.05.1963, p. 7.*O Globo*, 21.05.1963, p. 9.

1423. *O Globo*, 21.05.1963, p. 12. ALVES, Hermano. Frente para reformas. *Jornal do Brasil*, 21.05.1963, p. 6.

1424. *O Jornal*, 23.05.1963, p. 1. *Jornal do Brasil*, 21.05.1963, p. 14.

1425. *Correio da Manhã*, 22.05.1963, p. 14.

1426. *Diário de Notícias*, 23.05.1963, p. 1.

1427. *Jornal do Brasil*, 23.05.1963, p. 1.

1428. *Diário de Notícias*, 23.05.1963, p. 4.

1429. *O Globo*, 27.05.1963, p. 3. *Última Hora*, 25.05.1963, p. 4. *Correio da Manhã*, 26.05.1963, p. 9.

1430. Sobre a linguagem política, ver SKIDMORE, Thomas E. *Brasil*: de Getúlio a Castello. Rio de Janeiro: Ed. Saga, 1969. p. 304.

1431. *Última Hora*, 29.05.1963, p. 1-2. *Jornal do Brasil*, 29.05.1963, p. 3.

1432. *Jornal do Brasil*, 30.05.1963, p. 3. *Jornal do Brasil*, 30.05.1963, p. 3.

1433. CASTELLO BRANCO, Carlos. Coluna do Castello. Acabou-se o primeiro ministério de Goulart. *Jornal do Brasil*, 30.05.1963, p. 4.

1434. *O Jornal*, 05.06.1963, p. 1-8. *O Globo*, 05.06.1963, p. 1 e 18.

1435. *Jornal do Brasil*, 06.06.1963, p. 3.

1436. SKIDMORE, Thomas E. *Brasil*: de Getúlio a Castello. Rio de Janeiro: Ed.

Saga, 1969. p. 296.

1437. Aumento do funcionalismo e empréstimo compulsório. In: DANTAS, F. C. de San Tiago. *Perfis parlamentares 21*: Discursos Parlamentares. Câmara dos Deputados. Brasília. 1983, p. 167-173.

1438. DANTAS, F. C. de San Tiago. *Perfis parlamentares 21*: Discursos Parlamentares. Câmara dos Deputados. Brasília. 1983, p. 176-177; 182-185.

1439. *Jornal do Brasil*, 07.06.1963, p. 4. Ver. FRANCO, Gustavo H. B. *A moeda e a lei*: uma história monetária brasileira: 1933-2013. Rio de Janeiro: Zahar Editores, 2017. p. 371-372.

1440. CASTELLO BRANCO, Carlos. Coluna do Castello. *Jornal do Brasil*, 08.06.1963, p. 4. *O Globo*, 08.06.1963, p. 2. *O Jornal*, 15.06.1963, p. 1.

1441. DANTAS, F. C. de San Tiago. *Perfis parlamentares 21*: Discursos Parlamentares. Câmara dos Deputados. Brasília. 1983, p. 196-226. O texto intitulado "Ministério da Fazenda" de um total de 14.437 palavras, 8.429 foram proferidas pelo deputado San Tiago Dantas.

1442. Gilberto Amado, chegado ao Brasil, encontrou a fama de Brizola orador; e escutando um de seus discursos pelo rádio, observou: "ele baralha coisas, ofende a gramática, mas arrasta". In: LIMA, Hermes. *Travessia: memórias*. Rio de Janeiro: José Olympio, 1974. p. 270-271.

1443. Comparecimento do sr. Ministro da Fazenda. In: DANTAS, F. C. de San Tiago. *Perfis parlamentares 21*: Discursos Parlamentares. Câmara dos Deputados. Brasília. 1983, p. 227.

1444. Comparecimento do Sr. Ministro da Fazenda. In: DANTAS, F. C. de San Tiago. *Perfis parlamentares 21*: Discursos Parlamentares. Câmara dos Deputados. Brasília. 1983, p. 239.

1445. Sem a mesma astúcia de Brizola, o deputado udenista por São Paulo, Herbert Levy, ainda na mesma sessão da Câmara, procurou encurralar San Tiago. Interpelou o ministro sobre o preço do açúcar e a política para o café, da qual se dizia conhecedor. E critica a resposta de San Tiago: o ministro, diz o deputado, deveria se informar melhor, e não acreditar naqueles que lhe passaram dados, evidentemente errados, sobre a safra atual de café, como a referiu o ministro. San Tiago responde dizendo que fora bem claro ao não se referir à safra daquele exercício, e sim à seguinte; com relação ao dado exato, o qual o deputado disse San Tiago citar errado, sem, todavia, citar o certo, San Tiago informou ao deputado que a cifra exata era de Cr$ 23 milhões. Por fim, San Tiago informou que iria levar as observações do nobre parlamentar ao conhecimento do ministro da Indústria e Comércio, a quem a matéria estava afeta. Comparecimento do Sr. Ministro da Fazenda. In: DANTAS, F. C. de San Tiago. *Perfis parlamentares 21*: Discursos Parlamentares. Câmara dos Deputados. Brasília. 1983, p. 236.

1446. Comparecimento do sr. Ministro da Fazenda. In: DANTAS, F. C. de San

Tiago. *Perfis parlamentares 21*: Discursos Parlamentares. Câmara dos Deputados. Brasília. 1983, p. 250. O texto intitulado "Comparecimento do Sr. Ministro da Fazenda" de um total de 19.562 palavras constantes, 13.028 foram proferidas pelo deputado San Tiago Dantas.

1447. *Última Hora*, 14.06.1963, p. 4.

1448. *O Globo*, 15.06.1963, p. 11.

1449. *O Globo*, 18.06.1963, p. 16.

1450. *O Globo*, 17.06.1963, p. 14.

1451. *O Jornal*, 16.06.1963, p. 4.

1452. *O Globo*, 17.06.1963, p. 21.

1453. *Jornal do Brasil*, 18.06.1963, p. 1.

1454. *Diário de Notícias*, 18.06.1963, p. 4.

1455. *Jornal do Brasil*, 19.06.1963, p. 1 e 4.

1456. *Jornal do Brasil*, 19.06.1963, p. 4. Em contraste com o "politicamente astuto Dantas", dizia o memorando da CIA, analisando a situação política do Brasil, Carvalho Pinto é absolutamente neutro em política prática, o que significaria o enfraquecimento do Ministério da Fazenda, reduzindo as já restritas oportunidades de o Brasil resolver os seus problemas econômicos e financeiros. A demissão de San Tiago revelaria a forma "capciosa de Jango agir em relação à política externa e os problemas econômicos". De qualquer forma, conclui o texto, a reforma ministerial significava o movimento à esquerda por parte do presidente. CIA. Current Inteligence Memorandum - OCI nº 1574/63, 19.06.1963. Regressando de uma viagem de três meses aos Estados Unidos e à Europa, Dario de Almeida Magalhães, um dos fundadores da UDN e um dos mais respeitados advogados pelo Supremo Tribunal Federal, expressou opinião bem diversa da UDN, partido que ajudou a fundar na década de 1940; a principal crise do Brasil é o fracasso das classes dirigentes, afirmou. A reforma ministerial de Jango não fora compreendida no exterior, sobretudo nos Estados Unidos, disse; fora vista como uma "desordem na vida política do Brasil e desentendimento entre suas classes dirigentes". Igualmente, a saída de San Tiago do Ministério da Fazenda, pois o ex-ministro "acabava de obter substancial ajuda dos Estados Unidos e todos tinham confiança na sua política de contenção", e o San Tiago tinha "muito mais autoridade política do que seu sucessor, Sr. Carvalho Pinto, (...) [mais] traquejo nos debates internacionais [e era] na verdade o fiador da ajuda que estávamos obtendo. Além disso, o Sr. Carvalho Pinto é um homem completamente desvinculado dos entendimentos econômicos até então desenvolvidos". *Jornal do Brasil*, 11.07.1963, p. 9.

1457. Tancredo Neves. In: MOTA, Lourenço Dantas (coord.). *A história vivida*: entrevistas. 2. ed. ampl. Rio de Janeiro: Topbooks, 2014. p. 94.

1458. Em ataque anterior a San Tiago, Lacerda ressalvara que a sua fortuna havia sido produto de sua advocacia legítima e de sucesso reconhecido. *Correio da Manhã*, 21.06.1963, p. 16.

1459. Depoimento de Plínio Doyle.

1460. *Correio da Manhã*, 21.06.1963, p. 16.

1461. *Correio da Manhã*, *Diário de Notícias*, *Jornal do Brasil*, *O Globo*, *O Jornal* e *Última Hora*.

1462. Ibrahim Sued Informa. *Diário de Notícias*, 22.06.1963, p. 6.

CAPÍTULO 36 – FRENTE AMPLA: O NEGOCIADOR INCANSÁVEL

1463. Carta de San Tiago Dantas ao dr. Leopoldo Brandão do PTB, 26.11.1963.

1464. *Jornal do Brasil*, 18.07.1963, p. 12-13.

1465. Telegrama do embaixador Lincoln Gordon para o Departamento de Estado norte-americano. Control: 14181, 17.07.1963.

1466. Depoimento de Luiz Alberto Bahia.

1467. *Jornal do Brasil*, 19.07.1963, p. 4.

1468. *Jornal do Brasil*, 04.09.1963, p. 9.

1469. *O Globo*, 01.08.1963, p. 8. *Jornal do Brasil*, 08.08.1963, p. 5.

1470. Carta de Edméa de San Tiago Dantas a Antônio Gallotti. Washington, 26.08.1963. *O Globo*, 26.08.1963, p. 5.

1471. Ver MOREIRA, Marcílio Marques. *Diplomacia, política e finanças*: de JK a Collor, 40 anos de história por um de seus protagonistas. Rio de Janeiro: Objetiva, 2001. p. 89. Ver. CAMPOS, Roberto. *A lanterna na popa*: memórias. Rio de Janeiro: Topbooks, 1994. v. 1, p. 538.

1472. *Jornal do Brasil*, 11.09.1963, p. 18. Em 27 setembro, Peixoto de Castro, em carta a San Tiago, diz que procurara o médico particular de San Tiago, Cruz Lima, que o acompanhara aos Estados Unidos, para saber do estado de saúde do amigo. Cruz Lima lhe dissera "que nada ocorria de grave, tanto assim, que o havia desaconselhado ir à Europa [viagem que teria sido cogitada por San Tiago] por achá-lo em condições de voltar para o Brasil e retornar aos trabalhos que o mesmo reclama de sua incomparável inteligência". Carta de Peixoto de Castro a San Tiago Dantas. Rio de Janeiro, 27.09.1963. Essa afirmação não seria corroborada pelos fatos; antes, seguiria a orientação negacionista de San Tiago sobre a gravidade de sua doença. O diplomata Marcílio Marques Moreira, que acompanhou San Tiago e Edméa em sua viagem de retorno ao Brasil, relatou que, a pedido da Embaixada feito à Varig, foi instalada no avião uma poltrona maior que permitisse uma melhor acomodação de San Tiago, ainda muito abatido. Depoimento do embaixador Marcílio Marques Moreira.

1473. Surpreendido pela rebelião dos sargentos em Brasília, aonde viera para a convenção regional do PSD e para festejar o seu aniversário, Juscelino teria passado algumas horas de apreensão quando soube da notícia. Ao ser respondida a sua indagação se havia tropa do Exército envolvida no movimento, e tendo recebido resposta negativa, o astuto ex-presidente teria dito, "então podemos prosseguir nas comemorações do aniversário", convencido de que não haveria perigo para a ordem estabelecida se no movimento não estivesse envolvido o Exército. CASTELLO BRANCO, Carlos. *Introdução à Revolução de 1964*: a queda de João Goulart. Rio de Janeiro: Artenova, 1975. t. 2, p. 56. VICTOR, Mário. *Cinco anos que abalaram o Brasil*. Rio de Janeiro: Ed. Civilização Brasileira, 1965. p. 451-452.

1474. DULLES, John W. F. *Carlos Lacerda*: a vida de um lutador. v. 2: 1960-1977. Rio de Janeiro: Nova Fronteira, 2000. p. 170-171.

1475. CASTELLO BRANCO, Carlos. *Introdução à Revolução de 1964*: a queda de João Goulart. Rio de Janeiro: Artenova, 1975. t. 2, p. 46-47.

1476. Américo Lacombe, que ficara no exterior por um algum tempo, ao voltar, vê em San Tiago as marcas da doença; sem a vitalidade de dois anos antes, "estava mais curvo, mas mantinha a voz ainda bonita". E seguia não falando da doença. Depoimento de Francisco Lacombe, irmão de Américo. Ibrahim Sued Informa. *Diário de Notícias*, 26.09.1963, p. 6.

1477. *O Globo*, 01.10.1963, p. 6.

1478. *Jornal do Brasil*, 03.10.1963, p. 4.

1479. *O Globo*, 04.10.1963, p. 1.

1480. Segundo *O Globo*, a decretação de estado de sítio teria sido solicitada a Jango pelos ministros militares. *O Globo*, 05.10.1963, p. 1.

1481. *O Globo*, 07.10.1963, p. 6. *Correio da Manhã*, 06.10.1963, p. 1.

1482. Ouvido sobre o pedido de decretação de estado de sítio, o jurisconsulto Pontes de Miranda disse que não estavam presentes no país os requisitos de fato, enunciados em lei, que amparassem a decretação dessa medida excepcional. "O sítio pode ser decretado pelo Congresso se há comoção intestina grave ou se há fatos que evidenciam próximo irrompimento de tal comoção, ou se o país está em guerra. O país não está em guerra. Não há comoção intestina grave. Portanto, não são evidentes os requisitos exigidos em lei. Não foram mostrados". *Correio da Manhã*, 06.10.1963, p. 1.

1483. *Jornal do Brasil*, 06.10.1963, p. 23.

1484. MESQUITA, Mário M. C. Inflação, Estagnação e Ruptura, 1961-1964. In: ABREU, Marcelo de Paiva. *A ordem do progresso*: dois séculos de política econômica no Brasil. 2. ed. Rio de Janeiro: Ed. Elsevier, 2014. p. 193.

1485. FERREIRA, Marieta Morais; BENJAMIN, César. João Goulart. In: BELOCH, Israel; ABREU Alzira Alves de (coord.). *Dicionário histórico-biográfico brasileiro:*

1930-1983. Rio Janeiro: Forense Universitária, 1984. v. 2, p. 1518.

1486. KELLER, Vilma; BENJAMIN, Cid. Leonel Brizola. In: BELOCH, Israel; ABREU, Alzira Alves de (coord.). *Dicionário histórico-biográfico brasileiro: 1930-1983*. Rio Janeiro: Forense Universitária, 1984. v. 1. p. 1539. O documento redigido por Leonel Brizola está em MOREIRA, Neiva. *O Pilão da madrugada*. Editora Terceiro Mundo, 1989. p. 168-169.

1487. MORAES, Dênis de. *A esquerda e o golpe de 64*. Rio de Janeiro: Espaço e tempo, 1989. p. 185.

1488. Ibrahim Sued Informa. *Diário de Notícias*, 15.08.1963, p. 6. "O júri do Homem de Visão escolheu para este ano a figura inconfundível do Professor Francisco Clementino de San Tiago Dantas, chamado pelos seus íntimos, carinhosamente, de '*professor*'". In: *Revista Visão*, A razão é a sua força, 25.10.1963. Integravam o júri D. Helder Câmara, Ruben Berta, Herbert Moses, José Garrido Torres, Augusto Azevedo Antunes, Lucas Lopes, Jorge de Resende, Daniel Faraco e o embaixador Roberto Campos.

1489. *Revista Visão*, 08.11.1963, p. 52-58. *Revista Brasileira de História*, n. 47, jul. 2004, v. 24, p. 333-338.

1490. *Jornal do Brasil*, 25.10.1963, p. 1. *Jornal do Brasil*, 26.10.1963, p. 3 e 6. *Correio da Manhã*, 26.10.1963, p. 1. A *Última Hora* publicou trechos do discurso de San Tiago, e *O Globo* também. *Última Hora*, 26.10.1963, p. 3. *O Globo*, 26.10.1963, p. 5.

1491. *Jornal do Brasil*, 25.10.1963, p. 4. *Correio da Manhã*, 26.10.1963, p.12. *Jornal do Brasil*, 29.10.1963, p. 21. Mais tarde, Clarice, amiga de San Tiago, escreveria: "Um dia recebi um convite impresso para o banquete com discurso político de San Tiago. Quem se lembraria de me convidar para isso, senão ele?" LISPECTOR, Clarice. San Tiago. *Jornal do Brasil*, 06.01.1968, p. 22.

1492. Discurso cit. In: *Revista Visão*, A razão é a sua força, 25.10.1963.

1493. *Jornal do Brasil*, 26.10.1963, p. 1. *Diário de Notícias*, 26.10.1963, p. 1.

1494. Em 1963, foram computadas cento e dezenove greves contra cinquenta e quatro em 1962, sendo os estados mais atingidos São Paulo e Guanabara. RHEDER, Olinto. Problemas sociais. *Jornal do Brasil*, 29-30.12.1963, p. 14.

1495. CASTELLO BRANCO, Carlos. Coluna do Castello. *Jornal do Brasil*, 02.10.1963, p. 4.

1496. "As grandes lideranças do governo dele [Jango] podiam ter sido Tancredo e San Tiago Dantas. Quer dizer, não digo que não houvesse outros homens muito capazes. Havia. Mas esses dois superavam, sobretudo na capacidade de coordenar forças, de liderar realmente um sistema. E ele perdeu". Depoimento de Rômulo de Almeida ao CPDOC, 21.03.1980.

1497. *Correio da Manhã*, 27.10.1963, p. 1.

1498. *O Globo*, 29.10.1963, p. 6. *O Globo*, 14.11.1963, p. 18.

1499. Carta de San Tiago Dantas para o dr. Leopoldo Brandão do PTB, 26.11.1963.

1500. DANTAS, F. C. de San Tiago. Tragédia e enigma na morte de Kennedy. *Jornal do Brasil*, 01-02.12.1963, p. 113.

1501. *Revista Manchete*. Rio de Janeiro, 30.11.1963, p. 135 e ss. O texto da entrevista está em CASTELLO BRANCO, Carlos. *Introdução à Revolução de 1964*: a queda de João Goulart. Rio de Janeiro: Artenova, 1975. t. 2, p. 234-235.

1502. CASTELLO BRANCO, Carlos. *Introdução à Revolução de 1964*: a queda de João Goulart. Op. cit., p. 239-245.

1503. Cf. FERREIRA, Marieta Moraes; BENJAMIN, Cid. João Goulart. In: BELOCH, Israel; ABREU Alzira Alves de (coord.). *Dicionário histórico-biográfico brasileiro: 1930-1983*. Rio Janeiro: Forense Universitária, 1984. v. 2. p. 1518. Sobre a nomeação de Brizola para o Ministério da Fazenda, ver MORAES, Dênis de. *A esquerda e o golpe de 64*. Rio de Janeiro: Espaço e tempo, 1989. p. 118-119. CASTELLO BRANCO, Carlos. *Introdução à Revolução de 1964*: a queda de João Goulart. Op. cit. p. 154.

1504. CASTELLO BRANCO, Carlos. *Introdução à Revolução de 1964*: a queda de João Goulart. Op. cit. p. 138.

1505. *Correio da Manhã*, 06.12.1963, p. 1.

1506. *Jornal do Brasil*, 06.12.1963, Caderno II, p. 2.

1507. *Diário de Notícias*, 21.12.1963, p. 4. CASTELLO BRANCO, Carlos. *Introdução à Revolução de 1964*: a queda de João Goulart. Op. cit. p. 155.

1508. *Jornal do Brasil*, 21.12.1963, p. 1. KELLER, Vilma; BENJAMIN, Cid. Leonel Brizola. In: BELOCH, Israel; ABREU, Alzira Alves de (coord.). *Dicionário histórico-biográfico brasileiro: 1930-1983*. Rio Janeiro: Forense Universitária, 1984. v. 1. p. 492.

1509. "A esquerda radical, segundo a palavra de ordem do sr. Brizola, transmitida ontem antes mesmo de ter ele falado pelo rádio, desencadeará nova campanha de hostilidade ao Governo, a qual não excluirá todavia a hipótese de futura composição desde que o Presidente se renda à reivindicação dos radicais. Consta, aliás, em círculos governistas, que o sr. Brizola teve encontro tempestuoso com o Presidente da República, no qual manifestou, na veemência da sua linguagem, a decisão de passar ao combate e à pressão extrema sobre o Governo". CASTELLO BRANCO, Carlos. *Introdução à Revolução de 1964*: a queda de João Goulart. Op. cit., p. 154.

1510. MOREIRA, Marcílio Marques. *Diplomacia, política e finanças*: de JK a Collor, 40 anos de história por um de seus protagonistas. Rio de Janeiro: Objetiva, 2001. p. 91-92.

1511. DANTAS, F. C. de San Tiago. Política externa e desenvolvimento. *Jornal do Brasil*, 15.12.1963, Caderno Especial, p. 3.

1512. *Jornal do Brasil*, 11.12.1963, p. 3. MERQUIOR, José Guilherme. *Discurso na solenidade de formatura da turma de 1963*. Instituto Rio Branco.

1513. *Jornal do Brasil*, 14.12.1963, p. 5.

1514. *Jornal do Brasil*, 19.12.1963, p. 14.

1515. DANTAS, F. C. de San Tiago. A Evolução Política Brasileira. In: *Digesto Econômico*. ano XX, n. 174, nov./dez. 174. p. 77.

1516. DANTAS, F. C. de San Tiago. Bases para formação de uma Frente Popular, ou Progressista. 26.12.1963. ASTD.

1517. CASTELLO BRANCO, Carlos. Táticas de revolução depois das táticas de composição. *Jornal do Brasil*, 29-30.12.1963, p. 64.

1518. "Durante todo o Governo João Goulart, a tônica predominante foi a reforma agrária. O tema tomou conta de todos os conselhos do Governo. Até quem não entendia nada e muito menos de reforma agrária passou a discutir, nos corredores dos palácios presidenciais, sobre reformas de base e, principalmente, a agrária. Era, assim, uma maneira de se ficar prestigiado perante o Presidente (...)". JUREMA, Abelardo. *Sexta-feira, 13*: Os últimos dias do Governo João Goulart. 3. ed. Rio de Janeiro: Editora O Cruzeiro, 1964. p. 49-51.

1519. *Correio da Manhã*, 17.01.1964, p. 6.

1520. *Jornal do Brasil*, 17.01.1964, p. 13.

1521. Por essa altura, o secretário-geral do Partido Comunista Brasileiro, Luís Carlos Prestes, faz uma visita a San Tiago Dantas, em sua casa, e a ele teria entregue um texto com as contribuições de seu partido, ainda atuando na ilegalidade, à Frente que San Tiago articulava. Anexo ao documento, estaria um cartão de visitas que trazia o endereço de Prestes: Rua 19 de fevereiro, nº 108, telefone, 468381. Bilhete de Luís Carlos Prestes a San Tiago Dantas. Rio de Janeiro, 15.01.1964. (ASTD).

1522. *Correio da Manhã*, 17.01.1964, p. 6.

1523. CASTELLO BRANCO, Carlos. *Introdução à Revolução de 1964*: a queda de João Goulart. Rio de Janeiro: Artenova, 1975. v. 2, p. 162-163. Paulo Francis Informa Comenta. *Última Hora*, 17.01.1964, p. 3.

1524. CASTELLO BRANCO, Carlos. Coluna do Castello. *Jornal do Brasil*, 19.01.1964, p. 4.

1525. *Diário de Notícias*, 19-20.01.1964, p. 4. *Última Hora*, 20.01.1964, p. 4. CASTELLO BRANCO, Carlos. Coluna do Castello. *Jornal do Brasil*, 19.01.1964, p. 4. *Jornal do Brasil*, 19.01.1964, p. 6. *Correio da Manhã*, 19.01.1964, p. 6. *Diário de Notícias*, 19-20.01.1964, p. 8.

1526. *Última Hora*, 20.01.1964, p. 4.

1527. *Estado de Minas*, 14.01.1964, p. 1. *O Globo*, 30.01.1964, p. 5. *Correio da Manhã*, 30.01.1964, p. 17. DANTAS, F. C . de San Tiago. ALALC e o neo-subdesenvolvimento. Reunião preparatória para a II Convenção de Empresários Participantes da ALALC. 26.01.1964. São Paulo, Brasil.

1528. PETER. Panorama. *Jornal do Brasil*, 04.02.1964. Caderno B, p. 2. Carta do embaixador de Israel Arien Eshel a San Tiago Dantas. Rio de Janeiro, 21.02.1964. San Tiago redigiu o prefácio à tradução para o português do livro de Golda Meir, *Esta é a nossa força*. Carta do embaixador de Israel Arien Eshel a San Tiago Dantas. Rio de Janeiro, 09.03.1964.

1529. DANTAS, F. C. de San Tiago. A modernização da cultura brasileira. Centro Brasileiro de Pesquisas Físicas. Rio de Janeiro, 1964. *Ciências e Sociedade: temas em debate*. v. 1, n. 10, 23.01.1964.

1530. ALVES, Hermano. Opiniões sobre Frente Progressista com JG. *Correio da Manhã*, 02.02.1964, p. 6.

1531. No mesmo dia, a *Última Hora* noticiava que Jango dissera a San Tiago que o esquema agora era "Frente Ampla". *Última Hora*, 05.02.1964, p. 4.

1532. *Correio da Manhã*, 06.02.1964, p. 3.

1533. San Tiago via alguns pontos complexos no programa apresentado: o direito de voto analfabeto, previsto por meio de uma emenda constitucional; reajustamento do valor dos títulos da dívida pública, destinado a pagar as desapropriações por interesse social, e a legalidade do partido comunista. *Jornal do Brasil*, 04.02.1964, p. 6.

1534. *Jornal do Brasil*, 05.05.1964, p. 6.

1535. *O Globo*, 15.02.1964, p. 1 e 8. *Jornal do Brasil*, 15.02.1964, p. 3.

1536. *Correio da Manhã*, 15.02.1964, p. 12. *Diário de Notícias*, 15.02.1964, p. 3.

1537. CASTELLO BRANCO, Carlos. Coluna do Castello. *Jornal do Brasil*, 06.02.1964, p. 4.

1538. *Correio da Manhã*, 19.02.1964, p. 3.

1539. *Jornal do Brasil*, 23-24.02.1964, p. 5.

1540. Idem.

1541. *Jornal do Brasil*, 22-23.02.1964, p. 6.

1542. *Jornal do Brasil*, 23-24.02.1964, p. 11. A seguir, San Tiago contrataria um advogado para processar o semanário *Panfleto*. Carta de San Tiago Dantas a Hugo Severiano Ribeiro. Rio de Janeiro, 13.03.1964.

1543. *Diário de Notícias*, 27.02.1964, p. 1.

1544. *Jornal do Brasil*, 27.02.1964, p. 3. Estavam presentes, entre outros, os sindicalistas Osvaldo Pacheco, Armando Zilli, Clodesmidt Riani, Dante Pellacani, Roberto Lorena, Hércules Correia. *Correio da Manhã*, 27.02.1964, p. 6. *O Globo*, 27.02.1964, p. 12.

1545. *Jornal do Brasil*, 28.02.1964, p. 3.

1546. *Correio da Manhã*, 28.02.1964, p. 1.

1547. SILVEIRA, Joel. Não estou entendendo. *Última Hora*, 27.02.1964, p. 3. *Panfleto*, 17.03.1964. O editor ridicularizava os esforços de San Tiago Dantas para incluir na Frente popular "as velhas raposas do PSD". In: SKIDMORE, Thomas E. *Brasil*: de Getúlio Vargas a Castello Branco (1930-1964). Rio de Janeiro: Ed. Saga, 1969. p. 499.

CAPÍTULO 37 – MARÇO DE 1964: ESQUERDISMO, NEOFASCISMO

1548. San Tiago Dantas ao telefone com Alceu de Amoroso Lima - 31.03.1964. In: LIMA, Alceu Amoroso. *Carta do pai: de Alceu Amoroso Lima para sua filha madre Maria Teresa.* São Paulo: Ed. Inst. Moreira Salles. 2003. p. 516.

1549. *Jornal do Brasil*, 03.03.1964, p. 3.

1550. LIMA, Alceu Amoroso. *Carta do pai*: de Alceu Amoroso Lima para sua filha madre Maria Teresa. Rio de Janeiro, 04.03.1964. São Paulo: Ed. Inst. Moreira Salles, 2003. p. 342.

1551. *Última Hora*, 10.03.1964, p. 1. Carta de San Tiago Dantas a André Mesquita. Rio de Janeiro, 10.03.1964.

1552. *Diário de Notícias*, 10.03.1964, p. 3. Carta de San Tiago Dantas a Dinah Silveira de Queiroz e Dario Castro Alves. Rio de Janeiro, 10.03.1964. ASTD.

1553. Carta de San Tiago Dantas a Dinah Silveira de Queiroz e Dario Castro Alves. Rio de Janeiro, 10.03.1964. Carta ao embaixador Antônio Mendes Viana. Rio de Janeiro, 10.03.1964. Carta de San Tiago Dantas a Lauro Escorel. Rio de Janeiro, 10.03.1964.

1554. Ver SKIDMORE, Thomas E. *Brasil*: de Getúlio Vargas a Castello Branco (1930-1964). Rio de Janeiro: Ed. Saga, 1969. p. 345.

1555. Jango, no "comício do dia 13 de março, também chamado "o das Reformas", dera (...) o máximo de sua limitada facúndia, chegando mesmo a alcançar prodígios oratórios que jamais poderíamos adivinhar em sua notoriamente frugal dispensa vocabular (...)". SILVEIRA, Joel. *Tempo de contar*. Rio de Janeiro: José Olympio, 1993. p. 35.

1556. FERREIRA, Jorge. *João Goulart*: uma biografia. Rio de Janeiro: Ed. Civilização Brasileira, 2011. p. 419-428. Sobre o discurso de improviso: FERREIRA, Jorge. Op. cit., p. 425 e VICTOR, Mário. *5 anos que abalaram o Brasil*. Rio de Janeiro:

Civilização Brasileira, 1965. p. 472-477.

1557. CASTELLO BRANCO, Carlos. Da conspiração à revolução. In: DINES, Alberto et al. *Os idos de março e a queda em abril.* Rio de Janeiro: José Álvaro, 1964. p. 286; 288-299.

1558. Op. cit., p. 284 e 298.

1559. Cf. JUREMA, Abelardo. *Sexta-feira, 13*: Os últimos dias do Governo João Goulart. 3. ed. Rio de Janeiro: Editora O Cruzeiro, 1964. p. 142.

1560. Tancredo Neves. In: MOTA, Lourenço Dantas. *A história vivida*: entrevistas. 2. ed. Rio de Janeiro: Topbooks, 2014. p. 94.

1561. *Correio da Manhã*, 18.03.1964, p. 1. Entre outros, visitaram San Tiago os deputados Almino Afonso, Doutel de Andrade, Bocaiúva Cunha, Marco Antônio, Sérgio Magalhães, Paulo de Tarso, Ferro Costa, Temperani Pereira. DULLES, John W. F. *Carlos Lacerda*: a vida de um lutador. v. 2: 1960-1977. Rio de Janeiro: Nova Fronteira, 2000. p. 216.

1562. *Última Hora*, 18.03.1964, p. 4.

1563. *Diário de Notícias*, 19.03.1964, p. 4. *Jornal do Brasil*, 21.03.1964, p. 4.

1564. *Jornal do Brasil*, 20.03.1964, p. 4.

1565. *Idem.*

1566. Sobre os dados da marcha, ver FERREIRA, Jorge. *João Goulart*: uma biografia. Rio de Janeiro: Ed. Civilização Brasileira, 2011. p. 438.

1567. CASTELLO BRANCO, Carlos. Coluna do Castello, Jornal do Brasil, 21.03.1964, p. 4.

1568. Ver DINES, Alberto et al. *Os idos de março e a queda em abril.* Op. cit. p. 392-393.

1569. DULLES, John W. F. *Carlos Lacerda*: a vida de um lutador. v. 2: 1960-1977. Rio de Janeiro: Nova Fronteira, 2000. p. 215. VICTOR, Mário. *Cinco anos que abalaram o Brasil.* Rio de Janeiro: Civilização Brasileira, 1965. p. 490.

1570. FERREIRA, Jorge. *João Goulart*: uma biografia. Rio de Janeiro: Ed. Civilização Brasileira, 2011. p. 438-439.

1571. *O Globo*, 21.03.1964, p. 5.

1572. DANTAS, F. C. San Tiago. *Palavras de um professor.* 2. ed. Rio de Janeiro: Forense, 2001. p. 148-149.

1573. DANTAS, F. C. de San Tiago. Aula inaugural. In: *Palavras de um professor.* 2. ed. Rio de Janeiro: Forense, 2001. p. 141 e ss.

1574. FERREIRA, Jorge. *João Goulart*: uma biografia. Rio de Janeiro: Ed. Civilização Brasileira, 2011. p. 441 e 444. *O Globo*, 25.03.1964, p. 17.

1575. CARNEIRO, Glauco. *História das revoluções brasileiras*. Rio de Janeiro: Editora O Cruzeiro, 1965. v. 2, p. 602.

1576. *Jornal do Brasil*, 26.03.1664, p. 3. Depoimento de Almino Afonso. São Paulo, 12.02.1992.

1577. JUREMA, Abelardo. *Sexta-feira, 13*: Os últimos dias do Governo João Goulart. 3. ed. Rio de Janeiro: Editora O Cruzeiro, 1964. p. 171. Em sentido oposto, Darcy Ribeiro, chefe do gabinete civil de Jango, apoiou a ida do presidente à manifestação, observando que, caso o presidente não comparecesse, Brizola ou Arraes iriam capitalizar em seu favor as forças políticas ali representadas. FERREIRA, Jorge. *João Goulart*: uma biografia. Rio de Janeiro: Ed. Civilização Brasileira, 2011. p. 455.

1578. Discurso de João Goulart na assembleia de sargentos e subtenentes no dia 30.03.1964. In: DINES, Alberto et al. *Os idos de março e a queda em abril*. Rio de Janeiro: José Álvaro, 1964. p. 396 e ss.

1579. GOMES, Pedro. Minas do diálogo ao front. In: DINES, Alberto et al. *Os idos de março e a queda em abril*. Rio de Janeiro: José Álvaro, 1964. p. 100.

1580. FIGUEIREDO, Wilson. Segunda seção. *Jornal do Brasil*, 01.04.1964, p. 8.

1581. *O Globo*, 31.03.1964, p. 1.

1582. *Correio da Manhã*, 31.03.1964, p. 1. *Jornal do Brasil*, 31.03.1964, p. 1. *Diário de Notícias*, 31.03.1964, p. 1. *Última Hora*, 31.03.1964. p. 1.

1583. DULLES, John W. F. *Castello Branco*: o caminho para a presidência. Rio de Janeiro: Ed. José Olympio, 1979. p. 33-38.

1584. Sobre a comunicação a Jango, ver SILVA, Hélio. *1964: Golpe ou Contragolpe?*. Rio de Janeiro: Ed. Civilização Brasileira, 1975. p. 394.

1585. Sobre o telefonema de Juscelino a Jango na manhã do dia 31, ver DULLES, John W. F. *Castello Branco*: o caminho para a presidência. Op. cit. p. 339. Sobre a proclamação, ver *Jornal do Brasil*, 01.04.1964, p. 3.

1586. Sobre Brizola em Porto Alegre, ver BANDEIRA, Moniz. *Brizola e o trabalhismo*. Rio de Janeiro: Civilização Brasileira, 1979. p. 94. *Última Hora*, 01.04.1964, p. 5.

1587. JUREMA, Abelardo. *Sexta-feira, 13*: Os últimos dias do Governo João Goulart. 3. ed. Rio de Janeiro: Editora O Cruzeiro, 1964. p. 182.

1588. GASPARI, Elio. *A Ditadura envergonhada*. 2. ed. São Paulo: Companhia das Letras, p. 89.

1589. DULLES, John W. F. *Castello Branco*: o caminho para a presidência. Op. cit. p. 342.

1590. Depoimento de José Gregori.

1591. Para o encontro de San Tiago sozinho com o Jango, ver PINHEIRO NETO, João. *Jango*: Um depoimento pessoal. Rio de Janeiro: Record, 1993. p. 51-52. Depoimento de Araújo Netto.

1592. NETTO, Araújo et al. *Os idos de março e a queda em abril.* 2. ed. Rio de Janeiro: Editora José Álvaro, 1964. p. 62-63. Em depoimento ao Autor, Araújo Netto, então repórter do *Jornal do Brasil*, ouviu de Raul Ryff, secretário de imprensa de Jango, os termos da conversa deste com San Tiago, que o presidente relatou a seu assessor de imprensa, tão logo se despediu de seu ex-ministro da Fazenda. O diálogo na forma em que Araújo Netto o registrou foi publicado naquele ano de 1964, San Tiago ainda vivo. Como de hábito, não se tem nenhuma manifestação de San Tiago sobre o que ele disse a Jango. O relato do diálogo foi ganhando novas adições e inúmeras interpretações, nas diversas versões que dele foram feitas posteriormente.

1593. "O dispositivo militar dos americanos começara a ser montado em julho de 1962, no Salão Oval da Casa Branca, pelo presidente Kennedy". GASPARI, Elio. *A Ditadura envergonhada.* 2. ed. São Paulo: Intrínseca, 2014, p. 99. "Usam-se muitos esses planos contingentes. Todas as nações os elaboram, sempre que se temem alterações violentas, a fim de prevenir surpresas. Raramente eles traduzem uma intenção, representando apenas uma precaução. Como os comunistas haviam recentemente se apossado de Cuba, o plano admitia uma guerra civil, no qual os soviéticos correriam em auxílio de seus correligionários brasileiros". WALTERS, Vernon A. *Missões silenciosas.* Tradução: Heitor A. Herrera. Rio de Janeiro: Biblioteca do Exército Editora, 1986. p. 349.

1594. "Gordon mandara recados a governadores e militares, estimulando-os a produzir um desfecho que pudesse ser considerado legítimo". GASPARI, Elio. *A Ditadura envergonhada.* 2. ed. São Paulo: Intrínseca, 2014. p. 98-99. A operação militar [norte-americana de apoio aos revoltosos] (...) *Brother Sam* (Irmão Sam) não entrou em ação efetiva: foi gradualmente desmobilizada a partir do dia 2 de abril, quando ainda se encontrava distante do ponto da costa brasileira para a qual se dirigia: Santos, no Brasil. Os navios deveriam chegar entre 8 e 11 [de abril] ao objetivo da missão. CORRÊA, Marcos Sá. *1964 visto e comentado pela Casa Branca.* Porto Alegre: Ed. L&PM Editores, 1977. p. 15.

1595. GASPARI, Elio. *A Ditadura envergonhada.* 2. ed. São Paulo: Intrínseca, 2014. p. 89-91. DULLES, John W. F. *Castello Branco*: o caminho para a presidência. Rio de Janeiro: Ed. José Olympio, 1979. p. 347.

1596. *Correio da Manhã*, 01.04.1964, p. 1.

1597. *Jornal do Brasil*, 02.04.1964, p. 2. FERNANDES, Millôr. *Millôr definitivo*: a bíblia do caos. Porto Alegre: Ed. L&PM Editores S/A., 1994. p. 125.

1598. *Correio da Manhã*, 02.04.1964, p. 1.

1599. *Jornal do Brasil*, 02.04.1964, p. 1.

1600. BANDEIRA, Moniz. *Brizola e o trabalhismo*. Rio de Janeiro: Civilização Brasileira, 1979. p. 96.

1601. *O Globo*, 02.04.1964, p. 6. Ver GASPARI, Elio. *A Ditadura envergonhada*. 2. ed. São Paulo: Intrínseca, 2014. p. 100; 117-118.

1602. FRAGA, Plínio. *Tancredo Neves, o príncipe civil*. Rio de Janeiro: Objetiva, 2017. p. 239.

1603. "Auro deu a Jango uma carta de renúncia, sem data". Almino Afonso. In: MOTA, Lourenço Dantas (coord.). *A história vivida* (III). São Paulo: O Estado de São Paulo, 1981. p. 380.

1604. *Correio da Manhã*, 02.04.1964, p. 1.

1605. *Idem*.

1606. *Última Hora*, 02.04.1964, p. 1. GASPARI, Elio. *A Ditadura envergonhada*. 2. ed. São Paulo: Companhia das Letras, 2002. p. 84-85.

1607. Op. cit. p. 115.

1608. Carta de San Tiago Dantas a Marcílio Marques Moreira. Rio de Janeiro, 02.04.1964.

1609. *Jornal do Brasil*, 02.04.1964, p. 1.

1610. *Tribuna da Imprensa*, 02.04.1964, p. 1. *O Globo*, 03.04.1964, p. 1. *Correio da Manhã*, 04.04.1964, p. 1.

1611. *Jornal do Brasil*, 03.04.1964, p. 4.

1612. CASTELLO BRANCO, Carlos. Coluna do Castello. *Jornal do Brasil*, 03.04.1964, p. 4. Em um cartum publicado nessa data, a propósito do desfecho do golpe, Claudius retratava a conversa de dois homens abrigados da chuva que caía naqueles dias no Rio de Janeiro, na qual um dizia ao outro: "para explicar melhor: se fosse futebol, teria sido de goleada". *Jornal do Brasil*, 03.04.1964, p. 2. "(...) na contabilidade das quarteladas latino-americanas, a deposição do presidente João Goulart foi praticamente incruenta. Custou sete vidas, todas civis, nenhuma em combate". GASPARI, Elio. *A Ditadura envergonhada*. 2. ed. São Paulo: Intrínseca, 2014. p. 113.

1613. *Jornal do Brasil*, 03.04.1964, p. 4.

1614. *Jornal do Brasil*, 02.04.1964, p. 2.

1615. *Jornal do Brasil*, 03.04.1964, p. 2.

1616. *Jornal do Brasil*, 20.11.1963, p. 9. Carta de San Tiago Dantas a Austregésilo de Athayde. Rio de Janeiro, 15.11.1963.

1617. Carta de San Tiago Dantas a Gilberto Amado. Rio de Janeiro, 20.11.1963. ASTD.

1618. Carta de San Tiago Dantas a Afonso Arinos. Rio de Janeiro, 02.12.1963.

1619. Academia Brasileira de Letras. Ata da sessão do dia 02.04.1964.

"Não conseguiu eleger-se. Pois dias antes da eleição, abril de 1964, houve a revolução. E ele, janguista, não se elegeu. Ninguém se elegeu. Tinha promessas mais que suficientes". In: VILLAÇA, Antônio Carlos. *O livro dos fragmentos*. Rio de Janeiro: Civilização Brasileira, 2005. p. 72. Mais tarde dois de seus amigos, membros da Academia, comentariam a sua derrota: "Eleição vergonhosa (...) a que derrotou San Tiago Dantas, logo após o golpe de 1964. Antes do golpe San Tiago estava mais que eleito, o medo leva a misérias, a baixezas: o medo e as gorjetas". In: AMADO, Jorge. *Navegação de cabotagem*: apontamentos para um livro de memórias que jamais escreverei. Rio de Janeiro: Record, 1999. p. 284. "No meio de toda essa barafunda, nem sei se comentei o empate na academia entre o San Tiago e o tal de Nilo Bruzzi, mas este chegando a ter 18 votos e, portanto, por 1 quase vencedor. Incrível! E como a tradição, ou pelo menos o hábito da Academia, é eleger mais tarde o camarada que só perdeu por um voto, é provável que teremos lá, na Casa, mais essa nulidade, por obra e graça dos senhores Múcio Leão e Afrânio Coutinho". LIMA, Alceu Amoroso. *Carta do pai*: de Alceu Amoroso Lima para sua filha madre Maria Teresa. São Paulo: Ed. Inst. Moreira Salles, 2003. p. 382.

1620. *Jornal do Brasil*, 30.07.1964, p. 8.

1621. *Jornal do Brasil*, 04.04.1964, p. 1.

1622. *Jornal do Brasil*, 04.04.1964, p. 5.

1623. VIANA FILHO, Luís. *O governo Castello Branco*. Rio de Janeiro: Ed. José Olympio, 1975. p. 55.

1624. Sobre "propostas de demolição das franquias constitucionais", ver GASPARI, Elio. *A Ditadura envergonhada*. 2. ed. São Paulo: Intrínseca, 2014, p. 122-124. VIANA FILHO, Luís. *O governo Castello Branco*. Rio de Janeiro: Ed. José Olympio, 1975. p. 55.

1625. No texto proposto por Carlos Medeiros, era prevista a cassação dos mandatos e a suspensão de direitos políticos por um prazo máximo de duração de cinco anos. GASPARI, Elio. *A Ditadura envergonhada*. 2. ed. São Paulo: Intrínseca, 2014. p. 124.

1626. *O Globo*, 07.04.1963, p. 14.

1627. *Jornal do Brasil*, 08.04.1964, p. 4.

1628. CASTELLO BRANCO, Carlos. Coluna do Castello. *Jornal do Brasil*, 7-8.04.1964, p.4.

1629. VIANA FILHO, Luís. *O governo Castello Branco*. Rio de Janeiro: Ed. José Olympio, 1975. p. 56 e 57. GASPARI, Elio. *A Ditadura envergonhada*. 2. ed. São Paulo: Intrínseca, 2014. p. 124.

1630. Nas palavras do próprio Francisco Campos: "A revolução vitoriosa se investe no exercício do Poder Constituinte. Este, se manifesta pela eleição popular ou pela revolução. Esta é a forma mais expressiva e mais radical do Poder Constituinte. Assim, a revolução vitoriosa, como Poder Constituinte, se legitima por si mesma. Ela destitui o governo anterior e tem a capacidade de constituir o novo governo. Nela se contém a força normativa, inerente ao Poder Constituinte. Ela edita normas jurídicas sem que nisto seja limitada pela normatividade anterior à sua vitória". VIANA FILHO, Luís. *O governo Castello Branco*. Rio de Janeiro: Biblioteca do Exército, 1975. p. 57.

1631. AFONSO, Almino. *Da tribuna ao exílio*. São Paulo: Letras & Letras, 2003. p. 64-65.

1632. [Francisco Campos] "Ficou sendo um especialista - de longe o mais competente de todos - em dar cobertura dialética e jurídica aos golpes de Estado; e, nesta qualidade, foi convocado para elaborar a justificação do movimento de 1964 e o primeiro ato institucional, que não tinha número, porque deveria ser o único, e de curta duração, segundo se supunha na ocasião". In: MAGALHÃES. Dario de Almeida. *Figuras e momentos*. Rio de Janeiro: Nova Fronteira, 1985. p. 340.

1633. DULLES, John W. F. *Castello Branco*: o caminho para a presidência. Rio de Janeiro: José Olympio, 1979. p. 389-390.

1634. *Jornal do Brasil*, 11.04.1964, p. 6.

1635. *Jornal do Brasil*, 12.04.1964, p. 4.

1636. *Jornal do Brasil*, 12.04.1964, p. 4.

1637. DULLES, John W. F. *Carlos Lacerda*: a vida de um lutador. v. 2: 1960-1977. Rio de Janeiro: Nova Fronteira, 2000. p. 49. Antes, o jornalista David Nasser já escrevera, "San Tiago Dantas, esse Laval americano (...)". NASSER, David. O Dr. de Cracóvia. *O Cruzeiro*, 02.06.1962.

1638. Telegrama de Lincoln Gordon ao secretário de Estado, Rio de Janeiro, 20.04.1964.

1639. VILLA, Marco Antonio. *Jango*: um perfil (1945-1964). São Paulo: Globo, 2014. p. 265, nota n. 55.

1640. Carta de San Tiago Dantas a Manoel Pereira Sobrinho. Rio de Janeiro, 23.04.1964. Carta de San Tiago Dantas a Israel Klabin. Rio de Janeiro, 27.04.1964. Carta de San Tiago Dantas a Jayme Bastian Pinto. Rio de Janeiro, 28.04.1964. Carta de San Tiago Dantas a Robert Kennedy. Rio de Janeiro, 28.04.1964.

CAPÍTULO 38 – A ÚLTIMA VIAGEM À EUROPA

1641. Carta de San Tiago Dantas a Israel Klabin. Rio de Janeiro, 27.04.1964.

1642. Pouco antes, a imprensa registrava que "jantaram no 'Chalé', os casais San

Tiago Dantas, Sá Freire Alvim, Gilson Amado e Luís Gonzaga Nascimento Silva". *O Globo*, 24.04.1964, p. 4. A *Última Hora* noticiava que, estavam circulando por Petrópolis, nos últimos dias, o deputado San Tiago Dantas e os srs. Gilson Amado, Sá Freire Alvim e Fernando Barbosa Lima. *Última Hora*, 04.05.1964, p. 3.

1643. Carta de San Tiago Dantas ao professor Sadoul, Nancy-France. Rio de Janeiro, 11.05.1964. Paul Sadoul, professor da Faculdade de Medicina de Nancy, era um renomado pneumologista. Disponível em: http://professeurs-medecine-nancy.fr.

1644. Carta de San Tiago Dantas a Felippe Quental, 29.05.1964. BARBOSA, Mário Gibson. *Na diplomacia, o traço todo da vida*. Ed. Record. Rio de Janeiro. 1992. p. 83.

1645. *Diário de Notícias*, 31.05-01.06.1964, p. 1. Em sua crônica Rubem Braga, transcreve o texto (aqui citado) de uma carta de San Tiago a um amigo que não identifica. O texto, sem dúvida, é de San Tiago. BRAGA, Rubens. San Tiago Dantas. *Jornal do Brasil*. Rio de Janeiro, 13.09.1964.

1646. Carta de San Tiago Dantas a Felippe Quental. 29.05.1964.

1647. Carta de San Tiago Dantas a Aloysio Novis. Paris, 03.06.1964.

1648. Carta de San Tiago Dantas a Aloysio Novis. Paris, 03.07.1964.

1649. BARBOSA, Mário Gibson. *Na diplomacia, o traço todo da vida*. Rio de Janeiro: Ed. Record, 1992. p. 83.

1650. Carta de San Tiago Dantas a Felippe Quental. Paris, 13.06.1964.

1651. BOJUNGA, Cláudio. *JK*: o artista do impossível. Rio de Janeiro: Editora Objetiva, 2001. p. 825-832.

1652. Carta de San Tiago Dantas a Felippe Quental. Viena, 13.06.1964.

1653. *Jornal do Brasil*, 16.06.1964, p. 3.

1654. "Despachos do presidente Castello em alguns processos de cassação. Transcrição do coronel Gustavo Moraes Rego Reis". Há uma versão manuscrita do próprio coronel Moraes Rego e a transcrição datilografada. O texto não foi escrito diretamente por Castello Branco e sim ditado. Arquivo Humberto de Alencar Castello Branco. Escola de Comando e Estado Maior do Exército.

Castello Branco excluiu o nome de Afonso Arinos, que a imprensa vinha alinhando ao de San Tiago em lista de nomes a serem cassados, anotando, "sou absolutamente contrário". Ver Ibrahim Sued Informa. *Diário de Notícias*, 10.06.1964, p. 6. A 2 de abril, Alceu Amoroso Lima registrou: "O Afonsinho tem manobrado em todos os setores e (...) está sempre de cima". LIMA, Alceu Amoroso. *Carta do pai:* de Alceu Amoroso Lima para sua filha madre Maria Teresa. Ed: Inst. Moreira Salles, 2003. p. 371. Como o próprio Afonso Arinos registraria, "O Castello, com quem conversei antes da indicação dele". ARINOS FILHO, Afonso. *Atrás do espelho*: cartas de meus pais. Rio de Janeiro: Record, 1994. p. 154-155.

1655. Sobre a demanda de Castello Branco, depoimento de Otávio Thyrso de Andrade. Sem detalhar a intervenção de Hélio Vianna, outro amigo do *Grupo*, Américo Lacombe, em depoimento ao Autor a ela fez breve referência. Depoimento de Américo Lacombe. Já morto San Tiago, Castello Branco diria ter sido ele um dos homens mais inteligentes que conhecera, "tinha o dom de transformar assuntos complexos em coisas simples e tinha conhecimento sobre tudo, inclusive literatura e ciências". DULLES, John W. F. *Carlos Lacerda:* a vida de um lutador. v. 2: 1960-1977. Rio de Janeiro: Ed. Nova Fronteira, 2000. p. 349-350.

1656. Carta de San Tiago Dantas a Felippe Quental. Paris, 25.06.1964.

1657. Carta de San Tiago Dantas a Raul Quental. Roma, 17.06.1964.

1658. Carta de San Tiago Dantas a Raul Quental. Paris, 28.06.1964.

1659. MOREIRA, Marcílio Marques. *Diplomacia, política e finanças*: de JK a Collor, 40 anos de história por um de seus protagonistas. Rio de Janeiro: Objetiva, 2001. p. 104.

1660. Carta de San Tiago Dantas a Raul Quental. Paris, 28.06.1964.

1661. Carta de San Tiago Dantas a Hélio Vianna. Paris, 02.07.1964.

1662. *Jornal do Brasil*, 16.07.1964, p. 4. Carta de San Tiago Dantas a Oscar Lorenzo Fernandes. Rio de Janeiro, 30.07.1964.

1663. *Jornal do Brasil*, 17.07.1964, p. 1 e 3. A emenda constitucional que dispunha sobre a prorrogação, redigida no apartamento de Afonso Arinos em Brasília por ele, Daniel Krieger e João Agripino, (...)". DULLES, John W. F. *Carlos Lacerda*: a vida de um lutador. v. 2: 1960-1977. Rio de Janeiro: Nova Fronteira, 2000. p. 278.

1664. *Jornal do Brasil*, 19.07.1964, p. 4. O líder do PSD na Câmara, Ovídio de Abreu, disse que a prorrogação de mandato traria tranquilidade ao país, e daria tempo ao PSD para procurar um candidato capaz de ser vitorioso em 1966. *Jornal do Brasil*, 19.07.1964, p. 4.

1665. *Jornal do Brasil*, 19.07.1964, p. 4. Texto datilografado ASTD.

1666. Depoimento de Lurdes Montenegro. Rio de Janeiro, 15.02.1992.

1667. DANTAS, F. C. de San Tiago. *Revista Manchete*, 01.08.1964, n. 641, p. 22-23.

1668. DULLES, John W. F. Carlos Lacerda: a vida de um lutador. v. 2: 1960-1977. Rio de Janeiro: Ed. Nova Fronteira, 2000. p. 287.

1669. *Jornal do Brasil*, 05.08.1964, p. 8.

1670. Carta de San Tiago Dantas a Gibson Barbosa. Rio de Janeiro, 06.08.1964.

1671. Carta de San Tiago Dantas a Hugo Gouthier. Rio de Janeiro, 06.08.1964.

1672. CASTELLO BRANCO, Carlos. Os militares no poder. Rio de Janeiro: Nova Fronteira, 1977. p. 113-114.

1673. Carta de San Tiago Dantas a Plínio Doyle. Rio de Janeiro, 26.08.1964.

CAPÍTULO 39 – MORTE

1674. Bilhete de San Tiago Dantas a Plínio Doyle oito horas antes de sua morte. Rio de Janeiro, 05.09.1964. In: DOYLE, Plínio. *Uma vida*. 2. ed. Rio de Janeiro: Casa da Palavra – Casa de Rui Barbosa, 1999. p. 53-54.

1675. San Tiago Dantas. Antônio Gallotti. In: COELHO, José Vieira, et al. "San Tiago – Vinte anos depois". Col. Debates, v. 1. Rio de Janeiro: Paz e Terra, Instituto de Estudos Políticos e Sociais, 1985. p. 54-55.

1676. Depoimento de *Buca*, caseiro de San Tiago, em sua residência na Rua Souza Franco, em Petrópolis.

1677. LACOMBE, Américo Jacobina. *San Tiago Dantas*. Verbum. Universidade Católica do Rio de Janeiro. t. 11. dez. 1964, p. 263. Depoimento de Inês Quental.

1678. *Jornal do Brasil*, 06-07.09.1964, p. 1.

1679. San Tiago Dantas. Antônio Gallotti. In: COELHO, José Vieira et al. "San Tiago – Vinte anos depois". Col. Debates, v. 1. Rio de Janeiro: Paz e Terra, Instituto de Estudos Políticos e Sociais, 1985. p. 55.

1680. O padre seria o mais tarde bispo, D. Lucas Moreira Neves. Em depoimento ao Autor, Plínio Doyle declarou que San Tiago, ao receber a extrema unção, já havia perdido a voz.

1681. *O Globo*, 07.09.1964, p. 1 e 6. *Última Hora*, 07.09.1964, p. 2.

1682. *Última Hora*, 07.09.1964, p. 2.

1683. Entre outros, José Maria Alkmin, vice-presidente da República; deputado Ranieri Mazzilli, presidente da Câmara dos Deputados; Jorge Carone, prefeito de Belo Horizonte; Magalhães Pinto, governador de Minas Gerais; o ex-prefeito do Rio, Sá Freire Alvim; a embaixatriz Maria Martins; os embaixadores Aluísio Régis Bittencourt, Antônio Castelo Branco, Carlos Alfredo Bernardes, Hugo Castelo Branco, Lincoln Gordon, Marcílio Moreira, Negrão de Lima, Raul Fernandes, Vasco Leitão da Cunha; os ex-ministros Antônio Balbino e Francisco Campos; os senadores Afonso Arinos, Artur Virgílio, Benedito Valadares, Camilo Nogueira da Gama; os deputados Amaral Peixoto, Doutel de Andrade, Gustavo Capanema, Ivete Vargas, Oliveira Brito, Osvaldo Penido, representando o ex-presidente Juscelino Kubitschek, Raimundo Padilha; Renato Archer, e políticos cujos mandatos haviam sido recentemente cassados; general Amauri Kruel, comandante do II Exército; reitor da PUC, Pe. Laércio; memorialistas Gilberto Amado, Antônio Carlos Villaça, escritora Dinah Silveira de Queiroz; o poeta Manuel Bandeira, prof. Maria Ieda Leite Linhares; professores Alceu Amoroso Lima; Anísio Teixeira; Carlos Flexa Ribeiro; advogados Miguel Lins, José Nabuco; representantes da Ordem dos Advogados do Brasil, da Faculdade Nacional de Direito, da Faculdade Nacional de Ciências Econômicas; os jornalistas Prudente de Morais Neto, Mauro Sales, Mário Martins; os amigos do *Grupo*, Walther Moreira Salles, Augusto Frederico Schmidt; José Vieira Coelho; o médico Carlos Cruz Lima; Pedro Nava; sra. Niomar Muniz Sodré; sra. Nieta Diniz, filha do marechal Castello Branco; o príncipe d. João de Orleans e Bragança. *O Globo*, 07.09.1964, p. 1 e 6. *Última Hora*, 07.09.1964, p. 2. *Diário de Notícias*, 08.09.1964, p. 7.

1684. ATHAYDE, Tristão de. Da elite à massa. *Jornal do Brasil*, 17.09.1964, p. 6. LIMA, Alceu Amoroso. San Tiago Dantas - da elite à massa, 17-18.09.1964. In. *Companheiros de viagem*. Rio de Janeiro: Livraria José Olympio Editora. 1971, p. 225-227.

1685. ANDRADE, Carlos Drummond de. Homem público. *Correio da Manhã*, 09.09.1964, p. 6. CARPEAUX, Otto Maria. A grande frustração. *Correio da Manhã*, 09.09.1964, p. 4.

1686. CONY, Carlos Heitor. Insidiosa moléstia. *Correio da Manhã*, 22.09.1964.

1687. *Jornal do Brasil*, 11.09.1964, p. 3. "Nota prévia sobre o reagrupamento das forças políticas brasileiras, em 1964". ASTD.

1688. *Correio da Manhã*, 10.09.1964, p. 1.

1689. *Diário de Notícias*, 08.09.1964, p. 7.

1690. *O Globo*, 17.09.1964, p. 12.

1691. CASTELLO BRANCO, Carlos. Coluna do Castello. *Jornal do Brasil*, 09.09.1964, p. 4. *Última Hora*, 11.09.1964, p. 5.

1692. *Revista Forense*, v. 208. p. 395-397.

1693. *Correio da Manhã*, 11.09.1964, p. 20. *O Globo*, 11.09.1964, p. 10.

1694. *Diário de Notícias*, 12.09.1964, p. 13. *O Globo*, 12.09.1964, p. 14. *Jornal do Brasil*, 15.09.1964, p. 14.

CAPÍTULO 40 – DEPOIS

1695. Tancredo Neves. In: SILVA, Vera Alice Cardoso; DELGADO, Lucília de Almeida. *Tancredo Neves*: a trajetória de um liberal. Petrópolis: Ed. Vozes, 1985. p. 121-122.

1696. Tancredo Neves op.cit. Escrevendo dez anos depois da morte de San Tiago, o grande memorialista, Antônio Carlos Villaça, indagava e afirmava: "Que diria hoje San Tiago? Ele foi um perdedor". In: VILLAÇA, Antônio Carlos. *O livro de Antônio*. Rio de Janeiro: José Olympio, 1974. p. 173-174.

1697. DANTAS, F. C. de San Tiago. Tragédia e Enigma na morte de Kennedy. *Jornal do Brasil*, 27.11.1963, p. 113.

FONTES

BIBLIOGRAFIA DE SAN TIAGO DANTAS

LIVROS

DANTAS, F. C. de San Tiago. D. Quixote: um apólogo da alma ocidental. Rio de Janeiro: Agir, 1948.

DANTAS, F. C. de San Tiago. *Dois momentos de Rui Barbosa*. Rio de Janeiro: Casa de Rui Barbosa, 1949.

DANTAS, F. C. de San Tiago. *Figuras do Direito*. Rio de Janeiro: José Olympio, 1962.

DANTAS, F. C. de San Tiago. *Palavras de um professor*. 2. ed. Rio de Janeiro: Forense, 2001.

DANTAS, F. C. de San Tiago. A posição do PTB diante da sucessão presidencial. In: *Perfis parlamentares 21*: Discursos Parlamentares. Brasília: Câmara dos Deputados, 1983.

DANTAS, F. C. de San Tiago. Poder nacional, cultura política e paz mundial: Conferências de San Tiago Dantas na Escola Superior de Guerra (1951-1962).

DANTAS, F. C. de San Thiago. *Política externa independente*. Brasília: Ed. Fundação Alexandre de Gusmão, 2011.

ARTIGOS

DANTAS, F. C. de San Tiago. A crise como desajustamento da cultura. *Diário Carioca*, 14.12.1947.

DANTAS, F. C. de San Tiago. A cultura jurídica e o mundo moderno. *Revista Forense*, n. 104, 1945.

DANTAS, F. C de San Tiago. O Direito privado brasileiro. *Revista Forense*. vol. 136. Rio de Janeiro, jan./ago. 1951.

DANTAS, F. C. de San Tiago. A educação jurídica e a crise brasileira. Rio de Janeiro, *Revista dos Tribunais*, 1955.

DANTAS, F. C. de San Tiago. A evolução política brasileira. Digesto Econômico. nov./dez.1963, n. 174, ano XX.

DANTAS, F. C. de San Tiago. A missão do ensino econômico e administrativo na reconstrução brasileira. *Revista de Economia e Estatística*, ano 4, n. 2, abr. 1939.

DANTAS, F. C. de San Tiago. A modernização da cultura brasileira. Centro Brasileiro de Pesquisas Físicas. Rio de Janeiro, 1964. *Ciências Sociedade: temas em debate*, v. 1, n. 10, 23.01.1964.

DANTAS, F. C. de San Tiago. ALALC e o neo-subdesenvolvimento. *Reunião preparatória para a II Convenção de Empresários Participantes da ALALC*. São Paulo, 26.01.1964.

DANTAS, F. C. de San Tiago. *Bases para formação de uma Frente Popular, ou Progressista*, 26.12.1963. ASTD.

DANTAS, F. C. de San Tiago. Cairu – protagonista de sua época. In: *Figuras do Direito*. Rio de Janeiro: José Olympio Editora, 1962.

DANTAS, F. C. de San Tiago. Conferência de San Tiago sobre Lacerda de Almeida – Arcaísmo e Modernismo. In: *Figuras do Direito*. 2. ed. Rio de Janeiro: Editora Forense, 2002.

DANTAS, F. C. de San Tiago. Conferências. In: *Rui Barbosa e o Código Civil*. Rio de Janeiro: Casa de Rui Barbosa, 1949.

DANTAS, F. C. de San Tiago. *Declaração de Professores das Faculdades de Direito*. 05.11.1955. ASTD.

DANTAS, F. C. de San Tiago. Direito Privado Brasileiro. *Correio da Manhã*, 15.06.1951.

DANTAS, F. C. de San Tiago. Entre Logos e Parma. In: *Figuras do Direito*. Rio de Janeiro: Ed. Livraria José Olympio, 1962.

DANTAS, F. C. de San Tiago. *Política externa do Brasil no quinquênio 1956 – 1960*. Rio de Janeiro, 05.12.1955. ASTD.

DANTAS, F. C. de San Tiago. In: *Programa de Direito Civil, II*. Rio de Janeiro: Editora Rio, 1978.

DANTAS, F. C. de San Tiago. Educação para o desenvolvimento. *Digesto econômico*, n. 101, ano IX, abr. 1953.

DANTAS, F. C. de San Tiago. Emergência e desenvolvimento. In: *Revista dos Arquivos do Ministério da Justiça*, n. 37, mar. 1951.

DANTAS, F. C. de San Tiago Dantas. *Empreendimentos de iniciativa pública*, 21.09.1951. ASTD.

DANTAS, F. C. de San Tiago. *Instruções aos dirigentes municipais do Partido Trabalhista Brasileiro (Minas Gerais)*, 15.02.1959. ASTD.

DANTAS, F. C. de San Tiago. Memória sobre investimentos estrangeiros no Brasil. *Digesto Econômico*, ano VI, n. 62, jan. 1950.

DANTAS, F. C. de San Tiago. *Nota prévia sobre o reagrupamento das forças políticas brasileiras*. Jornal do Brasil, 11.09.1964 p.3.

DANTAS, F. C. de San Tiago. O Coringa. *A Razão*, 06.09.1931.

DANTAS, F. C. de San Tiago. O poder nacional seus móveis, interesses e aspirações: realismo e idealismo políticos – 1953. *In*: LEITE, Amauri Pereira; VIANNA, Gilberto de Souza; MOREIRA, Marcílio Marques (coord.). *Poder nacional, cultura política e paz mundial* - Conferências de San Tiago Dantas na Escola Superior de Guerra (1951-1962). Rio de Janeiro: ESG, 2014.

DANTAS, F. C. de San Tiago. *Poder nacional, cultura política e paz mundial*: Conferências de San Tiago Dantas na Escola Superior de Guerra (1951-1962). Rio de Janeiro: ESG, 2014.

DANTAS, F. C. de San Tiago. Panorama II. *A Razão*, 01.08.1931.

DANTAS, F. C. de San Tiago. Perda de usufruto legal pelo novo casamento, sem partilha dos bens do cônjuge falecido, e distinção entre comunhão voluntária e sociedade. In: *Revista Forense*, v. 118, 1948.

DANTAS, F. C. de San Tiago. Política externa e desenvolvimento. *Jornal do Brasil*, 15.12.1963.

DANTAS, F. C. de San Tiago. Produtividade: Aspecto Institucional. Rio de Janeiro. Instituto de Ciências Sociais da Universidade do Brasil. *Cadernos de Ciências Sociais*, n. 6, 1962.

DANTAS, F. C. de San Tiago. *Programa de Direito Civil II*. Revisão de Texto e Anotações, José Gomes Bezerra Câmara. Editora Rio, 1978.

DANTAS, F. C. de San Tiago. Reflexões sobre o emprego dos 'planos' em administração e economia. *Revista de Economia e Estatística*, ano 3, n. 3, jul. 1938.

DANTAS, F. C. de San Tiago. *Revista Manchete*, 01.08.1964, n. 641.

DANTAS, F. C de San Tiago. Tragédia e enigma na morte de Kennedy. *Jornal do Brasil*, 01.12.1963.

CORRESPONDÊNCIA

Carta de San Tiago Dantas a V. C. Chermont de Miranda. São Paulo, ainda Hotel d'Oeste, 08.05.1931.

Carta de San Tiago Dantas a Alceu Amoroso Lima. Rio de Janeiro, 03.08.1934.

Carta de San Tiago Dantas a Magalhães Pinto. Rio de Janeiro, 22.09.1943.

Carta de San Tiago Dantas ao príncipe dom Pedro Henrique de Orleans e Bragança. Petrópolis, 30.03.1946.

Carta de San Tiago Dantas ao Secretário do Instituto Cultural Ítalo-Brasileiro, Piero Banti. Rio de Janeiro, 03.06.1946.

Carta de San Tiago Dantas a Thiers Martins Moreira. A bordo do *Campana*, 26.10.1946.

Carta de San Tiago Dantas a Américo Lacombe. Marselha, 31.10.1946.

Carta de San Tiago Dantas a Américo Lacombe. Paris, 05.11.1946.

Carta de San Tiago Dantas a Hélio Vianna. Paris, 14.11.1946.

Carta de San Tiago Dantas a Américo Lacombe. Paris, 22.11.1946.

Carta de San Tiago Dantas a Plínio Doyle, 25.11.1946.

Carta de San Tiago Dantas a Rosita Moreira. Paris, 26.11.1946.

Carta de San Tiago Dantas a Américo Lacombe. Paris, 29.11.1946.

Carta de San Tiago Dantas a Gilda Lacombe. Paris, 17.12.1946.

Carta de San Tiago Dantas a Thiers Martins Moreira. Roma, 27.12.1946.

Carta de San Tiago Dantas a Antônio Gallotti. St. Moritz, dez. 1946.

Carta de San Tiago Dantas a Antônio Gallotti. Londres, s/d, 1946.

Carta de San Tiago Dantas a Antônio Gallotti. Saint Moritz, s/d, 1946.

Carta de San Tiago Dantas ao presidente do Instituto Franco-brasileiro de Alta Cultura Científica e Literária, s/d, 1946.

Carta de San Tiago Dantas a Hélio Vianna. Nápoles, 08.01.1947.

Carta de San Tiago Dantas a Plínio Doyle. Roma, 10.01.1947.

Carta de San Tiago Dantas a Américo Lacombe. Lisboa, 26.02.1947.

Carta de San Tiago Dantas a Rosita Moreira. Lisboa, 26.02.1947.

Carta de San Tiago Dantas a Hélio Vianna, abr.1947.

Carta de San Tiago Dantas a Thiers Martins Moreira. Madri, 01.04.1948.

Carta de San Tiago Dantas ao Reitor da Universidade de Direito do Rio de Janeiro, Pedro Calmon. Rio de Janeiro, 04.05.1948.

Carta de San Tiago Dantas a Pedro Calmon, 07.11.1949.

Carta de San Tiago Dantas a Américo Lacombe. Genebra, 21.03.1950.

Carta de San Tiago Dantas a Thiers Martins Moreira. A bordo do PLG Panair, 17.04.1950.

Carta de San Tiago Dantas a Américo Lacombe. Rio de Janeiro, 23.05.1950.

Carta de San Tiago Dantas a Américo Lacombe. Rio de Janeiro, 29.05.1950.

Carta de San Tiago Dantas a Thiers Martins Moreira. Rio de Janeiro, 21.06.1950.

Carta de San Tiago Dantas a Paulo Bittencourt. Rio de Janeiro, 13.11.1950.

Carta de San Tiago Dantas ao embaixador João Neves da Fontoura. Rio de Janeiro, 12.01.1951.

Carta de San Tiago Dantas a Getúlio Vargas. Nova York, 20.04.1951.

Carta de San Tiago Dantas a João Neves da Fontoura. Nova York, 20.04.1951.

Carta de San Tiago Dantas a Américo Lacombe, 06.05.1951.

Carta de San Tiago Dantas a Thiers e Rosita Moreira. Gritt Palace Hotel, Veneza, 16.05.1951.

Carta de San Tiago Dantas a Thiers e Rosita Moreira. Rio de Janeiro, 14.07.1951.

Carta de San Tiago Dantas a João Neves da Fontoura. Rio de Janeiro, 24.07.1952.

Carta de San Tiago Dantas a Demóstenes Madureira de Pinho. Montecatini, 04.09.1952.

Carta de San Tiago Dantas a Demóstenes Madureira de Pinho. Rio de Janeiro, 04.09.1952.

Carta de San Tiago Dantas a Demóstenes Madureira de Pinho. Montecatini, 07.09.1952.

Carta de San Tiago Dantas a Hélio Vianna. Paris, 19.09.1952.

Carta de San Tiago Dantas a Américo Lacombe. Hot Springs, 23.07.1953.

Carta de San Tiago Dantas a Cândido Portinari. Rio de Janeiro, 17.11.1953.

Carta de San Tiago Dantas a Mílton Campos. Rio de Janeiro, 14.01.1954.

Carta de San Tiago Dantas a Américo Lacombe. Rio de Janeiro, 26.02.1954.

Carta de San Tiago Dantas a Nuno Simões. Rio de Janeiro, 05.06.1954.

Carta de San Tiago Dantas a Demóstenes Madureira de Pinho. Rio de Janeiro, 04.11.1955.

Carta [rascunho] de San Tiago Dantas ao presidente da República. Rio de Janeiro, 14.11.1955.

Carta de San Tiago Dantas a Demóstenes Madureira de Pinho. Rio de Janeiro, 19.11.1955.

Carta de San Tiago Dantas a Lucas Lopes. Rio de Janeiro, 08.06.1956.

Carta de San Tiago Dantas a João Moreira Salles. Rio de Janeiro, 07.03.1957.

Carta de San Tiago Dantas ao embaixador Gilberto Amado. Rio de Janeiro, 01.04.1957.

Carta de San Tiago Dantas a Juscelino Kubitschek. Rio de Janeiro, 04.09.1957.

Cartão de San Tiago Dantas ao almirante Raul de San Tiago Dantas. Nova York, 22.09.1957.

Carta de San Tiago Dantas a Thiers Martins Moreira. Roma, 28.09.1957.

Carta de San Tiago Dantas a Chermont de Miranda, set. 1957.

Carta de San Tiago Dantas a Plínio Doyle. Paris, 04.10.1957.

Carta de San Tiago Dantas ao diplomata Carlos Alfredo Bernardes. Rio de Janeiro, 29.04.1958.

Carta de San Tiago Dantas a Chermont de Miranda. Rio de Janeiro, 04.07.1958.

Carta de San Tiago Dantas a Ernani do Amaral Peixoto. Rio de Janeiro, 02.06.1959.

Carta de San Tiago Dantas ao presidente da Câmara dos Deputados. Sala das Seções, 06.08.1959.

Carta de San Tiago Dantas a Antônio Gallotti, 1959.

Carta de San Tiago Dantas ao Presidente Juscelino Kubitschek. Rio de Janeiro, 05.04.1960.

Carta de San Tiago Dantas a Thiers Martins Moreira. Rio de Janeiro, 22.05.1960.

Carta de San Tiago Dantas ao Presidente Juscelino Kubitschek. Rio de Janeiro, 14.09.1960. ASTD.

Carta de San Tiago Dantas a Thiers Martins Moreira. Rio de Janeiro, 12.10.1960.

Carta de San Tiago Dantas a Plínio Doyle. Rio de Janeiro, 25.10.1960.

Carta de San Tiago Dantas a Hélio Vianna. Paris, 08.12.1960.

Carta de San Tiago Dantas a Hélio Vianna, dez. 1960.

Carta de San Tiago Dantas a Thiers Martins Moreira. Paris, dez. 1960.

Carta da secretária de San Tiago Dantas ao comandante Oswaldo Muniz de Oliveira. Rio de Janeiro, 24.02.1961.

Carta de San Tiago Dantas a Thiers Martins Moreira e Rosita Moreira. Rio de Janeiro, 25.11.1961.

Carta de San Tiago Dantas a Austregésilo de Athayde. Rio de Janeiro, 15.11.1963.

Carta de San Tiago Dantas a Gilberto Amado. Rio de Janeiro, 20.11.1963. ASTD.

Carta de San Tiago Dantas ao dr. Leopoldo Brandão do PTB. Rio de Janeiro, 26.11.1963.

Carta de San Tiago Dantas a Afonso Arinos. Rio de Janeiro, 02.12.1963.

Carta de San Tiago Dantas a André Mesquita. Rio de Janeiro, 10.03.1964.

Carta de San Tiago Dantas a Dinah Silveira de Queiroz e Dario Castro Alves. Rio de Janeiro, 10.03.1964. ASTD.

Carta de San Tiago Dantas a Lauro Escorel. Rio de Janeiro, 10.03.1964.

Carta de San Tiago Dantas ao marechal Osvino Ferreira Alves. Rio de Janeiro, 12.03.1964.

Carta de San Tiago Dantas a Hugo Severiano Ribeiro. Rio de Janeiro, 13.03.1964.

Carta de San Tiago Dantas a Marcílio Marques Moreira. Rio de Janeiro, 02.04.1964.

Carta de San Tiago Dantas a Manoel Pereira Sobrinho. Rio de Janeiro, 23.04.1964.

Carta de San Tiago Dantas a Israel Klabin. Rio de Janeiro, 27.04.1964.

Carta de San Tiago Dantas a Jayme Bastian Pinto. Rio de Janeiro, 28.04.1964.

Carta de San Tiago Dantas a Robert Kennedy. Rio de Janeiro, 28.04.1964.

Carta de San Tiago Dantas ao professor Sadoul, Nancy-France. Rio de Janeiro, 11.05.1964.

Carta de San Tiago Dantas a Felippe Quental, 29.05.1964.

Carta de San Tiago Dantas a Aloysio Novis. Paris, 03.06.1964.

Carta de San Tiago Dantas a Felippe Quental. Paris, 13.06.1964.

Carta de San Tiago Dantas a Raul Quental. Roma, 17.06.1964.

Carta de San Tiago Dantas a Felippe Quental. Paris, 25.06.1964.

Carta de San Tiago Dantas a Raul Quental. Paris, 28.06.1964.

Carta de San Tiago Dantas a Hélio Vianna. Paris, 02.07.1964.

Carta de San Tiago Dantas a Gibson Barbosa. Rio de Janeiro, 06.08.1964.

Carta de San Tiago Dantas a Hugo Gouthier. Rio de Janeiro, 06.08.1964.

Carta de San Tiago Dantas a Plínio Doyle. Rio de Janeiro, 26.08.1964.

Carta de San Tiago Dantas ao capitão engenheiro Crisógono Cavalcante Silva, Rio de Janeiro, 26.08.1964.

Bilhete de San Tiago Dantas a Américo Lacombe, s/d.

Carta de San Tiago Dantas a Hélio Vianna. Paris, s/d.

Carta de San Tiago Dantas a Sá Freire Alvim, s/ref. s/d.

Carta de San Tiago Dantas a Hélio Vianna, s/l, s/d.

Carta de San Tiago Dantas a Thiers Martins Moreira, Paris.

Telegrama do Chanceler San Tiago Dantas ao embaixador Roberto Campos, fev. de 1962. ASTD.

DISCURSOS, AULAS, CONFERÊNCIAS

DANTAS, F. C. de San Tiago. A posição do PTB diante da sucessão presidencial. In: MOREIRA, Marcílio Marques (sel. e intr.) *Perfis parlamentares 21*: Discursos Parlamentares. Brasília: Câmara dos Deputados, 1983.

DANTAS, F. C. de San Tiago. Alocução aos chefes de missão dos estados americanos, 12.01.1962. In: FRANCO, Álvaro da Costa (org.). *Documentos da política externa independente*. Rio de Janeiro: Centro de História e Documentação Diplomática; Brasília: Fundação Alexandre de Gusmão, 2007, v.1.

DANTAS, F. C. de San Tiago. Aula Inaugural proferida a 20 de março de 1964 na Faculdade de Filosofia da Universidade do Brasil. In: *Palavras de um Professor*. 2. ed. Rio de Janeiro: Forense, 2001.

DANTAS, F. C. de San Tiago. Aumento do funcionalismo e empréstimo compulsório. In: *Perfis parlamentares 21*: Discursos Parlamentares. Brasília: Câmara dos Deputados, 1983.

DANTAS, F. C. de San Tiago. Caso do Santa Maria. Pronunciamento como líder do PTB, censurando a atitude do Presidente Jânio Quadros com relação ao Navio Santa Maria, e abordando a crise entre a Assembleia Constituinte e a Câmara de Vereadores do Estado da Guanabara. In: *Perfis parlamentares 21*: Discursos Parlamentares. Brasília: Câmara dos Deputados, 1983.

DANTAS, F. C. de San Tiago. Comparecimento do Sr. Ministro da Fazenda. In: *Perfis parlamentares 21*: Discursos Parlamentares. Brasília: Câmara dos Deputados, 1983.

DANTAS, F. C. de San Tiago. Conferência "A crise brasileira e o dever dos intelectuais". Ministério de Educação e Cultura. 07.10.1955.

DANTAS, F. C. de San Tiago. Conferência pronunciada na Ordem dos Advogados, Seção de Pernambuco, em comemoração à data da fundação dos Cursos Jurídicos no Brasil. Recife, 10.08.1956. ASTD.

DANTAS, F. C. de San Tiago. Criação do Estado da Guanabara. In: *Perfis parlamentares 21*: Discursos Parlamentares. Brasília: Câmara dos Deputados, 1983.

DANTAS, F. C. de San Tiago. Discurso do Ministro ao despedir-se dos funcionários do Itamarati. MRE. Divisão de informações. Rio de Janeiro, n. 584, 03.07.1962.

DANTAS, F. C. de San Tiago. Discurso de posse como Ministro das Relações Exteriores. In: FRANCO, Álvaro da Costa (org.). Documentos da política externa independente. Rio de Janeiro: Centro de História e Documentação Diplomática; Brasília: Fundação Alexandre de Gusmão, 2007. v.1.

DANTAS, F. C. de San Tiago. Discurso proferido na cerimônia de colação de grau dos bacharéis da Faculdade Nacional de Direito em 12.12.1945. Novos rumos do direito. In: *Palavras de um professor*. 2. ed. Rio de Janeiro: Forense, 2001.

DANTAS, F. C. de San Tiago. Discurso proferido em homenagem ao Prof. Alfredo Valladão. In: *Perfis parlamentares 21*: Discursos Parlamentares. Brasília: Câmara dos Deputados, 1983.

DANTAS, F. C. de San Tiago. Discurso pronunciado na Comissão Geral, em 24 de janeiro de 1962. In: DANTAS, Francisco Clementino de San Tiago. *Política externa independente*. ed. atual. Brasília: Fundação Alexandre Gusmão, 2011.

DANTAS, F. C. de San Tiago. Discurso proferido na Universidade de Cracóvia em maio de 1962. In: *Palavras de um professor*. 2. ed. Rio de Janeiro: Forense, 2001.

DANTAS, F. C. de San Tiago. Discurso proferido no Instituto dos Advogados. 12.08.1954. In: DANTAS, San Tiago. *Palavras de um professor*. 2. ed. Rio de Janeiro: Forense, 2001.

DANTAS, F. C. de San Tiago. Discurso pronunciado na Câmara dos Deputados em 23 de novembro de 1961. In: DANTAS, F. C. de San Tiago. *Política externa independente*. ed. atual. Brasília: Fundação Alexandre Gusmão, 2011.

DANTAS, F. C. de San Tiago. Discurso pronunciado na homenagem prestada aos que tombaram em defesa da Pátria em 27 de novembro de 1935. *Ministério das Relações Exteriores. Departamento Cultural e de Informações - Divisão de Informações*, n. 599, 27.11.1961.

DANTAS, F. C. de San Tiago. Discurso de renúncia ao mandato de Deputado Federal para aceitar a designação para Delegado Permanente do Brasil na ONU. *Diário da Câmara dos Deputados*, 24.08.1961.

DANTAS, F. C. de San Tiago. Discurso na Academia Nacional de Direito de Buenos Aires. In: FRANCO, Álvaro da Costa (org.). *Documentos da política externa independente*. Rio de Janeiro: Centro de História e Documentação Diplomática; Brasília: Fundação Alexandre de Gusmão, 2007.

DANTAS, F. C. de San Tiago. Discurso sobre o reatamento de relações diplomáticas com a União Soviética, pronunciado na Câmara dos Deputados. In: *Política Externa Independente*. Rio de Janeiro: Centro de História e Documentação Diplomática. Brasília: Fundação Alexandre de Gusmão, 2011.

DANTAS, F. C. de San Tiago. Em defesa do Direito. Discurso proferido a 21.12.1957. In: *Palavras de um professor*. 2. ed. Rio de Janeiro: Forense, 2001.

DANTAS, F. C. de San Tiago. Humanismo e Direito In: *Palavras de um professor*. 2. ed. Rio de Janeiro: Forense, 2001.

DANTAS, F. C. de San Tiago. Inflação, deflação e seus incidentes no governo João Goulart. Palestra na Delegacia da Confederação Nacional dos Trabalhadores da Indústria. Belo Horizonte, 24.05.1963. ASTD.

DANTAS, F. C. de San Tiago. Lei de Diretrizes e Bases da Educação. Discurso pronunciado na sessão de 4 de junho de 1959 na Câmara Federal. In: *Perfis parlamentares 21*. San Tiago Dantas. Câmara dos Deputados. Brasília, 1983.

DANTAS, F. C. de San Tiago. Ministério da Fazenda. In: *Perfis parlamentares 21*: Discursos Parlamentares. Brasília: Câmara dos Deputados, 1983.

DANTAS, F. C. de San Tiago. Palestra do ministro na Assembleia Legislativa de Minas Gerais em 23.04.1963. Texto transcrito em 23 páginas, tamanho A4, espaço simples. ASTD.

DANTAS, F. C. de San Tiago. Posição da maioria diante dos Decretos nº 50.284 e 50.285 do presidente Jânio Quadros. In: *Perfis parlamentares 21*: Discursos Parlamentares. Brasília: Câmara dos Deputados, 1983.

DANTAS, F. C. de San Tiago. Pronunciamento do ministro a uma rede de televisão e rádio, no dia 22 de junho de 1962. ASTD.

DANTAS, F. C. de San Tiago. Reformas de base. Pronunciamento no plenário da Câmara dos Deputados em nome do PTB, propondo reformas de base (governo Kubitschek). In: *Perfis parlamentares 21*: Discursos Parlamentares. Brasília: Câmara dos Deputados, 1983.

ENTREVISTAS

DANTAS, F. C. de San Tiago. Entrevista sem indicação de publicação, 21.08.1947.

CASTELLO BRANCO, Carlos. Forças Armadas apreensivas. Entrevista de San Tiago Dantas à revista *O Cruzeiro*, 20.06.1959.

MELO FILHO, Murilo. San Tiago Dantas, o advogado tranquilo: "Sou um homem de classe média". *Revista Manchete*, 18.04.1959.

DANTAS, F. C. de San Tiago. Entrevista à *TV Tupi* em 27.11.1958. Entrevistador Arnaldo Nogueira, Programa Falando Francamente.

DANTAS, F. C. de San Tiago. Entrevista à *Revista Manchete*. 21.09.1961.

MANUSCRITOS E DOCUMENTOS

Anotações de San Tiago Dantas, 18.12.1946.

Anotações de San Tiago Dantas, 23.12.1946.

Anotações de San Tiago Dantas, 24.12.1946.

Atas da sessão do Conselho Técnico da Confederação Nacional do Comércio. Rio de Janeiro, 26.03.1953.

Atas da sessão do Conselho Técnico da Confederação Nacional do Comércio. Rio de Janeiro, 16.04.1953.

Carta de San Tiago Dantas a Anísio Teixeira, s/d. Rascunho manuscrito. Nota aposta por San Tiago: "Carta. 3 cópias. Papel da Câmara". ASTD.

Currículo de San Tiago Dantas por San Tiago Dantas – 1961. ASTD.

DANTAS, F. C. de San Tiago. Manuscrito. ASTD.

DANTAS, F. C. de San Tiago. Primeira entrevista do ministro. Serviço de informações MRE.

DANTAS, F. C. de San Tiago. Primeira entrevista do ministro. In: FRANCO, Álvaro da Costa. *Documentos da política externa independente*. Rio de Janeiro: Ed: Fundação Alexandre de Gusmão, 2007.

DANTAS, F. C. de San Tiago. Projeto de lei institui o plano de Expansão do Ensino Público. Ms. ASTD.

DANTAS, F. C. de San Tiago. Palestra do ministro na Assembleia Legislativa de Minas Gerais em 23.04.1963. Texto transcrito em 23 páginas, tamanho A4, espaço simples. ASTD.

Boletins militares 1 a 13 – 1958. Diretoria do pessoal da Marinha (dp-07). Boletim do Ministério da Marinha. Imprensa Naval, RJ, 1958.

Divisão de Informações. Boletim do Ministério das Relações Exteriores. Chanceler brasileiro na Polônia, n. 409, 15.05.1962.

Homenagem a San Tiago Dantas. MRE. Divisão de Informações, n. 417. Rio de Janeiro, 17.05.1962.

Instruções confidenciais do Conselho de Ministros à delegação do Brasil à VIII Reunião de Consulta dos Ministros das Relações Exteriores da OEA, 11.01.1961. A versão datilografada das Instruções acha-se em ASTD.

Manuscrito San Tiago Dantas, 14.11.1955.

Manuscrito sem título, 09.04.1949.

Manuscrito. Rio de Janeiro, 15.01.1958. ASTD.

Manuscrito. Belo Horizonte, 15.02.1959. ASTD.

Minuta s/d. ASTD.

Notas de San Tiago Dantas, 12.01.1947.

Procuração manuscrita, outorgada por San Tiago a Thiers Martins Moreira para constituição do Instituto de Direito Comparado. Roma, 04.01.1947.

Projeto de lei que reprime abusos do poder econômico nas eleições e dá outras providências. Minuta, s/d. ASTD.

Pronunciamento do ministro San Tiago Dantas, a uma rede de televisão e rádio, 22.06.1962.

Texto: Reorganização das empresas estatais – criação de um organismo central de coordenação e financiamento, 21.09.1951.

Texto sem título, datado de 16.02.1959, com registro de autoria de San Tiago, ao pé da página. ASTD.

Voto do árbitro nomeado pela União. San Tiago Dantas. União Federal e The São Paulo Railway Co. Ltd. Rio de Janeiro, 02.06.1956.

PARECERES

DANTAS, F. C. de San Tiago. Parecer: Cassação de patente de estabelecimento bancário, Nacionalidade da pessoa jurídica, Ato administrativo veiculado em decreto-lei, inconstitucionalidade, "due process of law", 29.06.1946. In: *Revista Forense*, Rio de Janeiro, n. 113, out. 1947.

DANTAS, F. C. de San Tiago. Parecer: Perda do usufruto legal pelo novo casamento, sem partilha dos bens do cônjuge falecido, e distinção entre comunhão voluntária e sociedade. São Paulo: *Revista Forense*, v. 118, 1948.

DANTAS, F. C. de San Tiago. Parecer: Aumento de capital de sociedade anônima. Direito de preferência. Anulação de substituição ou reparação de perdas e danos. São Paulo: *Revista Forense*, v. 122, 1949.

DANTAS, F. C. de San Tiago. Parecer: O preço único do açúcar e a constitucionalidade da resolução 619/51, 21.04.1952.

BIBLIOGRAFIA GERAL

ABREU, Alzira Alves de; FLASKMAN, Dora. ISEB. *Dicionário histórico-biográfico: 1930-1983*. Rio de Janeiro: Forense Universitária,1984.

ABREU, Alzira Alves de; JUNQUEIRA, Ivan. Luís Carlos Prestes. In: BELOCH, Israel; ABREU, Alzira Alves de (coord.). *Dicionário histórico-biográfico brasileiro: 1930-1983*. Rio de Janeiro: Forense Universitária, 1984. v. 4.

ABREU, Marcelo de Paiva. 1944-54: Estabilização, substituição de importações e crise cafeeira. In: LAMOUNIER, Bolívar; CARNEIRO, Dionísio Dias; ABREU, Marcelo de Paiva. *50 anos de Brasil: 50 anos de Fundação Getúlio Vargas*. Rio de Janeiro: Fundação Getúlio Vargas, 1994.

ABREU, Marcelo de Paiva. *A ordem do progresso*: dois séculos de política econômica no Brasil. 2. ed. Rio de Janeiro: Ed. Elsevier, 2014.

ABREU, Marcelo de Paiva. Missão Niemeyer. In: BELOCH, Israel; ABREU, Alzira Alves de (coord.). *Dicionário histórico-biográfico brasileiro: 1930-1983*. Rio de Janeiro: Forense Universitária, 1984. v. 4.

ABREU, Marcelo de Paiva. O processo econômico. In: FAUSTO, Boris; GOMES, Angela de Castro (coord.). *História do Brasil Nação* 1808-2010: Olhando para dentro 1930-1964. São Paulo: Ed. Objetiva, 2013.

ACHESON, Dean. *Present at the creation*: my years in the State Department. New York: W. W. Norton & Company, 1969.

AFONSO, Almino. *1964 na visão do ministro do trabalho de João Goulart*. São Paulo: Imprensa Oficial, 2014.

AFONSO, Almino. *Da tribuna ao exílio*. São Paulo: Letras & Letras, 2003.

AFONSO, Almino. In: *A história vivida (III)*. Lourenço Dantas Mota (coord.). São Paulo: O Estado de São Paulo, 1981.

AFONSO, Almino. *Raízes do golpe*: da crise da legalidade ao parlamentarismo - 1961-1963. São Paulo: Marco Zero, 1988.

AGUIAR, Cláudio. Francisco Julião: uma biografia. Rio de Janeiro: Ed. Civilização Brasileira, 2014.

ALCÂNTARA, Eurípedes. As metrópoles do *boom* imobiliário. In: BARROS, Sérgio Miceli Pessoa de (col.). *Nosso século*: 1945-1960. São Paulo: Abril Cultural, 1980.

ALMEIDA, Rômulo de. *Rômulo*: voltado para o futuro. Fortaleza: BNB, 1986.

ALSOP, Joseph W. I've seen the best of it: memoirs with Adam Platt. New York-London: W.W. Norton & Company, 1992.

AMADO, Henriette de Hollanda. *Exercício de vida*. Rio de Janeiro: Codecri, 1981.

AMADO, Jorge. *Navegação de cabotagem*: apontamentos para um livro de memórias que jamais escreverei. Rio de Janeiro: Record, 1999.

APPLEBAUM, Anne. *Iron Curtain*: the crushing of Eastern Europe 1944-1956. New York: Doubleday, 2012.

ARINOS FILHO, Afonso. *Atrás do espelho*: cartas de meus pais. Rio de Janeiro: Record, 1994.

ARINOS FILHO, Afonso. *Tramonto*. Rio de Janeiro: Editora Objetiva, 2013.

ASCARELLI, Tullio. *Sguardo sul Brasile*. Milano: Dott A. Giuffre Editore, 1949.

ASCARELLI, Tullio. *Problemas das sociedades anônimas e Direito Comparado*. São Paulo: Saraiva, 1969.

AZEDO, Maurício. Entrevista. Centro de Cultura e Memória do Jornalismo. Associação Brasileira de Imprensa, 17.09.2008.

AZEVEDO, Arthur Schreiber de. *Conflito, argumento e negociação*: San Tiago Dantas e a Conferência de Punta del Este, 1962. Dissertação de Mestrado, PUC/RS. Porto Alegre, 2014.

BADARÓ, Murilo. *José Maria Alckmin*: uma biografia. Rio de Janeiro: Nova Fronteira, 1996.

BAER, Werner. *A industrialização e o desenvolvimento econômico do Brasil*. Rio de Janeiro: Ed. FGV, 1977.

BAIN, Joe S. *Pricing, distribution and employment*. New York: Holt, 1948.

BALDESSARINI, Hugo. *Crônica de uma época*: Getúlio Vargas e o crime de Toneleros. São Paulo: Companhia Editora Nacional, 1957.

BANDEIRA, Luiz Alberto Moniz. *O governo João Goulart*: as lutas sociais no Brasil 1961-1964. Rio de Janeiro: Revan; Brasília: EdUnB, 2001.

BANDEIRA, Luiz Alberto Moniz. *Brizola e o trabalhismo*. 2. ed. Rio de Janeiro: Civilização Brasileira, 1979.

BARBOSA, Mario Gibson. *Na diplomacia, o traço todo da vida*. Rio de Janeiro: Ed. Record, 1992.

BARBOSA, Rui. *Antologia*. VIANA FILHO, Luís (sel. pref. e notas). Rio de Janeiro: Saraiva de bolso, 2013.

BARBOSA, Rui. *Às classes conservadoras*. Edição anotada. Rio de Janeiro: Fundação Casa de Rui Barbosa; São Paulo: LTr Editora, 1986.

BARBOSA, Rui. Palavras à Juventude. *Escritos & discursos seletos*. Rio de Janeiro: Cia José Aguilar Editora, 1966.

BARBOSA, Rui. Finanças e política da República. *Discursos e Escritos*. Capital Federal: Companhia Impressora, 1892.

BARBOSA, Rui. Hino à liberdade. Conferência no Polytheama baiano em 26.05.1897. In: VIANA FILHO, Luís. *Antologia*. Rio de Janeiro: Saraiva de bolso, 2013.

BARBOSA, Rui. *O jurista e a justiça política*. Obras Completas de Rui Barbosa. Rio de Janeiro: Editora Rui Barbosa, v. XXVI, t. IV, 1899.

BARBOSA, Rui. *Obras Completas de Rui Barbosa*. v. XXVI, t IV. 1899.

BARBOSA, Rui. *Obras Completas de Rui Barbosa*. v. XXX, t. I. Rio de Janeiro: Editora Rui Barbosa, 1903.

BARBOSA, Rui. Palavras à Juventude. *Escritos & discursos seletos*. Rio de Janeiro: Cia. José Aguillar Editora, 1966.

BARBOSA, Rui. *Parecer do senador Rui Barbosa sobre a redação do projeto da Câmara dos Deputados*. Obras Completas de Rui Barbosa. Rio de Janeiro: Editora Rui Barbosa, 1902. v. XXIX, t. I, II, III, IV, V.

BARBOSA, Rui. Réplica. *Introdução do Padre Augusto Magno*. Obras Completas de Rui Barbosa. Rio de Janeiro: Casa Rui Barbosa, 1905. v. XXXI, t. I, III, IV.

BARBOSA, Rui. *Teoria política*. PIRES, Homero (sel., coord. e pref.). Rio de Janeiro: W. M. Jackson Inc. Editores, 1952.

BARBOSA, Rui. *Tribuna Parlamentar II* – República. Obras Completas de Rui Barbosa. Rio de Janeiro: Editora Rui Barbosa, 1954.

BARK, Dennis L.; GRESS, David. R. *Histoire de L'Allemagne*: Depuis 1945. Paris: Robert Laffont, 1992.

BARKI, José. *O risco e a invenção*: um estudo sobre as notações gráficas de concepção no projeto. Rio de Janeiro: Universidade Federal do Rio de Janeiro. Faculdade de Arquitetura e Urbanismo, dez. 2014.

BARRETO, Fernando de Mello. *Os sucessores do Barão*: relações exteriores do Brasil 1912-1964. São Paulo: Paz e Terra, 2001.

BATTISTELLA, Alessandro. A participação e a influência de Jânio Quadros na política paranaense 1958-1961. *Antíteses*, v. 11, n. 22, jul./dez. 2018.

BEDOLINI, Alessandra C. B. *Banco Hipotecário Lar Brasileiro*, S. A.: análise das realizações no estado de São Paulo 1941-1965. Dissertação de Mestrado FAU-USP. São Paulo: Faculdade de Arquitetura e Urbanismo, 2014.

BEEVOR, Antony; COOPER, Artemis. *Paris after the liberation 1944-1949*. London: Penguin Books, 2004.

BEISIEGEL, Celso de Rui. Educação e sociedade no Brasil após 1930. In: FAUSTO, Boris (dir.). *O Brasil Republicano*. São Paulo: Difel, 1986. v. 4, t. 3.

BEISNER, Roberto L. *Dean Acheson*: a life in the Cold War. New York: Oxford University Press, 2006.

BELOCH, Israel; ABREU, Alzira Alves de (coord.). *Dicionário histórico-biográfico brasileiro: 1930-1983*. Rio de Janeiro: Forense Universitária, 1984. v. 4.

BENEVIDES, Maria Victoria de Mesquita. *O governo Kubitschek:* desenvolvimento econômico e estabilidade política, 1956-1961. Rio de Janeiro: Ed. Paz e terra, 1976.

BEVILÁCQUA, Clóvis. *Em Defesa do Projeto de Código Civil Brasileiro*. Rio de Janeiro: Livraria Francisco Alves, 1906.

BISCHOF, Günter. *Marshall Plan*. The Oxford Companion to United States History. New York: Oxford University Press, 2001.

BOBBIO, Norberto. *O positivismo jurídico*: lições de Filosofia do Direito. São Paulo: Ícone, 1995.

BOECHAT, Ricardo. *Copacabana Palace*. Rio de Janeiro: Editora DBA, 1998.

BOITO JÚNIOR, Armando. *O golpe de 1954*: a burguesia contra o populismo. São Paulo: Brasiliense, 1982.

BOJUNGA, Cláudio. *JK*: o artista do impossível. Rio de Janeiro: Ed. Objetiva, 2001.

BONAVIDES, Paulo; AMARAL, Roberto. *Textos políticos da história do Brasil*. Brasília: Senado Federal, 2002. v. 6.

BONDUKI, Nabil Georges. Origens da habitação social no Brasil. In: *Análise social*, Editora Liberdade, 1994. v. 29.

BORDEN, Henry. *Gallotti*. Rio de Janeiro: Editora Nova Fronteira, s/d.

BRANDI, Paulo. *Vargas*: da vida para a história. Rio de Janeiro: Zahar Editores, 1983.

BRANDT, Paulo; FLAKSMAN, Dora. Getúlio Vargas. In: BELOCH, Israel; ABREU Alzira Alves de (coord.). *Dicionário histórico-biográfico brasileiro: 1930-1983*. Rio Janeiro: Forense Universitária, 1984. v. 4.

BROGAN, Hugh. *The penguin history of the USA*. London: Penguin Books, 2001.

BULHÕES, Octávio Gouvêa de. *À Margem de um relatório*. Rio de Janeiro: Edições Financeiras S. A., 1950.

BULHÕES, Octávio Gouvêa de. *Depoimento*. Brasília: Divisão de Impressão e Publicações do Departamento de Administração de recursos materiais do Banco Central do Brasil, 1990.

BUNTON, Martin. *The Palestinian-Israeli conflict*: a very short introduction. Oxford: Oxford University Press, 2013.

CALDEIRA, Jorge. *101 brasileiros que fizeram história*. Rio de Janeiro: Estação Brasil, 2016.

CALICCHIO, Vera; FLAKSMAN, Dora. Plano Salte. In: BELOCH, Israel; ABREU, Alzira Alves de (coord.). *Dicionário histórico-biográfico brasileiro: 1930-1983*. Rio de Janeiro: Forense Universitária, 1984. v.4.

CÂMARA, Alfredo de Arruda. Reatamento de Relações Diplomáticas com a União Soviética. Discurso pronunciado na Câmara dos Deputados. In: DANTAS, F. C. de San Thiago. *Política externa independente*. Brasília: Ed. Fundação Alexandre de Gusmão, 2011.

CÂMARA, José Sette. *Agosto 1954*. São Paulo: Siciliano, 1994.

CAMARGO, Aspásia. *Arte da Política*. Diálogo com Amaral Peixoto. Rio de Janeiro: Nova Fronteira, 1986.

CAMARGO, Aspásia; HIPPOLITO, Lucia; D'ARAUJO, Maria Celina Soares; FLAKSMAN, Dora Rocha. *Artes da política*: diálogo com Amaral Peixoto. Rio Janeiro: Nova Fronteira, 1986.

CAMARGO, Aspásia; GÓES, Walder de. *Meio século de combate*: diálogo com Cordeiro de Farias. Rio de Janeiro: Nova Fronteira, 1981.

CAMPOS, Francisco. *Atualidade de D. Quixote*. Minas Gerais: Secretaria da Educação do estado de Minas Gerais, 1951.

CAMPOS, Roberto. *A lanterna na popa*: memórias. Rio de Janeiro: Topbooks, 1994. v. 1.

CAMPOS, Roberto. *A lanterna na popa*: memórias. 2. ed. Rio de Janeiro: Topbooks, 1994. v. 2.

CAMPOS, Roberto. *Na virada do milênio*: ensaios. 2. ed. Rio de Janeiro: Topbooks, 1999.

CAMPOS, Roberto. In: Mota, Lourenço Dantas (coord.) *A história vivida (II)*. São Paulo: O Estado de São Paulo, 1981.

CANDIDO, Antonio. *Literatura e sociedade*. 2. ed. São Paulo: Companhia Editora Nacional, 1967.

CARDOSO, Fernando Henrique. Depoimento. In: ALONSO, Ângela; DOLHNIKOFF, Miriam (org.). *1964*: do golpe à democracia. São Paulo: Hedra, 2015.

CARMO, J. A. Pinto do. *Diretrizes Partidárias*. Rio de Janeiro: Irmãos Pongetti, 1948.

CARNEIRO, Glauco. *História das revoluções brasileiras*. Ed. O Cruzeiro, 1965. v.2.

CARNEIRO, Levi. *Dois arautos da democracia*: Rui Barbosa e Joaquim Nabuco. Rio de Janeiro: Casa de Rui Barbosa, 1954.

CARNEIRO, Levi. *San Tiago Dantas*: Oração na Academia Brasileira. Em sessão de set.1964.

CARO, Robert A. *The years of Lyndon Johnson*: the passage of power. New York: Vintage Books, 2013.

CARONE, Edgard. *A Quarta República (1945-1964)*. São Paulo: Difel, 1980.

CARONE, Edgard. *O P.C.B.*: 1943 a 1964. São Paulo: Difel, 1982, v. 2.

CARVALHO, José Murilo de. Vargas e os militares: aprendiz de feiticeiro. In: D'ARAUJO, Maria Celina. *As instituições brasileiras da era Vargas*. Rio de Janeiro: Ed. UERJ, 1999.

CASTELLO BRANCO, Carlos. *A renúncia de Jânio*: um depoimento. Rio de Janeiro: Ed. Revan, 1996.

CASTELLO BRANCO, Carlos. *Introdução à Revolução de 1964*: a agonia do poder civil. Rio de Janeiro: Artenova, 1975. t. 1.

CASTELLO BRANCO, Carlos. *Introdução à Revolução de 1964*: a queda de João Goulart. Rio de Janeiro: Artenova, 1975. t. 2.

CASTELLO BRANCO, Carlos. *Os militares no poder*. Rio de Janeiro: Nova Fronteira, 1977.

CASTELLO BRANCO, Carlos. *Retratos e fatos da história recente*. Rio de Janeiro: Revan, 1994.

CASTRO, Tarzan de. *Vida, luta e sonhos*. Goiânia: Ed. Kelps, 2016.

CASTRO, Virgílio Horácio de. *Janelas para o destino*: imprensa e poder. Belo Horizonte: Labor, 2004.

CERVANTES, Miguel. *Dom Quixote De La Mancha*. Tradução e notas de Ernani Só. São Paulo: Penguin Companhia, 2012. v.1.

CHAGAS, Paulo Pinheiro. *Esse velho vento da aventura*: memórias. Rio de Janeiro: Ed. José Olympio S.A., 1977.

CHAMOUN, Ebert. *Problemas de direito positivo: estudos e pareceres*. 2. ed. Rio de Janeiro: Forense, 2004.

CHAMOUN, Ebert. *Instituições de Direito Romano*. 5. ed. Rio de Janeiro: Forense, 1968.

CHIACHIO, Carlos. Cronologia de Rui Barbosa. In: BARBOSA, Rui. *Escritos & Discursos seletos*. Rio de Janeiro: Aguilar Editora, 1966.

COBBS, Elizabeth A. *The rich neighbor policy*: Rockefeller and Kaiser in Brazil. Michigan: Yale University Press, 1992.

COELHO, José Vieira et al. *San Tiago*: vinte anos depois. Col. Debates. Rio de Janeiro: Paz e Terra, I EP S, 1985. v. 1.

COELHO, Marco Antônio Tavares. *Herança de um sonho*: as memórias de um comunista. Rio de Janeiro: Record, 2000.

COHN, Gabriel. *Petróleo e nacionalismo*. São Paulo: Difusão Europeia do Livro, 1968.

COINTET, J. P. Gouvernement provisoire de la République Française. SIRINELLI, Jean-François (dir.). *Dictionnaire historique de la vie politique française au XXe siècle*. Paris: Presses Universitaires de France, 1995.

CORRÊA, Marcos Sá. *1964 visto e comentado pela Casa Branca*. Porto Alegre: Ed. L&PM editores, 1977.

CORRÊA, Pio. *O mundo em que vivi*. Rio de Janeiro: Ed. Expressão e Cultura, 1994.

CORRÊA, Pio. *O mundo em que vivi*. 2. ed. Rio de Janeiro: Expressão e Cultura, 1995.

COTRIM, John. Testemunho de um empreendedor. In: CABRAL, Lígia Maria Martins (coord.). *Memória da eletricidade do Brasil*. Rio de Janeiro: Centro de Memória da Eletricidade no Brasil, 2000.

COUTINHO, Amélia; SOARES, Leda. Amaury Kruel. In: BELOCH, Israel; ABREU, Alzira Alves de (coord.). *Dicionário histórico-biográfico brasileiro: 1930-1983*. Rio Janeiro: Forense Universitária, 1984.

COUTINHO, Amélia; BENJAMIN, Cid. Henrique Teixeira Lott. In: BELOCH, Israel; ABREU, Alzira Alves de (coord.). *Dicionário histórico-biográfico brasileiro:*

1930-1983. Rio de Janeiro: Forense Universitária, 1984. v. 2.

COUTINHO, Lourival. *O General Góes Depõe...* Rio de Janeiro: Coelho Branco, 1956.

COUTURE, Eduardo J. *Fundamentos do Direito Processual Civil*. São Paulo: Livraria Saraiva, 1946.

COUTURE, Eduardo J. *Interpretação das leis processuais*. Tradução de Gilda Maciel Corrêa Meyer Russomano. Rio de Janeiro: Editora Forense, 1994.

CUNHA, Vasco Leitão da. *Diplomacia em alto-mar*: depoimento ao CPDOC. Rio de Janeiro: ED FGV, 1994.

D'ARAUJO, Maria Celina; CASTRO, Celso (org.). *Ernesto Geisel*. 2. ed. Rio de Janeiro: Fundação Getúlio Vargas, 1997.

D'ARAUJO, Maria Celina. *Sindicatos, carisma e poder*: o PTB de 1945-65. Rio de Janeiro: Ed. da FGV, 1996.

DAVID, René. Le droit Brésilien jusqu'en 1950. In: *Le droit Brésilien* hier, aujourd'hui et demain. WALD, Arnoldo; JAUFFRET-SPINOSI, Camille (dir.). Paris: Société de Législation Comparée, 2005.

DAVID, René. *Les avatars d'um comparatiste*. Paris: Economica, 1982.

DAVIES, Norman. *Europe a History*. London: Pimlico, 1997.

DAVIS, Sonny B. *A brotherhood of arms*: Brazil-United States military relations, 1945-1977. Colorado: University Press of Colorado, 1996.

DÉ CARLI, Gileno. *JQ Brasília e a grande crise*. Rio de Janeiro: Ed. Irmãos Pongetti, 1961.

DELESSEPS, S. Morrison. *Latin American Mission*: an adventure in hemisphere diplomacy. New York: Simon & Schuster, 1965.

DENYS, Odylio. *Ciclo revolucionário brasileiro*. Rio de Janeiro: Nova Fronteira, 1980.

DEPALMA, Anthony. *O homem que inventou Fidel*: Cuba, Fidel e Herbert L. Matthews do New York Times. Tradução: Pedro Maia Soares. São Paulo: Companhia das Letras, 2006.

DEPUTADOS, Câmara dos. *Dados estatísticos*: eleições federais, estaduais, realizadas no Brasil em 1958, e em confronto com anteriores. Brasil. Tribunal Superior Eleitoral, 1961. v. 4.

DEPUTADOS, Câmara dos. *Dados estatísticos*: eleições federais, estaduais, realizadas no Brasil em 1962 e em confronto com anteriores. Referendum 6.163. v. 6. Brasil. Tribunal Superior Eleitoral (TSE). Biblioteca Digital, 1964.

DI RUGGIERO, Guido. *Sumário de História da Filosofia*. Rio de Janeiro: Ed. Athena, 1937.

DIAS, Gabriel Nogueira. *Rechtsphilosophie und Rechtstheorie*. Alemanha: Mohr: Paul Siebeck, 2005.

DIAS, Gabriel Nogueira. *Positivismo jurídico e a teoria geral do Direito*: na obra de Hans Kelsen. São Paulo: Ed. Revista dos Tribunais, 2010.

DINES, Alberto et al. *Os idos de março e a queda em abril*. Rio de Janeiro: José Álvaro, 1964.

DOMINGUEZ, Jorge. Cuba since 1959. In: *Cuba*: a short history. Ed. Leslie Bethell. Cambrigde University Press, 1993.

DULLES, John W. F. *Carlos Lacerda*: a vida de um lutador 1914-1960. Rio de Janeiro: Nova Fronteira, 1992. v. 1.

DULLES, John W. F. *Carlos Lacerda*: a vida de um lutador 1960-1977. Rio de Janeiro: Nova Fronteira, 2000. v. 2.

DULLES, John W. F. *Castello Branco:* o caminho para a presidência. Rio de Janeiro: Ed. José Olympio, 1979.

DUTRA, Milton. *O trabalhismo de Pasqualini*. Porto Alegre: Intermédio, 1986.

DUTRA, Pedro. *San Tiago Dantas*: A razão vencida - O Ideólogo (1911-1945). São Paulo: Ed. Singular, 2014. v. 1.

DUTRA, Pedro (org.). San Tiago Dantas, *Escritos Políticos*: 1929-1945. São Paulo: Singular, 2016.

DUTRA, Pedro. *Literatura Jurídica no Império*. 2.ed. Rio de Janeiro: Padma, 2004.

DUTRA, Pedro. *Regulação e concorrência e a crise brasileira*. São Paulo: Singular, 2017.

FALCÃO, Joaquim. Classe dirigente ensino jurídico — uma releitura de Santiago Dantas. In: Cadernos FGV Direito Rio. Educação e direito — volume três — Rio de Janeiro — fev. 2009.

FAORO, Raymundo. *Os donos do poder*. 3. ed. Porto Alegre: Editora Globo, 1976. v. 2.

FARAH, Marta. *Estado e Habitação*: o caso dos institutos de previdência. In: Espaço e debates, n. 16, jan.1985.

FARIA, Cordeiro de. Razões que levaram o governo a pensar na organização da Escola Superior de Guerra. In: *Revista da Escola Superior de Guerra*, ano III, n. 7, out.1986.

FAUSTO, Boris. *História do Brasil*. São Paulo: Edusp, 1994.

FAUSTO, Boris (dir.). *História Geral da Civilização Brasileira*. O Brasil Republicano Sociedade e Política (1930-1964). São Paulo: Difel, 1986. v. 3, t. 3.

FAUSTO, Boris (dir.). *História Geral da Civilização Brasileira*. O Brasil Republicano Sociedade e Política (1930-1964). São Paulo: Difel, 1986. v. 4, t. 3.

FELDMAN, Luiz. *Clássico por amadurecimento*. Estudos sobre Raízes do Brasil. Rio de Janeiro: Topbooks, 2016.

FERNANDES, Millôr. *Millôr definitivo*: a bíblia do caos. Porto Alegre: Ed. L&PM Editores S/A, 1994.

FERREIRA, Inês Quental. *Brasileiros há muitas gerações*: memórias e pesquisas sobre as origens da família San Tiago Dantas Barbosa Quental. Rio de Janeiro: Núcleo I inteligência criativa, 2018.

FERREIRA, Jorge; GOMES, Angela de Castro. *1964*: o golpe que derrubou um presidente, pôs fim ao regime democrático e instituiu a ditadura no Brasil. Rio de Janeiro: Civilização Brasileira, 2014.

FERREIRA, Jorge. *João Goulart*: uma biografia. Rio de Janeiro: Ed. Civilização Brasileira, 2011.

FERREIRA, Jorge. O golpe faz 50 anos. In: ALONSO, Ângela; DOLHNIKOFF, Miriam (org.). *1964*: do golpe à democracia. São Paulo: Hedra, 2015.

FERREIRA, Marieta de Moraes; BENJAMIN, Cid. João Goulart. In: BELOCH, Israel; ABREU Alzira Alves de (coord.). *Dicionário histórico-biográfico brasileiro: 1930-1983*. Rio Janeiro: Forense Universitária, 1984.

FERREIRA, Marieta de Morais; FLAKSMAN, Dora. Partido Trabalhista Brasileiro. In: BELOCH, Israel; ABREU, Alzira Alves de (coord.). *Dicionário histórico-biográfico brasileiro: 1930-1983*. Rio Janeiro: Forense Universitária, 1984. v. 3.

FERREIRA, Marieta de Moraes (coord.). *João Goulart*: entre a memória e a história. Rio de Janeiro: Ed. FGV, 2006.

FIGUEIREDO, Wilson; ANDRADE, Moacir. *E a vida continua*: a trajetória profissional de Wilson. Rio de Janeiro: Ouro sobre azul, 2011.

FIELD, Alexander J. *A great leap forward*: 1930s depression and U.S. economic growth. London: Yale University Press, 2011.

FILHO, Café. *Do sindicato ao Catete*. Rio de Janeiro: José Olympio, 1966. v. 1.

FINKELMAN, Paul. Korean War. In: BOYER, Paul S. (ed.). *The Oxford Companion to United States History*. New York: Oxford University Press, 2001.

FITZGERALD, C. P. China: vitória comunista. In: *História do século XX: 1942/1956*. São Paulo: Abril Cultural, 1968. v. 5.

FONSECA JR., Gelson. Os colóquios da Casa das Pedra. In: *Política externa Independente*. Brasília: Fundação Alexandre de Gusmão, 2011.

FRAGA, Plínio. *Tancredo Neves, o príncipe civil*. Rio de Janeiro: Objetiva, 2017.

FRANCO, Afonso Arinos de Melo. *A alma do tempo*: memórias formação e mocidade. Rio Janeiro: José Olympio, 1961.

FRANCO, Afonso Arinos de Melo, *A alma do tempo*: memórias. Rio de Janeiro: Ed: Topbooks, 2018.

FRANCO, Afonso Arinos de Melo. *A escalada*. Rio de Janeiro: José Olympio, 1965.

FRANCO, Afonso Arinos de Melo. Entrevista do ministro à imprensa. Circular nº 3.826, de 28.02.1961. In: FRANCO, Álvaro da Costa (org.). *Documentos da política externa independente*. Rio de Janeiro: Centro de História e Documentação Diplomática; Brasília: Fundação Alexandre de Gusmão, 2007.

FRANCO, Afonso Arinos de Melo. *O espírito e a ação*: ensaios inéditos. Rio de Janeiro: ABL, 2005.

FRANCO, Afonso Arinos de Melo. *Organização e introdução de Afonso Arinos no Congresso: cem discursos parlamentares*. Brasília: Senado Federal, 1999.

FRANCO, Afonso Arinos de Melo. *Planalto*: memórias. Rio de Janeiro: José Olympio, 1968.

FRANCO, Álvaro da Costa (org.). Comunicado sobre o cancelamento das credenciais dos representantes da Lituânia, Letônia e Estônia. In: *Documentos da política externa independente*. Rio de Janeiro: Centro de História e Documentação Diplomática; Brasília: Fundação Alexandre de Gusmão, 2007.

FRANCO, Álvaro da Costa (org.). Mensagem presidencial ao Congresso Nacional. Gestão Afonso Arinos de Melo Franco. In: *Documentos da política externa independente*. Rio de Janeiro: Ed: Fundação Alexandre de Gusmão, 2007.

FRANCO, Álvaro da Costa (org.). Trechos de comunicado sobre a posição brasileira em assuntos atuais de política internacional In: *Documentos da política externa independente*. Rio de Janeiro: Centro de História e Documentação Diplomática; Brasília: Fundação Alexandre de Gusmão, 2007.

FRANCO, Gustavo H. B. *A moeda e a lei*: uma história monetária brasileira 1933-2013. Rio de Janeiro: Zahar, 2017.

FREEMAN, Joshua B. *America empire* 1945-2000. New York: Penguin Books, 2013.

FURSENKO, Aleksandr; NAFTALI, Timothy. *"One hell of a gamble"*. Khrushchev, Castro and Kennedy, 1958-1964. New York- London: W.W. Norton & Company, 1998.

FURTADO, Celso. *A fantasia desfeita*. Rio de Janeiro: Paz e Terra, 1989.

FURTADO, Celso. O Plano Trienal e o Ministério do Planejamento. In: FURTADO, Rosa Freire d'Aguiar (org.). *Arquivos Celso Furtado*. Contraponto, 2011.

GADDIS, John Lewis. *The Cold War*: A new history. New York: The Penguin Press, 2005.

GALBRAITH, John Kenneth. *A journey through economic time*: a firsthand view. Boston; New York: Houghton Mifflin Company, 1994.

GASPARI, Elio. *A ditadura derrotada*. São Paulo: Companhia das Letras, 2003.

GASPARI, Elio. *A ditadura envergonhada*. 2. ed. São Paulo: Intrínseca, 2014.

GIANNOTTI, José Arthur. Brevíssimas considerações sobre o Estado e a política. In: ALONSO, Ângela; DOLHNIKOFF, Miriam (org.). *1964*: do golpe à democracia. São Paulo: Hedra, 2015.

GILBERT, Martin. *A history of the twentieth century*: 1933-1951. New York: William Morrow and Company, Inc., 1998. v. 2.

GLASBERG, Rubens. Ele voltará. In: BARROS, Sérgio Miceli Pessoa de (superv.). *Nosso tempo*. São Paulo: Ed. Abril Cultural, 1980.

GOMES, Angela de Castro. Trabalhismo e democracia: o PTB sem Vargas. In: GOMES, Angela de Castro (org.) *Vargas e a crise dos anos 50*. Rio de Janeiro: Relume-Dumará, 1994.

GOMES, Angela de Castro (coord.); DIAS, José Luciano de Mattos; MOTTA, Marly Silva da. *Engenheiros e economistas*: novas elites burocráticas. Rio de Janeiro: Ed. FGV, 1994.

GOMES, Angela de Castro (coord.); SCHWARCZ, Lilia Moritz. (dir.). *História do Brasil Nação 1808-2010*. Olhando para dentro 1930-1964.

GOMES, Angela de Castro. *População e sociedade*. São Paulo: Objetiva, 2013.

GOMES, Pedro et al. Minas do diálogo ao front. In: Os idos de março e a queda em abril. Rio de Janeiro: José Álvaro, 1964.

GONÇALVES, João Felipe. Rui Barbosa: *pondo as ideias no lugar*. Rio de Janeiro: Ed. da FGV, 2000.

GORDON, Lincoln. *A segunda chance do Brasil*: a caminho do primeiro mundo. São Paulo: Senac, 2002.

GOULART, João. Discurso do Presidente na Assembleia de Sargentos e Subtenentes, 30.03.1964. DINES, Alberto et al. Os idos de março e a queda em abril. Rio de Janeiro: José Álvaro, 1964.

GOULART, João. *Discurso do Presidente no Congresso dos Estados Unidos da América, em Washington*. MRE, 04.04.1962.

GREGORI, José. *Os sonhos que alimentam a vida*. São Paulo: Jaboticaba, 2009.

GRINOVER, Ada Pellegrini. O magistério de Enrico Tullio Liebman. In: *Revista da Faculdade de Direito da Universidade de São Paulo*. São Paulo, 1996, v. 181.

GUDIN, Eugênio. *Rumos da Política Econômica*. Relatório apresentado na Comissão de Planejamento Econômico sobre a Planificação Econômica Brasileira. Rio de Janeiro, 1945.

GUIMARÃES, Alberto Passos. Reforma Agrária. In: BELOCH, Israel; ABREU, Alzira Alves de (coord.). *Dicionário histórico-biográfico brasileiro: 1930-1983.* Rio Janeiro: Forense Universitária, 1984. v. 4.

GUTEMBERG, Luiz. *Moisés, codinome, Ulysses Guimarães*: uma biografia. São Paulo: Companhia das Letras, 1994.

HAINES, Gerald K. *The Americanization of Brazil*: a study of U.S. Cold War diplomacy in the third world, 1945-1954. Delaware: SR Books, 1989.

HERRING, George C. *From colony to superpower*: U.S. foreign relations since 1776. New York: University Press, 2011.

HIPPOLITO, Lucia. *De raposas e reformistas*: o PSD e a experiência democrática. Rio de Janeiro: Paz e Terra, 1985.

HUGHES, H. Stuart. *Between commitment and disillusion*: the obstructed path and the sea change 1930-1965. Middletown: Wesleyan University Press, 1987.

HUNGRIA, Nelson. Comentários ao Código Penal. v. I, t. I – Artigos 1 ao 10. Rio de Janeiro: Forense, 1948. E Judicatura e personalidade. Saudação a Narcélio de Queiroz. In: *Figuras do Direito*. Rio de Janeiro: José Olympio, 1962.

IANNI, Octavio. *Estado e Planejamento Econômico no Brasil (1930-1970)*. Rio de Janeiro: Civilização Brasileira, 1977.

JONES, Colin. *Illustrated History France*. New York: Cambridge, 2003.

JOHNSON, Paul. *Eisenhower*: a life. New York: Viking Penguin, 2014.

JOHNSON, Paul. Modern times: the world from the twenties to the eighties. New York: Publishers: Harper Perennial, 1985.

JONES, Colin. *Illustrated History France*. New York: Cambridge, 2003.

JORDAN, André. *Um rio que passou na minha vida*. Rio de Janeiro: Ed. Leo Christiano, 2006.

JUDT, Tony. *Postwar*: a history of Europe since 1945. New York: The Penguin Press, 2005.

JUREMA, Abelardo. *Sexta-feira,13*: os últimos dias do Governo João Goulart. 3. ed. Rio de Janeiro: Editora O Cruzeiro, 1965.

KAFKA, Alexandre. *Depoimento*. Ed. CPDOC-FGV, 1998.

KAPLAN, Alice. *The collaborator*. Chicago: The University of Chicago press, 2001.

KELLER, Vilma; BENJAMIN, César. San Tiago Dantas. In: BELOCH, Israel; ABREU, Alzira Alves de (coord.). *Dicionário histórico-biográfico brasileiro: 1930-1983*. Rio de Janeiro: Forense Universitária, 1984. v. 2.

KELLER, Vilma; BENJAMIN, Cid. Leonel Brizola. BELOCH, Israel; ABREU, Alzira Alves de (coord.). *Dicionário histórico-biográfico brasileiro: 1930-1983*. Rio Janeiro: Forense Universitária, 1984. v. 1.

KELLER, Vilma; BENJAMIN, Cid. Octávio Gouvêa de Bulhões. In: Dicionário histórico-biográfico brasileiro: 1930-1983. BELOCH, Israel; ABREU, Alzira Alves de (coord.). Rio de Janeiro: Forense Universitária, 1984. v.1.

KELLER, Vilma; SOARES, Leda. Carlos Lacerda. In: BELOCH, Israel; ABREU, Alzira Alves de (coord.). *Dicionário histórico-biográfico brasileiro: 1930-1983*. Rio Janeiro: Forense Universitária, 1984. v. 2.

KELLY, J. M. *A short history of Western legal theory*. New York: Clarendon Press, 1997.

KELSEN, Hans. *Teoria geral do Direito e do Estado*. São Paulo: Martins Fontes, 1995.

KENNAN, George F. *Memoirs*: 1925-1950. New York: Pantheon Books, 1972.

KLEMPERER, Victor. *The diaries of Victor Klemperer 1945-59*: the lesser evil. London: Phoenix, 2004.

KOIFMAN, Fábio. *Quixote nas trevas*: o embaixador Souza Dantas e os refugiados do nazismo. Rio de Janeiro: Record, 2002.

KRAMER, Mark. Stalin, Soviet Policy, and the Consolidation of a Communist Bloc in Eastern Europe, 1944-1953 *Apud:* APPLEBAUM, Anne. *Iron Curtain*. The crushing of Eastern Europe 1944-1956. New York: Doubleday, 2012.

KUBITSCHEK, Juscelino, *Por que construí Brasília*: Juscelino Kubitschek. 2. ed. Brasília: Senado Federal, Conselho Editorial, 2002.

LACERDA, Carlos. *Depoimento*. org. de Cláudio Lacerda Paiva. 2. ed. Rio de Janeiro: Nova Fronteira, 1978.

LACOMBE, Américo Jacobina. San Tiago Dantas. *Verbum*. Universidade Católica do Rio de Janeiro, t. 11, dez. 1964.

LAFFONT, Robert. *Dictionnaire des auteurs*. Paris: Ed. Bouquins, 1989. v. III.

LAMARÃO, Sérgio; FLAKSMAN, Dora. Movimento do 11 de novembro. In: BELOCH, Israel; ABREU Alzira Alves de (coord.). *Dicionário histórico-biográfico brasileiro: 1930-1983*. Rio Janeiro: Forense Universitária, 1984. v. 3.

LAMBERT, Elie. *L'style gothique*. Paris: Ed. Larousse, 1946.

LAMOUNIER, Bolívar. Raízes da instabilidade institucional do regime de 1946-64. In: LAMOUNIER, Bolívar; CARNEIRO, Dionísio Dias; ABREU, Marcelo de Paiva. *50 anos de Brasil:* 50 anos de Fundação Getúlio Vargas. Rio de Janeiro: Ed. FGV, 1994.

LAMOUNIER, Bolívar; CARNEIRO, Dionísio Dias; ABREU, Marcelo de Paiva. *50 anos de Brasil: 50 anos de Fundação Getúlio Vargas*. Rio de Janeiro: Ed. FGV, 1994.

LAMOUNIER, Bolívar. *Rui Barbosa*. Rio de Janeiro: Nova Fronteira, 1999.

LANE, Peter. *Padrões de vida e bem-estar social*: história do século 20 - 1942/1956. São Paulo: Abril Cultural, 1968. v. 5.

LANGDON, Anthony. Barbizon School. In: *The Oxford Companion to Western Art*. Edited by Hugh Brigstoke. Oxford University Press, 2001.

LAQUEUR, Walter. *Europe since Hitler*: the rebirth of Europe. New York: Penguin Books, 1982.

LEACOCK. Ruth. *Requiem for revolution*: The United States and Brazil, 1961-1969. Ohio: The Kent State University Press, 1990.

LEITE, Amauri Pereira; VIANNA, Gilberto de Souza; MOREIRA, Marcílio Marques (coord.). Palestra da ESG. Rio de Janeiro: ESG, 2014.

LEITE, Antonio Dias. *In:* VERENA, Alberti; SARMENTO, Carlos Eduardo; ROCHA, Dora (org.). *Mario Henrique Simonsen:* um homem e seu tempo. Depoimentos ao CPDOC. Rio de Janeiro: Editora FGV, 2002.

LEVINE, Robert M. *Pai dos Pobres? o Brasil e a era Vargas*. Tradução: Anna Olga de Barros Barreto. São Paulo: Companhia das Letras, 2001.

LICHTHEIM, George. *Europe in the Twentieth Century*. London: Weidenfeld and Nicolson, 1972.

LIMA, Alceu Amoroso. *Carta do pai*: de Alceu Amoroso Lima para sua filha madre Maria Teresa. São Paulo: Ed. Inst. Moreira Salles, 2003.

LIMA, Alceu Amoroso. San Tiago Dantas: da elite à massa 17-18.09.1964. In: *Companheiros de viagem*. Rio de Janeiro: Livraria José Olympio Editora, 1971.

LIMA, Hermes. *Travessia: memórias*. Rio de Janeiro: José Olympio, 1974.

LIMA, Maria Lúcia Pádua (coord.). *Direito e economia*: 30 anos de Brasil. São Paulo: Saraiva, 2012.

LIMA, Valentina da Rocha; RAMOS, Plínio de Abreu. *Tancredo fala de Getúlio*. São Paulo: Ed. L&PM Editores, 1986.

LOPES, José Machado. *O III Exército na crise da renúncia de Jânio Quadros*. Brasília: Editora Alhambra, 1980.

LOPES, Lucas. *Memórias do Desenvolvimento*. Rio de Janeiro: Centro da Memória da Eletricidade no Brasil, 1991.

LOPES, Marcio Augusto Falcão. *O fracasso da Comissão Mista Brasil-Estados Unidos e os rumos da política econômica no segundo governo Vargas*, PUC/SP, 2009.

LOSANO, Mario. *Revista Trimestrale de Procedura Civile*. Giuffrè Editore, ano LIII, n. 1, marzo 1999.

LOTT, Henrique Teixeira. Depoimento, 1978. Rio de Janeiro, CPDOC, 2002. In: WILLIAN, Wagner. *O soldado absoluto*: uma biografia do marechal Henrique

Lott. Rio de Janeiro: Record, 2005.

LUKACS, John. *The duel*: the eighty-day struggle between Churchill and Hitler. London: Yale University Press, 1990.

McCANN Jr., Frank D. *Soldier of the Patria*: a history of the Brazilian army, 1889-1937. California: Stanford University Press, 2004.

McCANN Jr., Frank D. *Aliança Brasil-Estados Unidos 1937-1945*. Rio de Janeiro: Biblioteca do Exército Editora, 1995.

McDOWALL, Duncan. *The Light*: Brazilian traction Light and Power Company Limited – 1899-1945. Toronto: University of Toronto Press, 1988.

MACMAHON, Robert J. *The Cold War*: a very short introduction. New York: Oxford University Press, 2003.

MAGALHÃES, Dario de Almeida. *Figuras e Momentos*. Rio de Janeiro: Nova Fronteira, 1985.

MAGALHÃES JÚNIOR, Raimundo. *Rui, o homem e o mito*. Rio de Janeiro: Civilização Brasileira, 1965.

MAGNO, Padre Augusto. Introdução. In: *Réplica*. OCRB. Rio de Janeiro: Casa Rui Barbosa. v. XXXI, t. I, III, IV, 1905.

MAIA, Juarez Ferraz de (coord.). Tarzan de Castro: vida, luta e sonhos. Goiania-GO: Ed. Kelps, 2016.

MALAN, Pedro S.; BONELLI, Régis; ABREU, Marcelo de P.; PEREIRA, José Eduardo de C. *Política econômica externa e industrialização no Brasil (1939/52)*. Coleção relatórios de pesquisa. Rio de Janeiro: IPEA/INPES, 1980. v. 36.

MALAN, Pedro S. Relações econômicas internacionais do Brasil (1945-1964). In: FAUSTO, Boris. *História geral da civilização brasileira.* O Brasil republicano Economia e Cultura (1930-1964). 2. ed. São Paulo: Difel, 1986. v. 4, t. 3.

MALI, Mauro; FLAKSMAN, Dora. Eurico Gaspar Dutra. In: BELOCH, Israel; ABREU, Alzira Alves de (coord.). *Dicionário histórico-biográfico brasileiro: 1930-1983*. Rio de Janeiro: Forense Universitária, 1984. v. 2.

MAMMARELLA, Giuseppe. *Storia d'Europa dal 1945 a oggi*. Firenze: Laterza, 2006.

MANGABEIRA, João. *Ruy – O estadista da República*. São Paulo: Livraria Martins, 1960.

MARTIN, Gilbert. *A History of the Twentieth Century: 1933-1951*. New York: William Morrow and Company Inc., 1998.

MARX, Karl. *Miséria da filosofia*. São Paulo: Boitempo, 2017.

MATTOS, Paulo Todescan Lessa. *O novo estado regulador no Brasil*: eficiência e legitimidade. São Paulo: Singular, 2006.

MAURIAC, François. *Thérèse Desqueyroux*. Paris: Bernard Grasset, 1924.

MAYER, Jorge Miguel; BENJAMIN, César. Jânio Quadros. In: BELOCH, Israel; ABREU, Alzira Alves de (coord.). *Dicionário histórico-biográfico brasileiro: 1930-1983*. Rio de Janeiro: Forense Universitária, 1984. v. 2.

MAYER, Jorge Miguel; BENJAMIN, César. Walter Moreira Salles. In: BELOCH, Israel. ABREU, Alzira Alves de (coord.). *Dicionário histórico-biográfico brasileiro: 1930-1983*. Rio de Janeiro: Forense Universitária, 1984. v. 4.

MAZOWER, Mark. *Dark Continent*: Europe's twentieth century. London: Penguin Books, 1998.

MELO, Nelson de. Depoimento PHO-CPDOC/FGV, Rio de Janeiro, 1978-1979. In: LIMA, Valentina da Rocha (coord.). *Getúlio*: uma história oral. Rio de Janeiro: Record, 1986.

MERQUIOR, José Guilherme. *De Anchieta a Euclides*: breve história da literatura brasileira – I. Rio de Janeiro: Livraria José Olympio Editora, 1977.

MERQUIOR, José Guilherme. *Discurso na solenidade de formatura da turma de 1963*. Instituto Rio Branco.

MESQUITA, Mário M. C. O Impasse Parlamentar. In: ABREU, Marcelo de Paiva. *A ordem do progresso*: dois séculos de política econômica no Brasil. 2. ed. Rio de Janeiro: Ed. Elsevier, 2014.

MIRANDA, Pontes de. *Questões Forenses*. Rio de Janeiro: Borsoi, 1958. v. 3.

MODESTO, Maria de Lourdes. *Cozinha tradicional portuguesa*. Lisboa: Editorial Verbo, 1989.

MONTORO, André Franco. *Memórias em linha reta*. São Paulo: SENAC, 2000.

MORAES, Dênis de. *A esquerda e o golpe de 64*: vinte e cinco anos depois, as forças populares repensam seus mitos, sonhos e ilusões. Rio de Janeiro: Espaço e tempo, 1989.

MORAES, Maria Teresa P. Nas ondas do rádio e da TV. In: BARROS, Sérgio Miceli Pessoa de (superv.). *Nosso Século*: 1945-1960. São Paulo: Abril Cultural, 1980.

MOREIRA, Marcílio Marques. *Diplomacia, política e finanças*: de JK a Collor 40 anos de história por um de seus protagonistas. Rio de Janeiro: Objetiva, 2001.

MOREIRA, Marcílio Marques. Introdução: a vida e obra de San Tiago Dantas. In: *Perfis parlamentares 21*: Discursos Parlamentares. Brasília: Câmara dos Deputados, 1983.

MOREIRA, Marcílio Marques. (sel. e intr.) *Perfis parlamentares 21*: Discursos Parlamentares. Brasília: Câmara dos Deputados, 1983.

MOREIRA, Neiva. *O Pilão da madrugada*. Ed. Terceiro Mundo, 1989.

MOREIRA, Regina da Luz; PENCHEL, Marcos. Oswaldo Aranha. In: BELOCH, Israel; ABREU, Alzira Alves de (coord.). *Dicionário histórico-biográfico brasileiro: 1930-1983*. Rio Janeiro: Forense Universitária, 1984. v. 1.

MOREL, Edgar. O povo gaúcho esmagou o truste de eletricidade da *Bond and Share*. *O Semanário*, 23 a 29.05.1959, ano IV, n. 160.

MOTA, Lourenço Dantas (coord.). *A história vivida*: entrevistas. 2. ed. ampl. Rio de Janeiro: Topbooks, 2014.

MOTTA, Marly Silva da. *Saudades da Guanabara*. Rio de Janeiro: Ed. da FGV, 2000.

MOURA, Américo de. *Rui e a Réplica*. Rio de Janeiro: Casa de Rui Barbosa, 1949.

MOURRE, Michel. Maroc. *Dictionaire Encyclopedic d'Histoire*. Paris: Bordas, 1996.

MOUTINHO, Stella; PRADO, Rúbia Bueno do; LONDRES, Ruth. *Dicionário de artes decorativas & decoração de interiores*. 2. ed. rev. e atual. Rio de Janeiro: Lexikon, 2011.

MURICI, Antônio Carlos. In: LIMA, Valentina da Rocha. *Getúlio*: uma história oral. Rio de Janeiro: Record, 1986.

NABUCO, Maurício. *Reflexões & reminiscências*. Rio de Janeiro: Ed. FGV, 1982.

NETO, Lira. *Castello*: a marcha para a ditadura. São Paulo: Contexto, 2004.

NETO, Lira. *Getúlio*: da volta pela consagração popular ao suicídio (1945-1954). São Paulo: Companhia das Letras, 2014.

NEVES, Tancredo. In: MOTA, Lourenço Dantas (coord.). *A história vivida (I)*. São Paulo: O Estado de São Paulo, 1981.

NEVES, Tancredo. In: MOTA, Lourenço Dantas (coord.). *A história vivida*: entrevistas. 2. ed. ampl. Rio de Janeiro: Topbooks, 2014.

NOGUEIRA, Hamilton. Reatamento de Relações Diplomáticas com a União Soviética. Discurso pronunciado na Câmara dos Deputados. In: DANTAS, F. C. de San Thiago. *Política externa independente*. Brasília: Ed. Fundação Alexandre de Gusmão, 2011.

NOSSA, Leonencio. *Roberto Marinho*: o poder está no ar. Rio de Janeiro: Ed. Nova Fronteira, 2019.

NUNES, J. de Castro. *Alguns homens do meu tempo (memórias e impressões)*. Rio de Janeiro: José Olympio, 1957.

ORENSTEIN, Luiz Antonio; SOCHACZEWSKI, Antonio Claudio. Democracia com desenvolvimento, 1956-1961. In: ABREU, Marcelo de Paiva (org.). *A ordem do progresso*: dois séculos de política econômica no Brasil. 2. ed. Rio de Janeiro: Ed. Elsevier, 2014.

PANTOJA, Silvia; FLAKSMAN, Dora. Juscelino Kubitschek. In: MAYER, Jorge Miguel; BENJAMIN, César. Jânio Quadros. In: BELOCH, Israel. ABREU, Alzira Alves de (coord.). *Dicionário histórico-biográfico brasileiro: 1930-1983*. Rio de Janeiro: Forense Universitária, 1984. v. 2.

PASQUALINI, Alberto. Diário do Congresso, 12.09.1951. Reformas de base. In: DUTRA, Milton. *O trabalhismo de Pasqualini*. Porto Alegre: Intermédio, 1986.

PATTERSON, James T. *Grand expectations*: The United States, 1945-1974. New York: Oxford University Press, 1996. v. 10.

PEIXOTO, Amaral. In: BELOCH, Israel; ABREU, Alzira Alves de (coord.). *Dicionário histórico-biográfico brasileiro: 1930-1983*. Rio Janeiro: Forense Universitária, 1984. v. 3.

PEREIRA, Jesus Soares. In: MEDEIROS, Lima (org.). *Petróleo, energia elétrica, siderurgia*: a luta pela emancipação. Um depoimento sobre a política de Vargas. Rio de Janeiro: Paz e Terra, 1975.

PINHEIRO NETO, João. *Jango*: um depoimento pessoal. Rio de Janeiro: Record, 1993.

PINTO, Bilac. *Guerra Revolucionária*. Rio de Janeiro: Ed. Forense, 1964.

PINTO, Magalhães. Manifesto do Governador em Belo Horizonte, 30.03.1964. In: DINES, Alberto et al. Os idos de março e a queda em abril. Rio de Janeiro: José Álvaro, 1964.

PONTES DE MIRANDA, Francisco Cavalcanti. *Democracia, liberdade, igualdade*: os três caminhos. Rio de Janeiro: José Olympio, 1945.

PRADO JÚNIOR, Caio. In: MOTA, Lourenço Dantas (coord.). *A história vivida*: entrevistas. 2. ed. ampl. Rio de Janeiro: Topbooks, 2014.

PRESTES, Luís Carlos. Discurso do Senador sobre a campanha anticomunista e iminência do cancelamento do registro do Partido Comunista Brasileiro. In: BONAVIDES, Paulo; AMARAL, Roberto. *Textos políticos da história do Brasil*. Brasília: Senado Federal, 2002. v. 6.

QUADROS, Jânio. Discurso de posse do presidente em Brasília, 31.01.1961. In: FRANCO, Álvaro da Costa (org.). *Documentos da política externa independente*. Rio de Janeiro: Centro de História e Documentação Diplomática; Brasília: Fundação Alexandre de Gusmão, 2007.

QUADROS NETO, Jânio; GUALAZZI, Eduardo Lobo Botelho. *Jânio Quadros*: Memorial à História do Brasil. São Paulo: Ed. Rideel, 1995.

QUEIROZ, Eça de. *A ilustre casa de Ramires*. São Paulo: Ateliê Editorial, 2014.

QUEIRÓZ, Narcélio. Discurso de agradecimento proferido na solenidade de posse pelo Sr. desembargador Narcélio de Queirós. In: *Revista Forense*, mar. de 1951.

QUEIROZ, Narcélio. Teoria da *Actio libera in causa*: A embriaguez e a responsabilidade penal - outros aspectos da questão. Rio de Janeiro: Editora Jacinto Ribeiro, 1936.

RADBRUCH, Gustav. *Filosofia do Direito*. Tradução e prefácio de Luís Cabral de Moncada. 6. ed. Coimbra: Armênio Amado - Editor - Sucessor, 1979.

RAMOS, Plínio de Abreu. *O PSD mineiro*. Belo Horizonte-Rio de Janeiro: Ed. Itatiaia Limitada, 1993.

RAMOS, Plínio de Abreu. *Tancredo fala de Getúlio*. São Paulo: Ed. L&PM Editores, 1986.

RAMOS, Plínio de Abreu; BENJAMIN, César. Tancredo Neves, In: BELOCH, Israel. ABREU, Alzira Alves de (coord.). *Dicionário Histórico-biográfico brasileiro: 1930-1983*. Rio de Janeiro: Forense Universitária, 1984. v. 3.

RAMOS, Plínio de Abreu; PENCHELL, Marcos. Zenóbio da Costa. In: BELOCH, Israel. ABREU, Alzira Alves de (coord.). *Dicionário histórico-biográfico brasileiro: 1930-1983*. Rio de Janeiro: Forense Universitária, 1984.

RAO, Vicente. *Direito e a vida dos direitos*. São Paulo: Max Limonad, 1952.

REZENDE, Condorcet. *Os Caminhos de San Tiago*. Rio de Janeiro: Ventura, ano 21, n. 257, 2008.

REZENDE, Vera Lúcia Motta. *Planos, regulação urbanística e intervenção no Rio de Janeiro*. Universidade Federal Fluminense, Rio de Janeiro, 2014.

RIBEIRO, Darcy. *Confissões*. São Paulo: Ed. Schwarcz,1977.

RIBEIRO, Ernesto Carneiro. *Da Redação do projeto do código civil e a réplica do Dr. Rui Barbosa*. Salvador: Livraria Progresso Editora, Salvador, 1950.

RIBEIRO, José Augusto. *A era Vargas*: a crise e a morte do presidente. Rio de Janeiro: Casa Jorge Editorial, 2001.

RIBEIRO, Renato. Breve história da Comissão Jurídica Interamericana. *Revista de ciência política*. Rio de Janeiro: Fundação Getúlio Vargas, fev./abr. 1990.

RIBEIRO, Thiago Reis Marques. *Das Missões à Comissão*: ideologia e projeto desenvolvimentista nos trabalhos da "Missão Abbink" (1948) e da Comissão Mista Brasil-Estados Unidos (1951-1953), Niterói, 2012.

RICUPERO, Rubens. A *diplomacia na construção do Brasil 1750-2016*. Rio de Janeiro: Ed. Versal Editores, 2017.

ROBERTS, J. M. *A History of Europe*. New York: Allen Lane, 1997.

ROCHA, Hildon. In: O Drama da cassação. *Revista do Congresso*, fev.1948.

RODRIGUES, Leôncio Martins. O PCB: Dirigentes e a Organização. In: FAUSTO, Boris. *História Geral da Civilização Brasileira*. O Brasil Republicano. Sociedade e Política (1930-1964). São Paulo: Difel, 1986. v. 3.

RODRIGUES, Leôncio Martins. Sindicalismo e classe operária (1930-1964) In: FAUSTO, Boris (dir.). *História Geral da Civilização Brasileira*. O Brasil Republicano Sociedade e Política (1930-1964). São Paulo: Difel. 1986. v. 3, t.3.

ROLLEMBERG, Denise. *O apoio de Cuba À luta armada no Brasil*: o treinamento guerrilheiro. Rio de Janeiro: Ed. Mauad X, 2001.

ROUCHOU, Joëlle; BLANC, Lúcia (org.). *Memórias de Ipanema*: 100 anos do bairro. Rio de Janeiro: Secretaria Municipal de Cultura, Assessoria de Projetos Especiais, 1994. Disponível em: http://www.sindegtur.org.br/2010/arquivos/ipa100.pdf.

RYFF, Raul. Entrevista a Valentina da Rocha Lima e Argelina Figueiredo, 1982, *CPDOC/FGV*.

SANTOS, Wanderley Guilherme dos. *Sessenta e quatro*: anatomia da crise. São Paulo: Vértice, 1986.

SARDENBERG, Idálio. Princípios fundamentais da Escola Superior de Guerra. In: *Revista da Escola Superior de Guerra*, ano III, n. 8, nov. de 1987.

SCAMMELL, Michael. *Koestler: the literary and political odyssey of a twentieth-century skeptic*. New York: Random House, 2009.

SCHMIDT, Augusto Frederico (org. e sel. José Mario Pereira). *Antologia Política*. Rio de Janeiro: Topbooks, 2002.

SCHMIDT, Augusto Frederico. *O Galo Branco*: páginas de memórias. Rio Janeiro: José Olympio, 1957.

SCHMIDT, Joel. François Mauriac. In: LAFFONT, Robert. *Dictionnaire des auteurs*. Paris: Bouquins, 1989. v. 3.

SENNA, Homero. *República das letras*. Civilização Brasileira, Rio de Janeiro, 1996.

SHAPIRO, Fred. New Haven. In: *New York Times - Book Review*. 06.01.2013.

SHEPPARD, Francis. *London*: a history. New York: Oxford Press, 1998.

SILVA, Carlos Medeiros. Nomeação de San Tiago Dantas para membro da Corte de Arbitragem de Haia. *Revista Forense*, vol. 140. Rio de Janeiro, mar./abr. 1952.

SILVA, Evandro Lins e. *Arca de guardados:* vultos e momentos nos caminhos da vida. Rio de Janeiro: Civilização Brasileira, 1995.

SILVA, Golbery do Couto e. *Planejamento estratégico*. Brasília: Ed. UnB, 1981.

SILVA, Hélio. *1954*: um tiro no coração. Rio de Janeiro: Civilização Brasileira, 1972.

SILVA, Hélio. *1964: Golpe ou Contragolpe?* Rio de Janeiro: Ed. Civilização Brasileira, 1975.

SILVA, Hélio. *O poder militar*. Porto Alegre: L&PM, 1984.

SILVA, Vera Alice Cardoso; DELGADO, Lucília de Almeida. *Tancredo Neves*: a trajetória de um liberal. Petrópolis: Ed. Vozes, 1985.

SILVEIRA, Joel. *Tempo de contar*. Rio de Janeiro: José Olympio, 1993.

SIRACUSA, Joseph M. *Nuclear Weapons*: a very short introduction. Oxford: Oxford Press, 2015.

SKIDMORE, Thomas E. *Brasil*: De Getúlio a Castello Branco (1930-1964). Rio de Janeiro: Ed. Saga, 1969.

SKIDMORE, Thomas E. *Uma História do Brasil*. São Paulo: Ed. Paz e Terra, 1998.

SMITH, Denis Mack. *Modern Italy*: a political history. Michigan: Michigan Press, 1977.

SMITH, Joseph. *Brazil and the United States*: converge and divergence. Georgia: The University of Georgia Press, 2010.

SMITH, Joseph. *The United States and the Americas*: Brazil and the United States. London: Georgia Press, 2010.

SMITH, Peter Seaborn. *Oil and politics in modern Brazil*. Canada: Macmillan, 1976.

SOBRINHO, Barbosa Lima. In: MOTA, Lourenço Dantas (coord.). *A história vivida (II)*. São Paulo: O Estado de São Paulo, 1981.

SODRÉ, Nelson Werneck. *História militar do Brasil*. 2. ed. Rio de Janeiro: Civilização Brasileira, 1968.

SOUZA, Carlos Alves de. *Um embaixador em tempos de crise*. Rio de Janeiro: Francisco Alves Editora S.A., 1979.

STONE, I. F. *The haunted fifties*: 1953-1963. Boston: Little Brown and Company, 1989.

TAUBMAN, William. *Khrushchev, the man and his times*. New York: W. W. Norton & Cia, 2004.

TAVARES, Flávio. *O Che Guevara que conheci e retratei*. Porto Alegre: RBS Publicações, 2007.

TÁVORA, Juarez. *Uma vida e muitas lutas*: a caminhada no altiplano. Rio de Janeiro: Biblioteca do Exército Editora, 1976.

TELLIER, Thibault. Paul Reynaud. In: SIRINELLI, Jean-François (dir.). *Dictionnaire historique de la vie politique française au XXe siècle*. Paris: Presses Universitaires de France, 1995.

TOLEDO, Roberto Pompeu de. *História do Unibanco 1924-1994*. Instituto Moreira Salles (coord.). São Paulo: Bloch Editores, 1994.

TOTA, Antônio Pedro. *O amigo americano*. São Paulo: Companhia das Letras, 2014.

TUCCI, José Rogério Cruz e. *Francesco Carnelutti*: vida e obra. São Paulo: Migalhas, 2017.

VARGAS, Getúlio. *A campanha presidencial*. São Paulo: José Olympio, 1951.

VARGAS, Getúlio. *O governo trabalhista do Brasil*. Rio de Janeiro: José Olympio, 1969. v. 6.

VENÂNCIO FILHO, Alberto. Prefácio. In: DANTAS, F. C. de San Tiago. *Palavras de um professor*. 2. ed. Rio de Janeiro: Forense, 2001.

VERENA, Alberti; SARMENTO, Carlos Eduardo; ROCHA, Dora (org.). Mario Henrique Simonsen: um homem e seu tempo. Depoimentos ao CPDOC. Rio de Janeiro: Editora FGV, 2002.

VIANA FILHO, Luís. *O Governo Castello Branco*. Rio de Janeiro: José Olympio, 1975.

VIANNA, Sérgio Besserman. Duas tentativas de estabilização, 1951-1954. In: ABREU, Marcelo de Paiva (org.). *A ordem do progresso*: dois séculos de política econômica no Brasil. 2. ed. Rio de Janeiro: Elsevier, 2014.

VIANNA, Oliveira. *Ensaios inéditos*. Campinas: Editora da Unicamp, 1991.

VIANNA, Oliveira. *Instituições políticas brasileiras*. Rio de Janeiro: José Olympio Editora, 1949. v.2.

VICTOR, Mário. *Cinco anos que abalaram o Brasil*: de Jânio Quadros ao marechal Castello Branco. Rio de Janeiro: Civilização Brasileira, 1965.

VIDIGAL, Padre. Reatamento de Relações Diplomáticas com a União Soviética. Discurso pronunciado na Câmara dos Deputados. In: DANTAS, F. C. de San Thiago. *Política externa independente*. Brasília: Ed. Fundação Alexandre de Gusmão, 2011.

VILLA, Marco Antonio. *Ditadura à brasileira*: 1964-1985, a democracia golpeada à esquerda e à direita. São Paulo: Texto Editores, 2014.

VILLA, Marco Antônio. *Jango*: um perfil (1945-1964). São Paulo: Globo, 2014.

VILLAÇA, Antônio Carlos. *O livro de Antônio*. Rio de Janeiro: José Olympio, 1974.

VILLAÇA, Antônio Carlos. *O livro dos fragmentos*. Rio de Janeiro: Civilização Brasileira, 2005.

VIZENTINI, Paulo Fagundes. *Relações exteriores do Brasil (1945-1964)*: o nacionalismo e a política externa independente. Rio de Janeiro: Vozes, 2004.

WAINER, Samuel. *Minha razão de viver*: memórias de um repórter. Rio de Janeiro: Record, 1987.

WALD, Arnoldo; JAUFFRET-SPINOSI, Camille (dir.). *Le droit Brésilien hier, aujourd'hui et demain*. Paris: Société de Législation Comparée, 2005.

WALTERS, Vernon A. *Missões silenciosas*. Tradução: Heitor A. Herrera. Rio de Janeiro: Biblioteca do Exército Editora, 1986.

WEIS, Michael W. *Cold warriors and coups d'etat*: Brazilian-american relations, 1945-1964. Albuquerque: University of New Mexico, 1993.

WILLIAMSON Edwin. *The Penguin History of Latin America*. London: Ed. Penguin Books, 1992.

WILLIAN, Wagner. *O soldado absoluto*: uma biografia do marechal Henrique Lott. Rio de Janeiro: Record, 2005.

WINDSOR, Phillip. O Bloqueio de Berlim. In: *História do século 20, 1942-1956*. São Paulo: Abril Cultural, 1968. v.5.

WINOCK, Michel. *Le siécle des intellectuels*. Paris: Éditions du Seuil, 1999.

YERGIN, Daniel. *The Prize*. New York: Touchstone Book, 1993.

YOUNG, Jordan M. *Brasil 1954-1964*: fim de um ciclo civil. Rio de Janeiro: Nova Fronteira, 1973.

COLUNAS E ARTIGOS

ÁLVARO, José. *Diário de Notícias*, 24.10.1958.

ÁLVARO, José. Redemoinho. *Diário de Notícias*, 30.10.1958.

ALVES, Hermano. Frente para reformas. *Jornal do Brasil*, 21.05.1963.

ALVES, Hermano. Opiniões sobre Frente Progressista com JG. *Correio da Manhã*, 02.02.1964.

ALVES, Hermano. San Tiago: um dia negativo. *Jornal do Brasil*, 23.01.1962.

ALVES, Hermano. San Tiago propõe frente política para lutar pelas reformas de base. *Jornal do Brasil*, 18.05.1963.

AMADIO, José. Gente que faz notícia. *O Cruzeiro*, 26.12.1959.

ANDRADE, Carlos Drummond de. Homem público. *Correio da Manhã*, 09.09.1964.

ANDRADE, Otávio Thyrso de. Lembrança de San Tiago Dantas. *Jornal do Commercio*, 01.10.1977.

ATHAYDE, Tristão de. Da elite à massa. *Jornal do Brasil*, 17.09.1964.

ATHAYDE, Tristão de. Do episódio à crise. *Jornal do Brasil*, 13.07.1962.

AUGUSTO, José. Na Hora H. *Última Hora*, 09.10.1958.

AZAMBUJA, Raphael. Sr. Brizola e os Pareceres. *Última Hora*, 30.07.1958.

ANDRADE, Doutel de. Agitados debates prejudicam o pronunciamento dos juristas. *O Jornal*, 23.06.1950.

BRAGA, Rubens. San Tiago Dantas. *Jornal do Brasil*. Rio de Janeiro, 13.09.1964.

BRITO, Vicente Chermont de. In: Figuras do Direito. *Jornal do Brasil*, 01.11.1962.

CARPEAUX, Otto Maria. A grande frustração. *Correio da Manhã*, 09.09.1964.

CASTELLO BRANCO, Carlos. Coluna do Castello. *Jornal do Brasil*, 14.02.1963.

CASTELLO BRANCO, Carlos. Coluna do Castello. *Jornal do Brasil*, 16.02.1963.

CASTELLO BRANCO, Carlos. Coluna do Castello. *Jornal do Brasil*, 09.04.1963.

CASTELLO BRANCO, Carlos. Coluna do Castello. *Jornal do Brasil*, 16.05.1963.

CASTELLO BRANCO, Carlos. Coluna do Castello. *Jornal do Brasil*, 08.06.1963.

CASTELLO BRANCO, Carlos. Coluna do Castello. *Jornal do Brasil*, 02.10.1963.

CASTELLO BRANCO, Carlos. Coluna do Castello. *Jornal do Brasil*, 19.01.1964.

CASTELLO BRANCO, Carlos. Coluna do Castello. *Jornal do Brasil*, 06.02.1964.

CASTELLO BRANCO, Carlos. Coluna do Castello. *Jornal do Brasil*, 21.03.1964.

CASTELLO BRANCO, Carlos. Coluna do Castello. Acabou-se o primeiro Ministério de Goulart. *Jornal do Brasil*, 30.05.1963.

CASTELLO BRANCO. Carlos. Coluna do Castello. Brizola: política de San Tiago abre caminho ao golpe. *Jornal do Brasil*, 16.03.1963.

CASTELLO BRANCO, Carlos. Kennedy ganhou tempo para ler a mensagem de Goulart. *Jornal do Brasil*, 13.03.1963.

CASTELLO BRANCO, Carlos. Política do Brasil em clima europeu. *O Cruzeiro*, 24.12.1960.

CASTELLO BRANCO, Carlos. San Tiago emerge como homem forte do Ministério. *Jornal do Brasil*, 23.01.1963.

CASTELLO BRANCO, Carlos. Táticas de revolução depois das táticas de composição. *Jornal do Brasil*, 29-30.12.1963.

CASTELLO BRANCO, Carlos. Coluna do Castello. *Jornal do Brasil*, 03.04.1964.

CASTELLO BRANCO, Carlos. Coluna do Castello. *Jornal do Brasil*, 07-08.04.1964,

CASTELLO BRANCO, Carlos. Coluna do Castello. *Jornal do Brasil*, 09.09.1964.

CHATEAUBRIAND, Assis. Sururu no céu. *O Jornal*, 05.03.1950.

CONY, Carlos Heitor. Insidiosa moléstia. *Correio da Manhã*, 22.09.1964.

CORÇÃO, Gustavo. San Tiago Dantas, este conhecido. *Diário de Notícias*, 24.06.1962.

DANTAS, Pedro. Na cabeça DAR. *Diário de Notícias*, 06.07.1958.

DANTAS, Pedro. Vanguarda comunista. *Diário de Notícias*, 30.12.1961.

DE THORNES, Jacinto. Sociedade & Adjacências. *Última Hora*, 07.03.1963.

EGA, João da. Black Tie. *Última Hora*, 07.07.1952.

FERNANDES, Hélio. Em primeira mão. *Última Hora*, 08.01.1960.

FIGUEIREDO, José. *O Globo*, 20.06.1962.

FIGUEIREDO, José. *O Globo*, 30.06.1962.

FIGUEIREDO, Wilson. Segunda seção. *Jornal do Brasil*, 01.04.1964.

FILHO, M. Paulo. Dois discursos. *Correio da Manhã*, 20.01.1952.

FRANCIS, Paulo. Informa e comenta. *Última Hora*, 17.01.1964.

FRANCIS, Paulo. Show Business. *Última Hora*, 22.05.1962.

FRANCIS, Paulo. Show Business. *Última Hora*, 27.06.1962.

FRANCIS, Paulo. Show Business. *Última Hora*, 30.06.1962.

FRANCIS, Paulo. Aonde (e quando) vai San Tiago. *Última Hora*, 23.11.1962.

GOMES DE MATOS, Edisio. Pálido mas otimista. In: A semana em Brasília, *Jornal do Brasil*, 10-11.03.1963.

GUDIN, Eugênio. Punta del Este e o homem na rua. *O Globo*, 24.01.1962.

GUDIN, Eugênio. Crédito de confiança. *O Globo*, 18.02.1963.

LACERDA, Carlos. A novíssima burguesia. *Tribuna da Imprensa*, 20.08.1958.

LACERDA, Carlos. Carta ao Presidente da República sobre o assalto ao Distrito Federal. *Tribuna da Imprensa*, 05.05.1951.

LACERDA, Carlos. *Depoimento*. PAIVA, Claudio Lacerda (org.). 2. ed. Rio de Janeiro: Nova Fronteira, 1978.

LACERDA, Carlos. Segunda carta ao Presidente da República contra o assalto ao patrimônio dos cariocas. *Tribuna da Imprensa*, 06.04.1951.

LIMA SOBRINHO, Barbosa. O que se vem chamando "ponte-aérea". *Jornal do Brasil*, 15.04.1962.

LISPECTOR, Clarice. San Tiago. *Jornal do Brasil*, 06.01.1968.

LOPES, Otacílio. Por trás da cortina. *Última Hora*, 23.12.1959.

LOUVET, Louis. In: *A Revista da Semana*, jun.1942.

MACHADO, José. Diretrizes de San Tiago Dantas poderão criar o salário-móvel. *Jornal do Brasil*, 16.12.1962.

MAGALHÃES, Dario de Almeida. San Tiago Dantas. *Digesto Econômico*, n. 197, ano XXII, set./out. de 1967.

MAGALHÃES JÚNIOR, Raimundo. O paraninfo Leônidas de Rezende. *Diário de Notícias*, 25.09.1949. 2ª seção.

MAGALHÃES JÚNIOR, Raimundo. A embaixada em Washington. *Diário de Notícias*, 27.03.1952.

MATOS, Edísio Gomes de. Crise foi provocada pela mecânica do regime e entrou em trégua que talvez seja efêmera. *Jornal do Brasil*, 15.07.1962.

MAURÍCIO, Jayme. Recordação de San Tiago Dantas. Rio de Janeiro, *Correio da Manhã*, 10.09.1964.

MAURO, José. Na Hora H. JK e San Tiago discutem problemas nacionais, *Última Hora*, 28.03.1963.

MEIRA, Mauritônio. Brasília Informa. *Última Hora*, 22.06.1962.

MEIRA, Mauritônio. Brasília informa. *Última Hora*, 11.01.1963.

MELO FILHO, Murilo. San Tiago Dantas, o advogado tranquilo: "Sou um homem de classe média". Entrevista à *Revista Manchete*, 18.04.1959.

MENDONÇA, Yedo. "Eu Pedi o Estado de Sítio". *O Cruzeiro*, 18.09.1954.

MULLER, Pedro. Informa. *Jornal do Brasil*, 23.03.1962.

MULLER, Pedro. Informa. Almoço no Bife. *Jornal do Brasil*, 29.04.1962.

MULLER, Pedro. Informa. *Jornal do Brasil*, 07.05.1963.

NASSER, David. O Dr. de Cracóvia. *O Cruzeiro*, 02.06.1962.

NERY, Adalgisa. Retrato sem retoque. *Última Hora*, 16.08.1956.

NERY, Adalgisa. Retrato sem retoque. *Última Hora*, 18.10.1958.

NERY, Adalgisa. Retrato sem retoque. *Última Hora*, 22.10.1958.

OLIVEIRA, Franklin de. O disfarce da revolução. *Revista O Cruzeiro*, 11.04.1953.

PETER. Panorama. *Jornal do Brasil*, 04.02.1964.

POLITIS, Pomona. Informa. *Diário de Notícias*, 01.11.1960.

POLITIS, Pomona. Informa. *Diário de Notícias*, 05.08.1961.

POLITIS, Pomona. Informa. *Diário de Notícias*, 27.09.1961.

POLITIS, Pomona. Informa. *Diário de Notícias*, 29.10.1961.

QUEIROZ, Dinah Silveira. San Tiago pontifício. *Jornal do Commercio*, 27.07.1968.

RAMOS, Plínio de Abreu. "Em 50, combateu a elegibilidade de Getúlio; Em 58, é candidato do PTB!". *O Semanário*, ano 3, n. 116, 03-10.07.1958.

RHEDER, Olinto. Problemas sociais. *Jornal do Brasil*, 29-30.12.1963.

SCHMIDT, Augusto Frederico. À margem de uma Conferência. *Correio da Manhã*, 06.01.1949.

SCHMIDT, Augusto Frederico. Negócio de ocasião. *Correio da Manhã*, 16.01.1954.

SCHMIDT, Augusto Frederico. O dedo apostemado e o PIP. *Correio da Manhã*, 22.07.1949.

SCHMIDT, Augusto Frederico. Proust no Brasil. *Correio da Manhã*, 19.03.1950.

SILVEIRA, Joel. Mamutes e urubus. *Diário de Notícias*, 29.06.1962.

SILVEIRA, Joel. Não estou entendendo. *Última Hora*, 27.02.1964.

SUED, Ibrahim. Reportagem social. *O Globo*, 10.01.1963.

SUED, Ibrahim. Informa. *Diário de Notícias*, 22.06.1963.

SUED, Ibrahim. Informa. *Diário de Notícias*, 15.08.1963.

SUED, Ibrahim. Informa. *Diário de Notícias*, 26.09.1963.

SUED, Ibrahim. Informa. *Diário de Notícias*, 25.03.1964.

SUED, Ibrahim. Informa. *Diário de Notícias*, 10.06.1964.

THORMES, Jacinto de. Com o casal Gallotti. *Diário Carioca*, 17.03.1951.

THORMES, Jacinto de. Sociedade. *Diário Carioca*, 29.05.1956.

VIOLA, Ítalo. Abaixo o déficit. *O Cruzeiro*, 03.11.1956.

WANDERLEY, Carlos Alberto. Política Nacional. *Última Hora*, 03.07.1962.

WANDERLEY, Carlos Alberto. Política Nacional. *Última Hora*, 12.07.1962.

PERIÓDICOS

A Razão

Correio da Manhã

Diário da Tarde

Diário de Minas

Diário de Notícias

Diário do Commercio

Estado de Minas

Folha da Manhã

Folha de S. Paulo

Jornal do Commercio

O Cruzeiro

O Estado de S. Paulo

O Globo

O Jornal

Revista do Departamento de Direito do Trabalho e Seguridade Social da Faculdade de Direito da USP

Revista Forense

Revista Manchete

Revista Visão

The New York Times

Tribuna da Imprensa

Veja

ARQUIVOS CONSULTADOS

Arquivo da Cúria Metropolitana do Rio Janeiro

Arquivo da Escola do Estado Maior do Exército Brasileiro

Arquivo da Faculdade Nacional de Direito

Arquivo da Marinha de Guerra

Arquivo da Universidade do Brasil

Arquivo do Exército Brasileiro

Arquivo do Museu do Telefone

Arquivo Gustavo Capanema (CPDOC)

Arquivo Nacional

Arquivo pessoal Alberto Venancio Filho

Arquivo pessoal Américo Lacombe

Arquivo pessoal Antônio Gallotti

Arquivo pessoal Arnoldo Wald

Arquivo pessoal Elio Gaspari

Arquivo pessoal Felipe de San Tiago Dantas Quental

Arquivo pessoal Francisco de San Tiago Dantas Quental

Arquivo Pessoal Hélio Vianna Filho

Arquivo pessoal Inês Quental Ferreira

Arquivo pessoal José Gregori

Arquivo pessoal José Mário Pereira

Arquivo pessoal Lúcia San Tiago Dantas Quental

Arquivo pessoal Maria San Tiago Dantas Quental

Arquivo pessoal Miguel Reale

Arquivo pessoal Octavio de Faria

Arquivo pessoal Plínio Doyle

Arquivo pessoal Regina Fernandes

Arquivo pessoal Rubens Ricupero

Arquivo pessoal Vicente Chermont de Miranda

Arquivo San Tiago Dantas

Hemeroteca digital da Biblioteca Nacional

PÁGINAS DA WEB CONSULTADAS

http://www.alerj.rj.gov.br/center_arq_aleg_prod_link3.htm. Acesso em: 3 jul. 2007.

http://www.arte.it/guida.arte. Acesso em: set. 2013.

http://www.bas-breau.com.

http://bndigital.bn.br/francebr/intercambios.htm. Acesso em: mar. 2013.

http://www.casaruibarbosa.gov.br/interna.php?ID_S=128.

http://www.cm-alcacerdosal.pt. Acesso em: 17 abr. 2014.

https://en.wikipedia.org/wiki/De_Havilland_Comet.

www.fder.edu.uy/archivo/documento/couture. Acesso em: 07 fev. 2016.

http://www.fgv.br/cpdoc/acervo/dicionarios/verbete-biografico/jose-raimundo-soares-da-silva.

http://www.gustaveroussy.fr/index.php?p_id=844. Acesso em: jul. 2014.

https://history.state.gov.

http://www.ibge.gov.br.

https://fr.wikipedia.org/wiki/Ren%C3%A9_David_(juriste). Acesso em 03 out. 2015.

htpp://www.mundolusiada.com.br.

http://www.musee-chateau-fontainebleu.fr. Acesso em: 27 abr. 2014.

http://www.navioseportos.com.br. Acesso em: mar. 2013.

https://www.oas.org/consejo/pr/RC/atas.asp.

https://populationpyramid.net/pt/brasil/1955/.

http://professeurs-medecine-nancy.fr.

http://pt.wikipidia.org. Acesso em: 26 abr. 2014.

htpp://pt.wikipedia.org. Acesso em: abr. 2014.

http://pt.wikipedia.org/wike/Panair_do_Brasil. Acesso em: 15 jul. 2013.

htpp://pt.www.wikipedia.org/wiki/Alfredo_Marceneiro. Acesso em: 28 abr. 2014.

https://pt.wikipedia.org/wiki/Elei%C3%A7%C3%A3o_presidencial_no_Brasil_em_1955. Acesso em: 17 jan. 2019.

https://pt.wikipedia.org/wiki/Elei%C3%A7%C3%B5es_estaduais_em_Minas_Gerais_em_1958.

https://pt.wikipedia.org/wiki/USS_Midway_(CV-41) Acesso em: 08 mai. 2017.

https://pt.wikipedia.org./wiki/Panair_do_Brasil. Acesso em: 10 nov. 2017

https://sig.tse.jus.br/ords/dwtse/f?p=1945:1:::NO:RP:P0_HID_MOSTRA:S. Acesso em: 26 ago. 2021.

http://www.sindegtur.org.br/2010/arquivos/ipa100.pdf.

http://www.wikimanche.fr/l%c#%A9on_Julliot_de_La_Morandi%c3%A8re. Acesso em: 03 out. 2015.

http://www.simplonpc.co.uk/Grimaldi_SIOSA_PCs.html. Acesso em: mar. 2014.

http://www.sindegtur.org.br/2010/arquivos/ipa100.pdf.

http://www.tutiempo.net/en/Climate/Paris-Orly/12-1946/71490.htm. Acesso em 15 jul. 2013.

http://www.violinos.pt.site/s/497. Acesso em: abr. 2014.

https://sistema.bibliotecas.fgv.br/.

RIBEIRO, Carlos Alberto Campello. In: Henrique Lage e a Companhia Nacional de Navegação Costeira: a história da empresa e sua inserção social (1891-1942). Disponível em: www.navioseportos.com.br. Acesso em: mar. 2013.

VÍDEOS

Em busca de um mundo sem armas. Agência Nacional. Cine Jornal Informativo. Cinegrafista: Romeu Pachoaline.

Viagem à Polônia do ministro Francisco Clementino de San Thiago Dantas na Polônia, em maio de 1962. HYPERLINK "http://www.santiagodantas.com.br/vida/videos" www.santiagodantas.com.br/vida/videos

DEPOIMENTOS

Ana Vitória Lemann
Antônio Carlos Villaça
Antônio Delfim Netto
Antonio Dias Leite
Antônio Paim
Araújo Netto
Arthur João Donato
Astolpho Dutra
Buca
Carlos Chagas Filho
Carlos Flexa Ribeiro
Chermont de Miranda
Claudio Haddad
Cleanto de Paiva Leite
Dario de Almeida Magalhães
Eduardo Portella
Elio Gaspari
Ernani Maia
Euryalo Lemos Sobral
Fábio Magalhães
Felippe San Tiago Dantas Quental
Francisco Lacombe
Hélio Jaguaribe
Hélio Vianna Filho
Inês Quental
Israel Klabin
Jayme Bastian Pinto
João Pedro Gouveia Vieira
João Pinheiro Neto
Joaquim Falcão
Jorge de Serpa Filho
José Américo
José Gregori
José Luís Bulhões Pedreira

José Mindlin
José Murilo de Carvalho
José Paulo Vianna
Julia de Abreu
Lucas Lopes
Luís Otávio Gallotti
Luiz Alberto Bahia
Lurdes Montenegro
Marcelo Medeiros
Marcílio Marques Moreira
Maria Rita Ferreira
Mário Mesquita
Mário Vieira de Mello
Miguel Lins
Neiva Moreira
Nelson Eizirik
Nestor Goulart Reis
Otávio Thyrso de Andrade
Paulo Flecha de Lima
Paulo Mercadante
Pedro Malan
Pedro Paulo Popovic
Plínio Doyle
Ricardo Coelho Salles
Roberto Assunção
Roberto Campos
Rolf Kuntz
Rômulo Almeida
Rubens Ricupero
Sérgio Rouanet
Sylvia Póvoas
Tereza de Jesus Cardoso da Silva
Vanna Piracinni
Vicente Chermont de Miranda
Walter Moreira Salles

ÍNDICE ONOMÁSTICO

A

B

C

D

E

F

G

H

I

J

K

L

M

N

O

P

Q

R

S

T

U

V

W

Y

Z

OBRAS DO AUTOR

LIVROS JURÍDICOS

- *A concentração do poder econômico* – Jurisprudência anotada (Editora Renovar, 1999), sobre jurisprudência do CADE.
- *Direito econômico interpretado pelos tribunais,* jurisprudência em CD (Editora Singular, 2003).
- *Livre concorrência e regulação de mercados* – Estudos e Pareceres (Editora Renovar, 2003).
- *Telefonia móvel e Juizados Especiais Cíveis,* em CDRom (Editora Singular, 2004).
- *Conversando com o CADE* (Editora Singular, 2009).
- *Direito e economia das telecomunicações,* com Arthur Barrionuevo (Editora Singular, 2013).
- *O Soberano da Regulação* – O TCU e a Infraestrutura com Thiago Reis (Editora Singular, 2020).
- *Literatura jurídica do império* (Editora Padma, 2004; 2ª edição, revista e ampliada).
- *Literatura jurídica do império, ebook* (Editora Singular, 2022).

LITERÁRIOS

- *Atualidade de San Tiago Dantas* (Editora Lettera.doc, 2007, 2ª edição).
- *San Tiago Dantas* – A Razão Vencida – O Ideólogo (1911 – 1945) (Editora Singular, 2014).
- *San Tiago Dantas Escritos Políticos 1929* – 1945, org. (Editora Singular, 2016).